KB252156

매튜 헨리 주석 예레미야·애가

저자 **매튜 헨리** Matthew Henry 1662-1714

성경 주석가. 영국국교회의 복음주의 목사의 아들인 그는 통일령으로 아버지가 성직에서 쫓겨난 직후에 태어났다. 학문을 좋아하는 소년이었으며 1672년에 회심하였다. 옥스퍼드와 케임브리지의 학문성이 차츰 떨어지므로 1680년 런던 이슬링턴 대학에서 신학 교육을 받았다. 그 대학은 신앙을 저버린 시대에 높은 학문을 유지해왔다. 그 대학의 학장은 케임브리지에서 온 토머스 두리틀이었고, 부학장은 옥스퍼드에서 온 토머스 빈센트였다. 그 후에는 그레이 법학원에서 법률을 공부하였다. 그는 국교회 목사가 되려고 생각하였지만, 비국교도가 되기로 결심하였고, 개인적으로 장로교 목사 안수를 받았다. 첫 목회지는 체스터(1687-1712)였으며 그 뒤에 런던의 해크니(1712-1714)로 옮겼다. 청교도들에게서 크게 영향을 받은 그는 성경 해설을 목회의 중심으로 삼았다. 날마다 4시 또는 5시에 일을 시작하였던 그는 시간을 최대한 사용하는 것을 목적으로 삼았다. 1704년에 「성경 주석」을 집필하기 시작하였는데, 그는 사도행전까지 탈고하였으며, 그의 사후 목회 동역자들이 그의 노트와 저서들을 참고하여 신약성경 주석을 완성하였다. 그 주석은 성경에 대한 자세하고 종종 대단히 영적인 해설 양식을 취하였는데, 그 양식은 그 이후의 복음주의석 목회의 형태를 결정하였다. 스펄전은 자신이 매튜 헨리에게 큰 도움을 받았다는 사실을 인정하였다.

역자 **박문재**

역자는 서울대학교 법과대학, 장로회신학대학교 신대원 및 대학원(Th.M.)을 졸업하였다. 역서로 비슬리 머리의 「예수와 하나님 나라」, 존 브라이트의 「이스라엘 역사」, F.F. 브루스의 「바울」, B.S. 차일즈의 「구약신학」, 아이히로 트의 「구약성서신학 I , II」, 제임스 D.G. 던의 「바울 신학」 외에 다수 있다.

매튜
헨리
주석
전집

13

매튜 헨리주석

박문재 옮김

예레미야 · 애가

Matthew Henry

크리스챤
다이제스트

예레미야

서론

　구약의 예언들은 신약의 서신들과 마찬가지로 연대가 아니라 분량에 따라 순서가 배열되어 있어서 오래된 것이 아니라 분량이 많은 것이 먼저 나온다. 이사야와 동시대에 활동하였던 미가, 이사야보다 약간 앞서 활동하였던 호세아, 요엘, 아모스, 이사야 직후에 활동하였던 하박국, 나훔 같은 여러 선지자들이 있었다. 그렇지만 성경에는 이사야가 활동을 마친 후 오랜 세월이 지나서 등장하였던 예레미야의 예언이 이사야의 예언 바로 뒤에 배치되어 있는데, 이는 예레미야서의 분량이 다른 예언서들보다 더 많기 때문이었다. 이렇게 우리는 하나님의 말씀을 가장 많이 만나는 곳을 더 선호하여야 한다. 물론, 그렇다고 해서 하나님의 선물들이 별로 없는 곳들이라고 해서 그 곳들을 무시하거나 배제하라는 것은 아니다. 이제는 예언 전반에 대하여 우리가 더 살펴볼 것은 없기 때문에, 우리는 여기에서 선지자 예레미야에 대해서만 잠깐 살펴보고자 한다.

　I. **그는 일찍이 선지자가 되었다는 것**. 그는 젊을 때에 선지자로서의 사역을 시작하였기 때문에, 자신의 경험에 의거해서 사람이 젊었을 때에 멍에, 곧 섬김과 환난의 멍에를 메는 것이 좋다고 말할 수 있었다(애 3:27). 히에로니무스(Jerome)는 이사야는 나이가 꽤 든 후에야 부르심을 받았기 때문에 하나님은 그의 악을 제거하기 위해서 천사로 하여금 불붙은 숯을 그의 입에 대어 정화하도록 하셨지만(사 6:7), 하나님이 손을 내밀어 예레미야의 입을 만지실 때에는 그가 아직 어려서 책임져야 할 죄를 그다지 많이 짓지 않았기 때문에 그의 죄를 깨끗하게 해야 한다는 말씀을 전혀 하지 않으셨다(렘 1:9)는 점을 지적한다.

　II. **그는 선지자로서의 사역을 오랫동안 계속하였다는 것**. 어떤 이들은 그가 선지자로서의 사역을 한 기간을 50년이었다고 말하고, 어떤 이들은 40년이 좀 넘은 기간이었다고 말한다. 그는 선한 왕이 나라를 잘 다스려서 모든 것이 태평하였던 때인 요시야 제13년에 사역을 시작하여서, 그 뒤에 이어진 모든 악한 왕들의 치세 기간 내내 사역을 계속하였다. 우리가 산들바람이 부는 좋은 시절에 하나님을 섬기는 일을 시작했다고 하여도, 언제 날씨가 변해서 폭풍이 불어 닥칠지 아무도 모르는 일이다.

Ⅲ. **그는 책망을 담당한 선지자로서 야곱에게 그들의 죄악에 대하여 말해주고 그들에게 곧 임하게 될 하나님의 심판을 그들에게 경고하도록 하나님의 이름으로 보내심을 받았다는 것**. 비평학자들은 예레미야가 말하는 스타일이나 방식이 이사야나 다른 선지자들보다 더 단도직입적이고 거칠며 공손하지 않은 것은 그런 이유 때문이라고 지적한다. 죄를 드러내라고 보내심을 받은 자들은 사람의 지혜에 의거한 설득하는 말을 사용해서는 안 된다. 우리가 죄인들을 대면하고서 그들을 회개시키고자 할 때에는 단도직입적으로 그들의 죄를 다루는 것이 최선이다.

Ⅳ. **그는 눈물의 선지자였다는 것**. 그가 그렇게 불리는 것은 단지 그가 예레미야 애가를 썼기 때문만이 아니라 일생 동안 그의 백성이 짓는 죄악들과 그들에게 임하고 있었던 황폐화시키는 심판들을 바라보면서 애통해하며 눈물을 흘려야 했기 때문이었다. 이런 이유로, 우리 구주를 선지자들 중의 한 사람으로 생각하였던 자들은 그 어떤 선지자보다도 그가 예레미야를 가장 많이 닮았다고 생각하였다(마 16:14). 왜냐하면, 우리 구주께서는 간고를 많이 겪었으며 질고를 아는 자였기 때문이다.

Ⅴ. **그는 고난받는 선지자였다는 것**. 우리가 예레미야서에서 볼 수 있듯이, 그는 다른 어느 선지자보다도 더 많이 그의 백성에 의해서 박해를 받았다. 왜냐하면, 그는 유대인들이 갈대아인들에 의해서 멸망을 당하기 직전에 살면서 말씀을 전하였고, 당시 사람들의 성정(性情)은, 로마인들에 의해서 멸망을 당하기 직전에 살았던 사람들의 성정과 마찬가지로, 대단히 완악하고 포악했을 것이기 때문이다. 우리 구주께서 활동하시던 때에 유대인들은 주 예수를 죽이고 그의 제자들을 박해하고 하나님을 기쁘시게 하지 아니하고 모든 사람에게 대적이 되어 자기 죄를 항상 채우매 노하심이 끝까지 그들에게 임하였다(살전 2:15-16). 예레미야에 관한 기록 속에서 우리가 마지막으로 읽을 수 있는 이야기는 이 재난 속에서 살아남은 유대인들이 예레미야를 강제로 동행시켜서 애굽으로 내려갔다는 것이지만, 유대인들과 그리스도인들 사이에서 현재 전해지는 전승에 의하면 그는 순교를 당했다고 한다. 엘마킨(Elmakin) 출신의 아랍 역사가인 호팅거(Hottinger)는 예레미야가 애굽에 가서도 애굽을 비롯하여 여러 열방들을 쳐서 예언을 계속하다가 돌에 맞아 죽었고, 오랜 후에 알렉산더 대왕이 애굽에

입성하였을 때에 허름한 곳에 매장되어 있던 예레미야의 뼈를 수습해서 알렉산드리아로 가져와 묻어 주었다고 말한다. 예레미야서의 첫 열아홉 장에 걸쳐 나오는 예언들은 일반적인 방식으로 죄를 책망하고 심판을 선포하였던 그의 설교들의 핵심을 모아놓은 것으로 보인다. 나중에 그것들은 당시의 역사와 결합되어서 좀 더 구체적인 배경을 지니게 되었지만, 시간 순서대로 배열되어 있지는 않다. 이 경고의 말씀들은 회개하는 자들에게는 은혜가 주어질 것이고 장차 유대인들은 포로 생활에서 구원을 받게 될 것이라는 많은 약속의 말씀들과 뒤섞여 있는데, 그 중에서 어떤 말씀들은 메시야의 나라를 분명하게 언급하고 있다.

외경(外經) 속에는 예레미야가 바벨론에 포로로 끌려간 자들에게 썼다고 하는 서신 한 편이 존재하는데, 거기에는 그가 우상들은 실체가 없다는 것, 우상을 숭배하는 자들은 어리석은 자들이라는 것을 밝히면서 그들에게 우상을 숭배하지 말라고 경고하는 내용이 나온다. 바룩서(렘 6장)에 나오는 이 서신은 진정한 것이 아닌 것으로 여겨진다. 또한, 내가 생각하기에는 그 서신은 예레미야의 글들이 보여주는 생명력과 정신을 담고 있지도 않다. 예레미야에 관한 얘기는 마카베오2서 2:4에도 나온다. 거기를 보면, 예루살렘이 갈대아인들에 의해서 멸망당할 때에 예레미야는 하나님의 지시로 법궤와 향단을 가지고 나와서 느보 산에 있는 한 동굴에 모셔다 놓고 입구를 봉하였고, 그를 따라 왔던 몇몇 사람들이 그 장소에 표시를 해두었다가 나중에 그 장소를 찾으려 했지만 찾을 수가 없었는데, 그는 하나님이 자기 백성을 다시 모으실 때까지는 아무도 그 장소를 발견할 수 없을 것이라고 말하고서 그 장소를 찾은 그들을 꾸짖었다고 한다. 마카베오2서는 이 이야기를 다른 기록들을 인용해서 말하는 것이라고 밝히고 있지만, 나는 그런 이야기를 믿을 근거가 과연 있는 것인지 의문스럽다. 우리는 예레미야의 예언들을 읽을 때에 그 예언들이 당시의 사람들에 의해서 거의 주목받거나 존중받지 못하였다는 것을 발견하지 않을 수 없다. 그러나 그런 사실은 우리에게는 예레미야의 예언들을 더욱 존중해야 하는 이유가 된다. 왜냐하면, 그 예언들은 우리와 우리 나라를 향한 경고의 말씀으로 우리도 꼭 알아야 하는 것들이어서 기록된 것이기 때문이다.

제
— 1 —
장

개요

이 장에는 다음과 같은 내용들이 나온다. I. 이 책 전체의 표제 또는 제목과 예레미야의 공적 사역이 지속된 기간(1-3절). II. 예레미야가 선지자로 부르심을 받은 것, 그 부르심을 겸손하게 사양한 것, 선지자직의 수행을 위해서 그에게 주어진 폭넓은 사명(4-10절). III. 갈대아인들에 의한 유다와 예루살렘의 멸망이 가까웠음을 보여주는 살구나무 가지와 끓는 가마에 관한 환상(11-16절). IV. 하나님의 임재가 함께 할 것이라고 약속하시면서 선지자에게 그의 사역을 겁내지 말고 담대하게 해나가라고 격려하심(17-19절). 이렇게 예레미야는 그를 견고히 붙들어 주시겠다는 하나님의 약속에 의지해서 사역을 시작한다.

¹베냐민 땅 아나돗의 제사장들 중 힐기야의 아들 예레미야의 말이라 ²아몬의 아들 유다 왕 요시야가 다스린 지 십삼 년에 여호와의 말씀이 예레미야에게 임하였고 ³ 요시야의 아들 유다의 왕 여호야김 시대부터 요시야의 아들 유다의 왕 시드기야의 십일년 말까지 곧 오월에 예루살렘이 사로잡혀 가기까지 임하니라

이 단락에는 예레미야 선지자의 가계(家系) 및 이 예언의 연대기와 관련하여 우리가 알아 두는 것이 좋은 내용들이 나온다.

1. 예레미야 선지자는 어떤 가문에 속하였는가. 그는 힐기야의 아들이었다. 여기에 나오는 힐기야는 요시야 때에 대제사장이었던 힐기야(그는 아나돗의 제사장들 중 한 사람이 아니었기 때문에)가 아니라 같은 이름의 다른 사람이었다. 예레미야라는 이름은 여호와에 의해서 일으키심을 받은 자를 의미한다. 성경에서는 그리스도를 우리 하나님 여호와께서 우리에게 일으키신 선지자라고 말한다(신 18:15). 예레미야는 제사장들 중 한 사람이었고, 제사장으로 임명되었기 때문에 백성들을 가르칠 권한을 갖고 있었다. 그러나 하나님은 예레미야가 지니고 있었던 제사장의 직분과 권한에 선지자로서의 특별한 사명을 더하셨다.

에스겔도 제사장이었다. 하나님은 제사장들의 죄악과 그 죄악에 대한 하나님의 심판으로 인해서 서글프게도 제사장직이 빛을 잃어버렸던 때에 이런 식으로 제사장직의 존귀함을 붙들어 주고자 하셨다. 예레미야는 예루살렘에서 5km 가량 떨어져 있었던 제사장들의 성읍인 아나돗의 제사장들 중의 한 사람이었다. 제사장 아비아달의 고향도 바로 그 곳이었다(왕상 2:26).

2. 예레미야가 예언하였던 때와 기간. 이것을 아는 것은 그의 예언들을 이해하는 데에 꼭 필요하다.

(1) 그는 요시야 제13년에 예언을 시작하였다(2절). 요시야는 그의 재위 제12년에 개혁 작업을 시작해서, 유다와 예루살렘을 정결하게 하는 일에 온 힘을 기울여 산당들과 아세라 목상들과 아로새긴 우상들과 부어 만든 우상들을 제거하였다(대하 34:3). 하나님께서는 때 맞춰서 이 젊은 선지자를 일으키셔서 젊은 왕이 선한 일을 강력하게 추진해 나갈 수 있도록 그를 돕고 힘을 보태게 하셨다. 이 때에 여호와의 말씀이 그에게 임하여, 그에게 예언하는 사명이 주어졌음을 알려주셨을 뿐만 아니라 그가 전해야 할 내용도 계시하여 주셨다. 요시야 같은 경건한 위정자들에 의해서 지지와 보호를 받는 것은 사역자들에게 큰 힘이 되는 것과 마찬가지로, 예레미야 같은 신실하고 열심 있는 사역자들로부터 조언을 듣고 힘을 얻으며 자신의 개혁 작업이 이 사역자들에게 큰 도움이 되는 것을 보는 것은 선한 개혁 작업을 하는 위정자들에게 큰 도움이 된다. 따라서 우리는 이러한 왕과 이러한 선지자, 이 두 젊은이가 힘을 합쳤기 때문에(비슷한 경우는 에스라 5:1-2에서도 볼 수 있다) 교회와 나라의 파멸을 미리 막아낼 수 있을 정도로 완벽한 개혁이 이루어질 수 있었을 것이라고 우리는 예상해 본다. 그러나 현실은 전혀 그렇지가 않았고 우리의 예상과는 정반대임이 드러났다. 요시야 제18년에도 우상 숭배의 잔재들이 여전히 깨끗하게 제거되지 않고 무수히 남아 있었다. 아무리 선한 왕들과 선지자들이 나선다고 하여도 백성들이 개혁을 싫어하는데 그들이 무슨 수로 백성들의 파멸을 미리 막아낼 수 있겠는가? 따라서 그 당시는 개혁의 때였지만, 예레미야는 계속해서 그들에게 임할 멸망의 심판을 예언하였다. 왜냐하면, 어느 민족이나 나라에게이든 아무런 열매도 나타남이 없이 개혁의 바람만 잔뜩 들어 있는 것보다 더 위험한 징후는 없기 때문이다. 요시야와 예레미야는 백성들을 고치고자 하였지만, 백성들은 고침을 받고자 하지 않았다.

(2) 그는 여호야김과 시드기야가 왕위에 있을 때에도 계속해서 예언을 하였다. 이 왕들의 재위 기간은 각각 11년씩이었다. 예레미야는 그가 누누이 예언하였던 저 큰 사건, 즉 예루살렘이 포로로 사로잡혀 가기까지 예언하였다(3절). 그는 그 이후에도 계속해서 예언하였지만(렘 40:1), 그 큰 사건이 일어남으로써 그가 예언한 많은 내용들이 이루어졌기 때문에 여기에서는 그 큰 사건이 일어난 때를 그의 예언 활동이 끝난 때로 잡고 있다. 요시야 제13년부터 유대인들이 포로로 사로잡혀 갈 때까지는 꼭 40년이었다. 라이트푸트(Lightfoot) 박사는 모세가 이스라엘 백성이 그들의 땅으로 들어갈 때까지 광야에서 선생으로 백성들과 40년 세월을 함께 있었던 것처럼 예레미야는 유다 백성이 이방의 광야로 들어갈 때까지 그들의 땅에서 선생으로 백성들과 40년 세월을 함께 있었다는 점을 지적하면서, 이 기간 내내 예레미야가 그들 가운데서 예언하였는데도 백성들이 회개치 않은 것은 그들의 죄를 더욱 가중시키는 것이었기 때문에, 유다 백성들이 마지막 40년 동안 저지른 죄악은 특별한 의미를 지닌 것이어서, 에스겔은 일 년을 하루로 계산해서 이것과 관련된 특별한 표(標)를 40일 동안 몸에 지니고 있었던 것이라고 생각한다. 하나님은 이 선지자를 통해서 40년 동안 유다 백성들의 악한 행실을 참고 견디시다가, 마침내 그들이 다시는 그의 안식에 들어오지 못할 것이라고 진노 가운데서 맹세하셨다.

⁴여호와의 말씀이 내게 임하니라 이르시되 ⁵내가 너를 모태에 짓기 전에 너를 알았고 네가 배에서 나오기 전에 너를 성별하였고 너를 여러 나라의 선지자로 세웠노라 하시기로 ⁶내가 이르되 슬프도소이다 주 여호와여 보소서 나는 아이라 말할 줄을 알지 못하나이다 하니 ⁷여호와께서 내게 이르시되 너는 아이라 말하지 말고 내가 너를 누구에게 보내든지 너는 가며 내가 네게 무엇을 명령하든지 너는 말할지니라 ⁸너는 그들 때문에 두려워하지 말라 내가 너와 함께 하여 너를 구원하리라 나 여호와의 말이니라 하시고 ⁹여호와께서 그의 손을 내밀어 내 입에 대시며 여호와께서 내게 이르시되 보라 내가 내 말을 네 입에 두었노라 ¹⁰보라 내가 오늘 너를 여러 나라와 여러 왕국 위에 세워 네가 그것들을 뽑고 파괴하며 파멸하고 넘어뜨리며 건설하고 심게 하였느니라 하시니라

이 단락에는 다음과 같은 내용들이 나온다.

I. 하나님은 예레미야가 선지자의 직분과 사역을 감당하게 되리라는 것이 일찍부터 정해져 있었다는 것을 그가 일찍부터 이 일을 하게 된 이유로 제시하심(4-5절).   여호와의 말씀이 그에게 임하였고, 아울러 그것이 망상(妄想)이 아니라 여호와의 말씀이라는 확신도 그에게 만족스럽게 주어졌다. 하나님은 그에게 이렇게 말씀하셨다.

1. 하나님께서 예레미야를 여러 나라의 선지자로 또는 열방을 쳐서 예언하는 선지자로 세우셨다는 것. 그는 무엇보다도 먼저 유대인들의 나라에 보내심을 받은 선지자였지만, 유대인들의 나라가 지금 여러 나라 중 하나로 간주되고 있는 이유는 유대인들은 이미 이방인들의 행실을 몸에 익혀서 그들과 뒤섞여 우상숭배를 하였기 때문이었다. 만약 그들이 그렇게 하지 않았다면, 그들은 결코 이방 나라들 중의 하나로 간주되지 않았을 것이었다(민 23:9). 그러나 어쨌든 예레미야는 단지 유대인들만이 아니라 이웃 나라들을 상대하는 선지자로 보내심을 받았다. 하나님은 이웃 나라들에 멍에를 보내고(렘 27:2) 여호와의 진노의 잔을 마시게 하실 것이라는 예언(렘 25:17)을 예레미야에게 하게 하실 것이었다. 예레미야는 그의 글들 속에서도 열방들의 선지자로서 민족적인 죄악들에 대하여 어떠한 민족적인 심판이 있을 것인지를 열방들에게 말해 준다. 열방들은 예레미야를 하나님이 그들에게 보내신 선지자로 여기고서 그가 그들에게 주는 경고의 말씀들에 귀를 기울이는 것이 신상에 좋을 것이다.

2. 하나님께서는 예레미야가 태어나기도 전에 그의 영원한 계획 속에서 예레미야를 선지자로 삼으시기로 작정하셨다는 것. 예레미야는 그에게 사명을 주신 분은 그에게 존재를 부여해 주신 분, 그를 배에서 지으시고 모태에서 나오게 하신 분과 동일한 분이시라는 것, 그러므로 그분은 그의 합법적인 주인이시기 때문에 그분의 선하신 뜻을 따라 그를 사용하실 수 있으시다는 것, 그가 선지자의 사명을 받은 것은 하나님께서 그가 태어나기 전부터 그에 대하여 계획하신 그 계획을 따라 이루어진 일이라는 것을 알아야 했다. "내가 너를 알았고 너를 성별하였다. 즉, 내가 너를 선지자로 세우고 그 직분을 위해 너를 성별하겠다고 결심하였다." 사도 바울도 자기 자신에 대하여 하나님께서 그를 그의 어머니의 태로부터 그리스도인이자 사도로 택정하셨다고 말한다(갈 1:15). 좀 더 살펴보자.

(1) 위대하신 창조주께서는 각 사람을 지으시기 전부터 각 사람을 어떻게

사용해야 할지를 아신다는 것. 하나님은 온갖 것을 그 쓰임에 적당하게 지으셨고, 자신의 뜻을 따라 진흙 한 덩이로 귀히 쓸 그릇도 만드시고 천히 쓸 그릇도 만드신다(롬 9:21).

(2) 하나님께서는 반드시 각 사람을 그에 대하여 미리 계획하신 일로 부르시리라는 것. 왜냐하면, 하나님께서 세우신 뜻들은 좌절되거나 실패하는 법이 없기 때문이다. 하나님이 지으시는 모든 것은 하나님께 미리 알려져 있고, 하나님의 지식은 틀림이 없으며, 하나님의 뜻은 변함이 없다.

(3) 하나님은 그의 선지자들과 사역자들에 대해서는 아주 환히 알고 계시고, 그들에 대해서는 특별한 목적과 섭리가 존재한다. 그들은 하나님의 특별한 계획을 따라서 그들이 할 일을 위해 지음 받고, 하나님은 그들이 그 일을 잘 감당할 수 있도록 하기 위하여 그들을 준비시키신다. 내가 너를 알았고 너를 성별하였다. 하나님은 어떤 사람의 영을 그 사람 안에 형성시키실 때부터 그 사람을 그 일에 맞게 조성하셔서 그 사람의 운명을 그 일을 할 수밖에 없는 운명으로 정해 놓으신다. 선지자는 교육으로 되는 것이 아니라 타고나는 것이다.

Ⅱ. 예레미야는 자기가 이 영광스러운 직분을 잘 감당할 수 없을 것이라고 말하며 겸손하게 사양함(6절).　하나님은 예레미야를 여러 나라의 선지자로 미리 예정해 놓으셨지만 그것은 예레미야에게는 처음 듣는 얘기였고 너무도 엄청나고 놀라운 일이었다. 우리는 하나님이 우리에게 무엇을 하기를 원하시는지를 알지 못하지만, 하나님은 아신다. 선지자로 부르심을 받는 것은 영광스러운 일이고 어쨌든 출세하는 일이었기 때문에, 우리는 예레미야도 그렇게 받아들였을 것이라고 예상해 볼 수 있다. 그러나 예레미야가 그 사명을 받아들이기를 사양한 것은 자기가 그런 일을 할 자격이 없다고 생각했기 때문이었다. "슬프도소이다 주 여호와여 선지자들은 큰 자들과 무리들에게 말을 잘 전해야 하는데 나는 말할 줄을 알지 못하나이다. 나는 고상하게 또는 유창하게 말할 줄도 모르고, 하나님으로부터 받은 말씀의 내용을 잘 정리해서 표현할 줄도 모르나이다. 나는 아이여서 권위 있게 말할 줄도 모르고, 사람들은 나의 나이가 어리다는 것을 이유로 내 말을 무시하고 귀를 기울이지 않을 것이나이다." 우리에게 하나님을 위해 해야 할 어떤 일이 있을 때에 우리가 그 일을 잘못 하지는 않을까, 우리의 연약함과 자질 부족으로 인해서 그 일을 망치게 되지는 않을까 염려하는 것은 합당한 일임을 명심하라. 또한, 우리 자신을 부족한 자로 여겨서

우리의 능력을 자신하지 않는 것이 우리에게 합당한 일이다. 나이가 어린 자들은 자기가 나이가 어리다는 것을 염두에 두고서, 엘리후가 보여주었듯이 자기의 분수를 넘어설까 두려워하여야 한다.

Ⅲ. 하나님께서 은혜로우시게도 예레미야가 일을 잘 해나갈 수 있도록 옆에 지켜서서 도와주시겠다고 약속하심.

1. 예레미야는 아이라는 것을 이유로 내세워 사양해서는 안 된다는 것. 그는 무슨 일이 있어도 선지자가 될 것이다(7절). "너는 더 이상 아이라 말하지 말라. 네가 아이라는 것은 사실이다. 그러나 너는 다음과 같은 것들을 생각하여야 한다."

(1) "너는 하나님의 명령을 받은 것이기 때문에 네가 어리다는 것을 이유로 내세워 그 명령에 불순종해서는 안 된다. 내가 너를 누구에게 보내든지 너는 가며 내가 네게 무엇을 명령하든지 너는 말할지니라." 하나님이 우리를 어떤 일로 부르실 때, 우리 자신의 연약함과 부족함에 대한 우리의 인식은 우리로 하여금 겸손한 마음으로 하나님이 부르시는 그 일로 나아가게 만들어야 하지, 그 일을 사양하고 거부하게 만들어서는 안 된다는 것을 명심하라. 하나님께서는 모세의 겸손한 변명들에 대해서조차도 노하셨다(출 4:14).

(2) "네게는 하나님의 임재가 주어져 있기 때문에 네가 어리다는 것을 이유로 내세워서 낙심하여 그 임재를 의지하지 않으려 해서는 안 된다. 비록 네가 아이이지만, 내가 너를 누구에게 보내든지, 그 사람들이 아무리 크고 아무리 많다고 하여도, 너는 그들에게 갈 수 있게 될 것이다. 내가 네게 무엇을 명하든지 너는 판단력과 기억과 표현력을 가지고서 마땅히 말해야 하는 대로 나의 명한 것을 말하게 될 것이다." 사무엘은 어린 아이였을 때에 하나님으로부터 온 말씀을 엘리 제사장에게 전하였다. 하나님은 마음만 먹는다면 얼마든지 아이들을 선지자로 만드실 수 있으시고, 어린 아이들과 젖먹이들의 입으로 권능을 세우실 수 있으시다는 것을 명심하라.

2. 예레미야는 수많은 원수들과 많은 반대를 만나게 되리라는 것을 이유로 내세워 사양해서는 안 된다는 것. 하나님은 그의 보호자가 되어 주실 것이다(8절). "너는 그들 때문에 두려워하지 말라. 그들은 큰 풍채를 앞세워서 너를 위압적으로 노려보며 겁에 질리게 만들고자 하겠지만, 너는 그들에게 말하기를 두려워하지 말라. 그들이 가장 듣기 싫어하는 말일지라도 그것을 그들에게 말하는

것을 두려워하지 말라. 너는 만왕의 왕의 이름으로 말하는 것이고, 그 왕의 권위를 힘입어서 말하는 것이기 때문에 얼마든지 그들을 압도할 수 있을 것이다. 그들이 화난 표정을 짓는다고 해도, 그들이 화내는 것을 두려워하지 말고, 그 결과를 미리 생각하고서 겁을 먹거나 당황해하지 말라." 하나님께 받은 말씀을 전해야 하는 자들은 사람의 얼굴을 무서워하지 않아야 한다(겔 3:9). "네게는 얼마든지 담대하고 마음을 편히 가질 충분한 이유가 있다. 왜냐하면, 내가 너와 함께 하여 네가 하는 일을 도울 뿐만 아니라 너를 박해자들의 손에서 건져낼 것이기 때문이다. 만일 하나님이 우리를 위하시면 누가 우리를 대적하리요. 하나님께서는 어떤 목적을 두시고서 그의 일꾼들을 환난에서 건져내지 않으신다고 해도 적어도 그들이 그 환난을 잘 견딜 수 있도록 붙들어 주실 것이다. 가테이커(Gataker) 목사는 여기에서 다음과 같은 점을 지적한다: 세상의 왕들은 사자(使者)들을 보낼 때에 그들과 함께 동행하고자 하지 않는다. 그러나 하나님은 자기가 보내는 자들과 함께 동행하시면서, 그들을 그의 강력한 보호하심 아래에 두시고, 언제 어느 때나 모든 곳에서 그들과 함께 하신다. 따라서 그들은 이러한 사실을 염두에 두고서 힘을 내야 한다(행 18:10).

3. 예레미야는 말을 잘 할 수 없다는 것을 이유로 내세워 사양해서는 안 된다는 것. 하나님은 그에게 능력을 주셔서 다음과 같이 말할 수 있게 하실 것이다.

(1) 하나님을 잘 아는 자로서 다른 사람들이 잘 알아듣게 말할 수 있게 해주시리라는 것(9절). 예레미야는 지금 하나님의 영광에 관한 환상을 보고 있는데, 여호와께서는 그의 손을 내밀어, 눈에 보이는 표적을 통해서 예레미야에게 꼭 필요한 방언의 은사, 말 잘 하는 은사를 수여하셨다. 하나님은 그의 손을 예레미야의 입에 대시며 그러한 접촉을 통해서 예레미야의 입술을 여셔서 예레미야로 하여금 하나님을 찬송할 수 있게 하셨고, 그러한 접촉을 통해서 그의 말씀을 예레미야의 입에 두심으로써 예레미야로 하여금 어떤 상황에서도 말을 잘 할 수 있게 하셨다. 따라서 사람의 입을 지으신 분이 이렇게 준비시켜 주셨기 때문에, 예레미야는 이제 결코 말을 잘 못할 수가 없게 되었다. 하나님은 예레미야의 머리에 지식을 넣어 주셨을 뿐만 아니라 그의 입에 말씀을 넣어 주셨다. 왜냐하면, 성령께서 가르치시는 말씀들이 존재하기 때문이다(고전 2:13). 하나님의 말씀을 정확하게 전하기 위해서는 하나님이 우리 입에 넣어주신 바로 그 말씀

을 전하여야 한다. 내 말로 그들에게 고하라(겔 3:4). 충성스럽게 그렇게 행하는 자들에게는 하나님께서는 그때그때 필요한 말씀을 주실 것이다. 하나님은 그런 자들에게 어떤 일을 만난 바로 그 때에 할 말과 지혜를 주실 것이다(마 10:19).

(2) 하나님으로부터 권세를 받은 자로서 능력 있게 말할 수 있게 해주시리라는 것(10절). 여기에서 예레미야에게 주어진 사명은 기이한 사명이다. 보라 내가 오늘 너를 여러 나라와 여러 왕국 위에 세웠노라. 이 말씀은 너무도 엄청난 말씀으로 들리는데, 예레미야는 아직 가난하고 보살것없는 일개 제사징일 뿐이었다. 그는 여러 왕국들 위에 칼로 다스리는 왕이 아니라 하나님의 말씀의 능력으로 다스리는 선지자로 세우심을 받았다. 그러므로 교황이 왕들 위에 군림하는 권세와 마음대로 왕들을 폐위시키고 그들의 왕국들을 처분할 수 있는 권세를 지니고 있다는 것을 증명하고자 하는 자들은 교황이 예레미야가 가지고 있었던 것과 같은 특별한 예언의 영을 지니고 있다는 것을 증명하지 않으면 안 된다. 그렇지 않다면, 어떻게 교황이 예레미야가 예언의 영으로 말미암아 지니고 있었던 그런 권세를 지닐 수 있겠는가? 그렇지만 교황을 옹호하는 이 교만한 자들은 예레미야가 지니고 있었던 권세 자체를 그들이 갖는 것으로는 만족하지 않을 것이다(예레미야는 그의 엄청난 권세에도 불구하고 사람들의 경멸과 압제를 받으며 비천하게 살았다). 예레미야는 여러 나라들 위에 세우심을 받았다. 그는 가장 먼저는 유대 나라, 그리고 그 밖의 다른 나라들 위에 세우심을 받았고, 여러 큰 나라들에 대하여 심판의 예언을 하였다. 그가 그 나라들 위에 세우심을 받은 것은 그 나라들에게 조공을 요구하거나 그들이 바친 조공으로 부자가 되기 위한 것이 아니라 그 나라들을 뽑고 파괴하며 파멸하고 넘어뜨리며 아울러 건설하고 심기 위한 것이었다.

[1] 그는 열방들 가운데서 행해지는 우상 숭배를 비롯한 그 밖의 다른 악행들을 뽑고 파괴하고 파멸하고, 그들 가운데 오랫동안 뿌리를 내려 왔던 악한 관습들과 폐습들을 뿌리뽑으며, 죄의 나라를 넘어뜨려서 그들 가운데서 신앙과 미덕이 심겨지고 건설되도록 개혁 작업을 시도하여야 한다. 선한 것을 도입하고 견고히 세우기 위해서는 악한 것을 제거하는 일이 필수적이다.

[2] 그는 열방들에게 개혁하는 것이 과연 그들에게 좋은 것인지 나쁜 것인지를 말해 주어야 한다. 그는 하나님께서 왕국들과 나라들을 어떻게 다루시겠다

고 선언하신 그 방법론을 따라서(렘 18:9-10) 그들 앞에 생명과 사망, 선과 악을 제시하여야 한다. 그는 악을 고집하는 자들은 뿌리가 뽑히고 파멸하게 되고 회개하는 자들은 건설되고 심겨지게 되리라는 것을 알려 주어야 한다. 그는 열방들의 운명을 선포할 권한을 부여받았고, 하나님은 그의 종의 말을 세워 주며 그의 종의 말을 따라 그 일을 성취하실 것이다(사 44:26). 하나님께서 이렇게 말씀하시는 것은 한편으로는 예언의 말씀이 얼마나 확실한지를 보여주시고 — 그것은 장차 이루어질 것이 너무도 확실하기 때문에 이미 이루어진 것처럼 표현된다 — 선지자 직분에 존귀함을 더하셔서 사람들의 눈에 진정으로 크게 보이게 하심으로써 사람들이 선지자들을 무시하거나 얕잡아 보지 못하도록 하시기 위한 것이다. 그렇지만 그리스도께서 그의 사도들에게 죄를 사하거나 그대로 두는 권세(요 20:23), 매거나 푸는 권세(마 18:18)를 주셨다는 점에서 복음 사역자들은 한층 더 존귀하다.

[11]여호와의 말씀이 또 내게 임하니라 이르시되 예레미야야 네가 무엇을 보느냐 하시매 내가 대답하되 내가 살구나무 가지를 보나이다 [12]여호와께서 내게 이르시되 네가 잘 보았도다 이는 내가 내 말을 지켜 그대로 이루려 함이라 하시니라 [13]여호와의 말씀이 다시 내게 임하니라 이르시되 네가 무엇을 보느냐 대답하되 끓는 가마를 보나이다 그 윗면이 북에서부터 기울어졌나이다 하니 [14]여호와께서 내게 이르시되 재앙이 북방에서 일어나 이 땅의 모든 주민들에게 부어지리라 [15]내가 북방 왕국들의 모든 족속들을 부를 것인즉 그들이 와서 예루살렘 성문 어귀에 각기 자리를 정하고 그 사방 모든 성벽과 유다 모든 성읍들을 치리라 여호와의 말이니라 [16]무리가 나를 버리고 다른 신들에게 분향하며 자기 손으로 만든 것들에 절하였은즉 내가 나의 심판을 그들에게 선고하여 그들의 모든 죄악을 징계하리라 [17]그러므로 너는 네 허리를 동이고 일어나 내가 네게 명령한 바를 다 그들에게 말하라 그들 때문에 두려워하지 말라 네가 그들 앞에서 두려움을 당하지 않게 하리라 [18]보라 내가 오늘 너를 그 온 땅과 유다 왕들과 그 지도자들과 그 제사장들과 그 땅 백성 앞에 견고한 성읍, 쇠기둥, 놋성벽이 되게 하였은즉 [19]그들이 너를 치나 너를 이기지 못하리니 이는 내가 너와 함께 하여 너를 구원할 것임이니라 여호와의 말이니라

이 단락에는 다음과 같은 내용들이 나온다.

I. 하나님은 환상을 통해서 예레미야에게 그가 해야 할 주된 심부름을 보여주시는데, 그것은 유다와 예루살렘이 그들의 죄악들, 특히 우상 숭배로 인해서 갈대아인들에 의해서 멸망을 당하게 되리라는 것을 예언하는 것이었다. 하나님이 애초에 이 사명을 그에게 강렬한 인상을 심어주기에 적절한 방식으로 주신 것은 그로 하여금 이 백성을 상대할 때에 그 사명을 마음 깊이 새길 수 있도록 하기 위한 것이었다.

1. 하나님은 예레미야에게 이 백성의 죄가 파멸을 향하여 신속하게 무르익어 가고 있고 파멸이 그들을 향하여 빠르게 걸음을 재촉하고 있다는 것을 보여주신다. 하나님은 자기가 아이라는 예레미야의 반론에 답변하시고나서, 계속해서 그에게 선지자로서 갖추어야 할 학식과 언어를 전수하시는데, 그로 하여금 백성들이 알아듣게 말할 수 있게 해주시겠다고 약속하신 후에, 여기에서는 하나님이 그에게 말씀하시는 것을 이해하는 법을 가르치신다. 왜냐하면, 선지자들은 말하는 혀만 아니라 백성들의 머릿속에 있는 것을 보는 눈도 가져서, 말하는 자만이 아니라 보는 자도 되어야 하기 때문이다. 그래서 하나님은 "예레미야야 네가 무엇을 보느냐. 한번 네 주변을 살펴보고 주목하여 보라"고 말씀하신다. 예레미야는 하나님이 자기에게 보여주고 계시는 것이 무엇인지를 곧 깨달았다. "내가 환난과 징계를 뜻하는 막대기, 우리 위에 걸려 있는 징계의 회초리를 보나이다. 그것은 봄철에 다른 나무들에서 움이 거의 돋지 않을 때에 가장 먼저 싹을 틔우고 신속하게 꽃을 피우는 살구나무 가지이나이다." 플리니우스(Pliny)는 살구나무가 1월에 꽃을 활짝 피워서 3월에 열매를 맺는다고 말한다. 그래서 살구나무는 히브리어로 성미 급한 나무라는 뜻을 지닌 '샤케드'라 불린다. 예레미야가 본 이 가지가 이미 움이 난 것이었는지, 아니면 앙상하게 메마른 것이었는지는 알 수 없고, 또한 그런 상태에서 그 가지가 아론의 지팡이처럼 살구나무 가지라는 것을 예레미야가 확실히 알았던 것인지도 불확실하다. 그러나 하나님은 곧이어 그 가지가 무엇인지를 설명해 주신다(12절). 네가 잘 보았도다. 하나님은 예레미야가 주의 깊게 잘 보고 재빨리 알아차릴 수 있어서 이번이 그가 최초로 본 환상이었음에도 불구하고 그것이 살구나무 가지라는 것을 금방 알아봄으로써 그의 마음이 충분히 분별력이 있음을 보여준 것에 대하여 그를 칭찬하신다. 선지자들은 좋은 눈이 있어야 한다. 보는 자들은 칭찬을 받을 것이지만, 말만 잘 하는 자들은 칭찬을 받지 못할 것이다. "너는 성미

급한 나무를 보았는데, 이는 내가 내 말을 그대로 지켜 이루되 급하게 서둘러서 이루고자 한다는 것을 가리키는 것이니라." 예레미야는 그가 예언한 것이 이루어지는 것을 살아서 직접 보게 될 것이다. 우리는 에스겔서에서 이 본문에 대한 해설을 본다(겔 7:10-11). "몽둥이가 꽃이 피며 교만이 싹이 났도다 포학이 일어나서 죄악의 몽둥이가 되었도다. 예루살렘의 죄악의 분량이 아주 빠르게 채워지고 있도다. 마치 그들의 멸망이 너무나 오랫동안 잠자고 있었다는 듯이, 그들은 그 멸망을 깨워서 재촉하고 있어서, 내가 그들을 쳐서 말했던 것을 이제 속히 이루리라."

2. 하나님께서는 그 정해진 멸망이 어디로부터 오게 될 것인지를 예레미야에게 보여주신다. 하나님은 예레미야에게 두 번째로 물으신다. 네가 무엇을 보느냐. 예레미야는 불 위에서 끓는 가마를 보았는데(13절), 이것은 갈대아 군대가 쳐들어와서 예루살렘과 유다가 끓는 물처럼 극심한 혼란에 휩싸이게 될 것을 나타내는 것이었다. 갈대아 군대는 풀무불 같이 쳐들어와서 그 뜨거운 열기로 물을 끓여서 증발시켜 버리고 남은 물은 다른 곳에 버릴 것이다. 즉, 그들은 예루살렘과 유다의 주민들을 많이 죽여 없앤 후에 남은 자들은 이 도성과 이 땅 밖으로 내쳐버릴 것이다. 어떤 이들은 하나님께서 이 성읍은 가마가 되고 우리는 고기가 된다(겔 11:3)고 말했던 자들의 말을 염두에 두시고 여기에 나오는 것과 같은 환상을 예레미야에게 보여주신 것이라고 생각한다. 이 끓는 가마가 놓여져 있는 용광로의 아궁이 또는 윗면은 북에서부터 기울어져 있었다. 왜냐하면, 이 가마를 끓일 불과 땔감은 북에서 올 것이었기 때문이다. 하나님은 이 환상을 바로 그런 식으로 설명해 주신다(14절). 재앙이 북방에서 일어나리라. 이 재앙은 오래 전부터 하나님의 공의에 의해서 작정된 것이었고, 유다 백성은 이미 오래 전부터 그들의 죄로 말미암아 이러한 재앙을 마땅히 받아야 했다. 그런데도 하나님은 그동안 오래 참으시며 이 재앙이 일어나지 않도록 억제해 오셨다. 원수들은 이 재앙을 이 땅에 가져오기 위해 안달이 나 있었지만, 하나님은 그들을 붙잡아 두셨다. 그러나 이제 이 재앙을 억제하고 있던 것들이 다 제거되어서 재앙이 일어날 것이다. 소름끼치는 무시무시한 장면이 펼쳐질 것이고, 원수는 홍수처럼 밀려올 것이다. 이 재앙은 모든 것에 미칠 것이다. 이 재앙은 가장 높은 자로부터 가장 낮은 자에 이르기까지 이 땅의 모든 주민들에게 닥칠 것이다. 왜냐하면, 그들의 행실은 너 나 할 것 없이 모두 부패하였기 때문이다.

이 폭풍우가 평소에는 그들에게 맑은 날씨를 가져왔던 북쪽에서 일어나리라는 것을 주목하라(욥 37:22). 히스기야와 바벨론 왕이 서로 우호적이었기 때문에 그들은 북방에서 좋은 일들이 많이 있을 것이라고 기대하였다. 그러나 현실은 정반대라는 것이 드러났다. 그들을 괴롭게 할 환난이 북방에서 왔다. 맑은 날씨를 기대하였던 곳에서 아주 세찬 폭풍우가 몰아닥치는 경우가 종종 있다. 하나님은 이 환상을 계속해서 설명해 나가신다(15절). 좀 더 자세하게 살펴보자.

(1) 유다를 침략하여 황폐화시킬 군대를 일으키시겠다는 것. 내가 북방 왕국들의 모든 족속들을 부를 것이다. 북방의 모든 왕국들이 느부갓네살의 총지휘 아래 하나가 되어서 이 원정에 참가하게 될 것이다. 이 왕국들은 모두 여기저기에 흩어져 있었지만, 모든 사람의 마음을 자신의 수중에 쥐고 계시는 하나님은 이 왕국들이 하나로 뭉치게 하실 것이다. 이 왕국들은 유다로부터 멀리 떨어져 있었지만, 모든 사람의 발걸음을 인도하시는 하나님은 이 왕국들을 부르실 것이고, 그 왕국들은 아무리 멀리 떨어져 있어도 하나님의 부르심을 따라 반드시 달려 올 것이다. 이 왕국들은 하나님의 호출에 순종할 것이다. 하나님의 부르심을 받은 자들은 반드시 오게 되어 있다. 하나님은 어떤 하실 일이 있으실 때에 그 일을 시키실 만한 자들을 찾아내셔서, 그 도구로 사용될 자들이 아무리 먼 곳, 세상 끝에 있다고 할지라도 그들에게 사자(使者)를 보내어 부르신다. 전쟁터에 동원될 군대가 충분히 그 수가 많고 힘이 강하도록 하기 위하여 하나님은 북방 왕국들만이 아니라 그 왕국들의 모든 족속들까지 동원하셔서 몸이 성한 남자는 한 사람도 집에 그대로 남겨두지 않으실 것이다.

(2) 이 군대가 진격해 옴. 이 연합군의 사령관들은 각자 맡은 위치에서 포진하여 예루살렘을 비롯하여 유다의 성읍들을 포위할 것이다. 그들은 각기 자리를 정하고 앉아 있게 될 것이다. 어떤 성읍이 포위되었을 때, 우리는 적군이 그 성읍 앞에 자리를 잡고 앉아 있다고 말한다. 그들 중 일부는 성문 어귀에 진을 치고 일부는 그 사방 성벽을 마주 보고 진을 쳐서, 성읍의 주민들이 성문을 통해 나가는 것을 차단하고 양식이 성문을 통해 들어가는 것을 막음으로써 그 주민들로 굶주려 죽게 만들 것이다.

3. 하나님은 선지자에게 이 모든 심판을 불러들인 원인이 무엇이었는지를 분명하게 말씀해 주신다. 그 원인은 예루살렘과 유다 성읍들의 죄악이었다(16절). 그들의 모든 죄악으로 인하여 내가 나의 심판을 그들에게 선고하리라. 물을 막

아주는 수문들을 망쳐 놓고 이렇게 재앙의 홍수가 밀려오게 만든 것은 바로 그들의 죄악이었다. 그들은 하나님을 버리고 하나님에 대한 충성맹세를 깨고서 반역하였으며, 다른 신들, 새로운 신들, 낯선 신들, 온갖 거짓 신들, 신이라 자처하지만 신이 아닌 것들, 그들의 공상 속에서 만들어낸 신들에게 분향하였고, 자기 손으로 만든 것들에 절하였다. 예레미야는 나이가 어려서 바깥 세상을 두루 둘러보지 않았기 때문에 유다 백성이 어떠한 가증스러운 우상 숭배의 죄를 저지르고 있는지를 알지 못하였을 것이고, 따라서 하나님이 해주시는 그런 말씀을 듣는다고 해도 그 말씀을 믿을 수 없었을 것이다. 그런데도 하나님이 이 말씀을 예레미야에게 들려주시는 이유는 그로 하여금 하나님의 책망이 무엇을 겨냥한 것이고 경고의 말씀을 선포하는 것이 무엇 때문인지를 알게 하고, 그가 하나님의 이름으로 그들에게 선포하게 될 심판의 선고가 공정한 것임을 깨닫고서 스스로 만족하게 하기 위한 것이었다.

Ⅱ. 하나님은 예레미야에게 그가 맡은 일에 온 정성을 다해 힘쓰라고 격려하신다. 예레미야는 하나님의 큰 신임을 받는다. 예레미야는 하나님의 이름으로 반역자들에게 선전포고를 하는 임무를 띤 전령관(傳令官)으로 보내심을 받는다. 왜냐하면, 하나님은 죄인들이 경고의 말씀을 듣고 정신을 차려서 회개함으로써 그의 진노를 돌이킬 수 있게 되거나 그들이 회개하지 않는 경우에 변명의 여지가 없게 만드시기 위하여 그가 보낼 심판에 대하여 미리 경고하시기를 기뻐하시기 때문이다. 하나님은 예레미야에게 이 일을 맡기시면서 이렇게 당부하신다. "그러므로 너는 네 허리를 동이라. 네가 이 일을 하는 데에 방해가 되거나 걸리적거리는 모든 것들을 내려 놓아라. 단호하고 결연하게 이 일에 매진하고, 그 어떤 의심에도 휘둘리지 말라." 예레미야는 신속해야 했다. 지체하지 말고 일어나라. 예레미야는 바쁘게 움직여야 했다. 일어나서 때를 놓치지 말고 제때에 그들에게 말하라. 예레미야는 담대해야 했다. 너는 이전처럼 그들 때문에 두려워하지 말라(8절). 한 마디로 말하자면, 예레미야는 신실하여야 했다. 사자(使者)에게 요구되는 것은 바로 신실함이다.

1. 예레미야는 두 가지 점에서 신실해야 한다.

(1) 그는 하나님이 명령하신 모든 것을 남김 없이 다 전해야 한다. 내가 네게 명령한 바를 다 그들에게 말하라. 그는 하나님이 명령하신 것 가운데 그 어느 것도 사소하다거나 이상하다거나 전할 가치가 없는 것으로 여겨서 빼먹어서는

안 된다. 하나님의 말씀은 하나하나가 다 무겁고 중하다. 그는 사람들이 분노할 것을 두려워하여 하나님이 명령하신 것들 중에서 하나라도 숨기는 일이 있어서는 안 된다. 그는 하나님이 명령하신 것들을 사람들에게 좀 더 호소력이 있거나 구미에 맞게 만든다는 구실로 변경하거나 수정하는 일이 있어서도 안 된다. 그는 하나님의 뜻을 가감 없이 그대로 다 전하여야 한다.

(2) 그는 하나님이 전하라고 정해 주신 모든 자들에게 하나님이 명령하신 것을 전하여야 한다. 그는 말씀을 잘 받아들일 몇몇 친구들만을 골라서 후미진 곳에서 그들에게 속삭이듯 전해서는 안 되고, 비록 악한 왕들이라 할지라도 유다 왕들 앞에 가서 전하여야 하고 그 지도자들의 죄악들에 대하여 증언하여야 한다. 왜냐하면, 아무리 큰 자들이라고 할지라도 하나님의 손 또는 그의 입에 의한 심판에서 면제되지 않을 것이기 때문이다. 또한, 예레미야는 그 제사장들도 빼놓아서는 안 된다. 예레미야는 그 자신이 제사장이었기 때문에 제사장의 위엄과 권위를 지키고자 하는 마음이 당연히 있었겠지만, 그들의 죄악들을 지적하지 않은 채 좋은 말만 해서는 안 된다. 그 땅 백성은 그의 동족이었지만 하나님을 거슬러 행하는 한, 그는 그들 앞에 나타나서 하나님이 명령하신 것을 전하여야 한다.

2. 하나님은 예레미야가 왜 그렇게 하여야 하는지 두 가지 이유를 제시하신다.

(1) 만약 그가 거짓을 전하는 것이라면 그는 하나님의 진노를 두려워해야 할 이유가 있을 것이다. "내가 너로 하여금 그들 앞에서 두려움을 당하지 않게 하고 너로 하여금 겁을 집어먹게 하지 않도록 하니, 너는 그들 때문에 두려워하여 너의 직분을 포기하거나 너의 소임을 다하지 못하는 일이 있어서는 안 된다." 자기에게 맡겨진 일과 본분보다도 자신의 명성이나 편안함과 안전함을 먼저 생각하는 자들은 하나님께서 어디 한번 해보라고 내버려 두시기 때문에 그들은 소심하고 겁을 집어먹은 것으로 인해서 수치를 당하게 된다. 네가 겁을 집어먹은 일로 인하여 네게 책임을 물어서 너를 산산이 부서뜨리지 않도록 너는 그들 때문에 두려워하지 말라(어떤 이들은 이 본문을 이렇게 읽는다). 그러므로 이 선지자는 주는 내게 두려움이 되지 마옵소서(렘 17:17)라고 말한다. 하나님을 두려워하고 경외하는 마음이야말로 사람을 두려워하는 것을 막아주는 최고의 묘약(妙藥)이라는 것을 명심하라. 우리는 우리의 몸을 죽인 후에 지옥에 던져 넣는

권세를 지니신 하나님을 우리가 화나시게 하고 있는 것은 아닌지 언제나 두려워하여야 한다. 그러면 우리는 우리의 몸만을 죽일 수 있는 사람들을 두려워하지 않게 될 것이다(눅 12:4-5). 느헤미야 4:14을 보라. 하나님을 우리의 원수로 만드느니 차라리 세상의 모든 사람들을 우리의 원수로 만드는 편이 더 낫다.

　(2) 만약 그가 하나님의 말씀을 신실하게 전하는 것이라면 그는 사람들의 분노를 두려워해야 할 이유가 없을 것이다. 왜냐하면, 그가 섬기는 하나님이 그를 보호해 주시고 붙들어 주실 것이어서, 그가 자신의 증언을 다 마칠 때까지는 그들이 그의 기(氣)를 꺾어 놓거나 그로 하여금 겁을 집어먹고 그의 일을 하지 못하게 하지 못할 것이며, 그의 입을 막거나 그의 생명을 빼앗아가지 못할 것이기 때문이다(18절). 하나님은 그의 능력으로 이 풋내기 어린 선지자를 쇠기둥으로 요새화되고 놋성벽으로 둘러싸인 난공불락의 성(城)으로 만들어 주실 것이고, 예레미야는 원수들에게 과감히 돌진하여 책망과 경고의 말씀들을 전함으로써 그들을 두려움에 떨게 만들 것이다. 원수들은 사방에서 그를 압박해 올 것이다. 왕들과 방백들은 그들의 권력을 사용하여 그를 칠 것이고, 제사장들은 그들의 강단에서 우레 같은 소리로 그를 비난할 것이며, 이 땅의 백성들은 그를 향하여 비방과 독설의 화살들을 쏠 것이다. 그러나 그는 자기 자리를 굳건히 지키며 그들에 대하여 자기가 해야 할 일을 다할 것이다. 그는 여전히 그들을 제어하는 재갈 역할을 하게 될 것이다(19절). 그들이 너를 치나 너를 이기지 못하리니 이는 내가 너와 함께 하여 그들의 손에서 너를 구원할 것임이니라. 그들은 하나님이 예레미야를 통해서 그들에게 보내시는 말씀을 좌절시키거나 그들 자신을 구하고자 하겠지만 성공하지 못할 것이다. 하나님의 말씀은 그들을 단단히 붙잡을 것이다. 왜냐하면, 하나님이 그들을 쳐서 말씀하시는 것은 그들을 멸하시기 위한 것이기 때문이다. 하나님이 함께 하신다는 것을 확신하는 자들(그들이 하나님과 함께 하면 하나님도 그들과 함께 하신다)은 누가 그들을 대적한다고 하여도 그 대적자를 두려워할 필요가 없고 두려워해서도 안 된다는 것을 명심하라.

제 — 2 — 장

개요

이 장은 예레미야가 선지자로 소명을 받은 후에 행한 첫 번째 설교일 가능성이 높다. 이 설교는 성경에 나오는 예언서 전체에서 가장 생생하고 열정적인 설교 중의 하나이다. 예레미야는 "나는 아이여서 말을 잘 못한다"는 말을 해서는 안 되었다. 왜냐하면, 하나님이 그의 입을 만져 주시고 그 입 속에 말씀을 넣어주시자 그는 누구보다도 더 잘 말할 수 있는 자가 되었기 때문이다. 이 장의 취지는 하나님의 백성에게 그들의 범죄를 보여주시는 것, 곧 야곱의 집에 그들의 죄악들을 보여주시는 것이다. 그들이 그들의 죄악들에 대하여 회개하고서 그들에게 다가오고 있는 파멸을 미리 막을 수 있도록 하기 위하여, 이 장은 온통 책망하는 말씀과 죄를 깨우치시는 말씀으로 되어 있다. 그들에 대한 고소는 그 강도가 아주 높고, 그들의 죄에 대한 단죄는 지극히 암울하며, 그들의 죄악들을 깨우치기 위하여 사용되는 논증들은 아주 치밀하고 집요하며, 그 충고들은 애정어리면서도 아주 신랄하다. 여기에서 가장 큰 비난의 대상이 된 죄는 그들의 하나님이신 참 하나님을 버리고 다른 거짓 신들을 섬긴 우상 숭배의 죄이다. 이제 그들은 다음과 같은 말씀들을 듣는다. I. 그들의 이러한 행위는 이제까지 그들에게 그토록 인자하셨던 하나님에 대한 배은망덕이라는 것(1-8절). II. 한 나라가 그들의 신을 바꾼 일은 전례가 없는 일이라는 것(9-13절). III. 그렇게 함으로써 그들은 스스로의 위신을 깎아먹고 파멸을 자초하였다는 것(14-19절). IV. 그들은 그들의 언약들을 깨뜨리고서 그들의 좋았던 초창기의 모습을 잃어버리고 타락하였다는 것(20-21절). V. 그들의 악행은 너무도 분명해서 숨길 수 없고 너무도 악해서 변명의 여지가 없다는 것(22-23, 35절). VI. 그들은 온갖 교묘한 수법으로 끈질기게 우상 숭배를 지속하였고, 전혀 돌이킬 기미도 없이 지치지 않고 우상 숭배에 몰두하였다는 것(24-25, 33, 36절). VII. 그들은 이미 우상 숭배로 인하여 수치를 당하였고, 머지않아 그들의 우상들이 그들을 도울 수 없다는 것이 판명날 때에 다시 수치를 당하게 되리라는 것(26-29, 37절). VIII. 하나님이 지금까지 여러 섭리들을 통해서 책망하셨는데도 그들은 죄를 깨닫지 못하고 삶을 고치지 않았다는 것(30절). IX. 그들은 하나님을 몹시 경멸하였다는 것(31-32절). X. 그들은 우상 숭배와 더불어서 죄 없는 가난한 자들을 죽이는 가장 부도덕한 살인을 저질렀다는 것(34절). 그들이 저지른 죄악들을 이렇게 낱낱이 그들 앞에 제시했는 데도 마음에 전혀 느낌이 없고 낮아지지 않는 자들은 그 마음이 진정으로 딱딱하게 굳어 있는 것이다. 이 장을 묵상함으로써 우리가 우리의 영적 우상 숭배, 즉 우리 영혼 속에서 오직 하나님이 차지하셔야 할 자리를 세상과 육체에 내어 준 것을 회개하게 되기를 바라나이다!

¹여호와의 말씀이 내게 임하니라 이르시되 ²가서 예루살렘의 귀에 외칠지니라 여호와께서 이와 같이 말씀하시기를 내가 너를 위하여 네 청년 때의 인애와 네 신혼 때의 사랑을 기억하노니 곧 씨 뿌리지 못하는 땅, 그 광야에서 나를 따랐음이니라 ³이스라엘은 여호와를 위한 성물 곧 그의 소산 중 첫 열매이니 그를 삼키는 자면 모두 벌을 받아 재앙이 그들에게 닥치리라 여호와의 말씀이니라 ⁴야곱의 집과 이스라엘의 집 모든 족속들아 여호와의 말씀을 들으라 ⁵나 여호와가 이와 같이 말하노라 너희 조상들이 내게서 무슨 불의함을 보았기에 나를 멀리 하고 가서 헛된 것을 따라 헛되이 행하였느냐 ⁶그들이 우리를 애굽 땅에서 인도하여 내시고 광야 곧 사막과 구덩이 땅, 건조하고 사망의 그늘진 땅, 사람이 그 곳으로 다니지 아니하고 그 곳에 사람이 거주하지 아니하는 땅을 우리가 통과하게 하시던 여호와께서 어디 계시냐 하고 말하지 아니하였도다 ⁷내가 너희를 기름진 땅에 인도하여 그것의 열매와 그것의 아름다운 것을 먹게 하였거늘 너희가 이리로 들어와서는 내 땅을 더럽히고 내 기업을 역겨운 것으로 만들었으며 ⁸제사장들은 여호와께서 어디 계시냐 말하지 아니하였으며 율법을 다루는 자들은 나를 알지 못하며 관리들도 나에게 반역하며 선지자들은 바알의 이름으로 예언하고 무익한 것들을 따랐느니라

이 단락에는 다음과 같은 내용들이 나온다.

I. 하나님께서 예레미야에게 하나님의 말씀을 가지고 가서 예루살렘 주민들에게 전하라고 명령하심. 예레미야는 이미 앞에서 가서 그들에게 말하라(렘 1:17)는 개략적인 명령을 받은 바 있는데, 여기에서는 가서 그들에게 이것을 말하라는 구체적인 명령을 받는다. 사역자들은 그들의 일 중에서 어느 부분을 본격적으로 착수할 때에 믿음과 기도를 통해서 새로운 명령을 받는 것이 좋다는 것을 명심하라. 사역자는 여호와께서 나를 보내셨다고 말할 수 있을 뿐만 아니라 여호와께서 이것을 말하라고 나를 보내셨다고 말할 수 있도록 하기 위해서

자기가 전해야 할 것을 하나님의 말씀에 비추어서 면밀하게 검토하여 과연 이 둘이 서로 일치하는지를 확인하지 않으면 안 된다. 예레미야는 친구들과 어울려 율법을 공부하며 한가롭고 즐겁게 살았던 그의 고향 아나돗을 떠나서, 저 소란스럽고 시끄러운 성읍인 예루살렘으로 가서 그들이 듣지 않을 수 없도록 그들의 귀에 대고 외쳐야 한다. "모든 사람이 들을 수 있도록, 그리고 아무도 몰랐다고 변명할 수 없도록 큰 소리로 외치라. 그들에게 가까이 다가가서, 귀를 막아 버린 자들의 귀에 대고 외칠지니라."

Ⅱ. 하나님께서 예레미야에게 전하라고 명령하신 메시지. 그는 그들에게 옛적부터 그토록 인자하셨던 하나님을 버린 그들의 지독한 배은망덕을 꾸짖음으로써 이 책망으로 인해서 그들이 부끄러워하여 회개하도록 하거나 하나님이 그들을 치시려고 손을 드시는 것이 옳다는 것을 드러내 보여야 한다.

1. 하나님은 여기에서 오래 전에 그들이 처음으로 하나의 민족을 이루게 되었을 때에 하나님이 그들에게 베푸셨던 은총들을 상기시키신다(2절). "내가 너를 위하여 기억하노라. 네가 그 일을 한번 기억해 보고서 그 기억을 너의 유익을 위하여 잘 활용하기를 바라는 마음으로 말하노니, 나는 네 청년 때의 인애와 네 신혼 때의 사랑을 잊을 수 없노라."

(1) 이것은 그들이 그 때에 하나님에 대하여 지니고 있었던 애정을 가리키는 것으로 이해될 수 있다. 사실 그 때에 하나님에 대하여 그들이 지니고 있었던 이러한 애정은 그들이 자랑할 만한 것도 아니었고 하나님이 그들에게 은총을 베풀어 주셔야 할 근거로 제시할 만한 구실도 되지 않았지만(그들 중 다수는 지극히 냉정하고 화를 돋우는 짓을 하였을 뿐만 아니라, 돌아와서 하나님을 열심히 찾았을 때에도 단지 하나님께 아부한 것에 지나지 않았기 때문에), 하나님은 이 일을 기쁜 마음으로 언급하시며 그들을 설득하신다. 왜냐하면, 그것은 그들이 하나님께 보여준 아주 작은 사랑에 불과한 것이었지만, 하나님은 그것을 좋게 받아들이셨기 때문이다. 그들이 여호와와 그 종 모세를 믿은 것, 홍해에서 하나님을 찬송하는 노래를 부른 것, 시내 산 자락에서 그들이 여호와의 모든 말씀을 우리가 준행하리이다라고 약속한 것은 그들의 청년 때의 인애와 그들의 신혼 때의 사랑이었다. 그들이 하나님에 대하여 이렇게 적극적인 듯이 보였을 때에 하나님은 그들은 실로 나의 백성이요 거짓을 행하지 아니하는 자녀라 내게 신실하리라고 말씀하셨다. 시작이 좋아서 앞으로 잘 할 것이라는 기대를 심어주고

서는 그 이후에 그 기대에 못 미치게 행하는 자들에게는 그들이 시작할 때에 어떤 소망과 기대를 불러일으켰는지를 일깨워주며 책망하는 것이 마땅하다는 것을 명심하라. 하나님은 우리의 청년 때의 인애와 우리의 신혼 때의 사랑, 즉 우리가 그 때에 하나님에 대하여 지니고 있었던 것으로 보였던 열심, 우리가 하나님과 언약들을 맺으면서 보여주었던 애정, 그 후에 싹이 나지도 못하고 꽃을 피우지도 못하게 된 것을 다 기억하신다. 우리가 어디에서부터 떨어져 나왔는 지를 기억해 내어서 우리의 첫 사랑을 회복하기 위해서는 그러한 것들을 기억해 내는 것이 좋다(계 2:4-5; 갈 4:15). 그들의 청년의 때의 인애는 두 가지로 나타났다.

[1] 그들이 광야에서 구름 기둥과 불기둥의 지시를 따른 것. 광야는 씨 뿌리지 못하는 땅이었음에도 불구하고, 그들은 종종 애굽으로 되돌아가자거나 가나안 땅으로 곧바로 들어가자고 말하기도 했지만 그렇게 하지 않고 사십 년 동안 그 광야에서 하나님을 따르며 하나님을 의지하여 먹을 것과 입을 것을 해결하였다. 하나님은 그것을 좋게 보셨고, 그들이 많은 잘못을 저지르기도 하였지만 어쨌든 하나님의 인도하심을 결코 저버리지 않았다는 것은 그들이 칭찬받을 만한 일이라고 좋게 보아 주셨다. 마찬가지로, 그리스도께서도 종종 그의 제자들을 야단치셨지만 그들과 작별하실 때에는 그들이 계속해서 그를 따라준 것을 칭찬하셨다(눅 22:28). 우리로 하여금 광야에서 절대적인 믿음과 전적인 자기 부인 속에서 하나님을 계속해서 따르게 만드는 것은 청년 때와 신혼 때의 강력한 사랑임에 틀림없다. 하나님을 그렇게 따라온 자들이 하나님을 떠난다면, 그것은 참으로 애석한 일이 아닐 수 없다.

[2] 그들이 하나님이 세우신 제도들을 환영하여 그들 가운데 성막을 세우고 제사를 드린 것. 그 때에 이스라엘은 여호와를 위한 성물이었다. 그들은 언약을 통해서 하나님께 속하여 있었던 하나님의 특별한 백성이었다. 이렇게 그들은 영으로 시작하였다. 하나님은 그들이 육으로 끝마치는 것을 부끄러워하도록 하기 위하여 그 때의 일을 그들에게 상기시켜 주신다.

(2) 또는, 이것은 그들에 대한 하나님의 인애를 가리키는 것으로 이해될 수 있다. 하나님은 나중에 이 점에 대하여 자세하게 말씀하신다. 이스라엘이 어렸을 때에 내가 사랑하였다(호 11:1). 그 때에 하나님은 마치 청년이 처녀와 결혼할 때에 갖는 지극한 애정을 가지시고서 이스라엘 백성과 혼인하셨다(사 62:5).

왜냐하면, 그 때는 사랑을 할 만한 때였기 때문이다(겔 16:8).

[1] 하나님은 그들을 자기 소유로 삼으셨다. 그들은 죄악된 백성이었지만 하나님이 그들과 맺은 언약과 그들 가운데 세워진 교회 때문에 하나님의 영광을 위하여 봉헌되고 하나님의 특별한 인도하심 아래에 있는 여호와를 위한 성물이었다. 그들은 하나님의 소산 중 첫 열매, 하나님이 세상에 처음으로 세우신 교회였다. 그들은 첫 열매들이었고, 온전한 수확은 이방인들로부터 거두어질 것이었다. 소산의 첫 열매들은 온전한 수확 중에서 하나님의 몫으로서 하나님께 드려지는 것들이고, 하나님은 그 첫 열매들을 통해서 영광을 받으셨다. 유대 백성들도 마찬가지였다. 하나님께서 이 세상에서 공세(貢稅)와 소작료와 충성 맹세를 받으신 것이 조금이라도 있다고 한다면, 그것은 주로 유대 백성들로부터 나온 것이었다. 그들이 이렇게 하나님을 위하여 성별된 것은 그들의 영광이었다. 모든 성도들은 이러한 영광을 지니고 있다. 그들은 그의 피조물 중의 첫 열매들이다(약 1:18).

[2] 하나님은 그들과 혼인하셨기 때문에 그들의 처지를 지지하셨고 그들의 원수들에게 원수가 되셨다(출 23:22). 이스라엘은 그의 소산 중 첫 열매였기 때문에 그를 삼킨 자는 모두 벌을 받았다(본문은 이렇게 읽어야 한다). 첫 열매 또는 여호와의 성물을 삼킨 자들, 그것들을 횡령하거나 착복한 자들은 범죄한 것이기 때문에 범죄한 자들로 여겨져서 재앙이 그들에게 닥쳤다(레 5:15). 하나님의 백성에게 해악을 입힌 자는 누구든지 자기 자신을 위험에 빠뜨린 것이었다. 하나님은 그의 백성에게 해악을 입힌 자들에게 복수할 준비가 되어 계시고, 가장 교만한 왕들에게도 나의 기름 부은 자를 손대지 말라고 하셨다(시 105:14-15; 출 17:14). 하나님은 자기 백성을 유혹하고 타락시켜서 여호와의 성물이 되지 못하게 하고자 한 자들과 유별나게 다투셨다. 이것은 하나님께서 브올의 일로 미디안인들과 다투신 일에서 잘 입증된다(민 25:17-18).

[3] 하나님은 강한 손과 큰 두려운 일로 그들을 애굽에서 인도하여 내셨지만(신 4:34), 인자한 손과 큰 자애로우심으로 그들을 인도하셔서 광활한 광야를 통과하게 하셨다(6절). 그 광야는 사막과 구덩이 땅이어서 그들을 먹여 살리는 땅이 아니라 그들을 매장할 땅만이 있는 곳이었고, 건조하고 사망의 그늘진 땅이어서 선한 것이라고는 전혀 기대할 수 없고 오로지 온갖 두려운 것만이 있는 곳이었다. 바로 그 어둡고 음침한 골짜기 속을 그들은 사십 년 동안이나 걸어

다녔다. 그러나 하나님은 그들과 함께 하셨다. 모세의 손에 들려 있던 주의 지팡이와 막대기가 그들을 안위하여 주었고, 거기가 광야인데도 하나님은 그들에게 상을 차려 주셨으며(시 23:4-5), 구름에서 먹을 양식을, 반석에서 먹을 물을 내어 그들에게 주셨다. 그 곳은 길을 낼 수도 없고 안식을 할 수도 없는 곳이라서 모든 인류가 포기한 땅이었다. 사람이 그 곳으로 다니지 아니하였기 때문에 그 곳에는 도로가 없었고, 그 곳에는 사람이 거주하지 아니하였기 때문에 거기에는 마을도 없었다. 하나님은 자기 백성이 사람들이 한 번도 밟아 보지 않은 길들을 밟으며 홀로 거주하고 사람들과 구별되어 따로 사는 법을 가르치고자 하셨다. 하나님께서 이 여행길의 어려움들을 이렇게 힘주어 말씀하시는 것은 그 모든 어려움들을 뚫고 그들을 인도하여 내셔서 마침내 목적지까지 안전하게 다다르게 하신 하나님의 능력과 선하심이 어떠한지를 보여주시기 위한 것이었다. 영적 이스라엘에 속한 하나님의 모든 백성은 그들이 광야 같은 이 세상, 몸뿐만이 아니라 영혼에게도 위험하기 짝이 없는 이 광야 길을 안전하게 통과해 온 것이 다 하나님의 덕분이라는 것을 시인하지 않으면 안 된다.

[4] 하나님은 마침내 그들을 가나안에 정착시키셨다(7절). 내가 너희를 기름진 땅에 인도하였다. 그들은 오랜 세월 동안 건조한 땅에 있어 보았기 때문에 그 기름진 땅은 그들에게 한층 더 만족스러울 수밖에 없었을 것이다. 그들은 그 땅의 열매와 그 땅의 아름다운 것을 먹었고, 하나님은 그들이 그렇게 하는 것을 허락하셨다. 나는 너희를 갈멜의 땅으로 인도하였다(원문은 이렇게 되어 있다). 갈멜은 극히 비옥한 곳이었음을 생각할 때, 하나님은 가나안을 마치 하나의 큰 비옥한 들판으로 말씀하고 계시는 것이라 할 수 있다(신 8:7).

[5] 하나님은 그들에게 하나님을 아는 지식과 은혜의 수단들, 하나님과 교통하는 수단들을 주셨다. 이런 의미가 8절에 함축되어 있다. 그들에게는 율법을 다루는 제사장들, 즉 율법을 읽고서 그들에게 설명해 주는 제사장들이 있었다. 이것은 제사장들이 하는 일 중의 일부였다(신 33:8). 그들에게는 그들을 지도해 주고 그들의 일들을 처리해 주는 방백들과 재판관들이 있었다. 또한, 그들에게는 그들을 대신하여 하나님께 물어서 하나님의 마음을 그들에게 알려주는 선지자들이 있었다.

2. 하나님은 그들의 지독한 배은망덕함, 하나님이 이렇게 많은 은총들을 베풀어 주셨는데도 그들이 은혜를 원수로 갚은 것들에 대하여 그들을 심하게 꾸

짖으신다. 그들은 모두 와서 하나님의 이러한 질책에 대하여 답변하여야 한다 (4절). 선지자는 이스라엘의 집의 모든 족속들에게 하나님의 이름으로 이러한 질책을 전한다. 왜냐하면, 그들 중의 누구도 여기에 나오는 여러 질책들 중 그 어느 하나에 대해서도 죄 없다고 변명할 수 없기 때문이다.

(1) 하나님은 그가 그들에게 불의하였거나 인자하지 않은 경우가 한 가지라도 있었다면 어디 한번 말해 보라고 그들에게 요구하신다. 만약 하나님이 여러 일들에서 그들에게 은총을 베푸셨지만 어떤 일들에서는 그들을 가혹하게 대하셨다면, 그들은 변명할 말이 전혀 없지는 않을 것이었다. 그래서 하나님은 공정하게 그들에게 그들이 그를 버린 이유를 말해 보라고 요구하시는 것이다(5절). "너희 조상들이나 너희가 내게서 무슨 불의함을 보았느냐. 너희가 시험해 보니 하나님이 과연 엄하고 지독한 주인이더냐. 하나님이 너희를 곤경으로 몰아넣는 명령을 너희에게 하셨거나 하나님의 명령 때문에 너희가 부득이 너희에게 합당하지 않거나 어울리지 않거나 부당한 일을 억지로 할 수밖에 없었던 적이 있었느냐. 너희가 하나님의 약속들을 믿고 기대했다가 나중에 속임을 당하거나 실망한 적이 있었느냐. 하나님과 맺은 언약이 가혹한 것이어서 도저히 그 언약대로 살 수 없었기 때문에 너희가 그 언약을 파기한 것이라고 말할 수 있느냐. 하나님이 정하신 규례들은 따분하고 얻을 것이 전혀 없는 것들이었기 때문에 너희가 그 규례들을 버린 것이라고 말할 수 있느냐. 결코 그렇지 않다. 너희가 겪은 실망들은 하나님 때문이 아니라 바로 너희 자신 때문이었다. 하나님의 계명들이라는 멍에는 쉽고, 그것들을 지키면 큰 상이 있다." 하나님을 버린 자들은 그들이 그렇게 한 것은 하나님의 책임이라고 결코 말할 수 없다는 것을 명심하라. 이것은 죄인들의 양심에 물어 보면 확실하게 드러난다. 이와 같은 변명을 하였던 저 게으른 종은 그가 한 변명이 옳지 않다는 것을 자신의 입으로 분명하게 보여주었다(눅 19:22). 하나님이 우리에게 환난을 보내신다고 하여도, 우리는 하나님께 죄가 있다고 말할 수 없다. 하나님은 우리에게 그 어떤 잘못도 하지 않으신다. 여호와의 길들은 의심할 여지 없이 공평하다. 모든 죄악은 우리의 길들 속에 있다.

(2) 하나님은 그들이 그럼에도 불구하고 그에게 너무도 불의하고 고약하게 행하였다고 고소하신다.

[1] 그들은 하나님을 섬기는 일을 그만두었다. "그들은 나를 멀리 하고 나에게

서 멀리 떠나갔다." 그들은 어떻게 하면 하나님에게서 벗어나고 하나님이 그들에게 지운 도리(道理)로부터 벗어날 수 있을까를 궁리하였고, 하나님의 계명들이 닿지 못할 곳, 그들의 양심이 그들의 죄를 일깨우지 못할 곳으로 멀리멀리 도망쳤다. 한번 가졌던 신앙을 버린 자들은 보통 신앙을 전혀 알지 못했던 자들보다도 더 신앙을 멀리하고 배척한다.

[2] 그들이 하나님을 섬기는 일을 그만둔 것은 우상들을 섬기기 위한 것이었는데, 이것은 하나님과 하나님에 대한 예배를 한층 더 모욕하는 것이었다. 그들은 스스로 어떻게 더 나은 삶을 살기 위해서가 아니라 바람을 피우기 위해서 하나님에게서 떠나갔다. 그들은 헛된 것을 따라 행하였다. 즉, 우상 숭배를 하였다. 왜냐하면, 우상은 헛된 것이기 때문이다. 우상은 세상에 없는 것이다(고전 8:4; 신 32:21; 렘 14:22). 우상을 숭배하는 일은 헛된 일이다(행 14:15). 우상을 숭배하는 자들은 헛되이 행하는 자들이다. 왜냐하면, 우상들을 만드는 자들과 의지하는 자들은 그들이 숭배하는 나무토막이나 돌들처럼 아무짝에도 쓸모없는 자들이기 때문이다(시 115:8).

[3] 그들은 우상 숭배와 더불어서 온갖 악을 저질렀다. 그들은 하나님이 그들에게 주신 좋은 땅에 들어와서, 그들 자신을 더럽혀서 하나님을 섬기기에 부적절하게 만들어 버림으로써 그 땅을 더럽혔다(7절). 그 땅은 하나님의 땅이었다. 그들은 단지 하나님의 소작인들이자 그 땅의 거류민들에 불과하였다(레 25:23). 그 땅은 하나님의 기업이었다. 왜냐하면, 그 곳은 거룩한 땅, 임마누엘의 땅이었기 때문이다. 그러나 그들은 하나님의 기업인 그 땅을 하나님이 보시기에 역겨운 것으로 만들었다. 이 때문에 하나님은 격분하셨고 이스라엘을 크게 혐오하셨다.

[4] 그들은 하나님을 버린 후에 곧 일이 잘못되었다는 것을 알고서도 하나님께로 다시 돌아올 생각을 하거나 하나님께로 돌아오려고 발걸음을 돌리지 아니하였다. 백성들이나 제사장들이나 하나님을 찾지 않았고, 하나님에 대한 그들의 본분이 무엇인지에 대해서 조금도 생각하려 들지 않았으며, 하나님의 은총을 회복하고자 하는 마음을 눈곱만치도 보이지 않았다.

첫째, 백성들은 여호와께서 어디 계시냐고 말하지 않았다(6절). 그들은 여호와를 그들의 하나님으로 모시고 예배하도록 교육 받았고, 여호와께서 그들을 애굽 땅에서 인도하여 내셔서 자기 백성으로 삼으셨다는 말을 자주 들었음에도 불구하고, 결코 하나님을 찾지 않았고 하나님의 길들을 알기를 원하지 않았다.

둘째, 제사장들은 여호와께서 어디 계시냐고 말하지 않았다(8절). 그들은 하나님을 직접 모시는 자들이었는데도 하나님을 알고자 하거나 하나님께 인정을 받고자 하는 데에 전혀 관심이 없었다. 그들은 백성들에게 하나님을 아는 지식을 가르치는 직분에 있는 자들이었는데도 정작 자신은 하나님을 아는 지식을 얻는 데에 전혀 신경을 쓰지 않았다. 율법을 다루었던 서기관들은 하나님이나 하나님의 뜻을 알지 못하였고, 성경을 전혀 설명해 줄 줄을 모르거나 올바르게 설명해 줄 줄을 몰랐다. 목회자들은 양 떼가 범죄하는 것을 막아야 하는 데도 스스로 범죄에 앞장 서는 자들이 되었다. 그들이 내게 범죄하였다. 예언을 하는 체하는 자들은 바알의 이름으로 예언하여 바알에게 영광을 돌렸고, 악한 왕들의 지원을 받아서 여호와의 선지자들에게 대적하였다. 바알의 선지자들은 바알의 제사장들과 힘을 합쳐서 무익한 것들, 즉 자신을 숭배하는 자들에게 조금도 도움을 줄 수 없는 우상들을 따랐다. 가장 선한 직분들이 어떻게 악용이 되고 그 직분을 맡은 자들이 얼마나 쉽게 부패할 수 있는지를 보라. 맹인이 맹인을 인도할 때에 그 나라의 백성이 죄를 짓고 멸망을 당하는 것은 전혀 이상한 일이 아니다.

[9]그러므로 내가 다시 싸우고 너희 자손들과도 싸우리라 여호와의 말씀이니라 [10]너희는 깃딤 섬들에 건너가 보며 게달에도 사람을 보내 이같은 일이 있었는지를 자세히 살펴보라 [11]어느 나라가 그들의 신들을 신 아닌 것과 바꾼 일이 있느냐 그러나 나의 백성은 그의 영광을 무익한 것과 바꾸었도다 [12]너 하늘아 이 일로 말미암아 놀랄지어다 심히 떨지어다 두려워할지어다 여호와의 말씀이니라 [13]내 백성이 두 가지 악을 행하였나니 곧 그들이 생수의 근원되는 나를 버린 것과 스스로 웅덩이를 판 것인데 그것은 그 물을 가두지 못할 터진 웅덩이들이니라

선지자는 그들이 하나님을 버리는 배은망덕하고 비열한 짓을 저질렀다는 것을 보여준 후에 여기에서는 그들의 유별난 변덕스러움과 어리석음을 보여준다(9절). 내가 너희와 다시 싸우고 변론하리라. 하나님은 죄인들을 벌하시기에 앞서 그들을 회개시키기 위하여 그들과 변론하신다는 것을 명심하라. 또한, 하나님이 그들의 죄악에 대하여 이미 많은 것을 얘기하셨지만 그런데도

여전히 그들의 죄악에 대하여 하실 말씀이 얼마든지 더 있다는 것을 명심하라. 한 가지 죄목에 대한 입증이 다 끝난 후에는 힘주어 애기해야 할 또 다른 죄목이 존재한다. 우리가 많은 것을 애기했다고 해도, 여전히 우리에게는 하나님을 위하여 아직도 할 말이 있다(욥 36:2). 죄인들을 상대하여 그들의 죄를 깨우치고자 하는 자들은 다양한 논증들을 통해서 그들의 아픈 곳을 찌르기 위해 애써야 한다. 하나님은 앞서 그들의 조상들과 변론하시면서, 왜 그들이 헛된 것을 따라 허망한 자들이 되어 버렸는지를 물으셨었는데(5절), 이제는 그들의 조상이 물려준 헛된 행실을 고집해 온 자들 및 모든 세대에서 그들의 발자취를 밟을 그들의 자손들과 변론하고자 하신다. 하나님을 버린 자들은 하나님이 말씀하실 때에 그 말씀하시는 것이 의로우시다는 것을 보여주시기 위하여 기꺼이 그들과 정정당당하게 변론하고자 하신다는 것을 알아야 한다.

하나님은 우리가 마땅히 우리 자신과 변론했어야 하는 그런 내용을 가지고서 우리와 변론하신다.

I. **하나님은 그들이 모든 나라가 행해 왔던 것과는 정반대로 행하였다는 것을 보여주신다.** 이웃 나라들은 그들이 섬기는 신들이 거짓 신들인데도 독실한 신앙심을 보여 주었는데, 유다 백성은 참 하나님을 섬기는데도 그렇지가 못하였다. 그들은 이방 나라들 같이 되고자 안달이 나 있었지만 정작 이 일에 있어서는 이방 나라들과 같지 못하였다. 하나님은 그들에게 어느 나라가 그들의 신들을 바꾼 일이 있는지 또는 바꾸고 싶어했는지 단 하나의 예라도 한번 내놓아 보라고 다그치신다(렘 2:10-11). 하나님은 그들에게 좀 더 개화되어서 예를 갖춘 나라들인 깃딤 섬들(그리스와 유럽의 섬들)과 좀 더 야만적이고 무지한 남동쪽에 있는(유다를 기준으로 보면 북서쪽에 있는) 게달에 관한 옛 기록이나 현재의 상황을 살펴보라고 말씀하신다. 이방의 신들은 참 신이 아니기 때문에 이방 나라들에게 어떤 은총을 베풀어 준 적도 없었고 줄 수도 없었는데도, 이방 나라들 중에서 그들의 신들을 바꾼 나라는 단 한 나라도 그들이 찾아낼 수 없을 것이었다. 이방 나라들은 그들의 신들에 대하여 숭배하는 마음이 지극하였고 그들의 신들을 정성을 다해서 섬겼으며 그들의 조상들이 행한 선택을 존중하는 마음도 대단하였기 때문에 그들의 신들은 비록 나무와 돌로 만든 신들이었는데도 금이나 은으로 만든 신들로 바꾸고자 하지 않았고, 또한 살아 계신 참 하나님으로 바꾸고자 하지도 않았다. 우리는 그들이 그렇게 한 것을 칭찬하고

있는 것인가. 그렇지 않다. 우리는 그들을 잘 했다고 칭찬하지 않는다. 그러나 유다 백성은 자기 나라의 신을 바꿀 이유가 전혀 없었던 유일한 나라였는데도 모든 나라 가운데서 자기 나라의 신을 바꿔 버린 유일한 나라가 되었다는 것은 이스라엘이 얼마나 부끄러운 짓을 했는지를 알게 하기 위해서 힘주어 역설할 필요가 있다. 사람들이 어떤 한 종교 속에서 양육을 받았을 때에는 비록 그 종교가 너무도 엉터리 같고 대단히 잘못되었다고 하더라도 그 사람들을 그 종교에서 벗어나게 하는 일은 대단히 어렵다는 것을 생각해 보라. 그리스도인들은 우상을 숭배하는 자들이 지니고 있는 열심과 독실한 신앙심을 보고서 그들 자신의 냉랭한 신앙과 변덕을 부끄러워하여야 한다.

Ⅱ. 하나님은 그들이 상식에도 완전히 어긋나는 방식으로 행하였다는 것을 보여주신다. 그들은 자기들의 신을 바꾸는 행위를 했을 뿐만 아니라(어떤 때는 바꾸는 것이 우리의 도리이자 지혜일 수도 있다), 더 좋은 것을 버리고 더 나쁜 것으로 바꾸었고 그들 자신에게 손해가 나는 거래를 했다는 점에서, 그들의 행위는 상식과는 반대되는 것이었다.

1. 그들은 그들의 영광이신 하나님, 그들을 진정으로 영화롭게 만드시고 온갖 방식으로 그들을 존귀하게 하신 하나님을 버렸다. 하나님은 영화로우신 하나님이실 뿐만 아니라 그를 하나님으로 모시는 자들의 영광이 되시기 때문에, 그들은 그들의 영광이 되시는 하나님을 겸손하게 신뢰하고 자랑해야 마땅하였다. 하나님은 특히 그의 백성 이스라엘의 영광이셨다. 왜냐하면, 하나님의 영광은 종종 그들의 성막에 나타나셨기 때문이다.

2. 그들은 그들에게 아무런 유익도 줄 수 없는 신들, 숭배하는 자들에게 무익한 신들에게 갔다. 우상 숭배자들은 하나님의 영광을 부끄러운 것으로 바꿈으로써(롬 1:23) 그들의 영광도 부끄러운 것으로 바꾼 것이다. 그들은 하나님을 욕되게 함으로써 그들 자신을 욕되게 하고 그들 자신의 위신을 깎아 먹으며 그들에게 유익이 되는 것에 대하여 원수가 된다. 하나님을 버리고서 다른 것들에게로 간 자들은 결코 거기에서 아무런 유익도 얻을 수 없다는 것을 명심하라. 그것들은 그들에게 듣기 좋은 말을 해주고 기분을 맞춰줄 수는 있어도 그들에게 유익을 줄 수는 없는 무익한 것들이다. 하나님은 여기에서 하나님을 떠나 배교한 그들의 죄와 어리석음을 보라고 하늘을 호출하시면서, 하늘이 이 일을 본다면 경악하게 될 것이라고 말씀하신다(12-13절). 너 하늘아 이 일로 말미

암아 놀랄지어다. 땅은 모두 다 부패하여서 이 일을 보고도 아무렇지도 않다는 반응을 보일 것이다. 그러나 하늘과 천체(天體)들은 그 일을 보고 깜짝 놀랄 것이다. 해는 그러한 배은망덕한 일을 보고 얼굴을 붉히며, 그러한 배은망덕한 몹쓸 자들에게도 과연 햇빛을 비춰 주어야 하는지 고민하게 될 것이다. 하나님을 버린 자들은 해, 달, 별 같은 하늘 위의 모든 천체를 숭배하였다. 그러나 하늘의 천체들은 그들의 숭배를 기뻐하기는커녕 놀라고 심히 두려워하였다. 왜냐하면, 그 광명들은 어떤 자들에게 숭배할 빌미를 주느니 차라리 자신의 빛을 다 잃어 버리고서 철저히 적막하게 되고 힘을 다 잃어 버리는 편이 더 낫다는 것을 잘 알고 있었기 때문이다. 어떤 이들은 이 본문이 하늘의 천사들을 가리키는 것이라고 본다. 천사들은 영혼들이 하나님께로 돌아오는 것을 보면 무척 기뻐한다고 하는데, 그렇다면 영혼들이 하나님을 반역하여 떠난 경우에는 몹시 놀라고 걱정할 것이 틀림없기 때문이다. 본문이 보여주는 것은 하나님에 대한 이 백성의 처신이 다음과 같았다는 것이다.

(1) 이성을 지녔다고 하는 인간이 이토록 말도 되지 않는 짓을 행하는 것에 대하여 우리가 놀라고 이상히 여기는 것이 당연하다는 것.

(2) 우리는 이 백성의 행위를 창조주에 대한 지독한 모독이자 불경(不敬)으로 여겨서 거룩한 분노를 지녀야 한다는 것. 왜냐하면, 선한 자는 누구든지 하나님을 존귀하게 해드리는 일에 열심을 내야 하기 때문이다.

(3) 우리는 이 백성의 행위가 가져올 결과들을 생각할 때에 두려워 떨 수밖에 없다는 것. 그 결말은 어떻게 될 것인가? 하나님의 은혜와 은총을 이렇게 헌신짝 버리듯이 내팽개쳐 버린 자들이 감당해야 할 하나님의 진노와 저주를 생각할 때, 우리는 소름끼치는 두려움을 느끼지 않을 수 없다. 그렇다면, 도대체 이 백성이 어떤 짓을 저질렀길래 우리는 끔찍한 두려움을 느껴야 하는 것인가? "나의 가르침을 따라서 다스림을 받았어야 할 내 백성이 배은망덕함과 어리석음이라는 두 가지 악을 행하였다. 그들은 그들의 본분이나 도리에도 어긋날 뿐만 아니라 그들의 유익에도 어긋나는 짓을 하였다."

[1] 그들은 마치 하나님은 그들의 눈길을 줄 만한 가치도 없는 존재인 것처럼 여겨 하나님께 등을 돌림으로써 그들의 하나님을 모독하였다. "나는 그들에게 상시적으로 필요한 온갖 위로와 구원을 늘 변함없이 풍성하게 그리고 값없이 공급해 주었건만, 그들은 생수의 근원 되는 나를 버렸다." 하나님은 그들의 생

명의 원천이시다(시 36:9). 하나님 안에는 은혜와 능력이 차고 넘친다. 우리에게 흘러들어오는 온갖 물줄기의 원천은 하나님 안에 있고 하나님에게서 흘러나온다. 하나님을 버리는 것은 사실상 이러한 진리를 부정하는 것이다. 하나님은 우리에게 그의 은총의 선물들을 항상 차고 넘치게 흘려보내 주시는 생수의 근원으로서 모든 것을 풍성히 주시는 우리의 은인이시다. 하나님을 버리는 것은 하나님의 이러한 은혜를 인정하고서 사랑과 찬송으로 보답해야 함에도 불구하고 그렇게 하기를 거부하는 것이다.

[2] 그들은 스스로를 속이고, 하나님이 그들에게 베푸신 긍휼들을 차버리고서, 헛되고 거짓된 것을 좇아갔다. 그들은 스스로 웅덩이를 파는 데에 큰 수고를 아끼지 않았다. 즉, 그들은 물을 끌어와서 모아두거나 빗물을 받아두기 위해서 땅이나 바위를 파서 웅덩이나 저수지들을 만들었다. 그것들은 터진 웅덩이들이어서 밑바닥으로 물이 다 새나가서 물을 가둘 수 없다는 것이 드러났다. 그들이 목이 말라서 물을 찾아 그 곳에 갔을 때, 그 곳에는 진흙으로 된 뻘과 말라버린 저수지의 밑바닥에 퇴적되어 있는 더러운 것들 외에는 아무것도 없었다. 하나님께 등을 돌리고 우상을 찾아가 숭배한 자들은 그런 일을 겪었다. 우리가 피조물이 주는 부(富)나 즐거움이나 명예를 우상으로 삼거나 우리의 행복을 그런 것들에 두고서 오직 하나님 안에만 있는 위로와 만족을 그런 것들 속에서 찾거나 우리의 기쁨과 사랑, 우리의 소망과 신뢰를 그런 것들에 둔다면, 우리는 그런 것들이 터진 웅덩이들, 곧 우리가 많은 힘을 들여서 땅을 파고 물을 채웠지만 나중에 보면 물을 조금밖에 담을 수 없고 이내 썩어서 냄새가 나서 마시지 못하게 되거나 아예 물이 완전히 말라버린 웅덩이들이 되어 있는 것을 발견하게 될 것이다. 그 웅덩이들은 뜨거운 태양볕에 쩍쩍 갈라져서 우리에게 물이 가장 필요할 때에 한 방울의 물도 줄 수 없는 터진 웅덩이들이다(욥 6:15). 그러므로 우리는 단단히 마음을 먹고서 오직 여호와만을 꼭 붙들어야 한다. 생명의 말씀이 계시오니 우리가 어디로 가리이까.

[14]이스라엘이 종이냐 씨종이냐 어찌하여 포로가 되었느냐 [15]어린 사자들이 그를 향하여 부르짖으며 소리를 질러 그의 땅을 황폐하게 하였으며 그의 성읍들은 불타서 주민이 없게 되었으며 [16]놉과 다바네스의 자손도 네 정수리를 상하였으니 [17]네 하나님 여호와가 너를 길로 인도할 때에 네가 그를 떠남으로 이를 자취함이 아니냐 [18]네

가 시홀의 물을 마시려고 애굽으로 가는 길에 있음은 어찌 됨이며 또 네가 그 강물을 마시려고 앗수르로 가는 길에 있음은 어찌 됨이냐 ¹⁹네 악이 너를 징계하겠고 네 반역이 너를 책망할 것이라 그런즉 네 하나님 여호와를 버림과 네 속에 나를 경외함이 없는 것이 악이요 고통인 줄 알라 주 만군의 여호와의 말씀이니라

선지자는 이 백성이 하나님을 버린 것이 얼마나 어리석은 짓이었는지를 좀 더 분명하게 보여주기 위해서 그들이 그렇게 함으로써 이미 어떤 재난들을 자초하였었는지를 그들에게 상기시켜 준다. 그들은 이미 값비싼 대가를 치렀다. 왜냐하면, 그들이 지금 이 나라에 임한 온갖 재난들 아래에서 신음하고 있는 것은 모두 그들이 하나님을 버린 것이 그 원인이기 때문이다. 그러나 그들이 회개하지 않는다면, 이 재난들은 더 큰 재난들의 맛보기일 뿐이었다. 그들이 그들의 어리석음 때문에 어떤 벌을 받고 고통스러워하였는지를 보라.

I. 그들의 공공연한 원수들이었던 이웃 나라들은 그들을 이기고 압도하였는데, 이것은 그들의 죄 때문이었다.

1. 그들은 종이 되어 자유를 잃었다(14절). 이스라엘이 종이냐. 결코 그렇지 않다. 이스라엘은 내 아들 내 장자라(출 4:22). 그들은 자녀들이요 상속자들이다. 또한, 그들의 혈통은 고귀하였다. 그들은 하나님의 벗인 아브라함의 자손이요 하나님의 택하신 자 야곱의 자손이다. 이스라엘이 씨종이냐. 결코 그렇지 않다. 그들은 여종의 아들이 아니라 자유 있는 여자의 아들이다. 하나님이 그들을 택하신 것은 종살이하도록 하기 위해서가 아니라 다스리고 통치하도록 하기 위해서였다. 그들이 태생적으로 지니고 있는 모든 것 속에는 자유와 존귀함의 흔적들이 깃들어 있었다. 그런데 이스라엘은 어찌하여 자유를 잃고 포로가 되었느냐? 어찌하여 이스라엘은 씨종 노릇을 하고 있는 것이냐? 어찌하여 이스라엘은 전혀 유익이 되지 못하는 욕정의 포로가 되고 우상들의 종이 된 것이냐(11절)? 팥죽 한 그릇, 티끌로 변해 버릴 이 땅에서의 영광 때문에 장자의 권리를 팔아 버리다니 도대체 이 무슨 일이란 말인가! 어찌하여 이스라엘은 압제자의 종이 되었는가? 하나님은 히브리인 종은 칠년째 되는 해에 놓아 주어야 하고, 이방인 중에서 종을 취할 것이지 형제를 종으로 삼아서는 안 된다고 정해 놓으셨다(레 25:44, 46). 그러나 하나님의 이러한 명령을 무시하고, 왕과 고관들은 그들의 신민(臣民)을 노예로 삼았고, 주인들은 하인들을 노예로 삼음으로써, 하나

님이 그토록 복되고 존귀하게 만들어 놓으셨던 그들의 나라를 초라하고 비참하게 만들어 버렸다. 그러자 이웃 나라의 왕들은 그들의 나라로 쳐들어와서 그들 중 일부는 본국으로 끌고가 노예로 삼았고 일부는 다른 나라에 노예로 팔았다. 도대체 그들은 어찌하여 자유를 잃어버리게 된 것인가? 그들은 그들의 죄악으로 말미암아 팔린 것이었다(사 50:1). 우리는 이것을 영적으로 해석할 수 있다. 사람의 영혼은 종이며 씨종인가? 결코 그렇지 않다. 그렇다면, 사람의 영혼은 어찌하여 자유를 잃고 종이 되었는가? 그것은 사람의 영혼이 자신의 자유를 팔아 버리고 스스로 온갖 정욕과 욕망의 노예가 되었기 때문이다. 이것은 통탄스러운 일이기 때문에, 우리는 이것을 보고 통곡하지 않으면 안 된다.

2. 그들은 빈곤하게 되어 부와 재물을 잃었다. 하나님은 그들을 모든 것이 풍족한 땅으로 인도하셨지만(7절), 그들의 이웃 나라들이 그 땅을 삼켜 버렸다(15절). 어떤 사자들이 그를 향하여 부르짖으며 소리를 질렀다. 이웃 나라들은 그들에게 늘 공포의 대상이었다. 힘 있는 원수가 종종 일어나 그들을 덮쳤고, 어떤 때는 많은 원수들이 연합하여 그들을 짓밟았다. 그 원수들은 그들의 땅을 황폐하게 하고 성읍들을 불태웠으며 그 땅에서 난 열매들을 가져가 버렸다. 그들의 땅에는 살 집들도 없게 되었고 사람들도 포로로 끌려갔기 때문에 주민이 없게 되었다.

3. 그들은 만나는 자들에게서 수모를 겪고 맞으며 학대를 당하였다(16절). "심지어 용맹스럽지도 못하고 힘도 없었던 하찮은 족속들인 놉과 다바네스의 자손도 네 정수리를 상하였다. 그들과의 싸움은 언제나 네게 힘겨웠고, 도저히 당해낼 수 없어서 너는 머리가 깨져서 돌아오곤 하였다. 네 나라의 심장부, 곧 예루살렘 근방의 땅까지도 그들의 먹잇감이 되어 버렸다." 유다의 상황이 얼마나 비참하였는지는 당시로 보아서 얼마 전에 므낫세 왕이 겪은 곤욕 속에 잘 나타나 있는데(대하 33:11), 예레미야 선지자가 활동할 당시에도 사정은 그리 나아지지 않았을 것이다.

4. 이 모든 것은 그들의 죄 때문이었다(17절). 네가 이를 자취함이 아니냐. 그들은 이방 나라들과의 죄악된 동맹, 특히 우상 숭배와 관련된 그 나라들의 풍습을 좇음으로써 그들 자신을 지극히 초라하고 멸시받을 만한 존재로 만들어 버렸는데, 한번 신앙을 고백했다가 나중에 그 신앙을 벗어던져 버리는 자들도 결국은 그런 꼴이 되고 만다. 이제 그들에게는 태생적으로 그들을 존귀하고 두

려운 존재로 만들어 주었던 모든 것들이 하나도 남아 있지 않았기 때문에, 그
들을 존중하거나 두려워하는 자는 아무도 없었다. 그러나 이것이 전부가 아니
었다. 그들은 하나님을 화나시게 하여 그들을 원수들의 손에 넘겨 주시도록 만
들었고, 하나님은 원수들을 그들을 징계할 회초리로 삼으셔서, 원수들로 하여
금 그들을 이기게 해주셨다. "이렇게 너는 네 하나님 여호와를 떠나 반역하여 하
나님에 대한 충성 맹세를 버림으로써 하나님의 보호하심을 내팽개쳐 버리고
이런 재난을 자취하였다. 왜냐하면, 네가 충성할 때에만 하나님의 보호하심이
네게 주어지기 때문이다." 우리에게 환난이 있다면, 그것은 전적으로 우리의
책임이다. 우리가 하나님을 버림으로써 그 환난을 스스로 자초한 것이기 때문
이다. "네 하나님 여호와가 너를 길로 인도할 때에 네가 그를 떠났다. 하나님께서
너를 복된 평안과 안전한 땅으로 인도하셔서 그 땅이 네 눈 앞에 있을 바로 그
때에 너는 하나님을 버렸을 뿐만 아니라 하나님이 네게 가까이 다가오지 못하
도록 아예 네 문에 빗장을 걸었다."

**Ⅱ. 이웃 나라들은 그들(이스라엘)의 친구인 척하면서 그들을 속이고 괴롭
혔으며 그들을 돕지 않았는데, 이것도 그들의 죄 때문이었다.**

1. 그들은 애굽과 앗수르에 도움을 청하였지만 아무런 소용이 없었다(18
절). "네가 애굽으로 가는 길에 있음은 어찌 됨이냐. 너는 네가 위험할 것이라는
낌새를 알아차리기만 하면 곧장 애굽으로 달려가 도움을 청하는구나(사 30:1-
2; 31:1). 이는 네가 시홀의 물, 즉 나일 강의 물을 마시고자 함이니, 너는 그들의
수(數)를 의지하고, 그들이 너에게 주는 달콤한 약속으로 안도하고 힘을 차리
는구나. 또 어떤 때에는 너는 앗수르로 가는 길에 있어서 앗수르로부터 구원병
을 불러오기 위해서 아주 득달같이 그 곳으로 달려가면서, 유브라데 강물로 네
목마름을 해결할 수 있으리라고 생각하는구나. 도대체 너는 거기에서 무슨 짓
을 하고 있는 것이냐. 네가 그들에게 그토록 힘을 쏟아서 그들로부터 무엇을 얻
어내고자 하는 것이냐? 그들은 네게 상한 갈대, 부러진 갈대에 지나지 않고, 그
들의 강들은 단지 터진 웅덩이, 밑빠진 독과 같아서 결코 너를 돕지 못할 것이고
네가 원하는 것을 얻지 못할 것이다."

2. 역시 이것도 그들의 죄 때문이었다. 그들의 죄로 인해서 그들이 마땅히
받아야 할 심판이 그들에게 어김없이 닥쳐올 것이고, 그들은 그 심판을 피하지
못할 것이다. 그러니, 그들이 그 심판을 막아 보려고 여기저기에 도움을 청하

고 발버둥을 쳐 본들 무슨 소용이 있겠는가(19절). "네 악이 너를 징계할 것이기 때문에, 네가 의지하고자 하는 자들이 너를 구원하는 일은 처음부터 불가능하다. 그러므로 너는 이 모든 문제를 통해서 네가 하나님을 버린 것이 악인 줄 알아야 한다. 왜냐하면, 너의 원수들이 네게 진정한 원수가 되고 너의 친구들이 친구로서 아무런 소용이 없게 되어 버린 것은 바로 너의 그러한 죄로 말미암은 것이기 때문이다." 좀 더 살펴보자.

(1) 죄의 성격. 그것은 우리 하나님이신 여호와를 버린 것이고, 그들의 영혼이 하나님을 싫어하여 떠난 것이다. 죄를 좋아하여 죄에 꼭 붙어 있는 것은 하나님을 떠난 것이다.

(2) 죄의 원인. 그것은 여호와를 경외함이 우리 속에 없기 때문이고, 우리 속에 선한 원리가 자리잡고 있지 않기 때문이며 특히 하나님을 경외하는 마음이 없기 때문이다. 바로 이것은 우리가 하나님을 떠나 배교하는 것의 밑바닥에 자리잡고 있다. 사람들은 하나님을 경외하는 것이 없고 하나님의 진노를 두려워하는 마음을 지니고 있지 않기 때문에 하나님에 대하여 그들이 마땅히 해야 할 본분과 도리를 저버리는 것이다.

(3) 죄가 지닌 악성. 죄는 악이요 고통이다. 죄는 악한 것, 그 속에 선한 것이라고는 전혀 없는 악이고, 다른 모든 악의 뿌리이자 원인이 되는 악이다. 죄는 하나님의 본성과 가장 상반되는 것일 뿐만 아니라 인간 본성이 가장 부패한 모습이기 때문에 진정으로 악한 것이다. 죄는 고통이자 쓴 것이다. 죄의 상태는 담즙처럼 쓰고, 모든 죄악된 길은 결국에는 쓴 것이 되고 만다. 죄의 삯은 사망이고, 사망은 쓴 것이다.

(4) 죄의 치명적 결과들. 죄는 그 자체로 악한 것이고 쓴 것일 뿐만 아니라 우리를 비참하게 만드는 성향을 지니고 있다. "네 악이 너를 징계하겠고 네 반역이 너를 책망할 것이라. 그것들이 내세에 너를 멸망시킬 뿐만 아니라 지금 이 세상에서도 너를 징계하고 책망할 것이다. 그것들은 반드시 네게 환난과 고통을 가져다 줄 것이다. 죄에는 필연적으로 징계가 따를 것이기 때문에, 죄 그 자체가 너를 징계하고 벌할 것이라고 말할 수 있다. 아니, 너의 죄에 상응한 징벌이 임하는 것을 여러 가지 정황을 통해서 알 수 있기 때문에 너는 그 징벌 속에서 네가 어떤 죄를 지었는지를 읽어낼 수 있게 될 것이다. 또한, 그 징벌이 의롭다는 것이 너무도 명백할 것이기 때문에, 너는 네 자신을 위해서 변명할 말이 없

게 될 것이다. 너의 악이 너의 죄를 깨닫게 해주어서 너의 입을 영원히 막아 버리 것이기 때문에, 너는 여호와께서 의로우시다는 것을 인정하지 않을 수 없게 될 것이다."

   (5) 이 모든 것을 통한 교훈. "그러므로 너는 이 모든 것을 깨달아 알아서 네 죄를 회개하여, 네 죄로 인한 징계로 말미암아 네가 멸망받지 않도록 하여야 한다."

[20]네가 옛적부터 네 멍에를 꺾고 네 결박을 끊으며 말하기를 나는 순종하지 아니하리라 하고 모든 높은 산 위에서와 모든 푸른 나무 아래에서 너는 몸을 굽혀 행음하도다 [21]내가 너를 순전한 참 종자 곧 귀한 포도나무로 심었거늘 내게 대하여 이방 포도나무의 악한 가지가 됨은 어찌 됨이냐 [22]주 여호와의 말씀이니라 네가 잿물로 스스로 씻으며 네가 많은 비누를 쓸지라도 네 죄악이 내 앞에 그대로 있으리니 [23]네가 어찌 말하기를 나는 더럽혀지지 아니하였다 바알들의 뒤를 따르지 아니하였다 하겠느냐 골짜기 속에 있는 네 길을 보라 네 행한 바를 알 것이니라 발이 빠른 암낙타가 그의 길을 어지러이 달리는 것과 같았으며 [24]너는 광야에 익숙한 들암나귀들이 그들의 성욕이 일어나므로 헐떡거림 같았도다 그 발정기에 누가 그것을 막으리요 그것을 찾는 것들이 수고하지 아니하고 그 발정기에 만나리라 [25]내가 또 말하기를 네 발을 제어하여 벗은 발이 되게 하지 말며 목을 갈하게 하지 말라 하였으나 오직 너는 말하기를 아니라 이는 헛된 말이라 내가 이방 신들을 사랑하였은즉 그를 따라 가겠노라 하도다 [26]도둑이 붙들리면 수치를 당함 같이 이스라엘 집 곧 그들의 왕들과 지도자들과 제사장들과 선지자들이 수치를 당하였느니라 [27]그들이 나무를 향하여 너는 나의 아버지라 하며 돌을 향하여 너는 나를 낳았다 하고 그들의 등을 내게로 돌리고 그들의 얼굴은 내게로 향하지 아니하다가 그들이 환난을 당할 때에는 이르기를 일어나 우리를 구원하소서 하리라 [28]너를 위하여 네가 만든 네 신들이 어디 있느냐 그들이 네가 환난을 당할 때에 구원할 수 있으면 일어날 것이니라 유다여 너의 신들이 너의 성읍 수와 같도다

     이 단락에서 선지자는 하나님을 반역하여 타락한 이 백성에 대한 고소를 계속해 나간다. 계속해서 살펴보자.

   I. 선지자가 고소하는 죄.   그들은 우상 숭배의 죄로 악명이 높았고, 이 죄를

통해서 하나님을 크게 진노케 하였다.

1. 그들은 우상을 숭배하는 곳들을 빈번하게 찾았다(20절). "너는 이방인들이 어리석게도 우상을 좋아하여 숭배하던 곳들인 모든 높은 산 위와 모든 푸른 나무 아래, 산당(山堂)들과 신목(神木)들을 마치 한 곳으로는 성이 차지 않고 불안해하는 자처럼 차례차례로 찾아다니며 행음하였다." 우상들, 곧 거짓 신들을 숭배하는 것은 영적인 음행으로서 육체적인 음행도 수반되는 것이 보통이었다. 하나님을 떠난 자들은 끝없이 방황한다는 것과 그들의 통제할 수 없는 욕망은 결코 채워질 수 없다는 것을 명심하라.

2. 그들은 스스로를 위하여 우상들을 만들어서 그 우상들을 신으로 공경하였다(26-27절). 일반 백성들만이 아니라, 그 백성들이 악을 행하는 것을 막는 것을 그 책무로 하는 왕들과 방백들, 그리고 백성들을 가르쳐서 선하게 행하도록 해야 하는 것을 그 책무로 하는 제사장들과 선지자들까지도 술에 취해 고주망태가 되어 그 술기운 때문에 정신을 차리지 못하고 어리석게 되어서, 나무를 향하여 "너는 나의 아버지라(즉, 너는 나의 신, 나를 존재하게 해준 장본인이기 때문에 나는 너를 의지하고 도리를 다해야 한다는 것)" 하며, 돌을 향하여(즉, 돌로 만든 우상을 향하여) "너는 나를 낳았다"고 하며 "그러니 너는 나를 보호해주고 내게 필요한 것들을 공급해 주며 나를 키워 주어야 한다"고 말한다. 우리를 지으신 우리 아버지이신 하나님에 대하여 사람들이 행하는 일들 중에서 과연 이것보다 더 큰 모독이 있을까? 이것은 그들이 하나님께 이루 말할 수 없는 빚을 지고 있다는 사실을 완전히 부정하는 것이었다. 사람들이 나무와 돌을 자신의 부모로 삼고 그들 자신이 나무나 돌보다도 못한 자라는 것을 스스로 인정하는 것보다 더 터무니없고 어처구니없는 일이 과연 있을 수 있으며, 그들 자신과 그들의 이성에 대한 더 큰 모독이 과연 있을 수 있을까? 사람들은 처음에 나무나 돌을 그들의 숭배 대상으로 삼았을 때에 그 나무와 돌이 천상의 어떤 권세나 영에 의해서 생기를 부여받는다고 생각하였다. 그러나 시간이 흐르면서 그러한 생각은 점차 사라져갔고, 우상을 숭배하는 자들의 생각이 터무니없게 변하여서, 방백들과 제사장들조차도 나무와 돌로 만들어진 우상 그 자체를 그들의 아버지로 여기고서 경배하게 되었다.

3. 그들은 이러한 쓰레기 같은 더러운 우상들을 끝없이 늘려갔다(28절). 유다여 너의 신들이 너의 성읍 수와 같도다. 그들이 한 분이신 하나님, 모든 것을 차

고 넘치게 채워 주시는 하나님을 버렸을 때에 그들의 처지는 다음과 같았다.

(1) 그들은 기존의 우상들에게 만족하지 못하고 끊임없이 계속해서 더 많은 우상을 갖기를 원하였는데, 이 점에서 우상 숭배는 영적인 우상 숭배인 탐욕과 동일한 성격을 지니고 있다(사람들은 많이 가지면 가질수록 더 많은 것을 갖고 싶어하기 때문에). 이것은 사람들이 우상으로 삼는 것들이 사람들을 만족시켜 주지 못한다는 것과 우상에게로 나아가는 자들을 온전하게 해줄 수 없다는 것을 보여주는 명백한 증거가 된다.

(2) 그들은 한 마음으로 동일한 신을 섬길 수 없었다. 모든 사람을 하나로 묶어 주는 구심점인 하나님을 떠난 자들은 끝없는 불화 속으로 떨어지고 만다. 이 성읍은 이 우상을, 저 성읍은 저 우상을 숭배하기를 좋아하였고, 각 성읍마다 그들의 구미에 맞고 그들을 좀 더 특별하게 살펴줄 수 있을 것 같은 그들 자신만의 우상을 섬기고 싶어하였다. 이렇게 그들은 수많은 우상들 속에서 오직 하나님에게서만 찾을 수 있는 것을 헛되이 찾고자 하였다.

II. 이 죄의 증거. 그들이 저지른 죄는 악명 높은, 있는 그대로의 죄상(罪狀)들에 의해서 증명될 수 있는 것이었기 때문에, 그 어떤 증인도 부를 필요가 없었다.

1. 그들은 그들의 죄를 부인하고자 부인하고자 애쓰며, 그들에게는 죄가 없다고 단호히 항변하였다. 그들은 그들이 그러한 죄로부터 무관한 체하여, 잿물로 스스로 씻으며 많은 비누를 써서 씻었고, 그들이 죄가 없다는 것을 보여주려고 핑곗거리와 정상을 참작할 거리들을 무수히 내어놓았다(22절). 그들은 우상들을 신으로 숭배한 것이 아니라, 영원히 죽지 않으시는 하나님과 죽을 수밖에 없는 인간 사이의 매개자들로서 활용한 것뿐이며, 결코 우상들을 신으로 섬긴 것이 아니라 단지 예의상 정중하게 대한 것뿐인 체하였다. 이런 식으로 그들은 하나님의 말씀에 의거해서 죄를 깨닫는 것을 교묘하게 회피하고자 하였고, 하나님의 진노에 대한 두려움을 차단하고자 하였다. 아니, 그들 중의 일부는 우상 숭배라는 사실 자체를 부인하는 뻔뻔스러움도 보였다. 그들은 나는 더럽혀지지 아니하였다 바알들의 뒤를 따르지 아니하였다(23절)고 말하였다. 그들은 우상을 숭배하는 일을 은밀하게 행하였고 용의주도하게 숨겨왔기 때문에(겔 8:12) 아무도 그들이 우상을 숭배했다는 증거를 찾아낼 수 없을 것이라고 생각하여 이렇게 뻔뻔스러운 태도로 나온 것이었다. 다른 일들에서와 마찬가지로

이 일에 있어서도 그들의 태도는 내가 악을 행하지 아니하였다고 말하는 음녀(잠 30:20)의 태도와 같았다.

2. 그들의 온갖 발뺌과 회피에도 불구하고 그들의 우상 숭배의 죄는 여지없이 드러난다. "네가 어찌 사실을 부인하고 말하기를 나는 바알들의 뒤를 따르지 아니하였다 하겠느냐. 네가 어찌 너의 잘못을 부인하고 나는 더럽혀지지 아니하였다 말할 수 있겠느냐." 선지자는 그들의 뻔뻔스러움에 놀라서 이렇게 말한다. "사실이 너무나 분명한데도, 네가 어떻게 얼굴을 꼿꼿이 세우고서 그렇게 말할 수 있는 것이냐."

(1) "하나님의 전지(全知)하심이 너의 죄를 증언해 주는 증인이다. 주 여호와의 말씀이니라 네 죄악이 내 앞에 그대로 있도다. 네 죄악은 내 곳간에 봉하여 은밀하게 쌓여 있다가 저 심판의 날에 너의 죄를 증언하기 위하여 드러나게 될 것이다(신 32:34; 욥 21:19; 호 13:12). 너의 죄악은 내 앞에 깊이 새겨져 있고 착색되어 있어서(어떤 이들은 이렇게 읽는다), 네가 마치 살인자들이 자기가 죽인 사람의 피가 자기 옷에 묻은 흔적을 없애고자 할 때처럼 그 죄악을 씻어내고자 할지라도 그 죄악은 결코 지워지지 아니하리라." 하나님의 눈이 그 죄를 똑똑히 보고 계시기 때문에, 우리는 하나님의 심판이 진리를 따라 되리라는 것을 확신한다.

(2) "네 자신의 양심이 너의 죄를 증언해 주는 증인이다. 골짜기 속에 있는 네 길을 보라(그들은 높은 산들 위에서만이 아니라 골짜기들에서도 우상들을 숭배하였었다, 사 57:5-6)." 어떤 이들은 이 본문을 벳브올 맞은편 골짜기 속에 있는 네 길을 보라(그들은 거기에서 바알 브올을 숭배하였었다, 신 34:6; 민 25:3)로 읽어서, 마치 선지자가 저 옛적에 있었던 브올의 죄악을 회고하는 것처럼 해석하기도 한다. 그러나 이 골짜기가 어느 특정한 골짜기를 의미하는 것이라면, 그 골짜기는 힌놈의 골짜기일 것임에 틀림없다. 왜냐하면, 힌놈의 골짜기는 그들이 그들의 자녀를 몰록 신에게 제물로 바쳤던 곳이어서 그 어느 골짜기보다도 그들의 죄악을 더 잘 증언해 주는 장소였기 때문이다. "그 골짜기를 들여다 보아라. 그러면 너는 네 행한 바를 알 수밖에 없을 것이다."

III. 그들의 죄를 더욱 무겁게 만든 요인들. 이러한 요인들 때문에 선지자가 고발한 그들의 죄는 더욱 가중되었다.

1. 하나님은 그들을 위하여 큰 일들을 행하셨지만, 그들은 하나님께 반기를

들고 대적하였다(20절). 옛적에 내가 네 멍에를 꺾고 네 결박을 끊어 주었다(개역에서는 네가 옛적부터 네 멍에를 꺾고 네 결박을 끊으며). 이것은 하나님이 그들을 애굽 땅, 곧 종 되었던 집에서 인도해 내신 것을 가리키는데, 그들은 이 일을 기억하고 싶어하지 않았지만(6절) 하나님은 이 일을 그들에게 상기시키신다. 하나님은 그들이 하나님 앞에 다른 신들을 두지 말아야 한다는 것을 말씀하실 때에 바로 이 일을 그 이유로 제시하신다. 나는 너희를 애굽 땅에서 인도하여 낸 너희의 하나님 여호와이니라. 그들의 이러한 결박을 하나님께서 끊어 주셨기 때문에 그들은 마땅히 그들 자신을 하나님께 영원히 결박해 두어야 했다. 그러나 그들은 배은망덕하게도 그들의 종살이의 결박을 끊어 주신 저 하나님에 대하여 그들이 지켜야 했던 도리와 의무의 결박을 스스로 끊어 버렸다.

2. 그들은 철석같이 약속했지만 그 약속을 지키지 않았다. "하나님께서 너를 구원한 일이 아직 새롭고 너무나 생생하여 네가 기꺼이 네 하나님께 충성을 다 바치고 하나님을 떠나지 않겠다는 결심이 확고했던 바로 그 때에 네가 말하기를 나는 범죄하지 아니하리라 하였다(개역에서는 네가 말하기를 나는 순종하지 아니하리라 하고)." 그 때에 그들은, 아니니이다 우리가 여호와를 섬기겠나이다(수 24:21)라고 말하였다. 우리가 범죄하지 않겠노라고, 다시는 죄를 범하지 않겠노라고 말하고서는 속이는 활 같이 빗나가서 무수히 범죄를 되풀이한 일이 얼마나 비일비재하였던가!

3. 그들은 하나님이 그들을 애초에 하나의 민족으로 조성하신 당시의 모습에 비추어 볼 때에 너무나 형편없이 타락해 있었다(21절). 내가 너를 귀한 포도나무로 심었었다. 그들의 교회와 국가의 통치 체제는 뛰어난 것이었고, 그들의 법은 의로운 것이었으며, 모든 규례들은 대단히 교훈적이고 유익한 것이었다. 그들이 가나안 땅에 처음으로 정착하였을 때에 그들의 세대는 선한 세대였다. 이스라엘이 여호수아가 사는 날 동안과 여호수아 뒤에 생존한 장로들이 사는 날 동안 여호와를 섬기고(수 24:31) 여호와께 꼭 붙어 있었다. 그 때에 그들은 순전한 참 종자로서 그들이 심겨져 있던 포도원을 머지않아 얼마든지 최상품의 포도나무들로 가득 채울 수 있었다. 그러나 현실은 그렇지 못하였다. 바로 다음 세대조차도 여호와를 알지 못하며 여호와께서 이스라엘을 위하여 행하신 일도 알지 못하였다(삿 2:10). 그래서 그들은 점점 더 악화되어 이방 포도나무의 악한 가지들이 되어서, 이제 그들의 원래의 모습과는 정반대의 모습이 되어 버렸다. 그들의 모

습은 완전히 망가져서 그들 속에는 하나님이 조성하신 민족에게서 기대할 수 있는 선한 것이 하나도 남아 있지 않았고 그들의 조상들이 지니고 있었던 순결함과 경건도 전혀 찾아볼 수 없게 되었다. 그들의 포도나무는 소돔의 포도나무요(신 32:32). 이 말은 인간의 본성에 그대로 적용될 수 있다. 창조주이신 하나님은 인간을 순전한 참 종자 곧 귀한 포도나무로 심으셨다(하나님은 인간을 고결하게 지으셨다). 그러나 인간은 총체적으로 부패하여 독하고 쓴 것을 지닌 이방 포도나무의 악한 가지가 되어서 하나님에 대하여 정말 역겹고 거슬리는 존재가 되어 버린 것이다.

4. 그들은 우상을 숭배하는 일에 광신적으로 열심이었고, 그들의 우상을 맹목적으로 좇았으며, 새로운 우상들을 만들어내는 것을 좋아하였고, 그들로 하여금 이 죄를 좇아가게 만드는 원동력이 너무나 강력해서 하나님의 말씀이나 섭리를 통해서 그들을 막는 것은 사실상 거의 불가능하였다. 그들은 여기에서 발이 빠른 암낙타가 발정이 나서 숫낙타를 찾아 그의 길을 어지러이 달리는 것에 비유되고(23절), 마찬가지로 힘든 일을 통해서 길들여지지 않아서 제멋대로인 광야에 익숙한 들암나귀가 숫나귀를 보고서 성욕이 일어나므로 헐떡거리는 것에 비유된다(24절). 그 발정기에 누가 그를 막으리요. 암낙타나 들암나귀가 발정이 나서 수컷을 찾아 헤매는 것을 누가 막을 수 있겠는가? 그 때에 그것을 찾는 자들은 수고하지 아니하리니, 그들은 그것을 찾아 보아야 아무 소용이 없다는 것을 잘 알기 때문이다. 그들은 암컷이 새끼를 배어서 만삭이 되어(욥 39:2) 몸이 무거워져서 마음대로 움직일 수 없을 때까지 조금만 참고 기다리면 된다. 그 때가 되면 암컷은 제대로 도망갈 수 없기 때문에 그들은 그것을 만나게 될 것이다. 좀 더 살펴보자.

(1) 부지런히 정욕을 좇아 사는 삶은 짐승 같은 삶이다. 이성과 양심에 따라서, 그리고 인간으로서의 존엄을 생각해서 정욕에 이끌리고 빠져 사는 삶을 피하고자 하지 않는 자들은 들짐승 같은 자들로서 들암나귀 같이 태어나서 계속해서 그런 모습으로 살아가는 자들이라고 해도 할 말이 없을 것이다. 그런 자들은 이성을 지닌 존재라고 할 수 없다.

(2) 우상 숭배는 묘한 중독성이 있어서, 거기에 중독된 자들은 치료하기가 대단히 어렵다. 우상을 좇는 욕정은 성욕만큼 끈질기고 강하다.

(3) 어떤 자들은 정욕을 좇는 것이 너무도 맹렬하여서 그 정욕을 막아보고

자 하는 그 어떤 시도도 소용이 없다. 그런 시도를 하는 자들은 괜히 힘만 빼고 지치기만 할 뿐 성과는 전혀 없다. 에브라임이 우상과 연합하였으니 버려 두라.

(4) 아주 사나운 자들이 길들여지고 제멋대로인 자들이 유순하게 되는 때가 올 것이다. 괴로움과 번민이 그들을 찾아올 때에 비로소 그들의 귀가 열려서 교훈의 말씀을 들으려 할 것인데, 바로 그 때가 그들을 찾아서 만날 때이다(시 141:5-6).

5. 그들은 고집스럽고 끈질기게 죄 속에 머물렀다. 그들이 범죄하지 못하도록 통제하는 것이 불가능했듯이, 그들은 자신의 삶을 고침받으려 하지도 않았다(25절).

(1) 하나님은 그들이 그런 식의 악한 삶을 지속한다면 마침내 그들에게 멸망이 이르게 될 것이라고 경고하시고, 그런 까닭에 죄 속에 계속해서 머물러 있지 말고 죄를 끊고 나오라고 권면하심. 하나님은 반드시 그들이 포로로 끌려가서 비참한 포로 생활을 하게 하실 것이라고 경고하신다. 그 때에 그들의 발은 맨발이 되어서 먼 길을 맨발로 걸어서 갈 수밖에 없게 될 것이고, 압제자들이 그들에게 마실 만한 물을 주지 않아서 그들의 목은 갈증으로 타게 될 것이다. 이러한 모습이 그들의 죄악의 결말이 될 것이다. 이방 신들과 이방의 우상 숭배를 좋아하여 따라간 자들이 이방 땅에서 이방 왕의 포로가 되는 것은 합당한 일이다. "아직 시간이 있을 때에 얼른 조치를 취하라. 네가 우상들을 따라 달려가면 반드시 네 발에서 신이 벗겨질 것이고, 네가 우상들에 연연해하여 헐떡거리며 좇아가면 반드시 갈증이 일어나서 네 목이 탈 것이다. 그러므로 네 발이 이렇게 맹렬히 우상을 좇아 달려가지 못하게 하고, 네 목이 이 격렬한 욕망을 좇아가 갈증을 일으키지 않게 하라." 죄의 길로 달려가다가도 그 결국이 어떻지를 알게 되면 달려가던 발걸음을 멈추는 것이 당연한 일이다.

(2) 그들이 하나님의 이러한 공정한 경고를 거부함. 그들은 그들로 하여금 회개하고 삶을 고치도록 하기 위하여 그들을 설득하고자 한 자들에게 이렇게 말하였다. "아니라 소망이 없느니라(개역에서는 이는 헛된 말이라). 우리를 설득하거나 우리의 마음을 움직여서 우리로 하여금 우상들을 버리게 할 수 있을 것이라는 기대는 조금도 갖지 말라. 우리가 이방 신들을 사랑하였은즉 그들을 따라가겠노라. 우리의 결심은 확고하니, 더 이상 쓸데없는 권면이나 충고로 너희 자신이나 우리를 괴롭히지 말라. 그래봤자 아무 소용이 없을 것이다. 우리 몸에

밴 타락한 습성(習性)을 깨부술 것이라는 기대는 전혀 하지 말라. 우리에게는 그 타락한 습성에 젖어 사는 것이 가장 편하다." 그들은 죄에 쩔고쩔어서 그 상태가 너무도 형편없게 되어 버렸기 때문에 죄를 알고도 죄에 대하여 무감각하게 되어 죄에 젖어 사는 것이 도리어 아주 편한 지경까지 이르게 되었다. 그들은 그들의 삶이 고침을 받아야 한다는 것을 알고 있지만 그들의 삶을 고칠 수 없다고 치부해 버린다. 그래서 그들은 그들의 삶을 고치지 않겠노라고 결심한다. 그러나 우리는 하나님의 긍휼과 자비에 대하여 절망하지 말고, 우리가 아무리 극악부도한 짓을 저질렀다고 해도 만약 회개하고 하나님의 긍휼을 구한다면 그 긍휼하심은 우리의 죄를 용서하시고도 남음이 있다는 것을 믿어야 하듯이, 우리는 하나님의 은혜에 대하여 절망하지 말고, 우리의 타락이 아무리 극심하다고 해도 만약 그것을 고치고자 하나님의 은혜를 구한다면 그 은혜로우심은 우리의 타락을 다 고치시고도 남음이 있다는 것을 믿어야 한다. 사람은 음부의 이 편에 있는 한 결코 소망이 없다고 말해서는 안 된다.

6. 그들은 그들의 죄, 즉 환난 날에 그들을 결코 도울 수 없는 우상들을 신뢰한 반면에 그들을 얼마든지 도울 수 있으셨던 하나님을 버린 죄로 말미암아 수치를 당하였다(26-28절). 자신의 도둑질을 숨기고자 온갖 술수와 속임수를 다 썼어도 결국 발각되어 붙들려서 처벌을 받을 때에 도둑이 수치를 당함 같이, 이스라엘 집도 수치를 당하였다. 그들이 당한 수치는 그들이 범한 죄를 회개하고 부끄러워하는 그런 수치가 아니라 그들의 죄 가운데서 낭패를 당하고 그 죄로 말미암은 벌을 받게 된 그런 수치였다. 그들은 다음과 같이 될 때에 수치를 당하게 될 것이다.

(1) 그들이 지금까지 그토록 멸시하였던 그 하나님께 도와 달라고 부르짖지 않을 수 없게 되었다는 것을 알았을 때. 그들은 모든 일이 잘 되어가던 때에는 하나님께 얼굴이 아니라 등을 돌렸었다. 그들은 하나님을 무시하였고, 마치 하나님을 잊은 듯이 행동하였으며, 하나님을 잊고 싶고 쳐다보고 싶지도 않다는 듯이 딴 곳을 바라보았었다. 그들은 가능한 한 아주 신속하게, 그리고 아주 멀리 하나님으로부터 떠나갔다. 그러나 환난이 닥칠 때에 그들은 하나님 외에 그 어디에서도 만족이나 도움을 얻을 수 없게 될 것이다. 그 때에 그들은 하나님께 일어나 우리를 구원하소서라고 말하게 될 것이다. 그들의 조상들도 무수히 이런 수치를 자초하였었다(삿 3:9; 4:3; 10:10). 따라서 그들은 옛적의 일을 교

훈으로 삼아서 환난 날에 좀 더 담대하게 하나님께 나아갈 수 있기 위해 평소에 하나님을 꼭 붙잡아야 했음에도 불구하고 그렇게 하고자 하지 않았다.

(2) 그들이 지금까지 그토록 열렬히 연애하였던 우상들로부터 그 어떤 구원이나 도움도 받을 수 없다는 것을 알았을 때. 그들이 만든 우상들이 그들에게 아무런 도움도 될 수 없다는 것과 그들을 지으신 하나님이 그들을 돕고자 하지 않으신다는 것을 알게 되었을 때에 그들은 수치를 당하게 될 것이다. 하나님은 그들로 하여금 이러한 수치를 당하게 하셔서 그들이 이 일을 계기로 회개하도록 만드시기 위하여 여기에서 그들에게 그들이 택한 신들에게 가보라고 말씀하신다(삿 10:14). 그러자 그들은 하나님께, 일어나 우리를 구원하소서라고 부르짖었다. 하나님은 우상들에 대하여 이렇게 말씀하신다. "그들로 하여금 일어나 너를 구원하게 하라. 왜냐하면, 너는 내가 그 우상들이 붙박혀 있는 곳들로부터 그것들을 일어나게 할 것이라고 기대할 이유가 전혀 없기 때문이다. 우상들로 하여금 과연 너를 구원할 수 있는지 한번 해보게 하라. 그러나 그 우상들이 네게 전혀 도움을 줄 수 없다는 것을 알게 되었을 때에 너는 수치를 당하게 될 것이다. 너는 너의 모든 성읍마다 우상을 두고 섬겼지만, 네 성읍들은 불타서 주민이 없게 되지 않았느냐(15절)." 이렇게 죄인들이 장차 반드시 그들에게 슬픔을 가져다 줄 것들을 기뻐하고 장차 반드시 그들의 수치가 될 것들을 자랑하는 것은 참으로 어리석은 일이다.

[29]너희가 나에게 대항함은 어찌 됨이냐 너희가 다 내게 잘못하였느니라 여호와의 말씀이니라 [30]내가 너희 자녀들을 때린 것이 무익함은 그들이 징계를 받아들이지 아니함이라 너희 칼이 사나운 사자 같이 너희 선지자들을 삼켰느니라 [31]너희 이 세대여 여호와의 말을 들어 보라 내가 이스라엘에게 광야가 되었었느냐 캄캄한 땅이 되었었느냐 무슨 이유로 내 백성이 말하기를 우리는 놓였으니 다시 주께로 가지 아니하겠다 하느냐 [32]처녀가 어찌 그의 패물을 잊겠느냐 신부가 어찌 그의 예복을 잊겠느냐 오직 내 백성은 나를 잊었나니 그 날 수는 셀 수 없거늘 [33]네가 어찌 사랑을 얻으려고 네 행위를 아름답게 꾸미느냐 그러므로 네 행위를 악한 여자들에게까지 가르쳤으며 [34]또 네 옷단에는 죄 없는 가난한 자를 죽인 피가 묻었나니 그들이 담 구멍을 뚫었기 때문이 아니라 오직 이 모든 일 때문이니라 [35]그러나 너는 말하기를 나는 무죄하니 그의 진노가 참으로 내게서 떠났다 하거니와 보라 네 말이 나는

죄를 범하지 아니하였다 하였으므로 내가 너를 심판하리라 ³⁶네가 어찌하여 네 길을 바꾸어 부지런히 돌아다니느냐 네가 앗수르로 말미암아 수치를 당함 같이 또한 애굽으로 말미암아 수치를 당할 것이라 ³⁷네가 두 손으로 네 머리를 싸고 거기서도 나가리니 이는 네가 의지하는 자들을 나 여호와가 버렸으므로 네가 그들로 말미암아 형통하지 못할 것임이라

선지자는 여기에서 죄악된 백성을 회개로 이끌어서 그들이 멸망당하는 것을 막아보고자 하여 앞에서와 동일한 취지의 얘기를 계속해 나간다.

Ⅰ. **선지자는 자기가 하는 고발이 진실임을 단언한다.** 그것은 너무도 명백해서 반박의 여지가 없었다. 그들이 선지자가 한 말들을 부정하려 든 것은 도저히 있을 수 없는 허무맹랑한 짓이었다(29절). "너희가 나에게 대항함은 어찌 됨이며, 증거를 제시하라고 내게 요구하는 것은 어찌 됨이냐. 어찌하여 너희는 너희의 범죄를 변명하며 항변하려 들며 너희에게 내려진 선고를 완화시켜 보고자 하는 것이냐. 너희의 변명은 여지없이 짓밟히고, 너희를 단죄하는 판결이 내려질 것이다. 너희는 너희가 너나 할 것 없이 다 내게 잘못하였다는 것을 알고 있다. 그런데도 왜 너희는 내가 너희를 고발한다고 해서 내게 시비를 거는 것이냐."

Ⅱ. **선지자는 그들이 도저히 고침받을 수 없을 정도로 구제불능이라는 것과 그들의 배은망덕함을 얘기함으로써 그들의 죄가 얼마나 막중한 것인지를 부각시킨다.**

1. 그들은 하나님의 심판 아래에서 고초를 겪고도 정신을 차리지 못하였다(30절). 내가 너희 자녀들, 즉 유다 백성을 때린 것이 무익하였다. 그들은 여러 가지로 하나님의 책망을 받았다. 하나님은 이런저런 식의 책망을 통해서 어떻게 해서든지 그들을 회개로 이끌고자 하셨다. 그러나 소용이 없었다. 그들은 그들을 괴롭게 하시는 하나님의 목적에 부응하지 못하였다. 그들의 양심은 깨어나지 않았고, 그들의 마음은 부드러워지거나 낮아지지 않았으며, 그들은 고통에 내몰려서 하나님을 찾게 되지도 않았다. 그들은 징계를 통해서 교훈을 얻지 못하였고, 징계를 받고 나아진 것이 전혀 없었다. 이렇게 환난이나 괴로움을 통해서 교훈을 얻을 기회를 놓치는 것은 큰 손실이다. 그들은 징계를 순순히 받아들이지 아니하였고 그들을 고치고자 하시는 하나님의 뜻에 순복하지 아니하였

으며, 도리어 여호와에 대하여 더 큰 반감을 갖게 되었기 때문에, 그들을 **때린** 것은 무익하였다. 심지어 그들의 자녀들, 즉 그들 가운데 있는 어린 자들(본문은 이렇게 해석할 수도 있다)을 **때린** 것도 무익한 일이었다. 그 자녀들은 너무도 이른 나이에 회개에 대하여 좋지 않은 생각을 지니게 되었기 때문에 오랫동안 악에 익숙해져 있었던 나이든 자들만큼이나 고분고분하지 않았다.

2. 그들은 하나님이 그의 종들인 선지자들의 입을 통해서 그들에게 보내신 말씀을 통해서도 정신을 차리지 못하였다. 아니, 그들은 그런 메시지를 전한다는 이유로 하나님의 사자(使者)들을 죽였다. "너희 칼이 사나운 사자 같이 너희 선지자들을 삼켰느니라. 너희는 그들이 하나님께 충성한다는 이유만으로 사자가 먹잇감을 삼킬 때처럼 잡아먹을 듯이 맹렬한 기세로 그들을 죽였다." 선지자들은 그들의 가장 큰 축복이었는데도 마치 그들 세대의 전염병이나 되는 것처럼 취급을 받았고, 이것은 그들의 죄의 분량을 채우는 일이었다(대하 36:16). 그들은 그들에게 보내심을 받은 선지자들을 죽였다(살전 2:15).

3. 그들은 하나님이 그들에게 베푸신 은총들을 통해서도 정신을 차리지 못하였다(31절). "너희 이 세대여(선지자는 그들을 믿음이 없고 패역한 세대라거나 독사의 세대라고 부르지 않고 온건하게 너희 이 세대라고 부른다) 여호와의 말을 들어 보라. 여호와의 말을 그저 듣기만 하지 말고, 부지런히 살피고 네 마음을 기울여서 그 말을 들어 보라." 하나님의 매 속에는 음성이 들어 있기 때문에 하나님은 우리에게 매를 들으라(hear : 미 6:9)고 명령하시는 것처럼, 하나님의 말씀 속에는 그가 보이시고자 하시는 것들이 들어 있기 때문에 하나님은 우리에게 **말씀**을 보라고 명령하신다. 이것은 하나님이 여기에서 말씀하시는 것은 부인할 수 없을 정도로 명백한 것임을 보여주는 것이다. 너희가 그 말씀을 보기만 하면 그 말씀이 너무도 명백하다는 것을 알게 될 것이다. 하나님의 말씀은 태양 광선으로 씌어진 것 같아서, 달리면서도 그 말씀을 읽을 수 있을 정도로 분명하다. 내가 이스라엘에게 광야가 되었었느냐 캄캄한 땅이 되었었느냐. 하나님을 상대해 본 적이 있는 자들 중에는 하나님이 광야 같았다거나 캄캄한 땅 같았다고 불평할 수 있는 자는 아무도 없다는 것을 명심하라. 하나님은 땅의 소산(所産)들로 우리를 축복하셨기 때문에, 우리는 하나님이 우리에게 메마른 광야나 불모지였다거나 하찮은 것을 먹는 가축처럼 우리에게 거친 음식을 공급해 주셨다(가테이커 목사의 표현을 빌리면)는 말을 할 수가 없다. 하나님은 결코

그런 분이 아니셨다. 하나님은 자기 양들을 내내 푸른 초장으로 인도하셨다. 또한, 하나님은 하늘의 광명(光明)들로 우리를 축복하셨고, 그 빛들을 붙잡아 두어서 비치지 못하게 하신 적이 없으셨기 때문에, 우리는 하나님이 우리에게 캄캄한 땅이었다고 말할 수 없다. 하나님은 악한 자와 감사치 않는 자들에게 비를 내려 주셨듯이 햇빛도 비춰 주셨다. 또는, 이 본문의 의미는 일반적인 것으로서 하나님의 도우심은 그 누구에게도 해롭거나 무익한 것이었던 적이 없었다는 것일 수도 있다. 하나님은 종종 자기 백성을 이끄셔서 광야나 캄캄한 땅을 통과하게 하셨지만, 그 때에는 하나님 자신이 그들에게 필요한 모든 것이 되어 주셨다. 하나님은 그들을 만나로 먹이셨고 불 기둥으로 인도하셨기 때문에, 광야와 캄캄한 땅은 그들에게 비옥한 들판과 빛의 땅이 되었다. 이 세상을 자신의 본향이자 자신의 분깃으로 삼는 자들에게 이 세상은 광야이자 캄캄하고 헛되며 영혼을 괴롭히는 땅이다. 그러나 하나님 안에 거주하는 자들은 하나님이 아름다운 곳에 그들에게 줄로 재어 준 구역들을 가지고 있다.

4. 그들은 이 모든 일을 통해서 정신을 차리기는커녕 도리어 참을 수 없을 정도로 오만방자하고 거만해졌다. 그들은 이렇게 말했다. 우리는 주군(主君)들이니(개역에서는 우리는 놓였으니) 다시 주께로 가지 아니하겠다. 그들은 이제 강력한 나라가 되었으니 더 이상 하나님을 의지하지 않고 스스로 서겠다는 것이다. 이런 말은 주제넘고 건방진 죄인들이 하는 말로서 대단히 불경스러울 뿐만 아니라 지독하게 비이성적이고 어리석은 말이다.

(1) 신민(臣民)들인 우리가, 우리는 주군들(즉, 지배자들)이니 다시는 명령을 받으러 하나님께 가지 않겠다고 말하는 것은 기가 막히는 일이다. 왜냐하면, 하나님은 옛적의 왕이실 뿐만 아니라 영원히 왕이시므로, 우리는 결코 하나님의 권세로부터 벗어나 있는 체할 수 없기 때문이다.

(2) 거지들인 우리가 마치 하나님 없이 살아갈 수 있고 하나님의 은혜를 받을 필요가 없다는 듯이 우리는 주군들, 즉 우리는 부자이기 때문에 다시는 은총을 받으러 하나님께 가지 않겠다고 말하는 것은 기가 막히는 일이다. 하나님이, 그에게서 풍성한 은혜를 받은 자들이 그의 말을 들으려 하지 않거나, 그에게 말하고자 하지 않는 것을 나쁘게 보시는 것은 당연한 일이다.

Ⅲ. 선지자는 그들의 이 모든 악이 그들이 하나님을 잊었기 때문이라고 말한다(32절). 내 백성은 나를 잊었다. 그들은 하나님에 대한 생각을 그들의 마음

속에서 부지런히 몰아내었고, 하나님에 대한 생각을 우상들에 대한 생각으로 밀쳐내었으며, 하나님을 생각나게 하는 모든 것들을 피하였다.

1. 그들은 하나님의 백성으로서 하나님과 언약을 맺어 특별한 관계 속에 있다는 것을 고백하는 자들이었고 하나님이 그들 가운데 임재해 계셔서 그들에게 은총을 베푸신다는 증표들을 지니고 있었음에도 불구하고 하나님을 잊었다.

2. 그들은 오랫동안 하나님을 소홀히 하였는데, 그 날 수가 셀 수 없을 정도였다. 그들은 아주 오랫동안 하나님에 대하여 진지한 생각을 품은 적이 없었다. 그래서 그들은 하나님을 아주 잊어버린 듯이 보였고, 결코 다시는 하나님을 기억하지 않으리라고 결심한 듯이 보였다. 우리의 삶 속에서 하나님을 기억함이 없이 지나가 버린 날들이 얼마나 많았던가! 우리가 그렇게 헛되게 보낸 날 수를 누가 셀 수 있을까?

3. 그들은 젊은 처녀들이 좋은 옷에 보이는 그러한 관심과 애착을 하나님에 대하여 보이지 않았다. 처녀가 어찌 그의 패물을 잊겠느냐 신부가 어찌 그의 예복을 잊겠느냐. 결코 그럴 수 없다. 그들의 마음은 그런 것들에서 떠날 수 없다. 그들은 그런 것들을 아주 소중히 여기고 마음을 쓰기 때문에 종종 그런 것들에 대하여 생각하고 말하곤 한다. 그들은 사람들 앞에 나설 때에 그들의 패물 중 하나도 잊지 않고 여러 가지 패물들을 각각 제자리에 달고 나온다(사 3:18 이하). 그런데 내 백성은 나를 잊었다. 어떤 사람이 하나님보다 좋은 옷을 더 사랑하고, 자기가 지닌 패물 중 하나를 버리느니 차라리 자신의 신앙을 버리는 것은 서글픈 일이다. 하나님은 우리의 패물이 아니시던가? 하나님은 자기 백성에게 영화로운 면류관이시고 아름다운 화관(花冠)이시지 않은가? 만약 우리가 하나님을 그렇게 여기고, 우리의 신앙을 우리 머리의 아름다운 관이자 우리 목의 금 사슬로 여긴다면(잠 1:9), 우리는 처녀가 자기 패물들을 생각하고 신부가 자기 예복을 생각하듯이 우리 하나님과 우리의 신앙을 생각하고 주의 깊게 보존하며 그것들을 걸치고 사람들 앞에 나서는 것을 좋아하는 것이 마땅하다.

IV. 선지자는 그들의 죄악이 다른 사람들에게 얼마나 나쁜 영향을 미쳤는지를 그들에게 보여준다. 하나님을 고백하는 백성이 죄를 짓고, 특히 남들보다 앞장서서 적극적으로 죄를 주도하면, 주변 사람들은 그것을 보고서 용기를 얻고 마음이 더욱 완악해져서 악한 길로 마음대로 행하게 된다(33절). 네가 어찌 사랑을 얻으려고 네 행위를 아름답게 꾸미느냐. 이 본문 속에는 눈을 그리고 머리를 꾸몄던 이세벨처럼 추파를 던지며 화려한 옷을 입고서 남들에게 잘 보이고자 하는 음탕한 여인들의 모습에 대한 암시가 들어 있다. 그들은 이런 식으로 그들의 죄악들과 우상 숭배에 이웃들을 끌어들여서, 악한 자들에게 그들의 행위, 즉 하나님에 대한 예배에 우상 숭배적인 관습들을 혼합시킨 그들의 행위를 가르쳤다. 그들의 이러한 혼합주의적인 신앙은 거룩한 신앙에 대한 큰 모독으로서 그들의 우상 숭배를 이웃 나라들의 우상 숭배보다 더 악하게 만든 요인이 되었다. 열매 없는 어둠의 일들에 동참함으로써 악한 자들을 더욱 악하게 만드는 자들은 그 책임이 더욱 크다는 것을 명심하라.

V. 선지자는 그들이 우상 숭배의 죄에 더하여 살인의 죄를 저질렀다고 고발한다(34절). 또 네 옷단에는 죄 없는 가난한 자를 죽인 피가 묻어 있는데, 그 피가 하늘을 향하여 소리쳐서, 하나님이 지금 그 피 흘림에 대하여 심문하고 계신다. 여기에서 언급하고 있는 것은 그들이 자녀들을 몰록에게 희생제물로 바친 일이다. 또는, 좀 더 일반적으로 보아서, 이 본문은 므낫세에 의해서 죽임을 당하여 예루살렘을 가득하게 하였던 모든 무죄한 자들의 피(왕하 21:16), 의인들의 피, 특히 그들의 불경스런 행위들을 고발하였던 선지자들의 피를 가리키는 것으로 해석할 수도 있다. 하나님은 은밀한 수색을 통해서 또는 땅을 파서(이것이 원문의 의미이다) 그 피를 찾아내신 것이 아니었다. 죄 없는 가난한 자들의 피는 땅 위에 그대로 훤히 드러나 있었다. 이것은 그들이 저지른 이런 유의 죄악이 의심스러운 것이거나 논쟁의 여지가 있는 것이 아니라 너무도 확실하고 분명한 것이었음을 보여준다. 그들은 범죄에 대한 부끄러움이나 두려움을 느끼지 않았기 때문에 애써서 그들의 죄악을 은폐하고자 하지 않았고 도리어 공공연하게 대놓고 범죄를 저질렀던 것인데, 이것은 그들의 죄악을 더욱 가중시키는 것이었다.

VI. 선지자는 무죄하다는 그들의 항변을 여지없이 기각한다. 네가 저지른 죄악은 이렇게 너무도 명백한데도, 너는 나는 무죄하니 그의 진노가 참으로 내게서 떠났다고 말하고, 네 말이 나는 죄를 범하지 아니하였다 한다(35절). 그러므로 내가 너와 변론하여서(개역에서는 내가 너를 심판하리라) 네게 너의 잘못을 깨우쳐 주고자 한다. 그들이 그들에 대한 고소와 고발을 부정하고 그들 자신의 논리를 따라 합리화하고자 하기 때문에, 하나님은 말씀과 회초리를 통해서 그들과 변론하고 다투실 것이다. 하나님은 다음과 같은 자들로 하여금 그들이 스스로를 얼마나 지독하게 속이고 있다는 것을 알게 만드실 것이다.

1. 극악무도한 죄악들을 저질러놓고도 자기들은 죄가 없기 때문에 하나님을 진노케 하지 않았다고 말하는 자들.

2. 그들이 회개하고 삶을 고치지 않아도 하나님이 그들과 화해하시리라고 기대하는 자들. 그들은 그들이 하나님의 진노 아래 있었다는 것을 인정하지만 하나님의 그러한 진노는 전혀 근거 없는 것이기 때문에 그들의 항변을 통해서 그들이 죄가 없다는 것이 증명되었다고 생각한다. 그래서 그들은 하나님이 즉시 그의 진노를 거두어들이실 것이기 때문에 그의 진노가 그들에게서 떠날 것이라고 결론을 내린다. 이것은 너무나 어처구니 없는 생각이어서 하나님의 큰 진노를 불러일으킬 만한 일이었다. 하나님은 그들과 변론하셔서 그들이 범죄하였기 때문에 그의 진노가 정당하다는 것을 그들에게 깨우쳐주실 것이고, 그들이 이런 식으로 스스로를 합리화시키는 것이 아니라 스스로 낮아져서 자신을 판단하고 단죄할 때까지 그들과 다투기를 결코 그만두지 않으실 것이다.

VII. 선지자는 그들이 피조물들을 의지하고 하나님을 그들의 원수로 만듦으로써 결국 수치와 낭패를 당하게 된 것을 지적하며 그들을 닦아세운다(36절). 그들이 육신의 팔을 의지하고 그 마음이 여호와를 떠난 것은 그들이 자주 범하였던 영적 우상 숭배의 일부였다. 선지자는 여기에서 그들에게 그런 짓이 얼마나 어리석은 것인지를 보여준다.

1. 그들은 스스로 피조물들을 선택하여 그들의 의지할 것으로 삼았지만 끊임없이 불안하고 불만족스러워서 그 의지할 것을 수시로 바꾸었다. "네가 어찌하여 네 길을 바꾸어 부지런히 돌아다니느냐. 의심할 여지 없이, 그것은 네가 의지한 것들 속에서 네가 기대하는 것을 얻지 못하였기 때문이 아니냐." 하나님을 자신의 소망으로 삼아서 끊임없이 하나님을 의지하여 살아가는 자들은 그들의 길을 바꾸어 부지런히 돌아다닐 필요가 없다. 왜냐하면, 그들의 영혼은 언제든지 그들의 안식처이신 하나님께 돌아와서 그 안에서 안식을 누릴 수 있기 때문이다. 그러나 피조물들을 의지하는 자들은, 발 붙이고 쉴 만한 곳을 찾지 못했던 노아의 비둘기처럼 끊임없이 불안해하게 될 것이다. 그들이 의지하는 것마다 그들을 실망시키기 때문에 그들은 더 나은 것으로 바꿔야겠다고 생각하지만, 바꿔보아도 그들은 또다시 실망하게 된다. 그들은 처음에는 앗수르를 의

지하였지만, 앗수르가 상한 갈대 또는 부러진 갈대라는 것이 밝혀졌다. 그러자, 그들은 이번에는 애굽을 의지하였는데, 애굽도 결국 마찬가지라는 뜻이 드러났다. 피조물들은 헛된 것이기 때문에, 그것들을 의지처로 삼는 자들은 하나같이 그 때문에 괴로움을 당하게 된다. 그들은 안식을 찾아 부지런히 돌아다니지만 그 어떤 안식도 찾을 수 없다.

2. 그들은 스스로 선택하여 의지하였던 것들에게서 철저하게 실망과 좌절을 맛보았다. 선지자는 그들이 앞으로도 그럴 것이라고 그들에게 말해준다. 네가 이전에 앗수르를 의지하였다가 앗수르가 너를 괴롭히고 돕지 않아서(대하 28:20) 앗수르로 말미암아 수치를 당함 같이 또한 지금 네가 의지하는 애굽으로 말미암아 수치를 당할 것이라. 유대인들은 여호와를 믿는 독특한 민족이었고, 바로 그런 이유 때문에 이웃 나라들은 유대인들을 곱게 보지도 않았고 진심으로 좋아할 수도 없었다. 그런데도 유대인들은 아랑곳하지 않고 이웃 나라들에게 구애하며 그 나라들을 의지하고 기대었다가 그들에게 보기좋게 당하였다. 그 결과가 어떤 것이 될지를 보라(37절). 너의 사자(使者)들이 실망하고서 애굽에서 돌아올 때에 자기 나라의 절망적인 상황을 한탄하면서 두 손으로 머리를 싸매고 거기에서 나가리라. 또는, 네가 이방 땅으로 포로로 잡혀갈 때에 머리가 아파서 네 손으로 네 머리를 싸매고 거기서 나가거나, 다말이 몹시 당혹스러웠을 때에 손을 머리 위에 얹었듯이(삼하 13:19) 백성들이 수치심을 이기지 못하여 두 손으로 머리를 감싸고 거기서 나가리라. "네가 의지하는 애굽은 네가 포로로 끌려가는 것을 막아주거나 구해주지 못할 것이다." 경건한 슬픔 속에서 손을 마음에 얹어 생명을 얻고자 하지 않는 자들은 세상적인 슬픔 속에서 손을 머리에 얹고 사망을 맛보게 될 것이다. 하나님께서 허락하지 않으시면, 애굽이 그들을 도울 수 없다는 것은 전혀 이상한 일이 아니다. 여호와께서 너를 돕지 않으시는데, 내가 무슨 수로 너를 도울 수 있겠는가? 애굽인들은 상한 갈대들이다. 왜냐하면, 여호와께서 네가 의지하는 자들을 버리셨기 때문이다. 하나님은 그들을 너를 구하는 데에 사용하지 않으실 것이다. 하나님은, 그들을 너를 돕는 도구로 사용하심으로써 그들을 높여주시고 네가 그들을 의지한 것을 정당화시켜 주는 그런 일 따위는 하지 않으실 것이다. 그러므로 네가 그들로 말미암아 형통하지 못할 것이다. 그들은 네게 그 어떤 유익이나 만족도 주지 못할 것이다. 여호와를 대적하여 이길 수 있는 모략이나 지혜가 있을 수 없듯이, 여호와 없이 뜻을 이

룰 수 있는 자는 아무도 없다. 어떤 이들은 이 본문을 여호와께서 네가 의지하는 자들을 인하여 너를 버렸다로 읽기도 한다. 네가 하나님에 대한 신의를 저버리고 하나님이 지으신 피조물들을 의지하였고, 마땅히 하나님만을 의지해야 했음에도 불구하고 도리어 하나님의 원수들을 의지하였기 때문에, 하나님은 너를 버려서, 네가 피조물들을 의지해서 충분히 막아낼 수 있을 것이라고 생각하였던 저 멸망에 너를 내주셨다. 그 때에 너는 형통하지 못할 것이다. 왜냐하면, 지금까지 마음을 완악하게 가져서 하나님을 대적하거나, 하나님께 등을 돌리고 떠나 버린 자들치고 형통한 자가 아무도 없었기 때문이다.

제 3 장

개요

앞 장 전체는 하나님을 떠나 배교한 하나님의 백성에 대한 책망과 경고들로 채워졌지만, 이 장에서는 그들이 하나님을 진노케 한 죄가 아무리 많고 클지라도 회개하고 돌아오라는 은혜로운 초대와 격려가 그들에게 주어진다. 그들의 무수히 큰 죄들을 여기에서 자세히 언급하는 것은 하나님의 긍휼하심이 얼마나 큰지를 보여주고 죄가 많은 곳에 은혜가 더욱 차고 넘쳤다는 것을 보여주기 위한 것이다. I. 여기에서는 그들이 얼마나 악했는지, 그들이 얼마나 하나님께 철저히 버림받아 마땅했는지, 그런데도 하나님은 그들이 회개하기만 한다면 얼마나 기꺼이 그들을 그의 은총 속으로 받아주시고자 하시는지를 계속해서 보여줌(1-5절). II. 하나님이 이스라엘을 심판하시자 유다는 그 일을 경고로 받아들였어야 함에도 불구하고 도리어 죄를 전혀 뉘우치지 않고 더욱 끈질기게 따라감(6-11절). III. 하나님은 이렇게 타락한 자들에게 회개하고 돌아오라고 크게 격려하시고, 그들에게 큰 긍휼을 준비해 두었으니 그에게로 돌아오기만 한다면 그 큰 긍휼이 주어질 것이라고 약속하심(12-19절). IV. 그들이 하나님을 떠나 배교한 것에 대하여 다시 한 번 책망하시고, 회개하고 돌아오라고 거듭 촉구하심. 여기에 그들이 하나님께 돌아올 때에 그들의 입에 두고 사용해야 할 말씀이 더해짐(20-25절).

[1]그들이 말하기를 가령 사람이 그의 아내를 버리므로 그가 그에게서 떠나 타인의 아내가 된다 하자 남편이 그를 다시 받겠느냐 그리하면 그 땅이 크게 더러워지지 아니하겠느냐 하느니라 네가 많은 무리와 행음하고서도 내게로 돌아오려느냐 여호와의 말씀이니라 [2]네 눈을 들어 헐벗은 산을 보라 네가 행음하지 아니한 곳이 어디 있느냐 네가 길 가에 앉아 사람들을 기다린 것이 광야에 있는 아라바 사람 같아서 음란과 행악으로 이 땅을 더럽혔도다 [3]그러므로 단비가 그쳤고 늦은 비가 없어졌느니라 그럴지라도 네가 창녀의 낯을 가졌으므로 수치를 알지 못하느니라 [4]네가 이제부터는 내게 부르짖기를 나의 아버지여 아버지는 나의 청년 시절의 보호자이시오니 [5]노여움을 한없이 계속하시겠으며 끝까지 품으시겠나이까 하지 아니하겠

느냐 보라 네가 이같이 말하여도 악을 행하여 네 욕심을 이루었느니라 하시니라

　　　이 단락은 앞 장에 나오는 설교의 일부로서 거기에 언급된 책망들을 듣고 죄를 깨달은 자들에게 소망의 문을 열어주는 역할을 한다. 하나님이 상처를 주시는 것은 고쳐주시기 위한 것이다. 좀 더 자세하게 살펴보자.

I. 이 백성이 얼마나 비열하게 바람이 나서 하나님을 버리고 떠나갔는지.

여기에 나오는 고발은 그 강도가 대단히 높다.

1. 그들은 그들이 섬기는 우상들을 수없이 늘렸고, 무수히 우상 숭배를 행하였다. 하나의 이방 신을 섬기는 것만으로도 그들의 죄악은 충분히 컸을 것인데도, 거짓 신들을 좇아가고자 하는 그들의 욕망은 만족할 줄 몰랐다. 네가 많은 무리와 행음하였도다(1절). 그들은 온갖 우상들과 행음하는 창기(娼妓)가 되어 버렸다. 유대인들은 이웃에 어떤 우상이 세워지기가 무섭게 그 우상을 재빨리 받아들였다. 그들의 나라에 있는 산치고 우상이 없는 곳이 없었다(2절). 우리는 회개할 때에, 우리의 죄를 구체적으로 고백함으로써 하나님께는 영광을 돌리고, 우리 스스로는 그 수치를 감당하기 위하여 우리가 범한 죄악된 행위들, 우리가 범죄하였던 장소들, 우리와 함께 한 무리들을 구체적으로 떠올리며 회개하는 것이 좋다는 것을 명심하라.

2. 그들은 우상을 숭배할 기회를 만들고자 찾아다녔고, 새로운 신들이 어디 있는지를 알아내기 위해서 여기저기에 사람을 보냈다. 네가 창기로 변장한 다말(창 38:14)이나 자기 길을 바로 가는 행인들을 부르는 어리석은 여인(잠 9:14-15)처럼 길 가에 앉아 사람들을 기다린 것이 광야에 있는 아라바 사람, 즉 고객들을 끌어들이거나 좋은 가격으로 물건들을 사서 시장을 선점하기 위해 상인들을 기다리는 아라바의 행상인들이나, 먹잇감을 노리며 기다리는 아라바의 도둑들과 같다. 그들은 이렇게 사람들이 새로운 신들을 가져오면 그 신들을 받아들이려고 사람들을 기다리거나(우상은 새로운 것일수록 더 환영을 받았다), 자신의 우상 숭배에 동참하도록 사람들에게 권유하기 위하여 사람들을 기다렸다. 그들은 단순한 죄인들이 아니라 사탄들이었고, 단순한 변절자들이 아니라 다른 사람들을 유혹하는 자들이었다.

3. 그들은 죄를 짓는 일에 대단히 뻔뻔스러워졌다. 그들은 음란과 행악으로 그들 자신만을 더럽힌 것이 아니라 그들의 땅도 더럽혔다(2절). 왜냐하면, 그들

의 죄는 나라 전체로 퍼져서 민족적인 죄가 되었기 때문이다. 그런데도 "네가 창녀의 낯, 놋쇠 같이 두터운 낯을 가졌으므로 수치를 알지 못하였다. 너는 네게 영원히 수치를 안겨주기에 충분한 짓을 해 놓고도 그 수치를 담당하고자 하지 않았다." 얼굴을 붉히는 것은 적어도 미덕이 아직 남아 있다는 것을 보여주는 증표이다. 그러나 수치가 물 건너간 자들에게는 소망도 이미 물 건너간 것이다. 간음하는 자의 마음을 지닌 자들은 그들이 행음하는 일에 빠져 있다면 머지않아 그 어떤 수치나 수줍음도 모르는 창녀의 낯을 갖게 될 것이다.

4. 그들은 온갖 종류의 죄를 무차별적으로 저질렀다. 그들은 음란(즉, 우상 숭배)만이 아니라 두 번째 돌판에 씌어진 계명들을 어기는 죄들인 행악을 통해서도 그 땅을 더럽혔다(2절). 왜냐하면, 자신의 하나님에 대해서 진실하지 못한 자들이 자신의 이웃들에 대하여 진실할 것이라고 생각할 수는 없는 일이기 때문이다(5절). "너는 네가 할 수 있는 한에서 악한 것들을 말하고 악한 일들을 해왔다(개역에서는 네가 이같이 말하여도 악을 행하여 네 욕심을 이루었느니라). 만약 네가 더 악한 것들을 알았더라면 그것들을 말하고 행하고자 하였을 것이다. 너는 가장 악한 것들을 행하고자 했지만, 네게 기회가 주어지지 않았을 뿐이다." 있는 힘을 다해서 범죄하는 자들, 해서는 안 되기 때문이 아니라 자기 힘으로 할 수 없기 때문에 더 큰 죄를 짓지 않는 자들은 정말 악한 자들이다.

Ⅱ. 하나님이 그들의 죄악들에 대하여 얼마나 온유하게 그들을 징계하셨는지. 그들은 소돔처럼 공공연히 범죄하고 소돔이 음란한 육체를 따라갔듯이 이방 신들을 따라갔기 때문에 하나님은 당연히 그들에게 유황 불을 내려 심판하셨어야 했음에도 불구하고 그렇게 하지 않으시고 단지 그 해에 내릴 비 중의 일부인 단비를 내려주지 않으시는 징계, 즉 그들이 하나님을 의지해야만 살 수 있다는 것을 보여주는 하나의 징표인 늦은 비를 없게 하시는 징계만을 행하셨다. 하나님이 그들에게 이른 비를 내려주셨다고 해서 늦은 비도 내려주실 것이라는 보장은 없었다. 늦은 비를 얻기 위해서는 그들이 계속해서 하나님을 바라보아야 한다. 그러나 늦은 비를 내려주시지 않는 징계를 통해서 그들을 가르치고자 하셨던 하나님의 의도는 별 효과를 거두지 못하였다.

Ⅲ. 하나님이 그들을 완전히 버려서, 그들이 돌아온다고 해도 그들을 결코 다시는 받아주지 않으셨다고 해도 하나님의 그런 조치는 너무도 정당하고 의로운 일이었으리라는 것. 하나님은 당시에 사람들이 잘 알고 있던 이혼에 관

한 규례를 따라서 당연히 그렇게 하셔도 되었다(1절). 그들이 말하기를(이것은 사람이라면 누구나 알고 인정하는 지극히 명백한 법에 속하는 규례이다, 신 24:4), 어떤 여인이 간음을 행하여 버림을 받아서 타인의 아내가 되었다면 그 여인의 첫 남편은 무슨 일이 있어도 결코 그 여인을 다시 자기 아내로 받아들이는 일은 없을 것이라고 한다. 만약 그렇지 않고 그 아내를 다시 받아들여서 혼인 관계를 심하게 어지럽힌다면, 혼인에 관한 규례는 크게 훼손되고 그 땅은 크게 더러워지게 될 것이다. 이 문제에 있어서 율법이 무엇을 말하는지를 주목해 보라. 그들은 말한다. 즉, 모든 사람이 이 문제에 있어서 율법이 옳고 공평하다고 말한다. 왜냐하면, 사람이라면 누구나 다 타인의 아내를 받아들이는 것이 옳지 않다는 것을 자신의 양심이 금지하고 있다는 것을 알기 때문이다. 따라서 이러한 규례에 비추어 보아서, 그들은 이방 신을 따라갔을 뿐만 아니라 많은 무리(우상들)와 행음하였기 때문에 당연히 하나님께서 그들을 다시 그의 백성으로 받아주시지 않으시리라는 것을 충분히 예상할 수 있었다. 우리가 우리와 같은 인간인 어떤 사람에게 그런 식으로 행동하였다면, 틀림없이 그 사람은 우리를 결코 용서하거나 받아들이려 하지 않았을 것이고, 우리는 그 사람과 도저히 화해할 수 없게 되었을 것이다.

Ⅳ. 하나님은 한없는 은혜를 베푸셔서 그들에게 돌아오라고 초청하실 뿐만 아니라 그들이 돌아올 수 있도록 그 길을 인도하고 계시다는 것.

1. 하나님은 그들이 회개하면 그의 은총을 입게 될 것이라는 소망을 갖도록 그들을 격려하신다. "네가 악하게 행하였으나 내게로 다시 돌아오라(1절)." 이 말씀은 하나님이 그들을 받아들이시겠다는 약속의 의미를 함축하고 있다. "돌아오라. 그리하면 네가 환영을 받으리라." 하나님은 그가 우리를 위하여 만드신 율법들에 스스로 얽매여 있지 않으시고, 사람들이 지닌 옹졸한 적개심이나 분노를 가지고 계시지 않는다. 간음한 아내에 대하여 적개심을 지닌 상처 받은 남편과는 달리, 하나님은 이스라엘과 맺은 언약으로 인하여 이스라엘을 더 자비하고 인자하게 대하실 것이다. 왜냐하면, 여호와 하나님은 다른 일들에서와 마찬가지로 회개하고 뉘우치는 자들을 받아들이시는 일에 있어서도 하나님이요 사람이 아니시기 때문이다.

2. 그래서 하나님은 그들이 회개하고 그에게 돌아올 것을 간절히 바라시고, 그들이 그에게 무슨 말을 해야 하는지도 그들에게 가르쳐 주신다(4절). "네가

이제부터는 내게 부르짖고자 하지 아니하겠느냐. 내게 부르짖어야 할 그런 관계에 있는 네가 내게 부르짖고자 하지 아니하겠느냐. 비록 너는 바람이 나서 나를 떠났지만 마침내 그것이 얼마나 어리석은 일이었는지를 알게 된 지금에 와서는 분명히 내게 돌아오고 싶어할 것이다. 너는 이제 와서는, 아니 이제부터는 내게 부르짖고자 하지 아니하겠느냐. 이제까지는 무슨 말을 하고 무슨 일을 행하였든, 이제부터는 나를 의지하지 아니하겠느냐. 죄를 깨닫고 징벌을 다 받고난 이제부터는, 네가 네 죄악들을 알았고(2절) 그 죄악들에 대한 징벌을 다 받은 지금에 와서(3절), 너는 내가 본 남편에게로 돌아가리니 그 때의 내 형편이 지금보다 나았음이라(호 2:7)고 말하며 네 죄악들을 다 버리고 내게 돌아오고자 하지 아니하겠느냐." 또는, "돌아오라는 인자하신 초청과 돌아오면 환영을 받으리라는 약속을 하나님에게서 받았으니, 이제 네가 하나님의 이러한 은혜를 받아들이고자 하지 않겠느냐. 이제 네 죄가 용서되었다는 것이 선포되었으니, 네가 그 죄사함의 유익을 받아들이고자 하지 않겠느냐. 분명히 너는 그렇게 하고자 할 것이다."

(1) 하나님은 그들이 하나님에 대한 그들의 관계를 그들의 권리로 주장하기를 바라신다. 네가 내게 부르짖기를 나의 아버지여 아버지는 나의 청년 시절의 보호자이시나이다 하지 아니하겠느냐.

[1] 그들은 반드시 아버지 되시는 하나님께 나아와서 지금까지 그들이 저지른 철 없는 짓을 용서해 달라고 간청할 것이고(아버지, 내가 죄를 지었나이다), 돌아온 탕자를 불쌍히 여긴 아버지의 사랑을 하나님에게서 보게 되기를 바랄 것이다. 그들은 아버지 되시는 하나님께 나아와서 그들의 처지를 하소연할 것이고, 그들을 구원해 주실 것을 하나님께 의뢰할 것이다. 그들은 이제 하나님을 그들의 아버지로 인정할 것이고, 하나님 없이는 그들이 고아인 것을 인정하면서, 하나님에게 긍휼을 얻기를 바랄 것이다(호 14:3).

[2] 그들은 그들의 청년 시절의 보호자, 즉 그들의 남편 되시는 하나님께 나아올 것이다. 성경에서는 아내에 대한 남편의 관계를 그런 식으로 묘사한다(말 2:14). "비록 네가 많은 연인들을 좇아가서 행음하였을지라도, 분명히 너는 결국에는 네가 처음 결혼할 때의 사랑을 기억하고서 네 젊은 때의 남편에게로 돌아올 것이다." 또는, 이 본문은 좀 더 일반적인 의미로 해석될 수도 있다. "하나님은 나의 아버지로서 나의 청년 시절의 보호자이시나이다." 청년 시절에는 보

호자 또는 인도자가 필요하다. 우리는 하나님께로 돌아갈 때에 하나님이 우리의 청년 시절의 보호자 또는 인도자가 되어 주셔서 우리를 위로와 기쁨이 되는 길로 인도하셨었다는 사실을 기억하고 감사하여야 한다. 그리고 우리는 이후로는 하나님을 우리의 인도자로 모시고 우리의 본분을 다하며, 하나님의 인도하심을 따르고 그 인도하심에 우리 자신을 전적으로 맡기며, 온갖 의심스러운 일들을 우리의 신앙을 따라 결정하겠다고 단단히 서약하여야 한다.

(2) 하나님은 그들이 하나님의 긍휼을 의지하고 그 긍휼하심의 유익을 갈망하며(5절), 그렇게 함으로써 하나님께로 돌아올 용기를 얻게 되기를 바라신다. "하나님이 노여움을 한없이 계속하시겠는가. 하나님은 그의 이름을 자비롭고 은혜로운 하나님이라 선포하셨으니, 분명히 그리하지 아니하실 것이다." 회개하고자 하는 죄인들은, 하나님은 책망하시지만 언제나 책망하시는 것이 아니고 화를 내시지만 언제까지나 화를 내시는 것은 아니라는 사실, 죄인들을 비록 근심하게 하시나 긍휼히 여기실 것이고 어디까지나 화해를 이루시기 위하여 그렇게 하시는 것이라는 사실을 통해서 회개할 용기를 얻을 수 있다. 어떤 이들은 이 본문을 그들의 위선과 뻔뻔스러움을 묘사하는 것으로 이해하기도 한다. "너는 창녀의 낯을 가졌고(3절) 여전히 악을 행하여 네 욕심을 이루고 있으면서도(5절) 종종 내게 나의 아버지여라고 부르짖고 있지 않느냐." 그들은 우상 숭배에 중독이 되어 있었으면서도 하나님과 그 예배를 존중하는 체하며, 경건과 헌신의 모양을 유지하였다. 사람들이 이렇게 하나님을 아버지라고 부르면서도 마귀의 일을 하는 것(유대인들처럼, 요 8:44), 하나님을 그들의 청년 시절의 보호자라고 부르면서도 육체를 따라 행하는 것, 진노의 날에 임할 진노를 끊임없이 쌓으면서도 하나님의 진노가 곧 끝날 것이라고 낙관하며 기대하는 것은 부끄러운 일이다.

[6]요시야 왕 때에 여호와께서 또 내게 이르시되 너는 배역한 이스라엘이 행한 바를 보았느냐 그가 모든 높은 산에 오르며 모든 푸른 나무 아래로 가서 거기서 행음하였도다 [7]그가 이 모든 일들을 행한 후에 내가 말하기를 그가 내게로 돌아오리라 하였으나 아직도 내게로 돌아오지 아니하였고 그의 반역한 자매 유다는 그것을 보았느니라 [8]내게 배역한 이스라엘이 간음을 행하였으므로 내가 그를 내쫓고 그에게 이혼서까지 주었으되 그의 반역한 자매 유다가 두려워하지 아니하고 자기도 가서 행

음함을 내가 보았노라 [9]그가 돌과 나무와 더불어 행음함을 가볍게 여기고 행음하여 이 땅을 더럽혔거늘 [10]이 모든 일이 있어도 그의 반역한 자매 유다가 진심으로 내게 돌아오지 아니하고 거짓으로 할 뿐이니라 여호와의 말씀이니라 [11]여호와께서 내게 이르시되 배역한 이스라엘은 반역한 유다보다 자신이 더 의로움이 나타났나니

이 단락에 나오는 설교를 제대로 이해하려면 이 설교가 언제 행해졌는지 그 연대를 살펴보지 않으면 안 된다. 이 설교는 요시야 왕 때에 행해졌는데, 요시야 왕은 진실한 신앙심으로 종교개혁이라는 복된 사역을 시작하였지만, 백성들은 이 종교개혁에 진심으로가 아니라 겉으로만 동참하였다. 하나님이 여기에서 선지자에게 말씀하셔서 선지자로 하여금 그들에게 전하게 하신 말씀의 취지는 백성들이 보여준 그러한 위선을 책망하시고 그 결과가 어떤 것이 될지를 경고하시는 것이다. 하나님은 여기에서 북왕국 이스라엘과 남왕국 유다, 즉 다윗의 보좌와 예루살렘 성전에 대하여 반기를 든 열 지파와 거기에 충성을 다한 두 지파의 경우를 비교하신다. 이 두 왕국의 각각의 독특한 역사는 두 권으로 된 열왕기에 잘 나와 있는데, 우리는 여기에서 이 문제와 관련된 한도 내에서 이 두 왕국의 역사를 요약해 놓은 것을 본다.

I. 열 지파로 이루어진 북왕국 이스라엘에 관한 짤막한 설명. 하나님께서 선지자를 찾아오셔서 너는 배역한 이스라엘이 행한 바를 보았느냐(6절)고 말씀하셨을 때, 아마도 선지자는 북왕국 이스라엘에 관한 역사를 방금 다 읽은 뒤였을 것이다. 왜냐하면, 북왕국 이스라엘이 포로로 끌려간 것은 이 선지자가 태어나기 오래 전의 일이어서 선지자가 역사책을 보지 않았다면 이스라엘의 행위를 다른 식으로는 볼 수 없었을 것이기 때문이다. 성경에 나오는 역사들을 읽으면, 우리는 마치 우리 자신이 그 역사들의 목격자였던 것처럼 교훈을 받고 깊은 감명을 받게 된다. 북왕국 이스라엘은 애초에 교회와 국가 양쪽으로 하나님이 세우신 제도들에 반기를 든 배교 행위를 통해서 세워진 나라였기 때문에 배역한 이스라엘이라 불린다. 지금 선지자는 북왕국 이스라엘에 대하여 다음과 같은 것들을 보았다.

1. 그들이 철저하게 우상 숭배에 빠져 있었다는 것. 그들은 모든 높은 산 위에 오르며 모든 푸른 나무 아래로 가서 거기서 행음하였도다(6절). 즉, 그들은 산당(山堂)들과 숲들에서 다른 신들을 섬겼다. 그들이 처음부터 단과 벧엘에서 금 송아

지 형상들을 만들어 놓고 하나님을 섬겼다는 것을 생각하면, 이런 일들은 그리 놀라운 일도 아니었다. 우상 숭배의 길은 내리막길이다. 형상들을 좋아하여 그 것들을 만들어서 세워 놓는 자들은 머지않아 다른 신들도 좋아하게 되어 우상 들을 만들어 세워 놓게 된다. 십계명 중에서 두 번째 계명을 깨뜨리는 것을 아 랑곳하지 않는 자들이 어떻게 첫 번째 계명을 지키려고 하겠는가?

2. 하나님께서 그의 선지자들을 보내셔서 그들에게 회개하고 삶을 고칠 것 을 권유하고 격려하셨다는 것(7절). "그가 이 모든 일들을 행한 후에 내가 그를 버려도 그는 아무 할 말이 없었겠지만 나는 그에게 내게로 돌아오라 그러면 내 가 너를 받아들이리라고 말하였다." 그들은 논란의 여지 없이 하나님으로부터 권세를 받은 다윗의 집과 아론의 집을 둘 다 버렸지만, 하나님은 그에게 선지 자들을 보내셔서 그에게 돌아오라고 요청하셨는데, 이 때에 사람들의 생각과는 달리 다윗의 집으로 돌아오는 것에 대해서는 그다지 강력하게 요청하지 않으 시고 단지 아론의 집으로 돌아와서 오직 하나님만을 섬길 것을 강력하게 요청 하셨다. 성경을 보면, 저 위대한 개혁자인 엘리야는 북왕국 이스라엘에게 참 하나님을 진실하게 섬기는 것으로 돌아올 것을 간절하게 요청하였지만 다윗의 집으로 돌아오는 것에 대해서는 단 한 번도 언급하지 않았다. 하나님이 세우신 그 어떤 규례나 제도보다도 하나님을 더 소중히 여기는 것이야말로 진정한 경 건이다.

3. 그런데도 그들은 끈질기게 우상 숭배를 계속하였다는 것. 그러나 그가 아 직도 돌아오지 아니하였고, 하나님은 그것을 보셨다. 하나님은 북왕국 이스라엘 이 돌아오지 않는 것을 보셨고, 그 때문에 몹시 기분이 상하셨다(7-8절). 우리 가 관심을 갖든 갖지 않든, 하나님은 그가 몇 번이나 우리를 돌아오라고 부르 셨고 우리가 그 부르심을 몇 번이나 거부하였는지를 계속해서 세고 계신다는 것을 명심하라.

4. 그래서 하나님은 그들을 내치셨고 그들의 원수들의 손에 넘겨주셨다는 것(8절). 이스라엘이 간음을 행하였으므로(또는, 이스라엘이 간음을 행한 것을 보고 로 읽을 수도 있다) 내가 그를 내쫓고 그에게 이혼서까지 주었다. 하나님이 그들 을 그의 보호하심 밖으로 내던지셔서 그들에게 손대고자 하는 자에게 손쉬운 먹잇감이 되도록 내버려 두신 것, 그들에게 있던 모든 회당들과 선지자 학교들 을 흩으시고 하나님이 그들의 조상들과 맺으신 언약에 대한 권리를 그들로 하

여금 더 이상 주장하지 못하게 하신 것은 하나님이 그들에게 이혼서를 주셨다는 것을 보여주는 증표들이었다. 거짓으로 하나님을 자처하는 존재들과 야합하는 자들은 하나님으로부터 이혼을 당하는 것이 마땅하고 그렇게 이혼을 당해도 아무런 할 말이 없다는 것을 명심하라. 그 증거를 보고자 한다면, 하나님이 이스라엘에 대하여 어떻게 행하셨는지를 가서 보라.

II. 두 지파로 이루어진 남왕국 유다의 경우는 어떠하였는가. 유다는 반역한 자매 유다, 속이는 자매 유다라 불린다. 이스라엘과 유다는 아브라함과 야곱이라는 공통의 조상에게서 나온 자손들이었기 때문에 자매라 불린다. 이스라엘은 배역한 자 또는 타락한 자로 불렸지만, 유다는 여기에서 반역한 자 또는 속이는 자라 불린다. 남왕국 유다는 이스라엘이 타락의 길로 갔을 때에 하나님을 가까이 모시고 충성을 다하겠다고 고백하였지만(유다는 하나님이 직접 세우신 왕들과 제사장들에게 충성하였고, 하나님에 대한 충성 맹세를 거두어들이지 않았기 때문에, 하나님에 대하여 신실하고 정직하게 행할 것이 기대되었다) 결국 그들의 신앙고백이나 약속들을 신실하게 지키지 않고 기만적이고 거짓되게 행하였다는 것이 드러났다. 하나님께 꼭 붙어 있는 체하는 자들의 기만적인 행위는 공개적으로 하나님께 반기를 든 자들의 배교 행위와 마찬가지로 벌을 받게 되리라는 것을 명심하라. 남왕국 유다는 이스라엘이 어떤 짓을 하다가 결국 어떻게 되었는지를 두 눈으로 똑똑히 보았기 때문에 거기에서 충분히 경고와 교훈을 얻을 수 있었고, 또한 얻어야 했다. 이스라엘이 포로로 끌려간 것은 유다의 훈계를 위한 것이었다. 그러나 별 소용이 없었다. 유다는 이스라엘이 당한 일을 보고도 두려워하지 않았고, 도리어 그들에게는 레위인들로 이루어진 제사장들이 있고 다윗의 자손들로 이루어진 왕들이 있기 때문에 그들은 안전할 것이라고 생각하였다. 다른 사람들에게 닥친 하나님의 심판을 보고서도 우리가 정신을 차려서 거룩한 두려움을 가지지 않는다면, 그것은 우리가 크게 우둔해지고 안일해졌다는 것을 보여주는 증거라는 것을 명심하라. 여기에는 유다에 대한 다음과 같은 고발들이 나온다.

1. 그들 가운데서 악한 왕이 나와서 그들을 타락시켰을 때에 그들은 왕과 죽이 척척 맞아서 그 타락에 동참하였다는 것. 유다는 아주 적극적으로 나서서 행음하여, 그들 가운데 들어온 우상들을 섬기고 우상 숭배와 관련된 관습들을 받아들여 행하였다. 그들은 행음함을 가볍게 여김으로 말미암아(어떤 이들의 읽

기에 따르면, 악독하고 비천한 행음으로 말미암아), 또는 그들의 행음함에 대한 악명높은 평판이나 소문으로 말미암아 이 땅을 더럽혔고 하나님께 가증스러운 것으로 만들어 버렸다. 왜냐하면, 그들은 우상 중에서도 가장 하급에 속하는 우상들인 나무와 돌로 만든 우상들, 돌과 나무와 더불어 행음하였기 때문이다. 우상 숭배를 좋아하였던 왕들인 므낫세와 아몬이 다스리던 때에 백성들도 우상 숭배에 빠져서 온 나라는 타락하고 부패하였으며, 이스라엘이 우상 숭배 때문에 멸망을 자초하였다는 사실을 기억하고서 두려워하는 자가 아무도 없었다.

2. 그들 가운데서 선한 왕이 나와서 그들을 개혁하고자 했을 때에 그들은 종교개혁을 하고자 하는 왕의 뜻에 진심으로 따라주지 않았다는 것. 이것은 이 선지자가 활동하던 당시의 상황이었다. 하나님은 선한 왕이 나왔을 때에 백성들이 과연 선하게 행할지를 시험해 보셨지만, 그들의 악한 성품은 예나 지금이나 변한 것이 조금도 없었다. 유다가 진심으로 내게 돌아오지 아니하고 거짓으로 할 뿐이니라(10절). 요시야는 그의 선왕들 중에서 가장 훌륭한 왕보다도 우상 숭배를 없애는 데에 열성을 다하였고, 스스로는 마음을 다하며 뜻을 다하며 힘을 다하여 여호와께로 돌이켰는데, 성경에서도 요시야를 그렇게 평가한다(왕하 23:25). 하지만 백성들은 마지못해 겉으로만 요시야의 뜻에 따라서 유월절을 엄숙하게 거행하고 하나님과의 언약을 다시 새롭게 맺었다(대하 34:32; 35:17). 그들은 진심으로 그렇게 한 것이 아니었고, 그들의 마음은 하나님 앞에서 정직하지 못하였다. 이런 이유로 하나님은 바로 이 때에 내가 이스라엘을 물리친 것 같이 유다도 물리치리라(왕하 23:27)고 말씀하셨다. 이는 유다가 이스라엘이 죄로 말미암아 그들의 땅에서 강제로 떠나게 된 것을 보고서도 그들의 죄로부터 떠나지 않았기 때문이었다. 어느 민족에게 있어서나 위선적이고 효과 없는 개혁은 그 민족에게 도리어 불길한 징조가 된다. 우리가 거짓으로 하나님께 돌아가면 하나님이 속으실 것이라고 생각한다면, 그것은 큰 오산이다. 진실함이 없다면 신앙도 없다.

Ⅲ. 하나님께서 이 두 왕국의 경우를 비교해서 유다의 경우가 더 악하다고 판단하심(11절). 이스라엘이 유다보다 자신이 더 의로움이 나타났다. 즉, 이스라엘은 유다만큼 악하지 않다. 이러한 상대적인 의로움이 이스라엘에게 이익을 가져다 주는 것은 아무것도 없다. 우리 자신이 진정으로 선한 것이 아닐 때, 우리가 다른 사람들만큼 악하지 않다고 말해 보아야 무슨 소용이 있겠는가? 이러한

상대적인 비교는 단지 유다의 죄를 더욱 무겁게 가중시키는 역할만을 할 뿐이다. 유다의 죄는 이스라엘의 죄보다 두 가지 점에서 더 악한 것이었다.

1. 하나님은 이스라엘보다 유다에 더 많은 기대를 거셨다. 그런데도 유다는 이스라엘보다 더 거짓되게 행하여, 거룩한 신앙고백을 더럽혔고 엄숙한 약속을 거짓 것으로 만들어 버렸다.

2. 유다는 이스라엘이 우상 숭배 때문에 멸망당한 것을 보고서 경고와 교훈을 받을 수 있었음에도 불구하고 거기에서 교훈을 얻고자 하지 않았다. 하나님의 심판이 다른 사람들에게 닥치는 것을 보고서 그것을 우리의 삶을 고치는 계기로 삼지 않는다면, 그것은 도리어 우리의 죄를 더욱 가중시키고 우리의 멸망을 더욱 재촉하는 역할을 할 것이다. 예레미야 선지자가 여기에서 유다와 이스라엘을 비교하듯이, 선지자 에스겔은 예루살렘과 사마리아를 비교하고(겔 23:11) 더 나아가 예루살렘과 소돔을 비교해서(겔 16:48) 셋 중에서 예루살렘이 가장 악하다고 평가한다.

[12]너는 가서 북을 향하여 이 말을 선포하여 이르라 여호와께서 이르시되 배역한 이스라엘아 돌아오라 나의 노한 얼굴을 너희에게로 향하지 아니하리라 나는 긍휼이 있는 자라 노를 한없이 품지 아니하느니라 여호와의 말씀이니라 [13]너는 오직 네 죄를 자복하라 이는 네 하나님 여호와를 배반하고 네 길로 달려 이방인들에게로 나아가 모든 푸른 나무 아래로 가서 내 목소리를 듣지 아니하였음이라 여호와의 말씀이니라 [14]여호와의 말씀이니라 배역한 자식들아 돌아오라 나는 너희 남편임이라 내가 너희를 성읍에서 하나와 족속 중에서 둘을 택하여 너희를 시온으로 데려오겠고 [15]내가 또 내 마음에 합한 목자들을 너희에게 주리니 그들이 지식과 명철로 너희를 양육하리라 [16]여호와의 말씀이니라 너희가 이 땅에서 번성하여 많아질 때에는 사람들이 여호와의 언약궤를 다시는 말하지 아니할 것이요 생각하지 아니할 것이요 기억하지 아니할 것이요 찾지 아니할 것이요 다시는 만들지 아니할 것이며 [17]그 때에 예루살렘이 그들에게 여호와의 보좌라 일컬음이 되며 모든 백성이 그리로 모이리니 곧 여호와의 이름으로 말미암아 예루살렘에 모이고 다시는 그들의 악한 마음의 완악한 대로 그들이 행하지 아니할 것이며 [18]그 때에 유다 족속이 이스라엘 족속과 동행하여 북에서부터 나와서 내가 너희 조상들에게 기업으로 준 땅에 그들이 함께 이르리라 [19]내가 말하기를 내가 어떻게 하든지 너를 자녀들 중에 두며 허다한

나라들 중에 아름다운 기업인 이 귀한 땅을 네게 주리라 하였고 내가 다시 말하기를 너희가 나를 나의 아버지라 하고 나를 떠나지 말 것이니라 하였노라

이 단락에는 복음에 관한 많은 내용이 나오는데, 언제나 복음에 속하는 내용인 것과 특별히 복음 시대에 해당하는 축복들에 속하는 내용이 나온다. 전자는 하나님이 회개하고 돌아오는 죄인들의 죄를 기꺼이 용서하시고 기쁘게 맞아주신다는 것이고, 후자는 흩어진 하나님의 자녀를 모아서 복음 교회를 세우시며, 예식법을 폐지하시고 더 좋은 것으로 대체하시며, 유대인과 이방인을 하나가 되게 하시리라는 것(이것은 이스라엘과 유다가 한 무리가 되어서 포로생활로부터 돌아오게 되는 모형적인 사건을 통해서 표현된다)이다. 하나님은 선지자에게 북을 향하여 이 말을 선포하라고 명령하신다. 왜냐하면, 이 말씀은 배역한 이스라엘, 포로로 잡혀서 예루살렘 북쪽에 있는 앗수르로 끌려간 열 지파를 향한 부르심이기 때문이다. 선지자가 북쪽을 바라보아야 했던 것은 형제 유다는 이스라엘을 잊었을지라도 하나님은 이스라엘을 잊지 않으셨다는 것을 보여주고, 하나님의 부르심에 응답하기를 거부한 유다 사람들의 완악함을 책망하기 위한 것이었다. 하나님이 예루살렘에서 수백 마일이나 떨어져 있는 북쪽 땅에 있는 이스라엘 사람들을 부르시는 데에는 다 이유가 있었다. 이스라엘 사람들은 이 믿음이 없고 순종하지 않는 유다 사람들보다는 하나님의 말씀을 더 잘 들을 것이고, 타락한 이스라엘은 속이는 유다보다는 하나님의 긍휼과 그 긍휼하심의 유익을 더 잘 받아들일 것이었기 때문이다. 하나님께서 이러한 말씀을 북을 향하여 선포하라고 하신 것은 아마도 죄사함을 받게 하는 회개가 예루살렘에서 시작하여 모든 족속에게 전파될 것(눅 24:47)을 미리 보여주신 것인 듯하다. 북쪽 땅에 있는 이스라엘에 대한 부르심은 그 땅에 있는 다른 사람들, 은혜로 택하심을 받은 많은 자들에 대한 부르심이다. 그리스도께서 다른 곳으로 갈 것이기 때문에 사람들이 그를 다시는 보지 못할 것이라고 말씀하셨을 때, 사람들은 그리스도께서 이방인들 가운데 흩어져 사는 유대인들에게로 가서 가시고자 하는 것이 아닌가 하고 생각하다가 결국에는 그리스도께서 이방인들을 가르치시고자 하는 것이라는 결론을 내렸다(요 7:35). 이 본문도 마찬가지로 해석될 수 있다.

I. 배역한 이스라엘과 이방인들에게 그들이 배역하였던 하나님께로 돌아오

라고 초청하심. 배역한 이스라엘아 돌아오라(12절). 이 말씀은 14절에서도 다시 나온다. "배역한 자식들아 돌아오라. 네가 배역하여 타락한 것을 회개하고, 네가 원래 충성을 맹세하였던 이에게 돌아오며, 네가 버리고 떠났던 저 선한 길로 다시 돌아오라." 하나님은 이러한 초청을 근거로 해서 그들에게 다음과 같이 하신다.

1. 하나님은 그들에게 돌아오라고 격려하신다. "너희가 회개하고 돌이켜 너희 죄 없이 함을 받으라(행 3:19). 너희는 하나님의 진노를 불러일으켜 왔지만, 내게로 돌아오라. 그러면 나의 노한 얼굴을 너희에게로 향하지 아니하리라." 하나님의 진노는 마치 사자가 그의 먹잇감을 덮치듯이 죄인들에게 임할 준비가 다 되어 있고, 일단 그 진노가 임하면, 마치 납으로 된 산이 그들을 덮칠 때처럼 아무도 그들을 건져낼 자가 없을 것이고, 그들은 음부의 가장 낮은 곳으로 떨어져 다시는 거기에서 나오지 못하게 될 것이다. 그러나 그들이 회개한다면 하나님의 진노는 거두어질 것이다(사 12:1). 나는 긍휼이 있는 자라 노를 한없이 품지 아니하고 화해하고자 하느니라. 만약 하나님이 긍휼이 없으시다면, 죄악된 우리는 영원히 멸망을 당하고 말 것이다. 그러나 하나님은 그 본성이 선하시기 때문에 우리가 하나님을 거슬러 행하였던 모든 일을 회개한다면 하나님은 우리를 용서하시고 우리에 대하여 말씀하셨던 심판의 말씀을 다 취소하실 것이라는 소망을 우리는 품을 수 있다.

2. 하나님은 그들이 어떻게 돌아와야 하는지를 가르쳐 주신다(13절). "너는 오직 네 죄를 자복하라. 너는 네가 잘못했음을 인정함으로써 그 잘못으로 인한 모든 수치는 네 자신에게 돌아가게 하고 하나님께는 영광을 돌리라." 나는 노를 한없이 품지 아니하리라(이것은 앞에서 하신 약속이다). 너는 영원한 하나님의 진노, 장차 임할 진노로부터 건짐을 받게 될 것이다. 그렇다면, 어떤 조건 위에서인가? 그 조건은 아주 쉽고 이치에 맞는 조건이다. 너는 오직 네 죄를 자복하라. 만일 우리가 우리 죄를 자백하면 그는 미쁘시고 의로우사 우리 죄를 사하실 것이다. 죄사함과 화해를 위한 요구 조건이 이렇게 손쉬운데도 그들이 그 조건을 받아들이려 하지 않는다면, 그들의 죄는 더욱 무거워지게 될 것이다. 선지자가 너에게 큰 일을 행하라 말하였더면 행하지 아니하였겠는가 하물며 너에게 이르기를 오직 네 죄를 자복하라 하였으니 네가 그렇게 행하지 아니하면 말이 되겠는가(왕하 5:13). 죄를 고백할 때에 우리는 다음과 같이 하여야 한다.

(1) 우리는 우리의 본성이 부패하였음을 인정하여야 한다. 너의 죄를 자복하고, 네 본성이 비틀어지고 울퉁불퉁하다는 것을 인정하라.

(2) 우리는 우리가 저지른 실제적인 죄들을 시인하여야 한다. "너는 네 하나님 여호와를 배반하고 모욕하고 진노케 하였다는 것을 자복하라."

(3) 우리는 우리가 지은 죄가 많다는 것을 인정하여야 한다. "너는 네 길로 달려 이방인들에게로 나아가 네 우상들을 좇아 이리저리 다니며 모든 푸른 나무 아래로 가서 우상들을 섬긴 것을 자복하라. 너는 이리저리 다니며 곳곳마다 네 어리석음을 보여주는 흔적들을 남겨 놓았다."

(4) 우리의 죄 속에는 하나님의 법에 대한 불순종이 들어 있기 때문에 우리의 죄는 더욱 무거워진다. 죄가 지닌 죄성(罪性) 중에서 가장 무거운 측면은 바로 하나님에 대한 불순종이라는 측면이다. "너는 내 목소리를 듣지 아니하였다. 이 사실을 자복하고서, 다른 어떤 것보다도 이것을 생각하여 스스로를 낮추라."

Ⅱ. 이 배역한 자식들에게 귀한 약속들을 주심. 이 약속들은 유대인들이 포로 생활에서 돌아올 때에 열 지파에 속한 많은 사람들이 구원받을 것을 기대하면서 두 지파에 속한 사람들과 합류하여 함께 돌아옴으로써 부분적으로 성취되었다. 그러나 이 예언은 흩어진 하나님의 자녀들이 복음 교회로 함께 모여올 때에 온전히 성취될 것이었다. "비록 너희가 배역한 자들이기는 하지만 너희는 여전히 자녀들이기 때문에 돌아오라. 너희는 나를 기만하여 바람을 핀 아내이지만 그래도 나의 아내이다. 왜냐하면, 나는 너희 남편이고(14절) 그 혼인관계를 깨고자 하지 않기 때문이다." 이렇게 하나님은 그들의 조상들과 맺은 그의 언약, 저 혼인 언약을 기억하시고, 바로 그 언약을 생각하셔서 그들의 땅을 잊지 않고 기억하신다(레 26:42).

1. 하나님은 그들이 흩어져 있는 모든 곳들로부터 그들을 모아 하나가 되게 하시겠다고 약속하신다(요 11:52). 내가 너희를 성읍에서 하나와 족속 중에서 둘을 택하여 너희를 시온으로 데려오리라(14절). 회개하고 자신의 본분으로 되돌아오는 모든 자들은 그들이 이전에 누렸던 위로를 다시 회복하게 될 것이다. 좀 더 살펴보자.

(1) 하나님은 그에게 돌아오는 자들을 은혜로 받아주실 것이다. 아니, 하나님은 그들에게 큰 은혜를 부어주셔서, 그들을 여전히 배역하며 타락한 자들 가

운데서 빼내신다. 만약 하나님께서 그들을 내버려두셨다면, 그들도 멸망하고 말았을 것이다.

(2) 하나님으로부터 배역하여 타락한 많은 자들 가운데서 다시 하나님게로 돌아오는 자들은 마치 수확기의 이삭들처럼 극소수여서 성읍 중에서 하나와 족속 중에서 둘이 될 것이다. 그리스도의 양무리는 적은 무리이고, 좁은 문을 찾는 자는 적다.

(3) 하나님은 다시 돌아오는 자들이 여기저기 흩어져 있더라도 이 적은 무리 중 한 사람도 잃지 않으실 것이다. 성읍 중에 오직 한 사람이 있다고 해도, 하나님은 반드시 그 사람을 찾아내실 것이다. 그 사람이 많은 무리 속에 섞여 있다고 하여도 하나님은 그 사람을 찾아내셔서 반드시 시온, 곧 천국으로 안전하게 데려오실 것이다. 흩어진 유대인들은 예루살렘으로 돌아오게 될 것이고, 열 지파의 사람들도 두 지파의 사람들과 마찬가지로 그 곳에서 환영을 받게 될 것이다. 하나님이 택하신 자들은 온 세상에 흩어져 있어도 복음 교회, 저 시온 산, 하늘의 예루살렘, 그리스도께서 다스리시는 저 거룩한 산으로 데려와질 것이다.

2. 하나님은 그들에게 모든 면에서 축복이 될 자들을 그들 위에 세우시겠다고 약속하신다(15절). 내가 내 마음에 합한 목자들을 너희에게 주리라. 여기에 묘사된 목자들의 성품은 하나님이 다윗을 왕으로 지명하실 때에 성경에서 다윗의 성품을 묘사한 것과 똑같다. 여호와께서 그의 마음에 맞는 사람을 구하셨다(삼상 13:14). 좀 더 살펴보자.

(1) 교회가 모이면, 거기에는 다스림이 있어야 한다. "내가 그들을 시온으로 데려오고자 하는 것은 그들이 자기 마음대로 살도록 하기 위한 것이 아니라 선한 질서 아래에서 양육을 받도록 하기 위한 것이고, 들짐승처럼 제멋대로 이리저리 배회하도록 하기 위한 것이 아니라 양무리처럼 목자의 인도 아래에서 살게 하기 위한 것이다." 내가 그들에게 목자들, 즉 위정자들과 목회자들을 주리라. 위정자들과 목회자들은 하나님의 나라를 유지시키기 위하여 하나님이 세우신 질서들이다.

(2) 그들의 목자들이 하나님의 마음에 합한 자들일 때에 그 민족은 참으로 복된 민족이다. 목자들은 당연히 그래야 하고, 우리는 그런 목자들을 갖고 싶어 한다. 그런 목자들은 모든 다스리는 일에 있어서 하나님의 뜻을 준칙(準則)으

로 삼을 것이고, 일정 정도 하나님의 모범을 따르고자 애쓸 것이며, 하나님을 위해 다스리고, 할 수 있는 한 하나님을 닮은 모습이 되어 다스리고자 할 것이다.

(3) 양무리를 속여 빼앗아서 자신의 배를 채우지 않고 도리어 양무리를 배불리 먹이는 것을 자신의 일로 삼으며 자신의 책임 아래 있는 모든 자들의 유익을 위하여 최선을 다하는 자들은 하나님의 마음에 합한 목자들이다. 그들은 다윗처럼 지혜와 명철로(즉, 지혜로움과 깊은 이해심을 가지고서) 그들을 양육하고, 자기 마음의 완전함으로 그들을 기르며, 자기 손의 능숙함으로 그들을 지도한다(시 78:72). 그들은 목자만이 아니라 교사가 되어서 하나님의 말씀으로 그들을 먹이고 양육하여야 한다. 하나님의 말씀은 우리를 구원에 이를 수 있도록 지혜롭게 만들어 줄 수 있는 지혜와 명철의 말씀이기 때문이다.

3. 하나님은 그들에게 하나님이 임재해 계시다는 표(標)였던 언약궤, 처음에는 성막, 나중에는 성전을 빛내주었던 언약궤가 더 이상 필요하지 않게 될 것이라고 약속하신다. 언약궤는 폐기될 것이기 때문에, 언약궤를 찾거나 그것에 대하여 묻는 사람이 더 이상 없게 될 것이다(16절). 너희가 이 땅에서 번성하여 많아질 때, 메시야의 나라가 세워져서 이방인들이 교회로 들어옴으로써 하나님의 자녀들이 무수히 많아질 때(유대 랍비들은 이 본문이 메시야 시대를 말하고 있는 것이라고 스스로 인정한다), 사람들이 여호와의 언약궤를 다시는 말하지 아니할 것이고, 더 이상 그들 가운데서 언약궤를 소중히 여기지 않게 될 것인데, 이는 그들 가운데 순전히 영적인 예배 방식이 세워져서 외적인 규례들이 더 이상 필요하지 않게 될 것이기 때문이다. 언약궤와 더불어서 모든 예식법과 그 법에 의거한 온갖 제도들은 폐지될 것이다. 왜냐하면, 구약의 모든 모형들의 실체이신 그리스도께서 신약의 말씀과 성례들을 통해서 우리에게 나타나셔서 구약의 모든 규례들과 제도들을 대신하실 것이기 때문이다. 언약궤는 여호와의 성전 그릇(스 1:7)과 더불어서 고레스에 의해 다시 예루살렘으로 옮겨져서 제2성전에 있었을 가능성이 대단히 높다(유대인들이 이와 반대되는 주장을 한다고 할지라도). 그러나 복음 성전에서는 그리스도가 바로 언약궤이시다. 그리스도는 우리의 속죄소 또는 시은좌(施恩座)이시다. 그리고 우리가 지금 바라보는 것은 하나님의 규례들 속에 있는 하나님의 영적 임재이다. 여기에서는 사람들이 언약궤를 다시는 생각하지 아니할 것이고, 기억하지 아니하고 찾지 아니할 것이며,

언약궤와 관련된 그 어느 것도 다시는 만들지 아니할 것이라는 등 언약궤가 폐지되리라는 것을 말하는 데에 여러 가지 표현이 사용되고 있다. 참된 예배자들이 영과 진리로 아버지 하나님을 예배하게(요 4:24) 될 것이기 때문에 언약궤는 폐지될 것이다. 언약궤가 폐지될 것과 관련해서 이렇게 다양한 표현들이 사용된 것은 모세 율법에 속한 예식들이 모두 다 완전히 폐지되어서 다시는 사용되지 않으리라는 것과 아주 오랫동안 예식들에 익숙해져 왔던 자들이 그 예식들을 버리는 일이 쉽지 않으리라는 것을 보여주기 위한 것이다. 그들은 그들의 거룩한 도성과 성전이 둘 다 파괴되어 평지가 되어버리기 전에는 결코 그 예식들을 버리려 하지 않을 것이다.

4. 하나님은 여기에서 예루살렘으로 표현된 복음 교회가 사람들 가운데서 이름을 얻고 뛰어나게 하실 것이라고 약속하신다(17절). 복음 교회는 다음과 같은 두 가지로 인해서 유명해질 것이다.

(1) 하나님이 특별히 교회 안에 거주하셔서 다스리실 것이기 때문에. 교회는 여호와의 보좌라 불리게 될 것이다. 그 보좌는 교회에서 빛을 발할 것이기 때문에 여호와의 영광의 보좌라 불리게 될 것이고, 또한 교회 속에 세워질 것이기 때문에 여호와의 통치의 보좌라 불리게 될 것이다. 하나님은 거기에서 말씀과 성령으로 자기 백성을 다스리시고, 그들의 모든 생각을 사로잡아 그에게 복종시키실 것이다. 실제로 복음이 견고하게 자리를 잡게 되었을 때, 이 여호와의 보좌는 심지어 사탄의 자리가 있었던 곳에도 세워졌다. 여호와의 보좌는 특히 여호와의 은혜의 보좌이다. 왜냐하면, 믿음으로 이 예루살렘에 오는 자들은 만민의 심판자이신 하나님과 새 언약의 중보자이신 예수께 나아오는 것이기 때문이다(히 12:22-24).

(2) 이방인들이 교회로 모여올 것이기 때문에. 모든 나라, 모든 백성이 제자들이 되어서 교회로 모이리니 교회에 세워진 여호와의 보좌로 나아와서 신민(臣民)들이 되고, 교회에서 나타나고 불려지는 여호와의 이름을 높이는 데에 헌신하게 될 것이다.

5. 하나님은 교회로 모여든 자들 속에 놀랍고 기이한 변화를 일어나게 하실 것이라고 약속하신다. 다시는 그들의 악한 마음의 완악한 대로 그들이 행하지 아니할 것이다. 그들은 마음 내키는 대로가 아니라 규칙들을 따라 살게 될 것이고, 그들 자신의 부패한 욕망을 따라서가 아니라 하나님의 뜻을 따라 살게 될 것이

다. 무엇이 우리를 죄로 이끄는지를 보라 — 우리 자신의 악한 마음의 생각. 무엇이 죄인지를 보라 — 헛된 생각과 변덕에 지배를 받아서 그러한 생각을 좇아 행하는 것. 무엇이 회심의 은혜인지를 보라 — 우리 자신의 생각을 좇아 행하는 것에서 우리를 건져내어 우리로 하여금 신앙과 올바른 이성의 지배를 받게 하는 것.

6. 하나님은 유다와 이스라엘이 복되게 하나로 연합되어서 한 몸을 이루게 하실 것이라고 약속하신다(18절). 그들은 실제로 포로 생활로부터 돌아올 때에나 다시 가나안 땅에 정착하게 되었을 때에 그렇게 하나로 연합되었다. 그 때에 유다 족속이 이스라엘 족속과 완전히 하나가 되어서 동행하여, 에스겔도 예언했다시피(겔 37:16-17) 유다와 이스라엘이라는 두 막대기는 여호와의 손에서 하나가 될 것이다. 앗수르와 갈대아는 둘 다 고레스의 수중에 떨어졌고, 고레스의 영(令)은 그의 영토 내에 있는 모든 유대인들에게 미쳤다. 그러므로 우리는 이스라엘 족속에 속한 많은 사람들이 유다 족속의 사람들과 더불어서 북에서부터 나왔을 것이라고 생각할 만한 충분한 근거가 있다. 처음에는 단지 42,000명만이 돌아왔지만(스 2장), 요세푸스는 그로부터 몇 년 후에 다리우스의 치세 때에 스룹바벨이 대략 4백만 명이나 되는 유대인들을 이끌고 하나님이 그들의 조상에게 기업으로 주신 땅으로 돌아왔다고 말한다. 성경에서 우리는 포로기 때에 이스라엘과 유다 사이에 이전과 같은 적대감과 증오심이 있었다는 얘기를 듣지 못한다. 이스라엘과 유다가 이렇게 가나안 땅에서 복되게 하나로 연합하게 된 것은 유대인과 이방인이 복음 교회에서 하나로 연합하여 모든 적대감이 사라지고 한 목자 아래에서 한 우리에 들게 될 것을 보여주는 모형이었다.

III. 하나님이 이 모든 긍휼을 베푸시는 것을 가로막는 난관이 있다는 것.

그러나 그 난관을 극복할 수 있는 방법이 제시된다.

1. 하나님은 "내가 너를 위해 이 일을 어떻게 할까"라고 질문하신다. 하나님이 내가 어찌 너를 버리겠느냐라고 말씀하시면서도 그들을 벌하신 것(호 11:8-9)과 마찬가지로, 이러한 질문은 그들에게 은총을 베풀기를 주저하시는 모습을 보이시는 것이 결코 아니다. 하나님은 화 내시는 데에는 더디시지만 긍휼을 베푸시는 데에는 신속하시기 때문이다. 하나님의 이러한 반문은 우리가 그분의 은총을 받을 자격이 전혀 없다는 것, 우리에게는 하나님의 은총을 기대할 이유나 근거가 전혀 없다는 것, 우리 속에는 그 은총을 받기에 합당한 것이 아무것

도 없다는 것, 우리에게는 하나님의 은총을 받을 권리가 있다고 결코 주장할 수 없다는 것, 하나님은 세상을 통치하심에 있어서 그의 공의와 거룩이 손상되지 않는 방식으로 이 일을 하실 방도를 궁리하고 계시다는 것을 보여주는 것이다. 하나님은 그에게서 내쫓긴 자가 그에게 버린 자가 되지 아니하게 하실 방책을 궁리해 내셔야 했다(삼하 14:14). 내가 그 일을 어떻게 할까?

(1) 배역한 자들일지라도 회개하고 돌아오기만 한다면 자녀들 중에 두어질 것이다. 도대체 누가 그런 것을 기대할 수 있었을까? 보라 아버지께서 어떠한 사랑을 우리에게 베푸셨는지(요일 3:1). 이토록 비천하고 약하며 이토록 가치없고 쓸모없으며 이토록 하나님을 진노하게 만든 우리가 어떻게 자녀들 중에 두어질 수 있단 말인가.

(2) 하나님은 그들을 자녀들 중에 두시고서, 이 귀한 땅, 곧 모든 땅들 중에서 최고로 빛나는 땅인 가나안 땅, 허다한 나라들 중에 아름다운 기업인 땅, 열국들과 그 왕들이 탐내는 땅(또는, 열국들이 지금 차지하고 있는 땅)을 주실 것이다. 이 땅은 영원한 즐거움들이 있는 천국의 모형이었다. 그렇지만, 그 기쁨의 땅을 그토록 멸시하였고(시 106:24) 그 땅에서 아무런 쓸모도 없을 뿐더러 그 땅에 맞지도 않는 자들이 어떻게 감히 그 땅에 한 자리를 차지할 것을 기대할 수 있겠는가? 이것이 인지상정(人之常情)이 아니던가?

2. 하나님은 이 질문에 대하여 스스로 대답을 하신다. 내가 다시 말하기를 너희가 나를 나의 아버지라 할 것이니라 하였노라. 하나님은 우리의 무가치함에서 나오는 온갖 반론들과 난관들에 대하여 스스로 대답해 주시는데, 만약 하나님이 이 난관들에 대하여 대답해 주시지 않는다면 그 난관들은 결코 극복되지 못할 것이다.

(1) 하나님은 회개하고 돌아오는 자들을 자녀들 중에 두시기 위하여 그들에게 아들의 영 또는 양자(養子)의 영을 주셔서 아빠 아버지라 부르게 하실 것이다(갈 4:6). "너희가 나를 나의 아버지라 하리라. 네가 내게로 돌아와서 나를 아버지라 부르며 네 자신을 내게 맡길 것이고, 이것으로 인해서 너희가 나의 은총을 받게 될 것이다."

(2) 하나님은 그들에게 귀한 땅을 주시기 위하여 그들 속에 하나님을 경외하는 마음을 두셔서 그들이 다시는 하나님을 떠나지 않고 끝까지 견딜 수 있게 하실 것이다.

²⁰그런데 이스라엘 족속아 마치 아내가 그의 남편을 속이고 떠나감 같이 너희가 확실히 나를 속였느니라 여호와의 말씀이니라 ²¹소리가 헐벗은 산 위에서 들리니 곧 이스라엘 자손이 애곡하며 간구하는 것이라 그들이 그들의 길을 굽게 하며 자기 하나님 여호와를 잊어버렸음이로다 ²²배역한 자식들아 돌아오라 내가 너희의 배역함을 고치리라 하시니라 보소서 우리가 주께 왔사오니 주는 우리 하나님 여호와이심이니이다 ²³작은 산들과 큰 산 위에서 떠드는 것은 참으로 헛된 일이라 이스라엘의 구원은 진실로 우리 하나님 여호와께 있나이다 ²⁴부끄러운 그것이 우리가 청년의 때로부터 우리 조상들의 산업인 양 떼와 소 떼와 아들들과 딸들을 삼켰사온즉 ²⁵우리는 수치 중에 눕겠고 우리의 치욕이 우리를 덮을 것이니 이는 우리와 우리 조상들이 청년의 때로부터 오늘까지 우리 하나님 여호와께 범죄하여 우리 하나님 여호와의 목소리에 순종하지 아니하였음이니이다

이 단락에는 다음과 같은 내용들이 나온다.

I. 하나님께서 이스라엘이 그를 속이고 떠난 것에 대하여 고소하심(20절). 간음한 여인이 정부(情夫)와 눈이 맞아 남편을 버리고 달아나듯이, 그들은 바람이 나서 하나님을 떠났다. 그들은 혼인 언약을 통해서 하나님과 하나가 되었고, 하나님은 언제나 그들을 사랑과 신실하심으로 대하셨다. 그러나 그들은 그 혼인 언약을 깨고 하나님을 속였다. 우리 같은 사람들을 속이는 것도 충분히 악한 일인데, 하물며 하나님을 속이는 것은 대역죄(大逆罪)에 해당하는 것으로서 이루 말할 수 없이 악한 일이다.

II. 그들이 자신의 죄를 깨닫고서 하나님의 이러한 고소가 참되다고 고백함 (21절). 하나님께서 그들의 배교(背敎)에 대하여 책망하셨을 때에 그들 중의 어떤 자들, 즉 하나님이 장차 시온으로 데려오실 자들 가운데서 소리가 헐벗은 산 위에서 들리니 곧 애곡하며 간구하는 소리였는데, 그들은 조상들의 하나님 앞에서 스스로를 낮추고서, 그들에게 닥친 재난들과 그들의 죄악들, 그들의 비참한 상황을 불러온 원인을 생각하며 애곡하였다. 그들이 애곡하며 탄식한 것은 그들이 그들의 길을 굽게 하며 자기 하나님 여호와를 잊어버렸다는 것이었다. 좀 더 살펴보자.

1. 죄라는 것은 우리의 길을 굽게 하는 것, 바른 길에서 벗어나 굽은 길로 빠지는 것, 곧은 것을 굽게 하는 것이다.

2. 모든 죄의 밑바닥에는 우리 하나님 여호와를 잊어버린 것이 자리잡고 있다. 만약 하나님을 기억하고 바라보며 하나님에 대한 그들의 도리를 잊지 않고 있다면, 사람들은 범죄하지 않을 것이다.

3. 죄로 말미암아 우리는 갈팡질팡하게 되고 곤란에 빠지게 된다. 왜냐하면, 죄라는 것은 우리의 길을 굽게 하는 것이기 때문이다(애 3:9).

4. 그들의 길을 굽게 하며 자기 하나님을 잊어버렸다는 양심의 소리를 들은 자들은 눈물로 기도하는 것이 합당하다. 사람은 미련하므로 자기 길을 굽게 하고 마음으로 여호와를 원망하기 쉽지만(잠 19:3), 그럴 때에 하나님 앞에서 눈물을 쏟으며 그 마음을 녹이는 것이 마땅하다.

Ⅲ. 하나님께서 그들에게 돌아오라고 초청하심(22절).　배역한 자식들아 돌아오라. 하나님은 그들을 사랑하시고 불쌍히 여기시는 마음으로 그들을 자식들이라 부르신다. 그들은 어린아이들처럼 어리석고 제멋대로인 자들이지만 하나님의 아들들이기 때문에, 하나님은 그들이 유업을 상속받도록 하기 위하여 그들을 고치실 것이다. 왜냐하면, 그들은 말을 잘 듣지 않는 자녀들(어떤 이들은 이렇게 번역한다)이지만 그래도 자녀들이기 때문이다. 하나님은 부모의 심정으로 그런 자녀들을 오래 참으시고 감당하신다. 그들은 죄를 깨닫고서 스스로를 낮출 때에(21절) 은혜를 받을 준비가 된 것이다. 따라서 그런 후에 그들은 돌아오라는 초청을 받는다. 수고하고 무거운 짐 진 자들이 그리스도로부터 그에게로 오라는 초청을 받는 것처럼 말이다. 돌아오는 자들에게 주어진 약속은 이것이다. "내가 너희의 배역함을 고치리라. 내가 배역함 때문에 근심하고 슬퍼하는 너희를 위로하고, 배역함으로 인해서 너희가 자초한 환난들에서 너희를 건지며, 너희 속에 있는 완악함과 타락으로 이끌리는 성향을 고치리라." 하나님은 그의 용서하시는 긍휼, 그의 잠잠케 하시는 평안, 그의 새롭게 하시는 은혜를 통해서 우리의 배역함을 고치실 것이다.

Ⅳ. 그들이 기꺼이 이러한 초청에 동의하고 기쁜 마음으로 응함.　보소서 우리가 주께 왔나이다. 이것은 하나님의 부르심에 대한 화답이다. 깨진 담벼락에서 소리가 반향을 일으키듯이, 이러한 화답은 깨진 마음에서 나온다. 하나님이 돌아오라고 말씀하시자, 그들은 보소서 우리가 왔나이다라고 화답한다. 그들은 지체 없이 즉각적으로 신속하게 화답하여 "우리가 나중에 오겠나이다"라고 말한 것이 아니라 "하나님의 초청은 굳이 시간을 두고 생각해 볼 필요도 없어서

우리가 지금 왔나이다"라고 말하였다. 그들은 "우리가 주를 향하여 가고 있나이다"라고 말한 것이 아니라 "우리가 하나님의 초청을 즉시 받아들여 당장에 주께 왔나이다"라고 말하였다. 그들이 얼마나 한 마음으로 화답하고 있는지를 눈여겨보라. 우리가 모두 다 하나 같이 왔나이다.

1. 그들은 하나님을 그들의 하나님으로 고백하고 헌신하기 위하여 왔다. "주는 우리 하나님 여호와이심이니이다. 우리는 주를 우리의 하나님으로 고백하며, 우리 자신을 주의 것으로 주께 드리나이다. 우리가 우리 하나님 외에 누구에게로 가오리이까? 우리가 주를 떠난 것은 우리의 죄요 우리의 어리석음이었나이다." 우리가 배역한 후에 하나님께 돌아갈 때에 하나님이 우리와 맺은 언약에 의해서 우리의 하나님이시라는 사실은 우리에게 큰 위로가 된다.

2. 그들은 오직 하나님에게서만 도우심과 구원을 기대하고 다른 것들에게서는 구원을 기대하지 않겠다고 고백하기 위하여 왔다. "작은 산들과 큰 산 위에서 떠드는 것은 참으로 헛된 일이라. 우리는 이제 피조물들을 의지하고 의뢰한 것이 얼마나 어리석은 일이었는지를 깨달았사오니, 다시는 그렇게 속지 않을 것이나이다." 그들은 작은 산들과 높은 산들 위에서 우상들을 숭배하였었기 때문에(6절), 그들의 산들 위에는 수많은 우상들이 있었고, 그들은 우상들을 찾아 거기로 가서 우상들을 의지하였었다. 그러나 이제 우상들은 그들과 아무 상관이 없을 것이다. 우리가 우상들에게서 선한 것을 찾고 구해 보아야 헛된 일이고, 구원을 비롯한 모든 선한 것은 오직 하나님에게서 온다.

3. 그들은 하나님만을 그들의 하나님으로 여기고 의지하기 위하여 왔다. 이스라엘의 구원은 우리 하나님 여호와께 있나이다. 그는 여호와이시고, 오직 그만이 우리를 구원하실 수 있다. 다른 모든 구원과 도움이 실패할 때에 하나님은 구원하실 수 있다. 그는 우리 하나님이시고, 그가 정하신 방법과 시기에 우리를 위해 구원을 베푸신다. 이것은 예수 그리스도께서 우리를 위해 이루신 죄로부터의 저 큰 구원에 그대로 적용될 수 있다. 그것은 여호와의 구원, 여호와의 큰 구원이다.

4. 그들은 하나님이 그들의 죄로 인하여 그들을 심판하셔서 환난 가운데 두신 것이 의로우신 일이었다는 것을 고백하기 위하여 왔다(24-25절).

(1) 그들은 그들에게 닥친 온갖 재난들을 그들이 섬겼던 우상들 탓으로 돌린다. 우상들은 그들에게 아무런 유익도 주지 못했을 뿐만 아니라 그들이 지금

까지 겪어 왔던 온갖 재난의 화근(禍根)이었다. 부끄러운 그것(곧, 우상)이 우리 조상들의 산업을 삼켰다. 좀 더 살펴보자.

[1] 참된 회개자들은 체험을 통해서 죄를 부끄러운 것이라 부를 줄 알게 되었다. 그들에게 우상이 되었을 정도로 너무도 좋아하였던 그런 죄조차도 그들은 이제 추악한 것이라 부르며 멸시하고 부끄러워할 것이다.

[2] 참된 회개자들은 체험을 통해서 죄를 죽음과 파멸이라 부를 줄 알게 되었고, 그들이 당한 온갖 화(禍)가 죄 때문이라는 것을 알게 되었다. "죄가 우리 조상들이 수고하고 애써서 일구어 우리에게 남겨 준 온갖 좋은 것들을 삼켰다. 우리는 우상 숭배 때문에 우리의 재산이 다 날라가 버렸다는 것을 청년의 때로부터, 아니 어릴 적부터 알았다." 조상들이 피땀 흘려서 일구어 놓은 것들을 자손들이 그들의 욕망과 욕구를 따라 제멋대로 살다가 다 날려 버리는 일은 비일비재하다. 하지만, 그들이 여기에서처럼 결국에 가서 그들의 재산을 다 탕진하고 그들의 조상들의 산업을 삼킨 그들의 악덕을 부끄러운 일이라 부른다면, 그래도 그것은 다행스러운 일이다. 우상들이 삼켜 버린 그들의 조상들의 산업 중에서 그들은 특히 양 떼와 소 떼와 아들들과 딸들을 언급한다.

첫째, 그들의 우상 숭배는 하나님의 진노를 불러일으켜서 이 황폐화시키는 심판을 그들에게 내리시게 만들었고, 이 심판 때문에 그들의 나라와 가족들은 파멸하였고, 그들의 재산은 그들의 나라를 정복한 원수의 손에 넘어갔으며, 그들의 자녀는 원수의 포로가 되어 버렸다. 그들은 이 일들을 자초한 것이었다.

둘째, 그들은 그들의 재산과 자녀를 우상들에게 제물로 바쳤고, 부끄러운 우상에게 드리기 위하여 구별하였으며(호 9:10), 우상들은 그것들을 가차 없이 삼켜 버렸었다. 우상들은 그들의 제물의 기름을 먹었고(신 32:38) 심지어 희생제물로 드려진 그들의 자녀들도 먹었다.

(2) 그들은 그들의 죄와 어리석음으로 인한 수치를 스스로에게 돌린다(25절). "우리는 우리에게 닥친 수치를 견딜 수가 없어서 수치 중에 눕겠고, 우리의 죄로 인한 형벌과 참회의 과정에서 당하는 우리의 치욕이 우리를 덮을 것이다. 죄로 인해서 우리는 하나님의 섭리에 의한 책망들과 우리 양심의 책망 아래 놓여 있고, 수치가 우리의 안팎을 온통 둘러싸고 있다. 왜냐하면, 우리가 범죄하여, 수치가 죄와 함께 들어와서 여전히 우리에게 있기 때문이다. 우리는 선천적으로 죄인들이다. 죄책(罪責)과 부패는 꼬리표처럼 우리를 따라다닌다. 우리

와 우리 조상들이 범죄하였다. 우리는 일찍부터 죄인들이어서, 일찌감치 죄의 길로 들어섰고, 어릴 적부터(개역에서는 청년의 때로부터) 범죄하였다. 하나님은 자주 우리에게 회개하고 죄에서 떠나라고 말씀하셨지만, 우리는 계속해서 죄에 머물며 오늘까지 범죄하였다. 죄가 지닌 가장 지독한 악성(惡性)은 우리가 죄를 통해서 하나님을 모욕하였다는 사실이다. 우리는 우리에게 죄를 짓지 말라고 명령하시고 우리가 범죄하였을 때에 회개하라고 요구하신 우리 하나님 여호와의 목소리에 순종하지 아니하였다." 이 모든 것은 열 지파로 이루어진 이스라엘 족속(20절) 중에서 회개한 자들(포로로 잡혀간 자들이든 고국에 남았던 자들이든)의 말인 것으로 보인다. 선지자는 유다 사람들도 이것을 본받도록 촉구하기 위하여 이스라엘 사람들이 회개하면서 한 말을 여기에 기록해 놓는다. 다윗은 이스라엘 사람들이 왕을 왕궁으로 도로 모셔오는 일에 적극적으로 나서는 것을 보고서는 유다 장로들에게 자신의 골육인 자들이 그 일에 나중이 되는 것은 부끄러운 일이 될 것이라고 충고할 때에 여기에 나오는 이 말을 사용하였다(삼하 19:11-12). 마찬가지로, 선지자는 여기에서 유다 사람들에게 이스라엘 사람들의 본을 받아서 회개하라고 촉구한다. 우리가 다른 사람들의 열심을 보고서 선한 일에서 그들보다 앞서고자 하는 마음이 생긴다면, 그것은 좋은 일일 것이다.

제 4 장

개요

이 장의 처음 두 절은 앞 장의 끝 부분과 연결되어 있다고 보는 것이 좋을 듯하다. 왜냐하면, 이 두 절은 열 지파로 된 이스라엘이 하나님의 부르심에 기꺼이 응한 것에 대한 화답으로서 하나님이 그들에게 그들의 결단을 꼭 붙잡고 있도록 명령하고 격려하는 내용이기 때문이고(1-2절), 이 장의 나머지 부분은 유다와 예루살렘에 관한 것이기 때문이다. I. 그들은 회개하고 삶을 고치라는 부르심을 받는다(3-4절). II. 하나님은 그들에게 느부갓네살과 그의 군대가 그들을 치러 오리라는 경고를 주시고, 이는 그들의 죄 때문이라고 말씀하시며, 다시 한 번 그들의 죄를 씻으라고 권면하신다(5-18절). III. 선지자는 장차 그들에게 임할 황폐함이 얼마나 클 것인지를 생생하게 전달하기 위하여 그 일을 세상이 최초의 혼돈 상태로 되돌아가는 것으로 묘사하며 스스로 심하게 애곡하고, 그들에게 닥칠 재난들과 그들이 겪을 혼란으로 인하여 그들을 불쌍히 여긴다(19-31절).

¹여호와께서 이르시되 이스라엘아 네가 돌아오려거든 내게로 돌아오라 네가 만일 나의 목전에서 가증한 것을 버리고 네가 흔들리지 아니하며 ²진실과 정의와 공의로 여호와의 삶을 두고 맹세하면 나라들이 나로 말미암아 스스로 복을 빌며 나로 말미암아 자랑하리라

하나님께서 배역한 이스라엘에게 돌아오라고 부르셨을 때에(렘 3:22) 그들은 즉시 주여 우리가 돌아왔나이다라고 대답하였다. 하나님은 이제 여기에서 그들의 대답을 들으시고 화답의 형태로 다음과 같이 하신다.

I. 하나님은 그들에게 그들의 선한 결단을 어떻게 실행해야 하는지를 가르쳐 주신다. "네가 내가 돌아가리라고 말하는 것이냐?"

1. "그렇다면, 너는 내게로 돌아와야 한다. 철저히 돌이키라. 단지 우상 숭배에서 돌이키는 것에서 그치지 말고 이스라엘의 하나님이 제정하신 예배로 돌아오라." 또는, "너는 지체하지 말고 속히 돌아와야 한다(사 21:12, 네가 물으려

거든 물으라). 네가 내게 돌아오고자 한다면, 너는 돌아오라. 그것에 대하여 말만 하지 말고 실제로 행동을 하여라."

2. "너는 모든 죄를 철저히 버려야 하고, 우상 숭배의 잔재를 조금이라도 남겨두어서는 안 된다. 나의 목전에서 가증한 것을 버리라. 즉, 모든 곳들(하나님이 보시지 않는 곳은 한 곳도 없기 때문에)로부터, 특히 정결하게 유지되나 안 되나를 살피시기 위하여 하나님이 특별히 주목하시는 성전으로부터 네게 있는 가증한 것들을 치우라." 이것은 우상 숭배와 관련된 그들의 행위들이 하나님의 눈에 분명하게 드러났을 뿐만 아니라 그 눈에 거슬리는 것이었음을 보여준다. 그들의 행위들은 하나님께서 도저히 눈 뜨고 볼 수 없으셨던 가증스러운 일들이었다. 그 행위들은 하나님의 영광의 순전(純全)한 눈을 거슬러 진노케 하는 일들이었기 때문에 하나님의 목전에서 치워져야 한다. 죄는 마음에서 제거되어야 한다. 그렇지 않으면, 죄는 하나님의 목전에서 제거되지 않는다. 왜냐하면, 마음과 거기에 있는 모든 것은 하나님의 눈 앞에서 그대로 드러나기 때문이다.

3. 그들은 다시는 죄로 돌아가서는 안 된다. 어떤 이들은 네가 흔들리지 아니하리라로 번역된 본문을 네가 배회하지 아니하면으로 해석한다. "네가 가증한 것들을 버리고, 이전과는 달리 다시는 그 가증한 것들을 좇아 배회하지 아니하면, 모든 것이 잘 될 것이다."

4. 그들은 하나님께 그 이름에 합당한 영광을 돌려야 한다(2절). "네가 여호와의 삶을 두고 맹세하게 되리라. 여호와의 존재는 네게 그 어느 것보다도 확실한 가장 거룩한 사실이 될 것이고, 그 어느 것보다도 무시무시한 여호와의 재판이 네가 호소하게 될 최고 법정이 될 것이다." 맹세하는 것은 종교적인 예배 행위인데, 우리는 맹세를 통해서 하나님께 세 가지로 영광을 돌리게 된다.

(1) 우리는 피조물이나 그 어떤 거짓 신이 아니라 오직 참 하나님을 두고 맹세하여야 하고, 듣지 못하고 말하지 못하는 죽은 신들이 아니라 살아계신 하나님을 두고 맹세하여야 하며, 여호와께 맹세하면서 동시에 말감을 가리켜 맹세하지 말고(습 1:5) 오직 하나님을 두고 맹세하여야 한다.

(2) 우리는 거짓된 것이나 참인 줄을 알지 못하는 것을 단언해서도 안 되고, 의심스러운 것을 확실하다고 단언하거나 행할 마음이 전혀 없으면서 행하겠다고 약속하거나 이미 한 약속을 깨지 않아야 하고, 오직 참된 것만을 진실과 의

로 맹세하여야 한다. 참되지 않은 것을 말하거나 의롭지 않은 것을 행하는 것은 악한 일이지만, 그런 것들을 맹세로써 단언하는 것은 훨씬 더 악한 일이다.

(3) 우리는 정의로 맹세하여야 한다. 즉, 우리는 평상시의 대화 속에서가 아니라 법정에 불려나가서 증언할 때에 하듯이 엄숙하게 맹세하여야 한다. 엄숙한 맹세가 하나님의 이름을 높이는 것처럼, 건성으로 하는 맹세는 하나님의 이름을 크게 욕되게 하는 것이다(신 10:20; 마 5:34, 37을 보라).

II. 하나님은 그들에게 이 선한 마음을 지키고 그들의 결단을 굳게 지키라고 격려하신다. 흩어진 이스라엘 백성이 이렇게 하나님께로 돌아온다면, 그들은 다음과 같이 될 것이다.

1. 그들은 복을 받게 될 것이다. 1절의 처음에 나오는 구절은 이런 의미로 해석될 수 있다. "네가 내게 돌아온다면, 너는 돌아오게 되리라. 즉, 내가 옛적에 네게 약속했듯이, 너는 포로 생활에서 나와서 다시 네 땅으로 오게 될 것이다(신 4:29; 30:2)." 또는, "그러면, 네가 내 안에서 쉬게 되리라. 즉, 너는 비록 포로된 땅에 있을지라도 내게 돌아와 쉬게 될 것이다."

2. 그들은 다른 사람들에게 복이 될 것이다. 왜냐하면, 그들이 하나님께 다시 돌아오는 사건은 다른 사람들이 이전에 전혀 알지 못하였던 하나님께 돌아오는 계기가 될 것이기 때문이다. 네가 살아계신 하나님을 인정하고 고백한다면, 너로부터 영향을 받은 열방들이 하나님에게 복을 받고자 하고 하나님의 은총 속에서 그들의 행복을 구하고자 하며 그들이 하나님을 경외하게 된 것을 복으로 여기게 될 것이다(사 65:16을 보라). 열방들은 거짓 신들이 아니라 진리의 하나님 안에서 복을 구하고, 그들이 하나님을 섬기게 된 것을 그들의 영광으로 여기고 만족하게 될 것이다. 그 때에 나라들이 그로 말미암아 자랑하게 될 것이다. 열방들은 하나님을 그들의 영광으로 삼을 것이고, 그들의 복된 변화를 기뻐하며 자랑하게 될 것이다. 처음에는 아무리 주저하였다고 하여도 어쨌든 결국 자신의 죄악들과 결별하고 하나님께로 돌아온 자들은 죄들을 버렸을 때에 자랑하게 된다.

³여호와께서 유다와 예루살렘 사람에게 이와 같이 이르노라 너희 묵은 땅을 갈고 가시덤불에 파종하지 말라 ⁴유다인과 예루살렘 주민들아 너희는 스스로 할례를 행하여 너희 마음 가죽을 베고 나 여호와께 속하라 그리하지 아니하면 너희 악행으

로 말미암아 나의 분노가 불 같이 일어나 사르리니 그것을 끌 자가 없으리라

선지자는 여기에서 대상을 바꾸어서, 자기가 현재 살고 있는 곳에서 같이 살아 가고 있는 사람들을 향하여 하나님의 이름으로 말씀을 전한다. 지금까지 우리는 선지자가 여전히 포로로 잡혀 있어서 하나님의 손 아래에서 낮아진 자들을 위로하기 위하여 북을 향하여 어떤 말씀을 선포하였는지를 들었다(렘 3:12). 이제부터는 선지자가 지금 한창 잘 나가고 있던 유다와 예루살렘 사람들의 죄를 깨우치기 위해서 그들에게 무슨 말씀을 전하는지를 살펴보자. 이 단락을 이루고 있는 두 절을 통해서 선지자는 머지않아 그들에게 닥쳐올 황폐화시키는 심판을 막기 위해서 그들에게 남아 있는 유일한 길은 회개하고 삶을 고치는 것뿐이라고 말하며 그들에게 그렇게 하라고 권면한다. 좀 더 자세하게 살펴보자.

I. 그들에게 주어진 본분으로서 그들이 꼭 해야 할 일들.

1. 그들은 땅에서 좋은 것이 나기를 기대하고서 묵은 땅을 갈듯이 그들의 마음도 그렇게 갈아야 한다(3절). "너희 묵은 땅을 갈라. 너희가 안전하고 잘 되며 너희의 수고가 헛되지 않도록 하기 위하여, 너희의 경작지를 갈고 가시덤불에 파종하지 말라. 너희가 오랫동안 해 왔듯이, 좋은 씨앗을 가시덤불 가운데 뿌리는 일이 다시는 없게 하라. 너희의 체질을 하나님으로부터 긍휼을 받기에 합당한 체질로 바꾸고, 하나님의 긍휼을 받지 못하게 방해하는 온갖 것들을 버리라. 그러면, 너희는 하나님의 긍휼을 받을 것을 기대할 수 있고, 너희가 애써 행한 노력이 좋은 결실을 맺게 될 것을 기대할 수 있다." 좀 더 살펴보자.

(1) 죄를 깨닫지 못하고 낮아지지 않은 마음은 주인도 없고 경작되지도 않는 묵은 땅과 같다. 그 땅은 개선될 여지가 있는 땅이다. 그 땅은 우리의 땅, 하나님이 우리에게 빌려주신 땅이기 때문에, 우리는 그 땅에 대하여 책임을 져야 한다. 그러나 그 땅은 경작되지 않는 묵은 땅이다. 그 땅은 울타리가 없어서 아무나 드나드는 땅이다. 그 땅은 열매가 없어서 주인에게 아무런 유익도 주지 못하는 땅이고, 가시덤불과 잡초(이런 것들은 부패한 마음에서 자연스럽게 자라나는 것들이다)만 무성한 땅이다. 이 땅이 은혜로 새로워지지 않는다면, 그 땅에 비가 내리고 햇빛이 비쳐도 그 땅은 아무런 결실을 맺지 못한다(히 6:7-8).

(2) 우리 안에 있는 이 묵은 땅을 쟁기로 가는 것은 우리의 유익과 직결되는 일이다. 우리는 우리의 마음속을 샅샅이 들여다 보아야 하고, 하나님의 말씀으로 하여금 우리 마음의 관절과 골수(히 4:12)를 쪼개도록 하여야 한다(쟁기질이 그렇듯이). 우리는 마음을 찢어야 한다(욜 2:13). 우리는 가시덤불처럼 우리의 노력과 기대들을 질식시키는 부패하고 타락한 성품들을 뿌리째 뽑아버려야 한다(호 10:12).

2. 그들은 하나님과 언약을 맺을 때에 그들의 몸에 할례를 했던 것처럼 그들의 영혼에도 할례를 행하여야 한다(4절). "너희는 스스로 할례를 행하여 너희 마음 가죽을 베고 나 여호와께 속하라. 육체와 그 정욕들을 죽이라. 너희가 마음에 심어진 말씀을 온유함으로 받는 것을 방해하는 저 넘치는 악과 고약한 것들을 내버리라(약 1:21). 몸의 할례를 자랑하거나 거기에 기대지 말라. 왜냐하면, 그것은 단지 표(標)에 지나지 않는 것이어서 그것이 나타내는 실체가 없이는 아무런 소용도 없을 것이기 때문이다. 할례는 하나님께 자기를 드렸다는 것을 나타내는 봉헌의 표이다. 따라서, 너희가 할례를 받을 때에 서약하였던 것을 너희는 진심으로 행하지 않으면 안 된다. 너희 자신을 성별하여 여호와께 드려서 여호와의 특별한 백성이 되어라. 할례는 율법을 지킬 의무가 있음을 보여주는 표이다. 그러므로 너희는 마음을 다시 새롭게 하여 그러한 의무를 이행하여야 한다. 할례는 믿음의 의를 인친 것이다. 그러므로 너희는 바로 그 의를 굳게 붙잡아야 하기 때문에 스스로 할례를 행하여 여호와께 속하여야 한다."

Ⅱ. 그들에게 주어진 경고로서 그들이 피해야 할 일들. 나의 분노가 불 같이 일어나지 않도록 회개하고 삶을 고치라. 이 불은 여호와로부터 나와서 희생제물들을 사르는 불, 제단 위에서 꺼지지 않고 항상 타오르는 불처럼 지금 준비되어 있고, 이 불이 한 번 붙으면 끌 자가 없을 것이다. 회개치 않은 죄인들의 악행으로 말미암아 그들에 대한 하나님의 진노는 이와 같을 것이다. 좀 더 살펴보자.

1. 우리가 다른 어떤 것보다도 가장 두려워해야 할 것은 하나님의 진노이다. 왜냐하면, 하나님의 진노는 현재의 모든 고통의 원천이고, 장차 있을 영원한 고통의 정수(精髓)이자 극치가 될 것이기 때문이다.

2. 우리에 대한 하나님의 진노의 불을 점화시키는 것은 우리의 악행이다.

3. 우리는 하나님의 이러한 진노 아래에 떨어져 망하게 될 급박한 위험이

우리에게 있다는 것을 생각하고서, 정신을 바짝 차려서 최대한의 주의를 기울여 우리 자신을 거룩히 하여 하나님의 영광을 위하여 드려야 하고, 과연 우리가 하나님의 은혜로 거룩하게 되었는지를 늘 살펴야 한다.

[5]너희는 유다에 선포하며 예루살렘에 공포하여 이르기를 이 땅에서 나팔을 불라 하며 또 크게 외쳐 이르기를 너희는 모이라 우리가 견고한 성으로 들어가자 하고 [6]시온을 향하여 깃발을 세우라, 도피하라, 지체하지 말라, 내가 북방에서 재난과 큰 멸망을 가져오리라 [7]사자가 그 수풀에서 올라왔으며 나라들을 멸하는 자가 나아 왔으되 네 땅을 황폐하게 하려고 이미 그의 처소를 떠났은즉 네 성읍들이 황폐하여 주민이 없게 되리니 [8]이로 말미암아 너희는 굵은 베를 두르고 애곡하라 이는 여호와의 맹렬한 노가 아직 너희에게서 돌이키지 아니하였음이라 [9]여호와의 말씀이니라 그 날에 왕과 지도자들은 낙심할 것이며 제사장들은 놀랄 것이며 선지자들은 깜짝 놀라리라 [10]내가 이르되 슬프도소이다 주 여호와여 주께서 진실로 이 백성과 예루살렘을 크게 속이셨나이다 이르시기를 너희에게 평강이 있으리라 하시더니 칼이 생명에 이르렀나이다 [11]그 때에 이 백성과 예루살렘에 전할 자가 있어서 뜨거운 바람이 광야에 있는 헐벗은 산에서 내 딸 백성에게 불어온다 하리라 이는 키질하기 위함도 아니요 정결하게 하려 함도 아니며 [12]이보다 더 강한 바람이 나를 위하여 오리니 이제 내가 그들에게 심판을 행할 것이라 [13]보라 그가 구름 같이 올라오나니 그의 병거는 회오리바람 같고 그의 말들은 독수리보다 빠르도다 우리에게 화 있도다 우리는 멸망하도다 하리라 [14]예루살렘아 네 마음의 악을 씻어 버리라 그리하면 구원을 얻으리라 네 악한 생각이 네 속에 얼마나 오래 머물겠느냐 [15]단에서 소리를 선포하며 에브라임 산에서 재앙을 공포하는도다 [16]너희는 여러 나라에 전하며 또 예루살렘에 알리기를 에워싸고 치는 자들이 먼 땅에서부터 와서 유다 성읍들을 향하여 소리를 지른다 하라 [17]그들이 밭을 지키는 자 같이 예루살렘을 에워싸나니 이는 그가 나를 거역했기 때문이니라 여호와의 말씀이니라 [18]네 길과 행위가 이 일들을 부르게 하였나니 이는 네가 악함이라 그 고통이 네 마음에까지 미치느니라

심판하시기 전에 미리 경고하시는 것이 하나님께서 일하시는 통상적인 방식이다. 따라서 하나님은 이 단락에서 유대인들에게 머지않아 외적이 침공해서 그들의 땅이 모두 황폐화될 것임을 알려주신다. 모든 사람이 듣고 두려

워하며 이 요란한 경보를 듣고 회개를 할 수 있도록, 또는 장차 변명할 여지가 조금도 없도록 하기 위하여, 이 경고의 말씀은 유다의 모든 성읍들과 예루살렘의 거리들에서 선포되어 널리 알려져야 한다. 이 재난에 대한 예언은 여기에서 아무리 우둔한 자라도 그 말을 듣고 번쩍 정신이 날 수 있을 정도로 아주 생생한 표현들을 통해서 아주 자세하게 묘사된다. 좀 더 살펴보자.

I. 전쟁이 선포되고, 적군이 진군해 온다는 소식을 널리 알림. 실제로 전쟁이 일어나기 수 년 전에 선지자는 이렇게 벌써 사람들에게 전쟁이 일어날 것을 널리 알리고 있다. 그러나 사람들은 이 경고를 무시할 것이 뻔하기 때문에, 선지자는 심판이 실제로 일어나기 시작할 때에 또 다른 방식으로 이런 사실을 널리 알리게 될 것이다(5-6절). 예루살렘을 지키기 위해서 또는 그 성을 방패 삼아 안전을 도모하기 위해서 나팔을 불고 깃발을 세워서 사람들을 시온을 향하여 모이게 하여야 한다. 백성들을 모두 한 곳으로 모으고, 사람들을 징집하며, 모든 군대를 소집하여야 한다. 군대에 복무하기에 적합한 장정들은 견고한 성읍들로 들어가서 그 성읍들을 지켜야 한다. 힘이 약해서 양식만 축낼 뿐이고 힘을 보탤 수 없는 자들은 지체하지 말고 물러나야 한다.

II. 바벨론 왕과 그 군대가 진군해 온다는 것을 알리는 급보가 도착함. 그것은 하나님이 북방에서 가져올 재난과 큰 멸망일 것이었고(렘 1:15에서 말씀하신 대로), 지금까지 유대 민족에게 임하였던 모든 재난을 훨씬 뛰어넘는 재난이 될 것이었다. 적군 또는 원수는 여기에서 다음과 같은 것들에 비유된다.

1. 굶주려서 먹잇감을 찾으려고 그 수풀에서 올라오는 사자(7절). 힘 없는 짐승들은 사자의 포효에 잔뜩 겁을 집어먹어서 도망칠 수 없기 때문에 손쉽게 먹잇감이 되고 만다(어떤 이들의 말에 의하면). 느부갓네살은 바로 이러한 포효하는 사자로서 많은 나라들을 초토화시켜서 나라들을 멸하는 자였는데, 그가 지금 유다 땅을 향하여 전속력으로 나아 오고 있다. 유대인이 우상 숭배로 말미암아 스스로 이방인처럼 되었다면, 이방인들을 멸하는 자는 유대인들을 멸하는 자도 될 것이다. "그는 이 땅을 치기 위해서 그의 처소, 즉 바벨론 또는 그의 군대가 집결한 곳을 떠났다. 지금 그가 주시하고 있는 먹잇감은 유다 땅이었고, 그는 그 땅을 약탈할 뿐만 아니라 초토화시키고자 하고 있는데, 그의 원정은 성공을 거두어서 유다의 성읍들은 황폐하여 주민이 없게 되고 들판처럼 풀로 뒤덮이게(어떤 이들은 이렇게 읽는다) 될 것이다."

2. 땅의 열매들을 메마르게 하여 망쳐 놓는 뜨거운 바람(11절). 이 바람은 비를 가져오는 바람이 아니라 북방에서 일어나서 비를 쫓아내는(잠 25:23) 바람으로서 비 대신에 가뭄을 가져다준다. 북방에서 오는 재난은 이 백성에게 이렇게 불길한 바람이 되어서, 그들은 그 바람을 막아낼 수도 그 바람에게서 도망칠 수도 없을 것이고, 도리어 그들이 가는 곳마다 그들을 추격하여 둘러쌀 것이다. 이 바람이 불어오기 전에는 그들은 그 바람을 볼 수 없지만, 그 바람이 불어올 때에는 즉시 느끼게 될 것이다. 그 바람은 광야에 있는 헐벗은 산에서 불어오는 바람, 산꼭대기들에 불어닥치거나 아무런 피신처도 없고 모든 곳이 다 평지인 광야에서 앞에 있는 모든 것을 휩쓸어버리는 바람이다. 그 바람은 내 딸 백성에게 아주 거세게 불어올 것이기 때문에, 금지옥엽처럼 너무나 곱게 자란 내 백성은 그들에게 불어오는 그 바람을 견뎌낼 수 없을 것이다. 이제 그들에게 불어올 이 거센 바람은 그들을 키질하기 위함도 아니요 정결하게 하려 함도 아니기 때문에, 곡식을 까부를 때에 사용되는 부드러운 바람이 아니라 강한 바람(12절), 그들을 날려 버릴 듯이 강하고 세차게 불어오는 바람일 것이다. 이 바람은 나를 위하여, 즉 하나님을 위하여 오는 바람이다. 그 바람은 하나님의 명령을 받고서 오는 바람이어서 하나님이 그 바람을 보내시는 목적을 반드시 이룰 것이다. 왜냐하면, 이 바람은 다른 광풍들처럼 하나님의 말씀을 따르기 때문이다.

3. 빠르게 움직이는 구름과 회오리바람(13절). 갈대아 군대는 바람에 휘몰려오는 구름 같이 올라와서 아주 빠르게 이동하여 목표 지점을 순식간에 빽빽이 채울 것이기 때문에, 그 군대의 진군을 막아보려 하거나 그 군대에 대항하고자 하는 것은 마치 구름을 붙잡아두거나 회오리바람을 멈추고자 하는 것처럼 쓸데없는 일이 될 것이다. 그 군대의 말들은, 먹잇감을 낚아채기 위하여 쏜살같이 내려오는 독수리보다 빠를 것이다. 그 말들을 가로막아 보고자 하거나 추월해 보고자 하는 것은 헛된 일이 될 것이다.

4. 순찰자들과 밭을 지키는 자들(15-17절). 단에서 소리를 선포하는도다. 단은 가나안의 모든 성읍 중에서 가장 북쪽에 있는 성읍이었기 때문에 북방에서 오는 재난에 관한 소식을 가장 먼저 접하고서 그 소식을 유다 땅과 인접해 있던 이스라엘 땅의 한 지역인 에브라임 산에 급히 전하였다. 그들은 재앙에 관한 소식을 받아서 예루살렘에 전하였다. 나쁜 소식은 순식간에 퍼지는 법이다. 그리고 회개치 않는 백성, 삶을 고치기를 싫어하는 백성이 기대할 수 있는 것은

오직 나쁜 소식뿐이다. 그렇다면, 그것은 어떤 소식이었는가? "너희는 여러 나라, 즉 열 지파의 성읍들에 지금 거주하는 여러 민족들에게 이 소식을 전하고 알려서 그들로 하여금 그들의 안전을 위하여 준비를 할 수 있게 하라. 그러나 이 재앙의 목적지인 **예루살렘**에 대해서는 그들에게 해악을 끼칠 온갖 기회를 호시탐탐 엿보고 있던 순찰자들(개역에서는 에워싸고 치는 자들)이 먼 땅에서부터 왔다고 널리 알려라." 우리는 용병들을 순찰자들이라 부른다. "그들은 있는 힘을 다해 와서 유다 성읍들을 향하여 소리를 지른다. 그들은 그 성읍들을 포위해서 정복하고자 하여, 승리를 확신한 듯 큰 함성으로 성읍들을 공격한다. 밭을 지키는 자들이 한 사람도 밭에 들어오지 못하도록 밭을 둘러싸고 있듯이, 갈대아 군대는 유다의 성읍들을 포위한 채 성읍 백성들이 무조건 항복을 할 때까지 한 사람도 성에서 나오지 못하게 지킬 것이다. 그들은 예루살렘을 에워싸며 사면으로 가둘 것이다(눅 19:43을 보라)." 이전에는 순찰자들이자 거룩한 자들인 천사들이 밭을 지키는 자들처럼 예루살렘 주위를 돌며 도성에 해를 끼칠 만한 것은 아무것도 들어가지 못하도록 감시했던 것처럼, 이제는 그들의 원수들이 순찰자들과 밭을 지키는 자들이 되어서 예루살렘을 포위하여 그 성을 구할 수 있을 만한 것은 아무것도 들어가지 못하도록 감시하였다.

Ⅲ. 이러한 심판을 초래한 통탄스러운 원인. 유다와 예루살렘은 어쩌다가 이렇게 버림을 받아 파멸을 당하게 되었던 것인가. 어떻게 그런 일이 일어나게 되었는지를 보라.

1. 그들은 하나님에 대하여 범죄하였다. 이 심판은 모두 그들 탓이었다. 이는 그가 나를 거역했기 때문이니라 여호와의 말씀이니라(17절). 원수들이 밭을 지키는 자들처럼 그들을 에워싼 것은 합법적인 주(主)이자 왕이신 여호와를 대적하여 반기를 든 반역자들의 무리를 사로잡기 위한 것이었다. 갈대아인들이 그들에게 쳐들어왔지만, 유다 백성이 저지른 죄가 그들이 그렇게 쳐들어올 수 있도록 틈을 열어준 것이었다. 네 길과 행위, 너의 악한 길과 결코 선하지 않았던 너의 행위들이 이 일들을 부르게 하였다(18절). 그들에게 이 재앙이 닥친 것은 그들이 한두 번 그릇된 발걸음을 했기 때문이 아니라 그들의 전체적인 삶의 방식과 노선이 악했기 때문이었다. 죄는 우리에게 닥치는 모든 환난과 괴로움들을 불러일으키는 원인이라는 것을 명심하라. 죄 속에 머무는 자들은 한 손으로는 재앙들을 물리치고자 애쓰면서 동시에 다른 한 손으로는 재앙들을 자신의

머리로 끌어오고 있는 것과 같다.

2. 하나님은 그들의 죄 때문에 그들에 대하여 노하셨다. 갈대아 군대를 이토록 잔혹하고 광분하게 만든 것은 여호와의 맹렬한 노였다. 여호와의 맹렬한 노가 우리를 향하여 점화되어서 아직 우리에게서 돌이키지 아니하였다(8절). 사람들이 우리에게 맹렬히 화를 낸다면, 우리는 그것이 하나님의 맹렬한 노라는 것을 알아보고 인정하여야 한다는 것을 명심하라. 만약 하나님의 노가 우리에게서 거두어진다면, 우리의 원수들은 우리를 치기 위해서 진군해 올 수 없다.

3. 하나님은 그의 의롭고 거룩한 분노 속에서 그들에게 이 무시무시한 징벌을 선고하셨다. 이제 내가 그들에게 심판을 행할 것이라(12절). 하나님은 열을 받은 상태로가 아니라 공평한 법에 따라 심사숙고한 끝에 엄숙하게 선고된 판결대로 심판을 집행하셨다. 어떤 이들은 이 본문을 이제 내가 이전에 선고된 판결을 따라 그들에 대하여 집행할 것이라로 읽는다. 하나님의 심판과 그 집행이 진리대로 되는 줄 우리가 아노라.

Ⅳ. 하나님의 심판이 임하였다는 경보가 처음 울릴 때에 유다 사람들이 보이게 될 반응들.

1. 싸움에 나가야 할 백성들은 완전히 낙심하여 적군과 맞서 싸울 엄두를 전혀 내지 못할 것이다(8절). "이로 말미암아 너희는 굵은 베를 두르고 애곡하라. 즉, 너희가 그렇게 할 것이다. 무장하라 무장하라는 외침이 나라 전역에 울려퍼질 때, 백성들은 모두 공포에 사로잡혀 대경실색하여 극도의 혼란에 빠질 것이다. 그들은 칼을 차야 하는데도 도리어 베옷을 두를 것이다. 그들은 결사항전하자고 서로 격려해야 하는데도 도리어 애곡하며 울부짖어서 서로를 더욱 낙심하게 만들 것이다. 적군이 아직 멀리 있는데도, 그들은 모든 것을 포기하고서 우리에게 화 있도다 우리는 멸망하도다(13절)라고 부르짖을 것이다. 우리는 모두 망했다. 약탈자들은 반드시 그들의 목적을 이룰 것이니, 그들에게 맞서보아야 아무 쓸데없다." 유다와 예루살렘은 용사들이 많기로 유명하였었다. 그러나 죄가 그들에게 어떤 결과를 가져다 주었는지를 보라. 죄는 사람들에게서 하나님을 의뢰하는 마음을 빼앗아 버림으로써 그들에게서 사람들을 대하는 용기도 빼앗아 버렸다.

2. 백성들의 안전을 도모해야 할 큰 자들은 어쩔 줄 몰라할 것이다(9절). 그날에 왕이 낙심할 것이며, 왕의 지혜와 용기가 온데간데 없어질 것이다. 왕은 도

저히 이길 수 없을 것이라는 생각에 절망하여서 그 어떤 조치를 할 마음을 낼 수 없을 것이고, 설령 그에게 그런 마음이 있다고 하여도 어떤 조치를 취해야 할지를 알지 못할 것이다. 왕에게 용기를 북돋워 주고 조언해 주어야 할 지도자들과 참모들도 왕과 마찬가지로 낙심하여 어찌 할 줄을 몰라 우왕좌왕할 것이다. 하나님이 멸망을 선고한 백성에게 얼마나 쉽고 효과적으로 파멸을 가져다 주실 수 있는지를 보라. 하나님은 단지 그 백성의 우두머리들의 총명을 빼앗으시고(욥 12:20, 24) 고관들의 기를 꺾으셔서(시 76:12) 그들로 하여금 낙심하게 만드심으로써 그 백성을 멸망시키실 수 있으시다. 제사장들의 일은 전쟁의 때에 백성들의 용기를 북돋워 주는 것이었다. 당연히 그들은 백성들에게 너희가 오늘 너희의 대적과 싸우려고 나아왔으니 마음에 겁내지 말며 두려워하지 말며 떨지 말며 그들로 말미암아 놀라지 말라(신 20:2-3)고 말하여야 했다. 당연히 그들은 전쟁의 날에 백성들에게 그들의 하나님 여호와가 그들을 기억하시리라(민 10:9)는 확신을 심어주기 위하여 나팔을 크게 불어야 했다. 그러나 그 날에 제사장들은 그들 자신이 놀라서 그들의 직분을 성실히 행할 엄두를 내지 못하게 될 것이기 때문에 당연히 백성들에게 용기를 불어넣어주지 못할 것이다. 선지자들, 즉 백성들에게 평안을 외쳤던 거짓 선지자들도 전에 백성들에게 칼의 위험이 전혀 없다고 자주 말했었지만 그들이 범한 죄로 말미암아 이제 바로 그 칼에 의해 죽임을 당할 것을 예감하고서 소스라치게 놀라게 될 것이다. 하나님의 심판은 가장 안일하게 생각해 왔던 자들에게 가장 큰 공포를 안겨 주게 되리라는 것을 명심하라. 우리 구주께서는 예루살렘이 최종적으로 멸망을 당할 때에 사람들이 무서워하므로 기절하리라(눅 21:26)고 예언하셨다. 사람들을 속이고 좋은 말만 해주어서 육적인 안일함에 빠지게 만든 자들은 환난이 닥쳐왔을 때에 사람들에게 아무런 도움도 주지 못할 뿐만 아니라 도리어 사람들의 용기를 꺾어 놓는 것이 보통이다.

V. 유다 백성이 속임을 당했다고 선지자가 하소연함(10절).   우리의 읽기에 의하면, 이 본문은 이상하게 표현되어 있다. 슬프도소이다 주 여호와여 주께서 진실로 이 백성을 크게 속이셨나이다 이르시기를 너희에게 평강이 있으리라 하시더니 칼이 생명에 이르렀나이다. 하나님은 그 누구도 속이지 않으신다는 것을 우리는 잘 안다. 사람이 시험을 받거나 미혹을 당할 때에 하나님이 자기를 시험하셨다거나 미혹하셨다고 말해서는 안 된다.

1. 하나님은 이스라엘 민족에게 은총을 베푸시고 많은 특권들을 통해서 그들을 존귀하게 만드시겠다는 약속을 하셨었는데, 유다 백성은 그런 약속이 이루어지고 그런 특권들이 지속적으로 주어지기 위해서 그들이 마땅히 행해야 할 일들을 하는 데에는 아무런 관심도 없이 단지 그런 약속이 이루어지기만을 기대하였기 때문에 스스로 속임을 당한 것이었다. 또한, 그들은 율법 속에서 그런 약속과 나란히 주어진 경고에는 전혀 눈길을 주지 않았었다. 이렇게 그들은 스스로를 속여 놓고서, 이제 와서는 하나님이 그들을 속이셨다고 악한 불평을 하였다.

2. 거짓 선지자들은 하나님의 이름으로 평안을 약속함으로써 유다 백성들을 속였다(렘 23:17; 27:9). 만약 하나님이 그 거짓 선지자들을 보내신 것이라면, 분명히 하나님은 백성들을 크게 속이신 것이 되겠지만, 사실 하나님은 그들을 보내신 적이 없었다. 거짓 선지자들을 신뢰하고 믿은 것은 백성들의 잘못이었다. 이 점에서도 백성들은 스스로 속은 것이었다.

3. 하나님은 거짓을 사랑하여 진리를 받지 아니한 벌로 거짓 선지자들과 백성들을 미혹의 영에게 넘겨주셔서 거짓 선지자들은 속이고 백성들은 속임을 당하게 허락하셨다. 이 점에 있어서 하나님은 의로우셨다. 그러나 선지자는 그것이 너무도 가혹한 심판이었다고 하소연한다. 왜냐하면, 하나님이 그렇게 하심으로써 유다 백성들은 그들의 죄 가운데서 완악해졌기 때문이다.

4. 이 본문은 다음과 같이 의문문으로 해석할 수도 있다. "주께서 진실로 이 백성을 이렇게 속이셨나이까. 평안을 기대하였는데 칼이 생명에 이르른 것이기 때문에 백성들이 크게 속은 것은 사실이지 않습니까. 그 칼은 죽이는 칼이어서, 수많은 사람들이 생명을 잃을 가능성이 크나이다." 하나님은 과연 그들을 속이신 것인가? 결코 그렇지 않다. 하나님은 자주 일반적인 심판들에 대하여, 그리고 이번의 심판에 대하여 그들에게 미리 경고하셨었다. 그러나 그들의 선지자들이 그들을 속이고서, 하늘의 하나님은 결코 평안을 말씀하지 않으셨는데도 그들에게 평안이 있을 것이라고 외쳤다. 사람들이 듣기에 좋은 말만을 받아들이다가 스스로 파멸 속으로 들어가고 전쟁이 코앞에 닥쳤는데도 평안을 기대하는 것을 보는 것은 정말 안타까운 일이고 모든 선한 자들이 크게 통탄스러워하는 일이다. 우리는 하나님 앞에서 이런 일을 하소연하여야 한다. 오직 하나님만이 그러한 치명적인 미혹을 막아주실 수 있으시기 때문이다.

Ⅵ. 선지자는 유다 백성들이 속고 있다는 것을 깨우쳐 주려고 애씀. 백성들이 사랑하고 아꼈던 선지자들이 백성들을 속이고 기만적으로 대하고 있을 때에 백성들로부터 미움과 핍박을 받았던 예레미야 선지자는 백성들을 신실하게 대하였다.

1. 선지자는 그들에게 그들의 상처를 보여준다. 그들은 그 상처를 보기를 싫어하였고, 그 상처를 낱낱이 헤집어보는 것은 더더욱 질색하였다. 그러나 자신의 모습을 선입견이나 거리낌 없이 살펴보기만 한다면, 그들은 그들이 저지른 죄 속에 형벌이 이미 잉태되고 있었다는 것을 분명히 알게 될 것이었다(18절). "이는 네가 악하고 그 악함은 쓰기 때문이니라. 이제 너는 하나님을 떠난 것이 쓰디쓴 일이고, 그것은 반드시 나중에 쓴 것이 되고 말 것임을 안다(렘 2:19). 악(惡)은 쓴 것을 낳고, 악이 낳은 쓰디쓴 슬픔과 근심은 마음에까지 미치고 마음의 가장 예민한 부분까지 속속들이 건드려 놓는 법이다. 칼이 심령에 이르렀도다(10절)." 하나님은 마음에 아무것도 담아두고자 하지 않는 자들의 마음에도 고통과 괴로움이 이르게 하실 수 있으시다. "이것을 통해서 너는 네 악이 무엇인지를 볼 수 있게 될 것이다. 즉, 너는 악이라는 것이 쓰디쓴 것이고 독초와 쑥의 뿌리이며 마음에까지 미치는 것임을 알게 될 것이다. 악은 심령의 부패, 마음으로 생각하는 모든 계획이 부패한 것이다." 만약 마음이 죄로 더럽혀져 있지 않다면, 환난이 닥쳐도 마음은 어지러워지지 않고 평안할 것이다.

2. 선지자는 그들에게 치유책을 보여준다(14절). "네 악함이 마음에까지 미쳤기 때문에, 마음이 고침을 받아야 한다. 예루살렘아 네 마음의 악을 씻어 버리라 그리하면 구원을 얻으리라." 선지자가 여기서 예루살렘이라 한 것은 예루살렘의 주민들 한 사람 한 사람을 의미한다. 왜냐하면, 각 사람은 스스로 돌보아야 할 자신의 마음을 지니고 있고, 하나의 민족이 개혁되기 위해서는 각 사람의 삶이 고침을 받지 않으면 안 되기 때문이다. 각 사람이 자신의 악한 길에서 돌아서야 하고, 그렇게 하기 위해서는 자신의 악한 마음을 깨끗이 씻어야 한다. "성읍도 마찬가지로 그 주변부가 아니라 심장부가 깨끗해져야 한다." 한 나라에 지대한 영향력을 미치는 자들의 삶이 고침을 받음으로써 그 나라의 중추(中樞)가 고쳐져야 한다. 좀 더 살펴보자.

(1) 삶을 고치는 것은 구원에 절대적으로 필요하다. 우리가 심판의 경고를 들었을 때에 그 심판이 임하지 않도록 미리 막아내는 방법은 그 심판을 자초한

우리 자신의 죄를 제거하는 것 외에는 다른 방법이 없다.

　(2) 삶을 고치는 것이 마음에까지 미치지 않는다면 그것은 구원을 가져다 주지 못한다. 마음의 악이 심령을 더럽히는 것이기 때문에 우리는 바로 그 마음의 악을 씻어내지 않으면 안 된다. 우리는 영적인 악, 마음에서 시작하여 마음에서 끝나고 거기에서 더 이상 나아가지 않는 그러한 죄들로 말미암아 우리가 쌓은 죄책을 회개와 믿음을 통해서 우리의 마음에서 깨끗이 씻어내야 한다. 또한, 우리는 육체의 소욕(所欲)을 죽이고 깨어 조심함으로써 장차 생길 수도 있는 이러한 마음의 악을 억눌러 미리 방지하여야 한다. 좋은 나무로 가꾸지 않는다면, 거기에서 좋은 열매가 생길 수 없을 것이다. 예루살렘은 죄의 문둥병으로 온통 뒤덮여 있었다. 문둥병에 걸렸을 때에 약을 먹어서 혈액 속에 있는 좋지 않은 체액(體液)을 없애서 많은 양의 피를 교체해 놓지 않으면 겉으로 몸에 행하는 외적인 조치들이 아무런 소용이 없다는 데에 의사들이 다 동의하듯이, 우리의 영혼도 마찬가지이고 나라도 마찬가지이다. 마음이 고침을 받아서 새롭게 되지 않는다면 행위의 진정한 변화는 있을 수 없다. 마음속의 잘못된 것들이 바로잡혀야 하고, 마음 속의 부패한 것들이 잘라내져야 하며, 마음 속의 악한 성품과 기질들이 변화받아야 한다. "너는 예루살렘이고 거룩한 성이라 불리지만, 네가 네 마음의 악을 씻어 버리지 않는다면, 그러한 이름이 너를 구원해 주지는 못할 것이다." 이 절의 후반부에서 선지자는 이것을 근거로 그들을 다그친다. 네 악한 생각이 네 속에 얼마나 오래 머물겠느냐. 여기에서 선지자는 다음과 같은 것들에 대하여 그들에게 따진다.

　[1] 그들이 삶을 고치는 것을 지체하고 있는 것. "너의 저 더러운 마음을 씻지 않은 채로 얼마나 오래 지니고 있으려 하느냐. 너는 그 마음을 언제 씻고자 하느냐." 하늘의 하나님은 우리의 심령 속에서 하나님의 자리가 찬탈되고 하나님의 것들이 빼앗긴지가 너무도 오래되었다고 생각하신다는 것(렘 13:27)을 명심하라.

　[2] 그들의 부패함의 뿌리. 그 뿌리는 그들 속에 머물러 있어서 그들의 마음을 더럽히는 악한 생각들(또는, 헛된 생각들)이다. 그들은 마음에서 이 악한 생각들을 씻어내야 한다. 죄악을 행하거나 해악을 끼치고자 하는 악한 생각들은 악한 마음이 낳는 알들이다. 모든 악은 악한 마음에서 나온다(마 15:19). 악한 생각들은 우리 자신이 만들어낸 생각들, 우리의 욕심이 잉태한 생각들로서(약

1:15), 악한 생각들을 손님으로 받아들여서 우리 안에서 계속해서 머물게 하는 것은 정말 위험한 일이다. 어떤 이들은 이 어구를 괴로움의 생각들, 즉 장차 괴로움과 고통만을 가져다 줄 생각들이라고 읽기도 한다. 또한, 어떤 이들은 악한 생각들 또는 헛된 생각들이라는 어구를 선지자가 전하는 말씀 속에 들어 있는 하나님의 책망들과 부르심들을 무력화시키고 거부하는 동시에 그들의 악을 더욱 견고히 세우기 위하여 그들이 내놓은 온갖 시답지 않은 변명들을 의미하는 것으로 이해한다. 너희는 마음의 악을 씻어 버릴 생각만 하고, 우리는 더럽혀지지 아니하였다(렘 2:23)거나 "우리는 예루살렘이고 아브라함이 우리 조상이라(마 3:8-9)"고 말할 생각일랑 아예 하지 말라.

[19]슬프고 아프다 내 마음속이 아프고 내 마음이 답답하여 잠잠할 수 없으니 이는 나의 심령이 나팔 소리와 전쟁의 경보를 들음이로다 [20]패망에 패망이 연속하여 온 땅이 탈취를 당하니 나의 장막과 휘장은 갑자기 파멸되도다 [21]내가 저 깃발을 보며 나팔 소리 듣기를 어느 때까지 할고 [22]내 백성은 나를 알지 못하는 어리석은 자요 지각이 없는 미련한 자식이라 악을 행하기에는 지각이 있으나 선을 행하기에는 무지하도다 [23]보라 내가 땅을 본즉 혼돈하고 공허하며 하늘에는 빛이 없으며 [24]내가 산들을 본즉 다 진동하며 작은 산들도 요동하며 [25]내가 본즉 사람이 없으며 공중의 새가 다 날아갔으며 [26]보라 내가 본즉 좋은 땅이 황무지가 되었으며 그 모든 성읍이 여호와의 앞 그의 맹렬한 진노 앞에 무너졌으니 [27]여호와께서 이와 같이 말씀하시길 이 온 땅이 황폐할 것이나 내가 진멸하지는 아니할 것이며 [28]이로 말미암아 땅이 슬퍼할 것이며 위의 하늘이 어두울 것이라 내가 이미 말하였으며 작정하였고 후회하지 아니하였은즉 또한 거기서 돌이키지 아니하리라 하셨음이로다 [29]기병과 활 쏘는 자의 함성으로 말미암아 모든 성읍 사람들이 도망하여 수풀에 들어가고 바위에 기어오르며 각 성읍이 버림을 당하여 거기 사는 사람이 없나니 [30]멸망을 당한 자여 네가 어떻게 하려느냐 네가 붉은 옷을 입고 금장식으로 단장하고 눈을 그려 꾸밀지라도 네가 화장한 것이 헛된 일이라 연인들이 너를 멸시하여 네 생명을 찾느니라 [31]내가 소리를 들은즉 여인의 해산하는 소리 같고 초산하는 자의 고통하는 소리 같으니 이는 시온의 딸의 소리라 그가 헐떡이며 그의 손을 펴고 이르기를 내게 화가 있도다 죽이는 자로 말미암아 나의 심령이 피곤하도다 하는도다

이 단락에서 선지자는 심한 고뇌에 빠져서, 중병에 걸려 극심한 고통 중에 있는 자나 산통(産痛)을 겪는 여인처럼 울부짖는다. 여기에서 사용된 표현들은 너무도 애처롭고 심금을 울리는 것들이어서 아무리 돌 같이 단단한 마음을 지닌 자라 하여도 그 마음이 녹아서 연민의 정을 느끼지 않을 수 없을 정도다. 슬프고 아프다 내 마음속이 아프다. 사실, 선지자는 아주 건강하고 병이라고는 전혀 없는 몸이다. 그렇지만, 선한 자는 이 악한 세상에서 슬픔의 사람이 될 수밖에 없다는 것을 명심하라. 내 영이 요동하므로 내 마음이 내 속에서 시끄러워서 평안을 유지할 수 없구나(개역에서는 내 마음이 답답하여 잠잠할 수 없으니). 아무리 분별력과 인내심이 있는 자라도 큰 근심과 슬픔 때문에 하소연하지 않을 수 없는 때가 종종 있을 수 있다는 것을 명심하라.

도대체, 무슨 일이란 말인가? 대체 무엇이 이 선한 자를 이토록 애타게 만들고 있는 것인가? 그를 이렇게 슬프게 만들고 있는 것은 자기 자신 때문도 아니고 자기 가족에게 닥친 어떤 환난 때문도 아니다. 그가 이렇게 몹시 괴로워하는 것은 순전히 이 나라와 이 백성 때문이고 유다 백성의 처지 때문이다.

I. 그들은 지독히 악해서 고침을 받을 수 없다(22절). 이것은 하나님께서 친히 하신 말씀이다. 왜냐하면, 선지자는 자신의 말이나 생각을 따라서 이 백성의 성품을 다음과 같이 표현하고 있는 것이 아니기 때문이다. 내 백성은 어리석은 자요. 하나님은 비록 그들이 어리석은 자일지라도 그들을 자기 백성이라 부르신다. 그들은 하나님을 버렸지만, 하나님은 그들을 버리지 않으셨다(롬 11:1). "그들은 나와 언약을 맺은 내 백성이기 때문에, 나는 여전히 그들을 위해 긍휼을 예비해 두고 있다. 그들은 어리석은 자이다. 왜냐하면, 그들은 나를 알지 못하기 때문이다." 하나님을 알지 못하는 자들, 특히 스스로 하나님의 백성이라 자처하고 하나님께 나아갈 수 있는 특권을 지니고 있으면서도 하나님을 알지 못하는 자들은 정말 어리석은 자들이라는 것을 명심하라. 그들은 우둔하고 분별 없으며 지각이 없는 미련한 자식이다. 그들은 참과 거짓, 선과 악을 구별하지 못한다. 그들은 하나님의 말씀이나 섭리 속에서 하나님의 마음이나 뜻을 분별하지 못한다. 그들은 그들에게 진정으로 유익한 것이 무엇인지, 그들의 진정한 유익이 어디에 있는지를 깨닫지 못한다. 그들은 조용히 살아가는 자들을 해치기 위해 음모를 꾸미고 악을 행하기에는 지각이 있고, 어떻게 해야 자신의 정욕이나 욕망을 채울 수 있는지 궁리해 내거나 그러한 꿍꿍이를 은폐하고 위장

하는 데에 지혜롭다. 그러나 그들은 선을 행하기에는 무지하여 어떻게 해야 선한 일을 할 수 있는지를 생각하거나 궁리해 내는 일은 전혀 할 줄을 모른다. 그들은 하나님의 규례들이나 섭리들을 어떻게 선용해야 하는지, 또는 어떻게 해야 그들의 나라의 유익을 위한 일을 할 수 있는지를 알지 못한다. 우리의 성품은 이러한 것과 정반대 되는 것이 되어야 한다. 너희가 선한 데 지혜롭고 악한 데 미련하기를 원하노라(롬 16:19).

Ⅱ. 그들은 지독히 형편없이 되어서 구제받을 수 없다.

1. 선지자는 이는 나의 심령이 전쟁을 알리는 나팔 소리를 듣고 저 깃발을 봄이로다(19, 21절)라고 외친다. 그가 나의 귀가 들음이로다라고 말하지 않고 나의 심령이 들음이로다라고 말하는 것은 이 사건은 장차 일어날 사건으로서 그는 예언의 영을 통해서 그 사건을 보고 느끼고 있는 것이기 때문이다. 그의 심령은 하나님의 말씀을 통해서 그 사건을 들었다. 그러므로 그는 마치 자기가 육신의 귀로 그 사건을 들은 것처럼 그 사건에 대하여 온전히 확신하였고 그 체험으로 인해 엄청난 감정의 파란(波瀾)을 겪었다. 그가 자신의 이러한 깊은 관심과 감정을 표현하는 이유는 다음과 같다.

(1) 그가 이 재난을 예언하긴 했지만 재앙의 날이 실제로 이르는 것을 원한 것은 결코 아니었다는 것을 보여주기 위해서. 왜냐하면, 만약 재앙의 날이 온다면, 그 날은 그에게도 재앙의 날이 될 것이기 때문이다. 비록 우리 자신은 하나님의 은혜로 말미암아 장차 임할 진노에서 건짐을 받을 것이라는 선한 소망을 지니고 있긴 하지만, 죄인들이 그 끔찍한 재앙 속으로 내닫고 있다는 것을 생각하고서 우리가 두려워 떠는 것은 합당한 일이다.

(2) 그들로 하여금 정신을 차리고 거룩한 두려움을 지니게 해서 때가 늦기 전에 진정으로 회개하여 저 큰 심판을 막는 일에 심혈을 기울일 수 있도록 하기 위해서. 하나님의 말씀에 의해서 스스로 깊은 감동을 받은 자들만이 다른 사람들로 하여금 하나님의 말씀에 감동을 받게 할 수 있다는 것을 명심하라.

2. 이제 선지자가 여기에서 미리 보고 예언한 일, 그가 그토록 놀라고 슬퍼하였던 일이 무엇이었는지를 살펴보자.

(1) 그것은 신속하고 갑작스런 멸망이 될 것이다. 그 멸망은 유다와 예루살렘이 미처 알아채기도 전에 그들에게 닥칠 것이고, 너무도 신속하게 그들에게 쏟아부어져서 그들은 숨 쉴 겨를조차 갖지 못할 것이다. 그들은 힘을 차리거나

회복할 시간은 말할 것도 없고 생각을 가다듬을 시간조차 갖지 못할 것이다. 패망에 패망이 연속하며(20절) 무너지고 또 무너져서(욥 16:14), 욥의 사자들의 경우처럼 하나의 비보(悲報)를 전하자마자 곧이어 또 다른 비보를 전해야 하는 상황이 벌어질 것이다. 요시야의 죽음으로 얼음장이 깨졌고 수문이 무너졌다. 이 일 후에 3개월도 채 되지 않아서 그의 아들이자 후계자였던 여호아하스가 애굽 왕에 의해서 폐위를 당하였다. 느부갓네살은 예루살렘을 포위해서 점령하고나서 유다 왕 여호야김, 여고니야, 시드기야가 다스리던 때에 2-3년 간격으로 군대를 이끌고 유다 땅을 끊임없이 침공하였고, 마침내 19년쯤 후에는 예루살렘을 완전히 멸망시켰다. 그러나 그들의 장막과 휘장은 갑자기 눈 깜짝할 사이에 탈취를 당하고 파멸되었다. 성읍들은 한동안 유지되었지만, 촌락들은 초기에 황폐화되었다. 목자들과 장막에 살고 있던 모든 자들은 즉시 탈취를 당하였다. 그들과 그들의 물건들은 적군의 수중에 들어갔다. 그래서 장막에 살고 있던 레갑 자손들은 갈대아인들의 군대가 쳐들어오자마자 예루살렘으로 피신하였다(렘 35:11). 촌락들에 살던 주민들은 곧 자취를 감추었다. 장막들이 갑자기 노략을 당하였다. 장막에 살고 있던 평범한 사람들이 전쟁에서 가장 먼저 피해자가 된 것이었다.

(2) 이 끔찍한 전쟁은 접경지대에서만이 아니라 나라의 중심부에서도 꽤 오랫동안 지속되었다. 왜냐하면, 백성들은 바벨론 왕에게 항복하고자 하지 않고 아주 완강하게 저항하여 조금만 기회가 있어도 바벨론 왕에 대하여 반기를 들었기 때문이었다. 하지만 그럴수록 재난만 장기화될 뿐이었다. 그들은 결국 항복했지만 처음부터 항복했더라면 더 좋았을 것이었다. 선지자는 이것을 하소연한다(21절). 내가 저 깃발을 보며 나팔 소리 듣기를 어느 때까지 할꼬. 칼이 사람들을 영원토록 삼킬 것인가? 선한 자들치고 전쟁을 기뻐하는 자는 한 사람도 없다. 왜냐하면, 그들은 결코 혼란한 틈을 타서 이득을 챙기는 자들이 아니기 때문이다. 그들은 화평을 원하는(시 120:7) 자들이고, "주여, 우리에게 평화를 주소서"라는 기도에 진심으로 아멘이라고 말하는 자들이다. 오호라 여호와의 칼이여 네가 언제까지 쉬지 않겠느냐(렘 47:6).

(3) 이 전쟁으로 인한 황폐화는 나라 전체에 미쳤다. 온 땅이 탈취를 당하고 약탈을 당하였다(20절). 나라 전체가 처음에 그랬고, 결국에는 완전한 혼돈 상태가 되어 버렸다. 온 땅의 황폐함은 마치 모든 것이 분해되고 와해된 것과 같

았다. 땅 위에 있는 구조물들만이 아니라 토대들조차도 온통 **망가졌다**. 선지자는 환상(vision)을 통해서 이 멸망의 범위와 극심함의 정도를 보고서, 여기에 그것을 아주 생생하게 묘사해 놓고 있다. 선지자가 전한 말씀은 너무도 생생하기 때문에, 죄 가운데 있던 자들은 이 땅에서 그러한 멸망을 직접 당하게 되어 있었다는 것을 생각해서 그 말씀을 듣고 당연히 불안감을 느끼고 회개를 통해서 그 멸망을 미리 막았어야 했다.

[1] 땅은 시초(始初)에 그랬던 것처럼(창 1:2) 혼돈하고 공허하였다(23절). 창세기 1:1에서 사용되었던 바로 그 단어들인 '토후'(혼돈, 형체가 없음)와 '보후'(공허, 비어 있음)가 유다 땅과 관련하여 여기에서도 사용되고 있다. 유다 땅은 모든 아름다운 것들이 다 벗겨져 나가고 모든 부(富)가 탈취되어서, 이전의 모습과 비교해 보면, 형체도 없이 모두 비어 버린 것이나 다름없었다. 종말에 땅과 거기에 있던 모든 것들이 불타 없어질 때가 되면, 땅은 이보다 더 심한 혼돈 속으로 빠져들게 될 것이다.

[2] 땅에 소산들이 없게 된 것과 마찬가지로, 하늘에는 빛이 없었다. 이것은 창세 때에 깊음 위에 있었던 흑암을 가리키는 것으로서(창 1:2), 우리 구주께서 죽으실 때에 해가 빛을 잃었던 것처럼 하나님이 그들에 대하여 진노하셨음을 보여주는 것이다. 땅이 그들을 저버릴 뿐만 아니라 하늘도 그들을 향하여 눈살을 찌푸릴 것이다. 환난은 그들에게 흑암을 가져다 주었다. 왜냐하면, 환난 때문에 그들에게는 아무것도 보이지 않았기 때문이다. 설상가상으로 적군이 불태운 그들의 집과 성읍들에서 피어오르는 연기, 적군이 행군할 때에 뿌옇게 일어난 흙먼지도 해를 가렸기 때문에 하늘에는 빛이 없었다. 또는, 이 본문은 비유적으로 해석할 수도 있다. 땅(즉, 평범한 백성들)은 빈곤해지고 혼란에 빠져 있었고, 하늘(즉, 방백들과 관원들)에는 지혜도 없었고 백성들에게 힘이 될 만한 것도 없었으며 백성을 인도할 수 있는 지도력도 없었다(빛이 없었다). 마태복음 24:29을 참조하라.

[3] 산들이 진동하며 작은 산들도 요동하였다(24절). 옛적에 하나님께서 그들을 위하여 나타나셨을 때에 산들이 숫양들 같이 뛰놀며 작은 산들이 어린 양들 같이 뛰었던(시 114:4) 것처럼, 이제 하나님이 자기 백성을 심판하기 위하여 나타나실 때에 그 모습은 가공(可恐)할 정도로 무서운 것이었다. 영원한 산들이 무너져서 가루가 되어 버린 것 같았다(합 3:6). 그들이 우상들을 섬기며 그들을 구원

할 자들을 기다렸던 바로 그 높은 산들은 마치 이 백성의 죄악을 알고 있는 양 두려워 떨었다. 산들, 그 중에서도 가장 높고 견고하며 어떤 일이 있어도 요지부동일 것 같았던 산들이 갈대아 군대가 진군해 오자 두려워서 벌벌 떨었다. 작은 산들도 죄악된 민족의 무거운 짐을 벗어 버리려고 하는 것처럼 가볍게 움직이며 요동하였다(사 1:24).

[4] 땅에 사람이 없게 되었을 뿐만 아니라 공중에도 새가 자취를 감추었다(25절). 내가 사람들이 북적대던 성읍들과 촌락들을 본즉 눈을 씻고 찾아보아도 사람이 없었다. 모든 주민들은 죽거나 도망치거나 포로로 잡혀갔고, 이렇게 성읍과 촌락들이 초토화된 것은 다 죄 때문이었다. 아니, 나뭇가지들 사이에서 날아다니며 노래하던 공중의 새조차도 이제는 다 날아가 버려서 새 소리를 듣거나 새를 볼 수도 없게 되었다. 사람들은 소돔의 호수 위로는 새도 날아다니지 않는다고 말하였는데(신 29:23을 보라), 이제 유다 땅이 바로 그런 꼴이 되고 말았다. 원수들은 유다 땅을 이토록 철저하게 짓밟아 버릴 것이기 때문에 그 땅에는 새 한 마리도 제대로 살아남아 있지 못할 것이다.

[5] 땅과 집이 둘 다 황폐화될 것이다(26절). 보라 좋은 땅이 그 땅을 경작해야 할 주민들로부터 버림을 받고 이내 가시덤불과 엉겅퀴로 무성하게 뒤덮여서 황무지가 되었다. 또는, 이 비옥한 땅이 원수의 군대에게 짓밟혀서 황무지가 되었다. 성읍들도 성문들과 성벽들까지 다 무너져서 평지가 되어 버렸다. 근본적인 원인을 보지 못하고 표피적인 원인만을 보는 자들은 이 모든 것이 침략자들의 만행 때문이라고 말할 것이다. 그러나 근본적인 원인을 보는 예레미야 선지자는 이 모든 일이 여호와의 앞 그의 맹렬한 진노 앞에서(즉, 여호와의 진노 때문에) 이루어진 일이라고 말한다. 하나님께서 우리에게 진노하지 않으시면, 아무리 성난 자들이라도 우리에게 진정한 해악을 끼칠 수 없다. 우리의 길들, 행위들이 하나님을 기쁘시게 한다면, 모든 일이 잘 되어 만사형통할 것이다.

[6] 이 모든 것이 보여주고자 하는 것은 이스라엘 나라가 완전히 멸망하고 그 땅의 모든 곳이 파괴되리라는 것이다. 도시든 시골이든 가리지 않고 이러한 파괴를 피하지 못할 것이다.

첫째, 시골도 무사치 못할 것이다. 왜냐하면, 논밭이나 목초지, 공유지나 사유지를 가리지 않고 온 땅이 황폐할 것이고 초토화될 것이기 때문이다(27절). 정복자들은 이 모든 곳을 닥치는 대로 파괴할 것이다.

둘째, 사람들도 무사치 못할 것이다. 왜냐하면, 모든 성읍 사람들이 도망하고, 모든 도시 사람들이 기병과 활 쏘는 자를 두려워하여 너나할것없이 자신의 거주지를 버릴 것이기 때문이다(29절). 그들은 미쳐 날뛰는 원수들에게 당하느니 차라리 가시덤불에 찢겨 상처를 입거나 들짐승들에게 찢겨 죽임을 당하는 한이 있더라도 수풀에 들어갈 것이다. 또한, 그들은 낭떠러지에서 떨어질 위험을 무릅쓰고 바위에 기어오르며 춥고 딱딱한 그 곳에서 새우잠을 청할 것이다. 우리는 우리에게 있는 집과 성읍들에 지나친 애착을 지녀서는 안 된다. 왜냐하면, 바위와 수풀이 더 안전하다고 여겨 그런 곳으로 가게 될 날이 올 지도 모를 일이기 때문이다. 각 성읍이 버림을 당하여 감히 거기 남아서 사는 사람이 아무도 없을 것이기 때문에, 이런 일은 모든 사람에게 닥칠 것이다. 다스리는 일이나 거래하는 일이 모두 멈추고, 모든 사회적인 모임들과 단체들은 해체되어 사회생활이라는 것 자체가 없어질 것이다. 이와 같은 묘사는 장차 다가올 황폐화가 얼마나 암울한 것인지를 보여준다. 그러나 이 모든 경고의 말씀들이 선포되는 와중에 한 가지 위로가 되는 말씀이 나온다(27절). 그렇지만 내가 진멸하지는 아니할 것이다. 하나님은 장래를 위하여 진노의 날에 남은 자들을 숨기셔서 모든 사람이 다 진멸당하는 일이 없게 하시고, 장차 예루살렘을 다시 재건하시고 그 땅에 사람들이 다시 살게 하시기 위하여 최종적으로 멸망시키지는 않으실 것이다. 이와 같은 위로의 말씀이 경고의 말씀들이 선포되는 한복판에 나오는 것은 하나님의 말씀을 듣고 두려워 떠는 자들을 위로하기 위한 것이다. 또한, 이것은 우리에게 하나님의 섭리는 얼마든지 변할 수 있다는 것을 말해준다. 하나님은 섭리를 통해서 부수시기도 하시고 다시 일으켜 세우시기도 하신다. 극심한 환난이 닥칠 때에 우리는 이제 아무런 소망이 없다고 생각하기 쉽지만 종말의 때까지 우리에게 절대적인 끝장은 없다. 또한, 이것은 하나님의 언약은 변할 수 없다는 것을 말해준다. 이 언약은 너무도 확고해서, 하나님은 자기 백성을 심하게 징계하시기는 하지만 결코 그들을 완전히 버리거나 내치지는 않으신다(렘 30:11).

(4) 그들의 상태는 절망적이어서 고칠 방법이 없었다.

[1] 하나님은 그들을 돕고 싶지 않다고 그들에게 분명하게 말씀하신다(28절). 하나님께서 그들을 돕지 않으시면, 누가 그들을 도울 수 있겠는가? 이 때문에 그들의 처지는 더욱 비참해진다. "이로 말미암아 땅이 슬퍼할 것이며 위의

하늘이 어두울 것이라(모든 것이 암울할 뿐이어서 전망이 보이지 않는다). 이는 내가 이미 그렇게 말하였기 때문이다. 나는 이미 말을 하였고, 그 말은 결코 취소되지 않을 것이다. 내가 작정하였고(이것은 작정된 파멸이다) 후회하지 아니하였은즉 또한 이 길을 바꾸지 않고 계속해서 진행하며 거기서 돌이키지 아니하리라." 그들은 회개하여 그들이 가고 있던 죄의 길에서 돌이키고자 하지 않았다(렘 2:25). 그러므로 하나님께서도 후회하지 아니하실 것이고, 심판의 길에서 돌이키지 아니하실 것이다.

[2] 그들은 스스로도 어찌할 수 없었다(30-31절). 원수가 쳐들어오는 큰 일이 일어날 기미가 멀리서 보였을 때, 그들은 비록 하나님이 전에 히스기야를 위하여 나타나셔서 앗수르 군대를 물리치셨던 것과 같은 일을 그들을 위해서 해주시지 않는다고 하여도 그들이 스스로 원수의 군대를 막아내어 그들의 안전을 확보해 낼 수 있는 이런저런 방법을 찾을 수 있을 것이라는 막연한 소망으로 스스로를 위로하였다. 그러나 선지자는 그들에게 이 큰 일이 막상 코앞에 닥치게 되면 그들이 어쩔 줄 모르게 될 것이라고 말한다. "약탈을 당할 때에(개역에서는 멸망을 당한 자여) 네가 어떻게 하려느냐. 네가 어떤 조치를 취하려 하느냐. 지금 가만히 앉아서 시간을 갖고 이 문제를 깊이 생각해 보라." 선지자는 지금 그들이 궁리해 낸 것들과 믿고 의지하는 것들이 무엇이든지 간에 다음과 같은 일들이 일어나게 될 것이라고 그들에게 확실하게 말해준다.

첫째, 그 때에 그들은 동맹국들에게 도움을 요청할지라도 무시당하게 될 것이다. 선지자는 예루살렘이 범한 죄, 즉 우상을 숭배한 것만이 아니라 피조물들과 이웃의 강대국들을 의지한 것을 흔히 행음(行淫)에 비유하였는데, 지금 여기에서는 예루살렘을 그녀에게 구애하곤 하였던 온갖 음탕한 자들에게 버림받은 창녀에 비유한다. 예루살렘은 정부(情夫)들의 환심을 사기 위해서 자기가 할 수 있는 한 별의별 짓을 다하는 것으로 묘사된다. 예루살렘은 자기가 열방들 가운데서 힘 있는 나라, 쓸모 있는 동맹국으로 보이기 위해서 온갖 것을 다한다. 예루살렘은 곤경에 처해 있는 자기를 도와 주도록 하기 위하여 동맹국들에게 사절을 보내서 온갖 아부를 한다. 예루살렘은 돈 많은 여인처럼 보이기 위해서 붉은 옷을 입고, 지금도 이전이나 다름없이 지갑이 두둑한 것처럼 보이기 위해서 금장식으로 단장한다. 예루살렘은 현재의 환난이 그들에게는 별것 아니고 그들이 입은 손실도 미미하기 때문에 그들은 아무렇지도 않다는 것을 보여주기 위하여 눈을 그려 얼굴을 꾸민다. 그러나 이렇게 얼굴을 꾸미면 잠시 동안은 얼굴이 아름답게 보이겠지만 결국에는 진짜 망가지고 만다. 화장을 자주 하면 피부가 손상이 되어 금이 가고 거칠어지기 때문이다. 거짓 화장으로 실제의 얼굴보다 더 아름답게 보이고자 하는 일이 반복되다 보면, 화장이 지워진 본 얼굴이 드러날 때에 그 모습은 정말 흉할 것이다. "결국에 가서는 네가 화장한 것이 헛된 일이 될 것이다. 너의 모든 이웃 나라들은 네가 얼마나 비참해지고 초라해졌는지를 알게 될 것이다. 갈대아인들은 네게서 붉은 옷과 금장식을 벗겨낼 것인데, 그 때에 너의 동맹국들은 너를 멸시하고 네게 그 어떤 도움도 주고자 하지 않을 뿐만 아니라 부유했던 너로부터 뭔가 한 몫을 잡기 위해서 네 생명을 찾는 자들과 합세하여 너를 공격할 것이다." 여기에 나오는 본문은 자신의 죽음에 태연하게 맞서기 위해서 눈을 그리고 머리를 꾸몄지만 아무 소용도 없었던 이세벨의 이야기(왕하 9:30, 33)를 간접적으로 암시하고 있는 것으로 보인다. 우리가 피조물들을 의지할 때에 그 피조물들의 실체가 결국 어떤 것인지, 그리고 피조물들은 얼마나 기만적인 것인지를 보라. 피조물들은 우리의 생명을 구해주기는커녕 도리어 우리의 생명을 찾아 빼앗는다. 피조물들은 자주 변하기 때문에, 우리에게 도움이 된다 싶을 때에 곧 우리에게 해악을 끼친다. 죄로 말미암아 하나님이 보시기에 기형(畸形)으로 변해서 흉악한 몰골이 되어 버린 자들이 온갖 치장과 화장으로 세상이 보기에 스스로를 아름답게 꾸밀 수 있다고 생각하는 것은 크게 잘못 생각하는 것임을 명심하라.

둘째, 그 때에 그들은 스스로 절망에 빠지게 될 것이다. 그들은 그들에게 닥친 환난이 해산(解産)하는 여인이 결코 피할 수 없는 산고(産苦)와 같다는 것을 알게 될 것이다. 내가 소리를 들은즉 시온의 딸의 소리라(31절). 딸 시온이 해산하며 신음하는 것은 갈대아 군대가 내지르는 승리의 함성을 들었기 때문이다(15절). 그 소리는 여인의 해산하는 소리이다. 해산은 죄의 열매이자 저주로서 그 고통은 격렬하다(창 3:16). 특히, 초산하는 자의 고통하는 소리는 처절하기까지 한데, 초산하는 여인은 산고가 어떤 것인지를 경험해 본 적이 없기 때문에 그 고통으로 인하여 더욱더 공포를 느끼게 된다. 환난과 괴로움은 그런 것에 익숙하지 않은 자들에게는 몹시 아프고 고통스러운 법이다. 시온은 이웃 나라들이 도와 주기를 거절하는 것을 보고서 고민에 빠져 깊은 한숨을 쉬고(이것이 원어의 의미이다) 헐떡이며, 슬픔을 견딜 수 없다는 표현 또는 도움을 구하는 손짓의 의미로 그의 손을 편다. 시온이 울부짖는 소리는 죽이는 자로 말미암아 나의 심령이 피곤하기 때문에 내게 화가 있도다(시온에 대해 작정된 심판이 실행되었고 이제는 돌이킬 수 없다는 것)라는 것이다. 갈대아 군사들은 그들에게 저항하는 자들을 모조리 칼로 죽였기 때문에, 유다 땅은 살인자들로 가득 차 있었다. 시온은 온 나라의 방방곡곡에서 들려오는 비극적인 이야기들을 듣느라 지쳐 버려서, 내게 화가 있도다라는 비명이 그 입에서 저절로 나왔다. 갈대아 군대가 그들에게 준 고통들을 통해서 그들 자신이 저질렀던 죄악들을 생각해 내고 갈대아 군사들이 그들의 동포를 죽이는 것을 보고서 그들이 범했던 살인의 죄들을 깨우친다면, 그것은 좋은 일일 것이다. 왜냐하면, 하나님은 지금 그들이 예루살렘에서 무죄한 자들의 피를 흘린 죄를 취조하고 계시고, 그 죄는 여호와께서는 사하시기를 즐겨하지 아니하시는 죄이기 때문이다(왕하 24:4). 죄가 죄인을 찾아내듯이, 슬픔과 근심은 조만간에 안일한 자를 찾아내리라는 것을 명심하라.

제
— 5 —
장

개요

이 장에는 죄에 대한 책망과 심판의 경고가 서로 번갈아 뒤섞여 나온다. 심판의 경고가 덧붙여져 있는 것은 유다 백성들이 죄에 대한 책망을 듣고서 회개하는 데에 더 효과가 있게 하기 위한 것이고, 죄를 드러내고 있는 것은 하나님이 심판의 경고를 하시는 것이 정당하고 의로우시다는 것을 보여주기 위한 것이다. I. 하나님께서 그들을 고소하시는 그들의 죄들은 지극히 중대한 것들이었다 — 불의(1절), 신앙에 있어서의 위선(2절), 구제 불능이 되어 버린 것(3절), 가난한 자나 부자나 모두 타락하고 방탕한 것(4-5절), 우상 숭배와 간음(7-8절), 하나님을 배역하여 떠난 것(11절), 하나님께 뻔뻔스럽게 대든 것(12-13절). 이 모든 죄의 밑바닥에 있었던 것은 하나님이 그들에게 여러 번 그를 경외하라고 요구하셨음에도 불구하고 그들이 하나님을 경외하지 않은 것이었다(20-24절). 이 장의 끝 부분에서 하나님은 그들이 폭력과 압제를 저지르고 있다는 것(26-28절), 백성들을 잘 이끄는 데에 앞장을 섰어야 할 자들이 도리어 나라 전체가 방탕에 빠지도록 합세하고 있다는 것(30-31절)에 대하여 그들을 고소하신다. II. 하나님께서 그들에게 경고하시는 심판들은 지극히 무시무시한 것들이었다. 하나님은 전반적으로 그들에게 책임을 물어서 벌하시겠다고 말씀하신다(9, 29절). 외적이 그들에게 쳐들어와서(15-17절) 그들을 감시하며(6절) 그들의 요새를 파괴하고(10절) 그들을 포로로 끌고 가며(19절) 모든 좋은 것들을 그들로부터 빼앗아갈 것이다(25절). 이렇게 해서 하나님의 선지자들이 전한 말씀들이 이루어질 것이다(14절). III. 그러나 여기에 하나님께서 진노의 와중에서도 긍휼을 베푸시는 것을 잊지 않으셔서 그들을 완전히 진멸하지는 않으실 것이라는 암시가 두 번 나온다(10, 18절). 여기에 나오는 말씀은 예레미야가 요시야의 치세 말기와 여호야김의 치세 초기에 전한 하나님의 말씀의 요지이자 취지였다. 그러나 선지자는 자기가 전한 말씀이 그대로 이루어지기를 결코 바라지 않았다.

¹너희는 예루살렘 거리로 빨리 다니며 그 넓은 거리에서 찾아보고 알라 너희가 만일 정의를 행하며 진리를 구하는 자를 한 사람이라도 찾으면 내가 이 성읍을 용서

하리라 ²그들이 여호와께서 살아 계심을 두고 맹세할지라도 실상은 거짓 맹세니라 ³여호와여 주의 눈이 진리를 찾지 아니하시나이까 주께서 그들을 치셨을지라도 그들이 아픈 줄을 알지 못하며 그들을 멸하셨을지라도 그들이 징계를 받지 아니하고 그들의 얼굴을 바위보다 굳게 하여 돌아오기를 싫어하므로 ⁴내가 말하기를 이 무리는 비천하고 어리석은 것뿐이라 여호와의 길, 자기 하나님의 법을 알지 못하니 ⁵내가 지도자들에게 가서 그들에게 말하리라 그들은 여호와의 길, 자기 하나님의 법을 안다 하였더니 그들도 일제히 멍에를 꺾고 결박을 끊은지라 ⁶그러므로 수풀에서 나오는 사자가 그들을 죽이며 사막의 이리가 그들을 멸하며 표범이 성읍들을 엿본즉 그리로 나오는 자마다 찢기리니 이는 그들의 허물이 많고 반역이 심함이니이다 ⁷내가 어찌 너를 용서하겠느냐 네 자녀가 나를 버리고 신이 아닌 것들로 맹세하였으며 내가 그들을 배불리 먹인즉 그들이 간음하며 창기의 집에 허다히 모이며 ⁸그들은 두루 다니는 살진 수말 같이 각기 이웃의 아내를 따르며 소리지르는도다 ⁹여호와의 말씀이니라 내가 어찌 이 일들에 대하여 벌하지 아니하겠으며 내 마음이 이런 나라에 보복하지 않겠느냐

이 단락에는 다음과 같은 내용들이 나온다.

I. 하나님께서 유다 백성들에게 예루살렘에서 바르고 정직한 의인을 한 사람이라도 찾아볼 수 있으면 찾아내 보라고 도전하심(1절). 예루살렘은 옛 세상처럼 땅에서 모든 혈육 있는 자의 행위가 부패하였다(창 6:12). 아마도 유다 백성들 가운데는 예루살렘에는 아직도 선한 자들이 많이 남아 있어서 그들이 중재에 나서서 하나님의 진노를 돌이킬 수 있을 것이라는 기대감을 가지고서 스스로를 위로한 자들이 있었을 것이다. 또한, 예루살렘은 거룩한 도성이고 바로 그런 이유 때문에 그들이 구원을 받게 될 것이라고 자부심을 가지고 말한 자들도 있었을 것이다. 그러나 하나님은 그들에게 예루살렘 거리를 샅샅이 뒤져 보라고 권하시고서는, 그들이 눈을 씻고 찾아보아도 정의를 행하며 자기가 말하고 행한 것에 대하여 책임을 지는 자를 한 사람도 찾을 수 없을 것이라고 암시하신다. "사람들이 나와서 서로 대화하고 교제하는 거리들을 살펴보고, 저자 거리가 있는 넓은 거리들을 살펴보라. 너희가 정의를 행하는 한 사람, 또는 법을 공평하게 집행하여 악덕과 불경을 막는 한 명의 방백(어떤 이들은 이렇게 해석한다)이라도 찾을 수 있는지 살펴보라." 신실한 자들이 이렇게 모두 없어져 버린

때는 재앙이로다 나여(미 7:1-2)라고 부르짖을 때이고, 여호와여 도우소서(시 12:1)라고 부르짖을 때이다. "진정으로 양심적이고 진리를 행하거나 적어도 진실을 말하는 사람이 여기저기에 있다고 해도, 너희는 거리와 넓은 거리에서 그런 사람을 찾지 못하리라. 그런 사람은 악한 자들에게 욕을 당하고 짓밟힐까봐 공개적으로 그 모습을 드러내지 않으려 하기 때문이다. 진리가 거리에 엎드러졌기(사 59:14) 때문에 구석을 찾을 수밖에 없게 되었다." 만약 그런 사람을 한 명이라도 찾을 수 있다면, 하나님은 그 사람을 위하여 기꺼이 성읍 전체를 용서하실 것이다. 소돔의 경우에는 열 명의 의인이 있어야 심판을 피할 수 있었지만, 예루살렘은 한 명만 있어도 심판을 피할 수 있을 것이었다. 하나님이 얼마나 간절히 용서하고 싶어하시는지, 긍휼을 베푸시는 일에 얼마나 신속하신지를 보라. 그러나 이 본문은 이런 의미일 수도 있다. "너희는 예루살렘에서 변함없이 신앙을 고백하고 하나님과 사귐을 유지한 자들을 어떻게 생각하느냐? 너희는 그들이 예루살렘을 구할 수 있을 것이라고 생각하느냐?" 결코 그렇지 않다. 왜냐하면, 그들의 신앙 고백은 진실한 것이 아니기 때문이다. 그들이 여호와께서 살아 계심을 두고 맹세하고 오직 여호와의 이름을 걸고서 맹세할지라도, 그들의 맹세는 실상은 거짓 맹세니라(2절).

1. 하나님과 관련하여 그들이 행하는 신앙 고백은 진실하지 않았고 거짓된 것이었다. 그들은 입술로는 하나님을 공경하나 그들의 마음은 하나님에게서 멀리 떠났다.

2. 그들은 오직 하나님을 걸고서 맹세하였지만 하나님을 거짓말을 두둔하고 보장하는 증인으로 내세우고도 전혀 양심의 거리낌을 느끼지 못하였다. 그들은 우상을 걸고서 맹세하지는 않았지만, 진리의 하나님을 걸고서 거짓말을 한 것은 우상들을 유일하게 참된 신이라고 하는 것과 마찬가지로 하나님에 대한 더할 나위 없는 모욕이었다.

II. 선지자가 이 백성이 완악하고 고집이 세며 제멋대로라고 하나님께 하소연함. 하나님은 앞서 유다 백성들이 눈으로 직접 본 것에 호소하셨었다(1절). 그런데 여기서는 선지자가 하나님께서 직접 보신 것에 호소한다(3절). "여호와여 주의 눈이 진리를 찾지 아니하시나이까(여호와께서 그 눈으로 직접 진실을 보고 계시다는 뜻). 주께서는 각 사람의 성품이 어떠한지 똑똑히 보고 계시지 않나이까? 그들이 그들의 얼굴을 바위보다 굳게 하였다는 것이 그들의 참된 모습이 아니나이까?" 또는, "보소서 주께서는 중심이 진실함을 원하시지만, 이 세대의 사람들 중에서 그런 것을 어디에서 찾아볼 수 있나이까? 그들은 여호와께서 살아 계심을 두고 맹세하지만, 사실 그들에게 여호와는 안중에도 없나이다. 주께서 환난을 연속적으로 보내셔서 그들을 치셨을지라도, 그들이 환난을 당하고도 마치 목석인 양 아픈 줄을 알지 못하며, 그들에게 그러한 환난을 가져다 준 죄에 대하여 근심하거나 슬퍼하는 일은 더더욱 없었나이다. 그래서 주께서는 그들을 멸하셨고 한층 더 심하게 징계하셨지만, 그들이 징계를 받아들여서 그들을 고치고자 하시는 주의 뜻에 순응하기를 거부하였나이다. 그들은 징계를 통한 교훈을 받아들이려 하지 않고, 하나님의 판결이나 심판의 집행에 대담하게 맞서고자 하여, 그들의 얼굴을 바위보다 굳게 하였나이다. 하나님께서 그들을 막아보려고 회초리로 때리는 등과 같은 조치를 취하셔도, 그들은 부끄러움으로 얼굴을 붉히지도 않고 두려움으로 창백해지지도 않은 채 태연자약하게 그들의 정욕을 좇아 행하나이다. 이렇게 그들은 돌아오기를 싫어하여, 전쟁터로 향하여 달리는 말 같이 막무가내로 계속해서 정욕을 따라 앞으로만 내달리고자 하나이다."

Ⅲ. 하나님께서 부자들과 가난한 자들을 시험해 보시고서 두 부류가 모두 악하다고 말씀하심.

1. 가난한 자들은 무지해서 악하였다. 선지자는 돌아오기를 싫어하는 많은 자들을 보고서, 그들의 처지를 최대한으로 변명해 주고자 하는데, 그가 내놓은 변명은 이런 것이었다(4절). "이 무리는 비천하고 어리석은 것뿐이라. 그들은 좋은 교육을 받을 수 있는 기회를 한 번도 갖지 못하였기 때문에, 지금 글이나 말을 통해서 교훈을 받아 어떻게 해볼 수 있는 처지에 있지 못하다. 그들은 먹고 살기 위해서 고되게 일해야 하기 때문에, 글을 읽거나 말을 들을 시간이나 능력도 없어서, 여호와의 길, 자기 하나님의 법을 알지 못한다. 그들은 하나님이 그의 교훈들을 통해서 그에게로 나아오라고 그들에게 주신 길이나 그의 섭리를 통해서 그들을 향하여 다가오시는 길을 알지 못한다." 좀 더 살펴보자.

(1) 백성들 가운데 널리 만연되어 있는 무지함은 그들 가운데 불경건과 죄악이 넘쳐나게 만드는 통탄할 만한 원인이다. 하나님과 신앙에 대하여 아무것도 모른 채 그저 어둠 가운데 앉아 있는 야만적이고 방탕한 백성들에게서 어둠의 일들 외에 무엇을 기대할 수 있겠는가?

(2) 일반적으로 무지(無知)는 가난한 자들 가운데 널리 퍼져 있는 죄이다.

마귀에게 속한 가난한 자들이 있는가 하면 하나님께 속한 가난한 자들도 있어서, 그들은 가난에도 불구하고 여호와의 길을 알아서 책에서 배우지 않고도 그 길로 행하며 자신의 본분과 도리를 행한다. 그러나 마귀에게 속한 가난한 자들은 악의적으로 무지한 것이어서, 그들의 무지는 결코 변명이 될 수 없다.

2. 부자들은 오만방자하고 콧대가 높아서 악하였다(5절). "내가 지도자들에게 가서, 그들이 가난한 자들보다 하나님의 말씀과 섭리를 더 따르고자 하는지 알아 보리라. 내가 그들은 교양 있는 자들이라 하나님의 말씀을 더 잘 받아들일 것이라는 소망을 품고서 법정에 가서 그들에게 말하리라. 그러나 아무런 소용이 없었다. 그들은 여호와의 길, 자기 하나님의 법을 안다 하였더니 목이 너무 뻣뻣해서 하나님의 통치에 몸을 굽혀 순복하지 않는다. 그들도 일제히 멍에를 꺾고 결박을 끊었다. 그들은 그들의 주인의 뜻을 알면서도, 그들 자신의 뜻을 관철시켜서 자기 마음의 길로 걸어가고 자기 눈으로 보는 대로 행하고자 한다. 그들은 자기들이 너무도 훌륭하고 위대하기 때문에, 만유의 왕이신 여호와이실지라도 그들을 통제하거나 징계하실 수 없다고 생각한다. 그들은 여호와의 결박조차 끊어 버렸다(시 2:3). 가난한 자들은 약하고, 부자들은 고집스럽고 괴팍해서, 두 부류 다 그들의 본분을 다하지 못한다."

IV. 하나님께서 그들이 저지른 몇 가지 죄를 구체적으로 말씀하심. 그들은 이러한 죄들로 악명이 높았고, 이 죄들로 피해를 본 자들은 원수를 갚아달라거나 억울함을 풀어달라고 하늘에 큰 소리로 울부짖었다. 그들의 허물은 정말 많았고, 그들은 갖가지 죄악들을 반복적으로 저질렀으며, 그들의 반역은 심하였다. 그들은 여러 가지 죄악들을 더하였고, 범죄를 거듭할수록 더욱더 뻔뻔스러워졌다(6절). 그러한 죄악들 가운데서도 특히 두 가지 죄는 용서받을 수 없는 범죄였다.

1. 오직 하나님께만 합당한 존귀와 영광을 우상들에게 드린 그들의 영적 간음. "네 자녀들은 태어나자마자 내게 봉헌되었고 내 아래에서 양육되었거늘 나를 버리고 신이 아닌 것들로 맹세하였으며 마치 우상들이 모든 것을 다 아는 존재들로서 그들에게 합당한 재판관들이라도 되는 양 문제가 생기면 우상들에게로 가서 호소하였도다." 여기에는 오직 하나님께만 드려야 하는 온갖 예배 행위들이 묘사되어 나오는데, 그들은 그러한 행위들을 통해서 그들이 섬기는 우상들에게 영광을 돌렸다. 그들은 신이 아닌 것들에게 맹세하여(이 본문은 이렇게

읽을 수도 있다) 그것들에게 그들 자신을 바치고 그것들과 언약을 맺었다. 하나님을 버린 자들은 신이 아닌 것들을 택하는 악수(惡手)를 둔다.

2. 그들의 육체적 간음. 그들이 하나님을 버리고 우상들을 섬겼기 때문에, 하나님은 그들을 추악한 욕망들에 내어주셨다. 하나님을 욕되게 한 자들은 하나님의 버림을 받아서 그들 자신과 그들의 가족들이 욕을 당하게 된다. 그들은 수치심이나 징벌에 대한 두려움도 없이 아주 추악하게 간음을 저질렀다. 그들은 창기의 집에 허다히 모였고, 그토록 수치스러운 곳에서 서로를 봐도 얼굴을 붉히지 않았다. 그들의 정욕은 너무도 뻔뻔스럽고 맹렬하며 참을 수 없을 정도로 강하였고 그 정욕을 충족시키려는 욕망이 너무도 컸기 때문에, 그들은 완전한 짐승이 될 수 있었다. 그들은 통통하게 살진 숫말 같이 각기 이웃의 아내를 따르며 소리질렀다(8절). 고삐 풀린 욕정은 사람들을 이성 없는 짐승 같이 만들어 버리는 기괴하고 혐오스러운 것이다. 그들의 이러한 죄를 더욱 가중시킨 것은 그러한 죄가 그들에 대한 하나님의 은총들을 악용한 짓이었다는 것이다. 왜냐하면, 하나님이 그들을 배불리 먹이자, 그들은 배가 불러서 욕정이 이렇게 격렬해진 것이었기 때문이다. 배가 부른 것은 소돔의 욕정의 불을 지피는 연료가 된다. 사치스러운 삶은 정욕의 불길을 타오르게 만든다. 금식은 죽이는 독이 가득한 제어할 수 없는 욕정을 길들여서 육체를 굴복시키는 데에 도움이 된다.

V. 그들의 악함과 그들의 땅의 전반적인 타락으로 인하여 그들에게 하나님의 진노가 있으리라는 경고의 말씀.

1. 하나님께서 경고하시는 구체적인 심판(6절). 외적이 그들의 땅에 쳐들어와서 그들을 지배하며 그 땅을 초토화시킬 것이다. 그들의 땅은 마치 들짐승들에 의해서 짓밟혀서 완전히 장악당한 것처럼 되어 버릴 것이다.

(1) 이 원수는 수풀에서 나오는 사자 같아서 아주 강하고 맹렬하여 당해낼 수 없을 것이며, 그런 모습으로 그들을 죽일 것이다.

(2) 이 원수는 사막의 이리 같을 것이다. 배가 고파서 먹잇감을 찾기 위해 저녁 나절에 나오는 이리는 굶주려 있어서 아주 사납다. 사자들이 포효하는 소리와 이리들이 울부짖는 소리는 둘 다 소름끼칠 정도로 아주 으시시하다.

(3) 이 원수는 표범과 같을 것이다. 표범은 아주 날쌔고 대단히 잔혹하며, 조심성이 많아서 먹이감을 놓치지 않는다. 원수의 군대는 그들의 성읍들을 엿보고 철저하게 지킬 것이기 때문에 성읍들에 사는 주민들은 애처로운 딜레마에 빠

지게 될 것이다. 성읍에 머문다면, 그들은 굶주려 죽을 것이고, 용기를 내어 성읍에서 빠져나온다면, 그들은 칼에 맞거나 창에 찔려서 죽게 될 것이다. 그리로 나오는 자마다 찢기리라. 이것은 많은 성읍들에서 적군은 인정사정 보지 않고 주민들을 죽였다는 것을 보여준다. 이 모든 피비린내 나는 참상은 다 그들의 허물이 많기 때문이다. 죄는 많은 사람들을 죽게 만드는 학살의 원인이다.

2. 하나님께서 이러한 심판이 합당하다는 것을 그들에게 말씀하심(9절). "내가 어찌 이 일들에 대하여 벌하지 아니하겠느냐. 질투하시는 하나님이라는 이름을 지닌 내가 그러한 우상 숭배를 벌하지 않은 채 그냥 지나가거나, 절대적으로 순결하신 하나님이라는 내가 그러한 가증스럽고 더러운 일을 못본 체할 것이라고 너희는 생각할 수 있느냐?" 그러한 일들은 반드시 벌을 받아야 하는 일들이다. 그렇게 하지 않는다면, 하나님의 통치가 지닌 존귀함은 유지될 수 없고, 하나님의 법은 짓밟아도 되는 것으로 여겨져 멸시를 받을 수밖에 없다. 그러나 죄인들은 하나님이 이같은 일을 행하는 자는 사형에 해당한다고 정하셨기 때문에 그 법을 지키시기 위하여 심판이 불가피하다는 것을 그들 자신의 양심의 깨우침을 통해서 알고 있으면서도(롬 1:32) 하나님을 그들과 같은 줄로 생각하고 싶어한다. 본문에서는 하나님이 죄를 벌하시는 것을 죄를 조사하신다 또는 심문하신다는 표현을 사용하고 있는 것을 주목하라. 그런 표현을 쓰는 이유는 하나님은 판결을 내리시기 전에 해당 사건을 이리저리 저울질하며 숙고하시기 때문이다. 죄인들이 당연히 벌을 받을 것이라고 예상을 해야 하는 이유는 죄는 하나님의 거룩하심을 지극히 거스르는 것이고 하나님의 공의 앞에서 우리를 가증스러운 자로 만드는 것이기 때문이다. 이것은 내 마음이 이런 나라에 보복하지 않겠느냐는 말씀 속에 암시되어 있다. 하나님의 말씀만이 아니라 하나님의 마음도 원수 갚는 일에 동참한다. 또한, 하나님은 민족적인 죄악들에 대하여 보복을 행하시기 위하여 민족적인 심판을 행하신다. 이런 나라는 결코 오랫동안 벌을 받지 않고 지낼 수 없다. 내가 어찌 너를 용서하겠느냐(7절). 이런 죄들을 범한 자들은 그들의 영원한 운명과 관련하여 하나님으로부터 긍휼하심을 받지 못했지만(므낫세는 이 시대의 죄악들에 대하여 지극히 부수적인 역할만을 한 왕이었지만 하나님의 긍휼하심을 받지 못하였다), 이런 나라들은 바로 이 현세(現世)에서 상과 벌을 받게 될 것이다. 하나님께서 이와 같이 지극히 악한 나라를 심판하셔서 그의 진노를 분명하게 나타내지 않고 그냥 내버려 두신

다면, 하나님의 영광은 드러나지 못하게 될 것이다.

[10]너희는 그 성벽에 올라가 무너뜨리되 다 무너뜨리지 말고 그 가지만 꺾어 버리라 여호와의 것이 아님이니라 [11]여호와의 말씀이니라 이스라엘의 집과 유다의 집이 내게 심히 반역하였느니라 [12]그들이 여호와를 인정하지 아니하며 말하기를 여호와께서는 계시지 아니하니 재앙이 우리에게 임하지 아니할 것이요 우리가 칼과 기근을 보지 아니할 것이며 [13]선지자들은 바람이라 말씀이 그들의 속에 있지 아니한즉 그 같이 그들이 당하리라 하느니라 [14]그러므로 만군의 하나님 여호와께서 이와 같이 말씀하시니라 너희가 이 말을 하였은즉 볼지어다 내가 네 입에 있는 나의 말을 불이 되게 하고 이 백성을 나무가 되게 하여 불사르리라 [15]여호와의 말씀이니라 이스라엘 집이여 보라 내가 한 나라를 먼 곳에서 너희에게로 오게 하리니 곧 강하고 오랜 민족이라 그 나라 말을 네가 알지 못하며 그 말을 네가 깨닫지 못하느니라 [16]그 화살통은 열린 무덤이요 그 사람들은 다 용사라 [17]그들이 네 자녀들이 먹을 추수 곡물과 양식을 먹으며 네 양 떼와 소 떼를 먹으며 네 포도나무와 무화과나무 열매를 먹으며 네가 믿는 견고한 성들을 칼로 파멸하리라 [18]여호와의 말씀이니라 그 때에도 내가 너희를 진멸하지는 아니하리라 [19]그들이 만일 이르기를 우리 하나님 여호와께서 어찌하여 이 모든 일을 우리에게 행하셨느냐 하거든 너는 그들에게 이르기를 너희가 여호와를 버리고 너희 땅에서 이방 신들을 섬겼은즉 이와 같이 너희 것이 아닌 땅에서 이방인들을 섬기리라 하라

우리는 앞 단락에서와 마찬가지로 이 단락에서도 다음과 같은 것들을 볼 수 있다.

I. 이 백성의 죄. 하나님은 이 죄를 근거로 적군에게 그들을 치라는 명령을 내리셨다. 하나님은 그들과의 관계를 부인하시고, 그들을 멸망시키라는 판결을 내리신다(10절). 그러나 어찌 이유가 없겠는가. 그렇다. 이유가 있었다.

1. 그들은 하나님의 법을 버렸다(11절). 이스라엘의 집과 유다의 집이 서로 간에는 불화하였지만 하나님에 대하여 지극히 기만적으로 행하고 하나님께 심히 반역하는 데에는 서로 일치하였다. 그들은 하나님에 대한 예배를 버림으로써 하나님과 맺은 언약을 깼다. 그들은 하나님께 반기를 들었고 위선적으로 하나님을 대하였다.

2. 그들은 하나님의 심판을 무시하고 얕잡아 보았으며, 하나님이 선지자들의 입을 통해서 선포하신 경고의 말씀들은 다 거짓말로 치부해 버렸다(12-13절). 그들은 재앙이 그들에게 반드시 임하리라는 말씀을 자주 들었다. 따라서 그들은 당연히 그들의 땅을 황폐화시킬 어떤 심판(칼과 기근)이 있을 것으로 예상했어야 했다. 그러나 그들은 다음과 같은 이유들 때문에 안일에 빠져서 우리는 이대로 쭉 나간다고 해도 평안할 것이다라고 말하였다.

(1) 그들은 하나님이 어떤 분이신지를 생각하지 않았고 두려워하지도 않았다. 그들은 하나님을 인정하지 않았고, 자연의 빛이 하나님에 대하여 알려주는 것들조차도 부정하고 맞섰기 때문에, 이렇게 말하였다. "하나님은 우리가 믿어온 그런 하나님이 아니다. 하나님은 보시거나 주시하시거나 물으시는 그런 분이 아니다. 그러므로 재앙이 우리에게 임하지 아니할 것이다." 성경에서는 분명히 하나님은 엄하시다고 말씀하는데도, 많은 사람들이 하나님은 그들에게 엄하시지 않을 것이라고 믿게 됨으로써 멸망을 당하게 된다. 아니, 바로 이러한 계교를 써서 우리 모두를 망하게 만든 것은 바로 사탄이다. 너희가 결코 죽지 아니하리라(창 3:4). 여기서도 마찬가지이다. 우리가 칼과 기근을 보지 아니할 것이다. 벌을 받지 않으리라는 헛된 소망은 모든 불경건을 떠받치는 기만적인 지지대이다.

(2) 그들은 하나님이 말씀하신 것을 두려워하지 않았다. 선지자들은 그들에게 적절한 경고를 주었지만, 그들은 그 경고를 조롱하며 묵살해 버렸다. "선지자들은 직업상 그렇게 말하는 것이다. 그러므로 그들이 하는 말들은 단지 바람일 뿐이다. 그들 속에 있는 것은 여호와의 말씀이 아니다. 그 말들은 그들이 출세를 하지 못했기 때문에 그들의 우울한 감정에서, 또는 이 나라에 대한 악감정에서 나온 말들일 뿐이다." 회개치 않는 죄인들은 그들을 대적하는 말들이나 죄로부터 그들을 떼어놓거나 그들의 죄를 진정시키고자 하는 말들은 그 어떤 말이라도 하나님의 말씀으로 인정하려 들지 않는다는 것을 명심하라. 그들은 선지자들을 위협한다. "선지자들은 바람이어서 그 누구의 주목도 받지 못한 채 사라져 갈 것이다. 그같이 그들이 당하리라. 그들이 우리에 대하여 경고한 것을 우리가 그들에게 가할 것이다. 그들이 기근으로 우리에게 겁주려고 하는가? 그렇다면, 우리는 그들에게 고생의 떡을 먹이리라." 미가야 선지자가 그렇게 당하였다(왕상 22:27). "그들이 우리에게 칼에 대하여 얘기하는 것이냐? 그렇다

면, 우리가 그들을 칼로 죽여 주리라(렘 2:30)." 그들은 이렇게 하나님의 사자 (使者)들을 조롱하고 학대함으로써 그들의 죄의 분량을 채웠다.

Ⅱ. 이 백성의 죄에 대한 징벌.

1. 그들이 비웃었던 경고의 말씀이 그대로 집행될 것이다(14절). 너희가 선지자들과 그들의 입에서 나온 말씀을 멸시하는 이 말을 하였은즉, 하나님께서는 선지자들이 전한 말씀들 중 일점 일획이라도 땅에 떨어지지 않게 하셔서(삼상 3:19) 선지자들과 그들이 전한 말씀들에 존귀를 더하실 것이다. 하나님은 여기에서 이런 식으로 조롱을 당해 왔고 아마도 이런 조롱 때문에 약간은 불안해하고 있었을 선지자 예레미야를 향하여 말씀하신다. 볼지어다 내가 네 입에 있는 나의 말을 불이 되게 하리라. 선지자들이 전한 말씀들을 사람들은 부인하였지만 하나님은 자신의 말씀이라고 인정하시고, 마치 불이 그 앞에 있는 것들을 태워 버리듯이 그 말씀들이 반드시 이루어지게 하실 것이라고 단언하신다. 하나님의 말씀은 불이 되고 백성은 나무가 될 것이다. 죄인들은 죄를 지음으로써 사람들의 모든 경건하지 않음과 불의에 대하여 하늘로부터 나타나는 저 하나님의 진노에 자기 자신을 땔감이 되게 하는 것이다. 하나님의 말씀을 상대로 다투고자 하는 자들은 그들이 결코 상대가 될 수 없다는 것을 알아야 한다. 하나님의 말씀 앞에서 굴복하고자 하지 않는 자들은 반드시 깨지고 말 것이다.

2. 쳐들어올 염려가 전혀 없다고 생각하였던 적군이 그들에게 들이닥칠 것이다. 하나님은 적군에게 임무를 부여하신다(10절). "너희는 그 성벽에 올라가 짓밟고 짓이겨라. 돌로 만든 성벽이라도 하나님이 주신 임무를 부여받은 자들 앞에서는 한낱 진흙으로 만든 성벽이 되고 말 것이다. 너희가 성벽을 장악하고 나서 네 마음대로 무엇이든지 무너뜨릴 수 있을 때에 너희는 성곽들을 제거하여 (개역에서는 그 가지만 꺾어 버리라) 견고하게 요새화된 성읍들이 벌거벗은 채로 드러나게 하라. 왜냐하면, 그 성곽들은 여호와의 것이 아니어서 그들을 보호해 주지 못할 것이기 때문이다." 성곽들은 하나님을 경외하는 마음이나 의지하는 마음에서 세워진 것이 아니었다. 백성들은 하나님보다 성곽들을 더 의지하였다. 그러므로 그것들은 하나님의 것이 아니다. 어느 성읍이 죄로 가득 차 있을 때에 하나님은 그 성읍의 방어 설비들을 지지해 주지 않으실 것이고, 그러면 그 방어 설비들은 종이로 만든 성벽들처럼 무용지물이 되고 만다. 우리의 방어 설비이신 하나님, 우리에게 있는 온갖 방어 설비들을 지켜 주시는 분이신

하나님이 우리에게서 떠났다면(민 14:9), 우리가 무엇으로 우리를 지킬 수 있겠는가? 하나님께 속하지 않은 것은 서 있을 수 없고, 오래 서 있을 수 없으며, 우리에게 도움을 줄 수 없다. 이 침략자들이 어떠한 끔찍한 일을 저지를 것인지가 여기에 서술되어 있다(15절). 이스라엘 집이여 보라 내가 한 나라를 먼 곳에서 너희에게로 오게 하리라. 하나님은 모든 나라를 자기 마음대로 부리시고 그의 뜻대로 사용하신다는 것을 명심하라. 이스라엘이 경건하지 아니한 위선적인 나라가 되었을 때, 하나님은 종종 세상의 열방들, 즉 이방 나라들을 이스라엘 집을 징계하는 회초리로 사용하신다. 여기에서는 갈대아인들의 나라를 먼 나라라고 말한다. 하나님은 한 나라를 먼 곳에서 그들에게로 오게 할 것이다. 그러므로 그 나라의 군대는 오랜 시간 동안의 원정에 대한 보상을 받으려고 더 많이 약탈하고 더 오래 주둔하고자 할 것이다. "그 나라는 너무 멀리 떨어져 있어서 네가 교역을 한 적이 없기 때문에 그들로부터 그 어떤 호의도 기대할 수 없는 그런 나라이다." 하나님은 우리에게 환난을 보내실 때에 아주 멀리 떨어져 있는 곳들이나 세력들도 사용하실 수 있으시다. 그 나라는 강한 민족이어서 맞서 봐야 승산이 없고, 또한 오랜 민족이어서 자신의 오랜 역사를 자랑하는 자부심이 대단하여 한층 더 오만하고 위압적일 것이다. 그 나라는 그 나라 말을 네가 알지 못하는 그런 나라이다. 그들은 수리아어를 사용하였고, 성경에 나와 있듯이(왕하 18:26) 당시에 유대인들은 수리아어를 알아듣지 못하였다. 언어가 서로 다르다면 평화 조약을 맺는 일은 더욱 어렵게 될 것이었다. 여기에 나오는 본문과 율법서에 나오는 본문(신 28:49)을 비교해 보라. 두 본문은 동일한 것을 가리키는 것으로 보이는데, 이는 율법과 선지자는 서로 정확히 일치하기 때문이다. 그 나라의 군대는 무장이 잘 되어 있을 것이다. 그 화살통은 열린 무덤이요. 그들이 쏜 화살들은 무수히 날아와서 정확히 목표물들을 맞추고 아주 깊은 상처를 입힐 것이기 때문에 유다 사람들은 숨 한 번 제대로 쉬어보지 못하고 몰살을 당하게 될 것이다. 또한, 그들은 다부진 몸을 지닌 용사들이다(16절). 그들은 이 땅을 점령하고 장악한 후에 그들 앞에 있는 모든 것을 삼킬 것이고, 그들의 손이 닿는 모든 것들을 닥치는 대로 그들의 것으로 만들어 버릴 것이다(17절).

(1) 그들은 이 땅을 벗겨 먹되, 그 군사들은 이 비옥한 땅의 풍부한 소산들로 단지 끼니를 해결하는 것이 아니라 신물이 나도록 모든 것들을 배부르게 먹

어치울 것이다. "그들은 땅의 소산들을 비축해 두는 것이 아니라(만약 그렇게 한다면 다시 찾아올 가능성이 조금이라도 있을 것이다), 네 자녀들이 먹을 것들, 즉 밭에 있는 추수 곡물과 집에 있는 양식을 먹어치울 것이다." 우리가 가진 것은 우리 가족들을 위한 것이고, 우리가 애쓰고 수고해서 얻은 것을 우리의 자녀들이 먹는 것을 보는 것은 즐겁고 흐뭇한 일이다. 그러나 우리가 애써 모아 놓은 것을 낯선 사람이나 원수들이 먹어 치우고 그들의 진영이 우리의 소산들로 넘쳐나는 것을 보면서도 정작 우리에게 소중한 사람들은 먹을 것이 없어서 굶어 죽어가는 것을 보는 것은 정말 괴롭고 속상하고 분한 일이다. 하지만 이 것도 율법의 저주에 의한 것이다(신 28:33). "그들이 네 양 떼와 소 떼를 먹을 것인데, 너는 그 가축 떼 중에서 얼마를 네 우상들에게 제물로 바쳤었다. 또한, 그들은 네 포도나무와 무화과나무 열매를 네게 남겨주지 않을 것이다."

(2) 그들은 성읍들을 굶어 죽게 만들 것이다. "그들은 너의 견고한 성들, 이 나라의 보호막이 될 것이라고 네가 믿었던 성들을 가난하게 만들어 버릴(가난이 무장한 자처럼 올 때, 가난을 막아낼 방벽이 어디 있겠는가) 것이다(개역에서는 파멸하리라)." 하나님께서 우리가 의지하는 것들을 가난하고 빈약하게 만들어 버리시는 것은 정당하다는 것을 명심하라. 그들은 견고한 성들을 칼로 가난하게 만들어 버릴 것이다. 즉, 그들은 무력을 사용해서 성(城)들로 들어오는 모든 양식들을 끊어 버리고 물건을 거래하고 장사하는 것을 막아버림으로써, 아무리 견고한 성들일지라도 빈곤하게 되지 않을 수 없게 만들 것이다.

Ⅲ. 하나님께서 아직도 그들을 사랑하시고 불쌍히 여기시는 마음이 있으시다는 것을 암시하심. 하나님은 적군에게 유다 땅을 멸망시키고 황폐화시켜 버리도록 사명을 부여하셨지만, 다 무너뜨리지는 말라고 명령하신다(10절). 그들은 많은 사람들을 도륙하겠지만, 몇몇 사람들은 살려 두어야 한다. 그들은 크게 약탈하겠지만, 몇몇 살아 남은 사람들이 먹고 살 수 있는 약간의 양식은 남겨 두어야 한다. 왜냐하면, 하나님께서 단서 조항으로 그렇게 말씀하셨기 때문이다(18절). "아무리 암울한 그 때에도 내가 너희를 진멸하지는 아니하리라." 하나님께서 유다 사람들을 진멸하고자 하지 않으신다면, 적군도 유다 사람들을 진멸하지 못할 것이다. 하나님은 장차 자기 백성에게 베푸실 긍휼을 예비해 두고 계셨기 때문에 이 초토화시키는 심판에 일정한 한계를 설정하신 것이다. 네가 여기까지 오고 더 넘어가지 못하리라.

IV. 하나님께서 그들을 치시기 위해 이런 조치들을 진행해 나가시는 것이 의로운 것임을 보이심. 하나님은 그들이 진멸당하지 않도록 하심으로써 그가 은혜로우시다는 것을 보여주실 것임과 마찬가지로, 그들을 거의 진멸하다시피 만드시는 것이 의로운 일임을 보여주셔서 그들로 하여금 하나님이 그들에게 그 어떤 잘못도 하지 않으셨다는 것을 인정하게 만드실 것이다(19절). 좀 더 살펴보자.

1. 유다 백성들이 건방지게도 하나님께서 이러한 심판을 보내신 이유를 제시하라고 선지자에게 요구함. 그들은 이렇게 말할 것이다. "우리 하나님 여호와께서 어찌하여 이 모든 일을 우리에게 행하셨느냐. 우리가 하나님을 화나시게 한 일이 뭐가 있길래, 하나님께서는 우리에게 시비를 거시는 것이냐?" 그들은 마치 이 나라가 이렇게 죄악된 데도 심판을 받을 만한 충분한 이유가 있을 수 없다는 듯이 대들고 있다. 낮아지지 않은 심령을 지닌 자들은 하나님이 그들로 하여금 환난을 겪게 하시는 것은 부당하다고 대들기 일쑤이고, 그 환난의 원인이 된 죄악이 그들의 이마에 씌어 있는 데도 아무리 찾아보아도 찾을 수 없다는 듯이 말하곤 한다는 것을 명심하라.

2. 하나님은 여기에서 즉시 그 이유를 제시하심. 하나님은 그들에게 어떤 대답을 해주어야 할지를 선지자에게 가르쳐 주신다. 왜냐하면, 하나님은 말씀하실 때에 사람들에게 극심한 두려움을 불러일으키시지만 그의 말씀이 의로우시다는 것이 드러날 것이기 때문이다. 선지자는 그들이 하나님을 대적하여 행한 일 때문에 하나님이 그들을 대적하여 이렇게 행하시는 것이고, 그들이 마음만 먹는다면 그들이 받는 징벌 속에서 그들이 무슨 죄를 저질렀는지를 읽어낼 수 있을 것이라고 그들에게 말해 주어야 한다. 그들이 하나님을 버렸다는 것을 그들이 누구보다도 더 잘 알고 있는 마당에, 하나님이 그들을 버리셨다고 해서 그들이 그것을 이상하게 여길 수는 없지 않는가? 그들은 그들 자신의 땅, 저 좋은 땅에서 난 풍성한 소산으로 마땅히 기쁜 마음으로 하나님을 섬겼어야 하는 데도 도리어 비일비재하게 이방 신들을 섬겼다는 사실을 잊어 버린 것인가? 그러므로 하나님께서 이미 전에 경고하셨듯이(신 28:47-48) 그들로 하여금 아무것도 자기 것이라고 부를 수 없는 낯선 땅에서 이방인들, 곧 낯선 자들을 섬기게 하신 것이 정당하고 의로운 일이 아니던가? 이방인들을 좋아하는 자들은 이방인들에게로 보내는 것이 마땅하지 않는가.

²⁰너는 이를 야곱 집에 선포하며 유다에 공포하여 이르기를 ²¹어리석고 지각이 없으며 눈이 있어도 보지 못하며 귀가 있어도 듣지 못하는 백성이여 이를 들을지어다 ²²여호와의 말씀이니라 너희가 나를 두려워하지 아니하느냐 내 앞에서 떨지 아니하겠느냐 내가 모래를 두어 바다의 한계를 삼되 그것으로 영원한 한계를 삼고 지나치지 못하게 하였으므로 파도가 거세게 이나 그것을 이기지 못하며 뛰노나 그것을 넘지 못하느니라 ²³그러나 너희 백성은 배반하며 반역하는 마음이 있어서 이미 배반하고 갔으며 ²⁴또 너희 마음으로 우리에게 이른 비와 늦은 비를 때를 따라 주시며 우리를 위하여 추수 기한을 정하시는 우리 하나님 여호와를 경외하자 말하지도 아니하니

선지자는 유다 백성들의 죄를 책망하고 그들에 대한 하나님의 심판을 경고한 후에 여기에서는 또 다른 말씀을 전하기 위해 그들에게 다시 보내심을 받는다. 그는 그 말씀을 유다에 공포하여야 했다. 그 말씀의 목적은 그들을 설득해서 하나님을 경외하도록 하는 것이었다. 그들의 배교의 근본적인 원인은 하나님을 경외하는 것이 결여되어 있었기 때문이다. 따라서 그들이 다시 하나님을 경외하게 되면, 그것은 그들의 삶을 고칠 수 있는 효과적인 지도원리가 될 것이었다.

I. 선지자는 이 백성이 지닌 부끄러울 정도의 우둔함과 하나님을 떠나 타락하고자 하는 성향을 탄식하면서 그들을 어떻게 해야 좋을지 모르겠다는 식으로 말한다. 선지자가 이런 식으로 말하는 이유는 다음과 같다.

1. 그들의 지각과 총명이 어두워져서 하나님의 빛을 받아들이기에 적합하지 않았다. 그들은 어리석고 지각이 없는 백성이다. 그들은 성경의 기록된 말씀이나 선지자들이나 하나님의 섭리를 통해서 아무리 분명하게 그들에게 보여주어도 하나님의 마음을 이해하지 못한다(21절). 그들은 그들이 만들어서 숭배한 우상들처럼 눈이 있어도 보지 못하며 귀가 있어도 듣지 못한다(시 115:5-6, 8). 그들은 얼마든지 알아차릴 수 있었지만, 실제로는 그렇지 못하였다. 그들은 지적인 기관들과 역량을 지니고 있었지만, 그것들을 제대로 사용하거나 활용하지 않았다. 이 점에서 그들은 모든 이웃 나라들의 기대를 저버렸다. 이웃 나라들은 그들이 어떠한 탁월한 지식의 수단들을 지니고 있는지를 주목하고서는 이 큰 나라 사람은 과연 지혜와 지식이 있는 백성이로다(신 4:6)고 결론을 내렸지만,

사실 그들은 어리석고 지각이 없는 백성이었다. 우리는 사람들을 그들이 지닌 이점들과 기회들을 보고서 판단해서는 안 된다는 것을 명심하라. 빛의 땅에서도 어둠 속에 앉아 있고, 거룩한 땅에서도 죄 가운데 살며, 가장 좋은 환경들 속에 있으면서도 악한 자들이 있다.

2. 그들의 의지는 완고해서 하나님의 법에 순종하기에 적합하지 않았다(23절). 이 백성은 배반하며 반역하는 마음이 있다. 그들이 어리석고 지각이 없다고 해도 이상한 일이 아니다(시 82:5). 지각 또는 총명을 매수하여 흐리멍덩하게 만들어 버리는 것은 부패하고 편협된 의지이다. 보고자 하지 않는 자들만큼 눈먼 자는 없다. 이 백성이 보여주는 모습은 하나님의 은혜가 역사하여 변화를 만들어내기 전까지 모든 사람들이 본성적으로 지니고 있는 참 모습이다. 우리는 어리석고 깨닫는 데에 더디며, 잘못을 저지르거나 잊기 쉬운 성향을 지니고 있다. 하지만, 이것이 최악의 모습은 아니다. 우리에게는 배반하며 반역하는 마음, 즉 하나님에 대하여 적대감을 품고서 하나님의 법에 복종하지 않으며 선한 것에 대한 뿌리 깊은 반감으로 하나님을 배반할 뿐만 아니라 악한 것에 이끌리는 강력한 성향으로 하나님에 대하여 반역하는 육적인 마음이 있다. 배반하는 마음은 곧 반역하는 마음이라는 것을 명심하라. 하나님에 대한 충성 맹세를 거두어들이고서 물러가는 자들은 거기에서 멈추는 것이 아니라, 죄와 사탄의 편에 서서 하나님을 대적하여 싸움을 걸어온다. 그들은 이미 배반하고 갔다. 배반하는 마음은 배반하는 삶을 낳는다. 그들은 갔다. 또는, 그들은 갈 것이다(본문은 이렇게 읽을 수도 있다). 이후로는 그들이 하고자 하는 일을 막을 수 없을 것이다(창 11:6).

Ⅱ. 선지자는 그 원인을 그들에게 하나님을 경외하는 것이 없다는 것에서 찾았다. 그는 그들에게 지각이 없다는 것을 눈여겨보고서는 이렇게 묻는다. "여호와의 말씀이니라 너희가 나를 두려워하지 아니하느냐 내 앞에서 떨지 아니하겠느냐(22절). 너희가 하나님을 두려워하는 마음을 지니고 있기만 하다면, 너희는 하나님이 너희에게 말씀하시는 것을 더 주목했을 것이다. 너희가 너희에게 진정으로 유익이 되는 것이 무엇인지를 더 잘 깨달았다면, 너희는 하나님을 경외하는 지도 원리 아래에 더 확고하게 머물러 있었을 것이다." 선지자는 그들이 이미 배반하고 갔다고 말한 후에, 또 그들이 마음으로 우리 하나님 여호와를 경외하자 말하지도 아니한다(24절)는 말을 그들의 배교의 뿌리이자 원인으로 덧붙인

다. 그들이 선한 생각들, 특히 우리 하나님 여호와를 경외하자는 이 선한 생각을 받아들여서 품고 있고자 하지 않기 때문에, 무수히 많은 악한 생각들이 그들의 마음속으로 들어와서 그들을 악한 길로 급히 내달리게 만드는 것이다. 하나님을 경외하는 마음을 우리의 마음속에 두시는 것은 하나님께서 하시는 일이라는 것은 사실이다. 그러나 하나님을 경외하고자 힘쓰고 애쓰며, 하나님에 대한 거룩한 경외심을 불러일으키기에 적합한 일들을 묵상하는 데에 정신을 집중하는 것은 우리가 할 일이다. 우리가 바로 그런 일을 하지 않기 때문에, 우리의 마음속에 하나님을 경외하는 마음이 결여되고, 배반하고 반역하고자 하는 성향이 강해지는 것이다.

Ⅲ. 선지자는 우리에게 하나님에 대한 거룩한 경외심을 품게 하기에 적합한 몇 가지 일들을 제안한다.

1. 우리는 여호와와 그의 크심을 경외하여야 한다(22절). 선지자는 이 이유를 들어서 우리에게 하나님을 두려워할 것을 요구한다. 너희가 하나님 앞에서 떨지 아니하겠느냐. 우리가 자연과 섭리의 나라 속에서 자신의 전능하신 능력과 왕적인 통치를 입증해 주는 움직일 수 없는 많은 증거들을 보여주시는 하나님을 모욕하거나 무시하는 것을 두려워하지 아니하겠느냐. 무수히 많은 증거들 중에서 하나의 예가 여기에 주어져 있는데, 그것은 하나님은 바다를 일정한 한계 내에 가두어 두신다는 것이다. 조류가 하루에 두 차례씩 엄청난 힘으로 밀려들어서 금방이라도 세상을 삼킬 것 같고, 폭풍우가 칠 때에 높은 파도가 일어 믿을 수 없는 힘으로 부숴버릴 듯이 해변으로 돌진해 오지만, 그것들은 통제 아래 있어서 아무런 해도 끼치지 않고 다시 물러간다. 이는 여호와께서 행하신 것이요, 이 일이 일상적으로 일어나는 일이 아니라면, 우리 눈에 기이한 바로다. 하나님은 모래를 두어 바다의 한계를 삼으셨는데, 이와 같이 모래는 바다가 어디까지 와서 멈춰야 하는지를 표시하기 위한 경계석 역할을 할 뿐만 아니라 바다를 멈추게 하는 제방 또는 울타리 역할을 한다. 모래 성벽은 밀려드는 파도를 막는 데에 놋쇠 성벽만큼이나 효과적인데, 이는 하나님께서 그렇게 작정하셨기 때문이다. 아니, 하나님이 그렇게 하신 것은 과격한 말은 딱딱한 바위들 같이 더욱 격한 분노를 불러일으켜서 한층 더 많은 진흙과 더러운 것을 솟구쳐 내게 만들지만 유순한 대답은 부드러운 모래 같이 분노를 쉬게 하고 거품을 내뿜는 분노를 잠잠하게 만든다는 것을 우리에게 가르치시기 위한 것이다. 하나님

이 이렇게 바다의 한계를 정하신 것은 영원한 작정하심을 따라, 또는 옛적의(어떤 이들은 이렇게 읽는다) 규례를 따라 된 일이다. 따라서 이 일은 하나님께서 바다와 뭍을 구분하시고 그 경계를 정하신(창 1:9-10) 창세 때(이것은 시 104:6 이하와 욥 38:8 이하에 아름답게 묘사되어 있다)나 하나님이 다시는 세상을 홍수로 멸하지 않으실 것이라고 약속하신 노아의 홍수 때(창 9:11)로 거슬러 올라간다. 본서에서는 영속적인 규례라는 번역을 택하였다. 이것은 영속적인 작정하심으로서 오늘날까지 내내 효력을 발휘해 왔고, 밤과 낮의 교대가 끝날 때까지 계속해서 지속될 것이다. 이 영속적인 작정하심으로 인해서 바다의 물은 경계를 넘지 못하고 깨뜨릴 수도 없다. 요동하는 바다가 평온함을 얻지 못하고 파도가 거세게 이나 그 경계를 이기지 못한다. 파도가 마치 경계를 정해 놓고 가로막는 것에 대하여 격분한 듯이 굉음을 내며 뛰노나 그것을 넘지 못한다. 바로 이것은 우리가 하나님을 두려워하고 경외해야 하는 좋은 이유가 된다.

(1) 이것을 통해서 우리는 하나님이 전능하신 능력과 만유를 다스리시는 왕권을 지니신 하나님으로서 우리가 두려워하고 경외해야 할 분이시라는 것을 알 수 있다.

(2) 이것은 하나님이 얼마든지 다시 세상을 홍수로 멸하실 수 있으시고, 우리의 삶이 언제나 얼마나 많이 하나님의 긍휼하심에 달려 있는지를 보여줌과 동시에, 그런 까닭에 우리가 하나님을 우리의 원수로 만드는 것을 두려워해야 한다는 것을 보여준다.

(3) 다루기 힘든 바다의 파도들조차도 하나님이 작정하신 것을 지키고 하나님의 통제에 따라 물러나는데, 하물며 우리가 그렇게 하지 않는다면 말이 되겠는가? 바다도 배반하거나 반역하지 않는데, 하물며 우리 마음이 배반하고 반역할 이유가 어디 있겠는가?

2. 우리는 여호와와 그의 선하심을 경외하여야 한다(호 3:5). 이것을 보여주는 예들은 앞에 나온 것과 마찬가지로 하나님의 일반 섭리에서 가져온 것들이다(24절). 우리는 우리 하나님 여호와를 경외하여야 한다. 즉, 우리는 여호와를 예배하고 그에게 영광을 돌려야 하며, 우리가 그의 사랑 안에 거할 수 있도록 항상 세심한 주의를 기울여야 한다. 왜냐하면, 하나님은 늘 변함없이 우리를 선하게 대해 주시기 때문이다. 하나님은 우리에게 **이른 비와 늦은 비를 때를 따라 주신다.** 이른 비는 파종 직후에 내리는 비이고, 늦은 비는 추수 직전에 내리

는 비이다. 하나님은 이것을 통해서 우리를 위하여 추수 기한을 정해 주신다. 추수 기한은 몇 주 동안 주어지는데, 이는 몇 주 정도면 한 해 동안 먹기에 충분한 양식을 거둘 수 있기 때문이다. 추수 기한은 하나님의 약속에 의해서 우리에게 정해진 것이기 때문에, 심을 때와 거둘 때는 어김없이 찾아온다. 하나님의 약속을 그대로 이루기 위하여 하나님의 섭리에 의해 추수 기한은 우리에게 어김없이 찾아오는데, 만약 그렇지 않으면 우리는 양식을 얻지 못하게 될 것이다. 그러므로 곡식을 거두어 들이는 추수와 관련하여 하나님께서 베푸시는 긍휼들을 통해서 우리는 하나님의 권능, 선하심, 신실하심을 고백하지 않으면 안 된다. 왜냐하면, 그 모든 긍휼들은 하나님으로부터 오기 때문이다. 우리의 삶이 이렇게 하나님께 철저히 의존되어 있다는 것은 우리가 하나님을 경외함으로써 하나님의 사랑 안에 늘 머물러 있어야 하는 좋은 이유가 된다. 만물이 열매를 맺는 결실기(結實期)들은 하나님이 선하시다는 것을 증언해 주는 증인들이었기 때문에, 심지어 이방 세계조차도 하나님을 멸시한 것에 대하여 변명할 말이 없게 만들었다(행 14:17). 그렇지만 유대인들은 그런 증언들을 기록해 놓은 말씀을 가지고 있어서 얼마든지 말씀을 통해서 하나님을 경외하는 법을 배울 수 있었고, 또한 그렇게 하는 것이 그들에게 얼마나 큰 유익이 되는지를 뻔히 알면서도, 하나님을 경외하려 하지 않았다.

²⁵너희 허물이 이러한 일들을 물리쳤고 너희 죄가 너희로부터 좋은 것을 막았느니라 ²⁶내 백성 가운데 악인이 있어서 새 사냥꾼이 매복함 같이 지키며 덫을 놓아 사람을 잡으며 ²⁷새장에 새들이 가득함 같이 너희 집들에 속임이 가득하도다 그러므로 너희가 번창하고 거부가 되어 ²⁸살지고 윤택하며 또 행위가 심히 악하여 자기 이익을 얻으려고 송사 곧 고아의 송사를 공정하게 하지 아니하며 빈민의 재판을 공정하게 판결하지 아니하니 ²⁹내가 이 일들에 대하여 벌하지 아니하겠으며 내 마음이 이같은 나라에 보복하지 아니하겠느냐 여호와의 말씀이니라 ³⁰이 땅에 무섭고 놀라운 일이 있도다 ³¹선지자들은 거짓을 예언하며 제사장들은 자기 권력으로 다스리며 내 백성은 그것을 좋게 여기니 마지막에는 너희가 어찌하려느냐

이 단락에는 다음과 같은 내용들이 나온다.

I. 선지자는 그들이 저지른 죄들이 그들에게 어떤 재난을 가져다 주었는지

를 보여준다. 그들의 죄들이 이러한 일들, 곧 이른 비와 늦은 비를 물리쳤다(25절). 이른 비와 늦은 비는 그들에게 **때를 따라** 내렸었지만(24절), 최근에는 내리지 않았다(렘 3:3). 그래서 정해진 추수 기한에 종종 그들이 거둘 것이 없게 되었다. "하나님께서는 너희에게 좋은 것을 주시고자 하셨지만, 너희 죄가 너희로부터 좋은 것을 막았느니라." 죄는 하나님의 은총이 우리에게 흘러오는 것을 막고, 우리가 늘 받아 왔던 축복들을 우리에게서 빼앗아 버린다는 것을 명심하라. 하늘을 놋이 되게 하고 땅을 쇠가 되게 하는 것은 바로 죄이다.

Ⅱ. 선지자는 그들의 죄악들이 얼마나 크고 얼마나 흉악무도하며 하나님의 큰 진노를 불러일으킨 것이었는지를 그들에게 보여준다. 그들이 참 하나님을 예배하는 것에서 떠났을 때, 도덕적인 정직성도 그들 가운데서 사라졌다. 내 백성 가운데 악인들, 즉 가장 악한 자들 중 일부가 있다(26절). 그들은 하나님의 백성이라 자처하는 자들 가운데 속해 있는 자들이어서 더더욱 가증스러운 자들이었다.

1. 그들은 앙심이 가득하였고 악의를 지니고 있었다. 남에게 해악을 끼치는 것을 즐겨하는 자들은 악인들이라 불리는 것이 마땅하다. 그들은 악행을 저지르는 현장에서 발견되었다(즉, 잡혔다). 새 사냥꾼들이 사냥 놀이를 하기 위해서 덫을 놓듯이, 그들은 **사람을 잡기 위해 매복하였다.** 그들은 마치 덫을 놓아서 짐승이나 새를 잡는 것에서 재미를 느끼듯이 이렇게 몰래 숨어 있다가 사람들을 잡는 것에서 재미를 느꼈다. 그들은 선한 자들(이들은 선하다는 이유로 미움을 받았다), 특히 옳은 말로 그들을 책망한 자들, 또는 그들의 출세 길에 장애가 되는 자들, 그들을 모욕하거나 불친절하게 대했다고 여겨지는 자들, 또는 재산이 많아서 그들의 탐욕을 자극한 자들에게 해악을 끼칠 방책들을 궁리해 낸다(사 29:21). 이세벨은 이런 식으로 나봇을 함정에 빠뜨려서 그가 가진 포도원을 빼앗아 버렸다. 아니, 그들은 남에게 해악을 끼치는 것 자체를 즐겼다.

2. 그들은 거짓된 자들이었고 속이는 자들이었다(27절). "새장에 새들이 가득함 같이 또는 닭장에 닭들을 피둥피둥 살찌우기에 충분한 모이가 가득함 같이, 그들의 집들에는 속임이 가득하고 사기 행각을 통해서 얻은 재물이 가득하도다. 그들의 가족들이 하는 모든 일들은 다 속임수로 이루어진다. 그들은 그들과 상대하거나 거래하는 자들을 할 수만 있다면 속여 먹고자 한다. 그들은 어떤 말을 하고 어떤 일을 행해도 양심의 거리낌이 전혀 없기 때문에 남을 속이는 일

을 밥 먹듯이 할 수가 있다. 이 점에서 그들의 행위는 심히 악하여 평범한 악인들의 행위를 능가하는 것이었다(28절). 법과 정의를 내세워서 속이고 기만하는 자들은 공개적으로 무력과 폭력을 사용하여 악을 행하는 악인들(26절)보다 더 많은 해악을 끼치는 자들이다. 또는, 그런 자들은 이방인들, 즉 가장 악한 자들보다 더 악한 자들이다. 그들이 행하는 악한 일들이 마음 먹은 대로 다 잘되고 형통하였기 때문에, 그들의 마음은 더욱 완악해져서 악한 길을 계속해서 고집한다. 그들은 세상의 것들이 그들에게로 흘러들어 오는 것을 보고서는 세상에 대하여 더욱 탐욕스러워졌고, 점점 더 큰 악행을 저질러도 잘 되고 형통하는 데에 전혀 지장이 없는 것을 보고서는 세상의 것을 가지려고 그 어떤 악행도 서슴지 않는다. 그들은 세상에서 번창하여 크게 되었고, 세상에서 거부가 되어 큰 성공을 거두었다. 그들은 그렇게 모은 재물을 육체의 온갖 욕망들을 채우는 일에 사용하였고, 방탕에 깊이 빠져서 온갖 향락에 젖어 편히 살다보니 살지게 되었다. 그들의 살결은 매끄럽고, 그 얼굴은 윤택하여 윤기가 나며, 그들의 신수는 훤하다. 그래서 모든 사람들이 그들을 부러워한다. 이렇게 해서 그들은 좋지 않은 일들을 피해간다(어떤 이들은 다음 구절을 이렇게 읽는다). 즉, 그들은 그들이 저지른 죄악들로 인해서 마땅히 겪어야 할 좋지 않은 일들을 겪지 않고 피해간다. 사람들이 당하는 고난이 그들에게는 없고 사람들이 당하는 재앙도 그들에게는 없으며(시 73:5), 우리가 악인들이 겪을 것이라고 예상할 수 있는 그런 화(禍)들도 그들에게는 닥치지 않는다."

3. 그들은 출세해서 권력을 손에 쥔 후에도 그 권력으로 그들이 마땅히 행해야 할 그런 선한 일을 하지 않았다. 그들은 송사 곧 고아의 송사를 공정하게 하지 아니하며 빈민의 재판을 공정하게 판결하지 아니한다. 고아는 흔히 곤궁하고, 항상 도움과 조언을 필요로 하는데, 사람들은 도울 자가 없는 처지를 악용하여 고아에게 해악을 가한다. 이럴 때에 권력이 있고 부자인 자들 외에 누가 고아들을 도울 수 있겠는가? 사람이 재물을 가진 것은 그 재물로 선한 일을 하기 위한 것이 아니던가? 그러나 그들은 고아가 처한 것 같은 그러한 어려운 처지를 배려해 주고자 하지 않는다. 그들에게는 정의감도 없고 해악을 당한 자를 불쌍히 여기는 마음도 없다. 또한, 그들이 송사에 관심을 갖는다면, 그것은 정의를 세우기 위한 것이 아니라 나쁜 짓을 한 자들을 보호하기 위한 것이다. 그런데도 그들은 여전히 번창하고 형통한다. 하나님은 그들의 어리석은 짓을 그대로 두시는

것이다. 그러므로 분명히 이 세상의 것들은 가장 좋은 것들이 아니다. 왜냐하면, 흔히 가장 악한 자들이 이 세상의 대부분의 것들을 소유하고 있기 때문이다. 하지만 우리는 그들이 번창하고 형통한다고 해서 하나님께서 그들의 행위를 용납하고 계시는 것으로 착각해서는 안 된다. 결코 그렇지 않다. 그들의 악한 일에 관한 징벌이 속히 실행되지 아니한다고 해도 그 징벌은 반드시 집행된다.

4. 그들 가운데 온갖 부류와 계층에 속한 사람들이 전반적으로 다 타락하고 부패되어 있었다(30-31절). 이 땅에 무섭고 놀라운 일이 있도다. 크게 출세해서 큰 특권을 누리는 그런 자들이 뭐가 부족해서 타락을 한 것인지 그들의 타락상을 보는 것은 눈을 휘둥그레 뜨고서 바라볼 수밖에 없는 놀랍고 기이한 일이었다. 어떻게 그들이 그토록 많은 의무들을 저버릴 수 있단 말인가? 그것은 무서운 일이고 역겨운 일이며, 그 결과는 정말 두려운 일이다. 죄라면 기겁하여 달아나도록 하기 위하여 우리는 죄를 무서운 일이라고 불러야 한다. 무엇이 문제였는가? 요컨대, 문제는 이런 것이었다.

(1) 지도자들은 백성들을 잘못 이끌었다. 선지자들은 거짓을 예언하며, 실제로는 지옥의 대리인들이면서도 하늘로부터 사명을 받은 체하였다. 하나님의 계시가 아닌 데도 마치 참된 계시인 것처럼 행할 때에 신앙은 가장 큰 위험에 빠지게 된다. 그런데, 그러한 거짓 선지자들을 찾아내어 제지하라고 하나님으로부터 권력을 수여받은 제사장들은 왜 가만히 있었는가? 기가 막힌 일이지만, 제사장들은 그들에게 주어진 권력을 그런 일에 사용한 것이 아니라 그들의 야심을 채우고 전횡을 일삼는 도구로 사용하였다. 제사장들은 자기 권력으로 다스린다. 제사장들은 거짓 선지자들의 도움과 백성들 속에서 그들이 지닌 힘을 이용하여 권세와 부를 누리고 게으름과 사치에 빠져 살며 착취와 압제를 행하였다. 이렇게 선지자들과 제사장들은 서로 힘을 합쳐서 온갖 선한 일에 대항하였고, 악한 일을 할 때에는 서로를 도왔다.

(2) 백성들은 이렇게 잘못 인도함을 받는 것을 좋게 여기고 기뻐하였다. 하나님은 이렇게 말씀하신다. "그들은 내 백성이니, 마땅히 나를 대신해서 제사장들과 선지자들의 악행을 증언하여야 했지만, 도리어 그것을 좋게 여긴다." 백성들이 저지르는 죄악들을 제사장들과 선지자들이 눈감아 주고 내버려 두는 한, 백성들은 제사장들과 선지자들이 악행을 저지르는 것을 방해하지 않았다. 백성들은 지도자들이 적당히 다스리는 것을 좋아하였고, 그들의 욕망을 제지

하지 않는 관원들과 그들의 죄악을 책망하지 않는 선생들을 아주 좋아하고 마음에 들어하였다.

Ⅲ. 선지자는 이 일이 결국 어떤 치명적인 결과를 가져오게 될지를 그들에게 보여준다. 그들은 다음과 같은 것들을 깊이 생각하지 않으면 안 된다.

1. 그들의 악행에 대한 징벌은 무엇이 될 것인가(29절). 내가 이 일들에 대하여 벌하지 아니하겠느냐. 이 말씀은 9절에서도 나왔는데 여기에서 또다시 나온다. 긍휼이 심판을 이기고 웃는 경우가 종종 있다. 에브라임이여 내가 어찌 너를 놓겠느냐. 하지만 여기에서는 심판이 긍휼을 설득하고 있다. 내가 벌하지 아니하겠느냐. 우리는 무한한 지혜를 지니신 하나님께서 긍휼과 심판이라는 문제를 잘 조절하시는 법을 알고 계시다는 것을 확신한다. 여기에 나오는 표현 방식은 대단히 강조적이고 다음과 같은 것들을 나타낸다.

(1) 하나님의 심판의 확실성과 필연성. 내 마음이 보복하지 아니하겠느냐. 그렇다. 죄인이 회개하지 않는다면, 원수 갚는 일이 오리라는 것은 의심의 여지가 없다. 보복은 반드시 이루어져야 한다.

(2) 하나님의 심판의 의로움과 공평함. 선지자는 죄인 자신의 양심에 호소한다. 그러한 가증스러운 죄들을 범한 자들이 벌을 받는 것이 마땅하지 않느냐? 하나님께서 이같은 나라, 이같이 악하여 진노를 불러일으키는 나라에 보복하지 아니하시겠느냐?

2. 그들의 악행은 결국 어떤 짓으로 치닫게 될 것인가. 마지막에는 너희가 어찌하려느냐.

(1) "너희가 마침내 악행의 극한으로 치닫고자 하는구나! 너희가 어찌하려느냐. 너희가 비열하고 악한 짓을 계속한다면, 그 결국은 어떻게 되겠느냐? 너희는 반드시 너희의 죄악의 분량을 다 채울 때까지 점점 더 악해질 것이다."

(2) "너희가 마침내 멸망의 구렁텅이로 치닫고자 하는구나! 이런 식으로 계속해서 악을 행하면, 너희는 죄의 홍수 속으로 빠져들 수밖에 없고, 그러면 하나님으로부터 진노의 홍수밖에는 기대할 게 없게 된다. 그런 일이 닥칠 때, 너희는 어찌하려느냐?" 악한 길로 행하는 자들은 그 악한 길이 결국에는 더 큰 죄와 완전한 파멸로 이어지리라는 것을 깊이 생각해 보는 것이 좋다. 결국에는 끝이 올 것이다. 악인의 삶에 끝이 올 때, 그의 모든 삶을 다시 되돌아보면, 결국 남는 것은 의심할 여지 없이 쓰디쓴 비통함뿐일 것이다.

제 6 장

개요

이 장에는 앞 장에서와 마찬가지로 다음과 같은 내용들이 나온다. I. 갈대아 군대가 유다 땅을 침략하여 예루살렘을 포위할 것이고(1-6절) 온 나라를 약탈할 것인데(9절), 이 때문에 모든 백성들이 공포에 사로잡히게 되리라는 예언(22-26절). II. 하나님을 진노케 하여 이 황폐화시키는 심판을 자초한 유다와 예루살렘의 죄들에 관한 설명. 그들의 압제(7절), 그들이 하나님의 말씀을 멸시함(10-12절), 그들의 세상적인 삶(13절), 그들의 선지자들이 거짓을 말하여 백성들을 기만함(14절), 그들이 뻔뻔스럽게 죄를 범함(15절), 하나님의 책망에도 불구하고 그들의 마음이 더욱 완악해짐(18-19절). 이 때문에 하나님은 그들의 제사를 받지 않으셨고(20절), 그들을 멸망에 넘겨주셨지만(21절), 처음에는 그들이 과연 그런지를 시험하여 확인하셨고(27절), 그런 후에 그들이 구제불능인 것을 아시고 그들을 버리셨다(28-30절). III. 이 모든 것을 말씀하시는 중에도 하나님은 그들에게 선한 권면을 주셨지만 소용이 없었다(8, 16-17절).

¹베냐민 자손들아 예루살렘 가운데로부터 피난하라 드고아에서 나팔을 불고 벧학게렘에서 깃발을 들라 재앙과 큰 파멸이 북방에서 엿보아 옴이니라 ²아름답고 우아한 시온의 딸을 내가 멸절하리니 ³목자들이 그 양 떼를 몰고 와서 주위에 자기 장막을 치고 각기 그 처소에서 먹이리로다 ⁴너희는 그를 칠 준비를 하라 일어나라 우리가 정오에 올라가자 아하 아깝다 날이 기울어 저녁 그늘이 길었구나 ⁵일어나라 우리가 밤에 올라가서 그 요새들을 헐자 하도다 ⁶만군의 여호와께서 이와 같이 말하노라 너희는 나무를 베어서 예루살렘을 향하여 목책을 만들라 이는 벌 받을 성이라 그 중에는 오직 포학한 것뿐이니라 ⁷샘이 그 물을 솟구쳐냄 같이 그가 그 악을 드러내니 폭력과 탈취가 거기에서 들리며 질병과 살상이 내 앞에 계속하느니라 ⁸예루살렘아 너는 훈계를 받으라 그리하지 아니하면 내 마음이 너를 싫어하고 너를 황폐하게 하여 주민이 없는 땅으로 만들리라

이 단락에는 다음과 같은 내용들이 나온다.

I. 유다와 예루살렘에 대한 심판의 경고. 성읍이든 시골이든 이 때에는 평온하였고 어떤 위험의 조짐도 있지 않았다. 사람들은 구름이 모여드는 것을 보지 못하였고, 모든 것이 평온하고 안전해 보였다. 그러나 선지자는 그들에게 머지않아 북방에서 외적이 쳐들어와서 모든 것을 초토화시켜 버릴 것인데 이 일로 인해서 사람들이 모두 대경실색할 뿐만 아니라 이 땅 전체가 폐허로 변하게 될 것이라고 말한다. 여기에서는 다음과 같은 것들이 예언되어 있다.

1. 이 전쟁의 경보가 크게 울려서 공포스러우리라는 것. 이것은 다음과 같이 묘사된다(1절). 선지자는 예루살렘의 일부가 속해 있었던 베냐민 지파의 자녀들에게는 그들의 안전을 위해서 시골로 피신하라고 권한다. 왜냐하면, 예루살렘 성(城)은 곧 전쟁에 휩싸여 불바다가 될 것이어서 거기에서 빠져나와 도망치는 것이 상책일 것이기 때문이었다(사람들은 처음에는 견고한 성으로 피신하는 것이 바람직할 것이라고 생각하였었다, 렘 4:5-6). 나라에 큰 일이 벌어졌을 때에는 사람들은 어디를 가더라도 그들이 지금 사는 곳보다는 더 안전할 것이라고 생각하는 것이 보통이다. 그래서 도시에 살던 자들은 위험에서 벗어날 수 있을 것이라는 소망을 품고서 시골로 피신하고, 시골에 살던 자들은 위험에 정면으로 맞서야 하겠다는 소망을 품고서 도시로 들어온다. 그러나 재앙이 하나님의 명령으로 죄인들을 추격할 때에는 도망치기 위해서 무슨 짓을 해도 다 소용이 없다. 그들은 전쟁의 경보를 온 나라에 보내고 그들의 안전을 위해서 그들이 할 수 있는 것은 무엇이든지 해보라는 말을 듣는다. 드고아에서 나팔을 불라. 드고아는 예루살렘에서 북쪽으로 20km 떨어진 곳에 있는 성읍이었다. 그들은 떨쳐 일어나서 그들의 성읍을 방어할 태세를 갖추어야 했다. 벧학게렘(포도원의 집)에서 깃발(즉, 봉화)을 들라. 벧학게렘은 예루살렘과 드고아 사이에 있는 구릉 지대에 위치해 있었다. 재앙이 북방에서 출현하고 있기 때문에 있는 힘을 다해서 저항할 만반의 태세를 갖추어라. 이것은 반어법적으로 해석할 수도 있다. "너희의 목숨을 부지하기 위하여 너희가 생각해낼 수 있는 최선의 방법들을 쥐어짜내 보아라. 그렇지만, 그 모든 것이 소용없을 것이다. 왜냐하면, 너희가 최선을 다해도 큰 파멸은 반드시 올 것이고, 하나님께서 보내시는 심판에 맞서 싸워보아야 아무 소용이 없을 것이기 때문이다."

2. 그들의 적은 용맹스럽고 가공할 정도로 강해서 그들은 도저히 적수가 되

지 못하리라는 것.

(1) 침략을 받게 될 시온의 딸이 어떤 인물인지를 보라. 시온의 딸은 아름답고 우아한 여인(2절), 온갖 좋고 부드러운 것으로 길러지고 자기 발바닥으로 땅을 밟아 보지도 아니하였으며(신 28:56) 찬 바람을 맞은 적도 없는 그런 여인에 비유된다. 시온의 딸은 고생을 모르고 자라서 적군에 대항하거나(반면에, 전쟁을 일으킨 자들은 고생하는 일에 익숙한 자들이다) 전쟁으로 인한 참화(慘禍)를 견뎌낼 힘이 부족하다. 우리가 이 세상의 쾌락과 즐거움들에 더 많이 빠져 있으면 있을수록, 우리는 이 세상의 환난들을 견뎌나가는 데에 더욱더 적합하지 못한 자들이 되어 간다.

(2) 침략을 감행하게 될 바벨론의 딸이 어떤 인물인지를 보라. 적군의 장수들과 그 군대들은 목자들과 그 양 떼에 비유된다(3절). 그들은 대군이었지만 일사불란하게 움직였다. 병사들은 마치 양 떼가 목자를 따르듯이 그들의 지휘관들을 따랐다. 시온의 딸은 달콤한 청혼을 받고 시집갈 것을 기대하고서 집에 거하였지만(어떤 이들은 이렇게 읽는다) 맹렬한 침략을 당하였다. 3절에서 적군을 목자들에 비유한 것을 고려하면, 우리는 2절을 뭔가 다른 식으로 읽을 필요를 느끼게 된다. 그래서 어떤 이들은 2절을 시온의 딸은 목자들이 양 떼를 몰고 와서 거기에서 꼴을 먹이고자 하는 유혹을 받는 아름다운 초장 같고 우아한 땅 같다로 읽는다. 목자들이 임자 없는 넓은 초지를 아무런 어려움 없이 차지하고서 거기에 자기 장막을 치고 그들의 양 떼를 방목하여 이내 초지를 다 먹어치우게 했듯이(당시에는 그렇게 하는 것이 관행인 곳이 꽤 있었다), 갈대아 군대도 아무런 어려움 없이 유다 땅에 쳐들어와서 그들이 원하는 곳에 진지를 세우고 얼마 후에는 온 땅을 먹어치울 것이다. 이 일을 좀 더 생생하게 설명하기 위하여 선지자는 다음과 같은 것들을 보여준다.

[1] 하나님께서 원래 하나님의 소유였던 거룩한 땅과 거룩한 도성을 이렇게 멸망시키는 일을 그들에게 위임하시리라는 것. 너희는 그(즉, 시온의 딸)를 칠 준비를 하라(4절)고 말씀하시는 분은 바로 하나님이시다. 왜냐하면, 하나님은 모든 군대를 마음대로 부리시는 만군의 여호와이시기 때문이다. 하나님은 예루살렘을 공격하기 위하여 너희는 나무를 베어서 예루살렘을 향하여 목책을 만들라(6절)고 말씀하신다. 갈대아인들은 유다와 예루살렘을 칠 수 있는 큰 권세를 지니게 되었지만, 위로부터 그들에게 주어진 것 외에는 그 어떤 권세도 갖고 있지

않다. 하나님은 예루살렘을 멸망시키기로 작정하셨다. 하나님은 "이는 벌 받을 성, 하나님의 공의를 따라 진노 가운데 벌 받을 성이고, 지금이 이 성을 벌할 때다"라고 말씀하신다. 죄악된 길로 행하며 아무 생각 없이 안일하게 살아온 자들이 반드시 벌을 받게 될 날이 다가오고 있다.

[2] 그들은 서로를 독려하며 하나님이 위임하신 일을 이루기 위해 온 힘을 다하리라는 것. 예루살렘을 치고자 하시는 하나님의 뜻이 정해져서 변경되거나 취소될 수 없게 되자, 원수들은 전쟁을 위한 회의를 열어서 하나님의 뜻과 일치하는 결정을 내린다. 하나님께서 너희는 그를 칠 준비를 하라고 말씀하셨기 때문에, 그들이 내린 결정은 하나님의 결정에 종속될 수밖에 없다. 워낙 먼 거리이고 원정 길에 수많은 난관들이 예상되는 데도 불구하고, 그들은 만장일치로 신속하게 원정을 결정한다. 일어나라 우리가 올라가자. 하나님의 모략과 작정하심이 사람들(심지어 하나님을 모르는 자들이라도)의 책략과 술책들을 통해서 어떻게 집행되는지를 보는 것(사 10:6-7)은 흥미로운 일이다.

첫째, 그들은 이 원정을 아주 신속하게 결정한다. 그들은 원정 애기가 나오자마자 원정을 하기로 결정한다. 그들은 사람들이 그들이 오늘 할 수 있는 일을 내일까지 미루었다는 말을 할 수 있는 여지를 조금도 남겨두지 않는다. 일어나라 비록 햇빛이 뜨겁기는 하지만 우리가 정오에 올라가자. 또한, 그들은 일어나라 비록 어둡기는 하지만 우리가 밤에 올라가자고 말한다(5절). 그들에게 장애가 될 수 있는 것은 아무것도 없었다. 그들은 시간을 허비하지 않기로 결심한다. 그들은 속전속결을 하고자 하는 사람들로 묘사된다(4절). "아하 아깝다 날이 기울어, 우리의 일을 진행시키지 못하겠구나. 저녁 그늘이 길어져 있는데도, 우리는 여전히 앉아만 있어서, 기회를 놓쳤구나." 우리가 이렇게 우리의 영적인 사역과 전쟁에 열심을 내서 천국을 침노할 시간이나 기회를 놓칠까봐 염려한다면 얼마나 좋겠는가! 우리에게는 영원한 구원을 이루어내고 그 구원을 방해하는 원수들에 맞서 싸워야 하는 일이 있는 데도 사소한 일로 아웅다웅하는 것은 어리석은 일이다.

둘째, 그들은 원정이 대성공을 거두리라는 것을 철석같이 믿는다. "우리가 올라가서 유다의 왕궁과 저택들을 파괴하고 거기에 쌓여 있는 재물을 차지하자." 그들이 이토록 열심을 낸 것은 하나님의 모략을 이루기 위해서가 아니라 그들 자신의 곳간과 창고를 채우기 위한 것이었다. 그렇지만 하나님은 바로 그런 것을 통해서 하나님의 목적과 뜻을 이루셨다.

II. 하나님께서 이러한 심판을 작정하신 이유. 그것은 전적으로 그들의 악함 때문이었다. 그들은 심판을 스스로 자초한 것이었다. 심판의 책임이 그들에게 있기 때문에, 그들은 그 심판을 감당하지 않으면 안 된다. 그들이 이렇게 압제를 당하게 된 것은 그들이 이제까지 압제자 노릇을 해왔기 때문이다. 그들은 권력과 지위를 손에 쥐게 되었을 때에 번갈아서 서로에게 가혹한 짓을 행해 왔기 때문에, 이제는 원수가 와서 그들 모두를 가혹하게 대할 것이다. 선지자는 그들이 이러한 압제와 폭력과 행악의 죄를 저질렀다고 고소하면서 이렇게 말한다.

1. 이것은 민족적인 죄라는 것(6절). 이는 벌 받을 성이라 그 중에는 오직 포학한 것뿐이니라. 그러므로 지금이 그들의 죄를 물을 때이다. 보위에 앉아 있는 왕으로부터 구멍가게 주인에 이르기까지 각계각층의 사람들이 모두 다 자기 아래 있는 자들을 억누르고 압제하였다. 너희가 어디를 둘러보아도, 거기에는 이런 유의 하소연을 할 자들이 널려 있다.

2. 이것은 그들에게 몸에 배어서 본성처럼 되어 버린 죄라는 것(7절). 샘이 그 물을 솟구쳐냄 같이 그들은 온갖 해악을 끼치는 일들을 통해서 그 악을 드러내고 유해하고 쓴 물들을 분수처럼 끊임없이 뿜어낸다. 샘이나 분수에서 솟구쳐 나오는 물은 격렬하게 뿜어져 나오기 때문에 누구도 그 물길을 제지하지 못하는 것처럼, 그들은 율법이나 양심의 제지를 받지 않고 그들의 악한 길을 기어이 관철하고야 만다. 이것은 자연 상태에 있는 사람의 부패한 마음에 그대로 적용된다. 그 부패한 마음은 샘이 그 물을 자연스럽고 쉽게 솟구쳐냄 같이 악한 생각들을 끊임없이 솟구쳐내어 그 악을 드러낸다. 그 마음에서는 더러운 물이 항상 흘러넘쳐 나오는 데도, 그 마음은 언제나 더러운 물로 꽉 차 있다.

3. 이것은 그들에게 일상(日常)이 되어 버린 죄라는 것. 폭력과 탈취가 거기에서 들린다. 거기에서 사람들이 울부짖는 소리는 소돔에서처럼 하나님 앞에 올라갔다. 질병과 살상이 내 앞에 계속하느니라. 이것은 부당하게 그들의 몸이나 마음, 또는 그들의 재산이나 명성에 상처를 입는 해악을 당한 자들의 하소연이다. 모든 인류의 부모이신 하나님은 사람들이 서로에게 행하는 해악들과 나쁜 짓들을 주시하고 계시고 미워하시며 조만간에 되갚아 주시리라는 것을 명심하라.

Ⅲ. 하나님께서 그들이 어떻게 하면 이 심판을 미연에 방지할 수 있는지를 조언해 주심. 하나님은 이 문제 전체에 대하여 이제 공정한 경고를 행하신다. "예루살렘아 너는 훈계를 받으라(8절). 하나님이 율법과 선지자들을 통해서 너에게 주신 훈계와 가르침을 받아들이라. 너는 이제 네 자신을 위하여 지혜로워져야 한다." 그들은 하나님이 그들에게 무엇을 하라고 가르치셨는지를 아주 잘 알았다. 이제 그 가르침을 행하는 길 외에 다른 방도는 남아 있지 않았다. 왜냐하면, 그 훈계를 행할 때까지는 그들이 훈계를 받아들였다고 할 수 없을 것이기 때문이다. 하나님의 이러한 조언을 그들이 받아들여야 하는 이유는 만약 그들이 그들에게 주어진 훈계와 가르침을 따르기를 거부한다면 그들은 멸망으로 치달을 수밖에 없기 때문이다. 내 마음이 너를 싫어하여 너에게서 떠나지 않도록 너는 나의 훈계를 받으라. 이것은 하나님이 그들에게 얼마나 깊은 애정과 관심을 지니고 있었는지를 잘 보여준다. 하나님의 마음은 그들과 결합되어 하나가 되어 있었고, 죄 외에는 그 어떤 것도 그것을 떨어지게 할 수 없었다. 좀 더 살펴보자.

1. 하나님은 긍휼의 하나님이시기 때문에 아무리 진노를 불러일으키는 백성이라고 하더라도 그들로부터 떠나기를 싫어하시고, 어떻게 해서든지 그들이 참된 회개와 삶의 변화를 통해서 상황이 극단적인 지경에까지는 이르지 않도록 미연에 방지하기를 간절히 원하신다.

2. 하나님의 마음이 떠나게 되면, 그들의 처지는 극도로 비참해진다. 이것은 그들이 외적인 축복들만이 아니라 하나님의 사랑과 임재를 보여주는 좀 더 직접적이고 특별한 증표들인 삶의 위로들과 은총들까지 상실하게 되리라는 것을 보여준다. 여기에 나오는 말씀을, 뒤로 물러가면 내 마음이 그를 기뻐하지 아니하리라(히 10:38)는 저 두려운 말씀과 비교해 보라.

3. 하나님으로부터 버림을 받은 자들은 반드시 망한다. 하나님의 마음이 예루살렘에서 떠났을 때, 예루살렘은 곧 황폐하여 아무도 살지 않게 되어 버렸다(마 23:38).

⁹만군의 여호와께서 이와 같이 말씀하시되 포도를 따듯이 그들이 이스라엘의 남은 자를 말끔게 주우리라 너는 포도 따는 자처럼 네 손을 광주리에 자주자주 놀리라 하시나니 ¹⁰내가 누구에게 말하며 누구에게 경책하여 듣게 할고 보라 그 귀가 할례

를 받지 못하였으므로 듣지 못하는도다 보라 여호와의 말씀을 그들이 자신들에게 욕으로 여기고 이를 즐겨 하지 아니하니 [11]그러므로 여호와의 분노가 내게 가득하여 참기 어렵도다 그것을 거리에 있는 아이들과 모인 청년들에게 부으리니 남편과 아내와 나이 든 사람과 늙은이가 다 잡히리로다 [12]내가 그 땅 주민에게 내 손을 펼 것인즉 그들의 집과 밭과 아내가 타인의 소유로 이전되리라 여호와의 말씀이니라 [13]이는 그들이 가장 작은 자로부터 큰 자까지 다 탐욕을 부리며 선지자로부터 제사장까지 다 거짓을 행함이라 [14]그들이 내 백성의 상처를 가볍게 여기면서 말하기를 평강하다 평강하다 하나 평강이 없도다 [15]그들이 가증한 일을 행할 때에 부끄러워하였느냐 아니라 조금도 부끄러워 하지 않을 뿐 아니라 얼굴도 붉어지지 않았느니라 그러므로 그들이 엎드러지는 자와 함께 엎드러질 것이라 내가 그들을 벌하리니 그 때에 그들이 거꾸러지리라 여호와의 말씀이니라 [16]여호와께서 이와 같이 말씀하시되 너희는 길에 서서 보며 옛적 길 곧 선한 길이 어디인지 알아보고 그리로 가라 너희 심령이 평강을 얻으리라 하나 그들의 대답이 우리는 그리로 가지 않겠노라 하였으며 [17]내가 또 너희 위에 파수꾼을 세웠으니 나팔 소리를 들으라 하나 그들의 대답이 우리는 듣지 않겠노라 하였도다

이 단락의 표제들은 앞 단락의 표제들과 동일하다. 왜냐하면, 경계에 경계를 더하며 교훈에 교훈을 더하는 것이 마땅하기 때문이다.

I. 유다와 예루살렘이 멸망하리라는 경고. 우리는 앞에서 갈대아 군대가 전쟁을 서두르는 모습을 보았었는데(4-5절), 여기에서는 그 전쟁에 의해서 유다 땅이 쑥대밭이 되는 모습을 보게 된다. 여기에 묘사된 유다 땅의 초토화된 모습은 얼마나 통탄스러운가! 적군은 그들 가운데서 아주 오랫동안 주둔해 있을 것이고 피와 보화에 대하여 한없이 탐욕을 부려 만족할 줄 모를 것이기 때문에, 그들과 마주치는 자들은 모두 사로잡을 것이고, 한 번 그들의 손길을 피했다고 해도 다음 번에는 그들의 손에 잡히게 될 것이다(9절). 포도를 따듯이 그들이 이스라엘의 남은 자를 말갛게 주우리라. 포도 따는 자는 한 송이라도 남겨두지 않으려고 모든 송이를 다 딸 때까지 손을 광주리에 자주자주 넣었다 뺐다를 반복한다. 마찬가지로, 그들이 흩어져서 숨는다고 하여도, 적군은 그들을 모두 사로잡을 것이고, 어느 한 사람도 그들의 눈과 손을 피하지 못할 것이다. 아마도 유다 사람들은 탐욕에 사로잡혀서, 포도원의 열매를 다 따지 말며 포도원에 떨

어진 열매도 줍지 말고 가난한 사람과 거류민을 위하여 버려두라(레 19:10)고 정한 하나님의 율법을 지키지 않았을 것이다. 그래서 이제 적군은 그들이 했던 그대로 그들을 한 사람도 빠짐없이 말갛게 주울 것이고, 그들은 모두 칼에 맞아 죽거나 포로로 끌려가게 될 것이다. 이것은 갈대아인들의 분노와 손길을 통해서 하나님의 분노가 부어지고 하나님의 손길이 뻗치는 것이라고 설명된다(11-12절). 왜냐하면, 악인들조차도 흔히 하나님의 손으로 사용되고(시 17:14), 악인들의 분노 속에서 하나님의 분노를 찾아볼 수 있기 때문이다. 이제 그 분노가 누구에게 쏟아 부어지는지를 보라. 그 분노는 거리에 있는 아이들에게 부어질 것이다. 아마도 아이들은 놀기 위해서(슥 8:5) 또는 천진난만하게 이러저리 쏘다니느라 거리에 나와 있었을 것이다. 무자비한 갈대아인들의 칼날은 그런 아이들조차 살려두지 않고 베어버릴 것이다(렘 9:21). 죄 없는 자녀들이 부모와 조상들이 지은 죄 때문에 일어난 재난 속에서 죽어가는 것이다. 마찬가지로, 하나님의 심판은 모인 청년들, 서로 힘을 합쳐서 더욱 대담하게 악행을 저지르고자 모여서 희희덕거리는 청년들에게도 집행될 것이다. 그들은 다 멸절될 것이다. 또한, 음탕한 짓을 하기 위해 만난 남녀들만 적군의 손에 잡히는 것이 아니라(렘 5:7), 남편과 아내가 잠자리에 같이 있다가 둘 다 포로로 잡히게 될 것이다. 적군은 여자들 같이 약한 자들을 불쌍히 여기지 않을 것임과 마찬가지로, 백발이 성성한 노인들 같이 노쇠한 자들도 불쌍히 여기지 않을 것이다. 적군은 살려두어도 쓸 데가 없고 죽인다고 해도 그들의 안전에 도움이 되지 않으며 그들을 이롭게 하거나 해롭게 할 능력이 없는 나이 든 사람들과 늙은이들도 죽이거나 끌고갈 것이다. 그들의 집은 타인의 소유로 이전되리라(12절). 정복자들이 그들의 집을 차지하고 살며 그들의 물건을 사용하고 그들의 곳간에 있는 양식을 먹을 것이다. 하나님께서 경고하셨듯이(신 28:30 이하), 그들의 밭과 포도원은 모두 적군의 손에 들어갈 것이다. 왜냐하면, 하나님이 그 땅 주민에게 그의 손을 펼 것인즉 아무도 그 손에서 벗어날 수 없을 것이기 때문이다. 이제 이렇게 하나님의 진노를 유다 사람들에게 경고한 것과 관련해서 선지자는 다음과 같이 행한다.

1. 선지자는 하나님의 말씀을 충실하게 전하는 것뿐이기 때문에 자기가 이렇게 무시무시한 말씀을 전하는 것은 정당하다고 말한다(11절). "여호와의 분노가 내게 가득하고 그러한 생각으로 꽉 차 있어서 내가 참기 어렵고, 예언의 영이

나를 강하게 충동질하여 내가 이렇게 격렬한 말씀을 전하지 않을 수가 없다." 그는 심판의 말씀을 전하는 것을 기뻐하지 않았고, 이와 같은 설교들을 통해서 주변 사람들을 불안하게 만드는 것은 그에게 결코 즐거운 일이 될 수 없었다. 그러나 그는 하나님의 말씀을 속에 담아두고만 있을 수가 없었다. 그는 말씀을 속에 담아두느라 지치고 피곤하여 기진맥진하게 되었다(개역에서는 참기 어렵도 다). 그는 그가 할 수 있는 한 최대한으로 말씀을 억눌러 왔지만, 만군의 여호와 의 영으로 말미암아 권능으로 충만해져서, 그들이 듣든지 아니 듣든지 말씀을 전 할 수밖에 없었다. 사역자들이 성경에 나와 있는 대로 여호와의 두려우심을 전 할 때, 우리는 사역자들의 설교를 기분 나빠 할 이유가 전혀 없다는 것을 명심 하라. 왜냐하면, 사역자들은 단지 말씀을 전하는 사자(使者)들로서 사람들이 기뻐하든 불쾌해 하든 말씀을 전해야 하기 때문이다.

2. 선지자는 하나님의 말씀을 충실하게 전하지 않고 사람들의 비위를 맞춰 듣기 좋은 말만을 전한 거짓 선지자들을 단죄한다(13-14절). 백성들의 파수꾼 이자 감시자가 되어야 할 제사장과 선지자는 백성들에게 그들의 잘못들과 그들 이 어떤 위험에 처해 있는지를 일러 주어야 할 본분에 충실하지 않고 거짓을 행 하였다. 그들은 백성들을 고치는 의사들이 되어야 했지만, 백성들로 하여금 모 든 것을 마음 내키는 대로 행하게 허용하고 백성들에게 그 어떤 위험도 없다는 말로 백성들을 기분 좋게 함으로써 도리어 그들의 환자인 백성들을 죽이는 짓 을 저질렀다(14절). 그들은 내 백성의 상처를 가볍게 여겨서 철저하게 살피지 않 고 겉표면만 살짝 보고, 사실은 살이 썩어 들어가고 병이 중요한 장기(臟器)들 까지 침투하여 갉아먹고 있는 데도, 단지 진정제만 투여하고 마취제로 당장의 고통을 줄여주는 조치만을 취하였다. 백성들이 계속해서 우상을 숭배하고 아 무렇지도 않게 불경한 짓들을 저지르고 있어서 평강이 없는데도, 그들은 "평강 하다 평강하다 — 모든 것이 잘 될 것이다"라고 말하였다. (만약 백성들 중에 깨어 있어서 위험을 감지한 자들이 있었을지라도, 제사장들과 선지자들은 교 회나 국가가 그 어떤 위험에 처해 있지도 않다고 단언하면서, 그들이 가진 권 세로써 그 사람들의 입을 이내 막아 버렸을 것이다.) 우리가 죄악된 길에 있는 데도 우리에게 좋은 말만 해주는 자들은 우리의 거짓 친구들(즉, 우리에게 아 주 위험한 가장 나쁜 원수들)로 취급되어야 한다는 것을 명심하라.

II. 하나님을 격노케 하여 유다와 예루살렘에 파멸을 가져온 죄가 무엇인지

를 설명함.

1. 그들은 그들이 잘못들을 저질렀다거나 그들이 위험에 처해 있다는 말을 듣는 것을 결코 참을 수 없어 하였다. 하나님은 예레미야 선지자에게 장차 심판이 있을 것이라고 그들에게 경고하라고 지시하신다(9절). 그러자 선지자는 이렇게 말한다. "내가 누구에게 말하리이까. 나는 내가 전하는 말씀을 참고 들어 줄 만한 자를 찾아낼 수 없나이다. 나는 심판을 경고하는 말씀을 몇 시간이고 길게 전할 수 있지만, 그 경고를 받아들이고자 하는 자가 아무도 없나이다. 내가 전해도 그들이 듣지 않을 것이니, 내가 전한들 아무 소용이 없으리이다. 그들의 귀가 할례를 받지 못하여 육신적이어서 하나님의 음성을 받으려 하지 않아 듣지 못하기 때문이나이다. 말씀을 듣는 기관인 그들이 귀에는 두터운 가죽이 덮여 있어서, 하나님의 말씀을 그들에게 전하는 것은 마치 돌들에게 전하는 것만큼이나 아무 소용도 없나이다. 아니, 그들은 하나님의 말씀에 귀를 막아버릴 뿐만 아니라 한 술 더 떠서 곡해하기까지 하나이다. 그들이 들을 수 없는 것은 그들이 듣지 않기로 결심하였기 때문이나이다. 여호와의 말씀을 그들이 자신들에게 욕으로 여기는도다. 그들은 하나님께서 책망하시는 말씀이나 경고하시는 말씀을 그들을 욕하는 것으로 듣나이다." 선지자가 하나님의 책망이나 경고를 전하면, 그들은 그것을 그들을 나무라고 모욕을 주는 것으로 여겼고, 선지자가 그들의 있는 모습 그대로를 그들에게 말해주면, 그들은 그것을 전혀 근거 없는 비방이요 중상모략으로 여겨서 적개심을 품었다. 이것은 율법교사들이 그리스도께서 하신 말씀에 적개심을 드러내며 이렇게 말씀하시니 우리까지 모욕하심이니이다(눅 11:45)라고 말한 것과 마찬가지로 가시채를 뒷발질하는(행 9:5) 것이었다. 하나님의 책망을 욕으로 여겨서 적개심을 품는 자가 있다면, 그 책망은 장차 반드시 가장 무거운 화(禍)가 되어 그에게 돌아오리라는 것을 명심하라. 그들이 여호와의 말씀을 즐겨 하지 아니한다는 말씀 속에는 겉으로 표현된 것보다 더 깊은 의미가 담겨 있다. "그들은 하나님의 말씀에 대하여 반감을 갖고 있다. 하나님의 말씀을 들으면, 그들의 마음이 격동하여 울화가 치밀고, 그들의 부패한 본성이 요동치기 때문에, 그들은 그들을 책망하는 자의 눈을 뽑아버릴 기세로 달려든다." 여호와의 말씀을 기뻐하지 않고 도리어 그 말씀을 듣지 않을 수 있는 곳이라면 어느 곳이든 좋다고 하는 자들이 여호와께로부터 그 어떤 위로의 말씀을 받기를 어떻게 기대할 수 있겠는가?

2. 그들은 도가 지나치게 세상에 집착하였고, 세상을 사랑하는 마음으로 인해서 완전히 정신이 나가 있는 상태였다(13절). "그들이 가장 작은 자로부터 큰 자까지, 나이가 많든 적든 부자이든 가난한 자이든 신분이 높든 낮든 각계각층의 온갖 직업에 종사하는 모든 자들이 다 탐욕을 부리며 더러운 이득을 탐내어서 자기가 얻을 수 있는 것을 위해서는 옳은 일이든 그른 일이든 닥치는 대로 행하는도다." 이러한 탐욕은 사람들을 포학하고 폭력적인 자들로 만들었다(6-7절). 왜냐하면, 돈을 사랑하는 것은 이러한 악들의 쓴 뿌리이기 때문이다. 아니, 이러한 탐욕은 그들의 마음을 하나님의 말씀과 그의 선지자들에 대하여 완악하게 만들었다. 그리스도를 비웃고 조롱한 이들은 돈을 좋아하는 탐욕스러운 바리새인들이었다(눅 16:14).

3. 그들은 아무렇지도 않게 죄를 지을 만큼 뻔뻔스러워졌고 부끄러움을 몰랐다. 그들이 극악무도한 범죄들을 저질렀다는 고소가 옳다는 것이 증명되었기 때문에, 그 다음에는 그들의 이성과 신앙에 큰 욕이 될 이러한 온갖 가증한 일들을 행할 때에 그들이 부끄러워하였느냐(15절)는 질문이 나오는 것이 너무도 당연한 일이었다. 그들은 죄를 깨닫고서 얼굴을 붉혔으며, 그들이 얼굴을 들 수 없을 정도로 당혹스럽다고 고백하였는가? 만약 그랬다면, 그들에게는 아직도 약간의 소망이 남아 있다. 그러나 슬프게도 그들 가운데서는 이런 덕목조차도 전혀 나타나지 않았다. 그들의 마음은 아주 딱딱해지고 완악해졌기 때문에 그들은 조금도 부끄러워 하지 않았을 뿐 아니라 얼굴도 붉어지지 않았고 도리어 그들의 얼굴을 놋쇠처럼 굳게 하였다. 하나님께서 그들의 죄를 깨우쳐 주셨을 때, 그들은 당연히 스스로 낮아져서 회개했어야 했지만, 도리어 그러한 깨우침을 정면으로 반박하며 그들의 악행을 자랑하였다. 그들은 그들의 죄를 시인하는 것이 아니라 그 깨우침을 무시하고 하나님과 맞서기로 결심하였다. 어떤 이들은 이 본문이 제사장들과 선지자들에 대한 것이라고 본다. 그들은 백성들의 상처를 가볍게 여기고서 그들에게 평안이 있을 것이라고 말해놓고, 나중에 그들이 한 말이 거짓으로 드러났어도 그들의 거짓과 기만적인 행위를 전혀 부끄러워하지 않았다. 부끄러움을 모르는 자들은 은혜를 모르는 자들이기 때문에, 그들의 처지는 절망적이다. 부끄러워하지도 참회하지도 않으며 그 부끄러움을 자기가 마땅히 받아야 할 것으로 여기지 않는 자들은 결국 완전한 파멸을 피할 수 없다. 왜냐하면, 그런 자들의 결국은 다음과 같이 될 것이기 때문이다. 그러

므로 그들이 엎드러지는 자들과 함께 엎드러질 것이라. 그들은 완전히 망한 자들과 운명을 같이하게 될 것이다. 하나님께서 그 나라를 진노 가운데서 벌하실 때, 이전에 부끄러워하지도 않고 얼굴을 붉히지도 않은 자들은 반드시 엎드러져서 두려워 떨게 될 것이다. 죄를 짓고도 얼굴을 붉히지 않는 자들은 지금 여기에서 운수가 사나울 것이고, 머지않아 더 나쁜 꼴을 당하게 되리라는 것을 명심하라. 지금은 그들이 스스로 마음을 완악하게 가져서 얼굴을 붉히고자 하지 않겠지만, 나중에는 그들의 마음이 두려움으로 완전히 굳어져서 얼굴을 붉히고자 하여도 그렇게 할 수 없게 될 것이다. 그들은 수많은 악한 속성들 가운데 뒤섞여 있던 유일하게 선한 속성, 즉 잘못한 것을 부끄러워하는 속성을 상실해 버렸다(세네카).

Ⅲ. 하나님이 그들에게 선한 조언을 자주 해주셨지만 아무 소용이 없었다고 말함. 하나님은 다음과 같은 방식으로 그들에게 무수히 말씀하셨지만 별 소용이 없었다.

1. 그들의 본분과 도리에 관하여 조언해 주심(16절). 하나님은 그들에게 너희는 길에 서서 보라고 말씀하시곤 하셨었다.

(1) 하나님은 그들이 성급하게 무작정 앞으로 내달리지 말고 길을 가는 여행자들처럼 어느 길로 가야 목적지에 도달할 수 있는지를 신중하게 알아내기 위해서 길에 잠시 멈춰서서 살펴보고 깊이 생각해 보기를 원하셨다. 그들이 길을 잘못 들었다고 생각할 만한 이유가 있다면, 그들은 제대로 길을 찾을 때까지는 마음이 편치 않을 것이다. 사람들이 이렇게 그들의 심령과 영혼에 대하여 지혜로워서, 마치 옳은 길이냐 잘못된 길이냐 하는 것이 여행자에게 중요한 것처럼 올바르게 믿는 것이냐 잘못 믿는 것이냐가 그들에게 중요하기 때문에, 그들의 발이 가는 길이 어떤 길인지를 깊이 숙고한다면, 이는 얼마나 좋은 일이겠는가!

(2) 하나님은 그들이 옛적 일을 참조하고 그들보다 앞서 간 자들이 보고 경험한 것들을 잘 알아보기를 원하셨다. "너희는 옛적 길이 어디인지 알아보고 옛 시대 사람에게 물으며 조상들이 터득한 일을 배우고(욥 8:8) 네 아버지에게 묻고 네 어른들에게 물으라(신 32:7). 그러면 너희는 경건과 의(義)의 길이 언제나 하나님께서 인정하시고 축복하신 길이었고 사람들을 형통하게 해준 길이었다는 것을 발견하게 될 것이다. 옛적 길들, 하나님의 율법, 옛적에 기록된 참된 기준이

되는 말씀에서 정해 놓은 길들이 어떤 길인지를 물으라. 아브라함, 이삭, 야곱 같은 족장들이 너희보다 앞서 걸어 갔던 길들이 어떤 길이었는지를 물으라. 너희가 하나님께서 족장들에게 행하신 약속들을 그대로 물려받고자 한다면, 족장들의 발자취를 따라가라. 옛적 길 곧 선한 길이 어디인지 알아보라." 물론, 우리는 단지 어떤 길이 오래 되었다고 해서 그 길을 좇아가서는 안 된다. 오래 되었다는 것이 꼭 옳은 길이라는 보장은 없기 때문이다. 악인들이 밟던 옛적 길(욥 22:15)도 있다. 우리가 옛 길을 묻는 이유는 단지 선한 길, 정직한 자가 다니는 대로(大路)를 찾기 위한 것일 뿐이다. 신앙과 경건의 길은 선한 옛 길, 모든 세대의 모든 성도들이 걸어 갔던 길이라는 것을 명심하라.

(3) 하나님은 그들이 이렇게 살펴보고나서 그 결과에 따라 행하기로 결심하기를 원하셨다. "너희가 어느 길이 선한 길인지를 알아내었다면, 그리로 가라. 그 길을 따라 행하고 그 길에서 벗어나지 말며 힘들더라도 계속해서 쭉 그 길에 머물러라." 어떤 이들은 참 선지자와 거짓 선지자, 평강이 있을 것이라고 전한 자들과 환난이 코 앞에 닥쳤다고 말한 자들 사이에서 벌어졌던 싸움과 관련해서 하나님이 이러한 권면을 그들에게 주신 것이라고 본다. 그들은 어느 쪽을 믿어야 할지 모르겠는 척하였다. 그러자 하나님은 이렇게 말씀하신다. "너희는 길에 서서, 둘 중 어느 쪽이 기록된 말씀이나 하나님의 섭리와 일치하는지, 어느 쪽이 너희를 선한 길로 인도하는지를 살펴보고, 너희가 살펴본 결과에 따라 행하라."

(4) 하나님은 그들이 그렇게만 한다면 그들의 심령이 평강과 만족을 얻게 될 것이라고 그들에게 보증하신다. "옛적 길 곧 선한 길로 행하라. 그러면 너희는 너희가 그 길로 행하는 것이 쉽고 즐겁다는 것을 알게 될 것이다. 너희는 너희 하나님과 너희 자신을 둘 다 찾아 누리게 될 것이고, 그 길은 너희를 참된 안식으로 인도할 것이다. 그 길로 행하는 데에는 약간의 고통이 따르겠지만, 너희는 그 여정의 끝에서 풍성한 보상을 받게 될 것이다."

(5) 하나님은 지극히 이치에 맞고 그들에게 너무도 합당한 이 선한 조언을 그들이 받아들이지 않는 것을 탄식하신다. "그러나 그들의 대답이 우리는 그리로 가지 않겠노라 하였다. 우리는 어느 쪽이 선한 길이고 선한 옛적 길인지를 살펴보는 수고를 하고자 하지 않을 뿐만 아니라, 설령 어느 길이 선한 길인지가 밝혀져서 우리가 다른 말을 할 수 없고 오직 그 길이 옳은 길임을 인정할 수밖에 없

는 상황이 오더라도, 우리는 우리 자신과 우리의 기분이나 감정을 부인하고서까지 그리로 가지는 않을 것이다." 많은 사람들이 이런 식으로 고집을 부리다가 영원한 멸망을 당하고 만다.

2. 그들이 처한 위험에 관하여 조언해 주심. 그들이 이치에 맞는 설득을 따르려고 하지 않자, 하나님은 그들에게 다른 방법을 사용하신다. 하나님은 작은 심판들을 통해서 더 큰 심판이 있을 것을 경고하시고, 그의 선지자들을 그들에게 보내셔서 그 심판들에 대하여 설명해 주어, 그들이 처한 위험을 인식하고서 겁을 집어먹게 하신다(17절). 내가 또 너희 위에 파수꾼을 세웠다. 하나님의 사역자들은 파수꾼들이고, 하나님이 그들을 주 안에서 우리 위에 세우신 것은 하나님의 큰 자비이다. 좀 더 살펴보자.

(1) 이 파수꾼들이 전한 올바른 경고. 이것이 그들이 부른 노래의 취지였다. 그들은 나팔 소리를 들으라고 거듭거듭 외쳤다. 하나님은 그의 섭리를 통해서 나팔을 부신다(슥 9:14). 파수꾼들은 이 나팔 소리를 직접 듣고 마음이 답답하여(렘 4:19), 다른 사람들에게 이 나팔 소리를 들어 보라고 외치며, 여호와께서 다투시는 소리, 섭리의 소리를 듣고 그 소리에 화답하라고 권하지 않을 수 없게 된다.

(2) 그들은 이 올바른 경고를 무시하였다는 것. "그들의 대답이 우리는 듣지 않겠노라 하였도다. 우리는 듣지 않겠고 귀를 기울이지 않겠으며 믿지 않겠노라. 그러니 선지자들은 그들 자신과 우리를 괴롭히지 않는 게 좋을 것이다." 죄인들이 멸망하는 이유는 그들이 나팔 소리를 듣지 않기 때문이다. 그들이 나팔 소리를 듣지 않는 이유는 그들이 들으려 하지 않기 때문이다. 그들이 들으려 하지 않는 것은 단지 듣고 싶지 않기 때문이다. 이렇게 그들이 들으려 하지 않는 이유는 도무지 이해가 가지 않을 정도로 이치에 맞지 않는다. 이성적인 열 사람을 상대하는 것이 고집을 부리는 한 사람을 상대하는 것보다 더 수월한 법이다.

[18]그러므로 너희 나라들아 들으라 무리들아 그들이 당할 일을 알라 [19]땅이여 들으라 내가 이 백성에게 재앙을 내리리니 이것이 그들의 생각의 결과라 그들이 내 말을 듣지 아니하며 내 율법을 거절하였음이니라 [20]시바에서 유향과 먼 곳에서 향품을 내게로 가져옴은 어찌함이냐 나는 그들의 번제를 받지 아니하며 그들의 희생제물

을 달게 여기지 않노라 ²¹그러므로 여호와께서 이와 같이 말씀하시느니라 보라 내가 이 백성 앞에 장애물을 두리니 아버지와 아들들이 함께 거기에 걸려 넘어지며 이웃과 그의 친구가 함께 멸망하리라 ²²여호와께서 이와 같이 말씀하시되 보라 한 민족이 북방에서 오며 큰 나라가 땅 끝에서부터 떨쳐 일어나나니 ²³그들은 활과 창을 잡았고 잔인하여 사랑이 없으며 그 목소리는 바다처럼 포효하는 소리라 그들이 말을 타고 전사 같이 다 대열을 벌이고 시온의 딸인 너를 치려 하느니라 하시도다 ²⁴우리가 그 소문을 들었으므로 손이 약하여졌고 고통이 우리를 잡았으므로 그 아픔이 해산하는 여인 같도다 ²⁵너희는 밭에도 나가지 말라 길로도 다니지 말라 원수의 칼이 있고 사방에 두려움이 있음이라 ²⁶딸 내 백성이 굵은 베를 두르고 재에서 구르며 독자를 잃음 같이 슬퍼하며 통곡할지어다 멸망시킬 자가 갑자기 우리에게 올 것임이라 ²⁷내가 이미 너를 내 백성 중에 망대와 요새로 삼아 그들의 길을 알고 살피게 하였노라 ²⁸그들은 다 심히 반역한 자며 비방하며 돌아다니는 자며 그들은 놋과 철이며 다 사악한 자라 ²⁹풀무불을 맹렬히 불면 그 불에 납이 살라져서 단련하는 자의 일이 헛되게 되느니라 이와 같이 악한 자가 제거되지 아니하나니 ³⁰사람들이 그들을 내버린 은이라 부르게 될 것은 여호와께서 그들을 버렸음이라

이 단락에는 다음과 같은 내용들이 나온다.

I. 하나님은 모든 이웃 나라들, 아니 온 세계에 그가 유다와 예루살렘에 대하여 진행하는 소송 절차가 정당하다는 것을 알리신다(18-19절). "너희 나라들아 들으라, 특히 여러 나라의 일들을 살펴보고 그 일에 대하여 논평을 하는 열방의 강한 자들과 큰 자들의 무리들아 이것을 알라. 지금 유다와 예루살렘에 사는 자들에게 무슨 일이 벌어지고 있는지를 눈여겨보라. 너희는 그들의 땅이 초토화된 것을 들었고, 온 땅이 그 소식을 듣고 두려워 떨고 있다. 너희는 모두 내가 나와 언약을 맺고 나와의 관계를 고백하며 나를 섬겨 왔고 나로부터 큰 은총을 받아 왔던 이 백성에게 재앙을 내린 것을 의아해하고 있다. 너희는 여호와께서 어찌하여 이 땅에 이같이 행하셨느냐(신 29:24)고 반문할 태세다. 그러므로 이것을 알라."

1. 그들이 당한 일은 그들이 스스로 생각해서 행한 일들의 자연스러운 결과라는 것. "그들에게 닥친 재앙은 그들의 생각의 결과이다. 그들은 외국들과 동맹을 맺으면 그들의 힘이 강해질 것이라고 생각하였지만, 바로 그렇게 함으로

써 그들의 힘은 약화되었고, 그들의 보잘것없는 모습이 그대로 드러나 버렸다.”

2. 그들이 당한 일은 그들의 불순종과 반역에 대한 의로운 징벌이라는 것. “하나님은 그들이 율법의 계명들을 범하였기 때문에 율법에 정한 저주를 그들에게 집행하시는 것뿐이다. 그들이 징벌을 받는 것은 그들이 내 말이나 내 율법을 듣지 아니하였고 내가 그들에게 해온 모든 말을 무시하고 거절하였기 때문이다. 만약 그들이 하나님의 입에서 나온 심판의 말씀을 따르기를 거절하지 않았다면, 그들은 이런 식으로 하나님의 손에 의한 심판으로 멸망당하지는 않았을 것이다. 그러므로 너희는 하나님이 그들에게 심판을 행하신 것은 잘못이라고 말할 수 없다.”

II. 하나님은 그들이 종교적인 의식들을 열심히 행한 것으로도 그들의 모든 죄를 속죄받기에 충분하다는 그들의 강변(强辯)을 퇴짜놓으신다.

슬프게도 그것은 어이없는 변명에 지나지 않았다(20절). “너희가 금 제단에서 향을 피우기 위해 유향과 향품을 내게로 가져옴은 어찌함이냐. 그런 것들이 멀리서 가져온 최상품의 것들이라 할지라도 무슨 소용이 있을 것 같으냐? 내가 너희의 번제와 너희의 희생제물을 원할 것 같으냐?” 그러한 것들은 하나님을 조금도 유익하게 할 수 없을 뿐만 아니라(희생제물은 하나님에게 조금도 득이 되지 않는다, 시 50:9), 하나님을 기쁘시게 하지도 못한다. 왜냐하면, 정직한 자가 드리는 희생제사만이 하나님을 기쁘시게 할 수 있기 때문이고, 악인들의 희생제사는 하나님께 가증스러운 것일 뿐이기 때문이다. 희생제사와 분향은 그들로 하여금 조금이라도 더 회개할 마음이 나게 하여 중보자에게로 이끌고 중보자에 대한 그들의 믿음을 돕기 위해 마련된 것이었다. 제사와 분향이 이렇게 선용되었을 때에는 하나님께서 그것들과 그것들을 드린 자들을 기쁘게 받으셨다. 그러나 희생제물과 분향이 하나님을 그들에게 빚진 자로 만들고 그들이 계속해서 범죄하는 것을 허락해 주는 면죄부를 살 요량으로 드려진다면, 그것들은 하나님을 기쁘시게 하기는커녕 도리어 하나님의 진노를 불러일으킨다.

III. 하나님은 이제 곧 황폐화시키는 심판이 그들에게 닥칠 것이라고 미리 말씀해 주신다.

1. 하나님은 그들이 삶을 고치기를 싫어하기 때문에 그들을 멸망시키기로 작정하신다(21절). 내가 이 백성 앞에 죄에 빠지게 하는 것이 아니라 환난 속으

로 빠져들게 하는 장애물을 두리라. 하나님은 멸망시키기로 작정하신 자들을 혼미하게 하고 정신 없게 만들어서 안전을 위해 그들이 세운 모략이나 방책들이 모두 다 제대로 실행되지 못하게 하신다. 그들이 가는 곳마다 만나게 될 적군은 그들에게 장애물이 될 것이다. 그들은 아무리 후미진 곳으로 숨어도 그 장애물들에 걸려 넘어져서 산산조각이 나고 말 것이다. 아버지와 아들들이 함께 거기에 걸려 넘어지리라. 지혜를 지닌 아버지들과 힘과 용기를 지닌 아들들이 함께 하여도 그 장애물들을 피하거나 넘지 못할 것이다. 아버지들과 함께 범죄한 아들들은 그 아버지들과 더불어서 넘어질 것이다. 심지어 이웃과 그의 친구가 스스로를 돕거나 서로를 도울 수 없어서 함께 멸망할 것이다.

2. 하나님은 갈대아인들을 심판의 도구로 사용하실 것이다. 왜냐하면, 하나님은 무슨 일을 하시든지 그 일을 하는 데에 가장 적합한 도구를 찾아내시기 때문이다. 하나님이 도구로 사용하실 민족은 북방에서 오며 땅 끝에서부터 떨쳐 일어날 민족이다. 바벨론 자체도 예루살렘에서 북쪽으로 아주 멀리 떨어져 있었을 뿐만 아니라, 원정을 위한 병력을 보내야 했던 바벨론 왕에게 복속되어 있던 몇몇 나라들은 훨씬 더 멀리 있었다. 하나님은 이렇게 멀리 떨어져 있는 나라를 그의 일에 쓰실 것인데(22-23절), 그 이유는 다음과 같다.

(1) 그 나라는 그 수가 아주 많은 민족이요 큰 나라여서, 그 나라의 대군이 침공해 오면 더욱 더 가공할 만한 일이 될 것이었다.

(2) 그 나라는 호전적인 민족이었다. 그들은 활과 창을 잡았고, 당시에 그것들을 어떻게 사용할지를 알고 있었을 뿐만 아니라 그것들을 사용하는 데에 익숙해 있었다. 그들은 말을 탔기 때문에 좀 더 신속하게 진군할 수 있었고, 전장(戰場)에서 좀 더 강하게 상대방을 압박할 수 있었다. 이제까지 전쟁터에서 갈대아인들보다 더 나은 기병대를 운용한 나라는 없었다.

(3) 그 나라는 야만적인 민족이었다. 그들은 잔인하여 사랑이 없으며, 닥치는 대로 약탈하고 승리를 위해 물불을 가리지 않는 자들이었다. 그들은 주변의 모든 나라들이 겁을 집어먹는 것을 보면 의기양양해 하였다. 그들의 목소리는 바다처럼 포효하는 소리였다.

(4) 그들은 유다와 예루살렘에 대하여 특별히 눈독을 들이고 있었는데, 저 유명한 나라를 약탈하여 크게 치부(致富)해 보겠다는 희망에 부풀어 있었다. 그들이 다 대열을 벌이고 시온의 딸인 너를 치려 하느니라. 하나님을 믿는 백성이

라도 죄를 지으면 그들의 원수이자 하나님의 원수인 자들에게 쉽게 잡혀 먹히는 먹잇감이 되고 만다.

Ⅳ. 하나님은 이 가공할 만한 적군이 쳐들어오면 유다와 예루살렘이 얼마나 큰 공황(恐慌) **상태에 빠지게 될 것인지를 설명해 주신다**(24-26절).

1. 그들은 적군이 쳐들어온다는 것을 처음 알았을 때에 그들이 얼마나 놀라고 겁을 집어먹었는지를 스스로 고백한다. "우리가 그 소문을 들었으므로 손이 약하여져서, 저항할 마음을 완전히 잃어버렸다. 고통이 우리를 잡았으므로, 우리는 곧 극심한 고통에 사로잡히게 되었는데, 그 아픔이 해산하는 여인이 겪는 아픔 같았다." 죄를 지은 자들은 어떤 위협적인 환난이 가까이 다가오자마자 죄책감으로 인해서 완전히 기운을 잃어버린다는 것을 명심하라. 하나님을 자신의 원수로 만들어 버린 자들이 자신을 위해 무슨 일을 할 수 있겠는가?

2. 그들은 서로 약속이라도 한 양 너 나 할 것 없이 자기 집에 꼭꼭 숨어서 머리를 밖으로 내밀 엄두도 내지 못한다. 왜냐하면, 그들은 적군의 칼이 마침내 그들을 찾아내리라는 것을 알고 있었지만 목숨을 부지하기 위해 무모하게 싸우거나 도망치기보다는 차라리 집에서 조용히 초라하게 죽는 편이 낫다고 생각했기 때문이다. 그래서 그들은 서로에게 이렇게 말한다. "너희는 밭에도 나가지 말고 밭에 있는 곡식을 들여오지도 말며 길로도 다니지 말라. 또한, 교회나 시장에 가다가는 영락없이 죽으리니 그런 곳에 갈 생각일랑 하지도 말라. 원수의 칼이 있고 사방에 두려움이 있음이라. 야엘의 때와 마찬가지로 대로가 비었도다(삿 5:6)." 우리는 이런 모습을 보고서, 우리가 길을 다녀도 안전하며 우리를 두렵게 할 자가 없게 하시고 우리 나라를 평화롭게 해주신 하나님께 감사를 드리지 않을 수 없다.

3. 선지자는 그들에게 장착 임할 황폐화시키는 심판을 생각하고서 슬피 통곡하라고 말한다. 예레미야 선지자는 그 자신이 통곡의 선지자였는데, 그의 백성들에게 그의 통곡에 동참할 것을 권하였다. "딸 내 백성아, 하나님께서 네게 울며 애곡하라고 하시는 말씀을 듣고 그의 부르심에 응하라. 굵은 베옷을 단지 하룻 동안만 입고 있을 것이 아니라 평상복처럼 내내 두르고 있으라. 네 머리에 재를 뿌릴 것이 아니라 아예 재에서 구르라. 독자를 잃은 부모가 하나밖에 없는 자식이 죽어서 위로받기를 거절하며 통곡하듯이, 너희는 억지로 또는 사람들에게 보이기 위해서가 아니라 진심으로 크게 슬퍼하며 대성통곡하고 너희의

뼈아픈 슬픔을 표현하는 온갖 방식들을 활용하여 너희의 슬픔을 나타내라. 너희는 멸망시킬 자가 갑자기 너희에게 올 것을 생각하고서 이런 식으로 너희의 슬픔을 나타내고 통곡하게 될 것이다. 멸망시킬 자가 아직 오지는 않았지만 지금 오고 있고, 그 일은 이미 작정되었다. 그러므로 너희는 큰 슬픔으로 하나님의 심판을 맞이할 준비를 하라." 성도들이 하나님께서 긍휼들을 베푸시리라는 약속을 하셨을 뿐인데도 그 약속이 이루어질 것을 기대하며 즐거워하듯이, 죄인들은 하나님의 심판이 있을 것이라는 경고를 받았을 때에 장차 있을 심판을 두려워하여 통곡하지 않으면 안 된다.

Ⅴ. 하나님은 예레미야 선지자를 지금 재판을 받고 있는 이 백성 위에 재판관으로 세우신다. 하나님께서는 앞서, 내가 너를 여러 나라 위에 세웠다(렘 1:10)고 말씀하신 것처럼, 여기에서는 내가 이미 너를 내 백성 중에 망대와 요새로 삼아 그들의 행위를 감시하는 자가 되어 그들의 길을 알고 살피게 하였노라(27절)고 말씀하신다. 하나님은 그들에 관한 정보를 누구에게서 들으실 필요가 전혀 없으셨다. 반면에, 선지자는 예언의 영이 알려주신 것 외에는 그들에 대하여 아는 것이 비교적 적었다. 그래서 하나님은, 선지자가 그들에 대한 하나님의 심판이 정당하다는 것을 온전히 확신하고서 더 큰 확신으로 다가올 심판을 그들에게 경고하도록 하기 위하여 그들이 과연 어떤 자들인지를 직접 살펴보라고 지시하신다. 하나님은 예레미야 선지자를 망대로 세우셔서 모든 사람의 눈에 잘 띄고 많은 사람들로부터 공격을 받기 쉽도록 하셨지만, 또한 그를 요새로 세우셔서 밀려드는 조류를 막아내고 사람들의 분노를 견뎌낼 수 있는 담력도 주셨다. 하나님이 말씀하신 대로 충실하게 책망을 전하고자 하는 자들은 요새처럼 견고할 필요가 있다. 이제 선지자는 그들의 길을 살필 때에 두 가지의 것을 발견하게 될 것이다.

1. 그들이 극심하게 타락하고 부패하였다는 것(28절). 그들은 다 심히 반역한 자, 즉 원어대로 하면 반역자들 중의 반역자들이다. 종들 중의 종이라는 말이 가장 비천한 종을 의미하듯이, 이 말은 가장 악한 반역자들이라는 뜻이다. 그들은 반역하는 마음을 지니고 있고, 그 반역하는 마음이 뿌리가 깊어서, 반역의 정도가 점점 더 심해졌다. 그들은 올바르게 시작하였지만 반역으로 인해서 앞으로 나아간 것이 아니라 도리어 뒤로 물러나 버렸다. 그들은 비방하며 돌아다니는 자이다. 그들은 아무렇지도 않게 서로를 속이고 헐뜯는다. 아니, 그들은

그렇게 하는 것을 자기 직업으로 삼는 자들이다. 남을 비방하는 것은 그들의 몸에 밴 일이고, 그들은 남이 비방하는 말들을 들으면 그 비방이 아무리 부당한 것이라고 해도 그것을 곧이곧대로 믿고 그 비방을 받는 자들을 미워한다. 그들은 그 속에 가치 있는 것이 아무것도 없어서 아무짝에도 쓸데없는 금속인 놋과 철이다. 그들은 원래 은과 금 같은 존재들이었지만, 변질되어 그렇게 되어 버린 것이다. 아니, 그들은 다 심히 반역하는 자임과 동시에 그들은 다 사악한 자, 즉 스스로 타락했을 뿐만 아니라 남들을 자신과 마찬가지로 타락시키려고 애쓰는 자들이다. 그들은 다른 사람들을 그들 자신보다 일곱 배나 더 지옥의 자식으로 만들고자 애쓴다. 이런 일은 비일비재하게 일어난다. 죄인들은 자기에게서 그치지 않고 이내 유혹하는 자들이 된다.

2. 그들은 결코 개과천선하여 삶을 고치고자 하지 않는다는 것. 그들을 고칠 수 있을 것이라고 생각하는 것은 오산이었다. 왜냐하면, 그들에게 별별 방법을 다 써보았지만 아무 소용이 없었기 때문이다(29-30절). 선지자는 그들을 철광석에 비유한다. 단련하는 자(제련공)는 그 속에 뭔가 유용한 금속이 들어 있을 것이라고 생각하고서 그 철광석을 용광로에 넣고 그의 모든 솜씨를 다 동원해서 있는 힘을 다해 풀무불을 맹렬히 불며 많은 수고를 하였지만, 결국 그 철광석은 온통 쓸데없는 불순물들뿐이고 거기에서는 그 어떤 유용한 금속도 추출해낼 수 없다는 것이 밝혀졌다. 하나님은 그의 선지자들과 그의 섭리들을 통해서 이 백성을 제련하고 단련시킬 수 있는 가장 적절한 방법과 수단들을 사용하여 그들로부터 악을 제거하고 순결하게 만들고자 애써 오셨다. 그러나 하나님의 이런 수고는 모두 다 헛수고가 되어 버렸다. 선지자들이 하나님의 말씀을 끊임없이 전하고 하나님이 환난들을 연속적으로 보내셔서 그들을 계속해서 불 속에 두셨지만 아무 소용이 없었다. 풀무를 불기 위해 계속해서 불에 아주 가까이 두면, 풀무는 불의 열기 때문에 살라져 버리고 만다. 또는, 풀무는 오래 사용하면 닳고 닳아서 아무 소용이 없어져서 불 속에 던져지게 된다. 선지자들은 목청을 높여 목이 터져라 이스라엘의 죄악들을 치는 말씀들을 계속해서 전하였지만, 그들은 죄를 깨닫지도 못하고 낮아지지도 않았다. 오늘날 사용되는 수은처럼 당시에 은을 제련하는 데에 사용되었던 납은 그 불에 살라져서 자신의 역할을 다하지 못하였다. 단련하는 자의 일이 헛되게 되었다. 그의 수고는 헛된 것이 되고 말았다. 왜냐하면, 악한 자들이 제거되지 않았기 때문이다. 사람들은

좋은 것과 나쁜 것을 분리해 내고 묵은 누룩을 제거하며 스스로 부패하여 다른 사람들을 부패시킬 위험이 있는 자들을 회중에서 쫓아내는 일에 신경도 쓰지 않았다. 또는, 그들의 악이 제거되지 아니한다(어떤 이들은 이렇게 읽는다). 그들은 예나 지금이나 여전히 악하고, 그들에게서 죄악들을 떼어놓고자 하는 그 어떤 시도도 성공하지 못하였다. 그들은 그들에게 임할 하나님의 진노에 대하여 많은 것을 듣고 느꼈을 것인데도 여전히 우상 숭배와 악행들을 그치고자 하지 않는다. 그러므로 그들에게 멸망이 선고된다(30절). 사람들이 그들을 내버린 은, 아무짝에도 쓸데없고 무가치한 은이라 부르게 될 것이다. 그들은 마치 그들 속에 어느 정도 은을 지니고 있는 것처럼 빛을 내지만, 사실 그들 속에서는 진정으로 값지거나 쓸 만한 것은 아무것도 찾아볼 수 없다. 이런 이유로 여호와께서 그들을 버렸다. 하나님은 이제 그들을 자기 백성이라 부르지 않으실 것이고, 그들에게 그 어떤 선한 것을 구하지 않으실 것이다. 하나님은 그들을 찌꺼기 같이 버리실(시 119:119) 것이고, 제련을 위한 불로 정련되지 않는 자들을 위해 소멸하는 불 또는 살라버리는 불을 준비하실 것이다. 이것을 통해서 다음과 같은 것들이 드러난다.

(1) 하나님은 죄인들이 죽는 것과 멸망받는 것을 **기뻐하지 아니하신다는 것**. 왜냐하면, 하나님은 어떻게든 그들의 멸망을 막아보고 그들로 하여금 구원을 얻도록 하기 위하여 온갖 수단과 방법을 다 시도해 보시기 때문이다. 하나님의 규례들과 섭리들은 둘 다 그들에게서 죄악을 떼어놓고자 하는 것이 그 목적이다. 그렇지만 많은 사람들에게 하나님의 이런 온갖 수고가 헛되다. 우리가 너희를 향하여 피리를 불어도 너희가 춤추지 않고 우리가 슬피 울어도 너희가 가슴을 치지 아니하였다.

(2) 그러므로 하나님께서 죄인들을 죽게 하셔도 그것은 의로운 일이고, 모든 책임은 그들 자신에게 있다는 것. 하나님은 그들을 고치기 위해 사용할 수 있는 온갖 적절한 수단과 방법들을 다 사용하실 때까지는 그들을 버리지 않으셨고, 그들에게 한 가닥의 희망이 남아 있기만 해도 그들을 내치지 않으셨으며, 그들이 **내버린** 은임이 밝혀질 때까지는 그들을 찌꺼기로 규정하고 포기하지 않으셨다.

제 7 장

개요

선지자는 하나님의 이름으로 이 백성의 죄악들에 대하여 책망하고 장차 그들에게 닥칠 하나님의 심판을 경고한 후에 이 장에서는 그들을 낮추고 깨우치기 위한 작업을 계속해 나간다. I. 선지자는 그들이 그토록 철석같이 의지해온 항변, 즉 그들 가운데는 하나님의 성전이 있고 그들은 거기에서 늘 예배를 드려 왔다는 항변이 유효하지 않다는 것을 그들에게 보여주고, 그들의 외적인 특권들과 행위들을 의지해 봐야 아무 소용이 없다는 것을 깨우치고자 애쓴다(1-11절). II. 선지자는 실로가 황폐화되었다는 사실을 그들에게 상기시키고, 예루살렘도 그렇게 황폐화될 것이라고 예언한다(12-16절). III. 하나님은 예레미야 선지자에게 그들의 가증스러운 우상 숭배에 대하여 말씀해 주시고, 바로 그 때문에 하나님이 그들에 대하여 몹시 화가 나셨다고 말씀하신다(17-20절). IV. 선지자는 "순종이 제사보다 낫다"(삼상 15:22)는 신앙의 기본 공리를 백성들 앞에 제시하고, 하나님은 완고하게 불순종 가운데 계속해서 머무르는 자들이 드리는 제사를 받지 않으신다는 것을 보여준다(21-28절). V. 하나님은 그들의 우상 숭배와 불경건 때문에 그들의 땅을 철저하게 초토화시켜 버리고 그들이 무수한 죄를 지었듯이 그들 가운데 죽는 자가 무수히 많을 것이라고 경고하신다(29-34절).

¹여호와께로부터 예레미야에게 말씀이 임하니라 이르시되 ²너는 여호와의 집 문에 서서 이 말을 선포하여 이르기를 여호와께 예배하러 이 문으로 들어가는 유다 사람들아 여호와의 말씀을 들으라 ³만군의 여호와 이스라엘의 하나님께서 이와 같이 말씀하시되 너희 길과 행위를 바르게 하라 그리하면 내가 너희로 이 곳에 살게 하리라 ⁴너희는 이것이 여호와의 성전이라, 여호와의 성전이라, 여호와의 성전이라 하는 거짓말을 믿지 말라 ⁵너희가 만일 길과 행위를 참으로 바르게 하여 이웃들 사이에 정의를 행하며 ⁶이방인과 고아와 과부를 압제하지 아니하며 무죄한 자의 피를 이 곳에서 흘리지 아니하며 다른 신들 뒤를 따라 화를 자초하지 아니하면 ⁷내가 너희를 이 곳에 살게 하리니 곧 너희 조상에게 영원무궁토록 준 땅에니라 ⁸보라 너희

가 무익한 거짓말을 의존하는도다 [9]너희가 도둑질하며 살인하며 간음하며 거짓 맹세하며 바알에게 분향하며 너희가 알지 못하는 다른 신들을 따르면서 [10]내 이름으로 일컬음을 받는 이 집에 들어와서 내 앞에 서서 말하기를 우리가 구원을 얻었나이다 하느냐 이는 이 모든 가증한 일을 행하려 함이로다 [11]내 이름으로 일컬음을 받는 이 집이 너희 눈에는 도둑의 소굴로 보이느냐 보라 나 곧 내가 그것을 보았노라 여호와의 말씀이니라 [12]너희는 내가 처음으로 내 이름을 둔 처소 실로에 가서 내 백성 이스라엘의 악에 대하여 내가 어떻게 행하였는지를 보라 [13]여호와의 말씀이니라 이제 너희가 그 모든 일을 행하였으며 내가 너희에게 말하되 새벽부터 부지런히 말하여도 듣지 아니하였고 너희를 불러도 대답하지 아니하였느니라 [14]그러므로 내가 실로에 행함 같이 너희가 신뢰하는 바 내 이름으로 일컬음을 받는 이 집 곧 너희와 너희 조상들에게 준 이 곳에 행하겠고 [15]내가 너희 모든 형제 곧 에브라임 온 자손을 쫓아낸 것 같이 내 앞에서 너희를 쫓아내리라 하셨다 할지니라

이 단락에서 새로운 설교가 시작되어서 이 장과 다음 두 장까지 계속 이어지는데, 그 취지는 앞 장들과 거의 똑같아서 유다 사람들을 이성적으로 설득하여 회개하게 하고자 하는 것이다. 좀 더 자세하게 살펴보자.

I. 하나님이 선지자에게 이 설교를 전하라고 지시하심. 하나님은 예레미야 선지자에게 전반적인 사명을 주셨을 뿐만 아니라 그가 전할 각각의 메시지와 관련하여 구체적인 지시를 내리셨다. 이것은 여호와께로부터 예레미야에게 임한 말씀이었다(1절). 본문에는 선지자가 이 설교를 언제 선포해야 했는지는 나와 있지 않지만, 다음과 같은 것들은 나와 있다.

1. 이 설교는 어디에서 선포되어야 했는가. 백성들은 여호와의 집 문을 통해서 바깥 뜰 또는 백성의 뜰로 들어갔는데, 하나님은 선지자에게 바로 이 문에 서서 이 말씀을 선포하라고 지시하신다. 성전 경내에서 이와 같은 메시지를 전한다면, 제사장들은 모욕을 당했다고 느낄 것이기 때문에 선지자는 위험에 빠질 수도 있었다. 그러나 선지자는 사람을 두려워해서는 안 된다. 사람을 두려워하면, 하나님의 말씀을 충실하게 전할 수 없기 때문이다.

2. 이 설교는 누구에게 전해야 하는가. 선지자는 여호와께 예배하러 이 문으로 들어가는 유다 사람들에게 이 말씀을 선포해야 했다. 아마도 이 때는 세 번의 중요한 절기들 중의 하나에 해당하는 때였고, 온 나라의 남자들이 방방곡곡에

서 여호와의 전에서 빈손으로 여호와를 뵈옵지 않기 위하여 예물을 들고서 몰려들던 때였을 것이다. 이 때는 선지자가 가장 많은 사람들 앞에서 하나님의 말씀을 전할 수 있는 좋은 기회였고, 그들에게 그들이 지닌 특권들을 의지하지 말라고 권면하기에 시기적으로 가장 좋은 때였다. 좀 더 살펴보자.

(1) 신앙을 고백한 자들도 신앙을 지니지 않은 자들과 마찬가지로 말씀을 들을 필요가 있다.

(2) 많은 사람들이 모여 있는 곳에서 말씀을 전할 기회를 갖는 것은 바람직한 일이다. 지혜는 시끄러운 길목에서, 그리고 여기에서 예레미야처럼 성문 어귀와 성전 문들 앞에서 외치는 쪽을 택한다.

(3) 우리는 하나님을 예배하고자 할 때에 영으로 하나님을 예배하고 육체를 신뢰하지 말라(빌 3:3)는 권면을 들을 필요가 있다.

II. 설교 자체의 내용과 취지. 이 설교는 세상을 지휘하시는 만군의 여호와, 자기 백성과 언약을 맺으신 이스라엘의 하나님의 이름으로 선포된다. 우리는 피조물로서 만군의 여호와께 예를 갖추어야 하고, 그리스도인들로서 이스라엘의 하나님께 예를 갖추어야 한다. 하나님이 그들에게 말씀하신 것은 곧 우리에게 말씀하시는 것으로서 세례 요한이 그가 세례를 준 사람들에게 말한 것과 거의 똑같다(마 3:8-9). 회개에 합당한 열매를 맺고 속으로 아브라함이 우리 조상이라고 생각하지 말라. 선지자는 여기에서 그들에게 다음과 같은 것들을 말해준다.

1. 그들이 의지해야 할 하나님의 참된 말씀은 무엇인가. 요컨대, 그들은 만약 그들이 회개하고 그들의 삶을 고치며 하나님께 돌아와서 그들의 본분을 다한다면 하나님은 그들의 평안을 회복시켜 굳게 하실 것이고 그들의 근심과 걱정을 없애주실 것이며 그들에게 다시 긍휼을 베푸실 것이라는 말씀을 하나님의 참된 말씀으로 여겨서 의지해도 좋다는 것이다(3절). 너희 길과 행위를 바르게 하라. 이 말씀은 그들의 길과 행실에 잘못된 것들과 오류들이 많았다는 의미를 내포하고 있다. 그러나 하나님께서 그들에게 바로잡을 수 있는 기회를 주시고 어디를 어떻게 바로잡고 고쳐야 하는지를 보여주시며, 그들이 고치기만 하면 그들을 다시 받으시겠다고 약속하시는 것은 하나님이 그들에게 큰 은총을 베풀고 계시는 것이다. "내가 너희로 고요하고 평화롭게 이 곳에 살게 하고, 너희를 이 곳에서 추방하고자 위협하는 것들이 사라지게 할 것이다." 삶을 고치는 것만이 파멸을 피할 수 있는 유일한 길이요 확실한 길이다. 선지자는 그것을

그들에게 구체적으로 설명해 준다(5-7절).

(1) 하나님께서 그들에게 어떤 식으로 삶을 고치고 바르게 하기를 기대하셨는가. 그들은 그들의 삶을 참으로 그리고 철저하게 바르게 하여야 한다. 바르게 하려거든 그들은 그들의 길과 행위를 바르게 하여야 한다. 그들은 각오를 단단히 하여 삶을 고쳐야 한다. 그것은 인내심을 가지고 꾸준히 삶 전반을 고쳐 나가는 것이 되어야 한다. 그것은 부분적인 것이 아니라 전반적인 것이 되어야 하고, 위선적인 것이 아니라 진실한 것이 되어야 하며, 자주 흔들리는 것이 아니라 꾸준하고 변함없는 것이 되어야 한다. 나무가 좋아야 그 열매도 좋듯이, 그들은 그들의 마음과 생각을 바르게 함으로써 그들의 길과 행위를 바로잡아야 한다. 구체적으로 살펴보자.

[1] 그들은 그들의 모든 처신에서 정직하고 올바르게 행하여야 한다. 권력을 자신의 수중에 지닌 자들은 사건의 진상을 따라서 편파적이지 않게 이웃들 사이에 정의를 행하여야 한다. 그들은 재판이나 계약에 있어서 이방인과 고아와 과부를 압제하지 아니하여야 하고, 남을 압제한 자들을 비호하지 않아야 하며, 압제한 자들을 공의를 따라 심판하기를 거부해서는 안 된다. 그들은 무죄한 자의 피를 흘리지 않아야 하고, 그 피로 이곳과 그들이 사는 땅을 더럽히지 않아야 한다.

[2] 그들은 오직 참 하나님만을 성심을 다해 예배하여야 한다. "너희는 다른 신들 뒤를 따르지 않아야 하고, 다른 신들을 동경하거나 너희를 우상 숭배자들과 교제를 하도록 이끌고자 하는 자들의 말에 귀를 기울이지 말아야 한다. 왜냐하면, 그렇게 했다가는 너희가 화를 자초하게 될 것이기 때문이다. 너희 하나님에 대하여 올바르게 행할 뿐만 아니라 너희 자신을 위하여서도 지혜롭게 행하여, 너희를 결코 도울 수 없는 신들을 경배하지 말고, 그런 신들을 경배했다가 너희를 멸망시키실 수도 있는 분의 진노를 사지 않도록 주의하라." 이것이 하나님께서 힘주어 말씀하시는 것의 전부이다.

(2) 하나님은 그들이 삶을 고치면 하나님으로부터 기대할 수 있는 것이 무엇인지를 그들에게 말씀해 주신다(7절). "이와 같이 삶을 고치는 일을 아주 신속하게 진행하고, 철저히 해낸 후에, 그런 삶을 지속적으로 지키라. 그러면 내가 너희를 이 곳, 즉 이 성전에 살게 하리라. 이 곳은 계속해서 너희가 의지하고 피난하는 곳, 너희가 하나님 및 서로와 힘이 되는 만남을 가질 수 있는 곳이 될

것이다. 또한, 너희는 내가 너희 조상에게 영원무궁토록 준 땅에서 살게 될 것이고, 너희가 하나님의 집이나 너희 자신의 집에서 나가게 되는 일은 결코 없을 것이다." 그리고 그들이 그들의 시민적이고 종교적인 특권들을 계속해서 누리게 될 것이고, 그러한 것들을 누리며 위로를 받게 되리라는 약속도 주어진다. 내가 너희를 여기에 살게 하리라. 하나님께서 주시는 곳에서 사는 자들은 편안히 살아갈 수 있다. 그들이 계속해서 향유하게 될 땅은 하나님께서 그들의 조상들과 언약을 맺으시고 하사하신 땅이요, 섭리가 아니라 약속에 의해서 주어진 땅이다. 그들은 쫓겨나거나 괴롭힘을 당하지 않는 가운데 계속해서 그 땅을 향유하게 될 것이다. 그들이 영원무궁토록 그 땅을 빼앗기지 않을 것은 물론이고 거기에서 사는 것을 방해할 자도 없을 것이다. 죄를 짓지만 않는다면, 그들을 거기에서 내쫓을 자는 아무도 없을 것이다. 그 결과, 경건하고 정직하게 살아가는 모든 자들에게는 하늘의 가나안에서의 영원한 유업(遺業)이 확고하게 보장된다. 불가타 역본에서는 이 대목에서(3, 7절) 그들에게 주어질 추가적인 특권을 덧붙여 놓고 있다. 내가 이 곳에서 너희와 함께 살리라. 아무리 가나안 땅일지라도 하나님께서 그 곳에서 우리와 함께 살지 않으신다면, 가나안 땅도 결국 살기에 좋지 않은 곳이 될 것이다.

　2. 그들 자신의 마음에서 지어낸 말, 따라서 그들이 의지해서는 안 될 말은 무엇이었는가. 선지자는 그들에게 스스로 속지 않도록 주의하라고 경고한다(4절). "거짓말을 믿지 말라. 너희는 앞서 어떤 길과 조건을 따라야 너희가 평안하고 안전하며 복될 수 있는지에 대하여 들었다. 그러므로 이제는 너희가 다른 조건이나 길을 따라야 너희가 평안할 수 있다는 말에 솔깃해서 속아서는 안 된다." 그렇지만 선지자는 이렇게 스스로 속는 것이 그들의 허영 때문이라는 점을 지적하며 그들을 고소한다(8절). "보라, 하나님께서 이미 너희에게 말씀해 주셨는데도, 너희가 거짓말을 의존하는도다. 너희는 무익한 말을 믿고 의지하며, 너희에게 전혀 도움이 되지 않을 말에 기대는구나." 그들에게 유익을 줄 진리의 말씀을 무시하는 자들은 그들에게 백해무익한 거짓말을 철석같이 의지하는 법이다. 그렇다면, 그들이 의존하였던 거짓말의 내용은 과연 무엇이었는가. "이것이 여호와의 성전이라, 여호와의 성전이라, 여호와의 성전이라. 성전 건물들과 여러 뜰, 성소와 지성소는 하나님의 지시를 따라 하나님의 영광을 위하여 지어진 여호와의 성전이다. 여호와께서는 여기에 계시고, 여기에서 예배를 받

으시며, 여기에서 우리는 일 년에 세 차례씩 만나서 우리의 왕이신 여호와께 충성을 다짐하고 예를 올린다." 그들은 바로 이러한 여호와의 성전이 그들 가운데 있기 때문에 하나님과 그의 은총이 그들에게 떠날 수 없고 하나님의 심판이 그들에게 내릴 수 없다고 생각하였다. 그들이 얼마나 죄악된 자들인지, 그들이 장차 얼마나 비참한 처지가 될 것인지에 대하여 선지자들이 그들에게 귀가 따갑게 말해 주어도, 그들은 계속해서 성전이 그들을 지켜줄 것이라는 환상에 젖어 있었다. "우리에게 저 거룩하고 복된 곳이 있는 한, 우리가 이런저런 심판을 받을 것이라는 말이 가당키나 한가?" 예레미야 선지자가 이 말을 세 번이나 반복한 것은 그들이 기회 있을 때마다 그런 말을 반복하였기 때문이었다. 이 말은 당시의 유행어였고, 그들은 이 말을 그들의 입에 달고 살았다. 그들은 정신이 번쩍나는 설교를 듣거나 깜짝 놀랄 만한 소식이 그들에게 전해질 때마다 이런 말을 자장가로 삼아 다시 잠들곤 하였다. "우리 가운데 여호와의 성전이 있으니, 우리는 잘 될 수밖에 없다." 경건의 모양을 이루는 특권들은 경건의 능력에 대하여 낯설고, 원수들인 자들이 믿고 의지하며 자랑하는 것임을 명심하라. 하나님에게서 가장 멀리 있는 자들이 스스로 교회에 가장 가까이 있다고 자랑하는 일은 비일비재하다. 그들은 성산을 내세워 교만하여서(습 3:11), 마치 그들에게는 하나님의 긍휼이 있을 수밖에 없기 때문에 그들은 얼마든지 하나님의 공의를 무시해도 된다는 듯이 행한다. 이제 선지자는 그들의 말이 얼마나 터무니없고, 그 말이 그들에게 전혀 도움이 되지 않는다는 것을 깨우쳐주기 위하여 다음과 같이 행한다.

(1) 선지자는 그들의 말 자체가 얼마나 터무니없는 것임을 그들에게 보여준다. 만약 그들이 여호와의 성전이나 성전의 여호와에 대하여 조금이라도 알고 있었다면, 그들은 당연히 하나님을 거슬러 그들이 범한 죄를 변명하거나 그들에 대한 하나님의 심판을 저지하기 위하여 그런 말을 근거로 호소하는 것은 세상에서 가장 우스꽝스럽고 이치에 맞지 않는 짓이라는 것을 알았을 것이다.

[1] 하나님은 거룩한 하나님이시다. 그러나 그들의 말대로라면, 하나님은 자연의 빛조차도 단죄하는 극악무도한 죄들을 지지하고 후원하는 존재가 되어버린다(9-10절). 하나님은 이렇게 말씀하신다. "너희가 도둑질하며 살인하며 간음하며, 인류의 상식으로도 가장 극악무도한 악행들임을 아는 그런 죄들을 서슴없이 범하고 있지 않느냐? 너희가 거짓 맹세하는데, 이것은 모든 나라들(이 나

라들은 신을 믿었기 때문에 맹세를 성스러운 것으로 여겼다)이 언제나 혐오스러운 것으로 여겨 왔던 그런 범죄가 아닌가? 너희는 쓰레기 같은 신인 바알을 저 크신 여호와와 경쟁하는 신으로 세워서 분향하며, 그것으로도 만족하지 못하고 너희가 알지 못하는 다른 신들을 따름으로써, 이 모든 범죄들을 통해서 만군의 여호와이시고 이스라엘의 하나님이신 분을 대놓고 모욕하고 있지 않느냐? 너희는 그 능력과 선하심을 아주 오랫동안 경험해 온 하나님을 버리고 너희를 도와줄 능력이나 의지가 있는지 확인도 되지 않는 그런 신들을 따르고자 하는 것이냐? 너희는 이렇게 하나님을 거슬러 온갖 극악무도한 짓을 하면서도, 너희 얼굴에 철판을 깔고서 여호와의 이름으로 일컬음을 받는 이 집에 들어와서 마치 주인의 명을 기다리는 종들처럼 여호와 앞에 서서 그의 이름을 부르며 그의 은총을 간구하는 것이냐? 너희는 대놓고 하나님을 거슬러 반역하는 일들을 행하면서도, 하나님의 선한 신민(臣民)들 가운데 끼여 있고자 하는 것이냐? 이것을 보건대, 너희는 하나님께서 너희의 악행들을 눈치채지 못하시거나 싫어하지 않으시는 것이라고 생각하는 모양인데, 어느 쪽으로 생각하든 그런 생각은 하나님께 최고의 모욕을 가하는 것이 된다. 그것은 마치 너희가 이 모든 가증한 일을 행하려 우리가 구원을 얻었나이다라고 말하는 것과 같다."

그들은 이렇게 많은 말로 이런 식으로 말할 기회를 갖지 않았더라도, 그들의 행동이 그런 식으로 크게 소리를 지르고 있었다. 그들은 여호와 하나님, 곧 그들의 하나님이 무수히 그들을 구원하셨고 그들에게 즉각적인 도움을 주셨으며, 만약 그렇지 않았다면 그들은 벌써 죽고 말았을 것임에 틀림없다는 것을 인정할 수밖에 없었다. 하나님은 그들을 구원하심으로써 그들이 정신을 차리게 하시고자 하셨고, 그의 선하심을 통해서 그들을 회개로 이끌고자 하셨다. 그러나 그들은 고집을 부리며 그들의 가증한 일들을 계속해 나갔다. 그들은 구원을 받자마자(옛적에 사사 시대에 그랬던 것처럼) 또 여호와의 목전에 악을 행하였다. 이것은 사실상 그들이 하나님의 섭리의 참된 의도와 취지를 정면으로 부정하고서 하나님이 그들로 하여금 다시 하나님께 반역하고 그들의 우상들에게 더욱 아낌없이 제사를 지내라는 뜻으로 그들을 구원하신 것이라고 말하는 것이나 다름없었다. 은혜가 풍성하기 때문에, 또는 은혜가 풍성하도록 하기 위하여 계속해서 죄를 짓는 자들은 사실상 죄를 그들의 우상으로 섬기는 것임을 명심하라. 또한, 은혜가 풍성하기 때문에, 또는 은혜가 풍성하도록 하기 위하여 계속해서 죄를 짓는 자들은 사실상 그리스도를 그들로 하여금 죄를 짓게 하는 자로 만드는 것임을 명심하라. 어떤 이들은 이 본문을 이렇게 해석한다. "너희가 희생제물과 속죄 제물을 들고 하나님 앞에 와서, 우리가 구원을 얻었고 우리의 죄책에서 해방되었으니 이제는 죄가 우리에게 아무런 해도 끼치지 않을 것이라고 말하는데, 이 모든 것은 단지 세상을 눈멀게 하고 양심의 입을 막아서 너희가 스스로에게는 더 편안하게, 그리고 다른 사람들 앞에서는 더 그럴듯하게 이 모든 가증한 일을 행하려 함이로다."

[2] 하나님의 성전은 거룩한 곳이었다. 그러나 그들의 말대로라면, 하나님의 성전은 가장 거룩하지 못한 자들을 보호해 주는 곳이 되어 버린다. "내 이름으로 일컬음을 받는 이 집, 하나님 나라의 가시적인 표(標)인 이 집이 너희 눈에는 도둑의 소굴, 죄와 사탄의 소굴로 보이느냐. 너희는 이 집이 가장 악한 자들이 서로 모이고 피난처로 삼도록 하기 위하여 지어진 줄로 생각하느냐?" 결코 그렇지 않다. 제단의 뿔들은 자기도 모르는 사이에 사람을 죽인 자에게는 안전한 피난처가 되었지만, 고의로 사람을 죽이거나 아무렇지도 않게 뻔뻔스럽게 사람을 죽인 자에게는 안전한 피난처가 될 수 없었다(출 21:14; 왕상 2:29). 기독교인이라는 이름이 있기 때문에 비기독교적인 행위들을 해도 괜찮다거나 속죄제를 드렸다는 이유로 더욱 아무렇지도 않게 대담하게 죄를 지어도 된다고 생각하는 자들은 그리스도 시대의 제사장들처럼 사실상 하나님의 기도하는 집을 강도의 소굴로 만드는 것이다(마 21:13). 그렇다면, 그들은 과연 이런 식으로 하나님을 속일 수 있을까? 결코 그렇지 않다. 보라 나 곧 내가 그것을 보았노라 여호와의 말씀이니라. 하나님은 겉으로 가장한 거짓 경건 너머에 있는 그들의 죄악된 진면목을 보셨다. 사람들은 경건의 모양과 흉내를 통해서 서로를 속일 수는 있어도 결코 하나님을 속일 수는 없다는 것을 명심하라.

(2) 선지자는 그들의 말이 아주 오래 전에 실로의 경우를 통해서 옳지 않은 항변이라는 것이 드러났다는 것을 그들에게 보여준다.

[1] 예전에 하나님의 성소가 실로에 있었지만 악행으로 그 성소가 더럽혀져서 마침내 실로가 파괴된 것은 확실한 사실이다(12절). 너희는 내가 처음으로 내 이름을 둔 처소 실로에 가서 보라. 한때 번성하였던 성읍 실로의 폐허가 당시에 아직 남아 있었을 가능성이 높다. 그들은 적어도 실로에 관하여 기록한 역사를 읽었을 것이고, 이것은 그들에게 마치 그 곳을 가본 것만큼이나 큰 영향을 끼

쳤을 것이 틀림없다. 이스라엘이 가나안 땅을 처음으로 차지하였을 때에 거기에 하나님은 처음으로 그의 이름을 두셨고, 거기에 성막이 세워져서 모든 지파들이 거기로 올라갔다(수 18:1). 그러나 거기에 세워진 성막을 섬기던 자들이 스스로 타락하고 다른 사람들도 타락시켜서, 거기로부터 하나님의 백성 이스라엘의 악이 생겨났다. 샘 역할을 했던 곳이 독에 중독되어서 해로운 물줄기를 솟구쳐냈다. 그래서 어떻게 되었는가? 하나님은 실로를 떠나셨고(시 78:60), 그의 법궤를 블레셋인들의 손에 넘어가게 하셨으며, 실로에서 성소를 돌보았던 엘리 가문을 멸절시키셨다. 십중팔구 실로는 완전히 파괴되었을 것이다. 왜냐하면, 우리는 성경 속에서 성소가 악한 자들의 소굴이 될 때에 하나님이 그 곳에 대하여 복수하신다는 것을 보여주는 기념물로 언급되는 경우를 제외하면 실로에 대하여 더 이상 들을 수 없기 때문이다. 겉으로는 계속해서 하나님을 가까이 하고 있다고 고백하면서도 실제로는 하나님을 떠나 반역한 자들을 하나님이 심판하신 일들은 우리에게 거짓말을 믿지 말라는 경고가 된다. 옛 일을 참조하여 선용하는 것은 좋은 일이다. 롯의 아내를 기억하고, 실로와 아시아의 일곱 교회를 기억하라. 법궤와 촛대는 언제든지 옮겨질 수 있다는 것을 알라(계 2:5; 마 21:43).

[2] 신속하고 진실하게 회개하여 미리 막지 않는다면, 예루살렘의 운명이 실로의 운명처럼 되리라는 것은 확실하다.

첫째, 예루살렘은 지금 예전의 실로와 마찬가지로 죄악으로 가득하였다. 이것은 그들에 대한 하나님 자신의 틀릴 수 없는 증언에 의해서 입증된다(13절). "너희가 이 모든 일을 행하였으며 그것을 부인할 수 없다." 그리고 그들은 지금도 여전히 계속해서 집요하게 죄 가운데 있었다. 이것은 하나님이 그들을 어떻게 해서든 회개하고 돌아오게 하기 위하여 시간을 허비하지 않으려고 새벽부터 부지런히 말하였고, 그들이 제대로 알아듣기에 가장 적합한 때를 찾아서, 그래도 그들의 정신이 비교적 맑고 깨어 있을 때인 새벽에 그들을 만나 말하였다고 증언하신 것을 통해서 입증된다. 그러나 아무 소용이 없었다. 하나님께서 말씀하셨지만, 그들은 듣지 아니하였고 귀를 기울이지 않았으며 전혀 마음을 쓰지 않았다. 하나님께서는 그들을 부르셨지만 그들은 대답하지 않았다. 하나님이 불러도, 그들은 오려고 하지 않았다. 하나님이 우리에게 부지런히 말씀하셨다는 사실은 우리가 하나님을 거슬러 범죄한 것을 더욱 무겁게 만든다는 것을 명심하라.

둘째, 예루살렘은 곧 실로처럼 비참하게 될 것이었다. 그러므로 내가 실로에 행함 같이 이 집에 행하여(14절), 이 곳을 멸망시키고 황폐화시키리라. 자기보다 앞서 산 자들의 악인들의 발자취를 따라가는 자들은 그들도 그 악인들에게 내렸던 것과 동일한 심판으로 멸망하리라는 것을 예상하여야 한다. 왜냐하면, 옛 적의 모든 일들은 본보기로 그들에게 일어난 일들이기 때문이다. 예루살렘 성전 은 아무리 튼튼하게 지어졌다고 해도 거기에서 악이 발견되는 경우에는 실로 에 있던 성막이 그랬던 것처럼 하나님께서 원수 갚으시는 날이 왔을 때에 버티 지 못하고 아주 쉽게 무너지고 말 것이었다. 하나님은 이렇게 말씀하신다. "이 집이 내 이름으로 일컬음을 받기 때문에, 너희는 내가 이 집을 보호해 줄 것이라 고 생각할 것이다. 또한, 이 집은 너희가 신뢰하는 집이기 때문에, 너희는 이 집 이 너희를 보호해 줄 것이라고 생각한다. 이 땅과 이 성은 내가 너희와 너희 조 상들에게 준 곳이다. 그러므로 너희는 이 곳이 언제까지나 지속될 것이라고 믿 고 걱정을 하지 않으며, 그 어떤 것도 너희를 이 곳에서 쫓아낼 수 없을 것이라 고 생각한다. 그러나 실로 사람들도 그런 식으로 스스로를 위로하였지만, 결국 스스로 속은 꼴이 되고 말았다."

하나님은 또 다른 선례(15절), 즉 열 지파의 나라였던 북왕국이 멸망당한 사 실을 예로 드신다. 그들은 아브라함의 자손이었고 할례의 언약을 지녔으며 하 나님께서 그들과 그들의 조상들에게 주신 땅을 차지하고 있었지만, 우상 숭배 때문에 그 땅에서 쫓겨나 멸절당하였다. "그러므로 너희는 동일한 재앙이 너 희에게도 닥칠 것이라고 생각할 수밖에 없지 않느냐?" 틀림없이 그들은 그렇 게 될 것이었다. 왜냐하면, 하나님은 그의 소송 절차를 한 치의 오차도 없이 진 행하시는 분이시기 때문이다. 비슷한 사건들에는 동일한 판결이 내려져야 한다는 것이 공의의 법칙이다. "너희 자신은 너희 형제 곧 에브라임 자손 같이 타락하였 고, 바로 그들처럼 범죄하였다. 그러므로 내가 그들을 쫓아낸 것 같이 내 앞에서 너희를 쫓아내리라." 여기에 주어진 하나님의 심판에 대한 해석을 보면, 그 심 판은 정말 무시무시한 것임을 알 수 있다. 즉, 하나님이 그들을 그들의 땅에서 쫓아내시는 것은 마치 두 번 다시 그들을 보시지 않으시겠다는 듯이 하나님이 그들을 하나님의 시야에서 쫓아내시는 것을 의미하는 것이었다. 아무리 우리 가 우리의 땅에서 쫓겨난다고 해도, 여전히 하나님의 사랑 안에 있을 수만 있다면, 그것으로 충분하다. 그러나 우리가 하나님의 은총으로부터 쫓겨난다면, 비록 우리가 우리 자신의 땅에서 산다고 하여도, 우리의 처지는 비참할 수밖에 없다. 하나님께서 이 집을 실로 같이 만드실 것이라는 이러한 경고를 우리는 나중에 다시 만나게 되는데, 후에 예레미야는 바로 그 경고 때문에 고소를 당하여 곤욕을 치르게 된다(렘 26:6).

[16]그런즉 **너는** 이 백성을 위하여 기도하지 말라 그들을 위하여 부르짖어 구하지 말라 내게 간구하지 말라 내가 네게서 듣지 아니하리라 [17]너는 그들이 유다 성읍들과 예루살렘 거리에서 행하는 일을 보지 못하느냐 [18]자식들은 나무를 줍고 아버지들은 불을 피우며 부녀들은 가루를 반죽하여 하늘의 여왕을 위하여 과자를 만들며 그들이 또 다른 신들에게 전제를 부음으로 나의 노를 일으키느니라 [19]여호와의 말씀이니라 그들이 나를 격노하게 함이냐 자기 얼굴에 부끄러움을 자취함이 아니냐 [20]그러므로 주 여호와께서 이와 같이 말씀하시니라 보라 나의 진노와 분노를 이 곳과 사람과 짐승과 들나무와 땅의 소산에 부으리니 불 같이 살라지고 꺼지지 아니하리라 하시니라

하나님은 앞 단락에서 그들이 자랑하고 의지하였던 성전과 그들이 그 성전을 섬긴다는 사실이 다가올 심판을 막는 일에 아무런 소용도 없을 것임을 그들에게 보여주셨다. 그러나 그들에게 어느 정도 도움이 될 수 있는 것이었지만 그들이 전혀 귀하게 여기지 않았던 것이 또 하나 있었는데, 그것은 그들을 위한 선지자의 중보 기도였다. 선지자의 기도는 그들 자신의 항변보다 그들에게 더 도움이 될 것이었다. 그런데 지금 여기에서 하나님은 그들이 의지할 수 있는 그러한 도움을 그들로부터 제거해 버리신다. 그들의 처지는 정말 하나님의 사역자들과 하나님의 백성에 의한 기도를 통해서 도움을 받을 수도 없는 처지가 되어 버린 것이다.

I. 하나님은 여기에서 선지자에게 그들을 위해 기도하는 것을 금지시키신다(16절). "그들의 파멸은 작정되었고, 하나님의 영(슈)은 이미 내려졌으므로, 너는 이 백성을 위하여 기도하지 말라. 즉, 하나님이 그들에게 경고하신 심판을 막아 달라는 기도를 하지 말라. 그들은 사망에 이르는 죄를 범하였다(요일 5:16). 그러므로 그들의 목숨을 위하여는 기도하지 말고 그들의 영혼을 위하여 기도

하라." 좀 더 살펴보자.

1. 하나님의 선지자들은 기도하는 사람들이라는 것. 예레미야는 유다와 예루살렘이 멸망하리라고 예언하였지만, 하나님의 작정하심이 절대적이라는 사실을 알지 못한 채 그들을 보존해 달라고 기도하였다. 우리가 예루살렘의 평안을 위하여 기도하는 것은 하나님의 뜻이다. 우리는 죄인들에게 천벌을 받을 것이라고 경고할지라도 그들이 돌이켜서 살 수 있도록 그들의 구원을 위하여 기도하여야 한다. 예레미야는 자기 백성들에게 미움과 핍박과 욕을 당하였지만 그들을 위하여 기도하였다. 왜냐하면, 악을 선으로 갚는 것이 우리에게 합당하기 때문이다.

2. 하나님의 선지자들은 이 땅에서는 별 힘을 쓰지 못한다고 하여도 그들의 기도는 하늘에서 큰 힘을 지닌다는 것. 하나님께서 이 백성을 멸망시키기로 작정하셨을 때에 선지자에게 그들을 위하여 기도하지 말 것을 주문하신 것은 선지자의 기도가 응답되지 않은 채 공수표가 되는 것을 방지하기 위한 것이었다. 하나님은 모세에게 **내가 하는 대로 두라**(출 32:10)고 말씀하셨다.

3. 하나님께서 그의 사역자들과 백성이 어느 민족을 위하여 기도하지 말라고 제지하시고, 그 민족의 상태가 너무도 절망적인 것을 그들에게 보여주셔서 그들로 하여금 그 민족을 위하여 감히 기도하고자 하는 마음이 일어나지 않게 하신다면, 그것은 그 민족에게 불길한 징조이다.

4. 선한 사역자들이 전하는 말씀에 귀를 기울이고자 하지 않는 자들은 그들의 기도를 통해서 그 어떤 유익을 얻기를 기대할 수 없다. 우리가 하나님에게서 말씀을 받아서 당신에게 전할 때에 당신이 우리의 말을 듣고자 하지 않는다면, 우리가 당신을 위하여 하나님께 말씀을 드릴 때에 하나님은 우리의 말을 듣지 않으실 것이다.

II. 하나님은 선지자에게 그들을 위하여 기도하지 말라고 하시는 이유를 설명해 주신다. 기도는 너무도 귀한 것이기 때문에, 죄 가운데 완악하여져서 멸망이 확정되어 있는 민족을 위하여 기도함으로써 그 기도를 헛되이 날려 버리는 것은 너무 아까운 일이다.

1. 그들은 하나님에 대한 그들의 반역을 지속하기로 단단히 결심하였고, 선지자가 전하는 말씀을 듣고도 돌이키려고 하지 않는다. 하나님은 이러한 상황과 관련해서 선지자가 직접 살펴본 것을 근거로 제시하신다(17절). 너는 그들이

유다 성읍들과 예루살렘 거리에서 많은 사람들이 보는 앞에서 공개적으로 아무런 수치심이나 두려움도 없이 행하는 일을 보지 못하느냐. 이것은 그들의 죄가 아무도 부인할 수 없을 정도로 명백하다는 것과 죄인들은 수치를 모르는 뻔뻔스러운 자들이 되어 버려서 더 이상 구제받을 가망이 없게 되었다는 것을 보여 준다. 그들은 선지자가 보는 앞에서도 스스럼 없이 악행을 저질렀다. 선지자는 그들이 무슨 일을 하는지를 보고 있었지만, 그들은 아랑곳하지 않고 그 일을 행하였다. 이것은 선지자의 직분을 주신 분과 그 직분을 맡게 된 자 둘 모두를 모욕하고 도전하는 것이었다. 좀 더 자세하게 살펴보자.

(1) 하나님이 여기에서 고소하시는 그들의 죄는 무엇인가. 그 죄는 우상 숭배였다(18절). 그들이 섬긴 우상은 하늘의 여왕이라 불린 달이었는데, 그들은 달의 형상이나 진짜 달, 또는 둘 모두를 숭배하였다. 그들은 달이 밝게 떠서 다니는 것을 보고 매료되거나 캄캄한 밤에 빛을 비춰주는 달의 자비에 빚을 지고 있다는 생각에서, 또는 달이 지닌 악한 기운을 두려워하여 아스다롯 또는 그 밖의 어떤 여신의 이름으로 달을 숭배하였던 것 같다(욥 31:26). 달을 숭배하는 일은 이방 나라들 가운데서 흔한 일이었다(렘 44:17, 19). 어떤 이들은 이 어구를 천체로 읽기도 한다. 하늘의 갖가지 만상(萬象)과 권능들을 포함한 온 천체가 그들의 숭배 대상이었다. 그들은 하늘의 군대를 섬겼다(행 7:42). 그들은 마땅히 그들의 왕을 경배했어야 하는데도 왕의 궁정의 현관을 아름답게 장식한 여러 상(像)들을 경배하였다. 그들은 피조물들을 만드신 분 대신에 피조물들을 숭배하였고, 종들을 부리시는 주인 대신에 종들을 섬겼으며, 선물들을 주신 분 대신에 선물들에게 경배를 드렸다. 그들은 하늘의 여왕만이 아니라 다른 신들, 즉 하늘 위만이 아니라 땅 밑과 땅 아래의 물에 있는 것들의 형상들을 만들어 섬겼다. 왜냐하면, 참 하나님을 떠난 자들은 끊임없이 거짓 신들을 좇아 방황하는 법이기 때문이다. 그들은 그들 자신이 만든 이러한 신들에게 과자를 만들어서 소제(素祭)를 드렸고 전제를 부었다. 그들은 마치 그들이 먹고 마실 것을 그 신들로부터 받았기 때문에 그 신들에게 감사하지 않으면 안 되는 것처럼 생각하는 것 같았다. 그들이 이러한 우상들을 섬기느라고 마치 가사일을 할 때처럼 온 가족을 동원하여 얼마나 분주하게 일손을 놀리는지를 보라. 자식들은 나무를 줍는 일을 하였고, 아버지들은 화덕을 덥히기 위하여 불을 피웠는데, 이 일은 종들이나 할 아주 천한 일이었지만, 그들은 일이 잘못될까봐 직접 그 일을 도

맡아 하였다. 부녀들은 그들의 손으로 직접 가루를 반죽하였다. 왜냐하면, 이 일은 종들을 시켜서 해도 될 일이었지만 부녀들은 그 일을 직접 함으로써 우상들에 대한 그들의 열심을 과시하려 하였기 때문일 것이다. 우리는 비록 그들의 행위는 악할지라도 그들의 열심에서 교훈을 얻고 모범으로 삼아서 하나님을 섬기는 일에 적용하여야 한다.

[1] 우리는 우리가 사는 데에 필요한 온갖 것들을 하나님으로부터 공급받는 자들로서 마땅히 우리가 가진 물질로 하나님을 공경하여야 하고, 먹고 마실 때마다 우리에게 먹을 것과 마실 것을 주신 하나님께 영광을 돌려야 한다.

[2] 우리는 하나님께서 영광을 받으실 일이라면 아무리 힘든 일도 사양하지 말고, 아무리 천한 일도 팔을 걷어부치고 행하기를 부끄러워하지 말아야 한다. 왜냐하면, 하나님의 제단 위에 불을 붙이는 일은 아무에게나 허락되는 일이 아니기 때문이다. 우리는 어떤 일이 되었든지 하나님의 일에 쓰임받는 것을 영광으로 알아야 한다.

[3] 우리는 우리의 자녀들을 양육할 때에 하나님께 헌신하는 방법을 가르치고 직접 그런 일들을 하게 하여야 한다. 자녀들이 계속해서 경건의 훈련을 할 수 있도록 뭔가 경건에 도움이 되는 일을 힘이 닿는 대로 하게 하는 것이 좋다.

(2) 그들의 이러한 죄가 직접적으로 의도한 것은 무엇이었는가. "그것은 그들이 나를 격노하게 하기 위한 것이다. 그들이 그러한 죄를 저지르는 데에는 다른 의도가 있을 수 없다. 그들이 나를 격노하게 함이냐. 그들이 그렇게 한 것은 나를 기쁘게 하기는 어렵고 화를 내게 하기는 쉽기 때문인가? 그렇다면, 내가 화를 내는 것은 전적으로 나의 책임인가? 결코 그렇지 않다. 내가 격노한 것은 그들 자신이 한 짓 때문이기 때문에, 모든 책임은 그들 자신에게 있고, 따라서 그들이 그 모든 책임을 지게 될 것이다." 그들은 하나님을 곤경에 빠뜨리려고 하나님을 격노하게 하는 것이냐? 그렇다면, 과연 하나님은 그 일 때문에 곤경에 빠지며, 그 일은 하나님에게 어떤 실제적인 타격을 줄 것인가? 결코 그렇지 않다. 그들이 한 일은 자기 얼굴에 부끄러움을 자취함이 아니냐? 그것은 하나님에 대한 악의임에는 틀림없지만 하나님에 대해서는 무력한 악의일 뿐이다. 그것은 하나님에게 해를 끼칠 수 없다. 아니, 그것은 그들 자신을 해칠 것이기 때문에 어리석은 악의이다. 그들은 하나님을 향하여 앙심을 보이고 있지만, 사실 그 피해자는 그들 자신이다. 이렇게 자멸의 길로 필사적으로 치닫는 백성이 하

나님으로부터 버림받는 것 외에 그 어떤 것을 기대할 수 있겠는가?

2. 하나님은 그들에 대한 그의 심판을 계속해서 진행하기로 결심하시고, 선지자의 기도에도 불구하고 마음을 돌이키려 하지 않으신다(20절). 주 여호와께서 이와 같이 말씀하시니라. 하나님께서 자기가 말씀하신 것을 취소하고자 하지 않으시면, 온 세상이 달려들어도 그 말씀이 이루어지는 것을 막을 수 없다. 그러므로 하나님의 말씀을 듣고 두려워 떨라. "보라, 홍수가 옛 세상을 덮치고 불과 유황이 소돔에 비처럼 쏟아졌듯이, 나의 진노와 분노를 이 곳에 부으리라. 그들이 나를 격노하게 하고자 하기 때문에, 그들은 그 결과가 어떻게 될지를 반드시 보게 될 것이다." 그들은 곧 다음과 같은 것들을 알게 될 것이다.

(1) 이와 같이 홍수처럼 부어지는 불을 피하거나 막을 방법이 전혀 없다는 것. 이 곳은 거룩한 곳, 여호와의 집이지만, 그 불은 바로 이 곳에 부어질 것이다. 그 불은 애굽에 내렸던 재앙들처럼 사람과 짐승 둘 다에 미칠 것이고, 애굽에 내렸던 일부 재앙들처럼 그들이 들나무와 땅의 소산을 파괴할 것인데, 이 땅의 소산은 그들이 바알을 위해 준비해 두었던 것들이고, 하늘의 여왕을 위하여 과자를 만들 때에 사용했던 것들이다.

(2) 그 불을 끌 방법이 없다는 것. 불 같이 살라지고 꺼지지 아니하리라. 그 때에는 눈물로 기도를 드려도 아무 소용이 없게 될 것이다. 하나님이 단지 조금 진노하셨는데도 이 정도라면, 하나님의 진노가 있는 대로 부어질 때에는 그것을 끌 방법이 어디 있겠는가. 마지막에 부어질 하나님의 진노의 불은 영원토록 꺼지지 않을 것이다. 저주를 받은 자들아 나를 떠나 영원한 불에 들어가라.

[21]만군의 여호와 이스라엘의 하나님께서 이와 같이 말씀하시되 너희 희생제물과 번제물의 고기를 아울러 먹으라 [22]사실은 내가 너희 조상들을 애굽 땅에서 인도하여 낸 날에 번제나 희생에 대하여 말하지 아니하며 명령하지 아니하고 [23]오직 내가 이것을 그들에게 명령하여 이르기를 너희는 내 목소리를 들으라 그리하면 나는 너희 하나님이 되겠고 너희는 내 백성이 되리라 너희는 내가 명령한 모든 길로 걸어가라 그리하면 복을 받으리라 하였으나 [24]그들이 순종하지 아니하며 귀를 기울이지도 아니하고 자신들의 악한 마음의 꾀와 완악한 대로 행하여 그 등을 내게로 돌리고 그 얼굴을 향하지 아니하였으며 [25]너희 조상들이 애굽 땅에서 나온 날부터 오늘까지 내가 내 종 선지자들을 너희에게 보내되 끊임없이 보내었으나 [26]너희가 나에게

순종하지 아니하며 귀를 기울이지 아니하고 목을 굳게 하여 **너희** 조상들보다 악을 더 행하였느니라 [27]네가 그들에게 이 모든 말을 할지라도 그들이 너에게 순종하지 아니할 것이요 네가 그들을 불러도 그들이 네게 대답하지 아니하리니 [28]너는 그들에게 말하기를 **너희**는 너희 하나님 여호와의 목소리를 순종하지 아니하며 교훈을 받지 아니하는 민족이라 진실이 없어져 너희 입에서 끊어졌다 할지니라

하나님은 그들이 성전을 악행으로 더럽히는 한 성전이 그들을 보호해 주지 못할 것임을 그들에게 보여주신 후에 여기에서는 그들이 계속해서 불순종하는 한 그들이 드리는 제물들은 그들의 죄를 속(贖)해 주지 못할 것이고 열납되지도 못할 것임을 그들에게 보여주신다. 하나님께서 여기에서 그들이 드리는 제사를 얼마나 경멸하시는지를 보라(21절). "너희 희생제물과 번제물의 고기를 아울러 먹으라. 너희가 좋다면 계속해서 제사를 드리고, 이런 제사를 드린 후에는 저런 제사를 또 드려라. 너희가 드려야 할 번제물(이것은 온전히 불살라서 하나님께 영광을 돌려야 했다)을 화목제물(이것은 제사를 드리는 자가 제물 중에서 상당한 몫을 차지할 수 있었다)로 돌려서 고기를 먹으라. 왜냐하면, 한두 끼를 푸짐하게 고기를 먹는 것이 너희가 희생제사로부터 얻을 수 있는 유일한 유익이 될 것이기 때문이다. 그러나 너희가 이렇게 방종하게 살아가는 동안에는 희생제사들을 통해서 그 밖의 다른 유익을 얻기를 기대하지 말라. 너희 희생제물들을 너희 자신에게 돌리라(어떤 이들은 본문을 이렇게 이해한다). 너희가 드리는 희생제물들은 어차피 하나님의 제단에서 결코 받아들여지지 않을 것이니 너희의 식탁 위에 올려라." 이와 같은 본론을 위해서 서론적으로 하나님은 다음과 같이 말씀하신다.

I. **하나님은 그가 그들에게 요구하는 유일한 것은 오직 순종뿐이었다는 것을 그들에게 보여주신다**(22-23절). 하나님은 그들을 애굽에서 이끌어내셔서 처음으로 하나의 민족이 되게 하셨을 때에 맺은 원래의 계약을 그 근거로 제시하신다. 하나님은 그들을 자신을 섬기는 제사장 나라로 삼으셨지만, 이것은 귀신들처럼 그들이 바치는 희생제물들을 배불리 먹기 위한 것이 아니었다. 이방인들이 섬기는 귀신들은 그들이 바친 희생제물들의 기름을 먹고 그들이 전제로 바친 포도주를 마시며 희희낙락하는 것으로 묘사된다(신 32:38). 하나님이 수소의 고기를 먹겠느냐(시 50:13). 내가 너희 조상들을 애굽 땅에서 인도하여 낸 날

에 번제나 희생에 대하여 말하지 아니하였다. 하나님은 종교 의식들을 제정하시기 이전에 도덕법의 계명들을 먼저 주셨다. 종교 의식들은 그들이 순종하는지를 시험하고 그들의 회개와 믿음에 도움이 되도록 하기 위하여 나중에 주어졌다. 레위기 율법은 마치 제사를 요구하는 것이 아니라 제사의 규칙을 정하는 것이 그 목적인 듯이 이렇게 시작된다. 너희 중에 누구든지 예물을 드리려거든 이러저러하게 할지니라(레 1:2; 2:1). 그러나 하나님께서 그의 최고의 권위로 언약의 조건으로 그들이 꼭 지켜야 한다고 명령하신 것은 내 말을 순종하라는 것이었고, 하나님이 그들을 시험하실 때에 시금석이 되는 율례요 규례였던 것은 너희 하나님 나 여호와의 말을 들어 순종하라는 것이었다(출 15:26). 그들이 하나님의 소유된 백성이 되는 조건은 너희가 내 말을 잘 들으면이라는 조건이었다(출 19:5). "자연 종교의 의무들을 양심적으로 지키고, 순종의 원리에서 나온 긍정적인 법령들을 준수하라. 그러면 나는 너희 하나님이 되겠고 너희는 내 백성이 되리라." 이것은 인간이 되어서 가질 수 있는 가장 큰 영예이자 행복이요 만족이다. "너희의 행실을 단정하게 하고, 모든 일에서 하나님의 뜻과 말씀을 따르려고 애쓰라. 내가 너희에게 정해준 테두리 내에서 내가 명령한 모든 길로 걸어가라. 그리하면 너희가 반드시 복을 받으리라." 무한한 지혜를 지니신 분의 지시를 따라 행하라고 우리에게 요구하는 것, 우리를 지으신 분이 우리에게 명령하시는 것, 우리에게 생명을 주시고 그 생명을 유지하는 데에 필요한 모든 것들을 공급해 주시는 분이 우리에게 법을 주시는 것은 지극히 이치에 맞는 일이다. 그리고 우리에게 주신 약속은 대단히 고무적이다: 하나님의 법을 너희의 법으로 삼으라 그리하면 하나님의 은총이 너희의 지극한 복이 되리라.

II. 하나님은 그가 그들과 다투신 유일한 이유는 그들의 불순종 때문이었다는 것을 그들에게 보여주신다. 하나님이 그들의 제물 때문에, 그들이 제사를 빼먹었다고 그들을 책망하시는 일은 없었다. 그들이 드리는 번제가 항상 하나님 앞에 있었기 때문이다(시 50:8). 그들은 제물들로 하나님을 매수하여, 그들이 계속해서 죄를 지을 수 있는 면허를 사고자 하였다. 그러므로 하나님이 내내 그들을 고소하신 내용은 그들이 종교 의식을 행할 때에는 종종 그의 명령들을 지키기도 했지만 그들의 행실에서는 그의 명령들을 범하고 지키지 않았다는 것이었다(24-25).

1. 그들은 그들 자신의 뜻을 내세우고 고집하느라 하나님의 뜻을 어겼다. 그

들은 하나님과 그의 법을 순종하지 않았고, 귀조차 기울이지 않았다. 하나님의 법은 그들에게 주어지지 않았거나 시행되지 않은 것과 마찬가지였다. 그들은 마음을 다하여 하나님의 법을 따르기는커녕 그 법이 무엇인지 들어보려고 귀를 기울이지도 않았다. 그들은 하나님으로부터 명령을 받은 대로가 아니라 그들 자신의 입맛에 맞게 선택한 대로 그들 자신의 길을 가고자 하였다. 하나님의 지혜에서 나온 지시와 명령들이 아니라 그들 자신의 꾀가 그들의 인도자였다. 하나님의 말씀과는 정반대 되는 것이라고 해도 그들이 생각하는 것이 그들에게는 옳은 것이요 선한 것이었다. 자신들의 악한 마음이 꾸며낸 것, 그 마음이 원하고 끌리는 것들이 그들에게는 법이었고, 그들은 그들의 마음이 원하는 길로 그들의 눈이 보는 대로 행하고자 하였다.

2. 그들은 시작은 좋았지만 계속해서 그 길로 나아가지 않고 이내 딴 길로 가버렸다. 그들은 하나님의 인도하심 아래에서 앞으로 전진해 가고자 하지 않고, 옛적에 광야에서 모세를 버려두고 금송아지 우상을 앞세워 다시 애굽으로 되돌아가고자 했을 때처럼 그 등을 하나님에게로 돌리고 딴 길로 가버렸다. 그들은 철석같이 약속했었다. 여호와께서 명령하신 대로 우리가 다 행하리이다(출 19:8). 만약 그들이 그 선한 마음을 계속해서 지키기만 했다면, 모든 일이 순조롭게 잘 되었을 것이다. 그러나 그들은 그들이 마땅히 걸어가야 할 길로 가지 않고, 도리어 죄의 길로 빠져서 그 형편이 이전보다 더 나빠져 버렸다.

3. 하나님께서 그들에게 기록된 말씀을 일깨워주기 위해서 선지자들을 보내어 직접 입으로 그 말씀을 전하게 하셨지만, 사정은 마찬가지였다. 그들은 여전히 불순종하였다. 하나님은 그들이 애굽 땅에서 나온 날부터 오늘까지 모든 세대들에게 그의 종 선지자들을 보내셔서, 그들이 무엇을 잘못했는지를 그들에게 말씀해 주기도 하시고, 그들의 본분이 무엇인지를 깨우쳐주기도 하셨다. 하나님은 새벽 일찍 일어나서 종들을 불러서 그들이 할 일들을 지시하는 주인처럼 새벽부터 부지런히 그의 종 선지자들을 불러서 이 백성들에게 보내셨다(13절). 그러나 그들은 율법에 귀를 막은 것처럼 선지자들이 전하는 말에도 귀를 막았다(26절). 그들이 순종하지 아니하며 귀를 기울이지도 아니하였다. 이것이 그들이 내내 취하였던 태도였다. 그들은 그들보다 앞서 살았던 그들의 조상들과 마찬가지로 고집이 세고 완고하며 제멋대로 행하는 성품을 지녔다. 그것은 내내 그들의 민족성이었고, 이러한 악한 민족성은 그들을 끊임없이 괴롭히다가

마침내 그들을 파멸시켰다.

4. 그들의 행위와 성품은 예나 지금이나 똑같았다. 아니, 그들은 그들의 조상들보다 더 악하면 악했지 결코 더 낫지 않았다.

(1) 예레미야는 그들이 불순종한 자들이라는 것을 곧 알게 될 것이고, 따라서 그들이 어떤 자들인지를 증언하는 증인이 될 수 있을 것이었다(27절). "네가 그들에게 이 모든 말을 할 것이고, 그들의 불순종과 완악함을 구체적으로 지적하며 규탄하게 될 것이다. 그러나 그렇게 해도 그들은 끄떡도 하지 않을 것이다. 그들이 너에게 순종하지 아니할 것이요 네 말에 귀를 기울이지도 않을 것이다. 네가 가서 아주 분명한 목소리로 있는 힘을 다해서 그들을 불러도 그들이 네게 대답하지 아니하리라. 그들은 네게 아무런 응답도 하지 않을 것이고, 적어도 순종의 응답은 하지 않을 것이다. 네가 불러도, 그들은 오지 않을 것이다."

(2) 그러므로 예레미야는 그들이 불순종하는 백성이라는 말을 들을 만하고 그들이 멸망할 때가 무르익었다는 것을 인정하고서, 그들에게 가서 그들의 면전에서 그렇게 전해야 한다(28절). "너는 그들에게 말하기를 너희는 너희 하나님 여호와의 목소리를 순종하지 아니하는 민족이라 할지니라. 그들은 완고하기로 악명이 높다. 그들은 여호와를 그들의 하나님으로 여기고 제사를 드리지만, 그들의 하나님이신 여호와의 통치를 받으려 하지는 않는다. 그들은 하나님의 말씀을 통한 교훈이나 그의 회초리를 통한 징계를 받으려 하지 않기 때문에, 어느 것으로도 그들을 바로잡거나 고치는 것은 불가능하다. 그들 가운데 진실이 없어졌다. 그들은 진실을 받아들일 수 없다. 그들은 진실에 순순히 따르거나 진실에 굴복하지 않는다. 그들은 진실을 말하지 않는다. 진실이 그들의 입에서 끊어졌고 거짓말이 그 자리를 대신 차지하고 있기 때문에, 그들이 하는 말은 단한 마디도 믿을 수 없다. 그들은 하나님에게도 거짓말하고 사람들에게도 거짓말한다."

[29]너의 머리털을 베어 버리고 벗은 산 위에서 통곡할지어다 여호와께서 그 노하신 바 이 세대를 끊어 버리셨음이라 [30]여호와께서 말씀하시되 유다 자손이 나의 눈 앞에 악을 행하여 내 이름으로 일컬음을 받는 집에 그들의 가증한 것을 두어 집을 더럽혔으며 [31]힌놈의 아들 골짜기에 도벳 사당을 건축하고 그들의 자녀들을 불에 살랐나니 내가 명령하지 아니하였고 내 마음에 생각하지도 아니한 일이니라 [32]그러므

로 여호와께서 말씀하시니라 날이 이르면 이 곳을 도벳이라 하거나 힌놈의 아들의 골짜기라 말하지 아니하고 죽임의 골짜기라 말하리니 이는 도벳에 자리가 없을 만큼 매장했기 때문이니라 [33]이 백성의 시체가 공중의 새와 땅의 짐승의 밥이 될 것이나 그것을 쫓을 자가 없을 것이라 [34]그 때에 내가 유다 성읍들과 예루살렘 거리에 기뻐하는 소리, 즐거워하는 소리, 신랑의 소리, 신부의 소리가 끊어지게 하리니 땅이 황폐하리라

이 단락에는 다음과 같은 내용들이 나온다.

I. 그들에게 울며 통곡하라고 큰 소리로 외침. 기쁨이 넘쳤던 성읍, 온 세상의 기쁨이었던 예루살렘은 이제 그들이 우상들을 섬겼던 바로 그 산당들에서 통곡하여야 한다(29절). 거기에서 그들은 이제 그들의 비참한 처지를 슬퍼하며 탄식하여야 한다. 예루살렘은 이제 그들에게 닥친 슬픔과 그들이 종이 되었다는 것을 나타내는 표시로 그들의 머리털을 베어 버려야 한다. 머리털이라는 단어는 나실인의 머리와 관련하여 사용되는 특별한 표현으로서 그들이 하나님께 드려졌다는 것을 나타내는 표시였고, 그것은 그들의 면류관으로 불렸다. 예루살렘 성은 하나님에 대하여 나실인과 같은 존재였지만, 이제 타락하고 더럽혀져서 하나님으로부터 분리되었기 때문에 그 머리털을 베어 버려야 한다. 거룩함을 잃어버렸으니 이제 기쁨을 포기해야 할 때가 된 것이다.

II. 이렇게 크게 통곡해야 할 이유를 제시함.

1. 여기에서는 예루살렘의 죄가 다른 곳에서는 찾아볼 수 없을 정도로 극악무도한 것임을 드러낸다(30절). "유다 자손(유다의 허리에서 나온 하나님을 믿는 백성, 사 48:1)이 나의 눈 앞에, 내가 보는 앞에서 악을 행하였다. 그들이 내 눈 앞에서 나를 정면으로 모욕하였으니, 그 죄가 훨씬 더 무겁다." 또는, "그들은 내가 악이라고 보는 것을 뻔히 알면서도 그런 일을 행하여서 내게 극도의 모욕을 안겨 주었다." 우상 숭배는 하나님 앞에서 저질러지는 다른 그 어떤 죄보다도 더 큰 죄였다. 이제 여기에서 하나님의 진노를 불러일으킨 그들의 우상 숭배와 관련해서 선지자는 그들을 두 가지로 고소한다.

(1) 그들은 하나님 앞에서 눈 하나 깜짝 하지 않고 뻔뻔스럽게 우상을 숭배하여 하나님께 정면으로 도전하였다는 것. 그들이 내 이름으로 일컬음을 받는 집, 바로 성전 뜰에 그들의 가증한 것(그들의 가증스러운 우상들과 그 우상들을

위해 세운 제단들)을 두어 그 집을 더럽혔다(므낫세가 그렇게 하였다, 왕하 21:7; 23:12). 이것은 마치 그들이 하나님은 이런 일을 눈감아 주실 것이라고 생각했거나 하나님이 이런 일을 아무리 기분 나빠한들 신경쓰지 않겠다고 생각했거나 하늘과 지옥, 하나님과 바알을 화해시킬 생각이었던 것처럼 보인다. 우리의 마음은 하나님께서 그의 이름을 두시기로 선택하신 곳이다. 죄가 우리의 마음 속 깊은 곳을 장악하고 있다면, 우리는 여호와의 성전을 더럽히는 것이다. 그래서 하나님은 우리가 우상들을 마음에 들이는 것을 미워하신다(겔 14:4).

(2) 그들은 우상 숭배를 함에 있어서 그들의 자녀에게 아주 야만적인 짓을 저질렀다는 것(31절). 그들은 특히 예루살렘 근방에 있었던 힌놈의 아들 골짜기, 즉 몰록 신상(神像)이 세워져 있었던 그 곳에 도벳 사당을 건축하였다. 거기에서 그들은 그들의 자녀들을 불에 살랐고, 신들이 아닌 귀신들이었던 그들의 우상들을 기쁘게 해주거나 달래기 위해서 상상할 수도 없는 잔인한 방식으로 그들의 자녀들을 산 채로 불살라 죽였다. 이것은 분명히 불순종의 아들들 가운데서 사탄이 얼마가 강력하게 역사하는지, 인간의 본성이 도대체 어디까지 타락하고 부패할 수 있는지를 보여주는 가장 생생한 예였다. 우리는 그러한 야만적인 우상 숭배의 예가 그리 많지는 않았을 것이라는 생각으로 스스로를 위로하고자 한다. 그러나 그런 일이 있었다는 것, 사람들이 아무것도 모르는 어린 아이들, 그것도 그들 자신의 자녀들을 불살라 죽이는 비인간적인 일을 저지를 정도로 천륜(天倫)을 완전히 저버릴 수 있다는 것, 그들이 이런 일을 저질러도 괜찮다고 생각하고 더 나아가 이런 일이 깊은 신앙심을 나타내는 일이라고 생각할 정도로 그들 속에서 자연 종교의 빛이 완전히 사라져 버릴 수 있다는 것이 그저 놀랍고 끔찍할 뿐이다. 이것은 하나님께서 그들에게 내리신 의로운 심판이었음이 분명하다. 왜냐하면, 그들이 하나님의 영광을 짐승 모양의 우상으로 바꾸었고, 그래서 하나님은 그들을 그런 더러운 정욕에 내버려 두셔서 그들이 짐승보다 더 못한 자가 되게 하신 것이기 때문이다. 하나님은 이 일에 대하여 그 일은 그가 명령하지 아니하였고 그의 마음에 생각하지도 아니한 일이었다고 말씀하신다. 하나님은 그들에게 몰록을 그런 식으로 숭배하라고 명령하신 적이 없고(도리어 그런 짓을 금지하셨다), 그를 예배하는 자들이 그를 섬길 때에 그런 희생을 감수해야 한다거나 천륜 따위는 무시해야 한다고 명령하신 적이 없으셨다. 하나님은 사람들이 그들의 자녀를 그에게 제물로 바쳐야 한다는 생각을 꿈

에도 해보신 적이 없으셨는데도, 그들은 그런 하나님을 버리고 도리어 자녀를 제물로 바치라고 명령하는 그런 신들을 섬김으로써 그들 자신이 진정으로 인류의 원수들이라는 것을 나타내 보였다.

2. 여기에서는 예루살렘의 멸망이 너무도 끔찍할 것임을 드러낸다. 여호와께서 그 노하신 바 이 세대를 끊어 버리셨다는 말은 예루살렘의 참상이 어떠한 것일지를 아주 잘 대변해 준다(29절). 죄는 이전에 하나님이 사랑하신 세대였던 자들을 하나님의 진노를 받는 세대로 만들어 버린다. 하나님은 이런 식으로 스스로를 멸하기로 준비된 진노의 그릇으로 만들어 버린 자들을 완전히 버리실 것이다. 하나님은 그들이 자기 백성이라는 것을 부인하실 것이다. "진실로 내가 너희에게 말하노니 나는 너희를 알지 못한다." 하나님은 그들이 죄책으로 인하여 두려움에 사로잡히도록 내버려 두실 것이고, 그들을 두려움에 내어주실 것이다.

(1) 사망이 그들을 지배하게 될 것이다(32-33절). 죄가 지배하면 반드시 사망이 찾아오는 법이다. 사망은 죄의 삯이고 온갖 죄들의 종착지이기 때문이다. 예루살렘에 인접한 골짜기였던 도벳은 죽임의 골짜기라 불리게 될 것이다. 왜냐하면, 그들이 도성에서 빠져나와 도망치고자 할 때 거기에서 많은 사람들이 성을 포위한 자들의 손에 죽게 될 것이기 때문이다. 또는, 그 곳은 도륙당한 자들의 골짜기라 불리게 될 것이다. 왜냐하면, 다른 모든 매장지들이 꽉 차서, 죽임 당한 자들의 시체들이 거기로 옮겨져 매장될 것이기 때문이다. 거기에 무덤을 만들 자리가 없을 때까지 시체들이 매장될 것이다. 이것은 칼과 역병과 기근으로 죽게 될 자들이 무수히 많을 것임을 보여준다. 사망이 기고만장하여 위세를 부리며 길길이 날뛰면서 이기고 또 이길 것이고, 여호와께 죽임 당할 자가 많을 것이다. 이 도벳 골짜기는 예루살렘 주민들이 기분 전환하기 위해서 산책 삼아 가던 곳이었다. 그러나 이제 그 곳은 그렇게 한가하게 산책할 수 없는 곳이 될 것이다. 왜냐하면, 그 곳은 무덤들로 꽉 들어찰 것이어서, 무덤과의 접촉을 통해서 부정을 탈 위험성이 있어 거기에서 산책하는 일은 없을 것이기 때문이다. 거기에서 그들은 그들의 자녀들 중의 일부를 제물로 불살랐고 또 일부를 몰록에게 바쳤는데, 이제 거기에서 그들은 하나님의 공의에 따른 심판을 받아 죽게 될 것이다. 예전에 앗수르 군대가 하나님이 보내신 천사에게 쫓겨 도망쳤을 때에 도벳은 예루살렘을 포위하였던 앗수르 군사들의 시체를 매장하거나 불태우

던 곳이었다. 도벳은 옛적부터 이미 그런 용도로 예비된 것이었다(사 30:33). 그러나 그들이 하나님의 이러한 긍휼하심을 망각하고 그 곳을 끔찍한 죄를 자행하는 곳으로 변질시켜 버렸기 때문에, 하나님은 이제 그 곳을 예루살렘에서 포위된 자들의 시체를 매장하는 곳으로 바꾸어 버리실 것이다. 신약에서는 음부 또는 지옥을 이 골짜기에 빗대어서 게헨나, 즉 힌놈의 골짜기라 부른다. 왜냐하면, 침공해 온 앗수르인들이나 반역한 유대인들이 둘 다 거기에 매장되었기 때문이다. 마찬가지로, 지옥은 믿지 않는 자들과 위선자들, 즉 하나님의 교회를 공공연히 대적한 원수들과 교회의 친구로 위장하여 교회로 들어왔지만 사실은 믿음이 없는 자들이 죽은 후에 가는 곳이다. 그 곳은 사망의 회중, 곧 죽은 자들이 모이는 곳이고, 하나님의 진노를 받은 세대를 위해 준비된 곳이다. 그러나 거기에서 도륙된 사람들이 너무도 많아서 그토록 넓은 도벳 골짜기로도 죽은 자들을 다 받을 수 없을 것이다. 살아 남은 자들이 얼마 없어서 죽은 자들을 묻어 줄 일손이 부족해서, 결국 이 백성의 시체가 썩은 고기를 먹고 사는 새와 들짐승의 밥이 될 것이지만, 리스바가 사울의 아들들의 시체를 먹고자 하는 새들과 들짐승들을 쫓아내었듯이(삼하 21:10), 그렇게 하고자 하는 관심이나 용기를 가진 자가 아무도 없을 것이다. 네 시체가 공중의 새와 땅의 짐승의 밥이 될 것이나 그것을 쫓을 자가 없을 것이라. 이렇게 율법과 선지자들은 서로 일치한다. 이성이 있는 영혼의 장막이었던 죽은 시신이 어떤 역할을 했는지를 기억하고서 죽은 자를 예를 갖추어 묻어 주는 것은 인간의 도리이다. 그리고 부활의 때에 죽은 시신을 어떻게 하실지는 하나님의 몫이다. 시신을 매장하지 못하게 하는 것은 종종 하나님의 증인들에 대한 사람들의 분노의 표현이었다(계 11:9). 그런데 여기에서는 죽은 자들이 매장되지 못하는 것을 자신의 원수들에 대한 하나님의 진노가 표현된 것으로 본다. 이것은 재앙이 죽음 이후에도 죄인을 따르며 끈질기게 따라붙으리라는 것을 보여준다.

(2) 기쁨이 그들에게서 떠날 것이다(34절). 그 때에 내가 기뻐하는 소리가 끊어지게 하리라. 하나님은 그의 선지자들을 보내거나 작은 심판들을 보내셔서 그들에게 울며 애통해 하라고 말씀하셨다. 그러나 그들은 하나님의 말씀과는 반대로 행하였고, 그들에게 기쁨이나 즐거움이 되는 말 외에는 아무것도 들으려 하지 않았다(사 22:12-13). 그래서 결국 어떻게 되었는가? 이제 하나님은 그들에게 통곡할지어다라고 말씀하셨고(29절), 그 말씀대로 그들에게서 기뻐하고 즐

거워할 일을 끊어 버리셨다. 스스로 울지 않는 자들은 결국 어쩔 수 없이 울게 될 것이다. 하나님의 은혜를 받아서 고침을 받아 스스로 헛된 즐거움을 버리고자 하지 않는 자들은 하나님의 공의에 의해서 강제적으로 모든 즐거움을 박탈당하게 될 것이다. 왜냐하면, 하나님께서 심판하실 때에는 반드시 그 뜻을 이루실 것이기 때문이다. 하나님은 여기에서 그들에게 즐거워할 일이 없게 될 것이라고 경고하신다. 혼인의 기쁨을 누릴 자도 없게 될 것이다. 아예 혼인이 없을 것이기 때문에 혼인을 기뻐하는 소리도 없을 것이다. 삶의 낙(樂)들은 없어질 것이고, 어떻게든 이 땅에 인류를 보존하고자 하는 노력도 사라질 것이다. 신랑의 소리, 신부의 소리도 전혀 없을 것이고, 결혼식에서 울려퍼지는 음악도 사라질 것이다. 땅이 황폐해져서 밭을 갈거나 이용하는 자가 없어서 수확의 기쁨도 더 이상 없을 것이다. 유다 성읍들과 예루살렘 거리는 이렇게 암울한 모습을 보이게 될 것이다. 이렇게 어디를 둘러보아도 기뻐할 일을 찾지 못할 것이기 때문에 사람들이 우울증에 빠져서 기뻐할 마음을 내지 못하게 되리라는 것은 전혀 이상한 일이 아닐 것이다. 하나님은 사람들이 뛸 듯이 기뻐하는 일을 언제든지 망쳐 놓으셔서 더 이상 기뻐하지 못하게 하실 수 있으시다는 것을 명심하라. 이것이 언제나 우리가 즐거워하되 두렵고 떨리는 마음으로 하고, 기뻐하되 지혜롭게 하여야 하는 이유이다.

제 8 장

개요

선지자는 이 장에서 하나님이 이 백성에게 보내실 멸망이 아주 심할 것이지만 그렇게 하시는 하나님이 의로우시다는 것을 보여준다. I. 선지자는 다가올 심판이 너무도 무섭고 끔찍해서 사람들은 그 심판을 받아 죽는 것을 몹시 두려워하겠지만 한편으로는 빨리 죽기를 바라게 될 것이라고 말한다(1-3절). II. 선지자는 이 백성의 극도의 우둔함과 고집스러움이 이러한 파멸을 자초한 것이라고 말한다(4-12절). III. 선지자는 심판의 경보를 들을 때에 온 땅이 극심한 혼란에 빠져 공황 상태가 될 것이라고 설명한다(13-17절). IV. 선지자 자신도 하나님의 이러한 심판의 말씀에 깊은 슬픔과 고통에 사로잡혀 자신의 심정을 토로한다(18-22절).

[1]여호와의 말씀이니라 그 때에 사람들이 유다 왕들의 뼈와 그의 지도자들의 뼈와 제사장들의 뼈와 선지자들의 뼈와 예루살렘 주민의 뼈를 그 무덤에서 끌어내어 [2]그들이 사랑하며 섬기며 뒤따르며 구하며 경배하던 해와 달과 하늘의 뭇 별 아래에서 펼쳐지게 하리니 그 뼈가 거두이거나 묻히지 못하여 지면에서 분토 같을 것이며 [3]이 악한 민족의 남아 있는 자, 무릇 내게 쫓겨나서 각처에 남아 있는 자들이 사는 것보다 죽는 것을 원하리라 만군의 여호와의 말씀이니라

이 단락은 갈대아 군대가 이 땅을 끔찍할 정도로 초토화시키리라는 것을 추가적으로 서술하는 내용이기 때문에 앞 장의 마지막과 연결되어 있다고 보는 것이 좋을 것이다. 이 일로 인해서 묘하게도 죽음의 성질 자체가 더 나쁜 쪽으로 변질될 것이다.

I. 죽음은 이전에는 항상 사람들이 죽어서 안식을 취하는 것으로 인식되었지만 이제는 그렇지 않을 것이다. 욥이 빨리 죽었으면 좋겠다고 죽음을 구걸한 것은 자기가 음부에서 세상 임금들이나 모사들과 함께 안식을 취하게 될 것이라는 소망이 그에게 있었기 때문이었다. 그러나 이제 적군이 죽은 자들, 심지

어 왕들과 제사장들의 뼈를 무덤에서 꺼내 흩어버릴 것이고, 그들의 해골은 스올 입구에 흩어질 것이다(시 141:7). 앞 장의 끝 부분에서는 죽은 자들이 매장되지 못할 것이라는 경고가 나왔었다. 그런 일은 신경을 쓰지 못해서 그런 것일 수도 있었기 때문에 그렇게 이상하고 괴이한 일은 아니었다. 그러나 여기에서 우리는 승리를 거둔 적군이 이미 매장된 자들의 무덤을 악의적으로 마구 파헤치는 장면을 목격한다. 아마도 그들은 무덤 속에서 보화를 찾아낼 욕심으로 또는 이 나라에 대한 앙심과 분노로 유다 왕들의 뼈와 그의 지도자들의 뼈를 그 무덤에서 끌어내었을 것이다. 무덤을 신성시했다고 해서 무덤이 안전할 수 없었고, 오히려 신성시되었기 때문에 적군은 뭔가 있을 것이라고 여겨서 무덤을 더 샅샅이 파헤쳤다. 그러나 이런 식으로 왕의 시신을 짓밟는 것은 비열한 만행이었다. 우리는 선한 왕이었던 요시야의 뼈는 온전히 보존되었기를 소망한다. 왜냐하면, 그는 우상을 섬기던 제사장들의 뼈를 불태웠을 때에 하나님의 사람의 뼈는 그대로 경건하게 두었기 때문이다(왕하 23:18). 제사장들과 선지자들의 뼈도 끌어내져서 아무데나 버려졌다. 어떤 이들은 이렇게 뼈가 버려진 자들은 거짓 선지자들과 우상을 섬기던 제사장들이었을 것이라고 생각한다. 하나님께서 이런 식으로 그런 자들에게 치욕을 안겨다 주었으리라는 것이다. 그러나 이런 일을 당한 것이 하나님의 선지자들과 제사장들이었다면, 그것은 시편 기자가 원수들의 광분의 결과라고 탄식하였던 바로 그 일이 일어난 것이었다(시 79:1-2). 또한, 앙심을 품은 갈대아 군사들 중에서 유다의 지도자들이나 제사장들의 무덤을 파헤칠 차례를 얻지 못한 자들은 그냥 앉아 있느니 소일거리라도 만들어 보자는 심산으로 예루살렘 주민의 뼈를 그 무덤에서 끌어내었다. 야만적인 민족들은 종종 승리감에 도취되어서 그들이 정복한 나라들에 대하여 이렇게 황당하고 비인간적인 만행을 자행하였는데, 하나님은 여기에서 그의 진노를 불러일으킨 세대에 대한 그의 분노를 표시하고 살아 남은 자들에게 두려움을 주기 위하여 이와 같은 일을 허용하셨다. 무덤에서 끌어내진 뼈들은 지면에 아무렇게나 여기저기에 뿌려졌기 때문에, 그들의 치욕도 더욱 널리 퍼지고 오래도록 지속되었다. 그들이 이렇게 죽은 자들의 뼈를 지면에 흩뿌려서 말린 것은 그 뼈들을 승전의 기념품으로 가져가거나 연료로 사용하거나 뭔가 미신적인 용도로 쓰기 위한 것이었다. 그 뼈들은 그들이 우상으로 섬겼던 해(그들은 대낮에 이런 사실을 공개적으로 고백하는 것을 부끄러워하지 않을 것이기 때문에)와 달과 하늘의 뭇 별 아래에 널려 있게 될 것이다(2절). 선지자는 이 비극을 제3자로서 구경만 하는 입장에 있는 해와 달과 별들에 대한 언급을 통해서 이 백성이 그것들을 우상화하여 오직 하나님께만 드려야 할 경배를 그것들에게 드렸지만 그들이 피조물을 숭배함으로써 얻을 수 있는 것은 아무것도 없었다는 것을 깨닫게 해주고자 한다. 왜냐하면, 그들은 곤경에 처해 있을 때에 그들이 숭배해 왔던 피조물들을 바라보았지만, 그 피조물들은 그들의 곤경을 외면하고 그들을 구해 주지 않았을 뿐만 아니라, 오히려 신이 아닌 그것들을 신격화하여 악용하였던 그들이 곤경 속에서 비천하게 되어 욕을 당하는 모습을 보고 고소해하였기 때문이다. 또한, 선지자는 우리가 우리 하나님을 어떤 식으로 대하여야 하는지를 보여주기 위하여 그들이 우상들을 어떤 식으로 숭배하였는지를 낱낱이 열거한다.

1. 그들은 우상들을 **사랑하였다.** 그들은 우상들을 그들에게 잘 해주고 풍성한 은혜를 베풀어 주는 존재들로 여겨서 공경하고 기뻐하였기 때문에 우상들에게 다음과 같이 행하였다.

2. 그들은 우상들을 **섬겼다.** 그들은 우상들을 높이기 위해서 그들이 할 수 있는 일이라면 다 하였고, 그 어떤 것을 다 바쳐도 아깝지 않다고 생각하였다. 그들은 그들이 믿는 미신에서 정한 온갖 것들을 군소리 없이 다 행하고 지켰다.

3. 그들은 우상들을 **뒤따랐다.** 그들은 사람들에게서 그들이 섬기는 우상들이 어떤 성품을 지닌 어떤 존재인지를 가르침 받고서 거기에 따라서 우상들을 본받고 닮고자 애썼다. 사실 그러한 가르침은 이방인들에게 가증스러운 많은 악들을 불러일으켰던 그런 가르침이었는데도 말이다.

4. 그들은 우상들을 **구하였다.** 그들은 우상들에게 장래 일을 알려 주는 신탁을 내려 달라고 청하였고, 그들의 일에 재판관이 되어 달라고 호소하였으며, 우상들을 자비를 베푸는 자들로 여겨서 그들에게 자비를 내려달라고 기도하며 간구하였다.

5. 그들은 우상들을 **경배하였다.** 그들은 우상들을 그들을 다스리는 주권자로 여겨서 신으로 경배하였다. 그들이 이토록 끔찍히 구애하고 섬겼던 이 하늘의 광명체들 앞에 그들의 시신이 버려지고 그대로 썩어서 **지면에서 분토 같이** 되고 말 것이다. 그리고 해가 그 시신들 위에 비치면, 그 시신들은 더욱더 악취

를 풍기고 역겨운 모습을 드러낼 것이다. 우리가 참 하나님 외에 다른 어떤 것을 신으로 섬기든, 그 우상은 우리가 죽은 후에 우리의 영혼은 말할 것도 없고 우리의 몸을 위해서도 해주는 것이 하나도 없을 것이다.

II. 죽음은 이제 이전과는 달리 산 자들이 선택하고자 하는 그런 것이 될 것이다. 하지만, 사람들이 사는 것보다 죽기를 선택하고자 하는 것은 죽음 속에 어떤 기쁘고 즐거운 것 또는 매력적인 것이 들어 있기 때문이 아니다. 도리어 정반대로, 이제 죽음은 그 어느 때보다도 더 끔찍하고 두려운 것이 되었다. 왜냐하면, 지금은 사람들이 죽는다고 해도 편안하게 죽을 수 없고 또 예를 갖추어서 장례가 치러지기를 바랄 수도 없는 그런 때였기 때문이다. 그렇지만 이 세상에서 사는 것이 너무나 지긋지긋하고 장래의 전망이 너무도 깜깜하고 암울해서, 사람들은 내세에서의 복된 삶을 믿음으로 소망해서가 아니라 이 세상에서의 삶에 대해 철저하게 절망해서 사는 것보다 죽는 것을 원할 것이다(3절). 이 민족은 남아 있는 자가 아주 적어서 이제 하나의 가족으로 전락하게 될 것이다. 이 가족은 예나 지금이나 악하고 그들의 마음은 낮아지지 않았으며 그들의 욕망은 여전히 줄어들지 않은 악한 가족이다. 그들은 하나님의 심판에 의해 쫓겨나서 각처에 살아 남아 있는 자들인데, 어떤 이들은 원수들의 나라에서 죄수로, 어떤 이들은 이웃 나라에서 거지로, 또 어떤 이들은 여러 나라를 떠도는 도망자와 방랑자로 겨우 목숨을 부지하게 될 것이다. 죽은 자들은 아주 비참하게 죽을 것이지만, 살아 남아서 자기 땅에서 쫓겨난 자들은 더욱 비참하게 살아가게 될 것이기 때문에, 사람들은 사는 것보다 죽는 것을 원하여, 이미 칼에 죽은 자들과 더불어서 함께 죽지 않은 것을 땅을 치며 안타까워할 것이다. 우리는 이 일을 경계(警戒)로 삼아서 이 세상에서의 삶을 지나치게 사랑하지 않도록 조심하여야 한다. 우리가 이 삶을 도가 지나치게 사랑하면, 그것은 우리에게 큰 짐과 두려움이 되어서, 우리는 차라리 목 매어 죽는 것을 택하고자 하는 유혹을 강하게 느끼게 될 수 있다.

⁴너는 또 그들에게 말하기를 여호와의 말씀에 사람이 엎드러지면 어찌 일어나지 아니하겠으며 사람이 떠나갔으면 어찌 돌아오지 아니하겠느냐 ⁵이 예루살렘 백성이 항상 나를 떠나 물러감은 어찌함이냐 그들이 거짓을 고집하고 돌아오기를 거절하도다 ⁶내가 귀를 기울여 들은즉 그들이 정직을 말하지 아니하며 그들의 악을 뉘우

쳐서 내가 행한 것이 무엇인고 말하는 자가 없고 전쟁터로 향하여 달리는 말 같이 각각 그 길로 행하도다 7공중의 학은 그 정한 시기를 알고 산비둘기와 제비와 두루미는 그들이 올 때를 지키거늘 내 백성은 여호와의 규례를 알지 못하도다 8너희가 어찌 우리는 지혜가 있고 우리에게는 여호와의 율법이 있다 말하겠느냐 참으로 서기관의 거짓의 붓이 거짓되게 하였나니 9지혜롭다 하는 자들은 부끄러움을 당하며 두려워 떨다가 잡히리라 보라 그들이 여호와의 말을 버렸으니 그들에게 무슨 지혜가 있으랴 10그러므로 내가 그들의 아내를 타인에게 주겠고 그들의 밭을 그 차지할 자들에게 주리니 그들은 가장 작은 자로부터 큰 자까지 다 욕심내며 선지자로부터 제사장까지 다 거짓을 행함이라 11그들이 딸 내 백성의 상처를 가볍게 여기면서 말하기를 평강하다, 평강하다 하나 평강이 없도다 12그들이 가증한 일을 행할 때에 부끄러워하였느냐 아니라 조금도 부끄러워 하지 않을 뿐 아니라 얼굴도 붉어지지 아니하였느니라 그러므로 그들이 엎드러질 자와 함께 엎드러질 것이라 내가 그들을 벌할 때에 그들이 거꾸러지리라 여호와의 말씀이니라

선지자는 여기에서 이 백성에게 그들이 회개하지 않아서 멸망을 자초한 것인데 그렇게 회개하지 않은 것이 얼마나 어리석은 일인지를 말해 주라는 지시를 받는다. 그들은 여기에서 세상에서 가장 우둔하고 지각 없는 백성, 무한한 지혜를 지니신 하나님이 그들을 깨우쳐서 제정신으로 돌아오게 하여 그들에게 닥칠 멸망을 막도록 하기 위하여 온갖 방법을 다 동원하여 가르치셨는데도 고집을 부리고 지혜로워지지 않은 백성으로 묘사된다.

I. 그들은 이성(理性)의 명령에 귀를 기울이고자 하지 않았다. 그들은 다른 일들에 있어서는 사려 깊고 이치에 맞게 행하다가도 그들의 영혼과 관련된 일들에 대해서는 그렇게 행하고자 하지 않았다. 단지 그들이 사람에 지나지 않는다는 사실만을 인정하기만 했어도, 그 죄인들은 성인(聖人)들이 되었을 것이고, 올바른 이성의 지배를 받기만 하였어도, 신앙이 곧 그들을 지배하였을 것이다. 다음과 같은 말씀 속에서 이 점을 잘 살펴보라. 오라 우리가 변론하자 사람이 엎드러지면 어찌 일어나지 아니하겠느냐고 여호와께서 말씀하신다(4-5절). 사람이 넘어져서 땅바닥이나 먼지 구덩이에 엎드러진다면 될 수 있는 한 빨리 다시 일어나려 하지 않겠느냐? 넘어졌는데도 일어날 생각을 하지 않고 먼지 구덩이에 그대로 누워 있고자 하는 사람이 어디 있겠는가? 사람이 옳은 길에서 벗어날

수 있는가? 그렇다. 아무리 조심성이 많은 여행자라도 길을 잘못 들 수 있다. 그러나 길을 잘못 들었다는 것을 알게 되자마자 그가 어찌 돌아오지 아니하겠느냐? 그렇다. 그는 반드시 급히 돌아오고자 할 것이고, 그의 잘못을 일러준 사람에게 감사할 것이다. 사람들은 이렇게 다른 일들에서는 이치에 맞고 지혜롭게 행한다. 그런데 이 예루살렘 백성이 항상 나를 떠나 물러감은 **어찌함이냐**. 그들은 죄에 빠졌는데도 어찌하여 회개하고 다시 일어나 급히 돌아오지 않는 것인가? 그들은 길을 잘못 들었다는 것을 알면서도 어찌하여 그들의 잘못을 바로잡고 고치지 않는 것인가? 제정신이 있는 사람이라면 어떤 길로 가면 목적지에 도달 수 없다는 것을 아는데도 그 길로 계속해서 가는 사람은 아무도 없을 것이다. 그런데 이 백성이 항상 나를 떠나 물러감은 어찌함이냐. 죄의 성격을 보라. 죄는 물러가는 것, 옳은 길에서 물러가는 것, 곁길로 샐 뿐만 아니라 정반대 방향으로 가는 길로 가는 것, 생명으로 인도하는 길에서 물러나 완전한 멸망으로 인도하는 길로 가는 것이다. 사람이 이렇게 하나님을 떠나 물러가게 되면, 전능하신 이의 은혜가 개입하여 막아주지 않는 한, 사람은 계속해서 물러가게 되어 있다. 죄인은 끝없이 방황할 뿐만 아니라 멸망에 이를 때까지 끝까지 그 방황에서 벗어나지 못한다. 유혹하는 자 사탄은 교묘한 술수를 써서 사람들로 하여금 죄를 짓게 할 뿐만 아니라 바로 그러한 술수로 사람들을 죄 가운데 붙잡아 두기 때문에, 이것도 그들이 계속해서 죄의 포로로 붙잡혀 있는 데에 일조를 한다. 그들이 거짓을 고집한다. 죄는 큰 거짓, 큰 사기인데, 그들은 그것을 고집하고 꼭 붙잡고 있다. 그들은 죄를 너무도 사랑하기 때문에 죄에 꼭 붙어 있고자 하고, 그들을 죄에서 떼어놓고자 하나님이 사용하시는 온갖 방법들을 좌절시키려고 방해한다. 그들이 저지르는 죄악들에 대하여 그들이 내놓는 변명들은 거짓이고, 그들은 벌을 받지 않을 것이라는 그들의 온갖 기대와 소망도 거짓이다. 그렇지만 그들은 이러한 거짓들을 고집하고 거짓에서 빠져나오려고 하지 않기 때문에 돌아오기를 거절한다. 의도적으로 죄악된 길로 계속해서 행하는 자들이 고집하는 이런저런 거짓이 있는데, 어떤 거짓은 그들의 오른손에 있어서, 그들은 그 오른손으로 죄들을 붙잡고 있다.

II. 그들은 양심의 명령에 귀를 기울이고자 하지 않았다. 양심은 우리 자신과 우리의 행위들을 살피고 성찰하는 우리의 이성이다(6절). 좀 더 살펴보자.

1. 선지자는 그들에게 뭔가 생각이 있을 것이라고 기대하였다는 것. 내가 귀

를 기울여 들었다. 선지자는 자기가 전한 말씀이 그들에게 어떤 효과가 있었는지를 알아보기 위해 그들이 하는 말들에 귀를 기울였다. 하나님도 다윗이 내 허물을 자복하리라고 말하였을 때에 그러셨듯이(시 32:5) 죄인들이 죽음에 이르는 것을 바라지 않으시고, 어떻게든 죄인들이 회개의 기미를 보여주는 말을 하는 것을 듣고자 하시며, 그런 기미를 보이는 말을 들었을 때에는 반드시 그들로부터 회개하는 말을 듣게 될 것이라고 생각하여, 죄인들에게 당장이라도 위로로 응답하고자 하시는 그런 태도로 귀를 기울여 들으신다. 하나님은 사람들이 범죄하면(욥 33:27) 그들이 그 다음으로 무엇을 할지를 알아보기 위하여 그들을 주목하신다. 하나님은 귀를 기울여 들으신다.

2. 이러한 기대가 실망으로 변하였다는 것. 그들은 내가 기대했던 것과는 달리 정직을 말하지 아니하였다. 그들은 정직하게 행하지 않았을 뿐만 아니라 정직하게 말하지도 않았다. 하나님은 그들에게 조금이라도 은총을 베풀거나 소망을 가질 근거가 될 만한 좋은 말을 단 한 마디도 그들로부터 들을 수 없으셨다. 그들 중에서 정직을 말하거나 그들의 악을 뉘우치는 자는 아무도 없었다. 범죄한 자들은 회개하는 말을 하기 시작할 때에야 비로소 정직하게 말한다. 회개를 위한 일은 그토록 많이 하면서도 정작 회개하는 말은 단 한 마디도 하지 않는 것은 애석한 일이다. 그들에게서는 민족적인 죄를 회개하는 모습을 찾아볼 수 없었을 뿐만 아니라(만약 그랬더라면 민족의 죄의 분량을 덜어내는 데에 도움이 되었을 것인 데도), 개개인이 자기가 행한 구체적인 악을 알면서도 회개하는 자가 아무도 없었다.

(1) 그들은 회개를 위한 첫 걸음조차도 내딛지 않았다. 그들은 내가 행한 것이 무엇인고(내가 무슨 짓을 한 것이지)라고 말하는 것조차 하지 않았다. 회개를 위한 그 어떤 움직임도 없었고, 회개의 기미조차 보이지 않았다. 참된 회개는 우리가 잘못했다는 것을 깨닫고서 내가 무슨 짓을 한 것이지라고 스스로 반문하며 자기 자신을 철저하고 거짓 없이 살피는 것에서 시작된다는 것을 명심하라.

(2) 그들은 그들의 죄를 회개할 마음이 전혀 없었기 때문에 계속해서 단호하게 그들의 죄를 자행하였다. 한시라도 빨리 전장(戰場)을 누비려는 일념으로 입에 물린 재갈을 비웃으며 전쟁터로 향하여 달리는 말 같이 각각 자신이 선택한 악한 죄의 길, 이미 익숙해져서 몸에 밴 그 길로 행하도다. 성경에서는 말이 전

쟁터를 향하여 달리는 모습을 다음과 같이 멋지게 표현한다: 그것이 골짜기에서 발굽질하고 힘 있음을 기뻐하며 앞으로 나아가서 군사들을 맞되 두려움을 모르고 겁내지 아니하며 칼을 대할지라도 물러나지 아니하니(욥 39:21 이하). 무모하기 짝이 없는 죄인들은 이렇게 하나님의 경고하시는 말씀을 근거 없는 허황된 말로 치부하여 비웃고는 사람들을 죽이는 살육의 도구들을 들고서 질풍처럼 내닫는데, 그런 그들을 막을 자는 아무도 없다.

Ⅲ. 그들은 섭리의 지시에 귀를 기울이려고 하지 않았고, 섭리를 통하여 하나님의 음성을 듣고자 하지도 않았다(7절).

1. 그들이 하나님의 백성이기 때문에 당연히 하나님의 마음을 보여주는 온갖 것들을 통해서 쉽게 그 마음을 알아야 했지만 실제로는 여호와의 규례를 알지 못한다는 것은 그들이 제정신이 아니라는 것을 보여주는 한 예이다. 그들은 긍휼이나 환난의 의미를 알지 못하고, 그런 것을 어떻게 받아들이고 그 속에 있는 하나님의 의도에 어떻게 응답해야 하는지를 알지 못한다. 그들은 하나님이 그들에게 암울한 날들을 주시고 선지자들을 보내어 말씀하실 때에 그것을 어떻게 선용해야 할지를 모르고, 그들이 책망 가운데 있을 때에 하나님의 음성이 성읍에 울려퍼져도 그것을 어떻게 활용해야 할지를 모른다. 그들은 시대의 표적을 분별하지 못하고(마 16:3), 하나님이 그들을 어떻게 대하고 계시는지도 알지 못한다. 그들은 하나님이 그들에게 정해 놓으신 그들의 본분이 그들의 마음과 그들이 지닌 책들에 다 씌어 있는 데도 그 길을 알지 못한다.

2. 그들보다 못한 피조물들에게 그들보다 훨씬 더 큰 총명함이 있다는 사실은 그들의 어리석음을 더욱 심각하게 만든다. 공중의 학은 올 때와 머물 때를 위한 그 정한 시기를 안다. 또한, 산비둘기와 제비와 두루미 같은 철새들도 마찬가지이다. 철새들은 이렇게 본능에 따라 기온이 변하면 지역을 옮기는데, 봄이 오면 철새들이 오고 겨울이 다가오면 우리가 알지 못하는 곳, 아마도 따뜻한 지역으로 가며, 어떤 새들은 겨울에 왔다가 겨울을 나고서는 가기도 한다.

Ⅳ. 그들은 기록된 말씀의 명령에 귀를 기울이고자 하지 않았다. 그들은, 우리는 지혜가 있다고 말한다. 그러나 어찌 그들이 그렇게 말할 수 있겠는가(8절)? 새들만큼도 지각이 없는 그들이 어떻게 얼굴을 들고 자기에게 지혜가 있다고 말할 수 있단 말인가? 그렇다면, 어찌하여 그들은 스스로를 지혜롭다고 생각하는 것인가? 그것은 그들에게 여호와의 율법, 즉 율법책과 그 해석자들이

있기 때문이다. 또한, 이웃 나라 사람들도 동일한 이유로 이스라엘 백성이 지혜롭다고 단정한다(신 4:6). 그러나 그들은 여호와의 율법을 아무 소용이 없게 만들었기 때문에 그들이 지혜 있는 척하는 것은 전혀 근거가 없다. 역사상에서 이스라엘 백성만큼 자신들에게 주어진 성경을 쓸데없이 만들어 버린 민족은 결코 없었다. 그들은 율법을 제대로 활용하지 못했기 때문에 율법 없이 지낸 것과 마찬가지였다. 하나님은 그들로 하여금 구원에 이르는 지혜를 얻도록 하기 위하여 율법을 주셨지만, 그들에게 율법은 소용이 없었다. 왜냐하면, 그들은 율법 덕분에 더 지혜로워진 것이 결코 없었기 때문이다. 처음에 율법을 썼고 지금은 율법에 대한 해설을 쓰는 서기관들의 붓이 헛되도다. 그들의 하나님의 은총과 그들의 서기관들의 수고가 그들에게는 쓸데가 없이 되어 버린 것이다. 그들은 율법 속에서 하나님의 은혜를 받지 못한다. 은혜의 수단들(또는, 방편들)이 풍성하게 주어져 있고 성경과 목회자가 넘쳐나는 데도 그런 것들에서 유익을 얻지 못하고 그런 것들을 별 쓸데 없는 것으로 만들어 버리는 사람들이 많다는 것을 명심하라. 그들은 그런 것들이 그들에게 주어진 목적에 제대로 부응하지 못하는 것이다. 유다 백성들은 우리 가운데 지혜로운 자들이 꽤 있기 때문에 율법이나 서기관들의 붓이 헛된 것은 아니다라고 항변할지도 모른다. 하나님은 그러한 항변에 이렇게 대답하신다(9절). 지혜롭다 하는 자들은 부끄러움을 당하리라. 즉, 그들은 그들의 지혜를 제대로 활용하지 못하였고 그 지혜를 따라 살아가지 못하였기 때문에, 그들에게는 부끄러움을 당할 충분한 이유가 있다는 것이다. 그들은 두려워 떨다가 잡히리라. 그들은 어쩔 줄 몰라 낭패를 당하고 붙잡힐 것이다. 그들이 가진 온갖 지혜는 그들이 파멸의 길에서 벗어나는 데에 아무런 도움도 주지 못하였다. 지혜가 있는 척하지 않았던 이웃들이 덫에 걸려 붙잡혀서 낭패를 당하듯이, 지혜 있는 척하였던 그들도 똑같은 덫에 걸려 낭패를 당하게 될 것이다. 다른 사람들보다 더 많은 지혜를 가지고 있지만 그들 자신의 영혼이 잘 되는 일에서 다른 사람들보다 더 낫지 않은 자들은 부끄러움을 당해도 할 말이 없을 것이다. 그들은 그들이 가진 지혜에 대하여 말하지만, 사실 그들은 여호와의 말을 버린 자들이다. 그들은 여호와의 말씀의 지배를 받으려 하지 않았고, 그 명령을 따르고자 하지 않았으며, 그들이 알고 있는 것을 행하고자 하지 않았다. 그러니 그들에게 무슨 지혜가 있으랴. 그들의 지혜는 모두 다 아무짝에도 쓸모 없다. 지금은 아무리 그들이 자신의 지혜를 자랑하며 기고만장할지라도, 저 큰 날에 그들에게서는 칭찬받을 만한 것이 하나도 발견되지 못할 것이다. "우리는 지혜가 있고 우리에게는 여호와의 율법이 있다고 말하며 지혜 있는 척하였던 자들은 제사장들과 거짓 선지자들이었다. 선지자는 여기에서 그들에 대하여 분명하게 다룬다.

1. 선지자는 그들에게 하나님의 심판이 있을 것이라고 경고한다. 그들의 가족과 재산이 다 망해버릴 것이다(10절). 그들이 포로로 잡혀갈 때, 승리한 적군은 그들의 아내를 타인에게 주겠고 그들의 밭도 그들에게서 빼앗아 그 차지할 자들에게 주리니, 그 자들은 아내와 밭을 일시적으로가 아니라 영구적으로 자신의 소유로 삼아서 자기 후손에게 물려주기까지 할 것이다. 그들이 아무리 지혜 있는 척하고 거룩한 척하여도 그들은 엎드러질 자와 함께 엎드러질 것이다(12절). 왜냐하면, 만일 맹인이 맹인을 인도하면 둘이 다 구덩이에 빠질 것이기 때문이다. 하나님이 이 땅의 악을 샅샅이 조사하고 살펴서 그들을 벌할 때, 그들이 그 누구보다도 그 악에 더 많이 기여하였다는 것이 드러나서, 그들은 반드시 거꾸러지고 쫓겨날 것이다.

2. 선지자는 그들이 이러한 심판을 왜 받게 되었는지 그 이유를 제시한다(10-12절). 그 이유에 대한 설명은 우리가 앞서 상당히 자세하게 보았던 그들의 악에 관한 설명(렘 6:13-15)과 동일하다.

(1) 그들은 이 세상의 재물을 탐하였다. 평범한 사람이라도 재물을 탐한다면 그것은 충분히 악한 일인데, 하물며 내세가 있음을 아주 잘 알고 있어서 현세에 대하여 죽고 욕심을 버려야 할 선지자들과 제사장들이 그렇게 한다면 그것은 지극히 악한 일이다. 그러나 그들은 가장 작은 자로부터 큰 자까지 다 욕심내며 탐욕에 빠져 있었다. 제사장들은 삯을 위하여 교훈하며 선지자들은 돈을 위하여 점을 친다(미 3:11).

(2) 그들은 진실을 말하려고 애쓰지 않았고, 제사장과 선지자로서 말할 때에도 진실을 말하지 않았다. 다 거짓을 행하여, 말은 이렇게 하면서 행동은 달리 하였다. 그들 가운데서는 진실이라고는 찾아볼 수 없다.

(3) 그들은 죄악 가운데 있는 백성들에게 듣기 좋은 말만 해주었고, 좋은 말로 그들을 미혹하여 멸망에 빠뜨렸다. 그들은 나라의 의사들인 체하였지만, 점점 병들어가는 나라를 어떻게 고쳐야 할지를 알지 못하였다. 하늘의 하나님께서 소송을 진행하시면서 백성들과 다투시고 있기 때문에 그들에게 평강은 있

을 수 없는 데도, 그들은 백성의 상처를 가볍게 여겨서, 죽어가는 환자에게 진통제만을 투여할 뿐이었고, "평강하다 평강하다 모든 것이 잘 되고 있고 위험은 전혀 없다"는 말로 두려워하고 하소연하는 환자를 달랬다.

(4) 그들이 얼마나 비열하게 백성들을 기만하였는지가 다 드러났을 때에도 그들은 자기가 한 짓을 전혀 부끄러워하지 않았고, 도리어 그렇게 한 것을 자랑하였다(12절). 그들은 도리와 염치에 대한 인식을 완전히 상실하였기 때문에 조금도 부끄러워하지 않을 수 있었다. 그들의 너무도 기만적인 행위들이 드러났을 때, 그들은 그들에게는 아무런 잘못이 없다고 그들이 한 짓을 정당화하고, 도리어 그들에게 기만당한 자들이 어리석고 못나서 그런 것이었다고 상대를 비웃었다. 이런 자들은 멸망의 때가 무르익은 자들이다.

[13]여호와의 말씀이니라 내가 그들을 진멸하리니 포도나무에 포도가 없을 것이며 무화과나무에 무화과가 없을 것이며 그 잎사귀가 마를 것이라 내가 그들에게 준 것이 없어지리라 하셨나니 [14]우리가 어찌 가만히 앉았으랴 모일지어다 우리가 견고한 성읍들로 들어가서 거기에서 멸망하자 우리가 여호와께 범죄하였으므로 우리 하나님 여호와께서 우리를 멸하시며 우리에게 독한 물을 마시게 하심이니라 [15]우리가 평강을 바라나 좋은 것이 없으며 고침을 입을 때를 바라나 놀라움뿐이로다 [16]그 말의 부르짖음이 단에서부터 들리고 그 준마들이 우는 소리에 온 땅이 진동하며 그들이 이르러 이 땅과 그 소유와 성읍과 그 중의 주민을 삼켰도다 [17]여호와의 말씀이니라 내가 술법으로도 제어할 수 없는 뱀과 독사를 너희 가운데 보내리니 그것들이 너희를 물리라 하시도다 [18]슬프다 나의 근심이여 어떻게 위로를 받을 수 있을까 내 마음이 병들었도다 [19]딸 내 백성의 심히 먼 땅에서 부르짖는 소리로다 여호와께서 시온에 계시지 아니한가, 그의 왕이 그 가운데 계시지 아니한가 그들이 어찌하여 그 조각한 신상과 이방의 헛된 것들로 나를 격노하게 하였는고 하시니 [20]추수할 때가 지나고 여름이 다하였으나 우리는 구원을 얻지 못한다 하는도다 [21]딸 내 백성이 상하였으므로 나도 상하여 슬퍼하며 놀라움에 잡혔도다 [22]길르앗에는 유향이 있지 아니한가 그 곳에는 의사가 있지 아니한가 딸 내 백성이 치료를 받지 못함은 어찌 됨인고

이 단락에서 우리는 다음과 같은 내용들을 볼 수 있다.

I. 하나님께서 이 죄악된 백성이 멸망하게 될 것이라고 경고하심. 하나님은 그들을 오랫동안 참아 오셨지만, 그들은 계속해서 점점 더 하나님의 진노를 불러일으켜 왔기 때문에, 하나님은 그들을 멸망시키기로 작정하신다. 내가 그들을 진멸하리라(13절). 즉, 내가 그들을 반드시 소멸시킬 뿐만 아니라 철저히 소멸시키리라. 그들이 완전히 소멸될 때까지 내가 그들에게 연속적으로 심판을 보내리라. 그것은 이미 작정된 파멸이었다(사 10:23).

1. 하나님은 그들에게 위로가 되었던 모든 것들을 그들로부터 완전히 제거하실 것이다(13절). 포도나무에 포도가 없을 것이다. 어떤 이들은 이 말씀을 그들의 죄를 암시하는 것으로 이해한다. 하나님께서는 이 포도원에서 포도가 찾고자 오셨고 이 무화과 나무에서 열매를 찾고자 오셨지만, 포도나 열매를 하나도 찾지 못하셨다(사 5:2; 눅 13:6). 아니, 하나님은 그들에게서 잎사귀조차 찾지 못하셨다(마 21:19). 그러나 이 본문은 문자 그대로의 의미를 지니는 것으로 보아서 그들에 대한 하나님의 심판으로 이해하는 편이 더 낫다. 원수가 와서 그들의 땅의 열매들을 차지하고 그들이 먹을 포도와 무화과 열매들을 따내 버리며 열매와 더불어서 잎사귀까지 다 떨어내 버릴 것이다. 또는, 이 본문을 비유적으로 해석하는 것도 좋다. 그들은 그들에게 있던 온갖 위로들을 다 빼앗기게 될 것이고, 그들의 마음을 즐겁게 해줄 것들이 그들에게 하나도 남아 있지 않게 될 것이다. 이것은 마지막 구절에서 설명된다. 내가 그들에게 준 것이 없어지리라. 하나님의 선물은 조건부 선물이기 때문에 그 조건을 이행하지 않으면 하나님은 그 선물을 다시 가져가 버리신다는 것을 명심하라. 우리에게 주어진 하나님의 긍휼을 남용하거나 악용한다면, 그 긍휼은 우리에게서 상실될 것이다. 그럴 때에 하나님께서 우리에게 주셨던 긍휼을 다시 몰수하시는 것은 정당하고 의로운 일이다.

2. 그들은 온갖 애로 사항들을 만나게 될 것이고 온통 재난들로 둘러싸이게 될 것이다(17절). 내가 뱀들, 곧 독사, 불뱀, 날아다니는 뱀들인 갈대아 군대를 너희 가운데 보내리라. 이 뱀들은 독 있는 이빨로 그들을 물 것이고, 그들에게 치명적인 상처를 입힐 것이다. 어떤 뱀들은 음악으로 제어할 수 있는데, 그 뱀들은 술법으로도 제어할 수 없을 것이다. 그 뱀들은 술법이 통하지 않는 전혀 다른 성질의 뱀들일 것이어서, 귀를 막아서 술사의 홀리는 소리도 듣지 않는 귀머거리 독사 같을 것이다. 원수들은 유다 백성들을 도륙하고자 하는 의지가 아주 강

해서, 그들을 구슬려보거나 뇌물을 바쳐서 회유해보거나 아부를 해서 그들의 성질을 누그러뜨려보고자 하여도 아무 소용이 없을 것이다. 유다 백성은 하나님과 화평을 이루지 못하였기 때문에 그들과도 화평을 이루지 못할 것이다.

II. 백성들은 이러한 재난의 무게 때문에 절망 속으로 빠져들게 되리라는 것. 환난이 저 멀리 있었을 때에는 두려운 줄을 모르고 환난이 올 테면 와 보라고 큰소리치며 도전하였던 자들은 막상 환난이 닥친 지금에 와서는 소망을 완전히 잃어버리고서 환난에 맞설 마음도, 환난을 견뎌낼 마음도 지니지 못하였다(14절). 그들은 평지의 촌락들에 있다가는 그들이 안전할 수 없다고 생각해서 우리가 어찌 가만히 앉았으랴 모일지어다 우리가 견고한 성읍들로 들어가자고 말한다. 그들은 견고한 성읍으로 들어가도 결국은 거기에서 죽게 될 수밖에 없다는 것을 잘 알고 있었지만, 그래서 평지의 촌락에 있는 것보다도 조금 더 오래 살 수 있을 것이라 생각해서 이렇게 말한다. "우리가 견고한 성읍들로 들어가서 거기에서 찍소리 말고 쥐 죽은 듯이 숨어 있자. 우리는 아무것도 시도하지 말고, 불평이나 하소연하는 말도 하지 말자. 그래 봐야 무슨 소용이 있겠는가?" 그러나 그들이 여기에서 제안하는 침묵은 모든 것을 하나님께 맡기겠다는 순복(順服)의 의미를 지닌 침묵이 아니라 그들의 처지가 곤란해진 것을 못마땅해하며 골이 나서 말을 하지 않겠다는 그런 침묵이다. 형통할 때에 뛸 듯이 기뻐하는 자들은 환난이 닥쳐 왔을 때에는 가장 의기소침해져서 몹시 우울해하는 것이 보통이다. 이제 그들의 마음을 무겁게 가라앉게 만든 것이 무엇인지를 살펴보자.

1. 그들은 하나님께서 그들에게 진노하셨다는 것을 알게 된다. "우리 하나님 여호와께서 우리를 침묵시키셨고 우리로 하여금 경악하게 하셨으며 우리에게 사람을 우둔하게 만들거나 취하게 만드는 쓰디쓴 독한 물을 마시게 하셨다. 주께서 비틀거리게 하는 포도주를 우리에게 마시게 하셨나이다(시 60:3). 우리는 위로 높이 올랐다가 떨어지느니 차라리 가만히 앉아 있는 편이 더 낫고, 말해 봤자 아무 소용 없을 때에는 차라리 아무것도 말하지 않는 편이 더 낫다. 하나님께서 친히 우리의 원수가 되셔서 우리를 대적하여 싸우신다면, 우리가 우리의 운명에 대하여 이러쿵저러쿵 불평해 본들 무슨 소용이 있겠는가? 우리가 여호와께 범죄하였으므로 우리가 이런 위태한 처지로 몰리게 된 것이다." 이것은 다음과 같은 것을 보여주는 말로 해석될 수 있다.

(1) 그들의 분노. 그들은 하나님이 그들에게 그들 자신에 대하여 변명할 기회를 허용하지 않으시고 그들을 침묵시키신 후에 이런 일이 다 그들이 하나님께 범죄하였기 때문이라고 통보만 하는 식으로 그들을 가혹하게 다루셨다고 하나님에게 따지고 있는 것으로 보인다. 이렇게 사람들이 미련하므로 자기 길을 굽게 하고 그런 후에 마음으로 여호와를 원망한다(잠 19:3).

(2) 또는, 그들이 죄를 깨달았다는 것. 그들은 지금 그들에게 닥친 재난 아래에서 신음하면서 비로소 하나님의 손이 그들을 치기 위해 들어올려지고 뻗쳐졌다는 사실을 깨닫고서 그들이 하나님을 진노케 하여 그들과 다투시게 만들었다는 것을 시인하기 시작한다. 하나님은 빠르든 늦든 언젠가는 아무리 완악한 자들이라 할지라도 그들이 겪는 온갖 환난 속에서 하나님의 섭리와 공의를 둘 다 인정하게 만드실 것이고, 그들로 하여금 그 모든 환난이 모두 하나님의 손길이었다는 것과 그렇게 하신 하나님은 의로우시다는 것을 깨닫고 고백하게 하시리라는 것을 명심하라.

2. 그들은 적이 그들이 상대하기에는 너무 버겁다는 것을 알게 된다(16절). 그들은 곧 이렇게 강력한 군대와 맞서 대항해 봐야 아무 소용 없다는 것을 깨닫게 된다. 그들은 사기가 땅에 떨어져서 싸울 마음을 완전히 상실한다. 한 나라의 백성들이 싸울 용기를 잃어 버리면, 그들의 수가 아무리 많아도 그런 것은 싸움에 전혀 도움이 되지 않는다. 그 말의 부르짖음이 단에서부터 들렸다. 즉, 적의 기병대가 무시무시하다는 소문이 온 나라에 금세 돌아서, 그 준마들이 우는 소리에 모든 사람이 두려워 떨었다. 왜냐하면, 적군은 이 땅과 성읍을 삼켰기 때문이다. 도시나 농촌 할 것 같이 이 나라의 온 땅이 그들 앞에서 초토화되었는데, 그들은 재물만이 아니라 도시나 농촌의 주민들도 삼켜 버렸다. 하나님이 우리를 대적하시면, 다른 모든 것들도 우리를 대적하게 되는데, 그 때에는 모든 것들이 우리에게 무시무시한 적이 된다는 것을 명심하라. 반면에, 하나님이 우리 편이 되셔서 우리를 위하시면, 우리 앞에서 모든 것이 하찮은 존재들이 되고 만다(롬 8:31).

3. 그들은 환난이 그들에게 닥쳐오자 너무도 놀라서 그 환난에서 건짐을 받을 것이라는 기대를 갖지 못하게 되고 실망하게 된다. 이러한 이중적인 실망으로 인해서 그들의 재난은 한층 더 가중되었다.

(1) 그들이 전혀 예상하지 못하고 있을 때에 환난이 찾아 왔다(15절). 우리

가 평강을 바랐고 우리의 평강이 지속되기를 바랐으나, 좋은 것이 없었고 밖으로부터 좋은 소식도 오지 않았다. 우리는 고침을 입을 때, 즉 우리 나라가 건강하고 형통하는 때를 바랐으나 놀라움과 환난, 전쟁의 경보뿐이로다. 왜냐하면, 뒤에 나오듯이(16절), 적군의 말의 부르짖음이 단에서부터 들렸기 때문이다. 거짓 선지자들이 그들에게 평강하다 평강하다고 외쳤었기 때문에, 갑자기 전쟁이 일어났다는 소식을 접했을 때에 그들은 한층 더 두려움에 사로잡혔다. 이러한 하소연은 나중에 다시 나온다(렘 14:19).

(2) 그들은 오랫동안 구원을 기다렸지만 구원은 오지 않았다(20절). 추수할 때가 지나고 여름이 다하였다. 즉, 많은 시간이 흘렀다. 추수와 여름은 한 해의 일부들이고, 그 시기들이 지나면 한 해가 거의 끝나가는 것이다. 따라서 이 본문의 의미는 이런 것이다. "한 해가 지나고 또 한 해가 지나며, 한 전쟁이 끝나고 또 다른 전쟁이 와도, 우리의 사정은 예나 지금이나 변한 것이 없이 나쁘구나. 구원은 오지 않고, 그럴 기미조차도 보이지 않는구나. 우리는 구원받지 못하는도다." 수많은 기회들을 놓쳤고, 행동할 좋은 때가 지나갔으며, 여름과 가을이 지나서, 춥고 스산한 겨울이 오고 있다. 하나님의 교회와 백성에게 구원은 흔히 아주 느리게 찾아오고, 하나님께서 자기 백성으로 하여금 구원을 기다리며 오랫동안 인내하게 하시는 것은 그들을 지혜롭고 거룩하게 만드시기 위한 것임을 명심하라. 아니, 그들은 그들의 마음 문에 빗장을 걸어두고서 자기 뜻대로 행하여서 구원받을 준비가 되어 있지 않기 때문에 구원을 받지 못하는 것이다.

4. 그들은 그들이 믿고 의지하던 것들이 그들에게 평강을 보장해 줄 것이라고 생각하였다가 속임을 당하였다(19절). 딸 내 백성이 심히 먼 땅에 사는 자들 때문에, 곧 아주 먼 곳에서 그들의 땅을 차지하기 위해 침공해 온 외적 때문에 큰 소리로 울부짖는도다. 그렇다면, 그것은 어떤 울부짖음인가? 그 울부짖음은 이러했다. 여호와께서 시온에 계시지 아니한가, 그의 왕이 그 가운데 계시지 아니한가. 이 두 가지는 그들이 이제까지 내내 믿고 의지해 왔던 것들이었다.

(1) 그들 가운데는 하나님의 성전이 있고 하나님의 특별한 임재를 보여주는 증표들이 그들에게 있다는 것. 유다 백성들이 입에 달고 노래를 불렀던 것은 "여호와께서 시온에 계시지 아니한가 그러니 어떤 위험이 닥쳐와도 우리가 그것을 두려워할 필요가 어디 있겠는가"라는 것이었다. 환난이 그들에게 닥쳐 왔

을 때도 그들은 다음과 같은 믿음을 부여잡고 있었다. "분명히 우리는 잘 될 것이다. 우리에게는 하나님이 계시지 아니한가?" 그러나 상황이 점점 극단으로 치닫자, 그들이 이런 말로 스스로를 위로했다는 사실이 그들의 처지를 더욱 비참하게 만들었다.

(2) 그들 가운데는 다윗 가문의 보좌가 있다는 것. 그들에게는 성전이 있었을 뿐만 아니라 하나님께서 임명하신 왕도 있었다. 그의 왕이 그 가운데 계시지 아니한가. 시온의 하나님께서 시온의 왕과 그 나라를 보호하시지 않겠는가? 반드시 그러실 것이다. 그런데 왜 하나님께서는 그렇게 하지 않으시는 것인가? "시온에 그를 도와 줄 하나님도 계시고 왕도 계시는데, 도대체 왜 시온이 이렇게 짓밟혀서 거의 다 멸망당할 지경이 되었단 말인가?"(그들은 이렇게 울부짖는다). 그들이 이렇게 울부짖는 것은 하나님의 능력과 약속이 꺾였거나 약화된 것이라고 의심하는 것과 마찬가지였다. 그래서 하나님은 그들의 울부짖음에 즉시 대답해 주신다. 그들이 어찌하여 그 조각한 신상과 이방의 헛된 것들로 나를 격노하게 하였는고. 그들은 마치 하나님이 그들을 냉정하게 버리신 것처럼 항변하지만, 사실은 그들이 우상 숭배를 했기 때문에 하나님은 어쩔 수 없이 그들에게서 떠나신 것이었다. 그들은 하나님에 대한 충성 맹세를 버리고 떠나갔고, 그렇게 함으로써 스스로 하나님의 보호하심 밖으로 나간 것이었다. 그들과 하나님 사이를 갈라 놓은 것은 그들 자신의 죄인데도(사 59:2), 그들은 격분하여 그들의 왕과 그들의 하나님을 저주하였다(사 8:21). 그들은 여호와를 두려워하지 아니하였기 때문에 왕이 우리를 위하여 무엇을 하리요라고 비웃었다(호 10:3).

Ⅲ. 선지자가 그의 백성이 당할 재난과 파멸을 생각하고 애통해함. 여기에서 이것을 기록해 놓은 것은 예레미야가 자기 민족의 참상을 애통해하여 말한 내용들은 성경의 한 책인 예레미야 애가에 기록된 것보다 더 많이 있었기 때문이다. 좀 더 살펴보자.

1. 그의 슬픔은 아주 컸다. 그는 자기 나라가 초토화되는 모습을 목격한 증인으로서 예언의 영을 통해서 그가 미리 보았던 일들을 그의 눈으로 직접 본 인물이었다. 그는 자기 나라가 장차 맞을 참상을 미리 보고서 그것을 직접 눈으로 보았을 때보다도 훨씬 더 슬퍼하며 울부짖는다. "내 마음이 내 속에서 쇠약하여 한없이 꺼져가니 내가 이 일을 생각할 때마다 죽을 지경이구나(18절). 내가 나의 근심을 그치고 위로를 받고자 해도 헛수고일 뿐이구나. 아니, 근심과 슬픔

을 달래려고 하면 할수록 도리어 점점 더 커져갈 뿐이로다." 우리가 슬프고 근심되는 일이 있을 때에 그 슬픔을 달래고 근심을 상쇄시키기에 적합한 생각들을 함으로써 근심을 그치고 위로를 받기 위해 최선을 다하는 것은 우리의 지혜이자 도리이다. 그러나 누르면 누를수록 더욱 강하게 솟구쳐 나오는 그런 슬픔도 종종 있는데, 여기에 나오는 선지자의 경우처럼 지극히 선한 자들은 진정제를 써서 그 영혼이 위로 받고 힘을 차리는 것을 거절하는 것(시 77:2-3)도 그런 경우에 속한다. 선지자는 자기가 왜 그렇게 되었는지를 우리에게 말해준다(21절). "내가 이렇게 상한 것은 딸 내 백성이 상하였기 때문이고, 그들의 죄와 그 죄로 말미암아 그들이 스스로 자초한 참상들 때문이다. 이 일 때문에 나는 슬퍼하여 조문객들처럼 검은 상복을 입고 다니고, 나는 놀라움에 잡혀서 어떻게 해야 할지를 모른다." 우리 나라의 참상은 곧 우리 영혼의 슬픔이 되어야 마땅하다는 것을 명심하라. 영혼이 은혜를 받으면, 그 영혼은 많은 사람들을 생각하는 영혼이고 깊은 사랑을 지닌 영혼이며 애통해하는 영혼이 된다. 우리가 인간의 참상을 슬퍼하는 것은 합당한 일이다. 그런데 하물며 우리 나라, 특히 하나님의 교회가 겪는 재난들을 마음 아파하고 요셉의 환난에 대하여 근심하는 것은 우리에게 더더욱 합당하지 않겠는가. 예레미야는 예루살렘의 멸망을 예언하였다. 사람들이 그의 예언의 진실성을 의심하였을 때, 그는 그 예언이 성취되어 자기가 한 예언의 진실성이 입증되는 것을 바라지도 않았고 기뻐하지도 않았다. 그에게는 자신의 명성이나 평판보다도 자기 나라가 잘 되는 것이 우선이었기 때문이다. 만약 예루살렘이 회개하고 심판을 받지 않게 되었다면, 그는 요나와는 달리 결코 화를 내지 않았을 것이다. 유다와 예루살렘에는 예레미야를 미워하고 욕하고 핍박한 원수들이 많았다. 하나님은 그들에게 내리신 심판을 통해서 예레미야를 핍박한 자들을 징벌하셨고 그의 선지자 예레미야의 억울함을 풀어 주셨다. 그렇지만, 예레미야는 그렇게 된 것을 결코 기뻐하지 않았다. 그는 그의 원수들을 진심으로 용서하였고, 하나님께서 그들을 용서하시기를 진심으로 바랐다.

2. 그의 소망은 아주 소박하였다(22절). "길르앗에는 유향이 없지 아니한가(병들어 죽어가는 나라를 고칠 수 있는 약이 없다는 것). 그 곳에는 의사가 없지 아니한가(그 약을 잘 처방할 수 있는 능숙하고 믿음직한 의사가 없다는 것)." 그는 이 나라의 처지가 절망적이고 구제불능이라고 진단한다. 길르앗에는 죄라

는 병을 고칠 수 있는 유향이 없고, 갈대아 군대 같은 외적에 의해서 철저히 짓밟힌 나라의 건강을 회복시켜 놓을 수 있는 의사가 없다. 황폐화된 이 나라는 이제 회복할 길이 없고, 병은 이제 너무나 깊어져서 그 진행을 막을 길이 없다. 또는, 이 본문은 그들의 질병이 고침을 받지 못하는 것은 전적으로 그들에게 있다고 말하는 것으로 해석할 수도 있다. 이렇게 해석하면, 이 본문에 나오는 의문문은 긍정의 대답을 은연중에 전제하는 물음이 된다. 길르앗에는 유향이 있지 아니한가 그 곳에는 의사가 있지 아니한가(이것이 개역이 택한 해석이다). 그렇다. 분명히 거기에는 둘 다 있다. 하나님은 그들을 도우시고 고치실 수 있으시며, 하나님 안에는 그들의 모든 무거운 짐들을 다 덜어내는 데에 필요한 모든 것이 있다. 길르앗은 먼 나라가 아니라 바로 그들 자신의 나라에 있는 지역이었다. 그들 가운데는 하나님의 법과 그의 선지자들이 있었기 때문에, 만약 그들이 그러한 것들의 도움을 받아서 회개에 이르렀다면, 그들은 얼마든지 그들의 멸망을 미리 막을 수 있었을 것이다. 그들에게는 고관들과 제사장들이 있었고, 그들의 임무는 나라를 개혁하여 그들의 무거운 짐들을 덜어주는 것이었다. 하나님께서 그들이 고침 받고 회복할 수 있도록 하기 위하여 어떻게 이보다 더 많은 일을 하실 수 있겠는가? 그런데도 그들이 치료를 받고 건강을 회복하지 못함은 어찌 됨인고? 그것이 하나님이 아니라 그들 자신의 탓이었다는 것은 분명하다. 그들이 고침을 받지 못한 것은 유향이나 의사가 없었기 때문이 아니라, 그들이 처방대로 약을 먹거나 의사의 처방을 따르고자 하지 않았기 때문이다. 의사와 약은 둘 다 이미 준비되어 있었지만, 환자가 고집을 부리며 처방을 무시하고 제멋대로 행하였다. 죄인들이 그들의 상처 때문에 죽는다면, 그들의 피는 그들 자신의 머리 위로 돌아가게 되리라는 것을 명심하라. 그리스도의 피는 길르앗의 유향이고, 그리스도의 영은 거기에 있는 영이다. 이 두 가지로 그들은 얼마든지 고침을 받을 수 있었지만 고침을 받고자 하지 않았다.

제
— 9 —
장

개요

이 장에서 선지자는 계속해서 곧이 곧대로 신실하게 백성들의 죄를 책망하고 그 죄 때문에 하나님의 심판이 그들에게 있을 것이라고 경고하면서, 한편으로는 그들의 범죄도 기뻐하지 않고 그들에게 재난이 닥치는 것도 기뻐하지 않는 자로서 이 두 가지 때문에 몹시 애통해한다. I. 그는 여기에서 유다와 예루살렘의 참상에 대한 그의 큰 슬픔을 표현하고, 이러한 참상을 그들에게 가져다 준 그들의 죄악들에 대한 그의 혐오감을 표현한다 (1-11절). II. 그는 하나님이 그들을 크게 멸망시키시는 것이 정당하고 의롭다는 것을 보여준다(9-16절). III. 그는 다른 사람들에게 유다와 예루살렘의 비참한 처지를 보고서 애통해하라고 말한다(17-22절). IV. 그는 그들에게 그들 자신의 힘이나 지혜, 할례의 특권들을 비롯해서 하나님 이외의 다른 것을 의지하는 것이 어리석고 헛되다는 것을 보여준다(23-26절).

¹어찌하면 내 머리는 물이 되고 내 눈은 눈물 근원이 될고 죽임을 당한 딸 내 백성을 위하여 주야로 울리로다 ²내가 광야에서 나그네가 머무를 곳을 얻는다면 내 백성을 떠나 가리니 그들은 다 간음하는 자요 반역한 자의 무리가 됨이로다 ³여호와의 말씀이니라 그들이 활을 당김 같이 그들의 혀를 놀려 거짓을 말하며 그들이 이 땅에서 강성하나 진실하지 아니하고 악에서 악으로 진행하며 또 나를 알지 못하느니라 ⁴너희는 각기 이웃을 조심하며 어떤 형제든지 믿지 말라 형제마다 완전히 속이며 이웃마다 다니며 비방함이라 ⁵그들은 각기 이웃을 속이며 진실을 말하지 아니하며 그들의 혀로 거짓말하기를 가르치며 악을 행하기에 지치거늘 ⁶네가 사는 곳이 속이는 일 가운데 있도다 그들은 속이는 일로 말미암아 나를 알기를 싫어하느니라 여호와의 말씀이니라 ⁷그러므로 만군의 여호와께서 이와 같이 말씀하시되 보라 내가 내 딸 백성을 어떻게 처치할고 그들을 녹이고 연단하리라 ⁸그들의 혀는 죽이는 화살이라 거짓을 말하며 입으로는 그 이웃에게 평화를 말하나 마음으로는 해를 꾸미는도다 ⁹내가 이 일들로 말미암아 그들에게 벌하지 아니하겠으며 내 마음이 이런

나라에 보복하지 않겠느냐 여호와의 말씀이니라 ¹⁰내가 산들을 위하여 울며 부르짖으며 광야 목장을 위하여 슬퍼하나니 이는 그것들이 불에 탔으므로 지나는 자가 없으며 거기서 가축의 소리가 들리지 아니하며 공중의 새도 짐승도 다 도망하여 없어졌음이라 ¹¹내가 예루살렘을 무더기로 만들며 승냥이 굴이 되게 하겠고 유다의 성읍들을 황폐하게 하여 주민이 없게 하리라

선지자는 유다와 예루살렘에 임할 멸망을 예언하고 그러한 멸망을 그들에게 가져다 준 죄를 지적하여 말하라는 두 가지 사명을 부여받고서, 다른 곳에서와 마찬가지로 여기에서도 이 두 가지를 아주 생생하게 전한다. 그가 이 두 가지에 대하여 전한 것은 마음에서 우러나온 것이기 때문에, 우리는 당연히 이 말씀이 당시 사람들의 마음에 전해졌을 것이라고 본다.

I. 선지자는 재앙을 당한 그의 백성의 참상을 생각하고서 슬피 애통해하며 슬픔에 빠진다. 그는 자신의 기쁨보다 예루살렘을 먼저 생각하고 자신의 슬픔보다 예루살렘이 당할 고통을 생각했던 인물이었다.

1. 그는 백성들이 도륙을 당하여 피를 흘리고 목숨을 잃는 참상을 보고 애통해한다(1절). "내 머리는 슬픔으로 완전히 녹고 풀어져서 물이 되었고, 울어야 할 일이 끊이지 않아서 내 눈은 눈물 근원이 되어 끊임없이 눈물을 쉬지 않고 홍수처럼 펑펑 쏟아내는구나." 히브리어에서는 눈과 근원(샘)을 나타내는 단어가 동일하다. 이것은 마치 이 슬픔의 땅에서 우리의 눈이 있는 것은 보기 위해서가 아니라 울기 위해서라고 말해 주는 것 같다. 예레미야는 많이 울었지만, 우둔한 백성이 그의 눈물에 감화되어 그들을 치시는 하나님의 손길을 똑바로 깨닫게 될 수만 있다면 얼마든지 더 울고자 하였다. 우리가 이 눈물 골짜기인 이곳에 사는 동안에는 이 곳의 풍토와 기후에 맞춰서 눈물로 씨를 뿌리는 것이 합당하다는 것을 명심하라. 애통하는 자는 복이 있나니 그들이 위로를 받을 것임이요(마 5:4). 그러나 그들은 이 곳에 사는 동안에 비 뒤에 구름이 다시 일어나리라(전 12:2)는 것을 예상하여야 한다. 우리의 마음이 죄의 근원인 동안에는 우리의 눈은 눈물 근원이 되는 것이 합당하다. 그러나 여기서 예레미야가 슬퍼한 것은 자기 때문이 아니라 나라와 백성 때문이었다. 그는 주야로 울고자 했지만, 그것은 그의 가까운 혈육이 죽었기 때문이 아니라 죽임을 당한 딸 내 백성, 전쟁의 칼날에 의해서 죽은 그의 수많은 동포 때문이었다. 우리는 큰 전투나 공성

전(攻城戰)에서 많은 사람이 죽었다는 소식을 접했을 때에 그 일을 가볍게 여기지 말고 깊이 애통해하여야 한다는 것을 명심하라. 그렇다. 그들이 비록 우리 민족의 딸이 아니고 다른 민족의 딸이라 할지라도, 그들은 엄연히 우리와 동일한 인간 본성을 지닌 자들이고, 우리 민족의 딸이 우리에게 소중하듯이 그들의 민족에게 소중한 수많은 사람들이 귀한 목숨을 잃은 것임을 우리는 깊이 생각하여야 한다.

2. 그는 이 나라가 황폐화된 것을 보고 애통해한다. 그는 다른 것을 말하는 중간에 느닷없이 자신의 이러한 심정을 토로한다(10절). 왜냐하면, 너무 슬퍼서 격한 감정을 주체할 수 없어 곡하며 우는 자들은 그 말하는 것이 조리가 있는 경우가 그리 많지 않기 때문이다. "내가 촌락들과 성읍들을 위해서만이 아니라 산들을 위하여 울며 부르짖으며(민둥산들이 아니라 유다 땅에 많았던 비옥한 구릉들을 위하여) 가축 떼나 곡식으로 뒤덮여서 장관(壯觀)을 이루었던 광야 목장을 위하여 슬퍼하노라." 그러나 지금은 갈대아 군대에 의해서 그것들이 불에 탔으므로(말이나 소에게 먹이는 꼴은 다 불태우고 가축들은 다 끌고가는 것이 전쟁에서 관례였다), 적군을 만날까봐 그 곳들을 감히 지나가는 사람이 없고, 그 곳들에서는 모든 것이 너무나 스산하고 끔찍해서 그 곳들을 지나가고자 하는 사람이 없으며, 가축의 임자들에게는 듣기 좋은 음악 소리 같은 가축의 소리, 곧 양 떼와 소 떼의 울음 소리가 거기에서 더 이상 들리지 아니하여 사람들이 그 곳들을 지나갈 일이 없어졌다. 아니, 공중의 새도 짐승도 적군이 내지르는 시끄러운 소리와 그들이 지른 끔찍한 불 때문에 화들짝 놀라서 또는 그 곳들에 더 이상 먹을 것이 없어서 어쩔 수 없이 다 도망하여 없어졌다. 하나님은 그 주민의 악으로 말미암아 옥토가 변하여 염전이 되게 하시는 많은 방법들을 갖고 계시다는 것을 명심하라. 전쟁으로 인해 한 나라가 황폐화되는 것은 사랑이 깊은 모든 사람들에게는 큰 슬픔이 아닐 수 없다. 왜냐하면, 한 나라의 터전이 파괴되는 것은 비극이기 때문이다.

Ⅱ. 선지자는 그의 백성의 추악한 성품과 행실을 생각하고서 모든 사람들에게서 떠나 혼자 있고 싶어한다. 그는 하나님을 아는 곳인 유다 땅과 하나님의 성전이 있는 살렘에서 살고 있지만 메섹에 머무는 것이 내게 화로다(시 120:5)라고 울부짖고 싶은 심정이었다. 그의 모든 이웃들은 적군의 만행을 두려워하여 견고한 성들, 특히 예루살렘을 향한 피난길에 올랐지만(렘 4:5-6), 그는 그의

백성의 죄가 혐오스러운 나머지 어디 광야로 은둔할 궁리를 하였다(2절). "내가 광야에서 나그네가 머무를 곳, 사람이 아무도 살지 않는 아라비아 광야에서 여행자가 하룻밤 묵어갈 수 있을 만한 그런 한적한 오두막집을 얻는다면 내 백성을 떠나 가리라." 그가 이렇게 기만적이고 야만적인 백성들 가운데 사느니 차라리 광야의 들짐승 가운데 살고자 한 것은 백성들이 그를 학대하고 핍박하였기 때문이라기보다는 주로 소돔에서 롯이 그랬던 것처럼 그의 의로운 심령이 그들의 불법한 행실을 보고 날마다 상하였기 때문이었다(벧후 2:7-8). 그렇다고 해서 그가 이렇게 광야로 물러가 은둔하여 살겠다는 의도를 지니고 있었거나 그런 결심을 한 것은 아니었다. 하나님은 유다 백성들 가운데서 일을 하라고 예레미야를 선택하셨기 때문에, 예레미야는 일신의 편안함을 위해서 그 일을 그만둘 수 없었다. 세상이 아무리 악해도, 우리는 하나님이 우리를 위로 부르시기 전에는 세상 밖으로 나가서는 안 된다. 예레미야는 그들을 변화시킬 수는 없었지만 그들을 쳐서 증언을 할 수는 있었다. 그는 많은 사람들에게 유익을 끼칠 수는 없었지만 일부 사람들에게는 유익을 끼쳤을 것이다. 그러나 이것은 예레미야가 백성들을 떠나고 싶은 충동을 심하게 느꼈다는 것을 보여주는 것으로서 백성들에게 그를 통한 하나님의 역사가 그들로부터 박탈될 수 있다고 경고하는 의미도 담겨 있고, 특히 그가 그들을 바로잡기 위해서 온갖 고통을 겪으며 수고를 아끼지 않았는데도 그들이 계속해서 가증스러운 악을 행하는 것에 대한 그의 거룩한 분노를 표현한 것이라 할 수 있다. 또한, 그는 그들이 하나님을 욕되게 하고 그들 자신을 파멸로 이끄는 모습을 보면서 자신의 삶에 대하여 염증을 느끼게 되었다. 하나님께서 그의 이름을 두기로 선택하신 곳이 선한 자들의 희망이자 기쁨이었던 때가 있었다. 다윗은 광야에서 하나님의 성전에 있는 뜰을 다시 밟을 수 있기를 몹시 갈망하였다. 그러나 지금 예레미야는 하나님의 성전에 있는 뜰에서(그가 이 말씀을 전할 때에 거기에 있었다) 광야로 가서 혼자 살고 싶다는 자신의 현재 심경을 토로한다. 하나님의 백성과 사역자들로 하여금 염증을 느껴서 떠나고 싶게 만든 자들은 스스로 너무나 비참한 지경에 빠져 있는 것이다. 이제 예레미야는 자기가 그들을 떠나고 싶어하는 것이 정당하다는 것을 입증하기 위해서 다음과 같은 것들을 보여준다.

1. 그가 그들 가운데서 직접 무엇을 목격하였는지.

(1) 그가 그들을 떠나야겠다고 생각한 것은 그들이 가난하고 곤경에 처해

있었기 때문이 아니라 그들이 악했기 때문이었다.

[1] 그들은 음탕하고 더러운 자들이었다. 그들은 다 간음하는 자이다. 즉, 그들 중에서 대부분이 그런 자였다는 말이다(렘 5:8). 그들은 모두 이런 죄를 직접 지었거나 그런 죄를 지은 자들을 묵인하였다. 음탕하고 외설적이며 더러운 것은 의로운 롯의 심령을 괴롭고 상하게 만들었던 바로 그 소돔의 죄였는데, 하나님은 이 죄를 짓는 자들을 보면 메스꺼워 하시고 모든 선한 자들도 마찬가지이다. 이 죄는 사람들을 가증스러운 자들로 만든다.

[2] 그들은 거짓된 자들이었다. 이 죄는 여기에서 가장 자세하게 설명되고 있는 죄이다. 하나님에 대하여 신실하지 못한 자들은 서로에 대해서도 그러하였다. 이것은 그들이 저지른 죄인 동시에 그들에게 내려진 징벌의 일부이기도 하였다. 왜냐하면, 속이기를 좋아하는 자들조차도 스스로 속는 것은 싫어하기 때문이다.

첫째, 신앙 활동을 하기 위해, 또는 재판을 하기 위해, 또는 장사를 하기 위해 그들이 공적으로 모이는 곳들인 교회와 법정과 시장에 가보라. 그들은 속이는 자들의 무리(개역에서는 반역하는 자의 무리)이다. 그들은 너나 할 것 없이 속이는 자들이고, 속여 먹는 일을 서로 권하고 장려한다. 그들은 사람들이 모이는 그런 곳들에서 악한 꾀를 써서 부지런히 의도적으로 사람들을 속인다(3절). 왜냐하면, 그들은 기가 막히게 교묘한 술수를 써서 활을 당김 같이 그들의 혀를 놀려 거짓을 말하기 때문이다. 당겨진 활이 쏘기 위한 것임과 마찬가지로, 그들의 혀는 거짓을 말하기 위해 적합하게 되어 있어서 끊임없이 그런 용도로 사용된다. 활이 강한 자를 향하듯이, 그들의 혀는 자연스럽게 거짓을 향한다. 그러나 그들은 이 땅에서 진리를 위해서는 용감하지 못하다(개역에서는 그들이 이 땅에서 강성하나 진실하지 아니하고). 그들의 혀는 당겨진 활과 같고 그들은 혀를 놀리는 법에 능숙하기 때문에, 그 혀를 진리를 전파하는 데에 사용한다면, 좋은 일을 많이 할 수 있다. 그러나 그들은 그렇게 하고자 하지 않는다. 그들은 선지자들이 그들에게 전해준 하나님의 진리들을 옹호하는 일에는 나서지 않고, 도리어 선지자들이 전해준 말들이 진리라는 것을 알면서도 그것들이 짓밟히는 것을 보면 흡족해하였다. 재판을 할 때에도 그들은 권력과 지위가 있는 쪽의 손을 들어주었고 아무리 옳은 주장을 해도 힘 없는 자의 편을 들어주지 않았다. 진리에 충실하고자 하는 자들은 진리를 위해서 용감해야 하고, 반대가 있다고 하여 풀이 죽거나 사람들을 두려워해서는 안 된다. 그들은 진리를 소유하고 있는 것이 그 영광인 땅에서 진리를 위해 용감하지 못하다. 이 땅에서 진리가 무너져서, 그들은 감히 진리를 세울 엄두도 내지 못한다(사 59:14-15). 우리는 장차 저 심판의 날에 우리가 진리를 반대하고 미워한 것뿐만 아니라 진리를 옹호하는 데에 비겁했던 것까지 책임을 져야 한다.

둘째, 그들의 가정으로 가보라. 그들은 심지어 형제들끼리도 서로 속인다(형제마다 완전히 속이며). 그들은 할 수만 있다면 서로의 발을 걸어 넘어뜨리고자 한다. 왜냐하면, 그들은 모든 유리한 고지를 점령하기 위해서 경쟁자들을 쓰러뜨리려고 호시탐탐 노리고 있기 때문이다. 야곱의 이름은 속이는 자라는 말에서 나왔다. 여기에서 사용된 것이 바로 그 단어이다. 그들은 야곱의 이름은 따랐지만, 거짓이 없는 야곱의 진정한 성품은 닮지 못하였다. 그들은 거짓말을 밥 먹듯이 하는 자들이기 때문에, 사람들은 형제를 믿을 수 없었고, 형제를 대할 때에도 낯선 사람이나 손에 거짓 저울을 가지고 속이기를 좋아하는 상인(가나안 사람)을 대하듯이 조심하지 않으면 안 되었다. 사람이 자기 형제를 신뢰할 수 없게 되었다면, 상황은 최악에 이르러서 갈 데까지 간 것이다.

셋째, 사람들이 많이 모이는 곳으로 가서 그들이 장사하는 것과 그들의 대화를 지켜보라. 그들 가운데는 진실함이나 상식적인 수준의 정직함도 없다. 주인이나 손님이나 다 서로에게서 위험을 느낀다. 이런 상황에서 지혜로운 자가 당신에게 줄 수 있는 가장 지혜로운 조언은 너희는 각기 이웃을 조심하며 오랫동안 사귀어 왔던 친구(어떤 이들은 이렇게 읽는다) 또는 우정을 미끼로 접근하는 자를 조심하라는 것이다. 은혜를 갚아야 한다거나 진실해야 한다고 생각하는 사람은 찾아볼 수 없다. 그들이 서로 대화하는 것을 들어 보라. 이웃마다 다니며 비방하는도다. 그들은 근거 없는 거짓말로 서로를 헐뜯어 놓고도 아무렇지도 않게 생각한다. 비방이 가는 쪽으로 그들도 간다. 그들은 비방과 함께 걷는다. 그들은 이 집 저 집 옮겨다니면서 비방을 옮기고, 그들이 전해 들었거나 만들어낸 온갖 험담으로 사람들에게 해를 끼친다. 그들이 장사하고 거래하는 것을 잘 살펴보라. 그들은 각기 이웃을 속이며, 거짓인 줄 알면서도 자기에게 이득이 되겠다 싶으면 아무 말이라도 한다. 아니, 그들은 거짓말하는 데에 익숙한 혀를 지니고 있어서 거짓말 자체를 즐긴다. 왜냐하면, 그들은 진실을 말하지 아니하며, 의도적으로 거짓말을 해놓고 사람들이 속아넘어가면 비웃으며 고소해

하기 때문이다.

(2) 거짓말을 밥 먹듯이 하고 거짓된 이 세대의 죄를 더욱 가중시키는 것들은 다음과 같은 것들이다.

[1] 그들은 죄를 짓는 일에 기가 막히게 영리하다는 것. 그들은 그들의 혀에게 거짓말하기를 가르쳤다. 이것은 그들이 자연적인 양심의 거리낌 때문에 거짓말하는 것이 어렵다는 것을 알았다는 의미를 내포하고 있다. 그들의 혀는 진실을 말하고자 했을 것이지만, 그들은 그들의 혀에게 거짓말을 하도록 가르쳤고, 점차 거짓말하는 기술에 능통하고 거짓말하는 것이 습관이 되어서, 거짓말하는 것은 그들에게 제2의 천성이 되었다. 그들은 어렸을 때에 거짓말하는 법을 배웠기 때문에(악인은 모태에서부터 멀어졌고 나면서부터 거짓을 말한다, 시 58:3), 성인이 되어서는 거짓말하는 일에 능숙해졌다.

[2] 그들은 죄를 짓는 일에 부지런하다는 것. 그들은 악을 행하기에 지쳐 있다. 그들은 죄를 짓기 위해서는 그들의 양심을 강제로 누르고, 그들의 죄책감을 끊임없이 강압적으로 제압해야 하기 때문에, 그들의 악한 계획을 이루기까지 무진 애를 써서 많은 힘을 소모하게 된다. 그들은 죄악된 일들을 하느라 힘을 다 소진하면서도, 죄를 짓는 일에 싫증을 내지는 않는다. 그들이 죄를 섬기며 해야 하는 일들은 정말 잡일들이고 허드렛일들이다. 사람들은 죄를 짓느라 숨쉴 틈도 없이 달리고 엄청난 땀을 흘리지만, 결국 그들이 하는 일이란 그들 자신의 영혼을 파멸시키는 일뿐이다.

[3] 그들은 점점 더 악해지고 있다는 것(3절). 그들은 악에서 악으로 진행하며, 이 죄를 끝내면 저 죄로 옮겨가고, 작은 죄에서 큰 죄로 점점 그 강도를 더해간다. 그들은 작은 죄들로 시작하였다. 처음부터 큰 죄를 짓는 자는 없다. 그들은 모호한 말을 써서 얼버무리고 농담조로 거짓말을 하는 것으로 시작하였다가 결국에는 악의적인 거짓말을 스스럼 없이 하는 데까지 발전해 갔다. 그리고 그들은 거기에서 더 큰 죄로 나아가고 있다. 왜냐하면, 그들이 나를 알지 못하느니라고 여호와께서 말씀하시기 때문이다. 사람들이 하나님을 아는 지식을 갖고 있지 않거나 그들이 하나님에 대하여 알고 있는 것을 고려해서 행하지 않는다면, 그런 자들에게서 어떤 선한 것을 기대할 수 있겠는가? 사람들이 하나님에 대하여 무지(無知)한 것은 그들이 서로에 대하여 온갖 악한 행동을 하는 것의 원인이다.

2. 선지자는 하나님이 그들의 악에 대하여 자기에게 알려 주신 것이 무엇이고 그들에 대하여 무엇을 결정하셨는지를 보여준다.

(1) 하나님은 그들의 죄가 무엇인지를 분명하게 규정하셨다. 하나님은 선지자에게 그가 상대해야 하는 백성이 어떤 부류의 백성인지를 말씀해 주실 수 있으셨다(그리고 선지자도 거기에 공감한다). 네가 어디에 사는 것과 네 행위를 내가 아노라(계 2:13). 여기에서는 이렇게 말씀하신다(6절). "네가 사는 곳이 속이는 일 가운데 있도다. 네 주변의 모든 사람들은 거기에 중독되어 있다. 그러므로 조심하라." 모든 사람이 거짓말쟁이라면, 우리는 사람들을 조심하는 것이 당연하고, 또한 뱀처럼 지혜로워야 한다. 그들은 속이는 자들이다. 그러므로 네가 그들 가운데서 좋은 대접을 받을 가망성은 거의 없다. 왜냐하면, 네가 아무리 사실들을 명명백백하게 드러낸다고 하여도, 그들은 이런저런 술수를 써서 그들에 대한 단죄를 얼버무리고 빠져나갈 것이기 때문이다. 이러한 고소는 자세하게 설명되고 있다(8절). 그들의 혀는 남에게 해악을 가할 음모를 꾸미고 준비하는 당겨진 활이었다(3절). 여기에서 그들의 혀는 그들이 꾸민 일을 실행하는 쏘아진 화살 또는 죽이는 화살로 묘사된다. 그들의 혀는 많은 사람들을 죽이는 도구가 되어 왔다. 그들은 이웃들에게 앞에서는 웃으며 얘기하지만 뒤로는 그 이웃들을 해치기 위해 기회를 노리며 기다린다. 요압은 아브넬을 죽이려 하였을 때에 그에게 입을 맞추었고, 가인은 그에게 어떤 악한 의도가 있다는 의심을 받지 않기 위해 그의 동생에게 다가가서 친근하게 말을 붙였다. 선한 의도가 수반되지 않은 듣기 좋은 말은 경멸받을 말이지만, 악한 의도를 감추고자 하는 듣기 좋은 말은 가증스러운 말이라는 것을 명심하라. 그들이 서로에게 이런 온갖 해악을 저지르는 것은 하나님을 크게 멸시하는 것이었다. "그들은 나를 알지 못할 뿐만 아니라(6절), 거짓 선지자들의 미혹을 받아서 속이는 일로 말미암아 나를 알기를 싫어하느니라. 그들은 스스로 속아서 그들이 가는 길이 옳고 그들이 생각한 길이 선하다고 여기기 때문에 나의 길을 알기를 원하지 않는다." 또는, "그들은 그들이 지금 가고 있는 이 죄악된 길에 대하여 강한 애착을 갖고 있고 그 길과 거기에서 얻는 것에 완전히 정신이 팔려서, 그들이 죄 짓는 데에 거추장스러운 방해물이 될까봐 하나님을 아는 지식을 결단코 받아들이려 하지 않는다." 이것이 죄인들이 멸망해 가는 방식이다. 그들은 얼마든지 여호와를 아는 선한 지식으로 가르침을 받을 수 있는데도, 그것을 배우려고 하지 않는다. 하

나님을 아는 지식이 없는 곳에서 무슨 선한 것을 기대할 수 있겠는가(호 4:1)?

(2) 하나님은 그들의 멸망을 정하셨다(7, 9, 11절). 하나님을 그들의 입법자로 받아들이려 하지 않는 자들은 결국 하나님이 그들을 심판하는 자이신 줄을 알게 될 날이 올 것이다. 하나님은 그들 중 일부를 연단하여 정결하게 하고 나머지를 멸망시키기 위하여 그들에게 심판을 보내기로 결정하신다.

[1] 그들 중 일부는 연단되어 정결하게 될 것이다(7절). "그들이 이렇게 부패하고 타락하였으니, 보라 내가 그들을 녹이고 연단하리라. 환난의 용광로가 그들을 녹여서 그들에게서 불순물들을 제거하고 그들이 더 좋은 주물틀에 넣어져서 환골탈태한 모습으로 다시 나올 수 있을지, 과연 환난이 그들을 회개로 이끌어서 그런 결과를 만들어낼 수 있을지를 보시기 위하여 내가 그들을 환난 속에 집어넣으리라." 하나님은 그들을 철저하게 멸망시키시기 전에 약한 환난들을 보내어서 그들을 시험해 보고자 하신다. 왜냐하면, 하나님은 죄인들이 죽기를 바라지 않으시기 때문이다. 그들은 단련하는 자의 일이 헛되게 되었다는 것이 드러날 때까지는 내버린 은의 처지가 되어 하나님에게서 버림받지 않을 것이다 (렘 6:29-30). 내가 내 딸 백성을 어떻게 처치할꼬. 하나님은 그들을 어떻게 하는 것이 최선이 될지를 스스로 고민하는 자, 그들을 회개시키기 위해서 먼저 모든 수단들을 다 동원한 후가 아니면 그들을 버리거나 멸망에 내어줄 마음이 없는 자처럼 말씀하신다. 또는, "내가 그들을 처리할 다른 방도가 없을까. 그들은 너무도 타락하여서 그들을 용광로에 집어넣는 길 외에는 다른 길이 없다. 내가 그들에게 어떤 다른 조치를 취할 수 있을까(사 5:4-5)? 그들은 내 딸 백성이니, 내가 그들의 악을 묵인한다면 나의 명예는 땅에 떨어질 것인데, 내 명예를 회복하려면 무슨 조취를 취해야 한다. 그들을 바꾸고 고치기 위한 어떤 조치가 있어야 한다." 부모가 자기 자녀들을 징계하는 것은 그들이 자기 자녀이기 때문이다. 하나님께서 자기 백성에게 환난을 주시는 데에는 그들을 바로잡고 고치기 위한 은혜로운 의도가 있다는 것을 명심하라. 하나님은 환난이 꼭 필요하고 그것이 최선의 방법일 때에만 자기 백성에게 환난을 보내신다.

[2] 나머지는 멸망당할 것이다(9절). 내가 이 일들로 말미암아 그들에게 벌하지 아니하겠느냐. 사기를 치고 거짓을 행하는 것은 하나님이 미워하시는 죄이기 때문에, 하나님은 그 죄들에 대하여 반드시 징벌하실 것이다. "내 마음이 이런 나라, 곧 전체적으로 다 부패되어 있고 뻔뻔스럽게 죄를 지으면서도 하나님의

응징을 코웃음치고 무시하는 이런 나라에 보복하지 않겠느냐. 이미 선고는 내려졌고, 집행을 알리는 영(令)은 이미 떨어졌다(11절). 내가 예루살렘을 무더기, 곧 쓰레기 더미로 만들어서 폐허로 방치해 두어 승냥이 굴 외에는 아무짝에도 소용없는 곳이 되게 하고, 또한 유다의 성읍들을 황폐하게 하리라." 하나님은 원수에게 그렇게 할 수 있는 권한을 부여하셔서 예루살렘과 유다를 그렇게 만드실 것이다. 그렇다면, 이 거룩한 도성이 왜 쓰레기 더미가 되어야 하는가? 그 대답은 이미 나와 있었다. 거룩한 도성이 거룩하지 못한 도성이 되어 버렸기 때문이다.

[12]지혜가 있어서 이 일을 깨달을 만한 자가 누구며 여호와의 입의 말씀을 받아서 선포할 자가 누구인고 이 땅이 어찌하여 멸망하여 광야 같이 불타서 지나가는 자가 없게 되었느냐 [13]여호와께서 말씀하시되 이는 그들이 내가 그들의 앞에 세운 나의 율법을 버리고 내 목소리를 순종하지 아니하며 그대로 행하지 아니하고 [14]그 마음의 완악함을 따라 그 조상들이 자기에게 가르친 바알들을 따랐음이라 [15]그러므로 만군의 여호와 이스라엘의 하나님께서 이와 같이 말씀하시니라 보라 내가 그들 곧 이 백성에게 쑥을 먹이며 독한 물을 마시게 하고 [16]그들과 그들의 조상이 알지 못하던 여러 나라 가운데에 그들을 흩어 버리고 진멸되기까지 그 뒤로 칼을 보내리라 하셨느니라 [17]만군의 여호와께서 이와 같이 말씀하시되 너희는 잘 생각해 보고 곡하는 부녀를 불러오며 또 사람을 보내 지혜로운 부녀를 불러오되 [18]그들로 빨리 와서 우리를 위하여 애곡하여 우리의 눈에서 눈물이 떨어지게 하며 우리 눈꺼풀에서 물이 쏟아지게 하라 [19]이는 시온에서 통곡하는 소리가 들리기를 우리가 아주 망하였구나 우리가 크게 부끄러움을 당하였구나 우리가 그 땅을 떠난 것은 그들이 우리 거처를 헐었음이로다 함이로다 [20]부녀들이여 여호와의 말씀을 들으라 너희 귀에 그 입의 말씀을 받으라 너희 딸들에게 애곡하게 하고 각기 이웃에게 슬픈 노래를 가르치라 [21]무릇 사망이 우리 창문을 통하여 넘어 들어오며 우리 궁실에 들어오며 밖에서는 자녀들을 거리에서는 청년들을 멸절하려 하느니라 [22]너는 이같이 말하라 여호와의 말씀에 사람의 시체가 분토 같이 들에 떨어질 것이며 추수하는 자의 뒤에 버려져 거두지 못한 곡식단 같이 되리라 하셨느니라

이 단락에서 선지자는 유다와 예루살렘의 멸망이 다가오는 것과 관련

해서 두 가지 일을 하고자 한다.

　1. 유다와 예루살렘에 대한 심판은 하나님의 공의에 따라 이루어지는 것임을 백성들에게 깨우치는 일. 그들은 죄로 말미암아 심판을 스스로 자초한 것이기 때문에, 그들은 그들에게 아무런 잘못도 하지 않으신 하나님을 붙잡고 시비를 걸어서는 안 되고, 도리어 그들에게 이 모든 재앙을 가져다 준 그들의 죄를 떨쳐 버리는 데에 힘을 쏟아야 한다.

　2. 장차 다가올 심판으로 인해 황폐화가 극심할 것이고 비참한 상황이 벌어지게 되리라는 것을 백성들이 실감하도록 하는 일. 선지자는 다가올 심판의 끔찍한 모습을 생생하게 전함으로써 그들이 정신을 차리고 회개하여 삶을 고칠 수 있기를 바랐다. 오직 그것만이 심판을 막거나 적어도 완화시킬 수 있는 유일한 길이기 때문이다. 선지자는 이와 같은 계획을 가지고 다음과 같이 행한다.

　I. 선지자는 생각이 있는 자들을 부른다.　이것은 하나님께서 진행하시는 일들이 가혹하고 심해 보여도 그 일들이 정당하고 공평하다는 것을 그런 자들을 통해서 백성들에게 보이기 위한 것이다(12절). "여호와의 입의 말씀을 받은 지혜로운 자 또는 선지자가 누구이며 어디에 있는가? 너희는 너희의 지혜를 자랑하고 너희 가운데 있는 선지자들을 자랑한다. 인간의 이성을 자유롭게 사용하거나 하나님의 계시를 아는 자가 있다면 그 자를 내게 데려와 보라. 그는 하나님이 이 백성과 다투시는 데에는 정당한 근거가 있다는 것을 금세 깨달을 것이고, 그것이 그에게 너무도 분명하기 때문에 그는 그것을 다른 사람들에게도 선포하고자 할 것이다." 그러한 지혜로운 자들은 이 땅이 어찌하여 멸망하게 되었는가라고 물을 것이다. 이 땅이 이 모양이 되다니 도대체 무슨 일이란 말인가? 이 땅은 하나님께서 돌보아 주셨던 땅이었고, 뭔가 좋은 것을 해줄 것이 없나 살피기 위하여 하나님의 눈이 항상 그 위에 있던 땅이었는데(신 11:12), 이제는 하나님이 버리신 땅, 그 얼굴을 돌려버리신 땅이 되었다. 이 땅은 여호와의 동산처럼 번성하였고 사람들로 북적댔었다. 그런데 지금은 이 땅이 불타버려서 광야처럼 되어 거기에 살고자 하는 사람은 말할 것도 없고 지나가는 자도 없게 되었다. 아주 오래 전에 하나님은 이런 일이 벌어졌을 때에 사람들이 여호와께서 어찌하여 이 땅에 이같이 행하셨느냐 이같이 크고 맹렬하게 노하심은 무슨 뜻이냐(신 29:24)고 물을 것을 아시고, 여기에서 모든 육체를 아무 말도 못하고

잠잠하게 만들 완벽한 대답을 제시하신다.

1. 하나님께서 그들이 저지른 죄들을 증명하는 고소장을 제시하심(13-14절). 하나님은 다음과 같은 죄들로 그들을 고소하고 계시고, 그들이 그러한 죄들을 저질렀다는 것은 의심의 여지가 없다.

(1) 그들이 그들의 합법적인 주권자이자 왕이신 분에 대한 충성 맹세를 저버리고 반역하였다는 것. 그들이 하나님께서 너무도 명백하고 온전하게 그들의 앞에 세운 그의 율법을 버리고, 그의 명령들을 지키지 않으며, 그의 목소리를 순종하지 아니하며, 그가 정하신 길로 그대로 행하지 아니하였기 때문에, 하나님이 그들의 땅을 버리신 것은 정당하고 의로운 일이었다. 그들의 악은 하나님에 대한 그들의 본분과 도리를 빼먹고 하지 않은 것과 하나님의 권위를 멸시한 것에서 시작되었다. 그러나 그들의 악은 거기에서 끝나지 않았다. 그들에 대한 고소는 계속된다.

(2) 그들이 하나님을 참칭하는 자들을 섬기는 쪽으로 옮겨갔고, 그들의 합법적인 왕에게 순종하기를 거부한 것에서 한 걸음 더 나아가 무장을 하고 하나님을 대적하였다는 것.

[1] 그들은 그들 자신의 욕망과 정욕이 시키는 대로 행하여, 하나님의 뜻과 반대되는 그들 자신의 뜻, 육체의 의지, 육적인 마음을 따랐다. 그들은 그 마음의 완악함을 따라 행하였다. 그들은 하나님과 그들의 양심이 지시하는 것과 정반대가 되는 일이라도 그런 것을 개의치 않고 그들의 마음이 기뻐하는 대로 행하고자 하였다.

[2] 그들은 조상들에게서 물려받은 전통을 따라 그들 자신의 생각대로 지어낸 것들, 그들의 손으로 만들어낸 것들을 숭배하였다. 그들은 바알들을 따랐다. 여기에서 바알을 가리키는 단어는 복수형으로 사용되고 있다. 그들에게는 바알브올, 바알브릿, 이 곳의 바알, 저 곳의 바울 등등 수많은 바알들이 있었다. 그들의 조상들의 하나님은 그들에게 끊임없이 그런 바알들을 섬기는 것을 금지하셨지만, 그들은 그 조상들이 그들에게 숭배하라고 가르친 많은 바알들, 즉 많은 주들(바알은 '주' 라는 뜻이다)을 섬겼다. 이 땅이 멸망하게 된 것은 바로 이 때문이었다. 만왕의 왕께서는 그의 신민(臣民)들이 그를 기만하여 떠나서 그에게 반기를 들기 때문에 그들의 반역을 징계하고 그들로 하여금 다시 그에게로 돌아와 충성하도록 만들기 위해서 꼭 필요한 경우가 아니면 이런 식으로

자기 백성과 다투거나 싸우지 않으신다. 그들은 결국 그들에게 이 모든 일을 행하신 하나님이 의로우시다는 것을 스스로 인정하게 될 것이다.

2. 하나님께서 이러한 고소장을 근거로 반역자들에게 유죄판결을 내리심. 이제 집행될 이 의로운 심판은 그 어떤 것으로도 제지할 수 없다. 만군의 여호와 이스라엘의 하나님께서 이와 같이 말씀하셨는데(15-16절), 누가 감히 그 판결을 뒤집을 수 있겠는가?

(1) 이 땅에서 그들이 즐기고 누리며 위로가 되었던 것들은 다 그들에게 쓰디쓴 것들이 되어 해로운 것들이 되리라는 것. 내가 이 백성에게 쑥(또는, 쓰기는 하지만 건강에 좋은 쑥이 아니라 구역질나면서도 몸에 해로운 풀인 투구꽃을 가리킨다고 보는 것이 더 좋다)을 먹이며 독한 물(또는, 햄록의 즙이나 그 밖의 다른 독초의 즙)을 마시게 하리라. 그들의 먹을 것과 마실 것이 되었던 주변의 모든 것들이 그들을 두렵게 하고 괴롭게 하는 것들로 변할 것이다. 하나님은 그들의 복을 저주하실 것이다(말 2:2).

(2) 그들이 다른 나라들로 흩어져서 거기에서 멸망하게 되리라는 것(16절). 내가 여러 나라 가운데 그들을 흩어 버리리라. 그들은 이방인들과 뒤섞여 친하게 지내면서 이방인들이 하는 일들을 배웠기 때문에 타락하고 부패하게 되었다. 그러므로 이제 그들은 이방인들과 뒤섞여 그들의 미덕을 잃어버린 바로 그 이방 나라들로 보내져서 멸망하게 될 것이다. 그들은 그들이나 그들의 조상들이 알지 못하던 신들, 이상한 신들, 근래에 들어온 새로운 신들을 섬겼다(신 32:17). 그러므로 이제 하나님은 그들이나 그들의 조상들이 알지 못하던 이웃들, 서로 잘 알지 못하기 때문에 호의를 기대할 수조차 없는 그런 이웃들 가운데 그들을 두실 것이다. 그들은 어디에서 서로를 찾아야 할지를 모를 정도로 여러 나라들로 흩어지게 되겠지만, 하나님은 그들이 어디에 있든 그들을 다 찾아내어(시 21:8) 그들 중에서 회개치 않는 죄인들을 재앙으로 벌하실 것이다. 그들이 진멸되기까지 내가 그들 뒤로 칼을 보내어 이런저런 식으로 심판할 것이다. 왜냐하면, 하나님은 심판하실 때에 반드시 그 뜻을 이루시고, 누구를 추격하실 때에는 반드시 붙잡으실 것이기 때문이다. 이제 우리는 이 땅이 무엇 때문에 멸망하게 되었는지를 본다. 이 모든 황폐화는 그들의 행위에 대한 보응(報應)이자 하나님의 말씀의 성취였다.

II. 선지자는 곡하는 부녀들을 부른다. 그는 그들에게 이러한 부녀들을 불러와서 곡하게 하여 사람들의 마음을 움직여서 그들에게 임하였거나 앞으로 임할 서글픈 재난들을 애통해하며 나라 전체가 그 재난들에 대하여 대비하도록 경각심을 갖게 하라고 권한다. 만군의 여호와께서 이와 같이 말씀하시되 너희는 곡하는 부녀를 불러오라 하시는도다(17절). 이 말씀의 목적은 이 백성의 처지가 장차 얼마나 비참하고 애처롭게 될지를 보여주는 것이다.

1. 여기에 직업적으로 곡을 해주는 여인네들이 해야 할 일이 나온다. 어떻게 조가(弔歌)나 애가를 지어야 하는지, 또는 적어도 구슬픈 곡조로 애가를 부를 줄 알아서 장례식에서 진짜 애곡하는 자들이 없는 것을 보완해 줄 지혜로운 부녀들을 불러오라. 그 부녀들로 하여금 우리를 위하여 애곡하게 하라(18절). 죽은 자들이 너무 많아서 장례식이 끝없이 이어졌기 때문에, 사람들은 울 기력이 없을 때까지 곡을 하고 울었다(삼상 30:4). 그러므로 이제 곡하는 것을 직업으로 삼는 부녀들로 하여금 그 일을 하게 하라. 또는, 이것은 백성들이 극도로 우둔하여지고 제정신이 아니어서, 심판을 당해도 별로 마음에 두지를 않고, 수많은 사람들이 피를 흘리며 죽었는 데도 눈물을 흘리지 않는 현실을 보여주는 말씀이다. 하나님이 그들을 속박할지라도 그들은 부르짖어 도움을 구하지 아니하는구나(욥 36:13). 하나님은 그들로 하여금 울며 애곡하도록 하기 위하여 그들에게 그의 애곡하는 선지자들을 보내셨지만, 그들의 입에 두어진 하나님의 말씀은 그들에게 먹혀들지 않았다. 그러므로 그들이 멸망할 것이라는 하나님의 말씀을 그들로 하여금 비웃게 내버려두느니, 차라리 곡하는 여인네들을 불러와서 그들의 눈물샘을 자극하여 마침내 그들의 눈에서 눈물이 떨어지게 하며 그들의 눈꺼풀에서 물이 쏟아지게 하라. 죄인들은 처음부터 마지막까지 우는 자들이 되어야 마땅하다.

2. 여기에 진짜 곡하는 자들이 해야 할 일이 나온다.

(1) 애곡해야 할 일들이 생겼다. 현재의 상황은 대단히 비극적인 상황이다(19절). 시온에서 통곡하는 소리가 들린다. 어떤 이들은 이것이 곡하는 부녀들이 부른 노래라고 본다. 하지만, 이 통곡하는 소리는 곡하는 부녀들이 부른 애가를 듣고 마음이 동한 사람들의 입에서 나온 소리일 것이다. 백성들이 하나님을 가까이 했을 동안에는 시온에는 기뻐하며 찬송하는 소리가 그치지 않았었다. 그러나 죄 때문에 모든 것이 변하여서, 이제 들리는 것은 통곡하는 소리뿐이로다. 또는, 이 소리는 유다 땅의 모든 곳에서 시온 성으로 피신해 온 자들의 소

리일 수도 있다. 그들은 그들이 무사히 시온 성에 도착한 것을 기뻐한 것이 아니라, 그들이 거기로 피난할 수밖에 없게 된 처지를 슬퍼하였다. "우리가 아주 망하였구나. 모든 재산을 다 빼앗긴 우리의 빈곤한 처지 때문에 우리가 크게 부끄러움을 당하였구나." 그들이 한탄하고 얼굴을 붉히며 부끄러워했던 것은 그들의 죄가 아니라 그들의 한심한 처지였다. 우리가 부끄러움을 당하는 것은 우리가 우리의 욕심에 끌려 미혹되어 여호와를 버리고 곁길로 갔기 때문이 아니라 우리가 그 땅을 떠났기(원수 때문에 그럴 수밖에 없었지만) 때문이고, 우리 하나님이 우리를 내치셨기 때문이 아니라 우리 거처가 우리를 내쳤기 때문이라고 그들은 말하였다. 이렇게 낮아지지 않은 심령을 가진 자들은 그들이 겪는 재난만을 슬퍼하고 애통해할 뿐이고, 그 재난을 가져온 그들의 죄악을 슬퍼하거나 애통해하지 않는다.

(2) 애곡해야 할 일들은 앞으로도 더 생겨날 것이다. 상황은 지금도 나쁘지만, 앞으로는 더욱 나빠질 것이다. 그들의 땅에서 토해내진 자들(그들보다 먼저 그 땅에 살았던 가나안 족속들도 그런 일을 당했는데, 가나안 족속들과 똑같은 발자취를 밟은 그들에게도 그런 일이 일어난 것은 당연한 일이었다, 레 18:28)은 그들이 그들의 땅에서 내쫓겨나 도성으로 피난오게 된 것을 한탄하지만, 얼마 후면 성읍 주민이든 농촌에서 피난 온 주민이든 모두 이 도성에서도 쫓겨나게 될 것이다. 그렇지만 여호와의 말씀을 들으라. 하나님께서 너희에게 하실 말씀이 있으시다(20절). 남자들은 말씀에 귀를 기울이려 하지 않고 인내심을 갖고서 들으려 하지 않으니, 부녀들아 부드럽고 따뜻한 마음을 지녀서 슬프고 두려운 일들에 잘 감화를 받는 너희가 이 말씀을 들으라. 선지자들은 하나님의 말씀을 듣고 떠는 부녀들이 모인 곳에서 말씀을 전하는 것을 기뻐하는 법이다. 너희 귀에 하나님의 입의 말씀을 받으라. 그 말씀이 두렵고 겁나는 말씀일지라도 그것을 환영하는 마음으로 영접하라. 부녀들은 그들의 딸들에게 애곡하라고 가르치라. 이것은 이 나라에 닥친 환난이 오래 지속될 것이고 그 슬픔이 다음 세대까지 이어지리라는 것을 암시하는 말이다. 젊은이들은 기쁘고 즐거운 일을 좋아하고 기대하며, 쾌활하고 명랑한 성향을 지니고 있다. 그러나 나이든 부녀들은 처녀들에게 진지하도록 가르쳐야 하고, 그들에게 이 세상이 눈물 골짜기가 될 것임을 말해 주어야 하며, 시온에서 곡하는 자들 가운데서 그들을 길러야 한다(딛 2:4-5). 각기 이웃에게 슬픈 노래를 가르치라. 이것은 환난이 널리 퍼져서

집집마다 슬픈 일들이 생겨나리라는 것을 보여준다. 사람들마다 통곡할 일이 생길 것이기 때문에, 사람들은 자기 친구들이 당한 일을 불쌍히 여길 겨를이 없을 것이다. 여호와의 두려우심을 알게 된 자들은 다른 사람들에게도 이것을 알리기 위해 애써야 한다는 것을 명심하라. 선지자가 여기에서 경고하는 장차 있을 심판의 모습은 무시무시하다.

[1] 무수한 사람들이 죽게 될 것이다(21절). 죽음이 기승을 부리게 될 것이고, 집 안에서든 집 밖에서든 죽음이 영장을 들고와서 집행하려 들면 그것을 피할 방법이 없을 것이다. 집 안에서도 죽음을 피할 수 없다. 왜냐하면, 아무리 문을 굳게 걸어 잠그고 빗장을 걸어두어도, 사망이 밤중의 도둑처럼 우리 창문을 통하여 넘어 들어오기 때문이다. 우리가 채 알아차리기도 전에, 사망은 우리의 목숨을 훔쳐갈 것이다. 사망은 오직 허름한 집들만을 이렇게 담대하게 들어오는 것이 아니라, 우리의 왕들과 고관들이 사는 저택들과 궁실들이 아무리 웅장하고 견고하게 지어지고 아무리 방범 장치가 완벽하다고 해도 우리 궁실에 들어올 것이다. 아무리 튼튼한 저택을 짓고 거기에 숨어 있어도 죽음을 피할 수 없다는 것을 명심하라. 또한, 밖에 있는 자들도 안전하지 못할 것이다. 사망은 밖에서는 자녀들을 거리에서는 청년들을 멸절하려 하느니라. 적군에게 아무런 해도 끼치지 않았기 때문에 불쌍히 여겨서 살려둘 만도 한 아이들이나, 일을 시키며 부려먹을 수 있기 때문에 정책적으로 목숨을 살려둘 만한 청년들도 적군의 칼에 함께 죽게 될 것이다. 지금은 아무리 가혹한 전쟁에서도 칼로 사람을 죽이지 않는 것이 관례이고, 무장을 하지 않은 자들을 칼로 죽이지 않는 것이 관례이다. 그러나 당시에는 길에서 놀던 꼬마 아이들도 적군이 광분하여 휘두르는 칼에 희생을 당하였다.

[2] 죽은 자들은 매장되지 못한 채 그대로 버려지게 될 것이다(22절). 너는 이같이 말하라(앞에서 말한 것을 확증해 주기 위해) 여호와의 말씀에 사람의 시체가 분토 같이 들에 떨어져서 그대로 내버려져 분토 같이 역겨운 냄새를 풍길 것이다. 살아 남은 자들이 죽은 자들을 묻어 주는 것은 인지상정(人之常情)이고, 그들 자신을 위해서도 그렇게 하여야 한다. 그러나 이 경우에는 죽은 자들이 너무나 많고 시체가 온 나라에 여기저기 널려 있을 것이기 때문에, 그들을 모두 묻어 주는 일은 끝도 없는 일이 될 것이고, 그 일을 할 일손도 부족할 것이며, 정복자들이 그렇게 하도록 허용하지 않을 것이고, 사람들이 그 일을 하고

자 하여도 슬픔에 사로잡혀서 그 일을 할 엄두를 내지 못하게 될 것이다. 아무리 준수하고 튼튼한 자들의 시체라도 한동안 그대로 두면 썩어서 분토처럼 되어 버리는데, 우리는 그렇게 천한 육신을 지니고 있다. 무수한 사람들이 죽어서 그들의 시체가 밭고랑에 거름더미처럼 두텁게 쌓일 것이지만, 그 시체들은 추수하는 자가 이삭 줍는 자들을 위하여 버려두었지만 아무도 거두지 않은 곡식단 같이 되어, 회개치 않은 생존자들의 눈이 그 모습을 보고서 마음에 뭔가를 느낄 수 있도록 하기 위하여, 하나님의 보응하심을 보여주는 기념물들로 들판에 그대로 있게 될 것이다. 그들을 죽이지 마옵소서 그들을 매장하지 마옵소서 나의 백성이 잊을까 하나이다(시 59:11).

²³여호와께서 이와 같이 말씀하시되 지혜로운 자는 그의 지혜를 자랑하지 말라 용사는 그의 용맹을 자랑하지 말라 부자는 그의 부함을 자랑하지 말라 ²⁴자랑하는 자는 이것으로 자랑할지니 곧 명철하여 나를 아는 것과 나 여호와는 사랑과 정의와 공의를 땅에 행하는 자인 줄 깨닫는 것이라 나는 이 일을 기뻐하노라 여호와의 말씀이니라 ²⁵여호와의 말씀이니라 보라 날이 이르면 할례 받은 자와 할례 받지 못한 자를 내가 다 벌하리니 ²⁶곧 애굽과 유다와 에돔과 암몬 자손과 모압과 및 광야에 살면서 살쩍을 깎은 자들에게라 무릇 모든 민족은 할례를 받지 못하였고 이스라엘은 마음에 할례를 받지 못하였느니라 하셨느니라

선지자는 하나님이 두려운 자이시라는 것과 그의 심판을 전함으로써 이 백성을 억제하고 그들에게 그들의 죄와 하나님의 진노를 깨우쳐 주기 위하여 애써 왔었다. 그러나 그들은 여전히 이런저런 말도 안 되는 핑계들을 그들의 피난처로 삼아서, 그들에 대한 단죄를 피해가고 완악하고 부주의한 그들의 모습을 애써 보지 않으려 했다. 그러므로 선지자는 이러한 거짓된 피난처들에서 그들을 몰아내기로 작정하고서, 그들에게 그들의 피난처들이 그들을 보호해 줄 수 없다는 것을 보여주고자 한다.

I. 심판이 반드시 있을 것이라는 말을 들었을 때, 그들은 그들의 정치력과 그들이 지닌 힘으로 충분히 그러한 심판을 피할 수 있고 그들이 가진 부와 재물로 그들의 도성을 난공불락으로 만들었으니 걱정할 것이 없다고 생각하였다. 그들의 이러한 생각에 대한 답변으로 선지자는 그들과 언약을 맺으신 하

나님을 의지하지 않는 한 그들이 이러한 모든 의지처들을 자랑하며 신뢰하는 것이 얼마나 어리석은 일인지를 그들에게 보여준다(23-24절). 여기에서 선지자는 다음과 같은 것들을 보여준다.

1. 우리는 환난의 날에 무엇을 의지하지 말아야 하는가. 지혜로운 자는 마치 자신의 지혜의 도움으로 적군을 물리치거나 충분히 대적할 수 있고, 궁지에 몰렸을 때에는 이런저런 피할 길을 생각해낼 수 있다는 듯이 그의 지혜를 자랑하지 말라. 왜냐하면, 사람의 지혜는 그 지혜가 가장 필요할 때에 사람을 실망시킬 것이고, 지혜 있는 자는 자기 꾀에 도리어 넘어갈 것이기 때문이다. 뛰어난 지혜를 지녔던 아히도벨은 스스로 속아넘어갔고, 모사들은 흔히 벌거벗겨져 끌려간다. 그렇다면, 사람의 방책은 사람을 실망시킨다고 해도, 힘과 용기가 있다면 자신의 목적을 달성할 수도 있지 않는가? 결코 그렇지 않다. 용사는 그의 용맹을 자랑하지 말라. 왜냐하면, 용맹한 자라고 해서 전투에서 항상 이기는 것은 아니기 때문이다. 애송이였던 다윗은 거인 골리앗의 상대가 되기에는 정말 역부족이었다. 인간의 모든 힘은 하나님 없이는 아무것도 아니고, 하나님을 대적하여 사용될 때에는 차라리 없는 것만 못하다. 그렇다면, 부자의 재물은 그의 견고한 성이 될 수는 없는 것인가(돈이면 다 되는 것이 아닌가)? 결코 그렇지 않다. 부자는 그의 부함을 자랑하지 말라. 왜냐하면, 부와 재물은 결코 그것을 가진 자를 지켜주지 못하고, 도리어 그를 강도와 절도의 가장 좋은 표적으로 만들어서 위험에 빠뜨리기 십상이기 때문이다. 어느 민족이든 그들 중에 있는 지혜로운 자와 용사와 부자가 갈대아 군대를 맞아서 각자의 몫을 충실하게 해주어서 마치 지혜로운 자들은 전술을 조언해 주고 용사들은 전장(戰場)에 나가 용감히 싸우며 부자들은 전쟁 비용을 부담해줄 것인 양 생각해서 그들을 자랑하지 말라. 잘난 사람들은 그들이 지닌 지혜와 용맹과 돈을 사용해서 모든 사람들에게 임하는 재앙을 피할 수 있을 것이라고 생각하지 말라. 왜냐하면, 그런 것들은 그들을 능히 구하지 못하는 헛된 것들일 뿐임이 드러날 것이기 때문이다.

2. 선지자는 우리가 환난의 날에 무엇을 의지할 수 있는지를 보여준다.

(1) 오직 우리가 우리의 본분과 도리를 다했다는 사실만이 환난의 날에 우리에게 유일한 위로와 힘이 될 것이다. 하나님을 알기를 거절한 자들(6절)은 그들의 지혜와 부를 뽐내고 자랑해 보았자 그 날에 그런 것들은 아무 소용도 없을 것이다. 그러나 하나님을 제대로 아는 자들, 그가 여호와이신 줄을 올바르게

깨달은 자들, 하나님의 본성과 속성들, 인간에 대한 관계에 관한 바른 인식을 지니고 있을 뿐만 아니라 그러한 것들을 보여주는 증거들을 체험을 통해서 받아서 가지고 있는 자들은 바로 그것을 자랑할 수 있는데, 그것은 재앙의 날에 그들의 기쁨이 되어 줄 것이다.

(2) 우리가 환난의 날에 유일하게 의지할 수 있는 것은 우리가 은혜로 말미암아 어느 정도 우리의 본분을 행하였기 때문에 그 날에 하나님이 우리에게 부족함이 없이 모든 것이 되어 주시리라는 것이다. 우리는 이것으로 자랑할 수 있다. 즉, 우리가 어디에 있든, 우리에게는 사랑과 정의와 공의를 땅에 행하시고 모든 피조물들에게 공명정대하시고 그 누구에게도 해를 끼치지 않으시며 그의 모든 자녀들에게 인자하셔서 그들을 보호하시고 그들에게 모든 것을 공급해 주시는 하나님이 계시다는 것을 우리는 자랑할 수 있다. 왜냐하면, 하나님은 이 일들을 기뻐하시기 때문이다. 하나님은 인자함(kindness)을 보이시고 공의를 베푸시는 것을 기뻐하시고, 사랑을 받는 자녀 같이 하나님을 본받는 자가 되어 그런 일들을 행하는 자들을 기뻐하신다. 하나님의 영광을 알아서 그와 같은 형상으로 변화되어 그의 거룩하심에 참여하는 자들은 그것이 그들이 온전하게 되는 것이자 그들의 영광이라는 것을 알게 된다. 그들이 이토록 성심껏 닮고자 하였던 그 하나님을 그들은 큰 곤경에 처했을 때에 기쁜 마음으로 의지할 수 있다. 그러나 선지자는 이 백성의 대부분이 이런 것에 신경을 쓰지 않았다고 말하고 있는 것이다. 그들의 지혜와 용맹과 부함이 그들의 기쁨이자 희망이었다. 그러나 그들의 기쁨과 희망은 결국 슬픔과 절망으로 끝나게 될 것이다. 그러나 그들 중에서 하나님을 아는 지식을 지니고 있었던 극소수의 사람들은 그 지식을 기뻐하고 자랑하였을 것이다. 그 지식은 그들이 어려울 때에 무수하게 많은 천천 금은보다 더 힘이 되어 줄 것이다.

II. 그들의 죄악들이 하나님의 진노를 얼마나 불러일으켰는지를 들었을 때, 그들은 엉뚱하게도 하나님과의 언약 속에서 그들이 할례를 받았다는 사실을 들먹였다. 그들은 의심할 여지 없이 하나님의 백성이었다. 그들의 도성에는 여호와의 성전이 있었다면, 그들의 육체에는 하나님의 자녀라는 표(標)가 있었다. "갈대아 군대가 이런저런 나라들을 초토화시켰다는 것은 사실이지만, 그것은 그 여러 나라의 백성들이 할례를 받지 않았기 때문이고, 우리 같이 할례를 받아서 하나님의 보호하심 아래 있는 백성의 나라에는 그런 말은 통하지 않는다." 그들의 이러한 주장에 대하여 선지자는 할례를 받은 자든 할례를 받지 않은 자든 가리지 않고 하나님이 모든 악한 자들을 벌하시고자 하는 징벌의 날이 지금 가까이 왔다고 대답한다(25-26절). 그들은 그들에게 주어진 특별한 영광을 죄로 말미암아 더럽혔고, 할례 받지 않은 나라의 백성들과 별 다를 것 없이 살아 왔기 때문에, 그 특권을 상실하였다. 그러므로 그들은 그들에게 주어진 영광과 특권으로 인해서 특별 대우를 받을 것이라고 기대해서는 안 된다. 하나님은 할례 받은 자와 할례 받지 못한 자를 다 벌하리라. 할례 받지 못한 자들의 무지(無知)가 그들의 악에 대한 면죄부가 될 수 없는 것과 마찬가지로, 할례 받은 자들이 지닌 특권들은 그들의 악에 대한 면죄부가 될 수 없기 때문에, 둘 다 함께 벌을 받게 될 것이다. 온 땅을 심판하시는 분은 편파적이지 않은 분이시기 때문에 그의 법정에서는 어떤 외적인 이점 때문에 특별 대우를 받는 일은 없을 것이고, 하나님은 할례를 받은 자든 받지 않은 자든 각 사람을 그의 행위를 따라 심판하실 것임을 명심하라. 세례를 받은 후에 죄를 짓고 회개하지 않는 죄인들은 세례를 받지 않고 회개하지 않는 죄인들과 마찬가지로 분명히 벌을 받게 될 것이고, 더 엄한 벌을 받게 될 것이다. 이 본문에서 유다를 애굽과 에돔 중간에 두고서 그 이방 나라들과 동일한 위치와 동일한 운명에 있는 것으로 묘사하고 있는 것은 인상적이다(26절). 이 이방 나라들은 하나님께서 유대인들의 특권에 참여하는 것을 금지시킨 나라들이었다(신 23:3). 그러나 여기에서 유대인들은 이 이방 나라들과 동일한 벌을 받게 될 것이라는 말을 듣는다. 본문에 나오는 저 오지(奧地)인 광야에 사는 자들은 예레미야 49:28-32과 비교해 보면 드러나듯이 게달 족속과 하솔 나라의 백성들인 것으로 추정된다. 어떤 이들은 그들이 그렇게 불린 것은 그들이 세상의 끝자락에 살았기 때문이라고 생각하고, 또 어떤 이들은 그들이 살쩍을 깍은 자들(즉, 머리 끝들을 밀은 자들)이었기 때문이라고 생각한다. 어느 쪽이 맞든, 그들은 육체에 할례를 하지 않는 나라들의 백성이었고, 유대인들은 그들과 동일한 반열에 놓여서 그들과 마찬가지로 죄 때문에 곧 멸망당할 처지에 있었다. 왜냐하면, 이스라엘은 마음에 할례를 받지 못하였기 때문이다. 그들은 마음에 할례를 받았다는 것을 나타내는 외적인 표(標)는 지니고 있었지만, 정작 그 표가 나타내는 것, 즉 마음의 할례는 그들에게 없었다(렘 4:4). 그들의 악한 행위들로 말미암아 그들의 마음은 하나님을 모르는 이방인처럼 되었고, 그들의 생각은 하나님의 원수가 되었다. 그들의 마음은 할례 받지 못한 이방인들의 마음과 마찬가지로 우상들을 좋아하였다. 언약의 표(標)는 비록 우리를 존귀하게 해주고 우리를 일정한 의무들 아래에 두는 역할을 하지만, 우리의 마음의 성향과 우리의 삶의 기조가 그 언약과 일치하지 않는다면, 우리를 구원해 주지 못한다는 것을 명심하라. 마음에 한 할례만이 진정한 할례이고 마음에 한 세례만이 진정한 세례이다(롬 2:28-29).

제
— 10 —
장

개요

이 장에 나오는 예언은 제1차 포수(捕囚) 이후, 즉 많은 사람들이 바벨론으로 끌려 갔던 여고냐 또는 여호야긴 시대에 선포된 것으로 추정된다. 왜냐하면, 이 예언에서는 두 부류의 사람들에 대한 언급이 나오기 때문이다. I. 다른 어느 나라보다도 우상 숭배와 미신으로 악명이 높았던 나라인 갈대아인들의 땅으로 끌려간 자들. 선지자는 여기에서 그들에게 그 곳의 풍습에 물들지 말고 이방인들의 길을 배우지 말라고 주의를 준다(1-2절). 왜냐하면, 그들의 점성술과 우상 숭배는 둘 다 어리석은 짓들이고(3-5절), 우상을 숭배하는 자들은 어리석은 자들이기 때문이다(8-9절). 이와 같은 사실은 그들이 벌을 받는 날에 밝혀지게 될 것이다(14-15절). 또한, 선지자는 그들에게 여호와 같은 이가 없으니 이스라엘의 하나님을 굳게 붙잡으라고 권고한다(6-7절). 하나님은 참 하나님이시고 영원히 사시며 온 세계를 다스리시는 분이시기 때문에(10-13절), 그의 백성은 복되다(16절). II. 아직 그들의 땅에 남아 있던 자들. 선지자는 그들에게 하나님께서 그들의 죄 때문에 그들에게 외적을 보내실 것이니(20-22절) 안일하게 살지 말고 장차 환난이 있을 것을 예상하라고 주의를 준다(17-18절). 선지자는 이 재난을 슬퍼하면서(19절), 하나님께 재난을 완화해 주시기를 기도한다(23-25절).

[1]이스라엘 집이여 여호와께서 너희에게 이르시는 말씀을 들을지어다 [2]여호와께서 이와 같이 말씀하시되 여러 나라의 길을 배우지 말라 이방 사람들은 하늘의 징조를 두려워하거니와 너희는 그것을 두려워하지 말라 [3]여러 나라의 풍습은 헛된 것이니 삼림에서 벤 나무요 기술공의 두 손이 도끼로 만든 것이라 [4]그들이 은과 금으로 그것에 꾸미고 못과 장도리로 그것을 든든히 하여 흔들리지 않게 하나니 [5]그것이 둥근 기둥 같아서 말도 못하며 걸어다니지도 못하므로 사람이 메어야 하느니라 그것이 그들에게 화를 주거나 복을 주지 못하나니 너희는 두려워하지 말라 하셨느니라 [6]여호와여 주와 같은 이 없나이다 주는 크시니 주의 이름이 그 권능으로 말미암아 크시니이다 [7]이방 사람들의 왕이시여 주를 경외하지 아니할 자가 누구리이까 이

는 주께 당연한 일이라 여러 나라와 여러 왕국들의 지혜로운 자들 가운데 주와 같은 이가 없음이니이다 [8]그들은 다 무지하고 어리석은 것이니 우상의 가르침은 나무뿐이라 [9]다시스에서 가져온 은박과 우바스에서 가져온 금으로 꾸미되 기술공과 은장색의 손으로 만들었고 청색 자색 옷을 입었나니 이는 정교한 솜씨로 만든 것이거니와 [10]오직 여호와는 참 하나님이시요 살아 계신 하나님이시요 영원한 왕이시라 그 진노하심에 땅이 진동하며 그 분노하심을 이방이 능히 당하지 못하느니라 [11]너희는 이같이 그들에게 이르기를 천지를 짓지 아니한 신들은 땅 위에서, 이 하늘 아래에서 망하리라 하라 [12]여호와께서 그의 권능으로 땅을 지으셨고 그의 지혜로 세계를 세우셨고 그의 명철로 하늘을 펴셨으며 [13]그가 목소리를 내신즉 하늘에 많은 물이 생기나니 그는 땅 끝에서 구름이 오르게 하시며 비를 위하여 번개치게 하시며 그 곳간에서 바람을 내시거늘 [14]사람마다 어리석고 무식하도다 은장이마다 자기의 조각한 신상으로 말미암아 수치를 당하나니 이는 그가 부어 만든 우상은 거짓 것이요 그 속에 생기가 없음이라 [15]그것들은 헛 것이요 망령되이 만든 것인즉 징벌하실 때에 멸망할 것이나 [16]야곱의 분깃은 이같지 아니하시니 그는 만물의 조성자요 이스라엘은 그의 기업의 지파라 그 이름은 만군의 여호와시니라

선지자 이사야가 유대인들이 바벨론에 포로로 끌려가게 될 것을 예언하였을 때에 우상 숭배에 대한 경고의 말을 덧붙이고 우상 숭배자들이 얼마나 제정신이 아닌가를 꽤 자세하게 설명한 것은 단지 바벨론에서의 여러 가지 유혹으로 인하여 유대인들이 거기에서 우상 숭배에 빠지게 될 위험성이 있었기 때문만이 아니라 하나님께서 그들을 바벨론에 포로로 잡혀가 환난을 당하게 하시는 데에는 그들이 가진 우상 숭배의 병을 고치고자 하시는 의도가 숨어 있었기 때문이기도 하였다. 마찬가지로, 선지자 예레미야가 여기에서 우상 숭배와 관련된 이방의 관습들을 물리치라고 백성들에게 단단히 주의를 주는 것은 이미 바벨론으로 끌려간 자들을 위한 것일 뿐만 아니라 고국 땅에 머물고 있는 자들이 이러한 하나님의 말씀을 듣고서 죄를 깨닫고 삶을 고쳐서 하나님의 회초리를 미연에 방지할 수 있게 하기 위한 것이기도 하다. 이 예언의 말씀은 우리의 교훈을 위하여 기록된 것이다. 좀 더 살펴보자.

I. 하나님께서 자기 백성에게 이방인들의 길과 관습을 따르지 말라고 엄숙하게 당부하심. 이스라엘 집이여, 이스라엘의 하나님께서 하시는 이 말씀을

들고 받으라. "여러 나라의 길을 배우지 말고, 그것을 인정하지 말며, 그것도 괜찮은 것이라고 생각하지 말고, 그것을 본받거나 거기에 적응하는 일은 더더욱 하지 말라. 그들의 관습들 중에서 어느 하나라도 너희 가운데로 슬쩍 들어오거나(그들은 자기도 모르는 사이에 그렇게 하기 쉽기 때문에), 너희의 종교와 뒤섞이지 않게 하라." 하나님에게서 가르침을 받는 자들이 이방의 길을 배우거나 거짓 신들을 섬기는 데에 사용되었던 의식(儀式)들로 참 하나님을 섬기려고 생각하는 것은 합당치 않다는 것을 명심하라(신 12:29-31). 해와 달과 별 같은 하늘의 만상(萬象)을 숭배하는 것이 이방의 길이었다. 그들은 일월성신을 신격화하여 경배하였고, 그것들로부터 신적인 은총을 기대하였다. 또한, 그들은 하늘의 징조가 길하거나 흉한 것에 따라서 그들의 신이 그들을 좋게 보고 있거나 노여워하고 있다고 생각하였다. 그래서 그들은 심혈을 기울여서 두렵고 떨리는 마음으로 해와 달이 차고 기우는 것, 행성들의 위치에 따른 합(合)과 충(衝), 천체들의 온갖 이상 현상들 같은 징조들을 관찰하였다. 흉조라고 생각되는 일이 일어나면, 일은 중단되었다. 옆에서 벼락이 치기만 해도, 그들은 마치 자기가 벼락이 맞은 것처럼 호들갑을 떨었다. 이제 하나님은 자기 백성에게 하늘의 징조를 두려워하지 말고 별들을 신으로 섬겨 경배하지도 말며 그 징조들에 근거한 어떤 예언에도 겁을 집어먹지 말라고 하신다. 도리어, 그들은 하늘의 하나님을 두려워하여야 하고, 하나님의 섭리에 대한 경외심을 지녀야 한다. 그러면 그들은 하늘의 징조를 두려워하거나 그 징조에 따라 낙심할 필요가 없다. 왜냐하면, 별들이 하늘에서부터 싸우되 그들이 다니는 길에서 하나님과 화목한 자와 싸우는 일은 없기 때문이다. 이방인들은 더 나은 것을 알지 못하기 때문에 하늘의 징조들에 따라 낙심하지만, 이스라엘 집은 하나님에게서 배우는 자들이기 때문에 그래서는 안 되고 그럴 필요도 없다.

II. 하나님께서 이러한 당부를 더욱 힘있게 하기 위하여 여러 가지 선한 이유들을 제시하심.

1. 이방인들의 길은 아주 우스꽝스럽고 터무니없어서 올바른 이성에 비추어만 보아도 단죄를 피할 수 없다(3절). 이방인들의 율례와 규례들은 헛된 것 그 자체이다. 그것들은 이성에 의한 시험을 통과할 수 없다. 예레미야 선지자는 이사야가 그랬던 것처럼 여기에서 이 점을 반복해서 역설한다. 갈대아인들은 그들이 가진 지혜를 소중히 여겼고, 세상의 어떤 나라보다도 그들의 지혜가

뛰어나다고 생각하였다. 그러나 선지자는 여기에서 그들을 비롯해서 우상을 숭배하고 우상에게서 도움과 구원을 기대하는 모든 자들은 이성 없는 짐승 같이 어리석으며 상식도 없는 자들이라는 것을 보여준다.

(1) 그들이 숭배하는 우상이라는 것이 도대체 어떤 존재인지를 잘 생각해 보라. 우상은 원래 삼림에서 벤 나무였다. 기술공의 두 손은 그 나무를 잘 다듬어서 자로 재고 톱질을 해서 어떤 모양으로 만들어낸다(사 44:12 이하를 보라). 그러나 어쨌든 그것은 다른 용도에 쓰기보다도 집 앞 우체통의 기둥으로 사용하기에 적당한 나무 토막일 뿐이다. 그러나 그들은 우상이 나무일 뿐이라는 사실을 숨기기 위해 도금을 하거나 옻칠을 하거나 금박이나 은박으로 덧입히는 등 은과 금으로 그것을 꾸민다. 그런 후에 그들은 그것을 정해진 장소에 놓고서 못과 장도리로 든든히 하여 넘어지거나 흔들리거나 훔쳐가지 못하게 한다(4절). 그것이 종려나무처럼 우뚝 서 있지만(5절), 우상을 그렇게 우뚝 세워 놓은 것이 다름아닌 기술공의 솜씨라는 것은 아무도 부인할래야 부인할 수 없다. 그 우상은 마치 그들에게 말이라도 할 것처럼 웅장하게 우뚝 서 있지만, 사실은 말을 못한다. 그것은 말 못하는 하찮은 피조물일 뿐이다. 또한, 그 우상은 그들을 구원하기 위해서 한 걸음도 내디딜 수 없다. 장소를 이동해야 할 필요가 생기면, 사람들이 그 우상을 떠메고 가야 한다. 왜냐하면, 그 우상은 걸어다니지 못하기 때문이다. 이 대목에서 다음과 같은 권면이 등장하는 것은 아주 적절하다. "너희는 하늘의 징조들과 마찬가지로 우상들도 두려워하지 말라. 우상들은 화를 주지 못하나니 그 우상들의 진노를 살까봐 두려워하지 말라. 우상들이 너희에게 복을 주지 못하나니 그 우상들의 은총을 잃을까봐 염려하지 말라. 우상을 만들 때에 귀한 재료를 사용하여 잘 다듬어서 정성껏 우상을 만든다면 너희의 문제도 잘 다듬어져 해결될 것이라고 생각한다면, 그건 오산이다. 금과 은으로 만든 우상들은 나무로 만든 우상과 마찬가지로 숭배할 가치가 없는 것들이다. 그들의 가르침은 우상들, 즉 헛된 것들에 관한 가르침뿐이라(8절, 개역에서는 우상의 가르침은 나무뿐이라). 그들은 거짓 것들을 가르치고, 하나님에 관하여 거짓 것들을 가르친다. 그들은 장황하게 헛된 것들을 가르치지만, 우상은 나무일 뿐이다." 금과 은으로 만든 우상들은 나무에 금박과 은박을 입힌 것이었을 가능성이 높다. 그래서 그들은 다시스에서 바다를 건너 수입해서 가져온 은박과 우바스(또는, 바스)에서 가져온 금(종종 순금 또는 정금으로 번역된다, 시 21:3)으로 우

상들을 꾸몄다. 이렇게 우상을 만드느라 그들은 많은 노력과 정성을 들였다. 그들이 금 우상과 은 우상을 만들 때에 사용한 기술은 나무 우상을 만들 때에 사용한 평범한 기술(3절)과는 달리 정교한 것이었다. 그들은 영리하고 솜씨 좋은 자들이었다. 먼저 우상을 만들려면 기술공의 솜씨가 필요하였다. 그 일이 끝나면 은장색의 손을 거쳐 조각가가 솜씨를 발휘한다. 나무 우상들에는 단지 여기저기에 금박과 은박을 씌우기만 하면 되었다. 그러나 금 우상과 은 우상을 만들 때에는 전체를 금과 은으로 덧입혔다. 그들은 이 우상들을 왕으로 숭배하기 위하여 왕이 입는 옷인 청색 자색 옷을 입혔다(9절). 이것은 무지한 숭배자들을 기쁘게 해주었겠지만, 그렇다고 해서 우상의 본질이 달라지는 것은 없다. 그렇다면, 그들이 이렇게 최선을 다해서 만든 우상은 도대체 어떤 존재인가? 하나님은 우리에게 이렇게 말씀해 주신다(14절). 우상은 거짓 것이다. 우상은 하나님인 체하지만, 사실은 세상을 상대로 한 대사기극이다. 우상들은 사람들에게 생기와 생명과 지각(知覺)을 주는 신들로 숭배를 받지만, 그 자신은 생명도 없고 지각도 없으며, 그 속에 생기도 없다. 그것들 속에는 영이 없다(원어는 이렇게 되어 있다). 사람들은 우상들 속에 신적인 영이나 신성이 깃들어 있다고 생각하지만, 전혀 그렇지 않다. 우상들은 전혀 신들이 아니기 때문에 아래로 내려가는 짐승의 혼조차도 지니고 있지 않다. 그것들은 헛 것이요 망령되이 만든 것이다(15절). 그것들을 어디다 쓸 수 있을지 한번 궁리해 보라. 그러면 너희는 그것들이 아무짝에도 쓸모없는 헛 것임을 알게 될 것이다. 그것들로부터 도움을 기대하는 것도 헛되고, 그것들을 의지하는 것도 헛되다. 그것들은 속이는 것, 현혹시키는 것 또는 단지 모조품에 불과하다. 어떤 이들은 다음 구절을 그렇게 읽는다. 그것들은 그것들을 의지하는 자들을 현혹시켜서 우롱한다. 아니, 그들은 스스로에게 속아 우롱당하는 것이라고 말하는 편이 더 낫다. 그것들의 용도를 잘 살펴보라. 그러면 너희는 그것들이 이성을 지닌 체한 자들이 범한 아주 중대한 실수로 말미암아 만들어진 오류들의 작품이라는 것을 알게 될 것이다. 그것들은 사람들이 현혹되어서 엉뚱한 생각을 하다보니 만들어진 것들이다. 우상들은 그것들이 만들어졌을 때에 내재적으로 지닌 오류들을 그 숭배자들에게 전파한다.

(2) 이러한 우상들을 숭배하는 자들은 도대체 어떤 자들인지를 앞에서의 설명을 근거로 추론해 보라(8절). 그들은 다 무지하고 어리석다. 우상들을 만드는

자들은 우상들과 똑같이 지각 없고 우둔하며 그 안에 영이 없는 자들이다. 그들은 이성을 사용할 줄 모른다. 만약 이성을 사용한다면, 그들은 결코 우상들에게 머리 숙여 절하지 않을 것이다(14절). 우상들을 만들거나 숭배하는 사람마다 어리석고 무식하게 되어 버렸다. 즉, 그들은 지식이 없기 때문에 어리석다고 할 수 있고, 스스로 모든 것을 다 알고 있다고 생각하기 때문에 어리석다고 할 수 있다. 그들이 자연적으로 알고 있는 것, 그들이 자연의 빛에 의해서 알 수밖에 없는 것, 이성 없는 짐승도 본능으로 아는 그런 것들에서 그들은 부패해 있다(유 1:10). 하나님께서 만드신 만물 속에서 창조주의 영원한 능력과 신성을 보고 알 수밖에 없게 되어 있는데도, 그들은 변해서 그 생각이 허망하여지고 마음에 하나님 두기를 싫어하였다(롬 1:21, 28). 아니, 그들은 이런 식으로 우상들을 많이 만들어 섬기는 것이 그들의 지혜의 일부라고 생각하였지만, 사실 그것은 그들이 저지를 수 있는 어리석은 일 중에서 가장 큰 것이었다. 이 세상이 자기 지혜로 하나님을 알지 못하였다(고전 1:21; 롬 1:22). 은장이마다 자기의 조각한 신상으로 말미암아 스스로 수치를 당한다. 그는 잘못 생각한 탓에 우상을 만들었지만 이렇게 수치와 낭패를 당함으로써 더욱더 자신의 실수에 매달리게 된다. 그는 당혹해하면서도 마법에 걸린 듯 덫에서 빠져나올 수 없다. 또는, 그는 언젠가는 자기가 만든 우상 때문에 수치를 당하게 될 것이다.

2. 이스라엘의 하나님은 유일하게 살아 계시고 참되신 한 분 하나님이시고, 그분을 자신의 하나님으로 섬기는 자들은 다른 신에게 의지할 필요가 없다. 아니, 하나님과 나란히 다른 신을 섬긴다면, 그것은 하나님에게 끼칠 수 있는 가장 큰 무례이자 모욕이 될 것이다. 이스라엘 집은 다음과 같은 이유에서 오직 이스라엘의 하나님만을 꼭 붙잡고서 섬기고 예배하여야 한다.

(1) 이스라엘의 하나님과 견줄 만한 그런 신은 존재하지 않는다. 사람들이 하나님 대신에 어떤 신을 내세운다고 하여도, 하나님과 견줄 만한 신은 하나도 없다. 선지자는 이방의 우상들에 대하여 말할 때에는 가장 경멸하는 태도로 말을 하다가(그는 당연히 그래야 한다), 이제 방향을 바꿔서 이스라엘의 하나님에 대하여 말할 때에는 지극히 공경하고 경외하는 태도로 말을 하기 시작한다(6-7절). "여호와여 주와 같은 이 없나이다. 이방인들이 신격화하여 야단법석을 떠는 온갖 영웅들 — 그들은 죽은 사람들의 조상(彫像)을 만들어서 숭배하였다 — 중에서 여호와 같은 이가 없나이다. 어떤 이들은 그들이 지니고 있던 지혜

때문에 죽어서 신격화되어 숭배를 받았지만, 아폴로(Apollo)나 헤르메스(Hermes)를 비롯한, 가장 위대한 철학자들이나 정치가들 같이 여러 나라의 지혜로운 자들 가운데 주와 같은 이가 없음이니이다. 또, 어떤 이들은 그들이 발휘하였던 통치력 때문에 죽어서 신격화되어 숭배를 받았지만, 사투르누스(Saturn)나 제우스를 비롯한 그들의 모든 왕들 가운데서 그들의 모든 왕권에 있어서(본문은 이렇게 읽을 수도 있다) 주와 같은 이가 없음이니이다." 유익한 기술을 발명해 냈거나 큰 왕국을 세운 자의 영광(물론, 이런 일들은 이방인들 가운데서는 그 사람을 신격화할 만한 충분한 근거가 되겠지만)을, 세상을 만드시고 사람 안에 심령을 지으신 창조주 하나님의 영광과 어떻게 비교할 수 있겠는가? 왕이나 군주가 아무리 위대하다고 한들 그들의 영광을, 그의 왕권으로 만유를 다스리시는 하나님의 영광과 어떻게 비교할 수 있겠는가? 선지자는 여호와여 주는 무한하시고 광대하셔서 크시니 주의 이름이 그 권능으로 말미암아 크시니이다(6절)라고 고백한다. 주는 모든 권능을 가지고 계시고, 그런 권능을 가지고 계시는 것으로 알려져 있다. 사람들의 이름, 즉 명성은 그들이 실제로 지닌 힘보다 과장되는 경우가 흔하다. 사람들은 그들의 실제 모습보다 더 위대한 것으로 비춰지는 경우가 허다하다. 그러나 하나님의 이름은 크시되 결코 실제보다 더 과장된 것이 아니다. 그러므로 이방 사람들의 왕이시여 주를 경외하지 아니할 자가 누구리이까. 누가 아무것도 하지 못하는 이방인들이 숭배하는 죽은 우상들이 아니라 모든 것을 하실 수 있는 이와 같은 하나님을 섬기려 하지 않겠는가? 권능으로 말미암아 그 이름이 크신 하나님을 거스르거나 버리고도 두려워하지 않을 자가 누구이겠는가? 모든 열방들 중에서 그들에게 어느 쪽이 유익인지를 올바르게 깨닫기만 한다면 열국의 왕이신 여호와를 경외하지 아니할 나라가 어디 있겠는가? 오직 하나님을 섬기는 것 속에만 놀랄 만한 품위와 질서가 존재한다는 것을 명심하라. 홀로 하나님이신 분이 홀로 섬김을 받으시고, 만유의 주이신 분이 만유의 섬김을 받으며, 크신 분을 크게 경외하고 크게 찬송하는 것이 합당하다.

(2) 하나님이 참되시다는 것은 우상들이 헛되다는 것만큼이나 명백하다(10절). 우상들은 사람들이 손으로 만든 것이기 때문에 우상들을 숭배하는 것이 코미디라는 것은 그 어떤 것보다도 더 명백하다. 우상 숭배를 코미디라고 할 수 있다면, 우상 숭배는 우리를 지으신 분에 대한 아주 큰 모욕이 된다. 그러나

오직 여호와는 참 하나님이시요 진리의 하나님이시다. 그는 진실로 하나님이시다. 여호와 하나님은 참이시다. 하나님은 우상들과는 달리 가짜로 만들어진 것이나 신(神)인 체하는 것이 아니라, 그가 우리에게 스스로를 계시하신 것 그대로이다. 하나님은 우리가 의지할 수 있는 분이고, 우리를 결코 속이실 수 없는 분이다.

[1] 하나님을 그 자체로 본다면, 하나님은 살아 계신 하나님이시다. 하나님은 생명 자체이시고, 생명을 자기 안에 가지고 계시며, 모든 피조물들에게 생명의 원천이 되신다. 이방의 신들은 아무 가치도 없고 쓸모도 없는 죽은 것들이지만, 우리의 하나님은 살아 계신 하나님, 영원한 삶을 지니신 분이다.

[2] 하나님을 그의 피조물과의 관계 속에서 본다면, 하나님은 왕이시고 만유의 절대 군주이시며, 피조물들의 소유자이자 통치자로서 그것들을 부리고 그의 뜻대로 처분하실 절대적인 권리를 갖고 계신다. 왕으로서 하나님은 피조물들을 보호하시고 그들이 잘 되도록 모든 것을 공급하시며 그들 가운데 평화를 지켜 주신다. 하나님은 영원한 왕이시다. 그의 나라의 모략들은 영원에서 왔고, 그 나라는 영원까지 이어질 것이다. 하나님은 영원의 왕이시다. 이방인들이 그들의 왕이라고 부르는 우상들은 단지 어제만 있을 뿐 내일이 없어서 곧 없어지고 만다. 우상들을 세우고 숭배하던 세상의 왕들도 머지않아 티끌로 변하고 말 것이다. 그러나 시온아 여호와는 영원히 다스리시고 네 하나님은 대대로 통치하시리로다(시 146:10).

(3) 하나님의 진노의 능력을 아는 자가 없다. 우리는 하나님만을 경외하고, 오직 하나님께 드려야 할 영광을 다른 신에게 드려서 하나님을 진노하게 하는 일이 없어야 한다. 왜냐하면, 하나님의 진노하심에 땅이 진동하며, 세상의 왕들 가운데서 가장 강하고 용감한 자라도 두려워 떨게 되어 있기 때문이다. 아니, 땅은 견고하지만, 하나님께서 땅을 주목하여 보시기만 하여도 진동하며, 바위들은 두려워 떤다(시 104:32; 합 3:6, 10). 열방들이 한데 힘을 합쳐 하나님과 다투고자 할지라도, 그들은 하나님과 맞서는 것은 아예 불가능하고 그 분노하심조차 능히 당하지 못한다는 것을 곧 알게 될 것이다. 하나님의 분노는 그들을 삼켜 버릴 것이기 때문에 그들은 그 분노에 맞설 수 없다. 또한, 그들이 하나님의 분노 아래에서 견디려고 하려도 과부하가 걸려서 도저히 견뎌낼 수 없다(시 76:7-8; 나 1:6).

(4) 하나님은 자연의 하나님으로서 만유(萬有)의 원천이시다. 하나님은 자연의 모든 힘들을 마음대로 부리시고 처분하신다(12-13절). 우리가 섬기는 하나님은 천지를 지으시고 왕으로 다스리시는 분이시다. 그래서 하나님의 보이지 않는 것들은 보이는 것들 속에 분명히 드러나서 증명된다.

[1] 우리가 거슬러 올라가 보면, 우리는 온 세계가 그 첫 번째 원인자이신 하나님에게서 생겨났다는 것을 발견하게 된다. 심지어 헬라인들 가운데서도 다음과 같은 말이 회자되었다. 신이 되고자 하는 자는 먼저 세계를 만들어야 한다. 이방인들은 그들이 만든 신들을 숭배하지만, 우리는 우리와 만물을 만드신 하나님을 섬긴다.

첫째, 땅은 하나의 광대한 덩어리로서 그 속에는 귀한 보화들이 있고 그 표면에서는 더 귀한 열매들이 맺힌다. 하나님은 그런 땅과 거기에 있는 모든 것을 그의 권능으로 지으셨다. 또한, 땅을 아무것도 없는 곳에 매달아(욥 26:7) 스스로의 무게로 공중에 떠 있게 하신 것도 앞에서 말한 것에 못지 않은 하나님의 무한하신 권능을 보여주는 것이다.

둘째, 땅 중에서 사람들이 거주할 수 있는 곳을 가리키는 세계는 인간이 사용하고 섬기는 데에 기가 막힐 정도로 적합하게 되어 있는데, 하나님은 그의 지혜로 세계를 세우셨기 때문에, 세계는 끊임없이 변하는 속에서도 계속해서 인간에게 유익하고, 한 세대에서 다음 세대로 넘어가도 지속적으로 안정성을 유지한다. 그러므로 땅과 세계는 둘 다 하나님의 것이다(시 24:1).

셋째, 하늘은 믿을 수 없을 정도로 넓게 그리고 경이롭게 펼쳐져 있는데, 하나님은 그의 명철로 하늘을 그렇게 펼쳐 놓으셨고, 하늘에서 천체들의 운행이 이 아랫 세상에 유익이 되게 하셨다. 하늘은 하나님의 영광을 선포하고(시 19:1), 우리로 하여금 하나님의 영광을 선포하게 하는데, 우리가 하늘을 만드신 분에게 드려야 할 영광을 하늘에 바친다면, 그것은 있을 수 없는 일이다.

[2] 위를 올려다 보면, 우리는 하나님의 섭리가 계속되는 창조라는 것을 알게 된다(13절). 그가 목소리를 내신즉(즉, 명령하시는 말씀을 주신즉) 하늘에 많은 물이 생기고, 이 물은 하나님의 뜻에 따라 심판을 위해서든 긍휼을 위해서든 땅에 부어진다. 하나님이 천둥으로 목소리를 내시면, 많은 물을 머금은 비가 즉시 뒤따른다. 난외주의 읽기를 따르면, 시끄러운 소리와 함께 많은 물이 생긴다. 우리는 성경에서 큰 비 소리(왕상 18:41), 즉 많은 비가 내리는 시끄러운 소

리라는 표현을 볼 수 있다. 아니, 자연의 나라에서는 날마다 소리 없이 기이한 일들이 진행되고 있다. 그는 땅 끝에서, 땅의 모든 곳에서, 심지어 가장 먼 곳에서, 특히 바다 근처에 있는 곳에서 수증기와 구름이 오르게 하신다. 온 땅은 비의 축복을 받아서 수증기를 공세(貢稅)로 바친다. 이렇게 온 세계에 있는 수증기는 한 나라에 있는 돈이나 몸 속에 있는 피와 마찬가지로 전체의 유익을 위하여 끊임없이 순환한다. 이러한 수증기들은 기이한 일들을 만들어낸다. 왜냐하면, 수증기들을 통해서 비를 위한 번개가 만들어지기 때문이다. 또한, 하나님은 금고에서 돈을 꺼내어 지불하듯이 필요할 때마다 그의 곳간에서 용도에 맞게 적절한 분량으로 바람을 내신다. 이와 같은 온갖 기상 현상들은 하나님의 목적에 기여하기 위하여 너무도 잘 준비되어 있기 때문에, 성경에서는 하나님이 그러한 것들을 보관해 두는 곳간들을 가지고 계시고, 그 곳간들은 아무리 써도 마르지 않아서 그러한 것들을 언제든지 꺼내 쓸 수 있는 것으로 묘사한다(시 135:7). 하나님은 이런 것들 보관해 두는 곳간들을 가지고 계신다고 자랑하신다(욥 38:22-23). 하나님은 이런 일들을 다 하실 수 있으시다. 그러나 이방의 우상들 중에서 그 어떤 우상이 이와 같은 일을 할 수 있단 말인가? 온갖 기상 현상들은 오직 크신 창조주의 지혜와 권능을 보여주는 증거와 본보기를 우리에게 제공해 주는 것임을 명심하라.

(5) 바로 이 하나님이 이스라엘과 언약을 맺으신 하나님이자 진정으로 모든 이스라엘 백성의 지극한 복이 되시는 분이다. 그러므로 이스라엘 집은 하나님을 꼭 붙잡아야 하고, 우상들을 받아들이기 위해 하나님을 버리는 일이 없어야 한다. 그들이 그렇게 한다면, 그들은 분명히 더 나쁜 쪽으로 변하고 있는 것이다. 왜냐하면, 야곱의 분깃은 우상들과 같지 아니하시기 때문이다(16절). 이방인들의 반석은 우리의 반석과 같지 않고(신 32:31), 우리가 기대는 언덕은 이방인들이 기대는 언덕과 같지 않다. 좀 더 살펴보자.

[1] 여호와를 자신의 하나님으로 섬기는 자들은 여호와 안에서 온전하고 완전한 복을 갖는다. 야곱의 하나님은 야곱의 분깃이다. 하나님은 야곱의 모든 것이기 때문에, 야곱은 하나님 안에서 모든 것을 차고 넘치게 갖고 있어서 이 세상이나 다른 세상에서 더 이상 필요한 것이 없다. 하나님 안에서 우리는 가치 있는 분깃을 가지고 있다(시 16:5).

[2] 우리가 우리의 분깃이신 하나님 안에서 온전한 만족을 가져서 부족함을

모른다면, 하나님은 자기 백성인 우리를 기뻐하시고, 우리를 그의 기업의 지파, 그의 소유이자 보화라고 인정하시며, 우리와 함께 거하시면서 우리의 섬김을 받으시고 우리로 인하여 영광을 받으실 것이다.

[3] 여호와의 모든 백성에게는 그들의 하나님이신 분이 만물의 조성자이셔서 필요할 때마다 그들을 위해서 모든 일을 하실 수 있고 그들에게 모든 것을 주실 수 있다는 사실은 이루 말할 수 없는 위로가 된다. 그들의 도움은 천지를 지으신 여호와의 이름에 있도다(시 124:8). 하나님은 만군의 여호와이시기 때문에, 하늘과 땅에 있는 만상(萬象)을 그의 뜻대로 부리시고, 필요할 때에는 그것들에게 자기 백성을 섬기라고 명령하신다. 이 이름은 하나님이 그들에게 알려주신 이름이었다. 그들은 먼저 이 이름으로 인하여 하나님께 영광을 돌리고, 그런 후에 이 이름을 스스로의 위로로 삼는다.

[4] 이 점에서 하나님의 백성은 다른 어느 백성보다도 복되고 진정으로 복되다. 그들은 그들이 복되다는 것을 모를 리가 없었다. 이방인들이 자랑하고 기뻐하며 그들의 분깃으로 여기는 신들은 헛 것이요 거짓 것이다. 그러나 야곱의 분깃은 우상들과 같지 않다.

3. 선지자는 이렇게 이방의 신들과 이스라엘의 하나님을 비교한 후에(사실 둘은 비교가 되지 않지만) 하나님을 참칭하는 모든 존재들이 맞게 될 확실한 파멸을 읽어내려가고, 유대인들에게 그들이 주인으로 섬기고 있는 우상 숭배자들에게 하나님의 이름으로 파멸을 선포하라고 당부한다(11절). 너희는 이같이 그들에게 이르기를(너희가 섬기는 하나님께서 너희에게 힘을 주셔서 너희가 그런 말을 전할 수 있게 하실 것이다) 천지를 짓지 아니한 신들(그러니까 신이 아니면서 천지를 지으신 분만이 받으셔야 할 영광을 찬탈한 자들)은 망하리라 하라. 그 신들은 헛 것이기 때문에 당연히 망할 것이고, 하나님과 경쟁을 하고자 했기 때문에 하나님의 의로우신 판결을 따라 망할 것이다. 십계명 중 둘째 계명의 구분을 따라서 땅 위에 있는 것들과 땅 아래에 있는 모든 것들, 이 하늘 아래에 있는 것들, 하늘의 궁창에 있는 모든 것들, 가장 높은 하늘들 아래에 있는 것들 중에서 신이라 하는 것들은 다 망하게 될 것이다. 원문을 보면, 이 말씀은 나머지 다른 모든 것들과는 달리 히브리어가 아니라 갈대아 방언으로 되어 있는데, 이것은 갈대아인들이 포로로 잡혀 있는 유대인들에게 우상을 숭배하라고 유혹할 때에 유대인들이 갈대아 방언으로 그들에게 이렇게 말할 수 있도록

하기 위한 것이었다. "너희가 우리에게 너희의 신들을 섬기라고 압박하는 것이냐? 우리는 다음과 같은 이유로 절대로 그렇게 하지 않을 것이다."

(1) "너희가 섬기는 신들은 가짜 신들이다. 그것들은 천지를 짓지 않았기 때문에 신이 아니어서 우리의 경배를 받을 자격이 없다. 또한, 우리는 땅의 산물들이나 하늘의 기운들과 관련해서 그 신들에게 빚진 것이 없고, 우리는 오직 이스라엘의 하나님께만 빚지고 있을 뿐이다." 초기 그리스도인들은 그러한 신을 섬기라는 강요를 받았다면 이렇게 말했을 것이다. 그 신으로 하여금 세계를 만들게 해보라. 그러면 그가 나의 신이 될 것이다. 우리가 천지를 지으신 분을 섬기고 있는데도 또 다른 신을 섬긴다면, 그것은 참으로 어처구니없는 일일 것이다.

(2) "너희가 섬기는 신들은 단죄받은 신들이다. 그것들은 망할 것이다. 그 신들이 지금처럼 경배를 받지 못하게 되어 사람들의 기억 속에서 망각된 채 그들을 숭배하던 자들과 함께 망하게 될 때가 올 것이다. 땅은 더 이상 그것들을 받쳐주지 않고, 하늘도 더 이상 그것들을 덮어주지 않으며, 땅과 하늘이 둘 다 그것들을 버릴 것이다." 징벌하실 때에 그것들이 망하리라는 말씀이 다시 나온다(15절). 하나님께서 우상 숭배자들을 벌하실 때에 그들로 하여금 우상들에게 질리게 만드셔서 우상들이 제거되는 것을 도리어 기뻐하게 만드실 것이다. 그들은 우상들을 두더지와 박쥐에게 던져버릴 것이다(사 2:20). 하나님과 거룩한 신앙을 대적하여 내달린 것들은 결국에는 짓밟히게 될 것이다.

¹⁷에워싸인 가운데에 앉은 자여 네 짐 꾸러미를 이 땅에서 꾸리라 ¹⁸여호와께서 이와 같이 말씀하시되 보라 내가 이 땅에 사는 자를 이번에는 내던질 것이라 그들을 괴롭게 하여 깨닫게 하리라 하셨느니라 ¹⁹슬프다 내 상처여 내가 중상을 당하였도다 그러나 내가 말하노라 이는 참으로 고난이라 내가 참아야 하리로다 ²⁰내 장막이 무너지고 나의 모든 줄이 끊어졌으며 내 자녀가 나를 떠나가고 있지 아니하니 내 장막을 세울 자와 내 휘장을 칠 자가 다시 없도다 ²¹목자들은 어리석어 여호와를 찾지 아니하므로 형통하지 못하며 그 모든 양 떼는 흩어졌도다 ²²들을지어다 북방에서부터 크게 떠드는 소리가 들리니 유다 성읍들을 황폐하게 하여 승냥이의 거처가 되게 하리로다 ²³여호와여 내가 알거니와 사람의 길이 자신에게 있지 아니하니 걸음을 지도함이 걷는 자에게 있지 아니하나이다 ²⁴여호와여 나를 징계하옵시되 너그

러이 하시고 진노로 하지 마옵소서 주께서 내가 없어지게 하실까 두려워하나이다 [25]주를 알지 못하는 이방 사람들과 주의 이름으로 기도하지 아니하는 족속들에게 주의 분노를 부으소서 그들은 야곱을 씹어 삼켜 멸하고 그의 거처를 황폐하게 하였나이다 하니라

이 단락에는 다음과 같은 내용들이 나온다.

I. 선지자는 유다와 예루살렘의 멸망이 다가오고 있다는 것을 하나님의 이름으로 경고한다(17-18절).   일부 사람들이 포로로 끌려간 후에 이 땅에 그대로 남아 살고 있던 유대인들은 아주 안일하게 생활하고 있었다. 그들은 그들 자신을 에워싸인 가운데에 앉은 자들, 즉 요새에서 사는 자들로 생각하였다. 그들의 나라는 그들의 튼튼한 요새였고, 그들의 생각에는 난공불락의 성이었다. 그러나 선지자는 여기에서 그들에게 그 곳을 떠날 생각을 하라고 말한다. 그들은 앞서 포로로 끌려갔던 그들의 형제들의 뒤를 좇아갈 것을 대비해서 가재도구를 정리하고 짐을 꾸려야 한다. "네 짐 꾸러미를 이 땅에서 꾸리라. 네가 하는 일을 최소한으로 줄이라. 이것은 너희가 쉴 곳이 아니니 일어나 떠날지어다(미 2:10)." 너희가 가진 것들을 여기저기 흩어놓지 말라. 왜냐하면, 갈대아인들이 너희에게 다시 와서, 하나님께서 너희에게 내리신 심판을 집행할 것이기 때문이다(18절). "보라 내가 이 땅에 사는 자를 이번에는 내던질 것이라. 이제까지 그들은 한 번에 조금씩 끌려갔었지만, 이번에는 물매에서 물맷돌이 내던져지듯이 아주 철저하게 그들의 땅에서 내쳐져서 마을이 텅 비게 될 것이다. 그들 중에서 아무도 남아 있지 못할 것이다. 그들은 강압적으로 내던져져서, 단시간 내에 아주 먼 곳으로 끌려갈 것이다." 이러한 비유가 철저한 멸망을 나타내는 데에 사용되고 있는 것을 보라(삼상 25:29). 하나님께서 또 한 번 그들의 땅을 흔들어 놓으셔서 악인들을 그 땅에서 쫓아내시리라(히 12:26). 하나님은 내가 그들을 괴롭게 하여 깨닫게 하리라는 말씀을 덧붙이신다. 하나님은 그들을 이 땅에서 내던지실 뿐만 아니라(여기에서 그친다면, 그들은 얼마든지 다른 곳으로 가서 편히 살 수 있다), 그들이 어디로 가든 환난과 괴로움이 그들을 따르게 하실 것이다. 그들은 끊임없이 궁지에 몰려 곤란을 겪으며 당혹해하고 어쩔 줄 몰라하게 될 것이다. 하나님께서 그들에게 그들이 믿고자 하지 않는 것을 체험을 통해서 어쩔 수 없이 인정하게 하고 깨닫게 하고자 하셔서 괴롭게 하는 자들을 누

가 또는 무엇이 편안하게 해줄 수 있겠는가? 그들은 하나님의 진노하심의 무게가 어떠하다는 것, 그들이 그 진노하심에 맞서 대항할 수도 없고 그 아래에서 견뎌낼 수도 없다는 것을 종종 들었다. 그들은 그들의 죄가 그들의 파멸의 원인이 되리라는 말을 들었지만, 그들이 들은 말을 마음에 담아두거나 신뢰하고자 하지 않았다. 그러나 이제 그들은 그것이 과연 그렇다는 것을 깨닫게 될 것이다. 그들을 깨닫게 하고 그들이 어쩔 수 없이 그러한 사실을 인정하지 않을 수 없도록 하기 위해 하나님은 그들을 끝까지 쫓아가서 심판하실 것이다. 죄인들은 조만간에 그들의 상태를 말해준 하나님의 말씀이 옳았고, 선지자의 경고가 근거 없는 것이 아니었다는 것을 깨닫게 되리라는 것을 명심하라.

II. 선지자는 백성들에게 그들이 당할 재난들을 슬퍼하고 애곡하라고 권한다(19절). 슬프다 내 상처여. 어떤 이들은 이것을 선지자가 자기 자신을 위해서가 아니라 그의 나라가 당할 재난과 황폐화를 생각하고서 애곡하는 것이라고 본다. 선지자는 그의 말을 듣고서도 그들 자신을 위하여 애곡하고자 하지 않는 자들을 위하여 애곡하였다. 자기와 더불어서 함께 울어 줄 수 있는 지각을 가진 자가 아무도 없었기 때문에, 선지자는 혼자서 은밀하게 울며 내가 슬프다라고 울부짖는다. 애곡할 때에는 애곡하는 마음을 갖는 것이 도리이다. 그러나 이것을 백성들이 한 말로 해석하는 것도 가능하다. 여기서 백성들은 하나의 공동체로 말하고 있기 때문에 한 사람이 말하는 것처럼 묘사된다. 선지자는 그들의 입 속에 그들이 마땅히 해야 할 말을 넣어준다. 그들이 그런 말을 하고 싶어하든 안 하든, 그들에게는 그런 말을 해야 할 이유가 있다. 그들 중에서 일부가 스스로 이렇게 탄식하며 슬퍼할 것이고, 그러다 보면 마침내 그들 모두가 그렇게 하지 않을 수 없게 될 것이다.

1. 그들은 환난이 너무 극심하고, 그들이 감당하기에 너무 벅차며, 그들이 환난에 익숙하지 않았고 더구나 환난을 예상하지도 못했기 때문에 한층 더 힘들다고 탄식한다. "슬프다 내 상처여. 내가 두려워하는 것 때문이 아니라 내가 피부로 느끼는 것 때문에 내가 슬프다." 왜냐하면, 그들은 많이 놀라고 겁을 먹기는 했지만 그들이 받은 상처는 한층 더 심했기 때문이다. 그것은 가벼운 상처가 아니라, 아주 고통스럽고 생명을 위협하기까지 하는 중상이었다.

2. 그들은 참고 인내하는 것 외에는 다른 방도가 없다고 탄식한다. 그들은 스스로 어쩔 수가 없기 때문에 가만히 앉아서 견딜 수밖에 없었다. 내가 내 상

처에 대하여 하소연하고자 하다가도 하소연해 보아야 무슨 소용이 있냐고 말하였노라. 이는 참으로 고난이라 견딜 수 있는 한 내가 참아야 하리로다. 이것은 은혜로 순복하여 믿음으로 인내하는 자의 말이 아니라 어쩔 수 없이 참고 견뎌야 하기 때문에 골이 난 자의 볼멘 소리이다. 내가 환난 가운데 있다면 나는 이렇게 말해야 한다. "이것은 화(禍)이지만, 나는 그것을 인내해야 한다. 왜냐하면, 내가 인내하는 것이 하나님의 뜻이고, 그분의 지혜가 내게 이것을 정하셨으며, 그분의 은혜가 이것이 내게 합력하여 선을 이루게 하실 것이기 때문이다." 이것은 하나님의 손에서 화를 받는 것이다(욥 2:10). 그러나 "이것은 화인데, 나는 어쩔 수 없기 때문에 그것을 참아야 하리라고 말하는 자들은 마지못해 인내하는 것으로서, 환난 가운데서도 변함없이 하나님은 선하시다는 믿음을 갖고서 하나님은 그의 뜻대로 하실 수 있고 또한 하시리라고 말할 뿐만 아니라 하나님의 뜻대로 하옵소서라고 말해야 하는데도 그런 믿음이 그들에게 없다는 것을 여지없이 드러내는 것이다.

3. 그들은 이 나라가 완전히 망하였고 황폐화되었다고 탄식한다(20절). 내 장막이 무너졌다. 예루살렘은 튼튼한 성이었지만, 이제는 모든 줄이 끊어지면 무너지는 성막이나 장막 같이 약하고 견고하지 않다는 것이 입증되었다. 또는, 여기에서 장막이라 표현된 것은 성전을 가리키는 것일 수도 있다. 성전은 처음에는 장막으로 되어 있어서 이 당시에도 종종 그렇게 불렸다. 그들의 교회가 무너졌고, 교회를 지지해 주던 모든 것들이 무너졌다. 교회와 나라, 도시와 시골 할 것 없이 다 초토화되었고, 이렇게 초토화된 것을 다시 일으켜 세울 자도 없었다. "내 자녀가 나를 떠나갔다. 도망친 자들도 있고 죽임을 당한 자도 있으며 포로로 끌려간 자들도 있어서 내게는 이제 자녀가 있지 않다. 나는 쫓겨난 자 같이 되어서 몸을 의지할 곳이 없어서 죽게 될 것이다. 왜냐하면, 예전에는 나의 자녀들이 나를 위해 장막을 세워 주었지만, 이제는 내 장막을 세울 자와 나를 도와서 내 휘장을 칠 자가 다시 없기 때문이다." 예루살렘이여, 네가 낳은 모든 아들 중에 너를 인도할 자가 없도다(사 51:18).

4. 그들은 관원들이 그들의 고충을 덜어주거나 멸망한 나라를 다시 일으켜 세우는 일에 관심이 없고 적절한 조치도 취하지 않았다고 탄식한다(21절). 목자들은 어리석게 되었다. 목자들의 장막이 무너졌다면, 그 장막을 다시 일으켜 세우는 것이 목자들이 할 일이다(20절). 그러나 그들은 어리석은 목자들이었

다. 그들의 왕과 고관들은 백성들의 복리에는 전혀 관심이 없었고, 이 땅이 황폐화된 것에 대해서도 별 감각이 없는 자들처럼 보였으며, 그저 술에 잔뜩 취해 넋이 나간 채 살아가고 있었다. 하나님의 장막을 돌보는 목자들인 제사장들은 신앙을 무너뜨리는 데에는 아주 큰 역할을 했지만 정작 그 신앙을 다시 일으켜 세우는 데에는 아무런 역할도 하지 않았다. 그들은 정말 어리석은 자들이었다. 왜냐하면, 그들은 여호와를 찾지 않았기 때문이다. 그들은 하나님과의 화목을 구하지도 않았고 하나님께 기도하지도 않았다. 그들은 일을 처리할 때에 하나님이나 그의 섭리를 바라보지 않았다. 그들은 심판이 하나님의 손에서 왔다는 것을 인정하지도 않았고, 하나님에게서 구원이 올 것을 기대하지도 않았다. 여호와를 찾지 않는 자들, 기도 없이 살아가고 이 세상에서 하나님 없이 살아가는 자들은 이성 없는 짐승 같이 어리석은 자들이라는 것을 명심하라. 모든 사람은 성인이나 짐승 둘 중 하나이다. 그러나 어떤 민족에게 있어서 지식과 명철로 그들을 양육해야 할 목자들 자신이 이렇게 짐승처럼 어리석다는 것은 정말 슬픈 일이다. 그 결과는 어떠할 것인가? 그러므로 그들이 형통하지 못할 것이다. 백성들의 안전을 위한 그들의 시도들은 어느 하나도 성공하지 못할 것이다. 그들이 행하는 모든 일에서 믿음과 기도로써 하나님을 그들과 동행하시게 만들지 않는 자들은 형통할 것을 기대할 수 없다는 것을 명심하라. 목자들이 짐승 같아서 어리석다면, 그들의 모든 양 떼가 흩어지는 것 말고 다른 무엇을 기대할 수 있겠는가? 왜냐하면, 맹인이 맹인을 인도하면 둘이 다 구덩이에 빠질 것이기 때문이다. 하나의 민족이 망하는 것은 흔히 그 목자들이 어리석기 때문이다.

5. 그들은 적이 가까이 다가오고 있다는 소식이 너무나 두렵다고 탄식한다 (22절). 소문으로 떠돌던 소리, 확인도 되지 않은 채로 처음에는 귓속말로 속삭이다가 나중에는 널리 소문으로 떠돌게 된 소식이 있었는데, 그것이 지금 엄연한 사실로 확인되었다. 유다의 모든 성읍들을 황폐하게 하여 승냥이의 거처가 되게 하겠다고 위협하는 크게 떠드는 소리가 북방에서부터 들린다. 그들이 이 소식을 두려워한 것은 그들 모두가 갈대아 군대의 탐욕과 광분의 희생양들이 될 것이 뻔했기 때문이었다. 그들이 죄를 지어서 도적과 강도의 소굴로 만들어 버린 바로 그 곳이 승냥이의 거처가 되는 것 외에 다른 무엇을 기대할 수 있겠는가?

Ⅲ. 선지자는 백성들에게 말해도 별 소용이 없다는 것을 깨닫고서는 하나님을 향하여 자신의 심정을 토로한다. 사람들은 그들의 말을 들으려 하지 않지

만, 하나님은 그렇지 않으시다는 것은 가엾은 사역자들에게 어느 정도 위로가 된다. 그들은 언제든지 하나님 앞에 나아갈 수 있다. 사역자들이 여기에서 예레미야 선지자처럼 그들의 설교를 기도로 끝맺는다면, 그들은 자기가 헛수고를 했다고 말하지 않아도 될 것이다.

1. 선지자는 여기에서 하나님의 섭리적 주권과 통치권, 즉 열방과 개개인의 모든 일들이 그들의 의지나 지혜가 아니라 하나님의 섭리에 의해서 결정되고 이끌어져간다는 사실을 인정한다(23절). 이것은 우리가 환난에 대하여 하소연하거나 하나님의 긍휼하심을 구할 때에 은혜의 보좌 앞에 나아가서 고백하기에 지극히 합당한 우리의 신앙 조목이다. "여호와여 내가 알고 믿거니와 사람의 길이 자신에게 있지 아니하나이다. 느부갓네살은 스스로의 결단에 의해서가 아니라 하나님의 섭리의 이끌심에 따라서 우리 땅을 쳐들어온 것이다." 하나님께서 우리와 함께 일하셔서 우리를 위해 구원을 보내지 않으시면, 우리는 우리 자신의 구원을 위해서 스스로 아무것도 할 수가 없다. 왜냐하면, 사람은 완전히 자유로운 상태에서 자신의 길을 선택하여 가는 것 같아 보여도 사실은 걸음을 지도함이 걷는 자에게 있지 아니하기 때문이다. 자기가 가진 재산이나 소유를 언제까지나 누릴 것이라고 기대했던 그들은 갈대아 군대에 의해서 내쫓기는 서글픈 경험을 통해서 사람의 길이 자신에게 있지 않다는 것을 깨닫게 되었다. 하나님께서 마음만 먹으시면, 사람들이 차곡차곡 많이 쌓아놓은 것들과 잘 지어 놓았다고 생각하는 것들은 한순간에 산산조각이 나 버린다. 우리는 우리의 삶이 우리 마음대로 되는 것이 아니라 하나님의 지도하심 아래에 있다는 것을 명심하고 믿음으로 받아야 한다. 일들은 우리의 의도와 기대와는 정반대로 뒤엎어지는 경우가 흔하다. 우리는 우리가 걷는 길을 지배하고 장악한 자들이 아니기 때문에, 모든 일이 우리의 뜻대로 될 것이라고 생각해서는 안 된다. 그러므로 우리는 우리 자신을 하나님께 맡기고 묵묵히 그의 뜻을 따라야 한다. 어떤 이들은 선지자가 갈대아 군대의 길이 그들 자신에게 있지 않기 때문에 그들은 하나님이 허락하신 것 외에는 그 이상으로 행할 수 없다는 것을 위로로 삼기 위하여 이 말을 여기에서 하고 있는 것이라고 생각한다. 하나님은 저 교만하고 의기양양한 파도에게 넘어서는 안 될 한계를 정해주면서 네가 여기까지 오고 더 넘어가지 못하리라(욥 38:11)고 말씀하실 수 있으시다. 이 말씀을 조용히 묵상해 보면, 우리는 아무리 가공할 만한 원수라도 위로부터 주어지지 않는 한

우리를 해할 권세를 갖지 못한다는 것을 알게 된다.

2. 선지자는 하나님께서 진노를 거두셔서 그 진노가 하나님의 백성 이스라엘에게 임하지 않게 되기를 빈다(24절). 그는 단지 자기 자신을 위해서가 아니라 그의 백성을 대신하여 빌고 있는 것이다. 여호와여 나를 징계하옵시되 너그러이 하시고(우리 마음속에 얽혀 있는 어리석음을 쫓아내는 데에 꼭 필요한 분량의 징계만을 적절하고 지혜롭게 내려주시라는 것) 진노로 하지 마옵시며(징계가 아무리 혹독하다고 하여도, 그 징계가 주의 사랑에서 나오고 우리의 유익을 위한 것이 되게 하시며 합력하여 우리에게 선을 이루는 것이 되게 해주시라는 것) 우리를 없애는 것이 아니라 우리가 주께 가까이 다가가게 하시는 징계가 되게 하옵소서. 우리가 저지른 죄로 인하여 우리가 마땅히 받아야 할 응보를 따라서가 아니라 주의 은혜로운 뜻을 따라 우리를 징계하옵소서. 좀 더 살펴보자.

(1) 우리가 징계가 필요하고 징계를 받아 마땅하다는 것을 스스로 알고 있고 하나님께서는 사랑하시는 자를 더 많이 징계하신다는 것을 알고 있기 때문에, 우리는 우리를 징계하지 말아 주시라고 하나님께 기도할 수는 없다.

(2) 우리가 환난 가운데서 가장 두려워해야 하는 것은 하나님의 진노이다. "여호와여 나를 징계하지 마옵소서"라고 말하지 말고, "여호와여 나를 징계하옵시되 진노로 하지 마옵소서"라고 말하라. 왜냐하면, 하나님께서 진노로 우리를 징계하신다면, 징계를 위해서 우리에게 닥친 환난과 고통은 쓰디쓰고 독한 것으로 변하여 우리를 없어지게 만들어 버릴 것이기 때문이다. 우리는 하나님의 회초리의 매운 맛을 견딜 수는 있지만, 하나님의 진노의 무게를 견뎌낼 수는 없다.

3. 선지자는 이스라엘을 압제하고 박해한 자들에게 하나님의 진노를 내리시라고 간구한다(25절). 주를 알지 못하는 이방 사람들에게 주의 진노를 부으소서. 이 기도는 악한 마음이나 복수심에서 나온 것도 아니고 하나님께 누구에게 또는 어떤 순서로 심판을 집행하시라고 정해 주고자 하는 의도가 있는 것도 아니다.

(1) 이 기도는 하나님의 공의에 호소하는 기도이다. 선지자는 마치 이렇게 말하고 있는 것 같다. "여호와여, 우리는 하나님을 진노케 한 백성이나이다. 그러나 우리보다 하나님을 더욱 진노케 한 다른 나라들도 있지 않나이까? 그런데

왜 우리만 벌을 받아야 하는 것이나이까? 우리는 당신의 자녀들이니 하나님이 아버지로서 우리를 징계하시는 것이라 생각할 수 있나이다. 그러나 그들은 당신의 원수들이니, 당신의 진노가 우리가 아니라 그들을 향해야 한다고 우리가 생각하는 것은 일리가 있지 않나이까?" 하나님은 통상적으로 이렇게 하신다. 하나님의 백성의 손에 들린 잔은 섞은 것이 가득하여 하나님의 긍휼하심이 가득 섞여 있다. 그러나 땅의 모든 악인은 잔을 기울여서 잔의 찌꺼기까지도 째내듯이 남김없이 마셔야 한다(시 75:8).

(2) 이 기도는 하나님의 교회와 나라에 대적한 모든 회개치 않는 원수들에 대하여 하나님의 심판이 있으리라는 것을 말하는 예언이다. 하나님의 심판이 이렇게 하나님의 집에서 시작된다면, 하나님의 복음을 순종하지 아니하는 자들의 그 마지막은 어떠하겠는가(벧전 4:17)? 하나님께서 그 분노를 쏟아 부으실 이방인들이 여기에서 어떻게 묘사되고 있는지를 보라.

[1] 그들은 하나님을 알지 못하는 자들이고 그런 상태로 만족하며 살아가는 자들이다. 그들은 하나님을 알지 못하고, 또한 하나님을 알고자 하지도 않는다. 그들은 기도 없이 살아가고 그들 가운데 신앙이라고는 전혀 없는 족속들이다. 그들은 하나님의 이름으로 기도하지 않는다. 기도를 하지 않는 자들은 그들이 하나님을 모른다는 것을 스스로 증명하는 것이다. 왜냐하면, 하나님을 아는 자들은 하나님께 구하고 하나님의 은총을 간구하는 법이기 때문이다.

[2] 그들은 하나님의 백성을 박해하는 자들이고 그렇게 하기로 결심한 자들이다. 그들은 마치 며칠 굶은 자들이 먹을 것을 보고서 게걸스럽게 먹어 치우듯이 야곱을 씹어 먹었다. 아니, 그들은 더 나아가 야곱을 삼켜 멸하고 그의 거처를 황폐하게 하였다. 즉, 그들은 야곱이 살아가는 땅 또는 그들 가운데 야곱의 거처인 하나님의 성전을 초토화시켰다. 이방인들은 비록 하나님께서 자기 백성을 징계하시는 데에 도구로 사용되긴 하였지만 하나님의 백성에 대하여 악의를 가지고 온갖 만행을 저질렀기 때문에, 하나님은 바로 그들의 그런 행위로 인하여 그들을 그의 분노의 대상으로 삼으실 것이다. 이 기도는 시편 79:6-7에서 가져온 것이다.

제
— 11 —
장

개요

　　이 장에는 다음과 같은 내용들이 나온다. I. 하나님은 선지자를 통해서 백성들에게 그가 그들의 조상들과 맺은 언약을 일깨우시며 그 언약의 조건으로서 그들이 언약에 순종해야 한다는 것을 얼마나 역설하였었는지를 상기시키신다(1-7절). II. 하나님은 그들이 조상들의 뒤를 이어서 그들끼리 한데 똘똘 뭉쳐서 하나님에게 순종하기를 끈질기게 거부하였었다고 고소하신다(8-10절). III. 하나님은 그들의 불순종, 특히 그들의 우상 숭배로 인해 그들을 벌하여 철저히 멸망시키겠다고 경고하시고(11, 13절), 우상들이 그들을 구원하지 못할 것이고(12절) 그들의 선지자들은 그들을 위하여 기도하지 않을 것이라고 그들에게 말씀하신다(14절). 또한, 하나님은 그들이 그들 자신의 어리석음과 고집으로 인해서 이 모든 재앙을 스스로 자초한 것이기 때문에 하나님이 이렇게 그들을 심판하시는 것은 옳은 일임을 보여주신다(15-17절). IV. 여기에 동향 사람들인 아나돗 사람들이 예레미야를 해치고자 음모를 꾸미는 것, 하나님께서 그 사실을 예레미야에게 알려주신 것(18-19절), 선지자가 그들을 쳐서 기도한 것(20절), 이 일로 인해 그들에게 하나님의 심판이 있으리라는 예언(21-23절) 등이 나온다.

¹여호와께로부터 예레미야에게 임한 말씀이라 이르시되 ²너희는 이 언약의 말을 듣고 유다인과 예루살렘 주민에게 말하라 ³그들에게 이르기를 이스라엘의 하나님 여호와께서 이와 같이 말씀하시되 이 언약의 말을 따르지 않는 자는 저주를 받을 것이니라 ⁴이 언약은 내가 너희 조상들을 쇠풀무 애굽 땅에서 이끌어내던 날에 그들에게 명령한 것이라 곧 내가 이르기를 너희는 내 목소리를 순종하고 나의 모든 명령을 따라 행하라 그리하면 너희는 내 백성이 되겠고 나는 너희의 하나님이 되리라 ⁵내가 또 너희 조상들에게 한 맹세는 그들에게 젖과 꿀이 흐르는 땅을 주리라 한 언약을 이루리라 한 것인데 오늘이 그것을 증언하느니라 하라 하시기로 내가 대답하여 이르되 아멘 여호와여 하였노라 ⁶여호와께서 내게 이르시되 너는 이 모든 말로 유다 성읍들과 예루살렘 거리에서 선포하여 이르기를 너희는 이 언약의 말을

듣고 지키라 ^{7}내가 너희 조상들을 애굽 땅에서 인도하여 낸 날부터 오늘까지 간절히 경계하며 끊임없이 경계하기를 너희는 내 목소리를 순종하라 하였으나 ^{8}그들이 순종하지 아니하며 귀를 기울이지도 아니하고 각각 그 악한 마음의 완악한 대로 행하였으므로 내가 그들에게 행하라 명령하였어도 그들이 행하지 아니한 이 언약의 모든 규정대로 그들에게 이루게 하였느니라 하라 ^{9}여호와께서 또 내게 이르시되 유다인과 예루살렘 주민 중에 반역이 있도다 ^{10}그들이 내 말 듣기를 거절한 자기들의 선조의 죄악으로 돌아가서 다른 신들을 따라 섬겼은즉 이스라엘 집과 유다 집이 내가 그들의 조상들과 맺은 언약을 깨뜨렸도다

선지자는 여기에서 하나님의 이름으로 검사가 되어 그들의 합법적인 왕의 명령을 악의적으로 불순종한 유대인들에 대한 고소장을 작성한다. 그는 이러한 고소를 좀 더 엄숙하게 진행하기 위하여 다음과 같이 한다.

I. 선지자는 그들에 대한 고소장을 작성하도록 하나님으로부터 위임을 받았다는 사실을 제시한다. 그는 자기 동포를 고소하고 싶어하지 않았지만, 하나님은 그에게 이것을 유다인들에게 말하라고 명령하셨다(1-2절). 원문에는 이 본문은 복수형으로 되어 있기 때문에 직역하면 너희는 이것을 말하라가 된다. 왜냐하면, 하나님께서 예레미야에게 주신 말씀은 그의 종들인 모든 선지자들에게 부탁하신 말씀과 동일하였기 때문이다. 선지자들 중에서 모세가 율법을 통해서 우리에게 전해 준 것과 다른 것을 전한 이는 아무도 없었다. 그러므로 그들은 바로 그 말씀을 의지하여 백성들을 인도하여야 한다. "이 언약의 말을 들으라. 너희가 가진 성경으로 돌아가서, 거기에 나와 있는 말씀들을 근거로 모든 것을 판단하라." 예레미야는 이제 유다 성읍들과 예루살렘 거리에서 모든 사람이 들도록(모두가 상관이 있기 때문에) 이것을 선포하여야 한다. 선지자들이 전한 책망과 죄를 깨우치는 모든 말씀들은 언약의 말씀에 근거한 것으로서 그 말씀과 일치하는 것이었다. 그러므로 "이 말을 듣고, 너희가 처음에 어떤 조건 위에서 하나님과 언약을 맺었는지를 깨닫도록 하라. 너희 자신을 그 언약과 비교해보면, 너희는 너희가 하나님과 어떤 조건 위에서 관계를 맺고 있는지를 금방 알게 될 것이다."

II. 선지자는 그들의 나라가 세워질 때에 기초가 된 헌장(憲章), 그들의 특권들이 어떤 조건 위에서 보장되었는지를 말해주는 헌장을 공개한다. 그들은

헌장의 정신과 취지를 망각하고서, 마치 하나님께서 주신 것들은 절대적인 것이어서 그들이 마음대로 행하여도 하나님이 약속하신 것들은 그대로 보장이 된다고 생각하는 것처럼, 또는 종교적 예식과 의식(儀式)들을 지키는 것이 하나님께서 그들에게 요구하신 모든 것이라고 생각하는 것처럼 살아 왔었다. 그래서 선지자는 하나님께서 역설하신 것은 제사보다 나은 순종이었다는 것을 가능한 한 분명하게 그들에게 보여준다. 하나님은 너희는 내 목소리를 순종하라(4, 7절)고 거듭거듭 말씀하셨다. "하나님이 너희의 주인임을 시인하라. 하나님의 신민(臣民)이자 종으로서 너희 자신을 하나님께 맡기라. 하나님께서 온갖 통로를 통해서 그의 마음과 뜻을 나타내실 때에 그것들에 유념해서 꼼꼼하게 지켜 행하라. 너희는 내가 명령한 것들 중에서 일부만이 아니라 나의 모든 명령을 따라 행하라. 단순히 의식(儀式)과 관련된 의무들에서 그치지 말고, 도덕적인 의무들을 특히 꼼꼼하게 지키라. 언약의 말씀들을 듣고 행하라."

1. 이것은 하나님이 처음에 그들을 하나의 민족으로 형성하실 때에 하나님과 그들 간에 맺은 원래의 계약이었고, 하나님이 처음에 그들의 조상들을 애굽 땅에서 이끌어내던 때에 그들에게 명령하신 것이었다(4, 7절). 하나님은 이것 외에 다른 조건 위에서 그들을 그의 인도하심과 보호하심 아래에 두고자 하신 것이 결코 아니었다. 이것은 하나님께서 그들을 쇠풀무에서 이끌어내실 때에 그들을 위하여 행하셨던 저 큰 일들에 대한 감사의 표시로 그들에게 요구하신 것이었다. 하나님이 애굽인들을 섬기며 완전한 노예 생활을 하고 있던 그들을 속(贖)하셔서 건져내신 것은 완전한 자유 가운데서 하나님을 섬기도록 하기 위한 것이었다(눅 1:74-75).

2. 하나님은 처음에 이것을 그들 앞에 제시하시고 그 이후로는 아무 말도 하지 않으신 것이 아니라 기회 있을 때마다 반복하여 아주 끈질기게 그들에게 역설하셨다(7절). 하나님은 그들과 언약을 맺으셨을 때에 그것을 명령하셨을 뿐만 아니라, 거기에서 그치지 않고 그들의 조상들이 이것을 지키지 않을 때마다 그들에게 간절히 경계하며 항의하셨다. 모세는 경계에 경계를 더하며 교훈에 교훈을 더하여 이것을 거듭거듭 역설하며 지킬 것을 당부하였다.

3. 이것은 그들에게 지극한 영광이자 특권이었던 하나님과의 관계가 지속되기 위한 조건이었다. "그리하면 너희는 내 백성이 되겠고 나는 너희의 하나님이 되리라. 나는 너희를 나의 백성이라 시인할 것이고, 너희가 나를 너희의 하나님

이라 부르는 것이 허용되리라." 이것은 그들이 순종하기를 거절한다면 그들이 이러한 관계로부터 나오는 권리를 더 이상 주장할 수 없다는 것을 의미한다.

4. 하나님께서 그들에게 가나안 땅을 그들의 소유로 주신 것은 바로 이러한 조건 위에서였다. 너희는 내 목소리를 순종하여 내가 너희 조상들에게 한 맹세, 즉 그들에게 젖과 꿀이 흐르는 땅을 주리라 한 언약을 이루게 하라(5절). 하나님은 약속을 이행할 준비가 다 되어 계시지만, 그러려면 그들이 먼저 조건을 이행하지 않으면 안 된다. 그들이 조건을 이행하지 않는다면, 약속은 무효가 되기 때문에, 하나님께서 그들을 그 땅에서 쫓아내시는 것은 정당하고 의로운 일이다. 그들은 그들이 잘 했다고 주장하지만, 만약 그들의 행위가 잘못 되었다는 것이 밝혀진다면 그들은 그 땅에서 쫓겨나도 할 말이 없다. 왜냐하면, 하나님께서 그 땅을 그들에게 임대해 주실 때에 순종이라는 임대료를 받기로 계약을 했고, 임차를 한 쪽이 임차료를 내지 않는 경우 임대 계약은 해지되고 빌려준 땅을 회수당하게 되는 것은 당연한 일이기 때문이다.

5. 이러한 순종은 축복의 조건이었을 뿐만 아니라, 순종이라는 조건이 지켜지지 않았을 때에는 저주라는 벌을 받아야 한다는 것이 규정되어 있었다. 이것은 여기에서 가장 먼저 언급되는데(3절), 이는 그들이 여호와의 두려우심을 알고서 정신을 차리게 하기 위한 것이었다. 이 언약의 말을 따르지 않는 자는 그가 개인이라도 저주를 받을 것이고, 그것이 반역한 민족 전체라면 더욱더 큰 저주를 받으리라. 언약의 축복들이 존재하듯이 언약의 저주들도 존재한다. 모세는 그들 앞에 생명과 복만이 아니라 사망과 화도 제시함으로써(신 30:15), 그들이 불순종할 때에 그들에게 치명적인 결과가 있을 것임을 미리 경고하였다.

6. 하나님은 그들이 이 언약을 잊어버리거나 시효가 지났다고 생각하지 않도록 하기 위하여 이따금씩 이 언약을 그들에게 상기시켜 주셨고, 그의 종 선지자들을 통해서 끊임없이 이 임대료를 낼 것을 요구하셨기 때문에, 그들은 하나님이 임대료를 내라고 요구한 적이 단 한 번도 없으셔서 그들이 내지 않은 것이라고 변명할 수 없게 하셨다. 하나님께서는 그들을 애굽 땅에서 인도하여 낸 날부터 오늘까지(거의 천 년 가까운 세월 동안) 이런저런 방식을 통해서 여러 부분과 여러 모양으로 그들에게 순종의 필요성을 역설하여 오셨다. 하나님은 우리가 얼마나 오랫동안 은혜의 수단들(또는, 방편들)을 누려 왔는지, 이 수단들이 얼마나 강력한 것이었는지, 우리가 얼마나 자주 우리의 본분과 도리에 관하여

전해 들었을 뿐만 아니라 항의를 받아 왔었는지를 세세하게 말씀하신다.

7. 이 언약은 그들이 동의한 것이었다(5절). 내가 대답하여 이르되 아멘 여호와여 하였노라. 이 말은 예레미야 선지자의 말인데, 다음 셋 중의 하나를 표현하는 말이다.

(1) 선지자가 자기 자신과 관련해서 이 언약에 동의하고 그 유익을 받고자 한다는 것. 하나님은 순종하는 자들에게 가나안 땅을 주시겠다고 약속하셨다. 선지자는 이렇게 말한다. "여호와여, 내가 당신의 말씀을 받아서 그대로 순종하겠나이다. 그러니 하나님께서 가나안 땅을 모형으로 하여 말씀하고 계시는 저 약속의 땅에 나로 하여금 기업이 있게 하옵소서."

(2) 선지자가 자기 백성이 이 언약의 유익을 누릴 수 있게 되기를 원한다는 것. "아멘. 여호와여, 그들이 이 선한 땅에서 쫓겨나지 않고 이 땅을 그대로 소유하게 하여 주소서. 그들에게 하신 약속을 지키소서."

(3) 유다 백성이 이 언약에 동의한 것. "그 때에 내가 백성의 이름으로 대답하여 이르되 아멘(그렇게 되어지이다) 하였노라. 이런 의미로 해석하면, 이 본문은 백성들이 이 언약에 공개적으로 동의하였다는 것, 즉 여호와께서 우리에게 앞으로 하실 모든 말씀을 우리가 순종하여 행하겠나이다라고 함으로써 이 언약의 명령들에 동의하였을 뿐만 아니라 에발 산에서 선포된 모든 저주들에 대하여 그들이 아멘이라고 함으로써 이 언약에 규정된 벌칙들에도 동의하였다는 것을 가리킨다. 하나님과 엄숙하게 언약을 했다면, 엄숙하게 맺어진 그 언약이 오래 갈 것이라고 우리가 생각하는 것은 당연한 일이다. 하지만 그렇지 않다는 것이 드러났다.

Ⅲ. 하나님은 그들이 언약을 깼고, 언약을 기록한 문서를 휴지 조각으로 만들어 버렸다고 할 수 있을 정도로 심하게 언약을 범하였다고 고소하신다(8절). 하나님은 그의 율법과 그의 선지자들을 통해서 거듭거듭 이렇게 말씀하셨었다. "내 목소리를 순종하라. 너희가 지시받은 대로 행하라. 그러면 모든 일이 잘 될 것이다." 그렇지만 그들은 순종하지 않았다. 그들은 하나님의 명령에 순복하지 않기로 결심하였기 때문에 그 명령에 귀를 기울이려고 하지 않았을 뿐만 아니라 하나님의 목소리가 그들에게 들리지 않는 지경까지 되어 버렸다. 그들은 각각 그 악한 마음의 완악한 대로 행하였고, 그들 자신이 생각해낸 것들을 따랐다. 그들은 모두 종교 생활이나 일상 생활이나 할 것 없이 그것이 옳은 것이든 그

른 것이든 합법적인 것이든 불법적인 것이든 각자가 머릿속에서 생각해낸 것이나 기분 내키는 것을 따라 행하였다(렘 7:24). 그들이 하나님과 맺은 언약에 명령되어 있는 것들과 조건들을 따르고자 하지 않는데, 어떻게 그들이 그 언약에 규정된 저주 아래 떨어지는 것 외에 다른 것을 기대할 수 있겠는가? 내가 그들에게 행하라 명령하였어도 그들이 행하지 아니하였기 때문에 이 언약의 모든 규정, 즉 이 언약에 담겨 있는 모든 벌칙들로 그들에게 이루게 할 것이다. 언약의 말씀들은 결코 땅에 떨어지지 않으리라는 것을 명심하라. 우리가 순종을 통해서 언약의 축복들을 받을 자격을 갖추지 않는다면, 우리는 불순종으로 말미암아 언약의 저주들 아래 들어가게 될 것이다. 그들이 하나님으로부터 변절하고 반역한 죄를 더욱 가중시킨 것은 백성들 전체가 다 그랬다는 것이고 백성들의 전체적인 동의에 의해서 이루어졌다는 것이다(9-10절). 예레미야도 많은 사람들이 하나님께 공개적으로 불순종하며 살아가는 모습을 직접 보았지만, 여호와께서는 예레미야에게 그가 생각하는 것보다 문제가 더 심각하다고 말씀하신다. 감춰진 어둠의 일들을 주목하여 보시는 하나님은 그들 중에 반역이 있고 음모가 이루어지고 있다는 것을 발견하셨다. 하나님과 거룩한 신앙에 대적하고자 하는 음모, 하나님의 통치를 전복시키고 하나님을 참칭하는 자들, 가짜 신들을 옹립하려는 위험한 계획이 진행되고 있다. 이것은 그들이 의도적이고 악의적으로 악을 행하였다는 것(그들은 자기도 모르는 사이에 하나님에 대하여 반기를 든 것이 아니라 오만방자하게 대놓고 반역한 것이었다), 그들은 악을 행하는 데에 영악하고 교묘하여서, 머리를 많이 써서 능숙한 술책으로 거룩한 신앙을 해치고자 하는 음모를 세우고 실행하였다는 것, 그들은 공모자들이 흔히 그렇듯이 함께 힘을 합쳐서 음모를 꾸미면서, 서로의 힘이 되어 주고 함께 죽고 함께 살기로 맹세하였다는 것을 보여준다. 그들은 이 음모의 전 과정을 함께 하기로 결의하였다. 저주받을 공모(共謀)여! 우리 시대에는 이와 같은 일이 없기를!

1. 이 음모는 무엇이었는가. 그들은 하나님의 계시를 뒤집어엎고 무효화시키기 위하여 백성들을 꼬드겨서 하나님의 말씀을 듣지 않고 귀를 기울이지 않게 만들고자 하였다. 그들은 성경의 권위를 훼손하고 그 가치를 떨어뜨리기 위해 온갖 짓을 다하였다. 그들은 백성들로 하여금 다른 신들을 따라 가서 섬기고 그 신들에게 장래 있을 일을 묻게 하였고, 그 신들이 백성들에게 은혜를 베푸

는 존재들이니 그 신들에게 치성을 드리라고 미혹하고자 하였다. 인간의 이성이 그들의 신이요, 내면의 빛이 그들의 신이며, 무오(無誤)한 재판관이 그들의 신이고, 성인들과 천사들이 그들의 신들이며, 이런저런 나라들의 신들이 그들의 신들이 되었다. 이런 식으로 여러 가지 술수를 사용해서 그들은 함께 똘똘 뭉쳐서 여호와와 그의 기름 부음 받은 자를 대적하였다.

2. 누가 이러한 음모에 가담하였는가. 우리는 몇몇 이방인들이 이러한 음모를 주도하였을 것이라고 예상해 볼 수 있다. 그러나 그렇지가 않았다.

(1) 예루살렘 주민들이 유다인들과 공모하였다. 도시 사람과 시골 사람이 다른 일들에서는 서로 생각이 달랐을지 모르지만 적어도 이 일에서는 마음이 맞았다.

(2) 이 세대의 사람들은 앞 세대의 사람들과 공모하여 거룩한 신앙을 대적하는 전쟁을 대대로 이끌고 있는 것으로 보인다. 그들은 그들의 조상의 대를 이어 일어난 죄인의 무리이자 행악의 종자로서 자기들의 선조의 죄악으로 돌아갔다(민 32:14). 요시야 시대에 종교개혁이 있었지만, 요시야가 죽은 후에 백성들은 한때 그들이 버렸던 우상 숭배로 다시 돌아갔다.

(3) 열 지파의 나라 이스라엘 집과 두 지파의 나라 유다 집은 서로를 못 잡아먹어서 안달했던 그런 사이였지만, 하나님이 그들의 조상들과 맺은 언약을 깨뜨리려고 음모를 꾸미는 일에서는 열두 지파의 우두머리들이 다 머리를 맞대었다. 이스라엘 집은 반역을 시작하였고, 유다 집은 곧 그 음모에 참여하였다. 이런 상황에서 음모를 꾸미는 자들을 징계하고 그러한 음모를 분쇄하기 위해서는 하나님께서 엄한 조치를 취하는 것 외에 다른 어떤 것을 기대할 수 있겠는가. 하나님을 대적하여 이렇게 마음을 굳게 한 자들 중에서 형통한 자가 한 사람이라도 있었는가? 하나님께 돌을 굴리는 자는 그 돌이 자기에게 되돌아온다는 것을 알게 될 것이다.

[11]그러므로 나 여호와가 이와 같이 말하노라 보라 내가 재앙을 그들에게 내리리니 그들이 피할 수 없을 것이라 그들이 내게 부르짖을지라도 내가 듣지 아니할 것인즉 [12]유다 성읍들과 예루살렘 주민이 그 분향하는 신들에게 가서 부르짖을지라도 그 신들이 그 고난 가운데에서 절대로 그들을 구원하지 못하리라 [13]유다야 네 신들이 네 성읍의 수와 같도다 너희가 예루살렘 거리의 수대로 그 수치스러운 물건의

제단 곧 바알에게 분향하는 제단을 쌓았도다 [14]그러므로 **너는** 이 백성을 위하여 기도하지 말라 그들을 위하여 부르짖거나 구하지 말라 그들이 그 고난으로 말미암아 내게 부르짖을 때에 내가 그들에게서 듣지 아니하리라 [15]나의 사랑하는 자가 많은 악한 음모를 꾸미더니 나의 집에서 무엇을 하려느냐 거룩한 제물 고기로 네 재난을 피할 수 있겠느냐 그 때에 네가 기뻐하겠느냐 [16]여호와께서는 그의 이름을 일컬어 좋은 열매 맺는 아름다운 푸른 감람나무라 하였었으나 큰 소동 중에 그 위에 불을 피웠고 그 가지는 꺾였도다 [17]바알에게 분향함으로 나의 노여움을 일으킨 이스라엘 집과 유다 집의 악으로 말미암아 그를 심은 만군의 여호와께서 그에게 재앙을 선언하셨느니라

하나님의 진노에 대한 많은 말씀을 담고 있는 이 단락이 하나님의 백성의 죄에 대한 많은 말씀을 담고 있었던 앞 단락 직후에 바로 이어져 나오는 것은 충분히 예상할 수 있는 일이다. 하나님께서 그들 가운데서 무수한 악을 발견하신 직후에 그러므로 내가 재앙을 그들에게 내리리라(11절)고 말씀하시는 것은 전혀 이상하지 않다. 죄의 악(evil)이 있는 곳에 벌의 재앙(evil)이 뒤따르는 것은 당연한 일이다. 재앙을 돌이키는 일은 불가능하게 되었다. 하나님의 판결은 이미 났고 심판의 영(令)이 이미 내려졌기 때문에 그 선고는 그대로 집행될 것이다.

I. 그들은 스스로 어떻게 할 도리가 없고, 하나님의 심판에 맞서기에는 너무나 연약하다는 것이 드러날 것이다. 그 재앙은 그 어떤 방법을 쓰더라도 그들이 피할 수 없고 빠져나갈 수 없는 그런 재앙이 될 것이다. 하나님의 통치에 순복하고자 하지 않는 자들은 하나님의 진노를 피할 수 없으리라는 것을 명심하라. 하나님의 공의의 심판을 피해 달아날 방법은 없고, 하나님의 심리(審理)를 피할 수 있는 방법도 없다. 재앙이 죄인들을 추격하여 덫에 빠뜨릴 것인데, 죄인들은 그 덫에서 결코 빠져나올 수 없다.

II. 그들의 하나님도 그들을 돕지 않으실 것이다. 하나님의 섭리는 그들에게 결코 호의적이지 않을 것이다. 그들이 내게 부르짖을지라도 내가 듣지 아니할 것이다. 환난을 당하면, 그들은 이전에 무시하였던 바로 그 하나님을 찾게 될 것이고, 이전에 말을 걸지도 못하게 하였던 바로 그 하나님께 부르짖게 될 것이다. 그러나 어떻게 그들이 하나님으로부터 응답을 받기를 기대할 수 있겠는가?

하나님은 그의 말씀에 귀를 기울이지 않은(8절) 자들이 기도하면 하나님이 그 귀를 돌이켜 듣지 아니하실 것이고, 하나님의 말씀이 지금 그들에게 수치스럽고 욕된 것으로 취급받았듯이 그들의 기도는 하나님께 가증스러운 것이 될 것이라고 분명하게 말씀하신다.

III. 그들의 우상들도 그들을 돕지 못할 것이다(12절).   그들은 그들이 지금 분향하는 신들에게 가서 부르짖으며 그들이 지금까지 얼마나 지성(至誠)으로 우상들을 섬겨 왔는지를 상기시키고 우상들이 그들을 구원해 주기를 기대하여도 아무 소용이 없을 것이다. 그들이 택하여 섬겼던 신들에게 간들(삿 10:14; 신 32:37-38), 무엇이 더 나아지겠는가? 그 신들이 절대로 그들을 구원하지 못할 것이고, 그들의 구원을 위해서 아무것도 하지 못할 것이며, 그들이 구원받을 것이라는 일말의 희망조차도 주지 못할 것이다. 그 신들은 그들에게 위로나 안도감을 조금도 주지 못할 것이고, 그들의 고통을 조금도 덜어주지 못할 것이다. 꼭 필요할 때에 친구가 되어 주시고 환난의 때에 즉각적이고 강력한 도움이 되어 주시는 분은 오직 하나님뿐이시다. 우상들은 자기 자신을 도울 수도 없는 그런 존재이다. 그런데 하물며 우상들이 어떻게 우상 숭배자들을 도울 수 있겠는가? 세상과 육체를 우상으로 삼아서 섬기는 자들은 어렵고 힘든 환난의 때에 그 우상들을 의지해 봐야 아무 소용이 없을 것이다. 만약 우상들이 그것들을 숭배하는 자들에게 어떤 자비를 베풀 수 있었다면, 참 하나님을 버리고 우상들을 섬겼고 그들의 성읍의 수와 같이, 아니 예루살렘 거리의 수대로 무수한 우상들을 섬긴 이 백성(13절)을 우상들이 도와주지 않았을 리가 없다. 그들은 우상들의 능력을 의심하고 우상들이 과연 그들을 도와줄 수 있을지를 의심했기 때문에 몇몇 우상들로는 불안해서 그 수를 많이 늘려 무수한 우상들을 섬겨야 했다. 그들은 우상의 도움을 받을 필요가 생겼을 때에 혹시나 바로 옆에 우상이 없는 일이 벌어질 것을 염려하여 예루살렘 거리 여기저기에 우상들을 세워 놓아야 했다. 하나님이 그의 이름을 두시기 위하여 택하신 예루살렘의 모든 거리들에 그들은 공공연히 그 수치스러운 물건, 곧 바알에게 분향하는 제단을 쌓았다. 그들은 그 물건으로 여호와를 욕되게 하였고, 그 물건으로 인해 스스로 미혹에 빠졌는데, 이제 그 물건 때문에 장차 수치를 당하게 될 것이었다. 그러나 이제 그들이 곤경에 처하자 그들이 섬긴 수많은 신들과 그들이 쌓은 수많은 제단들은 그들에게 전혀 도움이 되지 못하였다. 악한 일인 죄를 짓고도 부끄러워하지 않는 자들은 장차 아무런 열매도 없는 일인 죄로부터 무엇을 얻을까 기대하였다가 낭패를 당하고 부끄러워하게 될 것임을 명심하라.

IV. 예레미야의 기도도 그들을 돕지 못할 것이다(14절).   하나님께서는 앞에서도 예레미야에게 너는 이 백성을 위하여 기도하지 말라(렘 7:16)고 말씀하셨는데, 여기에서 다시 그 말씀을 반복하신다. 이것은 선지자에 대한 명령이라기보다는 그들이 그들을 위한 친구들의 기도를 통해서도 아무런 도움을 받지 못할 것이라는 이 백성에 대한 경고이다. 하나님은 선지자들에게 이 백성을 위하여 기도하라고 격려하지 않으셨고, 선지자들 속에 기도의 영을 불일 듯이 일어나게 하지 않으셨으며, 도리어 선지자들이 이 백성을 위하여 기도하는 것에 찬물을 끼얹으셨다. 왜냐하면, 하나님은 선지자들이 이 백성 전체가 아니라 그들 중의 남은 자를 위하여 기도하되 그들에게 곧 임할 이 세상에서의 심판으로부터의 구원이 아니라 영원한 구원을 위하여 스스로 기도하기를 바라셨기 때문이다. 남은 자가 아닌 이 백성 전체를 위하여 드리는 기도는 하나님께서 듣지 않으실 것이었다. 다른 사람들이 드려주는 중보 기도의 유익조차 받지 못하게 된 자들은 참으로 비참한 처지에 있는 것이다. "그들이 부르짖을 때에 내가 그들에게서 듣지 아니하리니, 너는 그들을 위하여 기도하지 말라." 하나님의 은총을 스스로 내팽개치고 멀리 떠난 자들은 하나님께서 그들의 기도를 듣지 않으실 것이기 때문에 다른 사람들이 그들을 위하여 드려주는 기도를 통해서도 유익을 얻을 수 없다는 것을 명심하라.

V. 그들이 지금까지 해온 종교 생활도 그들에게 도움이 되지 못할 것이다(15절).   그들은 원래 하나님의 사랑하는 자이자 그의 신부였다. 하나님은 특별한 언약을 통해서 그들과 혼인하셨다. 성경에서는 심지어 믿지 않는 유대인들조차도 그들의 조상들로 말미암아 사랑을 입은 자들이라고 말한다(롬 11:28). 그들은 그런 자격으로 하나님의 집에서 한 자리를 차지하고 있었다. 그들은 하나님의 성전 뜰에서 예배를 드리는 것이 허락되었다. 그들은 하나님의 제단에 참여하였다. 그들은 여기에서 거룩한 제물 고기라 표현된 그들의 화목 제물의 고기를 먹었는데, 이 화목제를 통해서 하나님은 영광을 받으셨고 거기에 참여한 사람들은 위로를 받았다. 이것을 그들은 자랑하고 의지하였다. 하나님의 사랑하는 자들이자 하나님의 집의 보호 아래 있는 자들에게 무슨 나쁜 일이 생기겠는가? 그들은 악을 행할 때조차도 이런 특권을 큰 소리로 자랑하며 기뻐하였다.

그들에게 재난이 닥쳐을 때에도(난외주에서는 이렇게 읽는다), 그들은 이것을 기뻐하였고 그들의 의지처로 삼았다. 그러나 그들이 의지하던 것이 그들을 속이고 실망시킬 것이다. 왜냐하면, 하나님께서 그들이 의지하던 것을 버리셔서, 그들은 그토록 자랑하고 뽐냈던 특권들을 상실하였기 때문이다. 그들은 많은 악한 음모를 꾸미며 많은 자들과 음란한 짓을 저질렀다. 즉, 그들은 영적인 간음을 범하여 많은 우상들을 섬겼다. 그 결과 다음과 같은 일이 있게 될 것이다.

1. 하나님의 성전이 그들에게 그 어떤 보호막도 되어 주지 않을 것이다. 간음한 여인이 특히 아주 자주 반복적으로 간음을 저지르고 나중에는 뻔뻔스럽게 대놓고 그 죄를 범하여 구제불능인 상태가 되었다면, 그 여인을 문 밖으로 내쫓는 것이 합당하다. "나의 사랑하는 자가 나의 집에서 무엇을 하려느냐. 그녀는 나의 집을 부끄럽게 하는 자이니, 나의 집은 그녀에게 더 이상 피난처가 되어 줄 수 없다."

2. 하나님의 제단은 그들에게 그 어떤 만족도 주지 못할 것이고, 그들은 그 제단에서 그 어떤 위로도 기대할 수 없을 것이다. "거룩한 제물 고기가 네게서 떠나갔다. 즉, 머지않아 성전이 폐허로 변하게 될 때, 네가 제사를 지내는 것도 끝나게 될 것이다. 그 때에 네가 그토록 자랑하던 그 거룩한 제물 고기를 어디에서 찾을 수 있겠느냐?" 거룩한 제물 고기가 우리에게서 떠나갔더라도, 거룩한 마음이 우리에게 있다면, 그것이 우리에게 위로가 될 것이다. 외적인 은혜의 수단들(또는 방편들)이 없더라도 우리 마음을 지도해 주는 은혜의 가르침이 있다면 별 부족함이 없을 것이다. 그러나 우리에게서 거룩한 제물 고기가 떠나감과 동시에 성령도 떠나간다면, 그것은 우리에게 화(禍)이다.

VI. 하나님이 이전에 그들에게 베푸신 은총들도 그들에게 도움이 되지 못할 것이다(16-17절).   그들이 그런 것들을 기억한다고 해도 그것은 환난 가운데서 그들에게 위로가 되지 못할 것이고, 하나님이 그런 것들을 기억하신다고 해도 그것은 그들을 구원해 줄 명분이 되지 못할 것이다.

1. 하나님께서 지금까지 그들을 위하여 큰 일들을 행하셨다는 것은 사실이다. 이 백성은 해 아래에서 그 어느 민족보다도 하나님의 은총을 받아 왔던 백성이었다. 그들은 하늘이 애지중지한 자들이었다. 하나님은 이스라엘의 이름을 일컬어 푸른 감람나무라 하였고, 실제로 그들을 그렇게 만드셨다. 왜냐하면, 하나님의 부르심에는 후회하심이 없으시기 때문이다. 하나님은 그들이 번성하여

많은 열매를 맺는 백성이 될 수 있도록 온갖 좋은 조건을 갖추어 그들을 심으셨고(17절) 하나의 민족으로 형성하셨다. 하나님이 그들에게 주신 율법은 아주 좋은 것이었고, 그들의 땅도 아주 좋은 땅이었다. 하나님께서 마치 감람나무를 심고 돌보시듯이 하나의 백성을 최고의 조건에서 이렇게 심고 물주고 가꾸셨다면, 그 백성은 당연히 경건과 번영 두 가지 모두에서 항상 푸르름을 유지했어야 하는 것이 정상이었다(시 52:8). 하나님은 그들을 좋은 열매 맺는 아름다운 나무라 부르셨다. 즉, 그들은 먹기에 좋고 보기에 아름다운 나무, 하나님과 사람에게 사랑스럽고 유익한 나무로 심어졌다. 감람나무는 항상 푸르고 기름져서 이런 조건들을 다 갖추고 있어 사람들의 사랑을 받는다(삿 9:9).

2. 그들이 하나님을 거슬러 악한 일들을 행해 왔다는 것도 마찬가지로 사실이다. 하나님은 그들을 푸른 감람나무, 좋은 감람나무로 심으셨지만, 그들은 돌감람나무로 변질되었다(롬 11:17). 이스라엘 집과 유다 집은 둘 다 악을 행하였고, 그들과 지극히 높으신 하나님 사이에 하나님이 약속하신 메시야 외에 다른 중보자들을 세우고 **바알에게 분향함**으로 하나님의 노여움을 일으켰다. 아니, 그들은 살아 계신 참 하나님을 제쳐두고 다른 신들을 세워서 많은 신들과 많은 주들을 섬겼다.

3. 하나님께서 이제까지 그들을 그토록 잘 대해 주셨고 그들을 위해 좋은 것들을 계획하셨는데도, 그들이 이토록 악하게 행하였기 때문에, 이제 그들은 하나님이 그들에게 선언하신 재앙을 그들에게 내리시는 것 외에 다른 것을 기대할 수 없다. 이 푸른 감람나무를 심으신 후에 거기에서 열매를 기대하셨던 하나님은 그 나무가 열매를 맺지 못하는 돌감람나무가 되어 버린 것을 아시고는 그 위에 불을 피워 모두 불태워 버리셨다. 왜냐하면, 죽고 또 죽어 뿌리까지 뽑힌 열매 없는 나무(유 1:12)는 하나님이 베어다가 땅을 망쳐 놓기만 하는 나무들이 가야 할 가장 적합한 곳인 불에 던지시기(마 3:10) 때문이다. 그 가지들, 높이 뻗은 가지들(이것이 원어의 의미이다)은 꺾였다. 즉, 고관들과 제사장들은 죽임을 당하였다. 이것을 통해서 하나님을 거슬러 악을 행하여 하나님의 노여움을 일으키는 것은 사실 그들 자신에게 해로운 짓을 하고 있는 것이라는 사실이 증명된다. 그들은 그들 자신의 영혼에 잘못을 저질렀다. 그들의 악으로 인하여 하나님은 아무렇지도 않으신데, 그들은 스스로 자멸하고 마는 것이다(렘 7:19). 하나님을 거슬러 행하는 모든 죄는 우리 자신을 해롭게 하는 죄이고, 그런 사실은

조만간에 밝혀지게 되리라는 것을 명심하라.

[18]여호와께서 내게 알게 하셨으므로 내가 그것을 알았나이다 그 때에 주께서 그들의 행위를 내게 보이셨나이다 [19]나는 끌려서 도살 당하러 가는 순한 어린 양과 같으므로 그들이 나를 해하려고 꾀하기를 우리가 그 나무와 열매를 함께 박멸하자 그를 살아 있는 자의 땅에서 끊어서 그의 이름이 다시 기억되지 못하게 하자 함을 내가 알지 못하였나이다 [20]공의로 판단하시며 사람의 마음을 감찰하시는 만군의 여호와여 나의 원통함을 주께 아뢰었사오니 그들에게 대한 주의 보복을 내가 보리이다 하였더니 [21]여호와께서 아나돗 사람들에 대하여 이와 같이 말씀하시되 그들이 네 생명을 빼앗으려고 찾아 이르기를 너는 여호와의 이름으로 예언하지 말라 두렵건대 우리 손에 죽을까 하노라 하도다 [22]그러므로 만군의 여호와께서 이와 같이 말씀하시니라 보라 내가 그들을 벌하리니 청년들은 칼에 죽으며 자녀들은 기근에 죽고 [23]남는 자가 없으리라 내가 아나돗 사람에게 재앙을 내리리니 곧 그들을 벌할 해에 나라

선지자 예레미야는 그가 살았던 시대가 아주 힘든 시대였기 때문에 그가 쓴 글 속에 자기 자신에 대한 내용을 이사야보다도 훨씬 더 많이 남겨 놓았다. 이 단락에서 우리는 그의 고난과 시련이 시작되는 것을 보는데, 그것은 그의 고향이자 제사장들의 성읍(하지만 악한 성읍이었다)이었던 아나돗 사람들에게서 시작되었다. 좀 더 살펴보자.

I. 그들이 예레미야를 해치고자 음모를 꾸밈(19절).   그들은 그를 해하려고 꾀하여, 가장 효과적으로 그를 죽일 수 있는 방도를 찾기 위해서 서로 머리를 맞대었다. 악의(惡意)는 꾀를 생각해 내는 데에 영리하고, 그 꾀를 실행에 옮기는 데에 부지런하다. 그들은 예레미야를 놓고 우리가 그 나무와 열매를 함께 박멸하자고 말하였다. 이것은 격언적인 표현으로서 다음과 같은 의미를 지닌다. "우리가 뿌리든 가지든 가리지 말고 그를 철저하게 없애자. 우리가 그 아비와 가족까지 모조리 없애자"(나봇이 반역죄로 죽임을 당하였을 때에 그의 아들들도 그와 함께 죽임을 당한 것과 같이). 또는, "선지자와 그가 한 예언 둘 다를 없애자. 우리가 선지자는 죽이고 그가 한 예언은 좌절시키자. 우리가 그를 거짓 선지자로 몰아서 온갖 오명을 뒤집어 씌운 후에 살아 있는 자의 땅에서 끊어

서 그의 이름이 좋은 이름으로 다시 기억되지 못하게 하자. 우리가 그의 명성에 흠집을 내서 그가 한 예언들의 신뢰도를 떨어뜨리자." 그들의 음모는 다음과 같은 성격의 것이었다.

1. 그들의 음모는 잔인한 것이었다. 그러나 하나님의 선지자들을 박해하는 자들은 원래 이렇게 잔인한 자들이었다. 그들은 다름 아닌 귀한 생명을 사냥하려 하고 있었는데, 그들이 사냥하고자 하는 생명들은 아주 귀하다.

2. 그들의 음모는 좌절되었다. 그들은 예레미야의 삶을 끝장낼 수 있을 것이라고 생각하였지만, 그는 그의 원수들보다 더 오래 생존하였다. 그들은 예레미야에 관한 기억을 지워버릴 수 있을 것이라고 생각하였지만, 그에 관한 기억은 오늘날까지 살아 있고, 시간이 지속되는 한 그의 이름은 계속해서 복된 이름이 될 것이다.

II. 하나님께서 그를 해치고자 하는 음모가 있다는 것을 그에게 알려주심. 그들은 이러한 음모를 아주 교묘하게 숨겼기 때문에, 그는 이런 사실을 전혀 알지 못하였다. 끌려서 도살 당하러 가는 순한 어린 양이 그런 줄도 모르고 보통 때처럼 들로 나가는 것이라 생각하고 나가는 것처럼, 그는 자기가 고향인 아나돗 사람들에게 아무런 해도 되지 않을 것이기 때문에 그들로부터 해를 당할 염려도 없다고 생각하여 편한 마음으로 아나돗으로 갔다. 가엾은 예레미야는 고향 사람들이 그를 미워하여 해칠 음모를 꾸밀 것이라고는 꿈에도 생각하지 못하였다. 사도 바울은 유대인들이 그를 해치려고 숨어서 기다리고 있다는 것을 조카가 알려주어서 위기를 피할 수 있었던 것과는 달리, 예레미야의 원수들은 말할 것도 없고 그의 친구들 중에서도 그가 피할 수 있도록 이 위험을 그에게 알려준 사람이 한 명도 없었다. 예레미야는 죽기 일보 직전이었다. 그러나 이스라엘 왕이 엘리사가 알려준 대로 행하여 목숨을 건졌듯이(왕하 6:10), 그 때에 여호와께서 예레미야의 목숨을 구하시려고 꿈이나 환상, 또는 마음의 감동을 통해서 그에게 그것을 알게 하셨다. 이렇게 해서 그는 그것을 알게 되었다. 하나님은 그들의 행위를 그에게 보이셨다. 그들의 음모는 발각되었으니 실패할 수밖에 없었다. 만약 하나님이 예레미야에게 그의 위험을 알려주지 않으셨다면, 지각 없는 자들은 이 나라의 멸망을 예언했던 그가 자기에게 닥친 위험은 내다 볼 수 없어서 피하지 못하였으니 그가 한 예언들은 들어보나마나 잘못된 것이라고 그 예언들을 흠집내는 데에 이 일을 악용하였을 것이다. 하나님께서 그의 선지자들을 얼마나 세심하게 살피시는지를 보라. 하나님은 **사람이 그들을 해하기를 용납하지 아니하신다**(대상 16:21). 원수들이 아무리 광분하여도 그들이 증언의 일을 다 마칠 때까지는 그들을 죽이는 데에 성공할 수 없다. 하나님은 그와 그의 백성의 원수들이 세우는 모든 은밀한 술책을 다 아시고, 필요할 때에는 자기 백성에게 그러한 것들을 알려주실 수 있으시다. 공중의 새가 그 소리를 전하리라.

Ⅲ. 예레미야가 이 일을 놓고 하나님께 호소함(20절). 그는 공의로 판단하시는 만군의 여호와이신 하나님을 바라보았다. 사람들이 우리를 부당하게 대할 때, 아무런 죄를 짓지 않았는데 해악을 당한 자의 억울함을 풀어주시고 남을 해하는 자들을 벌하시는 하나님에게 우리가 가서 호소할 수 있다는 것은 우리에게 큰 위로가 된다. 하나님의 공의는 악인들에게는 두려움이 되지만 경건한 자들에게는 위로와 힘이 된다. 예레미야는 사람의 마음을 감찰하시고 사람 속에 무엇이 있는지, 사람의 생각과 의도가 무엇인지를 남김없이 아시는 분이신 하나님을 바라보았다. 하나님은 예레미야의 마음속에 있는 고결한 것을 아셨고, 그가 사람들이 얘기하는 그런 인간이 아니라는 사실을 잘 아셨다. 하나님은 예레미야를 해치고자 하는 사람들의 마음속에 있는 악을 그들이 아무리 교묘하게 숨기고 위장하여도 다 아셨다. 좀 더 살펴보자.

1. 예레미야는 그들을 심판해 주시라고 기도한다. "그들에게 대한 주의 보복을 내가 보리이다. 즉, 나와 그들 사이를 주께서 기뻐하시는 방식으로 공정하게 처리하시리라." 어떤 이들은 이 기도 속에서 예레미야의 인간적인 연약함을 어느 정도 볼 수 있다고 생각한다. 적어도 그리스도께서는 가르침과 모범 둘 모두를 통해서 우리에게 예레미야가 기도한 것과는 다른 교훈을 가르치셨는데, 그것은 우리를 핍박하는 자들을 위하여 기도하라는 것이었다. 또, 어떤 이들은 예레미야의 이러한 기도는 하나님의 영광을 위한 순수한 열심과 겉으로는 여호와의 사역자들인 제사장들이면서도 지극히 악하여 그들에게 전혀 해를 끼치지 않은 자를 단지 하나님을 섬겼다는 이유만으로 정면으로 공격한 자들에 대한 거룩한 예언자적인 분노에서 나온 것이라고 생각한다. 여기에 나오는 예레미야의 기도는 하나님께서 그들에게 보복하시는 것을 그가 보게 될 것이라는 예언이었다.

2. 예레미야는 자신의 억울함을 온전히 하나님의 판단에 맡긴다. "내가 나의

원통함을 주께 아뢰었고, 어떻게 해주실 것을 원하거나 기대하는 것이 없이 이 일을 주께 맡겼나이다." 우리가 부당한 일을 당했을 때에 우리에게 하나님이 계셔서 우리가 우리의 일을 하나님께 맡길 수 있다는 것(이렇게 맡기는 것이 우리의 도리이다)은 우리에게 위로가 된다. 이 때에 우리는 하나님께서 어떻게 해주실 것을 구하지 말고 하나님이 어떻게 하시든 묵묵히 순종하겠다는 결단으로 우리의 일을 하나님께 맡겨야 한다.

Ⅳ. 하나님께서 예레미야를 핍박했던 아나돗 사람들에 대하여 판결을 내리심. 예레미야가 예루살렘에 있는 최고 법정에 호소를 해보아야 그것은 아무 소용이 없는 일이었다. 왜냐하면, 그는 거기에서 공정한 재판을 받을 수 없을 것이었기 때문이다. 예루살렘의 제사장들은 아나돗의 제사장들 편에 서서, 그들의 잘못을 밝혀내기보다는 도리어 그들을 방조할 것이었다. 그러나 하나님은 이 사건 자체를 철저하게 심리(審理)하실 것이고, 그의 판단은 진리를 따라 이루어질 것임을 우리는 확신한다. 좀 더 살펴보자.

1. 하나님이 선고의 근거가 되는 그들의 범죄를 낭독하심(21절). 그들은 선지자에게 예언을 하면 죽게 될 것이라고 경고하고서 선지자가 계속해서 예언을 하자 그의 생명을 빼앗고자 하였다. 그들은 그를 침묵시키든지 죽여 없애든지 둘 중의 하나를 하기로 결심하였다. 선지자가 그들의 심기를 건드려서 분노하게 만든 것은 그가 살고 있던 성읍을 다스리는 자들의 허락을 받지도 않고 여호와의 이름으로 예언한 것과 부드러운 것들을 예언하라는 그들의 지시를 어긴 것이었다. 그들이 그에게 예언하는 것을 금지시킨 것은 사실상 그의 생명을 빼앗으려고 한 것이나 다름없었다. 왜냐하면, 그것은 그의 삶의 목적과 그가 일생 해야 할 일을 하지 못하게 하여 그에게서 삶의 위로와 낙을 박탈하고자 한 것이었기 때문이다. 하나님의 충성된 사역자들의 입을 막는 것은 그들의 목숨을 빼앗는 것만큼이나 악한 일이다. 예레미야가 그들의 경고에도 불구하고 예언한다면(그는 틀림없이 그렇게 할 것이었다), 그는 반드시 그들의 손에 죽게 되어 있었다. 왜냐하면, 고소하는 자와 재판하는 자와 집행하는 자의 역할을 모두 그들이 맡을 것이었기 때문이다. 최고 법정인 공회가 예루살렘에 있었기 때문에, 선지자가 예루살렘 밖에서는 죽는 법이 없다는 말이 회자되곤 하였다. 그러나 예레미야에 대한 아나돗 사람들의 반감은 아주 심해서, 그들은 그를 죽이는 일을 자체적으로 해결하고자 하였다. 그러므로 선지자는 자신의 고향에서

는 높임을 받지 못할 뿐만 아니라 호의도 받지 못한다는 말이 맞다.

2. 이러한 범죄로 인하여 그들에게 내려진 선고(22-23절). 하나님은 말씀하신다. 내가 그들을 벌하리라. 내가 직접 그들을 처리하리라. 내가 그들에게 이것을 벌하리라(원문은 이렇게 되어 있다). 하나님은 그 일을 잘 살피셔서 그 일을 벌하실 것이다. 하나님의 네 가지 혹독한 심판 중에서 두 가지가 그들의 마을을 멸망시키는 데에 사용될 것이다. 청년들은 비록 전사(戰士)들이 아니고 어린 제사장들이었지만 칼에 죽을 것이고(그들이 어떤 부류의 사람이냐 하는 것은 그들을 지켜주는 보호막이 되지 못할 것이다), 집에 있는 자녀들은 기근에 죽을 것이다. 굶어 죽는 것은 칼에 죽는 것보다 더 가혹한 죽음이다(애 4:9). 죽음은 한 사람도 빼놓지 않고 이 마을의 모든 사람에게 임할 것이다(23절). 남는 자가 없으리라. 다음 세대를 이어갈 자가 한 사람도 남지 않을 것이다. 그들은 예레미야의 생명을 빼앗고자 하였기 때문에 죽음을 맞이하게 될 것이다. 그들은 그를 박멸하고자 했고 그의 이름이 다시 기억되지 못하게 하고자 했기 때문에, 그들 가운데서 남은 자가 없게 될 것이다. 이렇게 하시는 여호와는 의로우시다. 재앙이 그들에게 내리리니 곧 그들을 벌할 해에니라. 이것은 그들이 행한 일에 따른 재앙이요 응보이다. 그 때에 예레미야는 그의 원수들이 보응받는 것을 똑똑히 보게 될 것이다. 선한 사역자들과 선한 자들이 어떤 사람들을 쳐서 기도한다면, 그 사람들은 비참한 처지에 있다는 것을 명심하라.

제
— 12 —
장

개요

이 장에서 우리는 다음과 같은 내용들을 본다. I. 선지자가 악인들이 하는 일이 형통하는 것에 대하여 겸손히 하나님께 하소연하고(1-2절) 자기가 흠이 없다는 것을 하나님께 호소하면서(3절) 하나님께서 많은 사람들의 유익을 위하여 악인들의 악행을 끝장내 주시라고 기도함(3-4절). II. 하나님께서 현재의 환난에 불편해하는 선지자를 책망하시면서 더 큰 환난을 대비하라고 지시하심(5-6절). III. 하나님의 백성 이스라엘이 처해 있는 현재의 통탄스러운 상황에 대한 슬픈 애가(7-13절). IV. 그들의 환난을 더욱 심하게 만든 이웃 나라들에게 하나님이 진노하셔서 그들을 뽑아버리실 것이라고 경고하고, 하나님의 백성에게는 긍휼이 있을 것임을 암시함. 그러나 이웃 나라들이 마침내 하나님의 백성에 합류한다면 동일한 특권들에 참여하게 되리라는 약속도 주어짐(14-17절).

[1]여호와여 내가 주와 변론할 때에는 주께서 의로우시니이다 그러나 내가 주께 질문하옵나니 악한 자의 길이 형통하며 반역한 자가 다 평안함은 무슨 까닭이니이까 [2]주께서 그들을 심으시므로 그들이 뿌리가 박히고 장성하여 열매를 맺었거늘 그들의 입은 주께 가까우나 그들의 마음은 머니이다 [3]여호와여 주께서 나를 아시고 나를 보시며 내 마음이 주를 향하여 어떠함을 감찰하시오니 양을 잡으려고 끌어냄과 같이 그들을 끌어내시되 죽일 날을 위하여 그들을 구별하옵소서 [4]언제까지 이 땅이 슬퍼하며 온 지방의 채소가 마르리이까 짐승과 새들도 멸절하게 되었사오니 이는 이 땅 주민이 악하여 스스로 말하기를 그가 우리의 나중 일을 보지 못하리라 함이니이다 [5]만일 네가 보행자와 함께 달려도 피곤하면 어찌 능히 말과 경주하겠느냐 네가 평안한 땅에서는 무사하려니와 요단 강 물이 넘칠 때에는 어찌하겠느냐 [6]네 형제와 아버지의 집이라도 너를 속이며 네 뒤에서 크게 외치나니 그들이 네게 좋은 말을 할지라도 너는 믿지 말지니라

선지자는 하나님과 그의 심령 사이에서 무슨 일이 일어났고, 그가 어

떠한 시험들로 공격을 받았고, 어떻게 그 시험들을 극복했는지를 다른 사람들에게 알리는 것이 유익이 될 것임을 의심하지 않는다. 그래서 그는 여기에서 다음과 같은 것들을 우리에게 말해 준다.

I. 그가 하나님의 공의에 대하여 하나님과 허심탄회하게 이치를 밝혀 얘기하고자 겸손하게 구하였고, 하나님께서 은혜로우시게도 이것을 그에게 허락하셨다는 것(1절). 그는 하나님에게 시비를 걸거나 하나님께서 행하신 일들의 흠을 잡으려 하는 것이 아니라, 하나님이 하신 일들을 만족해할 이유를 스스로 한층 더 알아서 그 일들에 대한 자기 자신을 비롯한 사람들의 반론들에 대답해 줄 수 있게 되기 위한 목적으로 하나님이 하신 일들의 의미를 세밀하게 살피려고 하나님과 변론하고자 하였다. 여호와께서 행하시는 일들과 그 일을 하게 되신 이유들은 그 일들을 즐거워하는 자들조차도 살펴보고자 하는 것이다(시 111:2). 우리는 우리를 지으신 이와 더불어 다투어서는 안 되고, 그분과 이치를 밝혀 대화를 할 수는 있다. 선지자는 의심할 여지 없이 확실한 진리를 먼저 밝혀서, 그것을 여기서의 변론에서 전제로 삼고자 한다. 여호와여 내가 주와 변론할 때에는 주께서 의로우시니이다. 이런 식으로 해서 그는 하나님과의 담판에 들어가기 전에 그가 공격을 받았던 시험, 즉 악인의 형통을 시기하고 부러워하고자 하는 시험에 빠질 것을 철저히 대비한다. 우리는 하나님의 섭리들이 의미하는 것에 대하여 도무지 뭐가 뭔지 모르겠을 때라도 하나님은 의로우신 분이라는 것을 굳게 붙잡고서, 그렇기 때문에 하나님은 결코 그 어떤 피조물에게 조금이라도 잘못을 하거나 해악을 끼치지 않으신다는 것을 확신하여야 한다는 것을 명심하라. 하나님의 공의와 판단이 큰 바다와 같아서 헤아릴 수 없고 전혀 설명이 불가능할 때라도 하나님의 의는 큰 산들과 같이 우뚝 서서 요동하지 않는다(시 36:6). 구름과 흑암이 종종 하나님을 두르지만, 공의와 정의는 언제나 그의 보좌의 기초이다(시 97:2). 구체적인 섭리들을 이해하기 어려울 때, 우리는 우리의 첫째 가는 원리들인 일반적인 진리들을 의지하고 굳게 붙잡아야 한다. 우리에게 섭리가 아무리 캄캄하게 보일지라도, 여호와는 의로우시다(시 73:1). 선지자가 여기에서 그런 것처럼, 우리는 다투고자 하는 것이 아니라 배우고자 하는 자로서 하나님과 변론할 때에 하나님께서 말씀하실 때에 의로우시다는 것을 온전히 확신하고서 하나님은 의로우시다는 것을 고백하고 인정해야 한다. 우리가 어떤 일이 어떻게 된 것인지를 알기 위해서 하나님과 변론하고자 하더라

도, 우리는 하나님이 말씀하시거나 행하시는 것은 무엇이나 다 옳으시다는 것을 인정하는 것이 합당하다는 것을 명심하라.

Ⅱ. 하나님의 섭리에 의한 여러 일들 중에서 마음에 걸려서 하나님과 논의를 해보아야 하겠다고 생각한 일이 무엇이었는지를 말함. 그것은 수많은 지혜롭고 선한 자들에게 시험이 되어 왔던 일이었고 그런 자들이 극복하기 어려워했던 그런 일이었다. 그들은 악한 자들의 의도와 계획이 성공하는 것을 보았다. 악한 자의 길이 형통한다. 그들은 그들의 악의적인 계획들을 달성하고, 그들의 목적을 이룬다. 그들이 하는 일들과 그들의 관심사들은 잘 되어 간다. 그들은 하나님과 사람을 지극히 기만적으로 대하는 자들이지만, 세상에서 누릴 수 있는 행복을 다 누리는 행복한 자들이다. 그들은 반역한 자들인데도 다 평안한 것이다. 이것은 주로 선한 신앙 고백을 그대로 지니고 있는 것처럼 가장하지만 사실은 그들의 선한 시작과 선한 약속들에서 떠나 있는 위선자들(외식하는 자들)을 겨냥한 말씀이다(2절). 그들은 이 두 가지 모두에서 지극히 기만적으로 행하고 있다. 처신이 불의하고 정직하지 못한 자들은 형통하기를 결코 기대할 수 없다는 말이 있다. 그러나 그들은 기만적으로 행하지만 여전히 평안하고 행복하다. 선지자는 그들이 형통하는 것과 그 형통을 악용하는 것을 둘 다 보여 준다(2절).

1. 하나님은 그들에게 매우 관대하셨기 때문에, 그들은 이미 세상에서 뿌리를 내렸다. "그들은 좋은 땅, 젖과 꿀이 흐르는 땅에 심어졌는데, 주께서 그들을 심으신 것이나이다. 아니, 주께서는 그들을 심기 위하여 그 땅에서 이방인들을 내쫓으셨나이다(시 44:2; 80:8)." 많은 나무들이 심어지지만, 자라지 못하거나 어떤 형체를 이루지 못하는 일이 많다. 그러나 그들은 뿌리가 박혔다. 그들의 형통은 탄탄하고 견고한 것 같이 보인다. 그들은 땅에 뿌리를 내렸다. 왜냐하면, 그들은 거기에 견고히 자리를 잡고서 거기로부터 그들을 만족시키는 온갖 수액(樹液)을 뽑아내기 때문이다. 많은 나무들이 뿌리를 내리더라도, 흙을 뚫고 나와 자라지 못하는 일이 많다. 그러나 그들은 장성하여 열매를 맺는다. 그들의 가문은 번성하고, 그들은 돈을 물 쓰듯이 쓰며 호화로운 생활을 한다. 이 모든 것은 그들에게 미소를 지어보인 하나님의 자비로운 섭리 덕분이다(시 73:7).

2. 그들은 하나님께 기만적으로 행하였지만, 하나님은 이렇게 그들에게 은총을 베푸셨다. 그들의 입은 주께 가까우나 그들의 마음은 머니이다. 이것은 무자

비한 비난이 아니다. 왜냐하면, 선지자는 예언의 영으로 말미암아 말하고 있기 때문이다. 예언의 영에 의한 것이 아니라면, 겉보기에 그럴 듯한 자들을 위선이라 몰아부치며 비난하는 일은 위험한 일이다. 좀 더 살펴보자.

(1) 그들은 하나님에 대하여 생각하거나 말하는 데에 관심이 없었고 하나님에 대한 진정한 애정도 없었지만, 아무렇지도 않게 아주 진지한 태도로 자주 하나님에 대하여 말할 수 있었다. 입에서 나오는 외면적인 경건은 어려운 일이 아니다. 진정으로 이스라엘 백성이 아닌 자들인데도 이스라엘의 언어를 사용하는 자들이 많다.

(2) 그들은 입에서 언제든지 하나님의 이름을 말할 준비가 되어 있었고, 그들은 경건의 냄새를 풍기는 어투에 익숙해져 있었지만, 마음속에서는 진정으로 하나님을 경외하는 태도를 유지할 수 없었다. 경건의 모양을 갖추었다면 반드시 경건의 능력도 갖추고 있어야 한다. 그러나 그들은 그렇지 않았다.

Ⅲ. 자기가 흠이 없음을 하나님께 호소할 때에 어떤 위로를 받았는지를 말함(3절). 여호와여 주께서 나를 아시나이다. 그의 위로였던 것, 즉 하나님이 그가 흠이 없다는 것을 증언해 주실 증인이라는 것과 관련해서 아마도 악한 자들은 일제히 그에게 면박을 주고 그를 비난하였던 것 같다(렘 18:18). 하나님은 그가 입은 하나님께 가까우나 마음은 먼 그들과 똑같은 인물이 아니라는 것, 그가 그들이 말하듯이 거짓말쟁이이자 거짓 선지자가 아니라는 것을 알고 계셨다. 이렇게 그를 욕하였던 자들은 그를 알지 못한 자들이었다(고전 2:8). "그들은 나를 쳐다볼 가치도 없는 자라고 생각하지만, 여호와여 주께서는 나를 아시나이다."

1. 그가 하나님을 향하여 호소하는 것은 어떤 것이었는가. 주께서는 주를 향한 내 마음을 아시나이다. 우리의 마음은 우리가 어떤 자인지를 말해주는데, 우리의 마음이 하나님을 향하여 선하냐 악하냐에 따라 우리의 마음이 어떤지가 결정된다는 것을 명심하라. 그러므로 우리가 하나님께 인정을 받기 위해서는 우리 자신의 마음을 살펴야 한다.

2. 그는 하나님께서 그를 아신다는 사실에 호소한다. "주께서는 내가 나 자신을 아는 것보다 나를 더 잘 아시는데, 이는 남의 말이나 소문을 들어서가 아니라 주께서 나를 보셨기 때문이나이다. 주께서는 나를 흘깃 보신 것이 아니라 내 마음을 감찰하시고 시험하셨나이다." 하나님은 마치 우리를 가장 엄밀하게

검사하고 살피신 것처럼 그렇게 분명하고 정확하고 확실하게 우리를 아신다. 우리가 상대하는 하나님은 우리의 마음이 그를 향하여 어떠한지를 완벽하게 아신다는 것을 명심하라. 하나님은 위선자의 교활함과 정직한 자의 솔직함을 둘 다 아신다.

IV. 하나님께서 이 악한 자들에게 손을 대시고, 비록 그들이 오랫동안 형통해 왔지만 언제까지나 형통하게 내버려 두지 마시기를 기도함. "주께서 심판을 보내셔서 양을 잡으려고 끌어냄과 같이 이 비옥한 초장에서 그들을 끌어내셔서, 그들이 오랫동안 형통하도록 내버려 두신 것은 단지 도살할 날을 위하여 준비시키기 위하여(또는, 죽일 날에 구별하기 위하여) 넓은 곳에서 양들을 먹인 것과 같은 것이었음이 드러나게 하소서(호 4:16)." 하나님께서 그들로 하여금 형통하도록 내버려 두신 것은 그들이 교만함과 사치스러운 삶을 통해서 그들의 죄의 분량을 다 채워서 그들의 멸망이 무르익을 수 있도록 하기 위한 것이었다. 그러므로 선지자는 그들 자신이 해악을 당하게 되는 것이 하나님의 공의의 다음 수순(手順)이라고 생각한다. 왜냐하면, 그들은 다른 사람들에게 너무도 많은 해악을 가해서 이제 그들을 그들의 땅에서 끌어내는 것이 합당하기 때문이고, 또한 그들은 이 땅에 파멸을 초래하였고 그들이 이 땅에 오래 머물면 머물수록 전염병처럼 더 많은 해악을 끼칠 것이 뻔하기 때문이었다(4절). "이 땅 주민들의 악 때문에 가해진 하나님의 심판 아래에서 언제까지 이 땅이 슬퍼하리이까. 여호와여, 주변의 모든 것을 파멸시키는 자들이 그들 자신만 형통하는 것을 그대로 두시겠나이까?"

1. 지금 이 땅으로 하여금 신음하게 만든 심판이 어떤 것이었는지를 보라. 온 지방의 채소가 마르나이다(풀은 불타 없어졌고, 땅의 모든 소산들은 없어졌다). 그 다음에는 당연히 짐승들과 새들이 죽어서 멸절되는 일이 벌어진다(왕상 18:5). 이것은 오랜 가뭄 또는 비의 부족 때문에 일어난 일이었는데, 이런 가뭄은 요시야 시대 말기와 여호야김 시대의 초기에 있었던 것으로 보인다. 이 일은 앞에서 언급되었고(렘 3:3; 8:13; 9:10, 12), 나중에 더 자세하게 언급된다(렘 14장). 만약 그들이 이 작은 심판으로 인해 회개에 이르렀다면, 더 큰 심판은 막을 수 있었을 것이다. 이와 같이 옥토가 변하여 염전이 된(시 107:34) 것이 이 땅 주민의 악 때문이 아니면 무슨 다른 이유가 있겠는가? 그래서 선지자는 이 악한 자들이 그들 자신의 죄 때문에 죽게 하셔서 온 나라가 그들의 죄로 인하

여 고통을 겪지 않게 해주시라고 기도한다.

2. 그들의 입에서 나온 악한 말은 어떤 것이었는지를 보라. 그들은 스스로 말하기를 그가 우리의 나중 일을 보지 못하리라 하였다. 이것은 다음 둘 중의 하나를 의미한다.

(1) 하나님이 그들의 나중 일을 보지 못하리라는 것. 무신론은 위선의 뿌리이다. 그들은 하나님이 어찌 알랴(시 73:11; 욥 22:13)고 말하기 때문에, 그들의 입은 하나님께 가까우나 그들의 마음은 먼 것이다. 그들은 하나님이 그들이 어떤 길을 걷고 있고 그 길이 결국 어떻게 끝날지를 모를 것이라고 생각한다.

(2) 예레미야가 우리의 나중 일을 보지 못하리라는 것. "그가 뭐라도 된 것처럼 행세하지만, 우리가 그에게 우리의 마지막이 어떻게 될지를 물어보면, 그는 그것을 미리 볼 수 없을 것이다." 그들은 그를 거짓 선지자로 여기고 있는 것이다. 또는, "우리의 마지막이 무엇이 되든, 그는 우리 손에 죽을 것이기 때문에 살아서 그것을 보지 못할 것이다(렘 11:21)." 좀 더 살펴보자.

[1] 사람들의 모든 악행의 밑바닥에는 그들의 마지막이 저 멀리 있다거나 불확실한 것으로 여기는 태도가 깔려 있다(애 1:9).

[2] 피조 세계 전체가 인간의 죄의 짐 아래에서 신음하고 있다(롬 8:22). 땅이 신음하는(본문은 이렇게 읽을 수도 있다) 것은 바로 이 때문이다. 땅은 너로 말미암아 저주를 받았느니라(창 3:17).

V. 그의 이러한 하소연들에 대하여 하나님이 어떤 대답을 주셨는지를 우리에게 알려줌(5-6절).   우리는 성경에서 다른 사람들을 권면하는 것이 책무인 선지자들이 종종 권면을 받는 것을 본다(사 8:11). 사역자들은 교훈을 가르쳐야 하지만 배우기도 하여야 하기 때문에, 스스로 하나님의 음성을 듣고 자기 자신을 가르쳐야 한다. 예레미야는 아나돗 사람들의 악에 대하여 많이 하소연하였고, 그런데도 그들이 형통하는 것에 대해서도 하소연하였다. 그의 이러한 하소연에 대한 하나님의 대답은 이런 것이었던 것으로 보인다.

1. 하나님께서는 그가 하소연하는 것이 당연하다고 받아들이신다(6절). "네 아버지의 집에 함께 속한 네 형제들, 곧 아나돗의 제사장들은 마땅히 너를 보호해야 하고, 또한 그렇게 하는 척하였지만 사실은 너를 속이며 거짓으로 대하고 친분을 앞세워서 악의적으로 네게 온갖 해악을 끼쳤다. 그들은 무리들을 동원해서 네 뒤에서 크게 외치고 온갖 방법을 동원하여 너를 중상모략하여 헐뜯어

너에 대한 평판이 나빠지게 만들고자 애쓰면서도 너를 핍박하거나 너의 자유를 박탈한 의도는 전혀 없는 체하였다. 그들은 네게 좋은 말을 할지라도 정말 네가 믿을 수 없는 그런 자들이다. 그들은 너의 우군(友軍)인 체하지만, 실은 너의 적군이다." 하나님의 충성된 종들은 자기 집안 식구가 그들의 적이고(마 10:36) 믿을 수 있다고 생각했던 사람들이 결코 믿을 수 없는 자들임이 드러난다고 해도(미 7:5) 그것을 전혀 이상하게 생각하지 말아야 한다는 것을 명심하라.

2. 그렇지만, 하나님은 그가 이 문제를 너무 심각하게 받아들이는 것 같다고 말씀하신다.

(1) 그는 그의 고향 사람들이 그에게 저지른 악을 너무 지나치게 마음에 담아 두었다. 그가 마음을 놓았던 평안한 땅에서 그는 사람들에게 괴롭힘을 당하였다(5절). 자신의 친척들에게 이런 식으로 미움과 학대를 받은 것은 그에게 큰 상처였다. 그는 이 일 때문에 마음이 상하였고 힘이 빠졌다. 이 일에 휘둘리다보니 그는 이 일만 생각하면 몹시 짜증이 나고 괴로웠다. 아니, 그는 이 일로 인해서 낙심해서, 예언하는 것이 지긋지긋해졌고 그 일을 그만둘까 생각하기도 하였다.

(2) 그는 이 일이 단지 그의 고난의 시작일 뿐이고 그 앞에는 더 혹독한 시련들이 기다리고 있다는 사실을 알지 못하였다. 그는 이 고난을 인내로써 견뎌내서 앞으로 올 더 큰 고난에 대비해야 하는 데도 불구하고, 이 작은 고난 아래에서 안절부절하는 모습을 보임으로써 그의 앞에 놓여 있는 고난들에 맞서 싸우기에 그가 아직 역부족이라는 것을 드러내었다. 만일 네가 보행자와 함께 달려도 피곤하여 숨이 차서 어쩔 줄 모른다면, 어찌 능히 말과 경주하겠느냐. 아나돗 사람들이 그에게 못된 짓을 한 것을 네가 그토록 마음에 담아두고 빨리 털어버리지 않는다면, 예루살렘의 고관들과 고위 제사장들이 나중에 그들이 지닌 권력으로 너에게 횡포를 부릴 때에는 네가 어떻게 감당해 낼 수 있겠는가(렘 20:2; 32:2)? 소란이나 위험이 별로 없는 평안한 땅에서 네가 이렇게 빨리 지쳐버린다면, 모든 강둑에 범람하여 사자들조차도 겁을 집어먹고 그들의 거처인 숲에서 나오게 만드는 요단 강 물이 넘칠 때에는 네가 어찌하겠느냐(렘 49:19)? 좀 더 살펴보자.

[1] 우리는 이 세상에 사는 동안에는 환난과 어려움이 있을 것을 예상하여야 한다. 우리의 삶은 달리기 경주요 전쟁이다. 우리는 언제든지 넘어지거나 지쳐

쓰러질 수 있다.

[2] 작은 시련으로 시작하시는 것이 하나님의 통상적인 방식이기 때문에, 우리가 아직 겪어 보지 못한 더 큰 시련을 예상하여 대비하는 것이 지혜로운 일이다. 보병들과 싸워도 힘든데, 우리는 언제 불려나가서 기병들과 겨루게 될지 모를 일이고, 마지막에는 아낙 자손들과 맞닥뜨릴 수도 있다.

[3] 우리는 그러한 시련들에 대비해서 그 때가 되면 어떻게 해야 할지를 깊이 생각해 보는 것이 꼭 필요하다. 요단 강 물이 넘칠 때에 우리가 어떻게 해야 우리를 흠 없이 지키고 평안을 유지할 수 있을 것인가?

[4] 앞으로 닥칠 더 큰 시련들에 대비하기 위해서는 우리는 현재의 작은 시련들 아래에서 우리가 달려갈 길 끝에 있는 상(賞)을 바라보고서 온 힘을 쏟아 우리의 마음을 지키고 약속을 굳게 붙잡고서 우리의 갈 길을 어김없이 감으로써 그 시련들을 능히 감당해 내어야 한다. 몇몇 훌륭한 해석자들은 이 본문을, 안일함에 빠져서 장차 다가올 심판에 대한 경고를 두려워하지 않았던 백성들을 향한 말씀으로 이해한다. 너희가 앗수르인들에 의한 작은 재난을 통해서도 이토록 미천해지고 빈곤해졌고, 너희의 형제들로서 너희와 동맹을 맺고 있던 암몬 자손과 모압 자손이 너희를 배신했을 때에도 너희가 타격을 입었다면, 하물며 너희가 갈대아인들과 같은 강력한 대적을 어떻게 상대할 수 있겠는가? 너희가 요단 강 물이 넘칠 때처럼 물밀듯이 쏟아져 들어오는 갈대아 군대를 어떻게 감당할 수 있겠는가?

[7]내가 내 집을 버리며 내 소유를 내던져 내 마음으로 사랑하는 것을 그 원수의 손에 넘겼나니 [8]내 소유가 숲속의 사자 같이 되어서 나를 향하여 그 소리를 내므로 내가 그를 미워하였음이로라 [9]내 소유가 내게 대하여는 무늬 있는 매가 아니냐 매들이 그것을 에워싸지 아니하느냐 너희는 가서 들짐승들을 모아다가 그것을 삼키게 하라 [10]많은 목자가 내 포도원을 헐며 내 몫을 짓밟아서 내가 기뻐하는 땅을 황무지로 만들었도다 [11]그들이 이를 황폐하게 하였으므로 그 황무지가 나를 향하여 슬퍼하는도다 온 땅이 황폐함은 이를 마음에 두는 자가 없음이로다 [12]파괴하는 자들이 광야의 모든 벗은 산 위에 이르렀고 여호와의 칼이 땅 이 끝에서 저 끝까지 삼키니 모든 육체가 평안하지 못하도다 [13]무리가 밀을 심어도 가시를 거두며 수고하여도 소득이 없은즉 그 소산으로 말미암아 스스로 수치를 당하리니 이는 여호와의 분노로

말미암음이니라

하나님은 여기에서 유다 백성을 멸망시키기로 작정하신다.

I. 하나님은 여기에서 그들과 사이가 틀어져서 그들과 결별하고 그들이 황폐하게 되도록 내버려 두기로 작정하신다. 만약 그들이 하나님의 진노를 불러일으켜서 그들을 버리시게 만들지 않았다면, 그들은 결코 망할 수 없었을 것이다. 하나님이 여기에서 말씀하시는 것은 무시무시한 말씀이다(7절). 내가 내 집(하나님의 궁정이었던 성전)을 버렸다. 그들이 하나님의 집을 더럽혀서, 하나님은 어쩔 수 없이 자기 집을 나오실 수밖에 없었다. 내가 내 소유를 내던졌고 다시는 내 기업을 돌보지 않으리라. 하나님께서 그토록 기뻐하시고 돌보셨던 하나님의 백성은 이제 그의 보호하심 밖으로 내쳐졌다. 그들은 하나님이 마음으로 사랑하는 자들이었고 하나님 보시기에 보배롭고 다른 어느 민족보다도 존귀한 자들이었다. 하나님께서 이런 말씀을 하시는 것은 그들이 하나님의 이러한 사랑을 하나님을 미워하는 것으로 되갚은 죄와 그토록 그들에게 인자하셨던 분의 호의를 박차고 나가버린 그들의 비참한 처지를 더욱 부각시키고, 하나님이 그들을 심판하신 것이 정당하고 의로운 것임을 보여주기 위한 것이다. 하나님은 그들을 심판하실 기회를 노리고 계셨던 것이 아니기 때문에, 만약 그들이 용납할 수 있는 정도의 수준으로 처신하였다면, 하나님은 분명히 그들을 최고로 만들어 주셨을 것이다. 왜냐하면, 그들은 하나님이 마음으로 사랑하는 자들이었기 때문이다. 그러나 그들은 하나님의 진노를 불러일으켜서 하나님이 그들을 그 원수의 손에 넘기고 그들을 보호하지 않고 내버려 두셔서 그들에게 악의를 지니고 있던 자들의 손쉬운 먹잇감이 되게 하실 수밖에 없을 정도로 악하게 처신하였다. 그렇다면, 하나님께서 오랫동안 그에게 그토록 사랑스러웠던 백성과 다투시는 이유는 무엇이었는가? 그것은 그들이 정말 말도 되지 않을 정도로 타락하고 변질되어 버렸기 때문이었다.

1. 그들은 모든 사람이 될 수 있으면 멀리 피하고 싶어하고 좋아하지 않는 맹수가 되어 버렸다(8절). 내 소유가 나를 향하여 사자 같이 되었다. 그들이 저지른 죄들에 의해 희생된 자들이 사자가 포효하듯이 하늘을 향하여 원수를 갚아달라고 소리친다. 아니, 그들은 하나님의 이름으로 그들에게 말씀을 전하는 선지자들을 위협하고 죽이면서 이것을 보라는 듯이 하나님을 향하여 함성을 지른

다. 하나님은 사람들이 선지자들에게 말하고 행한 모든 것을 하나님 자신에게 말하고 행한 것으로 여기신다. 그들은 하나님의 이름을 모독하고 하나님의 권위에 도전하며 하나님의 공의를 비웃으면서, 숲속의 사자 같이 하나님을 향하여 소리를 낸다. 하나님의 초장의 양 떼였던 자들이 지금은 숲속의 사자들처럼 야만적이고 게걸스러우며 제어할 수 없게 되어 버렸다. 그러므로 하나님은 그들을 미워하셨다. 포효하는 사자와 사나운 짐승 같이 되어서 주변의 모든 것들을 괴롭히고 해를 입히기 때문에 잡아 죽여야 마땅한 그런 백성을 사랑의 하나님께서 어떻게 기뻐하실 수 있겠는가?

2. 그들은 맹조류(또는, 육식조) 같이 되어서, 맹수나 맹조류를 제물로 드리는 것이 허용되지 않았던 하나님의 집에 있어서는 안 될 존재가 되어 버렸다(9절). 내 소유가 내게 대하여는 날카로운 발톱을 가진 매가 아니냐(어떤 이들은 이렇게 읽고, 난외주도 그렇게 읽는다). 그들은 서로를 끊임없이 물어뜯고 있다. 그들은 말도 안 되는 괴상한 논쟁들을 통해서 이 나라를 투계장(鬪鷄場)으로 만들어 버렸다. 또는, 내 소유가 내게 대하여 무늬 있는 매, 즉 생고기를 먹느라 피로 범벅이 된 매가 아니냐. 죄 없는 자들의 피를 흘리는 일은 이웃 나라들의 분노를 불러일으키는 일이었을 뿐만 아니라, 예루살렘의 죄의 분량을 채우는 일이었고 그들의 파멸을 재촉하는 일이었다. 왜냐하면, 그의 손이 모든 사람을 치는 자들은 모든 사람의 손이 그를 치게 될 것이기 때문이다(창 16:12). 여기에서도 그와 같은 말씀이 나온다. 매들이 그것을 에워싸지 아니하느냐. 어떤 이들은 여기에 나오는 어구를 반점이 있거나 얼룩덜룩한 매로 해석해서, 그들이 이방의 미신적인 관습들과 행위들을 하나님의 예배와 관련된 거룩한 제도들과 혼합하였기 때문에 하나님이 그들을 이렇게 지칭한 것이라고 본다. 그들은 여러 가지 색이 섞인 화려한 종교를 좋아하였고, 그런 종교가 그들을 우아하게 만들어 준다고 생각하였다. 사실 그런 종교는 그들을 구역질나고 혐오스럽게 만들었는데도 말이다. 반점이 있는 새는 하나님의 연인의 모습이 아니다.

Ⅱ. 하나님은 원수들을 보내어 그들을 쳐서 그들의 땅을 황폐하게 만들게 하실 것이다. 어떤 이들은 유다 백성이 무늬 있는 새와 비유된 것이 바로 이 때문이라고 본다. 왜냐하면, 새들은 보통 이상하고 드문 색을 지닌 새를 보면 요란하게 소리를 내기 때문이다. 하나님의 백성은 이 세상 사람들 가운데서 드문 무늬 있는 새이기 때문에, 사람들이 기이히 여겼다. 그러나 이 백성은 그들 자신

의 어리석음 때문에 스스로를 그렇게 만든 것이었다. 짐승들과 새들은 그들을 공격하여 삼키라는 명령을 받는다. 하나님께서 그들을 버리셨기 때문에, 모든 새들로 하여금 그들을 해치려고 모여들게 하고, 들짐승들을 모아다가 그들을 삼키게 하라. 다른 사람들을 먹잇감으로 삼아서 집어삼킨 자들은 스스로 먹잇감이 되어 집어삼켜지게 될 것이다. 그들에 대한 이러한 심판이 하늘로부터의 명령이었다고 해서, 열방들의 죄가 줄어드는 것은 아니었지만, 유다와 예루살렘의 참상은 더욱 극심하게 되었다. 새들과 짐승들을 부르는 것은 요한의 환상에서처럼(계 19:17-18) 죽은 자들의 시체로 잔치를 벌이기 위한 것이다. 갈대아 군대에 의한 이 땅의 철저한 황폐화는 너무도 확실하고 곧 일어날 일이었기 때문에 여기에서는 마치 이미 일어난 일처럼 묘사된다. 하나님은 이 일을 그가 이미 정해 놓으신 일처럼 말씀하시지만, 다른 죄인들이 죽는 것도 기뻐하지 않으시는 하나님이 자기 백성이 멸망받는 것을 기뻐하실 리가 없으셨다.

1. 이 백성이 죄악된 데도 불구하고 하나님은 그들과의 언약과 그들이 이전에 그에게 경배와 영광을 돌렸던 것을 기억하시고 깊은 애정으로 이 땅에 대하여 말씀하신다. 이 백성은 내 포도원, 내 몫, 내가 기뻐하는 땅이다(10절). 하나님의 교회 속에 많은 잘못이 있더라도, 하나님은 그의 교회에 대하여 애정과 관심을 지니고 계시다는 것을 명심하라. 하나님은 그의 교회에 애정을 지니고 계시고 아끼시기 때문에 어떻게든 고쳐 보시려고 징계를 하시는 것이다.

2. 하나님은 이 땅이 황폐화된 것에 대하여 가슴 아파하시고 불쌍히 여기시는 마음으로 말씀하신다. 많은 목자(아라비아의 목자들이 그들의 가축 떼를 이끌고 와서 울타리가 없는 땅에서 난 열매들을 다 먹어 치우게 하듯이, 그들의 군대를 끌고 와서 이 땅을 점령하여 다 먹어 치워 버린 갈대아 군대의 장군들)가 내 포도원이 내게 얼마나 귀하고 소중한지를 고려하지도 않고 내 포도원을 헐었다. 그들은 그것을 광기 어린 자들처럼 무자비하게 군화발로 짓밟아서, 내가 기뻐하는 땅을 황무지로 만들어 버렸다. 온 나라가 파괴되었다. 온 땅이 황폐하게 되었다(11절). 온 땅이 전쟁의 칼날 때문에 그렇게 되었다. 파괴하는 자들, 즉 갈대아 군사들이 광야의 모든 벗은 산 위에 이르렀다. 그들은 모든 천혜의 요새들과 인공적인 요새들을 장악하였다(12절). 여호와의 칼이 이 끝에서 저 끝까지 삼켰다. 모든 곳이 그대로 다 노출되고, 침략자들의 헤아릴 수 없는 군사들이 이 비옥한 땅의 사방 곳곳에 흩어져 주둔해 있어서, 모든 육체가 평안하지 못

하고, 그 누구도 이 재난을 피하지 못하며, 안정된 삶을 누리지 못한다. 모든 육체가 그들의 길을 타락시켰다면 그들에게 평안은 있을 수 없다. 성령을 따라 걷는 자들만이 평안을 누린다.

3. 이 모든 참상은 어디에서 온 것인가.

(1) 그것은 하나님의 진노에서 온 것이다. 모든 것을 삼키고 있는 것은 바로 여호와의 칼이다(12절). 하나님의 백성이 하나님을 가까이 하는 동안에는 기드온의 칼이 보여주듯이 그들을 보호하고 구원하는 자들의 칼이 여호와의 칼이다. 그러나 그들이 하나님을 버려서 하나님이 그들의 원수가 되어 그들과 맞서 싸우시게 되면, 그들을 침략하고 멸망시키는 자들의 칼이 여호와의 칼이 되는데, 갈대아인들의 칼이 이것을 보여준다. 이 모든 참상은 여호와의 분노로 말미암은 것이다(13절). 그들 가운데 이 불을 붙이고 그들의 원수들을 그토록 광분하게 만든 것은 바로 이것이었다. 누가 능히 그의 분노 앞에 서랴.

(2) 하나님을 그들의 원수로 만든 것은 그들의 죄였고, 특히 하나님이 앞서 여러 번 책망하셨는데도 그들이 고쳐지지 않았기 때문이다(11절). 이 땅이 나를 향하여 슬퍼하는도다. 황폐해진 이 땅은 하나님 앞에서 하소연을 쏟아놓으며 하나님의 손 아래에서 자신을 낮춘다. 그러나 이 땅의 주민들은 지각이 없고 우둔해서, 이를 마음에 두는 자가 아무도 없다. 그들이 걸어다니는 온 땅이 그들을 부끄럽게 하는 데도, 그들은 하나님을 향하여 슬퍼하지도 않고, 하나님의 진노에도 아랑곳하지 않는다. 하나님의 손이 높이 들려 있는 데도 사람들이 그것을 보지 못하면, 하나님은 그 손을 그들에게 대셔서 그들로 하여금 느끼지 않을 수 없게 하실 것임을 명심하라(사 26:11).

4. 그들은 이 참상을 막아낼 수 없다는 것(13절). "그들은 밀을 심었다. 즉, 그들은 그들 자신의 안전을 위해서 엄청난 힘을 쏟고 수고를 하였기 때문에 그들의 수고에 대한 보상을 받을 것이라고 기대하였지만, 아무 소용이 없었다. 그들은 가시를 거둘 것이다. 즉, 그들은 그들에게 너무나 힘들고 괴로운 것임이 밝혀질 그런 것을 거두게 될 것이다. 그들은 아무리 애를 써도 희망을 보기는커녕 점점 더 불안해하며 안절부절하게 될 것이다. 그들은 뭔가를 해보려고 많은 힘을 들여 애쓰고 그 결과를 기대하며 노심초사하며 수고하여도 소득이 없을 것이다. 그들은 스스로 뛰어든 난관들에서 빠져나오는 데에 성공을 거두지 못할 것이다. 그들은 그 소산으로 말미암아 수치를 당하리니, 그들이 전쟁을 위해서 준비

해 놓은 많은 것들을 의지한 것과 특히 전쟁 비용을 다 감당할 능력이 있는 것을 의지한 것 때문에 수치를 당할 것이다." 군자금은 전쟁에서 아주 중요하다. 그들은 군자금을 얼마든지 댈 수 있다고 생각하였으나, 그런 생각으로 인해서 부끄러움을 당하게 될 것이다. 왜냐하면, 여호와의 진노의 날에 그들의 은과 금은 그들에게 아무런 도움도 되지 못할 것이기 때문이다.

¹⁴내가 내 백성 이스라엘에게 기업으로 준 소유에 손을 대는 나의 모든 악한 이웃에 대하여 여호와께서 이와 같이 말씀하시니라 보라 내가 그들을 그 땅에서 뽑아 버리겠고 유다 집을 그들 가운데서 뽑아 내리라 ¹⁵내가 그들을 뽑아 낸 후에 내가 돌이켜 그들을 불쌍히 여겨서 각 사람을 그들의 기업으로, 각 사람을 그 땅으로 다시 인도하리니 ¹⁶그들이 내 백성의 도를 부지런히 배우며 살아 있는 여호와라는 내 이름으로 맹세하기를 자기들이 내 백성을 가리켜 바알로 맹세하게 한 것 같이 하면 그들이 내 백성 가운데에 세움을 입으려니와 ¹⁷그들이 순종하지 아니하면 내가 반드시 그 나라를 뽑으리라 뽑아 멸하리라 여호와의 말씀이니라

선지자들은 종종 이스라엘 땅에 인접해 있던 여러 나라들을 향하여 하나님의 이름으로 심판과 긍휼의 메시지를 전하였다. 그러나 여기에는 하나님의 백성을 이런저런 방식으로 해를 끼쳤거나 억압하였거나, 하나님의 백성이 억압받는 것을 고소해하였던 모든 나라들을 향한 일반적인 메시지가 나온다. 좀 더 자세하게 살펴보자.

I. 하나님께서 그들과 다투신 이유는 무엇이었는가. 그들은 하나님의 악한 이웃(14절), 하나님의 교회의 악한 이웃이었다. 하나님은 그들이 그의 백성에게 한 악한 일을 자기 자신에게 한 악한 일로 여기셨기 때문에, 그들을 그의 악한 이웃이라 부르셨다. 그들은 마땅히 이스라엘에게 친절한 이웃이 되어야 했지만, 현실은 정반대였다. 불친절하고 화를 돋구는 악한 이웃들 가운데서 살아가야 하는 것이 종종 선한 자들의 운명이라는 것을 명심하라. 이웃들이 한결같이 악하다면, 그것은 참으로 고약한 일이다. 이 악한 이웃은 모압 족속, 암몬 족속, 아람 족속, 에돔 족속, 애굽인들이었는데, 이 나라들은 전에는 그들을 타락시키고 하나님으로부터 떠나게 만드는 데에 일조(一助)함으로써 악한 이웃들이었고(그래서 하나님은 이 나라들을 그의 악한 이웃이라 부르신다), 지금은

하나님의 백성을 침공한 갈대아인들과 합세하여 이 땅을 황폐하게 만드는 데에 일조하였다. 하나님께서 우리가 죄의 도구들로 활용하였던 자들을 우리를 괴롭히는 도구들로 삼으시는 것은 정당하고 의롭다. 하나님이 그들을 고소하시는 내용은 이것이다. 그들은 내가 내 백성 이스라엘에게 기업으로 준 소유에 손을 대었다. 그들은 그들 자신의 소유가 아닌 것을 부당하게 차지하였다. 아니, 그들은 하나님의 특별한 백성에게 주어진 것을 그들 자신의 것으로 삼음으로써 성물(聖物)을 훔치는 짓을 한 것이었다. 나의 기름 부은 자를 손대지 말라고 말씀하신 하나님은 또한 이렇게 말씀하셨다. "내 백성 이스라엘에게 기업으로 준 소유에 손대지 말라. 만약 너희가 손을 댄다면, 너희의 목숨이 위태로워질 것이다." 하나님의 백성에 속한 사람들만이 아니라 재물도 하나님의 보호하심 아래에 있다.

II. 하나님은 그들에게 무슨 조치를 취하려 하시는가.

1. 하나님은 자기 백성을 장악하고 지배할 때에 사용하였던 그들의 힘을 깨부수셔서 그들로 하여금 원상회복을 시키지 않을 수 없게 만드실 것이다. 내가 유다 집을 그들 가운데서 뽑아 내리라. 이것은 원수들에 의해 포로로 잡혀갔거나 목숨을 부지하기 위해 원수들에게 투항해서 포로로 잡혀 있던 하나님의 백성에게 큰 은총이 될 것이지만, 원수들에게는 먹잇감을 잡으려다 실패한 사자 같이 큰 굴욕이 될 것이다. 유다 집은 그들 자신의 자유를 위하여 그 어떤 담대한 투쟁도 할 수 없고, 또한 하고자 하지도 않을 것이다. 그러나 하나님은 옛적에 이스라엘을 애굽에서 뽑아 내셨던 것처럼 자비가 담긴 무력을 사용하셔서 그들을 뽑아 내실 것이고, 그의 성령을 보내 그들로 하여금 나오지 않을 수 없게 하실 것이며, 그의 능력으로 그들의 십장들에게 그들을 보내지 않을 수 없게 하실 것이다.

2. 하나님은 그들이 하나님의 도구가 되어 그의 백성에게 부었던 것과 동일한 재난들을 그들에게 부으실 것이다. 내가 그들을 그 땅에서 뽑아 버리겠다. 심판은 하나님의 집에서 시작되었지만 거기에서 끝나지 않았다. 느부갓네살은 이스라엘 땅을 초토화시킨 후에 방향을 돌려 그들의 악한 이웃 나라들을 치는 채찍이 되었다.

III. 그들 중에서 하나님께로 돌아와 그의 백성이 되고자 하는 자들을 위해서 하나님이 어떤 긍휼을 준비해 두고 계셨는가(15-16절). 그들은 하나님의 타락한 백성을 이끌고 가서 그들과 함께 우상을 숭배하게 하였었다. 이제 그들이 이 땅으로 돌아오는 백성에게 이끌려서 이 백성과 더불어서 참되고 살아 계신 하나님을 섬긴다면, 그들은 하나님의 백성에 대하여 그들이 행하였던 적대적인 행위들을 용서받게 될 뿐만 아니라, 하나님과 그들 사이에 있었던 간격이 제거되고 받아들여져서 하나님의 이스라엘과 동일한 반열에 서게 될 것이다. 이 말씀은 이스라엘 백성이 포로 생활에서 돌아온 후에 이전에 이스라엘에 대하여 악한 이웃이었던 여러 나라의 백성들 중 많은 수가 유대인이 되었을 때에 부분적으로 성취되었다. 또한, 이 말씀은 이방인들이 회심하여 그리스도를 믿는 믿음을 갖게 될 때에 온전히 성취될 것이었다. 이스라엘은 비록 그들 때문에 피해를 입었기는 하지만 그들에 대하여 앙심을 품어서는 안 된다. 왜냐하면, 하나님께서 그렇게 하지 않으시기 때문이다. 내가 그들의 죄를 벌해야 하는 나의 공의와 이스라엘의 억울함을 풀어주고 존귀하게 만들고자 하는 나의 열심으로 그들을 뽑아 낸 후에 내가 돌이켜 나의 마음을 바꾸어 그들을 불쌍히 여기리라. 그들은 이방인들이라서 언약에 약속된 긍휼들을 자신의 권리로 주장할 수는 없지만 창조주로서 지니고 계신 불쌍히 여기시는 마음으로 인하여 유익을 얻게 될 것이다. 하나님은 그들을 그의 손으로 지은 자들로 보실 것이기 때문이다. 하나님께서 그의 피조물들과 다투시는 것들을 우리는 반박하지 말고 겸손히 받아들여야 한다는 것을 명심하라. 하나님을 몰랐던 자들만이 아니라 전에 악한 행실로 마음으로 원수가 되었던 자들도 하나님과 화해할 수 있다(골 1:21). 좀 더 살펴보자.

1. 하나님은 어떤 조건 위에서 그들에게 은총을 베푸시겠다고 하셨는가. 하나님이 항상 제시하시는 조건은 그들이 내 백성의 도를 부지런히 배우는 것, 즉 일반적으로 말해서 그들이 내 백성으로 살아갈 때에 걷는 바로 그 길들(그들이 곁길로 새나갔을 때의 굽은 길들이 아니라), 내가 내 백성에게 행하라고 지시한 길들을 배워야 한다는 것이다. 좀 더 살펴보자.

(1) 특별히 하나님의 백성의 도가 되는 선한 길들이 있다. 하나님의 백성은 구체적인 길들을 선택함에 있어서는 서로 아무리 다를지라도 그 길로 행하는 데에는 모두 일치한다. 거룩함을 좇는 것과 하늘에 속한 생각을 하는 것, 사랑과 평화를 위한 길들, 기도와 주일 성수, 예배와 성례전에 부지런히 참여하는 것 등은 하나님의 백성의 도이다.

(2) 하나님의 백성과 운명을 같이하고 그들의 마지막이 하나님의 백성의 마지막과 같이 되기를 바라는 자들은 그 백성의 길들을 배워야 하고 그 길들로 행하여야 하며, 그 백성이 어떻게 걷는지를 유심히 지켜보고 그대로 따라 해야 하고, 그 백성의 발자취를 보고 그리로 나아가야 한다. 그들은 하나님의 백성과의 친밀한 교제를 통해서 그들이 어떻게 행하는지를 배워야 한다.

(3) 큰 관심과 많은 수고를 들이지 않고서는 하나님의 백성의 길들을 제대로 배울 수 없다. 우리는 그 길들을 부지런히 눈여겨 살펴보아야 하고, 부지런히 우리 자신으로 하여금 어떻게든 그 길들로 행하도록 하여야 하며, 부지런히 보고(히 12:15) 부지런히 힘써야 한다(눅 13:24). 특히, 그들은 그들의 모든 엄숙한 맹세를 하나님의 이름을 걸고 함으로써 하나님의 이름에 존귀함을 돌려 드리는 법을 배워야 한다. 그들은 살아 있는 여호와라는 내 이름으로 맹세하기(하나님을 시인하고 경배하며 하나님의 판단을 따르는 것)를 자기들이 내 백성을 가리켜 바알로 맹세하게 한 것 같이 하는 법을 배워야 한다. 그들이 바알을 걸고 맹세한 것은 충분히 악한 일이었지만, 그들이 이미 더 좋은 가르침을 받았던 하나님의 백성을 가르친 것은 더욱 악한 일이었다. 그렇지만 그들이 결국 돌이켜서 삶을 고친다면, 그들은 하나님의 백성으로 받아들여지게 될 것이다. 좀 더 살펴보자.

[1] 우리는 아무리 악한 자에 대해서도 회심의 가능성을 놓고 절망하지 않아야 한다. 다른 사람들을 악한 길로 이끌어 타락시키는 데에 도구가 되었던 자들도 회심할 가능성이 있다는 것을 우리는 알아야 한다. 그런 자들조차도 회개에 이를 수 있고, 그러한 회개가 이루어진다면 그들은 긍휼을 얻게 될 것이다.

[2] 우리가 악한 길로 이끌고자 애썼던 자들이 있었고, 하나님께서 그들의 눈을 먼저 열어 주셨다면, 우리는 기꺼이 그들을 따라 선한 길로 가야 한다. 전에는 우리가 어떤 사람들에게 죄의 길을 가르쳤는데, 이제는 우리가 그들에게서 의의 길을 배운다면, 그것은 우리 자신에 대한 거룩한 복수가 될 것이다.

[3] 속은 자들의 회심은 속인 자들의 회심을 일어나게 하는 복된 기회가 될 수 있다. 이렇게 함께 구덩이에 빠진 자들은 종종 그 구덩이에서 함께 건져 올려진다.

2. 그들이 하나님께 돌아오고 하나님께서 그들에게 돌아가셨을 때에 이러한 은총의 증표들과 열매들은 무엇인가.

(1) 그들은 그들의 땅에 다시 인도되어 거기에 다시 뿌리를 내리게 될 것이다(15절). 내가 각 사람을 그들의 기업으로 인도하리라. 그들을 뽑아 냈던 바로 그 손이 이번에는 그들을 다시 심으실 것이다.

(2) 그들은 하나님의 백성 이스라엘이 지녔던 영적인 특권을 지닐 자격을 얻게 될 것이다. "그들이 고분고분하게 되어 내 백성의 도를 배워서 내 가문의 규칙들을 지키고 내 가문의 통제를 받는다면, 내 백성 가운데에 세움을 입으리라. 그들은 내 백성 가운데로 데려와져서, 이방인의 뜰이 있었던 여호와의 집에서 한 이름과 한 자리를 얻게 될 뿐만 아니라, 내 백성 가운데에 세움을 입게 될 것이다. 그들은 내 백성과 하나가 될 것이다. 이전의 적대관계는 사라질 것이다. 그들은 내 백성 가운데서 양육을 받아 덕세움을 입고 정착하게 될 것이다(사 56:5-7)." 하나님의 백성의 도를 부지런히 배우는 자들은 그 백성의 특권과 위로들을 누리게 되리라는 것을 명심하라.

IV. 그들 중에 많은 자들이 여호와께 돌아갔는데도 여전히 자신의 악한 길을 고집하는 자들은 어떻게 되는가(17절). 그들이 순종하지 아니하면, 그들 중에 누구라도 계속해서 버틴다면, 내가 반드시 그 나라, 그 가문, 바로 그 사람을 뽑으리라 뽑아 멸하리라 여호와의 말씀이니라. 하나님의 은혜에 의해 다스림을 받고자 하지 않는 자들은 결국 하나님의 공의에 의해서 멸망을 당하게 될 것이다. 불순종하는 나라들이 멸망을 당할진대, 하물며 더 좋은 열매들이 기대되는 교회들이 불순종할 때에 그들의 멸망은 어떠하겠는가?

제 — 13 — 장

개요

선지자는 여기에서도 계속해서 그들에게 임할 하나님의 심판이 어떤 것일지를 살펴봄으로써 이 안일하고 고집 센 백성을 일깨워서 회개하게 하고자 애쓴다. I. 허리띠가 썩는 징조를 통해서 그들의 자부심과 교만이 더럽혀지리라는 것을 보여줌(1-11절). II. 포도주가 가득 담긴 병들에 관한 징조를 통해서 그들의 계획이 다 망쳐지게 되리라는 것을 보여줌(12-14절). III. 이러한 것들을 근거로 그들에게 회개하고 스스로를 낮추라고 권함(15-21절). IV. 하나님의 심판이 이토록 오래 지속되고 극단적인 상황으로까지 치닫는 것은 그들이 완악하여 말을 듣지 않기 때문임을 깨우침(22-27절).

[1]여호와께서 이와 같이 내게 이르시되 너는 가서 베 띠를 사서 네 허리에 띠고 물에 적시지 말라 하시기로 [2]내가 여호와의 말씀대로 띠를 사서 내 허리에 띠니라 [3]여호와의 말씀이 다시 내게 임하여 이르시되 [4]너는 사서 네 허리에 띤 띠를 가지고 일어나 유브라데로 가서 거기서 그것을 바위 틈에 감추라 하시기로 [5]내가 여호와께서 내게 명령하신 대로 가서 그것을 유브라데 물 가에 감추니라 [6]여러 날 후에 여호와께서 내게 이르시되 일어나 유브라데로 가서 내가 네게 명령하여 거기 감추게 한 띠를 가져오라 하시기로 [7]내가 유브라데로 가서 그 감추었던 곳을 파고 띠를 가져오니 띠가 썩어서 쓸 수 없게 되었더라 [8]여호와의 말씀이 내게 임하니라 이르시되 [9]여호와께서 이와 같이 말씀하시니라 내가 유다의 교만과 예루살렘의 큰 교만을 이같이 썩게 하리라 [10]이 악한 백성이 내 말 듣기를 거절하고 그 마음의 완악한 대로 행하며 다른 신들을 따라 그를 섬기며 그에게 절하니 그들이 이 띠가 쓸 수 없음 같이 되리라 [11]여호와의 말씀이니라 띠가 사람의 허리에 속함 같이 내가 이스라엘 온 집과 유다 온 집으로 내게 속하게 하여 그들로 내 백성이 되게 하며 내 이름과 명예와 영광이 되게 하려 하였으나 그들이 듣지 아니하였느니라

이 단락에는 다음과 같은 내용들이 나온다.

I. 선지자가 한동안 사용하였던 허리띠를 유브라데 강 근처의 바위굴에 감추어 두어서 썩어 못쓰게 만드는 징조 별 생각이 없고 우둔한 백성으로 하여금 그들 눈 앞에 보여지는 징조를 통해서 뭔가를 생각하고 믿고 느끼게 만들기 위해서 선지자들이 징조 또는 표적을 통해서 가르치는 것은 흔한 일이었다.

1. 그는 한동안 베 띠를 띠라는 지시를 받았다(1-2절). 어떤 이들은 그것이 베 띠였고 그의 허리에 속하였다(11절)는 말이 나오는 것으로 보아서 이 띠를 옷 아래에 띠었던 것이라고 생각한다. 하지만 그는 이 띠를 옷 위에 띠었던 것으로 보인다. 왜냐하면, 이 띠는 예전에 서양에서 관리들이 띠었고 오늘날에는 동방의 나라들에서 흔히 띠는 장식용 띠로서 권위와 신분을 나타내기 위한 것이었을 가능성이 높기 때문이다. 그는 그 띠가 썩지 않고 더 튼튼해지도록 그것을 물에 적시지 말고 산 그대로 입어야 했다. 베는 입어도 닳지만, 빨아도 입는 것만큼이나 닳는다. 물에 적시지 않았기 때문에, 베 띠는 더 빳빳해져서 쉽게 구부러지지 않았지만, 어쨌든 그는 그 띠를 띠어야 했다. 아마도 그 베 띠는 빨지 않고 오래 입을 수 있는 세마포 띠였을 것이다. 예레미야 선지자는 세례 요한과 같이 부드러운 옷을 입지 않은 선지자들 중의 한 사람이었기 때문에 평소에 가죽 띠를 띠고 있다가 갑자기 베 띠를 띠고 나타나서 한층 더 이상하게 보였을 것이다.

2. 그는 이 베 띠를 한동안 띤 후에 물가로 가서 그것을 바위 틈에 감추어야 했다(4절). 이 베 띠를 여러 날 동안 물가 바위 틈에 두었기 때문에, 물이 차올랐을 때에는 이 띠가 젖고 수위(水位)가 내려갔을 때에는 다시 마르는 일이 반복되었을 것이다. 이런 식으로 젖었다 마르는 것이 반복될 경우에는 베를 물에 담궈두거나 마른 채로 그대로 둘 때보다 베는 더 빨리 썩게 된다.

3. 여러 날 후에 그는 그것을 찾으러 가서, 그것이 온통 너덜너덜해지고 완전히 썩어서 전혀 쓸모없게 되어 버린 것을 발견하게 된다(7절). 이 일이 실제로 사람들이 지켜 보는 가운데서 행해진 것이었는지, 아니면 선지자의 꿈이나 환상 속에서 이루어져서 오직 선지자만이 이 일을 알고 있었던 것인지는 오래 전부터 해석자들 사이에서 하나의 의문점이었다. 선지자가 고향 땅에서 생명의 위협을 받는 위급한 상황에서 유브라데 강까지 가는 데에만 몇 주일이 걸리는 길을 두 번씩이나 실제로 왕복하였을 것이라고 생각하기는 어렵다. 이런 이유 때문에 대부분의 해석자들은 에스겔이 환상 속에서 포로로 잡혀 있던 갈대

아 땅에서 예루살렘으로 갔다가(겔 8:3) 다시 갈대아 땅으로 돌아왔던 것처럼(겔 11:24) 예레미야도 이 일을 환상 속에서 본 것일 가능성이 크다는 쪽으로 기운다. 또한, 이 징조에 대한 설명이 백성들에게가 아니라 오직 선지자에게만 주어지고 있다는 사실도 이 징조가 많은 사람들이 지켜보는 가운데 행해진 것이 아님을 암시해 준다고 볼 수 있다(8절). 그러나 당시에는 예루살렘과 바벨론을 왕래하는 교통편이 아주 발달되어 있었을 가능성이 크고, 유브라데 강의 남쪽 지점은 약속의 땅의 최북단 경계에 닿아 있을 정도로 그렇게 멀지 않았으리라는 점(수 1:4)을 고려하면, 나는 선지자가 실제로 유브라데 강까지 두 번을 왕래하였다고 보는 것도 큰 무리는 없다고 본다. 왜냐하면, 본문에서는 내가 여호와께서 명령하신 대로 갔다고 분명하게 말하고 있기 때문이다. 선지자는 여호와의 명령을 그대로 실천하여, 그가 하나님께 무조건적으로 순종한다는 것을 시범적으로 보여줌으로써, 불순종하는 백성들의 완고함을 부끄럽게 하였다. 선지자가 그 먼 길을 갔다 오느라 땀 흘리고 수고한 것은 이 백성이 우상 숭배로 그들 자신을 타락시키는 일에 큰 수고를 한 것과 그들의 힘들고 서러운 포로 생활을 상징적으로 나타내는 데에 아주 적절하였을 것이다. 유브라데는 그들이 종살이 하던 바벨론에 있는 강이었기 때문에 이 징조에서 중요한 상징적 역할을 한다.

II. 이 징조가 의미하는 것. 선지자는 어떤 희생을 치르고 어떤 고생을 해서라도 이 백성이 여호와의 말씀에 반응을 보이게 하고자 하였다. 사역자들은 영혼들의 유익을 위하여 시간을 써야 하고 모든 것을 써야 한다. 이 징조에 대한 설명은 이런 것이다(9-11절).

1. 이스라엘 백성은 두 가지 점에서 하나님에게 이 베 띠와 같았다.

(1) 하나님은 그들과 언약을 맺으셨고 그들로 하여금 자기와 사귐을 갖게 하셨다. 띠가 사람의 허리에 속하여 단단히 밀착되어 있고 그 사람을 둘러싸고 있는 것 같이 내가 이스라엘 온 집과 유다 온 집으로 내게 속하여 붙어 있게 하였다. 그들은 하나님을 가까이 하는 백성이었다(시 148:14). 그들은 하나님의 소유인 특별한 백성이었고, 다른 어느 나라들보다 하나님께 더 가까이 다가갈 수 있는 제사장의 나라였다. 하나님은 그가 그들에게 주신 율법, 그가 그들 가운데 보내신 선지자들, 그의 섭리 속에서 그들에게 보이신 은총들을 통해서 그들로 그에게 속하게 하였다. 하나님은 그들에게 그의 집의 뜰에 정기적으로 모습

을 나타내고 자주 제사들을 통해서 그들과 그의 언약을 확인하고 다시 추인(追認)하도록 요구하셨다. 이렇게 해서 그들은 누가 생각해도 이제 떨어질래야 떨어질 수 없을 정도로 하나님께 속하여 꼭 붙어 있게 되었다.

(2) 하나님은 이 일을 통해서 그의 영광을 드러내려 하셨다. 허리띠가 사람에게 장식품이고, 특히 에봇 위에 띠는 정교한 띠가 대제사장의 영광과 아름다움을 위한 것이듯이, 하나님이 그들을 그의 백성이 되게 하신 것은 그들이 그의 이름과 명예(또는, 찬송)와 영광이 되게 하기 위한 것이었다. 하나님은 그가 자기 백성으로 삼은 자들을 그의 명예가 되게 하고자 하신다는 것을 명심하라.

[1] 하나님의 백성은 하나님이 정하신 예배와 제도들을 지키고 그 속에서 하나님이 영광을 받으시게 하며 이렇게 하여 그들의 신앙고백을 아름답게 돋보이게 함으로써 하나님을 높여 드리는 것이 그들의 본분이자 도리이다.

[2] 하나님께서 그들 가운데서 및 그들을 통해서 영광과 높임을 받으셨다고 스스로 생각하실 때, 그것이 그들의 행복이다. 그들이 하나님의 백성에 걸맞게 행동하고 처신할 때에 하나님은 그들을 기뻐하시고 그들이 그의 백성이라는 사실을 자랑스러워 하신다. 하나님은 그의 영광스러운 칭호들 중에서 특히 이스라엘의 하나님, 곧 이스라엘에게 하나님이라는 칭호를 사용하기를 기뻐하셨다 (대상 17:24). 우리가 하나님의 찬송이 되지 않는다면, 즉 우리로 말미암아 하나님이 세상 사람들의 찬송을 받는 일이 없다면, 우리가 하나님의 백성인 체하여도 다 소용없는 일이다.

2. 그들은 우상 숭배와 그 밖의 다른 죄악들을 통해서 하나님으로부터 떨어져서 저 멀리 가버렸고, 하나님에게서 그들이 마땅히 드려야 할 영광을 빼앗았으며, 그들 자신을 이국 땅에 묻고 열방들과 뒤섞였으며, 너무도 타락하고 썩어서 아무짝에도 쓸 수 없게 되어 버렸다. 그들은 하나님의 말씀을 들으려 하지 않고 그들의 본분을 저버리며 그들에게 주어진 특권을 소중히 여기지 않았기 때문에, 원래 의도되었던 것과는 달리 하나님의 이름과 찬송이 될 수 없었다. 그들은 하나님의 말씀을 통해서 얼마든지 계속해서 하나님께 꼭 붙어 있을 수 있었지만 듣기를 거절하였다. 그들은 그들의 허망한 생각이 그들을 어디로 이끌든 그 마음의 완악한 대로 행하였고, 마음에 끌리는 대로 다른 신들을 섬겼다. 그들은 하나님께 속하여 꼭 붙어 있고자 하지 않았고, 다른 신들을 따라 그들을 섬기며 그들에게 절하였다. 그들은 유브라데 근방에 있던 이방 나라들의 신들에게

푹 빠져서, 도저히 그들의 하나님을 섬길 수 없을 정도로 완전히 썩어서, 이 썩은 띠처럼 그들의 신앙을 빛나게 하는 장식이 아니라 도리어 욕이 되어 버렸다. 그런 띠가 그렇게 썩어 버린 것이나 그런 백성이 이토록 추하게 변질되어 버린 것은 너무도 애석한 일이다.

3. 하나님은 심판을 통해서 그들을 그에게서 떼어놓고, 그들을 포로로 끌려가게 하며, 그들의 모든 아름다움을 더럽히고, 그들의 훌륭한 것들을 망쳐 놓으실 것인데, 그러면 그들은 너덜너덜해진 베 띠처럼 아무 쓸데 없고 비천한 백성이 될 것이었다. 하나님은 이런 식으로 유다의 교만과 예루살렘의 큰 교만을 썩게 하실 것이다. 하나님은 그들을 교만하게 만들었던 모든 것들, 그들이 자랑하고 의지하였던 것들을 그들에게서 벗겨내 버리실 것이다. 그런 것들은 단지 훼손되고 녹이 슬 뿐만 아니라, 이 베 띠처럼 완전히 썩어서 못쓰게 될 것이다. 하나님께서는 유다의 교만(시골 사람들은 그들의 거룩한 땅, 그들의 선한 땅을 자랑하였다)이라고 말씀하시고서는 예루살렘의 큰 교만이라고 말씀하시고 계시다는 것을 주목하라. 거기에는 성전이 있었고 왕궁이 있었다. 그러므로 예루살렘 주민들은 여러 성읍들에 사는 사람들보다도 더 교만하였다. 하나님은 사람들의 교만이 어느 정도인지를 아셔서, 어떤 이들에 대해서는 교만이라 하시고 어떤 이들에 대해서는 큰 교만이라 하신다. 하나님은 그 교만을 녹슬게 하실 것이고 썩게 하실 것이다. 교만은 멸망을 불러온다. 왜냐하면, 하나님은 교만한 자를 대적하시기 때문이다. 하나님은 우리 속에 있는 교만을 썩게 하시거나(즉, 그의 은혜로 우리 안의 교만을 죽이시고, 우리로 하여금 그 교만을 부끄러워하게 하시며, 히스기야의 경우처럼 우리 마음의 큰 교만으로 인하여 우리를 낮추시고, 그 교만을 치유하시는데, 하나님이 이렇게 우리의 교만을 썩게 하시면 우리의 영혼은 살아나게 되기 때문에 하나님의 섭리를 통해 우리의 마음이 낮아진다면, 그것은 우리의 복이다) 우리가 자랑하는 것을 썩게 하실 것이다. 재능, 은사, 학식, 권력, 외적인 특권 같은 것들을 우리가 자랑한다면, 하나님께서 그러한 것들을 망쳐 놓으시고 썩어 버리게 하시는 것은 정당하고 의로운 일이다. 심지어 하나님의 성전조차도 그것이 예루살렘의 교만의 원인이 되었을 때에 다 망쳐져서 잿더미로 변해 버렸다. 하나님께서 교만한 자를 발견하여 모두 낮추되 비천하게 만드시는 것은 하나님의 영광이 된다.

[12]그러므로 너는 이 말로 그들에게 이르기를 이스라엘의 하나님 여호와의 말씀에 모든 가죽부대가 포도주로 차리라 하셨다 하라 그리하면 그들이 네게 이르기를 모든 가죽부대가 포도주로 찰 줄을 우리가 어찌 알지 못하리요 하리니 [13]너는 다시 그들에게 이르기를 여호와의 말씀에 보라 내가 이 땅의 모든 주민과 다윗의 왕위에 앉은 왕들과 제사장들과 선지자들과 예루살렘 모든 주민으로 잔뜩 취하게 하고 [14]또 그들에게 각 사람이 충돌하여 상하게 하되 부자 사이에도 그러하게 할 것이라 내가 그들을 불쌍히 여기지 아니하며 사랑하지 아니하며 아끼지 아니하고 멸하리라 하셨다 하라 여호와의 말씀이니라 [15]너희는 들을지어다, 귀를 기울일지어다, 교만하지 말지어다, 여호와께서 말씀하셨음이라 [16]그가 어둠을 일으키시기 전, 너희 발이 어두운 산에 거치기 전, 너희 바라는 빛이 사망의 그늘로 변하여 침침한 어둠이 되게 하시기 전에 너희 하나님 여호와께 영광을 돌리라 [17]너희가 이를 듣지 아니하면 나의 심령이 너희 교만으로 말미암아 은밀한 곳에서 울 것이며 여호와의 양 떼가 사로잡힘으로 말미암아 눈물을 흘려 통곡하리라 [18]너는 왕과 왕후에게 전하기를 스스로 낮추어 앉으라 관 곧 영광의 면류관이 내려졌다 하라 [19]네겝의 성읍들이 봉쇄되어 열 자가 없고 유다가 다 잡혀가되 온전히 잡혀가도다 [20]너는 눈을 들어 북방에서 오는 자들을 보라 네게 맡겼던 양 떼, 네 아름다운 양 떼는 어디 있느냐 [21]너의 친구 삼았던 자를 그가 네 위에 우두머리로 세우실 때에 네가 무슨 말을 하겠느냐 네가 고통에 사로잡힘이 산고를 겪는 여인 같지 않겠느냐

이 단락에는 다음과 같은 내용들이 나온다.

I. 하나님께서 이 백성에 대한 심판을 경고하심. 그 심판은 그들을 완전히 취하게 만드는 것이 될 것이었다. 선지자는 백성들이 더 잘 알아듣고 뭔가를 느끼게 하기 위하여 이 심판을 경고하는 말씀을 그들에게 비유로 선포한다(12절). 이스라엘의 하나님 여호와의 말씀에 모든 가죽부대가 포도주로 차리라 하셨다. 즉, 그들의 죄로 말미암아 멸하기로 준비된 진노의 그릇이 되어 버린 자들은 마치 가죽부대가 포도주로 차듯이 하나님의 진노로 가득 차게 되리라는 것이다. 영광 받기로 예비된 모든 긍휼의 그릇이 긍휼과 영광으로 채워질 것임과 마찬가지로, 그들에게는 여호와의 분노가 가득할 것이다(사 51:20). 그들은 가죽부대처럼 터지기 쉬운 자들이 될 것이다. 새 포도주를 낡은 가죽부대에 넣으면 터지듯이, 그들은 터져서 산산조각이 나고 말 것이다(마 9:17). 또는, 그들의 머

리는 가죽부대처럼 포도주로 가득 차게 될 것이다. 왜냐하면, 하나님께서 그들로 잔뜩 취하게 하실 것이기 때문이다(13절). 이사야 51:17의 말씀과 비교해 보라: 여호와의 손에서 그의 분노의 잔을 마신 예루살렘이여 깰지어다 깰지어다 일어설지어다 네가 이미 비틀걸음치게 하는 큰 잔을 마셔 다 비웠도다. 이것은 그들 가운데 회자되었던 격언으로서 여러 가지 방식으로 사용되었던 것 같다. 그러나 그들은 이 말 속에 들어 있는 선지자의 의도를 알지 못하고서 이 말을 한 선지자를 비웃고 조롱하였다. "모든 가죽부대가 포도주로 찰 줄을 우리가 어찌 알지 못하리요. 그 말 속에 뭔가 다른 의미가 들어 있는 것인가? 우리가 모르고 있는 것이 있다면 그것을 우리에게 말하라." 그들이 이런 식으로 선지자에게 과민 반응을 보인 것은 아마도 이 말 속에는 허구한 날 술에 취해 있는 그들의 모습을 꼬집는 의미가 들어 있음을 그들이 감지했기 때문인 것 같다. 그리고 실제로 이 말 속에는 그런 의도도 부분적으로 들어 있었을 것이다. 그들은 큰 포도주 잔을 사랑하였다(호 3:1). 그들의 파수꾼들은 모두 술고래였다(사 56:12). 그들은 포도주에 대하여 그들에게 예언하며(미 2:11) 그들에게 술 마시고 즐기라고 권하는 거짓 선지자들을 좋아하였다. 왜냐하면, 그들은 포도주가 떨어져서 즐길 수 없게 되는 상황을 결코 원하지 않았기 때문이다. 선지자는 이렇게 말한다. "그래, 너희의 가죽부대가 포도주로 찰 것이다. 그러나 그 포도주는 너희가 원하는 그런 포도주가 아닐 것이다." 그들은 그가 그 말 속에 뭔가 은밀한 의미를 숨겨두고서 그들에 대하여 좋은 일이 아니라 나쁜 일을 예언한 것이 아닌가 의심하였다. 그는 그가 그랬다는 것을 시인한다. 그가 전하고자 한 것은 이런 것이었다.

1. 그들이 술 취한 자들처럼 비틀거리게 되리라는 것. 술 취한 자를 포도주로 가득 찬 가죽부대나 술통에 비유하는 것은 적절하다. 왜냐하면, 포도주가 우리 속에 있으면, 기지(機智)나 지혜, 미덕 등과 같이 아무튼 어떤 식으로든 좋은 온갖 것들은 다 우리에게서 나가고 말기 때문이다. 이제 하나님은 그들이 잔뜩 취하게 될 것이라고 경고하신다(13절). 그들은 모략을 세울 때에 모든 것이 헷갈리고 갈피를 잡지 못하게 될 것이고, 말을 할 때에는 더듬거릴 것이며, 움직일 때에는 비틀거리게 될 것이다. 그들은 마땅히 해야 할 말이나 행위를 하지 못하게 될 것은 말할 것도 없고, 자기가 무슨 말이나 행위를 하고 있는지조차 알지 못하게 될 것이다. 술 취한 자들이 그렇듯이, 그들은 그들이 이제까

지 즐겨 왔던 모든 것들이 메스꺼워져서 그것들을 다 토해 버리게 될 것이다 (욥 20:15). 그들은 술에 취해 이성을 잃어버린 자들처럼 졸려서 스스로를 가 눌 수조차 없게 되어, 다른 사람들에게 폐를 끼치고 주변의 모든 사람들에게 경멸을 받게 될 것이다. 그들 중에 일부만이 이런 상태가 되는 것이 아니라(제 정신인 사람이 한 사람이라도 있다면, 그가 나머지 사람들을 도우면 될 것이 다), 다윗의 왕위에 앉은 왕들조차도 하나님의 천사처럼 지혜로웠던 그들의 조상 다윗과 같아야 함에도 불구하고 이렇게 잔뜩 취하게 될 것이다. 그들의 지도자 행세를 하던 제사장들과 선지자들, 그들의 거짓 선지자들도 욕망과 정욕에 빠 져 있었기 때문에 다른 사람들과 마찬가지로 제정신이 아니었을 것은 뻔한 노 릇이었다. 아니, 이 땅의 모든 주민과 예루살렘의 모든 주민도 마찬가지로 갈 데 까지 갔다. 하나님은 어떤 사람을 멸하고자 하실 때에 먼저 그 사람을 얼이 빠 지게 만드신다.

2. 그들이 정신을 못 차리고 비틀거리면서 서로를 짓밟게 되리라는 것. 여 호와의 분노의 포도주 잔이 그들에게 부어질 때에 그들은 혼수상태에 빠져서 스스로를 가눌 수 없게 될 뿐만 아니라 완전한 광란 상태에 빠져서 그들 자신 과 서로에게 해를 입히게 될 것이다(14절). 내가 그들에게 각 사람이 충돌하여 상 하게 하리라. 그들이 술에 취해 어리석은 짓들을 하는 것만이 아니라 술에 취해 서로 싸우고 난투극을 벌이는 것도 그들의 파멸을 재촉하게 될 것이다. 술 취 한 자들은 흔히 시비를 거는 버릇이 있고, 그 때문에 그들에게는 재앙과 근심이 있다(잠 23:29-30). 따라서 그들이 짓는 죄는 곧 그들에 대한 벌이기도 하다. 여기에서도 그랬다. 하나님이 가족들과 이웃들에게 악한 영을 보내셨고(삿 9:23), 이 악한 영은 그들로 하여금 서로를 시기하며 서로에게 앙심을 품게 만 들었다. 부자 사이에도 서로 잡아먹을 듯이 먹살을 잡고 싸움질을 하였다. 이랬 기 때문에 그들은 그들의 원수에게 손쉬운 먹잇감이 될 수밖에 없었다. 하나님 은 그들을 심판하시겠다는 영(슈)을 내리시며 내가 그들을 불쌍히 여기지 아니하 며 사랑하지 아니하며 아끼지 아니하고 멸하리라고 말씀하신다. 왜냐하면, 그들은 서로를 불쌍히 여기지 아니하고 사랑하지 아니하며 아끼지 아니하기 때문이다(합 2:15-16을 보라).

II. 선지자가 여기에서 만약 그들이 받아들여서 행하기만 한다면 이 심판을 미리 막을 수도 있는 좋은 모략을 제시함. 간단히 말해서, 그것은 하나님의 능하신 손 아래에서 겸손하라는 것이다. 너희는 들을지어다, 귀를 기울일지어다, 교만하지 말지어다(15절). 이것이 하나님께서 그들에게 하고 싶으신 말씀이었다. 그들이 그렇게 하지 않은 것이 하나님께서 그들과 다투시는 이유가 된 그들의 여러 가지 죄들 중의 하나였다(9절). 만약 그들이 이 죄를 억누르고 버린다면, 하나님은 그들과 다투시는 것을 그만두실 것이다. "교만하지 말지어다. 하나님께서 선지자들을 보내셔서 너희에게 말씀하실 때에 너희는 너희 자신은 훌륭하기 때문에 가르침을 받을 필요가 없다고 생각해서는 안 된다. 하나님의 말씀을 비웃지도 말고, 제고집을 부리며 완강하게 뿌리치지도 말며, 마음에 반감을 품지도 말고, 말씀을 너희에게 전하는 사자(使者)들을 무시하지도 말라. 하나님께서 그의 섭리 가운데서(또는, 선지자들을 통해서) 너희와 다투실 때, 하나님이 경고하시면 너희가 안일하게 듣지 말고, 하나님이 치시면 너희는 참지 못하고 성을 내지 말라. 왜냐하면, 이런 두 가지 반응의 밑바닥에는 교만이 자리잡고 있기 때문이다." 말씀하신 분은 그의 권위를 다툴 수 없고 그의 권능에 저항할 수 없는 크신 하나님이시다. 그러므로 하나님께서 무엇을 말씀하시든 그 말씀 앞에 납작 엎드리고, 너희가 전에 그랬던 것처럼 교만하지 말라. 그들이 교만하지 않아야 하는 이유는 다음과 같다.

1. 그들은 하나님을 높여 드려야 하고, 어떻게 하면 하나님을 존귀하게 해 드릴 수 있는지를 부지런히 연구해야 한다. "너희의 우상들에게도 말고 다른 신들에게도 말고, 오직 너희 하나님 여호와께 영광을 돌리라. 하나님 앞에서 너희의 죄를 고백하고, 너희가 죄인임을 시인하며, 너희의 죄악에 대한 벌을 받아들임으로써 하나님께 영광을 돌리라(16절). 진심으로 회개하고 삶을 고침으로써 하나님께 영광을 돌리라." 우리가 우리 하나님 여호와께 영광을 돌리고 하나님이 높임을 받으시게 하는 것을 우리의 삶의 최고의 목적으로 삼아서 부지런히 그 목적을 이루고자 행하기 시작할 때, 비로소 우리는 우리에게 마땅한 삶, 어느 정도 제대로 된 삶을 살아가기 시작하는 것이다. "너희가 회개할 시간이 아직 너희에게 있는 동안에 신속하게 그렇게 행하라. 하나님이 어둠을 일으키시기 전, 네가 빠져나갈 길을 도무지 찾을 수 없게 되기 전에 그렇게 하라." 어둠은 회개하여 하나님께 영광을 돌리려 하지 않는 자들의 몫이 될 것임을 명심하라. 요한계시록에서 넷째 천사가 대접을 해에 쏟아서 열기로 사람들을 태웠는데도 그들이 회개하지 아니하고 하나님께 영광을 돌리지 아니하였을 때, 다섯째

천사는 그들을 어둠으로 가득 채웠다(계 16:9-10). 선지자가 여기에서 경고한 어둠은 다음과 같은 것들로 인하여 더욱 심해진다.

(1) 이 심판을 피하고자 하는 그들의 시도들은 그들의 멸망을 재촉하는 것이 되리라는 것. 그들이 급히 서둘러서 어두운 산을 넘고자 할 때에 그들의 발이 뭔가에 걸려 넘어져서 그들은 다시는 일어날 수 없게 될 것이다. 하나님의 심판이 그들을 붙잡기 전에 앞서 달려서 도망칠 수 있다고 생각하는 자들은 그들의 길이 꽉 막혀 있는 것을 발견하게 될 것임을 명심하라. 그들이 최선의 길을 택해서 도망치려고 해도, 그들을 추격하는 심판이 그들을 따라잡을 것이기 때문에, 그들의 시도는 아무 소용이 없게 될 것이다. 그들의 길은 어둡고 미끄러운 길이다(시 35:6). 그러므로 그런 극단적인 상황이 오기 전에 하나님께 영광을 돌리고 하나님과 화목하게 되어 하나님의 긍휼하심에 우리를 전적으로 맡기는 것이 지혜로운 일이다. 그러면 하나님의 공의로부터 도망칠 일이 없을 것이다.

(2) 상황이 더 나아지기를 바라는 그들의 소망은 좌절되리라는 것. 너희가 어둠 속에서 위로를 얻고 한숨 돌리기 위해서 빛을 바랄 때에 하나님은 그 어둠을 너무도 끔찍하고 절망적인 사망의 그늘로 변하게 하여 침침한 어둠(칠흑 같은 어둠)이 되게 하실 것이다. 하나님은 옛적에도 애굽의 바로가 그의 마음을 계속해서 완악하게 가지자(이것은 어둠이었다) 애굽 전역을 캄캄한 어둠이 되게 하셨다. 회개치 않은 죄인들이 바라고 소망하는 것은 죽을 때까지 결코 충족되지 못할 것이다.

2. 그들은 스스로를 낮추고 스스로 수치를 감당해야 한다. 왕이나 왕후 같이 높은 자리에 있는 자들도 이것을 면제받지 못할 것이다(18절). "너는 왕과 왕후, 그리고 그들처럼 최고 권력자의 자리에 있는 자들에게 전하기를 참된 회개를 통해서 스스로 낮추어 하나님께는 영광을 돌리고 신민(臣民)들에게는 선한 모범이 되라고 하라." 이 세상에서 다른 사람들보다 더 높은 자리에 있는 자들은 하나님 앞에서 스스로를 낮추어야 한다는 것을 명심하라. 하나님은 이 세상에서 가장 높은 자보다 더 높으시고, 왕들과 여왕들도 하나님께 책임을 져야 하기 때문이다. 그들은 스스로 낮추어 앉아야 한다. 그들은 그렇게 앉아서 장차 어떤 일이 임할지를 잘 생각해 보아야 하고, 티끌 가운데 앉아서 그들 자신을 위하여 애곡하여야 한다. 그들은 스스로 낮아져야 한다. 그렇지 않으면, 하나

님께서 그들을 낮추시기 위한 적절한 조치를 취하실 것이기 때문이다. "너희의 관, 너희가 소중히 여기고 의지하는 높은 자리와 권력, 너희의 영광의 면류관, 너희의 영화로운 면류관이 내려지리라. 너희가 포로로 끌려갈 때, 너희가 차지하고 있는 최고 권력자의 자리와 거기에 수반된 온갖 것들이 어디 있겠느냐?" 스스로를 낮추는 자들이 하나님의 영광의 면류관을 받을 것이고, 그 면류관은 결코 내려지지 않을 것이다.

III. 선지자가 그들이 계속해서 교만하고 낮아지지 않는다면 어떤 일이 있을 것임을 말해줌으로써 그의 모략을 받아들이지 않으면 안 된다는 것을 강조함.

1. 그것은 선지자의 말할 수 없는 슬픔이 될 것이다(17절). "너희가 이를 듣지 아니하고 이 말에 순복하지 아니하며 계속해서 고집을 부린다면, 나의 눈만이 아니라 나의 심령도 은밀한 곳에서 울 것이다." 사람들이 완고하여 하나님의 말씀을 듣기를 거절하면, 가엾은 사역자들의 마음은 무너질 듯 아프다는 것을 명심하라. 사역자들은 여호와의 두려우심과 영혼의 가치를 어느 정도 알고 있어서, 죄인들이 죽으리라는 생각에 두려워 떨기를 원하지 않기 때문이다. 선지자가 아무도 보는 눈이 없고 혼자만 있는 은밀한 곳에서 울기로 한 것을 보면, 이 일에 대한 그의 슬픔은 위선이나 가식(假飾)이 아니었다(그의 심령이 울었다). 그는 백성들에게 말씀을 전할 때만 눈물로 호소한 것이 아니라 홀로 기도할 때에도 눈물을 흘렸을 것이다. 아니, 백성들의 처지를 생각만 해도 우울해져서, 그는 그 누구와도 만나지 않고 완전히 혼자 은둔 생활을 하고 싶었을 것이다. 다음과 같은 것들이 그를 슬프게 하였다.

(1) 그들의 회개하지 않은 죄들을 보는 것. "나의 심령이 너희 교만과 너희의 오만함, 완고함, 헛된 자만심으로 말미암아 울리라." 다른 사람들의 죄는 우리가 슬퍼해야 할 일이라는 것을 명심하라. 우리는 우리가 고칠 수 없는 것을 놓고 슬퍼하여야 하고, 우리가 고칠 수 없다는 그 사실 때문에 더욱 슬퍼하여야 한다.

(2) 바로잡을 수도 없고 회복할 수도 없는 그들의 재난을 보는 것. "나의 혈육과 친구들, 이웃들이 곤경에 처해 있기 때문이 아니라 여호와의 양 떼, 하나님의 백성이자 그의 초장의 양 떼가 사로잡힘으로 말미암아 내가 눈물을 흘려 통곡하리라." 어떤 일로 인해서 하나님의 영광이 훼손되고 그 나라의 세력이 약해졌을 때에 우리가 언제나 가장 슬퍼해야 할 일은 바로 그런 일이다.

2. 그것은 그들 자신이 멸망할 수밖에 없는 일이 될 것이다(19-21절).

(1) 그 땅이 황폐하게 될 것이다. 네겝(또는, 남방)의 성읍들이 봉쇄되리라. 유다의 성읍들은 가나안 땅의 남방에 놓여 있었다. 그 성읍들이 적군에 의해 철통 같이 포위될 것이기 때문에 거기로 드나드는 자가 없게 될 것이다. 또는, 주민들이 성읍들을 버릴 것이기 때문에 거기로 드나드는 자가 없게 될 것이다. 어떤 이들은 이 어구가 유다의 남방에 있었던 애굽의 성읍들을 가리키는 것으로 이해한다. 유다 백성들이 구원을 기대하였던 바로 그 성읍들이 그들을 실망시킬 것이고, 그들은 그 성읍들에 접근조차 하지 못하게 될 것이다.

(2) 주민들은 신속하게 다른 나라로 끌려가서 거기에서 노예 생활을 하며 살게 될 것이다. 유다가 다 잡혀가리라. 일부는 이미 끌려갔기 때문에, 유다 백성들은 그것으로 선지자의 예언이 성취된 것이고 그들은 계속해서 이 땅에 남아 있게 될 것이라고 생각하였다. 그러나 결코 그렇지 않았다. 유다가 다 잡혀가리라. 하나님은 그들을 완전히 끝장내실 것이다. 유다가 온전히 잡혀가도다. 그들이 회개하지 않았기 때문에, 결국 시드기야 시대에 마지막으로 백성들이 포로로 끌려갈 때에 이 말씀처럼 되었다.

(3) 그렇게 행하기로 되어 있는 적군이 지금 오고 있었다(20절). "너는 눈을 들라. 내 눈에는 그들이 진군해 오는 것이 보이는데, 너도 마음만 먹는다면 북방에서, 곧 갈대아인들의 땅에서 오는 자들을 볼 수 있을 것이다. 그들이 얼마나 신속하게 진군해 오는지, 그들이 얼마나 사납게 달려오고 있는지를 보라." 선지자는 이 말을 왕 또는 성읍이나 나라를 향하여 전하고 있다(대명사들이 여성형으로 되어 있어서 후자일 가능성이 높다).

[1] "이제 너는 너에게 맡겨져서 너희가 보호해야 할 백성들에게 어떻게 할 것이냐? 네게 맡겼던 양 떼, 네 아름다운 양 떼는 어디 있느냐? 이제 네가 그들을 피신시키기 위해 어디로 데려가겠느냐? 어떻게 그들이 이 사나운 늑대들을 피할 수 있겠느냐?" 나라를 다스리는 자들은 그들 자신을 목자로 보고 그들에게 맡겨진 자들을 그들의 양 떼로 보아야 한다. 그 양 떼는 그들에게 돌보라고 맡겨진 것이기 때문에 그들은 양 떼의 안위(安危)에 대하여 책임을 져야 한다. 그들은 자신의 양 떼를 그들의 아름다운 양 떼로 여겨 기뻐해야 하고, 공적인 위험이 닥쳤을 때에는 그들의 안전을 위하여 무엇을 해야 할지를 깊이 생각하여야 한다.

자녀들에게 무관심하여 그들로 하여금 좋은 교육을 받지 못해서 망하게 하는 가장(家長)들과 자기에게 맡겨진 양 떼를 소홀히 하고 있는 사역자들은 하나님께서 그들에게 이런 질문을 던지고 계시다고 생각하여야 한다. 꼴을 먹이라고 네게 맡겼던 양 떼, 네 아름다운 양 떼는 어디 있느냐? 그 양 떼는 굶주려 죽어 가고 있고, 맹수에게 잡아 먹힐 위험에 그대로 노출되어 있다. 목자장이 나타나실 때에 너는 그들에 대하여 무엇이라 해명하려 하느냐?

[2] "네가 하나님이 진행하시는 일들의 공평성에 대하여 어떤 반론을 제시할 수 있겠느냐? 하나님이 너를 벌하실 때에 네가 무슨 말을 하겠느냐(21절)? 너는 네가 당한 모든 일에 하나님은 공의로우시다는 말밖에 할 수 없을 것이다." 벌을 받지 않을 것이라는 소망으로 스스로를 위로하던 자들은 무엇이라 말할까? 그들이 스스로 속았다는 것과 하나님이 그들을 벌하고 계시다는 것을 알았을 때에 그들의 얼굴은 당혹감으로 온통 뒤덮이게 되지 않겠는가!

[3] "갈대아인들과 동맹을 맺고 그들에게 도움을 요청함으로써 너를 지배할 수 있는 권력을 그들에게 통째로 넘겨준 너의 어리석은 행위에 대하여 너는 지금 무슨 생각이 드느냐? 이렇게 너는 그들에게 네 위에 우두머리가 되는 법을 가르쳐준 것이다." 이 일은 히스기야가 그의 곳간들을 바벨론 왕의 사자들에게 보여주어서 바벨론 왕이 이 땅을 약탈하도록 유혹하였을 때부터 시작되었다. 의지할 수 있는 하나님이 계시는데도 이방 나라들과의 동맹에 매달리고 이방 나라들에 기대하는 자들은 자기 자신을 위해 회초리와 매를 준비하는 것이고 이방 나라들에게 그들의 주인이 되는 법을 가르쳐 주는 것이다.

[4] "너는 코 앞에 닥친 환난을 어떻게 감당하고자 하느냐? 네가 고통에 사로잡힘이 산고를 겪는 여인 같지 않겠느냐. 너는 극심한 슬픔을 피하거나 벗어버릴 수 없을 것이다. 여러 가지 점에서 네가 당할 고통은 산고를 겪는 여인의 고통보다 더 극심할 것이다. 왜냐하면, 너의 고통은 이전에 예상하지 못한 것이고, 산부(産婦)는 아기가 세상에 나오면 그 기쁨 때문에 산고를 잊는다지만 너에게는 낳을 아기도 없기 때문이다."

[22]네가 마음으로 이르기를 어찌하여 이런 일이 내게 닥쳤는고 하겠으나 네 죄악이 크므로 네 치마가 들리고 네 발뒤꿈치가 상함이니라 [23]구스인이 그의 피부를, 표범이 그의 반점을 변하게 할 수 있느냐 할 수 있을진대 악에 익숙한 너희도 선을 행

할 수 있으리라 ^{24}그러므로 내가 그들을 사막 바람에 불려가는 검불 같이 흩으리로다 ^{25}여호와의 말씀이니라 이는 네 몫이요 내가 헤아려 정하여 네게 준 분깃이니 네가 나를 잊어버리고 거짓을 신뢰하는 까닭이라 ^{26}그러므로 내가 네 치마를 네 얼굴에까지 들춰서 네 수치를 드러내리라 ^{27}내가 너의 간음과 사악한 소리와 들의 작은 산 위에서 네가 행한 음란과 음행과 가증한 것을 보았노라 화 있을진저 예루살렘이여 네가 얼마나 오랜 후에야 정결하게 되겠느냐 하시니라

이 단락에는 다음과 같은 내용들이 나온다.

I. 앞에서 나온 것과 같은 파멸에 대한 경고. 유대인들은 포로로 끌려갈 것이고, 거지 같은 생활과 종살이를 하느라 온갖 비참한 일들을 다 겪을 것이며, 그들의 옷도 다 벗겨져서 윗옷들이 없어 그들의 치마가 들리고 신발이 없어서 발뒤꿈치가 그대로 드러나 상하게 될 것이다(22절). 갈대아인들은 전쟁 포로들을 이런 식으로 다루었는데, 유대인들도 포로로 잡혀갈 때에 벗은 몸과 벗은 발로 끌려갔다(사 20:4). 그들은 이렇게 낯선 나라로 끌려간 후에, 사막 바람에 불려가는 검불 같이 거기에서 여기저기 흩어져 살게 될 것이고, 그들을 한데 모으는 일에 아무도 관심을 갖지 않을 것이다(24절). 검불이 불을 피한다면 그 다음에는 바람에 날려가게 될 것이다. 죄를 지어서 자기 자신을 검불로 만들어 버린 자들에게는 하나의 심판이 제대로 먹혀들지 않았을 때에는 또 다른 심판이 오게 될 것이다. 갈대아인들은 마치 창기들을 수레에 싣고 가는 것처럼 그들에게서 온갖 장식들을 다 벗겨내어 그들의 수치를 드러내게 할 것이다(26절). 그들이 교만을 드러내면, 하나님은 그들의 수치를 드러내실 것이다. 따라서 그들의 교만을 밑받침해 주는 온갖 장식들에 집착한 자들은 그것들로 인하여 수치를 당하게 될 것이다.

II. 이 백성이 그들에게 닥친 파멸의 원인이 무엇인지를 질문함(22절). 네가 마음으로 이르기를(사람들이 말을 하지 않고 마음속에서 생각하는 것에 대해서도 하나님은 적절한 대답을 해주시는 법을 알고 계시는데, 예수께서는 그들의 생각을 아시고 그들에게 대답하셨다, 마 9:4)) 하나님은 어찌하여 이런 일이 내게 닥쳤는고 하리라. 이러한 의문을 마음에 품게 된 자는 다음 둘 중의 하나일 것이다.

1. 하나님께 시비를 걸면서 징계를 받기를 거부하는 죄인. 그들은 하나님이

이렇게 진노하여 그들에게 분노하실 정도로 그들이 악한 짓을 한 적이 없다고 생각하였다. 하지만, 그들은 그런 생각을 입 밖으로 내지 않고 있다가, 하나님께서 과도하게 그들을 심판하시는 것이라는 생각이 들자, 단지 마음속으로만 하나님을 불의하다고 비난한 것이다. 그들은 만약 의도적으로 눈을 감지만 않았다면 그들의 재난의 원인을 금방 볼 수 있었을 것인 데도 그 원인을 찾고 있다.

2. 하나님께 돌아온 죄인. 언제라도 어떤 사람의 마음속에 참회하는 생각이 일어나기만 하면(내가 무슨 짓을 한 거야?, 6절; 어째서 내가 환난 가운데 있는 거야?; 왜 하나님이 나와 다투시는 것이지?), 하나님은 그것을 알아차리시고, 그의 성령으로 하여금 그 사람에게 그의 죄를 드러내어 깨우쳐 주게 하셔서 회개할 수 있게 하실 준비가 되어 계신다.

Ⅲ. 이 질문에 대한 대답. 하나님은 말씀하실 때에 스스로 의로우시고 우리로 하여금 하나님을 의로우시다고 하지 않을 수 없게 하시기 때문에 죄인들이 그들의 죄를 인정하지 않을 수 없도록 그들의 죄를 낱낱이 그들 앞에 제시하신다. 그들은 어찌하여 이런 일이 내게 닥쳤는고라고 묻지만, 그것이 다 그들 자신 때문이라는 것을 알아야 한다.

1. 그것은 그들의 죄악이 크기 때문이었다(22절). 하나님은 사소한 잘못들을 트집잡아서 누구를 공격하는 그런 분이 아니다. 하나님이 지금 그들을 벌하시고자 하시는 것은 그들이 가장 극악무도한 최악의 죄악을 저질렀고 게다가 온갖 죄들을 반복해서 많은 죄를 범하였기 때문이다(원문에서 네 죄악이 크므로는 네 죄악이 많음으로도 읽을 수 있다). 어떤 이들은 극악무도한 큰 죄들을 조금 저지르는 것보다도 작은 죄들을 많이 저지르는 것이 더 위험하다고 생각한다. 이 두 부류의 사람들 모두에 대하여 우리는 자기 허물을 능히 깨달을 자 누구리요라고 말할 수 있을 것이다.

2. 그것은 그들이 완고하게 죄를 고집했고, 너무도 오랫동안 죄가 습관화되어 있어서 고쳐질 가망이 거의 남아 있지 않았기 때문이다(23절). 구스인이 선천적으로 검은 그의 피부를, 표범이 피부나 마찬가지인 그의 반점을 변하게 할 수 있느냐. 우리 몸에 묻은 먼지는 씻어낼 수 있지만, 피부색은 말할 것도 없고 타고난 머리 색깔을 바꾸는 것은 불가능하다(마 5:36). 마찬가지로, 이 백성을 개심(改心)시켜서 그들의 삶을 고치는 것도 도덕적으로 불가능하다.

(1) 그들은 오랫동안 악에 익숙해 있었다. 그들은 악을 행하도록 가르침을

받았다. 그들은 죄 가운데서 교육을 받았고 양육을 받았다. 그들은 죄의 도제 (徒弟) 노릇을 해 왔고, 일생 동안 죄를 짓고 전파하는 것이 그들의 직업이었다. 그것은 그들이 늘 하던 일이어서 그들의 제2의 천성이 되어 있었다.

(2) 그래서 선지자들은 그들로 하여금 선을 행하도록 이끌 수 있을지에 절망하였다. 그들을 선행으로 이끄는 것이 선지자들의 목표였다. 선지자들은 악을 행하기를 그치고 선을 행하기를 배우라고 그들을 설득하였지만, 성공하지 못하였다. 그들은 악을 행하는 데에 아주 오랫동안 습관이 되어 있었기 때문에, 그들이 회개하고 삶을 고쳐서 선을 행하기 시작하는 것은 거의 불가능한 일이었다. 죄가 몸에 배어서 습관이 되어 있는 것은 죄에서 회심하는 데에 아주 큰 장애물이라는 것을 명심하라. 만성적인 질병은 일반적으로 고치는 것이 불가능한 법이다. 사람이 오랫동안 죄에 익숙해지면 두려움이나 수치심 같은 것이 느껴지지 않고, 양심은 마비된다. 죄의 습관은 그대로 굳어진다. 그들은 죄를 짓는 것이 어쩔 수 없는 일이라고 항변한다. 그들 자신을 하나님의 은혜에 맡기기를 오랫동안 거절해 온 자들을 하나님께서 그들의 마음의 정욕에 내어주시는 것은 정당하고 의롭다. 죄는 영혼을 검게 만들고 기형적으로 만든다. 죄는 영혼의 반점이고 영혼의 색깔을 퇴색시킨다. 우리는 죄 가운데서 자라고 양육되어서 죄는 우리에게 천성이나 다름없기 때문에, 우리가 우리 자신의 힘으로 죄에서 벗어날 수는 없다. 그러나 전능하신 분의 은혜는 구스인의 피부색을 변하게 할 수 있고, 자기에게 그런 은혜가 필요하다는 것을 느끼고서 그 은혜를 간절하게 구하고 성실하게 사용하는 자들에게는 그 은혜가 반드시 주어진다.

3. 그것은 그들이 진리의 하나님을 기만하고 떠나서 거짓되고 헛된 것들을 의지하였기 때문이다(25절). "네가 이 땅에서 쫓겨나 이방 나라들에 흩어지는 것, 이는 네 몫이요 네 운명이고, 내가 헤아려 정하여 네게 준 분깃, 즉 내가 자와 되를 사용해서 네게 정하여 준 벌이다. 이것은 이 세상의 참상들 중에서 네 몫이 될 것이다. 그런 줄 알고 그것을 피하려고 생각하지 말라. 이는 네가 나와 내가 네게 준 은총들, 네가 나에 대하여 지고 있는 의무들을 잊어버렸기 때문이다. 너는 그런 것들에 대해서는 아무런 인식도 없고 기억조차 가지고 있지 않다." 일찌감치 우리의 창조주를 기억하는 것이 거룩한 삶의 복되고 소망스러운 시작인 것과 마찬가지로, 모든 죄의 밑바닥에는 하나님을 잊어버린 것이 자

리잡고 있다. "네가 나를 잊어버리고 거짓, 즉 우상들, 애굽과 앗수르 같은 육체의 팔, 거짓된 마음이 스스로를 기분좋게 해주는 말들을 신뢰하였다." 하나님을 버린 자들이 무엇을 의지하든, 그들은 나중에 그것이 상한 갈대요 터진 웅덩이라는 것을 알게 될 것이다.

4. 그것은 그들의 우상 숭배, 그들의 영적 간음 때문이었다. 우상 숭배는 모든 죄들 가운데서 질투하시는 하나님을 가장 진노케 하는 죄이다. 그들은 수치스러운 죄악을 저질렀고, 그런데도 수치스러워하지 않았기 때문에(27절), 수치스러운 재난을 당하여 수치를 드러내게 될 것이다(26절). "내가 너의 간음(네가 낯선 신들의 매력에 홀려서 자나깨나 못 잊어하며 심지어 그 신들을 보고 사악한 소리를 내기까지 한 것)과 그 낯선 신들로도 만족하지 못해서 들의 작은 산 위에서, 즉 산당에서 우상들을 열심히 섬기며 네가 행한 음란과 음행을 보았노라. 예루살렘이여 네게 화, 아니 많은 화(禍)가 선포된 것은 바로 이 때문이다."

IV. 마지막으로 이 문제 전체와 관련해서 그들에게 주어진 애정어린 조언. 그들을 선을 행하도록 이끄는 것은 거의 불가능하다는 판단이 이미 나왔지만(23절), 어쨌든 살아 있는 동안에는 소망이 있고 가능성이 있기 때문에, 선지자는 여전히 그들을 회개시키기 위해서 이치를 따져 설득한다(27절).

1. 선지자는 이 문제 자체를 놓고 그들을 조리 있게 설득한다. 네가 정결하게 되고자 하느냐. 죄로 말미암아 더러워진 자들에게는 회개와 믿음, 삶의 전체적의 변화를 통해서 정결하게 되는 것이 큰 일이다. 죄인들이 정결하게 되지 못하는 이유는 그들이 정결하게 되고자 하지 않기 때문이다. 그것은 그들이 아주 비이성적으로 행동하는 것이다. "네가 정결하게 되고자 하느냐. 반드시 너는 결국에는 마음이 움직여져서 너를 씻고 정결하게 만들어서 네 자신에 대하여 지혜롭게 행하게 될 것이다."

2. 선지자는 시기를 놓고 그들을 조리 있게 설득한다. 그 때가 언제가 되겠느냐. 하나님은 죄인들의 회개와 회심을 간절히 원하시기 때문에 한시라도 빨리 돌아오기를 바라셔서 그들의 마음이 누그러져서 돌아오기까지 걸리는 시간이 너무 길다고 생각하시는데, 그것은 하나님의 놀라운 은혜를 보여주는 것이다. 그런데 죄인들이 일정 시간이 지나면 그들은 영영 망하게 되고 그것을 절대로 돌이킬 수 없는 데도 회개하고 돌아오기를 차일피일 미루는 것은 그들의 기가 막힌 어리석음을 보여주는 것이다. 그들은 자기들이 결코 정결하게 되고자 하

지 않는 것이 아니고 단지 그 때가 아직 아니라는 것뿐이라고 말한다. 그들은 그 시기를 좀 더 좋은 때로 미루고 있지만, 그 때가 언제일지에 대해서는 말하지 못한다.

제
— 14 —
장

개요

　　이 장은 비가 오지 않아서 큰 가뭄이 들었을 때에 씌어졌다. 이 심판은 요시야 시대 말기에 시작되었지만, 여호야김 시대 초에도 계속되었던 것으로 보인다. 왜냐하면, 하나님은 사람들이 회개하여 본격적인 심판을 막지 않는 한 작은 심판들을 보내어 본격적인 큰 심판을 경고하시는 것이 보통이기 때문이다. 이 재난은 앞에서도 몇 차례 언급되었지만, 여기 이 장에서는 좀 더 자세하게 언급된다. I. 가뭄에 관한 암울한 묘사(1-6절). II. 이 재난을 끝내시고 그들의 땅에 긍휼을 회복해 주시라는 기도(7-9절). III. 그들이 범죄를 계속하기 때문에 하나님께서도 그들과의 다툼을 계속하실 것이라는 심각한 경고의 말씀(10-12절). IV. 예레미야 선지자가 거짓 선지자들에게 그 책임을 돌림으로써 백성들을 변호해 주고, 속이는 자들과 속임을 당한 자들 둘 모두에게 파멸이 선고됨(13-16절). V. 하나님께서 선지자에게 그들을 위하여 중보기도를 하지 말고 그 대신에 그들을 위하여 애곡하라고 지시하시지만, 선지자는 계속해서 그들을 위하여 중보기도를 함(17-22절).

¹가뭄에 대하여 예레미야에게 임한 여호와의 말씀이라 ²유다가 슬퍼하며 성문의 무리가 피곤하여 땅 위에서 애통하니 예루살렘의 부르짖음이 위로 오르도다 ³귀인들은 자기 사환들을 보내어 물을 얻으려 하였으나 그들이 우물에 갔어도 물을 얻지 못하여 빈 그릇으로 돌아오니 부끄럽고 근심하여 그들의 머리를 가리며 ⁴땅에 비가 없어 지면이 갈라지니 밭 가는 자가 부끄러워서 그의 머리를 가리는도다 ⁵들의 암사슴은 새끼를 낳아도 풀이 없으므로 내버리며 ⁶들 나귀들은 벗은 산 위에 서서 승냥이 같이 헐떡이며 풀이 없으므로 눈이 흐려지는도다 ⁷여호와여 우리의 죄악이 우리에게 대하여 증언할지라도 주는 주의 이름을 위하여 일하소서 우리의 타락함이 많으니이다 우리가 주께 범죄하였나이다 ⁸이스라엘의 소망이시요 고난 당한 때의 구원자시여 어찌하여 이 땅에서 거류하는 자 같이, 하룻밤을 유숙하는 나그네 같이 하시나이까 ⁹어찌하여 놀란 자 같으시며 구원하지 못하는 용사 같으시니이까 여

호와여 주는 그래도 우리 가운데 계시고 우리는 주의 이름으로 일컬음을 받는 자이오니 우리를 버리지 마옵소서

1절은 이 장 전체의 표제이다. 이 장은 실제로 모두 가뭄에 대한 것이지만, 그 중 상당 부분은 가뭄과 관련하여 선지자가 드린 기도들로 되어 있다. 그렇지만 선지자가 드린 기도들은 가뭄과 관련해서 예레미야에게 임한 여호와의 말씀이라고 말하는 것도 틀리지 않는다. 왜냐하면, 하나님이 받으시는 모든 기도는 사실 하나님이 우리의 마음속에 넣어주신 것이기 때문이다. 우리가 먼저 하나님에게서 말씀을 받고서 그 말씀을 하나님께 올려 드리는 것 외에는 하나님이 받지 않으신다. 이 단락에서 우리는 다음과 같은 내용들을 본다.

I. 재난을 애곡하는 자연의 언어. 하늘이 놋쇠가 되어 이슬을 내리지 않았을 때, 땅은 쇠가 되어 열매를 내지 않았다. 그러자 슬픔과 탄식, 혼란이 온 땅을 휩쓸었다.

1. 이 땅의 백성은 모두 눈물로 살았다. 그들의 포도나무들과 그들의 무화과나무들을 망쳐놓아 보아라. 그러면 그들의 모든 즐거움이 그치리라(호 2:11-12). 수확의 기쁨, 즉 그들이 밀과 포도주를 수확하는 기쁨이 사라지면, 그들의 모든 기쁨은 사라진다. 유다가 그들의 죄가 아니라 그들이 당한 환난 때문에, 하나님의 은총이 거두어진 것이 아니라 비가 오지 않는 것 때문에 슬퍼한다(2절). 성문의 무리, 즉 그들의 성문을 드나드는 모든 자들이 삶에 꼭 필요한 것들이 떨어져서, 그리고 이 심판이 더 끔찍한 결과를 몰고 올까봐 걱정이 되어서 시름에 젖어 있고 그 얼굴이 창백하고 파리하며 피곤하다. 성문들은 전에는 곡식을 운반하는 마차들이 줄지어 성읍으로 들어가는 것을 지켜 보다가 이제는 주민들이 다른 나라들에서 양식을 구해 오기 위해 성읍을 빠져나가는 모습을 지켜 보아야 했기 때문에 우울해 보인다. 성문에 앉아 있는 자들도 시름에 젖어 있다. 그들은 땅 위에서 애통해한다. 즉, 그들은 조문객들처럼 애통해하며 땅에 앉아 있다. 성문 앞의 가난한 거지들은 음식을 잘 먹지 못해서 그 얼굴이 숯보다 검다(애 4:8). 성경에서는 기근을 검은 말로 표현한다(계 6:5). 그들은 힘이 없어서 거리를 걸어다닐 수 없어서 땅에 쓰러져 있다. 예루살렘의 부르짖음이 위로 오르도다. 즉, 예루살렘 주민들(도시 사람들은 밭의 소산을 받아서 살아가기 때문에) 또는 이 나라 방방곡곡에서 온 사람들이 비를 내려주시라고 하나

님께 기도하며 부르짖는 소리가 위로 올라갔다(어떤 이들은 이렇게 해석한다). 그러나 나는 이것이 그들이 기도하며 부르짖는 소리라기보다는 고통 속에서 부르짖는 소리였을 것이라고 본다.

2. 이 땅의 큰 자들도 이 심판을 실감하였다(3절). 귀인들은 자기 사환들을 보내어 물을 얻으려 하였다. 아마도 그들은 집안의 종들을 먹여 살릴 수가 없어서 다 내보내야 했을 것이기 때문에 이제는 심부름할 종들이 없고, 또한 자녀들을 기를 때에는 어렸을 때부터 특히 이런 경우처럼 처지가 어려울 때에 땀 흘려 수고하게 하는 것이 교육상 좋을 것이었기 때문에 그들의 자녀들을 심부름 보냈을 것이다. 성경 속에서 우리는 가뭄이 들어서 이와 같이 어려울 때에 왕이었던 아합과 그의 시종장이었던 오바댜가 직접 물을 찾아 나서는 모습을 본다 (왕상 18:5). 또는, 이 어구는 그들의 아랫사람들, 즉 그들의 하인들이나 부하 관리들을 가리키는 것일 수도 있다. 그들은 이 사람들을 물을 구하러 보냈는데, 물이 없으면 살 수가 없기 때문이다. 그러나 물을 찾거나 구한 자는 한 사람도 없었다. 그들은 빈 그릇으로 돌아왔다. 오랫동안 비가 오지 않아서 샘은 다 말라 버렸다. 그래서 사환들을 보냈던 주인들은 실망하여 어쩔 줄을 몰라 곤혹스러워하고 부끄러워하며 근심하였다. 그들은 그들이 저지른 죄악들에 대해서는 부끄러워하지 않았고 그 죄악들에 대한 죄책감 때문에 곤혹스러워하지도 않았고, 그들이 지닌 지위와 부(富)를 믿고서 회개하지 않아도 될 것이라고 생각하여 하나님의 책망하시는 말씀 앞에서 낮아지지도 않았다. 그러나 하나님께서는 그들로 하여금 지옥의 이 편에서도 그들의 지위와 부를 이용하여 그들의 혀를 식혀줄 물 한 방울조차 얻을 수 없다는 것을 알게 하심으로써 그들이 그토록 자랑하였던 것들에 대하여 그들을 부끄럽게 하시는 조치를 취하였다. 우리는 이 재앙에 관한 기사를 읽고서 하나님께서 우리에게 물이 끊어지지 않게 긍휼을 베푸시는 것에 대하여 감사하여야 한다. 그래야만 우리는 재앙을 맛보고서야 물의 소중함을 아는 그런 일을 겪지 않게 될 것이다. 가장 필요한 것이 가장 많은 법이다.

3. 농부들은 이 심판을 가장 생생하고 직접적으로 느꼈다(4절). 땅이 쩍쩍 갈라지고 딱딱해져서 쟁기가 땅에 들어가지를 않아서 도저히 밭을 갈 수가 없게 되었기 때문에 밭 가는 자가 부끄러워서 그의 머리를 가리는도다. 그들은 자신들이 빈둥거리는 것을 부끄러워하였다. 왜냐하면, 할 일이 아무것도 없었고,

따라서 기대할 것도 아무것도 없었기 때문이다. 게으른 자는 가을에, 춥다는 핑계로 밭을 갈지 않고도 자신의 어리석음을 부끄러워하지 않는다. 그러나 부지런한 농부는 한낮의 뙤약볕 때문에 쟁기질을 할 수 없어도 자기 탓을 하며 부끄러워한다. 농부들의 삶은 하나님의 섭리에 직접적으로 의존되어 있기 때문에 그들은 언제나 하나님의 섭리를 바라보아야 한다. 왜냐하면, 하나님께서 밭고랑에 물을 넉넉히 대주지 않으시면(시 65:10), 그들은 밭을 갈거나 씨를 뿌릴 수 없기 때문이다.

4. 들짐승의 처지도 아주 비참하였다(5-6절). 인간의 죄로 인해서 땅도 심판을 받기 때문에, 인간보다 열등한 피조물들조차도 신음할 수밖에 없게 된다. 선지자는 이것을 하나님께서 긍휼을 베풀어 주시지 않으면 안 될 한 가지 이유로 여기에서 언급하고 있는 것이다. 유다와 예루살렘은 죄를 지어 심판을 받는다지만, 암사슴과 들나귀들은 도대체 무엇을 했길래 심판을 받아야 합니까? 암사슴들은 사랑스럽고 충성스러우며 특히 새끼들에게 깊은 애정을 지닌 상서로운 짐승이다. 그렇지만 상황이 너무 안 좋기 때문에 암사슴들조차 새끼가 막 태어나서 어미를 가장 필요로 하는 때인데도 자연의 순리를 거슬러 새끼들을 내버려 두고 다른 곳에서 풀을 찾는다. 그렇게 했는 데도, 풀을 찾을 수 없는 경우에는 젖을 물릴 수 없기 때문에 새끼들을 내버릴 수밖에 없게 된다. 암사슴들을 가슴 아프게 한 것은 자기가 먹을 풀이 없다는 것이 아니라 새끼에게 줄 풀이 없다는 것이었다. 가족을 먹여 살리는 데에 사용되어야 할 재물을 자신의 욕망을 채우는 데에 허비해 버린 자들은 그 날에 이것을 보고 부끄러워하게 될 것이다. 암사슴이 새끼를 낳고나면 괴로움은 지나간(욥 39:3) 것이라고 하지만, 사실 괴로움과 염려는 계속된다. 그러나 암사슴은 머지않아 자기가 염려하며 새끼를 돌본 보람을 보게 된다. 왜냐하면, 그 새끼는 얼마 후에 강하여져서 더 이상 어미에게 괴로움을 끼치지 않기 때문이다(욥 39:4). 그러나 여기에서 암사슴에게 무엇보다도 가장 큰 괴로움은 새끼에게 줄 풀이 없다는 것이다. 또한, 유다 백성들은 들나귀들(그것들은 누구에게서도 별 애정을 받지 못하는 피조물들이지만)에게조차도 미안한 마음을 가져야 한다. 왜냐하면, 들나귀들의 거처인 메마른 땅(욥 39:5-6)이 가뭄 때문에 이제 너무 뜨거워져 그들이 숨을 제대로 쉴 수가 없어서 그래도 공기가 찬 편인 가장 높은 곳(벗은 산 위)을 찾아 올라가느라 날씨가 뜨거워지면 쉴 새 없이 헐떡이는 승냥이 같이 헐떡이게

될 것이기 때문이다. 그리고 그들에게 자양분을 공급해 줄 풀이 없으므로 그 힘이 소진되어 눈이 흐려진다. 나귀 치는 사람이 지르는 소리를 비웃는 들나귀는 들에서 살 수밖에 없고 주인을 섬기지 않기 때문에 충분히 풀을 얻지 못하지만, 주인을 섬기는 나귀에게는 주인의 구유가 주어지고 열심히 일하는 만큼 주인의 보호를 받는다(사 1:3). 일하지 않는 자는 먹지도 말라.

Ⅱ. 죄악을 애곡하고 하나님께 이 재난을 하소연하는 은혜의 언어. 백성들이 기도하려 하지 않기 때문에, 선지자는 여기에서 그들을 위하여 기도하고, 그들에게 그들 자신을 위하여 기도하라고 촉구하면서, 응답을 받기를 기대한다면 그가 여기에서 한 것 같이 기도하라고 그들의 입에 기도할 내용을 넣어준다(7-9절). 그 기도는 이런 것이다.

1. 죄를 겸손히 고백함. 어떤 심판을 미리 막거나 제거하기 위해 기도할 때에 우리는 언제나 우리의 죄악이 우리에게 대하여 증언한다는 것을 인정하고 고백하여야 한다. 우리가 지은 죄들은 우리를 쳐서 증언하는 증인들이고, 참된 회개자들은 이것을 안다. 그 죄악들은 분명하고 명백하기 때문에 우리에 대한 증인이 될 수 있다. 우리는 그 증언을 그렇지 않다고 부정할 수 없다. 우리의 죄들은 우리를 쳐서 증언하고 우리에게 죄를 깨우친다. 이것은 우리에게 현재에 있어서는 수치와 당혹감을, 장래에는 영원한 정죄(定罪)를 가져다 준다. 우리의 죄들은 우리가 우리 자신을 변호하기 위하여 제시하는 온갖 변명과 핑계들이 다 잘못된 것임을 나타내 보여서 뒤집어엎어 버린다. 그 죄들은 우리를 고소할 뿐만 아니라 우리가 제시하는 것들을 반박한다. 우리가 우리의 훌륭한 점들을 자랑하고 우리 자신의 의(義)에 의지하면, 우리의 죄악들은 우리를 쳐서 증언하여 우리가 악하다는 것을 입증해 준다. 우리가 하나님이 우리에게 환난을 주셔서 우리를 부당하거나 무자비하게 다루셨다고 시비를 걸면, 우리의 죄악들은 우리를 쳐서 증언하여 우리의 말과는 정반대로 우리가 하나님께 잘못한 것임을 입증해 준다. "우리의 타락함이 많고, 우리의 반역이 크니, 우리가 주께 범죄하였나이다. 우리의 죄는 너무도 많아서 숨길 수 없고, 우리의 범죄는 주를 대적한 극악무도한 범죄여서 변명할 여지도 없나이다."

2. 긍휼을 베풀어 주시기를 간절히 구함. "우리의 죄악이 우리에게 대하여 증언하고 우리의 처지에 꼭 필요한 주의 긍휼을 허락하지 마시도록 증언할지라도 주는 일하소서." 그들은 하나님이 그들을 위하여 무엇을 해주시기를 바라는지

를 구체적으로 말하지 않고, 참회하는 자와 구걸하는 자에게 합당한 태도로 그 문제를 하나님께 맡긴다. "주께서 합당하다고 생각하시는 대로 우리에게 행하소서"(삿 10:15). 선지자는 "이런 식으로 또는 이런 때에 주는 일하소서"라고 기도하지 않고, "주의 이름을 위하여 주의 이름이 가장 영광을 받게 될 그런 일을 하소서"라고 기도한다. 우리가 기도할 때에 제시할 수 있는 가장 좋은 명분은 하나님께서 이런저런 일을 하시면 하나님의 이름이 영광을 받으실 수 있다는 것임을 명심하라. "여호와여, 사람들이 주의 긍휼을 찬송하고 주의 약속이 이루어지며 이 세상에서 주의 이익이 지켜질 수 있도록 일을 행하소서. 우리에게는 일을 해주시라고 할 수 있는 자격이나 공로가 전혀 없사옵고, 일을 하시는 모든 이유가 오직 여호와께 있나이다." 이 기도 속에는 또 하나의 간구가 들어 있는데, 그것은 아주 소박한 것이다(9절). "우리를 버리지 마옵시고, 주의 은총과 임재를 거두지 마옵소서." 우리는 피조물로부터 오는 위로들이 없어지는 것보다도 하나님이 우리를 떠나시는 것을 더욱 두려워하고 그렇게 하지 마시기를 간구하여야 한다는 것을 명심하라.

3. 그들이 하나님과 맺고 있는 관계, 그들이 하나님 안에서 갖고 있는 이해관계, 이를 근거로 해서 그들이 하나님께 기대하는 것들을 근거로 호소하는 것은 하나님께 가장 애절한 호소가 됨(8-9절).

(1) 그들은 그들의 죄악들이 그들을 쳐서 증언한다고 하더라도 그들이 곤경에 처해 있을 때에 하나님은 마땅히 그들을 구원하셔야 할 이유가 있다고 여긴다. 왜냐하면, 하나님에게서는 긍휼이 심판을 이긴 적이 많기 때문이다. 선지자는 옛적의 모세처럼 자기 백성의 처지를 가장 좋은 쪽으로 보려고 하기 때문에, 그들이 많은 큰 죄로 범죄하였다는 것을 인정하면서도(출 32:31), 주는 이스라엘의 소망이시라고 호소한다. 하나님은 그의 백성에게 자기에게 소망을 두라고 격려하셨었다. 하나님은 아주 자주 자신을 이스라엘의 하나님, 이스라엘의 반석, 이스라엘의 거룩한 이라고 부르심으로써 자기가 이스라엘의 소망임을 확인해 주셨었다. 하나님은 이스라엘에게 소망의 말씀을 주셨었고, 그들로 하여금 그 소망의 말씀에 소망을 두게 하셨었다. 그리고 이스라엘에는 아직도 오직 하나님만을 그들의 소망으로 삼고서 하나님이 고난 당한 때의 그들의 구원자가 되어 주실 것을 기대하며 다른 것에서 구원을 찾거나 바라지 않는 자들이 있었다. "주께서는 그들이 거의 죽게 될 지경에 있었을 때에 그들의 구원자가 되어 주

신 일이 비일비재하였나이다." 하나님은 자기 백성을 얼마든지 구원하실 수 있는 구원자이시기 때문에 하나님의 백성은 아무리 막다른 궁지에 몰리더라도 하나님께 소망을 두어야 한다는 것을 명심하라. 하나님은 우리의 유일한 구원자이시기 때문에 우리는 오직 하나님께만 소망을 두어야 한다. 그들은 이렇게 호소한다. "주는 우리 가운데 계시나이다. 우리에게는 주께서 우리와 함께 계신다는 것을 보여주는 특별한 증표들인 성전과 법궤, 말씀이 있고, 우리는 주의 이름으로 일컬음을 받는 자들이나이다. 그러므로 우리는 주께서 우리를 버리지 않으실 것이라고 소망할 만한 이유가 있나이다. 우리는 주의 것이오니 우리를 구원하소서. 우리는 주의 이름으로 불리는 자들이기 때문에, 우리가 어떤 재난 아래 있다면, 사람들은 주께서 주의 백성조차 구원하실 수 없는 것처럼 생각할 것이니, 그 불명예와 욕이 주께 돌아갈 수밖에 없나이다." 선지자는 종종 백성들에게 그들의 신앙 고백이 그들을 하나님의 심판으로부터 보호해 주지 못할 것이라고 말했었다. 그렇지만 여기서 그는 모세처럼 그들의 신앙 고백을 하나님이 그들을 구원해 주셔야 할 근거로 내세운다(출 32:11). 그것조차도 여기에서의 징벌들과 관련해서는 긍휼의 하나님께 통할 수 있기 때문이다. 일리가 있는 변명이라도 사용하는 것이 좋다.

　(2) 그래서 그들은 하나님이 그들을 구원하러 나타나시지 않는 것을 생각하고는 슬퍼한다. 그들은 하나님이 나타나시지 않는 것을 구실로 하나님을 불의하신 분이라고 비난하지는 않지만, 하나님이 그들에게 은혜를 베푸셔야 하는 이유, 즉 그들의 구원이 하나님 자신의 이름의 영광이 되리라는 것을 생각하시라고 겸손히 호소한다. 만약 그들을 구원하지 않으시면, 세상 사람들에게 하나님은 다음과 같이 보일 것이기 때문이다.

　[1] 하나님은 자기 백성에게 무관심한 분으로 보일 것이다. 애굽 사람들이 무엇이라 말하겠나이까. 그들은 이렇게 말할 것이다. "이스라엘의 소망이자 구원자이신 분이 그들에게는 신경도 쓰지 않으시는구나. 그분은 이 땅에서 거류하는 자 같이 되어서 이 땅의 일에는 도통 관심이 없으시구나. 그분이 그의 영원한 안식처라고 부르셨던 성전은 더 이상 그렇지가 않고, 도리어 하룻밤을 유숙하는 나그네가 그 날 밤에 묵는 여관의 사정에 관심을 갖거나 묻는 일이 없는 것 같이 성전에 대하여 그렇게 대하시는구나." 하나님은 결코 그의 교회가 어떻게 되었는지 그 사정에 대하여 결코 무관심하거나 돌보지 않으시는 분이 아니지만,

종종 겉으로는 그렇게 보일 수 있다. 제자들이 거센 폭풍우 속에서 거친 파도와 싸우고 있었을 때에 그리스도께서는 주무시고 계셨다.

　[2] 하나님은 자기 백성을 구원하실 수 없는 분으로 보일 것이다. 원수들은 옛적에 여호와가 자기 백성을 가나안 땅으로 인도할 능력이 없었으므로 그들을 광야에서 죽였다고 말한 적이 있었다(민 14:16). 그 원수들은 이제 이렇게 말할 것이다. "여호와의 지혜나 능력도 이제 다 한물가서, 그는 마치 이성을 지니고 있으면서도 뜻밖의 일에 너무도 놀라서 이성을 완전히 잃어버리고 어쩔 줄을 몰라하는 놀란 자 같고 더 강한 자에게 눌리고 제압당하여서 힘은 있지만 그 힘을 발휘하지 못하여 사람들을 구원하지 못하는 용사 같도다." 이런 말들은 하나님의 완전하심에 대한 가장 참을 수 없는 모욕적인 말일 것이었다. 그러니, 우리 가운데 계신다고 우리가 확신하는 그 하나님께서 마치 거류하는 자인 것처럼 행동하시는 것이 말이 되겠나이까? 전능하신 하나님께서 마치 너무도 놀라서 사람들을 구원하고 싶기는 하지만 구원할 수는 없는 용사 같이 보여서야 말이 되겠나이까? 우리는 기도할 때에 우리 자신의 위로가 아니라 하나님의 영광에 더 관심이 있다는 것을 나타내 보이는 것이 중요하다. 여호와여, 주의 크신 이름을 위하여 어떻게 하시려 하나이까.

[10]여호와께서 이 백성에 대하여 이와 같이 말씀하시되 그들이 어그러진 길을 사랑하여 그들의 발을 멈추지 아니하므로 여호와께서 그들을 받지 아니하고 이제 그들의 죄를 기억하시고 그 죄를 벌하시리라 하시고 [11]여호와께서 또 내게 이르시되 너는 이 백성을 위하여 복을 구하지 말라 [12]그들이 금식할지라도 내가 그 부르짖음을 듣지 아니하겠고 번제와 소제를 드릴지라도 내가 그것을 받지 아니할 뿐 아니라 칼과 기근과 전염병으로 내가 그들을 멸하리라 [13]이에 내가 말하되 슬프도소이다 주 여호와여 보시옵소서 선지자들이 그들에게 이르기를 너희가 칼을 보지 아니하겠고 기근은 너희에게 이르지 아니할 것이라 내가 이 곳에서 너희에게 확실한 평강을 주리라 하나이다 [14]여호와께서 내게 이르시되 선지자들이 내 이름으로 거짓 예언을 하도다 나는 그들을 보내지 아니하였고 그들에게 명령하거나 이르지 아니하였거늘 그들이 거짓 계시와 점술과 헛된 것과 자기 마음의 거짓으로 너희에게 예언하는도다 [15]그러므로 내가 보내지 아니하였어도 내 이름으로 예언하여 이르기를 칼과 기근이 이 땅에 이르지 아니하리라 하는 선지자들에 대하여 여호와께서

이와 같이 말씀하셨노라 그 선지자들은 칼과 기근에 멸망할 것이요 ¹⁶그들의 예언을 받은 백성은 기근과 칼로 말미암아 예루살렘 거리에 던짐을 당할 것인즉 그들을 장사할 자가 없을 것이요 그들의 아내와 아들과 딸이 그렇게 되리니 이는 내가 그들의 악을 그 위에 부음이니라

이 장에서 하나님과 그의 선지자가 티격태격하는 모습은 열매를 맺지 못한 무화과나무를 놓고 포도원 주인과 농부가 실랑이를 벌이는 모습(눅 13:7)과 비슷한 것으로 보인다. 포도원 주인은 공의를 근거로 내세우며 그 무화과나무를 잘라 버려야 한다고 말하고, 포도원 농부는 관용을 베풀어서 일정 기간 동안 한 번만 더 기회를 주시라고 간청한다. 예레미야는 하나님께 이 백성에게 다시 긍휼을 베풀어 주시라고 간절히 기도하였었다. 이제 여기에는 다음과 같은 내용들이 나온다.

I. 하나님은 선지자가 이 백성에게 은총을 베풀어 주셔야 할 이유들이라고 제시한 것들을 다 기각하시고, 그런 것들로 이 심판을 막을 수 없다는 것을 그에게 보여주신다. 선지자의 호소를 들으신 후에 하나님은 이 백성에 대하여 이렇게 말씀하신다(10절). 하나님이 그들을 내 백성이라고 하지 않으시는 것은 그들이 그와 맺은 언약을 깨뜨려서 하나님도 그들과의 인연을 끊으셨기 때문이다. 그들이 하나님의 이름으로 일컬음을 받았고 그들 가운데 하나님의 임재를 나타내는 증표들이 있었다는 것은 사실이다. 그러나 그들은 범죄하였고, 하나님으로 하여금 진노하여 물러가시게 만들었다. 선지자는 그 점을 인정하고 시인하였었고, 그럼에도 불구하고 하나님이 그들에게 다시 긍휼을 베풀어 주시게 되기를 중보의 기도와 대신 속죄하는 기도를 통해서 소망하였었다. 그래서 하나님은 여기에서 그에게 이렇게 말씀하신다.

1. 그들이 용서를 받을 만한 자격을 제대로 갖추지 못하였다는 것. 선지자는 그들의 타락함이 많았다는 것을 시인하였었다. 비록 그들이 심하게 타락하였어도, 만약 그들이 돌아오기만 한다면, 그들에게는 소망이 있었다. 그러나 이 백성에게는 돌아올 마음이 전혀 없었다. 그들은 딴 길로 돌아다녔고, 어그러진 길을 사랑하였다. 그들의 타락은 그들이 좋아서 선택한 것이었고, 그들은 그것으로 인하여 수치와 고통을 당할 수밖에 없는 것이었기 때문에, 그들의 타락은 반드시 그들의 파멸을 불러올 수밖에 없었다. 하나님을 떠나 우상을 따라가는

것을 기뻐하는 한, 그들은 하나님이 그들과 휴전하실 것이라고 기대해서는 안 된다. 그들은 어쩔 수 없거나 부주의해서 딴 길로 가는 것이 아니라, 딴 길로 가는 것 자체를 좋아한다. 죄인들은 하나님을 떠나 딴 길로 가서 방황하는 자들이다. 그들은 딴 길로 가기 때문에 하나님의 은총을 잃은 것이긴 하지만, 그들로부터 하나님의 은총이 끊어지게 만드는 것은 근본적으로 그들이 딴 길로 가는 것을 좋아하기 때문이다. 하나님께서는 그들의 방황이 결국 어떤 결과를 가져오게 될지, 즉 하나의 죄를 짓게 되면 연이어 또 다른 죄를 짓게 되고 이런 식으로 계속 죄를 지어 완전히 파멸하게 되리라는 말씀을 들었다. 그렇지만 그들은 그러한 경고를 받아들이지 않은 채 그들의 발을 멈추지 아니하였다. 그들에게는 그들의 하나님께 돌아오고자 하는 마음이 전혀 없었기 때문에, 하나님의 선지자들이나 하나님이 보내신 심판들을 통해서 그들이 죄악된 길을 가는 것을 조금이라도 막아 보려는 시도는 결코 성공할 수 없었다. 바로 이것이 하나님께서 지금 그들을 벌하시고자 하는 이유이다. 하나님께서 그들에게 하늘에서 비를 내려주시지 않는 것은 그들의 죄를 기억하시고 그 죄를 벌하시고 있는 것이다. 바로 이것이 그들의 비옥한 땅이 이렇게 황무지로 변해 버린 이유이다.

2. 그들은 하나님을 버렸기 때문에 하나님이 그들을 받아주실 것이라고 기대할 만한 이유가 전혀 없다는 것. 그들이 금식하고 기도하며 번제와 소제를 드리는 데에 비용을 아끼지 않는다고 하여도, 그들은 그런 기대를 할 만한 여지가 전혀 없었다. 여호와께서 그들을 받지 아니하신다(10절). 여호와께서 그들을 기뻐하지 아니하신다(원어는 이런 의미이다). 하나님께 드리는 제사나 성회(聖會)보다도 우상들에게 바치는 제사와 그런 모임을 기뻐하는 자들을 어떻게 거룩한 하나님께서 기뻐하실 수 있으시겠는가? "그들이 금식할지라도(금식은 회개하고 삶을 고쳤음을 나타내는 적절한 표현이다) 또는 그들이 번제와 소제를 드릴지라도(이것은 중보자를 믿는 믿음을 나타내는 표현으로 의도된 것이었다), 그리고 그들이 이런 식으로 평소에 하나님께서 기쁘게 받으셨던 방편들을 통해서 기도를 드린다고 할지라도, 그들은 겸손하고 회개하며 새로워진 마음으로 그렇게 하는 것이 아니라 아직도 여전히 어그러진 길을 사랑하면서 겉으로만 그러는 것이기 때문에, 그들이 아무리 울고불고 난리를 쳐도 내가 그 부르짖음을 듣지 아니하겠고 그것을 받지 아니하며 그들 자신이나 그들이 하는 일들을 받지 아니하리라." 그들은 아주 오래 전부터 이미 악인의 제사는 여호와께서 미

워하시고(잠 15:8) 오직 선을 행하는 자들만을 기쁘게 받으신다는 말씀을 똑똑히 들어 왔었다(창 4:7).

3. 그들은 예레미야 선지자가 그들에게 전한 말씀을 무시하였기 때문에 그들을 위한 선지자의 기도로 인해서 그들이 받을 수 있었던 온갖 은혜를 이미 다 상실한 상태라는 것. 이것은 하나님께서 선지자에게 계속 반복해서 주신 금령(禁令)의 의미였다(11절). 너는 이전처럼 이 백성을 위하여 복을 구하지 말라(렘 7:15; 11:14). 이러한 금령은 예레미야 선지자에게 그들을 향한 그의 선의(善意)를 이런 식으로 표출하는 것을 금지하신 것임과 동시에(모세는 하나님이 내가 하는 대로 내버려 두라고 말씀하신 후에도 계속해서 이스라엘을 위하여 중보기도하였다, 출 32:10), 그들이 귀를 돌려 율법을 듣지 아니하는 한 선지자의 중보기도로부터 어떤 선한 결과를 기대하는 것을 금지하신 것이었다. 하나님께서 사울을 버리기로 작정하시고서 사무엘에게 네가 사울을 위하여 언제까지 슬퍼하겠느냐라는 말씀으로 사울의 파멸을 기정사실화하신 것처럼, 여기에서도 이 금령을 통해서 회개치 않은 유다 백성의 파멸은 기정사실화되었다. 그러므로 내가 이 기근만이 아니라 더욱 혹독한 칼과 전염병의 심판을 통해서 그들을 멸하리라는 말씀이 뒤따라 나온다(12절). 왜냐하면, 하나님의 전통(箭筒)에는 화살들이 많고, 하나님이 하나의 화살을 쏘았는데도 죄를 깨닫고 삶을 고치고자 하지 않는 자들은 또 다른 화살을 통해서 멸망을 받게 될 것이기 때문이다.

Ⅱ. 선지자는 이 백성의 완악함을 변명하기 위하여 또 다른 이유를 내세움. 그것은 단지 핑계에 불과한 것이었지만, 어쨌든 선지자는 그들의 처지에 뭔가 도움이 되는 말이 있다면 그것이 무엇이든 기꺼이 말씀드리고자 하였다. 선지자가 제시한 변명은 백성들이 계속해서 죄악된 길로 가고 있는데도 하늘로부터 사명을 받은 척한 선지자들이 와서 그들에게는 오직 평강만이 있을 것이라고 듣기 좋은 말만을 해주어 그들을 속였다는 것이다(13절). 예레미야 선지자는 울먹이며 이 말을 한다. "슬프도소이다 주 여호와여, 이 가련한 백성은 주의 이름으로 선포되는 말씀에 기꺼이 귀를 기울이고자 했던 것으로 보이지만, 그들이 칼을 보지 아니하겠고 기근은 너희에게 이르지 아니할 것이라고 주의 이름으로 전한 자들이 있었나이다. 그런 자들은 선지자로서의 온갖 위엄과 확신을 가지고서 그런 말씀이 주로부터 왔다고 말하였나이다. 내가 너희를 이 곳에 계속

해서 살게 하고, 여기 이 곳에서 너희에게 확실한 평강, 참된 평화를 주리라. 나는 백성들에게 정반대의 말씀을 전하였지만, 그 거짓 선지자들은 수가 많고 나는 혼자였나이다. 그리고 모든 사람은 자기에게 유리한 말을 믿고자 하는 경향이 있지 않나이까. 그러므로, 여호와여, 그들의 지도자들이 그들로 하여금 그릇된 길을 가게 만든 것이니 그들을 불쌍히 여기셔서 이 환난에서 건져주소서." 만약 그들이 이전에 거짓 선지자들과 관련된 경고를 받지 않았거나 어떤 기준으로 그들을 구별해낼 수 있는지를 가르침 받지 않았다면, 이러한 변명은 어느 정도 일리가 있는 변명이었을 것이다. 하지만 거짓 선지자와 관련된 여러 가지 말씀들을 이미 다 들었던 터라, 만약 그들이 거짓 선지자들에게 속았다면, 그것은 전적으로 그들 자신의 잘못일 수밖에 없었다. 그러나 이것은 우리에게 진실을 벗어나지만 않는다면 나쁜 것이라도 가장 좋은 쪽으로 생각하고, 진실을 왜곡시키는 것이 아니기만 하다면 그들의 처지를 가장 불쌍히 여기는 쪽으로 생각하라고 가르쳐 준다.

Ⅲ. 하나님은 이러한 탄원을 기각하실 뿐만 아니라, 함께 구덩이에 빠진 맹인된 지도자들과 그들을 따라간 맹인 같은 자들을 둘 다 정죄하신다.

1. 하나님은 거짓 선지자들이 전한 듣기 좋은 말들은 자기와 아무 상관이 없다고 말씀하신다(14절). 선지자들이 내 이름으로 거짓 예언을 하도다. 그들은 하나님으로부터 예언하라는 사명을 받은 적이 없었다. 나는 그들을 보내지 아니하였고 그들에게 명령하거나 이르지 아니하였다. 하나님은 어떤 심부름을 하는 데에 그들을 결코 쓰신 적이 없으셨다. 하나님은 자기 자신을 그들에게 알리신 적이 없으셨고, 그들을 통해서 백성들에게 알리신 적은 더더욱 없었다. 하나님의 그 어떤 말씀도 그들에게 임한 적이 없었고, 그 어떤 부르심이나 교훈도 그들에게 주어진 적이 없었으며, 하나님이 그들을 보내어 백성들에게 자장가를 불러주어 기분 좋게 잠들게 하는 심부름을 보내신 적은 더더욱 없었다. 사람들은 자기 자신에게 듣기 좋은 말을 할 수 있고 사탄도 사람들에게 구미에 맞는 말을 할 수 있지만, 하나님은 결코 그렇게 하지 않으신다. 거짓 선지자들이 예언한 것은 거짓 계시와 헛된 것이다. 거짓되고 근거 없는 것은 헛되고 쓸데없다는 것을 명심하라. 참되지 않은 환상은 아무리 기분 좋은 것이라고 하여도 아무짝에도 쓸모가 없다. 그런 것은 그들의 마음이 지어낸 거짓이고, 거미가 자기 속에서 자아낸 거미줄이다. 그들은 그런 것 속에 들어가 있으면 재난을 피할

수 있을 것이라고 생각하지만, 그런 것은 순식간에 쓸려가 버리고 큰 거짓임이 드러난다. 하나님의 말씀을 자기 식으로 해석하는 자들(하나님은 실제로 그렇게 말씀하셨지만, 그들이 그것을 다른 식으로 생각하여 받아들인 경우)은 자기 마음의 거짓으로 행하는 것이기 때문에, 그런 것은 결국 그들을 파멸로 이끌게 될 것이다.

2. 하나님은 백성들에게 듣기 좋은 말들만을 해준 자들에게 판결을 내리신다(15절). 이 선지자들은 평강이 있을 것이라고 말함으로써 백성들을 우롱하였고 그것을 하나님의 이름으로 예언함으로써 하나님을 모욕하였기 때문에 그들 자신에게 평강이 없을 것임을 알아야 한다. 그런 자들은 심판이 없을 것이라는 헛된 소망으로 다른 사람들을 즐겁게 해주었지만 바로 그 심판을 가장 먼저 받게 될 것이다. 그들은 칼과 기근이 이 땅에 이르지 아니하리라고 백성들에게 장담하였었다. 그러나 그들 자신이 칼과 기근으로 죽게 될 때, 그들의 호언장담이 얼마나 허황된 말이었는지가 곧 드러나게 될 것이다. 스스로의 안전도 지킬 수 없는 자들, 자기에게 닥칠 재난을 피하기 위해서는 미리 내다보아야 하는 데도 그렇게 하지도 못하는 그런 자들이 어떻게 다른 사람들의 안전에 대해 얘기하며 평강을 예언할 수 있겠는가? 죄인들에게 그들이 죄악된 길을 계속 가더라도 벌을 받지 않을 것이라고 약속해 주는 자들에게는 가장 무거운 벌이 기다리고 있다는 것을 명심하라.

3. 하나님은 그 듣기 좋은 말들을 좋아한 자들도 동일한 파국을 맞게 될 것이라고 선고하신다. 그들의 예언을 받은 백성, 그들의 거짓말에 못 이기는 척하며 속아준 백성은 기근과 칼로 말미암아 죽으리라(16절). 속임을 당한 자들의 불신앙은 속인 자들의 온갖 거짓과 더불어서 하나님의 경고의 말씀들을 무효화시키지 못하리라는 것을 명심하라. 그들이 하나님의 말씀과 반대되는 그 어떤 말을 하더라도, 칼과 기근이 그들에게 임할 것이고, 아주 안일하게 살아가던 자들은 결코 안전하지 못할 것이다. 회개치 않은 죄인들은 그런 심판이 있으리라는 것을 결코 믿을 수 없다고 말한다고 해서 지옥에 떨어지는 것을 피하지 못할 것이고, 그들이 애써 두려워하지 않으려 했던 바로 그 심판을 실감하게 될 것이다. 이 백성이 칼과 기근으로 말미암아 죽게 될 뿐만 아니라, 그들의 목은 그들이 무시하고 도전하였던 하나님의 공의를 보여주는 기념물로서 거리에 줄줄이 매달리게 될 것이고, 그들의 몸은 눈살을 찌푸리게 만드는 불쾌한

것들로부터 깨끗해야 할 예루살렘 거리에 던짐을 당할 것이다. 그들은 거기에서 매장되지 못한 채 누워 있게 될 것이다. 그들에게 가장 가까운 혈육들은 그들의 장례를 치러주어야 할 마지막 의무가 있는 데도, 너무 가난해서 그렇게 할 수 없거나, 굶주림으로 몸이 너무 약해져서 그렇게 할 기운이 없거나, 너무 큰 슬픔에 잠겨서 그럴 마음이 없거나, 천륜에 대한 의식조차도 없어져서 장례를 치러주고자 하는 마음이 아예 없게 될 것이다. 이런 식으로 하나님은 그들의 악, 즉 그들의 악에 대한 벌을 그들 위에 부으실 것이다. 하나님의 진노의 대접들이 온통 그들에게 부어질 것인데, 이는 그들이 그것을 자초하였기 때문이다. 죄인들은 자기에게 괴로움과 환난이 넘쳐나면 그들 자신이 저지른 악이 그들에게 도로 부어진 것임을 알아야 한다. 이것은 거짓 선지자들의 악과 백성들의 악 둘 모두를 가리킨다. 맹인이 맹인을 인도하면 둘 다 구덩이에 빠지게 되고, 거기에서 그들은 서로를 위로하는 비참한 처지가 될 것이다.

[17]너는 이 말로 그들에게 이르라 내 눈이 밤낮으로 그치지 아니하고 눈물을 흘리리니 이는 처녀 딸 내 백성이 큰 파멸, 중한 상처로 말미암아 망함이라 [18]내가 들에 나간즉 칼에 죽은 자요 내가 성읍에 들어간즉 기근으로 병든 자며 선지자나 제사장이나 알지 못하는 땅으로 두루 다니도다 [19]주께서 유다를 온전히 버리시나이까 주의 심령이 시온을 싫어하시나이까 어찌하여 우리를 치시고 치료하지 아니하시나이까 우리가 평강을 바라도 좋은 것이 없고 치료 받기를 기다리나 두려움만 보나이다 [20]여호와여 우리의 악과 우리 조상의 죄악을 인정하나이다 우리가 주께 범죄하였나이다 [21]주의 이름을 위하여 우리를 미워하지 마옵소서 주의 영광의 보좌를 욕되게 마옵소서 주께서 우리와 세우신 언약을 기억하시고 폐하지 마옵소서 [22]이방인의 우상 가운데 능히 비를 내리게 할 자가 있나이까 하늘이 능히 소나기를 내릴 수 있으리이까 우리 하나님 여호와여 그리하는 자는 주가 아니시니이까 그러므로 우리가 주를 앙망하옵는 것은 주께서 이 모든 것을 만드셨음이니이다 하니라

　　　　유다와 예루살렘의 현재의 통탄스러운 상태는 여기에서 선지자의 애가의 소재(素材)가 되고(17-18절) 그가 그들을 위하여 중보기도하는 계기가 된다(19절). 나는 후자가 전자와 마찬가지로 하나님의 지시에 의한 것이었고, 너는 이 말로 그들에게(그들에 관하여 또는 그들이 듣도록) 이르라는 말씀(17절)이

애가를 가리킴과 동시에 중보기도를 가리키는 것이라고 생각하고 싶다. 그러면, 그것은 하나님이 선지자에게 그들을 위하여 기도하지 말라고 지시하셨는데도(11절) 선지자가 그 지시를 어긴 것이나 다름없게 된다. 그러나 이 단락에 나오는 그의 기도를 보면, 우리는 선지자가 하나님의 그러한 지시를 금령(禁令)이 아니라 요한일서 5:16에 나오는 말씀(사망에 이르는 죄가 있으니 이에 관하여 나는 구하라 하지 않노라)처럼 단지 단념시키기 위한 말씀으로 이해하였다는 것을 분명하게 알 수 있다. 이 단락에는 다음과 같은 내용들이 나온다.

I. 선지자는 폐허가 된 그의 나라를 바라보며 울고 서 있다. 이것은 예레미야 선지자가 이렇게 그들에게 다가올 재난들을 미리 보고서 격한 감정에 휩싸여 있는 모습을 보이면 백성들도 뭔가 느끼는 것이 있지 않을까 해서 하나님께서 그에게 그렇게 하라고 지시하신 것이다. 예레미야는 하나님이 그에게 지시하신 말씀을 혼자만 알고 있는 것이 아니라 백성들에게도 말해야 한다. 내 눈이 눈물을 흘리리라(17절). 이런 식으로 그는 그들에게 자기가 칼이 오는 것과 그들이 지금 겪고 있는 가뭄보다 더 심한 또 다른 기근이 오는 것을 미리 분명하게 보았다는 것을 상징적으로 나타내야 한다. 지금 기근은 비가 오지 않아서 농촌에서 진행되고 있지만, 장차 올 기근은 예루살렘 도성이 포위되어 사람들이 옴짝달싹할 수 없어서 생겨나는 기근이 될 것이었다. 선지자는 마치 그가 갈대아인들이 그들을 쳐들어옴으로써 발생한 참상을 이미 본 것처럼 말한다. 딸이 그 아버지에게 사랑스럽듯이 내게 사랑스러운 처녀 딸인 내 백성이 지금까지 겪은 그 어떤 것보다 더 크고 심각한 큰 파멸, 중한 상처로 말미암아 망함이라. 왜냐하면, 들에 나간즉 칼에 죽은 자가 무수히 널려 있고, 성읍에 들어간즉 양식이 없어 굶어 죽은 자가 무수히 널려 있을 것이기 때문이다(18절). 이는 참으로 참담한 광경이 아닐 수 없다! "선지자나 제사장이나, 즉 백성들에게 듣기 좋은 거짓말만을 들려주었던 거짓 선지자들이나, 참 선지자들을 핍박하였던 악한 제사장들은 이제 그들의 나라에서 쫓겨나서, 죄수나 포로가 되어 정복자들이 끌고가는 대로, 또는 도망자나 방랑자가 되어 몸을 의탁할 만한 곳을 찾아서 그들이 알지 못하는 땅으로 두루 다니도다." 어떤 이들은 이 본문이 나머지 백성들과 함께 바벨론으로 끌려간 에스겔이나 다니엘 같은 참 선지자들을 가리키는 것으로 이해하기도 한다. 예레미야 선지자가 이 일을 미리 내다보고서 밤낮으로 눈물을 흘린 것은 이 재앙의 날이 반드시 올 것이고 그 날은 정말 극심

한 재앙의 날이 되리라는 것만이 아니라 그가 이러한 재앙이 백성들에게 내리는 것을 결코 원하지 않고, 하늘의 보장이 있기만 하다면 자기도 거짓 선지자들처럼 백성들에게 기꺼이 평강의 메시지를 전하고 싶다는 것을 깨닫게 하기 위한 것이었다. 하나님은 죄인들에게 죽음의 심판을 내리시기는 하지만 결코 그렇게 하는 것을 기뻐하지 않으시기 때문에, 그의 사역자들은 하나님의 이름으로 죄인들의 죽음을 선포하다고 해도 여전히 그것을 슬퍼하는 것이 마땅하다는 것을 명심하라.

Ⅱ. 선지자는 일어서서 그들을 위한 중보기도를 드린다. 백성들이 돌아와서 회개할지 안 할지는 하나님 외에 누가 알겠는가? 목숨이 붙어 있는 한 소망은 있고 기도할 여지도 있다. 그들 가운데는 스스로 기도하지도 않고 예레미야 선지자의 기도를 소중히 여기지도 않는 자들이 많았지만, 선지자의 기도에 뭔가 느낀 바가 있어서 그의 기도에 동참하고 그가 기도하는 내용들에 대하여 아멘으로 응답한 자들도 일부 있었다.

1. 선지자는 이 백성의 처지가 지금 얼마나 비참하고 통탄스러운지에 대하여 겸손히 하나님께 아뢴다(19절). 다음과 같은 것들로 인해서 그들의 처지는 정말 서글픈 것이었다.

(1) 그들이 하나님께 기대했던 일들은 다 허망한 일이 되어 버렸다. 그들은 하나님이 유다를 자기 백성으로 인정하신다고 생각하였지만, 지금 보니 하나님은 유다를 온전히 버리셨고 내치셨으며, 그들과 어떤 관계가 있다는 것을 부정하시고 그들에 대한 관심도 갖고 계시지 않은 듯이 보였다. 그들은 시온이 하나님이 마음으로 사랑하는 자이고 하나님의 영원한 안식처라고 생각하였다. 그러나 지금 주의 심령은 시온을 싫어하고, 거기에서 저질러진 죄악들을 속하기 위해 행해지는 예배들조차 싫어하신다.

(2) 그러므로 그들이 지니고 있던 그밖의 다른 모든 기대들도 그들을 실망시킨 것은 전혀 이상한 일이 아니었다. 그들은 두들겨 맞아서 온 몸에 상처투성이였지만, 하나님은 그들을 치료하지 않으셨다. 폭풍우로 인해 오랫동안 비가 온 후에는 화창하고 평온한 날씨가 찾아오는 법이기 때문에 그들은 평강을 바랐다. 그러나 좋은 것이 없고, 사정은 나날이 점점 더 나빠져 갔다. 그들은 치료받기를 기다렸지만, 숨 쉴 틈조차 얻을 수 없었다. "우리는 평강이 문을 통해 들어오기를 바랐지만 두려움만 보나이다. 정말 주께서 유다를 온전히 버리셨나이까.

그렇더라도, 우리는 할 말이 없나이다. 주의 심령이 시온을 싫어하시나이까. 그렇더라도, 그것은 우리가 달게 받아야 할 일이나이다. 그러나 주께서는 진노 중에 끝끝내 긍휼을 기억하지 아니하려 하시나이까?"

2. 선지자는 이 백성 전체가 입으로 말했어야 했던(실제로는 거의 그런 자가 없었지만) 그런 표현으로 참회하며 죄를 고백한다(20절). "우리의 악, 우리의 차고 넘치는 악과 우리가 본받았던 우리 조상의 죄악을 인정하나이다. 그러므로 우리가 벌을 받아 마땅하나이다. 우리가 주께 범죄하였다는 것을 우리가 알고 인정하나이다. 그러므로 주께서 우리에게 행하신 이 모든 일은 의로우시나이다. 그러나 우리의 죄들을 고백하였사오니, 우리는 주께서 신실하시고 의로우셔서 우리의 죄를 용서하시기를 바라나이다."

3. 선지자는 하나님의 진노를 거두어 주시라고 기도하면서, 하나님의 영광과 약속으로 인하여 그렇게 해주시라고 믿음으로 기도한다(21절). 선지자의 간구는 이런 것이다. "우리를 미워하지 마옵소서. 주께서 우리를 괴롭게 하실지라도, 우리를 미워하지는 마옵소서. 주의 손을 들어 우리를 치신다고 하여도, 주의 마음이 우리에게서 돌아서는 일은 없게 하소서." 그들은 하나님 보시기에 미운 짓을 하였기 때문에 하나님이 그들을 미워하시는 것은 당연하다는 것을 시인한다. 그렇지만 그들이 우리를 미워하지 마옵소서라고 기도할 때, 그것이 의미하는 것은 이런 것이다. "우리를 받아주셔서 다시 은총을 내리소서. 주의 심령이 시온을 싫어하지 마옵소서(19절). 우리의 분향이 주 앞에 가증스러운 것이 되지 않게 하옵소서." 그들은 다음과 같은 것들에 호소한다.

(1) 하나님의 존귀하심과 그의 성경의 존귀함. 하나님은 성경을 통해서 사람들에게 자기 자신을 알게 하셨고, 그의 말씀을 그의 모든 이름보다 높게 하셨다. "주의 이름을 위하여 우리를 미워하지 마옵소서. 우리가 주의 이름으로 일컬음을 받고, 또한 주의 이름을 부르나이다." 그들은 하나님의 성소의 존귀함에도 호소한다. "여호와여, 우리를 미워하지 마옵소서. 왜냐하면, 주께서 우리를 미워하시는 것은 주의 영광의 보좌(처음부터 높이 계신 영화로우신 보좌, 렘 17:12)를 욕되게 하시는 것이 될 것이기 때문이나이다." 온 땅의 기쁨이었던 것이 놀램과 비웃음거리가 되지 않게 하옵소서. 우리는 수치와 욕을 뒤집어써야 마땅한 자들이지만, 그 수치와 욕이 주께 미치는 일은 없게 하옵소서. 성전의 황폐화가 이방인들이 마치 여호와께서 그 성전을 보호하실 수 없었거나, 보호하고자 하

지 않으셨거나, 갈대아인들의 신들을 상대할 힘이 없었던 것처럼 여겨서 거기에서 예배를 받으셨던 여호와를 조롱하는 빌미가 되지 않게 하옵소서. 선한 자들은 그들 자신의 개인적인 이해관계나 관심사보다 이 세상에서의 거룩한 신앙에 대한 평판에 더 마음을 쓴다는 것을 명심하라. 그런 것을 근거로 한 호소들은 우리가 하나님께 기도할 때에 강력한 호소들이 되고, 우리의 믿음을 견고히 붙잡아주는 것들이 된다. 우리는 하나님께서 주의 영광의 보좌를 욕되게 하지 않으실 것을 확신할 수 있다. 만약 하나님께서 하나의 섭리를 통해서 그의 보좌의 영광을 가리우셨다면 곧 또 다른 섭리를 통해서 그 영광을 이전보다 더 빛나게 하실 것이다. 장기적으로 보아서 하나님은 그의 존귀하심이나 영광에 있어서 결코 잃는 자 또는 지는 자가 되지 않으실 것이다.

(2) 하나님의 약속. 그들은 겸손하고도 담대하게 이것을 하나님께 상기시켜 드린다. 주께서 우리와 세우신 언약을 기억하시고 그 언약을 폐하지 마옵소서. 그렇다고 해서, 그들이 하나님의 신실하심을 불신하였거나 하나님께 그 약속을 상기시켜 드릴 필요가 있다고 생각했던 것은 아니었고, 단지 자신의 처지와 관련하여 호소할 때에 전에 하나님께서 직접 말씀하셨던 것을 외람되게 근거로 제시한 것일 뿐이었다. 내가 내 언약을 기억하리라(레 26:42).

4. 선지자는 지금 그들에게 절실히 필요한 비를 내려 주실 분은 오직 하나님뿐이시라고 고백한다(22절). 유다 백성은 언약의 하나님에 대한 그들의 관계를 상실해 버렸기 때문에, 여기서는 자연의 하나님에 대한 그들의 관계에 호소하고자 한다.

(1) 그들은 결코 이방인의 우상들에게 기대지 않을 것이다. 왜냐하면, 그 우상들은 어리석고 아무런 힘도 없기 때문이다. 이방인의 우상 가운데 능히 비를 내리게 할 자가 있나이까. 결코 없다. 아합 시대에 이스라엘에 큰 가뭄이 들었던 때에 온 이스라엘이 바알에게 기도를 드렸지만, 바알은 그들을 구해줄 수 없었다. 불로 응답하신 저 하나님만이 물로도 응답하실 수 있으셨다.

(2) 그들은 제2원인자들만을 바라보고자 하지 않고, 오직 자연으로부터만 모든 것을 공급받고자 하지 않을 것이다. 하늘이 능히 소나기를 내릴 수 있으리이까. 결코 그렇지 않다. 하늘의 하나님의 지시가 없다면, 하늘은 비를 내릴 수 없다. 왜냐하면, 구름 곳간의 열쇠를 갖고 계시고 하늘의 물주머니를 기울이며 그의 누각에서부터 땅에 물을 부어 주시는 분은 하나님이시기 때문이다.

(3) 그러므로 그들이 바라고 기대하는 모든 것은 하나님에게서 오고, 그들이 하나님을 의지하는 것에서 온다. "우리 하나님 여호와여 그리하는 자는 주가 아니시니이까. 우리가 누구에게서 구원을 기대하겠으며 누구에게 기대겠나이까? 비를 내리게 하시고 소나기를 내리시는 분은 주가 아니시니이까? 왜냐하면, 주께서 이 모든 것을 만드셨음이니이다. 주께서 그들에게 존재를 부여하셨기 때문에 그들에게 법(法)을 주시고 그들을 주의 뜻대로 부리시나이다. 주는 끊임없이 순환하면서 섭리의 의도에 봉사하는 자연의 수분(水分)을 만드셔서, 그것을 부리시고 마음대로 사용하시나이다. 그러므로 우리가 주를 앙망하옵고 오직 주만 앙망하옵나이다. 우리는 여호와께 비를 구하나이다(슥 10:1). 우리는 주를 믿고서, 주께서 우리에게 적절한 때에 비를 주시기를 바라옵고, 기꺼이 주께서 정한 때를 기다리고자 하나이다. 우리가 그렇게 하는 것이 합당하고, 그렇게 하는 것은 결코 헛되지 않을 줄 아나이다." 하나님은 만물의 주권자이시고 모든 것이 풍성하신 분이시기 때문에 우리는 늘 하나님을 모시고 우리에게 필요한 모든 것을 하나님께 구하여야 한다는 것을 명심하라.

제
— 15 —
장

개요

앞 장의 끝 부분에서 선지자는 하나님 앞에서 애절하게 눈물을 쏟으며 기도하는 모습이었기 때문에, 우리는 이 장에서는 하나님께서 이 땅과 화해하시게 되고 선지자는 안정과 평온을 되찾게 되는 장면이 나올 것이라고 예상할 수 있다. 그러나 우리는 우리가 예상한 이 두 가지와는 상당히 다른 내용이 이 장에 나오는 것을 발견하고서 몹시 놀라지 않을 수 없다. I. 선지자의 기도에도 불구하고, 하나님은 여기에서 이 백성을 위하여 드려진 모든 중보기도들에 귀를 막으시고, 이 백성에 대하여 이미 내려진 선고를 재확인하시고, 그들을 멸망에 붙이신다(1-9절). II. 선지자는 하나님과의 교통을 통해 만족함을 얻었음에도 불구하고 여전히 평정(平靜)을 잃고 안절부절한다. 1. 그는 자기가 박해자들과 계속해서 싸우고 있다고 하나님께 하소연한다(10절). 2. 하나님은 이 땅 전체가 황폐화되더라도 그는 특별한 보호하심 아래에 있게 될 것이라고 그에게 약속하신다(11-14절). 3. 그는 자기가 예언자직을 성실하게 수행해 왔다는 사실을 하나님께 아뢰고, 그가 이 일에서 더 많은 위로를 받지 않는다면 예언자의 일을 수행하는 것이 어렵다고 생각한다(15-18절). 4. 그가 계속해서 충성스럽게 일한다는 조건 하에서 하나님이 그를 계속 돌보아주시고 그의 은총을 그에게 주실 것이라는 새로운 확약이 그에게 주어진다(19-21절). 이렇게 해서, 결국 그는 심령의 안정을 되찾았을 것이다.

¹여호와께서 내게 이르시되 모세와 사무엘이 내 앞에 섰다 할지라도 내 마음은 이 백성을 향할 수 없나니 그들을 내 앞에서 쫓아 내보내라 ²그들이 만일 네게 말하기를 우리가 어디로 나아가리요 하거든 너는 그들에게 이르기를 여호와께서 이와 같이 말씀하시니라 죽을 자는 죽음으로 나아가고 칼을 받을 자는 칼로 나아가고 기근을 당할 자는 기근으로 나아가고 포로 될 자는 포로 됨으로 나아갈지니라 하셨다 하라 ³여호와의 말씀이니라 내가 그들을 네 가지로 벌하리니 곧 죽이는 칼과 찢는 개와 삼켜 멸하는 공중의 새와 땅의 짐승으로 할 것이며 ⁴유다 왕 히스기야의 아들 므낫세가 예루살렘에 행한 것으로 말미암아 내가 그들을 세계 여러 민족 가운

데에 흘으리라 [5]예루살렘아 너를 불쌍히 여길 자 누구며 너를 위해 울 자 누구며 돌이켜 네 평안을 물을 자 누구냐 [6]여호와께서 이르시되 네가 나를 버렸고 내게서 물러갔으므로 네게로 내 손을 펴서 너를 멸하였노니 이는 내가 뜻을 돌이키기에 지쳤음이로다 [7]내가 그들을 그 땅의 여러 성문에서 키로 까불러 그 자식을 끊어서 내 백성을 멸하였나니 이는 그들이 자기들의 길에서 돌이키지 아니하였음이라 [8]그들의 과부가 내 앞에 바다 모래보다 더 많아졌느니라 내가 대낮에 파멸시킬 자를 그들에게로 데려다가 그들과 청년들의 어미를 쳐서 놀람과 두려움을 그들에게 갑자기 닥치게 하였으며 [9]일곱을 낳은 여인에게는 쇠약하여 기절하게 하며 아직도 대낮에 그의 해가 떨어져서 그에게 수치와 근심을 당하게 하였느니라 그 남은 자는 그들의 대적의 칼에 붙이리라 여호와의 말씀이니라

우리는 하나님께 도발한 백성에 대한 하나님의 진노를 이 단락보다 더 애절하게 표현한 것을 다른 어디에서도 찾아보기 힘들다. 선지자는 이 백성을 위하여 간절히 기도하였었고, 그들 중에서 일부는 그의 기도에 동참하기도 하였다. 그렇지만 기한을 유예해 준다는 응답도 받지 못하였고, 심판이 조금이라도 완화될 것이라는 약속도 받지 못하였다. 선지자의 기도에 대하여 돌아온 대답은 하나님의 영(슈)이 이미 내려졌고 그 영은 돌이킬 수 없으며 곧 집행되리라는 것이었다. 좀 더 살펴보자.

I. 하나님으로 하여금 이렇게 엄한 선고를 내리시게 만든 이 백성의 죄는 무엇이었는가.

1. 그것은 이전의 죄악을 기억하셨기 때문이다. 그것은 므낫세가 예루살렘에 행한 것 때문이었다(4절). 우리는 성경에서 므낫세가 지은 죄가 무엇이었는지를 전해 듣고, 그 죄 때문에 예루살렘이 멸망받았다는 것을 전해 듣는다(왕하 24:3-4). 그것은 므낫세의 우상 숭배 때문이었고, 그가 무죄한 자의 피를 흘려 그의 피가 예루살렘에 가득하게 하였기 때문이었는데, 여호와께서는 그 죄를 사하시기를 즐겨하지 아니하셨다. 므낫세는 히스기야의 아들이라 표현되어 있다. 그가 그토록 선한 왕의 아들이었다는 사실은 그가 저지른 죄악을 용서해줄 변명거리가 되기는커녕 도리어 그의 죄를 더욱 무겁게 만드는 요인이 되었다. 므낫세 시대로부터 거의 한 세대가 지나갔지만, 그의 죄는 여전히 거론되고, 하나님은 그의 죄에 대하여 책임을 물으신다. 하나님은 예루살렘을 마지막으로 멸

망시키실 때에 땅 위에서 흘린 모든 의로운 피에 대한 책임을 물으셔서, 사람의 피를 흘린 죄가 얼마나 무거운 것인지, 그리고 그 죄에 대한 벌을 연기해 주었다고 해서 그 죄를 용서해 준 것은 아니라는 것을 보여주셨다.

2. 그것은 그들이 현재 회개하지 않고 있는 것을 고려하셨기 때문이다. 그들의 죄가 어떻게 묘사되고 있는지를 보라(6절). "네가 나를 버렸고, 나를 섬기는 것과 나에 대한 너의 본분을 저버렸다. 네가 내게서 물러가서 정반대되는 길로 가버렸고, 네가 마땅히 되어야 했던 모습 또는 하나님이 그의 율법을 통해서 네게 이루고자 하셨던 바로 그 모습과 정반대되는 모습이 되었다." 그들의 회개하지 않는 모습이 어떻게 묘사되고 있는지를 보라(7절). 그들은 자기들의 길, 그들이 마음에서 생각해낸 길에서 돌이켜서 다시 하나님이 명령하신 길로 돌아오지 않고 있다. 그릇된 길로 갔더라도 다시 돌아오는 자들에게는 긍휼이 있지만, 계속해서 고집을 부리며 배교의 길을 가는 자들이 어떤 은총을 기대할 수 있겠는가?

Ⅱ. 하나님이 내리신 선고는 무엇이었는가. 그것은 철저한 파멸을 의미하는 것이나 다름없는 그런 선고였다.

1. 하나님은 그들을 버리시고 혐오하신다. 내 마음은 이 백성을 향할 수 없다. 거룩하신 하나님께서 그에게 뿌리깊은 반감을 지닌 자들에게서 일말의 흡족함이라도 느끼실 수 있으시겠는가? 하나님께서 "내게는 그들이 극도로 역겹고 불쾌하고, 다시는 그들 때문에 고통받고 싶지 않으니 그들을 내 앞에서 쫓아 내보내라"고 말씀하시는 것은 화가 나서 감정적으로 하시는 말씀이 아니라 의롭고 거룩한 분노에 의한 것이다.

2. 하나님은 그들을 위해 드려지는 그 어떤 중보기도도 받으려 하지 않으신다(1절). "모세와 사무엘이 내 앞에 서서 나와 그들을 화해시키기 위하여 기도하거나 제사를 드린다고 하여도, 내가 그런 것들에 승복하여 이 백성에게 다시 은총을 베푸는 일은 없을 것이다." 모세와 사무엘은 이 땅의 큰 축복이었던 것과 마찬가지로 하늘의 큰 총애를 받는 인물들이었고, 특히 화를 돋구는 백성과 하나님을 중재하는 데에 성공을 거둔 것으로 유명한 인물들이었다. 만약 모세가 하나님과 백성 사이에 갈라진 틈에 서지 않았더라면, 이스라엘 백성은 수도 없이 멸망을 받았을 것이다. 또한, 그들은 사무엘의 기도 덕분에 목숨을 건지기도 하였다(삼상 12:19). 그렇지만 당시에는 하늘에서 완전한 상태에 있었던

그들의 중보기도로도 하나님을 움직일 수 없을 것이었다. 하물며, 당시에 우리와 성정(性情)이 같은 사람이었던 예레미야의 중보기도가 하나님의 마음을 바꿀 수는 더더욱 없었다. 이것을 여기에서 그들이 내 앞에 섰다 할지라도라는 가정(假定)으로 표현한 것은 그들은 이 백성을 위하여 중보기도를 하지 않으리라는 것을 전제하는 것이고, 하늘의 성도들은 이 땅의 성도들을 위해서 중보기도하는 자들이 아니라는 것을 보여주는 것이다. 이 세상에서는 모세와 사무엘을 비롯한 여러 사람들이 중보자 역할을 하였지만, 내세에서 유일한 중보자 역할을 하는 것은 영원한 말씀이신 예수 그리스도의 대권(大權)에 속한다.

3. 하나님은 그들 모두를 정죄하여 심판으로 멸망시키시겠다고 말씀하신다. 하나님이 그들을 그 앞에서 쫓아내실 때, 그들은 어디로 나아가게 될 것인가(2절)? 그들은 어디를 가도 안전하거나 편안하지 않을 것이고, 하나의 심판을 만났나 싶으면 또 다른 심판에 의해 쫓겨서 결국에는 사방으로 재앙들로 둘러싸여서 피할 수 없게 될 것이다. 죽을 자는 죽음으로 나아가라. 여기에서 죽음은 역병(疫病)을 의미한다(계 6:8). 왜냐하면, 그것은 가시적인 수단을 사용함이 없는 죽음이기 때문이다. 죽을 자는 죽음으로 나아가고 칼을 받을 자는 칼로 나아가라. 각 사람이 하나님께서 정하신 방식을 따라 죽게 될 것이다. 행악자를 어떻게 죽일지를 정해 놓은 율법이 그가 어떤 죽음을 죽을지를 결정해 준다. 또는, 각 사람은 각자가 택한 심판의 방식에 따라 죽게 되겠지만, 이런저런 심판을 통해서 그들 모두가 죽을 것이고 아무도 죽음을 피하지 못할 것이다. 그것은 하나님께서 다윗에게 심판의 종류를 스스로 선택하도록 하셨고, 그래서 다윗이 큰 고통을 겪는 것을 선택한 것(삼하 24:14)과 같은 그런 선택이 될 것이다. 어떤 이들은, 포로 됨이 마지막에 언급되고 있는 것은 그것이 온갖 참상들을 연속적으로 겪어야 하는 가장 혹독한 심판이기 때문이라고 생각한다. 칼에 의한 심판은 3절에서도 다시 나오는데, 마치 사병들에게 장교가 배정되듯이 하나님께서 그들 위에 정하신 네 가지 끔찍한 죽음의 방식들 중 첫 번째로 나온다. 칼을 피하는 자들이 역병이나 기근, 포로로 잡혀감에 의해서 죽을 것임과 마찬가지로, 칼에 의해 죽는 자들은 하나님의 복수(復讐)에 의해서 죽게 될 것인데, 하나님의 복수는 죄인들을 죽음 너머에까지 뒤쫓아갈 것이다. 들에는 찢는 개가 있어서 그들을 삼킬 것이다. 공의를 피할 수 있을 것이라고 생각하는 자가 있다면, 그는 공의를 만천하에 드러내주는 기념물이 될 것이다. 그들은 온 세상

사람들에게 공포의 본보기가 되도록 하나님이 이 땅에서 피하며 유리하는 자(즉, 도망자와 유랑자)가 되게 하신 가인처럼 세계 여러 민족 가운데에 흩어지리라(4절).

4. 그들은 구원을 받지 못하고 죽게 될 것이다. 다음과 같은 이유들 때문에 그 누구도 그들을 돕기 위해 그 어떤 일도 할 수 없을 것이다.

(1) 하나님은 전에 그들의 하나님이셨을지라도 그들을 치기 위해 나타나실 것이기 때문에. 내가 내 손을 펴서 너를 치리라. 이것은 의도적으로 작심(作心)하고서 한 방을 날리는 것을 의미하는 것이어서, 그 영향이 멀리까지 미치고 그 상처는 깊을 것이다. 내가 뜻을 돌이키기에 지쳤다(6절). 이것은 좀 이상한 말씀이다. 그들은 특히 기만적으로 회개하는 척하는 등 하나님의 화를 돋구는 행동을 계속 해오면서 하나님의 인내심을 거의 무한대까지 시험해 왔었다. 하나님께서는 그들을 치시려고 작정하셨다가도 그 직전에 진노를 거두신 적이 한두 번이 아니었다. 그러나 이제 하나님은 더 이상 기한을 연장하여 그들에게 회개할 기회를 주려 하지 않으신다. 하나님께서 끊임없이 긍휼을 베푸시는 데도 너무도 오랫동안 범죄하였기 때문에 결국에는 그 긍휼하심을 입을 최후의 기회조차도 날려버린 자들의 처지는 참으로 비참하다.

(2) 그들의 땅이 옛적에 그들 앞에 있던 가나안 족속들에게 그랬듯이 이제는 그들을 토해내어 쫓아내려고 하기 때문에. 하나님은 이미 그들에게 그런 일이 있을 것이라고 경고하셨었다(레 18:28). 내가 그들을 그 땅의 여러 성문에서 키로 까불리라(7절). 이 본문은 하나님이 그들의 성문들에서 그들을 까불어 그 성문들을 통해서 흩어버리실 것이라는 의미로도 해석될 수 있고, 하나님이 그들을 까불어서 땅의 성문들, 즉 주변의 모든 나라의 성읍들 속으로 흩어버리실 것이라는 의미로도 해석될 수 있다.

(3) 그들이 성문에서 적군과 담판을 벌일 때에 그들을 도와 주어야 할 그들의 자녀들이 죽임을 당하여 그들을 떠날 것이기 때문에. 내가 그 자식을 끊어서, 다음 세대가 이 나라를 원래의 모습으로 되돌려 놓을 것이라는 소망을 그들이 거의 가질 수 없게 할 것이다. 이는 내가 내 백성을 멸할 것이기 때문이다. 주민들이 죽임을 당하면, 그 땅은 곧 황폐화된다. 이 암울한 내용은 좀 더 자세하게 설명되고 있다(8-9절).

[1] 그들에게 들이닥칠 파멸시킬 자. 하나님은 피비린내 나는 일을 하기로

작정하실 때에는 그 일을 하기에 적합한 피에 굶주린 자들을 도구로 사용하신다. 느부갓네살은 여기에서 **대낮에 파멸시킬 자**, 즉 대낮에 사람들을 죽이고 약탈하는 자로 불린다. 그는 발각되는 것을 두려워하여 밤중에 몰래 담을 넘어오는 도적이 아니라, 겁도 없이 벌건 대낮에 담장을 허물고 들어오는 무지막지한 자로 묘사되고 있는 것이다. 내가 한 청년, 한 파멸시킬 자를 데려다가 어미를 치게 하였다(어떤 이들은 이렇게 읽기도 한다). 왜냐하면, 느부갓네살이 그의 재위 원년에 유다를 처음 침공하였을 때에 그는 약관의 청년이었기 때문이다. 하지만, 우리는 이 본문을 이렇게 읽고자 한다. 내가 파멸시킬 자를 그들에게로 데려다가 청년들의 어미, 즉 아주 많은 청년들을 자식으로 거느리고 있었던 어머니 같은 성인 예루살렘을 쳤다. 또는, 느부갓네살의 침공은 전쟁에 내보내야 할 아들들을 많이 두고 있던 어머니들에게는 특히 끔찍한 일이었다. 왜냐하면, 그 아들들은 죽을 위험을 무릅쓰고 전장(戰場)인 벗은 산들로 나갈 것이고, 저 원수의 상대가 되지 못해서 거기에서 죽을 것이 뻔해서, 이제까지 많은 정성과 사랑으로 그들을 키워왔던 그들의 가엾은 어머니들은 말로 표현할 수 없는 슬픔을 겪게 될 것이기 때문이다. 하나님은 파멸시킬 자를 그들에게 데려오셨을 뿐만 아니라, 그에게 넘긴 약탈물 위에 갑자기 기습적으로 닥치게 하셨다. 그 때에 두려움과 공포가 도성에 임하였다. 원문의 문체는 제대로 문장을 이루지 못할 정도로 급박하게 표현되어 있다: 도성, 그리고 공포들. 아, 도성이여! 그 때에 그대는 얼마나 크게 놀라 경악하게 될까! 아, 그 때에 그 도성을 사로잡게 될 공포들이여! 그 때에 서로 아무 상관도 없을 것 같았던 예루살렘 도성과 공포가 서로 손을 맞잡게 될 것이다. 가테이커(Gataker) 목사는 이렇게 번역한다: 내가 그녀에게(즉, 예루살렘에게) 순찰자와 공포를 갑자기 닥치게 하리라. 그는 이 단어가 순찰자와 관련하여 사용되었고(단 4:13, 23) 갈대아 군사들은 순찰자들로 불리었다(렘 4:16)는 것을 근거로 그렇게 번역한다.

[2] 이 파멸시킬 자에 의한 파멸. 여기에는 무시무시한 살육이 묘사되고 있다.

첫째, 아내들은 남편을 잃어서, 그들의 과부가 바다 모래보다 더 많아질 것이다. 하나님께서는 이스라엘의 남자들(당시에는 인구를 계산할 때에 오직 남자들만을 셌다)을 **바다 모래처럼 많게 하실 것**이라고 약속하셨었다. 그러나 이제 이스라엘의 남자들은 다 죽고, 그들의 과부들이 바다 모래처럼 많아지게 될 것이다.

그러나 하나님께서 그들의 과부가 내 앞에 많아질 것이라고 말씀하시는 것을 주목하라. 남편들은 하나님의 공의의 칼날에 의해 죽임을 당할지라도, 하나님은 그들의 가엾은 과부들을 그의 긍휼의 팔로 모으실 것이다. 과부들의 하나님이라는 칭호는 하나님의 존귀한 칭호들 중에 한 자리를 차지하고 있다. 과부들은 하나님께서 특별히 불쌍히 여기시고 관심을 가지시는 자들의 명부에 올려져 있다.

둘째, 부모들은 자녀들을 잃는다. 일곱 아들을 낳은 여인은 여러 해 동안 온갖 고생을 다하며 정성으로 길러 왔던 아들들, 노후에 의지(依支)와 기쁨이 될 것이라고 생각했던 아들들이 한 날에 칼로 죽임을 당한 것을 보고서 근심으로 쇠약해질 것이다. 많은 자녀를 둔 자는 쇠약하도다(삼상 2:5). 자식들은 부모에게 얼마나 불확실한 위로요 낙(樂)인지를 보라. 그러므로 우리는 그들을 기뻐하되 기쁘지 않은 자 같이 하여야 한다. 자식들이 죽을 때, 어머니는 기절한다. 왜냐하면, 어머니의 생명은 그들의 생명과 한데 묶여 있기 때문이다. 아직도 대낮에 그녀의 해가 떨어졌다. 그녀는 이제 자식들로 인하여 한창 즐거움을 누리고 있다고 생각했는데 졸지에 그녀의 모든 즐거움인 자식들과 사별하게 된 것이다. 그녀는 이제 자기가 아들들을 얼마나 자랑스러워했고 얼마나 좋아했으며 아들들로부터 얼마나 많은 것을 기대했는지를 생각하면서 부끄러워하고 곤혹스러워한다. 어떤 이들은 이 수척해진 어머니를, 주민들을 다 잃어버리고서 자식들을 잃어버린 가엾은 어머니처럼 애곡하는 예루살렘을 가리키는 것으로 이해한다. 많은 사람들이 이미 죽었지만, 간신히 목숨을 구하여 다음 세대를 이어갈 자들로 기대를 모았던 그 남은 자는 그들의 대적의 칼에 붙이리라(정죄를 받은 범인을 형 집행을 위해 보안관에게 넘기듯이) 하늘과 땅의 주재(主宰)이신 여호와의 말씀이니라. 우리는 그 심판이 혹독하게 보일지라도 재판장이신 여호와께서 진리를 따라 재판하셨을 것임을 확신한다.

5. 그들이 죽어도 그들을 불쌍히 여길 자가 없을 것이다(5절). "예루살렘아 너를 불쌍히 여길 자 누구냐. 네 하나님께서 너를 그 앞에서 쫓아내시고 더 이상 너를 불쌍히 여기지 않게 되면, 네 원수들이나 네 친구들도 너를 불쌍히 여기지 않게 될 것이다. 그들은 너에 대해 일말의 동정심도 갖지 않을 것이다. 그들은 너를 위해 울지 않을 것이고 네가 당한 일을 유감스럽게 생각하지도 않을 것이다. 그들은 네게 아무런 관심도 갖지 않을 것이고, 그들이 가던 길에서 돌이

켜 한 걸음 걸어와서 네 평안을 묻지도 않을 것이다." 왜 그렇게 되는가?

(1) 그들에게 이런 친절을 보일 것으로 기대되었던 친구들도 그들과 마찬가지로 재난들에 휘말려서 자기 자신을 위해 슬퍼할 일만 해도 산더미 같이 많았다.

(2) 그들의 모든 이웃들은 그들이 계속해서 고집을 부리며 죄를 지음으로써 이 모든 재난을 자초하였다는 것과 그들이 회개하고 삶을 고쳤다면 얼마든지 하나님이 이 재난을 막을 수 있었을 것인데도 하나님께서 여러 차례 불렀지만 그 부르심을 거절하였다는 것을 훤히 알고 있었다. 그러니, 이스라엘아, 네가 스스로 패망하였나니 너를 불쌍히 여길 자 누구랴. 얼마든지 쉬운 조건으로 구원을 받을 수 있었는데도 고집을 부리며 그렇게 하지 않은 자들은 망하더라도 그 누구로부터도 동정을 받지 못한다.

(3) 하나님은 욥의 경우처럼 그들이 알고 있던 모든 자들로 하여금 그들을 외면하게 만드실 것이고, 이것으로 그들의 비참함은 극에 달하게 될 것이다. 우리는 적들이 우리에게 행한 온갖 해악들 속에서만이 아니라 우리 친구들이 우리에게 보이는 온갖 냉담함 속에서도 하나님의 의로우신 손길을 볼 줄 알아야 하고 그 손길을 인정하여야 한다.

[10]내게 재앙이로다 나의 어머니여 어머니께서 나를 온 세계에 다투는 자와 싸우는 자를 만날 자로 낳으셨도다 내가 꾸어 주지도 아니하였고 사람이 내게 꾸이지도 아니하였건마는 다 나를 저주하는도다 [11]여호와께서 이르시되 내가 진실로 너를 강하게 할 것이요 너에게 복을 받게 할 것이며 내가 진실로 네 원수로 재앙과 환난의 때에 네게 간구하게 하리라 [12]누가 능히 철 곧 북방의 철과 놋을 꺾으리요 [13]그러나 네 모든 죄로 말미암아 네 국경 안의 모든 재산과 보물로 값 없이 탈취를 당하게 할 것이며 [14]네 원수와 함께 네가 알지 못하는 땅에 이르게 하리니 이는 나의 진노의 맹렬한 불이 너희를 사르려 함이라

예레미야는 이제 자신의 공적 사역에서 물러나와서 골방에 틀어박혔다. 거기에서 그와 하나님 사이에서 무슨 일이 벌어졌는지는 이 단락과 다음 단락에 기록되어 있는데, 그는 그들에게 전한 그의 메시지들이 얼마나 무게가 있고 중요한 것이었는지를 백성들에게 느끼게 해주기 위해 나중에 이 글을 공

개하였다. 이 단락에는 다음과 같은 내용들이 나온다.

I. 선지자가 사역을 할 때에 낙심되는 일들을 많이 겪었다고 하나님께 하소연함(10절).

1. 그는 반대와 배척을 많이 겪었다. 그는 온 땅에서 다투는 자와 싸우는 자를 만날 자였다(그의 사역은 유다 땅에 국한되었기 때문에, 본문에서 온 세계라는 읽기보다는 온 땅이라는 읽기가 더 나은 것 같다). 도시나 농촌 할 것 없이 그에게 도전하며 시비를 걸었고, 온갖 것으로 그를 방해하였다. 그는 평화롭게 살고자 하는 자였고, 그 어떤 사람을 화나게 한 일도 없었으며, 남이 화를 내도 잘 미워할 줄 몰랐지만, 다투는 자와 만날 자, 즉 다투는 자가 아니라 그와 다투고자 하는 자들을 끊임없이 만나야 하는 자였다. 그는 평화를 원하였지만, 그가 말만 하면, 사람들은 전쟁을 벌일 듯이 그에게 덤벼들었다. 그들이 무슨 이유를 대든, 그들이 그에게 시비를 거는 진짜 이유는 그가 하나님과 그들의 영혼에 대하여 신실하였기 때문이었다. 그는 그들에게 파멸을 불러오고 있는 그들의 죄악들을 보여주었고, 그 파멸을 막을 수 있는 길을 권하였는데, 이것은 그가 그들에게 할 수 있었던 최고의 사랑이었다. 그렇지만 그가 그렇게 하였기 때문에 그들은 그에게 불 같이 분노하였고 그를 그들의 원수로 여겼다. 평강의 왕이신 예수 그리스도께서도 이렇게 다투는 자와 만날 운명을 타고 난 자였고, 죄인들이 자기에게 거역한 일을 끊임없이 참으신 이였다. 화평의 복음은 역설적이게도 분열을 불러오고 심지어 불과 칼을 불러오기도 한다(마 10:34-35; 눅 12:49, 51). 그러자 이제 마침내 예레미야는 심기가 아주 불편해져서 거의 참을 수 없을 정도가 되었다. 그는 마치 어머니가 그를 낳은 것이 잘못이고 이렇게 힘들고 괴로운 삶을 사느니 차라리 태어나지 않았더라면 좋았을 것이라고 생각한다는 듯이 내게 재앙이로다 나의 어머니여 어머니께서 나를 낳으셨도다라고 부르짖었다. 아니, 그는 마치 그가 태어날 때에 떠올랐던 별들에 의해서 그의 운명이 그렇게 정해진 것처럼 생각한다는 듯이 어머니가 그를 다투는 자와 만날 자로 낳으신 것에 대하여 화가 나 있었다. 만약 정말 예레미야 선지자에게 이런 마음이 있었다면, 그것은 그의 인간적인 연약함에서 나온 것이 틀림없다. 그러나 우리는 이것이 그가 마음이 상해서 자신의 처지를 한탄한 것에 지나지 않았던 것이리라고 생각한다. 좀 더 살펴보자.

(1) 아무리 온화하고 얌전한 자들일지라도 하나님을 신실하게 섬기다 보면

종종 다투는 자들을 만날 수밖에 없는 사람이 되고 만다. 우리는 단지 화평을 따를 수 있을 뿐이다. 우리는 두 당사자 중에서 한 쪽 당사자에 불과하기 때문에, 화평의 일이 우리에게 달려 있어서 우리가 할 수 있는 한에서 모든 사람과 더불어 화목할 수 있을 따름이다.

(2) 화평을 좋아하는 성품을 지닌 자들이 끊임없이 그들에게 시비를 걸어오는 자들 가운데 살아가는 것은 정말 힘든 일이다.

(3) 그렇지만 우리는 원한다고 해서 우리의 이웃들과 평화롭게 살 수 있는 것이 아니기 때문에 그렇게 되지 않더라도 너무 속을 끓이거나 마음의 평정을 잃어 버리고 분해 해서는 안 된다.

2. 그는 사람들로부터 멸시와 모욕, 비난을 많이 당하였다. 그들은 너나 할 것 없이 그를 욕하고 저주하였다. 그들은 그를 말썽과 분열을 일으키고 사람들을 선동하여 불화를 부추기는 자로 낙인찍었다. 사실, 그들은 그에게 감사하고 그로 인하여 하나님을 찬송하여야 마땅하였다. 그러나 그들은 하나님과 그분의 말씀에 대한 반감이 극에 달해 있었기 때문에 하나님 때문에 그의 사자(使者)인 선지자를 저주하고 헐뜯었으며 선지자가 잘못 되기를 바랐고 어떻게든 그의 평판에 흠집을 내고자 애썼다. 그들 모두가 그랬다. 유다나 예루살렘에는 그에게 선한 말을 해 줄 친구가 한 명도 없었다. 세상 사람들로부터 가장 악한 자라는 오명을 쓰는 것이 가장 선한 자들의 운명인 경우가 종종 있다는 것을 명심하라. 그들은 선지자들을 이렇게 박해하였다. 우리는 사람들이 이렇게 예레미야의 목숨을 노리는 것을 보니 그가 분명히 그들의 분노를 살 만한 일을 한 것은 아닌가라고 의심을 가질 만하다. 하지만 그는 그런 일을 눈곱만큼도 결코 한 적이 없었다. 나는 남에게 돈을 꾸어 주지도 아니하였고 사람이 내게 돈을 꾸이지도 아니하였다. 내게는 진 빚도 없었고 받을 빚도 없었다. 여기에서 이 말은 아주 일반적인 의미를 지니고 있기 때문에 여러 가지 구체적인 의미로 해석될 수 있다.

(1) 이 말 속에는 이 세상의 일에 많이 관여하는 자들은 다툼과 분쟁에 자주 휘말리게 된다는 의미가 들어 있다. 내 것, 네 것 따지다 보면 다툼이 일어나기 마련이다. 돈을 빌려주거나 꾸다 보면 소송에 휘말리기 쉽고, 거래를 많이 하는 자들은 아무래도 사람들의 반감을 사기 쉽다.

(2) 선지자로 부르심을 받은 예레미야가 이 세상의 일들에 얽매이지 않고 그런

것들로부터 스스로를 자유롭게 하여, 선지자의 직무에 더욱 충실하고, 그가 선지자라는 지위를 이용해서 세속적인 이득을 추구한다는 의심을 받을 만한 빌미를 조금이라도 주지 않으며 이웃들과 다툴 기회를 줄인 것은 그의 사려깊음의 일면을 보여주는 것으로서 우리의 교훈을 위하여 여기에 기록된 것이다. 그는 고리대금업자도 아니고 사실 남에게 빌려줄 만한 돈을 갖고 있지도 않았기 때문에 돈을 놓지도 않았고, 구입할 물건이 많은 자도 아니었고 상인도 아니었으며 돈을 헤프게 쓰는 자도 아니었기 때문에 돈을 꾸지도 않았다. 그는 이 세상과 이 세상의 것들에 대하여 완전히 죽어 있었다. 이 세상에서 그가 가진 것은 별로 없었다. 그에게는 아내나 자녀도 없었다(렘 16:2).

(3) 그는 이렇게 사려 깊게 행동하였기 때문에 우리는 그가 모든 사람들로부터 당연히 존경을 받았을 것이라고 생각하겠지만, 당시는 악한 때여서 모든 사람들로부터 반감을 샀고 비난을 받았다. 하나님께 감사한 것은 우리 나라의 상황이 나쁘기는 하지만, 적어도 미덕을 지닌 자를 칭송하는 자들이 아직도 남아 있으니 그 상황이 그리 나쁘지는 않다는 것이다. 그렇지만 아주 사려 깊게 행하는 자들은 그들이 마땅히 받아야 할 존경을 받지 못한다고 해도 그것을 이상하게 생각하지 않아야 한다. 형제들아 세상이 너희를 미워하여도 이상히 여기지 말라(요일 3:13).

Ⅱ. 이러한 하소연에 대하여 하나님께서 주신 응답. 선지자의 하소연 속에는 인간으로서 감정적인 것과 연약한 것이 섞여 있었지만, 하나님은 은혜로 너그럽게 그의 하소연을 받아 주셨다. 왜냐하면, 선지자가 이렇게 욕을 당한 것은 어쨌든 하나님을 위한 것이었기 때문이다. 하나님의 응답은 이런 것이었다.

1. 하나님은 그가 이 폭풍우를 뚫고 나가서 결국에는 편안하게 될 것이라고 약속하신다(11절). 이웃들은 그가 선지자직을 수행하면서 한 일들에 대하여 시비를 걸었지만, 하나님은 그를 받으셨고, 그의 곁에 서서 도우시겠다고 약속하셨다. 이 본문은 원문에는 맹세의 형태로 표현되어 있다. "만약 내가 너를 돌보지 않는다면, 나를 결코 신실한 자로 여기지 말라. 진실로 네 남은 삶이 잘 되리라(원어는 이런 의미이다). 너의 남은 날들은 이제까지보다 더 편안해질 것이다." 네 끝은 좋으리라(갈대아 역본에서는 이렇게 읽는다). 하나님의 백성에게 그들이 지금 걷는 길이 아무리 힘들더라도 그들의 나중, 그들의 결국이 잘 되리라는 것은 큰 힘이자 어려움을 견뎌나갈 수 있는 충분한 힘이라는 것을 명

심하라(시 37:37). 그들에게는 여전히 저 세상에서의 남은 삶이 있다는 사실은 이 세상에서 그들이 겪는 온갖 슬픔들을 상쇄시키기에 충분하고, 그 삶에 대한 소망은 그들을 편안하게 만들어 주는 데에 도움이 된다. 예레미야는 사람들에게 괴롭힘을 당한 것 외에도 장차 이 땅에 임할 심판을 자기도 상당 부분 함께 겪어야 할 것이라는 생각에 불안해했던 것으로 보인다. 그는 이 점을 입 밖에 꺼내어 말하지는 않았지만, 하나님은 모세의 경우에서처럼 그의 그런 생각을 아시고 거기에 대하여 대답해 주셨다(출 4:19). 예레미야는 "내 친구들이 나를 이렇게 못살게 구는데, 하물며 내 원수들은 나를 얼마나 못살게 할까?"라고 생각했을 것이다. 사실 하나님은 그에게 경각심을 불러일으키는 것이 좋겠다고 생각하셔서 그가 그렇게 생각하도록 어느 정도 그런 암시를 주신 적이 있으셨다(렘 12:5). 그러나 여기에서 하나님은 다음과 같은 약속을 통해서 그의 마음을 어루만져 주시고 편안하게 해주신다. "내가 진실로 네 원수로 재앙과 환난의 때에, 곧 네 주변의 모든 것이 황폐화될 때에 네게 간구하게 하리라." 하나님은 모든 사람의 마음을 손바닥 보듯이 훤히 알고 계시고, 그의 종들이 가장 두려워하는 자들조차도 그들의 마음을 바꾸어서 그의 종들에게 호의를 베풀도록 만드실 수 있으시다는 것을 명심하라. 실제로 여호와의 선지자들은 흔히 하나님의 백성을 자처하는 자들에게서보다도 명백한 원수들에게서 더 공정하고 나은 대우를 받아 왔다. 우리는 환난이 곧 올 것을 알고 그 환난이 매우 위협적으로 보이는 경우에 절망하지 말고 하나님께 소망을 두어야 한다. 왜냐하면, 그 환난은 우리가 예상했던 것과는 달리 그리 심하지 않을 수 있기 때문이다. 하나님의 이 약속은 느부갓네살이 도성을 점령한 후에 수비대 사령관에게 명령하여 예레미야를 잘 대해 주고 그에게 필요한 것들을 모두 구해다 주라고 했을 때에 성취되었다(렘 39:11-12). 그 다음에 나오는 누가 능히 철 곧 북방의 철과 놋을 꺾으리요(12절)라는 말씀은 하나님이 예레미야에게 주신 약속의 말씀, 즉 내가 너를 쇠기둥, 놋성벽이 되게 하리라(렘 1:18)는 말씀과 비교해 보면 예레미야를 위로하기 위한 의도를 지닌 것으로 보인다. 그와 끊임없이 충돌했던 그들은 철같이 거칠고 딱딱했다. 그러나 예레미야는 위로부터 주어진 능력과 담력으로 무장했기 때문에, 더 강했던 북방의 철과 같았고 제련술에 의해서 더욱 단단하게 만들어진 강철과 같았다. 그러므로 그들은 결코 그를 이길 수 없을 것이었다. 여기에 나오는 말씀을 에스겔 2:6; 3:8-9과 비교해 보라. 그는 승리를 확신했기 때문에 그들이 그에게 시비를 거는 것을 더 잘 견딜 수 있었을 것이다.

2. 하나님은 그의 원수들과 박해자들이 폭풍우 속에서 죽을 것이고 마침내 멸망을 당하리라는 것과 이 일을 통해서 그의 입에 두신 하나님의 말씀이 성취되어 그가 참 선지자임이 증명되리라는 것을 약속하신다(13-14절). 이제까지 선지자에게 말씀하셨던 하나님은 여기에서 백성들을 향해 말씀하신다. 누가 능히 철 곧 북방의 철과 놋을 꺾으리요(12절)라는 말씀은 그들에게도 적용될 수 있다. 그들에게 담력과 힘이 있고 그들이 아무리 완강하고 격렬하게 대항한다고 해도, 북방의 철과 놋 같이 단단하고 무적(無敵)인 갈대아 군대나 하나님의 모략을 어떻게 상대할 수 있겠는가? 그러므로 그들은 그들이 당할 파국이 어떤 것인지를 귀 기울여 들어야 한다. 내가 네 모든 재산과 보물로 값 없이 탈취를 당하게 할 것이다. 탈취하는 자들이 그것을 거저(gratis) 갖게 될 것이다. 그것은 그들에게 손쉬운 먹잇감이 될 것이다. 예레미야 선지자는 가난했다는 것을 주목하라. 그는 돈을 꾸어주거나 빌리지 않았다. 그에게는 잃을 것이 없었고 재산이나 보물도 없었다. 그러므로 적군은 그를 잘 대해 줄 것이다. 값 나가는 것을 지니고 있지 않은 나그네는 강도를 만나도 웃는 법이다. 그러나 현금이나 땅으로 많은 재산을 지니고 있던 사람들은 그들이 가진 것 때문에 죽임을 당할 것이고, 적군은 그들에게 재산이 많은 것을 알고서 숨겨 놓은 재산을 실토하라고 다그치며 그들을 험하게 다룰 것이다. 이렇게 그들이 벌을 받는 것은 순전히 그들 자신의 죄 때문이다. 이 일은 네 국경 안에서 저질러진 네 모든 죄로 말미암은 것이다. 이 나라 방방곡곡, 아무리 깊은 산골에 사는 자들일지라도 민족적인 죄악에 한 몫을 했기 때문에, 이제 그들은 모두 그 책임을 지고 벌을 받게 될 것이다. 각 지파는 그 책임을 서로에게 떠넘기며 비난하지 말고, 각자가 부끄러움을 담당해야 한다. 이 모든 일은 네 국경 안에서 이루어진 네 모든 죄 때문이다. 이렇게 그들은 이 땅에서 머물면서 그들의 재산이 다 탈취되고 불질러지는 것을 본 후에, 포로가 되어 이방 나라로 끌려가서 거기에서 나머지 여생을 노예 생활을 하며 비참하고 서글프게 살아가게 될 것이다. "내가 너를 전리품이 되어 네 원수와 함께 네가 알지 못하는 땅에 이르게 하리니, 그 곳은 낯선 땅이어서 네가 거기에서 아무런 위로도 찾을 수 없으리라." 이 모든 것은 하나님의 진노의 결과이다. "이것은 나의 진노의 맹렬한 불이 너희를 사르려 함이라. 너희

가 제때에 그 불을 끄지 않는다면, 그 불은 영원히 타오르리라."

[15]여호와여 주께서 아시오니 원하건대 주는 나를 기억하시며 돌보시사 나를 박해하는 자에게 보복하시고 주의 오래 참으심으로 말미암아 나로 멸망하지 아니하게 하옵시며 주를 위하여 내가 부끄러움 당하는 줄을 아시옵소서 [16]만군의 하나님 여호와시여 나는 주의 이름으로 일컬음을 받는 자라 내가 주의 말씀을 얻어 먹었사오니 주의 말씀은 내게 기쁨과 내 마음의 즐거움이오나 [17]내가 기뻐하는 자의 모임 가운데 앉지 아니하며 즐거워하지도 아니하고 주의 손에 붙들려 홀로 앉았사오니 이는 주께서 분노로 내게 채우셨음이니이다 [18]나의 고통이 계속하며 상처가 중하여 낫지 아니함은 어찌 됨이니이까 주께서는 내게 대하여 물이 말라서 속이는 시내 같으시리이까 [19]여호와께서 이와 같이 말씀하시되 네가 만일 돌아오면 내가 너를 다시 이끌어 내 앞에 세울 것이며 네가 만일 헛된 것을 버리고 귀한 것을 말한다면 너는 나의 입이 될 것이라 그들은 네게로 돌아오려니와 너는 그들에게로 돌아가지 말지니라 [20]내가 너로 이 백성 앞에 견고한 놋 성벽이 되게 하리니 그들이 너를 칠지라도 이기지 못할 것은 내가 너와 함께 하여 너를 구하여 건짐이라 여호와의 말씀이니라 [21]내가 너를 악한 자의 손에서 건지며 무서운 자의 손에서 구원하리라

이 단락에는 앞 단락에서와 마찬가지로 다음과 같은 내용들이 나온다.

I. 선지자가 자기는 무고한 데도 곤경을 겪는다고 겸손히 하나님께 아룀.
우리에게 어떤 괴로움이나 어려움이 있을 때마다 하나님 앞에 나아가서 우리의 사정을 아뢰고 모든 것을 아시는 하나님께 우리의 일을 의뢰할 수 있다는 것은 우리에게 큰 위로가 된다. 선지자는 여기에서 하나님 앞에 나아가서 이렇게 아뢴다. "여호와여 주께서 아시나이다. 내가 무슨 말을 해도 사람들은 나의 진심을 인정하지 않으려고 단단히 마음을 먹고 있지만, 주께서는 나의 정직함을 아시나이다. 사람들은 나의 곤경을 쳐다보려고 하지도 않지만, 주는 나의 곤경을 아시나이다." 좀 더 자세하게 살펴보자.

1. 선지자가 기도하는 것은 무엇인가(15절).

(1) 하나님께서 그의 사정을 눈여겨보아 주시고 기억해 주시라는 것. "여호와여 주는 나를 기억하소서. 나를 항상 생각해 주소서."

(2) 하나님께서 그에게 힘과 위로를 주시라는 것. "나를 돌보소서. 나를 기억하실 뿐만 아니라, 주께서 나를 기억하시고 내게 가까이 계시다는 것을 나로 알게 하소서."

(3) 하나님께서 그를 위해 나타나셔서 그에게 잘못한 자들을 벌해 주시라는 것. 나를 박해하는 자에게 보복하소서. 또는, 나를 박해하는 자들에게서 나의 옳음을 밝혀 주소서. 그들을 심판하시되, 나의 옳음을 밝히고, 그들이 내게 잘못했다는 것을 인정하지 않을 수 없도록 하는 데에 필요한 정도로 심판을 집행하소서. 선한 자는 하나님이 이런 목적에서 벗어나 더 심하게 악인들에게 복수하시는 것을 원하지 않는다. 예레미야가 의로운 자이고 그가 섬기는 하나님이 의로우신 하나님이시라는 것(하나님을 모독하는 자들이 뭐라고 말하든)을 세상 사람들이 깨달을 수 있는 그런 일을 행하소서.

(4) 하나님께서 그의 목숨을 건져주셔서 그가 계속해서 산 자의 땅에 있게 해주시라는 것. "갑작스러운 사고로 나를 데려가지 마시고, 주의 오래 참으심 가운데서 나의 날들이 길게 하소서." 아무리 선한 자들이라도 그들 자신이 하나님의 진노를 사기에 충분한 자들이라는 것을 너무도 잘 알기 때문에 이 땅에서 그들이 여전히 살아가고 있는 것은 전적으로 하나님이 오래 참으시기 때문이라는 것을 인정한다. 또는, "주께서 나를 박해하는 자들에게 인내심을 발휘하셔서 오래 참으시더라도, 그들이 나를 죽이지는 못하게 하소서." 그는 고통을 받아 화가 났을 때에는 자기가 태어난 것을 한탄하였었지만(10절) 여기에서는 그의 죽음이 빨리 오지 않기를 바란다. 왜냐하면, 산다는 것은 자연의 나라에서 좋은 것이고, 유익한 자가 이 땅에 사는 것은 은혜의 나라에서도 좋은 것이기 때문이다. 내가 비옵는 것은 그들을 세상에서 데려가시기를 위함이 아니요 다만 악에 빠지지 않게 보전하시기를 위함이니이다(요 17:15).

2. 선지자가 하나님께서 그에게 긍휼을 베푸셔서 원수들과 박해하는 자들과 비방하는 자들에게서 그를 구원해 주시라고 기도할 때에 그 근거로 제시하는 것은 무엇인가.

(1) 이 일에 하나님의 명예가 달려 있다는 것. 주를 위하여 내가 부끄러움 당하는 줄을 아시옵시고 사람들에게 그것을 알게 하옵소서. 자기 자신의 잘못이나 어리석음으로 인해서 욕을 당한 자들은 하나님이 그들을 위하여 나타나 주실 것을 기대할 근거가 없기 때문에 스스로 그 욕을 참고 견디는 도리밖에 없다.

그러나 우리가 선을 행하다가 고난을 당하고 의(義)를 위하여 온갖 욕을 먹은 것이라면, 우리는 하나님께서 우리의 옳음을 밝혀주셔서 그의 명예와 더불어서 우리의 명예도 회복시켜 주실 것을 기대할 수 있다. 만군의 하나님 여호와시여 나는 주의 이름으로 일컬음을 받는 자니이다(16절)라는 호소도 동일한 취지를 지닌 것이라 할 수 있다. 바로 그런 이유 때문에 그의 원수들이 그를 미워하였다. 그래서 그는 바로 그런 이유 때문에 하나님께서 그가 옳음을 인정하시고 그를 도우실 것이라는 기대를 갖게 되었다.

(2) 다른 사람들에게 전하도록 위임받은 하나님의 말씀의 능력과 기쁨을 그가 자신의 심령 속에서 경험하고 성령의 은혜를 받게 되어 하나님의 은사들만이 아니라 하나님의 은총도 받을 자격을 갖추게 되었다는 것. 성경에서는 주여 우리가 주의 이름으로 예언하였나이다라고 말할 수 있었던 자들도 하나님에 의해 버림을 받았다고 말한다. 그러나 예레미야는 그것 이상의 것을 말할 수 있었다(16절). "내가 주의 말씀을 얻었고(그는 성경을 살피고 율법을 부지런히 연구해서, 그 속에서 그를 살릴 수 있는 것을 발견하였고, 우리도 그렇게만 한다면 얼마든지 그것을 발견하게 될 것이다) 주의 말씀이 나를 위해 발견되었다(그가 다른 사람들에게 전해야 할 말씀은 하나님의 감동하심을 통해 그의 손에 이미 주어져 있었다). 또한, 나는 그 말씀을 맛보기만 한 것이 아니라 먹어서 완전히 소화하였다. 그 말씀은 굶주린 자에게 주어진 음식 같이 내게 너무도 좋은 것이었다. 나는 그 말씀을 받아서 소화하여 피와 영이 되게 하였고, 내가 다른 사람들에게 전하도록 되어 있던 그 진리들의 틀 속으로 들어갔다." 선지자는 두루마리를 먹으라는 지시를 받았다(겔 2:8; 계 10:9). 내가 주의 말씀을 먹었더니 그것은 내게 더할 나위 없는 기쁨과 내 마음의 즐거움이 되었다. 여기에서 말하는 주의 말씀은 다음 중 하나를 의미하는 것으로 이해할 수 있다.

[1] 그가 전하기로 되어 있었던 바로 그 메시지. 그는 그가 사랑한 조국, 자기 자신도 그 멸망에 깊이 개입될 수밖에 없었던 그 조국의 멸망을 예언해야 했지만, 모든 자연적인 애정은 하나님의 영광을 위한 열심에 의해 삼켜졌고, 이 진노의 메시지조차도 하나님의 말씀이었기 때문에 그에게 만족을 주는 것이었다. 또한, 그는 처음에 이 백성이 경고의 말씀을 받아들여서 심판을 미리 막을 수 있을 것이라는 소망 속에서 기뻐하기도 하였다.

[2] 하나님께서 그에게 이 메시지를 전하도록 부탁하실 때에 주신 위임의 말

씀. 그가 부르심을 받은 그 일은 세상적인 이득과는 별 상관이 없는 것이었고 도리어 그에게 멸시와 박해를 안겨 주었지만, 그로 하여금 하나님을 섬기고 선을 행하는 길로 갈 수 있게 해준 것이었기 때문에, 그는 그 일을 기뻐하였고, 그 일에 자기가 쓰임받는 것을 만족해하였다. 그의 양식은 나를 보내신 이의 뜻을 행하는 것이었다(요 4:34).

[3] 그가 일을 할 때에 하나님께서 그를 도우시겠다고 약속하신 말씀(렘 1:18). 그는 그 말씀에 만족하고 의지하였기 때문에 그 말씀이 그를 실망시키지 않게 되기를 소망하였다.

(3) 그가 선지자의 직무를 수행하면서 그 결과에 거의 만족을 느낄 수 없었지만 자기를 부인하고 진지하게 그 직무에 최선을 다했다는 것(17절).

[1] 그가 선지자의 직무에 온 힘을 다 바쳤고 마음을 분산시키거나 그 직무를 소홀히 하게 할지도 모르는 것을 전혀 하지 않았다는 것은 그의 위로였다. 그는 부적절한 자들의 모임에 끼지 않았고, 심지어 합법적으로 허용되는 여가 활동도 하지 않았으며, 사람들이 그를 천박한 자로 보지 않도록 하기 위하여 경박해 보일 수 있는 온갖 것을 피하였다. 그는 그가 선지자의 직무를 수행할 수 있도록 그를 강력하게 붙잡아 주고 있었던 여호와의 손에 붙들려 대부분의 시간을 그의 골방에서 홀로 앉아 있었다(겔 3:14). "이는 주께서 분노로, 즉 이 백성을 치는 진노의 말씀으로 내게 채우셔서 나는 항상 시름에 젖어 있었기 때문이다." 하나님의 사역자들에게는 사람들이 그들을 멸시하더라도, 그들이 어떤 헛되고 어리석은 행실로 스스로를 멸시받을 만한 자로 만들지 않았다는 것과 그들이 이 선지자가 그랬던 것처럼(10절) 세상의 부(富)에 대하여 죽었을 뿐만 아니라 여기에서처럼 세상의 즐거움에 대해서도 죽었다는 것을 증언해 주는 양심의 증언을 가지고 있기만 하다면, 그것은 그들에게 위로가 된다는 것을 명심하라.

[2] 하지만 그의 하소연은 그가 자신의 일에서 즐거움을 거의 느낄 수 없다는 것이다. 그의 일은 처음에는 그의 마음이 즐거워하는 것이었지만, 최근에는 그를 우울하게 만들어 버렸다. 그래서 그는 기뻐하는 자의 모임 가운데 앉을 마음이 나지 않았다. 그는 무리들을 신경쓰지 않았고, 무리들도 그를 신경쓰지 않았다. 그는 이 백성의 완악함과 그의 수고가 그들 가운데서 거의 성공을 거두지 못한 것을 안타까워하며 홀로 앉아 있었다. 이것은 그를 거룩한 분노로 가

득 채웠다. 일부 선한 자들이 그들이 선천적으로 지닌 안절부절하고 불안해하는 기질을 버리지 못하고 도리어 그 기질에 맞장구치며 동조함으로써 그들의 신앙이 주는 즐거움을 많이 잃어버리는 것은 인간의 연약함 때문이긴 하지만 어리석은 일임을 명심하라.

(4) 그는 격렬한 항변을 통해서 하나님의 불쌍히 여기시는 마음과 하나님이 그에게 주신 약속을 상기시킨다(18절). "나의 고통이 계속되는데, 하나님께서는 왜 나를 그 고통에서 편안하게 해주는 조치를 취하지 아니하시나이까? 내 원수들이 나의 평안과 나의 평판에 끊임없이 가하는 상처들은 깊어만 가는데, 하나님께서는 왜 나의 평안이나 평판을 회복시키기 위한 조치를 취하지 아니하시나이까? 내가 이렇게 하나님께 무시당할 줄 예전에는 미처 생각하지 못했나이다. 나와 함께 하시겠다고 약속하신 하나님은 내게 대하여 거짓말쟁이 같이 되시고, 내가 의지하는 하나님은 물이 말라버린 시내 같이 되신 것이나이까?" 우리는 예레미야의 이러한 항변을 가장 좋은 쪽으로 보아서, 다음과 같은 것으로 해석하고자 한다.

[1] 하나님의 긍휼하심에 대한 호소. "나는 하나님께서 그의 종의 고통을 계속해서 내버려두시는 것이 아니라 그 고통을 덜어주시며, 그의 종의 상처를 고쳐주지 않으시고 내버려두시는 것이 아니라 고쳐 주시리라는 것을 안다. 그러므로 나는 절망하지 않는다."

[2] 하나님의 신실하심에 대한 호소. "주께서는 내게 대하여 거짓말쟁이 같이 되시고자 하시나이까. 결코 그렇지 않다. 나는 주께서 그렇게 하지 않으시리라는 것을 안다. 하나님은 사람이 아니시기 때문에 거짓말을 하지 않으신다. 생명의 근원이신 분이 자기 백성에게 물이 마른 시내 같이 되실 리가 없다."

II. 예레미야의 이러한 하소연에 대한 하나님의 은혜로운 응답(19-21절). 선지자는 자신의 하소연 속에서 인간적인 연약함을 많이 노출했지만, 하나님은 너그러이 선한 말씀과 위로가 되는 말씀으로 그에게 응답해 주셨다. 왜냐하면, 하나님은 우리의 체질을 아시기 때문이다. 좀 더 살펴보자.

1. 하나님은 그가 선지자에게 앞으로 주기로 계획한 은총들을 받기 위한 조건으로 선지자에게 무엇을 요구하시는가. 예레미야는 하나님을 위하여 많은 일을 행하였고 고난도 많이 당하였지만, 그렇다고 해서 하나님이 그에게 빚을 지고 계시는 것은 아니다. 하나님은 여전히 선지자에게 선한 행실을 요구하신

다. 그러면 하나님은 그가 그의 선지자라는 것을 인정하실 것이다.

(1) 그는 그의 성질을 다스려야 하고, 그의 일과 화해하여 다시 친한 관계를 맺어야 하며, 다시는 지금처럼 그 일에 시비를 걸어서는 안 된다. 그는 돌아와야 한다. 그는 의심과 불만이 가득 찬 생각과 감정을 떨쳐버리고 그런 것들에 져서는 안 되고, 온화한 성품과 자족하는 마음을 회복하여야 하며, 마음을 편히 갖겠다고 단단히 결심하여야 한다. 우리가 걸음을 잘못 디뎌서 어떤 좋지 않은 기질이나 길로 샜다면, 우리의 관심은 다시 제정신을 차려서 올바른 모습으로 돌아오는 것이 되어야 한다는 것을 명심하라. 그렇게 우리가 자신을 추스리려고 애쓰고 힘쓰며 스스로를 도울 때, 비로소 우리는 하나님께서 우리를 도우실 것을 기대할 수 있다.

(2) 그는 그의 일에 충성을 다하기로 결심하여야 한다. 왜냐하면, 그가 그의 일에서 인정을 받지 못한다면, 그는 하나님의 보호하심을 기대할 수 없을 것이기 때문이다. 예레미야를 불성실하다고 비난할 만한 이유는 전혀 없었고, 하나님은 그의 마음이 진실하다는 것을 알고 계셨지만, 그래도 하나님은 그에게 이러한 주의를 주는 것이 적절하다고 보셨다. 자신의 본분을 다하는 자들은 본분을 다하라는 말을 듣는 것을 기분 나빠하지 않아야 한다. 그는 두 가지에서 신실하여야 한다.

[1] 그는 그가 말씀을 전하는 대상인 자들을 두 부류로 구별하여야 한다. 너는 헛된 것에서 귀한 것을 추려내어야 한다. 의인들은 아무리 미천하고 가난하여도 귀한 자들이고, 악인들은 아무리 부자이고 지위가 높다고 하여도 천한 자들이다. 우리의 회중에는 이 두 부류가 섞여 있고, 타작마당에는 알곡과 가라지가 섞여 있다. 우리는 이름이나 명목이 아니라 성품에 따라 이 둘을 구별하고 진리의 말씀을 옳게 분별하여, 귀한 성도들에게는 위로의 말씀을 전하고 천한 죄인들에게는 두려움의 말씀을 전하여 각각의 부류에게 맞는 말씀을 주어야 하고, 의인의 마음을 슬프게 하지 말고 악인의 손을 굳게 하지 말아야 한다(겔 13:22). 사역자들은 귀해 보이는 자들을 품에 품어서, 예레미야처럼 홀로 앉아 있지 말고, 서로의 덕을 세워 줄 수 있는 자들과 계속해서 교제하여야 한다.

[2] 그는 하나님의 교훈에 착념하여 거기에서 조금이라도 이탈해서는 안 된다. 그들은 네게로 돌아오려니와 너는 그들에게로 돌아가지 말지니라. 즉, 그는 말씀을 전해서 백성들을 하나님의 마음으로까지 끌어올리는 데에 최선을 다해야

한다는 것이다. 그는 그들에게, 어떤 위험이 있어도 하나님의 말씀을 따라야 한다고 말해 주어야 한다. "너에게서 도망친 자들, 하나님의 은총을 받기 위한 조건들을 싫어한 자들을 네게로 돌아오게 하고, 다시 한 번 생각하게 하여 그 조건을 받아들이고 합의를 하게 하라. 그러나 너는 그들에게 돌아가지 말라. 그들에게 영합하지 말고, 그들에게 동조하지 말며, 그들에게 더 쉬운 길을 제시하려고 생각하지 말고 하나님께서 말씀하신 그대로를 전하라." 사람들의 마음과 삶은 하나님의 법의 수준까지 올라가야 하고 그 법을 따라야 한다. 왜냐하면, 하나님의 법은 결코 그들의 수준으로 내려오거나 그들의 견해를 따르는 법이 없을 것이기 때문이다.

2. 하나님은 이러한 조건들을 이행하는 경우에 그에게 무엇을 약속하시는가. 선지자가 잘 했다고 인정을 받는다면, 하나님은 다음과 같이 하실 것이다.

(1) 하나님은 그의 마음이 평정을 얻게 하실 것이고, 지금 요동하는 그의 영을 평온하게 해주실 것이다. 네가 만일 돌아오면 너를 다시 이끌어 네 영혼을 소생시킬 것이다(시 23:3). 아무리 선하고 강한 성도들이라도 언제든지 올바른 길을 벗어나 곁길로 갔다가 다시 돌아오기로 결심하였다고 할지라도 그들이 돌아오기 위해서는 그들을 다시 이끄시는 하나님의 은혜로 절대적으로 필요하다.

(2) 하나님은 그를 선지자로 섬기는 일에 쓰실 것이고, 그의 일은 아무리 악한 시절에서도 충분한 위로와 존귀함을 그 삯으로 받게 될 것이다. "내가 너를 내 앞에 세워, 종이 주인에게서 지시를 받듯이, 내게서 지시를 받게 하리라. 그리고 대사(大使)가 그를 보낸 왕의 입이듯이, 너는 이 백성에게 나의 말을 전하는 나의 입이 될 것이라." 충성된 사역자들은 우리에게 하나님의 입이라는 것을 명심하라. 그들은 스스로를 그렇게 여기고서, 하나님의 말씀을 하는 것 같이 하여 하나님의 마음을 전하여야 한다. 우리도 그들을 그렇게 보고서, 하나님께서 그들을 통하여 우리에게 말씀하시는 것이라고 여기고 그 말씀을 들어야 한다. 하나님께서 "네가 주의 교훈에 착념할 때에만 너는 나의 입이 될 것이다"라고 말씀하시는 것에 주목하라. 사역자들이 하나님의 교훈에 착념하지 않는다면, 그들은 하나님의 입이 될 수 없다. 사역자들이 기록된 말씀을 따라 가는 만큼만 하나님은 그들 곁에 서 계실 것이고, 그 이상은 아니다. "너는 나의 입이 될 것이다. 즉, 네가 말하는 것들은 마치 내가 직접 말한 것처럼 이루어질 것이다"(사

44:26; 삼상 3:19을 보라).

(3) 선지자는 그의 일을 하면서 겪게 될 많은 어려움들을 돌파할 힘과 담력을 얻게 될 것이고, 그의 심령은 지금과는 달리 다시는 지치지 아니할 것이다(20절). "내가 너로 이 백성 앞에 견고한 놋 성벽이 되게 하리니, 폭풍우가 아무리 거세게 몰아쳐도 끄덕도 하지 않을 것이다. 너는 죄악된 영합을 통해서 그들에게로 돌아가지 말고, 너를 은혜로 무장시켜 주실 네 하나님을 거룩한 결단으로 의지하라. 소심하게 겁을 집어먹지 말라. 하나님이 너를 담대하게 만들어 주실 것이다." 선지자는 자기가 다투는 자를 만나는 것이 운명이 된 자가 되었다고 하소연했었다. 하나님께서는 이렇게 말씀하신다. "그렇게 되는 것을 각오하라. 그들은 너를 칠 것이고 너를 끊임없이 반대하고 배척할 것이다. 그러나 그들은 너를 이기지 못하리니, 너를 압박하여 네 일을 그만두게 할 수도 없을 것이고 너를 산 자의 땅에서 끊어 버리지도 못할 것이다."

(4) 하나님은 그를 보호하시는 자와 그를 구하시는 강력한 구원자가 되어 주실 것이다. 내가 너와 함께 하여 너를 구하여 건지리라. 하나님이 함께 하는 자들은 아무리 가공할 만한 원수라도 넉넉히 처리할 수 있을 만한 지혜와 힘을 지니신 구원자를 두고 있는 것이다. 하나님은 그와 함께 하는 자들, 그에게 충성하는 자들을 환난에서 건지실 것이다(21절). 그들은 악한 자의 손에 떨어질 수도 있고 그 악한 자들이 그에게 두려운 존재로 보일 수도 있겠지만, 하나님은 그들을 그들의 손에서 구해내실 것이다. 그 악한 자들은 하나님의 사람들에게 맡겨진 증언의 일을 끝마칠 때까지는 그 사람들을 죽일 수 없고, 그 사람들의 행복을 막을 수도 없을 것이다. 하나님은 그들을 건져내셔서 천국에 들어가기까지 지켜 주실 것이기 때문에(딤후 4:18), 그 구원은 차고 넘치는 구원이 될 것이다. 무시무시해 보이지만 나중에 보면 선한 자에게 전혀 해를 끼칠 수 없다는 것이 드러난 그런 일들이 많이 있다.

제
— 16 —
장

개요

이 장에는 다음과 같은 내용들이 나온다. I. 유대 민족에게 임할 재앙이 크리라는 것이 하나님께서 선지자에게 자기 집을 세우지도 말고(1-4절) 초상집에 가지도 말며(5-7절) 잔칫집에 들어가지도 말라는(8-9절) 금령(禁令)들을 통해서 예시된다. II. 하나님은 그들의 악이 크다는 것을 설명하심으로써 그들에 대하여 진행하시는 이러한 혹독한 심판이 의로운 것임을 밝히신다(10-13절). III. 그렇지만 그들을 위해 긍휼을 준비해 두고 계시다는 암시(14-15절). IV. 죄에 대한 벌이 죄인의 삶을 고치는 데에 효과를 거두어서, 마침내 그들이 하나님께 돌아와 그들의 도리를 다하고 하나님의 은총을 다시 받을 자격을 회복하게 되리라는 약간의 소망이 주어진다(16-21절).

[1]여호와의 말씀이 또 내게 임하여 이르시되 [2]너는 이 땅에서 아내를 맞이하지 말며 자녀를 두지 말지니라 [3]이 곳에서 낳은 자녀와 이 땅에서 그들을 해산한 어머니와 그들을 낳은 아버지에 대하여 여호와께서 이와 같이 말씀하시오니 [4]그들은 독한 병으로 죽어도 아무도 슬퍼하지 않을 것이며 묻어 주지 않아 지면의 분토와 같을 것이며 칼과 기근에 망하고 그 시체는 공중의 새와 땅의 짐승의 밥이 되리라 [5]여호와께서 이와 같이 말씀하시되 초상집에 들어가지 말라 가서 통곡하지 말며 그들을 위하여 애곡하지 말라 내가 이 백성에게서 나의 평강을 빼앗으며 인자와 사랑을 제함이라 여호와의 말씀이니라 [6]큰 자든지 작은 자든지 이 땅에서 죽으리니 그들이 매장되지 못할 것이며 그들을 위하여 애곡하는 자도 없겠고 자기 몸을 베거나 머리털을 미는 자도 없을 것이며 [7]그 죽은 자로 말미암아 슬퍼하는 자와 떡을 떼며 위로하는 자가 없을 것이며 그들의 아버지나 어머니의 상사를 위하여 위로의 잔을 그들에게 마시게 할 자가 없으리라 [8]너는 잔칫집에 들어가서 그들과 함께 앉아 먹거나 마시지 말라 [9]만군의 여호와 이스라엘의 하나님께서 이와 같이 말씀하시니라 보라 기뻐하는 소리와 즐거워하는 소리와 신랑의 소리와 신부의 소리를 내가 네 목전, 네 시대에 이 곳에서 끊어지게 하리라

선지자는 여기에서 이 백성에게 하나의 징조가 된다. 백성들은 그가 말한 것에 주목하고자 하지 않았다. 과연 그들이 그가 행하는 것에도 주목하지 않을지 시험해 보아야 할 차례가 되었다. 선지자는 모든 일에서 그의 나라가 곧 폐허더미가 될 것을 내다보는 자에게 합당한 처신을 하지 않으면 안 된다. 그는 이것을 이미 예언하였지만 그 예언을 주목한 사람은 거의 없었다. 그러므로 그는 자기가 그 예언이 참되다는 것을 온전히 확신하고 있다는 것을 보여주지 않으면 안 된다. 다른 사람들은 평상시대로 활동을 계속하지만, 그는 이 서글픈 때를 미리 내다보고 있는 자로서 결혼이나 죽은 자를 위한 애곡이나 잔칫집에서 웃고 떠드는 일을 하지 말라는 하나님의 명령을 받는다. 하나님의 말씀으로 다른 사람들을 깨우치고 감화를 끼치고자 하는 자들은 그들이 그 말씀을 믿고 있고 그 말씀대로 행하고 있다는 것을 나타내 보이기 위해서 철저히 자기를 부인하는 고통스러운 일도 망설이지 말고 행해야 한다는 것을 명심하라. 다른 사람들을 안일함에서 건져내고 그들을 설득하여 세상에 대한 미련을 끊게 만들고자 한다면, 우리는 우리 자신부터 이 세상의 것들에 대하여 죽어야 하고, 우리 자신이 이 세상의 것들이 풀어져서 없어지는 때를 기다리고 있다는 것을 보여 주어야 한다.

I. 하나님은 예레미야에게 결혼하지 말 것을 명령하시고, 가족이나 아내를 가질 생각을 하지 말라고 명령하신다(2절). 너는 이 땅에서, 곧 유다 땅이나 예루살렘이나 아나돗에서 아내를 맞이하지 말며 자녀를 두려고 생각하지 말지니라. 유대인들은 그 어느 민족보다도 더 일찍 결혼해서 자녀를 많이 두는 것을 중요시하였다. 그러나 예레미야는 독신으로 살아야 하는데, 이것은 동정(童貞)을 소중히 간직하기 위한 것이 아니라 다가올 환난 때문이다. 이것을 통해서 알 수 있는 것은 독신으로 지내는 것은 오직 임박한 환난의 때(고전 7:26)에만 바람직하다는 것이다. 사실 독신으로 살아야 한다는 것 자체가 재난의 일부이기도 하다. 잉태하지 못하는 이가 복이 있다고 말하게 될 때가 있을 것이다(눅 23:29). 우리가 그러한 때가 다가오는 것을 본다면, 우리 모두, 특히 선지자들은 이 세상 일에 얽매이지 않도록 스스로를 지키는 것이 지혜로운 일이다. 이 세상에서 우리에게 소중한 것들일수록 환난의 때에는 우리에게 더 큰 염려와 두려움과 근심을 가져다 주고 거추장스러운 것들이 되기 때문이다. 하나님께서 선지자에게 결혼을 하지 말라고 명령하신 이유는 아버지들과 어머니들, 아들들

과 딸들이 비참한 죽음으로 죽게 될 것이기 때문이다(3-4절). 아내와 자녀들이 있는 자들은 다음과 같이 될 것이다.

1. 그들은 거추장스러운 방해물을 달고 있는 꼴이 되어서 그 비참한 죽음에서 도망칠 수 없을 것이다. 독신인 사람은 자신의 안전을 위하여 얼마든지 피신하고 장소를 이동할 수 있지만, 아내와 자식이 있는 사람은 그들을 싣고 갈 수단을 구할 수도 없고 매정하게 처자식을 내버려두고 혼자 도망칠 수도 없을 것이다.

2. 그들은 그러한 처참한 죽음에 대한 두려움 때문에 끊임없이 공포에 시달리게 될 것이다. 죽음이 도처에서 기승을 부리고 있을 때에는 잃을 것이 많은 자일수록 그 공포와 놀람도 클 수밖에 없다.

3. 자녀들이 죽을 것이고 그 죽음이 비참한 죽음일 것이기 때문에 부모들은 두 번 죽는 셈이 될 것이다. 자식들을 낳아 길러서 살인하는 자에게 바치는 꼴이 되어서(호 9:13-14) 그 자식들이 비참하게 죽는 것을 살아서 보는 것은 처음부터 자식이 없는 것만 못한 일이다. 죽음은 비참한 것이지만, 어떤 죽음은 죽는 자들이나 그 죽음을 지켜보는 혈육들에게 다른 죽음보다 더 비참하다. 그래서 성경에서는 이같이 큰 사망(고후 1:10)이라는 표현을 사용한다. 이 세상에서 죽음의 공포를 조금이라도 덜어내고 쓴 약을 달게 하기 위해 사용되는 것이 두 가지가 있는데, 그것은 죽은 자를 위하여 애곡하는 것과 죽은 자를 묻어주는 것이다. 그러나 이 두 가지가 행해질 수 없다면, 그 죽음은 정말 비참한 죽음이 된다. 마치 온 세상이 시체들에 대하여 염증을 느끼고 있다는 듯이, 그들의 죽음을 아무도 슬퍼하지 않을 것이다. 아니, 마치 그들의 시체를 공의의 기념비가 되게 할 의도인 듯이, 사람들은 그들을 묻어 주지 않고 그대로 방치해 둘 것이다. 또한, 마치 그들은 땅의 거름 외에는 아무짝에도 쓸모가 없다는 듯이, 지면의 분토와 같이 되어서 사람들부터 멸시와 혐오를 받을 것이다. 어떤 이들은 칼에, 어떤 이들은 기근에 망하고, 그 시체는 공중의 새와 땅의 짐승의 밥이 되리라. 이런 지경인데, 그 누가 "살아서 이런 꼴을 보느니 차라리 자식 없는 것이 상팔자로구나"라고 말하지 않겠는가? 우리의 가장 큰 위로이자 즐거움이 될 줄 알았던 자녀들이 우리의 가장 무거운 근심거리가 된 것도 모자라 우리의 가장 혹독한 십자가가 되었을 때, 우리는 모든 것이 헛 것이고 심령을 괴롭히는 번뇌로구나라고 말하지 않을 수 없을 것이다.

Ⅱ. 하나님은 예레미야에게 이웃이나 친척이 죽었을 때에 초상집에 가지 말라고 명령하신다(5절).   초상집에 들어가지 말라. 죽은 자의 혈육들을 문상(問喪)하고 애곡하며 자기 몸을 베거나 머리털을 미는 것이 당시의 관습이었다. 이러한 행위들은 율법에서 금지한 것이기는 했지만 일반적으로 애곡의 표현으로 행해졌던 것으로 보인다(신 14:1). 또한, 종종 사람들은 슬픔의 감정을 못이기고, 죽은 자를 기려서 그가 죽은 것이 큰 손실이라는 뜻을 나타냄과 동시에 살아 있는 가족들을 동정하여 슬픔을 같이 나눔으로써 그들의 슬픔을 덜어주고자 눈물을 흘리기도 하였다(6절). 욥의 친구들이 욥에게 그랬고, 유대인들이 마르다와 마리아에게 그랬듯이, 사람들이 상(喪)을 당한 자들과 함께 애곡함으로써 죽은 자로 인하여 그들을 위로하는 것이 관습이었다. 죽은 자를 위하여 슬퍼하는 그들에게 위로의 잔을 마시게 하고, 강장제를 주며 힘을 차리기 위해 그것을 마시라고 끈질기게 권하며, 아버지나 어머니의 상사(喪事) 때문에 마음이 무거운 자들에게 포도주를 주어서, 그들이 비록 부모를 잃었지만 그들에게는 아직 그들에게 관심을 써주는 벗들이 남아 있다는 것을 알고 위로를 받을 수 있게 하는 것이 훈훈한 인정이었다. 이런 관습이 지켜져 왔고, 그것은 칭찬할 만한 관습이었다. 초상집에 가는 것은 우리에게도 유익한 일임과 동시에 다른 사람들에게 선한 일이다. 선지자 예레미야는 이런 유의 선한 일을 많이 해왔던 것으로 짐작이 되는데, 그것은 경건한 인물이자 선지자였던 그에게 아주 합당한 일이었다. 어쨌든 이런 일로 인해서 선지자는 백성들 사이에서 그나마 미움을 덜 받게 되었을 것이라고 우리는 생각해 볼 수 있다. 그러나 이제 하나님은 친구가 죽어도 평상시와는 달리 애곡하지 말라고 지시하시는데, 그 이유는 다음과 같다.

1. 이 나라의 멸망을 슬퍼해야지, 그와 가까운 사람들의 죽음을 슬퍼할 여력이 없다는 것. 그의 눈물은 이제 다른 통로를 따라 흘러야 한다. 이 백성 모두를 위하여 눈물을 흘릴 기회는 얼마든지 있게 될 것이다.

2. 이제 코 앞에 닥친 심판이 임하기 직전에 죽은 자들을 애곡해야 할 이유가 없고, 도리어 때를 잘 맞춰서 다가올 재앙을 피하여 데려감을 당한 자들을 복이 있다고 생각해야 한다는 것.

3. 그에게 주어진 금령(禁令)은 이 땅 전체에 환난이 임하게 되었을 때에 장차 일어날 일들, 즉 인정(人情)을 보여주는 모든 일들이 사라져 버리게 될 것을

보여주는 모형이라는 것. 사람들은 무수히 죽음을 맞이하게 되고 심지어 날마다 사람이 죽어서, 그들을 위해 장례를 치러줄 시간이나 공간도 없고 그렇게 할 마음의 여유도 없게 될 것이다. 슬픔이 너무 커서 그 슬픔을 달랠 길도 없을 것이고, 너나 할 것 없이 모든 사람이 자신이 당한 환난으로 인해 슬픔으로 가득 차 있어서 이웃을 생각할 여력이 없게 될 것이다. 그 때에는 온통 애곡하는 자들뿐이고 위로자는 찾아볼 수 없을 것이다. 모든 사람이 자신의 슬픔을 추스리는 것만으로도 힘들어할 것이다. 이런 일이 벌어지게 된 이유가 나온다. "이는 내가 이 백성에게서 나의 평강을 빼앗았고(5절), 그들이 형통하던 시절을 마감하였으며, 그들에게서 건강과 부, 화목함, 친구들, 그리고 그들의 위로가 되었던 모든 것들을 박탈하였음이라." 우리가 어떠한 평강을 누리든, 그것은 하나님의 평강이다. 평강은 하나님의 선물이다. 하나님이 화목함을 주신다면, 누가 말썽을 피울 수 있겠는가. 그러나 우리가 하나님의 평강을 선하게 사용하지 않는다면, 하나님은 그 평강을 가져가 버리실 것이다. 그렇게 되면, 우리는 어떻게 되겠는가(욥 34:29)? "내가 이 백성에게서 나의 평강을 빼앗으며 인자와 사랑을 제하리라." 온갖 신선한 물줄기가 흘러나오는 샘들인 이것들이 막혀 버린다면, 온갖 선한 것들은 사라져 버릴 것이다. 하나님의 은총을 박차고 나가버린 자들은 온갖 참된 평강을 스스로 끊어버린 것임을 명심하라. 하나님이 우리에게서 그의 인자와 사랑을 가져가 버리시면, 모든 것이 사라진다. 그러므로 이런 말씀이 뒤따라 나온다. 큰 자든지 작은 자든지 이 땅에서, 곧 산 자의 땅이라 불리곤 했던 가나안 땅에서조차 죽으리라(6절). 하나님의 은총은 우리의 생명이다. 그것이 없어진다면, 우리는 죽고 망하며 우리 모두가 망하게 될 것이다.

Ⅲ. 하나님은 예레미야에게 초상집과 마찬가지로 잔칫집에도 가지 말라고 명령하신다(8절). 예레미야는 친구가 집에서 잔치를 열어서 그를 초대하면 거기에 가서 그들과 함께 앉아 적당히 먹고 마시며 기분 좋게 시간을 보내곤 하였고, 이것은 건전한 일이지 결코 나쁜 짓이 아니었다. 그러나 이제 그에게는 그럴 자유도 없어졌다.

1. 그런 일은 이 땅과 이 민족에 대한 하나님의 앞으로의 섭리에 맞지 않는 일이었고 시기상으로 부적절한 일이었기 때문이다. 하나님은 울며 통곡하고 금식하라고 소리쳐 부르셨다. 하나님은 곧 그들에게 심판을 내리실 것이었다. 지금은 그들이 스스로 낮아질 때였다. 그들에게 경고의 말씀을 전한 선지자로서

는 그 경고의 말씀을 받아들여 거기에 걸맞게 행동하는 모범을 그들에게 보여줌으로써 그 자신이 그 말씀을 믿는다는 것을 나타내 보이는 것이 마땅한 일이었다. 사역자들은 자기 부인과 절제의 모범이 되어야 하고, 그들이 다른 사람들에게 전하고자 하는 여호와의 두려우심을 스스로도 유념하여 행하고 있다는 것을 보여주어야 한다. 시온의 모든 아들들은 시온이 겪는 환난에 동정을 표시하는 것이 합당하고, 시온이 괴로움을 겪고 있는데 그들이 즐겁게 노는 것은 합당하지 않다(암 6:6).

　2. 선지자는 그렇게 행함으로써 백성들에게 앞으로 그들에게 어떤 서글픈 나날들이 닥치게 될 것인지를 보여주어야 했기 때문이다. 그의 벗들은 그가 평소와는 달리 잔칫집에 모습을 드러내고자 하지 않는 것을 의아해했을 것이다. 그러나 그는 그들에게 그의 행동은 그들이 열던 모든 잔치가 이제는 곧 끊어지게 되리라는 것을 암시하는 것임을 알려 주어야 한다(9절). "내가 즐거워하는 소리를 끊어지게 하리라. 너희에게는 잔치를 벌일 음식도 없을 것이고, 기뻐해야 할 일도 없을 것이다. 오직 너희는 너희가 기뻐하고 즐거워하는 것을 가로막고 찬물을 끼얹는 재난들로 온통 둘러싸이게 될 것이다." 하나님은 허구한 날 흥청망청하는 자들을 길들일 좋은 방법들을 찾으실 수 있으시다. "이 일은 희락의 성읍이라 불리던 예루살렘, 희락이 언제까지나 계속될 것이라고 생각되었던 바로 이 곳에서 일어나게 될 것이다. 이 일은 네 목전에서, 네가 보는 앞에서 일어나서, 지금 너무나 기고만장하고 희희낙락하는 너희에게 괴로움을 안겨줄 것이다. 이 일은 네 시대에 일어나서, 너희는 살아서 직접 그 일을 보게 될 것이다." 그들은 그들이 저지른 죄악들과 우상 숭배로 인해서 찬송 소리가 끊어지게 하였기 때문에, 하나님께서 그들 가운데서 기뻐하는 소리와 즐거워하는 소리를 끊어지게 하시는 것은 정당하다. 그들은 하나님의 선지자들의 음성을 귀 기울여 듣지 않았기 때문에, 신랑의 소리와 신부의 소리, 결혼식을 은혜롭게 해주곤 했던 노래들이 그들 가운데서 더 이상 들리지 않게 될 것이다(렘 7:34을 보라).

[10]네가 이 모든 말로 백성에게 말할 때에 그들이 네게 묻기를 여호와께서 우리에게 이 모든 큰 재앙을 선포하심은 어찌 됨이며 우리의 죄악은 무엇이며 우리가 우리 하나님 여호와께 범한 죄는 무엇이냐 하거든 [11]너는 그들에게 대답하기를 여호와께

서 말씀하시되 **너희** 조상들이 나를 버리고 다른 신들을 따라서 그들을 섬기며 그들에게 절하고 나를 버려 내 율법을 지키지 아니하였음이라 [12]**너희가 너희** 조상들보다 더욱 악을 행하였도다 보라 **너희가** 각기 악한 마음의 완악함을 따라 행하고 나에게 순종하지 아니하였으므로 [13]내가 **너희를** 이 땅에서 쫓아내어 **너희와 너희** 조상들이 알지 못하던 땅에 이르게 할 것이라 **너희가** 거기서 주야로 다른 신들을 섬기리니 이는 내가 **너희에게** 은혜를 베풀지 아니함이라 하셨다 하라

이 단락에는 다음과 같은 내용들이 나온다.

1. 이 백성이 하나님께서 이러한 심판을 우리에게 내리시는 이유가 무엇인지를 물음(10절). 네가 이 모든 말, 이 저주의 말로 백성에게 말할 때에 그들이 너에게 여호와께서 우리에게 이 모든 큰 재앙을 선포하심은 어찌 됨이냐고 물을 것이다. 우리는 그들 가운데는, 그들이 어떤 죄를 지었길래 하나님께서 그들과 다투시는지를 알아서 그 죄를 스스로 벗어던져서 심판을 막기 위하여 겸손하고 회개하는 마음으로 이러한 질문을 한 자들이 있었을 것이라고 본다. "이 풍랑을 일어나게 만든 장본인인 요나가 누구인지 우리에게 보이소서. 그러면 우리가 그것을 바다로 던져 버리겠나이다." 그러나 여기에 나오는 질문은 하나님의 말씀에 시비를 걸고서 자기들이 이렇게 가혹한 벌을 받을 만한 짓을 과연 한 것인지 한번 보여달라고 하나님께 도전한 자들의 말인 것으로 보인다. "우리의 죄악은 무엇이며 우리가 범한 죄는 무엇이냐. 우리가 그런 심판을 받을 만한 범죄를 저지른 적이 있는 것이냐?" 그들은 스스로 낮아져서 자신의 죄를 인정하기는커녕 그들에게는 잘못한 것이 없다고 우기면서 하나님이 그들에게 이런 재앙을 선포하신 것은 잘못하신 것이라고 은근히 비난하고, 하나님이 부당한 것을 그들에게 부과하셨기 때문에 그들에게는 하나님을 상대로 소송을 제기할 이유가 있다고 말하였다(욥 34:23). 죄인들은 환난을 당했을 때에 하나님을 의로우시다 하고 스스로를 단죄하며 그러한 환난을 자초하게 된 그들의 죄악을 시인하는 것이 얼마나 어려운 일인지를 우리는 다시 한 번 실감하게 된다.

2. 하나님께서 이 백성의 이러한 질문에 대하여 명쾌하고 자세한 대답을 해주심. 그들이 선지자에게 하나님이 왜 그리고 무슨 이유로 그들에게 이토록 화를 내시는 것이냐고 묻는 것이냐? 의로우신 하나님은 타당한 이유가 없는데도 까닭 없이 화를 내시는 그런 분이 결코 아니기 때문에 분명히 거기에는 충분한

이유가 있을 것이라고 얼버무리듯 대답해 주는 것으로는 선지자는 그들의 입을 막을 수 없을 것이다. 그러므로 선지자는 그들이 죄를 깨닫고 스스로 낮아질 수 있도록, 또는 최소한 하나님이 의로우시다는 것을 인정할 수 있도록 그 이유를 구체적으로 그들에게 말해 주어야 한다. 그들은 다음과 같은 것들을 알아야 한다.

(1) 하나님께서 그들의 조상들의 죄악을 그들에게 벌하신 것이라는 것(11절). 너희 조상들이 나를 버리고 내 율법을 지키지 아니하였음이라. 그들은 하나님이 세우신 제도들을 싫증이 나서 내팽개쳐버리고서(그들은 그것들이 너무 단조롭고 초라하다고 생각하였다), 그 예배 의식이 훨씬 더 화려하고 거창하였던 다른 신들을 따라갔다. 그들은 다채롭고 신기한 것을 좋아했기 때문에 그들을 섬기며 그들에게 절하였다. 이것이 하나님께서 둘째 계명을 언급하시면서 우상 숭배를 한 자의 죄를 삼사 대에 이르기까지 갚으시겠다고 말씀하셨던 바로 그 죄였다. 왜냐하면, 우상 숭배의 죄는 조상들이 물려 준 죄이기 때문이었다(벧전 1:18).

(2) 하나님께서 그들 자신의 죄로 인하여 그들을 벌하신 것이라는 것(12절). "너희는 너희 조상들이 지었던 죄를 고스란히 물려받아서 너희 조상들보다 더욱 악을 행하였기 때문에, 그 조상들의 때에 미뤄졌던 벌까지 너희가 다 받게 된 것이다." 만약 그들이 조상들에게 유예해 준 기한을 잘 활용해서 하나님의 오래 참으심을 선용하여 회개에 이르렀더라면, 그들의 일이 잘 풀려서 심판은 취소되고, 그들은 이제 심판의 유예 기간 중에 있는 것이 아니라 민족적인 죄사함을 얻게 되었을 것이다. 그러나 그들은 그 기회를 잘못 사용하여서 도리어 그들의 죄 가운데서 더욱 완악해져 일을 더 망쳐 놓았기 때문에, 유예 기간은 끝이 났고, 조상들의 죄에 그들의 죄가 덧붙여져서, 그들은 더욱 혹독한 심판을 받게 된 것이었다. 그들은 죄를 짓는 데에 있어서 조상들보다 더 뻔뻔스럽고 완악해져서, 각기 악한 마음의 완악함을 따라 행하였고, 하나님과 그의 선지자들의 말씀에 귀를 기울이지도 말고 하나님에게 순종하지도 말자는 것을 아예 그들의 지침으로 정해 놓고서 그 지침을 고수하기로 단단히 결심하였다. 그들은 그들의 양심의 소리가 파묻혀서 들리지 않도록 하기 위해서 의도적으로 그들 자신의 정욕과 욕망들로 하여금 요란한 소리를 내게 만들었다. 그러므로 하나님께서 그들에 대하여 다음과 같은 결단을 내리신 것은 결코 이상한 일이 아니

었다(13절). "내가 너희를 이 땅에서, 즉 이 빛의 땅, 이 환상의 골짜기에서 쫓아내리라. 너희가 내 말을 귀 기울여 듣고자 하지 않기 때문에, 너희는 곧 내 말을 듣지 못하게 될 것이다. 너희는 이전에 알고 지내던 사람들이 있는 이웃 나라가 아니라 저 먼 나라, 너희와 너희 조상들이 알지 못하던 땅, 너희의 비참한 처지를 덜어줄 만한 어떤 일이나 위로가 될 만한 어떤 모임도 기대할 수 없는 땅에 이르게 할 것이다." 그들이 알지 못하던 낯선 신들에 홀딱 빠져서 따라다녔던 자들이 그들이나 그들의 조상들이 알지 못하던 낯선 땅으로 추방된 것은 마땅한 일이었다(신 32:17). 두 가지 일이 거기에서 그들의 처지를 더욱 비참하게 만들 것인데, 이 둘은 모두 인간의 더 고상한 부분인 심령과 관련되어 있는 일들이다. 그들의 포로 생활에서 가장 큰 재난이었던 것들은 그 심령에 영향을 미치고 그 심령이 지극한 복을 받지 못하게 방해하는 것들이었다.

[1] "심령(心靈)의 행복은 하나님을 섬기는 일에 쓰임받는 데에 있다. 그러나 너희는 거기서 주야로 다른 신들을 섬기리라. 즉, 너희는 다른 신들을 섬기도록 끊임없이 유혹을 받게 될 것이고, 너희의 잔인한 십장들 때문에 어쩔 수 없이 다른 신들을 섬기게 될 것이다. 전에 너희의 경건한 왕들이 우상을 숭배하는 것을 금지하였을 때에는 우상을 숭배하는 일이 너희에게 달콤하였었지만, 이제 강요에 의해서 우상들을 섬기게 될 때에 너희는 우상 숭배에 신물이 나게 될 것이다." 하나님께서는 자주 사람들이 저지르는 죄를 그들을 벌하는 데에도 그대로 사용하셔서, 마음이 굽은 자를 자기 행위들로 가득 채워서 그들의 행위가 과연 어떤 것인지를 톡톡히 맛보게 하는 방식으로 보응하시는 것을 보라. "너희가 우상 숭배 외에는 그 어떤 공예배도 드리지 못하게 될 때, 너희는 비로소 그동안 참 하나님을 예배하는 일을 무시했던 것을 후회하게 될 것이다."

[2] "심령의 행복은 하나님의 인자하심을 여러 가지 증표를 통해서 맛보는 데에 있지만, 너희는 내가 은혜를 베풀지 아니할 낯선 땅으로 가게 될 것이다." 만약 포로된 땅에도 하나님의 은혜가 있었다면, 그 땅도 아름답고 즐거운 땅이 되었을 것이다. 그러나 그들이 하나님의 진노 아래 놓여 있다면, 그들을 억압하는 멍에는 그들에게 견딜 수 없는 것이 되고 말 것이다.

¹⁴여호와의 말씀이니라 그러나 보라 날이 이르리니 다시는 이스라엘 자손을 애굽 땅에서 인도하여 내신 여호와께서 살아 계심을 두고 맹세하지 아니하고 ¹⁵이스라엘

자손을 북방 땅과 그 쫓겨 났던 모든 나라에서 인도하여 내신 여호와께서 살아 계심을 두고 맹세하리라 내가 그들을 그들의 조상들에게 준 그들의 땅으로 인도하여 들이리라 ¹⁶여호와의 말씀이니라 보라 내가 많은 어부를 불러다가 그들을 낚게 하며 그 후에 많은 포수를 불러다가 그들을 모든 산과 모든 언덕과 바위 틈에서 사냥하게 하리니 ¹⁷이는 내 눈이 그들의 행위를 살펴보므로 그들이 내 얼굴 앞에서 숨기지 못하며 그들의 죄악이 내 목전에서 숨겨지지 못함이라 ¹⁸내가 우선 그들의 악과 죄를 배나 갚을 것은 그들이 그 미운 물건의 시체로 내 땅을 더럽히며 그들의 가증한 것으로 내 기업에 가득하게 하였음이라 ¹⁹여호와 나의 힘, 나의 요새, 환난날의 피난처시여 민족들이 땅 끝에서 주께 이르러 말하기를 우리 조상들의 계승한 바는 허망하고 거짓되고 무익한 것뿐이라 ²⁰사람이 어찌 신 아닌 것을 자기의 신으로 삼겠나이까 하리이다 ²¹여호와께서 이르시되 보라 이번에 그들에게 내 손과 내 능력을 알려서 그들로 내 이름이 여호와인 줄 알게 하리라

이 단락에는 긍휼과 심판이 뒤섞여 나오고, 여기에 나오는 몇몇 구절들은 어느 쪽에 속하는지를 알기가 힘들다. 긍휼과 심판이 서로 밀접하게 섞여 짜여 있고, 어떤 구절들은 저 멀리 복음의 시대를 내다보고 있는 것으로 보인다.

I. 하나님은 그들의 우상 숭배로 인하여 반드시 그들에게 심판을 집행하실 것이다. 그들은 그것을 각오하고 있어야 한다. 왜냐하면, 이미 영(슈)이 떨어졌기 때문이다.

1. 그들은 그들의 죄들을 아주 은밀하게 저질렀고 아주 교묘하게 은폐하고 있지만, 하나님은 그들의 모든 죄들을 보고 계신다(17절). 내 눈이 그들의 행위를 살펴보고 있다. 그들의 눈은 하나님을 바라보지 않고, 그들은 하나님께 눈길 한 번 주지 않으며, 하나님을 경외하지 않는다. 그러나 하나님의 눈은 그들을 바라보고 있다. 그들이나 그들의 죄는 하나님의 얼굴 앞에서 숨기지 못하며 하나님의 목전에서 숨겨지지 못한다. 죄인들의 죄는 어느 하나도 하나님으로부터 감춰질 수 없고, 또한 못본 체 그냥 지나가시는 일도 없으리라는 것을 명심하라 (잠 5:21; 욥 34:21; 시 90:8).

2. 하나님은 그들의 죄들에 진노하시며, 특히 그들의 우상 숭배에 대하여 몹시 진노하신다(18절). 하나님은 모든 것을 아시는 그의 속성으로 그들에게 죄

를 깨우치시고, 그의 공의로 그들을 단죄하신다. 내가 그들의 악과 죄를 배나 갚을 것인데, 그것은 그들이 마땅히 받아야 할 벌의 두 배가 아니라 그들이 예상한 것과 내가 이전에 행하였던 것의 두 배가 될 것이다. 또는, 내가 차고 넘치게 갚을 것이다. 그들은 이제 하나님이 오랫동안 기한을 유예해 주셨지만 그들이 하나님의 오래 참으심을 악용한 것에 대하여 대가를 치르게 될 것이다. 하나님께서 그들과 다투시게 만든 죄는 그들이 우상 숭배로 하나님의 땅을 더럽힌 것이었는데, 그들은 하나님이 그의 기업으로 여겼던 땅을 우상들에게 주어 버렸을 뿐만 아니라, 하나님이 기업으로 여겨 기뻐하며 거하셨던 땅을 더럽히고, 그 미운 물건의 시체, 즉 그들이 숭배했던 신들, 악취를 풍기는 사람이나 짐승의 시체처럼 하나님께 역겨운 것인 금과 은으로 만들어진 우상들로 그 땅을 뒤덮어 하나님을 진노케 하였다. 우상들은 미운 물건들의 시체들이다. 하나님은 그것들을 미워하시기 때문에, 우리도 마땅히 그래야 한다. 또는, 하나님은 그들이 이 우상들에게 바친 제물들을 말씀하시는 것일 수도 있는데, 이 땅은 그러한 제물들로 가득 채워졌다. 왜냐하면, 이 땅의 모든 해안들과 산골들에 그들의 산당이 있었기 때문이다. 이것은 다른 무엇보다도 하나님으로 하여금 그들을 향하여 분노케 한 죄였다.

3. 하나님은 그들에게 내려진 선고에 따라서 그들을 그들의 땅에서 쫓아낼 그의 진노의 도구들을 찾아내어 일어나게 하실 것이다(16절). 내가 많은 어부와 많은 포수를 부르리라 — 어부들처럼 계략을 통해서 또는 포수들처럼 무력으로 그들에게 덫을 놓아 그들을 멸망시킬 수 있는 많은 방법들을 알고 있는 갈대아 군대. 갈대아 군대는 그들이 어디에 있든지 그들을 찾아내어 바짝 추격해 와서 파멸시킬 것이다. 그 군대는 그들이 어디에 숨어 있든 모든 산과 모든 언덕과 바위 틈을 뒤져서 그들을 찾아내어 내몰 것이다. 하나님은 그의 말씀을 듣고도 죄를 깨닫지 않는 자들에게 그의 심판을 집행하는 여러 가지 방법들을 알고 계신다. 하나님은 그의 목적을 위해 적합한 사람들을 부리신다. 하나님은 그들을 언제든지 부르실 수 있으시고 언제든지 보내실 수 있으시다.

4. 바벨론에서의 그들의 종살이는 옛적에 애굽에서 종살이하던 때보다 더 혹독하고 훨씬 더 괴로울 것이며, 그들의 감독자들은 더 잔인할 것이고, 그들의 삶은 더욱 고되고 쓰라릴 것이다. 이것은 그들이 바벨론으로부터 구원받는 것은 애굽에서 나올 때보다도 그 자체로 더욱 빛이 날 것이고 그들에게 더욱

환영을 받게 되리라는 약속의 말씀에 내포되어 있다(14-15절). 애굽에서의 그들의 종살이는 점진적으로 그리고 거의 알지 못하는 사이에 그들에게 이루어진 일이었다. 하지만 바벨론에서의 종살이는 온갖 공포스러운 상황 속에서 단번에 그들에게 임한 일이었다. 애굽에서는 그들은 고센 땅을 그들 자신의 땅으로 가지고 있었지만, 바벨론에서는 그런 땅은 없었다. 애굽에서는 그들은 유익한 종들로 사용되었지만, 바벨론에서는 미움의 대상인 포로로 취급되었다.

5. 그들에게 닥친 이 심판으로 인해서 그들은 경고를 받게 될 것이고, 하나님은 영광을 받게 될 것이다. 이 심판은 나름대로의 목소리를 지니고 있었고, 그 외치는 소리는 컸다.

(1) 그들에 대해서는 교훈. 하나님은 징계를 통해서 그들을 가르치신다. 이 회초리를 통해서 하나님은 그들에게 훈계를 하고 계시는 것이다(20절). "사람이 어찌 신 아닌 것을 자기의 신으로 삼겠느냐. 자기 손으로 만든 신이 자기를 도울 수 있다고 생각할 만큼 이성이나 생각이 없는 자가 어디 있겠느냐? 너희가 너희 하나님이라 부를 수 있는 하나님, 너희를 지으신 하나님, 참되고 살아 계신 하나님이 계시는데도, 너희는 이전처럼 신 아닌 것들을 너희를 위하여 신으로 삼는 그런 어리석은 짓을 다시 하려느냐?"

(2) 하나님께는 영광. 왜냐하면, 하나님이 집행하시는 심판으로 말미암아 세상 사람들이 하나님을 알게 될 것이기 때문이다. 하나님은 먼저 그들의 죄악에 대하여 보응하실 것이고(18절), 그런 후에 이번에 그들에게 내 손과 내 능력을 알려서 그들로 내 이름이 여호와인 줄 알게 하실 것이다(21절). 하나님은 그들의 평화를 여러 번 중단시키는 일들을 통해서가 아니라 단 한 번에 그 땅을 황폐케 하여 멸망시키심으로써 그가 누구신지를 알리실 것이다. "여러 번에 걸쳐서가 아니라 이번 한 번으로 내가 그들에게 내 손, 나의 벌하는 손의 길이와 무게, 즉 나의 손이 얼마나 멀리까지 미칠 수 있고 얼마나 깊이 상처를 입힐 수 있는지를 알게 할 것이다. 그리고 이 일을 통해서 그들이 내 이름이 여호와인 줄, 즉 다툴 자가 없는 하나님, 약속들과 마찬가지로 경고들도 반드시 이루시는 하나님인 줄 알게 되리라."

Ⅱ. 그렇지만 하나님은 그들을 위해 긍휼도 준비해 두고 계신다. 여기에서 긍휼에 대한 말씀이 나오는 것은 선지자 자신과 그들 가운데서 하나님의 말씀 앞에서 두려워 떠는 몇몇 사람들을 격려하기 위한 것이다. 하나님은 그들을 낮

선 땅으로 추방해 버리시겠다고 추상 같은 어조로 말씀하셨다(13절). 그러나 그 말씀을 듣고 그들이 절망에 빠지지 않도록 하기 위해서 위로의 말씀이 곧 뒤이어 나온다.

1. 그들을 흩으셨던 하나님의 손이 그들을 다시 모으실 날, 그런 기쁜 날이 이르리라(14-15절). 하나님은 그들을 쫓아내셨지만, 완전히 내치신 것도 아니고 아주 멀리 쫓아 버리신 것도 아니다. 북방 땅, 곧 그들이 포로로 끌려가서 압제 아래에서 붙들려 있었던 땅과 그 쫓겨 났던 모든 나라에서 그들은 잊혀져 살다가 그 땅에 묻힐 것으로 보였지만, 하나님은 그들을 그 땅에서 인도하여 내실 것이다. 아니, 나는 그들을 그들의 땅으로 인도하여 들여서 거기에서 정착하여 살게 할 것이다. 하나님께서 앞서 하신 경고의 말씀이 율법에 기록된 것과 일치하였던 것과 마찬가지로, 이 약속의 말씀도 율법에 일치한다. 그런즉 내가 그들을 내버리지 아니하리라(레 26:44). 네 하나님 여호와께서 거기서 너를 모으실 것이다(신 30:4). 또한, 그 다음에 나오는 말씀(16절)은 약속의 말씀으로도 볼 수 있다. 하나님은 어부들과 포수들, 즉 메대인들과 바사인들(페르시아인들)을 보내어, 그들이 흩어져 있는 나라들 속에서 그들을 찾아내어 그들의 땅으로 돌려보내게 할 것이다. 또는, 스룹바벨을 비롯한 그들 나라의 몇몇 사람들이 그들을 낚고 사냥해서 설득하여 그들의 땅으로 돌아오게 할 것이다. 또는, 그들은 처음에는 그들의 땅으로 돌아오기를 주저하였지만, 하나님의 성령이 여러 도구들을 사용하여 그들의 심령을 감동시켜 올라오게 하실 것이다. 그들은 바벨론에 둥지를 틀기 시작하였다. 그러나 마치 독수리가 자기의 보금자리를 어지럽게 하며 자기의 새끼 위에 너풀거리듯(신 32:11), 하나님은 그 어부들과 포수들을 통해서 그의 백성에게 그렇게 하셨다(슥 2:7).

2. 그들이 바벨론에서 구원받은 일은 그들의 조상들이 애굽에서 구원받은 일보다 몇 가지 점에서 더 빛나고 기억될 만한 일이 될 것이다. 둘 다 여호와께서 하신 일이었고 그들의 눈에 기이한 일이었다. 둘 다 여호와께서 살아 계신다는 것을 보여주는 증거들이었고, 살아 계신 하나님으로서의 여호와의 영광을 위하여 영원히 기억될 만한 일들이었다. 그러나 하나님께서 새롭게 베푸실 구원하시는 긍휼은 이루 말할 수 없이 뜻밖이고 환영할 만한 일이어서 이전의 구원하신 긍휼에 관한 기억이 희미해질 것이다. 우리는 새롭게 긍휼하심을 입었을 때에는 하나님이 이전에 베푸셨던 긍휼들을 떠올리고 다시 그것들에 대

하여 감사하는 기회로 삼는 것이 마땅하다. 그렇지만 우리는 지금보다 옛날이 좋았다고 생각하여, 마치 하나님의 팔이 짧아진 것인 양 우리 조상들이 우리에게 들려 주었던 온갖 기이한 일들은 도대체 어디로 갔단 말인가라고 반문하며, 일반 섭리들을 통해서 긍휼들이 베풀어지는 지금보다 이적들이 베풀어졌던 옛날을 높이 치고자 하는 경향이 있기 때문에, 여기에서 이스라엘이 바벨론에서 구원받은 일로 인하여 애굽에서 구원받은 일을 망각하는 것도 그리 나쁘지는 않은 것 같다. 애굽에서의 구원은 힘과 능력으로 된 일이었지만, 바벨론에서의 구원은 만군의 여호와의 영으로 될 것이다(슥 4:6). 이번의 구원 속에는 저번의 구원에서보다도 더 많은 죄 사하시는 긍휼하심이 들어 있다(죄 사함은 하나님의 긍휼 가운데서 가장 빛나는 긍휼이다). 왜냐하면, 그들이 바벨론에서 포로 생활을 한 것은 애굽에서 종살이하던 것보다 더 죄에 대한 벌이라는 성격이 짙었기 때문이다. 그래서 바벨론에서 구원하시면서 시온을 위로하시는 말씀은 그 죄악이 사함을 받았느니라(사 40:2)는 것이었다. 그 속에 이적이 포함되어 있는 긍휼들과 마찬가지로 이적이 포함되어 있지 않은 긍휼들을 통해서도 하나님은 영광을 받으시기 때문에 우리도 마땅히 하나님께 영광을 돌려야 한다는 것을 명심하라. 우리는 하나님께서 우리 조상들에게 베푸신 은총들도 잊지 않아야 하지만 우리 시대에 우리들에게 베푸신 은총들에 대하여 특히 감사를 드려야 한다.

3. 그들이 포로 생활에서 구원을 받을 때에 그들의 삶도 복되게 고침을 받게 될 것이어서, 그들은 우상 숭배에 이끌리던 지난 날의 병을 치유받고 돌아오게 될 것이고, 이것은 그들의 구원을 온전하게 만들어 줄 것이고 그 구원을 진정한 긍휼이 되게 해줄 것이다. 그들은 그들의 미운 물건들로 그들의 땅을 더럽혔었다(18절). 그러나 그렇게 행한 것에 대한 벌을 받은 후에 그들은 하나님 앞에 나아와서 납작 엎드리게 될 것이다(19-21절).

(1) 그들은 그들의 하나님만이 진정으로 하나님이시라고 고백하게 될 것이다. 왜냐하면, 이 하나님은 그들이 곤경에 처해 있을 때에 도우시는 하나님이시기 때문이다. "여호와는 내게 힘과 위로를 주시는 나의 힘, 나를 보호하시고 나의 피난처가 되시는 나의 요새, 환난 날에 내가 피할 수 있는 피난처이시다." 하나님을 멀리했던 많은 사람들이 곤경에 처하면 하나님께로 나아오게 된다. 형통한 날에는 하나님을 무시했던 자들도 환난 날에는 언제 그랬냐는 듯이 하

나님께로 달려오는 법이다.

(2) 그들은 이방인들이 회심하는 것을 보고서 정신이 번쩍 들어서 하나님께로 돌아오게 될 것이다. 민족들이 땅끝에서 주께 이를 것이다. 그런데 하물며 우리가 하나님께 나아가지 않는다면 말이 되겠느냐? 또는, "우상 숭배로 말미암아 이방인처럼 되었던 유대인들(나는 이렇게 이해하고자 한다)이 그들이 쫓겨나 살던 모든 나라들로부터, 심지어 땅끝에서도 회개하고 삶을 고쳐서 주께 이를 것이고 다시 돌아와 그들의 본분과 충성을 다할 것이다." 선지자는 이러한 소망으로 위로를 받고는 날아갈 듯이 기뻐서 이렇게 말한다. "여호와 나의 힘, 나의 요새여, 주께서 내게 무수한 무리들, 즉 회심한 유대인들과 개종한 이방인들이 함께 땅끝에서 주께 이르리라고 말씀해 주신 덕분에 내가 이제는 마음이 편하나이다." 하나님께 이미 와 있는 자들은 다른 사람들이 하나님께 오거나 다시 돌아오는 것을 보면 크게 기뻐하지 않을 수 없다는 것을 명심하라.

(3) 그들은 그들의 조상들이 어리석었다는 것을 고백하게 될 것이다. 그들은 조상들의 죄 때문에 벌을 받은 것이기 때문에 그들이 조상들 대신에 어리석었음을 고백하는 것은 합당한 일이다. "우리 조상들이 우리에게 물려준 것은 후손들에게 만족을 줄 만한 것들이 아니라 허망하고 거짓되고 무익한 것뿐이었나이다. 우리는 이제 우리 조상들이 우상 숭배 때문에 스스로 속았었다는 것을 아나이다. 조상들이 물려준 우상 숭배가 조상들이 약속했고 우리가 기대했던 것과는 딴판이라는 것이 증명되었으니, 우리가 어찌 더 이상 우상 숭배와 상관이 있겠나이까?" 어떤 사람들이 죄를 섬기다가 죄의 치명적인 결과들을 맛보고 죄 짓는 일에 실망한 것이 다른 사람들이 그들의 전철(前轍)을 밟는 것을 막는 데에 도움이 되었다면, 그것은 좋은 일이다.

(4) 그들은 스스로 이성을 되찾아서 우상 숭배에서 빠져나오게 될 것이다. 죄를 짓는다는 것이 얼마나 어리석은 일인지를 이성을 통해 확신하고서 삶을 고쳤다면, 그것은 진실하고 오래 갈 가능성이 많다. 그들은 속으로 이렇게 이치를 따져 논증을 해서 결론을 내리게 될 것이다(그리고 이것은 잘 된 논증이다). 사람이 어찌 신 아닌 것, 곧 사람의 엉뚱한 생각과 사람의 손으로 만들어낸 것을 자기의 신으로 삼는다면, 그런 사람은 너무도 어리석은 사람이고 완전히 이성이 없는 사람이 아니겠는가(20절)? 사람이 신이라는 이름을 지니고 있지만 사실 신이 아니고 처음에 사람의 손에서 만들어진 그런 우상에게 신적인 축

복이나 은총을 바란다면, 그 사람은 완전히 정신이 나간 사람이거나 술에 취해 제정신이 아닌 사람이 아니겠는가?

(5) 그들은 그들이 그의 섭리 속에서 그의 손을 보았고 그의 말씀 속에서 그의 이름을 알았다는 것과 그의 손에 의해 행해진 일들을 통해서 그의 이름을 알게 되었다는 것을 고백함으로써 하나님께 영광을 돌리게 될 것이다(21절). 그들은 선지자들이 온갖 고통을 참으며 그들에게 전했을 때에는 알려고 하지 않았던 것을 이제 드디어 이번에는 알게 될 것이다. 우리는 너무나 우둔해서 하나님의 은혜의 강한 손을 체험해서 알아야만 우리에게 계시되는 하나님의 이름을 올바르게 알 수 있게 된다는 것을 명심하라.

4. 그들이 포로 생활에서 구원받는 것은 메시야가 장차 이루실 저 큰 구원, 즉 메시야가 흩어진 하나님의 자녀를 모아 하나가 되게 하실 것의 모형이자 예표(豫表)가 될 것이다. 이 큰 구원은 옛적에 애굽에서 구원받았던 일보다 훨씬 더 빛나는 일이 될 것이어서, 애굽에서의 구원이 지니고 있던 광채를 잃게 만들 뿐만 아니라 심지어 그 일을 잊게 만들기까지 할 것이다. 어떤 이들은 16절을 이 큰 구원에 적용해서, 많은 어부들과 포수들을 복음을 전하는 자들로 해석하여, 모든 산과 모든 언덕에서 그들을 찾아내어 복음의 그물로 영혼들을 생포해서 그리스도께로 데리고 가는 사람을 낚는 어부들을 가리키는 것으로 보기도 한다. 그 때에 이방인들이 하나님께로 나아왔고, 어떤 이들은 말 못하는 우상들을 버리고 하나님을 섬기기 위해 땅끝에서 오기도 하였다.

제
— 17 —
장

개요

이 장에서 I. 하나님은 악명 높은 증거를 대시며 유대인들이 저지른 우상 숭배의 죄에 대하여 유죄를 선고하시고, 그 죄로 인하여 그들이 포로로 잡혀가게 될 것이라고 단죄하신다(1-4절). II. 하나님은 그들이 육적으로 의지하는 모든 것들이 다 허망하다고 말씀하시면서, 하나님이 그들과 다투실 때가 오면 그것들은 그들에게 전혀 도움이 되지 못할 것임을 보여주시고, 그들의 그런 행동이 하나님이 그들과 다투시는 여러 죄들 중의 하나라고 지적하신다(5-11절). III. 선지자는 그를 해치고자 원수들이 노리고 있는 것을 계기로 하나님께 자신의 처지를 하소연하면서, 자기 자신을 하나님의 보호하심에 맡기고, 하나님이 그를 위해 나타나 주시기를 간구한다(12-18절). IV. 하나님은 선지자를 통해서 백성들에게 안식일을 거룩히 지키라고 경고하시면서, 그들이 그렇게 한다면 그들의 평온한 나날이 길어질 것이지만 그렇게 하지 않는다면 어떤 황폐화시키는 심판을 통해서 하나님의 안식일이 존귀함을 똑똑히 보여주실 것이라고 그들에게 단언하신다(19-27절).

[1]유다의 죄는 금강석 끝 철필로 기록되되 그들의 마음 판과 그들의 제단 뿔에 새겨졌거늘 [2]그들의 자녀가 높은 언덕 위 푸른 나무 곁에 있는 그 제단들과 아세라들을 생각하도다 [3]들에 있는 나의 산아 네 온 영토의 죄로 말미암아 내가 네 재산과 네 모든 보물과 산당들로 노략을 당하게 하리니 [4]내가 네게 준 네 기업에서 네 손을 뗄 것이며 또 내가 너로 하여금 너의 알지 못하는 땅에서 네 원수를 섬기게 하리니 이는 너희가 내 노를 맹렬하게 하여 영원히 타는 불을 일으켰음이라

백성들은 앞에서 마치 하나님께서 그들에게 소송을 걸 만한 그런 짓을 자기들이 한 적이 없다는 듯이 우리의 죄악은 무엇이며 우리가 범한 죄는 무엇이냐고 반문하였었다(10절). 하나님은 그들의 도전에 대하여 바로 거기에서 대답을 해주셨지만, 여기에는 그 반문에 대한 추가적인 대답이 나온다.

I. 하나님은 그가 죄인들을 고소할 때에 열거한 모든 범죄사실은 이미 검증

된 것이라고 말씀하신다. 그들의 죄는 너무도 명백해서 부정할 수 없는 것이고 너무도 악해서 변명할 여지가 없다. 그들에게는 범죄에 있어서 정상참작을 해 달라거나 심판을 멈추든지 완화해 달라는 요구를 할 수 있는 그 어떤 구실도 존재하지 않는다.

1. 그들의 죄는 모든 것을 아시는 하나님께서 적어 놓으신 책과 그들 자신의 양심에 기록되어 있기 때문에, 그들은 무죄를 주장할 수 없다. 아니, 그들의 죄는 세상 사람들의 눈에 분명하게 드러나 있다(1-2절). 그들의 죄는 누구나 읽기 쉽고 결코 지울 수 없는 방식으로 하나님 앞에 기록되어 있고, 결코 잊어버리지 않도록 하기 위해 하나님의 곳간에 봉하여져 있다(신 32:34). 그 책에서 그들의 죄는 금강석 끝 철필로 기록되어 있다. 그렇게 기록된 것은 욥이 말하듯이 영원히 돌에 새겨져서(욥 19:24) 세월이 가도 닳아 없어지지 않는다. 죄인들의 죄는 하나님께 사함을 받기 전에는 결코 잊혀지지 않는다는 것을 명심하라. 우리의 죄는 회개를 통해서 우리 앞에서 없어질 때까지는 하나님 앞에 항상 있다. 그것은 그들의 마음 판에 새겨져 있다. 그들의 양심이 수많은 증인들을 대신하여 그 죄에 대하여 증언한다. 마음에 새겨진 것은 한동안 덮여 있고 드러나지 않을 수도 있지만, 새겨진 것이기 때문에 지워질 수는 없고, 책들이 펼쳐지게 될 때에 분명하게 드러나게 된다. 아니, 우리는 마음 판을 들먹일 필요도 없다. 아마도 그들은 그들의 양심이 깨우쳐 주는 그들의 죄를 인정하지 않을 것이기 때문이다. 그들의 죄를 증명하기 위해서는 그들의 제단 뿔만 보아도 된다. 왜냐하면, 그들은 우상들에게 바치는 제물의 피를 그 제단 뿔에 뿌렸을 것이고, 그 제단이 어떤 우상의 제단인지를 나타내기 위해서 거기에 우상의 이름을 새겼을 것이기 때문이다. 그들의 이웃들, 그들이 자신의 욕망을 채우기 위해 악용하였던 모든 피조물들이 그들을 쳐서 증언할 것이다. 거기에다가 그들의 자녀들조차 그들을 쳐서 증언하게 되면, 증거는 완벽해질 것이다. 그들의 부모들이 시치미를 떼고 발뺌을 할 때에 자녀들은 진실을 말해줄 것이다. 자녀들은 어릴 적에 그들의 부모들이 데리고 갔던 제단들과 아세라들을 기억해낼 것이다(2절). 그들에게는 우상들이 넘쳐났고, 그들은 어릴 적부터 우상들을 알았으며, 우상들에 대하여 아주 자주 그리고 아주 친밀하게 기쁜 마음으로 얘기했던 것으로 보인다.

2. 그들은 앞으로 그들이 회개할 것이라거나 마음을 고쳐 먹겠다고 호소해

도 소용이 없을 것이다. 그들의 죄로 인한 죄책이 부정할 수 없는 것임과 마찬가지로, 죄에 이끌리는 그들의 성향도 너무도 강해서 치료가 불가능하다. 많은 이들은 이 본문을 이런 의미로 이해한다(1-2절). 그들의 죄는 금강석 끝 철필로 기록한 것처럼 그들의 마음 판에 깊이 새겨져 있다. 그들에게는 죄에 대한 뿌리 깊은 애착이 존재한다. 죄에 대한 애착은 거의 그들의 천성처럼 되어 있다. 우리가 좋아하는 것에 대하여 말할 때에 그것이 우리의 마음에 새겨져 있다고 말하는 것에서 알 수 있듯이, 그들은 그들이 저지르는 죄를 너무도 좋아한다. 우상들을 연연해하는 그들의 마음은 예나 지금이나 강해서, 하나님의 말씀이나 회초리로 그들로 하여금 우상들을 잊게 만들거나 그들에게서 우상들에 대한 집착을 끊어내는 것은 불가능하다. 그것은 그들의 제단 뿔에 새겨져 있다. 그들은 그들의 이름을 제단에 새겨서 우상들에게 바쳤고, 그들이 이렇게 서약한 것을 끝까지 따르기로 단단히 결심하였다. 그들은 그들 자신을 그들의 제단 뿔에 끈으로 묶어 놓은 셈이었다. 2절도 이런 의미로 읽는 것이 얼마든지 가능하다. 그들은 그들의 자녀들을 생각하듯이 그들의 제단들과 아세라들을 생각한다. 그들은 마치 우상들이 그들의 자녀라도 되는 듯이 우상들을 아주 좋아하고 우상들에게서 기쁨을 느끼며 우상들과 떨어지기를 몹시 싫어한다. 그들은 우상들과 생사를 같이 하고자 하고, 여인이 그 젖 먹는 자식을 잊을 수 있을지언정 그들은 우상들을 잊을 수 없다.

II. 하나님은 그가 고소한 죄들을 이렇게 완벽하게 증명하신 후에 정해진 심판을 확인해 주시고 판결을 재가하신다(3-4절). 그들이 이렇게 그들의 죄악들에 집착하고 결별하고자 하지 않는다면, 그들은 다음과 같이 될 것이다.

1. 그들은 그들이 지닌 보물들과 결별하게 될 것이고, 그것들은 낯선 자들의 손에 주어질 것이다. 예루살렘은 들에 있는 하나님의 산이다. 예루살렘은 평지 한가운데 있는 언덕 위에 세워졌다. 하나님은 그 부유한 성의 모든 보물을 노략을 당하게 하실 것이다. 또는, 들에 있는 나의 산들, 네 재산과 네 모든 보물을 내가 노략을 당하게 하리라. 농촌에서 생산된 것들과 도시에 쌓아 두었던 것들이 둘 다 갈대아인들에게 빼앗기게 될 것이다. 하나님이 사람들에게서 우상들을 섬기기 위해 사용된 것들과 그들의 욕망을 채우는 데에 사용된 것들을 빼앗아 버리시는 것은 의로우신 일이다. 너희는 나의 산(이 온 땅이 하나님의 산이었다, 시 78:54; 신 11:11)을 너희가 죄를 짓기 위한 산당들로 바꾸어 놓았고, 높은 언덕

들 위에서 우상들을 섬겼기 때문에(2절), 이제 그것들은 네 온 영토에서 노략을 당하게 될 것이다. 우리가 죄를 짓는 데에 사용하는 것들을 하나님은 노략을 당하게 하실 것이다. 하나님을 욕되게 하는 데에 사용하였던 바로 그 물건이 우리에게 어떤 위로를 가져다 주기를 바란다는 것이 말이 되겠는가?

2. 그들은 하나님이 주신 그들의 기업과 결별하고, 포로가 되어 낯선 땅으로 끌려가게 될 것이다(4절). 내가 네게 준 네 기업에서 네 자신(또는, 네 자신과 네게 속한 자들, 즉 온 주민들)이 네 손을 뗄 것이다. 하나님은 그 땅이 그들의 기업이 었고, 그가 그들에게 그 땅을 주었다는 것을 시인하신다. 그들은 그 땅을 소유할 수 있는 의심할 여지 없는 권리를 지니고 있었기 때문에, 그 땅을 스스로 내팽개쳐 버린 그들의 어리석음은 한층 더 부각되었다. 네가 그 땅을 빼앗긴 것은 네 자신으로 말미암은 것, 즉 네 자신의 잘못 때문이다(어떤 이들은 이렇게 읽는다). 네 땅에 대한 너의 점유는 일시적으로 중단될 것이다. 율법에서는 그들에게 칠년마다 한 해씩 그들의 땅을 쉬게(이것이 여기에서 사용되고 있는 단어이다) 할 것을 정해 놓았었다(출 23:11). 그들은 그 율법을 지키지 않았고, 이제 하나님은 그들로 하여금 강제적으로 그들의 땅을 쉬게 하지 않을 수 없도록 하실 것이다(그 땅은 안식을 누리리라, 레 26:34). 그렇지만 그것은 그들에게는 결코 안식이 되지 못할 것이다. 그들은 그들이 알지 못하는 땅에서 그들의 원수를 섬기게 될 것이다. 좀 더 살펴보자.

(1) 죄는 우리의 위로와 즐거움들을 중단되게 만들고, 하나님이 우리에게 주신 것을 누리는 기쁨을 우리에게서 빼앗아 버리는 역할을 한다.

(2) 하지만 소유의 중단은 권리의 폐기를 의미하지는 않기 때문에, 회개하기만 한다면 언제든지 그들은 그 소유를 다시 회복할 수 있다. 현재에 있어서는 너희가 내 노를 맹렬하게 하여 아주 격렬하게 타오르도록 하였기 때문에 그 불은 영원히 탈 것처럼 보인다. 사실 너희가 회개하지 않는다면, 정말 그렇게 될 것이다. 왜냐하면, 영원하신 하나님의 진노가 영원히 죽지 않는 영혼들에게 항상 붙어 다닐 것이기 때문이다. 누가 주의 노여움의 능력을 알랴.

5여호와께서 이와 같이 말씀하시니라 무릇 사람을 믿으며 육신으로 그의 힘을 삼고 마음이 여호와에게서 떠난 그 사람은 저주를 받을 것이라 6그는 사막의 떨기나무 같아서 좋은 일이 오는 것을 보지 못하고 광야 간조한 곳, 건건한 땅, 사람이 살지 않는 땅에 살리라 ⁷그러나 무릇 여호와를 의지하며 여호와를 의뢰하는 그 사람은 복을 받을 것이라 ⁸그는 물 가에 심어진 나무가 그 뿌리를 강변에 뻗치고 더위가 올지라도 두려워하지 아니하며 그 잎이 청청하며 가무는 해에도 걱정이 없고 결실이 그치지 아니함 같으리라 ⁹만물보다 거짓되고 심히 부패한 것은 마음이라 누가 능히 이를 알리요마는 ¹⁰나 여호와는 심장을 살피며 폐부를 시험하고 각각 그의 행위와 그의 행실대로 보응하나니 ¹¹불의로 치부하는 자는 자고새가 낳지 아니한 알을 품음 같아서 그의 중년에 그것이 떠나겠고 마침내 어리석은 자가 되리라

이 단락에서 설파되고 있는 뛰어난 가르침은 우리 모두에게 관련되어 있는 유익한 것으로서 유다와 예루살렘의 현재의 상태와 어떤 특별한 관계가 있어 보이지는 않는다. 선지자의 설교들은 모두 다 예언적인 것은 아니었고, 그것들 중 일부는 실천적인 것이었다. 그렇지만 여기에 골자(骨子)만 나와 있는 것으로 보이는 이 강론은 그들에게도 환난 날에 하나님 이외의 다른 것들을 의지하지 말라고 주의를 주는 것으로서 유용했을 것이다. 우리는 모두 다음과 같은 것들에 대하여 우리가 여기에서 가르침 받는 것을 잘 배워야 한다.

I. 환난에 처해 있을 때에 피조물들을 의지해서 거기에서 빠져 나오고자 하는 자들이 반드시 겪게 될 실망과 속상함에 대하여(5-6절).　무릇 사람을 믿는 그 사람은 저주를 받을 것이라. 하나님은 그 사람이 그렇게 함으로써 그에게 가한 모욕 때문에 그 사람에게 저주를 선언하시는 것이다. 또는, 그렇게 행하는 그 사람은 불쌍한 자이다. 왜냐하면, 그는 상한 갈대를 의지하고 있어서, 그 상한 갈대가 그를 실망시킬 뿐만 아니라 그의 손을 찔리게 될 것이기 때문이다. 좀 더 살펴보자.

1. 여기에서 단죄되고 있는 죄. 그것은 사람을 믿는 것, 즉 오직 하나님에게만 돌려져야 할 지혜와 능력, 자비와 신실을 특정한 사람들에게 돌리고 그 사람들을 의지하며, 하나님의 섭리의 손길 속에서 도구들에 불과한 사람들을 마치 무엇이라도 할 수 있는 자들인 것처럼 여겨서 기대하고 우리의 모든 것을 맡기는 것이다. 그것은 육신으로 힘(원문에는 팔)을 삼는 것, 즉 우리의 육신으로 우리의 목적을 이룰 수 있을 것이라 생각하여 그 육신에 기대고, 우리의 육신 아래로 피하여 우리를 보호해 줄 것을 기대하는 것이다. 하나님은 그의 백성의 팔이시다(사 32:2). 우리는 하나님이 우리의 팔이 되어 주시는 데도 피조

물을 우리의 팔로 삼을 생각을 아예 하지 말아야 한다. 사람을 육신이라 표현한 것은 사람을 믿고 의지하는 자들의 어리석음을 보여주기 위한 것이다. 사람은 육신이고, 뼈나 힘줄도 없는 육신처럼 약하고 가녀려서 그 속에 힘이 전혀 없다. 사람은 죽은 것이나 다름없는 영 없는 육신처럼 무기력하여 아무 일도 하지 못한다. 사람은 육신처럼 죽을 수밖에 없고 지금도 죽어가고 있는 존재로서 끊임없이 소모되어 가다가 결국에는 썩어 부패하고 만다. 아니, 사람은 거짓되고 죄악되어 순전함을 잃어버린 존재이다. 사람이 육신이라는 것은 그런 것을 의미한다(창 6:3).

2. 이 죄 속에 있는 커다란 악. 그것은 불신앙의 악한 마음을 품고 살아 계신 하나님을 떠나는 것이다. 사람을 의지하는 자들이 설령 입으로는 하나님을 가까이 하고 입술로는 하나님을 공경하며 하나님을 그들의 소망이라 부르고 그들은 하나님을 믿고 의지하노라고 말할지라도, 실제로 그들의 마음은 하나님을 떠난 것이다. 그들은 하나님을 불신하고 멸시하며 하나님과의 교통을 거절한다. 물 웅덩이(저수지)에 집착하는 것은 샘을 미워하여 버리는 것이다.

3. 이 죄의 치명적인 결과들. 사람을 의지하는 자는 자기 자신에게 사기를 치는 것이다. 왜냐하면, 그는 사막의 떨기나무, 곧 불모지에서 자라나 수액도 없고 아무 데도 쓸모없는 관목 같을 것이기 때문이다. 그의 위로였던 것들은 모두 그를 실망시킬 것이고, 그의 소망이었던 것들은 헛된 것들이 되고 말 것이다. 그는 시들어서 안으로는 낙심하고 밖으로는 주변의 모든 사람들에게 짓밟힐 것이다. 좋은 일이 올 때에 그는 그것을 보지 못할 것이고 거기에 동참하지 못할 것이다. 시절이 좋아지더라도 그의 사정은 나아지지 않고, 도리어 그는 광야 간조한 곳에 살 것이다. 그의 기대는 끊임없이 좌절될 것이다. 다른 사람들은 수확을 하고 있는 데도, 그는 아무것도 수확하지 못할 것이다. 그리스도의 공로와 은혜 없이도 얼마든지 잘 할 수 있다고 생각하여 자기 자신의 의와 힘을 의지하여 육신으로 힘을 삼는 자들의 영혼은 은혜나 위로를 받는 일에 형통할 수 없다. 그들은 하나님이 기뻐 받으시는 섬김을 행하는 데에서 오는 열매들을 맺을 수 없고, 하나님으로부터 구원의 축복에서 나오는 열매들을 거둘 수 없다. 그들은 메마른 땅에서 살고 있다.

Ⅱ. 하나님을 자신의 의지처(依支處)로 삼고서 그의 섭리와 약속 안에서 믿음으로 살며 언제나 하나님과 그의 인도하심에 자신을 맡기고 아무리 소란한

때에라도 하나님과 그의 사랑 안에서 평안히 쉬는 자들이 현재 갖고 있고 앞으로 갖게 될 풍성한 만족에 대하여(7-8절). 좀 더 살펴보자.

1. 우리에게 요구되는 본분. 그것은 여호와를 의지하는 것, 여호와에 대한 우리의 본분을 다하면서 우리가 본분을 다할 수 있도록 우리를 붙잡아 주시라고 하나님을 의지하는 것, 피조물들과 제2원인자들이 우리를 속이거나 위협하며 우리에게 거짓되거나 우리를 해치려고 사납게 달려들 때에 우리를 실망시킨 것들의 자리를 다 채워주시고 우리를 해치고자 하는 것들로부터 우리를 보호해 주시기에 충분한 힘을 지니신 하나님께 우리 자신을 맡기는 것이다. 그것은 여호와를 우리의 소망으로 삼는 것, 하나님의 은총을 우리가 바라는 좋은 것으로 삼고, 하나님의 능력을 우리가 소망을 두는 바로 그 힘으로 삼는 것이다.

2. 이러한 본분을 다할 때에 따라오는 위로. 그렇게 하는 자는 물 가에 심어진 극상품 나무 같을 것이다. 하나님은 신경을 많이 쓰셔서, 그를 광야 간조한 곳과는 거리가 먼 아주 좋은 땅에 심으신다. 그는 그 뿌리를 땅 속에 깊이 박은 채 강변에 뻗치고 풍부한 수액을 빨아올리는 나무와 같을 것이다. 이것은 하나님을 자신의 소망으로 삼는 자들이 갖게 되는 견고함과 위로를 나타낸다. 그들은 편안하고 즐거우며 언제나 안정감과 마음의 평정을 누린다. 이렇게 심어져서 물을 잘 공급받는 나무는 더위가 올지라도 두려워하지 아니하며, 한여름의 땡볕에도 아무런 해를 입지 않을 것이고, 뿌리가 습기를 잘 뽑아올리기 때문에 가뭄이 와도 걱정이 없을 것이다. 하나님을 자신의 소망으로 삼는 자들은 다음과 같을 것이다.

(1) 그들은 그 잎이 항상 청청하여 시들지 않는 나무처럼 사람들로부터 신망이 두터울 것이고 즐거움도 많을 것이다. 그들은 스스로도 항상 밝고 쾌활하며, 다른 사람들의 눈으로 보기에도 아름다울 것이다. 하나님께서는 이렇게 그를 의뢰하여 그에게 영광을 돌리는 자들을 영화롭게 하실 것이고, 항상 푸른 상록수처럼 그들이 사는 곳에서 자랑거리와 기쁨이 되게 하실 것이다.

(2) 그들은 내면에서 견고한 평안과 만족을 누릴 것이다. 그들은 비가 오지 않아 가무는 해에도 걱정이 없을 것이다. 왜냐하면, 나무는 그 자체 속에 씨를 지니고 있는 것과 마찬가지로 물기도 지니고 있기 때문이다. 하나님을 자신의 소망으로 삼는 자들은 피조물들이 주는 온갖 위로들이 없어도 그러한 것들을 보충해 주고도 남음이 있는 그런 위로를 하나님 안에서 누리게 된다. 우리에게

샘이 되시는 하나님이 계시는 한, 우리는 저수지가 터지면 어쩌나 전전긍긍해할 필요가 없다.

(3) 그들은 거룩함과 온갖 선한 일들에서 풍성한 열매를 맺을 것이다. 하나님을 의지하고 믿음으로 그에게서 힘과 은혜를 공급받는 자들은 결실이 그치지 아니할 것이다. 그들은 하나님의 영광, 다른 사람들의 유익, 그들 자신의 유익이 되는 일들을 할 수 있는 힘을 계속해서 공급받게 될 것이다.

Ⅲ. 사람의 마음의 죄악됨에 대하여. 하나님은 늘 사람의 마음을 살피신다 (9-10절). 사람은 부숴지기 쉬운 연약한 존재일 뿐만 아니라 거짓되고 속이는 존재이기 때문에 사람을 의지하는 것은 어리석은 짓이다. 우리는 우리가 하나님을 의지하니 여기에서 그런 자들에게 약속된 축복들을 받을 자격이 있다고 생각하기 쉽다. 그러나 그런 생각은 다른 어느 것과 마찬가지로 우리 자신의 마음이 우리를 속이는 것이다. 제2원인자들이 미소 짓느냐 눈살을 찌푸리느냐에 따라 우리의 소망이나 걱정이 생겼다 없어졌다 하는 우리의 모습을 통해서 우리가 실제로 하나님을 의지하지 않는다는 것이 명확히 드러났는데도, 우리는 우리가 하나님을 의지한다고 생각한다.

1. 사람의 마음이 죄악되다는 것은 일반적으로 진실이다.

(1) 우리 마음속에는 우리 자신이 알지 못할 뿐만 아니라 거기에 있으리라고는 꿈에도 생각하지 못했던 그런 악이 자리잡고 있다. 아니, 그들 자신의 마음을 실제보다 훨씬 더 선한 것으로 생각하는 것은 사람들이라면 누구나 저지르는 잘못이다. 부패하고 타락한 상태에서 사람의 마음, 사람의 양심은 만물보다 거짓되다. 사람의 마음은 교묘하고 거짓되다. 그것은 계략을 써서 넘어뜨리려고 하는 성향을 지니고 있다(이것이 원어의 원래의 의미이다). 성경을 보면, 야곱의 이름에 이 단어가 사용되고 있다. 야곱이라는 이름은 계략을 써서 넘어뜨리는 자를 의미한다. 사람의 마음은 악을 선이라 하고 선을 악이라 하며, 무엇이든지 실제와 다르게 곡해하고, 평안을 누릴 자격이 없는 자들에게 평안이 있을 것이라고 큰소리친다. 사람들은 그들의 마음속에서 하나님이 없다거나 보시지 않는다거나 요구하시지 않는다거나 그들이 계속해서 죄를 지어도 그들에게는 여전히 평안이 있을 것이라고 말할 때(즉, 그들의 마음이 그들에게 속삭이는 것이다)와 이와 비슷한 마음의 무수한 속삭임들 속에서 마음은 거짓되고 사람을 속인다. 사람의 마음은 사람을 속여서 파멸에 빠뜨린다. 나아가, 사람

들 자체가 스스로를 속이는 자들이요 스스로를 파멸시키는 자들이기 때문에, 사정은 훨씬 더 악화된다. 이렇게 사람의 마음은 심히 부패되고 악하다. 그것은 치명적이고 어쩔 도리가 없이 절망적이다. 사람의 다른 기관들의 잘못을 바로 잡아 주어야 할 양심이 도리어 거짓의 어머니요 사기의 주모자라면, 사정은 정말 나쁘고 통탄스러우며 구제불능이 된다. 사람 안에서 여호와의 촛대여야 할 것이 잘못된 빛을 비추고 있고, 하나님이 사람의 유익을 위하여 봉사하라고 영혼 속에 있는 두신 하나님의 대리자가 도리어 사람의 유익을 해치고 있다면, 사람은 어떻게 되겠는가? 사람의 마음의 거짓됨이 이와 같기 때문에, 우리는 누가 능히 이를 알리요라고 말할 수 있다. 사람의 마음이 얼마나 악한지를 누가 설명할 수 있겠는가? 우리는 우리 자신의 마음을 알 수 없고, 시험의 때에 우리 마음이 무슨 짓을 할지도 알 수 없으며(히스기야나 베드로도 알지 못하였다), 우리 마음속에 어떤 부패한 심성(心性)들이 들어 있는지, 우리 마음이 얼마나 많은 것들에서 잘못되었는지를 알 수 없다. 누가 자신의 잘못들을 깨달을 수 있겠는가? 다른 사람들의 마음은 우리가 더더욱 알 수 없고, 따라서 의지할 수도 없다.

(2) 그러나 하나님은 사람의 마음속에 어떤 악이 있는지를 보시고 아시며, 완벽하게 알고 계셔서 줄줄이 다 꿰고 계신다. 나 여호와는 심장(즉, 마음)을 살핀다. 이 말씀은 마음속에 있는 모든 것, 마음의 모든 생각들(그냥 스쳐간 생각이라 할지라도), 우리 자신이 무심코 넘겨버린 생각들에 적용되고, 아무리 은밀하고 아주 교묘하게 위장하였으며 다른 사람들이 전혀 눈치채지 못한 그런 마음의 모든 의도들에도 적용된다. 사람들은 속아넘어갈 수 있지만, 하나님은 속지 않으신다. 하나님은 모든 것을 꿰뚫어 보시는 눈으로 사람의 심장을 살피실 뿐만 아니라 폐부를 시험하셔서, 그가 각 사람에게서 찾아내신 것들에 대하여 그것들이 지닌 참된 성격과 무게의 경중(輕重)을 따지셔서 판단을 내리신다. 금이 과연 제대로 된 금인지 아닌지를 시험하고, 죄수가 과연 유죄인지 무죄인지를 시험하듯이, 하나님은 사람의 마음을 시험하신다. 하나님이 각 사람의 마음에 대하여 이렇게 판단하시는 것은 각 사람에 대하여 판단하시기 위한 것이다. 하나님은 각 사람을 그의 행위대로 보응하시고(각 사람의 행위의 공과와 성향에 따라서, 생명 길로 행한 자들에게는 생명을, 포악한 자의 길을 고집한 자들에게는 사망을 보응하신다), 또한 그의 행실대로 보응하신다(그의 행위가 다

른 사람들에게 미친 효과와 영향, 또는 하나님의 말씀에 의해서 사람들의 행위의 열매로 결정되어 있는 것에 따라서, 순종한 자들에게는 축복을, 불순종한 자들에게는 저주를 보응하신다). 오직 하나님만이 사람들의 마음을 아시기 때문에, 하나님만이 재판장이시라는 것을 명심하라.

2. 사람의 마음이 거짓되다는 것은 특히 마음의 온갖 거짓과 악, 그 모든 타락한 꾀, 욕구, 의도에 대하여 진실이다. 하나님은 그러한 것들을 눈여겨 보며 분별하고 계신다. 하나님은 마음의 은밀한 행위에 대하여 판단하신다(이것은 사람이 할 수 있는 일이 아니다). 우리 자신의 악에 대하여 하나님은 우리 자신이 아는 것보다 더 많이 아신다. 이것은 우리가 우리 자신에게 듣기 좋은 말을 하지 말고 언제나 하나님의 판단을 경외감으로 기다려야 하는 이유라는 것을 명심하라.

IV. 부당하고 불의하게 얻어진 재물에 수반되는 저주에 대하여. 유다와 예루살렘에서 주로 울부짖던 죄들은 사기와 폭력이었다. 이제 선지자는 그러한 죄들을 범했다가 지금은 그들이 가진 모든 것을 날려버린 자들로 하여금 그들이 당한 벌 속에서 그들이 어떤 죄를 지었는지를 읽을 수 있도록 하고자 한다(11절). 불의로 치부하는 자는 자기가 가진 재물을 자신의 소망으로 삼을지라도 결코 그 재물로 인한 기쁨을 누리지 못하게 될 것이다. 불법적인 수단들을 동원해서 재물을 얻는 자들은 그렇게 해서 재물을 얻을 수 있고 그 재물로 한동안 형통할 수도 있다. 돈을 얻을 수만 있다면 이웃들을 속이고 압제하고자 하는 유혹을 느끼는 사람들이 많다. 헛된 말과 속이는 말로 재물을 모은 자는 자신의 성공을 기뻐하며 나는 부자이고 죄 지은 것도 없다고 말하겠지만(호 12:8), 그의 한창 때에 그 재물이 그를 떠나게 될 것이다. 그들이 죽어서 재물에게서 떠나거나 그들에게서 재물이 떠날 것이다. 하나님은 그 부자가 영혼아 여러 해 쓸 물건을 많이 쌓아 두었으니 평안히 쉬자라고 말할 그 때에 어떤 불의의 사고로 그를 이 땅에서 끊어 버리실 것이다(눅 12:19-20). 그가 남겨둔 재산은 그가 모르는 자에게 돌아갈 것이고, 그는 이 세상을 떠나면서 한 푼도 가져갈 수 없을 것이다. 이것은 죽을 때에 재산을 두고 떠나는 것이 세상적인 사람에게 얼마나 원통하고 분한 일인지를 보여준다. 불의하게 재물을 모은 자들에게는 죽음은 공포가 되는 것이 당연하다. 왜냐하면, 자기가 모아 놓은 재산은 그를 따라서 저 세상으로 갈 수 없지만, 그가 지은 죄에 대한 죄책(罪責)과 영원한 고통은

저 세상까지 그를 따라갈 것이기 때문이다(얘 이것을 기억하라, 눅 16:25). 이렇
게 그는 마침내 어리석은 자가 될 것이다. 나발은 그토록 욕심많게 재물에 집착
하였지만 그의 마음이 돌처럼 굳어 죽게 되었을 때에 재물은 그에게 아무 소용도
없었다. 그는 처음부터 끝까지 어리석은 자였다. 그의 양심은 그에게 이따금씩
그렇게 말해 주었지만, 마침내 결국 그는 그렇게 되어 버릴 것이다. 그들의 나
중, 즉 인생의 말년에 어리석은 자로 드러난 자들은 정말 어리석은 자들이다.
지혜로운 자들이라 칭찬을 받고 한평생 자기 한 몸 잘 먹고 잘 산 많은 사람들은
결국에는 어리석은 자였음이 드러날 것이다(시 49:13, 18). 은혜를 받은 자들
은 인생의 말년에 지혜로울 것이고, 죽을 때에 그 위로를 받을 것이며, 그 유익
을 영원토록 받게 될 것이다(잠 19:20). 그러나 세상의 재물에서 행복을 구하
고 수단과 방법을 가리지 않고서 부자가 된 자들은 너무 늦어서 치명적인 잘못
을 바로잡을 수 없게 되었을 때에야 그 어리석음을 후회하게 될 것이다. 이것
은 자고새가 낳지 아니한 알을 품음 같아서, 결국 그 알들은 깨지거나(욥 39:15)
도둑맞거나(사 10:14) 썩어 버리게 될 것이다. 이와 같은 처지를 겪는 어떤 유
의 새를 유대인들은 잘 알고 있었다. 부자는 재물을 모으려고 많은 수고를 하
고 재물을 부화시켜 보고자 품어 보지만, 그 재물로부터 어떤 위로나 만족도
얻지 못한다. 죄악된 일들을 통해서 부자가 되고자 하는 그의 계획은 다 잘못
되어 수포로 돌아가 버리고 만다. 그러므로 우리는 기회가 주어질 때에 지혜로
워야 한다. 우리가 재물을 정직하게 모아서 구제에 사용한다면, 그것은 영원을
위해 선한 토대를 예비하는 것이기 때문에 지혜로운 것이다.

[12]영화로우신 보좌여 시작부터 높이 계시며 우리의 성소이시며 [13]이스라엘의 소망
이신 여호와여 무릇 주를 버리는 자는 다 수치를 당할 것이라 무릇 여호와를 떠나
는 자는 흙에 기록이 되오리니 이는 생수의 근원이신 여호와를 버림이니이다 [14]여
호와여 주는 나의 찬송이시오니 나를 고치소서 그리하시면 내가 낫겠나이다 나를
구원하소서 그리하시면 내가 구원을 얻으리이다 [15]보라 그들이 내게 이르기를 여호
와의 말씀이 어디 있느냐 이제 임하게 할지어다 하나이다 [16]나는 목자의 직분에서
물러가지 아니하고 주를 따랐사오며 재앙의 날도 내가 원하지 아니하였음을 주께
서 아시는 바라 내 입술에서 나온 것이 주의 목전에 있나이다 [17]주는 내게 두려움이
되지 마옵소서 재앙의 날에 주는 나의 피난처시니이다 [18]나를 박해하는 자로 치욕

을 당하게 하시고 나로 치욕을 당하게 마옵소서 그들은 놀라게 하시고 나는 놀라게 하지 마시옵소서 재앙의 날을 그들에게 임하게 하시며 배나 되는 멸망으로 그들을 멸하소서

우리는 앞에서 종종 보았듯이 여기에서도 선지자가 골방에 들어가 묵상하며 하나님과 홀로 대면하는 모습을 본다. 그들의 사역에서 위로를 얻고자 하는 사역자들은 많은 시간을 그렇게 하여야 한다. 여기에서 하나님이나 자신의 마음과 대화를 하면서 선지자는 경건한 영혼들이 종종 그들의 독백 속에서 그러하듯이 말의 논리성이나 체계성 같은 것에 너무 얽매이지 않은 채 이것저것을 두서 없이 자유롭게 풀어 놓는다.

I. 선지자는 하나님이 자기 백성 가운데 계시 종교를 세우시고 신적인 제도들을 통해서 그들을 존귀하게 하신 것은 큰 은총이었다는 것을 고백한다(12절). 시작부터 높이 계신 영화로우신 보좌는 우리의 성소이시나이다. 하나님께서 그의 특별한 임재를 나타내셨고 살아 있는 말씀들이 거기에 있으며 백성들이 그들의 주군(主君)에게 예를 표하며 충성을 맹세하고 환난의 때에 거기로 피하였던 예루살렘 성전은 그들의 성소였다. 그 곳은 높고 영화로운 보좌였다. 그 곳은 거룩의 보좌였기 때문에, 그 보좌는 진정으로 영화로웠다. 그 곳은 하나님의 보좌였기 때문에 그 보좌는 진정으로 높았다. 예루살렘은 큰 왕의 성, 즉 이스라엘의 왕이실 뿐만 아니라 온 세상의 왕이신 분의 성으로 불리기 때문에 세상의 수도 또는 왕도라고 하여도 틀린 말이 아니다. 예루살렘은 처음부터, 즉 다윗이 그 성을 처음으로 계획하고 솔로몬이 실제로 건축한 때로부터 높고 영화로운 곳이었다(대하 2:9). 하나님께서 그들 가운데 그런 영화로운 보좌를 세우신 것은 이스라엘의 영광이었다. 우리의 성소는 높고 영화로운 보좌(즉, 하늘)와 같나이다(어떤 이들은 이렇게 읽는다). 모든 선한 자들은 하나님의 규례들을 아주 소중히 여기고 숭상하며, 성소를 높고 영화로운 보좌로 여긴다는 것을 명심하라. 예레미야가 여기에서 이것을 언급한 이유는 하나님께 그의 영광의 보좌(렘 14:21)를 위하여 이 땅에 긍휼을 베풀어 주시라고 탄원하기 위한 것이거나 하나님의 보좌가 그들 가운데 있는데도 그들이 하나님을 버리고 그의 면류관과 성소를 그토록 욕되게 한 것이 얼마나 큰 죄인지를 더욱 부각시키기 위한 것이었다.

Ⅱ. **선지자는 하나님을 버리고 떠난 자들, 하나님에 대한 충성 맹세를 깨고 반역한 자들을 하나님께서 버리신 것은 의로운 일이었다고 고백한다**(13절). 그가 이런 말을 하는 것은 이것이 확실하다는 것과 공평하다는 것에 동의한다는 것을 보이기 위한 것이다. 이스라엘 중에서 주께 꼭 붙어 있는 자들의 소망이신 여호와여 무릇 주를 버리는 자는 다 수치를 당할 것이라. 그들은 그들을 속이고 부끄럽게 만들 헛되고 거짓된 것들(즉, 우상들)을 섬기려고 주를 버린 것이기 때문에 반드시 수치를 당하게 될 것이다. 그들은 스스로 부끄러운 짓을 했기 때문에 수치를 당하게 될 것이다. 그들은 환난이 닥쳤을 때에 그들을 도와주실 수 있는 유일한 분을 버린 것이기 때문에 수치를 당해도 할 말이 없을 것이다. 그들로 수치를 당하게 하소서(어떤 이들은 이렇게 읽는다). 이렇게 해석하면, 이것은 하나님의 진노를 그들에게 내려 달라는 경건한 기원이거나 그들에게 은혜를 주셔서 스스로 부끄러워하며 참회하게 해주시라는 탄원이 된다. "무릇 나, 곧 내가 전한 하나님의 말씀을 떠나는 자는 사실상 하나님을 떠나는 것이다." 이것은 사람들이 선지자에게 돌아오는 것을 하나님께로 돌아왔다고 말하는 것과 같다(렘 15:19). 주를 떠나는 자(어떤 이들은 이렇게 읽는다)는 흙에 기록될 것이다. 그들은 먼지에 쓴 글자처럼 곧 지워져 버리게 될 것이다. 그들은 짓밟혀서 멸시를 당하게 될 것이다. 그들은 땅에 속한 자들로서 땅에 자신의 보물을 쌓아두고 그 이름이 하늘에 기록되어 있지 않은 땅에 속한 사람들로 취급될 것이다. 그들은 터진 저수지를 의지하기 위해서 생수(즉, 샘물)의 근원이신 여호와를 버렸기 때문에, 그들의 어리석음을 만천하에 알리기 위해서 이렇게 그들의 이름을 이스라엘의 어리석은 자들 속에 기록하는 것이 마땅하다. 하나님은 그의 소유된 모든 자들에게 생수의 근원이시라는 것을 명심하라. 하나님 안에는 물 근원처럼 위로가 충만하고 항상 차고 넘친다. 죄의 쾌락들은 진흙탕물인 반면에, 생수는 샘물처럼 언제나 신선하고 맑고 깨끗하다. 하나님의 백성은 그 생수를 거저 마신다. 그것은 봉해진 물 근원이 아니다. 물이 풍부한 여호와의 동산을 버린 자들은 아담의 경우처럼 그들의 부패한 본성으로 인해서 동질감을 느끼는 붉은 흙으로 돌아가라는 선고를 받아 마땅하다. 하나님을 떠나는 자들은 흙에 기록된다.

Ⅲ. **선지자는 그를 고치시고 구원하시는 긍휼을 베풀어 주시라고 하나님께 기도한다.** "하나님을 떠나는 자들의 처지가 이토록 비참한 것이라면, 나로 하

여금 언제까지나 주께 가까이 있게 하시고(시 73:27-28), 그렇게 되도록 하기 위하여 여호와여 나를 고치시고 나를 구원하소서(14절). 나의 타락한 것들과 타락하고자 하는 나의 성향을 고치시고, 시대의 강력한 조류에 휩쓸려서 주를 버리지 않도록 나를 구원하소서." 선지자는 여러 가지 이유들 때문에 슬픔과 근심으로 심령이 상해 있었다. "여호와여, 주의 위로들로 나를 고치셔서 나로 편안하게 하소서." 그는 끊임없이 지각 없는 자들의 악의와 앙심에 노출되어 있었다. "여호와여, 그들에게서 나를 구원하시고, 나로 그들의 악한 손에 떨어지지 않게 하소서. 나를 고치소서. 즉, 주의 은혜로 나를 거룩하게 하소서. 나를 구원하소서. 즉 나로 주의 영광에 이르게 하소서." 지금 여기에서 거룩함을 입은 모든 자들은 내세에서 구원을 받게 될 것이다. 죄라는 질병을 제거하지 않으면, 영혼은 살 수가 없다. 이러한 탄원을 강화하기 위하여 선지자는 다음과 같은 것들에 호소한다.

1. 그가 하나님의 능력을 굳게 믿고 있다는 것. 나를 고치소서 그리하시면 내가 낫겠나이다. 주께서 치료하시면, 반드시 나을 것이라고 그는 믿음을 보인다. 그것은 일시적으로 낫는 것이 아니라 근본적으로 낫는 것이 될 것이다. 치료를 받기 위해서 하나님께 나아오는 자들은 그들을 치료하시는 의사가 그들의 병을 얼마든지 치료하실 수 있다는 것을 믿고 한없이 만족하여야 한다. 나를 구원하소서 그리하시면 나의 위험들과 원수들이 아무리 위협적이라고 해도 내가 반드시 구원을 얻으리이다. 하나님이 우리를 붙들어 주시면, 우리는 살 것이다. 하나님이 우리를 보호하시면, 우리는 안전할 것이다.

2. 그가 하나님의 영광을 위하여 진심으로 살고자 한다는 것. "주는 나의 찬송이시나이다. 내가 고침받고 구원받기를 원하는 것은 내가 살아서 주를 찬송하기 위함이니이다(시 119:175). 내가 찬송하는 이는 주이시고, 나는 주께 합당한 찬송을 다른 이에게 드린 적이 없나이다. 나는 주만 의지하기 때문에 내가 자랑하는 이는 주뿐이시나이다. 내게 끊임없이 찬송거리를 공급해 주시는 이는 주뿐이시고, 나는 주께서 이미 내게 주신 은총들에 대하여 주께 찬송을 올려드렸나이다. 주는 나의 찬송이 되시리이다"(어떤 이들은 이렇게 읽는다). "나를 고치시고 나를 구원하소서. 그리하시면, 주는 그로 인한 영광을 얻으시리이다. 나는 항상 주를 찬송하리이다"(시 71:6; 79:13).

IV. 선지자는 그가 말씀을 전하는 백성들이 신앙이 없고 뻔뻔스러울 정도로

불경(不敬)하다고 하소연한다. 그것은 그를 많이 괴롭혔기 때문에, 그는 주인의 심부름으로 손님들을 초대하러 갔다가 도리어 손님들에게 무시를 당했을 때에 돌아와서 그의 주인에게 이 일들을 고하였던 종처럼 하나님 앞에 자신의 이러한 괴로움을 고한다. 그는 하나님의 말씀을 그들에게 신실하게 전하였지만, 그들이 그를 보내신 분께 돌아가서 고하라고 한 말은 이런 것이었다. 보라 그들이 내게 이르기를 여호와의 말씀이 어디 있느냐 이제 임하게 할지어다 하나이다(15절; 사 5:19). 그들은 선지자를 희롱하였고, 그가 열과 성을 다해서 진지하게 전한 하나님의 말씀을 웃음거리로 만들었다.

1. 그들은 그가 전한 말씀이 진실이라는 것을 부정하였다. "네가 우리에게 전한 것이 여호와의 말씀이라면, 그것이 어디 있느냐? 그것이 왜 이루어지지 않는 것이냐?" 하나님은 오랫동안 참으시고 인내하셨지만, 이렇게 그들은 무례하게도 하나님의 오래 참으심을 선지자가 전하는 말씀의 진실성을 의심하는 근거로 악용하였다.

2. 그들은 그가 전한 말씀이 얼마나 두려운 것인지를 모르고 도리어 무시하고 도전하였다. "전능하신 하나님께 어디 한번 마음대로 해보시라고 해라. 그분이 말씀하신 모든 것이 우리에게 일어나게 해보라. 그래도 우리는 아무렇지도 않게 잘 지낼 것이다. 하나님을 사자라고 하는데, 사실 사자는 그리 사납지 않다(암 5:18)." 선지자는 이렇게 말한다. "여호와여, 믿으려 하지도 않고 두려워하지도 않는 사람들에게 말해 보아야 무슨 소용이 있나이까?"

V. 선지자는 그가 부르심을 받은 선지자직을 충성스럽게 수행하였다고 하나님께 호소한다(16절). 백성들은 선지자로 하여금 그의 사역에 싫증이 나게 만들고 그를 격분하게 하며 불안하게 만들어서, 그들의 신경을 건드릴 것을 두려워하여 그의 메시지를 바꾸어 대충 전하도록 유도하기 위하여 그들이 할 수 있는 온갖 짓을 다하였다. 그러나 그는 이렇게 말한다. "여호와여, 내가 그들에게 굴복하지 않았다는 것은 주께서 아시는 바라."

1. 그는 변함없이 그의 사역을 계속해 나갔다. 그가 수행한 선지자 직무는 그에게 명성과 안전을 보장해주기는커녕 도리어 그를 비난과 멸시와 해악에 노출시켰다. 그는 이렇게 말한다. "그렇지만 나는 목자의 직분에서 물러가지 아니하고 주를 따랐나이다. 나는 내 일을 떠나지도 않았고, 그만 두고 싶다고 청원하거나 휴가를 신청하지도 않았나이다." 선지자들은 백성들을 하나님의 선한

말씀으로 먹이는 목자들이었지만, 하나님을 따르는 목자들이 되어야 마땅했다. 모든 사역자들도 하나님의 마음에 합한 목자들이 되어서(렘 3:15), 하나님을 따르고 하나님이 주시는 지시와 교훈을 따라야 한다. 예레미야는 그런 목자였다. 그는 누구 못지 않은 어려움과 낙담을 겪었지만, 요나처럼 다른 곳으로 떠나버리고자 하지 않았고, 더 이상 하나님의 심부름을 하는 일에서 벗어나기를 원하지도 않았다. 하나님을 위해 쓰임받는 자들은 그들의 사역의 결과가 그들의 기대에 미치지 못하더라도 그들에게 주어진 사명을 내던져 버려서는 안 되고, 폭풍우가 거세게 그들의 얼굴을 내리쳐도 계속해서 하나님을 따라가야 한다는 것을 명심하라.

2. 그는 백성들에 대한 그의 애정을 계속해서 지켜 나갔다. 백성들은 그에게 심한 욕을 퍼붓고 냉대하였지만, 그는 그들을 불쌍히 여겼다. 재앙의 날도 내가 원하지 아니하였다. 그의 예언들이 성취되는 날은 예루살렘에게 재앙의 날이 될 것이었다. 그러므로 그는 그렇게 되지 않기를 빌었다. 재앙의 날이 온다면, 그를 핍박하던 자들에게 보기좋게 복수하는 것이 될 것이었고, 그가 참 선지자라는 것이 증명될 것이었기 때문에(그들은 그가 참 선지자라는 것에 대하여 의문을 품었었다, 15절), 이런 여러 가지 이유들 때문에 그는 그 날이 오기를 바랄 수도 있었지만, 그런 유혹을 뿌리치고 그 날이 결코 오지 않기를 빌었다. 하나님은 죄인들이 죽는 것을 원치 않으시고 도리어 그들이 돌이켜서 살기를 바라시기 때문에, 사역자들도 마땅히 그래야 한다는 것을 명심하라. 우리는 예레미야가 그랬던 것처럼 재앙의 날에 대하여 경고할지라도 그 날이 오기를 바라지 않아야 하고 도리어 그 날을 생각하고 울어야 한다.

3. 그는 하나님의 교훈들을 충실하게 그대로 전하였다. 만약 그가 책망이나 경고의 말씀을 그렇게 날카롭거나 심한 내용으로 전하지 않았더라면, 그는 얼마든지 백성들의 환심을 샀거나 적어도 그들의 분노를 피했을 것이지만 그렇게 하지 않았고, 하나님께서 주신 메시지를 충실하게 그대로 전하고자 하였다. 그가 그렇게 했다는 것은 그에게 위로가 되었다. "여호와여, 내 입술에서 나온 것이 주의 목전에 있나이다. 그것은 내가 주께 받은 것과 정확히 일치하나이다. 그래서 그들이 내게 시비를 거는 것이나이다." 우리가 말하고 행하는 것이 하나님 앞에서 옳다면, 우리는 사람들의 비난이나 질책을 무시할 수 있다는 것을 명심하라. 사람들에게 판단 받는 것은 매우 작은 일이다.

VI. 선지자는 하나님께서 그를 인정해 주시고 보호해 주실 것과 하나님이 그토록 명백하게 그에게 맡기셨고 그가 그토록 진심으로 헌신해 왔던 저 일을 즐거운 마음으로 계속해 나갈 수 있도록 해주실 것을 겸손히 하나님께 간구한다. 그는 여기에서 두 가지를 원한다.

1. 그가 그를 보내신 하나님을 섬기면서 위로를 받을 수 있게 해주시라는 것(17절). 주는 내게 두려움이 되지 마옵소서. 분명히 이 말 속에는 겉으로 표현된 것보다 더 깊은 뜻이 들어 있다. "나의 원수들이 나를 몰아부쳐서 나의 일을 그만두게 하거나 맥이 풀려서 나의 일을 할 수 없게 만들기 위해서 있는 힘을 다해서 나를 두렵게 하고자 할 때, 주는 내게 위로가 되어 주시고, 주의 은총이 내 마음을 기쁘게 하여 나로 힘을 얻게 해 주소서." 하나님께서 욥(욥 6:4)이나 아삽(시 77:3), 헤만(시 88:15)에게 한동안 그러셨듯이, 가장 선한 자들이라도 하나님을 그들의 두려움이 되게 만드는 그런 것을 가지고 있다는 것을 명심하라. 선한 자들은 여호와의 두려우심을 알기 때문에 다른 무엇보다도 여호와의 두려움을 무서워하고 그 두려움이 그들에게 임하지 않기를 기도한다. 아니, 아무리 무섭고 끔찍한 사건이 그들에게 일어나도, 또는 원수들이 그들에게 아무리 무시무시해 보여도, 하나님이 그들에게 두려움이 되지 않으시는 한, 그들은 충분히 잘 해나갈 수 있다. 그는 이렇게 호소한다. "주는 나의 소망이시나이다. 그러므로 다른 것들은 내가 두려워할 일이 없고, 재앙의 날에 그 재앙이 아무리 위협적이라고 해도, 나는 두려워하지 않나이다. 나는 오직 주만 믿고 의지하오니, 주는 내게 두려움이 되지 마옵소서." 믿음으로 하나님을 그들의 의지(依支)로 삼은 자들은 아무리 상황이 안 좋은 때라도 그런 상황이 그들의 잘못으로 빚어진 것만 아니라면 하나님이 그들의 위로가 되어 주시리라는 것을 명심하라. 우리가 하나님을 우리가 믿고 의지하는 분으로 삼는다면, 하나님은 우리의 두려움이 되지 않으실 것이다.

2. 그가 말씀을 전해야 하는 백성들과 상대할 때에 담력을 갖게 해주시라는 것(18절). 그를 환영하고 용기를 불어넣어 주어야 마땅한 자들이 그를 박해하였다. 그는 이렇게 말한다. "여호와여, 그들로 치욕을 당하게 하시고(그들이 하나님의 말씀을 듣고서 죄를 깨달아 그들의 완악함을 부끄럽게 하시거나 하나님께서 경고한 심판이 마침내 그들에게 집행이 되게 하소서) 나로 치욕을 당하게 마옵시며 그들의 위협에 두려움을 느껴서 내게 사명을 주신 자를 배신하지

않게 하소서." 하나님의 사역자들에게는 부끄러워하거나 두려워할 필요가 없는 일이 주어지지만, 그들은 부끄러움이나 두려움 없이 그 일을 계속해 나가기 위해서는 하나님의 은혜의 도우심을 필요로 한다는 것을 명심하라. 예레미야는 그의 나라 전체에 재앙의 날이 임하기를 원하지 않았었다. 그러나 그를 박해하는 자들에 대해서는 그들의 악의에 대한 의롭고 거룩한 분노 속에서 그는 재앙의 날이 그들에게 임함으로써 이 나라는 재앙의 날을 피할 수 있게 되기를 바라면서 재앙의 날을 그들에게 임하게 하소서라고 기도한다. 하나님께서 그들을 데려가신다면, 이 백성의 사정은 더 나아지게 될 것이었다. "그러므로 배나 되는 멸망으로 그들을 멸하소서. 그들로 하여금 철저하게 멸망받게 하시고, 장차 있을 그 멸망에 대한 두려움으로 그들이 어쩔 줄 모르게 하소서." 선지자가 이렇게 기도하는 것은 그가 복수를 하기 위해서나 마음이 편해지기 위해서가 결코 아니고, 그 심판으로 인해서 사람들이 여호와를 알게 되기를 바라기 때문이다.

[19]여호와께서 내게 이와 같이 말씀하시되 너는 가서 유다 왕들이 출입하는 평민의 문과 예루살렘 모든 문에 서서 [20]무리에게 이르기를 이 문으로 들어오는 유다 왕들과 유다 모든 백성과 예루살렘 모든 주민인 너희는 여호와의 말씀을 들을지어다 [21]여호와께서 이와 같이 말씀하시되 너희는 스스로 삼가서 안식일에 짐을 지고 예루살렘 문으로 들어오지 말며 [22]안식일에 너희 집에서 짐을 내지 말며 어떤 일이라도 하지 말고 내가 너희 조상들에게 명령함 같이 안식일을 거룩히 할지어다 [23]그들은 순종하지 아니하며 귀를 기울이지 아니하며 그 목을 곧게 하여 듣지 아니하며 교훈을 받지 아니하였느니라 [24]여호와의 말씀이니라 너희가 만일 삼가 나를 순종하여 안식일에 짐을 지고 이 성문으로 들어오지 아니하며 안식일을 거룩히 하여 어떤 일이라도 하지 아니하면 [25]다윗의 왕위에 앉아 있는 왕들과 고관들이 병거와 말을 타고 이 성문으로 들어오되 그들과 유다 모든 백성과 예루살렘 주민들이 함께 그리할 것이요 이 성은 영원히 있을 것이며 [26]사람들이 유다 성읍들과 예루살렘에 둘린 곳들과 베냐민 땅과 평지와 산지와 네겝으로부터 와서 번제와 희생과 소제와 유향과 감사제물을 여호와의 성전에 가져오려니와 [27]그러나 만일 너희가 나를 순종하지 아니하고 안식일을 거룩되게 아니하여 안식일에 짐을 지고 예루살렘 문으로 들어오면 내가 성문에 불을 놓아 예루살렘 궁전을 삼키게 하리니 그 불이 꺼지지

아니하리라 하셨다 할지니라 하시니라

이 단락은 안식일을 거룩히 지키는 것에 관한 설교이다. 이 설교는 선지자가 여호와께로부터 받아서 아주 엄숙하고 공적인 방식으로 백성들에게 전하라고 명령을 받은 말씀이다. 선지자들은 일반적인 방식으로 죄를 책망하고 순종을 촉구하기 위해서만 보내심을 받은 것이 아니기 때문에 구체적인 것들까지 다루지 않으면 안 된다. 아마도 안식일에 관한 이 메시지는 요시야 왕 시대에 그 왕이 시작한 개혁 사업을 더욱 촉진시키기 위해서 보내진 것 같다. 왜냐하면, 여기에 나오는 약속들(25-26절)은 상황이 극단을 향해서 치닫고 있을 때에 우리가 거의 찾아볼 수 없다고 생각되는 그런 약속들이기 때문이다. 하나님은 선지자에게 이 메시지를 사람들이 많이 모이는 모든 곳, 특히 문들에서 선포하라고 명령하신다. 왜냐하면, 문들은 사람들이 끊임없이 드나드는 곳일 뿐만 아니라 법정이 열리고 시장이 서는 곳이기도 하였기 때문이다. 이 메시지는 먼저 궁정의 문, 즉 유다 왕들이 출입하는(19절) 문에서 선포되어야 했다(왕이나 여왕이 가장 먼저 들어야 하기 때문에). 왕들과 관원들은 그들의 본분을 먼저 들어야 하는데, 특히 이 본분에 대해서 들어야 한다. 왜냐하면, 안식일이 원래대로 거룩히 지켜지지 않는다면, 유다의 모든 귀인들과 관원들을 꾸짖겠다고 하나님께서 말씀하셨기 때문이고(느 13:17), 당시에 관원들은 분명히 그들의 본분을 소홀히 하고 있었을 것이기 때문이다. 또한, 선지자는 이 메시지를 예루살렘 모든 문에 서서 전하여야 한다. 이 메시지는 모든 백성이 관련된 큰 문제를 다루고 있기 때문이다. 그러므로 모든 백성이 이 메시지를 귀담아 들어야 한다. 유다 왕들도 여호와의 말씀을 들어야 하고(그들이 높기는 하지만, 하나님은 그들보다 더 높으시기 때문에), 예루살렘 모든 주민도 여호와의 말씀을 들어야 한다(그들은 미천하기는 하지만 하나님은 그들과 그들이 안식일에 대하여 말하고 행하는 것을 주시하고 계시기 때문에). 좀 더 살펴보자.

I. 안식일은 어떻게 거룩하게 지켜져야 하고, 안식일에 관한 법의 내용은 무엇인가(21-22절).

1. 그들은 안식일에는 세상적인 여러 가지 일들로부터 쉬어야 하고, 노동을 하지 않아야 한다. 그들은 짐을 지고 도성이나 그들의 집으로 들어오거나 나가지 말아야 한다. 농부들은 곡물의 짐을 들여오거나 거름을 싣고 나가지 말아야

한다. 또한, 상인들은 물건들을 도성으로 들여오거나 내보내지 말아야 한다. 안식일에는 거리에나 도로에나 짐을 실은 말이나 수레, 마차가 보여서는 안 된다. 짐꾼들은 안식일에는 짐을 부리지 말아야 하고, 종들을 양식이나 땔감을 가져오라고 심부름을 보내서도 안 된다. 안식일은 긴급상황이 아니라면 쉬는 날이 되어야 하고 노동하는 날이 되어서는 안 된다.

2. 그들은 안식일에 해야 하는 일에 전념하여야 한다. "안식일을 거룩히 할지어다. 즉, 안식일을 거룩히 구별하여서 하나님을 높여 드리는 일에 바치고, 하나님을 섬기고 예배하는 일에 사용하라." 안식일에 세상적인 일들을 다 제쳐두어야 하는 것은 우리가 온전한 인간에게 요구되고 합당한 그런 일에 온전히 집중하기 위한 것이다.

3. 그들은 그렇게 하기 위하여 신중에 신중을 기하지 않으면 안 된다. "너희는 스스로 삼가고, 혹시 안식일을 더럽히는 일이 될지도 모르는 일이라면 그것이 무엇이 되었든 철저히 주의하라." 하나님이 질투하시는 일에 있어서는 우리는 정말 신중하고 조심하여야 한다. "너희는 스스로 삼가라. 왜냐하면, 너희의 시간 중에서 하나님께서 자기 자신을 위해 구별해 두신 그 부분을 너희가 하나님에게서 도둑질한다면, 너희는 위험에 빠지게 될 것이기 때문이다." 너희의 심령에 주의를 기울이라(원어는 이렇게 되어 있다). 안식일을 제대로 거룩히 지키기 위해서는 우리는 우리 심령의 동향을 주시해야 하고, 속사람의 모든 움직임들을 경계의 눈초리로 세심하게 지켜 보지 않으면 안 된다. 우리는 우리의 심령으로 안식일에 이 세상의 염려들로 부담을 안게 해서는 안 되고, 심령을 비롯해서 우리 안에 있는 모든 것이 안식일에 합당한 일에 쓰임받게 하여야 한다.

4. 선지자는 그들에게 안식일과 관련하여 주어진 율례를 근거로 제시한다. "이것은 너희에게 새롭게 부과하는 법이 아니라, 내가 너희 조상들에게 명령한 것이다. 이것은 아주 오래된 법이고, 처음에 언약을 맺을 때부터 있던 조항이다. 아니, 이것은 내가 족장들에게 명령한 것이었다."

Ⅱ. 안식일이 어떻게 더럽혀졌는가(23절). "내가 너희 조상들에게 안식일을 거룩히 지키라고 명령하였지만, 그들은 순종하지 아니하였다. 그들은 그들에게 주어진 다른 명령들과 마찬가지로 이 명령에도 그 목을 곧게 하였다." 하나님께서 이 말씀을 하시는 것은 이 문제에 있어서 개혁이 필요하다는 것과 그들이

오랫동안 안식일 법을 어겨왔기 때문에 하나님이 그들과 다투시는 것은 당연하다는 것을 보여주기 위한 것이다. 그들은 이 명령에 대하여 그들의 목을 뻣뻣하게 하였고, 다른 명령들이나 교훈들도 듣지 않고 받지 않았다. 안식일이 무시되는 곳에서는 신앙의 모든 것이 다 눈에 띄게 기울어가는 법이다.

Ⅲ. 만약 그들이 세심하게 안식일을 거룩히 지킨다면, 하나님은 그들을 위해 어떤 축복들을 준비해 두고 계시는가. 그들의 조상들이 안식일을 더럽히는 죄를 범하였을지라도, 만약 그들이 안식일을 이전보다 더 잘 지킨다면, 그들은 그 죄에 대한 벌을 받지 않을 뿐만 아니라 그들의 도성과 나라가 옛 영광을 되찾게 될 것이다(24-26절). 그들은 안식일을 거룩히 하여 어떤 일이라도 하지 아니하도록 세심한 주의를 기울여야 한다. 그러면 다음과 같은 결과가 있게 될 것이다.

1. 왕궁이 번영할 것이다. 왕들이 대대로, 또는 왕같이 큰 자들인 왕가의 많은 인물들이 동시에 심판의 보좌들, 다윗의 집의 보좌들(시 122:5)에 앉은 고관들과 더불어서 어떤 이들은 병거를 타고 어떤 이들은 말을 탄 채 유다 사람들인 무수한 시종들을 거느리고 으리으리한 모습으로 예루살렘 성문으로 들어올 것이다. 정부(政府)의 영광은 곧 나라의 기쁨이라는 것을 명심하라. 신앙을 후원하면, 정부는 더욱 존귀해질 것이고 나라는 더욱 기쁨이 넘치게 될 것이다.

2. 성(城)이 번영할 것이다. 예루살렘에서 안식일을 거룩히 지킴으로써 신앙의 면모가 유지되게 한다면, 예루살렘은 그 이름에 걸맞게 거룩한 성이 될 것이고 영원히 있어서 영원토록 사람이 거하게 될 것이다(원문은 이렇게 번역될 수 있다). 그들이 그렇게만 한다면, 하나님의 경고와는 달리 그 성은 파괴되거나 사람이 살지 않는 곳이 되지 않을 것이다. 신앙을 후원하면, 나라의 여러 일들도 견고해진다.

3. 농촌이 번영할 것이다. 유다 성읍들과 베냐민 땅이 수많은 주민들로 북적거릴 것이고, 그들은 풍성하고 평화롭게 살 것인데, 그들의 이러한 풍족하고 여유로운 삶은 그들이 하나님께 바치는 무수한 값진 제물을 통해 드러날 것이다. 이렇게 농촌이 번영하는 것을 보면, 그들이 하나님의 영광을 위해서 무슨 일을 하고 있는지를 알 수가 있다. 신앙을 소홀히 하는 자들은 가난하거나 곧 가난해지게 될 것이다.

4. 교회가 번영할 것이다. 사람들이 성전의 예배와 거기에서 일하는 종들을 유지하기 위하여 소제와 유향과 감사제물을 여호와의 성전에 가져올 것이다. 하나

님이 정하신 제도들은 세심하게 지켜질 것이다. 희생제물이나 분향이 하나님께 드려지지 않고 우상들에게 바쳐지는 일은 없을 것이고, 모든 것이 올바른 통로를 따라 진행될 것이다. 그들에게는 하나님께 감사제물을 드려야 할 일들이 생길 것이고, 또한 그들은 기꺼이 감사제물을 드리고자 하는 마음을 갖게 될 것이다. 이것은 그들의 모든 일이 형통하고 있음을 보여주는 한 예로 언급되고 있다. 백성들 가운데서 신앙이 번영할 때에 백성들은 진정으로 번영을 누리고 있는 것이다. 이것은 안식일을 거룩히 지킨 결과이다. 신앙의 한 부분인 안식일이 제대로 지켜지면, 다른 부분들도 마찬가지로 지켜지는 법이다. 그러나 안식일이 지켜지지 않으면, 신앙은 미신이 되어 버리거나 세속화되어 버려서 온데간데 없어지고 만다. 안식일이라는 둑을 잘 지키느냐 소홀히 하느냐에 따라서 신앙의 온갖 물줄기들이 깊게 흐르느냐 얕게 흐르느냐가 결정된다는 말은 참 좋은 지적이다.

Ⅳ. **만약 그들이 계속해서 안식일을 더럽힌다면, 그들은 어떤 심판이 그들에게 임할 것으로 예상해야 하는가**(27절). "만일 너희가 이 문제에 있어서 나를 순종하지 아니하고, 안식일에 성문들을 닫아 걸고서 긴급하지도 않은 짐을 지고 문으로 들어오거나 나가는 일이 없게 하라는 나의 명령을 지키지 않으며, 하나님의 율법의 테두리를 부숴버리고 안식일에도 다른 날들과 똑같이 행한다면, 내가 너희의 성문에 불을 놓으리라는 것을 알라." 이것은 적군이 예루살렘을 포위하여 성 안으로 들어가기 위해 성문에 불을 놓아 공격하게 될 것을 암시하는 말씀이다. 문들이 죄가 들어오는 것을 막아서 사람들로 하여금 안식일 날의 본분을 다하도록 지켜 주어야 하는 데도 그런 식으로 사용되지 않는다면, 그 문들을 불로 태우는 것이 마땅하다. 이 불은 그들이 지닌 권력을 사용하여 하나님의 안식일의 존귀함을 지켜내기 위해 필요한 조치를 했어야 했는 데도 그렇게 하지 않은 고관들과 귀인들이 사는 예루살렘 궁전도 삼켜버릴 것이다. 한 걸음 더 나아가, 그 불은 온 성을 잿더미로 만들기 전까지는 꺼지지 아니할 것이다. 이 말씀은 갈대아 군대에 의해서 이루어졌다(렘 52:13). 안식일을 더럽힌 죄는 하나님께서 백성들과 흔히 다투셨던 죄이고 불의 심판으로 다스리셨던 죄이다.

제 18 장

개요

이 장에서 우리는 다음과 같은 내용들을 본다. I. 하나님께서 민족들과 나라들을 다루시는 방식에 대한 전반적인 선언. 하나님은 토기장이가 진흙을 자기 마음대로 주무를 수 있듯이 나라들에 대하여 그가 뜻하시는 대로 쉽게 행하실 수 있으시지만(1-6절), 반드시 그들에게 의롭고 공평하게 행하신다는 것. 하나님이 그들의 파멸을 경고하셨더라도, 그들이 회개하면, 하나님은 그들에게 긍휼을 다시 베푸신다는 것. 하나님이 그들에게 긍휼을 베푸시려고 나아가실 때에는 죄 외에는 그 어떤 것도 은총을 베푸시기 위해 나아가시는 하나님을 막지 못한다는 것(7-10절). II. 하나님께서 유다와 예루살렘 사람들에게 적절하게 경고하시고 그들에 대하여 선한 의도를 보이셨음에도 불구하고, 그들이 하나님을 떠나 우상들에게로 감으로써 파멸을 자초한 일이 얼마나 어리석은 일이었는지를 구체적으로 나타내 보이심(11-17절). III. 선지자가 그의 원수들, 박해자들, 비방자들의 비열한 배은망덕함과 비이성적인 악의에 대하여 하나님께 하소연하고, 그들을 벌해 주시라고 기도함(18-23절).

[1]여호와께로부터 예레미야에게 임한 말씀에 이르시되 [2]너는 일어나 토기장이의 집으로 내려가라 내가 거기에서 내 말을 네게 들려 주리라 하시기로 [3]내가 토기장이의 집으로 내려가서 본즉 그가 녹로로 일을 하는데 [4]진흙으로 만든 그릇이 토기장이의 손에서 터지매 그가 그것으로 자기 의견에 좋은 대로 다른 그릇을 만들더라 [5]그 때에 여호와의 말씀이 내게 임하니라 이르시되 [6]여호와의 말씀이니라 이스라엘 족속아 이 토기장이가 하는 것 같이 내가 능히 너희에게 행하지 못하겠느냐 이스라엘 족속아 진흙이 토기장이의 손에 있음 같이 너희가 내 손에 있느니라 [7]내가 어느 민족이나 국가를 뽑거나 부수거나 멸하려 할 때에 [8]만일 내가 말한 그 민족이 그의 악에서 돌이키면 내가 그에게 내리기로 생각하였던 재앙에 대하여 뜻을 돌이키겠고 [9]내가 어느 민족이나 국가를 건설하거나 심으려 할 때에 [10]만일 그들이 나 보기에 악한 것을 행하여 내 목소리를 청종하지 아니하면 내가 그에게 유익하게 하

리라고 한 복에 대하여 뜻을 돌이키리라

하나님은 여기에서 선지자를 토기장이의 집(그는 그 집이 어디에 있는 줄 알고 있었다)으로 보내시는데, 이는 앞에서 예루살렘의 문들로 보내실 때와 같이 말씀을 전하도록 하기 위한 것이 아니라 말씀을 준비하거나 이미 준비된 말씀을 받도록 하기 위한 것이었다. 여기에서의 예레미야처럼 하나님이 주신 직접적인 영감(靈感)을 통해서 말씀을 받은 자들은 설교를 위해서 따로 연구할 필요가 없다. "토기장이의 집으로 내려가서 그가 그의 일을 어떻게 하는지를 눈여겨보라. 내가 거기에서 무언의 속삭임으로 내 말을 네게 들려 주리라. 거기에서 네가 백성들에게 전할 말씀을 받게 되리라." 하나님의 마음을 아는 자들은 하나님과 만나기로 한 약속을 착실히 지켜서 거기에서 하나님의 말씀을 들을 준비를 하고 기다려야 한다는 것을 명심하라. 선지자는 하늘에서 보이신 것을 결코 거스르지 않고, 토기장이의 집으로 가서(3절), 그가 녹로로 일을 하는 모습을 눈여겨 보았는데, 토기장이는 자기 마음대로 아주 쉽게 짧은 시간 안에 토기를 만들어 내고 있었다. 그는 준비한 진흙덩이로 어떤 모양의 그릇을 만들다가 그 진흙이 너무 딱딱하거나 그 안에 돌이 들어 있거나 그 밖에 이런저런 이유로 그의 손에서 터지게 되면(4절) 즉시 그 진흙으로 다른 모양의 그릇을 만들었다. 어떤 진흙덩이가 귀하게 쓸 그릇을 만드는 데에 사용할 수 없게 되면, 토기장이는 그것으로 자기 의견에 좋은 대로 막 써도 되는 그릇을 만드는 데에 사용할 것이다. 예레미야는 토기장이가 어떻게 그의 일을 하는지, 그가 얼마나 쉽게 진흙덩이를 자기 마음 내키는 대로 이런 그릇 저런 그릇으로 만드는지를 잘 알고 있었을 것이다. 그러나 그는 토기장이가 하는 일을 그의 마음속에 다시 한번 새롭게 떠올림으로써 그것을 통해서 하나님이 그에게 보여주시고자 하신 진리를 더욱 생생하고 뚜렷하게 깨닫고 그 진리를 백성들에게 더욱 알기 쉽게 설명할 수 있도록 하기 위하여 지금 거기에 가서 그것을 눈여겨 보아야 한다. 하나님은 그의 종 선지자들을 통하여 비유를 베푸셨기(호 12:10) 때문에, 선지자들은 그들이 사용하는 비유들을 스스로 잘 이해하는 것이 필수적이었다. 사역자들은 그들이 잘 알고 있는 이 세상의 일들을 통해서 사람들에게 하나님의 일들을 더욱 분명하고 친근하게 전해 줄 수 있고 성경에 나오는 비유들을 더 잘 설명해 줄 수 있다면 세상사에 대한 그들의 지식을 잘 활용하고 있는 것이다.

왜냐하면, 그들은 그들의 모든 지식을 하나님의 일을 하는 데에 이런저런 방식으로 도움이 되게 하여야 하기 때문이다.

이제 예레미야가 토기장이의 집에서 백성들에게 전하라고 받은 말씀이 무엇인지를 살펴보자. 그가 토기장이가 일하는 모습을 주의 깊게 살펴보고 있을 때, 하나님은 그가 이스라엘 집에 전해야 할 두 가지 큰 진리를 그의 마음속에 화살처럼 쏘아 박히게 하신다.

I. 하나님은 나라들과 민족들을 그가 기뻐하시는 대로 만드시고 빚으셔서 그의 목적에 봉사하게 하는 이의를 제기할 수 없는 권세와 거역할 수 없는 능력을 지니고 계시다는 것. "여호와의 말씀이니라 이 토기장이가 하는 것 같이 내가 능히 너희에게 못하겠느냐(6절). 내가 힘과 권리라는 두 가지 측면에서 너희를 주관하는 절대적인 권능을 지니고 있지 아니한가?" 아니, 하나님은 토기장이가 진흙덩이에 대하여 지니고 있는 것보다 더 확고하게 우리를 주관하실 권한을 가지고 계신다. 왜냐하면, 토기장이는 이미 존재하는 진흙에 형태만을 부여할 뿐이지만, 하나님은 우리를 지으실 때에 형태를 부여하실 뿐만 아니라 우리를 지으실 때에 필요한 재료까지도 만들어내신 분이기 때문이다. 진흙이 토기장이의 손에 있어서 그의 뜻대로 이런저런 모양의 그릇으로 만들어지듯이, 너희가 내 손에 있느니라. 이것은 다음과 같은 것들을 말해준다.

1. 하나님은 우리를 주관하시는 이의를 제기할 수 없는 주권(主權)을 지니고 계시고, 우리에게 빚진 자가 결코 아니시며, 우리를 그가 적절하다고 생각하시는 대로 처분하시고, 그렇게 하셨더라도 우리에게 설명할 의무가 있지도 않으시며, 진흙이 토기장이에게 시비를 거는 것과 마찬가지로 우리가 하나님의 처분에 시비를 거는 것은 터무니없는 짓이라는 것.

2. 하나님이 우리를 이런 용도에 사용하셨다가 다른 용도로 바꾸어 쓰시는 것은 아주 쉬운 일이고, 우리는 하나님의 그런 처분에 항의할 수 없다는 것. 손 한 번 놀리거나 녹로를 한 바퀴 돌리는 것만으로도 진흙의 모양은 완전히 바뀌고 그릇이 빚어지며, 빚어진 그릇이 망가지고 새로운 그릇이 빚어진다. 이렇게 우리의 일생은 우리의 손이 아니라 하나님의 손에 있기 때문에, 우리가 하나님과 싸워 보아야 아무 소용이 없다. 여기에서 이것은 나라들이나 민족들과 관련하여 말씀되고 있다. 가장 정치에 능한 나라나 가장 힘이 강력한 나라는 하나님의 뜻에 따라 그렇게 된 것이고, 다른 이유가 없다. 욥이 이것을 설명하는 것

을 들어보라. 민족들을 커지게도 하시고 다시 멸하기도 하시며 민족들을 널리 퍼지게도 하시고 다시 끌려가게도 하신다(욥 12:23). 시편 107:33 이하를 보고, 욥기 34:29을 참조하라. 하나님에게는 열방이 금세 말라 버리는 통의 한 방울 물과 같고 금세 날라가 버리는 저울의 작은 티끌 같기(사 40:15) 때문에, 토기장이가 진흙을 주무르는 것처럼 하나님은 민족들을 쉽게 주무르실 수 있으시다.

3. 하나님은 장기적으로 그가 영광을 받으시는 일과 관련해서 그 누구에 의해서도 잃는 자가 되지 않으시고, 만약 그들을 통해서 영광을 받지 못하시게 되면 그들에게 심판을 내리시는 방법을 통해서 영광을 받으신다는 것. 토기장이가 만든 그릇이 어떤 용도로 쓸 수 없게 되면, 그 그릇은 다른 용도로 쓰여지게 될 것이다. 하나님의 긍휼의 기념비들이 되고자 하지 않는 자들은 하나님의 공의의 기념비들이 될 것이다. 여호와께서 온갖 것을 그 쓰임에 적당하게 지으셨나니 악인도 악한 날에 적당하게 하셨느니라(잠 16:4). 하나님은 우리를 진흙으로 지으셨고(욥 33:6), 우리는 여전히 하나님 손에 들어 있는 진흙이다(사 64:8). 하나님은 토기장이가 진흙에 대하여 갖고 있는 것과 동일한 권세를 우리에 대하여 갖고 계신 것이 아닌가(롬 9:21)? 그렇다면, 우리는 진흙이 토기장이의 지혜와 뜻에 순복하듯이 하나님께 순복해야 하지 않는가(사 29:15-16; 45:9)?

II. 하나님은 이러한 권세와 능력을 행사하실 때에 언제나 이미 확정되어 있는 공평하고 선한 규칙들을 따라 행하신다는 것. 하나님은 실제로 주권적인 방식으로 은총을 베풀어 주시지만, 능력을 자의적(恣意的)으로 사용하여 벌하시는 일은 결코 없으시다. 하나님의 손은 강하지만, 하나님은 강한 손으로 다스리시는 것이 아니라, 그 다음 절에 나오는 말씀처럼 공의와 정의가 주의 보좌의 기초이다(시 89:13-14). 하나님은 전제군주적인 권력을 쥐고 계시다고 단언하시고, 우리에게 그가 무슨 일이든 하실 수 있다고 말씀하지만, 동시에 그는 의롭고 긍휼이 많은 재판장 같이 행하실 것이라고 우리에게 굳게 약속하신다.

1. 하나님께서 우리를 대적하여 심판으로 우리에게 오실 때에 우리는 그것이 우리의 죄 때문이라는 것을 확신할 수 있는데, 이것은 민족적인 회개가 이루어지면 그 심판의 진행이 그치는 것에서 드러날 것이다(7절). 하나님이 어느 민족에 대하여 그 민족을 스스로를 안전하게 지키기 위해 설치한 울타리들을 뽑아서 무방비로 노출시키시고 그 민족을 아름답고 풍요롭게 해주었던 과실수들을 뽑아서 황폐하게 하시며, 적군이 마음대로 들어올 수 있도록 그 요새들을

허시고 주민들이 그 곳을 떠날 수밖에 없도록 그 거처들을 허무셔서, 어느 포도원이나 성읍이 파괴되듯이 그 민족을 멸하겠다고 말씀하실 때, 만약 그 민족이 이 경고의 말씀을 받아들여 그들의 죄를 회개하고 그들의 삶을 고치며 각 사람이 자신의 악한 길에서 떠나 하나님께로 돌아온다면, 하나님은 은혜로 그들을 받아들이시고, 더 이상 그들과 다투지 아니하실 것이며, 그들에게 다시 긍휼을 베푸시고, 그의 마음을 바꾸실 수는 없다 하더라도 그의 길을 바꾸셔서, 그들에게 내리겠다고 말한 재앙에 대하여 뜻을 돌이키실 것이다. 그래서 사사 시대에 압제를 받던 백성이 죄를 뉘우치고 회개하면, 하나님이 그들을 위해 구원자들을 일으키신 경우가 흔하였다. 당시에 그들이 하나님께로 돌아왔을 때, 그들의 처지는 즉시 새로운 국면을 맞이하게 되었다. 니느웨의 경우도 그랬다. 우리는 그런 일이 예루살렘의 경우에도 종종 있었을 것이라고 본다(대하 7:14을 보라). 죄의 악에서 진심으로 돌이키는 것은 징벌의 재앙을 막을 수 있는 효과적인 예방책이라는 것은 의심할 여지 없는 진리이다. 토기장이가 그의 손에서 터지고 망가진 진흙 그릇을 다시 새로운 그릇으로 만들 수 있듯이, 하나님은 회개한 백성을 그들이 앉아 있던 잿더미에서 아주 쉽게 일으켜 세우실 수 있으시다.

2. 하나님께서 우리에게 긍휼을 베푸시기 위하여 오실 때에 그 진행이 중단된다면 그것을 중단시킨 것은 다름 아닌 우리의 죄이다(9-10절). 하나님이 어느 민족에 대하여 그 민족을 건설하거나 심으셔서 그 민족에게 진정으로 유익한 모든 것들을 융성하게 하시고 견고히 하시겠다고 말씀하시면, 그 민족은 하나님의 밭이요 하나님의 건물이 된다(고전 3:9). 하나님께서 그 민족을 기뻐하신다고 말씀하시면, 그 민족은 모든 일이 잘 되고 눈부시게 발전하여 부강해지며 무역이 번성하고 그 정부는 선한 자들의 손길 속에서 안정되며 모든 나랏일들은 형통하고 그 기업들은 승승장구한다. 그러나 하나님이 베푸신 이렇게 많은 은혜들을 받고 있던 나라가 하나님 보시기에 악한 것을 행하여 그 목소리를 청종하지 아니하고, 그들이 지니고 있던 미덕을 잃어버리고 타락하여 불경스럽게 되며, 신앙이 점차 멸시받고 악덕이 유행하여 사람들의 지지를 받으며, 그들 가운데 진지한 경건이 전반적으로 무너져 가고 있다면, 하나님은 그들에게 손을 대셔서, 그가 심고 계셨던 것을 뽑아 버리시고, 그가 건설하고 계셨던 것을 허물어 버리실 것이다(렘 45:4). 진행 중이던 선한 일은 그대로 멈춰서 무너지게

되고, 계획되어 있던 은총들은 보류될 것이다. 이것은 하나님이 그들에게 유익하게 하리라고 한 복에 대하여 뜻을 돌이키는 것이라고 말해진다. 옛적에 하나님은 엘리 가문에 대한 그의 뜻을 바꾸셨고(삼상 2:30), 이스라엘 백성을 가나안 땅이 바라 보이는 곳까지 데려가셨다가도 다시 그들을 광야로 급히 데려오셨다. 죄는 하나님과 하나의 민족 사이에 큰 재앙을 몰고 오는 장본인이라는 것을 명심하라. 죄는 하나님이 주신 약속들로 인한 유익을 상실하게 만들고, 그들이 드리는 기도들이 응답받는 것을 망쳐 놓는다. 죄는 그들을 향한 하나님의 인자하신 뜻들이 이루어지지 못하게 만들고(호 7:1), 하나님으로부터 그들이 즐겁게 기대하는 것들을 얻지 못하게 만든다. 죄는 그들의 위로들을 파괴하고, 그들의 괴로움을 연장시키며, 그들을 곤경에 빠뜨리고, 그들의 구원을 지연시킨다(사 59:1-2).

11그러므로 이제 너는 유다 사람들과 예루살렘 주민들에게 말하여 이르기를 여호와의 말씀에 보라 내가 너희에게 재앙을 내리며 계책을 세워 너희를 치려 하노니 너희는 각기 악한 길에서 돌이키며 너희의 길과 행위를 아름답게 하라 하셨다 하라 12그러나 그들이 말하기를 이는 헛되니 우리는 우리의 계획대로 행하며 우리는 각기 악한 마음이 완악한 대로 행하리라 하느니라 13그러므로 여호와께서 이와 같이 말씀하시니라 너희는 누가 이러한 일을 들었는지 여러 나라 가운데 물어보라 처녀 이스라엘이 심히 가증한 일을 행하였도다 14레바논의 눈이 어찌 들의 바위를 떠나겠으며 먼 곳에서 흘러내리는 찬물이 어찌 마르겠느냐 15무릇 내 백성은 나를 잊고 허무한 것에게 분향하거니와 이러한 것들은 그들로 그들의 길 곧 그 옛길에서 넘어지게 하며 곁길 곧 닦지 아니한 길로 행하게 하여 16그들의 땅으로 두려움과 영원한 웃음 거리가 되게 하리니 그리로 지나는 자마다 놀라서 그의 머리를 흔들리라 17내가 그들을 그들의 원수 앞에서 흩어 버리기를 동풍으로 함 같이 할 것이며 그들의 재난의 날에는 내가 그들에게 등을 보이고 얼굴을 보이지 아니하리라

이 단락은 이 장의 앞 부분에 제시된 일반적인 진리들을 유대인들의 나라와 그들의 현재의 처지에 적용하는 내용으로 되어 있는 것으로 보인다.

I. 하나님은 지금 그들에 대하여 뽑고 부수고 멸하겠다고 말씀하고 계신다.
왜냐하면, 그것은 심판의 규칙 중에서 그들의 경우에 해당하는 바로 그 부분이

기 때문이다(11절). "이제 너는 그들에게 가서 말하여 이르기를 여호와의 말씀에 보라 내가 너희에게 재앙을 내리며 계책을 세워 너희를 치려 하노라 하라. 모든 섭리의 역사(役事)들이 명백하게 너희의 파멸을 향하여 움직이고 있다. 하나님에 대한 너희의 처신을 잘 들여다 보아라. 그러면 너희는 너희가 심판을 받아 마땅하다는 것을 인정할 수밖에 없을 것이다. 하나님께서 너희를 어떻게 다루시고 계시는지를 보아라. 그러면 너희는 하나님이 심판을 계획하고 계시다는 것을 알 수밖에 없을 것이다." 토기장이가 그릇을 일정한 형태로 빚듯이, 하나님은 목적에 맞는 재앙을 빚고 계신다.

Ⅱ. 하나님은 그들에게 회개하며 삶을 고치고서 심판의 길에 계시는 그를 맞으러 나와서 그 심판이 더 이상 진행되지 않도록 막으라고 권하신다. "너희는 각기 악한 길에서 돌이키라. 그러면 (미리 규정되어 있는 심판의 규칙을 따라서) 하나님은 너희에게 내리기로 뜻하셨던 재앙을 거두실 것이고, 너희를 진노의 그릇으로 빚고 있는 것으로 보였던 섭리도 방향이 바뀌어 너희는 즉시 새로운 모양의 그릇으로 빚어질 것이며, 그 결과는 너희에게 이롭게 될 것이다." 우리는 하나님의 말씀에 의한 경고와 그의 섭리에 의한 경고를 잘 선용해서 우리의 삶을 고치는 강력한 촉진제이자 계기로 삼아야 한다는 것을 명심하라. 이 때에 우리의 악한 길에서 돌이키는 것으로는 충분하지 않기 때문에, 우리는 우리의 길과 행위를 공의의 규칙과 율법에 맞춰서 아름답게 하여야 한다.

Ⅲ. 하나님은 이러한 초대가 그들에게 엄청난 유익을 가져다 줄 것인 데도 불구하고 그들이 완악하여 이 초대에 응하기를 고집스럽게 거부할 것임을 내다보신다(12절). 그들은 이렇게 말하였다. "이는 헛되니 아무 소망이 없구나. 우리가 우리의 악한 길에서 돌이키지 않으면 구원을 받을 수 없다니 우리가 구원을 받기는 애시당초 틀린 것 같다. 왜냐하면, 우리는 우리의 계획대로 행하기로 굳게 작정하고 있기 때문이다. 선지자들이 우리에게 더 이상 말해 보아도 소용없을 것이고, 어떤 논리를 펴서 설득하려고 해도 소용없을 것이다. 우리는 어떤 대가를 치르더라도 우리의 계획대로 가고자 한다. 우리는 각기 악한 마음이 완악한 대로 행할 것이고, 하나님의 법의 구속을 받고 싶지 않다." 죄인들을 망쳐 놓는 것은 그들이 하고 싶은 대로 살고자 한다는 것임을 명심하라. 그들은 뚜렷한 목적도 없이 살아가는 것을 자유라고 부른다. 하지만 사람이 자신의 정욕의 노예가 된다면, 그것은 최악의 노예 상태가 된다. 어떤 사람들의 마음

이 죄의 속임수에 의해서 완악해져서 고쳐질 가망이 없는 것을 보는 것은 정말 이상한 일이 아닐 수 없다. 아니, 그들은 하나님의 심판에 대한 경고조차 무시해 버린다. "우리는 우리의 계획대로 갈 것이니, 하나님은 자신의 계획을 계속 진행하시게 하라. 우리는 그 결과를 얼마든지 감수하겠노라."

Ⅳ. 하나님은 그들이 완악하고 삶을 고치기를 싫어하는 것이 얼마나 기괴하고 어리석은 일인지 아느냐고 그들을 꾸짖으신다.   그렇게 황당한 일을 저지르는 백성은 이제껏 없었고, 이성이 있다고 하는 자들 중에서 그토록 비이성적으로 행한 자도 이제껏 없었다(13절). 너희는 이러한 일을 들었는지 심지어 여러 나라, 곧 유다와 예루살렘과는 달리 하나님의 계시와 말씀과 선지자에 의한 유익을 맛본 적이 없는 나라들 가운데 물어보라. 니느웨 사람들조차도 이런 경고를 받자마자 그들의 악한 길에서 돌이켰지 않느냐? 아무리 악한 자들일지라도 그들 가운데 일부는 그들의 잘못에 대하여 들었을 때에, 특히 그 잘못에 대한 벌이 시작되고 있을 때에 적어도 삶을 고칠 기미를 보이며, 고치려고 애쓸 것이라고 말하는 법이다. 그러나 하나님의 섭리가 무엇이라 말하여도, 처녀 이스라엘은 회개할 것을 거부하고, 계속해서 자기 뜻대로 하겠다고 고집을 부림으로써, 심히 가증한 일을 행하였다. 이스라엘은 그녀를 배우자로 맞이하신 하나님을 위하여 순결과 정절을 지켰어야 마땅하다. 그러나 그녀는 하나님에게서 도망쳐서 다시 돌아오기를 거절하고 있다. 범죄함으로써 자신의 처지를 이미 비참하게 만든 자들이 삶을 고칠 것을 거부함으로써 파멸로 치닫는 것은 생각하기에도 끔찍한 일이라는 것을 명심하라. 고집을 부리고 회개하지 않는 것은 가장 심각한 자살 행위이다. 그것은 생각만 해도 소름이 끼치는 끔찍한 일이다.

Ⅴ. 하나님은 그들의 어리석음을 두 가지로 보여주신다.

1. 그들이 저지른 죄 자체의 성격이 어떤 것인지를 보여주심으로써. 그들은 우상들에게 가기 위해서 하나님을 떠났다. 이것은 너무도 끔찍한 일이었다. 왜냐하면, 그들은 자기 자신에게 가장 위험한 속임수를 쓴 것이기 때문이다(14-15절). 목 마른 나그네가 레바논의 산들에서 눈이 녹아 흘러내려서 들의 바위를 지나며 맑고 깨끗하며 투명하게 흐르는 물줄기를 어찌 떠나겠느냐? 목 마른 나그네가 이러한 물줄기를 떠나 지나쳐서 더러운 진흙탕 물로 만족하겠느냐? 또는, 더운 여름에 먼 곳에서 흘러내리는 찬물을 어찌 떠나겠느냐? 결코 그렇게 하지 않을 것이다. 사람이 더위와 가뭄 때문에 갈증이 심해졌을 때에 차고 시원한

물줄기를 만난다면 그 물줄기를 활용하여 목마름을 없애지 결코 그 물줄기에 등을 돌리는 법은 없다. 난외주에서는 이 본문을 이렇게 읽는다. "길을 여행하는 사람이 평탄한 나의 들을 떠나 거칠고 딱딱한 바위길이나 많이 쌓여 있어서 길을 찾을 수 없게 만드는 레바논의 눈길로 가겠는가? 또는, 멀리 있는 찬물을 마시러 흐르는 물을 떠나겠느냐. 결코 그렇게 하지 않을 것이다. 이러한 일들에서 사람들은 어떤 것을 택하고 어떤 것을 버릴지를 잘 안다. 사람들은 불확실한 것을 찾으려고 확실한 것을 버리지 않는다. 그러나 내 백성은 나를 잊었고(15절) 터진 웅덩이를 따라가느라 생수의 근원을 버렸다(렘 2:13). 그들은 허무함 자체로서 헛된 우상들, 신(神)인 척하지만 신이 아니고 사람들이 그들에게 기대하는 것을 해줄 수 없는 우상들에게 분향하였다." 그들은 나그네가 지니고 있는 상식적인 분별력도 갖고 있지 않았고, 그들의 지도자들은 그들을 잘못된 길로 이끌었으며, 그들은 그 잘못된 길로 가는 것에 만족하였다.

(1) 그들은 그 옛길, 즉 하나님의 율법에서 정해 놓은 길, 모든 성도들이 걸었던 바로 그 길, 그들의 여정(旅程)의 올바른 목적지로 데려다 주는 길, 잘 닦여 있어서 찾기도 쉽고 걷기도 수월한 안전한 길을 버렸다. 하나님께서 그들에게 선한 옛길을 고수하라고 조언하시면, 그들은 그렇게 못하겠다고 대놓고 말하였다(렘 6:16).

(2) 그들은 곁길을 선택하였다. 그들은 왕의 대로, 곧 안전하게 여행할 수 있는 대로, 그들의 올바른 목적지에 틀림없이 데려다 줄 대로를 버리고, 닦지 아니한 길, 더럽고 울퉁불퉁한 길, 넘어질 수밖에 없는 길로 걸었다. 우상 숭배의 길은 바로 그런 길(온갖 죄악의 길, 거짓된 길, 걸림돌이 여기저기 있는 길)이었지만, 그들은 그 길을 선택하였을 뿐만 아니라 다른 사람들을 그 길로 끌어들였다.

2. 그들이 저지른 죄의 재난스러운 결과들을 보여주심을 통해서. 일이 잘못되었다고 하더라도, 거기에서 선한 결과를 기대할 수 있었다면, 그들의 잘못은 어느 정도 변명의 여지가 있었을 것이다. 그러나 그들의 죄로 인한 직접적인 결과는 그들의 땅을 황폐하게 만들고 그 결과로 그들 자신을 비참하게 만들어서 (땅이 황폐화되면 주민들도 피폐해질 수밖에 없기 때문에) 그들 자신과 그들의 땅을 영원한 웃음거리로 만드는 것이었다. 적절한 경고를 받고서도 그 경고를 받아들이려 하지 않은 자들은 웃음거리가 되어도 싸다. 그들의 땅 곁으로 지나

는 자마다 그 땅을 보고서 한 마디씩 할 것이고, 놀라서 그의 머리를 흔들 것인데, 기이하게 여기는 자도 있을 것이고 불쌍하게 여기는 자도 있을 것이며 온 땅의 영광이었던 이 나라가 초토화된 것을 보고 고소해하는 자도 있을 것이다. 그들은 이 백성이 하나님과 그분에 대한 본분을 다 버림으로써 이 참상을 그들의 머리에 자초한 어리석음을 나무라고 조롱하며 머리를 절레절레 흔들 것이다. 하나님을 거역하고 반역하는 자들은 주변의 모든 사람들의 비웃음을 사는 것이 마땅하고, 여호와를 욕되게 한 자들은 스스로 욕을 당하는 것이 마땅하다는 것을 명심하라. 그들의 땅이 황폐하게 되리라는 경고가 주어진 후에 곧이어서 내가 그들을 흩어 버리기를 사납고 격렬한 동풍으로 함 같이 하리라는 경고의 말씀이 나온다(17절). 이 동풍 때문에 그들은 원수 앞에서 이리저리 허둥댈 것이고, 피할 길을 전혀 찾지 못할 것이다. 그들은 원수 앞에서 피할 길(그런 길이 있기만 하다면 질서정연하게 후퇴할 수도 있을 것이지만)을 찾지 못할 뿐만 아니라, 이리저리로 흩어지게 될 것이다. 그들의 재난의 날에는 내가 그들에게 등을 보이고 얼굴을 보이지 아니하리라는 말씀으로 그들의 참상은 극에 달한다. 우리가 재난 가운데 있다고 할지라도, 하나님께서 우리를 바라보시고 미소를 지으시며 우리를 지지해 주시고 은총을 베풀어 주신다면, 우리는 쉽게 재난을 견뎌낼 수 있다. 그러나 하나님께서 우리에게 등을 돌리시고 화가 나셨음을 보이시며 우리의 기도에 귀를 막으시고 우리의 도움이 되어 주시는 것을 거절하시며 우리를 버리셔서 내버려 두시고 멀리서 지켜 보고 계신다면, 우리는 완전히 망한 것이다. 주께서 얼굴을 가리신다면 누가 그를 뵐올 수 있으랴(욥 34:29). 이렇게 하나님은 그들이 그를 대했던 것처럼 그들을 대하실 것이다. 그들이 그들의 등을 내게로 돌리고 그들의 얼굴은 내게로 향하지 아니하였다(렘 2:27). 모든 일이 잘 될 때에 하나님에 대한 본분을 행하지 않고 도리어 무례하게 행한 자들에게 하나님이 그들의 환난 날에 그들을 모르는 사람 대하듯이 하시는 것은 의로운 일이다. 이것은 신앙과 경건의 미명 아래에서 죄악의 일꾼으로 일한 자들에게 하나님께서 내가 너희를 도무지 알지 못하니 내게서 떠나가라고 말씀하실 그 날에 온전히 이루어질 것이다.

¹⁸그들이 말하기를 오라 우리가 꾀를 내어 예레미야를 치자 제사장에게서 율법이, 지혜로운 자에게서 책략이, 선지자에게서 말씀이 끊어지지 아니할 것이니 오라 우

리가 혀로 그를 치고 그의 어떤 말에도 주의하지 말자 하나이다 [19]여호와여 나를 돌아보사 나와 더불어 다투는 그들의 목소리를 들어 보옵소서 [20]어찌 악으로 선을 갚으리이까마는 그들이 나의 생명을 해하려고 구덩이를 팠나이다 내가 주의 분노를 그들에게서 돌이키려 하고 주의 앞에 서서 그들을 위하여 유익한 말을 한 것을 기억하옵소서 [21]그러하온즉 그들의 자녀를 기근에 내어 주시며 그들을 칼의 세력에 넘기시며 그들의 아내들은 자녀를 잃고 과부가 되며 그 장정은 죽음을 당하며 그 청년은 전장에서 칼을 맞게 하시며 [22]주께서 군대로 갑자기 그들에게 이르게 하사 그들의 집에서 부르짖음이 들리게 하옵소서 이는 그들이 나를 잡으려고 구덩이를 팠고 내 발을 빠뜨리려고 올무를 놓았음이니이다 [23]여호와여 그들이 나를 죽이려 하는 계략을 주께서 다 아시오니 그 악을 사하지 마옵시며 그들의 죄를 주의 목전에서 지우지 마시고 그들을 주 앞에 넘어지게 하시되 주께서 노하시는 때에 이같이 그들에게 행하옵소서 하니라

선지자는 여기에서 앞에서 종종 그랬듯이 자기 자신의 일을 얘기하고 있지만, 그것은 사실 우리의 교훈을 위한 것이다.

I. 박해자들이 쓰는 통상적인 방법들이 무엇인지를 보라. 우리는 그것을 예레미야의 원수들에게서 볼 수 있다(18절).

1. 그들은 예레미야가 말한 것에 대하여 그에게 복수하고 앞으로 말을 못하도록 그의 입을 막기 위해서 그를 해칠 방도를 찾으려고 머리를 맞대었다. 그들이 말하기를 오라 우리가 꾀를 내어 예레미야를 치자 하나이다. 하나님의 백성과 사역자들을 대적하는 원수들은 흔히 대단히 교활한 자들이고, 하나님의 사람들을 해치기 위해서 서로 힘을 합친다. 그들은 개별적으로는 신앙에 큰 해를 끼치기 어렵다는 것을 알고서 서로 힘을 합치고자 하는 것이다. 악인들이 의인 치기를 꾀하는도다. 가야바와 고위 제사장들과 장로들은 우리의 찬송받으실 구주를 해치기 위하여 그렇게 힘을 합쳤다. 음부의 권세는 저주 받을 엄청난 술책을 사용하여 하늘 나라를 대적한다. 하나님은 내가 계책을 세워 너희를 치려 하노라고 말씀하셨었다(11절). 이제 그들은 마치 하나님이 그런 식으로 나오면 그들도 똑같은 식으로 대응하여 무한한 지혜를 지니신 분을 이겨먹기로 결심한 듯이 하나님의 선지자를 칠 꾀를 내기로 결심한다. 그들은 단지 예레미야만이 아니라 그가 그들에게 전하는 말씀도 치고자 하였고, 그들의 교묘한 술책으

로 얼마든지 하나님의 말씀을 좌절시킬 수 있다고 생각하였다. 하나님의 모략을 무효화시키려고 하는 자들의 이 엄청난 광기(狂氣)여!

2. 이러한 음모를 꾸밀 때에 그들은 교회를 위한 큰 열심이 있는 척하며, 예레미야가 이대로 말씀을 전하도록 내버려둔다면 교회가 위험에 빠지게 될 것이라고 주장하였다. 그들은 이렇게 말한다. "오라, 제사장에게서 율법이 끊어지지 아니할 것이니, 우리가 그를 침묵시키고 부숴 버리자. 제사장들의 입에는 진리의 법이 있으니(말 2:6), 우리는 거기에서 진리를 구하면 된다. 율법을 따라 규례들을 집행하는 것은 제사장들의 손에 있으니, 우리가 이런저런 자들에게서 그 규례들을 얻어내려고 애쓰지 않아도 된다. 지혜로운 자에게서 책략이 끊어지지 아니할 것이다. 나랏일들을 집행하는 것은 언제나 나라의 장관들과 참모들이 할 일이다. 선지자에게서도 말씀이 끊어지지 아니할 것이다." 그들이 여기에서 말하는 선지자들은 그들이 스스로 선택한 선지자들, 그들에게 부드러운 것들만을 예언하였고 듣기 좋은 말들만을 들려주며 평강의 환상을 심어준 그런 선지자들이다. 그들은 이 말을 통해서 두 가지를 교묘하게 암시하였다.

(1) 예레미야는 제사장들로부터 위임을 받지도 않았고 다른 선지자들과 협력하지도 않았기 때문에 참 선지자일 수 없고 자칭 선지자에 불과하므로, 그의 활동을 계속해서 방치하면 다른 선지자들의 권위조차도 땅에 떨어지게 되리라는 것. "만약 백성들이 예레미야가 전하는 말을 하나님의 말씀으로 여긴다면, 우리의 제사장들, 우리의 지혜자들, 우리의 선지자들의 권위와 명성은 끝장이 나고 말 것이다. 그러나 우리에게는 그들의 권위를 지켜내야 할 책무가 있다. 이것이 바로 우리가 그를 해치워야 할 충분한 이유가 된다."

(2) 예레미야가 예언하는 것들은 종종 선지자들과 제사장들을 헐뜯는 말들을 포함하고 있기 때문에 하나님으로부터 온 것일 수 없다는 것. 그는 선지자들과 제사장들이 백성들이 겪는 온갖 해악을 저지르는 우두머리들로서(렘 5:31) 백성들을 속이고 있다고(렘 14:14) 비난하였었다. 그는 제사장들과 선지자들의 마음이 낙심하며 깜짝 놀랄 것이고(렘 4:9), 지혜롭다 하는 자들이 두려워 떨게 될 것이며(렘 8:9), 제사장들과 선지자들이 잔뜩 취하게 될 것이라고(렘 13:13) 예언하였었다. 이런 예언들은 다른 그 어떤 예언보다도 그들을 더욱 성나게 만들었다. 하나님이 그들의 제사장들과 선지자들에게 임재해 계시겠다고 약속하셨기 때문에, 하나님이 그들을 떠나는 일은 있을 수 없다고 그들은 믿었

다. 교회의 지도자들은 오류가 있을 수 없기 때문에, 그 지도자들이 잔뜩 술에 취하게 될 것이라고 예언한 자는 거짓 선지자로 정죄되어야 한다고 그들은 생각하였다. 이런 식으로 교회를 위한 열심이라는 미명 아래에서 교회의 가장 선한 벗들이 짓밟히고 유린되어 왔다.

3. 그들은 예레미야의 명성을 한방에 날려 버리기 위해서 그들이 할 수 있는 방법을 강구하자는 데에 합의하였다. "오라 우리가 혀로 그를 치고, 그에게 오명을 씌워 악인으로 몰아서, 어떤 이들에게는 그가 멸시받을 만한 자이고 처벌을 받아 마땅한 자라고 알리고, 모든 사람들에게 그는 추악한 자이기 때문에 용납해서는 안 되는 자라고 알리자." 그들이 생각해낸 꾀는 이런 것이었다. 그를 중상모략하는 말들을 만들어 퍼뜨려서 사람들 중에 그 말들을 믿고서 그를 흉악무도한 자로 여기는 자들이 생겨나게 하자. 이렇게 유언비어를 퍼뜨려서 예레미야를 흉악한 자로 만들지 않고서는 그들이 다른 방법으로 그를 함정에 빠뜨릴 수는 없었다. 이런 꾀를 낸 자들은 분명히 유명인사들이었을 것이다. 그렇기 때문에 그들의 혀는 남을 헐뜯는 정도의 그런 혀가 아니었다. 그들이 말하는 것들은 그것이 아무리 거짓된 것이라고 해도 고관들과 백성들의 신뢰를 얻어서, 고관들로 하여금 그를 붙잡아 취조하게 만들고 백성들로 하여금 그에게 분노하게 만들 것이었다. 그런 혀로 채찍질을 당하게 되면, 겉으로 몸만 상처를 입는 것이 아니라 마음속 깊이까지 상처를 입게 되는 법이다. 그러므로 혀의 채찍을 피하여 숨는 것이 상책이다(욥 5:21).

4. 다른 사람들에게 모범을 보이기 위해서, 그들은 예레미야가 전하는 말씀이 아무리 무게가 있고 하나님에게서 온 말씀임이 너무도 분명해 보인다고 해도 그가 하는 말을 모두 다 무시하기로 단단히 결의하였다. 우리가 그의 어떤 말에도 주의하지 말자. 그들은 예레미야가 하는 말이 옳든 그르든 그 말들을 하나님의 말씀이 아니라 단지 그의 말로 보고자 하고 있다. 하나님의 말씀에 주의하거나 믿지 말자고 단단히 결심하고서 그 말씀을 듣는 자들에게서 어떤 선한 결과를 기대할 수 있겠는가?

5. 그들은 그를 효과적으로 침묵시키기 위해서 아예 그를 죽이기로 결의한다(23절). 나에 대한 그들의 모든 음모는 나를 죽이는 것이나이다. 그들은 귀한 생명을 사냥하고자 하고 있다. 그들이 사냥하고자 한 생명은 정말 귀한 생명이었다. 예루살렘이 이렇게 끔찍한 모습으로 전락한 것은 이미 오래된 일이었다.

많은 선지자들을 죽였고 할 수만 있었다면 모든 선지자들을 죽였을 너 예루살렘이여!

Ⅱ. 박해받는 자들이 구원받기 위해서 쓰는 통상적인 방법이 무엇인지를 보라. 우리는 이것을 예레미야가 이러한 곤경에 처했을 때에 취한 방법 속에서 볼 수 있다. 그는 즉시 그의 하나님 앞에 엎드려 기도함으로써 마음의 평안을 지켰다.

1. 그는 자기 자신과 자신의 사정을 하나님의 처분에 맡겼다(19절). 그를 박해하는 자들은 그가 말하는 것을 무시하였고, 그의 하소연을 받아주지 않았으며, 그의 괴로움을 아랑곳하지 않았다. 그러자 그는 이렇게 말한다. 여호와여 나를 돌아보소서. 충성된 사역자들에게는 사람들은 그들의 말을 무시하고 받아주지 않더라도 하나님께서는 그들의 기도를 받아주신다는 사실이 큰 위로가 된다. 예레미야는 양쪽 당사자의 말을 다 들어보고 공평하게 판단하시는 재판장이신 하나님께 호소하는데, 모든 재판관은 이렇게 하여야 한다. "내게만 주의를 기울이지 마시고, 나와 더불어 다투는 그들의 목소리를 들어 보옵소서. 그들이 나를 쳐서 말하는 것과 그들 자신을 변명하여 말하는 것을 다 들어보시고서, 주는 보좌에 앉으사 의롭게 심판하신다는 것을 입증해 보이소서. 나와 더불어 다투는 자들의 목소리를 들어보시고, 그들의 목소리가 얼마나 시끄럽고 요란하며, 그들이 말하는 것들이 모두 다 얼마나 거짓되고 악의적인지를 분별하셔서, 그들 자신이 한 말로 그들을 심판하소서. 그들 자신의 혀로 말한 것이 그들에게 임하게 하소서."

2. 그는 그들이 그에게 비열하게 배은망덕하였다고 하소연한다(20절). "악으로 선을 갚는다면, 어찌 벌을 받지 않고 그대로 넘어가겠나이까? 주께서는 그들의 악에 대하여 내게 선으로 갚아주지 않으시려나이까(삼하 16:12)?" 선을 선으로 갚는 것은 사람이 하는 일이고, 악을 악으로 갚는 것은 짐승 같은 짓이며, 악을 선으로 갚는 것은 그리스도인이 하는 일이고, 선을 악으로 갚은 것은 마귀가 하는 일이다. 악으로 선을 갚는 것은 너무도 어처구니없고 악한 일이기 때문에, 우리는 하나님께서 그것에 대하여 복수해 주실 것이라고 생각할 수밖에 없다. 그들이 그에 대하여 한 악이 얼마나 컸는지를 보라. 그들이 나를 해하려고 구덩이를 팠나이다. 그들은 그의 생명을 빼앗으려고 했고(죽여야만 그들의 직성이 풀릴 것이었기 때문에), 그에게 스스로를 방어할 수 있는 기회를 주는

공개적인 방식으로가 아니라 은밀하고 비열하게 그를 없애고자 하였다. 그들은 그를 잡기 위해 웅덩이를 팠는데(시 119:85), 그는 웅덩이에 빠지면 어쩔 도리가 없을 것이었다. 그러나 그가 그들을 위하여 행하였던 선이 얼마나 컸는지를 보라. 내가 주의 앞에 서서 그들을 위하여 유익한 말을 한 것을 기억하옵소서. 그는 그들을 위해 하나님 앞에서 중보기도를 계속해 왔고, 하늘을 움직이는 그의 힘을 그들을 위하여 사용하였었다. 이것은 그들이 그와 같은 성정을 지닌 사람에게서 기대할 수 있는 것 중에서 최고의 사랑이었다. 그는 선지자라 그가 너를 위하여 기도하리라(창 20:7). 모세는 이스라엘을 위하여 자주 중보기도를 하였지만, 그들은 그에게 시비를 걸었고 종종 그를 돌로 쳐죽이자고 말하기까지 하였다. 예레미야는 그들이 곧 멸망할 위험에 처해 있어서 그들을 위한 중보기도가 어느 때보다도 절실하였던 때에 그들에게 이런 사랑을 베풀었다. 그들은 하나님의 진노를 불러일으켰었고 이제 그 진노가 그들에게 임하기 직전이었지만, 예레미야는 중간에 서서(모세처럼, 시 106:23) 그 진노를 돌이켰다.

(1) 그들의 이러한 처신은 매우 비열한 것이었다. 어떤 사람을 배은망덕한 자라고 부르는 것은 최악의 욕이다. 그러나 그들의 하나님을 잊어 버린 자들이 그들의 최고의 벗들을 알아 보지 못한 것은 전혀 이상한 일이 아니었다.

(2) 이것은 다윗이 그런 경우를 당했을 때에 그랬듯이 예레미야에게 무척 슬픈 일이었다. 나는 사랑하나 그들은 도리어 나를 대적하는도다(시 35:13; 109:4). 죄인들은 위대한 중보기도자이신 주님께도 이런 식으로 음흉하게 대하여, 그를 십자가에 다시 못 박고, 이 땅에서 그를 헐뜯는다. 그분의 피가 하늘에서 그들을 위하여 말하고 있는 데도 말이다(요 10:32을 보라).

(3) 예레미야에게는 그들이 이렇게 그에게 앙심을 품고 있다고 하더라도 그가 그들에게 도리를 다했다는 것을 그의 양심이 증언하고 있다는 것은 큰 위로였다. 이와 같은 양심의 증언은 우리에게도 악한 날에 기쁨이 될 것이다. 피 흘리기를 좋아하는 자들은 정직한 자를 미워하지만, 정직한 자는 그들이 잘 되기를 구한다(잠 29:10).

3. 그는 하나님의 심판을 그들에게 내리시라고 기도하는데, 이것은 복수심이 아니라 그들의 지독한 악에 대한 선지자적 분노에서 나온 것이다(21-23절).

(1) 그는 그들의 가족이 양식이 없어서 굶어 죽게 하시기를 기도한다. "그들의 자녀를 기근에 내어 주시되, 농촌에서는 비가 오지 않아 생긴 기근을 겪게 하

시고, 도시에서는 적군의 삼엄한 포위 때문에 기근을 겪게 하소서. 이렇게 아비들의 죄를 그 자녀들에게 갚으소서."

(2) 그는 그들을 전쟁의 칼에 의해 죽임을 당하게 하시기를 기도한다 — 적군의 손에 쥐어진 칼에 의해서든 하나님의 손에 들린 공의의 칼에 의해서든. "그들을 칼의 세력에 넘기소서. 그들의 피가 물처럼 흥건히 흐르게 하시고, 그들의 아내들은 자녀를 잃고 남편은 죽음(어떤 이들은 선지자가 역병을 말하는 것으로 본다)을 당하여 과부가 되게 하시며, 이 세대의 힘이자 다음 세대의 희망인 그들의 청년들은 전장에서 칼을 맞게 하소서."

(3) 그는 전쟁으로 인한 공포와 황폐화가 그들을 불시에 갑자기 덮쳐서 그들의 죄에 상응하는 벌을 받게 하시라고 기도한다(22절). "주께서 갈대아 군대로 그들에게 갑자기 이르게 하사 그들과 그들의 소유를 덮쳐서 그들을 포로로 잡아가고 그들의 재산을 탈취할 때에 그들의 집에서 부르짖음, 곧 크고 날카로운 비명이 들리게 하옵소서." 왜냐하면, 그들은 예레미야에게 이런 식으로 했을 것이기 때문이다. 그들은 그가 미처 알아차리기도 전에 그를 단번에 파멸시키고자 하였다. "그들이 나를 잡으려고 들짐승을 잡고자 할 때와 마찬가지로 구덩이를 팠고 내 발을 빠뜨리려고 사납고 해로운 새를 잡고자 할 때와 마찬가지로 올무를 놓았나이다." 올무를 놓아서 다른 사람들을 빠뜨리려고 한 자들은 재앙의 때에 스스로 올무에 걸려드는 것이 마땅하다.

(4) 그는 그들을 변명의 여지가 없는 이러한 죄에 대한 응보의 차원에서 벌해 달라고 기도한다. "그들의 악을 사하지 마옵시며 그들의 죄를 주의 목전에서 지우지 마소서. 즉, 그들이 그들의 죄에 대한 의로운 징벌을 피하지 못하게 하소서. 그들로 하여금 죄를 사함 받지 못한 자들이 당하는 온갖 참상들 아래에 있게 하소서."

(5) 그는 하나님이 그들에게 진노하실 때에 그들이 파멸하게 하시라고 기도한다. 그들을 주 앞에서 넘어지게 하소서. 이것은 공의가 그들을 추격해 왔고 그들이 그 추격을 피하고자 애썼지만 아무 소용이 없었다는 것을 보여준다. "그들은 도망치다가 어떤 것에 걸려서 넘어질 것이고, 넘어져서 반드시 잡히게 될 것이다." 여호와여, 주께서 노하시는 때에 그들에게 이같이 행하옵소서(예레미야는 주께서 그들을 어떻게 했으면 좋겠는지를 말하는 것이 아니라, 주께서 합당하다고 생각하시는 대로 그들에게 행하시고, 주의 진노를 산 자들이 받는 벌을

그들에게 내리시라고 말한다). 그렇지만 이것은 우리가 본받으라고 기록된 것이 아니다. 예레미야는 선지자로서 예언의 영의 감동을 따라 그를 박해하는 자들에게 반드시 임하게 될 파멸을 미리 내다보고서 그런 기도를 올렸을 것이기 때문에, 우리는 그런 기도를 올려서는 안 된다. 만약 우리가 이 모범을 따라서 그런 기도를 드리는 것은 옳다고 생각한다면, 우리는 우리가 어떤 영에 속해 있는지를 모르는 것이다. 우리 주님은 그의 교훈과 모범을 통해서 너희를 저주하는 자를 위하여 축복하며 너희를 모욕하는 자를 위하여 기도하라(눅 6:28)고 우리에게 가르치셨다. 그렇지만 이것은 우리를 가르치기 위해 기록된 것이어서 우리를 가르치는 데에 유익하다.

[1] 하나님의 선지자들이 그들을 위하여 기도해 주는 유익을 상실한 자들은 선지자들이 그들을 쳐서 기도하리라는 것을 예상하는 것이 마땅하다.

[2] 믿는 자를 박해하는 것은 백성의 죄의 분량을 아주 빨리 채우는 죄이고 그 어떤 죄보다도 그들에게 확실하고 극심한 멸망을 가져다 주게 될 죄이다.

[3] 하나님과 그의 선지자들의 인자하심을 받아들이려 하지 않는 자들은 결국에 가서는 반드시 하나님과 그 선지자들의 의로운 분노를 느끼게 될 것이다.

제
— 19 —
장

개요

앞의 여러 장들에 나왔던 것과 동일한 우울한 주제가 이 장에서도 이어진다 — 유다와 예루살렘이 그들의 죄 때문에 멸망할 날이 다가오고 있다는 것. 예레미야는 이것을 자주 예언하였었다. 여기서 그는 그것을 다시 예언하라는 특별히 공식적인 지시를 받는다. I. 그는 앞에서 종종 그랬듯이 그들의 죄악들, 특히 그들의 우상 숭배의 죄를 그들 앞에 정식으로 제시하여야 한다(4-5절). II. 그는 이러한 죄들 때문에 지금 그들에게 신속하게 다가오고 있는 심판을 구체적으로 설명해 주어야 한다(6-9절). III. 그는 몇 가지 특별한 이유에서 도벳 골짜기에서 아주 엄숙하게 이것을 행하여야 한다(2-3절). IV. 그는 한 무리의 장로들을 불러 모아서 이것에 대한 증인들로 세워야 한다(1절). V. 그는 옹기를 깨뜨리는 징조를 통해서 이것을 확증하고, 그의 청중들에게 감화를 주어야 하는데, 그 징조는 그들이 토기장이의 그릇처럼 산산조각이 나고 말리라는 것을 의미하는 것이었다(10-13절). VI. 그는 도벳 골짜기에서 이 일을 다 마친 후에 성전 뜰에서 그것을 재확인하였다(14-15절). 이렇게 해서, 이 우둔하고 지각 없는 백성을 깨우쳐서 회개하도록 하여 그들의 파멸을 미리 막아보기 위한 온갖 방법들이 다 시도되었다. 그러나 아무 소용이 없었다.

[1]여호와께서 이와 같이 말씀하시되 가서 토기장이의 옹기를 사고 백성의 어른들과 제사장의 어른 몇 사람과 [2]하시드 문 어귀 곁에 있는 힌놈의 아들의 골짜기로 가서 거기에서 내가 네게 이른 말을 선포하여 [3]말하기를 너희 유다 왕들과 예루살렘 주민아 여호와의 말씀을 들으라 만군의 여호와 이스라엘의 하나님이 이같이 말씀하시되 보라 내가 이 곳에 재앙을 내릴 것이라 그것을 듣는 모든 자의 귀가 떨리니 [4]이는 그들이 나를 버리고 이 곳을 불결하게 하며 이 곳에서 자기와 자기 조상들과 유다 왕들이 알지 못하던 다른 신들에게 분향하며 무죄한 자의 피로 이 곳에 채웠음이며 [5]또 그들이 바알을 위하여 산당을 건축하고 자기 아들들을 바알에게 번제로 불살라 드렸나니 이는 내가 명령하거나 말하거나 뜻한 바가 아니니라 [6]그러므로 보

라 다시는 이 곳을 도벳이나 힌놈의 아들의 골짜기라 부르지 아니하고 오직 죽임의 골짜기라 부르는 날이 이를 것이라 여호와의 말이니라 ⁷내가 이 곳에서 유다와 예루살렘의 계획을 무너뜨려 그들로 그 대적 앞과 생명을 찾는 자의 손의 칼에 엎드러지게 하고 그 시체를 공중의 새와 땅의 짐승의 밥이 되게 하며 ⁸이 성읍으로 놀람과 조롱 거리가 되게 하리니 그 모든 재앙으로 말미암아 지나는 자마다 놀라며 조롱할 것이며 ⁹그들이 그들의 원수와 그들의 생명을 찾는 자에게 둘러싸여 곤경에 빠질 때에 내가 그들이 그들의 아들의 살, 딸의 살을 먹게 하고 또 각기 친구의 살을 먹게 하리라 하셨다 하고

인간의 타락으로 인해서 경계에 경계를 더하고 교훈에 교훈을 더할 필요가 생겼기 때문에(우리는 하나님의 일들을 받기에는 아주 부적합하고 그것들을 흘려 버리는 데에는 아주 적합한 존재이다), 하나님은 은혜로 경계에 경계를 더하고 교훈에 교훈을 더하서서 아무리 구제불능인 자라도 변명의 여지가 없게 하셨다. 이런 이유로 선지자는 여기에서 그가 자주 전하였던 말씀과 동일한 취지를 지닌 메시지를 다시 전하도록 보내심을 받는데, 이번에는 사람들이 더 잘 주목할 수 있는 그런 환경에서 그 메시지를 전하라는 지시를 받는다. 어떤 환경은 종종 다른 환경들보다 큰 이점을 지니고 있을 수 있기 때문에, 영혼을 얻고자 하는 사역자들은 이 점을 유의하여 지혜롭게 행하여야 한다.

I. 하나님은 그에게 교회와 국가의 장로들과 어른들을 그가 말하는 것의 청취자이자 증인들로 삼으라고 명령하신다. 그는 국가와 교회에서 가장 훌륭한 자들인 백성의 어른들과 제사장의 어른 몇 사람을 초빙하였는데, 그들은 진실한 증인들이 될 수 있을 것이었다(사 8:2). 이 어른들이 그들이 보기에 하찮은 한 선지자의 초빙을 받고서 그의 초대에 응하여 어디로 가는지, 왜 가는지도 모르면서 도성 밖으로 나왔다는 것은 이상한 일이다. 그러나 대부분의 장로들은 그에 대하여 반감을 품고 있었지만, 그들 중 극소수는 그를 여호와의 선지자로 여기고서 하늘에서 보이신 환상에 대하여 이러한 예를 갖추고자 했을 것이다. 신분과 지체가 높은 자들은 말씀의 사역을 비롯해서 하나님이 정하신 여러 제도들에 부지런히 참석함으로써 하나님께 영광을 돌릴 기회를 가질 수 있다는 것을 명심하라. 비록 그들이 참석하는 예식들이 초라하고 보잘것없는 것이라고 하더라도, 그들은 거기에 참석하는 것을 영광으로 알고 체면이 깎이는 일이

라고 생각해서는 안 된다. 사람들 가운데서 가장 큰 사람, 즉 위대하고 훌륭한 사람일지라도 하나님의 규례 중에서 가장 작은 것보다 더 작다는 것을 명심하라.

Ⅱ. **하나님은 그에게 힌놈의 아들의 골짜기로 가서 거기에서 이 메시지를 전하라고 명령하신다.** 왜냐하면, 여호와의 말씀은 장소를 가리지 않기 때문이다. 훌륭한 설교는 성전 문에서 전해질 수도 있고 도벳의 골짜기에서도 전해질 수 있다. 그리스도께서는 산 위에서도 말씀을 전하셨고 배 위에서도 말씀을 전하셨다. 이 골짜기의 일부는 예루살렘의 남쪽 비탈에 접해 있었지만, 선지자는 하시드 문(즉, 토기장이의 문) 어귀 곁으로 해서 그 골짜기로 들어갔다(2절). 그는 바로 그 곳, 즉 힌놈의 아들의 골짜기에서 말씀을 전하여야 했다.

1. 이것은 거기에서 그들이 아주 악한 우상 숭배의 죄를 저질러 왔었고, 그들의 자녀를 몰록에게 제물로 바치는 극악무도한 짓도 서슴지 않았으므로 그 장소에 섰을 때에 선지자는 그들에게 그 일을 떠올리기가 쉬웠고 그 일로 그들을 책망하기가 수월했을 것이기 때문이었다.

2. 이것은 거기에서 그들이 가장 극심한 재난을 느껴야 할 것이었기 때문이었다. 장차 거기에서 대살육이 그들 가운데서 행해질 것이었다. 그 곳은 도성의 쓰레기를 다 내다버리는 곳이니, 그들로 하여금 그 곳을 보고서, 장차 도성 전체가 도벳 골짜기와 같이 될 때에 이 웅장하고 아름다운 도성이 얼마나 비참한 모습이 될지를 상상해 보게 하라. 하나님은 그에게 거기로 가서, 주께서 거기로 오셔서 내가 네게 이를 말을 선포하라고 지시하신다. 이것을 통해서 우리는 하나님의 메시지가 선지자들이 강단에 서기 직전에야 계시되는 일이 흔했다는 것을 알 수 있다(가테이커 목사가 잘 지적하였듯이).

Ⅲ. **하나님은 그에게 이제 곧 유다와 예루살렘 전체가 멸망하게 될 것이라는 일반적인 메시지를 전하라고 명령하신다**(3절). 그는 선포하는 자들이 다 그렇듯이 너희는 들으라는 말로 시작하여야 한다. 너희는 여호와의 말씀을 들으라. 그 말씀은 비록 무시무시한 말씀이기는 하지만, 너희가 그 말씀을 듣고 순종한다면, 너희는 감사하게 될 것이기 때문이다. 다스리는 자나 다스림을 받는 자나 모두 그들의 생사가 달려 있는 문제이기 때문에 이 말씀을 경청하여야 한다. 유다 왕들, 곧 왕과 그의 아들들, 왕과 그의 고관들과 참모들은 만왕의 왕이신 여호와의 말씀을 들어야 한다. 왜냐하면, 그들이 아무리 지체가 높아도 여

호와는 그들보다 더 높으시기 때문이다. 예루살렘 주민들도 하나님이 그들에게 말씀하시고자 하시는 것을 들어야 한다. 관리들이나 백성들이나 모두 다 민족적인 죄악에 한 몫을 했기 때문에 민족적인 회개에도 다 동참해야 한다. 그렇지 않으면, 그들은 둘 다 민족적인 파멸을 맞게 될 것이다. 그들은 모두 여호와는 만군의 주(主)이시기 때문에 그가 경고한 것을 행할 수 있으시고 이스라엘의 하나님이시기 때문에 가장 먼저 이스라엘의 죄악들을 다루시어 그들을 벌하실 것임을 알아야 한다(암 3:2). 그가 이 곳(유다와 예루살렘)에 너무도 놀랍고 무서운 재앙을 내릴 것이라 그것을 듣는 모든 자의 귀가 떨리라. 재앙에 대한 예언이나 소식을 듣는 자는 누가 되었든 너무나 큰 공포심을 느껴서 마치 그 말이 귀에서 계속해서 들리는 것 같고 마음에서 지워버릴 수 없을 것이다. 엘리의 집(삼상 3:11)과 예루살렘(왕하 21:12)의 파멸에 관한 예언이 이렇게 묘사된다.

IV. 하나님은 그에게 하나님께서 그들과 다투시게 만든 그들의 죄악들이 무엇이었는지를 그들에게 분명히 전하라고 명령하신다(4-5절). 그들은 하나님으로부터의 배교(그들이 나를 버렸다), 하나님이 눈에 보이는 교회를 존귀하게 하기 위하여 주신 특권들의 남용(그들이 이 곳을 불결하게 하였다)이라는 죄목으로 고소된다. 사람들 가운데서 하나님을 존귀하게 하고 하나님의 나라를 밑받침하라는 의도로 세워진 예루살렘(거룩한 성)과 성전(거룩한 집)을 그들은 그러한 목적에서 벗어나서 이상하게 잘못 사용하였다(어떤 이들은 이렇게 번역한다). 그들은 성도(聖都)와 성전을 둘 다 그들의 악으로 더럽혔기 때문에, 하나님은 둘과의 관계를 끊으셨고 그것들을 멸망에 붙이셨다. 그는 그들이 자기와 자기 조상들이 알지 못하던 거짓 신들, 그들이 버린 하나님이 그들이나 그들의 조상들에게 풍성하게 베풀어 주셨던 권능의 행위들이나 선한 행위들을 단 하나도 그들에게 베풀어 주지 못해서 그들의 믿음이나 경배를 받을 만한 자격이 없었던 다른 신들을 좋아하고 숭배한 것에 대하여 그들을 고소한다. 그렇지만 그들은 그 다른 신들에게 모험을 걸었다. 아니, 그들은 변화와 신기한 것을 좋아하였기 때문에 다른 신들이 갑자기 뜬 존재들이어서 더욱 그 신들을 좋아하였고, 다른 것들에서와 마찬가지로 종교에 있어서도 그들은 그들의 호기심을 만족시켜 주는 새로운 것들을 좋아하였다. 또한 그들은 고의적인 살인죄로 고소를 당한다. 그들은 무죄한 자의 피로 이 곳에 채웠다. 므낫세가 무죄한 자들의 피를 예루살렘에 가득하게 하였을 때에 여호와께서는 그의 죄를 사하시기를 즐겨하지 아니하셨다(왕하 24:4). 아니, 우상 숭배와 살인을 따로따로 저지르면 하나님과 사람에게 충분한 악과 모욕이 되지 않는 양, 그들은 이 두 가지 죄를 한데 묶어서 하나의 범죄 속에 그 둘을 결합시켜, 그들의 자녀들을 바알에게 번제로 불살라 바치는 죄를 범하였다(5절). 이것은 자연 종교와 계시 종교의 모든 법들에 도전하는 가장 오만방자한 죄였고 인류가 저지를 수 있는 것 중에서 가장 뻔뻔스러운 죄였다. 이런 행위를 통해서 그들은 그들이 전에 참 하나님을 사랑한 것보다 그들의 새로운 신들을 더 많이 사랑한다는 것을 만천하에 알렸다. 주 여호와께서는 모든 생명과 영혼이 그의 것이기 때문에 그를 예배하는 자들에게 결코 인신제사를 요구하지 않았던 반면에, 그들이 섬긴 새로운 신들은 인신제사를 요구할 정도로 아주 잔인한 감독자들이었음에도 불구하고 말이다. 하나님은 그런 일을 입 밖으로 내어 말씀하신 적도 없으셨고, 마음에 생각한 적도 없으셨다(렘 7:31).

V. 하나님은 그에게 장차 그들에게 닥칠 황폐화가 얼마나 클 것인지를 실감할 수 있도록 전하라고 명령하신다. 그는 그들에게 수많은 사람들이 성을 포위한 적군에게 돌진했다가 격퇴당하거나 성에서 빠져나가다가 붙잡혀서 이 힌놈의 골짜기에서 칼에 엎드러질 것이기 때문에 이 골짜기가 죽임의 골짜기 또는 살육의 골짜기라는 새 이름을 얻게 될 것(6절)임을 말해주어야 한다(전에 그랬던 것처럼, 렘 7:32). 그들은 그들의 대적, 곧 그들의 집과 재산을 차지하고자 할 뿐만 아니라 그들에 대한 앙심 때문에 그들의 생명을 찾는 대적 앞에서 엎드러지게 될 것이다. 대적들은 피에 굶주린 자들이라서, 전쟁에서 군사들이 죽었을 때에 잠깐 휴전을 하고 죽은 자들을 매장하는 것을 허용하는 관습도 따르지 않을 것이기 때문에, 그들의 시체는 공중의 새와 땅의 짐승의 밥이 될 것이다. 그 때에 도벳 골짜기는 얼마나 음산한 곳이 될 것인가! 성에 남아서 적에게 투항하지 않은 자들은 그들의 원수에게 둘러싸여 곤경에 빠질 때에 먼저 그들의 아들의 살, 딸의 살, 가장 친한 친구의 살을 먹을 것이고, 그런 후에 양식이 없어서 굶어 죽게 될 것이다(9절). 이것은 하나님의 심판에 의해 그들이 처하게 될 극단적인 경우로 율법에서 이미 경고한 것으로서(레 26:29; 신 28:53) 이 때에 성취되었다(애 4:10). 마지막으로, 온 성이 황폐화되고, 집들이 잿더미로 변하며, 주민들은 죽임을 당하거나 포로로 잡히게 될 것이다. 그 곳은 드나드는 사람도 없고 남아 있는 것도 아무것도 없어서 오직 스산하고 황량하게 보일 것이다. 그

래서 그가 앞서 예언했듯이(렘 18:16) 그 곳을 지나는 자마다 놀랄 것이다(8절). 예루살렘에 거룩함이 깃들어 있었을 때에는 그 곳이 온 세상의 기쁨이었지만, 죄가 횡행했을 때에 그 곳은 온 세상의 수치와 욕(辱)이 되어 버렸다.

Ⅵ. 하나님은 그에게 그들이 계속해서 회개하지 않고 삶을 고치지 않으면서 이 파멸을 막아보거나 피해보려고 온갖 시도를 다해도 소용없을 것임을 그들에게 단단히 일러두라고 명령하신다(7절). 내가 이 곳에서, 곧 선지자가 지금 서 있는 곳에서 얼마 떨어져 있지 않은 왕궁(궁은 성의 북쪽에 자리잡고 있었다)에서 유다와 예루살렘의 계획을 무너뜨릴 것이다. 하나님의 긍휼하심을 향하여 도망치는 것 외에는 하나님의 공의에서 도망칠 길은 없다는 것을 명심하라. 하나님의 강한 손 아래에서 스스로를 낮추어 하나님의 계획을 이루고자 하지 않는 자들은 하나님께서 그들의 계획, 즉 그들이 목숨을 보존하는 데에 아주 잘 짜여진 것이라고 생각했던 계획들을 무너뜨리실 것임을 알게 될 것이다. 여호와를 대적하는 계획이나 힘은 결코 성공하지 못한다.

[10]너는 함께 가는 자의 목전에서 그 옹기를 깨뜨리고 [11]그들에게 이르기를 만군의 여호와께서 이와 같이 말씀하시되 사람이 토기장이의 그릇을 한 번 깨뜨리면 다시 완전하게 할 수 없나니 이와 같이 내가 이 백성과 이 성읍을 무너뜨리리니 도벳에 매장할 자리가 없을 만큼 매장하리라 [12]여호와의 말씀이니라 내가 이 곳과 그 가운데 주민에게 이같이 행하여 이 성읍으로 도벳 같게 할 것이라 [13]예루살렘 집들과 유다 왕들의 집들이 그 집 위에서 하늘의 만상에 분향하고 다른 신들에게 전제를 부음으로 더러워졌은즉 도벳 땅처럼 되리라 하셨다 하라 하시니 [14]예레미야가 여호와께서 자기를 보내사 예언하게 하신 도벳에서 돌아와 여호와의 집 뜰에 서서 모든 백성에게 말하되 [15]만군의 여호와 이스라엘의 하나님께서 이와 같이 말씀하시되 보라 내가 이 성읍에 대하여 선언한 모든 재앙을 이 성읍과 그 모든 촌락에 내리리니 이는 그들의 목을 곧게 하여 내 말을 듣지 아니함이라 하시니라

하나님께서는 앞 단락에서 선지자로 하여금 전하게 하신 진노의 메시지에 신뢰성을 더해주기 위해서 여기에서 두 가지로 그 메시지에 더욱 힘을 실어 주신다.

Ⅰ. 눈에 보이는 징조를 통해서. 하나님은 선지자에게 옹기를 사서 들고가서

(1절), 메시지를 다 전한 후에 그 옹기를 산산이 깨뜨려서(10절), 그의 설교를 들은 자들이 그 징조를 볼 수 있도록 하라고 명령하신다. 선지자는 앞 장에서 이 백성을 비유하기를, 만드는 과정에서 쉽게 터지고 망가지는 토기장이의 진흙에 비유하였었다. 그러나 "우리는 아주 오래 전에 만들져서 이미 딱딱하게 굳어져 있어서, 그런 말은 우리에게는 통하지 않는다"고 말하는 자들이 꼭 있을 것이었다. 그래서 선지자는 이렇게 말한다. "토기장이가 이미 만든 그릇일지라도 토기장이의 손에서 부드러운 진흙 상태로 있는 그릇과 마찬가지로 사람의 손에서 쉽게 깨질 수 있다. 아직 부드러운 진흙 상태에서는 그릇을 만들다가 망쳐져도 다시 만들면 되지만, 한번 굳어진 후에 부숴지면 다른 그릇으로 만들 수도 없으니, 그 형편이 더 나쁘다." 그들은 단지 귀로 들은 것보다는 눈으로 직접 보았을 때에 더 생생하게 느꼈을 것이다. 이것이 성례전에서 떡과 잔을 사용하는 의도인데, 상징들을 통한 가르침은 아주 옛날부터 사용되어온 방식이었다. 이 징조를 설명할 때에 선지자는 그가 이전에 말해 주었던 것을 다시 말해주어야 했지만, 그 징조가 행해진 도벳 골짜기에 대한 언급이 추가되었다.

1. 그들은 이 옹기처럼 갈대아 군대에 의해서 쉽고 저항할 수 없으며 돌이킬 수 없게 깨질 것이다(11절). 그들은 그들 나라의 체제가 견고하고 그들의 사기가 충천해 있다는 것을 많이 의지하였고, 그런 것들이 그들을 놋그릇 같이 견고하게 만들어 주었다고 생각하였다. 그러나 선지자는 그런 것들은 그들을 옹기 같이 딱딱하게 만들어 주었을 뿐이라는 것을 보여준다. 옹기는 딱딱하지만 부서지기 쉬워서 딱딱하지 않은 것보다 더 빨리 부서진다. 그들은 귀한 그릇으로 만들어졌지만 여전히 흙으로 만든 옹기에 불과하다. 따라서 만약 그들이 하나님과 그들 자신을 욕되게 하고 귀한 그릇에 합당한 용도로 사용되기에 적절하지 않게 되어 버린다면, 그들은 그들이 깨어지기 쉬운 옹기라는 사실을 절감하게 될 것이다. 하나님은 그들을 만드신 분이지만, 그들을 부서버리실 수도 있는 분이시다. 내가 이 백성과 이 성읍을 무너뜨리리니 토기장이의 그릇 같이 산산조각 내버리리라. 이것은 원래 이방 나라의 운명이었지만(시 2:9; 계 2:27), 이제는 예루살렘의 운명이 될 것이다(사 30:14). 토기장이의 그릇은 한번 깨뜨리면 다시 완전하게 할 수 없다(즉, 원어에서는 치유할 수 없다). 예루살렘의 멸망은 철저한 멸망이 될 것이다. 그 곳을 부순 이의 손이 아니고서는 아무

도 그 곳을 복구할 수 없다. 그들이 그에게 돌아오기만 한다면, 비록 그가 찢으셨을지라도, 그는 고쳐주실 것이다.

2. 선지자가 이 징조를 도벳에서 행한 것은 두 가지를 보여주기 위한 것이었다.

(1) 도벳은 죽은 자들의 시체가 산더미처럼 쌓일 곳이 되리라는 것. 도벳에 더 이상 매장할 자리가 없을 만큼 사람들이 시체를 매장하리라. 사람들은 그들의 죽은 자를 눕히기 위한 공간을 마련하기 위해서 밀치고 나아가야 할 것이고, 아주 작은 공간이 생전에 가옥에 가옥을 이으며 전토에 전토를 더하였던 자들이 매장되는 자리가 될 것이다. 땅 위에 있었을 때에는 이 땅 가운데에서 홀로 거주하려 하여 주변의 모든 사람들이 멀찌감치 떨어져 있어야 했던 자들은 땅 아래에서는 많은 사람들과 함께 누워야 할 것이다. 왜냐하면, 그들보다 앞서 죽은 자들이 무수히 많을 것이기 때문이다.

(2) 온 성은 도벳의 닮은 꼴이 되리라는 것(12절). 내가 이 성읍으로 도벳 같게 할 것이다. 그들이 우상들에게 제물로 바치기 위해 죽인 자들로 도벳 골짜기를 가득 채웠듯이, 하나님은 하나님의 공의를 위한 제물이 되어 죽은 자들로 온 성을 가득 채울 것이다. 성경에서는 도벳이 우상 숭배로 악용되자 요시야가 그 곳을 사람들의 **뼈로 가득 채움**으로써 더럽혔고, 그 곳은 이전에는 무엇이 되었든지 간에 그 후로는 혐오스러운 곳으로 여겨졌다고 말한다(왕하 23:10). 죽은 시체들을 비롯해서 도성의 온갖 더러운 쓰레기들이 거기로 실려 왔고, 그것들을 태우느라 거기에서는 불이 계속해서 타올랐다. 이것이 예레미야가 예언을 하기 위해 그 곳으로 보내심을 받았을 때에 그 곳의 상황이었다. 그 곳은 너무도 끔찍한 곳이었기 때문에 우리 구주께서 활동하시던 때에 음부(또는, 지옥)는 그 곳에 빗대어 게헨나, 즉 힌놈의 골짜기로 불리었다. 하나님은 이렇게 말씀하신다. "도벳을 더럽혔던 저 복된 개혁이 계속해서 진행되지도 못하였고 철저한 개혁으로 이어지지도 못하였으며, 도벳에 있던 우상들은 사라졌다고 해도 예루살렘에는 여전히 우상들이 남아 있기 때문에, 요시야가 도벳에 대하여 행했던 바로 그 일을 이제 내가 이 도성에 행하여, 그 곳을 사람들의 시체로 넘치게 하고, 나아가 그 곳을 쓰레기 더미로 만들리라." 예루살렘 집들과 유다 왕들의 집들(왕궁도 예외없이)이 동일한 이유로, 즉 거기에서 저질러진 우상 숭배로 인하여 **도벳 땅처럼 더럽혀지리라**(13절). 그들이 개혁을 통해서 그 곳들에서

더러움을 제하고자 하지 않고 도리어 그들의 집 위에서 하늘의 만상에 분향하고 다른 신들에게 전제를 부었기 때문에, 하나님은 그 곳들을 멸망시킴으로써 더럽히실 것이다. 그들의 집의 지붕은 평평했기 때문에 경건한 자들은 그 지붕을 종종 기도하는 곳으로 이용하였고(행 10:9), 우상 숭배자들은 지붕을 산당으로 삼아서 이방의 신들, 특히 해와 달과 별 같은 하늘의 만상에게 제사를 지냈는데, 지붕은 하늘과 더 가까운 곳이고 일월성신을 더 잘 볼 수 있었기 때문에 그런 것들을 숭배하기에 좋은 곳이었다. 성경에서는 지붕에서 하늘의 뭇 별에게 경배하는 자들(습 1:5)과 아하스의 다락 지붕에 세운 제단들(왕하 23:12)에 대하여 언급한다. 지붕 위에서 벌어진 이러한 죄는 집에 저주를 불러와서, 집은 불타서 도벳 같이 쓰레기장이 되어 버렸다.

II. 그가 이제까지 말했던 것을 여호와의 집 뜰에서 엄숙하게 확인하는 절차를 통해서(14-15절).   선지자는 도벳에서 돌아와서 그 골짜기 위 언덕에 서 있던 성전으로 가서, 그가 도벳 골짜기에서 전한 말씀을 듣지 못한 자들을 위해서 다시 한 번 그 말씀을 반복해서 말해주고 재확인해 주었다. 그는 이전에 흔히 그랬던 것처럼 여기에서도 장차 그들에게 심판이 닥칠 것임을 단언함과 동시에 그 원인이 그들의 죄 때문이라는 것을 확인해 준다. 여기에서는 이 두 가지가 앞에서 이미 언급한 것을 요약하는 짧은 문장 안에 서로 결합되어 있다.

1. 예언의 성취는 하나님이 경고하신 심판이 되리라는 것. 백성들은 하나님이 말씀은 그렇게 하시지만 실제로는 그렇게 행하지 않으실 것이고 하나님의 경고의 말씀은 단지 그들을 겁주고 잠깐 놀라게 하기 위한 것일 뿐이라고 제멋대로 해석하여 스스로를 위안하였다. 그러나 선지자는 그들에게 그들이 그렇게 생각한다면 스스로를 속이는 것이 될 것임을 분명하게 말해준다. 자기가 한 말을 이루실 수 있는 만군의 여호와께서 이와 같이 말씀하시되 내가 이 성읍과 그 모든 촌락, 왕도인 예루살렘에 속한 모든 작은 성읍들에 내가 선언한 모든 재앙을 내리리라. 사람들이 어떻게 생각하든, 섭리는 하나님의 예언의 말씀을 온전히 집행하는 쪽으로 나아갈 것이고, 하나님은 성경에서 묘사한 대로 죄와 죄인들에 대하여 무시무시한 분으로 나타나시리라는 것을 명심하라. 사람들이 믿지 않는다고 해서 하나님의 약속이나 경고가 무효화되거나 원래보다 더 약해지는 일은 없을 것이다.

2. 예언을 멸시한 것이 하나님이 그들을 고소하시는 죄이자 이 심판을 불러

온 원인이 된 죄라는 것. 심판의 원인은 그들이 목을 곧게 하여 하나님의 말씀이라는 멍에 앞에 그 목을 내밀지 않고자 하였고, 내 말을 듣지 아니하고 하나님의 말씀에 귀 기울여 경청하거나 순종하지도 않으려 하였기 때문이다. 죄인들이 죄악된 길을 고집한 것은 전적으로 그들 자신의 잘못이라는 것을 명심하라. 그들의 목이 곧아지고 뻣뻣해졌다면, 그것은 그들 자신이 한 일이고, 그들이 그들의 목을 곧게 한 것이다. 그들이 하나님의 말씀을 듣지 못한다면, 그것은 그들이 자신의 귀를 막았기 때문이다. 그러므로 우리는 하나님께서 그의 은혜로 말미암아 우리로 하여금 마음이 굳어지거나 그의 말씀과 계명을 멸시하는 일이 없게 해달라고 기도할 필요가 있다.

제
— 20 —
장

개요

예레미야가 앞 장에서 아주 단도직입적인 방법을 사용해서 말씀을 전하였기 때문에, 우리는 그의 설교를 듣고서 사람들이 죄를 깨닫고 낮아지지 않았다면 분명히 크게 격분했을 것임을 쉽게 내다볼 수 있다. 그리고 실제로 그랬다. 왜냐하면, 우리는 이 장에서 다음과 같은 내용들을 발견하기 때문이다. I. 예레미야가 그런 설교를 한다는 이유로 제사장 바스훌에게 박해를 당함(1-2절). II. 하나님께서 바스훌이 그런 행위를 한 것에 대하여 경고하시고, 예레미야가 전한 말씀을 확증해 주심(3-6절). III. 예레미야가 이 일을 비롯해서 그가 선지자 직무를 시작한 이래로 당한 여러 가지 곤욕들, 그가 싸워 왔던 심한 유혹들을 하나님께 하소연하고(7-10절), 하나님 안에서 힘을 얻어 자신의 일을 하나님께 맡기고, 그가 계속해서 하나님을 찬송하리라는 것을 의심하지 않는다고 말하지만(11-13절, 이것은 그가 많은 은혜를 얻었음을 보여준다), 기분이 언짢아져서 자기가 난 날을 저주함(14-18절, 이것은 그의 안에 부패한 심성이 아직 남아 있다는 것과 그가 우리와 같은 성정을 지닌 인간임을 보여준다).

[1]임멜의 아들 제사장 바스훌은 여호와의 성전의 총감독이라 그가 예레미야의 이 일 예언함을 들은지라 [2]이에 바스훌이 선지자 예레미야를 때리고 여호와의 성전에 있는 베냐민 문 위층에 목에 씌우는 나무 고랑으로 채워 두었더니 [3]다음날 바스훌이 예레미야를 목에 씌우는 나무 고랑에서 풀어 주매 예레미야가 그에게 이르되 여호와께서 네 이름을 바스훌이라 아니하시고 마골밋사빕이라 하시느니라 [4]여호와께서 이와 같이 말씀하시되 보라 내가 너로 너와 네 모든 친구에게 두려움이 되게 하리니 그들이 그들의 원수들의 칼에 엎드러질 것이요 네 눈은 그것을 볼 것이며 내가 온 유다를 바벨론 왕의 손에 넘기리니 그가 그들을 사로잡아 바벨론으로 옮겨 칼로 죽이리라 [5]내가 또 이 성읍의 모든 부와 그 모든 소득과 그 모든 귀중품과 유다 왕들의 모든 보물을 그 원수의 손에 넘기리니 그들이 그것을 탈취하여 바벨론으로 가져가리라 [6]바스훌아 너와 네 집에 사는 모든 사람이 포로 되어 옮겨지리니

네가 바벨론에 이르러 거기서 죽어 거기 묻힐 것이라 너와 너의 거짓 예언을 들은
네 모든 친구도 그와 같으리라 하셨느니라

이 단락에는 다음과 같은 내용들이 나온다.

I. 예레미야에 대한 바스훌의 부당한 분노와 그 분노의 결과들(1-2절). 바
스훌이라는 자는 제사장이었다. 그러므로 그는 그와 같은 제사장이었던 예레
미야를 보호해 주었어야 했고, 예레미야가 여호와의 선지자여서 제사장들과
사역자들이 그를 보호할 의무가 있기 때문에 더욱 그러하였다. 그러나 이 제사
장 바스훌은 예레미야를 후원해주기는커녕 도리어 박해하였다. 그는 임멜의 아
들이었다. 즉, 세례 요한의 아버지인 사가랴가 아비야 반열에 속해 있었듯이
(눅 1:5), 바스훌은 제사장들 중에서 열여섯째 반열에 속하는 제사장이었는데,
다윗이 제사장들의 반열을 처음으로 정하였을 때에 임멜은 그 반열의 우두머
리였다(대상 24:14). 이렇게 이 바스훌은 다섯째 반열에 속하였던 동일한 이름
의 다른 제사장(렘 21:1)과 구별된다. 이 바스훌은 성전의 총감독이었다. 그는
단지 그의 반열이 성전에서 복무를 하는 기간이어서 그 우두머리로서 잠시 그
런 직책을 수행하고 있었거나 대제사장의 보좌역이었거나 성전의 행정 책임자
또는 수비대장이었을 것이다(행 4:1). 바스훌은 예레미야의 큰 원수였다. 하나
님의 선지자들에 대하여 가장 큰 악의를 지닌 자들은 하나님과 교회을 지킬 신
성한 의무를 담당한 자들 가운데서 나타났다. 우리는 바스훌이 예레미야가 도
벳 골짜기에서 예언하는 것을 듣기 위하여 거기에 갔던 제사장들 가운데 몇몇
어른들 중 한 사람이었다고 볼 수 없다 — 그가 예레미야의 약점을 잡기 위한
악의적인 의도를 지니고 있었다면 모르지만. 그러나 예레미야가 여호와의 집
뜰로 왔을 때에 그는 예레미야가 말하는 것을 직접 들은 증인이었을 가능성이
크다. 그렇게 본다면, 1절의 본문은 그가 예레미야의 이 일 예언함을 직접 들었다
로 읽을 수도 있다. 그러나 우리의 읽기에 의하면, 그는 이러한 정보를 다른 사
람들에게서 전해 들은 후에 그것을 검토해 보았다. 그가 예레미야가 이 일을 예
언하였다는 말을 들었고, 특히 자기가 총감독으로 있던 여호와의 집 뜰에서 자신
의 허락도 받지 않은 채 감히 말씀을 전한 것에 대하여 참을 수 없는 분노를 느
꼈을 것이다. 교회에 의해서 주어진 권력이 악용될 때, 그 권력은 교회를 대적
하고 해치는 데에 사용되는 가장 위험한 권력이 된다.

1. 그는 예레미야에게 격분해서 그를 손이나 권세의 표시로 주어졌던 지팡이로 **때렸다**. 아마도 이것은 대제사장이 바울이 계속해서 말하는 것을 막기 위해서 그 입을 치라고 명령했던 것처럼(행 23:2) 단지 모욕을 주기 위한 한 방(blow)이었을 것이지만, 바스훌은 예레미야를 행악자로 여겨서 정말 상처를 주기 위해서 여러 차례 심하게 때린 것일 수도 있다. 성경에서는 농부들이 하나님의 종들을 때린 것을 고소하고 있다(마 21:35). 바스훌이 이 일을 처리한 과정과 절차도 불법이었다. 그는 대제사장을 비롯해서 여러 제사장들과 더불어서 이 일을 논의하고, 예레미야의 자격을 심사하며, 실제로 일어난 일을 좀 더 깊이 조사하고, 예레미야에게 과연 그가 그렇게 말할 권한이 있는지도 살펴보아야 했다. 그러나 공의를 집행할 때의 이러한 규칙들은 단지 명목적인 것들로 변해서 간과되고 무시되었다. 바스훌은 예레미야가 옳든 그르듯 그를 짓밟아야 직성이 풀렸을 것이다. 경건의 원수들은 결코 형평법의 규정들에 얽매이지 않으려 한다.

2. 그는 예레미야를 목에 씌우는 나무 고랑으로 채워 두었다. 어떤 이들은 이것을 단지 예레미야가 갇힌 곳을 가리키는 것으로 이해한다. 그는 예레미야를 감옥에 가두었다. 이것은 그를 가둬두어서 그에게 고통과 수치를 주고자 한 것으로 보인다. 어떤 이들은 이것을 그의 목과 팔을 널판지에 끼우도록 만들어진 형틀을 가리키는 것으로 이해한다. 우리는 이것을 그의 다리에 채워진 차꼬라고 본다. 그것이 무엇이 되었든, 그는 모든 사람이 볼 수 있는 여호와의 성전에 있는 베냐민 문 위층에 밤새도록 갇혀 있었다. 바스훌은 이런 식으로 그를 징계해서 다시는 예언하지 못하게 하려 하였고, 이런 식으로 그에게 모욕을 주어 사람들이 그의 초라한 꼴을 보고서 그가 다시 예언을 한다고 해도 사람들로부터 무시를 당하게 하고자 하였다. 가장 선한 자들은 은혜를 모르고 버릇없는 이 세상으로부터 이렇게 흉악한 대접을 받아 왔고, 그들의 세대에서 가장 큰 축복인 자들이 만물의 찌꺼기 같은 대우를 받아 왔다. 바스훌 같은 자가 안락의 자에 앉아 있고 예레미야 같은 인물이 차꼬에 채워 있는 모습을 보고서 거룩한 분노를 느끼지 않을 사람이 어디 있겠는가? 사람들과 일들이 또 다른 얼굴로 나타나게 될 내세가 현세 이후에 있다는 것은 정말 다행스러운 일이다.

II. 바스훌에 대한 하나님의 의로운 분노와 그 증표들. 다음날 바스훌이 예레미야를 방면하기 위해서 목에 씌우는 나무 고랑에서 풀어 주었다(3절). 하지만 바스홀은 예레미야를 차꼬를 풀어서 조금 편안하게 해준 후에 이런 죄목에 대한 통상적인 징벌 기간 동안 계속해서 그를 가둬두었을 가능성이 크다. 어쨌든 그 때에 예레미야는 하나님에게서 말씀을 받았다. 바스홀이 예레미야에게 차꼬를 채웠을 때에 예레미야는 아무런 저항도 하지 않았던 것 같다. 그는 순순히 이러한 부당한 능욕을 받아들였던 것 같다. 그는 고난을 당할 때에 위협하지 아니하였다. 그러나 그가 차꼬에서 풀려나는 순간, 하나님은 선지자의 입에 말씀을 넣어주셔서, 바스홀의 양심을 일깨워주고자 하셨다. 왜냐하면, 여호와의 선지자는 묶일 수 있어도 여호와의 말씀은 묶일 수 없기 때문이다. 바스홀이 예레미야를 때리고 학대한 이유가 무엇이라고 생각하는가? 그것이 무엇이 되었든, 우리는 하나님께서 바스홀에게 하신 말씀으로 인해서 그가 실망하게 되는 것을 보게 될 것이다.

1. 그(바스홀)는 그(예레미야)에게 그의 잘못을 말해주고 백성들 앞에서 그의 명성을 깎아내고자 하였던 자를 침묵시킴으로써 자신의 입지를 굳건히 하고 자신의 마음을 편하게 하고자 했던 것인가? 그렇다면, 그는 다음과 같은 이유 때문에 자신의 목적을 이루지 못하게 될 것이다.

(1) 선지자가 침묵하더라도, 바스홀 자신의 양심이 그를 정면으로 공격하여 항상 불안하게 만들 것이다. 하나님은 이것을 확인해 주시기 위하여 그에게 새로운 이름을 주실 것이다: 마골밋사빕(사방의 두려움). 하나님이 직접 그에게 이 이름을 주실 것인데, 하나님이 그를 그렇게 부르시면 그는 그 이름대로 그렇게 될 것이다. 이 이름은 곤경에 처해 있을 뿐만 아니라 절망에 빠져 있고 사방으로 위험에 처해 있을 뿐만 아니라 사방으로 두려움에 싸여 있는 사람을 나타내는 격언적인 표현인 것으로 보인다(실제로는 아무런 위험이 없는데도 두려움에 싸이는 사람이 있는가 하면, 다윗처럼 실제로는 위험에 둘러싸여 있는 데도 믿음으로 전혀 두려움을 느끼지 않는 사람도 있다, 시 3:6; 27:3). 악인은 쫓아오는 자가 없어도 도망하고 두려움이 없는 곳에서 크게 두려워한다. 바스홀도 그런 처지가 될 것이다(4절). "보라 내가 너로 네 자신에게 두려움이 되게 하리라. 즉, 너는 끊임없이 겁을 집어먹게 될 것이고, 네가 지어낸 생각이나 공상 때문에 끊임없이 불안해 하리라." 하나님은 아무리 겁 없는 죄인도 자기 자신에게 두려움이 되게 하실 수 있으시고, 자기 백성에게 겁을 주어서 그 본분을 행하지 못하게 하는 자들로 하여금 겁을 집어먹게 할 수 있는 방법을 찾아내실 것임을

명심하라. 성문에서 책망하는 자들인 하나님의 선지자들이 지적해 주는 자신의 잘못을 듣고자 하지 않는 자들은 그들의 품 안에 있는 책망하는 자로서 기절시킬 수도 없고 침묵시킬 수도 없는 양심의 소리를 듣게 될 것이다. 이렇게 자기 자신에게 두려움이 되는 그 사람은 정말 비참한 자이다. 그렇지만 이것이 전부가 아니다. 어떤 사람들은 자기 자신에게 아주 큰 두려움이지만, 그것을 숨기고 다른 사람들에게는 즐거운 듯이 행동한다. 그러나 "내가 너로 네 모든 친구에게 두려움이 되게 하리라. 너는 늘 두려움과 놀람을 풍기는 자가 될 것이기 때문에 너의 모든 친구들은 너와 교제하는 것을 꺼려해서 네게 고문당하는 것을 피하여 너를 멀리하는 쪽을 택하게 될 것이다." 우울증에 사로잡혀 있고 불안하며 정신이 산만한 사람들은 자기 자신과 주변의 모든 사람들에게 두려움이 되는데, 이것은 하나님께서 우리에게 계속해서 우리의 이성을 잘 사용하게 하시고 우리의 양심이 평안하게 하시는 것을 감사해야 할 좋은 이유가 된다.

(2) 그가 믿고 의지하던 친구들, 아마도 그가 예레미야에게 했던 일을 호의적으로 보아주었던 친구들이 모두 다 그를 실망시키게 될 것이다. 하나님은 그가 예레미야에게 악한 짓을 했다고 해서 그를 당장에 쳐서 죽이시는 것이 아니라, 가인이 온 땅을 방황하며 가는 곳마다 사람들이 자기를 죽일까봐 끊임없이 두려워하면서 하나님의 공의의 기념물처럼 살아갔던 것처럼 그로 하여금 비참한 삶을 살아가게 하신다. "무엇이 이 사람을 이토록 끊임없이 두려워하게 만드는 것이냐"고 누가 묻는다면, 그 대답은 "그가 예레미야를 차꼬로 채운 일 때문에 그를 내리 누르고 있는 하나님의 손 때문이다"가 될 것이다. 그를 격려해 줄 그의 친구들은 모두 다 죽임을 당하게 될 것이다. 그들은 원수들의 칼에 엎드러질 것이고, 그의 눈은 그것을 볼 것이며, 그 무시무시한 광경을 보면서 그의 두려움은 더욱 커지게 될 것이다.

(3) 그는 마침내 그의 두려움이 까닭 없는 것이 아니라는 것을 알게 될 것이지만, 하나님의 보복이 그를 기다리고 있을 것이다(6절). 그와 그의 가족은 포로가 되어 옮겨지리니 저 머나먼 바벨론에 이르게 될 것이다. 그는 요시야와는 달리 재앙이 닥치기 전에 죽지도 않을 것이고, 어떤 이들과 달리 재앙이 지나간 후까지 살아 있게 되지도 않을 것이다. 그는 포로로 죽어서 쇠사슬에 매여 묻히게 될 것인데, 그와 그의 모든 친구들이 그렇게 될 것이다. 이제까지 말한 것이 바스훌이 맞게 될 운명이었다. 박해하는 자들은 이것을 읽고서 두려워 떨

지어다. 파멸이 와서 두려워 떨게 되기 전에 두려워 떨며 회개하라.

2. 그는 백성들을 편안하게 지켜주고 예레미야가 예언하였던 그 멸망을 미리 막으며, 예레미야의 평판에 흠집을 내서 그가 전하는 말씀이 땅에 떨어지게 하고자 했던 것인가? 아마도 그는 그런 목적을 지니고 있었던 것 같다. 왜냐하면, 그는 실제로 선지자 행세를 했고, 백성들에게 평안이 있을 것이라고 예언했던 것으로 보이기 때문이다(6절). 그는 그들에게 거짓 예언을 하였다. 예레미야의 예언은 그의 예언과 정반대로서 그가 예언을 통해 죄 가운데 깊이 잠들게 만들어 놓았던 백성들을 일깨우고자 했기 때문에, 그는 예레미야를 가만두어서는 안 되겠다고 생각하였다. 그러나 그는 자신의 목적을 이룰 수 있었는가? 결코 그렇지 않았다. 예레미야는 유다와 예루살렘을 쳐서 예언하는 자신의 일을 계속하였고, 하나님은 그의 대변인인 선지자들을 통해서 그 일을 계속하실 것이었기 때문이다. 하나님의 말씀은 정해진 길을 따라 계속해서 갈 것이기 때문에, 사람들이 그들을 책망하고 경고하는 자들을 침묵시켜봐야 얻는 것이 하나도 없다. 여기에서도 그랬다.

(1) 모든 촌락들이 멸망을 당하게 될 것이다(4절). 내가 온 유다를 바벨론 왕의 손에 넘기리라. 유다는 오랫동안 하나님 자신의 땅이었으나, 하나님은 이제 그 땅에 대한 소유권을 느부갓네살에게 넘기고자 하신다. 느부갓네살은 이 땅의 주인이 되어서 그 주민들을 마음대로 처분할 터인데, 어떤 자들은 칼에 죽을 것이고 어떤 자들은 포로로 잡혀갈 것이지만, 그에게서 피할 자는 아무도 없을 것이다.

(2) 예루살렘도 멸망을 당하게 될 것이다(5절). 바벨론 왕은 도성을 약탈하여, 거기에 있던 귀한 물건들을 모두 바벨론으로 가져갈 것이다.

[1] 그는 그들의 무기와 군수품을 보관해 둔 창고들(여기에서는 이 성읍의 힘이라 불린다, 개역에서는 이 성읍의 부)을 털어서 그것들을 그들을 치는 데에 사용할 것이다. 그들은 이것들을 그들의 힘으로 여겨 의지했었다. 그러나 그들이 하나님의 보호하심 밖으로 뛰쳐나와 버리고, 그들의 진정한 힘이셨던 분이 그들을 떠나셨을 때, 무기나 군수품 같은 것들이 과연 그들에게 도움이 될 수 있었겠는가?

[2] 그는 그들이 창고에 쌓아둔 모든 물건들을 가져가 버릴 것이다. 이런 것들은 그들이 일을 해서 수고하여 모은 것이었기 때문에 여기에서는 그들의 소

득이라 불린다.

[3] 그는 그들의 좋은 집들을 약탈하여 값비싼 가구나 설비들을 가져가 버릴 것이다. 이런 것들은 그들이 소중히 여겨서 애지중지하던 것이라서 여기에서는 그들의 귀중품들이라 불린다. 하나님의 보배로운 약속들 안에서 군사들의 손이 닿지 않는 보배로운 것들(귀중품들)을 안전하게 확보하고 있는 자들은 복이 있다.

[4] 그는 국고(國庫)를 샅샅이 뒤져서 왕관의 보석들과 유다 왕들의 모든 보물을 가져가 버릴 것이다. 이것은 무엇보다도 히스기야가 바벨론 왕의 사자들에게 그의 보물 창고를 다 보여준 것에 대한 벌로 하나님께서 오래 전에 히스기야에게 경고하였던 그런 재난이었다(사 39:6). 그들은 창고에 쌓아둔 것들이 그들을 지켜줄 것이라고 생각하였다. 그러나 그러한 것들은 그들의 신뢰를 여지없이 무너뜨리고, 너무도 수월하게 원수의 수중에 들어가 버렸다.

[7]여호와여 주께서 나를 권유하시므로 내가 그 권유를 받았사오며 주께서 나보다 강하사 이기셨으므로 내가 조롱 거리가 되니 사람마다 종일토록 나를 조롱하나이다 [8]내가 말할 때마다 외치며 파멸과 멸망을 선포하므로 여호와의 말씀으로 말미암아 내가 종일토록 치욕과 모욕 거리가 됨이니이다 [9]내가 다시는 여호와를 선포하지 아니하며 그의 이름으로 말하지 아니하리라 하면 나의 마음이 불붙는 것 같아서 골수에 사무치니 답답하여 견딜 수 없나이다 [10]나는 무리의 비방과 사방이 두려워함을 들었나이다 그들이 이르기를 고소하라 우리도 고소하리라 하오며 내 친한 벗도 다 내가 실족하기를 기다리며 그가 혹시 유혹을 받게 되면 우리가 그를 이기어 우리 원수를 갚자 하나이다 [11]그러하오나 여호와는 두려운 용사 같으시며 나와 함께 하시므로 나를 박해하는 자들이 넘어지고 이기지 못할 것이오며 그들은 지혜롭게 행하지 못하므로 큰 치욕을 당하오리니 그 치욕은 길이 잊지 못할 것이니이다 [12]의인을 시험하사 그 폐부와 심장을 보시는 만군의 여호와여 나의 사정을 주께 아뢰었사온즉 주께서 그들에게 보복하심을 나에게 보게 하옵소서 [13]여호와께 노래하라 너희는 여호와를 찬양하라 가난한 자의 생명을 행악자의 손에서 구원하셨음이니라

바스훌에게 내려진 운명은 자기 자신에게 두려움이 되는 것이었다. 예

레미야는 지금 시험을 당하고 있는 때에도 그런 것과는 거리가 멀었다. 그렇지만 그는 여기에서 육체의 연약함으로 말미암아 초조해하고 있었다는 것은 부인할 수 없을 것이다. 선한 자들도 날고 뛰어봐야 고작 인간일 뿐이기 때문이다. 하나님은 선한 자들이 말하고 행하는 것을 아주 꼬치꼬치 이것이 틀렸고 저것이 잘못되었다고 트집을 잡으시는 분이 아니시기 때문에, 우리도 그렇게 트집을 잡지 않아야 하고, 도리어 그들의 말과 행동을 가장 좋은 방향으로 보아 주어야 한다. 이 단락에서는 바스훌이 예레미야에게 크게 분노하여 해를 가하고자 했을 때에 예레미야의 내면 속에서는 하나님이 주신 은혜들과 그가 본래 지니고 있던 타락한 심성들 사이에서 갈등이 일어나고 있었음을 보여준다. 이 때에 그가 자기 자신이나 하나님과 대화하는 말 속에는 어느 정도 당혹감이 엿보인다. 지금부터 그것을 체계적으로 살펴보도록 하자.

I. 예레미야는 여기에서 자기가 어떤 곤욕과 모욕을 당했는지를 서글픈 심정으로 토로한다. 그의 하소연은 의심할 여지 없이 거짓이 아니라 진실을 말한 것이어서 비난받을 것이 아니었고, 그를 보내시고 붙잡아 주신 하나님께 지극히 정당하고 합당하게 드려진 것이었다. 그는 이렇게 하소연한다.

1. 그가 조롱을 당하고 비웃음거리가 되었다는 것. 그들은 그가 말하고 행하는 모든 것을 웃음거리로 삼았다. 이것은 순진한 마음을 지닌 자에게 큰 고충이 아닐 수 없었다(7-8절). 내가 조롱 거리가 되니 사람마다 나를 조롱하나이다. 그들은 마치 그가 어리석은 자여서 갖고 노는 것 외에 다른 데에는 아무짝에도 쓸모없는 자인 것처럼 그를 갖고 놀았고, 그를 조롱하면서 재미있어 하며 서로 키득거렸다. 이렇게 그는 하루 종일 조롱을 당하였다. 종일토록 나를 조롱하나이다. 이렇게 그는 모든 사람에게 조롱을 당하였다. 사람마다 나를 조롱하나이다. 남을 조롱하다 보면, 큰 자들은 이렇게까지 자신의 체통을 망각할 수 있고, 천한 자들은 이렇게까지 자제심을 잃어버릴 수 있다. 우리 주님께서도 십자가 위에 매달려 계실 때에 제사장들과 백성들은 그를 이렇게 조롱하고 욕하였다. 한 사람 한 사람의 조롱과 욕은 그 때마다 그 조롱을 당하는 자에게 상처를 더해 준다. 그렇다면, 예레미야는 도대체 무슨 일을 했길래 이토록 멸시와 조롱을 당했던 것인가? 그가 한 것이라고는 자기에게 맡겨진 선지자 직무를 열심으로 충성스럽게 수행한 것뿐이었다(8절). 그들은 그가 전한 말씀 외에는 그를 조롱할 만한 것을 아무것도 발견할 수 없었다. 치욕을 당한 것은 사실 여호와의

말씀이었다. 그들이 조롱하고 욕하고 웃음거리로 삼았던 것은 그들이 마땅히 존귀하게 여기고 존중하였어야 했던 바로 그것, 그들에게 전하라고 그에게 맡겨진 여호와의 말씀이었다. 그는 설교를 한 것이 아니라 하나님께서 지시하신 것들을 충실하게 전한 것이었지만, 그들은 그가 전한 말씀 속에서 그를 조롱하고 욕할 빌미를 찾아내었다. 하나님의 계시는 이 세상에 주어진 것들 중에서 가장 큰 축복들과 존귀한 것들 중의 하나인데도, 그것을 가장 열심으로 전하고 믿는 자들이 큰 욕(辱)을 당하는 일이 비일비재하다는 것은 서글픈 일이다. 그들은 두 가지를 들어서 그를 조롱하였다.

(1) 그가 말씀을 전한 방식. 그는 말할 때마다 외쳤다. 그는 언제나 애정이 끓어넘쳐서 생생하게 말씀을 전하는 자였고, 하나님의 이름으로 말씀하는 것이었기 때문에 진지하게 말씀을 전하였다. 그는 자기 자신이나 말씀을 듣는 자들의 눈치를 보지 않고 큰 소리로 외쳤다. 이것은 진지한 것을 싫어하였던 자들의 비웃음을 사기에 충분한 것이었다. 하나님의 일들에 대하여 별 애정이 없거나 불만을 지닌 자들이 하나님의 일들에 대하여 많은 애정을 지닌 자들을 조롱하는 것은 흔한 일이다. 있는 힘을 다해서 열정적으로 말씀을 전하는 자들은 말씀에 별 관심이 없고 믿음도 별로 없는 청중들에게 비웃음거리가 된다.

(2) 그가 전한 말씀의 내용. 그는 폭력과 약탈(개역에서는 파멸과 멸망)을 선포하였다. 그는 그들이 서로에 대하여 저지른 폭력과 약탈에 대하여 그들을 책망하였다. 그는 그들의 그러한 죄에 대한 징벌로 그들에게 닥칠 폭력과 약탈에 대하여 예언하였다. 그들은 전자에 대해서는 지나치게 깐깐하다고 조롱하였고, 후자에 대해서는 지나치게 걱정을 많이 한다고 조롱하였다. 이 두 가지 내용를 담고 있는 말씀 때문에 그들은 그에게 분노하였고, 그래서 그를 짓밟기로 결심하였다. 이것만으로도 충분히 악한 짓이었지만, 그는 계속해서 하소연한다.

2. 그들이 그를 모함하였고, 죽일 음모를 꾸몄다는 것. 그들은 그를 멍청한 자라고 조롱을 하였을 뿐만 아니라, 나라에 위험한 악한 자라고 중상모략을 하였다. 이것이 큰 고충이라고 그는 탄식한다(10절). 비웃음을 당하는 것은 비록 사람의 자존심을 건드리는 것이기는 하지만 또 어찌 보면 쉽게 웃어넘겨 버릴 수 있는 것이기도 하다. 왜냐하면, 비웃음을 당할 짓을 하지도 않았는데 비웃음을 당하는 것은 수치가 아니기 때문이다. 그러나 좀 더 깊은 앙심을 품고서

더욱 교묘하게 움직인 자들이 있었다.

(1) 그들은 그가 자신을 해명할 기회를 전혀 가질 수 없는 그의 등 뒤에서 그를 헐뜯었고, 그에게 관한 거짓 소문을 열심히 퍼뜨렸다. 나는 무리의 비방과 사방이 두려워함(많은 마골밋사빕[어떤 이들은 이렇게 읽는다], 즉 바스훌 같은 그런 많은 사람들; 따라서 바스훌은 자신의 운명을 예감하였을 것이다)을 간접적으로 전해 들었나이다. 또는, 사방이 두려워함이라는 표현은 그들이 예레미야를 헐뜯고 중상모략한 내용을 가리키는 것일 수 있다. 그들은 예레미야를 백성들의 마음속에 온통 두려움과 질투를 주입시켜서 이 정부에 대하여 불만을 품게 하고 반역을 일으키고자 하는 마음을 심어준 자로 중상모략을 하였다. 또는, 그것은 그에 대한 그들의 악의가 너무 심해서 그는 사방으로 두려움을 느낄 수밖에 없었다는 것을 의미할 수도 있다. 그는 가는 곳마다 밀고자들을 경계하고 두려워하여야 했다. 이렇게 그들은 그를 거의 마골밋사빕으로 만들어 버렸다. 이 구절과 단어 하나까지 동일한 내용이 다윗의 고백 속에도 나온다(시 31:13). 예레미야는 한편으로는 자기보다 앞서 살아간 다른 선한 자들도 자기와 비슷한 억울한 일을 당하였다는 것을 생각하고서 스스로 위로를 받고, 다른 한편으로는 하나님께 하소연할 기회가 있을 때에 다윗의 시편들을 사용하라고 우리에게 가르치기 위하여, 다윗이 자기보다 앞서 사용하였던 것과 동일한 말을 자신의 하소연에서 사용하고 있다. 우리가 말해야 할 것이 무엇이든, 우리는 다윗의 시편들에서 우리에게 합당한 말씀들을 가져올 수 있다. 예레미야의 원수들이 어떤 식으로 나쁜 일을 획책하고 있었는지를 보라. 그들이 이르기를 고소하라 우리도 고소하리라 하나이다. 그들은 그에게 누명을 씌우기로 작정하였고, 이것이 그들이 택한 방법이었다. "정부가 그를 잡아 넣을 수 있을 만한 어떤 아주 나쁜 일을 그가 했다고 소문을 퍼뜨려라. 그것이 비록 거짓일지라도, 우리가 적극적으로 나서서 그 소문을 더욱 부풀려서 퍼뜨리리라(선한 자들을 헐뜯는 말들은 사람들의 입으로 옮겨다닐 때에 부풀려지는 법이기 때문에). 이야기를 그럴 듯하게 잘 지어낼 수 있는 너희, 또는 그와 어느 정도 친분이 있는 척할 수 있는 너희가 그 소문을 한 번만 내라. 그러면 우리 모두가 너희가 지어낸 소문을 모든 무리들에게로 가서 퍼뜨릴 것이다. 너희가 한번 입 밖에 내기만 하면, 우리는 맹세로써 그 소문을 퍼뜨릴 것이고, 너희가 일단 시작만 하면 그 다음 일은 우리가 다 책임질 것이다." 거짓 소문을 만들어낸 자

들이나 그 소문을 퍼뜨린 자들은 둘 다 똑같이 죄를 범하고 있는 것이다. 도둑질한 물건을 받아주는 장물아비는 도둑만큼이나 나쁘다.

(2) 그리스도를 엿보기 위해 온 정탐들이 의인인 체하였듯이(눅 20:20; 11:53-54), 그들은 예레미야에게서 뭔가 고소할 만한 일을 빼내기 위해서 그 앞에서는 친한 척하며 그에게 좋은 말들을 하였다. 그가 평소에 마음을 터놓고 지내고 신뢰하였던 그의 친한 벗들도 그가 실족하기를 기다리며 그가 말하는 것들을 살폈다. 그들은 어떤 꼬투리를 잡기만 하면 거기에다 온갖 것을 덧붙여 악한 것으로 꾸며서 그의 원수들에게 제보하였을 것이다. 친구라고 여겼던 자들이 그를 배신했을 때에 그의 처지는 몹시 서글펐다. 그들은 속으로 이렇게 말하였다. "우리가 그에게 가서 친절하게 말을 걸고 환심을 사서 친해지면, 그는 우리의 유혹을 받아서 자기가 적군과 내통하고 있고 바벨론 왕의 수혜를 받는 자라는 것을 술술 말하게 될지도 모르고, 그를 감언이설로 꾀어서 뭔가 반역죄에 해당하는 말을 하게 할 수도 있을 것이다. 그 때에 우리가 그를 이기어, 우리의 잘못을 들추어내고 하나님의 심판을 들먹거리며 우리를 위협했던 것에 대하여 우리 원수를 갚자." 비둘기의 순결함이나 뱀의 지혜로움도 불의한 중상모략이나 거짓된 고소로부터 사람들을 안전하게 지켜줄 수 없다는 것을 명심하라.

II. 예레미야는 자기가 이러한 환난을 당하여 괴로움을 겪으면서 어떤 유혹을 느끼고 시험을 받았는지를 여기에서 설명한다. 그의 발은 시편 기자처럼 거의 넘어질 뻔하였다(시 73:2). 환난을 당할 때에 우리가 가장 두려워해야 할 것은 그 환난에 휘둘려서 그만 범죄하고 마는 것이다(느 6:13).

1. 그는 자기를 선지자로 삼으신 것에 대하여 하나님께 시비를 걸고자 하는 유혹을 느꼈다. 그는 자신의 하소연을 이런 말로 시작하였다(7절). 여호와여 주께서 나를 권유하시므로 내가 그 권유를 받았나이다. 이 본문을 원문대로 번역해 보면, 여호와여 주께서 나를 속이셨으므로 내가 속았나이다로 번역할 수도 있다. 이렇게 읽어 보면, 이 말은 아주 거칠고 무례한 말로 들린다. 하나님의 종들은 언제나 하나님은 신실하신 주인이셔서 결코 그들을 속이지 않으셨다고 기꺼이 고백해 왔었다. 그러므로 이 말은 예레미야의 어리석음과 부패함에서 나온 말이라고 해야 한다. 만약 하나님께서 그를 선지자로 부르셔서 그를 여러 왕국 위에 세우고(렘 1:10) 그를 견고한 성읍이 되게 하겠다고 그에게 말씀하셨을 때에

그가 하늘의 사자로서 모든 사람의 존경을 받으며 안전하고 편안하게 살 수 있겠다는 기대로 기분이 좋았다가 나중에 그것이 아니라는 것을 알게 되었다면, 그는 하나님이 그를 속이셨다고 말해서는 안 되고, 자기가 스스로를 속였다고 말해야 한다. 왜냐하면, 그는 자기보다 앞선 선지자들이 어떻게 박해를 받았었는지를 알고 있어서, 좋은 대우를 기대할 이유가 전혀 없었기 때문이다. 아니, 하나님께서는 모든 지도자들과 그 제사장들과 그 땅 백성이 그를 대적하여 싸우게 될 것이라고 그에게 분명하게 말해 주셨었다(렘 1:18). 그런데도 그가 그 말씀을 잊어 버렸다면, 그 책임을 이렇게 하나님께 돌리는 것은 합당하지 않다. 그리스도께서도 그의 제자들이 실족하지 않게 하시려고 그들이 어떤 배척과 반대를 겪게 될 것인지를 그들에게 미리 말씀해 주셨다(요 16:1). 그러므로 이 본문은 여호와여 주께서 나를 권유하시므로 내가 그 권유를 받았나이다라고 읽는 것이 좋을 것이다. 여기에서와 동일한 단어가 사용되고 있는 본문으로는 다음과 같은 것들이 있다. 하나님이 야벳을 권유하사 셈의 장막에 거하게 하시리라(창 9:27의 난외주). 오래 참으면 관원도 설득할 수 있다(잠 25:15). 보라 내가 그를 타이르리라(호 2:14). 이 본문에 대한 이러한 번역은 그 다음에 이어지는 내용과 아주 잘 들어맞는다. "주께서 나보다 강하사 조리있게 나를 설득하여 설복시켰나이다. 아니, 내게 성령의 감화를 주어 나를 압도하사 주께서 나를 이기셨나이다." 예레미야는 선지자의 직무를 받아들이기를 몹시 주저하였다. 그는 자기가 나이가 어려서 그 직무를 감당하기에 적합하지 않다고 항변하였다. 그러나 하나님은 그의 항변들을 다 기각하시고, 그에게 너는 가라고 말씀하셨다(렘 1:6-7). 그는 이렇게 말한다. "여호와여, 주께서 이 직책을 내게 맡겨 놓으시고서 왜 이 일을 하는 나를 곁에서 도와주시지 않으시는 것입니까? 만약 내가 스스로 이 일에 뛰어든 것이라면, 내가 조롱당했다고 해도 그건 내가 책임질 문제입니다. 그러나 주께서 나를 이 일에 몰아넣으신 것인데, 왜 내가 조롱을 당해야 합니까?" 예레미야가 이런 식으로 하나님께서 그를 선지자로 부르셔서 그를 고생시켰다고 하소연하는 것은 그의 인간적인 연약함을 보인 것이었다. 만약 그가 지금 받고 있는 멸시를 보상해 주고도 남음이 있을 장래의 영원한 영광과 존귀가 자기 앞에 있다는 것을 깊이 생각하였다면, 그는 이런 식으로 하소연하지는 않았을 것이다. 우리가 하나님을 섬기며 우리의 본분을 다하는 길에 있으면서, 어려움이나 낙심되는 일을 만날 때에 애초부터 이 일에 발을 들여놓지 말았어야 했다고 생각한다면, 그것은 우리의 연약함과 어리석음이 나타난 것임을 명심하라.

2. 그는 한편으로는 이 일을 하면서 너무나 많은 고생을 했고, 다른 한편으로는 그가 보내진 바 그들이 그의 사역을 통해서 덕세움을 입고 더 나아지기는커녕 도리어 분노에 차서 더욱 악화되는 것을 보았기 때문에 그 일을 그만두고 포기하고자 하는 유혹을 느꼈다(9절). "내가 여호와의 이름으로 예언해서 여호와나 나 자신이 얻은 것이라고는 불명예와 수치뿐이니 다시는 내가 말하는 모든 것을 내게 일러주신 여호와를 선포하지 아니하며 그의 이름으로 말하지 아니하리라 하였다. 나의 원수들이 나를 침묵시키기 위해서 별의별 짓을 다하기 때문에, 나는 자진해서 침묵하고 더 이상 말을 하지 않겠다. 왜냐하면, 그들에게 말하느니 차라리 돌들에게 말하는 것이 나을 것이기 때문이다." 가엾은 사역자들에게는 그들이 전하는 말씀이 무시되고 아무런 효과가 없는 것을 볼 때에 더 이상 말씀을 전하지 않겠다고 결심하고자 하는 강한 시험이 찾아온다는 것을 명심하라. 그러나 사람들은 그들의 사역자들을 이런 시험 속으로 몰아넣는 것을 두려워하여야 한다. 우리가 사역자들을 화나게 하여 그들로 하여금 그들이 더 이상 우리에게 말씀을 전하는 수고를 하지 않겠노라고 말하지 않도록 하고, 우리가 하나님을 화나시게 하여 그로 하여금 그들이 더 이상 수고를 하지 않게 하겠노라고 말씀하시지 않도록 하기 위하여, 우리는 평소에 그들의 수고를 헛되게 하지 말아야 한다. 그렇지만 사역자들은 낙심되는 일이 많더라도 그러한 시험에 귀를 기울이지 말고, 계속해서 그들의 본분을 다하여야 한다. 왜냐하면, 그렇게 하는 것이 더욱 감사한 일이기 때문이다. 비록 이스라엘이 모이지 않더라도, 그들은 영화롭게 될 것이다.

III. 예레미야는 그럼에도 불구하고 자기가 그의 일에 충성을 다 바쳐 열심히 하였고 기쁜 마음으로 하나님을 의지하였다고 여기에서 설명한다.

1. 그는 그의 사역을 내팽개쳐 버리고 싶은 유혹이 있었음에도 불구하고 하나님의 은혜가 자기 안에서 강하게 역사하여 그로 하여금 그의 일을 계속해 나갈 수 있게 해주셨다는 것을 깨달았다. "내가 하나님의 이름으로 말하지 아니하리라고 말하고, 내 마음속에 있는 말씀을 전하지 않고 억누르리라고 말했던 것은 너무 성급한 것이었나이다. 나는 곧 그 말씀이 나의 마음속에서 불붙는 것 같아서 골수에 사무치는 것을 발견하였나이다. 그것은 내 속에서 활활 타올라서 밖

으로 분출되지 않으면 안 되었나이다. 그것을 묻어두거나 꺼버리는 것은 불가능하였나이다. 나는 몸에 열이 올라서 불안하고 끊임없이 초조해하는 자 같았나이다. 내가 잠잠하여 선한 말도 하지 아니하니 내 마음이 내 속에서 뜨거워서 나의 근심이 심하여 내가 말을 하여야 시원할 것이라(시 39:2-3; 욥 32:20). 내가 입을 열지 아니할 때에 내 뼈가 쇠하였도다(시 32:3). 예언의 영이 활발하게 활동하는 자들 속에서 그 영의 능력이 어떠한 것인지를 보라. 이렇게 하나님을 위한 거룩한 열심은 사람들을 집어삼키기까지 하여서 그들로 하여금 자신을 잊게 만든다. 내가 말할 때에 나도 믿었도다. 예레미야는 말씀을 전하지 않고 참는 데에 곧 지쳐 버렸고, 말씀을 자기 안에 담아둘 수가 없었다. 충성된 사역자들에게는 침묵을 강요받는 것보다 더 큰 고통이 없고, 스스로 침묵하는 것보다 더 큰 두려움이 없다. 그들은 이것을 곧 깨닫고 자신의 사역을 그만두고자 하는 시험에서 벗어나게 될 것이다. 왜냐하면, 내가 어떤 대가를 치르더라도 복음을 전해야지 만일 복음을 전하지 아니하면 내게 화가 있을 것이기 때문이다(고전 9:16). 하나님의 말씀이 이렇게 우리 안에서 힘 있게 역사하여 우리의 부패한 심성들을 압도하는 것은 정말 하나님의 긍휼이 아닐 수 없다.

2. 그는 하나님께서 그와 함께 계신다는 것을 확신하였는데, 그를 해치고자 하는 원수들의 온갖 시도들을 좌절시키는 데에는 이것으로 충분할 것이었다(11절). "그들은 승리의 그 날은 우리의 것이 될 것이 확실하기 때문에 우리가 그를 이기게 되리라고 말한다. 그러나 나는 그들이 이기지 못하며 그들이 형통하지 못하리라는 것을 확신한다. 나는 그들 모두를 아무렇지도 않게 무시해 버릴 수 있다. 왜냐하면, 여호와께서 나와 함께 하셔서 내 편이 되어 그들을 치시고 그들의 온갖 음모와 술수에서 나를 보호해 주시기 때문이다(롬 8:31). 하나님은 나와 함께 계셔서, 지금 나를 짓누르고 있는 이 환난 속에서 내게 힘을 주시고 나를 견고히 붙들어 주신다. 하나님은 나와 함께 계셔서, 내가 전하는 말씀이 내가 원하는 목적이 아니라 하나님이 원하시는 목적을 이루게 하신다. 하나님은 힘 있고 두려운 자로 나와 함께 계셔서, 그들에게 두려움을 주셔서 그들을 이기신다." 하나님 안에 있는 두려운 것조차도 그를 믿고 의지하는 그의 종들에게는 진정으로 위로가 된다는 것을 명심하라. 왜냐하면, 그 두려움은 그의 백성에게 두려움을 주고자 하는 자들을 향할 것이기 때문이다. 하나님이 용사 같으신 하나님이라는 사실은 하나님이나 그로부터 사명을 받은 예레미야 같은

자들에게 대항하는 모든 자들에게 하나님이 두려운 하나님이시라는 것을 말해 주는 것이다. 주변의 모든 사람들의 기세를 꺾고 그들 자신은 그 어떤 것에 의해서도 기세가 꺾이지 않으려 하는 자들에게 하나님의 진노는 얼마나 두려운 것이 되겠는가! 우리를 대적하는 원수들이 아무리 무섭고 두려운 자들이라 할지라도, 우리가 우리를 위하시는 두려운 용사이신 여호와를 바라본다면, 그 원수들은 하찮게 보일 것이다(느 4:14). 예레미야는 이제 견고한 확신을 가지고 이렇게 말한다. "여호와께서 나와 함께 하시므로 나를 박해하는 자들이 넘어지고, 그들이 나를 쫓아올 때에 나를 붙잡지 못할 것이며(시 27:2), 그들은 그들의 음모와 술수가 다 무력화되고 아무런 성과도 없게 된 것을 크게 부끄러워하고 큰 치욕을 당하게 될 것이다. 아니, 그들은 그 치욕을 길이 잊지 못할 것이다. 그들은 그 치욕을 잊지 못하게 될 뿐만 아니라, 그 일을 생각할 때마다 억울하고 분해서 끝까지 그들을 괴롭힐 것이다. 다른 사람들도 그 일을 잊지 않을 것이기 때문에, 그 일은 그들에게 지울 수 없는 수치로 남게 될 것이다."

3. 그는 의로운 재판장으로서 그들을 심판해 달라고 하나님께 호소하고, 자기에 대해서도 판단해 주시기를 기도한다(12절). 그는 하나님을 의인들을 시험하시고 그들과 그들이 관계된 모든 일들을 살피시는 하나님으로 여긴다. 하나님은 의인들이라고 해서 일방적으로 그들에게 유리하게 판단하시는 것이 아니라, 그들이 과연 옳았는지, 그들을 박해한 자들이 과연 그들에게 잘못을 저지르고 해악을 입혔는지를 시험하고 밝혀내어서 의인들에 대한 판결을 내리신다. 의인들을 시험하시는 하나님은 불의한 자들도 시험하신다. 하나님은 이 두 가지를 다 잘 하실 수 있는 충분한 자격을 갖추고 계신다. 왜냐하면, 하나님은 사람들의 폐부와 심장을 보시고, 사람들의 생각과 감정, 그들의 목적과 의도를 확실하게 다 아셔서, 그들의 말과 행위에 대하여 틀림이 있을 수 없는 판단을 내리실 수 있으시기 때문이다.

(1) 선지자는 여기에서 하나님께 그를 살펴보시라고 의뢰하면서, 하나님의 법정에 상소(上訴)를 제기하여 자신의 사정을 아뢴다. 내가 나의 사정을 주께 아뢰었나이다. 그가 아뢰지 않아도 하나님은 그의 사정과 그의 모든 공로들을 완벽하게 알고 계신다. 그러나 우리가 하나님께 소송을 제기하고자 한다면 하나님 앞에 우리의 사정을 소상히 아뢰어야 한다. 하나님은 우리의 사정을 알고 계시지만, 그 사정을 우리로부터 들어서 알기를 원하시고 우리에게 우리의 사

정을 소상하게 아뢰는 것을 허락하시는데, 이는 하나님 자신을 위한 것이 아니라 우리를 위한 것이다. 우리가 억눌리고 짐이 무거워 올 때에 우리의 사정을 하나님께 다 아뢰고 하나님 앞에서 우리의 하소연을 쏟아놓는다면, 우리의 심령은 편안해질 것이다.

(2) 선지자는 하나님을 통해서 모든 일이 바로잡히기를 기대한다. "주께서 그들에게 보복하심을 나에게 보게 하소서. 그들의 죄를 깨우치고 나의 옳음을 밝히는 데에 합당하다고 생각되는 그러한 보복, 박해자들을 벌하실 때에 주께서 사용하곤 하시던 그런 보복을 그들에게 행하소서." 우리가 어떤 해악을 당했든, 우리는 스스로 복수하려고 애써서는 안 되고, 원수 갚는 것이 내게 있으니 내가 갚으리라(히 10:30)고 말씀하신 하나님께 그 일을 맡겨 드려야 한다.

4. 그는 하나님께서 그의 구원을 위하여 나타나실 것을 온전히 확신하고서 크게 기뻐하며 하나님을 찬송한다(13절). 그는 그와 함께 하시는 하나님의 임재, 그에게 주어진 하나님의 보호하심, 그가 의지하는 하나님의 약속으로 인한 위로로 가득 차서, 날아갈 듯한 기쁨으로 자기 자신과 다른 사람들에게 이로 인하여 떨쳐 일어나 하나님께 영광을 돌리라고 말한다. 여호와께 노래하라 너희는 여호와를 찬양하라. 그는 여기에서 이 하소연을 시작한 이래로 큰 변화를 보인다. 구름은 걷히고, 그의 하소연은 모두 잠잠해져서 감사로 바뀐다. 그는 이제 그가 불신하고 있던 바로 그 하나님에 대한 온전한 신뢰를 지니고 있다(7절). 그는 더 이상 입에 올리지도 않겠다고 단단히 결심하였던 바로 그 이름을 떨쳐 일어나 찬송한다(9절). 그는 다시 한 번 믿음을 힘차게 발휘하여, 이러한 복된 변화를 만들어내고, 그의 한숨을 노래로, 그의 두렵고 떨리는 마음을 날아갈 듯한 기쁨으로 바꾸어 놓았다. 우리가 하나님을 찬송함으로써 하나님에 대한 우리의 소망을 표현하고, 우리가 하나님께 노래함으로써 하나님을 찬송하는 것은 합당한 일이다. 그의 찬송 제목이 된 것은 여호와께서 가난한 자의 생명을 행악자의 손에서 구원하셨다는 것이었다. 여기서 가난한 자의 생명은 특히 예레미야 자신의 가엾은 영혼을 가리킨다. "하나님께서는 이전에도 내가 곤경에 처해 있을 때에 나를 건지셨고, 이제 최근에 바스훌의 손에서 나를 구원하셨으며, 앞으로도 계속해서 나를 구원하실 것이다(고후 1:10). 하나님은 내가 이렇게 박해를 받을 때에 빠지기 쉬운 죄로부터 나의 영혼을 건져내실 것이다. 하나님은 나를 행악자의 손에서 구원하셨기 때문에, 그들은 목적을 달성하지도

못하였고 뜻을 이루지도 못하였다." 신실하게 선을 행하는 자들은 독기를 품고 악을 행하는 자들을 두려워할 필요가 없다는 것을 명심하라. 왜냐하면, 그들에게는 그들이 의지하는 하나님이 계시고, 선을 행하는 자들은 하나님의 보호하시는 손길 아래 있으며 악을 행하는 자들은 하나님의 억제하시는 손길 아래에 있기 때문이다.

¹⁴내 생일이 저주를 받았더면, 나의 어머니가 나를 낳던 날이 복이 없었더면, ¹⁵나의 아버지에게 소식을 전하여 이르기를 당신이 득남하였다 하여 아버지를 즐겁게 하던 자가 저주를 받았더면, ¹⁶그 사람은 여호와께서 무너뜨리시고 후회하지 아니하신 성읍 같이 되었더면, 그가 아침에는 부르짖는 소리, 낮에는 떠드는 소리를 듣게 하였더면, 좋을 뻔하였나니 ¹⁷이는 그가 나를 태에서 죽이지 아니하셨으며 나의 어머니를 내 무덤이 되지 않게 하셨으며 그의 배가 부른 채로 항상 있지 않게 하신 까닭이로다 ¹⁸어찌하여 내가 태에서 나와서 고생과 슬픔을 보며 나의 날을 부끄러움으로 보내는고 하니라

이 단락에서 다루어지고 있는 내용이 도대체 왜 여기에 나오는 것인가? 한 입에서 찬송과 저주가 나올 수 있는 것인가? 날아갈 듯이 기뻐하면서 여호와께 노래하라 너희는 여호와를 찬양하라(13절)고 말하였던 그가 어떻게 그토록 처절하게 내 생일이 저주를 받았더면 좋을 뻔하였다(14절)고 말할 수 있는 것인가? 우리는 이와 같은 것들을 어떻게 조화시킬 수 있는 것인가? 내가 생각하기에는 선지자가 앞 단락에 나오는 내용을 기록한 것이 하나님께 영광을 돌리기 위한 것이었던 것처럼, 이 단락에서 그가 기록하고 있는 것은 자신의 부끄러운 치부를 드러내기 위한 것인 듯하다. 이 단락에 나오는 내용은 바스훌에 의해서 차꼬에 채워져서 감옥에 갇혀 있었던 동안에 갖게 된 울분과 관련이 있는 것 같고, 감옥에서 나온 후에 믿음과 소망으로 다시 신앙을 회복하고난 후에(이것은 앞 단락에서 다루어졌다) 그가 나중에 다시 떨어지게 된 새로운 시험이었던 것 같지는 않다. 감옥에 갇혀 있는 동안 그의 심정은 다음과 같이 말한 다윗과 같았을 것이다. 내가 놀라서 말하기를 주의 목전에서 끊어졌다 하였나이다(시 31:22). 또한, 주께서 영원히 버리실까, 다시는 은혜를 베풀지 아니하실까(시 77:7)하는 심정도 그에게 있었을 것이다. 은혜가 최종적으로 승리를 거두고나서, 우

리 안에 있는 부패한 심성의 활동으로 고군분투했던 일을 기억하면서, 우리 자신과 우리의 어리석음을 부끄러워하고, 우리가 내뱉은 말대로 우리를 처리하지 않으신 하나님의 선하심을 찬양하며, 그 일을 통해 경고를 받아서 앞으로는 우리의 영혼을 갑절로 조심해서 살피겠다고 결심하는 것은 좋은 일이다. 우리가 육신의 연약함으로 인해서 언제라도 이런 시험을 받을 때에 낙심하지 않도록 하기 위하여, 선지자가 비록 하나님의 도우심으로 승리하기는 했지만 그가 받은 시험이 얼마나 강력했는지, 그가 그 시험에 얼마나 깊이 휘말려 들어갔는지를 여기에서 잘 살펴보라.

I. 이 시험 속에서 선지자는 무슨 말을 했는가.

1. 그는 욥이 화가 나서 그랬던 것과 마찬가지로(욥 3:1) 자기가 태어난 날이 최악의 날이었다고 말한다. "내 생일이 저주를 받았더면 좋을 뻔하였다. 그 날은 나의 슬픔이 시작된 날이고 지금과 같은 온갖 비참함 속으로 들어가기 시작한 날이기 때문에 내게는 최악의 날이었다(14절)." 그는 자기가 아예 태어나지 않았더라면 좋았을 것이라는 심정을 토로한다. 지옥에 있는 유다는 그런 것을 원할 이유가 있지만(마 26:24), 이 세상에 태어난 자는 자기가 언제 긍휼의 그릇이 되는지 알지 못하기 때문에 그 누구가 되었든 그런 것을 원할 이유가 없고, 그가 선한 자라면 그런 것을 원할 이유가 더더욱 없다. 어떤 사람들은 해마다 생일이 돌아올 때마다 잔치를 벌이며 기쁨으로 생일을 축하하는 반면에, 그는 자신의 생일을 우울한 날로 여기고, 슬픔으로 기념하며, 그 날을 불길한 날로 바라보고 있다.

2. 그는 그의 아버지에게 그가 태어났다는 소식을 전한 자가 잘못 되었으면 좋겠다고 말한다(15절). 그의 아버지는 아이가 태어났다는 소식을 듣고(그는 첫 번째 자식이었을 것이다), 특히 득남했다는 소식에 크게 기뻐하였다. 왜냐하면, 남자로 태어난 그 아이는 제사장 가문의 일원으로서 하나님의 제단을 섬기는 영광을 누리며 살 수 있을 것이었기 때문이다. 득남의 소식을 접한 아버지는 그 소식을 전해준 자에게 감사를 표했겠지만, 예레미야는 그 소식을 전한 자를 기꺼이 저주하고자 하였다. 여기에서 가테이커(Gataker) 목사의 말은 새겨들을 만하다. "부모들은 아이가 태어나면 무척 기뻐한다. 하지만, 만약 그 태어난 아이가 어떤 비참한 일을 겪게 될지를 내다볼 수만 있다면, 부모들은 아이의 탄생을 기뻐하는 것이 아니라 도리어 통곡을 해도 시원치 않을 것이다."

예레미야는 거리낌 없이 그리고 아주 격하게 그가 태어난 소식을 전한 자를 저주한다(16절). "그 사람은 여호와께서 무너뜨리시고 후회하지 아니하신 성읍, 그들의 참상을 조금도 감해주지 아니하셨던 소돔과 고모라에 있게 하소서. 그가 아침에는 기지개를 켜자마자 성을 포위한 적군이 공격해 오면서 내지르는 부르짖는 소리를 듣고 놀라며, 정오에는 적군이 승리의 함성을 지르며 떠드는 소리를 듣게 하소서. 이렇게 그로 하여금 끊임없이 두려움 속에서 살게 하소서."

3. 그는 애굽에서 히브리인들의 아이가 겪은 운명이 그의 운명이 되지 않은 것, 그가 태에서 죽임을 당하지 않은 것, 그의 첫 번째 호흡이 그의 마지막 호흡이 되지 않은 것, 그가 세상에 태어나자마자 그를 목졸라 죽이지 않은 것에 대하여 화를 낸다(17절). 그는 그가 태어난 소식을 전한 자가 좀 더 좋은 일을 해서 그를 죽여 주었더라면 좋았을 것이라고 말한다. 아니, 그는 그의 어머니가 그를 잉태한 채로 죽어서(어머니에게는 안 된 일이지만), 야단법석을 떨 필요도 없이 어머니의 태가 그가 묻힌 무덤이 되었으면 좋았을 것이라고 말한다. 욥은 모태와 무덤 사이에는 서로 아주 밀접한 유사점이 있다고 말한다(욥 1:21). 내가 모태에서 알몸으로 나왔사온즉 또한 알몸이 그리로 돌아가올지라.

4. 그는 그가 지금 겪는 재난들을 생각해 보면 그가 이렇게 격한 반응을 보이는 것도 무리는 아니라고 말한다(18절). "내가 태에 그대로 있었더라면, 거기에 조용히 숨어 지내며 아무것도 보지 않고 미워하지 않으며 재앙을 알지도 못한 채 안전하게 누워 있을 것인데, 어찌하여 내가 태에서 나와서 이 모든 고생과 슬픔을 보며 나의 날을 부끄러움으로 보내고, 끊임없이 괴롭힘과 학대를 받으며, 괴로움 속에서 내 인생을 보낼 뿐만 아니라 괴로움으로 내 인생을 소진시키고 있단 말인가?"

Ⅱ. 우리는 예레미야의 이러한 경험을 어떻게 선용할 수 있을까. 그것은 우리에게 본받으라고 기록된 것이 아니지만, 우리는 그것으로부터 선한 교훈들을 배울 수 있다.

1. 인생이 헛되고, 따라서 인생을 살면서 억울해하고 분해하며 심령을 못 살게 구는 것도 헛됨을 보라. 만약 현세 이후에 내세가 없다면, 우리는 현세에 아예 태어나지 않았으면 좋았었겠다고 바라는 시험에 무수히 빠져들었을 것이다. 왜냐하면, 현세에서 살아가는 우리의 짧은 인생은 괴로움으로 가득 차 있기 때문이다.

2. 죄악된 열정이 얼마나 어리석고 터무니없는지, 그 열정이 봇물처럼 터지면 그 말하는 것이 얼마나 조리가 없고 비이성적인지를 보라. 어느 한 날을 꼭 집어서 저주하고, 자기가 태어난 소식을 전한 자를 저주한다는 것이 얼마나 말도 안 되는 짓인가! 아이가 그를 낳은 어머니에게 아예 자기를 낳지 않았으면 좋았을 것이라고 말하는 것은 얼마나 잔인하고 야만적인 짓인가(사 45:10)! 우리는 다른 사람들 속에서 그러한 말이 나올 때에 그것이 얼마나 어리석은 것인지를 쉽게 알 수 있기 때문에, 거기에서 교훈을 얻고 경고를 받아서, 우리 자신 속에 있는 그러한 온갖 무절제한 혈기와 열정들을 억누르고, 애초에 그것들을 눌러버려서 이 악한 영들이 입도 벙긋하지 못하게 하여야 한다. 마음이 혈기로 뜨거울 때에는 혀에 재갈을 물려야 한다(시 39:1-2).

3. 선한 자들도 아무리 날고 기어도 사람일 뿐이기 때문에 그들이 지닌 연약함을 보라. 자기가 섰다고 생각하는 자들은 넘어지지 않도록 조심하고, 날마나 하늘에 계신 아버지께 우리를 시험에 들지 말게 하옵소서라고 기도하여야 한다는 것을 우리는 알아야 한다.

제
— 21 —
장

개요

이 책에 나오는 예언들이 실제로 선포된 순서대로 여기에 기록되지 않았다는 것은 분명하다. 왜냐하면, 이 장에는 시드기야 때에 선포된 예언들이 나오는 반면에, 이 장 이후의 장들에서는 시드기야보다 앞서 유다의 왕이었던 여호아하스, 여호야김, 여고냐에 관한 내용들이 나오기 때문이다. 이 장에는 다음과 같은 내용들이 나온다. I. 시드기야가 선지자에게 사람을 보내서 그들을 위해서 여호와께 물어 보기를 원한다는 전갈을 함(1-2절). II. 예레미야가 시드기야에게 하나님의 이름으로 보낸 대답. 그 대답에서 1. 그는 도성이 반드시 멸망하고 도성을 지키고자 하는 그들의 시도가 아무 소용이 없으리라는 것을 예언한다(3-7절). 2. 그는 백성들에게 좋지 않은 상황을 가장 지혜롭게 대처하는 길은 바벨론 왕에게 투항하는 것이라고 조언한다(8-10절). 3. 그는 왕과 왕실에게 회개하고 삶을 고치며(11-12절), 도성의 방비(防備)를 믿고 안일에 빠져서는 안 된다고 조언한다(13-14절).

¹여호와께로부터 예레미야에게 말씀이 임하니라 시드기야 왕이 말기야의 아들 바스훌과 제사장 마아세야의 아들 스바냐를 예레미야에게 보내니라 ²바벨론의 느부갓네살 왕이 우리를 치니 청컨대 너는 우리를 위하여 여호와께 간구하라 여호와께서 혹시 그의 모든 기적으로 우리를 도와 행하시면 그가 우리를 떠나리라 하니 ³예레미야가 그들에게 대답하되 너희는 시드기야에게 이같이 말하라 ⁴이스라엘의 하나님 여호와께서 이와 같이 말씀하시되 보라 너희가 성 밖에서 바벨론의 왕과 또 너희를 에워싼 갈대아인과 싸우는 데 쓰는 너희 손의 무기를 내가 뒤로 돌릴 것이요 그것들을 이 성 가운데 모아들이리라 ⁵내가 든 손과 강한 팔 곧 진노와 분노와 대노로 친히 너희를 칠 것이며 ⁶내가 또 사람이나 짐승이나 이 성에 있는 것을 다 치리니 그들이 큰 전염병에 죽으리라 하셨다 하라 ⁷여호와의 말씀이니라 그 후에 내가 유다의 왕 시드기야와 그의 신하들과 백성과 및 이 성읍에서 전염병과 칼과 기근에서 남은 자를 바벨론의 느부갓네살 왕의 손과 그들의 원수의 손과 그들의

생명을 찾는 자들의 손에 넘기리니 그가 칼날로 그들을 치되 측은히 여기지 아니하며 긍휼히 여기지 아니하며 불쌍히 여기지 아니하리라 하셨느니라

이 단락에는 다음과 같은 내용들이 나온다.

I. 시드기야 왕이 곤경에 처하자 선지자 예레미야에게 아주 겸손하고 예의 바른 메시지를 보냄. 시드기야는 선지자 예레미야가 여호와의 말씀으로 일러도 그 앞에서 겸손하지 아니하였던 사람이다(대하 36:12). 그는 종종 겸손했을 뿐이고, 언제나 자신을 낮추고 겸손한 것은 아니었다. 그는 어쩔 수 없이 겸손해야 할 때가 아니면 결코 스스로를 낮추지 않았다. 그는 선지자의 도움을 원했기 때문에 겸손하게 굴었지만, 그의 조언을 받아들이거나 그의 말에 순종하고자 한 것은 아니었다. 좀 더 살펴보자.

1. 시드기야 왕이 지금 처해 있었던 곤경. 느부갓네살이 그에게 전쟁을 걸어와서 이 땅을 침공했을 뿐만 아니라 도성을 포위하였다. 이 때문에 예루살렘은 실제로 포위되어 있었다. 재앙의 날이 그들에게는 찾아오지 않을 것이라고 생각한 자들은 그 날이 닥쳤을 때에 더욱 두려워하는 법이다. 이전에 하나님의 사역자들을 무시하였던 자들은 그 때가 되면 그 사역자들과 친해 보려고 애를 쓸 것이다.

2. 그가 보낸 사자(使者)들. 바스훌과 스바냐가 사자로 왔는데, 바스훌은 다섯째 반차에 속한 제사장이었고, 스바냐는 스물넷째 반차에 속한 제사장이었다(대상 24:9, 18). 그가 사자를 보낸 것, 그것도 지위가 높은 사람들을 보낸 것은 잘한 일이었다. 그러나 그가 직접 선지자와 면담하기를 원했다면 더 좋았을 것이다. 그가 진정으로 스스로를 낮추어 면담을 청하였다면, 선지자는 의심할 여지 없이 거기에 쉽게 동의했을 것이다. 이 두 제사장도 나머지 제사장들보다 더 나은 인물들은 아니었겠지만, 그들은 왕의 명을 받은 자들이기 때문에 선지자에게 정중한 메시지를 전해야 했는데, 이것은 그들에게는 굴욕이었을 것이고 예레미야에게는 영광이었을 것이다. 앞에서 그는 성급하게 나의 날을 부끄러움으로 보내는고(18절)라고 한탄하였었다. 그렇지만 그는 이렇게 살아 있었기 때문에 그러한 하소연을 늘어 놓던 때보다도 더 좋은 날들을 보게 된 것이었다. 이제 그는 명성을 얻었다. 우리의 상황이 나쁠 때에 "우리 상황이 언제나 그럴 것이다"라고 말하는 것은 어리석은 일임을 명심하라. 멸시받던 자들이

존경받게 되는 것은 얼마든지 가능할 수 있다. 하나님을 높이는 자는 높아지고, 하나님의 백성을 괴롭힌 자들은 그들의 발 아래에 엎드릴 것이라고(사 60:14) 하나님은 약속하셨다.

3. 시드기야가 보낸 메시지. 청컨대 너는 우리를 위하여 여호와께 물어보라(2절). 갈대아 군대가 국경을 넘어 침공해 들어와서 본토까지 진군해 오자, 비록 인정하기도 싫고 때가 늦었지만, 그들은 예레미야가 참 선지자였다는 것을 마침내 깨닫게 되었다. 이러한 확신이 서자, 그들은 그들에게 평강의 소망을 불어넣어주며 듣기 좋은 말만 해주었던 다른 선지자들과는 달리, 그의 말이나 기도는 하늘에서 힘이 있을 것이라고 믿고서, 그가 하나님 앞에서 그들의 친구가 되어 주기를 원하였다.

(1) 그들은 예레미야에게 그들에 대한 하나님의 마음이 어떠한지를 물어 보아 달라고 요청한다. "너는 우리를 위하여 여호와께 물어보아, 지금 궁지에 몰린 우리가 어떻게 했으면 좋을지를 물어 보라. 우리가 이제까지 취한 조치들은 모두 다 소용이 없었다." 그들의 죄를 어떻게 없앨 수 있을지에 관한 하나님의 은혜의 지시를 받아들이려 하지 않는 자들은 결국 그들의 환난을 어떻게 없앨 수 있을지에 관한 하나님의 섭리의 지시들을 찾게 되리라는 것을 명심하라.

(2) 그들은 그들에게 하나님의 은총을 베풀어 주실 것을 간구해 달라고 요청한다(어떤 이들은 이렇게 읽는다). "너는 우리를 위하여 여호와께 간구하라. 하나님 앞에서 우리를 위한 중보기도자가 되어 달라." 일이 잘 풀리고 형통할 때에 하나님의 백성과 사역자들의 기도를 무시하는 자들은 곤경에 처하게 되면 그들의 힘을 빌리고자 할 것임을 명심하라. 너희 기름을 좀 나눠 달라(마 25:8). 그들이 기대하는 것은 여호와께서 혹시 우리 조상들을 위하여 행하셨던 그의 모든 기적으로 지금 우리를 도와 행하시면 적군이 포위망을 풀고 우리를 떠나리라는 것이었다. 좀 더 살펴보자.

[1] 그들의 모든 관심은 그들에게 닥친 환난을 어떻게든 벗어나 보자는 것이었고, 하나님과 화해를 하는 일에는 아예 관심도 없었다. "우리 하나님이 우리에게 돌아오실 수 있게 해달라"는 것이 아니라 "우리의 적이 우리를 떠나게 해달라"는 것이 그들의 모든 관심사였다. 애굽의 바로도 그랬다. 너희의 하나님 여호와께 구하여 이 죽음만은 내게서 떠나게 하라(출 10:17).

[2] 그들의 모든 소망은 하나님께서 이전에 산헤립이 예루살렘을 포위하였

을 때에 이사야의 기도를 들으시고 그 성을 건지시기 위하여 기적을 행하였기 때문에(대하 32:20-21), 이번에도 예레미야의 기도로 하나님이 성을 포위한 적군을 멸하실지 누가 아느냐는 것이었다. 그러나 그들은 시드기야와 그의 백성의 태도나 행실이 히스기야와 그의 백성과 얼마나 다른지를 고려하지 않았다. 당시에는 나라가 전체적으로 개혁과 경건으로 가고자 하는 시대였고, 지금은 나라가 전체적으로 타락하고 배교한 시대이다. 예루살렘은 지금 당시와는 정반대의 모습을 지니고 있었다. 우리가 우리의 죄악을 굳게 붙잡고 있으면서도 하나님께서 경건을 굳게 붙잡고 있던 자들을 위하여 행하셨던 일들을 우리에게도 해주실 것이라고 생각하는 것은 어리석은 일임을 명심하라.

Ⅱ. 하나님께서 선지자를 통해서 왕의 메시지에 대하여 아주 깜짝 놀랄 만한 신랄한 대답을 주심. 만약 예레미야가 왕의 메시지에 대하여 직접 답변을 했더라면, 그는 아마도 그들이 그런 메시지를 보낸 것을 최대한으로 선의로 해석해서 그들에게도 희망이 보인다고 생각하여 위로의 말씀을 담아 답변을 보내었을 것이다. 왜냐하면, 그는 재앙의 날이 오는 것을 원하지 않았기 때문이다. 그러나 그들의 마음이 어떠한지는 예레미야보다 하나님이 더 잘 알고 계셨기 때문에, 하나님은 그 속에 위로의 말씀이라고는 단 한 단어도 들어 있지 않은 대답을 그들에게 보내신다. 하나님은 이스라엘의 하나님 여호와(3절)의 이름으로 그들에게 대답을 보내시는데, 이것은 하나님께서 이스라엘의 하나님이라 불리는 것을 허락하셨고, 이전에 이스라엘을 위하여 큰 일들을 행하셨으며, 지금도 여전히 그들과 맺은 언약을 따라 이스라엘을 위하여 큰 일들을 준비해 놓고 계시지만, 그런 것들은 이름만 이스라엘 백성이지 행위로는 전혀 그렇지 않은 현재의 세대에게 아무 소용도 없을 것이고, 이제 이스라엘의 하나님이라는 이름을 거론하는 것은 그들의 하나님으로서 이스라엘과의 관계를 끊기 위한 것임을 보여주는 것이다. 여기에는 다음과 같은 것들이 예언되어 있다.

1. 하나님께서 그들이 안전을 위해서 시도하는 온갖 시도들을 아무 소용 없고 헛된 것으로 만들어 버리시리라는 것(4절). "나는 너희의 손을 가르쳐 전쟁에 능하게 만들거나 너희의 칼날을 날카롭게 해주는 일을 결코 하지 않을 것이고, 도리어 너희가 성을 포위한 적군을 치러 돌진할 때에 너희 손의 무기를 내가 뒤로 돌려서 그들이 너희가 의도한 타격을 입지 않게 할 것이다. 아니, 그 무기가 너희에게 되돌아와서 너희를 치리라." 하나님을 대적으로 삼은 자들은 무

엇을 해도 되는 일이 없을 것이다.

2. 성을 포위한 적군은 단시간 내에 예루살렘을 점령하고 그 모든 재물과 방비(防備)를 차지하게 되리라는 것. 내가 지금 성을 둘러싸고 있는 자들을 이 성 가운데로 모아들이리라. 기도의 전당이었어야 하는 곳이 악의 소굴이 된다면, 하나님이 그 곳을 멸망시키는 자들의 집합소로 만들어 버리신다고 해도, 전혀 이상할 것이 없다는 것을 명심하라.

3. 하나님 자신이 그들의 대적이 되시리라는 것. 그 때에 나는 누가 그들의 편이 되어 그들을 도와줄 수 있을지 알지 못한다. 예레미야조차도 그들의 편이 되어주지 않을 것이다(5절). "나는 이전에 비슷한 경우에 그랬던 것과는 달리 너희를 전혀 보호해 주지 않을 것이고, 도리어 친히 너희를 칠 것이다." 하나님을 거역하고 반기를 드는 자들은 하나님이 그들과 싸우시리라는 것을 당연히 예상해야 한다는 것을 명심하라.

(1) 하나님은 그 누구도 저항할 수 없고 반드시 이기시는 능력으로 싸우실 것이다. 내가 멀리까지 미칠 든 손과 제대로 명중시켜서 깊은 상처를 안겨줄 강한 팔로 너희를 칠 것이다.

(2) 하나님은 논란의 여지 없이 의로우신 하나님의 진노로 싸우실 것이다. 그것은 사랑의 징계가 아니라 진노와 분노와 대노로 이루어지는 사형 집행이다. 그것은 진노로 맹세한 선고에 의거한 것이기 때문에 그 어떤 예외도 있을 수 없다. 머지않아 그들은 살아 계신 하나님의 손에 빠져들어가는 것이 얼마나 두려운 일인지를 알게 될 것이다.

4. 자신의 안전을 위해서 성을 포위한 적군을 향하여 돌진하는 것을 거부하여 그들의 칼을 피한 자들이라도 하나님의 공의의 칼은 피하지 못할 것이다(6절). 내가 또 사람이나 짐승이나 이 성에 있는 것을 다 치리니, 식용으로 쓰기 위해 키우는 짐승과 전쟁에 사용되는 짐승, 보병과 기병이 다 죽으리라. 그들이 성내(城內)에서 기승을 부릴 큰 전염병에 죽겠지만, 주변에 진을 친 적군은 멀쩡하리라. 예루살렘의 성문들과 성벽들은 그래도 어느 정도는 갈대아 군대를 막아낼 수 있을지 몰라도, 하나님의 심판을 막아낼 수는 없다. 하나님이 쏘신 전염병의 화살들은 적군의 화살로부터 안전하다고 생각하는 자들에게 미칠 것이다.

5. 칼과 기근과 전염병을 피한 왕과 백성들은 갈대아인들의 손에 넘어가서 무자비하게 죽임을 당하리라는 것(7절). 갈대아인들은 그들을 측은히 여기지 아

니하며 긍휼히 여기지 아니하리라. 하나님의 불쌍히 여기시는 마음까지 잃어버리고 스스로 하나님의 긍휼하심으로부터 떠난 자들은 사람들에게서 긍휼을 얻기를 기대해서는 안 된다. 하나님의 영(令)은 이렇게 이미 내려졌다. 그러니, 예레미야가 그들을 위하여 여호와께 물어보고 간구한들 무슨 소용이 있었겠는가?

[8]여호와께서 말씀하시기를 보라 내가 너희 앞에 생명의 길과 사망의 길을 두었노라 너는 이 백성에게 전하라 하셨느니라 [9]이 성읍에 사는 자는 칼과 기근과 전염병에 죽으려니와 너희를 에워싼 갈대아인에게 나가서 항복하는 자는 살 것이나 그의 목숨은 전리품 같이 되리라 [10]여호와의 말씀이니라 내가 나의 얼굴을 이 성읍으로 향함은 복을 내리기 위함이 아니요 화를 내리기 위함이라 이 성읍이 바벨론 왕의 손에 넘김이 될 것이요 그는 그것을 불사르리라 [11]유다 왕의 집에 대한 여호와의 말을 들으라 [12]여호와께서 이와 같이 말씀하시니라 다윗의 집이여 너는 아침마다 정의롭게 판결하여 탈취 당한 자를 압박자의 손에서 건지라 그리하지 아니하면 너희의 악행 때문에 내 분노가 불 같이 일어나서 사르리니 능히 끌 자가 없으리라 [13]여호와의 말씀이니라 골짜기와 평원 바위의 주민아 보라 너희가 말하기를 누가 내려와서 우리를 치리요 누가 우리의 거처에 들어오리요 하거니와 나는 네 대적이라 [14]내가 너희 행위대로 너희를 벌할 것이요 내가 또 수풀에 불을 놓아 그 모든 주위를 사르리라 여호와의 말씀이니라

왕이 예레미야에게 보낸 정중한 메시지를 통해서 왕과 백성들이 예레미야를 존중하기 시작하였다는 것이 드러났다. 따라서 이런 기회를 자기를 위하여 활용해 보고자 한 것이 예레미야의 생각이었을 것이다. 그러나 하나님께서 그를 시켜서 왕에게 보낸 대답은 그들이 그에게 보이기 시작한 일말의 존중심마저도 산산이 부서버리고 그들로 하여금 이전보다 더 그에게 분노하게 만들기에 충분하였다. 앞 단락에 나온 예언들만이 아니라 이 단락에 나오는 처방과 해법 자체도 그들의 분노를 불러일으키는 것이었다. 좀 더 살펴보자.

I. 그는 백성들에게 갈대아인들에게로 탈주하여 항복하는 것만이 그들의 목숨을 구할 수 있는 유일한 길이라고 조언한다(8-10절). 그의 이러한 조언은 거짓 선지자들로부터 그들의 성벽이 튼튼하고 적군을 막아내고자 하는 군사들의 사기가 충천하며 외국의 원군의 도움을 받아 얼마든지 포위를 풀 수 있으므

로 마지막까지 필사적으로 결사항전하여야 한다는 말을 듣고 고무되어 있던 자들을 격분시켰다. 선지자는 그들에게 이렇게 단언한다. "이 성읍이 바벨론 왕의 손에 넘김이 될 것이요, 그가 이 성을 약탈할 뿐만 아니라 그것을 불사르리라. 왜냐하면, 하나님이 그 얼굴을 이 성읍으로 향함은 복을 내리기 위함이 아니요 화를 내리기 위함이고, 보호하기 위함이 아니요 황폐화시키기 위함이며, 거기에 선한 것이라고는 조금도 섞여 있지 않고 긍휼로 말미암아 그 강도(強度)를 약하게 한 것도 전혀 없는 화를 내리기 위함이기 때문이다. 그러므로 너희가 이 나쁜 상황 중에서도 최선을 다하고자 한다면, 너희는 갈대아 군대의 진영에 찾아가서 항복하고 목숨을 구걸하여 전쟁 포로가 되어야 한다."

하나님이 그들 편이었을 때에는 랍사게가 유대인들에게 이렇게 하라고 설득하였어도 아무 소용이 없었지만(사 36:16), 지금은 하나님이 그들의 대적이 되셨기 때문에 그들이 택할 수 있는 가장 좋은 길은 바로 그것이었다. 율법과 선지자들은 흔히 또 다른 의미에서의 생명과 사망을 그들 앞에 제시하였었다 — 그들이 하나님의 음성을 순종하면 생명을 얻고, 고집을 부리고 불순종하면 사망을 얻으리라는 것(신 30:19). 그러나 그들은 그들을 진정으로 복되게 만들어 주었을 그 생명을 무시하였다. 선지자는 여기에서 그들을 책망하기 위해서 그 동일한 표현을 사용한다(8절). 보라 내가 너희 앞에 생명의 길과 사망의 길을 두었노라. 이것은 옛적의 제안과는 달리 생명의 길이나 사망의 길이 둘 다 재앙의 길이지만 이 두 가지 재앙 중에서 좀 덜한 쪽을 선택하라고 그들에게 제안하는 우울한 양도논법(兩刀論法)이다. 좀 더 덜한 재앙, 즉 수치스럽고 비참한 포로 생활만이 지금 그들이 목숨을 보존할 수 있는 유일한 길이다.

이 성읍에 사는 자, 자기를 안전하게 지켜줄 것을 의지하는 자는 성 밖에서 칼에 의해서든 성 안에서 기근이나 전염병에 의해서든 반드시 죽게 될 것이다. 그러나 심기(心氣)를 차분히 가라앉히고 헛된 소망들을 버리고서 밖으로 나가 갈대아인들에게 항복하는 자는 그의 목숨은 전리품 같이 그에게 주어지게 될 것이다. 그는 목숨을 구하게 될 것인데, 그 목숨은 수많은 난관과 위험을 무릅쓰고 강한 자에게서 얻은 전리품 같을 것이다. 이것은 그가 구원을 받되 불 가운데서 받은 것 같으리라(고전 3:15)는 말씀과 같은 표현이다. 그는 천신만고 끝에 가까스로 목숨을 건질 것이다. 또는, 그는 약탈물을 나눌 때와 같이 공평하게 모두가 다 죽었는데도 유독 자기만이 목숨을 건짐으로써 이루 말할 수 없는 기쁨과 만족을 누리게 될 것이다. 그들은 그들의 선조들이 앗수르 군대를 물리쳤듯이 (사 33:23) 그들도 갈대아 군대를 물리칠 것이라고 생각했지만, 결국에는 몹시 실망하게 될 것이다. 그들이 생각을 사려 깊게 잘 해서 적군에 항복함으로써 목숨이라도 건지는 것이 그들이 조금이나마 덜 실망하는 길이 될 것이다. 이제 예레미야 선지자가 조금 신망을 얻기 시작했으니, 그가 하나님의 이름으로 전한 이 조언이 그들에게서 어느 정도 신임을 받아서 많은 사람들이 따랐을 가능성도 생각해 볼 수 있다. 그러나 실제로는 그의 조언을 받아들인 자는 극소수였거나 아예 없었던 것으로 보인다. 그들의 마음은 아주 형편없이 굳어져 있어서 멸망을 향하여 치닫고 있었기 때문이다.

Ⅱ. 그는 왕과 고관들에게 삶을 고치고서 그들이 맡은 직책을 따라 그들의 본분을 꼼꼼하게 이행하라고 조언한다. 그에게 메시지를 보낸 것은 왕이었기 때문에, 그는 답변에서 왕의 집을 위한 구체적인 말씀을 담았는데, 그것은 의례적이거나 그들에게 아부하는 말이 아니라(그렇게 하는 것은 선지자가 할 일이 아니었을 뿐만 아니라, 그들이 정중히 예를 갖추어 그에게 사람을 보내 메시지를 전한 것에 대한 예의도 아니었다), 그들에게 유익한 조언이었다(11절). "너희는 아침마다 정의롭게 판결하라. 이것을 주의 깊게 부지런히 행하라. 자신의 직무를 충실히 행하고자 하는 방백(方伯)들은 아침 일찍 일어날 필요가 있다. 지금까지 해왔던 것과는 달리, 너희에게 들어온 소송들에 대한 재판을 신속하게 행하고, 소송을 제기한 가엾은 사람들이 기다리느라 지쳐 버리지 않도록 소송을 미루지 말라. 전날 밤에 흥청망청 늦게까지 놀다가 아침에는 늦게까지 잠으로 보내지 말고, 아침부터 잔치를 벌여 육신의 욕망을 채우는 일에 아침을 허비하지 말며(전 10:16), 일을 신속하게 처리하는 데에 아침을 보내라. 그러면, 너희는 너희를 괴롭히는 자들의 손에서 구원을 받을 것이고, 하나님께서 너희에게 공의를 베푸셔서 너희의 억울한 일들을 풀어주실 것을 기대할 수 있을 것이다. 그런 후에 너희에게 진정하는 자들에게 공의를 베풀어 압박자의 손에서 건져서, 너희의 악행 때문에 내 분노가 불 같이 일어나서 너희를 특별한 방식으로 사르리니, 너희 중에서 자신의 본분을 행하지 않고 이리저리 가장 잘 빠져나가는 자가 가장 험한 꼴을 당하게 되리라."

1. 이것은 이 모든 황폐화가 이 백성에게 닥친 것은 그들이 본분을 게을리했기 때문이라는 것을 보여준다. 하나님의 진노의 불을 당긴 것은 그들의 악행

이었다. 하나님은 왕의 집에 대해서도 이렇게 단도직입적으로 경고를 하신다. 왜냐하면, 선지자의 기도에 의한 유익을 얻고자 하는 자들은 선지자의 책망도 감사함으로 받아야 하기 때문이다.

2. 이것은 그들에게 민족적인 개혁을 위한 올바른 방법을 제시해 준다. 고관들이 먼저 시작해서 선한 모범을 보여야 한다. 그러면 백성들은 거기에 이끌려서 개혁에 동참하게 될 것이다. 그들은 그들에게 주어진 권력을 잘못을 벌하는 데에 사용하여야 한다. 그러면 백성들은 개혁을 하지 않을 수 없게 될 것이다. 하나님은 그들에게 그들이 다윗의 집이기 때문에 백성들에게 공의를 행하였던 다윗의 발자취를 따라야 한다는 것을 일깨워 주신다.

3. 이것은 그들에게 그들이 그렇게만 한다면 그들의 평온한 삶이 길어질 수 있다는 소망을 갖도록 격려한다(단 4:27). 어떤 것이 파멸 직전에 원래의 상태를 회복하려면, 이런 방법이 효력이 있을 것이다.

III. 그는 그들이 계속해서 삶을 고치지 않는 한 그들의 모든 소망은 헛될 것임을 그들에게 보여준다(13-14절). 예루살렘은 사방이 산들로 둘러싸여 있어서 적이 쳐들어오기 어려운 천혜의 요새였기 때문에 거기에 사는 자들은 골짜기의 주민이라 불린다. 또한, 예루살렘은 적이 훼손하기 어려운 평원 바위였다. 그들은 예루살렘 성이 지닌 이러한 이점들을 하나님의 능력과 약속보다 더 많이 의지하였다. 이런 이점들 때문에 그들의 도성이 난공불락이라고 생각했던 그들은 하나님이 심판을 경고하시자 이렇게 말하며 일언지하에 무시해 버린다. "누가 내려와서 우리를 치리요. 이웃 나라들 중에서 그 어느 나라도 감히 우리를 치러 내려올 수 없다. 만약 그들이 내려와서 우리를 친다고 하여도, 누가 우리의 거처에 들어오리요." 그들이 이렇게 자신만만해하는 데에는 나름대로 근거가 있었다. 왜냐하면, 그 어떤 적도 무력을 사용해서 예루살렘으로 들어갈 수 없다는 것이 모든 이웃 나라들의 지론(持論)이었던 것으로 보이기 때문이다(애 4:12).

그러나 가장 많이 방심하는 자들은 가장 적게 안전한 법이다. 하나님은 곧 보라 내가 네 대적이라(13절)고 말씀하심으로써 누가 내려와서 우리를 치리요라고 말했던 그들의 도전이 헛된 것임을 보여주신다. 사실 그들은 그들의 악행을 통해서 하나님을 그들의 도성에서 몰아내었었다. 그렇지만 않았다면, 하나님은 친구로서 그들과 함께 거기에 머물러 계셨을 것이다. 그러나 하나님께서 그들의 대적이 되셔서 그들을 공격하러 오실 때에는 그들은 그들의 성채(城砦)들로 하나님이 그들의 도성 속으로 들어오시는 것을 막을 수 없을 것이었다. 하나님이 우리를 위하시면, 누가 우리를 대적할 수 있겠는가? 그러나 하나님이 우리를 대적하시면, 누가 우리를 위할 수 있고, 누가 우리에게 도울 수 있겠는가? 아니, 하나님은 대적이 아니라 심판자로 그들을 치러 오시는 것이기 때문에 그들은 합법적으로 저항할 수도 없고 성공의 가능성도 없다. 왜냐하면, 하나님은 내가 율법의 적절한 절차를 따라서 너희 행위대로, 즉 그들의 공과(功過)와 그들의 직접적인 성향(性向)을 따라 너희를 벌할 것이라고 말씀하시기 때문이다(14절). 죄의 자연스러운 결과물인 것이 너희에게 닥칠 것이다. 아니, 하나님은 적군의 분노와 심판자의 공의를 가지고 오실 뿐만 아니라, 사르는 불을 가지고 오실 것이기 때문에, 재판관은 종종 불쌍히 여기는 마음을 갖지만 그 불은 그런 마음을 갖고 있지 않아서, 그 앞 길에 있는 모든 것을 사정 없이 불태워 버릴 것이다. 예루살렘은 수풀이었고, 하나님은 거기에 불을 놓아 그 앞에 있는 모든 것을 사르실 것이다. 왜냐하면, 우리 하나님 자신이 바로 소멸하는 불이시기 때문이다(신 4:24; 히 12:29). 하나님께서 한번 노하시면, 누가 주의 목전에 서리이까.

제
— 22 —
장

개요

앞 장에서 선지자가 왕의 집에 메시지를 보낸 것을 계기로 이 장에는 예레미야가 이전의 왕들이 다스리던 시절에 왕궁에서 전한 몇몇 설교들이 기록되어 있는데, 이것을 보면, 우리는 이전의 왕들은 최종적인 심판의 선고가 내려지기 오래 전에 이미 꽤 많은 경고를 받았었고 심판을 미리 막을 수 있는 길도 제시받았던 것을 알 수 있다. 이 장에는 다음과 같은 내용들이 나온다. I. 여호야김 시대에 선포된 것으로 보이는 왕가에 보내진 메시지. 이 메시지는 부분적으로는 애굽에 포로로 끌려간 여호아하스와 관련되어 있고, 부분적으로는 그의 뒤를 이어서 당시에 보위에 있던 여호야김과 관련되어 있다. 왕과 고관들은 공의를 행하라는 권면을 받고, 그들이 그렇게 하면 왕가가 번영할 것이고 그렇게 하지 않는다면 왕가가 멸망할 것이라는 약속을 받는다(1-9절). 여기에서 살룸이라 불리는 여호아하스에 대한 애곡이 나오고(10-12절), 여호야김은 책망과 경고를 받는다(13-19절). II. 여호야김의 아들 여호야긴(일명 여고냐) 시대에 왕가에 보내진 또 다른 메시지. 그는 하나님의 말씀을 듣기를 완고하게 거부한 죄목으로 비난을 받고 있고 멸망의 경고를 받는다. 그에게서 솔로몬의 집이 끝나게 되리라는 예언이 주어진다(20-30절).

¹여호와께서 이와 같이 말씀하시되 너는 유다 왕의 집에 내려가서 거기에서 이 말을 선언하여 ²이르기를 다윗의 왕위에 앉은 유다 왕이여 너와 네 신하와 이 문들로 들어오는 네 백성은 여호와의 말씀을 들을지니라 ³여호와께서 이와 같이 말씀하시되 너희가 정의와 공의를 행하여 탈취 당한 자를 압박하는 자의 손에서 건지고 이방인과 고아와 과부를 압제하거나 학대하지 말며 이 곳에서 무죄한 피를 흘리지 말라 ⁴너희가 참으로 이 말을 준행하면 다윗의 왕위에 앉을 왕들과 신하들과 백성이 병거와 말을 타고 이 집 문으로 들어오게 되리라 ⁵그러나 너희가 이 말을 듣지 아니하면 내가 나를 두고 맹세하노니 이 집이 황폐하리라 여호와의 말씀이니라 ⁶여호와께서 유다 왕의 집에 대하여 이와 같이 말씀하시니라 네가 내게 길르앗 같고 레바논의 머리이나 내가 반드시 너로 광야와 주민이 없는 성읍을 만들 것이라 ⁷내

가 너를 파멸할 자를 준비하리니 그들이 각기 손에 무기를 가지고 네 아름다운 백향목을 찍어 불에 던지리라 8여러 민족들이 이 성읍으로 지나가며 서로 말하기를 여호와가 이 큰 성읍에 이같이 행함은 어찌 됨인고 하겠고 9그들이 대답하기는 이는 그들이 자기 하나님 여호와의 언약을 버리고 다른 신들에게 절하고 그를 섬긴 까닭이라 하셨다 할지니라

이 단락에서 우리는 다음과 같은 내용들을 본다.

I. 하나님께서 예레미야에게 왕 앞에 가서 전하라는 지시를 내리심. 앞 장에서는 시드기야가 선지자에게 사자들을 보내었지만, 여기에서는 선지자가 직접 왕의 집에 가서 왕에게 만왕의 왕이신 여호와의 말씀을 경청할 것을 요구하라는 지시를 받는다(2절). 유다 왕이여 여호와의 말씀을 들을지니라. 신민(臣民)들은 왕의 말씀이 있는 곳에 그들 위의 권력이 있다고 고백해야 하지만, 왕들은 여호와의 말씀이 있는 곳에 그들 위의 권력이 있다고 고백해야 한다. 유다 왕은 여기에서 하나님의 마음에 합한 자였던 다윗의 왕위에 앉아 있는 것으로 말해지는데, 이것은 유다 왕이 하나님께서 다윗과 맺은 언약에 의해서 자신의 위엄과 권세를 지니고 있음을 의미한다. 그러므로 유다 왕이 다윗에게 주어진 약속들로 인한 유익을 얻으려면 다윗의 모범을 따르지 않으면 안 된다. 선지자는 유다 왕과 더불어서 그의 신하들에게도 하나님의 말씀을 전한다. 왜냐하면, 선한 정부가 되려면 선한 왕과 더불어서 선한 각료들이 있어야 하기 때문이다.

II. 하나님께서 예레미야에게 전하라고 하신 말씀들.

1. 그는 그들에게 그들의 본분이 무엇인지, 그들의 하나님이 그들에게 요구하시는 선한 것이 무엇인지를 말해 주어야 한다(3절). 그들은 다음과 같은 것들을 최선을 다해서 행하여야 한다.

(1) 그들은 그들에게 주어진 권세로 그들이 할 수 있는 온갖 선을 행하여야 한다는 것. 그들은 해악을 입은 자들을 지켜주기 위하여 공의를 행하여야 하고, 탈취당한 자를 압박하는 자의 손에서 건져야 한다. 이것은 그들이 있는 지위에서 마땅히 행해야 할 본분이었다(시 82:3). 그런 일에 있어서 그들은 하나님의 사역자들이 되어 선을 행하여야 한다.

(2) 그들은 그들의 권세로 남을 해치는 일을 해서는 안 되고, 나쁜 짓이나 폭력을 행해서는 안 된다는 것. 나쁜 짓과 폭력을 행하는 자들을 벌하고 그러한

것들로부터 사람들을 보호하는 것이 자신의 직무인 자들에 의해서 법과 정의의 미명 하에 행해지는 가장 큰 나쁜 짓과 폭력은 이방인과 고아와 과부에게 나쁜 짓을 하고 폭력을 행사하는 것이다. 그런 직책에 있는 자들은 이방인과 고아와 과부에게 그렇게 해서는 안 된다. 왜냐하면, 하나님은 이 세 부류의 사람들의 후견인이 되셔서 특별히 돌보시기 때문이다(출 22:21-22).

2. 그는 그들에게 그들의 본분을 신실하게 수행하면 그들이 출세하며 형통하게 될 것이라고 약속하여야 한다(4절). 그렇게만 한다면, 다윗의 왕위에 앉을 왕들이 중단됨이 없이 연이어 계속해서 나올 것이고, 그 왕들은 앞에서 말한 것처럼(렘 17:25) 병거와 말을 타고 성문을 드나들며 태평성대를 누리고, 위엄 있고 당당하게 살아가게 될 것이다. 정부의 위엄을 지키는 가장 효과적인 방법은 그 본분을 다하는 것임을 명심하라.

3. 그는 그들에게 그들의 가문이 죄악을 고집하면 비록 왕가라 할지라도 멸문(滅門)을 당하게 되리라고 경고하여야 한다(5절). 너희가 이 말을 듣지 아니하고 순종하지 아니하면, 이 집이 황폐하리라. 유다 왕들이 사는 왕궁이라고 해서 예루살렘 주민의 다른 거처들보다 특별히 더 안전하지도 않을 것이다. 왕궁들이 아무리 웅장하고 견고하다고 할지라도, 죄로 인하여 왕궁들이 잿더미로 변하는 경우가 흔하였다. 이러한 선고는 맹세를 통해 재확인된다. 내가 나를 두고 맹세하노니(하나님은 자기보다 더 큰 자가 없기 때문에 자기를 걸고 맹세하신다, 히 6:13) 이 집이 잿더미로 변하리라. 죄는 보잘것없는 사람들의 집만이 아니라 고관들의 집도 잿더미로 만들어 버릴 것임을 명심하라.

4. 그는 그들의 악이 그들 자신에게만이 아니라 그들의 나라, 특히 왕도(王都)인 예루살렘에 얼마나 치명적인 결과를 가져올지를 보여주어야 한다(6-9절).

(1) 하나님은 유다와 예루살렘이 그의 눈에 귀한 보배 같았고 그들 자신의 눈에도 대단한 곳이었다고 말씀하신다. 네가 내게 길르앗 같고 레바논의 머리이다. 하나님은 그들을 길르앗처럼 풍요롭고 살기 좋은 곳에 둥지를 틀게 하셨다. 시온은 레바논만큼이나 위풍당당한 요새였다. 그들은 예루살렘이 지닌 이러한 이점이 그들을 안전하게 지켜줄 것으로 믿고 의지하였다.

(2) 그러나 그런 것은 그들을 보호해 주지 못할 것이다. 지금 길르앗처럼 비옥한 이 땅이 광야가 될 것이다. 지금 레바논처럼 견고한 성읍들은 주민이 없는

성읍들이 될 것이다. 농촌이 황폐화되면, 도시에는 주민이 없게 될 것이다. 하나님의 심판이 한 나라를 얼마나 쉽게 파멸시킬 수 있는지, 죄가 얼마나 확실하게 한 나라를 파멸시키는지를 보라. 하나님께서 이와 같은 초토화시키는 일을 하시고자 하실 때에 다음과 같은 것들을 준비하실 것이다.

[1] 하나님은 그 일을 효과적으로 수행할 자들을 준비하실 것이다(7절). "내가 너를 파멸할 자를 준비하리라. 내가 그들을 성별하리라(원어는 이런 의미이다). 내가 그들을 지명하여 이 일에 봉사하게 하며, 그들을 이 일에 쓰리라." 하나님께서 어떤 나라를 멸망시키기로 작정하시면, 그 나라를 멸망시킬 자들을 준비하시는데, 이 준비가 진행 중일 때에 모든 일은 작정된 멸망을 향하여 움직이고, 오래지 않아 모든 준비가 완료된다. 누가 하나님이 준비하시는 멸망시킬 자들과 다툴 수 있겠는가? 그들은 마치 사람들이 삼림 속에서 나무를 베듯이 성읍들을 아주 쉽게 멸망시킬 것이다. 그들이 네 아름다운 백향목들을 찍어 넘어뜨리리라. 백향목들은 그 풍채가 아름답고 당당하지만, 일단 베어지면, 사람들은 그것들을 가시나무와 엉겅퀴처럼 거들떠보지도 않을 것이다. 이렇게 아름다운 백향목들이 베어져서 썩으면 아무짝에도 쓸모가 없어지기 때문에, 그들은 그것들을 불에 던져 버릴 것이다.

[2] 하나님은 이런 일을 하신 하나님이 의로우시다는 것을 인정할 자들을 일으키실 것이다(8-9절). 여러 민족들에 속한 사람들이 여행길에 이 성읍의 폐허 곁으로 지나가며 이렇게 반문하게 될 것이다. "여호와가 이 큰 성읍에 이같이 행함은 어찌 됨인고라고 할 것이다. 그토록 견고했던 성읍이 어떻게 이렇게 함락을 당하게 되었는가? 그토록 부유했던 성읍이 어떻게 이렇게 초라해져 버렸는가? 그토록 사람들이 북적대던 성읍이 어떻게 이렇게 황량한 벌판처럼 되어 버렸는가? 그토록 거룩한 성읍이 어떻게 이렇게 더럽혀져 버렸는가? 하나님에게 그토록 사랑스러웠던 성읍이 어째서 하나님에게 버림을 받게 되었는가?" 그 이유는 너무도 분명해서 모든 사람들의 입에 이미 들어 있을 것이다. 너희는 길 가는 사람들에게 물어 보라(욥 21:29). 너희가 만나는 사람마다 물어 보라. 그들은 너희에게 다른 나라들에서는 결코 있을 수 없는 일인 데도 그들은 그들이 모시는 신을 바꿨기 때문이라고 말해 줄 것이다. 그들은 그들의 하나님 여호와의 언약을 버리고, 반기를 들고서 그 하나님에 대한 충성 맹세와 그 언약에 따라 그들이 마땅히 해야 했던 의무를 다 내팽개치고서는, 다른 신들에게 절

하고 그를 섬김으로써 하나님을 멸시하였기 때문에 하나님이 그들을 이러한 멸망에 붙이신 것이라고 그들이 말해 줄 것이다. 사람들이 먼저 하나님을 내치지 않는 한, 하나님은 결코 그 누구도 내치시는 법이 없다는 것을 명심하라. 하나님은 선지자에게 "가서 이것을 왕가에 전하라"고 말씀하신다.

[10]너희는 죽은 자를 위하여 울지 말며 그를 위하여 애통하지 말고 잡혀 간 자를 위하여 슬피 울라 그는 다시 돌아와 그 고국을 보지 못할 것임이라 [11]여호와께서 유다 왕 요시야의 아들 곧 그의 아버지 요시야를 이어 왕이 되었다가 이 곳에서 나간 살룸에 대하여 이와 같이 말씀하시니라 그가 이 곳으로 다시 돌아오지 못하고 [12]잡혀 간 곳에서 그가 거기서 죽으리니 이 땅을 다시 보지 못하리라 [13]불의로 그 집을 세우며 부정하게 그 다락방을 지으며 자기의 이웃을 고용하고 그의 품삯을 주지 아니하는 자에게 화 있을진저 [14]그가 이르기를 내가 나를 위하여 큰 집과 넓은 다락방을 지으리라 하고 자기를 위하여 창문을 만들고 그것에 백향목으로 입히고 붉은 빛으로 칠하도다 [15]네가 백향목을 많이 사용하여 왕이 될 수 있겠느냐 네 아버지가 먹거나 마시지 아니하였으며 정의와 공의를 행하지 아니하였느냐 그 때에 그가 형통하였었느니라 [16]그는 가난한 자와 궁핍한 자를 변호하고 형통하였나니 이것이 나를 앎이 아니냐 여호와의 말씀이니라 [17]그러나 네 두 눈과 마음은 탐욕과 무죄한 피를 흘림과 압박과 포악을 행하려 할 뿐이니라 [18]그러므로 여호와께서 유다의 왕 요시야의 아들 여호야김에게 대하여 이와 같이 말씀하시니라 무리가 그를 위하여 슬프다 내 형제여, 슬프다 내 자매여 하며 통곡하지 아니할 것이며 그를 위하여 슬프다 주여 슬프다 그 영광이여 하며 통곡하지도 아니할 것이라 [19]그가 끌려 예루살렘 문 밖에 던져지고 나귀 같이 매장함을 당하리라

왕들은 비록 우리에게는 신들 같은 존재이지만 하나님께는 사람일 뿐이어서 사람처럼 죽게 되어 있다. 이와 같이 이 단락에서 우리는 예루살렘에서 연속적으로 왕위에 올라 나라를 다스렸던 두 왕, 아주 경건한 부왕의 버릇없는 두 형제로서 연속적으로 보좌에 앉았던 두 왕에게 사형 선고가 내려지는 것을 본다.

I. 살룸의 운명. 살룸은 의심할 여지 없이 여호아하스와 동일 인물이다. 왜냐하면, 그는 유다 왕 요시야의 아들로서 그의 아버지 요시야를 이어 왕이 된 인

물이기 때문이다(11절). 그는 장자가 아니었지만, 백성들은 그를 왕으로 삼았다(왕하 23:30; 대하 36:1). 요시야의 아들들을 언급하고 있는 대목을 보면 거기에는 여호아하스는 없고 살룸만 들어 있다(대상 3:15). 아마도 백성들이 그를 그의 형들보다 더 선호했던 것은 그가 더 활동적이고 용맹스러운 청년이어서 나라를 통치하는 데에 더 적임자라고 생각했기 때문인 것 같다. 그러나 하나님은 곧 백성들이 저지른 이 불의한 행동이 얼마나 어리석은 짓이었는지, 그리고 그 일이 결코 성공할 수 없다는 것을 그들에게 보여주셨다. 하나님께서 경고하신 대로(신 28:68), 세 달만에 애굽 왕이 유다로 와서 그를 폐위시키고 포로로 삼아서 애굽으로 끌고 갔다. 이 때에 백성들 중에는 그와 함께 포로로 잡혀간 자는 아무도 없었던 것으로 보인다. 이 이야기는 성경에 나와 있다(왕하 23:34; 대하 36:4). 좀 더 살펴보자.

1. 하나님은 백성들에게 살룸의 아버지 요시야가 아니라 살룸을 위하여 슬피 울라고 지시하신다. "죽은 자를 위하여 울지 말며, 요시야를 위해서는 더 이상 울지 말라." 예레미야는 스스로 요시야를 위하여 진심으로 애곡하였었고, 백성들에게 그를 위하여 애곡하라고 촉구하였었다(대하 35:25). 그런데 이제 예레미야는 요시야가 죽은 지 이제 겨우 세 달이 지났을 뿐인데도 요시야를 위해서 애곡하는 것을 그만두고 그들의 눈물을 다른 사람에게로 돌리라고 말한다. 그들은 애굽으로 끌려간 여호아하스를 위하여 슬피 울어야 한다. 그의 아버지 요시야의 죽음처럼 여호아하스가 애굽으로 끌려간 것은 이 나라에 큰 손실인 것은 아니었지만, 그의 처지는 그의 아버지의 경우보다 훨씬 더 통탄스러웠기 때문이다. 요시야는 존귀함과 평안함 속에서 무덤으로 갔고, 하나님은 그가 이 세상에 장차 닥칠 재앙을 보지 않게 하시고 내세에서 주어질 복을 보도록 하기 위하여 그를 데려가셨다. 그러므로 그를 위하여 울지 말고, 초라한 포로가 되어 비참하고 치욕스러운 삶을 살다가 죽게 될 그의 불행한 아들을 위하여 울라. 죽는 성도들을 부러워하고 살아 있는 죄인들을 불쌍히 여기는 것이 마땅하다는 것을 명심하라. 앞으로 올 시절에 대한 전망이 너무나 암울한 경우에는 장차 우리 자신과 우리 자녀를 위하여 눈물을 흘려야 할 때가 올 것이기 때문에 요시야, 아니 심지어 주님을 위하여 눈물을 흘리는 것조차 아껴야 한다(눅 23:38).

2. 그들이 그렇게 해야 하는 이유는 그가 그와 그의 백성이 기대한 것과는

달리 다시는 포로 생활에서 돌아오지 못하고 거기에서 죽게 되리라는 것이다. 그들은 이 말을 믿기 싫어하였다. 그래서 그가 다시 돌아오지 못하리라는 말이 여기에서 여러 차례 반복된다(10절). 그는 그의 고국을 보는 기쁨을 다시 누리지 못하게 될 것이고, 도리어 고국이 황폐화되었다는 소식을 전해 듣고서 눈물로 세월을 보내게 될 것이다. 그는 이 곳에서 나갔다가 다시 돌아오지 못할 것이다(11절). 잡혀 간 곳에서 그가 거기서 죽으리라(12절). 이것은 그가 그의 아버지의 선한 모범을 버린 것과 그의 형의 권리를 찬탈한 것의 결과였다. 이스라엘의 왕들에 대한 에스겔의 애가를 보면, 여호아하스는 먹이 물어뜯기를 배우자마자 사로잡혀서 쇠사슬에 묶여 애굽으로 끌려갔고 거기에서 다시 돌아오기를 애타게 고대하였지만 결국 헛된 소망이 되어 버린 젊은 사자로 묘사된다(겔 19:3-5).

Ⅱ. 살룸의 뒤를 이어 왕이 된 여호야김의 운명. 그가 왕위에 오르는 데에 있어서 살룸보다 더 나은 권리를 지니고 있었는지는 우리가 알지 못한다. 왜냐하면, 그는 살룸보다는 형이었지만, 그보다 더 나이가 많은 요시야의 또 다른 아들인 요하난이 있었던 것으로 보이기 때문이다(대상 3:15). 그러나 우리는 그가 나라를 잘 다스리지 못하였고, 그 최후도 좋지 못하였다는 것을 안다. 좀 더 살펴보자.

1. 선지자는 그의 죄들을 조목조목 들어서 책망함. 일반 사람이 왕에게 당신은 악하다고 말하는 것은 합당하지 않다. 그러나 하나님에게서 받은 말씀을 가지고 있는 선지자가 그것이 아무리 듣기 싫은 말씀이고 그 대상이 아무리 왕이라고 하더라도 그것을 전하지 않는다면, 그것은 하나님의 신뢰를 저버리는 것이다. 여호야김은 여기에서 우상 숭배로 비난을 받지는 않는다. 아마도 그는 아직까지는 선지자 우리야를 죽이지 않은 것 같다(나중에 그는 그런 일을 저질렀다, 렘 26:22-23). 왜냐하면, 그런 일이 이미 저질러졌다면, 여기에서 그 일이 언급되지 않았을 리가 없기 때문이다. 그러나 그는 여기에서 다음과 같은 범죄들에 대하여 책망을 받는다.

(1) 교만의 죄와 과시(誇示)의 죄. 마치 왕이 하는 모든 일들은 크고 위대하게 보여야 하고, 선을 행하는 것은 그의 관심 밖에 두어져야 할 일이라고 여긴다는 듯이, 그는 으리으리한 왕궁과 큰 집과 넓은 다락방을 지었고(14절), 최신의 유행을 따라서 오늘날의 내리닫이 창문과 같은 그런 창문을 만들었으며, 방

들은 가장 비싼 목재인 **백향목**으로 입혔고, 그의 집은 성전처럼 지붕과 사방 벽에 널판을 댔는데, 그렇게 하지 않으면 그의 직성이 풀리지 않았다(왕상 6:15-16). 아니, 거기에다 한 술 더 떠서, 그의 집을 **붉은 빛**(즉, 적색 염료인 연단[鉛丹]이나 丹砂; 어떤 이들은 남색 염료인 인디고로 읽는다)으로 칠하였다. 물론, 고관들이나 대인(大人)들이 그들의 위엄에 걸맞는 집을 짓고 아름답게 꾸미며 설비를 갖추는 것은 합법적인 것이고 나무랄 일이 아니다. 그러나 사람 속에 무엇이 들어 있는지를 아시는 하나님께서는 여호야김이 그의 마음속에 있는 교만 때문에 이렇게 하였다는 것을 아셨고, 그렇기 때문에 원래는 합법적인 것이 극히 죄악된 일이 되어 버린 것이다. 그러므로 자신의 집을 넓히고 좀 더 호화롭게 치장하고자 하는 자들은 그렇게 하고자 하는 동기가 무엇인지 자신의 마음속의 움직임을 잘 살펴서 헛된 영광을 구하기 위하여 하는 온갖 일들을 경계할 필요가 있다. 그러나 여호야김의 경우에 있어서 특히 잘못된 것은 그가 하나님의 심판이 그에게 닥쳐오고 있다는 것을 하나님의 말씀과 그분의 섭리를 통해서 인식하고 있었으면서도 그런 일을 행하였다는 데에 있었다. 그는 왕위에 오른 지 3년 동안은 애굽 왕의 허락 아래에서 다스렸고, 나머지 기간에는 바벨론 왕의 허락 아래에서 나라를 다스렸다. 그러니까 총독이나 다름없었던 그가 건물이나 설비에 있어서 대국의 군주들과 어깨를 나란히 하려고 하였던 것이다. 그가 이러한 결정을 함에 있어서 얼마나 독단적이고 안하무인(眼下無人)으로 행하였는지를 잘 보라. "내가 나를 위하여 큰 집을 지으리라. 누가 뭐래도, 나는 내 결심대로 하리라." 이것은 몰락해 가고 있는 자들이 사람들에게 그렇지 않다는 것을 보이기 위해서 과시하고자 할 때에 흔히 저지르는 어리석은 짓임을 명심하라. 낮추시는 섭리 아래에서 낮아지지 않은 마음을 지니고서, 하나님이 그들을 낮추시려고 하시는 데도 여전히 목을 뻣뻣하게 세우는 자들이 많다. 이것은 우리를 지으신 분과 싸우고 있는 것이다.

(2) 마치 지금 그가 세운 그의 산이 아주 견고해서 결코 요동할 수 없다는 듯이, 그의 지속적인 형통에 의지해서 육적인 것에 기대고 자신의 재물을 신뢰한 죄. 그는 **백향목**을 많이 사용하여 자신을 에워쌌기 때문에(15절) 그 누구도 그의 통치를 훼방할 수 없다고 생각하였다. 그는 마치 자기가 세운 것이 너무나 멋지고 훌륭해서 그 누구도 건드릴 수 없고 너무나 튼튼해서 뚫고 들어올 수 없으며, 안 된 말이지만 하나님도 이와 같은 으리으리하고 웅장한 집을 태

울 수 없을 것이라고 생각하는 것 같았다. 제자들이 성전이 얼마나 훌륭하고 장엄한 건물인지를 주님께 보이려고 나아오자, 주님께서는 성전이 곧 멸망할 것이라고 말씀하셨다(마 23:38; 24:1). 자기가 지금 형통한다고 해서 그것이 그들의 안전을 영원토록 보장해 줄 것이라고 생각하거나 자신의 궁을 백향목으로 둘렀다고 해서 영원히 통치할 것을 꿈꾸는 자가 있다면, 그는 스스로를 형편없이 속이고 있는 것임을 명심하라. 부자의 재물이 그의 견고한 성이라고 생각하는 것은 자신만의 착각일 뿐이다.

(3) 어떤 이들은 여기에서 그를 신성모독죄로 고소하고 있다고 생각한다. 즉, 그는 자신의 집을 아름답게 치장하고 꾸미기 위해서 하나님의 집의 물건들을 훔쳤다는 것이다. 그는 나의 창문들을 잘라갔다(난외주에서는 이렇게 읽는다). 이렇게 이해하는 자들은 이 본문을 다음과 같이 해석한다: 그는 성전의 창문들을 떼어다가 자신의 궁에 갖다 붙인 후에, 그런 사실이 탄로나지 않게 하고, 마치 그 창문들이 원래부터 그의 궁에 붙어 있던 것처럼 보이게 하기 위해서, 그것들을 붉은 빛으로 칠하였다. 하나님과 그의 집에서 도둑질하여 치부하겠다고 생각하는 자들은 스스로를 속이는 것이고 결국 스스로를 파멸시키는 것임을 명심하라. 아무리 그들이 그런 사실을 위장한다고 할지라도, 하나님은 그것을 찾아내신다.

(4) 그는 여기에서 착취와 압제, 폭력과 불의 같은 죄들로 고소되고 있다. 그는 불의로 그의 집을 세웠다. 즉, 그는 불의하게 얻어진 돈과 정직하지 않게 얻은 재료들, 아마도 아합이 나봇의 포도원을 얻었던 것과 같은 방식으로 얻어진 재물로 자신의 집을 지었다. 그리고 그는 자신의 재력(財力) 이상으로 화려한 집을 지으려 했기 때문에 돈이 부족해서 일꾼들의 품삯을 떼어먹었는데, 이것은 만군의 주의 귀에 대고 소리치는 죄들 중의 하나이다(약 5:4). 하나님은 큰 자들이 그들의 가난한 종들과 품꾼들에게 행한 나쁜 짓을 눈여겨 보아 두시고, 이웃을 고용하고 공의(公義)대로 그 품삯을 주지 아니하는 자들에게 공의대로 되갚아 주실 것이다. 큰 자들은 미천한 자들을 그들의 이웃으로 보고서 그에 걸맞게 그들을 의롭게 대해야 하고 자기 몸처럼 사랑해야 한다는 것을 명심하라. 여호야김은 자기 집을 짓는 일에서만 아니라 나라를 경영하는 일에서도 압제를 행하였다. 그는 공의를 행하지 않았고, 자신의 야망이나 탐욕, 복수심을 만족시키는 일이라면 무죄한 자의 피를 흘리는 일도 서슴지 않았다. 그가 하는

일이라고는 온통 압제와 폭력뿐이었고, 그는 그렇게 하겠다고 위협만 한 것이 아니라 실제로 그렇게 행하였다. 그가 어떤 불의한 일을 하고자 한번 마음을 먹으면, 그 누구도 그를 막을 수 없었고, 그는 그 일을 끝까지 밀어부쳤다. 이 모든 것의 밑바닥에 있었던 것은 일만 악의 뿌리인 돈을 사랑하는 탐욕이었다. 네 두 눈과 마음은 탐욕을 행하려 할 뿐이니라. 그의 두 눈과 마음에는 탐욕 외에는 아무것도 들어오지 않았다. 탐욕에 있어서 마음은 눈을 따라간다는 것을 명심하라. 그래서 탐욕은 안목의 정욕이라 불린다(요일 2:16; 욥 31:7). 그것은 허무한 것, 있지도 않은 것에 주목하는 것이다(잠 23:5). 사람이 오직 이 세상의 재물에만 목적을 두고 온통 애정을 쏟으면, 그의 눈과 마음은 탐욕으로 가득 차게 된다. 그렇게 될 때, 그는 살인과 압제, 온갖 종류의 폭력과 악행에 강하게 끌리게 된다.

(5) 그의 모든 죄를 더욱 무겁게 만든 것은 그가 그에게 선한 모범을 남긴 선한 아버지의 아들이었다는 것이고, 그가 마음만 먹었다면 얼마든지 그 선한 모범을 따를 수 있었다는 것이다(15-16절). 네 아버지가 먹거나 마시지 아니하였느냐. 여호야김은 그의 집을 넓고 화려하게 지으면서, 그의 아버지는 한 나라의 왕으로서의 위엄에 맞지 않는 초라하고 불편한 거처로 만족하였다고 비웃었고, 그의 아버지는 어리숙하고 예술 감각도 없어서 돈을 모으거나 유행을 따를 줄을 몰랐다고 조롱하였던 것 같다. 그의 아버지에게 중요하였던 것은 그에게는 중요하지 않았다. 그러나 하나님은 선지자를 통해서 그에게 그의 아버지는 집을 으리으리하게 지으려는 마음을 갖고 있지 않았지만 훌륭한 심성을 지닌 인물이었고 그보다 더 나은 인물이었으며 자기 자신과 가족을 위하여 더 선한 일을 하였다고 말씀해 주신다. 부모가 따랐던 구식(舊式)을 멸시하는 자녀들은 부모의 진정한 훌륭함에 못미치는 경우가 보통이다. 예레미야는 그에게 다음과 같은 것들을 말해 준다.

[1] 하나님께서 그에게 그의 아버지가 행한 것을 본받아 그의 본분을 다하라고 명령하셨다는 것. 네 아버지 요시야는 정의와 공의를 행하였다. 요시야는 신하와 백성들 중 그 누구에게도 결코 불의를 행하지 않았고, 그들을 결코 압제하지 않았으며, 그들에게 그 어떤 불법도 자행하지 않았고, 도리어 그들의 모든 정당한 권리와 재산을 보호하는 데에 세심한 주의를 기울였다. 아니, 요시야는 불의를 하는 데에 그의 권력을 악용하지 않았을 뿐만 아니라, 오히려 정

의를 지키는 데에 권력을 사용하였다. 그는 가난한 자와 궁핍한 자를 변호하였고, 그의 신하와 백성들 중에서 아무리 미천한 자들의 송사(訟事)도 기꺼이 들어주고 그들에게 공의를 베풀었다. 방백들이 관심을 가져야 할 것은 그들의 위엄을 지키려 하고 편히 쉬고자 하는 것이 아니라, 선을 행하고, 가난한 자들을 압제하지 않을 뿐만 아니라 압제받는 자들을 지켜주는 것임을 명심하라.

[2] 하나님께서 그에게 그의 아버지가 형통한 것을 보여주시고 그의 본분을 다하라고 격려하셨다는 것.

첫째, 하나님은 그의 아버지 요시야를 기쁘게 받으셨다. "이것이 나를 앎이 아니냐라고 여호와께서 말씀하시지 않느냐? 이 일을 통해서 그가 그의 하나님을 올바르게 알고 예배하고 있으며, 또한 하나님께서 그를 아시고 인정하신다는 것이 드러난 것이 아니냐?" 하나님을 올바르게 안다는 것은 우리의 본분, 특히 이 세상에서 우리의 지위와 신분에 수반되는 본분을 다하는 것을 통해서 드러난다는 것을 명심하라.

둘째, 요시야는 자기가 한 일로 위로를 받았다. 네 아버지가 그의 직무를 잘 수행할 수 있도록 하기 위하여 취하기 위해서가 아니라 기력을 보하려고(전 10:17) 건전하고 즐거운 마음으로 먹거나 마시지 아니하였느냐. 그는 먹고 마시고 공의를 행하였다. 그는 술을 마시다가 법을 잊어버리고 모든 곤고한 자들의 송사를 굽게(잠 31:5) 하는 법이 없었다(여호야김과 그의 고관들은 아마도 그랬을 것이다). 그는 먹고 마셨다. 즉, 하나님은 그를 축복하셔서 그에게 아주 풍성하게 먹고 마실 것을 주셨고, 그는 스스로 편안한 마음으로 먹고 마셨으며, 그의 벗들을 후하게 대접하였고, 많은 사람들을 대접하며 구제도 많이 하였다. 여호야김의 자랑은 훌륭한 집을 지었다는 것이었지만, 요시야가 진정으로 칭찬받을 만한 것은 선한 집을 유지하였다는 것이었다. 겉으로 화려하게 과시하기를 무척 좋아하는 자들치고 진정으로 후하게 베푸는 경우는 극히 드물다. 왜냐하면, 과시하기 위해서 돈을 물 쓰듯 쓰다보면 돈이 남아나지 않아서 정작 남을 접대하거나 가난한 자들를 후하게 구제하거나 의로운 일을 하는 데에 쓸 돈이 없게 되기 때문이다. 여호야김처럼 으리으리한 저택에서 남의 빚을 갚지 않고 살아가느니 요시야처럼 구식 집에서 선을 행하며 살아가는 편이 더 낫다. 요시야는 정의와 공의를 행하였고, 그 때에 그가 형통하였다(15절). 이 말씀은 16절에서 다시 한 번 반복된다. 그는 인생의 낙(樂)을 누리고 위로를 많이 받으며 살았다. 그의 신하들과 그의 모든 이웃들이 그를 존경하였다. 그가 손을 대는 일마다 형통하였다. 우리가 선을 행하는 한, 우리는 우리가 하는 일이 잘 될 것이라고 기대할 수 있다는 것을 명심하라. 여호야김은 그의 아버지가 본분을 행하는 길이야말로 인생의 낙과 위로를 누리는 길임을 발견하였다는 것을 알고 있었지만, 그의 아버지의 발자취를 따라가려 하지는 않았다. 우리의 경건한 부모들이 그들의 시대에 신앙을 잘 지켜서 신앙의 유익에 대한 그들의 경험에 의거해서 신앙을 우리에게 권고하였다면, 우리는 우리 시대에서 신앙을 잘 지켜 나가기 위해 힘써야 한다는 것을 명심하라. 우리의 부모들은 경건에 주어진 금생에서의 약속들이 그들에게 이루어진 것을 경험하였다는 것과 신앙과 경건은 외적인 형통과도 밀접한 관계가 있다는 것을 우리에게 말해 주었다. 따라서 우리가 그 선한 길에서 벗어나 딴 길로 간다면, 우리는 변명할 말이 없다.

2. 선지자는 여호야김의 운명을 곧이곧대로 선포함(18-19절). 예레미야는 여기에서 여호야김의 수치스러운 죽음을 충실하게 예언한다면, 그의 목숨이 무척 위태로울 수 있었을 것이다. 그러나 여호와께서 여호야김에 대하여 이와 같이 말씀하시기 때문에, 예레미야도 이와 같이 전한다.

(1) 여호야김이 죽어도 백성들은 애곡하지 않을 것이다. 정의와 공의를 행한 그의 아버지 요시야를 위해서는 모든 백성들이 애곡하였지만, 그는 백성들을 압제하고 포악하게 다스렸기 때문에 백성들로부터 미움을 사서, 모든 사람들이 그가 죽는 것을 기뻐할 것이고, 그가 죽었다고 해서 눈물 한 방울 흘리는 사람도 없을 것이다. 시드기야가 죽을 때는 사람들이 그를 위하여 애곡하리라는 예언이 주어진다. 왜냐하면, 시드기야는 적어도 여호야김보다는 더 낫게 행하였기 때문이다(렘 34:5). 그의 혈육들도 그를 위하여 애곡하지 않을 것이고, 아주 미천한 자의 장례식에서도 슬프다 내 형제여 또는 슬프다 내 자매여라고 말하며 최소한의 슬픔을 표시하는 법이지만, 백성들은 그를 위해서는 그런 말도 하지 않을 것이다. 고관들의 무덤 앞에서 슬프다 주여 또는 슬프다 그 영광이여라고 말하며 애도하는 것이 관습인데도, 그의 신하들은 그를 위해 애곡하지도 않고 통곡하지도 않을 것이다. 사람이 죽었는 데도 그와 이별하는 것을 안타까워하는 자가 한 사람도 없는 그런 삶을 사는 것은 정말 비참한 일이다.

(2) 여호야김은 죽어서 매장되지 못할 것이다. 이것은 앞에서 말한 것보다 더 좋지 않은 일이다. 사람들은 어떤 사람이 보기 싫어도 그가 죽으면 장례식

에서 눈물을 흘리지는 않을 망정 꼴 보기 싫어서라도 얼른 그를 묻어 주는 법이다. 그러나 여호야김은 나귀 같이 매장함을 당하게 될 것이다. 즉, 그는 아예 매장되지 않고, 그의 죽은 시신은 시궁창이나 거름 더미에 처넣어지게 될 것이다. 사람들은 그의 시체를 질질 끌고가서 예루살렘 문 밖에 던질 것이다. 성경에서는 여호야김에 대하여 말하면서, 느부갓네살이 그를 쇠사슬로 결박하여 바벨론으로 잡아갔고(대하 36:6), 갈고리를 꿰어 바벨론 왕에게 데려갔다(겔 19:9)고 기록한다. 그러나 그는 바벨론으로 끌려 가게 되어 있었지만 그 전에 감옥에서 죄수로 죽었을 가능성이 크다. 아마도 그는 극심한 슬픔 때문이거나 자존심 때문에 스스로 목숨을 끊었을 것이다. 이 때문에 백성들은 그의 장례를 치러주지 않았을 것이다. 우리가 자살한 사람에게 통상적으로 그렇게 하듯이 말이다. 요세푸스(Josephus)는 느부갓네살이 예루살렘에서 그를 죽여서 예루살렘 문에서 멀리 떨어진 곳에 그의 시신을 버렸다고 말한다. 성경에서는 여호야김이 그의 조상들과 함께 잤다(왕하 24:6)고 말한다. 그는 자기 집을 으리으리하게 지으면서 그의 으리으리한 무덤도 구상하였을 것이 틀림없다. 그러나 그의 기대가 얼마나 무참하게 무너졌는지를 보라. 큰 교만으로 한껏 높아진 자들은 살아 생전에 또는 죽어서 한번 큰 수치를 당하게 되어 있다는 것을 명심하라.

[20]너는 레바논에 올라 외치며 바산에서 네 소리를 높이며 아바림에서 외치라 이는 너를 사랑하는 자가 다 멸망하였음이라 [21]네가 평안할 때에 내가 네게 말하였으나 네 말이 나는 듣지 아니하리라 하였나니 네가 어려서부터 내 목소리를 청종하지 아니함이 네 습관이라 [22]네 목자들은 다 바람에 삼켜질 것이요 너를 사랑하는 자들은 사로잡혀 가리니 그 때에 네가 반드시 네 모든 악 때문에 수치와 욕을 당하리라 [23]레바논에 살면서 백향목에 깃들이는 자여 여인이 해산하는 고통 같은 고통이 네게 임할 때에 너의 가련함이 얼마나 심하랴 [24]여호와의 말씀이니라 나의 삶으로 맹세하노니 유다 왕 여호야김의 아들 고니야가 나의 오른손의 인장반지라 할지라도 내가 빼어 [25]네 생명을 찾는 자의 손과 네가 두려워하는 자의 손 곧 바벨론의 왕 느부갓네살의 손과 갈대아인의 손에 줄 것이라 [26]내가 너와 너를 낳은 어머니를 너희가 나지 아니한 다른 지방으로 쫓아내리니 너희가 거기에서 죽으리라 [27]그들이 그들의 마음에 돌아오기를 사모하는 땅에 돌아오지 못하리라 [28]이 사람 고니야는 천하고 깨진 그릇이냐 좋아하지 아니하는 그릇이냐 어찌하여 그와 그의 자손이 쫓겨

나서 알지 못하는 땅에 들어갔는고 [29]땅이여, 땅이여, 땅이여, 여호와의 말을 들을 지니라 [30]여호와께서 이와 같이 말씀하시니라 너희는 이 사람이 자식이 없겠고 그의 평생 동안 형통하지 못할 자라 기록하라 이는 그의 자손 중 형통하여 다윗의 왕위에 앉아 유다를 다스릴 사람이 다시는 없을 것임이라 하시니라

이 단락에 나오는 예언은 여호야김의 아들이었던 여고냐 또는 여호야긴의 악하고 수치스러운 치세(治世)와 관련하여 의도되었던 것으로 보인다. 여호야긴은 부왕의 뒤를 이어 왕위에 올랐지만 불과 석 달 동안 다스리다가 포로가 되어 바벨론으로 끌려가서 거기에서 오랫동안 살았다(렘 52:31). 우리는 여기에서 다음과 같은 예언을 듣는다.

I. 이 나라가 황폐화될 것이고, 지금 멸망을 향하여 빠르게 치닫고 있다는 것 (20-23절). 하나님은 여기에서 예루살렘과 유다를 향하여 말씀하고 있는 것이거나 유다 나라를 한 명의 사람처럼 취급하여 말씀하고 있는 것이다. 하나님은 이 나라에 대하여 세 가지로 말씀하신다.

1. 이 나라가 평안하고 안전하던 날에 너무 오만하였다는 것(21절). "네가 평안할 때에 내가 나의 종 선지자들을 통해서 책망과 권면과 조언으로 네게 말하였으나 네 말이 나는 듣지 아니하리라 나는 귀 기울이지 아니하리라 하며 내 목소리를 청종하지 아니하고, 내 말을 듣지 않기로 결심했으니 상관하지 말라고 뻔뻔스럽게 내게 말하였었다." 편안하게 사는 자들은 하나님의 말씀을 멸시하며 사는 것이 보통이다. 여수룬이 기름지매 발로 찼도다(역주: 여수룬은 의로운 백성이라는 뜻으로 이스라엘을 가리킴). 네가 살찌고 비대하고 윤택하매 자기를 지으신 하나님을 버리고 자기를 구원하신 반석을 업신여겼도다(신 32:15). 하물며, 그렇게 하는 것이 버릇이 되어 버렸거나 천성적으로 그런 것이라면, 그것은 더더욱 악한 일이다. 네가 어려서부터 내 목소리를 청종하지 아니함이 네 습관이라. 그들은 모태에서부터 배역한 자들이라 불렸다(사 48:8).

2. 환난의 경보가 울리면 잔뜩 겁을 집어먹게 되리라는 것(20절). "네가 너를 사랑하는 자들이 다 멸망한 것을 보고, 네 우상들이 너를 도울 수 없고 너의 동맹국들이 너를 실망시키는 것을 볼 때, 너는 레바논으로 올라가서 모든 것을 잃어버리고 망하게 된 사람처럼 슬피 울며 울부짖을 것이다. 너는 제발 도와주시오 그렇지 않으면 우리가 죽을 것이오라고 울부짖을 것이다. 너는 높은 곳에서

외치면 누군가가 들을 것이라는 기대를 갖고 두 높은 산인 레바논과 바산에서 공포에 사로잡혀 비명을 지르듯이 네 소리를 높일 것이다. 너는 길을 가다가 종종 곤경에 처해서 그 길들에서 소리칠 것이다." 어떤 이들은 길들을 뜻하는 단어를 고유명사로 보고 너는 아바림에서 소리칠 것이라고 해석하기도 한다. 아바림은 모압 변경에 있던 유명한 산이다. "너는 크게 놀라 겁을 집어먹는 자들이 흔히 그러하듯이 네 주변의 모든 사람에게 소리칠 것이지만, 아무 소용이 없을 것이다. 왜냐하면, 너를 보호하고 이끌어 주며 네 안전을 지켜줄 네 목자들 또는 관원들은 다 바람에 삼켜질 것이기 때문이다(22절). 그들은 마치 아주 차가운 칼바람에 싹과 꽃봉오리가 다 시들어 버리듯이 그 바람을 맞고 시들고 떨어져 버릴 것이다. 그들은 바람에 과일들이 떨어지듯이 갑자기 알지도 못하는 사이에 꼼짝없이 삼켜져 버릴 것이다. 네가 의지하고 사랑하였던 너를 사랑하는 자들은 사로잡혀 갈 것이기 때문에, 너를 구원해 주기는커녕 그들 자신도 구원할 수 없게 될 것이다."

3. 기나긴 환난이 무겁게 짓누르는 가운데서 길들여져서 유순하게 되리라는 것. "너의 동맹국들로부터 그 어떤 원군도 기대할 수 없고, 네 제사장들도 어쩔 줄 몰라 할 때, 그 때에 네가 반드시 네 모든 악 때문에 수치와 욕을 당하리라(22절)." 자신의 죄악들로 말미암아 마지막 궁지까지 내몰리기 전에는 결코 자신의 죄를 부끄러워하지 않는 자들이 많다. 어쨌든 우리가 궁지에 몰려서라도 우리의 죄를 깨닫고 당혹해할 수만 있다면 그것은 잘된 일이다. 유다 나라는 여기에서 레바논의 주민(레바논에 사는 자)이라 불린다. 왜냐하면, 저 유명한 레바논 삼림이 그들의 지경(地境) 내에 있었고(23절), 그들의 온 땅은 풍요로웠으며 레바논의 천혜의 요새로 잘 보호되고 있었기 때문이다. 그러나 그들은 너무 교만하고 콧대가 셌기 때문에 백향목에 깃들이는 자, 즉 백향목에 둥지를 튼 자들이라고 말해진다. 그들은 그 높은 나무 꼭대기에 있는 자신의 둥지에서 온갖 위험이 그들에게 미치지 못할 것이라고 생각하면서, 주변의 모든 사람들을 멸시하는 눈으로 내려다 보았다. "그러나 여인이 해산하는 고통 같은 고통이 네게 임할 때에 너의 가련함이 얼마나 심하랴. 그 때에 너는 하나님 앞에서 낮아져서 잘못된 것을 고치겠다고 다짐할 것이다. 네가 자갈이 많은 곳에 내던져질 때에 네가 형통할 때에 듣고자 하지 않았던 그러한 말씀, 하나님의 말씀을 듣기를 기뻐하게 될 것이다(시 141:6). 그 때에 네가 전에는 그토록 무시하였던 그 하

나님께 예쁘게 보이려고 애쓸 것이다." 경건을 해산하는 고통을 겪다가도 그 고통이 지나가면 참된 경건이 어디로 가버렸는지 찾아볼 수 없는 사람들이 많다는 것을 명심하라. 어떤 이들은 이 본문을 다른 의미로 해석하기도 한다. "네가 이러한 환난 속에 있게 될 때, 너의 온갖 영화(榮華)와 높은 지위와 부가 네게 무슨 소용이 있겠으며, 네가 그러한 것들로부터 어떤 위로를 받겠느냐? 해산하는 여인은 해산하는 동안에 온통 고통과 두려움뿐이기 때문에 그녀가 지닌 온갖 것들은 그녀에게 아무런 위로가 될 수 없을 것이다(가테이커 목사는 이렇게 말한다)." 세상의 온갖 좋은 것들을 다 갖고 있는 것을 자랑하는 자들은 해산하는 고통이 그들에게 임할 때에 그들이 어떤 모습일지, 그 때에 그들이 자랑하던 모든 것들을 잃었을 때에 그들의 모습이 어떨지를 깊이 생각해 보는 것이 좋을 것이다.

Ⅱ. 여호야긴 왕이 당할 수치에 관한 예언. 그의 이름은 여고냐였지만, 여기에서 한 번 그리고 나중에 다시 한 번 그는 경멸의 의미가 담긴 고니야라는 이름으로 불린다. 선지자는 아마도 여호야긴 왕이 그의 위엄을 다 박탈당하고 중간에 폐위되어 그의 재위 기간이 단축될 것을 나타내기 위해서 이렇게 그를 별명이나 줄여서 부르는 이름으로 부르는 것 같다. 여기에서는 그가 겪을 두 가지 욕된 일이 제시된다.

1. 그는 포로로 끌려가서 평생 포로로 살다가 생을 마감하게 될 것이다. 그는 왕이 될 자로 태어났지만, 왕관은 그의 머리에서 금방 떨어질 것이고, 왕관 대신에 족쇄를 차게 될 것이다. 이 심판이 진행될 여러 단계들을 눈여겨 보라.

(1) 하나님이 그를 버리실 것이다(24절). 진리의 하나님이 이 말씀을 하시고, 맹세로서 그 말씀을 확증하신다. "만약 그가 나의 오른손의 인장반지라 할지라도 내가 그를 내 손에서 **빼어 버리리라**(선대 왕들은 실제로 하나님의 인장반지였고, 그도 선하게 행하였더라면 그렇게 되었을 것이다)." 유다의 경건한 왕들은 하나님의 오른손의 인장반치처럼 하나님께 가까웠고 사랑스러웠었다. 왕이 자신의 인장반지나 친필 서명을 소중히 여기듯이, 하나님은 그들을 자랑스러워하셨고, 그들을 그의 통치의 도구들로 사용하셨었다. 그러나 고니야는 자신을 그러한 존귀함을 받을 가치가 전혀 없는 자로 만들어 버렸기 때문에, 그가 태어나면서부터 지니고 있던 이 특권은 그의 안전을 보장해 주는 것이 결코 되지 못할 것이고, 그 특권에도 불구하고 내던져지게 될 것이다. 하나님께서

여고냐에게 주신 이러한 경고와 대비되는 것은 하나님이 스룹바벨에게 주신 약속, 즉 자기 백성을 포로 생활에서 돌아오게 하실 때에 그를 백성의 지도자로 삼으시리라는 약속이다(학 2:23). 내 종 스룹바벨아 그 날에 내가 너를 세우고 너를 인장으로 삼으리라. 자기 자신을 하나님의 오른손에 끼워진 인장반지라고 생각하는 자들은 방심하지 말고, 도리어 거기에서 뽑히지 않도록 두려워하여야 한다.

(2) 바벨론 왕이 그를 사로잡을 것이다. 하나님의 보호하심 밖으로 스스로 뛰쳐나간 자들은 그들이 어떤 원수들과 해악들에 그대로 노출되어 있는지를 알지 못한다(25절). 여기에서는 갈대아인들을 고니야에게 앙심을 품고 있는 자들로 말한다. 그들은 그의 생명을 찾았다. 그들은 그렇게 해야 그들의 직성이 풀릴 것이라고 생각하였다. 갈대아인들은 그가 두려워하는 자들이었기 때문에 (그는 그들의 얼굴을 두려워한다), 그들의 손에 들어가는 것은 그에게 더욱 큰 두려움을 안겨줄 것이었다. 더욱이 하나님께서 직접 그를 그들의 손에 주시는 것이었기 때문에 그 두려움은 말로 표현할 수 없는 것이었다. 하나님이 그를 그들에게 넘겨주시는 것인데, 누가 그를 그들로부터 빼낼 수 있겠는가?

(3) 그와 그의 가족은 바벨론으로 끌려가서 거기에서 비참한 포로 생활을 하며 남은 삶을 힘들게 지내게 될 것이다 ─ 너와 너를 낳은 어머니(26절), 그와 그의 자손(28절), 즉 그와 모든 왕족들(그는 포로로 끌려갈 때에 자녀를 두고 있지 않았기 때문에) 또는 그와 아직 태어나지 않은 그의 후손들. 그들은 모두 다른 나라, 낯선 나라, 그들이 나지 아니한 다른 지방, 그들이 알지 못하는 땅으로 쫓겨갈 것이다. 거기에는 그들이 아는 사람이 없어서, 그들과 얘기를 나누거나 그들에게 친절을 베풀어줄 자가 없을 것이다. 그들은 그들이 다스리던 땅에서 그들이 노예로 섬길 수밖에 없는 땅으로 옮겨질 것이다. 그러나 그들이 조국을 다시 볼 소망은 있지 않겠는가? 그런 일은 결코 없을 것이다. 그들이 그들의 마음에 돌아오기를 사모하는 땅에 돌아오지 못하리라(27절). 그들은 그 사모하는 땅에 있을 때에 그 땅에서 나쁜 짓을 일삼았다. 그러므로 그들은 그 땅을 다시는 보지 못하게 될 것이다. 여호아하스는 남방의 땅인 애굽으로 끌려갔고, 여고냐는 북방의 땅인 바벨론으로 끌려갔다. 이 두 사람은 서로 정반대 방향에 있는 머나먼 곳으로 떠났고, 다시는 서로 만날 수 없었으며, 다시는 고향의 공기를 마실 수 없었다. 다스리는 권세가 주어졌을 때에 그 권세를 악용하여 다른 사

람들을 괴롭힌 자들이 이렇게 다른 사람들의 다스리는 권세 아래로 들어가는 것은 마땅한 일이었다. 압제와 사치와 포악을 통해서 자신의 죄악된 욕망을 채웠던 자들이 그들의 조국을 다시 한 번 보고자 하는 그들의 순수한 바람도 이룰 수 없게 된 것은 마땅한 일이었다. 우리는 이 경고의 말씀 가운데서 다음 대목이 유독 강조되어 있는 것을 눈여겨 보아야 한다(26절). 너희가 나지 아니한 다른 지방 바로 거기에서 너희가 죽으리라. 태어날 때가 있고 죽을 때가 있듯이, 태어날 곳이 있고 죽을 곳이 있다. 우리는 우리가 어디에서 태어났는지는 알지만, 어디에서 죽을지는 알지 못한다. 우리 하나님께서 그것을 아시는 것으로 충분하다. 우리는 그리스도 안에서 죽는 것에 신경을 써야 한다. 그렇게만 된다면, 우리가 어디에서 죽든, 그리고 저 먼 타국에서 죽는다고 하여도 우리는 아무렇지도 않을 것이다.

(4) 이런 일이 벌어지면, 그의 모든 이웃들은 그를 멸시하는 눈으로 보며 아주 천한 자로 보게 될 것이다. 그들은 서슴없이 이렇게 말할 것이다(28절). "이 사람 고니야는 천하고 깨진 그릇(또는, 우상)이냐. 그렇구나. 정말 그렇네. 이 사람이 정말 형편없이 되어 버렸구나."

[1] 그가 존귀했던 때, 아니 그가 거의 신이었던 때가 있었다. 그의 아버지가 근래에 폐위되는 것을 본 백성들은 그가 왕위에 오르자 기꺼이 그를 왕으로 받들어 모시고자 하였지만, 이제 그는 천하고 깨진 우상이 되어 버렸다. 우상은 온전할 때에는 사람들의 숭배를 받지만, 썩어서 깨지면 버려져서 천덕꾸러기가 되는데, 아무도 그 깨진 우상을 거들떠보지도 않고, 그것이 예전에 무엇이었는지를 기억하는 자도 없다. 우상화된 것은 언젠가는 멸시받고 깨어지게 되리라는 것을 명심하라. 부당하게 높임을 받는 것은 경멸받는 것이 마땅하고, 하나님과 경쟁하여 신이라 하는 것들은 사람들의 웃음거리가 되는 것이 마땅하다. 우리가 우상화한 것은 그것이 무엇이 되었든 우리에게 실망을 안겨줄 것이고, 그런 후에 우리에게 멸시를 받게 될 것이다.

[2] 사람들이 그를 기뻐했던 때가 있었다. 그러나 지금 그는 좋아하지 아니하는 그릇, 곧 유행이 지났거나 금이 가고 더러워져서 더 이상 쓸모가 없어져서 아무도 갖고 싶어하지 않는 그릇이 되어 버렸다. 하나님이 기뻐하지 않으시는 자들은 언젠가는 그 사정이 형편없어져서 아무도 그를 기뻐하지 않게 될 것이다.

2. 그는 자신의 높은 지위를 물려받을 자손을 두지 못할 것이다. 이 예언에는 엄숙한 서문이 붙어 있다(29절). 땅이여, 땅이여, 땅이여, 여호와의 말을 들을 지니라. 세상의 모든 주민들은 하나님께서 그에게 가까웠고 사랑스러웠던 한 나라와 한 가문에 내리신 이 심판을 주목하고, 이 일을 통해서 하나님이 공의를 집행하실 때에 공평하시다는 것을 깨달으라. 또는, 이것은 하늘이여 들으라 땅이여 귀를 기울이라(사 1:2)는 말씀과 마찬가지로 땅에 사는 자들이 완전히 귀를 막고 듣지 않으려 하고 관심을 전혀 기울이려 하지 않기 때문에 땅에게 들어보라고 호소하는 말씀이다. 하나님의 말씀은 사람들이 아무리 무시할지라도 반드시 들려지게 될 것이다. 땅과 거기에 있는 모든 것들이 다 불타서 없어지게 될 때, 땅이 그 말씀을 듣고 순복하게 될 것이다. 또는, 이것은 땅의 일을 생각하는 자들, 땅에 속한 일들에 파묻혀서 그러한 것들을 추구하느라 정신이 없는 자들을 부르는 소리이다. 그런 자들은 여호와의 말씀을 들으라고 거듭거듭 세 차례나 부를 필요가 있다. 또는, 이것은 흙으로 만들어져서 다시 신속하게 흙으로 돌아가게 되어 있는 짧은 인생을 사는 사람들을 부르는 소리이다. 우리 모두가 그런 존재이다. 우리는 흙이고 티끌이다. 이것을 생각하면, 우리는 여호와의 말씀을 깊이 경청하는 데에 관심을 쏟아야 하는 존재이다. 왜냐하면, 비록 우리는 흙이지만 하나님의 말씀은 우리가 그 이름이 하늘에 기록된 자들 가운데서 발견될 수 있게 해주기 때문이다.

하나님께서 여기에서 특별히 주목하시고 말씀하시는 것은 여고냐는 자식이 없는 자로 기록되리라는 것이다(30절). 그의 자손 중 형통하여 다윗의 왕위에 앉아 유다를 다스릴 사람이 다시는 없으리라. 그에게서 다윗 왕조는 끊어졌다. 어떤 이들은 그의 자손이 바벨론에서 쫓겨났다는 언급이 나오는 것으로 보아서(28절) 그가 거기에서 자식들을 낳았고 그 자식들은 그보다 먼저 죽었다고 생각한다. 우리는 성경에 나오는 족보(대상 3:17) 속에서 사로잡혀 간 여고냐에게 일곱 아들이 있었고, 스알디엘이 그의 장자였다는 것을 알 수 있다. 어떤 이들은 이 일곱 아들이 사실은 그의 양자들이었고, 스알디엘은 나단의 집에 속한 네리의 아들로 불리기 때문에(눅 3:27, 31), 여고냐는 스알디엘을 낳았다(마 1:12)는 언급은 단지 그가 유다 왕권에 대한 그의 권리를 스알디엘에게 물려 주었다는 것을 의미할 뿐이라고 본다. 그가 자녀들을 직접 낳았든, 아니면 단지 양자를 들인 것이든, 그는 이 때까지 자식이 없었고, 그의 자손에서 유다 왕이 된 자도 없었다. 그는 그 왕국의 명목상의 수장(首長)이 되었고, 그 왕국은 그에게서 끝장이 났다. 자식이 없는 자들이 있다면, 그것은 하나님께서 그렇게 기록해 놓으신 것이다. 그리고 평생 동안 선을 행하는 일에 관심을 두지 않는 자들은 평생에 형통할 것을 바라지 말아야 한다.

제
— 23 —
장

개요

이 장에서 선지자는 하나님의 이름으로 책망과 경고의 말씀을 전한다. I. 백성을 돌보지 않는 고관들 또는 목자들에 대한 책망과 경고의 말씀(1-2절). 그러나 하나님은 그들이 본분을 망각하고 돌보지 않았던 양 떼를 직접 돌보실 것임을 약속함(3-8절). II. 악한 선지자들과 제사장들에 대한 책망과 경고의 말씀. 선지자는 그들의 악한 성품을 여기에서 여러 가지 예를 들어 자세하게 묘사하면서, 특히 하늘의 영감을 받은 척하며 백성들에게 예언한 것을 지적하고, 그런 일이 벌어지고 있는 것에 놀라움을 금치 못하면서, 그들이 벌 받을 것을 기대하여야 한다고 경고한다(9-32절). III. 불경한 백성에 대한 책망과 경고의 말씀. 백성들은 하나님의 선지자들을 조롱하고 희롱하였다(33-40절). 이렇게 모든 사람들이 다 부패하였기 때문에, 선지자는 그들의 타락상을 낱낱이 드러낸다.

¹여호와의 말씀이니라 내 목장의 양 떼를 멸하며 흩어지게 하는 목자에게 화 있으리라 ²그러므로 이스라엘의 하나님 여호와께서 내 백성을 기르는 목자에게 이와 같이 말씀하시니라 너희가 내 양 떼를 흩으며 그것을 몰아내고 돌보지 아니하였도다 보라 내가 너희의 악행 때문에 너희에게 보응하리라 여호와의 말씀이니라 ³내가 내 양 떼의 남은 것을 그 몰려 갔던 모든 지방에서 모아 다시 그 우리로 돌아오게 하리니 그들의 생육이 번성할 것이며 ⁴내가 그들을 기르는 목자들을 그들 위에 세우리니 그들이 다시는 두려워하거나 놀라거나 잃어 버리지 아니하리라 여호와의 말씀이니라 ⁵여호와의 말씀이니라 보라 때가 이르리니 내가 다윗에게 한 의로운 가지를 일으킬 것이라 그가 왕이 되어 지혜롭게 다스리며 세상에서 정의와 공의를 행할 것이며 ⁶그의 날에 유다는 구원을 받겠고 이스라엘은 평안히 살 것이며 그의 이름은 여호와 우리의 공의라 일컬음을 받으리라 ⁷그러므로 여호와의 말씀이니라 보라 날이 이르리니 그들이 다시는 이스라엘 자손을 애굽 땅에서 인도하여 내신 여호와의 사심으로 맹세하지 아니하고 ⁸이스라엘 집 자손을 북쪽 땅, 그 모든 쫓겨났던 나라에서 인도하여 내신 여호와의 사심으로 맹세할 것이며 그들이 자기 땅에

살리라 하시니라

이 단락에는 다음과 같은 내용들이 나온다.

I. 본분을 소홀히 하는 목자들을 향한 두려운 말씀. 하나님께서 그들에게 맡기신 일과 관련하여 그들과 계산할 날이 다가오고 있다. 목자들(교회와 국가에서 다스리는 자들)에게 화 있으리라. 목자들은 그들에게 맡겨진 자들을 이끌고 먹이며 보호하고 돌볼 책임이 있는 자들이다. 그들은 결코 양 떼의 주인이 아니다. 하나님은 여기에서 그들을 내 목장의 양 떼라고 부른다. 하나님께서 그들에게 관심을 갖고 계시며 그들을 위해 좋은 목장을 마련해 주셨다. 하나님의 백성에게 꼴을 먹이라는 명령을 받고서 그렇게 하는 척만 하고 그 대신에 폭력과 압제로 양 떼를 흩으며 몰아내고, 돌보지 아니하였으며 양들의 건강 상태에 신경을 쓰지도 않았고 양들의 유익을 위하여 행하는 일에는 도통 관심이 없었던 자들에게 화 있으리라. 양 떼를 돌보지 않고 그들의 본분을 다하지 않는 것 자체가 사실상 양 떼를 흩는 것이고 몰아내는 것이다. 사나운 짐승들이 양 떼를 흩어지게 하였다면, 그것은 양 떼를 지켜서 한데 모아 두어야 할 책임이 있는 목자들의 잘못이다. 하나님께서 그들의 악행 때문에 그들을 벌하시고 그들이 행한 대로 보응하실 때에 그들에게 화 있으리라. 그들은 양 떼를 찾아가 돌보아야 하는 그들의 본분을 다하지 않았기 때문에, 하나님은 복수의 칼날을 들고서 그들을 찾아가실 것이다.

II. 제대로 돌봄을 받지 못한 양 떼를 향한 위로의 말씀. 목자들은 양 떼를 돌보지 않고 아무런 수고도 하려 들지 않으며 도리어 배신감만 심어주지만, 목자장이신 하나님은 그 양 떼를 돌보실 것이다. 내 부모는 나를 버렸으나 여호와는 나를 영접하시리이다. 하나님의 교회를 돌보아야 할 자들이 자신의 사적인 이득을 챙기기에 바빠서 교회에 유익되는 일들을 소홀히 한다고 해서, 교회의 세력이 이 세상에서 무너지지는 않을 것이다. 하나님이 쓰시는 자들이 그들의 본분을 다하지 않는다고 하여도, 하나님은 그의 약속을 반드시 지키신다.

1. 흩어졌던 유대인들은 마침내 그들의 땅으로 돌아와서 선한 정부 아래에서 거기에 행복하게 정착하게 될 것이다(3-4절). 하나님의 양 떼 가운데서 멸망을 가까스로 피하여 목숨을 건진 남은 자가 조금 있을 것인데, 하나님은 그 남은 자가 어디에 있든 그들을 찾아내고 모아서, 적절한 방법과 수단을 동원하

여 그 몰려갔던 모든 곳에서 다시 돌아오게 하실 것이다. 그들을 흩으셨던 것은 그들의 목자들의 죄로 인한 하나님의 공의였다. 그러나 하나님의 긍휼은 그들을 배신하여 아프게 하였던 목자들이 다 죽은 후에 양 떼를 다시 모아들일 것이다. 그들은 마치 양들이 그 우리로 돌아오듯이 그들의 이전의 거처들로 돌아오게 될 것이고, 거기에서 생육하고 번성할 것이다. 그들의 이전의 목자들은 그들을 돌보지 않았다고 해서, 앞으로도 그럴 것이라고 생각해서는 안 된다. 일부 사람들이 거룩한 직무를 악용하였다고 해서, 그것이 그 거룩한 직무를 폐지해야 하는 타당한 이유가 되지는 않는다. "이전의 목자들은 양 떼를 못살게 하고 죽였지만, 내가 다시 그 양 떼를 먹이는 것을 그들의 일로 삼을 목자들을 양들 위에 세울 것이다." 양들은 이전에는 이런저런 일들로 깜짝 놀라고 끊임없이 불안한 나날을 보내야 했었다. 그러나 이제 그들이 다시는 두려워하거나 놀라거나 낙담하지 않을 것이다. 그들에게는 밖으로부터 오는 위험도 없을 것이고 안으로부터 기겁하는 일도 없을 것이다. 이전에는 양들이 종종 사나운 짐승들에게 물려가곤 했었다. 그러나 이제는 그들 중 하나도 잃어 버리지 아니할 것이다. 교회의 상황이 좋지 않은 시절이 오래 지속되었다고 해서, 앞으로도 계속해서 그러리라고 생각하는 것은 옳지 않다. 스룹바벨이나 느헤미야 같은 목자들은 여호야김이나 여고냐처럼 으리으리하게 뽐내며 살지도 않았고 훌륭한 혈통을 타고난 유명한 인물도 아니었지만, 그 두 왕이 이 백성에게 전염병 같은 존재였듯이, 이 두 사람은 이 백성에게 큰 축복이었다. 교회를 이끄는 지도자들이 으리으리한 외관으로 그 위엄을 뽐낸다고 해서 교회의 평강이 보장되는 것은 아니다.

2. 하나님께서 왕이신 메시야, 저 크고 선한 목자를 말일에 일으키셔서 그의 교회에 복을 주시고 그의 백성 이스라엘의 영광이 되게 하실 것이다(5-6절). 여고냐에 대한 저 경고의 말씀, 즉 그의 자손 중에서 다윗의 왕위에 앉을 자가 없으리라는 말씀에 따라서 다윗의 집은 완전히 몰락한 것처럼 보였다(렘 22:30). 그러나 하나님은 여기에서 그럼에도 불구하고 다윗과 맺은 언약을 끝까지 지키겠으며 그 언약에 더 큰 영광을 더하시겠다고 약속하신다. 왜냐하면, 하나님은 그 언약을 따라 다윗의 집을 폐허 더미에서 일으키셔서 이전보다 더 찬란한 빛을 발하게 하시고, 솔로몬 때보다도 더 멀리까지 그 빛을 비추게 하실 것이기 때문이다. 예레미야서에는 선지자 이사야의 책과는 달리 그리스도에 관한

예언이 그리 많이 나오지 않는다. 그러나 우리는 여기에서 찬연한 빛을 발하는 메시야 예언을 본다. 선지자는 여기에서 바로 그, 즉 다른 인물이 아니라 메시야에 관하여 말하고 있음이 틀림없다. 이 구절에서 맨처음에 나오는 어구는 이 약속이 아주 오랜 후에야 이루어지리라는 것을 암시하고 있다. 보라 때가 이르리라. 그러나 그 때는 아직 이르지 않았다. 내가 그를 보겠지만 지금은 아니다(민 24:17을 보라). 그리고 이 구절의 나머지 내용들은 그 일이 이루어질 때에 영화로우리라는 것을 보여준다.

(1) 그리스도는 여기에서 다윗에게서 나온 가지, 하나님의 종 가지(슥 3:8, 개역에서는 싹)라 불린다. 싹이나 움 같이 그의 모습은 보잘것없고, 그의 시작은 미미할 것이다. 그는 겉보기에는 땅에서 솟아오르는 것 같지만, 이내 푸르고 커다란 나무가 되어 많은 열매로 뒤덮일 것이다. 그리스도는 마른 땅에 난 뿌리 같이 땅에 묻혀 다시 소생할 것 같지 않았던 다윗 가문에서 난 가지이다. 그리스도는 다윗의 뿌리요 자손이다(계 22:16). 그에게서 다윗의 뿔이 날 것이다(시 132:17-18). 그는 하나님이 일으키신 가지이다. 하나님은 그를 성별하셔서 그에게 사명과 능력을 주어 세상으로 보내셨다. 그는 의로운 가지이다. 왜냐하면, 그는 스스로도 의롭고, 그를 통해서 많은 사람들, 특히 그의 소유인 모든 자들이 의로워질 것이기 때문이다. 우리에게 있는 대언자(advocate)이신 그는 의로우신 예수 그리스도이시다(요일 2:1).

(2) 그리스도는 여기에서 그의 교회의 왕이라 불린다. 이 가지는 그의 조상 다윗의 보좌처럼 높이 솟아서, 지금 사양길에 있는 다윗의 집에 속한 왕들과는 달리 거기에서 영원히 다스릴 것이다. 그는 모든 반대와 배척에도 불구하고 승리하여 이 세상에 한 나라를 세우실 것이다. 그는 영원한 복음의 병거를 타고 앞으로 나아가서 이기고 또 이길 것이다. 하나님이 그를 일으키신다면, 하나님은 그를 형통하게 하실 것이다. 왜냐하면, 하나님은 자기 손으로 하시는 일을 반드시 이루실 것이기 때문이다. 여호와의 기쁘신 뜻인 일은 하나님이 그 일을 맡기신 자들의 손에서 형통할 것이다. 그는 형통할 것이다. 왜냐하면, 그가 온 세상에서 정의와 공의를 행할 것이기 때문이다(시 96:13). 다윗의 집에 속한 현재의 왕들은 불의하고 억압적이었기 때문에 그들이 형통하지 못한 것은 이상한 일이 아니다. 그러나 그리스도는 그의 복음으로 사탄이 지닌 찬탈한 권세를 깨부술 것이고, 거룩한 삶을 위한 완벽한 규칙을 제정하실 것이며, 그가 승리

하는 곳마다 온 세상을 의롭게 만드실 것이다. 그 결과로 그의 신실하고 충성된 모든 신민(臣民)들은 마음의 거룩한 안정과 평정을 얻게 될 것이다. 그의 날에 그의 통치 아래에서 유다는 구원을 받겠고 이스라엘은 평안히 살 것이다. 즉, 믿음의 조상 아브라함과 기도하는 야곱의 모든 영적인 자손들은 하늘의 저주와 지옥의 악의로부터 보호를 받을 것이고, 하나님의 율법으로부터의 면책특권을 부여받게 될 것이며, 사탄의 세력에 의한 온갖 음모들로부터 건짐을 받을 것이고, 죄와 죄책(罪責)과 죄의 지배로부터 구원받을 것이기 때문에, 온갖 재앙에 대한 두려움에서 벗어나 평안히 살 것이다(눅 1:74-75을 보라). 장차 내세에서 있을 진노로부터 구원을 받게 될 자들은 지금 여기에서 평안히 살 수 있다. 왜냐하면, 하나님이 우리를 위하시면 우리를 대적할 자가 없기 때문이다. 그리스도께서 어떤 사람의 영혼에 상좌를 차지하시고 다스리시는 날들에는 그 영혼은 평안히 살 수 있다.

(3) 그리스도는 여기에서 여호와 우리의 의라 불린다. 좀 더 살펴보자.

[1] 그는 누구이고 어떤 분인가. 하나님으로서 그는 여호와이시다. 여호와라는 이름은 영원함과 스스로 계심을 뜻하는 것으로서 사람이 입에 올릴 수 없는 하나님의 이름이다. 중보자로서 그는 우리의 의이시다. 그는 인간의 죄에 대한 하나님의 공의를 대신 만족시키시고 영원한 의를 이루신 후에, 은혜의 언약을 통해 그 의를 우리에게도 나누어 주셨다. 우리가 믿고 그 언약에 동의하기만 하면, 그 의는 우리의 것이 된다. 그가 여호와 우리의 의이시라는 것은 그 어떤 피조물도 우리의 의가 될 수 없는 상황에서 그가 우리의 의가 되셨다는 의미를 지닌다. 그는 주권적이고 모든 것을 충족시키는 영원한 의(義)이시다. 우리의 모든 의는 그에게서 생겨나서 그에 의해서 존속되며, 우리는 그리스도 안에서 하나님의 의가 된다.

[2] 이 이름이 고백되고 널리 알려지게 되리라는 것. 이것이 그가 불리게 될 이름이다. 그는 그 이름을 지니고 있으실 뿐만 아니라 사람들에게 그렇게 알려지실 것이다. 하나님은 그를 이 이름으로 부르실 것이다. 왜냐하면, 하나님은 그를 지명하여 우리의 의가 되게 하실 것이기 때문이다. 이스라엘은 그를 이 이름으로 부르게 될 것이고, 모든 참된 신자는 그를 부를 때에 그의 이름을 부르게 될 것이다. 이 이름은 우리의 의이기 때문에, 우리는 이 이름을 의지하면 하나님 앞에서 의롭다 하심을 받고 죄사함을 받으며 은총을 입게 된다. 우리가 하

나님 앞에 내어놓을 수 있는 유효한 항변은 이것뿐이다. "그리스도께서 죽으셨다가 다시 부활하셨는데, 우리는 그를 우리의 주로 받아들였다."

3. 유대인들이 바벨론에서 돌아온 후에 그들 나라의 말기에 주어질 이 큰 구원은 아주 찬란한 빛을 발할 것이어서 이스라엘이 애굽에서 구원받은 일이 빛을 잃을 정도가 될 것이다(7-8절). 그들이 다시는 이스라엘 자손을 애굽 땅에서 인도하여 내신 여호와의 사심으로 맹세하지 아니하고 이스라엘 집 자손을 북쪽 땅에서 인도하여 내신 여호와의 사심으로 맹세할 것이다. 이러한 말씀은 앞에서도 나왔었다(렘 16:14-15). 그러나 여기에서는 앞에서보다도 더 분명하게 메시야 시대를 가리키고 있는 것으로 보이고, 두 번의 구원을 비교하는 것(나중의 구원에 강조점을 두는 가운데)이 아니라 유대 교회와 복음 교회가 각각의 구원을 거쳐서 점점 더 성장하여 이루게 된 두 가지 상태를 비교하는 것으로 보인다. 다음과 같은 과정을 눈여겨 보라. 이스라엘 백성이 애굽에서 나온지 정확히 480년 되던 해에 솔로몬의 성전이 건축되었다(왕상 6:1). 하나님의 놀라운 이적을 통해서 애굽에서 나온 이 민족은 당시에 점차 발전하여 전성기를 맞았다. 그들이 바벨론에서 나온지 정확히 490년(70이레) 되던 해에 왕이신 메시야가 복음 성전을 세웠고, 이것은 하나님의 놀라운 이적을 통해서 바벨론에서 나온 이 민족의 최대의 영광이었다(단 9:24-25을 보라). 이 민족이 두 번째 구원을 받은 후에 도달한 영적인 영광, 특히 복음 교회가 받게 된 영광은 이 민족이 첫 번째 구원을 받은 후에 솔로몬 시대에 도달한 온갖 세속적인 영광보다 훨씬 더 경탄할 만하고 찬란한 빛을 발하는 것이다. 왜냐하면, 솔로몬의 영광은 복음 교회가 다다른 영광에 비하면 영광이라고 할 수도 없는 것이었기 때문이다.

[9]선지자들에 대한 말씀이라 내 마음이 상하며 내 모든 뼈가 떨리며 내가 취한 사람 같으며 포도주에 잡힌 사람 같으니 이는 여호와와 그 거룩한 말씀 때문이라 [10]이 땅에 간음하는 자가 가득하도다 저주로 말미암아 땅이 슬퍼하며 광야의 초장들이 마르나니 그들의 행위가 악하고 힘쓰는 것이 정직하지 못함이로다 [11]여호와의 말씀이니라 선지자와 제사장이 다 사악한지라 내가 내 집에서도 그들의 악을 발견하였노라 [12]그러므로 그들의 길이 그들에게 어두운 가운데 미끄러운 곳과 같이 되고 그들이 밀어냄을 당하여 그 길에 엎드러질 것이라 그들을 벌하는 해에 내가 그들에게 재앙을 내리리라 여호와의 말씀이니라 [13]내가 사마리아 선지자들 가운데 우매함을

보았나니 그들은 바알을 의지하고 예언하여 내 백성 이스라엘을 그릇되게 하였고 14내가 예루살렘 선지자들 가운데도 가증한 일을 보았나니 그들은 간음을 행하며 거짓을 말하며 악을 행하는 자의 손을 강하게 하여 사람으로 그 악에서 돌이킴이 없게 하였은즉 그들은 다 내 앞에서 소돔과 다름이 없고 그 주민은 고모라와 다름이 없느니라 15그러므로 만군의 여호와께서 선지자에 대하여 이와 같이 말씀하시니라 보라 내가 그들에게 쑥을 먹이며 독한 물을 마시게 하리니 이는 사악이 예루살렘 선지자들로부터 나와서 온 땅에 퍼짐이라 하시니라 16만군의 여호와께서 이와 같이 말씀하시되 너희에게 예언하는 선지자들의 말을 듣지 말라 그들은 너희에게 헛된 것을 가르치나니 그들이 말한 묵시는 자기 마음으로 말미암은 것이요 여호와의 입에서 나온 것이 아니니라 17항상 그들이 나를 멸시하는 자에게 이르기를 너희가 평안하리라 여호와의 말씀이니라 하며 또 자기 마음이 완악한 대로 행하는 모든 사람에게 이르기를 재앙이 너희에게 임하지 아니하리라 하였느니라 18누가 여호와의 회의에 참여하여 그 말을 알아들었으며 누가 귀를 기울여 그 말을 들었느냐 19보라 여호와의 노여움이 일어나 폭풍과 회오리바람처럼 악인의 머리를 칠 것이라 20여호와의 진노가 내 마음의 뜻하는 바를 행하여 이루기까지는 그치지 아니하나니 너희가 끝날에 그것을 완전히 깨달으리라 21이 선지자들은 내가 보내지 아니하였어도 달음질하며 내가 그들에게 이르지 아니하였어도 예언하였은즉 22그들이 만일 나의 회의에 참여하였더라면 내 백성에게 내 말을 들려서 그들을 악한 길과 악한 행위에서 돌이키게 하였으리라 23여호와의 말씀이니라 나는 가까운 데에 있는 하나님이요 먼 데에 있는 하나님은 아니냐 24여호와의 말씀이니라 사람이 내게 보이지 아니하려고 누가 자신을 은밀한 곳에 숨길 수 있겠느냐 여호와가 말하노라 나는 천지에 충만하지 아니하냐 25내 이름으로 거짓을 예언하는 선지자들의 말에 내가 꿈을 꾸었다 꿈을 꾸었다고 말하는 것을 내가 들었노라 26거짓을 예언하는 선지자들이 언제까지 이 마음을 품겠느냐 그들은 그 마음의 간교한 것을 예언하느니라 27그들이 서로 꿈 꾼 것을 말하니 그 생각인즉 그들의 조상들이 바알로 말미암아 내 이름을 잊어버린 것 같이 내 백성으로 내 이름을 잊게 하려 함이로다 28여호와의 말씀이니라 꿈을 꾼 선지자는 꿈을 말할 것이요 내 말을 받은 자는 성실함으로 내 말을 말할 것이라 겨가 어찌 알곡과 같겠느냐 29여호와의 말씀이니라 내 말이 불 같지 아니하냐 바위를 쳐서 부스러뜨리는 방망이 같지 아니하냐 30여호와의 말씀이라 그러므로 보라 서로 내 말을 도둑질하는 선지자들을 내가 치리라 31여호와의 말씀이니라 보라 그들이 혀를 놀려 여호와가 말씀하셨다 하는 선지자들을 내가 치리라 [32]여호와의 말씀이니라 보라 거짓 꿈을 예언하여 이르며 거짓과 헛된 자만으로 내 백성을 미혹하게 하는 자를 내가 치리라 내가 그들을 보내지 아니하였으며 명령하지 아니하였나니 그들은 이 백성에게 아무 유익이 없느니라 여호와의 말씀이니라

이 단락에는 거짓 선지자들을 향한 긴 교훈이 나온다. 거짓 선지자들만큼 하나님의 참 선지자들에 대하여 앙심을 품고 죽일 듯이 덤벼든 자가 없었듯이, 당연한 말이지만 참 선지자들로부터 그들만큼 호되게 질책을 당한 자도 없었다. 선지자는 이러한 거짓 선지자들에 대하여 하나님께 하소연하였었고 (렘 14:13), 그들이 모두 이 나라에 임할 심판에 휘말려서 파멸을 당하게 되리라고 종종 예언하였었다. 그러나 여기에서 선지자는 거짓 선지자들이 특별히 당할 재앙들을 제시한다.

I. 그는 그가 이 문제에 대하여 얼마나 깊은 관심을 지니고 있었는지를 밝히고, 하나님의 사명과 영감을 받은 척하는 자들이 스스로를 파멸시키고 있고 백성들이 그들의 거짓과 속임수에 의해서 파멸의 길을 걷고 있는 모습을 보는 것이 얼마나 괴로운 일인지를 피력한다(9절). 내 마음이 상하며 내가 취한 사람 같다. 그의 머릿속은 의아함과 놀람으로 온통 뒤죽박죽이었고, 그의 마음은 서글픔과 분함이 짓누르고 있었다. 예레미야는 무엇이든지 마음속에 담아두는 사람이었기 때문에, 그의 나라에 어떤 식으로든 위협이 되는 일은 그의 마음속에 깊이 각인되었다. 그가 여기에서 괴로워하는 이유는 이런 것이었다.

1. 그의 괴로움은 선지자들과 그들의 죄, 그들이 백성들에게 전하는 거짓된 교훈, 그들의 악한 삶 때문이었다. 특히, 그들이 하나님의 이름을 함부로 부르며 하나님으로부터 가르침을 받은 척하며 말하는 것을 들을 때에는 그의 온 몸에 소름이 돋을 지경이었다. 이런 자들만큼 여호와를 팔아먹고 그 거룩한 말씀을 능욕한 자는 결코 없었다. 하나님의 이름이 욕을 당하고 그의 거룩한 말씀이 더럽혀지는 것은 은혜를 받은 심령에게는 상상하기 어려울 정도로 지극히 큰 슬픔이라는 것을 명심하라.

2. 그의 괴로움은 여호와와 그의 심판 때문이었다. "그들의 이러한 죄악 때문에 하나님의 심판이 우리에게 홍수처럼 밀려오고 있다." 그는 여호와의 얼굴로부터(원문을 직역하면 이렇다)와 그의 거룩한 말씀의 얼굴로부터 다가오고 있

는 심판, 이 땅을 멸망시키고 황폐화시킬 심판을 생각하고 두려워 떨었다. 이 심판은 하나님의 경고의 말씀을 따라 그의 거룩하심에 의해서 확증되어서 하나님의 진노의 능력에 의해서 이 땅에 부어질 것이다. 하나님을 자기 편으로 둔 자들조차도 하나님을 대적으로 삼은 자들의 참상을 생각할 때에는 두려워 떨 수밖에 없다는 것을 명심하라.

Ⅱ. 그는 이 땅에 차고 넘치는 가증스러운 악과 그 악 때문에 그들이 지금 하나님의 진노를 보여주는 여러 가지 사건들로 고통을 겪고 있는 것을 탄식한다(10절). 이 땅에 간음하는 자가 가득하도다. 이 땅은 영적인 간음과 육체적인 간음, 이 두 가지로 가득 차 있다. 그들은 하나님을 떠나 음행을 일삼으러 간다. 하나님에 대한 두려움을 벗어던진지 오래이기 때문에, 그들이 온갖 음란한 짓에 자신을 맡긴다고 해도, 그것은 전혀 이상한 일이 아니다. 자기 자신과 자신의 몸을 욕되게 하는 것도 모자라서, 그들은 경솔하고 거짓된 맹세를 함으로써 하나님과 그의 이름도 욕되게 하는데, 이것 때문에 땅이 슬퍼한다. 위증(僞證)과 거짓 맹세는 그 땅이 진정으로 회개하고 슬퍼해야 하는 죄들이다. 만약 그렇게 회개하지 않는다면, 그 땅은 하나님의 심판 아래에서 몹시 슬퍼하게 될 것이다. 그들의 땅은 지금 기근의 심판 아래에서 슬퍼하고 있었다. 광야의 초장들 또는 살기 좋은 곳들 또는 거처들이 비가 오지 않아서 말라 버렸는데도, 그들은 그 어떤 회개의 기미도 보이지 않는다. 그들은 하나님이 그들을 징계하시는 목적에 부응하지 않고 있다. 사람들의 행실은 그 기조(基調)가 죄악되기 때문에, 그들의 행위는 이전이나 지금이나 계속해서 악하고, 그들은 악에서 돌이키고자 하지 않는다. 그들은 굳은 결의로 나아가고 있지만, 그들이 향한 길이 잘못되었다. 그들은 열심으로 사모하고 있기는 한데, 그들의 열심은 좋은 일을 향해 있지 않다. 그들의 힘 쓰는 것이 정직하지 못하다. 그들은 악을 행하는 데에 마음이 담대하고, 진리에 대해서는 용감하지 못하며, 하나님이 그들의 악 때문에 그들과 다투시고 계시다는 것을 알면서도 그들의 악한 행실을 끊어내 버릴 용기가 없다.

Ⅲ. 그는 이 모든 책임을 선지자들과 제사장들, 특히 그 중에서도 선지자들에게 돌린다. 선지자들이나 제사장들이나 다 불경스럽고 사악하다(11절). 제사장들은 그들이 집례하는 하나님의 예배를 더럽히고, 선지자들은 그들이 전하는 하나님의 말씀을 더럽힌다. 그들의 대화와 그들의 모든 행실이 불경하기

때문에, 백성들이 이토록 주색잡기에 빠져서 타락한 것은 이상한 일이 아니다. 선지자들이나 제사장들이나 둘 다 위선자 짓을 한다(어떤 이들은 이렇게 읽는다). 그들은 거룩한 체하면서 온갖 더럽고 추악한 일들을 도모한다. 그들 자신의 집과 그들이 자주 드나드는 나쁜 집들에서만이 아니라 내 집에서도 내가 그들의 악을 발견하였다. 제사장들이 복무하고 선지자들이 예언하는 성전에서도 그들은 우상 숭배를 행하고 음행을 저질렀다. 홉니와 비느하스가 저지른 끔찍한 일을 보라(삼상 2:22). 하나님은 그의 집을 살피시고, 거기 있는 악을 다 찾아내신다. 그 악이 하나님에게 더 가까이에서 저질러진 것일수록, 그 악은 더 큰 진노를 불러일으킨다. 그들은 두 가지 죄목으로 고소된다.

1. 그들이 백성들에게 그들의 모범을 통해서 범죄하라고 가르쳤다는 것. 그는 그들을 오래 전에 황폐화되었던 열 지파의 나라(북왕국)의 수도였던 사마리아의 선지자들에 빗대어 말한다. 사마리아의 선지자들이 저지른 우매함은 그들이 바알을 의지하여 바알의 이름으로 예언한 것이었다. 아합의 선지자들이 그랬다. 그들은 내 백성 이스라엘을 그릇되게 하여 참 하나님의 예배를 버리고 바알을 숭배하게 하였다(13절). 그런데 지금 예루살렘의 선지자들은 그렇게 하지 않았다. 그들은 참 하나님의 이름으로 예언하였고, 그들이 바알을 의지하여 예언한 사마리아의 선지자들과 같지 않다는 자부심을 지니고 있었다. 그러나 사마리아의 선지자들은 우상 숭배로 나라를 타락시켰고, 예루살렘의 선지자들은 그들의 음행으로 나라를 타락시킨 것인데, 도대체 무슨 자부심이란 말인가? 예루살렘의 선지자들이 저지르는 가증한 일은 그들이 거룩한 하나님의 이름을 부르면서도 온갖 음란함에서 허우적대고 있다는 것이었다. 그들은 간음을 저지르는 것을 아무렇지 않게 생각하였다. 그들은 진리의 하나님의 이름을 부르면서도, 거짓을 말한다. 그들은 거짓 예언을 할 뿐만 아니라 일상적인 대화 속에서도 거짓말을 밥 먹듯이 하기 때문에, 그들이 하는 말은 단 한 마디도 믿을 수 없고, 그것들은 전부 희롱하는 말이거나 사기치는 말이거나 음모가 깃든 말이다. 이렇게 그들은 죄인들에게 힘을 실어주어서 악한 길로 계속 가게 한다. 왜냐하면, 누구나 다 이렇게 말할 것이기 때문이다. "우리는 분명히 선지자들이 하는 만큼만 하면 된다. 우리가 우리의 선생들보다 더 나을 것을 누가 기대할 수 있겠나?" 이것이 의미하는 것은 악에서 돌이키는 자가 한 명도 없을 수밖에 없다는 것이다. 그러고도 그들은 한결같이 그들이 지금처럼 계속해서 행

하여도 그들에게는 평강이 있을 것이라고 말한다. 왜냐하면, 그들의 선지자들이 그들에게 그렇게 말해 주고 있기 때문이다. 이것은 유다와 예루살렘이 여호와 앞에 악하며 큰 죄인이었던 소돔과 고모라처럼 되었다는 것을 의미한다. 따라서 하나님은 그들을 유황불로 멸망시키는 길 외에는 다른 방도가 없다고 보셨고, 실제로 그렇게 하셨다.

2. 그들이 그들의 거짓 예언을 통해서 백성들에게 죄 가운데서 살도록 힘을 실어주었다는 것. 그들은 죄 가운데 살아도 어떤 해(害)나 위험도 없다고 스스로 믿었고, 그 믿음을 따라 행하였다. 그러므로 그들이 백성들에게 그렇게 믿게 만든 것도 전혀 이상한 일이 아니었다(16절). 그들이 말한 묵시는 자기 마음으로 말미암은 것이다. 그들이 환상을 받았다고 말하며 전하는 것들은 그들 스스로 만들어낸 것들로서 그들 자신의 마음이 이끌리는 것들과 일치하고, 결코 여호와의 입에서 나온 것이 아니다. 하나님은 그들에게 그런 묵시를 전하라고 명령하신 적도 없었고, 그들의 묵시라는 것은 모세의 율법이나 하나님이 다른 선지자들을 통해서 말씀하신 것과 일치하지 않았다. 그들은 죄인들에게 그들이 범죄를 계속하여도 모든 일이 잘 될 것이라고 말해준다(17절). 여기에서 그들이 도대체 어떤 자들에게 힘을 실어 주고 있는지를 보라 ― 하나님을 멸시하고 그의 권위를 무시하며 그가 세운 제도들을 하찮게 여기는 자들, 자기 마음이 완악한 대로 행하여 우상들을 숭배하고 자신의 정욕의 노예가 되어 있는 자들. 자기가 좋아하는 것들에 빠져 있는 자들은 하나님을 멸시하는 법이다. 그런데도 이 거짓 선지자들은 그들을 껴안으며 듣기 좋은 말만 해준다. 사실 그들은 악한 길로 계속해서 가는 자들에게는 평강이 없고, 하나님을 멸시하는 자들은 경멸을 받게 되며, 그런 자들에게는 천 배나 화가 있으리로다라고 한결같이 말해 주었어야 한다. 그러나 그들은 너희가 평안하리라 재앙이 너희에게 임하지 아니하리라고 한결같이 말하였다. 무엇보다도 나쁜 것은 그들이 백성들에게 여호와의 말씀이니라고 말함으로써 하나님을 죄를 후원해 주시는 분으로 완전히 정반대로 인식하게 만들었다는 것이다. 악한 길을 가겠다고 단단히 결심한 자들을 하나님께서 그들이 계속해서 범죄해도 그들에게 평강이 있으리라고 말해주는 자들의 강력한 미혹에 넘어가게 하시는 것은 마땅한 일임을 명심하라.

Ⅳ. 하나님은 이 거짓 선지자들이 죄 가운데 있는 백성들을 어루만져 주기 위하여 말한 모든 것이 그에게서 나왔다는 것을 부인하신다(21절).   이 선지자

들은 내가 보내지 아니하였다. 그들은 하나님으로부터 그 어떤 임무나 사명도 받은 적이 없었다. 그들은 하나님으로부터 이러한 심부름을 하라고 보내심을 받은 적이 없을 뿐만 아니라, 그 어떤 심부름을 위해서도 하나님의 보내심을 받은 적이 결코 없었다. 하나님은 그를 위한 어떤 섬김이나 일을 위해 그들을 쓰신 적이 결코 없으셨다. 그들은 하나님으로부터 지시를 받아서 이 백성에게 평강을 약속하고 선포하는 것인 체하였지만, 하나님은 그들에게 그 어떠한 지시도 내린 적이 없으시다고 단호하게 말씀하신다. 그렇지만 그들은 아주 신속하게 행동하였다 ─ 그들은 내가 보내지 아니하였어도 달음질하였다. 또한, 그들은 아주 담대하였다 ─ 내가 그들에게 이르지 아니하였어도 예언하였다. 참 선지자들도 예언할 때에 주저하는 일이 종종 있는데, 그들은 예언하는 데에 거침이 없었다. 그들은 죄인들에게 너희가 평안하리라고 말하였다. 그러나 "누가 여호와의 회의에 참여하였는가(18절). 너희 중에 누가 거기에 참여했길래 이토록 자신만만한 것인가? 너희는 너희의 메시지를 대단한 확신으로 전하는구나. 하지만 너희가 그 메시지에 대하여 하나님께 여쭈어 본 적이 있느냐? 결코 그렇지 않았다. 너희는 죄인들을 벌하지 않으시고 그냥 넘어가시는 것이 하나님이 자기 자신에 대하여 밝힌 것들과 과연 일치하는지, 그것이 하나님의 거룩하심이나 공의와 모순되는 것은 아닌지를 생각해 본 적도 없었다. 너희는 하나님의 말씀을 알아듣거나 귀를 기울여 들은 적이 한 번도 없었다. 너희는 너희가 전한 말을 성경과 대조해 보지도 않았다. 만약 너희가 평소에 성경을 읽고 그 변함없는 기조를 알았다면, 결코 이와 같은 메시지를 전하는 일은 없었을 것이다." 선지자들은 그들의 예언을 듣는 사람들과 마찬가지로 율법과 성경의 증언을 시금석으로 삼아서 자신의 예언에 대하여 영 분별을 하여야 한다. 그러나 평강을 예언했던 자들 중에서 그렇게 한 자들이 과연 누가 있었는가? 그들이 하나님의 회의에 참여하지도 않았고 하나님의 말씀을 듣지도 않았다는 것은 나중에 밝혀진다(22절). 그들이 만일 나의 회의에 참여하였더라면(그들은 그런 척하고 있지만), 그들은 이렇게 하였을 것이다.

1. 그들은 성경을 모든 것을 판단하는 그들의 기준으로 삼았을 것이다. 그들은 내 백성에게 내 말을 들려서 그 말씀들을 꼼꼼하게 지키도록 하였을 것이다. 그러나 그들이 그러한 원칙을 따라 말하지 않았기 때문에, 그것은 그들 속에 빛이 없다는 것을 보여주는 명백한 증거이다.

2. 그들은 영혼들을 회심시키는 것을 그들의 일로 삼았을 것이고, 말씀을 전할 때마다 바로 그런 목표를 지녔을 것이다. 그들은 백성들을 전반적으로 악한 길과 각자의 온갖 구체적인 악한 행위에서 돌이키기 위하여 최선을 다하였을 것이다. 그들은 백성들이 행실을 고치도록 격려하고 도왔을 것이고, 말씀을 전할 때마다 사람들로부터 그들의 죄악들을 떼어놓는 것을 목표로 삼았을 것이다. 그러나 그들이 그런 것을 목표로 삼은 적이 결코 없었고, 도리어 정반대로 죄인들을 격려하여 계속 범죄하게 하였다는 것이 드러났다.

3. 그들의 사역 속에서 그 증표들이 어느 정도 나타났을 것이다. 이러한 의미는 본문에 나타나 있다. 그들이 만일 나의 회의에 참여하였고 그들이 전한 말이 나의 말이었다면, 그들은 백성들을 악한 길에서 돌이키게 하였을 것이다. 그들이 말씀을 전할 때에 죄인들에게 죄를 깨닫게 하기 위해서 하나님의 능력이 말씀과 더불어 역사하였을 것이다. 하나님은 그가 세우신 제도들을 축복하시고자 하신다. 그렇지만 이것은 확실한 원칙은 아니다. 예레미야는 하나님의 보내심을 받은 선지자였지만 오직 극소수만을 악한 길에서 돌이키게 하는 데에 성공했을 뿐이기 때문이다.

V. 하나님은 이 선지자들이 저지른 악으로 인하여 그들을 벌하시겠다고 경고하신다. 그들은 백성들에게 평강을 약속하였다. 그들이 그렇게 한 것이 어리석은 짓이라는 것을 보여주시기 위하여 하나님은 평강이 그들에게 없을 것이라고 말씀하신다. 온갖 재앙이 그들 자신에게 닥쳐오고 있는 데도 그들이 그것을 알지 못한다면, 그들은 백성들에게 재앙이 임하지 아니하리라는 말을 전하거나 장담해서는 안 되는 자들이 될 것이었다(12절). 선지자들과 제사장들은 세속적인 자들이 되었기 때문에, 그들의 길이 그들에게 어두운 가운데 미끄러운 곳과 같이 될 것이다. 다른 사람들을 인도하면서 잘못 인도하고 있는 자들은 그들 자신이 그것을 알고 있기 때문에 그들의 길을 가면서도 결코 편치 않을 것이다.

1. 그들은 다른 사람들에게 길을 보여주는 체하지만, 그들 스스로가 어둠 속 또는 안개 속에 있을 것이다. 그들 안에 있는 빛이나 시력이 제대로 작용을 하지 않을 것이기 때문에, 그들은 앞을 제대로 볼 수 없어서 자기 자신을 위해 대비를 할 수 없을 것이다.

2. 그들은 다른 사람들에게 장담을 하지만, 그들 스스로가 확실한 것을 알

수 없을 것이다. 그들의 길이 그들에게 미끄러운 곳과 같이 되리라. 그들은 그들의 길을 안정되고 안전하며 편안하게 갈 수 없을 것이다.

3. 그들은 듣기 좋은 말로 백성들을 편하게 해주는 체하지만, 그들 스스로는 불안해할 것이다. 그들이 포로로 잡혀서 강제로 끌려가거나 도망자가 되어 도피할 수밖에는 없는 처지로 내몰려서 밀어냄을 당하여 그들의 도피로가 될 줄 알았던 그 길에 엎드러져 적군의 수중에 잡히게 될 것이다.

4. 그들은 다른 사람들을 위협하는 재앙을 막아주는 체하지만, 하나님은 그들을 벌하는 해, 곧 그들이 하나님과 계산하기로 정해져 있는 때에 그들에게 재앙을 내리실 것이다. 그 때는 스스로를 판단해서 회개하지 않는 모든 자들에게 정해져 있는 때로서 재앙의 때가 될 것이다. 벌하는 해는 보응(報應)의 해이다. 또 다른 경고도 나온다(15절). 내가 그들에게 쓴 쑥(즉, 냄새와 맛이 고약할 뿐만 아니라 유해한 독이 들어 있는 쑥)을 먹이며 독한 물을 마시게 하리라(렘 9:15을 보라). 그들이 제일 먼저 두려워 떨게 하는 잔을 받는 것이 마땅하다. 왜냐하면, 사악이 경건과 온갖 미덕의 모범이 되었어야 할 예루살렘 선지자들로부터 나와서 온 땅에 퍼지기 때문이다. 사역자들이 방탕하고 타락하면 온 나라는 쉽고 확실하게 방탕과 타락에 물들게 된다.

VI. 백성들은 여기에서 이러한 거짓 선지자들을 신뢰하지 말라는 경고를 받는다. 왜냐하면, 거짓 선지자들이 그들에게 심판이나 벌은 없을 것이라고 듣기 좋은 말을 해주었다고 해도, 그들이 회개하지 않는다면, 하나님의 심판은 그들에게 반드시 닥칠 것이었기 때문이다(16절). "하나님께서 말씀하시는 것을 주의해서 듣고, 이 선지자들의 말을 듣지 말라. 왜냐하면, 너희는 결국에 가서 그들의 말이 아니라 하나님의 말씀이 서는 것을 알게 될 것이기 때문이다. 하나님의 말씀은 너희를 심각하게 만들겠지만, 그들은 너희에게 헛된 것을 가르치고 헛된 소망으로 먹이고 있어서 결국은 너희를 실망시킬 것이다. 그들은 너희에게 재앙이 너희에게 임하지 아니하리라고 말하지만, 하나님께서 말씀하시는 것을 들으라(19절). 보라 여호와의 노여움이 일어나 폭풍과 회오리바람처럼 휘몰아쳐 오고 있다. 그들은 너희에게 모든 것이 조용하고 평화로울 것이라고 말하지만, 하나님은 너희에게 폭풍이 오고 있고 여호와의 회오리바람이 오고 있어서 그 앞에서 아무도 서지 못하리라고 말씀하신다. 그것은 하나님의 진노에 의해서 일으켜진 회오리바람이다. 그것은 하나님이 원수를 갚기 위해서 곳간에서 내보낸 바람으로서 맹렬히 불어오고 있다. 그러므로 그것은 무서운 회오리바람이 되어, 비와 우박을 동반한 채 악인들의 머리를 강타할 것이고, 그들은 피하거나 숨을 수 없을 것이다." 그것은 백성들을 속인 악한 선지자들과 일부러 속아 준 악한 백성들을 칠 것이다. 무서운 폭풍이 그들의 잔의 소득이 될 것이다(시 11:6). 하나님은 이러한 선고를 결코 돌이킬 수 없도록 단단히 묶어 놓으신다(20절). 여호와의 영(슈)이 이미 내려졌기 때문에, 여호와의 진노가 돌이켜지지 않으리라. 하나님은 그 선고를 집행하여 그의 마음의 뜻하는 바를 행하여 이루기까지는 마음을 바꾸시거나 그의 진노를 거두지 않으실 것이다. 하나님의 회오리바람은 일단 하늘에서 내려오면 거기로 되돌아가지 아니하고 하나님의 기뻐하는 뜻을 이룰 것이다(사 55:11). 그들은 지금은 이것을 깨닫지 못하겠지만, 끝날에 그것을 완전히 깨달을 것이다. 경고의 말씀을 두려워하지 않는 자들은 그 경고가 집행된 것을 느낄 때에야 비로소 하나님은 의로우시고 질투하시는 하나님이신데 그것을 그 때에 믿지 못했다는 것과 그 하나님의 손에 빠져 들어가는 것이 얼마나 무서운지를 완전히 깨닫게 될 것임을 명심하라. 제때에 깊이 생각하고자 하지 않는 자들은 이미 때가 늦어서야 깊이 생각하게 될 것이다. 애, 너는 기억하라(눅 16:25).

VII. 거짓 선지자들이 자신의 죄를 깨닫고 그들의 오류를 철회하고 그들이 하나님의 백성을 속여 왔다는 것을 인정하게 하기 위하여, 하나님은 여기에서 이 거짓 선지자들이 뭔가 생각해 볼 수 있도록 몇 가지 것들을 제시하신다.

1. 그들은 그들이 사람들은 속일 수 있겠지만 하나님은 지혜로우셔서 결코 속지 않으신다는 것을 명심하여야 한다. 사람들은 거짓 선지자들의 잘못된 것들을 꿰뚫어 볼 수 없지만, 하나님은 그렇게 하실 수 있으시고 실제로 그렇게 하신다. 좀 더 살펴보자.

(1) 하나님은 자기가 모든 곳에 계시고 모든 것을 아신다는 것을 단언하신다(23-24절). 거짓 선지자들은 백성들에게 그들이 악한 길로 계속해서 가더라도 재앙이 그들에게 임하지 않을 것이라고 말해 주었을 때에 여호와는 그들의 죄를 보지 못하시고 빽빽한 구름을 뚫고 판단하실 수 없으시기 때문에 그들의 죄를 묻지도 못하실 것이라는 무신론적인 전제들과 원리들 위에 서 있었다. 그러므로 하나님은 그들에게 그들의 신앙의 첫째가는 원리들을 가르쳐 주셔야 했고, 아무도 이의를 제기할 수 없는 지극히 자명한 진리들을 그들의 코 앞에

들이대셔야 했다.

[1] 하나님의 보좌는 하늘에 마련되어 있고 이 땅은 하나님에게서 먼 듯이 보이겠지만, 하나님은 가까이 있는 듯이 보이는 윗 세상에서만이 아니라 멀어 보이는 이 아랫 세상에서도 하나님이시라는 것(23절). 하나님의 눈은 하늘도 보시고 땅도 보신다. 그 눈은 하늘에서와 마찬가지로 땅에서도 두루 감찰하신다(대하 16:9). 하나님은 하늘에서 그의 보좌를 둘러싸고 있는 천사들, 그 영이 아무것에 의해서도 감추어져 있지 않은 천사들의 마음속에 무엇이 들어 있는지를 똑똑히 보시는 것과 마찬가지로 그 영이 육체에 싸여서 감추어져 있는 사람들의 마음속에 무엇이 들어 있는지도 똑똑히 보신다. 하나님의 능력은 하늘에서 그 군대들 가운데서와 마찬가지로 땅에서 그 주민들 가운데서도 동일하다. 우리에게 있어서는 우리가 보거나 활동할 때에 가까운 것과 먼 것은 큰 차이를 가져오지만, 하나님에게는 그렇지 않다. 하나님에게는 어둠과 빛, 가까이 있는 것과 멀리 있는 것이 마찬가지이고 차이가 없다.

[2] 사람들이 아무리 교묘하고 끈질기게 그들 자신과 그들의 성품과 계획을 위장한다고 하여도, 그런 것들은 모든 것을 보시는 하나님의 눈에서 벗어나 숨겨질 수 없다는 것(24절). "사람이 내게 보이지 아니하려고 누가 자신을 땅의 은밀한 곳에 숨길 수 있겠느냐. 사람이 내게 보이지 아니하려고 누가 자신의 계획이나 의도를 마음의 은밀한 곳에 숨길 수 있겠느냐?" 아무리 교묘한 위장술을 써도 사람들은 하나님의 눈을 피해 숨을 수 없고, 그들에 대한 하나님의 판단을 속일 수 없다.

[3] 하나님은 어디에나 계시다는 것. 하나님은 하늘과 땅을 다스리시고 그의 일반 섭리를 통해서 하늘과 땅을 붙들고 계실 뿐만 아니라, 그의 본성적 임재(essential presence)를 통해서 천지에 충만하시다(시 139:7-8). 그 어떤 곳도 하나님을 그 안에 가둘 수 없고, 그 어떤 곳도 하나님을 들어오지 못하게 배제할 수 없다.

(2) 하나님은 이러한 진리를 기가 막힌 위장술을 지녔던 이 거짓 선지자들에게 적용하신다(25-26절). 내 이름으로 거짓을 예언하는 선지자들이 말하는 것을 내가 들었노라. 그들은 하나님이 저 다른 세상에 온통 몰두해 계시기 때문에 이 세상에서 일어나는 일들에 신경 쓸 겨를이 없으시다고 생각하였다. 그러나 하나님은 그들이 하나님의 계시라는 미명 하에 이 세상을 속이는 데에 사용하였

던 온갖 사기와 협잡을 다 아신다는 것을 그들로 알게 하시고자 하신다. 그들은 백성들을 기분좋게 해주기 위하여 그들이 지어낸 말을 마치 꿈에서 하나님으로부터 받은 것인 양 꾸몄다. 백성들은 그것이 거짓이라는 것을 밝혀낼 도리가 없었다. 어떤 사람이 내게 그가 이런저런 꿈을 꾸었다고 말한다면, 나는 그의 말을 반박할 수 없다. 그도 내가 반박할 수 없다는 것을 안다. 그러나 하나님은 그러한 사기 행각을 드러내셨다. 아마도 거짓 선지자들은 그들을 절대적으로 신임하는 자들의 귀에 대고서 내가 이런저런 꿈을 꾸었다고 속삭였을 것이다. 그러나 하나님은 그들이 나눈 속삭임을 엿들으셨다. 마음을 감찰하시는 하나님의 눈은 그들이 백성들을 속이기 위해 동원한 온갖 방법들을 낱낱이 추적하셨기 때문에, 언제까지냐고 소리치신다. 이래도 내가 그들을 계속해서 참아야 하는가? 저 선지자들의 마음속에 있는 것은 거짓을 예언하는 것과 그 마음의 간교한 것을 예언하는 것뿐이냐(어떤 이들은 이렇게 읽는다). 그들은 그들이 하나님에게 얼마나 모욕을 주고 있고, 백성을 얼마나 능욕하고 있으며, 스스로를 위해 어떤 심판을 자초하고 있는지를 결코 보지 못하는 것이냐?

2. 그들은 그들이 거짓 계시로 백성들을 속이고 그들이 지어낸 생각들을 하나님의 영감이라고 속이는 것은 백성들로 하여금 신앙을 송두리째 불신하고 경멸하게 만들어서 그들을 무신론자와 불신자로 내모는 지름길이라는 것을 명심하여야 한다. 그들은 하나님의 이름을 자주 들먹거리고 그들이 하는 말마다 그 앞에 여호와께서 가라사대라는 말을 덧붙였지만, 사실 이것이 그들의 진짜 의도한 것이었다. 그렇지만 하나님은 그들이 서로 꿈 꾼 것을 말하니 그 생각인즉 내 백성으로 내 이름을 잊게 하려 함이로다라고 말씀하신다. 그들의 조상들이 바알로 말미암아 하나님의 이름을 잊어버린 것 같이, 그들은 백성들을 하나님을 예배하는 것과 하나님의 율법, 규례, 참 선지자들을 존중하는 것으로부터 떼어내고자 의도하였다. 사탄의 최대의 목표는 사람들로 하여금 하나님을 잊게 만들고 하나님이 사람들에게 자기를 알리실 때에 사용하시는 모든 수단들을 잊게 만드는 것임을 명심하라. 사탄은 사람들을 이렇게 만들기 위한 교묘한 방법들을 많이 갖추고 있다. 사탄은 때로는 거짓 신들을 세워서 그렇게 하기도 하고(사람들로 바알을 사랑하게 만들면, 사람들은 곧 하나님의 이름을 잊어 버린다), 때로는 마치 하나님이 우리와 같은 인간에 불과한 존재인 것처럼 참 하나님이 어떤 분이신지를 왜곡하여 그렇게 하기도 한다. 새로운 계시를 말하는 체

하는 것은 모든 계시를 부정하는 것만큼이나 우리의 신앙에 위험하다. 거짓 선지자들이 하나님의 이름으로 말하는 것은 그들이 바알의 이름으로 말하는 것보다도 사람들이 경계심을 더 갖기 때문에 경건의 능력에 더 큰 해악을 끼칠 수 있다.

3. 그들은 그들의 예언과 여호와의 참 선지자들이 전한 예언이 판이하게 다르다는 것을 명심하여야 한다(28절). 꿈을 꾼 선지자가 꿈을 꾸었다면 그것이 꿈이라고 말하여야 할 것이다(꿈은 거짓 선지자들이 가장 잘 사용하던 영감의 방식이었다). 가테이커 목사는 이 본문을 그렇게 읽는다. "사람들이 꿈 이야기를 할 때에는 그저 꿈이라고 애기를 하듯이, 그들은 자기가 하는 말이 그저 꿈일 뿐이라고 말할 뿐 그 이상의 의미를 부여해서는 안 되고, 백성들이 그 꿈을 그 이상의 의미로 받아들이게 해서는 안 된다. 그들은 그 꿈이 하나님으로부터 왔다고 말해서도 안 되고, 한낱 꿈에 불과한 그들의 어리석은 꿈을 하나님의 예언의 말씀이라고 불러서도 안 된다. 그러나 내 말을 받은 참 선지자는 그것을 성실함으로 또는 진리로서(어떤 이들은 이렇게 읽는다) 말하여야 할 것이다. 참 선지자의 가르침을 경청하여 보라. 그러면 너희는 곧 거짓 선지자들이 말하는 꿈과 참 선지자들이 전하는 하나님의 명령이 하늘과 땅 차이라는 것을 알게 될 것이다. 꿈이나 음성을 통해서 하나님으로부터 말씀을 받은 체하는 자는 그것을 밝히 드러내 보라. 그러면 그것이 하나님에게서 왔는지 그렇지 않은지가 곧 드러나게 될 것이다. 영적인 지각(senses)을 사용하는 자들은 그것을 구별할 수 있을 것이다. 겨가 어찌 알곡과 같겠느냐(역주: 여기서 알곡으로 번역된 단어는 밀이라는 뜻이다). 하나님이 주시는 약속들이 알곡이라면, 선지자들이 너희에게 주는 평강의 약속들은 겨일 뿐이다." 사람들이 스스로 지어낸 생각들은 바람이 휘몰아 가버리는 겨와 같이 가볍고 헛되고 쓸데없는 것들이다. 그러나 하나님의 말씀은 그 안에 알맹이가 들어 있다. 그것은 가치가 있어서 영혼의 양식이 되고 생명의 떡이 된다. 밀은 저 환상의 골짜기였던 가나안의 주식이었다(신 8:8; 겔 27:17). 사람들이 지어낸 헛된 생각들은 겨와 알곡(밀)만큼이나 하나님의 순전한 말씀과 다르다. 그래서 여호와께서는 내 말이 불 같지 아니하냐라고 말씀하신다(29절). 거짓 선지자들의 말이 불 같더냐? 그것이 하나님의 말씀이 지니고 있는 능력과 효험을 지니고 있더냐? 결코 그렇지 않다. 하나님의 말씀과 같은 것은 아무것도 없다. 하나님의 말씀과 다른 것을 비교하는 것은

진짜 불과 그림 속에 있는 불을 비교하는 것과 같다. 그들의 말은 속이는 유성(流星) 같아서 사람들을 딴 길로 이끌고 위험한 절벽으로 인도한다. 하나님의 말씀이 불 같다는 것을 명심하라. 율법은 불 같은 법이었고(신 33:2), 복음에 대해서는 그리스도께서 내가 불을 땅에 던지러 왔노라고 말씀하신다(눅 12:49). 불은 어떤 물질과 만나느냐에 따라서 작용하는 것이 다르다. 불은 진흙을 만나면 딱딱하게 만들지만, 밀랍을 만나면 부드럽게 녹인다. 불을 만나면, 쇠똥은 타버리지만 금은 정련된다. 그래서 하나님의 말씀은 이 사람에게는 사망으로부터 사망에 이르는 냄새요 저 사람에게는 생명으로부터 생명에 이르는 냄새가 된다(고후 2:16). 하나님은 여기에서 그의 말씀을 들은 자들의 양심에 대고 호소하신다. "내 말이 불 같지 아니하냐. 내 말이 너희에게 불 같지 아니하였더냐(슥 1:6)? 너희가 겪은 대로 말해 보아라." 또한, 하나님의 말씀은 바위를 쳐서 부스러뜨리는 방망이에 비유된다. 사람의 낮아지지 않은 마음은 바위와 같다. 그 마음이 불 같은 하나님의 말씀에 의해서 녹지 않는다면, 방망이 같은 말씀에 의해서 산산조각이 날 것이다. 하나님의 말씀에 맞서는 것은 그것이 무엇이 되었든 격파되어 산산조각이 나고 말 것이다.

4. 그들은 그들이 계속해서 그와 같은 짓을 한다면 하나님이 그들을 치시리라는 것을 명심하여야 한다. 하나님은 그들에게 세 차례나 이것을 말씀하신다(30, 31, 32절). 보라 내가 그 선지자들을 치리라. 그들은 하나님을 위하는 척하며 하나님의 이름을 사용하였지만, 실제로는 하나님을 대적하였다. 하나님은 그들을 실제의 모습 그대로 보시기 때문에 그들을 대적하신다. 전능하신 하나님이 그들을 대적하시는데, 그들이 어떻게 오랫동안 안전하거나 편안할 수 있겠는가? 이 선지자들이 백성들에게 평강을 약속하고 있는 동안에, 하나님은 그들에게 전쟁을 선포하고 계신다. 그들은 여기에서 다음과 같은 죄목으로 고소되고 있다.

(1) 도둑질한 것. 그들은 서로 내 말을 도둑질하고 있다. 어떤 이들은 이것이 선한 선지자들이 전한 하나님의 말씀을 거짓 선지자들이 도용해서 써먹은 것을 가리키는 것으로 이해한다. 행상인들이 나쁜 물건들을 팔아먹기 위해서 거기에 좋은 물건들을 조금 섞는 것과 마찬가지로, 거짓 선지자들은 참 선지자들이 전한 말씀들, 그 표현들을 도용해서, 자신의 말에다 그것들을 섞었다. 참 선지자들이 지닌 영이 없었던 거짓 선지자들은 그들의 언어를 흉내냈고, 그들이

전한 것들 중에서 좋은 말씀들을 뽑아내서, 마치 그것들이 그들 자신의 말이었던 것처럼 파렴치하게 위장하여 백성들에게 전하였다. 그런 말들은 그들이 전한 나머지 말들과 잘 들어맞지 않았다. 저는 자의 다리는 힘 없이 달렸나니 미련한 자의 입의 잠언도 그러하니라(잠 26:7). 어떤 이들은 이것을, 씨 뿌리는 자의 비유에서 악한 자가 말씀의 좋은 씨를 훔쳐 간다고 한 것처럼(마 13:19) 일부 백성들이 받아서 소중히 간직하고 있던 하나님의 말씀을 거짓 선지자들이 그 백성들의 마음에서 도둑질한 것을 가리키는 것으로 이해한다. 그 사람들은 진정한 하나님의 말씀을 통해서 죄를 어렴풋이 깨달으려고 하고 있는데, 거짓 선지자들은 그들 속에 있는 하나님의 말씀을 은근히 깎아내려서 그 권위와 효력을 약화시켰다.

(2) 하나님의 국새(國璽)를 위조한 죄. 그들이 자기 마음 내키는 대로 혀를 놀려 백성들에게 말하였기 때문에 하나님은 그들을 대적하신다(31절). 그들은 자기 생각을 말하면서도 마치 그것이 하나님에게서 나온 것처럼 위장하여 여호와가 말씀하셨다고 한다. 어떤 이들은 이 어구를, 그들이 그들의 혀를 부드럽게 한다로 읽는다. 그들은 백성들에게 아주 고분고분하여, 그들이 듣기 좋아하고 수긍할 만한 것들만을 말한다. 그들은 백성들에게 책망하거나 경고하는 말씀을 아예 전하지 않기 때문에, 그들의 말은 버터보다 더 부드럽다. 그들은 이런 식으로 사람들의 비위를 맞추어 환심을 사서 그들로부터 돈을 뜯어낸다. 그들은 하나님을 그들의 거짓말을 후원하는 분으로 삼을 정도로 뻔뻔스럽고 불경하다. 그들은 "여호와가 말씀하셨다"고 말한다. 거짓의 아비의 똘마니 노릇을 하고 있는 자들을 하나님의 집의 문전에 두고 있는 것보다 진리의 하나님께 더 큰 모욕이 어디 있겠는가?

(3) 모든 사람들에게 사기를 친 죄(32절). 그들이 자기 생각 속에서 꾸며낸 것을 마치 하나님으로부터 받은 영감인 양 거짓 꿈을 예언하기 때문에 내가 그들을 치리라. 이것은 무서운 사기 행위이다. 물건을 사는 사람이 알아서 조심을 했어야지라고 말하거나 사람들이 그런 것을 원하고 있어서 그렇게 한 것뿐이라고 말하는 것은 변명이 될 수 없다. 거짓 선지자들을 무턱대고 믿고 그 영을 시험하지 않아서 미혹에 빠진 것은 백성들의 잘못이다. 그러나 거짓과 경거망동으로, 즉 죄악 가운데 있는 백성들을 사람들이 듣기 좋아하는 말로 어루만져주고 감싸주며 자신의 방탕하고 음란한 행실을 통해서 백성이 계속해서 죄악 가운데 있

도록 힘을 실어줌으로써 하나님의 백성을 미혹한 것은 거짓 선지자들의 잘못이고, 그것은 백성들의 잘못보다 훨씬 더 무거운 잘못이다.

[1] 하나님은 그들이 그로부터 어떤 사명이나 위임을 받았다는 것을 부인하신다. 내가 그들을 보내지 아니하였으며 명령하지 아니하였다. 그들은 하나님의 말씀을 전하라고 위임받은 사자(使者)들이 아니고, 그들이 말하는 것은 하나님의 말씀이 아니다.

[2] 그러므로 하나님이 그들에게 복을 주시지 않겠다고 하시는 것은 당연하다. 그들은 이 백성에게 아무 유익이 없느니라. 그들이 백성들에게 해주고자 하는 유익이라는 것은 백성들을 편하게 해주는 것이 전부이다. 그러나 그들은 그런 유익조차 백성들에게 주지 못할 것이다. 왜냐하면, 그들이 그렇게 하고 있는 때에 하나님의 섭리들은 백성들을 불안하게 만들 일들을 진행해 나갈 것이기 때문이다. 그들은 이 백성에게 아무 유익이 되지 못한다(어떤 이들은 이렇게 읽는다). 이 말씀 속에는 겉으로 표현되어 있는 것보다 더 깊은 뜻이 담겨 있다. 그들은 백성들에게 아무런 유익도 주지 못할 뿐만 아니라, 도리어 큰 해(害)를 입히고 있다. 하나님의 말씀을 전하는 체하면서 그 말씀을 훼손하여 혼잡하게 하는 자들은 교회에 덕을 세우기는커녕 아주 큰 해악을 끼치고 있다는 것을 명심하라.

[33] 이 백성이나 선지자나 제사장이 네게 물어 이르기를 여호와의 엄중한 말씀이 무엇인가 묻거든 너는 그들에게 대답하기를 엄중한 말씀이 무엇이냐 묻느냐 여호와의 말씀에 내가 너희를 버리리라 하셨고 [34] 또 여호와의 엄중한 말씀이라 하는 선지자에게나 제사장에게나 백성에게는 내가 그 사람과 그 집안을 벌하리라 하셨다 하고 [35] 너희는 서로 이웃과 형제에게 묻기를 여호와께서 무엇이라 응답하셨으며 여호와께서 무엇이라 말씀하셨느냐 하고 [36] 다시는 여호와의 엄중한 말씀이라 말하지 말라 각 사람의 말이 자기에게 중벌이 되리니 이는 너희가 살아 계신 하나님, 만군의 여호와 우리 하나님의 말씀을 망령되이 사용함이니라 하고 [37] 너는 또 선지자에게 말하기를 여호와께서 네게 무엇이라 대답하셨으며 여호와께서 무엇이라 말씀하셨느냐 [38] 너희는 여호와의 엄중한 말씀이라 말하도다 그러므로 여호와께서 이와 같이 말씀하시되 내가 너희에게 사람을 보내어 이 말씀은 여호와의 엄중한 말씀이니 너희는 말하지 말라 하였으나 너희가 여호와의 엄중한 말씀이라 하였은즉 [39] 내가 너

희를 온전히 잊어버리며 내가 **너희**와 **너희** 조상들에게 준 이 성읍을 내 앞에서 내버려 40**너희는** 영원한 치욕과 잊지 못할 영구한 수치를 당하게 하리라 하셨느니라

이 단락에서 선지자는 제사장들이나 선지자들의 타락과 더불어서 백성들의 타락을 구체적인 예를 들어 책망하고 있는데, 백성들의 타락상은 그 지도자들의 중대한 범죄에 비하면 작아 보일 수도 있다. 그러나 일상 대화에서 속된 말을 하고 한 나라의 언어가 음란하고 외설적이라는 것은 그 나라에 악이 횡행하고 있다는 것을 보여주는 뚜렷한 증거가 되기 때문에, 우리는 여기에서 선지자가 열띤 어조로 이 문제를 아주 자세하게 역설하고 있는 것을 이상하게 생각해서는 안 된다. 좀 더 살펴보자.

I. 하나님께서 여기에서 그들을 고소하고 있는 죄는 하나님의 선지자들과 그들이 사용한 사투리를 조롱하고 하나님의 거룩한 일들을 웃음거리로 삼았다는 것이다. 그들은 여호와의 엄중한 말씀이 무엇인가(33-34절)라고 반문하였고, 여호와의 엄중한 말씀이라고 비웃었다(38절). 이 말은 하나님에게 크게 모욕을 주는 말이었는데, 그들은 여호와의 말씀이라고 말해야 할 때마다 그것을 조롱하고 비웃는 의미로 여호와의 엄중한 말씀(여기에서 엄중한 말씀이라 번역된 단어는 원래 짐 또는 부담이라는 의미를 지닌다)이라고 불렀다. 좀 더 살펴보자.

1. 이 말은 원래 선지자들이 하나님의 말씀이 그들의 심령에 얼마나 큰 무게와 부담으로 다가오는지, 그 말씀이 얼마나 중요한지, 그 말씀이 그것을 듣는 자들에게 얼마나 큰 압박감으로 작용하는지를 나타내기 위해서 자주 그리고 진지한 의미로 사용하던 말이었다. 거짓 선지자들의 말은 그 속에 무겁고 힘든 것을 지니고 있지 않았지만, 하나님의 말씀은 그랬다. 그들의 말은 겨와 같았고, 하나님의 말씀은 알곡과 같았다. 이제 이 속된 오만한 자들은 이 말을 가져와서 조롱거리와 웃음거리로 삼으며 키득거렸다. 그들은 이 말을 웃음거리로 사용하여 백성들을 즐겁게 해주었기 때문에, 정작 선지자들이 그 말을 사용하였을 때에는 백성들은 그 말을 진지하게 받아들이지 않았다. 하나님께 속한 거룩한 것들을 조롱거리와 웃음거리로 만들어서 그것들이 지닌 힘을 차단하고 무디게 만드는 것은 모든 세대에 있어서 사탄의 교묘한 술책이었다는 것을 명심하라. 하나님의 사자(使者)들을 조롱하면 그 사자들이 전하는 하나님의 말씀을 사람들이 우습게 여기게 되어서 말씀이 제대로 능력을 발휘하지 못하

게 된다.

2. 아마도 이 비웃는 자들은 선지자들이 새롭게 만들어서 사용한 이 말을 고전적인 선지자들이 그런 의미로 사용하지 않은 부적절한 말이라고 트집을 잡으며 비난하였던 것 같다. 여호와의 말씀이 여호와의 엄중한 말씀으로 불린 것은 이 세대와 직전 세대에서뿐이었고, 이 말이 그런 의미로 사용된 예는 그들의 사전에서 찾아볼 수 없다고 그들은 말하였다. 그러나 사람들은 다른 분야의 학문들에서 그들이 생각하기에 어떤 사실을 더 생생하게 표현하는 것이라고 생각되는 새로운 말이나 단어들을 얼마든지 만들어낼 수 있는데, 하나님의 일에 있어서 그래서는 안 되는 이유가 어디 있는가? 특히, 우리는 하나님의 성령은 우리의 어법(語法)이나 말하는 규칙에 얽매이지 않으신다는 것을 명심하여야 한다.

3. 어떤 이들은 여호와의 말씀이 엄중한 말씀(또는, 무거운 짐이나 부담)이라 불릴 때에 그것은 듣는 사람들에게 부담을 주는 책망과 경고의 말씀을 의미하는 것이기 때문에 여호와의 엄중한 말씀이라는 말을 은어(隱語)로 사용했다는 것은 그들이 하나님은 언제나 그들을 무겁게 짓누르고 괴롭히며 겁을 주어 놀래키는 분이어서 하나님의 말씀은 그들을 끊임없이 불안하게 만드는 부담스러운 것이라고 생각했다는 것을 보여주는 것이라고 생각한다. 그들은 스스로 하나님의 말씀을 그들에게 부담스러운 짐으로 만들어 놓고서는, 하나님의 말씀을 그들에게 부담으로 만든 책임은 사역자들에게 있다고 여기고 사역자들에게 시비를 걸었다. 이런 식으로 말세의 오만한 자들은 그들 자신이 하늘과 구원을 무시해 놓고서는 신실한 사역자들이 지옥과 천벌의 메시지를 전하면 도리어 그들을 비난한다. 하지만, 사람들이 하나님의 말씀을 아무리 무시하고 가볍게 여기더라도, 크신 하나님은 거룩한 일들을 웃음거리로 만드는 자들, 성경의 진리와 법을 조롱거리로 만들기 위해서 성경에서 사용된 언어를 가지고 노는 자들을 주목해 보시고 크게 진노하신다는 것을 우리는 알아야 한다. 그와 같은 재치는 결코 지혜가 아니라는 것을 나는 확신하고, 그러한 사실이 결국에는 밝혀지게 될 것이다. 너희는 오만한 자(또는, 조롱하는 자)가 되지 말라 너희 결박이 단단해질까 하노라(사 28:22). 여기에서 이러한 죄를 저지른 자들은 참 선지자들에게서 하나님의 말씀을 도둑질하러 왔던 몇몇 거짓 선지자들, 참 선지자들을 치기 위한 기회를 노리며 정보를 수집하러 온 몇몇 제사장들, 속된 제사장

들이나 선지자들에게서 하나님의 것들을 가지고 희롱하는 법을 배웠던 일부 백성들이었다. 만약 화(禍)를 몰고 오는 장본인들이었던 제사장들이나 선지자들이 그들에게 그런 방법을 보여주지 않았다면, 백성들은 이렇게까지 예레미야 선지자와 그의 하나님을 모욕하지는 않았을 것이다.

II. 하나님은 그들이 이렇게 속되고 불경스러운 말로 희롱하는 것을 책망하시면서 더 고상하게 말하는 법을 가르쳐 주신다. 우리는 하나님이 선지자들에게 여호와의 엄중한 말씀이라는 말을 더 이상 사용하지 말라고 지시하시는 것을 여기에서 발견하지 못하고, 도리어 이 말은 그 후로도 오랫동안 사용되었다는 것을 알게 된다(슥 9:1; 말 1:1; 나 1:1; 합 1:1). 그리고 우리는 예레미야가 이 일 이전이나 이후에 이 말을 이런 의미로 한 번이라도 사용한 것을 보지 못한다. 사실, 일반적으로 말해서, 많은 경우에 어떤 사람들이 악하게 사용한 말이나 일들은 사용하지 않는 것이 바람직하고, 그 자체로는 아무렇지도 않은 것들이지만 곡해되거나 걸림돌이 될 위험이 있는 표현들은 피하는 것이 현명한 일이다. 그러나 여기에서 하나님은 선지자에게 자기가 세운 원칙, 즉 그들은 네게로 돌아오려니와 너는 그들에게로 돌아가지 말지니라(렘 15:19)는 원칙을 지키게 하고자 하신다. 네가 이 말을 사용하는 것을 그만두는 것이 아니라, 그들로 하여금 이 말을 악용하는 것을 그만두게 하라. 너희가 다시는 여호와의 엄중한 말씀이라 말하지 말라(36절). 왜냐하면, 그것은 살아 계신 하나님의 말씀을 망령되이 사용하고 악용하는 것이고, 그런 행위는 불경스럽고 위험한 일이기 때문이다. 너희는 하나님이 만군의 여호와 우리 하나님이시라는 것을 명심하라. 우리가 하나님의 크심과 선하심을 생각하여 하나님을 대하고자 하고, 하나님에 대한 우리의 관계와 본분을 제대로 알고 있기만 하다면, 우리는 감히 하나님의 말씀을 웃음거리로 삼아서 하나님을 모욕하는 일은 엄두도 내지 못할 것임을 명심하라. 살아 계신 하나님, 만군의 여호와, 우리 하나님이신 분을 능욕하는 것은 무례한 일이다. 그러면, 그들은 어떻게 말해야 하는가. 하나님은 그들에게 이렇게 말씀하신다(37절). 너는 또 선지자에게 하나님에 대하여 물을 때에는 말하기를 여호와께서 네게 무엇이라 대답하셨으며 여호와께서 무엇이라 말씀하셨느냐 하라. 또한, 그들은 그들의 이웃에 대하여 물을 때에는 여호와께서 무엇이라 응답하셨으며 여호와께서 무엇이라 말씀하셨느냐라고 하여야 한다(35절). 우리는 하나님의 일들에 대하여 말할 때에는 언제나 하나님의 말씀에 걸맞는 예를 갖추어서 공손하고 진지하게 말해야 한다는 것을 명심하라. 하나님의 뜻을 묻고 살피며, 우리 형제들에게 그들이 무엇을 들었는지를 묻고, 우리의 선지자들에게 그들이 하나님에게서 무슨 말씀을 받았는지를 묻는 것은 칭찬할 만한 일이다. 그러나 그럴 때에 우리는 올바른 목적으로 묻는 것임을 보이기 위해서 올바른 방식을 따라 그렇게 하여야 한다. 사역자들은 여기에서 사람들이 잘못 말하고 행하는 것에 대하여 그들을 책망할 때에 그들에게 어떻게 말하고 행하는 것이 더 잘하는 것인지를 가르치는 법을 배울 수 있다.

Ⅲ. 그들이 하나님의 권면을 듣고서도 이렇게 악하게 말하는 것을 버리려 하지 않았기 때문에, 하나님은 여기에서 그들에게 철저한 파멸이 있을 것이라고 경고하신다. 하나님께서 선지자를 보내셔서 그들에게 그런 식으로 말하지 말라고 하셨는데도, 그들은 여전히 여호와의 엄중한 말씀이라고 말하였다(38절). 하나님의 권위를 존중하지 않는 자들이 쓸데없고 무익한 말을 하지 말라는 하나님의 권면을 들을 리가 있겠는가! 그러나 그들의 그러한 처신이 어떤 결과를 불러오는지를 보라.

1. 하나님의 말씀을 이런 식으로 망령되이 사용하고 왜곡시키는 자들, 그 말씀을 잘못 해석하여 악의적으로 활용하는 자들은 바로 그러한 행위로 말미암아 혹독한 벌을 받게 될 것이다. 하나님의 사자(使者)들을 조롱하는 것은 하나님을 크게 진노케 하는 일임이 드러날 것이다. 내가 그 사람과 그 집안을 벌하리라. 그가 선지자이든 제사장이든, 아니면 백성들 중의 한 사람이든, 그 사람은 벌을 받게 될 것이다(34절). 하나님의 말씀을 왜곡시키고 말씀을 전하는 자들을 조롱하는 것은 가문을 파멸시키는 심판을 가져오고 집안에 저주를 불러들이는 죄들이다. 또 다른 경고의 말씀이 주어진다(36절). 각 사람의 말이 자기에게 중벌이 되리라. 즉, 이러한 죄를 저질렀다는 것 자체가 그에게 아주 무거운 짐이 되어서 그는 파멸의 구렁텅이로 빠져들게 될 것이다. 하나님은 그들의 혀가 그들을 해하게 하실 것이다(시 64:8). 하나님은 그들로 하여금 그들의 혀로 말한 그대로 하나님의 말씀이 엄중한 말씀임을 뼈저리게 느끼게 해주실 것이기 때문에, 그들은 다시는 그 말을 입에 담을 엄두조차 내지 못하게 될 것이다. 그 말은 너무도 엄중하고 무거워서 그들이 감히 웃음거리로 삼지 못하게 될 것이다. 그들은 재미 삼아 해보는 것이라 하지만, 횃불을 던지며 화살을 쏘아서 사람을 죽이는 미친 사람과 같다.

2. 그들이 이런 식으로 하나님의 말씀을 조롱거리로 삼아도 그 말씀은 반드시 이루어질 것이다. 하나님은 선지자에게 그들이 여호와의 엄중한 말씀이 무엇인가라고 묻거든 너는 그들에게 대답하기를 엄중한 말씀이 무엇이냐고 묻는 것이냐 그 엄중한 말씀은 이것이니 내가 너희를 버리리라는 것이라고 하라고 하셨다(33절). 그들 앞에 놓여 있고 그들에게 작정된 엄중한 말씀은 이것이다(39-40절). "내가 너희를 온전히 잊어버리며 내가 너희를 버리리라. 내가 너희를 떠나서 다시는 너희에게 돌아올 생각을 하지 않으리라." 하나님에게서 버림받고 잊혀진 자들은 정말 비참한 자들이다. 사람들이 하나님의 심판을 조롱한다고 해서 그 심판이 좌절되지는 않는다. 예루살렘은 하나님이 거룩한 성으로 만드셔서 자기 것으로 삼으신 후에 그들과 그들의 조상들에게 주신 성이었다. 그러나 이제 하나님은 그 성을 버리시고 잊으실 것이다. 하나님은 그들을 그에게 가까운 백성으로 삼으셨었다. 그러나 이제 하나님은 그들을 하나님의 목전에서 쫓아내어 내버리실 것이다. 그들은 열국들 중에서 크고 존귀하였었다. 그러나 이제 하나님은 그들로 하여금 영원한 치욕과 영구한 수치를 당하게 하실 것이다. 그들의 죄와 그들이 받는 벌은 둘 다 그들의 영원한 수치가 될 것이다. 그것들은 여기에서 기록되어 그들의 불명예가 되어 세상 끝날까지 남아 있게 될 것이다. 하나님의 말씀을 조롱하는 자들이 천하고 멸시받을 만한 자들이 될 때에 그 말씀은 찬송을 받으며 존귀하게 되리라는 것을 명심하라. 나를 멸시하는 자를 내가 경멸하리라(삼상 2:30).

제 24 장

개요

앞 장의 끝 부분에서 우리는 예루살렘의 철저한 멸망에 관한 일반적인 예언, 즉 그 성이 버려지고 잊혀질 것이라는 예언을 보았는데, 이 예언이 다른 사람들에게는 어떤 영향을 미쳤는지는 모르지만, 선지자 자신은 이 예언으로 인해서 크게 상심하였을 것이다. 이제 이 장에서 하나님은 이 심판으로 인해서 온 나라가 황폐화되는 것처럼 보이겠지만 모두가 다 똑같이 화(禍)를 당하는 것이 아니고, 그가 선한 자들과 악한 자들을 어떻게 구별하고 분리하는지를 알고 있다는 것을 선지자에게 보여주심으로써 그에게 힘을 북돋워 주신다. 일부 사람들은 이미 여고냐와 더불어서 포로로 끌려간 상태였고, 예레미야는 그들을 애곡하였지만, 하나님은 그들이 그렇게 된 것은 오히려 그들에게 유익이 될 것임을 말씀해 주신다. 또 다른 사람들은 아직도 여전히 완악하여서 죄 가운데 있었고, 예레미야는 그들에 대하여 의로운 분노를 지니고 있었다. 그러나 하나님은 그 자들은 포로로 잡혀가게 될 것이고, 그것이 그들에게 해악이 될 것이라고 말씀해 주신다. 선지자에게 이것에 대하여 알려주시고 느끼게 해주시기 위하여 이 장에서 하나님은 다음과 같이 하신다. I. 무화과 두 광주리에 관한 환상(1-3절). 한 광주리에는 극히 좋은 무화과가 들어 있고, 다른 한 광주리에는 극히 나쁜 무화과가 들어 있다. II. 이 환상에 대한 설명. 좋은 무화과들은 이미 포로로 잡혀간 자들을 뜻하는 것으로서 그들의 처지는 장차 좋게 될 것이고(4-7절), 나쁜 무화과들은 이후에 포로로 끌려갈 자들을 뜻하는 것으로서 그들의 처지는 장차 나쁘게 될 것이다(8-10절).

¹바벨론의 느부갓네살 왕이 유다 왕 여호야김의 아들 여고냐와 유다 고관들과 목공들과 철공들을 예루살렘에서 바벨론으로 옮긴 후에 여호와께서 여호와의 성전 앞에 놓인 무화과 두 광주리를 내게 보이셨는데 ²한 광주리에는 처음 익은 듯한 극히 좋은 무화과가 있고 한 광주리에는 나빠서 먹을 수 없는 극히 나쁜 무화과가 있더라 ³여호와께서 내게 이르시되 예레미야야 네가 무엇을 보느냐 하시매 내가 대답하되 무화과이온데 그 좋은 무화과는 극히 좋고 그 나쁜 것은 아주 나빠서 먹을 수

없게 나쁘니이다 하니 ⁴여호와의 말씀이 또 내게 임하니라 이르시되 ⁵이스라엘의 하나님 여호와께서 이와 같이 말씀하시니라 내가 이 곳에서 옮겨 갈대아인의 땅에 이르게 한 유다 포로를 이 좋은 무화과 같이 잘 돌볼 것이라 ⁶내가 그들을 돌아보아 좋게 하여 다시 이 땅으로 인도하여 세우고 헐지 아니하며 심고 뽑지 아니하겠고 ⁷내가 여호와인 줄 아는 마음을 그들에게 주어서 그들이 전심으로 내게 돌아오게 하리니 그들은 내 백성이 되겠고 나는 그들의 하나님이 되리라 ⁸여호와께서 이와 같이 말씀하시니라 내가 유다의 왕 시드기야와 그 고관들과 예루살렘의 남은 자로서 이 땅에 남아 있는 자와 애굽 땅에 사는 자들을 나빠서 먹을 수 없는 이 나쁜 무화과 같이 버리되 ⁹세상 모든 나라 가운데 흩어서 그들에게 환난을 당하게 할 것이며 또 그들에게 내가 쫓아 보낼 모든 곳에서 부끄러움을 당하게 하며 말 거리가 되게 하며 조롱과 저주를 받게 할 것이며 ¹⁰내가 칼과 기근과 전염병을 그들 가운데 보내 그들이 내가 그들과 그들의 조상들에게 준 땅에서 멸절하기까지 이르게 하리라 하시니라

이 짤막한 장은 어떤 이들에게 사망으로부터 사망에 이르는 냄새가 되는 동일한 섭리가 하나님의 은혜와 축복으로 말미암아 어떤 이들에게는 생명으로부터 생명에 이르는 냄새가 될 수 있다는 것, 즉 하나님의 백성이 동일한 재난을 불신자들과 함께 겪는 것처럼 보여도 그 동일한 재난이 하나님의 백성과 불신자들에게 각각 다른 의미를 지니고 있어서 하나님의 백성에게 있어서는 그 재난이 그들의 유익을 위하여 의도된 것이기 때문에 결국은 그들에게 선을 이루는 결과를 가져온다는 것을 보여줌으로써 우리로 하여금 예레미야서에 나오는 많은 긴 장들을 아주 편안하게 해석해 나갈 수 있게 도움을 준다. 이 재난은 하나님의 백성에게는 자애로운 아버지의 손에 들린 징계의 회초리인 반면에, 불신자들에게는 의로우신 재판장의 손에 들린 복수의 칼이다. 좀 더 살펴보자.

I. 이 말씀이 선포된 때. 이 말씀은 여고냐가 포로로 잡혀가고나서 얼마 후에 선포되었다(1절).   여고냐는 천하고 깨진 그릇이었지만, 몇몇 아주 귀한 인물들도 그와 함께 끌려갔다(그 중의 한 사람이 에스겔이다, 겔 1:12). 유다의 고관들 중에서 다수가 그 때에 포로로 잡혀갔고, 다니엘과 그의 친구들은 이보다 조금 전에 끌려갔다. 백성들 중에서는 오직 목공들과 철공들이 끌려갔는데, 이는 갈대아인들이 그러한 직종의 숙련된 기술자들을 필요로 했거나(그 나라에는 점

성술사들은 아주 많았지만, 목공과 철공은 매우 드물었다), 그런 기술자들을 끌어감으로써 유대인들로 하여금 큰 상실감을 느끼게 함과 동시에 기술자들이 없어서 성(城)들을 요새화하는 일도 할 수 없게 하고 전쟁을 위한 무기도 만들 수 없게 하고자 했기 때문일 것이다. 이렇게 선한 자들이 많이 포로로 끌려갔던 것으로 보이고, 그랬기 때문에 이 경건한 선지자는 더욱 마음이 아팠을 것이다. 하지만 그렇게 된 것을 고소해하고, 포로로 끌려가는 운명을 맞게 된 자들을 모욕하는 자들도 있었다. 우리는 가장 먼저 가장 큰 고난을 당하는 자들에 대하여 그들을 아주 큰 죄를 범한 가장 악한 죄인들로 단정해서는 안 된다는 것을 명심하라. 왜냐하면, 여기에서 볼 수 있는 것처럼, 사실은 정반대일 수 있기 때문이다.

Ⅱ. 하나님께서 포로들이 이렇게 구별되리라는 것을 설명해 주시기 위하여 선지자에게 보여주신 환상. 선지자는 성전 앞에 놓인 무화과 두 광주리를 보았는데, 그것들은 가장 먼저 수확한 열매들인 맏물로서 하나님께 영광을 돌리기 위하여 예물로 드려질 것이었다. 아마도 그것들은 제사장들이 직무를 태만히 하여 그 예물들을 받아서 율법에 따라 처리하는 것이 늦어져서 거기에 놓여져 있었고, 마침 예레미야가 성전 앞에 그 예물들이 있는 것을 보았던 것 같다. 그러나 이 환상 속에서 의미가 부여되고 있는 부분은 한 광주리에 담겨 있는 무화과들은 극히 좋은 것들이었고, 다른 광주리에 담긴 무화과들은 극히 나쁜 것들이었다는 것이다. 사람들은 모두 하나님과 사람을 유익하고 쓸모 있게 섬길 수 있는 무화과나무의 열매들과 같다(삿 9:11). 그러나 어떤 이들은 그 어떤 것보다도 더 보기만 해도 유쾌해지는 좋은 무화과들이고, 어떤 이들은 그 어떤 것보다도 더 고약한 냄새를 풍기는 상하여 썩은 무화과들이다. 어떤 피조물이 악한 자보다 더 천하며, 어떤 피조물이 경건한 자보다 더 귀할까! 좋은 무화과들은 제철에 처음으로 익어서 아주 맛있고 귀한 무화과들인 것 같았고(미 7:1), 나쁜 무화과들은 나빠서 먹을 수 없는 그런 것들이었다. 그런 나쁜 무화과들은 그들이 창조된 목적에 부응할 수 없어서 사람을 유쾌하게 할 수도 없고 먹을 수도 없다. 그렇다면, 그 나쁜 무화과들은 도대체 어디에 쓴단 말인가? 어떤 사람들이 하나님께 영광을 돌리지도 않고, 그들의 세대가 하나님을 섬기지도 않는다면, 그들은 먹을 수도 없고 그 어떤 선한 목적에도 사용될 수 없는 나쁜 무화과들과 같다. 소금이 만일 그 맛을 잃으면 그 후에는 아무 쓸 데가 없다. 성전 문

앞에서 여호와께 드려진 사람들 중에서 어떤 이들은 진실하여 극히 좋고, 어떤 이들은 하나님을 속이는 자들로서 극히 나쁘다. 죄인들은 사람들 중에서 가장 나쁜 자들이지만, 위선자들은 죄인들 중에서도 가장 나쁜 자들이다. 가장 좋은 것이 부패하면 가장 나빠진다.

Ⅲ. 이 환상에 대한 설명과 적용. 하나님은 이 환상을 통해서 이미 포로로 잡혀간 자들에게 그들의 처지가 전화위복이 되리라는 것을 약속해 주심으로써 그들의 낙심한 마음을 일으켜 세우심과 동시에 아직 예루살렘에 머물고 있는 자들에게 그들이 머지않아 포로로 잡혀가 비참한 포로 생활을 하게 되리라는 것을 선포함으로써 그들의 교만하고 안일한 마음을 낮추시고 일깨우고자 하셨다.

1. 처음 익은 극히 좋은 무화과들과 관련된 교훈들. 이 무화과들은 포로로 잡혀간 경건한 자들을 나타내는 것이었다. 그들은 가장 먼저 포로로 끌려갔기 때문에 멸망을 위해 처음 익은(즉, 가장 먼저 멸망을 당하는) 자들처럼 보였지만 포로 생활이 그들의 신앙을 잘 익게 해주어서 결국에는 긍휼을 위해 처음 익은(즉, 가장 먼저 긍휼하심을 입은) 자들임이 드러났다. 좋은 무화과들이 우리를 기쁘게 해주듯이, 그들은 하나님을 기쁘시게 해드리는 자들로서 귀하게 쓰임받기 위해서 세심한 보호를 받게 될 것이다. 좀 더 자세하게 살펴보자.

(1) 이미 포로로 잡혀간 자들은 하나님이 인정하시는 좋은 무화과들이었다. 이것은 다음과 같은 것들을 보여준다.

[1] 우리가 우리 눈에 보이는 모든 것을 근거로 어떤 것이 하나님의 사랑인지 미움인지를 판단할 수 없다는 것. 하나님의 심판이 널리 행해질 때, 그 심판에 가장 먼저 붙잡힌 자들이라고 해서 언제나 가장 악한 자들인 것은 아니다.

[2] 때로는 먼저 고난을 받은 것이 우리에게 아주 좋은 것이 된다는 것. 아이들의 잘못을 바로잡는 일은 빠르면 빠를수록 좋다. 가장 먼저 포로로 잡혀간 자들은 아버지가 사랑해서 제때에, 곧 소망이 있는 동안에 징계한 아들과 같았다. 그리고 그 효과는 좋았다. 그러나 이 땅에 그대로 남겨진 자들은 오랫동안 임의로 행하게 버려 둔 자식과 같아서 나중에 그 버릇을 고치려 하면 완강하게 고집을 부리고 도리어 더욱 악화되는 그런 자식들이었다(애 3:37).

(2) 하나님은 그들이 포로로 잡혀간 것이 그가 한 일임을 시인하신다. 누가 그 일의 도구가 되었든, 그 일을 명령하고 지휘하신 분은 하나님이셨다(5절).

내가 그들을 이 곳에서 옮겨 갈대아인의 땅에 이르게 하였다. 하나님은 그의 금을 정련하기 위해서 용광로에 넣으신다. 선한 자들이 환난을 겪는 동안에 하나님의 손은 거기에 특별한 방식으로 작용한다. 재판관은 행악자를 사형집행인의 손에 넘기지만, 아버지는 자기 자녀를 자기 손으로 징계한다.

(3) 이 수치스럽고 괴로운 포로 생활조차도 하나님은 그들의 유익을 위하여 의도하셨다. 우리는 하나님의 의도가 결코 좌절되지 않으리라는 것을 확신한다. 내가 그들을 그들의 유익을 위하여 이 곳에서 옮겨 갈대아인의 땅으로 보냈다. 그 일은 어느 모로 보나 그들에게 해(害)가 되는 것으로 보였다. 그 일로 인해서 그들은 재산과 명예와 자유를 잃었고 혈육이나 친구들과 생이별을 해야 했으며 원수들과 압제자들의 권세 밑으로 들어가야 했을 뿐만 아니라, 의욕을 잃고 믿음이 떨어졌으며 하나님의 말씀과 규례의 유익을 박탈당하고 여러 가지 시험들에 노출되었기 때문이다. 그렇지만 그 일은 그들의 유익을 위해 의도된 것이었고, 결국 그들 중 많은 이들에게 실제로 그랬다는 것이 드러났다. 먹는 자에게서 먹는 것이 나왔다(삿 14:14). 이 환난을 통해서 그들은 죄를 깨닫고 하나님의 손 아래에서 낮아졌으며 세상에 대한 욕심이 시들해졌고 진지해졌으며 기도하기를 배웠고 죄악에서 돌아서게 되었다. 특히, 그들은 우상 숭배에 이끌리던 마음을 치유받을 수 있었다. 이렇게 고난 당한 것이 그들에게 유익이 되었다(시 119:67, 71).

(4) 하나님은 그들이 포로 생활을 하는 동안 그들을 모른 체하지 않으실 것이라고 그들에게 약속하신다. 그들은 버려진 듯이 보이지만, 하나님은 그들을 버리신 것이 아니기 때문에, 그들을 시인하시고 잘 돌보실 것이다. 그들이 남겨 놓은 혈육이나 친척들은 그들을 비웃으며 돌보지 않을 것이고 아는 체도 하지 않을 것이지만, 하나님은 내가 그들을 시인하고 잘 돌볼 것이라고 말씀하신다. 여호와는 그의 소유 된 자들을 아시고, 그들이 어떤 상태에 있든 그들을 시인하실 것임을 명심하라. 벗은 몸이나 칼이나 그 어떤 것도 그들을 하나님의 사랑에서 떼어놓지 못할 것이다.

(5) 하나님은 그들을 환난 가운데서 보호하시고 때가 되면 그 곳에서 영광스럽게 건져내실 것이라고 약속하신다(6절). 그들은 그들의 유익을 위하여 포로로 끌려간 것이기 때문에 거기에서 허망하게 죽지 않을 것이다. 포로 생활은 그들에게 금을 정련하기 위한 용광로(또는, 풀무)와 같은 역할을 할 것이다.

[1] 그들이 환난 가운데에 있는 동안 하나님의 눈이 거기에 머물러 있을 것이고, 그 눈은 환난이 그들에게 아무런 해도 입히지 않도록 감시하는 눈일 것이다. "내가 그들을 돌아보아 좋게 하고, 모든 것이 합력하여 그들에게 최고의 선을 이루게 하며, 나의 눈을 그들에게서 떼지 않고서 그들이 환난 가운데 겪는 모든 것이 그들의 유익이라는 큰 목적에 부응할 수 있게 할 것이다."

[2] 하나님은 이 환난의 목적이 이루어지자마자 그들을 용광로에서 다시 꺼내실 것이다. 내가 그들을 다시 이 땅으로 인도하리라. 하나님께서는 그들을 잠시 혹독한 훈련을 받게 하여 제대로 된 사람이 되라고 다른 나라로 보내신 것이었기 때문에, 이제 그들이 거기에서의 훈련을 다 마칠 때에는 그들을 다시 아버지의 집으로 데려오실 것이다.

[3] 하나님은 그의 금을 정련하셔서, 그가 쓰시기에 적합한 귀한 그릇으로 만드실 것이다. 따라서 하나님은 훈련을 다 마친 그들을 데려오시고나서, 그들을 세워 자신의 거처로 삼으실 것이고, 그들을 심어 자신을 위한 포도원으로 삼으실 것이다. 그들의 포로 생활은 거친 돌들을 다듬어서 하나님의 집에서 쓰기에 적합한 돌들로 만드는 과정이었고, 어린 나무들에서 쓸데 없는 가지들을 쳐내서 하나님의 포도원에 적합한 나무들로 만드는 과정이었다.

(6) 하나님은 그들에게 심령상의 긍휼들을 베풀어 주심으로써 그가 그들을 위해 의도한 이 세상에서의 긍휼들을 받을 수 있는 준비를 갖추게 하시겠다고 약속하신다(7절). 이것은 그들의 포로 생활이 그들의 유익이 되게 해줄 것이다. 이것으로 말미암아 그들은 환난을 선용할 수 있게 될 것이고, 구원을 받을 수 있는 자격을 갖추게 될 것이다. 우리가 환난을 통해서 거룩해졌다면, 우리는 환난의 목적이 잘 달성되었다는 것을 확신할 수 있다. 이제 하나님께서 약속하시는 것은 이런 것들이다.

[1] 그들이 하나님을 더 잘 알게 되리라는 것. 그들은 하나님의 은혜 덕분에 그들이 예루살렘에서 그의 모든 말씀들과 규례들을 통해서 하나님에 대하여 배웠던 것보다 더 많은 것을 바벨론에서의 그의 섭리를 통해서 배우게 될 것이다. 만약 하나님의 은혜가 바벨론에서 그들에게 힘 있게 역사하지 않았다면, 그들은 영원히 하나님을 잊어버렸을 것이다. 하나님은 여기에서 나를 아는 머리가 아니라 나를 아는 마음을 그들에게 주리라고 약속하신다. 왜냐하면, 하나님을 올바르게 아는 지식은 개념이나 사변(思辨)에 있는 것이 아니라 우리의 의

지와 감정을 지도하고 다스리는 실천적인 판단력을 깨우치는 데에 있기 때문이다. 여호와의 계명을 지키는 자는 다 훌륭한 지각을 가진 자이다(시 111:10). 하나님께서 그를 알고자 하는 진지한 소원과 이끌림을 주신다면 하나님을 올바르게 아는 지식을 주시고자 하시는 것이다. 하나님을 아는 마음을 주시는 분은 하나님 자신이다. 그렇지 않다면, 우리는 하나님을 모른 채 영원히 멸망하고 말 것이다.

[2] 그들이 하나님께로 온전히 돌아와서, 하나님의 뜻을 그들의 법으로, 하나님을 섬기는 것을 그들의 일로, 하나님의 영광을 그들의 목적으로 삼으리라는 것. 내가 그들이 전심으로 내게 돌아오게 하리라. 그들이 그렇게 되도록 하나님께서 직접 그들을 위하여 나서실 것이다. 하나님께서 우리를 돌이키시면, 우리는 돌이키게 될 것이다. 이것은 앞에서 말한 것에 뒤이어서 이루어진다. 왜냐하면, 하나님을 올바르게 아는 마음을 지니게 된 자들은 하나님께로 돌이킬 뿐만 아니라 전심으로 돌이킬 것이기 때문이고, 하나님을 떠나 패역을 고집하거나 위선적인 신앙을 가지고 있는 자들은 사실 하나님을 모른다고 할 수 있기 때문이다.

[3] 그들이 이렇게 해서 하나님과의 언약 관계 속으로 들어오게 되면 이전과 마찬가지로 큰 위로를 받게 되리라는 것. 그들은 내 백성이 되겠고 나는 그들의 하나님이 되리라. 하나님은 예전처럼 그들을 자기 백성으로 인정하시고서, 자기 자신을 그들에게 나타내시고 그들의 예배를 받으시며 그들을 위하여 은혜로 나타나실 것이다. 그리고 그들은 하나님께 기도할 때에나 그에게서 무엇을 기대할 때에 스스럼 없이 그를 그들의 하나님으로 고백하게 될 것이다. 타락하여 하나님을 떠난 자들이라도 진심으로 하나님께 돌아오기만 한다면, 그들에게는 모든 믿는 자들에게처럼 영원한 언약의 모든 특권들과 위로들이 값없이 주어지고 허용되리라는 것을 명심하라. 이것은 우리가 언약 관계 속에서 범죄를 했다고 해서 언약 밖으로 쫓겨나는 것이 아니라는 것과 환난이 언약에 근거한 사랑과 합치할 뿐만 아니라 사실 그 사랑에서 흘러나오는 것임을 잘 보여준다.

2. 나쁜 무화과들과 관련된 교훈들. 시드기야를 비롯하여 그 고관들과 추종자들은 교만하고 안일한 채 아직 이 땅에 남아 있다(겔 11:3). 또한, 피난을 위해 애굽으로 도망간 사람들이 많았는데, 그들은 그들 자신과 그들의 안전을 위해서 잘 피신하였다고 생각하였고, 비록 그들이 하나님의 명령을 어기고 피신하

긴 했지만 어쨌든 그들 자신을 위해서 현명하게 처신하였다고 자랑하였다. 이제 하나님께서는 포로로 잡혀간 자들을 경멸하는 눈으로 쳐다보았던 이 두 부류의 사람들에 대하여 여기에서 다음과 같이 경고하신다.

(1) 이미 포로 된 자들은 어느 한 지방에 정착하여 하나의 공동체를 이루어서 비록 포로 신세이긴 하지만 서로를 위로하며 살고 있지만, 그렇지 않은 자들은 뿔뿔이 흩어져서 세상 모든 나라 가운데로 옮겨져 거기에서 아는 사람도 없이 아무런 기쁨도 없는 삶을 살게 되리라는 것.

(2) 이미 포로 된 자들은 포로 생활이 결국 그들의 유익이 되겠지만, 그렇지 않은 자들은 모든 나라로 흩어져서 환난과 해(害)를 당하게 되리라는 것. 그들은 환난을 통해서 낮아지기는커녕 더욱 완악해져서 하나님께 가까이 나아가는 것이 아니라 도리어 더 멀어지게 될 것이다.

(3) 이미 포로 된 자들은 그들의 환난 가운데서 하나님의 은혜를 입는 영광을 누리게 되겠지만, 그렇지 않은 자들은 온 인류의 버림을 받는 수치를 당하게 되리라는 것. 그들에게 내가 쫓아 보낼 모든 곳에서 부끄러움을 당하게 하며 말거리가 되게 하리라. "이 자는 유대인만큼이나 거짓되고 교만하다"거나 "저 자는 유대인만큼이나 가련하고 비참하구나"라는 속담이 생길 것이다. 그들의 모든 이웃들은 그들과 그들에게 닥친 재난을 놀림감으로 삼을 것이다.

(4) 이미 포로 된 자들은 그들의 땅으로 돌아오게 되겠지만, 그렇지 않은 자들은 타국으로 뿔뿔이 흩어져서 다시는 그들의 땅을 보지 못할 것이고, 그 땅이 하나님이 그들의 조상들에게 주신 땅이라고 항변해 보았자 아무 소용이 없으리라는 것. 왜냐하면, 그들은 그 땅을 하나님으로부터 받았고, 하나님은 그들이 순종한다는 조건으로 그 땅을 그들에게 주신 것이기 때문이다.

(5) 이미 포로 된 자들의 앞날에는 더 좋은 시절이 기다리고 있는 반면에, 그렇지 않은 자들에게는 더 험악한 시절이 기다리고 있다는 것. 그들이 옮겨가는 곳마다 칼과 기근과 전염병이 그들을 뒤쫓아서 이내 그들을 덮칠 것이고, 그것들은 하나님의 명령으로 그들을 뒤쫓는 것이기 때문에 반드시 그들을 이길 것이다. 하나님은 공의를 피해 도망가는 자들에게 심판을 시행하기 위한 다양한 방법들을 가지고 계신다. 그들에게는 회개하고 삶을 고칠 때까지 하나의 심판을 피하였다고 하더라도 또 다른 심판을 만나게 되는 일이 계속해서 반복될 것이다.

　이 예언은 의심할 여지 없이 그 세대의 사람들에게서 성취되었겠지만, 우리가 여고냐가 포로로 잡혀갈 때와 시드기야가 포로로 잡혀갈 때의 뚜렷한 차이를 그 어디에서도 읽을 수 없는 것으로 보아서, 이 예언은 로마인들이 유대인들을 최종적으로 멸망시킨 사건을 모형적으로 보여주고 있는 것일 가능성이 높다. 이 사건이 일어났을 때, 믿는 자들은 돌보심을 받았지만, 계속해서 불신앙을 고집했던 자들은 세상의 모든 나라들로 흩어져서 조롱과 저주를 받았고, 그것은 오늘날까지 계속되고 있다.

제 25 장

개요

이 장에 나오는 예언에는 바로 앞의 여러 장들에 나오는 예언들보다 시기적으로 좀 앞선 연대 표시가 붙어 있는데, 이것은 이 예언들이 정확히 선포된 시기 순으로 배열되어 있지 않기 때문이다. 이 예언이 선포된 해는 느부갓네살 원년, 즉 여호와께서 칼을 빼어 갈기 시작하셨던 바로 그 해이다. 이 장에는 다음과 같은 내용들이 나온다. I. 예레미야를 비롯한 여러 선지자들이 지난 여러 해 동안 유다와 예루살렘을 향하여 선포하였던 예언들에 대한 개관. 그렇지만 백성들은 그 예언들에 눈길을 주지 않았기 때문에, 그 예언들은 백성들을 회개에 이르게 할 수 없었다(1-7절). II. 그들이 하나님을 멸시하고 계속해서 죄 가운데 있기 때문에 유다와 예루살렘이 바벨론 왕에게 멸망당할 것이라는 아주 분명한 경고(8-11절). 여기에 그들이 70년 후에 바벨론에서의 포로 생활로부터 구원을 받게 되리라는 약속이 덧붙여져 있다(12-14절). III. 주변의 여러 나라들이 느부갓네살에 의해 초토화되리라는 예언. 이것은 그 나라들에 쥐어진 "진노의 술잔"(15-28절), 그들 가운데 보내진 칼(29-33절), 황폐화된 목자들의 양떼와 초장(34-38절) 등을 통해서 표현되고 있다. 따라서 우리는 여기에서 심판이 하나님의 집에서 시작되지만 거기에서 끝나지 않는다는 것을 보게 된다.

[1] 유다의 왕 요시야의 아들 여호야김 넷째 해 곧 바벨론의 왕 느부갓네살 원년에 유다의 모든 백성에 관한 말씀이 예레미야에게 임하니라 [2] 선지자 예레미야가 유다의 모든 백성과 예루살렘의 모든 주민에게 말하여 이르되 [3] 유다의 왕 아몬의 아들 요시야 왕 열셋째 해부터 오늘까지 이십삼 년 동안 여호와의 말씀이 내게 임하기로 내가 너희에게 꾸준히 일렀으나 너희가 순종하지 아니하였느니라 [4] 그러므로 여호와께서 그의 모든 종 선지자를 너희에게 끊임없이 보내셨으나 너희가 순종하지 아니하였으며 귀를 기울여 듣지도 아니하였도다 [5] 그가 이르시기를 너희는 각자의 악한 길과 악행을 버리고 돌아오라 그리하면 나 여호와가 너희와 너희 조상들에게 영원부터 영원까지 준 그 땅에 살리라 [6] 너희는 다른 신을 따라다니며 섬기거나 경

배하지 말며 너희 손으로 만든 것으로써 나의 노여움을 일으키지 말라 그리하면 내가 너희를 해하지 아니하리라 하였으나 '너희가 내 말을 순종하지 아니하고 너희 손으로 만든 것으로써 나의 노여움을 일으켜 스스로 해하였느니라 여호와의 말씀 이니라

우리는 여기에서 유다가 하나님의 이름으로 유다의 모든 백성에게 전하였던(2절) 예언, 유다의 모든 백성에 관한 하나님의 메시지(1절)를 본다. 모든 사람의 관심사인 것은 모든 사람이 알아야 한다는 것을 명심하라. 하나님의 말씀, 특히 복음의 말씀처럼 모든 사람의 이해관계가 달린 말씀은 모든 사람에게 전해져야 하고, 될 수 있는 한 각 사람에게 구체적으로 전해져야 한다. 예레미야는 왕의 집에 보내졌고(렘 22:1), 그들이 모두 절기를 지키려고 예루살렘으로 올라와 있던 때에 이 메시지를 그들에게 담대하게 전했던 것 같다. 그 때에 그는 그들이 한데 모여 있었기 때문에 자기가 전하는 권면과 가르침을 잘 받아들일 수 있었으면 좋겠다는 소망을 품었을 것이다.

이 예언이 선포된 연대는 여호야김 제4년이자 느부갓네살 원년으로 되어 있다. 느부갓네살은 한동안 그의 부왕과 더불어서 공동 통치를 하고 있다가, 여호야김 제3년 말이 되어서야 단독으로 통치하기 시작하였다(단 1:1). 그러나 여호야김 제4년은 느부갓네살 원년이 끝나기 전에 시작되었다. 활동적이고 무모할 정도로 과감하며 호전적이었던 이 왕(느부갓네살)이 세계의 패자(覇者)를 향한 첫 걸음을 떼기 시작하고 있을 즈음에, 즉 세상 사람 중에서 어느 누구도 그 왕이 장차 점점 강성하여져서 열방들을 두려움에 떨게 만드는 일이 벌어질 것이고 그런 일이 이 세상을 다스리시는 하나님의 권능과 섭리에 대한 고찰 없이는 결코 해석될 수 없을 것임을 꿈에도 생각하지 못하고 있을 즈음에, 하나님은 그의 선지자를 통해서 그 왕이 그의 종이라는 것을 알리시고, 그가 그 왕을 무슨 일에 쓰시고자 하시는지를 암시하신다. 느부갓네살은 세상을 제패하는 군주(세계를 호령하는 전제군주)가 될 가망성이 별로 없어 보였지만, 하나님은 그 왕을 통해서 자신의 목적을 이루고자 하셨고, 그 일이 이루어지면 세상 사람들은 하나님이 자신의 주권(主權)과 선하심을 나타내기 위하여 어떻게 일을 이루어가시는지를 보게 될 것이었다.

우리는 이 메시지 속에서 하나님께서 이 백성을 깨우쳐 회개에 이르게 하기

위하여 얼마나 큰 고통을 참아 오셨는지를 볼 수 있고, 그런데도 그들이 회개하지 않는 것은 그들의 죄를 가중시키고 이제 그들을 심판하시려는 하나님이 의로우시다는 것을 보여주는 것임을 상기시키고 있는 것을 본다.

I. 예레미야는 그들 가운데서 23년 동안이나 끊임없이 말씀을 전하는 자로 있어 왔다. 그는 31년 동안 나라를 다스렸던 요시야 제13년에 사역을 시작해서 그 왕의 재위 기간 중에 대략 18년 내지 19년을 예언하였고, 그런 후에 여호아하스 시대를 거쳐, 지금 여호야김 시대에 4년 동안 활동을 하고 있는 중이었다. 우리가 얼마나 오랫동안 은혜의 수단들(또는, 방편들)을 누려 왔는지를 하나님은 세고 계신다는 것을 명심하라(우리가 세든 안 세든). 그리고 우리가 그 은혜의 수단들을 선용하지 않았다면, 누린 기간이 길면 길수록, 우리의 책임도 무거워질 것이다. 내가 삼 년(여기에서는 이십삼 년)을 와서 이 무화과나무에서 열매를 구하였다. 이 모든 날 동안에 이런 일이 있었다.

1. 하나님은 기회가 있을 때마다 끊임없이 그들에게 메시지를 보내 오셨다. "그 때부터 오늘까지 너희에게 전하라고 여호와의 말씀이 내게 임하였다." 그들에게는 이미 모세의 책들을 통해 그들에게 보내진 경고의 말씀이 풍부하게 있었지만, 그들은 그 책들을 제대로 존중하지 않았고 거기에 나온 말씀들을 그들의 삶에 적용하지 않았기 때문에, 하나님은 그 책들을 시행하고 그 책들의 내용을 좀 더 구체적으로 그들에게 적용하기 위해 그의 종들을 보냈다. 그러므로 그들에게는 변명의 여지가 있을 수 없었다. 이렇게 하나님의 영은 옛 세상 사람들에게 그러셨듯이 그들을 얻고자 무진 애를 쓰셨다(창 6:3).

2. 예레미야는 하나님의 이러한 메시지들을 충성스럽고 부지런하게 전하여 왔다. 그는 하나님과 그의 양심만이 아니라 자기 자신에게도 이 점을 떳떳하게 말할 수 있었다. 내가 너희에게 꾸준히 일렀고, 새벽부터 일어나서 너희에게 말씀을 전하였다. 그는 그들에게 하나님의 뜻과 그 계획을 남김없이 다 똑똑히 전하였다. 그는 그들을 이겨서 얻을 가능성이 가장 높은 방법들을 다 동원해서 그들에게 돌진하느라 심혈을 기울였고 많은 고통을 겪어 왔다. 사람들은 어떤 일에 모든 것을 걸고 전념할 때에 그 일을 하기 위해 꼭두새벽에 일어난다. 이것은 그의 머릿속은 이것에 대한 생각으로 가득 차 있었고, 그의 마음은 선을 행하는 데에 몰두해 있었기 때문에, 잠을 설치는 날이 많았고, 그들에게 선을 이룰 가능성이 가장 높은 길이 어느 길인지를 궁리해 내기 위해서 아침 일찍

일어났다는 것을 보여준다. 그가 새벽부터 일찍 일어난 것은 시간을 허비하지 않고자 했기 때문임과 동시에 사람들의 정신이 그래도 좀 건전하고 차분해져 있는 이른 시간, 그들에게 말씀을 전할 때에 가장 잘 받아들일 수 있을 것이라고 생각되는 그런 시간을 최대한 활용해 보고자 했기 때문이었다. 그리스도께서는 이른 아침에 말씀을 전하려고 성전에 가셨고, 백성들도 그의 말씀을 들으려고 이른 아침에 성전으로 갔다(눅 21:38). 아침 강의는 여러 가지 이점들을 가지고 있다. 여호와여 아침에 주께서 나의 소리를 들으시리니 아침에 내가 주께 기도하고 바라리이다(시 5:3).

II. 하나님은 예레미야 외에도 동일한 심부름을 하도록 다른 선지자들도 그들에게 보내셨었다(4절). 문서 선지자들 가운데서 미가, 나훔, 하박국은 그보다 약간 앞서 활동하였고, 스바냐는 그와 동시대에 활동하였다. 그러나 그들 외에도 백성들을 일깨우는 말씀을 전하고서도 기록으로 남겨놓지 않은 하나님의 종 선지자들이 많이 있었다. 여기에서는 하나님께서 친히 아침 일찍 일어나서 그들을 보내셨다고 말하고 있는데, 이것은 이 백성이 악한 길을 계속 가다가 죽지 말고 돌이켜서 살기를 바라시는 하나님의 마음이 얼마나 간절하였는지를 보여준다(겔 33:11).

III. 하나님이 그들에게 보내신 모든 메시지들은 다 목적이 있는 것이었고 대체로 동일한 취지의 것이었다(5-6절).

1. 선지자들은 모두 그들에게 그들이 잘못한 것들, 그들의 악한 길, 그들의 악행을 얘기해 주었다. 그들 가운데 잘못한 것이 하나도 없다는 듯이 그들이 듣기 좋은 말만을 들려주는 자들은 하나님이 보내신 자들이 아니었다.

2. 선지자들은 모두 특히 그들의 우상 숭배, 즉 그들이 다른 신들, 그들 손으로 만든 신들을 따라다니며 섬기거나 경배한 것을 책망하였는데, 이것은 하나님을 특별히 격노케 만든 죄였다.

3. 선지자들은 모두 그들에게 죄를 회개하고 삶을 고치라고 외쳤다. 너희는 각자의 악한 길을 버리고 돌아오라는 것이 선지자들이 부른 모든 노래의 후렴구였다. 민족의 구원을 위해서는 개개인이 구체적으로 자신의 삶을 고치는 것이 필요하다는 것이 역설되어야 한다는 것을 명심하라. 각자가 자기 자신의 악한 길에서 돌이켜야 한다. 각자가 자기 문 앞을 쓸지 않는다면, 거리는 깨끗해지지 않을 것이다.

4. 선지자들은 모두 그들이 그렇게만 한다면 반드시 그들의 평안함이 장구하리라고 단언하였다. 그들이 누렸던 긍휼들이 그들에게 계속될 것이다. "너희가 여호와가 너희와 너희 조상들에게 준 그 땅에 살겠고, 이 좋은 땅에서 편안하고 평화롭게 살게 될 것이다. 죄 외에는 그 어떤 것도 너희를 그 땅에서 쫓아내지 못할 것이고, 너희가 죄에서 돌이킨다면, 그런 일은 일어나지 않을 것이다." 그들이 두려워한 심판은 취소되어 너희에게 닥치지 않을 것이다. 나의 노여움을 일으키지 말라 그리하면 내가 너희를 해하지 아니하리라. 죄의 악(evil)으로 말미암아 하나님의 진노를 불러일으키지만 않는다면, 우리는 하나님으로부터 징벌의 재앙(evil)을 결코 받지 않을 것임을 명심하라. 하나님은 우리를 공정하게 대하시고, 이유 없이 그의 자녀를 징계하지 않으시며, 우리가 그를 진노케 하지 않는 한 우리를 슬프게 하지 않으신다.

IV. 그렇지만 이 모든 것이 아무 소용이 없었다. 그들은 자신의 삶을 고치고자 하지는 않고, 오직 하나님의 진노를 피할 방법만을 궁리하였다. 예레미야는 깊은 애정을 가지고서 아주 생생하게 말씀을 전하였지만, 그들은 그가 전하는 말씀에 귀를 기울이지도 않았고 순종하지도 아니하였다(3절). 다른 선지자들도 그들에게 신실하게 말씀을 전하였지만, 그들은 순종하지 아니하였고, 또한 귀를 기울여 듣지도 아니하였다(4절). 그들에게 선포되었던 모든 죄들 가운데서 우상 숭배의 죄는 하나님을 지극히 노엽게 만들고 하나님의 공의를 불러들인 죄였지만, 그들은 의도적으로 고집을 부리며 그런 죄를 계속해서 저질렀다. 너희가 너희 손으로 만든 것으로써 나의 노여움을 일으켜 스스로 해하였느니라. 하나님의 진노를 불러일으키는 것은 우리 자신에게 해가 되는 것임이 결국 밝혀질 것이고, 그 책임은 전적으로 우리에게 있다는 것을 명심하라. 이스라엘아 네가 스스로 패망하였도다.

8그러므로 만군의 여호와께서 이와 같이 말씀하시니라 너희가 내 말을 듣지 아니하였느니라 9보라 내가 북쪽 모든 종족과 내 종 바벨론의 왕 느부갓네살을 불러다가 이 땅과 그 주민과 사방 모든 나라를 쳐서 진멸하여 그들을 놀람과 비웃음 거리가 되게 하며 땅으로 영원한 폐허가 되게 할 것이라 여호와의 말씀이니라 10내가 그들 중에서 기뻐하는 소리와 즐거워하는 소리와 신랑의 소리와 신부의 소리와 맷돌 소리와 등불 빛이 끊어지게 하리니 11이 모든 땅이 폐허가 되어 놀랄 일이 될 것이며 이 민족들은 칠십 년 동안 바벨론의 왕을 섬기리라 [12]여호와의 말씀이니라 칠십 년이 끝나면 내가 바벨론의 왕과 그의 나라와 갈대아인의 땅을 그 죄악으로 말미암아 벌하여 영원히 폐허가 되게 하되 [13]내가 그 땅을 향하여 선언한 바 곧 예레미야가 모든 민족을 향하여 예언하고 이 책에 기록한 나의 모든 말을 그 땅에 임하게 하리라 [14]그리하여 여러 민족과 큰 왕들이 그들로 자기들을 섬기게 할 것이나 나는 그들의 행위와 그들의 손이 행한 대로 갚으리라

이 단락에는 앞에서의 고소를 토대로 한 선고가 나온다. "너희가 내 말을 듣지 아니하였기 때문에, 내가 너희에게 다른 조치를 취할 수밖에 없다"(8절). 사람들이 하나님의 입에서 나오는 심판의 말씀을 주목하고자 하지 않는다면, 그들은 하나님의 손에서 나오는 심판을 몸으로 느끼고 하나님이 휘두르시는 회초리 소리를 들어야 할 것인데, 이것은 다 그들이 하나님의 말씀을 듣고자 하지 않았기 때문임을 명심하라. 죄인에게는 자신의 죄에서 떠나거나 그 죄 속에서 죽는 것 외에 다른 길은 없다. 하나님의 진노는 죄를 짓고도 회개하지 않는 자들에게만 인정사정 봐주지 않고 임할 것이다. 사람들을 파멸시키는 것은 그들이 곁길로 갔다는 것 자체라기보다는 그들이 돌이키지 않았다는 것이다.

I. 하나님께서 바벨론 왕이 군대를 동원해서 유다 땅을 멸망시키기로 작정하심(9절). 하나님은 그들에게 그의 종 선지자들을 보내셨지만, 이 백성들은 그들이 전하는 말씀에 귀를 기울이지 않았기 때문에, 하나님은 그의 사자(使者)를 보내셔서, 그들이 그의 종 선지자들에게 했던 것과 같이 조롱하거나 멸시하거나 박해할 수 없는 그의 종 바벨론의 왕을 부르실 것이다. 하나님은 그의 긍휼의 사자들을 받아들이고자 하지 않는 자들에게 그의 진노의 사자들을 보내실 것임을 명심하라. 하나님은 이런저런 방법으로 사람들이 그의 말씀에 귀를 기울이지 않을 수 없게 만드셔서 그가 여호와이신 줄을 알게 하실 것이다. 느부갓네살은 참 하나님이자 이스라엘의 하나님이신 분을 모르는 자, 아니 사실은 하나님의 원수이고 나중에는 하나님의 경쟁자가 될 자였지만, 어쨌든 지금은 하나님의 뜻을 이루는 데에 쓰임받을 하나님의 종, 하나님의 백성을 징계하기 위해 하나님의 손에 들린 도구로서 이 땅을 침공할 것이었다. 그는 자신의 목적을 위해 일하고 있다고 생각했지만, 사실은 하나님의 뜻을 이루는 역할을

하고 있었다. 그러므로 하나님께서 여기에서 자기 자신을 만군의 여호와라고 부르는 것은 지극히 옳다(8절). 왜냐하면, 여기에 그가 그의 뜻대로 사용하시기 위해 만드신 이 땅의 주민들만이 아니라 세상의 모든 군대에 대한 그의 주권적 통수권(統帥權)을 보여주는 예가 나오기 때문이다. 하나님은 이 땅의 모든 사람들과 군대들을 마음대로 부리신다. 아무리 강력하고 절대적인 군주들이라고 해도 그들은 하나님의 종들이다. 진노의 도구인 느부갓네살은 긍휼의 도구인 고레스와 마찬가지로 진정으로 하나님의 종이다. 유다 땅을 황폐화시키기 위하여 하나님은 여기에서 그 일을 담당할 그의 군대를 소집하여 집결시키는데, 북쪽 모든 종족을 불러다가 그의 지휘를 따라 이 땅을 쳐서 유다와 예루살렘을 멸망시키는 데에 성공을 거두게 하실 뿐만 아니라, 사방 모든 나라를 쳐서 진멸시켜서, 이 백성이 이 위협적인 적에 대항하기 위하여 원군을 청하고자 하여도 그들이 기대고 의지할 자가 아무도 없게 될 것이다.

이 땅과 주변의 모든 땅이 철저하게 파괴된 모습이 여기에서 묘사된다(9-11절). 그 멸망은 철저한 것이 될 것이다. 이 모든 땅이 황폐화될 뿐만 아니라 폐허 자체로 변해 버릴 것이다. 도시나 농촌이나 할 것 없이 모두 다 황폐화될 것이고, 도시나 농촌의 모든 재물이 원수의 먹잇감이 될 것이다. 그 황폐화는 길어져서 영원히 폐허가 될 것이다. 그 온 땅은 너무도 오랫동안 폐허로 남아 있을 것이고, 아무리 기다려도 소생(蘇生)의 기미가 보이지 않아서, 사람들은 누구나 그 땅을 영원한 폐허라 부르게 될 것이다. 그들의 온 땅이 폐허로 변하면서 주변 나라들 가운데서의 그들의 평판도 폐허가 되어 버릴 것이다. 그 온 땅의 황폐화로 그들의 존귀함은 티끌 속에 묻히고, 그들은 놀램과 비웃음을 당하게 될 것이다. 사람들은 이 모습을 보고서 눈이 휘둥그레져서, 이 백성이 그들에게 멸망을 가져줄 것이 틀림없었던 사기꾼들을 따라가기 위해서 그들의 확실한 보호자가 되어 주었을 하나님을 버리더니 이런 꼴을 당했다고 혀를 끌끌 차며 그들에게 손가락질 할 것이다.

또한, 온 땅이 폐허가 되면서 그들 가운데 있던 그들의 온갖 위로와 낙(樂)도 폐허가 되어 버릴 것이다. 이제 그들의 온갖 즐거움도 이것으로 마지막이 될 것이다. 내가 그들 중에서 기뻐하는 소리와 즐거워하는 소리가 끊어지게 하고, 그들로 하여금 더 이상 노래할 기분이 나지 않아서 그들의 수금을 버드나무에 걸어놓게 만들 것이다. 내가 그들 중에서 기뻐하는 소리와 즐거워하는 소리가 끊어지게 할 것이다. 그들에게는 기뻐할 일도 없을 것이고 즐거워할 마음도 생기지 않을 것이다. 그들은 하나님의 말씀의 소리를 듣고자 하지 않았다. 그러므로 기뻐하는 소리가 그들 가운데서 더 이상 들리지 않게 될 것이다. 그들에게 양식도 끊어지게 될 것이다. 맷돌 소리가 들리지 않을 것이다. 왜냐하면, 적군이 그들의 곳간을 약탈할까봐 그들은 맷돌 소리를 작게 내야 할 것이기 때문이다(전 12:4). 온갖 일들도 끊어질 것이다. 등불을 밝혀 놓고 해야 할 일이 없어져서, 등불 빛이 보이지 않게 될 것이다.

끝으로, 그들은 자유를 박탈당하게 될 것이다. 이 민족들은 칠십 년 동안 바벨론의 왕을 섬기리라. 그들이 포로 생활을 하게 될 기한을 이렇게 못 박아둔 것은 이 예언의 내용이 정확히 맞아 떨어졌을 때에 이 예언이 하나님으로부터 나온 것임을 확증하는 데에도 아주 유익할 것이었고(인간의 지혜로는 이렇게 정확히 그 기한까지 내다본다는 것이 불가능하다), 이러한 재난 가운데서 하나님의 백성이 위로를 받고 그들의 믿음과 기도를 격려하는 데에도 아주 유익할 것이었다. 그 자신이 선지자였던 다니엘도 이 기한을 주시하였다(단 9:2). 아니, 하나님께서 직접 이 기한을 주시하고 계셨다(대하 36:22). 왜냐하면, 하나님은 예레미야의 입을 통해서 전하신 말씀을 이루시기 위하여 고레스 왕의 마음을 감동시키셨기 때문이다. 하나님은 그의 모든 일들을 예로부터 알게 하신다. 이 말씀을 통해서 우리가 알 수 있는 것은 하나님께서 합당하다고 생각하시면 그의 일들을 그의 종 선지자들에게 알게 하시고 그들을 통해서 그의 교회에 알게 하신다는 것이다.

Ⅱ. 바벨론의 멸망이 오래 전에 이사야에 의해서 예언되었던 것과 마찬가지로 여기에서도 마침내 예언된다(12-14절).   징계하는 일이 다 끝났을 때에는 징계를 위해 사용하였던 멸망시키는 자들은 다 멸망받을 것이고 회초리는 불 속에 던져지게 될 것이다. 칠십 년이 끝나면 이런 일이 행해질 것이다. 왜냐하면, 바벨론이 멸망해야 포로 된 유대인들이 구원을 받을 수 있을 것이기 때문이다. 이 칠십 년의 기한이 시작되었을 당시에는 과연 그런 일이 일어날 수 있을까 하는 의구심이 컸었다. 이 기한의 시점(始點)과 관련해서 어떤 이들은 여호야김 제4년, 곧 느부갓네살 원년에 이 백성들이 포로로 끌려간 해를 첫 해로 삼고, 어떤 이들은 그 때로부터 8년 후에 여호야긴이 포로로 끌려간 해를 기산점으로 삼는다. 나는 전자의 견해에 끌린다. 왜냐하면, 그 때부터 여러 나라들

이 바벨론의 왕을 섬기기 시작하였고, 또한 하나님은 애굽에서의 400년 동안의 종살이를 계산하실 때에 보여주셨듯이 통상적으로 긍휼의 약속을 속히 이루시고자 빠른 연대를 취하시기 때문이다. 이렇게 본다면, 예루살렘과 성전이 시드기야 제11년에 거의 다 파괴되는 일이 일어나기 전에 이미 18년 내지 19년의 기간이 지난간 셈이 된다. 기간 계산을 어떻게 해야 하는지와는 상관 없이, 하나님께서 시온에게 은혜를 베푸시기로 정하신 때가 이르면, 바벨론의 왕은 벌을 받게 될 것이고, 하나님은 그가 저지른 온갖 폭정에 대하여 책임을 물으실 것이다. 다른 나라들이 각자의 죄악으로 인하여 벌을 받았듯이, 그 때가 되면 그 나라는 그들의 죄악으로 말미암아 벌을 받게 될 것이다. 그들이 다른 땅들을 영원한 폐허가 되게 만들었듯이, 그 때가 되면 그 나라는 영원한 폐허로 변하게 될 것이다. 왜냐하면, 세상을 심판하시는 이는 만국의 왕이자 성도들의 왕으로서 정의를 행하심과 동시에 불의에 대하여 복수하실 것이기 때문이다. 교만한 정복자들과 압제자들은 승승장구할 때에 그들의 권력을 절제하여 사용하여야 한다. 왜냐하면, 언젠가는 거꾸로 그들이 그런 정복과 압제를 당할 차례가 올 것이기 때문이다. 그들의 날, 하나님이 그들을 벌하실 날이 임할 것이다. 메대인과 바사인(페르시아인)에 의해서 이루어질 이 바벨론의 멸망은 다음과 같은 것들에 의거해서 이루어질 것이다.

1. 하나님께서 이미 말씀하신 것들. 내가 나의 모든 말을 그 땅에 임하게 하리라. 왜냐하면, 하나님의 말씀의 일점이나 일획이 땅에 떨어지는 것이 아니라 하나님이 미리 말씀하신 것들이 다 옳다는 것을 입증하기 위하여 바벨론의 모든 재물과 명예가 희생제물이 될 것이고, 바벨론의 모든 권력이 무너질 것이기 때문이다. 다른 나라들이 갈대아인들에 의해서 멸망을 당할 것이라고 예언하였던 예레미야는 갈대아인들의 멸망도 예언하였다(13절). 하나님께서 내가 나의 종의 말을 세워 주며 나의 사자들의 계획을 성취하게 하리라(사 44:26)고 말씀하신 것은 바로 이일과 관련된 것이었다.

2. 그들이 행한 대로(14절). 나는 그들의 행위대로 갚으리라. 그들은 하나님의 율법을 범하는 일들을 행하였을 뿐만 아니라, 그들이 하나님의 뜻을 이루는 데에 쓰임받을 때에도 그랬다. 그들은 많은 나라들로 하여금 그들을 섬기게 만들었고, 상상하기 힘든 오만방자함으로 그 나라들을 짓밟았다. 그러나 그들의 죄악의 분량이 차면, 바사의 고레스 왕과 연합한 여러 민족과 큰 왕들이 그들로 자

기들을 섬기게 할 것이고, 그들의 땅을 지배할 것이며, 그들에게서 약탈한 재물로 부해질 것이고, 고레스 왕은 그들을 발등상으로 삼아서 온 세상의 군주로 등극할 것이다. 고레스 왕과 그 연합국의 왕들은 그들을 종과 군사로 사용할 것이다. 사로잡아 가던 자가 사로잡혀 가게 되리라.

[15]이스라엘의 하나님 여호와께서 이같이 내게 이르시되 너는 내 손에서 이 진노의 술잔을 받아가지고 내가 너를 보내는 바 그 모든 나라로 하여금 마시게 하라 [16]그들이 마시고 비틀거리며 미친 듯이 행동하리니 이는 내가 그들 중에 칼을 보냈기 때문이니라 하시기로 [17]내가 여호와의 손에서 그 잔을 받아서 여호와께서 나를 보내신 바 그 모든 나라로 마시게 하되 [18]예루살렘과 유다 성읍들과 그 왕들과 그 고관들로 마시게 하였더니 그들이 멸망과 놀램과 비웃음과 저주를 당함이 오늘과 같으니라 [19]또 애굽의 왕 바로와 그의 신하들과 그의 고관들과 그의 모든 백성과 [20]모든 섞여 사는 민족들과 우스 땅의 모든 왕과 블레셋 사람의 땅 모든 왕과 아스글론과 가사와 에그론과 아스돗의 나머지 사람들과 [21]에돔과 모압과 암몬 자손과 [22]두로의 모든 왕과 시돈의 모든 왕과 바다 건너쪽 섬의 왕들과 [23]드단과 데마와 부스와 살쩍을 깎은 모든 자와 [24]아라비아의 모든 왕과 광야에서 섞여 사는 민족들의 모든 왕과 [25]시므리의 모든 왕과 엘람의 모든 왕과 메대의 모든 왕과 [26]북쪽 원근의 모든 왕과 지면에 있는 세상의 모든 나라로 마시게 하니라 세삭 왕은 그 후에 마시리라 [27]너는 그들에게 이르기를 만군의 여호와 이스라엘의 하나님의 말씀에 너희는 내가 너희 가운데 보내는 칼 앞에서 마시며 취하여 토하고 엎드러져 다시는 일어나지 말아라 하셨느니라 [28]그들이 만일 네 손에서 잔을 받아 마시기를 거절하거든 너는 그들에게 이르기를 만군의 여호와께서 말씀하시기를 너희가 반드시 마셔야 하리라 [29]보라 내가 내 이름으로 일컬음을 받는 성에서부터 재앙 내리기를 시작하였은즉 너희가 어찌 능히 형벌을 면할 수 있느냐 면하지 못하리니 이는 내가 칼을 불러 세상의 모든 주민을 칠 것임이라 하셨다 하라 만군의 여호와의 말씀이니라

선지자는 여기에서 술잔이 한 순배 돌아서 거기에 모인 모든 자들이 다 마신다는 비유를 통해서 지금 왕위에 올라서 행동을 개시하기 시작한 느부갓네살이 하나님의 심판의 도구가 되어 유다 땅과 그 주변 나라들을 황폐화시키고, 결국에는 갈대아인들 자신의 땅도 황폐화하게 되리라는 것을 보여준다.

환상 속에 나오는 술잔은 하나님의 심판을 이루는 칼이 될 것이다. 본문에서는 그렇게 설명하고 있다(16절): 그것은 내가 그들 중에 보낼 칼, 누구도 거역할 수 없을 만큼 강하고 무자비하게 잔인한 전쟁의 칼이다.

I. 이 심판과 관련된 여러 가지 상황들.

1. 이 멸망시키는 칼은 어디에서 오는가 — 하나님의 손에서. 그것은 하늘에서 족하게 마신(사 34:5) 여호와의 칼(렘 47:6)이다. 악한 자들은 하나님의 칼로 사용된다(시 17:13). 그것은 하나님의 진노의 술잔이다. 이 심판을 보내시는 것은 하나님의 의로운 분노이다. 열방들은 그들의 죄로 말미암아 하나님을 진노케 하여 왔기 때문에 하나님의 진노로 말미암아 벌을 받아야 한다. 이 벌은 사람을 취하게 만드는 어떤 술에 비유되는데, 그들은 옛날에 사형 선고를 받은 범죄자들에게 종종 사약을 내려서 강제로 마시게 하여 그 형을 집행했던 것처럼 이 술잔을 받아서 술을 강제로 마시게 될 것이다. 성경에서는 악인들이 전능자의 진노를 마시게 될 것이라고 말한다(욥 21:20; 계 14:10). 그들이 이 세상에서 환난에 휩쓸리게 되는 것은 불순물로 가득 찬 포도주 잔의 앙금들이라는 비유를 통해서 표현된다(시 75:8). 시편 11:6을 보라. 이 세상에서 하나님의 진노는 단지 잔에 불과하지만, 저 세상에서 하나님의 진노는 차고 넘치는 강물이 될 것이다.

2. 이 칼은 누구의 손에 의해서 그들에게 보내지는가 — 하나님의 선고는 여러 나라 위에 재판관으로 세움을 입은 예레미야의 손에 의해서(렘 1:10) 그들에게 전달될 것이고, 그 집행은 느부갓네살의 손에 의해서 이루어질 것이다. 그러므로 하나님과의 관계 속에서 본다면, 여기에서는 이 보잘것없어 보이는 선지자가 저 강력한 군주보다 훨씬 더 위대한 인물로 묘사되고 있는 것이다 — 세상 사람들의 눈에는 이 두 사람의 모습이 정반대로 비치겠지만. 예레미야는 하나님의 손에서 술잔을 받아서 열방들에게 그것을 마시게 하여야 한다. 그는 하나님이 그에게 예언하라고 정해 주신 것 외에는 그들에게 그 어떤 화(禍)도 예언하지 않는다. 그리고 하나님의 권위에 의해서 예언된 것들은 하나님의 능력에 의해서 반드시 이루어진다.

3. 이 칼은 누구에게 보내지는가 — 이스라엘과 알고 지냈고 서로 교류하였던 모든 나라들에. 예레미야는 이 술잔을 받아서 그 모든 **나라로 하여금 마시게 하였다.** 즉, 그는 여기에 언급된 각각의 나라들에 대하여 그들이 장차 임할 모

든 것을 황폐시키는 이 큰 심판을 받게 될 것이라고 예언하였다. 예루살렘과 유다 성읍들에 대한 심판이 가장 먼저 언급된다(18절). 왜냐하면, 하나님의 집에서, 곧 성소에서(겔 9:6) 심판이 시작될 것이기 때문이다(벧전 4:17). 느부갓네살이 예루살렘과 유다를 이 원정의 주된 타격 대상으로 삼았는지는 분명하게 나타나 있지 않지만, 아마도 그랬을 것이다. 왜냐하면, 예루살렘과 유다는 여기에 언급된 그 어느 나라 못지않게 무시할 수 없는 대단한 존재였기 때문이다. 하지만 하나님은 일차적으로 예루살렘과 유다를 주시하고 계셨다. 그리고 예레미야가 전한 예언 중에서 이 부분은 이미 성취되기 시작하고 있었는데, 이것은 본문의 삽입구에 나오는 암울한 표현(오늘과 같으니라)이 잘 보여준다. 왜냐하면, 여호야김 제4년에 상황은 극히 안 좋아져서 나라의 모든 토대들이 다 무너져 내리고 있었기 때문이다. 애굽의 왕 바로가 바로 다음에 나오는데, 이것은 유대인들이 그 상한 갈대를 믿고 의지했기 때문이었다(19절). 유다 사람들 중 일부가 애굽으로 피신하였고, 거기에서 예레미야는 특히 그 나라의 멸망을 예언하였다(렘 43:10-11). 가나안 땅에서 유다와 인접해 있었던 그 밖의 다른 모든 나라들은 예루살렘을 위하여 이 쓴 잔, 이 두려워 떨게 하는 잔으로 축배를 들어야 한다. 모든 섞여 사는 민족들(즉 아라비아 사람들 또는 이 나라 저 나라를 떠돌며 약탈로 살아가는 자들), 에돔인들의 나라에 붙어 있던 우스 땅의 모든 왕들도 거기에 포함되어 있다. 블레셋 사람들은 오랫동안 이스라엘을 괴롭혀 왔지만, 이제 그들의 성읍과 왕들은 이 강력한 정복자의 먹잇감이 될 것이다. 에돔, 모압, 암몬, 두로, 시돈은 이스라엘과 접해 있던 유명한 지역들이었다. 바다 건너쪽(또는, 바다 옆의) 섬들은 지중해에 있던 페니키아와 수리아의 여러 섬들을 가리키는 것으로 추정된다. 드단을 비롯한 여러 지방들(23-24절)은 이두매와 아라비아 사막 지역에 있었던 것으로 보인다. 메대와 인접해 있던 엘람은 페르시아인들의 나라로서 당시에는 힘 없는 작은 나라에 불과해 보였지만, 나중에는 그들 자신과 그들의 모든 이웃 나라들을 위하여 바벨론을 응징할 수 있는 나라로 강대해진다. 바벨론에 가까이 있거나 조금 멀리 떨어져 있던 북쪽의 왕들은 머지않아 느부갓네살의 승승장구하는 칼날 앞에 먹잇감이 될 것이었다. 아니, 느부갓네살은 믿을 수 없을 정도로 질풍노도처럼 내달려 가는 곳마다 승리를 거두어서 당시에 알려져 있던 세상의 모든 나라들을 집어삼키고 자신의 야망의 희생물로 삼을 것이다. 마찬가지로, 알렉산더 대왕은 천하를 정복했다고 말해지고, 로마 제국은 천하라 불린다(눅 2:1). 또는, 이 본문은 세상의 모든 나라들의 운명을 쭉 읽어내려간 것으로 해석될 수도 있다. 이 나라들은 이런저런 때에 전쟁의 무시무시한 결과를 느끼게 될 것이다. 사람들의 정욕이 그들의 지체 중에서 싸움을 벌이는 한(약 4:1), 세상은 예나 지금이나 이런 전쟁의 참화를 겪을 수밖에 없다. 그러나 정복자들도 정복당한 자들 속에서 그들의 장래의 운명을 보게 될 것이다. 세삭의 왕은 그 후에 마시리라. 즉, 모든 나라들에게 온갖 고통과 참담함을 안겨주었던 바벨론 왕도 결국에는 스스로 그러한 고통과 참담함을 맛보게 되리라는 것이다. 여기에서 세삭이 바벨론을 가리킨다는 것은 예레미야 51:41을 보면 분명하게 드러난다(슬프다 세삭이 함락되었도다 온 세상의 칭찬 받는 성읍이 빼앗겼도다 슬프다 바벨론이 나라들 가운데에 황폐하였도다). 그러나 세삭이 바벨론의 또 다른 이름이었는지, 아니면 바벨론 제국의 또 다른 성읍이었는지는 확실하지 않다. 바벨론의 멸망이 예언된다(12-13절). 바벨론이 그토록 많은 나라들을 멸망시키는 장본인이 되리라는 이 예언 속에서 바벨론이 멸망하리라는 예언이 다시 한 번 반복되어 나오는 것은 아주 적절하다.

4. 이 칼이 보내진 결과는 무엇인가. 이 칼이 이 모든 나라들을 황폐화시키는 것은 술을 많이 마시고 취한 결과로 묘사된다(16절). 그들이 마시고 비틀거리며 미친 듯이 행동하리라. 그들이 마시며 취하여 토하고 엎드러져 다시는 일어나지 못하게 되리라(27절). 우리는 이 일을 교훈으로 삼아서 다음과 같이 하여야 한다.

(1) 우리는 술 취하는 죄를 혐오하여야 한다. 왜냐하면, 하나님께서는 술 취한 사람들이 보여주는 행동들을 인격이 파탄이 난 비참한 상태를 나타내는 데에 사용하고 계시기 때문이다. 술에 취하게 되면, 사람들은 일시적으로 이성을 잃고 미친 상태가 된다. 또한, 술에 취하게 되면 병이 들고 그 병이 골수까지 침투하여 생명을 위독하게 만들어서, 사람들은 이성 다음으로 아주 소중한 축복인 건강을 빼앗기게 된다. 술에 취한 사람들은 흔히 엎드러져 다시는 일어나지 못한다. 죄 자체가 그대로 벌이 된 셈이다. 시도 때도 없이 포도주나 독주를 마시고서 곤드레만드레 취하여 미친 사람처럼 넋을 놓은 자들은 얼마나 비참한 모습인가.

(2) 우리는 전쟁의 심판을 두려워하여야 한다. 하나님께서 어떤 나라를 황

페화시키겠다고 하시면서 그 나라에 칼을 보내시면, 그 나라는 곧 술 취한 사람처럼 전쟁 소식에 당황하여 어쩔 줄 모르고 허둥대기 시작한다. 그 나라의 모사(謀士)들은 거의 미쳐서 정신이 나가 어쩔 줄을 모르고, 그들이 취하는 모든 조치들이나 움직임들이 비틀거리며, 끊임없는 초조함으로 마음에 병이 나고, 그들이 탐욕스럽게 삼켰던 재물을 토하며(욥 20:15), 적 앞에서 엎드러지고, 술에 만취한 사람처럼 다시는 일어나지 못하거나 스스로 어떻게 할 수 없게 된다(합 2:16).

5. 이 심판의 이유와 의심할 여지 없는 확실성(28-29절). 그들은 네 손에서 잔을 받아 마시기를 거절할 것이다. 그들은 그러한 심판이 임할 것이라는 말에 질색을 할 뿐만 아니라 그런 심판이 임하리라는 것 자체를 믿기를 싫어할 것이다. 그들은 예레미야를 하찮게 생각하기 때문에 그가 한 예언을 신뢰하지 않을 것이다. 그러나 그는 그들에게 이것이 만군의 여호와의 말씀이고 여호와께서 그렇게 말씀하셨다고 분명하게 말해 주어야 한다. 그들이 전능자와 싸워 보아야 아무 소용이 없다. 너희가 반드시 마셔야 하리라. 그는 그들에게 그 이유를 설명해 주어야 한다. 지금은 징벌하실 때이고 결산해야 할 날이다. 예루살렘은 이미 결산하도록 부르심을 받은 상태이다. 그들과 나의 관계가 그들이 벌 받는 것을 면제받는 사유가 될 수는 없다. 너희가 어찌 형벌을 면할 수 있겠느냐. 결코 그럴 수 없다. 푸른 나무에도 이같이 하거든 마른 나무에는 어떻게 되리요. 하나님께서 그들 속에 어느 정도 선한 것을 지니고 있는 자들을 그들에게서 악이 발견되었다고 하여 이토록 심하게 벌하신다면, 그들 가운데 선한 것이 없고 더 악한 죄들을 저지른 자들이 어떻게 벌을 피하기를 기대할 수 있겠는가? 예루살렘이 이방 나라들의 우상 숭배를 배웠다는 죄목으로 벌을 받는다면, 그 원조격인 이방 나라들이 어찌 벌을 받지 않겠느냐? 그들도 의심할 여지 없이 벌을 받게 될 것이다. 내가 칼을 불러 세상의 모든 주민을 칠 것이다. 왜냐하면, 그들은 예루살렘의 주민들이 방탕하고 타락하는 데에 한 몫을 하였기 때문이다.

II. 이 일 전체를 통해서 우리가 주목해 보아야 할 것들.

1. 이 세상을 판단하시고 심판하시는 하나님이 계시고, 세상의 모든 나라들은 하나님 앞에 책임을 져야 하며, 그의 판단을 받아야 한다는 것.

2. 하나님은 인구가 많고 힘이 강한 큰 나라들, 그래서 아주 안심하고 있는 나라들도 얼마든지 쉽게 멸망시킬 수 있으시다는 것.

3. 하나님의 백성을 괴롭히고 해악을 가한 자들은 결국 그 때문에 벌을 받게 되리라는 것. 이 나라들 중 다수가 이스라엘을 번갈아 가며 괴롭혀 왔었는데, 이제 그들에게 멸망이 임하게 될 것이다. 구속의 해, 시온의 송사를 위하여 신원하시는 해가 올 것이다.

4. 여호와의 엄중한 말씀은 마침내 그의 심판의 엄중한 말씀이 되리라는 것. 이사야는 오래 전에 이 모든 나라들 중 대다수를 쳐서 예언하였었는데(사 13장 이하), 이제 마침내 그의 모든 예언들이 완전히 성취될 것이다.

5. 권력과 통치에 야심이 있는 자들은 보통 이 세상에 괴로움을 가져다 주는 자들, 자기 세대의 전염병 같은 자들이 된다는 것. 느부갓네살은 자신의 힘을 아주 자랑스러워하였고 정의감은 없었다. 그런 자들은 세상을 뒤집어 엎어 놓고서 존경받고 칭송받고자 하는 자들이다. 알렉산더 대왕은 스스로는 위대한 군주라 생각하였지만, 다른 사람들은 그를 악명 높은 약탈자 이상으로 생각하지 않았다.

6. 이 세상에서 제아무리 부귀영화를 누려도 그것은 오래 가지 못한다는 것. 왕들은 느부갓네살의 더 큰 힘 앞에서 굴복하고 포로가 될 수밖에 없었다.

[30]그러므로 너는 그들에게 이 모든 말로 예언하여 이르기를 여호와께서 높은 데서 포효하시고 그의 거룩한 처소에서 소리를 내시며 그의 초장을 향하여 크게 부르시고 세상 모든 주민에 대하여 포도 밟는 자 같이 흥겹게 노래하시리라 [31]요란한 소리가 땅 끝까지 이름은 여호와께서 뭇 민족과 다투시며 모든 육체를 심판하시며 악인을 칼에 내어 주셨음이라 여호와의 말씀이니라 [32]만군의 여호와께서 이와 같이 말씀하시니라 보라 재앙이 나서 나라에서 나라에 미칠 것이며 큰 바람이 땅 끝에서 일어날 것이라 [33]그 날에 여호와에게 죽임을 당한 자가 땅 이 끝에서 땅 저 끝에 미칠 것이나 그들을 위하여 애곡하는 자도 없고 시신을 거두어 주는 자도 없고 매장하여 주는 자도 없으리니 그들은 지면에서 분토가 되리로다 [34]너희 목자들아 외쳐 애곡하라 너희 양 떼의 인도자들아 잿더미에서 뒹굴라 이는 너희가 도살 당할 날과 흩음을 당할 기한이 찼음인즉 너희가 귀한 그릇이 떨어짐 같이 될 것이라 [35]목자들은 도망할 수 없겠고 양 떼의 인도자들은 도주할 수 없으리로다 [36]목자들이 부르짖는 소리와 양 떼의 인도자들이 애곡하는 소리여 여호와가 그들의 초장을 황폐하게 함이로다 [37]평화로운 목장들이 여호와의 진노하시는 열기 앞에서 적막하게 되

리라 [38]그가 젊은 사자 같이 그 굴에서 나오셨으니 그 호통치시는 분의 분노와 그의 극렬한 진노로 말미암아 그들의 땅이 폐허가 되리로다 하시니라

우리는 이 단락에서 바벨론 왕이 그의 군대를 이끌고 와서 예루살렘 주변의 모든 나라들과 지방들을 황폐화시키는 무시무시한 장면에 관한 추가적인 묘사를 본다. 하나님은 예루살렘에 그의 성전을 세우셨다. 거기에는 하나님의 말씀과 규례들이 있었고, 만약 이웃 나라들이 거기에 와서 그런 것들에 참여하였다면 그들은 유익을 얻었을 것이었다. 그들이 거기에 와서 하나님을 아는 지식과 그들의 본분을 배웠더라면 그들은 그들이 예루살렘 곁에서 이웃으로 살게 된 것을 하나님께 감사했을 것이다. 그러나 그들은 그렇게 하기는커녕 도리어 기회가 있을 때마다 그 거룩한 도성을 방탕으로 이끌어 타락시키고 훼손하였기 때문에, 하나님은 이방 나라들의 길을 많이 배웠다는 죄목으로 예루살렘을 벌하러 오실 때에 예루살렘의 길을 거의 배우지 않았다는 죄목으로 이방 나라들도 벌하실 것이다.

그들은 느부갓네살이 그들을 침공해 오리라는 것을 곧 알게 될 것이다. 그러나 선지자는 여기에서 그들과 전쟁을 벌이시는 분은 하나님 자신, 그 누구도 다툴 자가 없으신 바로 그 하나님이 그들을 치러 오시는 것이라고 그들에게 전하라는 지시를 받는다.

1. 전쟁이 선포됨(30절). 여호와께서 높은 데서 포효하시리라. 그가 시온 산과 예루살렘(욜 3:16; 암 1:2)이 아니라 하늘, 곧 하늘에 있는 그의 거룩한 처소에서 포효하실 것이다. 왜냐하면, 지금은 예루살렘이 포효하시는 하나님의 심판의 대상들 중 하나가 되었기 때문이다. 그가 저 위에 있는 그의 처소에서 이 땅에 있는 그의 처소를 향하여 크게 포효하시리라. 하나님은 오랫동안 침묵하여 오셨고, 열방들의 악을 모르시는 것 같아 보였다. 열방들이 하나님을 잘 알지 못하던 시대에는 하나님이 그들의 악을 못 본 체하며 간과하셨다. 그러나 이제 하나님은 세상 모든 주민에 대하여 전투에서 공격하는 자들이 함성을 지르는 것처럼 큰 소리를 내실 것이고, 이것은 그들에게는 공포의 함성이 될 것이지만, 하늘에서는 포도 밟는 자들이 내는 흥겨운 노래처럼 기분 좋은 함성이 될 것이다. 왜냐하면, 하나님이 인간 세상에서 그의 나라를 대적하는 교만한 원수들을 벌하실 때에 하늘에 허다한 무리가 할렐루야라고 말하는 큰 음성이 있을 것이기 때문이

다(계 19:1). 굴에서 나온 사자(38절)는 먹잇감을 찾아 돌아다니며 좀 더 쉽게 먹잇감을 잡기 위해서 포효하는데, 하나님께서도 바로 그런 사자 같이 포효하실 것이다(암 3:4, 8).

2. 성명서가 발표됨. 하나님은 이 성명서를 통해서 그가 이 전쟁을 선포하는 이유들을 보여주신다(31절). 여호와께서 뭇 민족과 다투신다. 하나님에게는 그들과 다툴 정당한 이유가 있으시기 때문에, 하나님은 그들에게 그 이유를 말씀해 주시고자 하신다. 한 마디로 말하면, 하나님이 그들과 다투시는 것은 그들이 악하여 하나님을 멸시하고 그들에 대한 그의 권세나 인자하심을 멸시하였기 때문이다. 여호와께서 악인들을 칼에 내어 주실 것이다. 그들은 하나님의 진노를 불러일으켰고, 이 모든 파멸은 그 진노에서 오는 것이다. 그것은 여호와의 극렬한 진노, 그 호통치시는 분의 분노(또는, 이 단어가 여성형인 점을 감안할 때에 그 압박하는 사나운 칼) 때문이다(37-38절). 그리고 우리는 하나님은 결코 까닭 없이 화내시지 않는다는 것을 확신한다. 누가 주의 노여움의 능력을 알리이까.

3. 경보가 발해짐. 요란한 소리가 땅 끝가지 이르리니, 그 소리는 아주 크게 울려 퍼져서 아주 멀리까지 들리게 될 것이다(31절). 전쟁의 경보는 나팔 소리나 북 소리가 아니라 땅 끝 저 먼 해변에서 일어날 큰 바람, 곧 큰 회오리바람이나 태풍을 통해 발해질 것이다(32절). 갈대아 군대는 북방에서 일어나서 믿기 어려울 정도로 거세고 신속하게 내려오면서 그 앞에 있는 모든 것을 무너뜨리는 태풍과 같을 것이다. 그 군대는 회오리바람 같을 것이다. 하나님이 회오리바람 가운데서 욥에게 대답하셨을 때에 욥은 사시나무 떨듯이 떨며 두려워하였다(욥 37:1; 38:1). 하나님의 진노가 이렇게 하늘로부터 사자 같이 포효하실 때, 이 땅에 날카로운 비명소리들이 울려퍼지는 것은 당연한 일이 아니겠는가?. 하나님께서 진노하셔서 이렇게 소리를 내시는데, 누가 두려워 떨지 않을 수 있겠는가(호 11:10)? 이제 목자들, 즉 세상의 왕들과 고관대작들, 큰 자들 같은 양 떼의 인도자들이 소리쳐 울부짖게 될 것이다. 그들은 아주 용감하고 단단한 자들이었지만, 이제 그들의 마음이 무너질 것이다. 그들이 잿더미에서 뒹굴리라(34절). 그들이 적군에 대항할 수 없다는 것을 알고, 그들에게 맡겨졌던 나라와 지방이 멸망할 수밖에 없음을 볼 때, 그들은 슬픔에 빠져 몸부림치게 될 것이다. 목자들이 부르짖는 소리가 있을 것이고, 양 떼의 인도자들이 애곡하는 소리가 들릴

것이다(36절). 큰 자들에게 이토록 큰 공포를 안겨주고 이렇게 경악하게 만드는 것을 보면, 그것은 정말 큰 재난이다. 그들은 그들의 초장에서 양 떼를 먹이며 스스로도 먹였었는데, 이제 여호와께서 그들의 초장을 황폐하게 하셨다. 그 초장이 노략질당하고 황폐해지는 모습을 보면서 그들은 이렇게 울부짖게 될 것이다. 아마도 이것은 포효하는 사자에 관한 은유가 계속해서 이어지는 것으로서, 사자가 포효하며 그들의 양 떼에게로 다가오는 소리를 들었을 때, 목자들은 그들의 목숨을 부지하기 위해서 도망할 수 없고(35절) 양 떼의 인도자들도 도망할 수 없는 상황임을 알고서 크게 겁을 집어먹고 비명을 지르는 것을 가리키는 것일 수 있다. 적군은 수도 많고 사나우며 용의주도하고, 그 군대가 포진해 있는 지역도 아주 넓어서, 그들의 손에 걸리지 않고 빠져나와서 도망치는 것은 불가능할 것이다. 우리는 하나님의 심판을 태연하게 노려볼 수 없는 것과 마찬가지로 그 심판에서 벗어나 도망칠 수 없다는 것을 명심하라. 이것이 바로 목자들이 외쳐 애곡하는 이유이다.

4. 이 전쟁이 진행될 경과(32절). 보라 재앙이 나서 나라에서 나라에 미칠 것이다. 술잔이 돌 때마다 한 나라씩 그 술을 마시고서 하나의 재앙을 통해서 회개하고 삶을 고치라는 경고를 받을 것이고, 이 때에 다른 나라들도 그 나라가 겪는 재앙을 보고서 회개하라는 경고를 받을 것이다. 아니, 이 재앙은 마치 온 세상에 임할 최후의 심판을 미리 보여주기라도 하려는 듯 땅 이 끝에서 땅 저 끝에 미칠 것이다(33절). 복수하는 날을 염두에 두신듯이 하나님은 그들이 어디에 있든 그의 모든 원수들을 찾아내실 것이다(시 21:8). 이웃 집에 불이 났다면, 그 때가 우리 집을 살필 때라는 것을 명심하라. 한 나라가 전쟁터로 변해 버렸다면, 모든 이웃 나라들은 그 소식을 듣고 두려워하며 하나님과 속히 화해하여야 한다.

5. 이 전쟁의 참담한 결과. 너희가 도살 당할 날과 흩음을 당할 기한이 찼다(34절). 즉, 하나님의 계획 속에서 일부는 도륙하고 나머지는 흩어버려서 열방들을 완선히 황폐하게 만들기로 정하신 때가 왔다. 무수한 사람들이 무자비한 갈대아인들의 칼에 의해 쓰러져서, 여호와에게 죽임을 당한 자가 도처에 엎드러져 있게 될 것이다. 그들은 하나님의 명령에 의해서 죽임을 당한 자들로서 하나님의 공의의 제물들이다. 죄 때문에 죽임을 당하는 자들은 여호와에게 죽임을 당한 자들이다. 그 날에는 애곡할 일이 모든 사람들에게 생길 것이어서, 이렇게

죽임을 당한 그들을 위하여 애곡하는 자도 없을 것이기 때문에, 그들의 비참함은 더욱 심할 것이다. 아니, 그들을 묻어줄 친구들이 하나도 남아 있지 않고, 적들도 비정해서 그들을 묻어 주지 않을 것이기 때문에, 그들의 시신을 거두어 주는 자도 없고 매장하여 주는 자도 없을 것이다. 그 때에 그들은 지면에서 분토가 되어 흉한 몰골로 고약한 냄새를 풍길 것이다. 분뇨가 거름이 되어서 땅을 비옥하게 만들어 주는 것과 같이, 하나님의 공의의 기념비들로서 누워 있는 이 끔찍한 시신들이 땅의 주민들을 일깨워서 의를 배우게 만드는 수단이 된다면, 그것은 좋은 일이다. 이 전쟁의 결과로 전쟁터로 화하였던 모든 땅이 폐허가 될 것이다 (38절). 그러나 여기에는 그 처지를 더욱 애처로워 보이게 만드는 두 가지 표현이 더 나온다.

(1) 너희가 귀한 그릇이 떨어짐 같이 될 것이라(34절). 그들 가운데 많은 사랑을 받았던 자들, 스스로도 귀하였고 다른 사람들로부터도 아주 귀한 대접을 받았던 자들, 사람들에 의해서 귀한 그릇으로 여겨졌던 자들도 칼을 맞고 쓰러지게 될 것이다. 너희는 베네치아의 유리잔이나 중국의 도자기처럼 땅에 떨어져서 산산조각이 나고 말 것이다. 자애롭고 갸날픈 자들도 다른 사람들과 마찬가지로 이 재앙에 의해서 희생될 것이다. 칼은 인정사정 없이 무차별적으로 모든 사람을 삼킬 것이다.

(2) 평화로운 거처들이 적막하게 되리라(개역에서는 목장들). 너희가 그 누구의 방해도 받지 않고 오랫동안 평화롭고 조용하게 살아 왔던 거처들이 전쟁 때문에 무너져서 아무도 거처하지 않아 적막하게 될 것이다. 또는, 이웃들에게 아무런 피해도 주지 않고 조용하고 평화롭게 살아 왔고 성격이 유순해서 그 누구의 심기도 건드리지 않았던 자들조차도 이 재앙을 피하지 못할 것이다. 누구에게도 피해를 주지 않았던 자들조차도 고생을 하고 끔찍한 일을 당하는 것은 전쟁의 비참한 결과들 중의 하나이다. 모든 평화의 아들들에게 전쟁의 화염과 칼이 닿지 않는 저 곳에 평화로운 거처를 마련해 두신 하나님을 찬송하라.

제 — 26 — 장

개요

사도행전의 이야기 속에 사도들이 말씀을 전한 이야기와 고난을 겪은 이야기가 섞여 있듯이, 여기에 나오는 선지자 예레미야에 관한 이야기 속에도 그 두 가지가 서로 섞여 있다. 이 장은 다음과 같은 것들을 증언해 준다. I. 그가 정말 신실하게 말씀을 전하였다는 것(1-6절). II. 그가 그렇게 했다는 이유로 제사장들과 선지자들이 앙심을 품고 그를 박해하였다는 것(7-11절). III. 박해에도 불구하고 그가 담대하게 자신의 신념을 고수하였다는 것(12-15절). IV. 그가 아주 기이하게도 고관들과 장로들의 지혜로운 처신으로 말미암아 보호를 받고 건짐을 받게 되었다는 것(16-19절). 또 다른 선지자였던 우리야는 이때쯤 해서 여호야김에 의해서 죽임을 당하였지만(20-23절), 예레미야는 그를 비호해 주는 자들을 만났다(24절).

¹유다의 왕 요시야의 아들 여호야김이 다스리기 시작한 때에 여호와께로부터 이 말씀이 임하여 이르시되 ²여호와께서 이와 같이 말씀하시니라 너는 여호와의 성전 뜰에 서서 유다 모든 성읍에서 여호와의 성전에 와서 예배하는 자에게 내가 네게 명령하여 이르게 한 모든 말을 전하되 한 마디도 감하지 말라 ³그들이 듣고 혹시 각각 그 악한 길에서 돌아오리라 그리하면 내가 그들의 악행으로 말미암아 그들에게 재앙을 내리려 하던 뜻을 돌이키리라 ⁴너는 그들에게 이와 같이 이르라 여호와의 말씀에 너희가 나를 순종하지 아니하며 내가 너희 앞에 둔 내 율법을 행하지 아니하며 ⁵내가 너희에게 나의 종 선지자들을 꾸준히 보내 그들의 말을 순종하라고 하였으나 너희는 순종하지 아니하였느니라 ⁶내가 이 성전을 실로 같이 되게 하고 이 성을 세계 모든 민족의 저줏거리가 되게 하리라 하셨느니라

이 단락에는 예레미야가 전한 설교가 나오는데, 그는 이 설교 때문에 화가 난 사람들에 의해서 그의 목숨을 잃을 뻔한 위험에 처하게 되었다. 예레미야가 하나님에게서 이와 같은 메시지를 받아서 전한 것이 죽어야 할 만한 일

이었는지, 그를 박해하는 자들이 그리 악하거나 비이성적인 자들이 아니었는지의 여부는 모든 세대의 공평한 사람들의 판단에 맡긴 채, 여기에서는 이 일을 충실하게 기록하여 남겨 놓는 것만을 행한다.

I. 하나님은 그에게 이 말씀을 언제 어디에서 어떤 청중들에게 전할 것인지를 지시하셨다(2절).   그 누구도 예레미야가 장소와 시간을 선택하는 일에서 신중하지 못했다고 비난해서는 안 되고, 그가 그의 메시지를 좀 더 은밀한 장소에서 그가 믿을 수 있는 친구들 가운데서 전할 수도 있었지 않느냐고 말해서도 안 되며, 그가 일을 너무 조심성 없게 행한 것에 대하여 벌을 받아 마땅하였다고 말해서도 안 된다. 왜냐하면, 여호와의 성전 뜰에 서서 말씀을 전하라고 지시하신 분은 바로 하나님이셨기 때문이다. 성전 뜰은 예레미야의 불구대천의 원수들이었던 제사장들의 고유한 관할 지역에 속했기 때문에 당연히 그들은 이 일로 큰 모욕을 당한 것으로 생각할 것이었다. 그는 사람들이 여호와의 성전에서 예배하기 위하여 유다 모든 성읍에서 올라왔던 어떤 절기 때에 이 말씀을 전하라는 지시를 받은 것으로 보인다. 이 예배자들은 그들의 제사장들에 대하여 커다란 존경심을 지니고 있었고, 그들이 사람들에게 보여준 인품을 신뢰했을 것이기 때문에, 제사장들을 모욕하고 그 명예를 훼손하는 자들에 대해서는 격분할 것이었다. 따라서 이런 일이 벌어진다면, 그들은 제사장들 편이 되어서 예레미야를 치는 제사장들의 손을 힘 있게 해줄 것이었다. 그러나 이런 것들로 인해서 그는 동요하거나 기세가 꺾여서는 안 되었다. 그는 이러한 온갖 위험을 무릅쓰고 이 말씀을 전하여야 한다. 이 말씀이 그들로 하여금 죄를 깨우치고 회개하게 하는 결과를 가져오지 못한다면, 도리어 그들을 몹시 자극하고 격노케 하는 결과가 벌어질 것이었다. 선지자가 메시지의 수위를 좀 낮추어서, 하나님이 그에게 명령하신 것보다 그의 청중들에게 좀 더 좋게 들리게 하기 위하여 그들을 자극할 수 있는 표현을 좀 더 듣기 좋은 표현으로 바꾸고자 하는 유혹이 있을 수 있었기 때문에, 하나님은 그에게 특별히 한 마디도 감하지 말고 하나님이 그에게 명령한 모든 말을 그대로 다 전하라고 당부하신다. 하나님의 사자(使者)들은 그들이 하나님에게서 들은 바를 그대로 전하여야 하고, 사람들을 기쁘게 하기 위해서나 그들 자신이 해악을 입지 않도록 하기 위해서 그 말씀을 조금이라도 바꾸어서는 안 된다는 것을 명심하라. 그들은 더하지도 말고 빼지도 말아야 한다(신 4:2).

Ⅱ. 하나님은 그에게 어떤 말씀을 전해야 할지를 지시하셨다. 그것은 자신의 죄악 가운데 계속해서 있겠다고 결심한 자들 외에는 그 누구도 불쾌하게 만들 수 없는 그런 말씀이었다.

1. 그는 그들이 그들의 죄를 회개하고 그 죄에서 돌이키면 그들에게 멸망이 임박해 있고 이 땅을 황폐화시킬 심판이 바로 문 앞에 와 있다고 하더라도 그것들이 중단될 것이고 하나님은 더 이상 그들과 다투지 않으실 것이라고 그들에게 분명하게 전하여야 했다(3절). 하나님께서 그를 그들에게 보내신 주된 의도는 그들이 그들의 죄에서 돌이키고자 하는지를 시험해 보아서 그들이 그렇게만 한다면 하나님이 그의 진노로부터 돌아서서 그들에게 경고하였던 심판을 거두고자 하시는 것이었다. 하나님은 그의 공의와 거룩함이 손상되지 않고 그렇게 할 수 있게 된다면 지금 당장이라도 기꺼이 그렇게 하실 뿐만 아니라, 사실 그렇게 되기를 너무나 바라고 계신다. 하나님께서 우리에게 은혜를 베푸시기를 얼마나 고대하시는지를 보라. 하나님은 우리가 하나님의 은혜를 받을 준비가 될 때까지 우리를 기다려 주시고, 그리고 그동안에는 여러 가지 다양한 방법들을 동원하셔서 우리가 그렇게 되도록 시도하신다.

2. 다른 한편으로, 그는 그들이 계속해서 고집을 부리고 하나님이 그들에게 주신 모든 부르심을 거절하고 계속해서 불순종 안에 머문다면 반드시 그들의 성읍과 성전이 폐허가 되는 것으로 끝장이 나게 될 것이라고 그들에게 분명하게 전하여야 했다(4-6절).

(1) 하나님께서 그들에게 요구하신 것은 그들이 그(하나님)가 기록된 말씀과 그의 사역자들을 통해서 그들에게 말씀하신 것을 지키고, 그가 그들 앞에 둔 그의 모든 율법, 곧 모세의 율법 및 그 규례들과 계명들을 행하며, 영들을 시험하는 시금석으로서 그들 앞에 두어진 모세의 율법과 맞는 것 외에는 아무것도 그들에게 강요하지 않았던 그의 종 선지자들의 말을 순종하라는 것이었다. 이 점에서 참 선지자들은 그들을 율법에로 이끌지 않고 도리어 율법에서 벗어나도록 이끈 거짓 선지자들과 구별되었다. 율법은 하나님께서 친히 그들 앞에 두신 것이었다. 선지자들은 하나님께서 그들에게 직접 보내신 그의 종들이었다. 하나님은 그들의 편견이 굳어져서 도저히 깨뜨릴 수 없는 것이 되면 이미 때가 늦은 것이 되어 버리기 때문에 그렇게 되지 않도록 이것저것 신경을 많이 쓰시고 큰 관심을 기울이셔서 새벽부터 일어나서 그들을 보내셨다. 그들은 지금까지 율

법과 선지자들에게 귀를 기울이지 않았다. 너희는 순종하지 아니하였다. 하나님께서 지금 기대하시는 것은 그들이 이제는 그가 말씀하신 것에 주의를 기울여서 그의 말씀을 그들의 삶의 준칙(準則)으로 삼는 것이 전부였고, 이것은 누가 보아도 너무도 당연하고 이치에 맞는 요구였다.

(2) 그들이 이것을 거절하는 경우에 하나님께서 경고하시는 것은 이 성과 거기에 있는 성전이 그 전례(前例)인 실로와 거기에 있던 성막이 현재와 같은 예언 시대가 사무엘에게서 막 시작되었던 당시에 하나님의 율법을 따라 행하지 않고 그의 선지자들이 전하는 말에 귀 기울이기를 거절했다가 멸망을 당한 전철을 밟게 되리라는 것이었다. 이보다 더 훌륭하고 나무랄 데 없는 판결이 과연 있을 수 있을까? 사건이 동일한 경우에는 동일하게 다루어져야 한다는 것은 공의의 원칙이 아니던가? 예루살렘이 실로와 동일한 죄를 지었다면 실로와 동일한 벌을 받는 것이 당연하지 않는가? 예루살렘이 그 어떤 다른 것을 기대하는 것이 가당키나 한 일인가? 하나님께서 이런 취지의 경고를 그들에게 하신 것은 이번이 처음이 아니었다(렘 7:12-14을 보라). 예루살렘의 영광이었던 성전이 파괴되었을 때, 그 성은 저줏거리가 되었다. 왜냐하면, 성전은 그 성을 축복으로 만들어 주었던 그런 존재였기 때문이다. 소금이 만일 맛을 잃으면 그 후에는 아무 쓸 데가 없다. 예루살렘은 저줏거리, 즉 저주의 본본기가 될 것이다. 그 후로 사람들이 어떤 성을 저주하고자 하면, 그들은 하나님이 이 성을 예루살렘 같이 만드시기를 빈다고 말하게 될 것이다. 하나님의 명령에 순복하고자 하지 않는 자들은 하나님의 저주를 어쩔 수 없이 받아들이는 처지가 되고 말 것임을 명심하라.

[7]예레미야가 여호와의 성전에서 이 말을 하매 제사장들과 선지자들과 모든 백성이 듣더라 [8]예레미야가 여호와께서 명령하신 말씀을 모든 백성에게 전하기를 마치매 제사장들과 선지자들과 모든 백성이 그를 붙잡고 이르되 네가 반드시 죽어야 하리라 [9]어찌하여 네가 여호와의 이름을 의지하고 예언하여 이르기를 이 성전이 실로 같이 되겠고 이 성이 황폐하여 주민이 없으리라 하느냐 하며 그 모든 백성이 여호와의 성전에서 예레미야를 향하여 모여드니라 [10]유다의 고관들이 이 말을 듣고 왕궁에서 여호와의 성전으로 올라가 여호와의 성전 새 대문의 입구에 앉으매 [11]제사장들과 선지자들이 고관들과 모든 백성에게 말하여 이르되 이 사람은 죽는 것이

합당하니 너희 귀로 들음 같이 이 성에 관하여 예언하였음이라 [12]예레미야가 모든 고관과 백성에게 말하여 이르되 여호와께서 나를 보내사 너희가 들은 바 모든 말로 이 성전과 이 성을 향하여 예언하게 하셨느니라 [13]그런즉 너희는 너희 길과 행위를 고치고 너희 하나님 여호와의 목소리를 청종하라 그리하면 여호와께서 너희에게 선언하신 재앙에 대하여 뜻을 돌이키시리라 [14]보라 나는 너희 손에 있으니 너희 의견에 좋은 대로, 옳은 대로 하려니와 [15]너희는 분명히 알아라 너희가 나를 죽이면 반드시 무죄한 피를 너희 몸과 이 성과 이 성 주민에게 돌리는 것이니라 이는 여호와께서 진실로 나를 보내사 이 모든 말을 너희 귀에 말하게 하셨음이라

앞 단락에서 예레미야가 하나님의 이름으로 전한 말씀은 아주 분명하고 실천적이며 이치에 맞고 생생하기 때문에 특히 지금 절기 때에 하나님께 예배하러 전국 방방곡곡에서 모여든 이 백성에게 큰 감화를 주어서 그들로 하여금 회개하고 삶을 고치도록 만들었다면 얼마나 좋았을까. 그러나 이 단락에 나오는 내용을 보면, 예레미야가 전한 말씀은 그들의 죄를 깨우치기는커녕 그들의 부패한 심성을 자극하여 그들을 격분케 하는 결과만을 초래하였을 뿐이었다.

I. 예레미야는 그런 말씀을 전한 것이 범죄로 간주되어 범죄자로 체포된다. 제사장들과 거짓 선지자들과 모든 백성이 그가 이렇게 말하는 것을 듣더라(7절). 그들은 그가 여호와께서 명령하신 말씀을 모든 백성에게 전하기를 마칠 때까지 인내심을 갖고서 그의 말을 방해하거나 중단시키지 않고 끝까지 들었다(8절). 여기까지는 그들이 과거에 하나님의 사역자들을 박해하였던 자들보다 예레미야를 좀 더 신사적으로 대한 셈이다. 그들은 꾹 참고서 그가 할 말을 다할 때까지 기다렸는데, 거기에는 아마도 그를 고소할 어떤 빌미를 찾아내 보고자 하는 악한 의도가 숨어 있었을 것이다. 그러나 더 기다릴 필요도 없이, 그가 이 성전이 실로 같이 되리라(9절)고 말한 것만으로도 사람들은 그를 고소할 충분한 근거를 찾았다. 그들이 그가 한 말을 얼마나 왜곡하고 있는지를 보라. 그는 너희가 내 말을 순종하지 아니하면 내가 이 성전을 실로 같이 되게 하리라고 하나님의 이름으로 말하였었다. 그러나 그들은 이 성전을 실로 같이 황폐하게 만드실 분이 하나님이시라는 것(내가 하리라)과 이 성전이 황폐하게 된다면 그것은 그들이 하나님의 음성을 순종하지 않았기 때문일 것이라는 내용은 쏙 빼고, 그가 이 거룩

한 곳을 모독하였다고 그를 고소하였는데, 이 죄목은 그들이 우리 주 예수와 스데반에게 씌운 죄목이기도 하다. 예레미야는 이 성전이 실로 같이 되리라고 말하였다. 그는 다윗처럼 그들이 종일 내 말을 곡해한다(시 56:5)고 하소연하는 것이 당연할 것이었다. 우리는 우리가 말하고 행하는 것이 이런 식으로 곡해된다고 해도 그것을 이상하게 생각하지 않아야 한다. 고소하는 근거가 이렇게 희박한 것을 보면, 판결이 부당하다고 해도 별로 놀랄 일이 아니다. 네가 반드시 죽어야 하리라. 예레미야가 전한 말씀은 하나님께서 성전을 봉헌받으시면서 하셨던 말씀과 일치하는 것이었다(왕상 9:6-8). 만일 너희나 너희의 자손이 아주 돌아서서 나를 따르지 아니하면 내가 이 성전이라도 던져버리리라. 그런데도 그는 그렇게 말하였다는 이유로 죽어 마땅한 죄를 범하였다는 비난을 받는다. 그들이 이렇게 열을 내는 것은 성전의 존귀함을 지키려는 어떤 관심 때문이 아니라, 지금까지 그들은 그들의 죄를 버리지 않으면서도 여호와의 성전이 그들을 보호해 주리라는 망상으로 위안을 삼고 살아 왔는데 예레미야가 지금 그 망상을 깨려 하고 있기 때문이었다. 그러므로 예레미야의 말이 옳든 그르든, 그들은 그를 반드시 죽이겠다고 이를 갈고 있는 것이다. 제사장들과 선지자들이 이렇게 소리치자 모든 백성이 살기등등한 모습으로 예레미야를 향하여 모여들었고, 이렇게 모여든 백성들 가운데서 이런저런 외치는 소리가 터져나왔다. 처음에 그 현장에 있던 백성들은 격분하여 그를 붙잡았고(8절), 소동이 커지자 사람들은 도대체 무슨 일이 벌어졌는지를 보기 위해서 더 많이 모여들었다.

Ⅱ. 예레미야는 최고 법정에 소환되어 기소된다.

1. 유다의 고관들이 그를 심문하는 재판관들이었다(10절). 심판의 보좌들, 곧 다윗의 집의 보좌들에 앉은 자들, 즉 이스라엘의 장로들은 성전에서 이런 소동이 있었다는 소식을 듣고서, 그들이 통상적으로 업무를 보고 있었던 왕궁에서 나와서 이 일을 조사하고 모든 것이 율법에 따라 이루어졌는지를 살펴보기 위해서 여호와의 성전으로 올라왔다. 그들은 여호와의 성전 새 대문의 입구에 앉아서, 현장에서의 순회 재판의 규정에 따라서 법정을 열었다.

2. 제사장들과 선지자들은 그를 기소하고 고발하는 역할을 맡아서 그를 신랄하게 공격하였다. 그들은 고관들과 모든 백성, 즉 법정과 그 배심원들에게 이 사람이 죽는 것이 합당하다고 기소 의견을 말하였다(11절). 부패한 제사장들과 거짓 선지자들은 언제나 여호와의 선지자들에게 가장 지독한 원수들이었다. 그

들은 그들 나름대로의 목적이 있었는데, 예레미야가 전하는 것과 같은 그런 설교는 그들의 목적에 방해가 된다고 생각하였다. 예레미야가 왕의 집에서 왕조의 멸망에 관하여 예언하였을 때에는(렘 22:1 이하) 법정은 비록 아주 부패하였어도 그의 그런 행위를 참고 넘어가 주었다. 우리는 그들이 그 일로 그를 박해했다는 것을 어디에서도 찾아볼 수 없다. 그러나 그가 여호와의 성전으로 와서 제사장들의 고유 권한을 건드리고 거짓 선지자들의 거짓말과 비위 맞추는 말들을 정면으로 반박하자, 그는 죽는 것이 합당하다는 판단을 받는다. 왜냐하면, 선지자들은 거짓을 예언하였고, 제사장들은 자기 권력으로 다스렸기 때문이다(렘 5:31). 그들은 예레미야를 고관들 앞에서 기소할 때에 고관들이 이 성의 문제에 대하여 관심이 클 것이라고 생각해서 그가 이 성에 관하여 말한 것을 근거로 그를 고소하고 있는 것을 주목하라. 그러나 그들은 그가 무슨 말을 했는지에 대해서는 백성들을 증인으로 내세우고자 하였다. "그가 무슨 말을 했는지는 너희 귀로 들었다. 그러니 그것을 증거로 제시하라."

Ⅲ. 예레미야는 고관들과 백성들 앞에서 자신을 변호한다. 그는 자기가 한 말을 부인하거나 거기에서 몇 마디를 빼거나 하지 않는다. 그는 비록 죽는 한이 있어도 자기가 한 말을 고수하고자 한다. 그는 자기가 이 성전과 이 성에 대하여 좋지 않은 일을 예언하였다는 것을 시인하면서도, 다음과 같이 주장하였다.

1. 그는 자기가 그렇게 예언한 것은 어떤 악의가 있었거나 선동하기 위해서도 아니었으며, 자기 나라에 대하여 악감을 품었거나 교회나 국가의 지도부에 대하여 불만이 있었기 때문도 아니었고, 단지 여호와께서 그를 보내사 그렇게 예언하도록 하셨기 때문이라고 주장하였다. 그는 바로 그와 같은 말씀으로 자신에 대한 변호를 시작하였을 뿐만 아니라(12절) 끝낼 때에도 그렇게 하였다(15절). 왜냐하면, 그는 그 말씀이야말로 그가 옳다는 것을 증명해 주기에 충분한 증거가 되고 자기를 끝까지 지켜줄 말씀으로 여겼기 때문이다. 여호와께서 진실로 나를 보내사 이 모든 말을 너희 귀에 말하게 하셨느니라. 사역자들은 하늘로부터 받은 말씀을 충실하게 지켜 행하기만 한다면 지옥이나 세상으로부터 오는 그 어떤 반대나 배척도 두려워할 필요가 없다. 그는 자기는 단지 말씀을 받아 전한 사자(使者)이고 그 말씀을 신실하게 전한 것일 뿐이기 때문에 그 어떤 잘못도 없다고 항변한다. 그러나 그는 잘못이 없을 뿐만 아니라, 더 나아가 그

와 마찬가지로 그들에게도 책임을 물으실 여호와로부터 보내심을 받은 사자였기 때문에, 그들은 당연히 그를 존중했어야 한다. 그가 하나님이 그에게 전하라고 정해 주신 것만을 전한 것이기 때문에, 그는 하나님의 보호하심 아래에 있고, 그들이 사자(使者)에게 어떤 모욕을 가하였든 그를 보내신 왕은 그 모욕으로 인하여 그들에 대하여 진노하실 것이다.

2. 그는 그가 그런 말씀을 전한 것은 선한 의도에서 그런 것이었고, 그들이 그 말씀을 선용하지 못했다면 그것은 그들의 잘못이라는 것을 그들에게 보여 준다. 그는 하나님의 말씀을 최종적인 판결이 아니라 공정한 경고의 형태로 그들에게 전하였다. 만약 그들이 그 경고를 받아들인다면, 그들은 그 판결의 집행을 막을 수 있을 것이다(13절). 내가 어떤 위험을 피할 기회가 아직 있는 동안에 그 위험을 내게 말해준 사람에게 화를 내고 욕하겠는가? 도리어, 나는 그가 그렇게 내게 말해준 것을 내게 베풀어준 지극한 친절로 여기고 감사하지 않겠는가? "내가 이 성을 쳐서 예언한 것은 사실이다. 그러나 너희가 너희 길과 행위를 고친다면, 하나님이 경고하신 멸망은 막아질 것이고, 그것이 바로 내가 너희에게 이 경고를 전하는 목적이었다." 사역자들이 지옥과 천벌에 대하여 전하는 것은 사람들을 그 고통스러운 곳에 가는 것을 막고 천국과 구원으로 이끌기 위해서인데도 그런 설교를 못마땅해하는 것은 몹시 부당한 일이다.

3. 그래서 그는 그들이 계속해서 그를 대적하여 소송을 진행한다면 그들이 위험해질 것이라고 그들에게 경고한다(14절). "내가 어떻게 되는지는 그리 중요치 않다. 보라 나는 너희 손에 있다. 너희는 내가 누구인지를 안다. 나는 너희와 맞설 그 어떤 권력이나 세력도 갖고 있지 않고, 내 목숨을 구하는 것은 나의 관심사가 아니다. 나에 대해서는 너희 의견에 좋은 대로, 옳은 대로 하라. 너희가 나를 도살하기 위해 끌고 간다면, 나는 어린 양처럼 순순히 끌려갈 것이다." 하나님의 사역자들은 말씀을 전할 때에는 뜨거운 열심으로 전할지라도 고난을 받을 때에는 조용해야 하고, 그들 위에 있는 권세들(그것이 그들을 박해하는 권세라고 할지라도)에 순복하는 태도로 처신하는 것이 마땅하다는 것을 명심하라. 그러나 그는 그들 자신과 관련해서는 만약 그들이 그를 죽인다면 그들의 생명도 위태로워질 것이라고 그들에게 말해 준다. 너희가 나를 죽이면 반드시 무죄한 피를 너희 자신에게 돌리는 것이니라(15절). 그들은 예레미야 선지자를 죽이면 예언을 좌절시키는 데에 도움이 될 것이라고 생각하겠지만, 그런 생각이

얼마나 큰 착각인지는 나중에 밝혀지게 될 것이다. 그것은 단지 그들의 죄를 더하고 그들의 파멸을 더 무겁게 할 뿐이다. 그들의 양심은, 예레미야가 하나님의 보내심을 받아서 그들에게 이런 말씀을 전한 것이라면(사실이 그렇다), 그들이 그를 그런 말씀을 전했다고 해서 범죄자로 취급했다가는 그들이 아주 큰 위험에 빠지게 될 것임을 그들에게 말해주었을 것이다. 하나님의 사역자들을 박해하는 자들은 그들 자신을 다치게 하고 그들 자신에게 해악을 끼치는 자들이다.

[16]고관들과 모든 백성이 제사장들과 선지자들에게 이르되 이 사람이 우리 하나님 여호와의 이름으로 우리에게 말하였으니 죽일 만한 이유가 없느니라 [17]그러자 그 지방의 장로 중 몇 사람이 일어나 백성의 온 회중에게 말하여 이르기를 [18]유다의 왕 히스기야 시대에 모레셋 사람 미가가 유다의 모든 백성에게 예언하여 이르되 만군의 여호와께서 이와 같이 말씀하셨느니라 시온은 밭 같이 경작지가 될 것이며 예루살렘은 돌 무더기가 되며 이 성전의 산은 산당의 숲과 같이 되리라 하였으나 [19]유다의 왕 히스기야와 모든 유다가 그를 죽였느냐 하니 히스기야가 여호와를 두려워하여 여호와께 간구하매 여호와께서 그들에게 선언한 재앙에 대하여 뜻을 돌이키지 아니하셨느냐 우리가 이같이 하면 우리의 생명을 스스로 심히 해롭게 하는 것이니라 [20]또 여호와의 이름으로 예언한 사람이 있었는데 곧 기럇여아림 스마야의 아들 우리야라 그가 예레미야의 모든 말과 같이 이 성과 이 땅에 경고하여 예언하매 [21]여호야김 왕과 그의 모든 용사와 모든 고관이 그의 말을 듣고서 왕이 그를 죽이려 하매 우리야가 그 말을 듣고 두려워 애굽으로 도망하여 간지라 [22]여호야김 왕이 사람을 애굽으로 보내되 곧 악볼의 아들 엘라단과 몇 사람을 함께 애굽으로 보냈더니 [23]그들이 우리야를 애굽에서 연행하여 여호야김 왕에게로 그를 데려오매 왕이 칼로 그를 죽이고 그의 시체를 평민의 묘지에 던지게 하니라 [24]사반의 아들 아히감의 손이 예레미야를 도와 주어 그를 백성의 손에 내어 주지 아니하여 죽이지 못하게 하니라

이 단락에는 다음과 같은 내용들이 나온다.

I. 예레미야가 그에게 제시된 고소로부터 무죄로 풀려남. 그는 그들이 고소하는 빌미가 되었던 말들을 실제로 했지만, 그것이 선동이나 반역 같은 나쁜

의도나 성향을 지닌 것으로 여겨지지 않았기 때문에, 법정과 온 백성은 그에게 죄를 찾을 수 없다는 데에 의견을 같이하였다. 제사장들과 선지자들은 예레미야가 자기 자신에 대하여 일리 있는 근거로 대며 변호하였음에도 불구하고 계속해서 그를 처벌해 줄 것을 요구하였다. 그러나 고관들과 모든 백성들은 그는 자신의 생각이나 견해를 따라서가 아니라 우리 하나님 여호와의 이름으로 우리에게 말하였다는 것을 근거로 이 사람을 죽일 만한 이유가 없다는 것을 분명히 하였다(16절). 그들은 그가 정말 여호와의 이름으로 그들에게 말씀을 전하였고, 그 여호와가 그들의 하나님이라는 것을 인정하고자 하였던 것인가? 그렇다면, 그들은 왜 그가 이 나라의 멸망을 막을 수 있는 방법으로 제시한 것을 따라 그들의 길과 행위를 고치지 않은 것인가? 그들이 그의 예언이 하늘로부터 왔다고 말한 것이라면, 어찌하여 너희는 그를 믿지 아니하였느냐(마 21:25)는 반문이 나오는 것은 어쩌면 당연한 일일 것이다. 복음이 하나님으로부터 왔다는 것을 확신하고서 다른 사람들의 악의로부터 복음을 보호하고자 하는 자들이 스스로는 그 복음의 능력과 감화에 순복하지 않는다는 것은 애석한 일이다.

II. 예레미야를 무죄로 풀어주자고 주장한 자들이 그 근거로 든 이전의 사례. 그 지방의 장로들 중 몇몇, 그러니까 앞에서 언급된 고관들 또는 백성들 중에서 좀 더 식견이 있었던 자들 중에서 몇 사람이 일어나서, 우리가 재판할 때에 통상적으로 그러하듯이 거기 모인 온 회중에게 이전의 사례를 상기시켰다. 왜냐하면, 우리보다 앞서 살아간 자들의 지혜는 우리에게 좋은 지침이 되기 때문이다. 그들이 제시한 사례는 선지자 미가의 사례였다. 미가가 그의 예언을 기록한 책은 성경의 소선지서 가운데 수록되어 있다.

1. 예레미야가 이 성과 성전을 쳐서 예언한 것이 과연 이상한 일인가? 그보다 앞서 미가도 히스기야 시대, 즉 종교개혁이 한창 진행되고 있어서 심판을 예언하는 것이 이상하게 들렸을 법한 그런 시대에서조차도 그렇게 예언하였다(18절). 미가는 예레미야가 지금 전했던 것과 동일한 취지로 시온은 밭 같이 경작지가 될 것이며 건물이란 건물은 다 파괴되어서 쟁기질 하는 것을 방해하는 것은 하나도 남지 않게 될 것이고, 예루살렘은 폐허가 되어 허물어진 건물들의 돌 무더기가 되며 이 성전의 산은 가시나무와 엉겅퀴로 뒤덮여서 산당의 숲과 같이 되리라고 공개적으로 예언하였다. 이 선지자는 이것을 예언하였을 뿐만 아니라 글로 써서 기록으로 남기기까지 하였는데, 그러한 예언은 미가서 3:12에

나온다. 이것을 보건대, 시온과 예루살렘의 멸망을 예언한 자가 미가처럼 여호와의 참 선지자일 수 있다는 것이 입증된다. 우리가 안일하게 살아가고 있는 죄인들에게 하나님께서 그의 성령과 그의 나라를 그들에게서 빼앗아가실 것이라고 경고하고, 신앙이 식어가는 교회들을 향하여 하나님께서 촛대를 옮기실 것이라고 경고한다면, 우리는 단지 하나님께서 그의 종들을 통해서 무수히 말씀하셨던 것을 말하는 것이고, 하나님의 말씀에 의해서 전해야 한다고 명령된 것을 전하는 것뿐이다.

2. 고관들은 예레미야가 행한 일이 옳다고 하는 것이 합당한 일인가? 비슷한 사례가 생겼을 때에 히스기야는 그들보다 앞서 그렇게 하였다. 히스기야와 유다 백성(즉, 백성의 대표자들)이 선지자 미가에 대하여 불만을 품었는가? 그들이 그를 몰아세우며 고소하거나 그를 침묵시키기 위해 그를 죽였는가? 그렇지 않았다. 반대로, 그들은 그가 그들에게 준 경고를 받아들였다. 이 나라에서 복되게 기억하고 있는 성군(聖君)이었던 히스기야는 그의 후계자들에게 좋은 모범을 제시하였다. 왜냐하면, 그는 아직 보이지 않는 일에 경고하심을 받았을 때에 경외함으로 그 일에 대비하였던 노아처럼 여호와를 두려워하였다(19절). 히스기야는 미가가 전한 말씀 앞에 무릎을 꿇었다. 그는 여호와께 경고하신 심판을 거두어 주시고 그들과 화해해 주시라고 간구하였고, 그의 간구는 헛되지 않았다는 것이 증명되었다. 왜냐하면, 여호와께서 그들에게 선언한 재앙에 대하여 뜻을 돌이키시고 다시 그들에게 긍휼을 베푸셨기 때문이다. 시온을 밭 같이 경작지가 되게 하리라고 경고하셨던 하나님은 도리어 천사를 보내어 앗수르 군대를 패주시키셨다. 히스기야는 미가 선지자가 전한 말씀으로 유익을 얻었기 때문에, 그가 그 말씀을 전한 자를 해치지 않았을 것임은 우리가 충분히 짐작할 수 있다. 이 장로들은 제사장들과 선지자들의 끈질긴 요구를 들어주어서 예레미야를 죽인다면 그것은 이 나라를 위태롭게 하는 결과를 가져오게 될 것이라는 말로 끝을 맺는다. 우리가 이같이 하면 우리의 생명을 스스로 심히 해롭게 하는 것이니라. 우리는 죄로 인하여 우리 자신이 반드시 받게 될 해악과 죄가 우리의 영혼에 끼칠 돌이킬 수 없는 손상을 깊이 생각해서 죄 짓는 일에 아예 손을 대지 않는 것은 좋은 일이다.

Ⅲ. 예레미야가 전했던 말씀과 같은 것을 예언하였다는 이유로 여호야김에 의해서 죽임을 당한 또 다른 선지자의 사례(20-23절). 어떤 이들은 이 사례가

예레미야를 기소하였던 측에서 그들의 기소를 정당화하기 위해 제시한 사례였다고 본다. 그들은 최근의 사례를 들어서 예레미야처럼 말하였던 자가 반역죄로 단죄되었음을 증명하고자 했다는 것이다. 어떤 이들은 예레미야를 변호하였던 장로들이 그를 단죄하는 것은 죄에 죄를 더하는 행위로서 그들의 생명을 스스로 심히 해롭게 하는 것임을 보여주고자 이 사례를 든 것이라고 생각한다. 당시 왕으로 있었던 여호야김은 이미 한 명의 선지자를 죽였으니, 또 한 명의 선지자를 죽임으로써 죄의 분량을 채우는 일을 해서는 안 된다는 것이 그들의 취지였다는 것이다. 미가를 보호하였던 히스기야는 형통하였으나, 선지자 우리야를 죽인 여호야김은 형통하였는가? 결코 그렇지 않았다. 그들은 모두 여호야김이 형통하고 있지 않다는 것을 두 눈으로 똑똑히 보아 왔다. 우리는 선한 모범과 그 좋은 결과를 보고서 힘을 얻어 선을 행할 마음을 먹어야 하고, 악한 본보기와 그 나쁜 결과를 보고서 악을 행할 마음을 아예 싹부터 잘라내려는 마음을 굳게 먹어야 한다. 그러나 몇몇 훌륭한 해석자들은 우리야에 관한 이 이야기를 이 책을 쓴 저자(예레미야 자신이나 바룩)가 고관들에 의해서 예레미야가 목숨을 건진 것이 기이한 일임을 한층 더 부각시키기 위하여 거의 동일한 시기에 일어났지만 선지자의 죽음으로 끝난 사례로 언급한 것이라고 본다. 왜냐하면, 이 두 사건은 여호야김 시대에 일어난 일들이었고, 우리야에 관한 일은 여호야김이 다스리기 시작한 때에 일어난 사건이었기 때문이다(1절). 좀 더 살펴보자.

1. 우리야의 예언. 그의 예언은 예레미야의 모든 말과 같이 이 성과 이 땅에 경고하는 것이었다. 여호와의 선지자들의 증언은 일치하였기 때문에, 그토록 많은 증인들의 입에서 나온 동일한 말씀이라면 사람들이 당연히 주목하고 존중했어야 하지 않느냐고 우리가 생각하는 것은 어쩌면 당연한 일이다.

2. 우리야가 그 예언 때문에 고발이 됨(21절). 여호야김과 그의 신하들은 그의 예언을 듣고서 격분하여 그를 죽이려 하였다. 왕 자신이 이 악한 계획에 주도적으로 관여하였다.

3. 우리야의 피신. 그는 왕이 그의 원수가 되어서 그를 죽이고자 한다는 말을 듣고 두려워 애굽으로 도망하였다. 이렇게 한 것은 분명히 그의 잘못이었고 그의 믿음이 약한 결과였기 때문에, 그는 그 대가를 치렀다. 그는 하나님을 불신하였고, 그를 보호해 주시고 견고히 붙잡아 주시는 하나님의 능력을 불신하

였다. 사람을 두려워하면 올무에 걸리게 되는데(잠 29:25), 그는 사람을 두려워하는 마음에 지나치게 잡혀 있었다. 그것은 마치 그가 자기가 말한 것을 고수하지 않거나 그를 보내신 주인을 부끄러워하는 것처럼 보였다. 특히, 그가 애굽으로 도망간 것은 하나님께서 그에게 일하라고 보내신 이스라엘 땅을 버림으로써 그의 사명도 동시에 버린 것이기 때문에 그에게 정말 합당치 않은 일이었다. 많은 은혜를 받았지만 용기가 별로 없거나, 아주 정직하지만 지극히 소심하고 겁많은 자들이 많다는 것을 명심하라.

4. 우리야의 처형. 우리는 여호야김이 우리야를 추방하는 선에서 그의 화를 풀고, 우리야를 이 나라에서 몰아내는 것으로 충분했을 것이라고 생각할지 모른다. 그러나 온전한 자를 미워하는 자들은 피 흘리기를 좋아한다(잠 29:10). 그가 노렸던 것은 우리야의 생명, 그 소중한 목숨이었고, 다른 것으로는 그의 화가 풀리지 않을 것이었다. 앙갚음을 하고자 하는 그의 마음이 꺼지지 않고 활활 타올랐기 때문에, 여호야김은 한 무리의 군사들을 수백 마일이나 떨어져 있는 애굽으로 보내서 무력으로 우리야를 끌고 왔다. 우리야를 애굽에서 죽이는 것으로는 직성이 풀리지 않을 것이었기 때문에, 그는 자기가 직접 우리야를 죽여 그가 피를 흘리며 죽어가는 모습을 두 눈으로 똑똑히 보고자 하였다. 그들은 우리야를 애굽에서 연행하여 여호야김 왕에게로 데려왔고, 왕은 칼로 그를 죽였다ㅡ 내가 아는 한 자기 손으로. 그렇지만 왕은 그것으로도 직성이 풀리지 않았는지, 저 선한 자의 죽은 시신을 오명으로 더럽히려고 작정한 듯이, 당연히 예를 갖추어 장사지내는 것을 허용하여야 하는 데도 그렇게 하지 않고, 마치 그가 전혀 여호와의 선지자가 아니었다는 듯이 그의 시체를 평민의 묘지에 던져 버리게 하였다. 사울의 방패도 이런 식으로 마치 기름 부음을 받지 아니함 같이 비참하게 버려졌었다. 여호야김은 이런 조치를 통해서 백성들 가운데서 우리야의 명성을 훼손시켜서 그의 예언이 주목을 받지 못하게 하고, 다른 사람들이 비슷한 예언을 하는 것을 막고자 하였다. 그러나 일은 그의 뜻대로 되지 않았다. 예레미야는 동일한 것을 계속해서 예언하였기 때문이다. 하나님의 말씀과 다투는 것은 부질 없는 짓이다. 헤롯은 세례 요한의 목을 뱀으로써 자신의 목적을 이루었다고 생각했지만, 얼마 후에 예수 그리스도에 관한 소문을 전해 듣고서 자기가 잘못 생각했다는 것을 깨닫고서 기겁을 하여 이는 세례 요한이라고 소리칠 수밖에 없었다.

Ⅳ. 예레미야가 풀려남. 우리야가 최근에 죽임을 당하였고, 박해자들은 한 번 성도들의 피를 맛보고 나면 또 다른 피에 목말라하는 법이었음에도 불구하고(헤롯처럼, 행 12:2-3), 하나님은 우리야처럼 어디로 도망가지도 않고 자신의 입장을 고수하였던 예레미야를 기이한 방법으로 구원하셨다. 평범한 사역자들은 그들의 생명을 보존하기 위해서 평범한 수단들(그것이 합법적이기만 하다면)을 사용할 수 있다. 그러나 특별한 사명을 받은 사역자들은 특별한 보호하심을 받는다. 하나님은 예레미야를 도와 줄 손길을 일으키셨다. 하나님은 예레미야의 손을 따뜻하게 잡고서 힘을 북돋워 주었고, 그를 위해 나타나셨다. 그 손길이 되어준 인물은 요시야 시대에 국무대신이었던 **사반의 아들 아히감**이었다. 그에 관한 기사는 열왕기하 22:12에 나온다. 어떤 이들은 그달랴가 이 아히감의 아들이었다고 생각한다. 그는 고관들 사이에서 상당한 영향력을 지니고 있었고, 그 힘을 예레미야를 돕는 데에 사용하여서, 제사장들과 선지자들이 예레미야를 죽이고자 꾸민 추가적인 음모를 막아내었다. 제사장들과 선지자들은 예레미야를 백성의 손에, 즉 그를 무죄로 평결하였던 백성들(16절)이 아니라 그들의 악의적인 선동을 받아서 예레미야에 대하여 그를 십자가에 못 박으소서 그를 십자가에 못 박으소서라고 외칠 뿐만 아니라 그를 돌로 쳐서 죽이고자 했던 저 거칠고 오만방자한 군중들의 손에 넘겨서 죽게 하고자 하였었다. 왜냐하면, 여호야김은 우리야를 죽인 일 때문에 양심의 가책을 받고 있던 상태여서 그들은 그를 예레미야를 죽일 도구로 사용하고자 하는 생각을 단념할 수밖에 없었기 때문이다. 하나님은 얼마든지 큰 자들을 일으켜서 선한 자들을 보호하도록 하실 수 있다는 것을 명심하라. 모든 사람들의 마음이 하나님의 수중에 있다는 것은 하나님을 믿고 의지하며 본분을 다하는 자들에게 큰 힘이 된다.

제
— 27 —
장

개요

선지자 예레미야는 백성들을 설득해서 하나님의 말씀에 순종하여 바벨론 왕에 의해서 이 나라가 멸망당하는 것을 미리 막을 수 있게 할 수 없었기 때문에 여기에서는 백성들에게 바벨론 왕에게 순순히 항복해서 조공을 바침으로써 하나님의 섭리에 따르라고 설득한다. 이것은 그들이 지금 택할 수 있는 가장 지혜로운 길로서 재난의 정도를 완화시키고 이 나라가 화염과 칼에 휩싸이는 것을 막을 수 있는 유일한 방법이었다. 그들은 자유를 희생시켜서 그들의 목숨을 구할 수 있을 것이었다. I. 그는 이웃 나라의 왕들에게 바벨론 왕을 섬겨야 하는 것은 이제 돌이킬 수 없는 일이 되었기 때문에 그들이 최악의 상황을 피하도록 하기 위해서 하나님의 이름으로 이러한 권면을 준다. 바벨론 왕의 지배 기간은 고작해야 70년 동안 지속될 것이기 때문에 세월이 흐르면 구원이 있을 것이었다(1-11절). II. 그는 바벨론 왕이 그들을 최후까지 몰아부칠 것이기 때문에 참고 굴복하는 것만이 재난을 완화시키고 견딜 수 있는 유일한 길이라는 것을 역설하면서 유다의 왕 시드기야(12-15절), 그리고 제사장들과 백성들(16-22절)에게 이러한 권면을 준다. 이렇게 선지자는 그들이 그의 말에 귀를 기울이기만 했더라면 그들을 참된 경건은 물론이고 참된 정책으로 이끌 수 있었을 것이다.

[1]유다의 왕 요시야의 아들 여호야김이 다스리기 시작할 때에 여호와께서 말씀으로 예레미야에게 임하니라 [2]여호와께서 이와 같이 내게 말씀하시되 너는 줄과 멍에를 만들어 네 목에 걸고 [3]유다의 왕 시드기야를 보러 예루살렘에 온 사신들의 손에도 그것을 주어 에돔의 왕과 모압의 왕과 암몬 자손의 왕과 두로의 왕과 시돈의 왕에게 보내며 [4]그들에게 명령하여 그들의 주께 말하게 하기를 만군의 여호와 이스라엘의 하나님께서 이와 같이 말씀하시되 너희는 너희의 주께 이같이 전하라 [5]나는 내 큰 능력과 나의 쳐든 팔로 땅과 지상에 있는 사람과 짐승들을 만들고 내가 보기에 옳은 사람에게 그것을 주었노라 [6]이제 내가 이 모든 땅을 내 종 바벨론의 왕 느부갓네살의 손에 주고 또 들짐승들을 그에게 주어서 섬기게 하였나니 [7]모든 나라가 그

와 그의 아들과 손자를 그 땅의 기한이 이르기까지 섬기리라 또한 많은 나라들과 큰 왕들이 그 자신을 섬기리라 [8]여호와의 말씀이니라 바벨론의 왕 느부갓네살을 섬기지 아니하며 그 목으로 바벨론의 왕의 멍에를 메지 아니하는 백성과 나라는 내가 그들이 멸망하기까지 칼과 기근과 전염병으로 그 민족을 벌하리라 [9]너희는 너희 선지자나 복술가나 꿈꾸는 자나 술사나 요술자가 이르기를 너희가 바벨론의 왕을 섬기게 되지 아니하리라 하여도 너희는 듣지 말라 [10]그들은 너희에게 거짓을 예언하여 너희가 너희 땅에서 멀리 떠나게 하며 또 내가 너희를 몰아내게 하며 너희를 멸망하게 하느니라 [11]그러나 그 목으로 바벨론의 왕의 멍에를 메고 그를 섬기는 나라는 내가 그들을 그 땅에 머물러 밭을 갈며 거기서 살게 하리라 하셨다 하라 여호와의 말씀이니라 하시니라

이 예언이 선포된 연대를 설정하는 데에는 약간의 어려움이 있다. 본문에서는 이 말씀이 여호야김이 다스리기 시작할 때에 예레미야에게 임하였다고 말하고 있지만(1절), 예레미야가 속국의 증표들을 주기로 되어 있었던 사신들은 유다의 왕 시드기야 때에 왔다고 말하고 있고(3절), 시드기야는 여호야김이 왕위에 오른 지 11년 후에야 왕위를 물려받았다. 어떤 이들은 이것(1절)을 필사할 때에 생긴 오류라고 보고, 시드기야가 다스리기 시작할 때에로 읽어야 한다고 생각한다. 필사자가 이 부분을 필사할 때에 충분한 주의를 기울이지 않아서 시드기야로 써야 하는 데도 앞 장의 표제에 나와 있는 여호야김으로 썼다는 것이다. 만약 우리가 어떤 실수를 인정하고자 한다면, 그것은 바로 이 대목이 되어야 할 것 같다. 왜냐하면, 시드기야는 이 장에서 다시 한 번 언급되고(12절), 이 다음 번의 예언이 선포된 연대도 시드기야가 다스리기 시작한 동일한 해로 표기되어 있기 때문이다(렘 28:1). 라이트푸트 박사는 이 문제를 이렇게 푼다. 여호야김이 다스리기 시작한 때에 예레미야는 이제 막 유다가 바벨론 왕에게 복속된 것을 나타내기 위해서 줄과 멍에를 만들어서 그의 목에 걸고 다니라는 하나님의 명령을 받았는데, 이 때에 이 명령과 아울러서 나중에 여호야김의 뒤를 이어 시드기야가 왕위에 올라 다스릴 때에 각 나라의 사신들이 시드기야 왕에게 오면 그들을 통해서 이웃 나라의 모든 왕들에게 이 줄과 멍에를 보내라는 명령도 미리 받았다는 것이다.

I. 예레미야는 하나님으로부터 이 온 땅이 바벨론 왕에게 복속될 것임을 보

여주는 징표를 준비하라는 지시를 받는다(2절). 너는 줄과 멍에를 만들라. 멍에를 준비하고, 짐승이 그 멍에에서 목을 빼내지 못하도록 하기 위하여 단단히 묶을 때에 사용할 줄을 준비하라. 선지자는 자기가 전한 예언의 내용을 나타내기 위하여 이 멍에와 줄을 자신의 목에 메야 했다. 그렇게 하면, 그것을 보는 사람들마다 예레미야의 목에 있는 멍에는 무엇을 의미하는 것이냐고 물을 것이기 때문이다. 우리는 실제로 그렇게 한 자를 한 명 만난다(렘 28:10). 예레미야는 이렇게 함으로써 자기가 그들에게 조언한 대로 자기도 행할 것임을 분명하게 보여 주고자 했다. 왜냐하면, 그는 다른 사람들에게는 무거운 짐을 묶어 어깨에 지우면서도 스스로는 그 짐을 한 손가락으로도 움직이려 하지 않는 자들과 같은 부류가 아니었기 때문이다. 사역자들은 이렇게 그들이 남들에게 전한 것을 자기 스스로도 짊어져야 한다.

Ⅱ. 예레미야는 이 징표를 그것에 딸린 말씀과 함께 이웃 나라의 모든 왕들에게 보내라는 지시를 받는다. 여기에는 가나안 땅에 인접한 나라의 왕들이 언급되어 있다(3절). 유다의 왕과 이 모든 왕들 사이에 동맹을 위한 조약을 체결하고자 하는 움직임이 진행되고 있었던 것으로 보인다. 예루살렘은 조약을 체결하기로 지정된 장소였다. 이 왕들은 모두 그들의 특명전권대사를 예루살렘으로 보냈고, 점점 강성해져 가고 있던 바벨론 왕의 엄청난 힘을 약화시키고 그의 공격에 대항하기 위하여 서로를 지원하는 공격과 방어를 위한 공동 조약을 체결하는 데에 서명하였다. 그들은 이렇게 연합된 그들의 힘을 과신하여, 그들 자신을 위대한 동맹국들이라 부르기를 서슴치 않았다. 그러나 각국의 사신들이 최종적으로 체결된 이 조약을 들고서 자신의 왕에게로 돌아가고자 할 때에 예레미야는 각 나라의 왕들이 자의적으로든 타의적으로든 바벨론 왕의 종이 될 수밖에 없다는 것을 보여주는 징표인 멍에를 그 사신들에게 주며 왕들에게 알아서 선택하라는 말을 전하도록 하였다. 이 징표에 대한 말씀을 통해서 하나님은 이렇게 말씀하신다.

1. 하나님은 세상 나라들을 자기 뜻대로 처분할 수 있는 절대적인 권리가 자기에게 있다는 것을 단언하신다(5절). 하나님은 만물의 창조주이시다. 그는 태초에 땅을 만들어 견고히 하셨기 때문에 땅이 지금까지 존재한다. 한 세대는 가고 한 세대는 오되 땅은 영원히 있고(전 1:4) 예나 지금이나 동일하다. 하나님은 지금도 여전히 끊임없는 창조를 통해서 땅에 있는 사람과 짐승들을 만들어내시

는데, 그 일은 그의 큰 능력과 쳐든 팔에 의해서 되는 일이다. 하나님의 팔은 쭉 뻗쳐져 있지만 무한한 힘을 지니고 있다. 이 때에 하나님은 그가 기뻐하시는 자에게 이 땅의 만물에 대한 소유권과 지배권을 주실 수 있으시다. 하나님은 땅을 인간 전체에게 은혜로 주셨듯이(시 115:16), 각 사람에게 많든 적든 이 땅 중에서 각자의 몫을 주신다. 어떤 사람이 이 세상의 좋은 것들을 지니고 있다면, 그것은 하나님께서 그에게 주는 것이 적합하다고 보셔서 주신 것임을 명심하라. 그러므로 우리는 우리가 아무리 적게 가지고 있다고 할지라도 거기에 만족하여야 하고, 다른 사람이 아무리 많이 가지고 있다고 하여도 남이 가진 것을 부러워해서는 안 된다.

2. 하나님은 이 모든 땅을 느부갓네살에게 주기로 하셨다는 것을 공표하신다. 이 글을 통해서 모든 사람들은 다음과 같은 사실을 알아야 한다: 현 세대의 사람들과 미래 세대의 사람들은 알라. "이 글은 내가 이 모든 땅과 그 모든 재물을 바벨론의 왕의 손에 주었다는 것을 이 일과 관련된 모든 자들에게 증명하는 것이다. 나는 들에 있는 온갖 짐승들과 그 초장과 목장들도 그에게 주었다. 그것들은 모두 그의 소유이다." 느부갓네살은 교만하고 악한 자였고 우상을 숭배하는 자였지만, 하나님은 그의 섭리 가운데서 이 방대한 지배권과 이 드넓은 소유를 그에게 주셨다. 이 세상의 것들은 가장 좋은 것들이 아니라는 것을 명심하라. 왜냐하면, 하나님은 흔히 이 세상의 아주 큰 몫을 그와 경쟁하거나 그에게 반역하는 악한 자들에게 주시기 때문이다. 느부갓네살은 악한 자였지만, 그가 가진 모든 것은 하나님께서 하사하신 것이었다. 지배권은 은혜를 토대로 주어지는 것이 아님을 명심하라. 영원한 복을 받을 자격을 조금도 갖추고 있지 않은 자들이라도 이 세상의 좋은 것들을 가질 정당한 자격을 가질 수 있다. 느부갓네살은 아주 악한 자였지만, 하나님은 그를 그의 종이라 부르신다. 왜냐하면, 하나님은 그를 열방들, 특히 자기 백성을 징계하기 위하여 그의 섭리의 도구로 사용하셨기 때문이다. 하나님은 이 일에 있어서 그를 섬긴 대가로 이렇게 느부갓네살에게 모든 것을 아낌없이 부어주셨다. 하나님의 쓰임을 받는 자들은 하나님 때문에 손해나는 일은 없을 것이다. 하물며, 하나님을 진심으로 섬기는 모든 자들에게 하나님은 훨씬 더 후하고 풍성하게 갚아주시는 자임이 나중에 드러나게 될 것이다.

3. 하나님은 모든 나라가 반드시 한동안 바벨론 왕의 지배 아래에 들어가게

되리라는 것을 그들에게 단언하신다(7절). 모든 나라, 여기에 언급된 모든 나라들과 그 밖의 다른 많은 나라들이 그와 그의 아들과 손자를 섬기게 될 것이다. 느부갓네살의 아들은 에윌므로닥이었고, 그의 손자는 벨사살이었는데, 거기에서 그의 나라는 끝이 났다. 그런 후에, 상황이 반전되어서, 하나님께서 느부갓네살의 땅을 벌할 때가 올 것이었고, 여러 민족과 큰 왕들이 메대와 바사의 제국으로 통합되어 느부갓네살로 하여금 자기들을 섬기게 할 것이었다(14절). 이와 비슷한 예로, 다른 나라의 여러 왕들을 짓밟았던 아도니 베섹은 스스로 짓밟히는 운명을 맞이하였다.

4. 하나님은 바벨론 왕에게 굴복하지 않고 버티는 자들은 침공을 당하여 멸망하게 되리라고 경고하신다(8절). 그 목으로 바벨론의 왕의 멍에를 메지 아니하는 그런 나라는 내가 그들이 멸망하기까지 끊임없이 이런저런 심판을 보내어 칼과 기근과 전염병으로 벌하리라. 느부갓네살은 이렇게 이웃 나라들을 침공하여 그들의 권리와 자유를 대단히 폭력적이고 야만적으로 짓밟아서 그들로 하여금 강제로 그에게 복종하게 만들었다. 그렇지만 하나님께서 느부갓네살이 그렇게 하는 것을 허용하신 데에는 정당하고 거룩한 목적이 있으셨는데, 그것은 이러한 나라들을 그들의 우상 숭배와 추잡한 음행으로 인하여 벌하는 것이었다. 그들을 지으신 하나님을 섬기고자 하지 않은 그들로 하여금 그들을 파멸시키고자 하는 그들의 원수들을 섬기게 하신 것은 마땅한 일이었다.

5. 하나님은 그들의 자유를 지킬 수 있겠거니 하며 그들이 품어 온 온갖 희망들이 얼마나 헛된 일인지를 그들에게 보여주신다(9-10절). 이 나라들에도 선지자들이 있어서, 그들은 별이나 꿈, 주문(呪文)을 통해서 장래의 일들을 예언할 수 있는 척하였다. 그들은 그들을 후원하는 왕들이 바라는 대로 그 왕들을 기쁘게 해주기 위하여 바벨론의 왕을 섬기게 되지 아니하리라고 듣기 좋은 말로 확신 있게 예언하였다. 이런 식으로 그 선지자들은 왕들을 부추겨서 격렬하게 저항하게 하고자 하였다. 그들은 그렇게 예언할 아무런 근거도 갖고 있지 않았지만, 그런 식으로라도 그들의 왕을 섬기고자 하였다. 그러나 하나님은 왕들에게 그런 예언은 그들을 멸망으로 이끌 뿐임이 나중에 밝혀지게 될 것이라고 말씀해 주신다. 왜냐하면, 그들이 저항하면 할수록 정복자는 그들을 더욱 가혹하게 다루어서, 그들을 멀리 떠나게 하며 비참한 포로 생활로 몰아내어, 그들은 결국 저 먼 이국 땅에서 비참한 삶을 살다가 이름도 없이 사라지고 말 것이었기

때문이다. 여기에서는 이스라엘에 인접해 있었던 이 나라들 전체에 대한 심판이 예언되고 있지만, 우리는 이 각각의 나라들에 대한 심판의 예언을 예레미야 48장과 49장, 에스겔 25장에서 찾아볼 수 있는데, 그 예언들도 여기 나오는 예언과 마찬가지로 그대로 성취되었다. 하나님은 심판하실 때에 반드시 이기시고 그 뜻을 이루시리라는 것을 명심하라.

6. 하나님은 아무 말 없이 순순히 굴복함으로써 그들의 멸망을 막을 수 있는 길을 그들에게 열어 놓으신다(11절). 칠십 년 동안(그러니까, 한 번의 종살이의 해수인 칠 년씩 해서 열 번) 바벨론 왕을 기꺼이 섬기고자 하는 나라들은 내가 그들 자신의 땅에 머물러 살게 하리라. 허리를 구푸리는 자들은 부러지지 않을 것이다. 바벨론 왕의 지배는 그들의 왕들의 지배보다 더 혹독한 것은 되지 않을 것이다. 목숨보다 자유를 선택하는 것은 참된 지혜라기보다는 명예의 문제인 경우가 흔하다. 하나님이 여기에서 여러 나라들에게 권면하고 있듯이, 잇사갈이 쉴 곳을 보고 좋게 여기며 토지를 보고 아름답게 여겼기 때문에 그런 것들을 평화롭게 누릴 수 있다는 희망에서 그의 어깨를 내려 짐을 메고 압제 아래에서 섬긴 것을 성경에서는 치욕이라고 말하지 않는다(창 49:14-15). 바벨론의 왕을 섬기라 그리하면 너희가 거기서 밭을 갈며 살리라. 어떤 이들은 이것을 비열한 심령의 증거라고 단죄하겠지만, 선지자는 이것을 온유한 심령의 증거로 여겨 권하고 있는 것이다. 온유한 심령을 지닌 자들은 어쩔 수 없는 상황에 순복하고, 섭리가 아주 혹독하게 돌아가는 때에는 거기에 묵묵히 순복함으로써 나쁜 상황 속에서도 최선을 찾아내고자 한다. 싸움을 벌여서 상황을 더 악화시키는 것보다는 그렇게 하는 편이 더 낫다.

우리에게 참고 견디는 것이 필요한 때에는 견디며 인내할 때에 짐이 가벼워지는 법이다. 많은 사람들이 하나님의 낮추시는 섭리 아래에서 스스로를 낮추었다면 멸망시키는 섭리를 피할 수 있었을 것이다. 우리가 가는 길에서 일부러 더 무거운 십자가를 끌어와서 지는 것보다는 더 가벼운 십자가를 지는 편이 더 낫다.

[12]내가 이 모든 말씀대로 유다의 왕 시드기야에게 전하여 이르되 왕과 백성은 바벨론 왕의 멍에를 목에 메고 그와 그의 백성을 섬기소서 그리하면 사시리라 [13]어찌하여 당신과 당신의 백성이 여호와께서 바벨론의 왕을 섬기지 아니하는 나라에 대하

여 하신 말씀과 같이 칼과 기근과 전염병에 죽으려 하나이까 [14]그러므로 당신들은 바벨론의 왕을 섬기게 되지 아니하리라 하는 선지자의 말을 듣지 마소서 그들은 거짓을 예언함이니이다 [15]이는 여호와의 말씀이니라 내가 그들을 보내지 아니하였거늘 그들이 내 이름으로 거짓을 예언하니 내가 너희를 몰아내리니 너희와 너희에게 예언하는 선지자들이 멸망하리라 [16]내가 또 제사장들과 그 모든 백성에게 전하여 이르되 여호와께서 이와 같이 말씀하시기를 보라 여호와의 성전의 기구를 이제 바벨론에서 속히 돌려오리라고 너희에게 예언하는 선지자들의 말을 듣지 말라 이는 그들이 거짓을 예언함이니라 하셨나니 [17]너희는 그들의 말을 듣지 말고 바벨론의 왕을 섬기라 그리하면 살리라 어찌하여 이 성을 황무지가 되게 하려느냐 [18]만일 그들이 선지자이고 여호와의 말씀을 가지고 있다면 그들이 여호와의 성전에와 유다의 왕의 궁전에와 예루살렘에 남아 있는 기구를 바벨론으로 옮겨가지 못하도록 만군의 여호와께 구하여야 할 것이니라 [19]만군의 여호와께서 기둥들과 큰 대야와 받침들과 이 성에 남아 있는 기구에 대하여 이같이 말씀하시나니 [20]이것은 바벨론의 왕 느부갓네살이 유다의 왕 여호야김의 아들 여고니야와 유다와 예루살렘 모든 귀인을 예루살렘에서 바벨론으로 사로잡아 옮길 때에 가져가지 아니하였던 것이라 [21]만군의 여호와 이스라엘의 하나님께서 여호와의 성전과 유다의 왕의 궁전과 예루살렘에 남아 있는 그 기구에 대하여 이와 같이 말씀하셨느니라 [22]그것들이 바벨론으로 옮겨지고 내가 이것을 돌보는 날까지 거기에 있을 것이니라 그 후에 내가 그것을 올려 와 이 곳에 그것들을 되돌려 두리라 여호와의 말씀이니라

하나님은 여러 이방 나라들에게 말씀하신 것을 여기에서는 예레미야가 특별한 관심을 가지고 있었던 유대인들의 나라에 특별히 애정어린 마음으로 적용하신다. 유다 나라의 현재 상황은 이러하였다. 유다와 예루살렘은 그 동안 바벨론의 왕과 자주 다투어 왔기 때문에 두 나라의 관계는 최악이었다. 그들의 귀한 인재들과 소중한 물건들 중 다수는 이미 바벨론으로 옮겨졌고, 여호와의 성전의 기구들은 특히 그랬다. 이제 이러한 다툼이 어떤 결과로 끝날지가 문제였다. 예루살렘에는 선지자를 자처하는 인물들이 있어서, 그 자들은 유다의 지도자들과 백성들에게 조금만 더 버티면 바벨론의 왕이 그들을 당해낼 수 없게 되어서, 그들이 잃었던 모든 것을 회복하게 될 것이라고 말하였다. 이제 예레미야는 그들에게 가서 두말 없이 항복하라고 전하라는 지시를 받는다.

만약 그들이 그렇게 하지 않는다면, 그들은 잃었던 것을 회복하기는커녕 남아 있던 것까지 모두 잃게 될 것이다. 이 점을 그들에게 역설하는 것이 이 단락의 요지이다.

I. 예레미야는 유다의 왕에게 겸손히 아뢰어서 바벨론의 왕에게 항복할 것을 권유한다. 왕의 결정은 백성의 운명을 결정할 것이기 때문에, 예레미야는 모든 백성들에게와 마찬가지로 왕에게 말씀을 전한다(12절). 왕은 바벨론 왕의 멍에를 메고 섬기소서 그리하면 사시리라. 그들이 육신의 목숨을 부지하기 위해서 포악한 전제군주의 무거운 멍에를 메고 굴복하는 것이 지혜로운 일이라면, 우리가 우리 영혼의 생명을 확보하기 위해서 우리의 의로우신 주님이자 주인이신 예수 그리스도의 쉽고 가벼운 멍에에 순복하는 것은 더더욱 지혜로운 일이 아니겠는가? 너희의 심령을 낮추어서 회개와 믿음에 이르라. 그것이 너희의 심령을 천국과 영광에 이르게 하는 길이다. 따라서 우리는 여기에서 예레미야가 죽어가는 백성들을 향하여 타이르는 것보다 훨씬 더 불쌍히 여기는 마음을 가지고서 훨씬 더 설득력 있게 죽어가는 영혼들을 간곡하게 타이를 수 있다. "어찌하여 당신과 당신의 백성이 칼과 기근에 죽으려 하나이까. 당신은 비참한 삶을 벗어나려고 한다는 미명 하에 어찌하여 처참한 죽음에 뛰어들려고 하나이까." 하나님께서 바벨론의 왕에게 굴복하고자 하지 않는 모든 자들에 대하여 일반적으로 말씀하였던 것을 예레미야는 유다의 왕과 백성들에게 적용하여 두려움을 느끼게 하고자 하였다. 마찬가지로, 죄인들이 그리스도께서 그들의 왕됨을 원하지 아니한 모든 자들에게 멸망을 경고하신 것을 두려워하여, '우리가 순복하면 살 텐데, 어찌하여 칼과 기근에 죽는 것보다 천 배는 더 끔찍할 둘째 사망을 당하리요' 라고 스스로 생각을 한다면, 그것은 잘된 일일 것이다.

II. 예레미야는 제사장들과 백성들에게도 그들이 살기를 바라고 이 성이 황폐화되는 것을 막고자 한다면 바벨론의 왕을 섬기라고 권유한다(16-17절). "너희는 이 성을 황무지가 되게 하려느냐. 너희가 계속 고집을 부린다면, 반드시 그렇게 될 터인데, 정녕 그렇게 되기를 바라는 것이냐?" 제사장들은 예레미야의 원수들이었고 그의 목숨을 빼앗아 죽이고자 하였지만, 예레미야는 자기가 그들의 친구라고 말하며 그들의 목숨을 안전하게 보존할 수 있게 하고자 애쓰는데, 이것은 우리에게 악을 선으로 갚는 본보기가 된다. 피 흘리기를 좋아하는 자는 온전한 자를 미워하지만, 의인은 악인의 영혼을 구하고자 하고 그 영혼이 잘 되기를 바란다(잠 29:10). 지금 상황은 아주 급박하게 돌아가고 있었고, 그들은 멸망 직전에 와 있었다. 하지만 예레미야의 조언을 받아들인다면, 그들은 멸망까지 가지 않아도 될 것이었다. 예레미야는 마지막 기회를 어떻게든 살려 보려고, 그들에게 그의 친구로서의 권면을 계속해 나간다. 그들이 돌이킬 수 있는 시간이 단 하루가 남았더라도, 그 날에 그들이 그들의 평안에 속한 일들을 마침내 깨닫게 될지 아무도 모르는 일이기 때문이다.

Ⅲ. 이 두 번의 권유 속에서 예레미야는 그들이 자는 것을 좋아하는 것을 보고서 그들을 깊이 잠들게 하여 안일에 빠지게 만들었던 거짓 선지자들을 믿지 말라고 그들에게 경고한다. "왕은 선지자들의 말을 듣지 마시고(14절), 백성들은 너희에게 예언하는 선지자들의 말을 듣지 말라(16절). 그들은 하나님의 선지자들이 아니다. 하나님은 그들을 보내신 적이 없다. 그들은 하나님을 섬기지도 않고 기쁘시게 해 드리고자 하지도 않는다. 그들은 단지 너희의 선지자들일 뿐이다. 왜냐하면, 그들은 너희가 듣고 싶어하는 말들만을 전할 뿐이고, 너희를 기쁘게 하는 것만이 그들의 목적이기 때문이다." 그들의 선지자들은 그들에게 듣기 좋은 말들을 들려주면서 다음 두 가지를 믿으라고 말하였다.

1. 그들 위에 군림해 왔던 바벨론의 왕의 권력은 이제 곧 무너지게 되리라는 것. 그들은 이렇게 말하였다(14절). "당신들은 바벨론의 왕을 섬기게 되지 아니하리라. 당신들은 굴복을 강요당하지 않을 것이기 때문에, 일부러 자진해서 굴복할 필요가 없다." 그들은 마치 하나님이 그들에게 은혜를 주셔서 이 백성이 수치스럽게 항복함으로써 스스로의 권위를 실추시키는 일이 없도록 하기 위해서 그런 말씀을 전하라고 그들을 보내셨다는 듯이 이런 말을 여호와의 이름으로 예언하였다(15절). 그러나 그것은 거짓말이었다. 그들은 하나님이 그들을 보내셨다고 말하였다. 그러나 그것은 거짓이었다. 하나님이 그것을 부인하신다. 이는 여호와의 말씀이니라 내가 그들을 보내지 아니하였다. 그들은 이 나라가 바벨론의 왕에게 결코 복속되지 않을 것이라고 말하였다. 그러나 역사상의 사건이 증명해 보여주었듯이, 그것도 거짓이었다. 그들은 끝까지 버티는 것이야말로 백성들과 이 성을 안전하게 지키는 길이라고 말하였다. 그러나 그것은 거짓이었다. 왜냐하면, 반드시 이 백성들이 결국 이 땅에서 쫓겨나 죽는 것으로 끝장이 날 것이었기 때문이다. 따라서 그들이 한 말은 처음부터 끝까지 다 거짓말이었다. 이러한 거짓말들로 백성을 속인 선지자들은 결국 자신도 속았

다. 눈 먼 인도자들이나 눈이 먼 채 따라간 자들이나 둘 다 함께 구덩이에 빠졌다. 너희와 너희에게 예언하는 선지자들이 멸망하리라. 그 선지자들은 너희의 안전을 보장해 주기는커녕 그들 스스로의 안전도 지킬 수 없게 될 것이다. 죄인들에게 그들의 죄악된 길을 계속해서 가라고 격려하는 자들은 결국에는 그 죄인들과 함께 멸망하게 되리라는 것을 명심하라.

2. 바벨론의 왕이 이미 가져가 버린 성전의 기구들을 이제 곧 되찾게 되리라는 것(16절). 거짓 선지자들은 금을 거룩하게 하는 성전보다도 성전의 금을 더 좋아하였던 제사장들이 어떤 말을 좋아할지를 잘 알고 있었기 때문에 이런 거짓 예언을 통해서 제사장들에게 잔뜩 기대감을 심어 주었다. 이 성전의 기구들은 갈대아인들이 여고니야를 바벨론으로 끌고갈 때에 함께 가져간 것들이었다 (20절). 이 참담한 이야기는 열왕기하 24:13, 15과 역대하 36:10에 나온다. 모든 귀한 그릇들(즉, 여호와의 전에 있던 모든 금 그릇들)은 모든 보화와 함께 전리품이 되어 바벨론으로 옮겨졌다. 이것은 유다 사람들에게 그 어떤 것보다도 참담한 일이었다. 왜냐하면, 성전은 그들의 자랑이자 믿고 의지하는 것이었고, 그 성전의 기구나 그릇들이 탈취당한 것은 참 선지자가 그들에게 말해 주었던 것, 즉 하나님이 그들에게서 떠났다는 것을 너무도 명백하게 보여주는 것이었기 때문이다. 그러므로 거짓 선지자들은 바벨론의 왕이 머지않아 그것들을 되돌려줄 수밖에 없게 될 것이라고 그들에게 말해줌으로써 그들의 마음을 편안하게 해주는 길 외에는 다른 도리가 없었다.

(1) 예레미야는 거짓 선지자들의 예언을 믿고 이미 빼앗긴 성전의 기구들을 되찾아올 궁리를 하기보다는 아직 그들에게 남아 있는 기구들을 그들의 기도를 통해서 지키려는 생각을 하라고 그들에게 촉구한다(18절). 만일 그들이 스스로 자처하듯이 참 선지자이고 여호와의 말씀을 가지고 있다면, 즉 그들이 천국과 교통하고 천국을 움직일 수 있는 어떤 힘이 있다면, 그들로 하여금 그 힘을 활용해서 심판이 더 이상 진행되지 않도록 중단시켜 보게 하라. 그들로 하여금 줄 달린 작은 향로를 손에 들고서 산 자와 죽은 자 사이, 이미 포로로 끌려간 자들과 이 곳에 아직 남아 있는 자들 사이에 서서 이 재앙이 멈출 수 있게 하게 하라. 그들로 하여금 만군의 여호와께 구하여 아직 남아 있는 성전의 기구들이 더 이상 바벨론으로 옮겨가지 않게 하라.

[1] 그들은 예언하는 대신에 기도를 하여야 한다. 선지자들은 기도하는 사람

들이어야 한다는 것을 명심하라. 그들은 기도를 많이 해서 천국과의 교통을 계속해서 유지하고 있다는 것을 증명해 보여야 한다. 우리는 여기에 나오는 거짓 선지자들처럼 기도를 통해서 하늘로 메시지를 보내는 일을 별로 하지 않는 자들이 하늘로부터 메시지를 듣는다는 것을 상상할 수 없다. 그들은 성소의 안전과 형통을 위해 기도함으로써 그들이 선지자답게 공적인 것들을 위하여 힘쓰고 있다는 것을 보여주어야 한다. 그들의 기도가 응답되면, 하나님께서 그들 편이라는 것이 드러날 것이다.

[2] 그들은 그들이 이미 잃어버린 것을 되찾는 일에 관심을 두는 대신에 아직 그들에게 남겨져 있는 것을 안전하게 지키는 데에 힘을 쏟아야 하고, 그것이 이루어진다면, 그것을 큰 은총으로 여겨야 한다. 하나님의 심판이 전반적으로 진행되고 있을 때, 우리는 큰 일들을 구하지 말고, 작은 일에 감사하여야 한다.

(2) 예레미야는 남은 것들을 지키고자 하는 그들의 시도도 성공하지 못할 것이어서, 놋 그릇들도 금 그릇들처럼 빼앗기게 될 것이라고 그들에게 단언한다(19, 22절). 느부갓네살은 예루살렘에 아주 훌륭한 전리품이 많다는 것을 알았기 때문에 반드시 다시 한 번 와서 여호와의 성전만이 아니라 왕의 궁전에 있는 것들까지 닥치는 대로 약탈해 갈 것이었다. 갈대아인들은 의기양양하게 그것들을 모두 바벨론으로 옮길 것이고, 그것들은 거기에 있게 될 것이다. 그러나 하나님은 그것들을 모두 되돌려받을 때가 올 것이라는 은혜로운 약속으로 말씀을 맺으신다. 내가 약속을 따라 긍휼 가운데서 그것들을 돌보는 날에 그것들을 올려 와 이 곳에 그것들을 제자리에 되돌려 두리라. 성전의 기구들과 그릇들은 분명히 하나님의 특별한 섭리의 보호하심 아래에 있었다. 그렇지 않았다면, 그것들은 녹여져서 다른 용도로 사용되었을 것이다. 그러나 장차 제2성전이 지어질 것이었고, 하나님은 그 성전을 위해서 이 성전의 기구들을 보호하셨다. 우리는 성경에서 그 기구들이 되돌아온 것에 대한 기사를 읽을 수 있다(스 1:8). 우리 시대에 교회가 다시 부흥되지 않는다고 해서 우리는 낙심해서는 안 된다. 왜냐하면, 하나님께서 정하신 때에 그 일이 이루어질 것이기 때문이다. 여호와의 성전의 기구들이 속히 되돌아오리라고 말한 자들은 거짓을 예언한 것이었지만(16절), 그것들이 결국에는 되돌아올 것이라고 말한 예레미야는 진실을 예언한 것이었다. 우리는 우리의 시간을 하나님이 정하신 시간보다 앞서 맞춰 놓고

는 이 둘이 맞지 않는다고 시비를 걸기 쉽다. 그러나 여호와는 심판을 맡으신 하나님이시기 때문에, 우리가 하나님을 기다리는 것이 합당하다.

는 이 둘이 맞지 않는다고 시비를 걸기 쉽다. 그러나 여호와는 심판을 맡으신 하나님이시기 때문에, 우리가 하나님을 기다리는 것이 합당하다.

제
— 28 —
장

개요

앞 장에서 예레미야는 바벨론의 왕의 멍에가 속히 꺾일 것이고 성전의 기구들이 속히 되돌아오리라고 예언하였던 선지자들이 거짓말을 일삼고 있다고 고소하였었다. 이 장에는 예레미야가 그러한 부류에 속하였던 한 선지자와 겨루는 장면이 나온다. I. 예언자를 자처하였던 하나냐는 예레미야의 예언을 반박하여, 느부갓네살의 권세가 기울겠고 바벨론으로 옮겨진 사람들과 성전의 기구들이 되돌아올 것이라고 예언하면서(1-4절), 그 징표로 예레미야의 목에 있던 멍에를 꺾었다(10-11절). II. 예레미야는 하나냐의 말이 진실임이 밝혀지기를 빌면서도, 과연 그 말이 참인지 거짓인지를 앞으로 이루어지는 일들을 보면 알 수 있을 것이라고 말하면서, 하나냐의 말이 거짓임이 밝혀질 것을 의심하지 않았다(5-9절). III. 속임을 당하는 자와 속이는 자의 운명이 여기에서 선포된다. 속임을 당한 백성들은 그들의 나무 멍에가 쇠 멍에로 바뀌게 될 것이고(12-14절), 속이는 자인 저 선지자 하나냐는 두 달 안에 죽음을 맞게 될 것이다(15-17절).

¹그 해 곧 유다 왕 시드기야가 다스리기 시작한 지 사 년 다섯째 달 기브온 앗술의 아들 선지자 하나냐가 여호와의 성전에서 제사장들과 모든 백성이 보는 앞에서 내게 말하여 이르되 ²만군의 여호와 이스라엘의 하나님이 이같이 일러 말씀하시기를 내가 바벨론의 왕의 멍에를 꺾었느니라 ³내가 바벨론의 왕 느부갓네살이 이 곳에서 빼앗아 바벨론으로 옮겨 간 여호와의 성전 모든 기구를 이 년 안에 다시 이 곳으로 되돌려 오리라 ⁴내가 또 유다의 왕 여호야김의 아들 여고니야와 바벨론으로 간 유다 모든 포로를 다시 이 곳으로 돌아오게 하리니 이는 내가 바벨론의 왕의 멍에를 꺾을 것임이라 여호와의 말씀이니라 하시니라 ⁵선지자 예레미야가 여호와의 성전에 서 있는 제사장들과 모든 백성들이 보는 앞에서 선지자 하나냐에게 말하니라 ⁶선지자 예레미야가 말하니라 아멘, 여호와는 이같이 하옵소서 여호와께서 네가 예언한 말대로 이루사 여호와의 성전 기구와 모든 포로를 바벨론에서 이 곳으로 되돌려 오시기를 원하노라 ⁷그러나 너는 내가 네 귀와 모든 백성의 귀에 이르는 이 말

을 잘 들으라 ⁸나와 너 이전의 선지자들이 예로부터 많은 땅들과 큰 나라들에 대하여 전쟁과 재앙과 전염병을 예언하였느니라 ⁹평화를 예언하는 선지자는 그 예언자의 말이 응한 후에야 그가 진실로 여호와께서 보내신 선지자로 인정 받게 되리라

참 선지자와 거짓 선지자 간의 이러한 싸움은 여기에서 시드기야가 다스리기 시작한 지 사 년에 있었다고 말해진다. 시드기야가 왕위에 오른지 처음 사 년은 그가 바벨론의 왕의 지배 아래에서 유다가 속국이 된 상태에서 다스렸던 기간이기 때문에 그의 치세 초기 또는 전기(前期)라 불릴 수 있었다. 반면에, 그의 치세 중에서 초기 또는 전기와 구별되는 후기라 부를 수 있는 나머지 기간 동안에 그는 바벨론의 왕에 대하여 반기를 든 가운데 나라를 다스렸다. 시드기야는 그의 재위 제4년에 직접 바벨론으로 갔다왔는데(렘 51:59), 이것은 백성들에게 왕이 직접 가서 협상을 했으니 전쟁이 곧 좋은 결과로 끝나게 될 것이라는 희망을 가져다 주었을 것이고 거짓 선지자들을 고무시켰을 것이다. 특히 그런 선지자들 중의 하나였던 하나냐는 제사장의 성읍이었던 기브온 출신으로서 예레미야와 마찬가지로 제사장이기도 하였을 것이다. 여기에서 우리는 다음과 같은 것들을 보게 된다.

I. 하나냐가 여호와의 성전에서 성회를 열고서 하늘로부터 어떤 메시지를 기대하고 있었던 제사장들과 모든 백성이 보는 앞에서 여호와의 이름으로 공개적이고 엄숙하게 전한 예언. 하나냐는 이 예언을 전할 때에 예레미야를 맞닥뜨리자, 마치 "예레미야, 이 거짓말쟁이야"라고 말하려는 듯이 그가 한 예언을 반박할 목적으로 그에게도 이 예언을 전하였다(1절). 하나냐가 한 예언은 바벨론의 왕의 권세, 적어도 유다와 예루살렘에 대한 그의 권세는 속히 꺾일 것이고, 이 년 안에 성전의 기구들이 되돌아올 것이며, 여고니야를 비롯해서 바벨론으로 끌려간 모든 포로들이 돌아오리라는 것이었다(2-4절). 반면에, 예레미야는 바벨론의 왕의 멍에는 아직 견고하며, 성전의 기구들과 포로들은 70년 동안 돌아오지 못하리라고 예언했었다. 이 엉터리 예언을 한 번 읽어보고, 그것을 하나님이 참 선지자들을 통해서 보내신 말씀들과 비교해 보면, 우리는 둘 간에 엄청난 차이가 있다는 것을 알 수 있다. 이 엉터리 예언 속에서는 하나님의 선지자들이 전한 말씀들 속에서 볼 수 있는 살아 움직이는 영과 생명, 위엄 있는 문체와 장엄한 표현을 전혀 찾아볼 수 없고, 신적인 화염(火焰)과 그 화염

에서 뿜어져 나오는 기운을 전혀 느낄 수 없다. 그러나 이 엉터리 예언에 특히 결여되어 있는 것은 경건의 분위기이다. 하나냐는 이 나라에 번영이 다시 찾아오리라는 것을 아주 자신만만하게 말하고 있지만, 그의 말 속에는 하나님이 그들을 위하여 준비해 놓으신 은총을 받기 위해서 회개하고 삶을 고치라든가 하나님께 돌아와서 기도하고 그의 얼굴을 구하라든가 하는 그들에게 주는 선한 권면이 단 한 마디도 없다. 그는 하나님의 이름으로 그들에게 현세에서의 긍휼들을 약속하지만, 하나님께서 언제나 그러한 긍휼들과 함께 주시기로 약속하셨던 영적인 긍휼들에 대해서는 전혀 언급하지 않는다: 내가 여호와인 줄 아는 마음을 그들에게 주리라(렘 24:7). 이 모든 것을 통해서 드러나는 것은 그가 스스로 무엇이라 자처하든 그는 하나님으로부터 온 영이 아니라 세상의 영을 받았고(고전 2:12), 사람들에게 유익을 주기 위한 것이 아니라 사람들을 기쁘게 해 주는 것이 그의 목적이었다는 것이다.

Ⅱ. 이 엉터리 예언에 대한 예레미야의 답변.

1. 예레미야는 하나냐가 말한 것이 참이어서 그대로 이루어지기를 진심으로 바란다. 그는 자기 나라에 대한 애정이 깊었고 자기 나라가 잘 되기를 진심으로 원하였기 때문에, 자기가 거짓 선지자의 오명을 뒤집어 쓰게 되는 일이 있더라도, 정말 하나냐의 말대로 이 나라에 멸망이 임하지 않기를 바랐다. 그는 아멘, 여호와는 이같이 하옵소서 여호와께서 네가 예언한 말대로 이루시기를 원하노라고 말하였다(5-6절). 예레미야는 비록 자기 백성을 쳐서 예언하였었지만 이 백성을 위하여 기도하면서 반드시 임하게 되어 있는 하나님의 심판을 이 백성이 받지 않게 해주시라고 기도한 것이 이번이 처음은 아니었다. 이것은 그리스도께서 그가 마실 고난의 잔이 그에게서 지나갈 수 없다는 것을 뻔히 아시면서도 내 아버지여 만일 할 만하시거든 이 잔을 내게서 지나가게 하옵소서라고 기도하셨던 것과 같은 것이었다. 그는 신실한 선지자로서는 예루살렘의 멸망을 미리 내다보고 예언하여야 했지만, 신실한 이스라엘 사람으로서는 예루살렘을 위하여 평안을 구하라는 명령에 순종하여 이 나라를 보존해 주시라고 간절히 기도하였다. 하나님의 구체적인 목적과 관련된 뜻은 그가 예언하고 인내함에 있어서 준칙이 되어야 했지만, 하나님의 일반적인 명령이나 교훈과 관련된 뜻은 그의 기도와 실천에 있어서 준칙이 되어야 했다. 하나님 자신도 죄인들의 죽음을 결정하셨음에도 불구하고 죄인들이 죽는 것을 원하지 않으시고 모든 사람이 구

원받기를 원하신다. 예레미야는 자기 백성을 위하여 자주 중보기도 하였다(렘 18:20). 거짓 선지자들은 백성들에게 평강을 약속하는 예언을 함으로써 백성들의 환심을 사려는 생각뿐이었다. 여기서 예레미야 선지자는 백성들이 그토록 좋아하는 그들의 선지자들과 마찬가지로 백성들에게 선의(善意)를 지니고 있음을 보여주었다. 그는 하나님으로부터 백성들에게 평강을 전하라는 지시를 받은 적이 없었지만, 그것을 진심으로 원하였고 그렇게 되도록 해주시라고 간절히 기도하였다. 그들에게 듣기 좋은 말만을 해줌으로써 지극히 큰 해악을 끼치는 거짓 선지자들을 귀하게 여기고 그들을 위하여 중보기도를 해줌으로써 그들에게 지극히 큰 섬김을 행하는 참 선지자를 박해하는 그들은 얼마나 정신 나간 자들인가(렘 27:18을 보라)!

2. 예레미야는 하나냐가 한 예언이 틀리는지 맞는지는 앞으로 어떤 일들이 벌어지는지를 보면 저절로 증명이 될 것이라고 말한다(7-9절). 거짓 `선지자들은 예전에 아합이 미가야 선지자에게 그러하였듯이 그들에 대하여 길한 일은 예언하지 아니하고 흉한 일만 예언한다는 이유로 예레미야를 헐뜯고 비난하였다. 그러자 예레미야는 그것이 지금까지 다른 선지자들이 전하였던 예언들의 요지였다고 항변하면서, 그렇기 때문에 그가 그렇게 예언한 것을 이상한 일로 여기거나 그의 소명을 의심스럽게 보아서는 안 된다고 말하였다. 왜냐하면, 옛적의 선지자들은 많은 땅들과 큰 나라들을 쳐서 예언하였고, 하나냐와는 달리 사람들을 두려워하거나 기쁘게 하려고 하지 않고, 하나님이 그들을 통해서 보내신 말씀들을 담대하게 전하였기 때문이다. 그 선지자들은 예레미야처럼 전쟁과 기근과 전염병을 스스럼 없이 경고하였고, 백성들은 그들이 전한 말씀을 하나님으로부터 온 것으로 여겼다. 그런데 왜 예레미야는 자기보다 앞서 활동하였던 하나님의 선지자들이 언제나 그랬던 것과 다름없이 말씀을 전하였는 데도 전염병 같은 자이자 소요하게 하는 자로 취급받아 짓밟혀야 한단 말인가? 다른 선지자들은 멸망이 임할 것이라고 예언하였는 데도 실제로는 멸망이 임하지 않은 경우에도, 요나의 경우처럼 그들이 하나님으로부터 보내심을 받았다는 것이 증명되었다. 왜냐하면, 그런 경우에는 하나님이 은혜로우셔서 자신의 죄들로부터 떠나는 자들에게서는 그의 진노를 기꺼이 거두셔서 그렇게 된 것이기 때문이다. 그러나 특히 하나냐처럼 백성들이 고의적인 죄를 통해서 그들의 문에 빗장을 걸거나 하나님의 은총의 물줄기를 중단시키지 않아야 한다는 필수

적인 단서 조항을 덧붙임이 없이 절대적이고 무조건적으로 평화와 형통을 예언하는 선지자는 오직 그의 예언이 이루어졌을 때에만 참 선지자로 인정받게 될 것이다. 그의 예언이 이루어진다면, 여호와께서 그를 보내셨다는 것이 드러나게 될 것이지만, 그렇지 않는다면 그는 사기꾼임이 드러날 것이다.

[10]선지자 하나냐가 선지자 예레미야의 목에서 멍에를 빼앗아 꺾고 [11]모든 백성 앞에서 하나냐가 말하여 이르되 여호와께서 이와 같이 말씀하시니라 내가 이 년 안에 모든 민족의 목에서 바벨론의 왕 느부갓네살의 멍에를 이와 같이 꺾어 버리리라 하셨느니라 하매 선지자 예레미야가 자기의 길을 가니라 [12]선지자 하나냐가 선지자 예레미야의 목에서 멍에를 꺾어 버린 후에 여호와의 말씀이 예레미야에게 임하니라 이르시기를 [13]너는 가서 하나냐에게 말하여 이르기를 여호와의 말씀에 네가 나무 멍에들을 꺾었으나 그 대신 쇠 멍에들을 만들었느니라 [14]만군의 여호와 이스라엘의 하나님께서 이와 같이 말씀하시니라 내가 쇠 멍에로 이 모든 나라의 목에 메워 바벨론의 왕 느부갓네살을 섬기게 하였으니 그들이 그를 섬기리라 내가 들짐승도 그에게 주었느니라 하라 [15]선지자 예레미야가 선지자 하나냐에게 이르되 하나냐여 들으라 여호와께서 너를 보내지 아니하셨거늘 네가 이 백성에게 거짓을 믿게 하는도다 [16]그러므로 여호와께서 이와 같이 말씀하시되 내가 너를 지면에서 제하리니 네가 여호와께 패역한 말을 하였음이라 네가 금년에 죽으리라 하였더니 [17]선지자 하나냐가 그 해 일곱째 달에 죽었더라

우리는 여기에서 다음과 같은 예를 본다.

I. 거짓 선지자의 오만방자함. 하나냐는 예레미야의 예언을 반박함으로써 그에게 모욕을 준 것도 모자라서 더욱 철저히 그를 짓밟아 주기 위하여, 예레미야가 여러 나라들이 느부갓네살의 종이 될 것에 관하여 예언한 후에 그것을 나타내기 위해서 메고 다녔던 멍에를 그의 목에서 빼앗아 꺾어 버렸는데, 이는 예레미야가 그랬듯이 자신의 예언이 성취되리라는 것을 나타내는 징표를 사람들에게 보여줌과 동시에 자기가 예레미야를 이겼고 그의 예언을 좌절시켰음을 나타내기 위한 것이었다. 거짓의 영이 이 거짓 선지자의 입을 통해서 어떤 식으로 진리의 성령의 언어를 흉내내고 있는지를 보라. 여호와께서 이와 같이 말씀하시니라 내가 이 년 안에 이 나라의 목에서만이 아니라 모든 민족의 목에서 바벨

론의 왕의 멍에를 이와 같이 꺾어 버리리라(11절). 하나냐가 자기 생각에 깊이 몰두하여 스스로 이것을 믿게 되었던 것인지, 아니면 이것이 거짓임을 알면서도 사람들로 믿게 하려고 한 것이었는지는 분명하지 않다. 그러나 분명한 것은 그가 확신에 차서 말하고 있다는 것이다. 거짓말을 하면서 진리의 하나님이 그 거짓말의 후견인 노릇을 하시는 것처럼 말하는 것은 새삼스러운 일이 아니다.

II. 참 선지자의 인내심. 예레미야는 묵묵히 자기의 길을 갔다. 그는 욕을 당하되 맞대어 욕하지 아니하고, 그에게 살기가 등등한 제사장들과 백성들이 둘러싸고 있는 가운데 극도의 분노에 차 있는 자와 다투고자 하지 않았다. 그가 아무 말 없이 자기 길을 간 이유는 대답할 말이 없었기 때문이 아니라 하나님께서 그에게 직접적인 대답을 해주실 때까지(아직 그는 그 대답을 받지 못한 상태였다) 기다리고자 했기 때문이었다. 그는 하나님께서 하나냐에 대하여 특별한 말씀을 주실 것을 기대하였고, 그 말씀을 받을 때까지는 스스로 아무 말도 하지 않을 작정이었다. 나는 못 듣는 자 같이 듣지 아니하오니 나를 위해 주께서 들으시고 대답하소서. 다투기보다는 물러나는 것이 때로는 지혜로울 수 있다. 진노에 자리를 내어주라.

III. 예레미야와 그의 대적 사이에서 판단하시는 하나님의 공의. 예레미야는 책망할 줄 모르는 자처럼 자기 길을 갔지만, 하나님은 곧 그의 입에 말씀을 넣어 주셨다. 왜냐하면, 하나님은 묵묵히 자신의 사정을 그에게 맡기는 자들을 위하여 나타나시는 법이기 때문이다.

1. 하나님의 말씀은 예레미야의 입을 통해 확증된다. 예레미야는 이토록 무모한 반대와 배척을 당했다고 해서 자기가 하나님의 이름으로 전한 말씀의 참됨을 스스로 불신해서는 안 된다. 우리가 말한 것이 하나님의 진리라면, 사람들이 그것을 부정하고 반박한다고 해서, 우리도 덩달아 그것을 취소해서는 안 된다. 왜냐하면, 진리는 커서 반드시 이기는 법이기 때문이다. 진리는 영원히 설 것이기 때문에 우리는 진리를 고수해야 하고, 사람들의 불신이나 모독으로 그 진리가 무효화되지는 않을까 염려하지 않아야 한다. 하나냐는 나무 멍에들을 꺾었지만, 예레미야는 그들을 위해서 아무도 꺾을 수 없는 쇠 멍에들을 만들어야 했다(13절). 왜냐하면, 하나님께서 "내가 훨씬 더 무거워서 그들을 더 고통스럽게 조일 쇠 멍에로 이 모든 나라의 목에 메워 바벨론의 왕을 섬기게 하였으니, 그들은 좋으나 싫으나 그를 섬겨야 할 것이기 때문에, 아무리 몸부림을 쳐도

그 멍에를 떨쳐내지 못하리라"고 말씀하셨기 때문이다(14절). 하나님의 모략과 다툴 수 있는 자가 누가 있겠는가? 하나님께서는 앞에서 말씀하신 것, 즉 내가 들짐승도 그에게 주었느니라는 말씀 속에 어떤 의미심장한 뜻이 담겨 있기라도 한 듯이 그것을 여기에서 다시 한 번 반복하여 말씀하신다. 사람들은 그들의 악으로 말미암아 스스로 멸망하는 짐승 같이 되었기 때문에 짐승을 다룰 때에 쓰는 무자비한 힘, 느부갓네살이 지닌 폭군적인 권력으로 다스려져야 마땅하였다. 느부갓네살은 임의로 죽이며 임의로 살리는 그런 자였다.

2. 하나냐는 하나님의 말씀을 정면으로 반박한 죄로 죽음이 선고된다. 예레미야는 하나님의 말씀을 받기 전에는 아무 말 없이 자기 길을 갔지만, 하나님의 말씀을 받게 되자 하나냐의 목전에서 담대하게 그에게 그 말씀을 전하였다.

(1) 하나냐가 하나님에 의해서 유죄로 선고받은 죄목은 백성들을 속이고 하나님을 모독하였다는 것이었다. 네가 이 백성에게 거짓을 믿게 하는도다. 너는 그들을 부추겨서 그들에게 평강이 있을 것이라는 희망을 갖게 만들었으니, 장차 멸망이 그들에게 임할 때에 그들은 그 멸망을 더 끔찍하고 무섭게 느끼게 될 것이다. 그렇지만 그가 저지른 가장 악한 죄는 따로 있었다. 네가 여호와께 패역한 말을 하였다. 너는 백성들에게 참 선지자들이 하나님의 이름으로 그들에게 준 온갖 선한 조언들을 멸시하도록 가르쳤고, 그 조언들이 힘을 잃게 만들었다. 죄인들에게 그들이 계속해서 범죄하여도 평강이 있을 것이라고 말함으로써 그들의 마음을 더욱 완악하게 하여 그들로 하여금 하나님의 말씀에 의한 책망과 권면이나 하나님이 그들을 회개시키기 위하여 사용하시는 수단들과 방법들을 멸시하게 만드는 자들이 받을 벌은 대단히 크다.

(2) 하나냐에게 내려진 심판은 이런 것이었다. "너는 이 땅에 더 살 가치가 없어서 내가 너를 지면에서 제하리니, 너는 땅 속에 묻히리라. 네가 여호와께 패역한 죄로 금년에 죽겠고, 죽음이 극심한 고통과 저주를 동반하여 너에게 임할 것이다." 이 선고는 그대로 집행되었다(17절). 하나냐는 이 일이 있고나서 두 달 안에 그 해에 죽었다. 왜냐하면, 그가 예언한 것이 다섯째 달이었고(1절) 그가 죽은 것이 일곱째 달이었기 때문이다. 선한 자들도 요시야의 경우처럼 한창 때에 하나님이 그들을 갑자기 데려가실 수 있지만, 그것은 하나님이 그들에게 긍휼을 베푸시는 것이다. 그러나 하나냐의 경우는 그의 죄에 대한 벌이라는 것이 미리 예언되었고, 또한 그 예언에 따라서 일이 진행된 것이기 때문에, 그가

갑자기 죽은 것은 하늘이 그를 심판하였다는 것을 증언해 주는 일임과 동시에 예레미야의 사명을 확증해 주는 일로 해석될 수 있다. 만약 백성들의 마음이 죄의 속임수에 의해서 형편없이 완악해져 있지 않았다면, 이 일은 그들이 그들의 선지자들의 속임수에 의해서 더욱 완악해지는 것을 막아주는 역할을 했을 것이다.

제
— 29 —
장

개요

예레미야와 거짓 선지자들의 대결은 앞에서는 각자의 예언의 말씀을 통해서 이루어 졌지만 여기에서는 글을 통해서 이루어진다. 앞에서는 설교와 설교가 서로 맞붙었지만, 여기에서는 글과 글이 서로 맞붙는다. 왜냐하면, 거짓 선지자들 중 일부는 이제 포로가 되어 바벨론으로 끌려갔고, 예레미야는 자신의 땅에 남아 있었기 때문이다. 이 장에는 다음과 같은 내용들이 나온다. I. 예레미야가 바벨론에서 포로가 되어 있던 자들에게 편지를 써서 거기에 있는 그들의 선지자들을 조심하라고 함(1-3절). 이 편지 속에서 1. 그는 포로 된 자들에게 그 생활에 적응하여 편안한 마음으로 거기에서 최선을 다하라고 권면한다(4-7절). 2. 그는 그들에게 속히 놓여나게 될 것이라는 희망을 불어넣어 주는 거짓 선지자들을 지 말라고 주의를 준다(8-9절). 3. 그는 그들에게 하나님이 70년이 다 찬 후에 그들에게 긍휼을 베푸셔서 조국 땅으로 다시 돌아오게 하실 것이라고 약속한다(10-14절). 4. 그는 아직 이 땅에 남아 있는 자들이 멸망할 것임을 예언하면서, 그들이 이런저런 연이은 심판으로 박해를 받다가 끝내는 포로로 잡혀가게 될 것이라고 말한다(15-19절). 5. 그는 바벨론에 있는 그들의 거짓 선지자들 중 두 사람, 곧 그들이 여전히 죄를 짓는데도 그들에게 듣기 좋은 말만 해주고 그들에게 악한 본본기를 보인 두 명의 거짓 선지자들이 죽임을 당할 것이라고 예언하는데(20-23절), 이것이 예레미야가 편지를 보낸 목적이었다. II. 바벨론에서 활동하고 있던 거짓 선지자 스마야가 예루살렘의 제사장들에게 편지를 써서, 예레미야를 박해하라고 그들을 부추기고(24-29절), 바벨론의 포로 된 자들에게 그러한 편지를 써보낸 예레미야에게 하나님의 진노가 있을 것이라고 경고한다(30-32절). 이와 같은 싸움은 여자의 후손과 뱀의 후손 사이에서 언제나 있어 왔다.

[1]선지자 예레미야가 예루살렘에서 이같은 편지를 느부갓네살이 예루살렘에서 바벨론으로 끌고 간 포로 중 남아 있는 장로들과 제사장들과 선지자들과 모든 백성에게 보냈는데 [2]그 때는 여고니야 왕과 왕후와 궁중 내시들과 유다와 예루살렘의 고관들과 기능공과 토공들이 예루살렘에서 떠난 후라 [3]유다의 왕 시드기야가 바벨론

으로 보내어 바벨론의 왕 느부갓네살에게로 가게 한 사반의 아들 엘라사와 힐기야의 아들 그마랴 편으로 말하되 ⁴만군의 여호와 이스라엘의 하나님께서 예루살렘에서 바벨론으로 사로잡혀 가게 한 모든 포로에게 이와 같이 말씀하시니라 ⁵너희는 집을 짓고 거기에 살며 텃밭을 만들고 그 열매를 먹으라 ⁶아내를 맞이하여 자녀를 낳으며 너희 아들이 아내를 맞이하며 너희 딸이 남편을 맞아 그들로 자녀를 낳게 하여 너희가 거기에서 번성하고 줄어들지 아니하게 하라 ⁷너희는 내가 사로잡혀 가게 한 그 성읍의 평안을 구하고 그를 위하여 여호와께 기도하라 이는 그 성읍이 평안함으로 너희도 평안할 것임이라

우리는 여기에서 다음과 같은 내용들을 본다.

I. 예레미야가 바벨론에서 포로 된 자들에게 여호와의 이름으로 편지를 썼다는 것. 여고니야는 그의 어머니인 왕후와 여기에서 궁중 내시들이라 불린 시종들과 당시에 가장 활발한 활동을 하였던 자들인 유다와 예루살렘의 고관들과 더불어서 항복하여 포로가 되어 있었다. 또한, 목공들과 대장장이들(개역에서는 기능공들과 토공들)도 함께 포로로 끌려갔기 때문에, 이 땅에 남아 있던 자들은 성을 요새화하거나 전쟁 무기를 만들 만한 일손을 제대로 구할 수 없었을 것이다. 이와 같이 유다 사람들이 순순히 순복하였기 때문에 느부갓네살이 이제는 더 이상 유다를 괴롭히지 않을 것이라는 희망이 싹텄다. 사자는 상대로 하여금 무릎을 꿇게 만드는 것으로 충분히 만족한다. 그러나 이 오만한 정복자는 벤하닷이 아합 왕에게 그랬듯이(왕상 20:5-6) 점점 더 요구하는 것이 많아졌다. 그는 왕과 고관들과 기능공들을 잡아가는 것으로도 성이 차지 않았는지, 그들이 예루살렘에서 떠난 후에, 유다 땅에 다시 와서, 장로들과 제사장들과 선지자들과 백성을 닥치는 대로 잡아서 바벨론으로 끌고 갔다(1절). 이렇게 끌려간 자들은 조국 땅에 그대로 남겨진 다른 형제들과 비교가 되어 마치 그들이 예루살렘에 남아 있는 자들보다 더 큰 죄인인 것처럼 보였기 때문에 그들의 처지는 한층 더 비참하였다. 그래서 예레미야는 그들을 위로하기 위해서 그들에게 편지를 써보내어, 그들이 구원을 받아서 다시 돌아오지 못할 것이라고 절망하거나 조국 땅에 남겨진 형제들을 부러워할 이유가 하나도 없다는 것을 그들에게 단호하게 말한다. 좀 더 살펴보자.

1. 기록된 하나님의 말씀은 말로 선포되는 하나님의 말씀과 똑같이 하나님

의 영감에 의해서 주어진 것이다. 글로 쓴 하나님의 말씀은 흩어져 있는 하나님의 자녀들에게 하나님의 뜻을 알리고 전파하는 데에 적절한 방법이었다.

2. 우리는 멀리 떨어져 있는 우리의 친구들에게 시의적절한 위로들과 건전한 권면들을 담은 경건한 편지를 써보내는 것을 통해서 하나님을 섬기고 선을 행할 수 있다. 우리는 직접 만나서 말할 수 없는 사람들에게는 편지를 써서 말할 수 있다. 글로 기록된 것은 계속해서 오래 남는다. 예레미야가 쓴 이 편지는 시드기야 왕이 느부갓네살에게 보낸 사자(使者)들 편으로 바벨론에 잡혀 있는 포로들에게 보내졌다(3절). 이 사자들은 아마도 시드기야가 바벨론의 왕에게 조공을 바치고 그에 대한 충성 맹세를 새롭게 하기 위해서 또는 평화조약을 맺기 위해서 보내진 것인 듯한데, 만약 후자의 경우라면 포로들은 그들의 나라로 돌아올 희망이 있었을 것이다. 예레미야가 이 사자들 편으로 그의 편지를 보내기로 한 것은 그것이 하나님의 말씀이었기 때문에 그 서신에 존귀함을 더하기 위한 것이었거나 당시에 편지를 바벨론으로 보낼 수 있는 정해진 방법이 없었기 때문일 것이다. 이와 같은 일이 보여주듯이, 바벨론에서 포로로 잡혀 있던 자들은 서로 멀리 떨어져 있는 사람들끼리 소식을 주고받으면 그래도 좀 힘이 나고 마음의 위로를 받을 수 있을 텐데도 그들이 고향 땅에 남겨 놓은 친구들이나 혈육들로부터 소식을 거의 들을 수 없었기 때문에 그 처지가 더욱 참담하였다.

II. 우리는 여기에서 그가 편지에 어떤 내용을 썼는지를 듣는다. 그 편지의 대체적인 내용은 다음과 같은 것이었다(24절).

1. 그는 자기가 이 편지의 실질적인 저자이신 만군의 여호와 이스라엘의 하나님의 이름으로 글을 쓰고 있는 것임을 분명히 한다. 예레미야는 필사자나 대필자에 불과하였다. 포로로 잡혀 있는 자들에게 하나님이 만군의 여호와, 모든 군대의 주(主)이시기 때문에 그들을 도우실 수 있고 건지실 수 있으며, 하나님이 그들과 다투고 계시기는 하지만 그분은 여전히 그의 백성과 언약 관계 속에 있는 이스라엘의 하나님이시기 때문에 그들의 현재의 원수들이 결국에는 그들을 당할 수 없다는 말씀을 듣는 것은 큰 위로가 되었을 것이다. 또한, 이 말씀은 그들에게 바벨론의 우상 숭배의 온갖 유혹들을 뿌리치고 견고히 서라는 권면도 되었을 것이다. 왜냐하면, 그들이 섬기는 하나님이신 이스라엘의 하나님은 만군의 여호와이시기 때문이다. 하나님께서 이러한 편지를 그들에게 보내신 것

은 하나님이 그들에게 진노하셔서 벌을 내리시기는 하셨지만 그들을 완전히 내치지 않으셨고 그들을 버리거나 자녀로서의 특권을 박탈하신 것이 아님을 보여주는 증거였기 때문에 포로로 잡혀 있던 자들에게 큰 힘이 되었을 것이다. 왜냐하면, 여호와께서 그들이 죽기를 바라셨다면 이런 편지를 그들에게 쓰지 않으셨을 것이기 때문이다.

2. 하나님은 그들을 포로로 잡혀오게 한 일에 그의 손이 작용하였다는 것을 인정하신다. 내가 너희를 사로잡혀 가게 하였다(4, 7절). 하나님께서 그 일을 명령하지 않으셨다면, 바벨론의 왕은 그가 지닌 모든 힘으로 그 일을 해낼 수 없었을 것이다. 또한, 그는 위로부터 그에게 주어진 권세가 아니었다면 그들을 대적할 그 어떤 힘도 가질 수 없었을 것이다. 하나님이 그들을 포로로 잡혀가게 하셨을지라도, 그들은 하나님이 그들에게 어떤 잘못을 하지도 않으셨고 그들에게 어떤 해악을 끼칠 의도도 없으셨다는 것을 믿어야 한다. 우리에게 환난이나 어려움이 닥쳤을 때에 그것들이 하나님께서 우리에게 정해 주신 것이라고 생각하면, 그 환난을 순순히 받아들이고 그 아래에서 견디기가 훨씬 수월해진다는 것을 명심하라. 내가 잠잠하고 입을 열지 아니함은 주께서 이를 행하신 까닭이니이다(시 39:9).

3. 하나님은 그들에게 바벨론에서 정착하여 살 궁리만 하고 다른 생각은 하지 말라고 명령하신다. 그들은 현재 그들의 처지에서 최선을 다하겠다고 결심하여야 한다(5-6절). 너희는 집을 짓고 거기에 살며 텃밭을 만들고 그 열매를 먹으라. 이 모든 것들은 그들에게 다음과 같이 말해 주는 것이다.

(1) 그들은 신속히 포로 생활을 끝내고 고국으로 돌아갈 것이라는 희망으로 괜히 들떠서 계속해서 불안정하고 불안한 나날을 보내서는 안 된다는 것. 만약 그들이 그런 희망에 집착한다면, 그들은 삶을 제대로 꾸려나갈 수도 없고 일도 손에 잡히지 않을 뿐만 아니라, 빨리 돌아가야 한다는 생각에 언제나 사로잡혀서 스스로도 지치게 만들고 그들의 정복자도 자극하게 될 것이다. 그러다가 결국 그러한 희망이 좌절되면, 그들은 그런 희망을 아예 갖지 않았을 때보다도 더 깊은 절망에 빠지게 될 것이고 그들의 처지는 훨씬 더 비참해질 것이다. 그러므로 그들은 아예 바벨론에서 오랫동안 눌러 살 생각을 하고서, 최선을 다해서 포로 생활에 적응해야 한다. 그들은 집을 짓고 텃밭을 만들어 채소를 심으며 혼인해야 한다. 그 뿐만 아니라, 그들은 마치 그 곳이 그들의 고향인 양 그들의

자녀들까지도 거기에서 혼인을 시켜야 하고, 가족들이 잘 꾸려져서 번성하는 모습을 보고 기뻐하여야 한다. 왜냐하면, 그들은 포로 생활을 하다가 그대로 죽을 것으로 예상해야 하지만, 그들의 자녀들은 살아서 더 좋은 날을 볼 수 있도록 해주어야 하기 때문이다. 그들이 하나님을 경외하는 가운데 살아간다면, 마음을 정하고 바벨론에서 평온하게 살아가는 것을 그 무엇이 방해하겠는가? 그들은 종종 시온을 기억하고 울 수밖에 없을 것이다. 그러나 울더라도 씨는 뿌려야 한다. 그들은 아무런 소망이나 기쁨도 없는 자들처럼 슬퍼해서는 안 된다. 왜냐하면, 그들에게 이 두 가지가 다 있기 때문이다. 우리의 삶이 어떤 처지에 놓이든 거기에서 최선을 다하는 것이 우리에게는 지혜이자 본분이라는 것을 명심하라. 우리가 갖고자 하는 모든 것을 갖고 있지 못하다고 해서, 우리가 삶 속에서 가질 수 있는 위로조차 내던져 버려서는 안 된다. 우리에게는 우리가 태어난 고향에 대한 자연스러운 애정이 있다. 그것은 이상하게도 우리의 마음을 끌어 당긴다. 그러나 마음에 끌린다고 해서 우리가 그것을 가질 수 있는 것은 아니다. 그러므로 섭리에 의해서 우리가 다른 땅으로 옮겨간다면, 거기에서 우리의 형편이 모든 일에서 우리의 마음에 들지 않는다고 하여도, 우리는 그 곳에 마음을 붙이고 평안히 살아가기로 결심하여야 한다. 온 땅은 여호와의 것이기 때문에, 하나님의 자녀가 어디를 가든, 그는 아버지의 땅을 벗어나는 것이 아니다. 우리가 마음 붙이고 사는 그 곳이 바로 우리의 고향이다. 상황이 예전 같지 않다고 하더라도, 우리는 안달복달하며 속을 태우지 말고, 지금보다 형편이 더 나아질 것이라는 희망을 가지고 살아가야 한다. 우리가 지금 고난을 당하여도 그런 고난이 언제까지나 계속되는 것은 아니다.

(2) 그들은 포로 생활에서 겪을 참을 수 없는 고생을 두려워하여 불안해 해서는 안 된다는 것. 그들은 그들이 집을 지어도 그들의 감독관들이 그들로 하여금 그 집에 살도록 허용하지 않을 것이고, 그들이 포도원을 가꾸어도 그 열매를 먹지 못하게 할 것이기 때문에 다 부질없는 일이라고 생각했을지도 모른다(환난 가운데 있는 자들은 언제나 일을 가장 나쁜 쪽으로 해석하는 경향이 있기 때문에). 하나님은 이렇게 말씀하신다. "결코 두려워하지 말라. 너희가 그들과 평화롭게 살고자 한다면, 그들은 너희를 공손하게 대하게 될 것이다." 자신의 일만을 묵묵히 성실하게 하는 온유한 자들은 심지어 잘 모르는 자들과 원수들에게서조차도 그들이 기대했던 것보다 훨씬 더 좋은 대우를 받는 일이

흔하다. 하나님은 자기 백성이 그들을 사로잡은 모든 자에게서 긍휼히 여김을 받게 하셨다(시 106:46). 그의 백성들이 포로 생활 가운데서도 스스로 집을 짓고서 거기에 살 수 있게 한 것 자체가 긍휼히 여김을 받은 것이다.

4. 하나님은 그들에게 그들이 포로로 잡혀가 살고 있는 그 지방이 평안하고 잘 되도록 애쓰고 기도하라고 명령하신다(7절). 이것은 그들이 바벨론의 왕의 신민(臣民)들로 살아가는 동안에 공공의 질서를 어지럽히는 그 어떤 시도도 하지 말 것을 그들에게 명령하신 것이다. 바벨론의 왕은 이교도, 우상 숭배자, 압제자이자 하나님과 그의 교회의 원수였지만, 그가 그들을 보호해 주는 동안에 그들은 그에게 충성을 바치면서, 그의 통치 아래에서 그의 멍에를 벗어버리려고 음모를 꾸미지 말고 때가 되면 하나님께서 그들을 위해 구원을 베푸실 것을 믿고 인내하는 가운데 모든 것을 하나님께 맡긴 채 모든 경건과 단정함으로 고요하고 평안한 생활을 하여야 한다. 아니, 그들은 그들이 살고 있는 곳들의 평안을 위하여 하나님께 기도함으로써, 그 곳 사람들이 계속해서 그들에게 친절을 베풀 수밖에 없게 만들고, 그 곳 사람들이 유다 나라에 대하여 지니고 있었던 좋지 않은 인상, 즉 유다 나라가 항상 반역하는 일을 행하여 왕들과 각 도에 손해가 되었다는 인식을 말끔히 씻어내어야 한다(스 4:15). 그들은 뱀의 지혜와 비둘기의 순결함을 가지고서 그들이 살고 있는 땅의 정부에 대하여 진실한 모습을 보여야 했다. 이는 그 성읍이 평안함으로 너희도 평안할 것임이라. 만약 그 성읍이 전쟁에 휩싸인다면, 그들은 포로 신세이기 때문에 그 전화(戰禍)의 최대 피해자가 될 것이다. 마찬가지로, 초기 그리스도인들은 비록 그들을 박해하는 권세라 할지라도 그들의 거룩한 신앙의 본령에 따라서 그들의 윗 권세를 위하여 기도하였다. 이렇게 그들이 포로로 끌려가 사는 땅의 평안을 위하여 기도하고 애써야 한다면, 선한 정부 아래에서 자유민으로 살고 있는 우리는 우리가 태어나서 자란 땅이 평안함으로 우리도 평안할 것이기 때문에 이 땅이 잘 되기를 위하여 기도해야 한다는 것은 너무도 당연한 일이 아니겠는가. 배에 탄 승객의 안전은 그 배의 안전에 달려 있다.

⁸만군의 여호와 이스라엘의 하나님께서 이와 같이 말하노라 너희 중에 있는 선지자들에게와 점쟁이에게 미혹되지 말며 너희가 꾼 꿈도 곧이 듣고 믿지 말라 ⁹내가 그들을 보내지 아니하였어도 그들이 내 이름으로 거짓을 예언함이라 여호와의 말씀

이니라 [10]여호와께서 이와 같이 말씀하시느라 바벨론에서 칠십 년이 차면 내가 너희를 돌보고 나의 선한 말을 너희에게 성취하여 너희를 이 곳으로 돌아오게 하리라 [11]여호와의 말씀이니라 너희를 향한 나의 생각을 내가 아나니 평안이요 재앙이 아니니라 너희에게 미래와 희망을 주는 것이니라 [12]너희가 내게 부르짖으며 내게 와서 기도하면 내가 너희들의 기도를 들을 것이요 [13]너희가 온 마음으로 나를 구하면 나를 찾을 것이요 나를 만나리라 [14]이것은 여호와의 말씀이니라 나는 너희들을 만날 것이며 너희를 포로된 중에서 다시 돌아오게 하되 내가 쫓아 보내었던 나라들과 모든 곳에서 모아 사로잡혀 떠났던 그 곳으로 돌아오게 하리라 이것은 여호와의 말씀이니라

하나님은 포로로 잡혀간 백성들이 그 곳에서 고요하고 평안한 삶을 살 수 있도록 하기 위하여 다음과 같이 하신다.

I. 하나님은 그들이 그들의 선지자인 체하는 자들이 놓은 거짓된 토대 위에 집을 짓는 것을 말리신다(8-9절). 그 거짓 선지자들은 그들이 포로로 있는 기간이 짧을 것이기 때문에 바벨론에 뿌리를 내릴 생각을 하지 말고 고국으로 돌아갈 준비를 하고 있으라고 그들에게 말하였다. 하나님은 이렇게 말씀하신다. "그들은 그런 말로 너희를 속여 미혹하고 있는 것이다. 그들은 내 이름으로 예언하고 있지만 너희에게 거짓을 예언하고 있다. 그러나 너희는 그들에게 미혹되지 말며, 그들에게 현혹당하지 말라." 영들을 시험하는 데에 사용할 수 있는 진리의 말씀이 우리에게 있는 한, 우리가 속고 미혹을 당한다면, 그것은 우리의 잘못이다. 왜냐하면, 우리가 진리의 말씀을 꼭 붙잡고 있으면 미혹되지 않을 수 있기 때문이다. 너희가 꾼 꿈도 곧이 듣거나 믿지 말라. 이것은 백성들이 스스로 좋아하다 보니 꾸어지는 꿈들이나 그들의 머릿속에서 항상 떠나지 않는 망상들(깨어 있을 때에 빨리 포로 생활에서 해방되어 고국으로 돌아가는 것만을 오매불망 생각하고 말하다 보면, 자고 있는 동안에도 그런 것이 꿈으로 나타나게 되고, 그러면 그들은 그것을 좋은 징조로 여겨서 그들의 헛된 기대를 더욱 강화시키는 법이기 때문에), 또는 선지자들의 예언의 토대가 된 꿈들을 의미한다. 하나님은 백성들에게 거짓 선지자들이 너희의 꿈들이라고 말씀하신다. 왜냐하면, 거짓 선지자들은 그들을 기쁘게 해주었고, 그들이 바라고 원하던 꿈들이었기 때문이다. 백성들은 거짓 선지자들로 하여금 꿈을 꾸게 만들었다. 왜냐

하면, 백성들은 거짓 선지자들의 말에 귀를 기울였고, 거짓 선지자들이 부드러운 말만을 예언하기를 원함으로써 그들의 사기극을 부추겼기 때문이다(사 30:10). 거짓 선지자들은 백성들이 주문한 꿈들이었다. 만약 백성들이 듣기 좋은 말만을 듣고자 하지 않았고, 거짓 선지자들이 그들에게 부드러운 말을 해주기를 바라서 먼저 그 선지자들에게 부드러운 말을 해주지 않았더라면, 거짓 선지자들은 죄악 가운데 있는 백성들에게 듣기 좋은 말만을 들려주고자 하지는 않았을 것이다.

Ⅱ. 하나님은 그들에게 그들의 소망을 지을 선한 토대를 주신다. 우리는 어떤 사람이 다시 집을 지을 터가 될 반석이 마련되어 있지 않다면 그 사람에게 그가 모래 위에 지은 집을 허물라고 권유하기가 어렵다. 하나님은 여기에서 그들이 비록 속히 돌아가지는 못하겠지만 칠십 년이 차면 결국 돌아가게 될 것이라고 그들에게 약속하신다. 이것을 보면, 칠십 년의 포로 생활은 유대인들이 마지막으로 포로로 끌려간 때가 아니라 처음으로 끌려간 때부터 계산되어야 한다는 것이 분명하게 드러난다. 교회의 구원이 우리가 생각한 때에 이루어지지 않는다고 하여도, 그 구원이 하나님이 정하신 때에 이루어진다는 사실로 충분하고, 우리는 바로 그 때가 가장 좋은 때라는 것을 확신한다. 하나님이 주신 약속은 그가 긍휼을 가지고서 그들을 찾아가서 만나시겠다는 것이다. 하나님은 오랫동안 그들을 외면하시는 듯이 보였지만, 이제 큰 자들이 아랫 사람들을 찾아가서 만나듯이, 그들 가운데로 오셔서 그들을 위해 나타나실 것이고 그들에게 존귀를 더하실 것이다. 하나님은 그들의 포로 생활을 끝나게 해주시고, 그 생활이 가져왔던 온갖 재난들을 제거해 주실 것이다. 그들은 이 곳 저 곳으로 흩어져 있지만, 하나님은 그들이 쫓겨난 모든 곳에서 그들을 모으실 것이고, 깃발을 세워서 그들이 모두 그것을 보고 와서 다시 한 몸으로 연합되게 하실 것이다. 그들은 아무리 멀리 떨어져 있더라도 다시 그들의 땅, 그들이 사로잡혀 떠났던 그곳으로 돌아오게 될 것이다(14절).

1. 이것은 하나님이 그들에게 하신 약속을 이행하시는 것이 될 것이다(10절). 내가 나의 선한 말을 너희에게 성취하리라. 하나님에게서 온 것인 것처럼 선포되는 예언들이 성취되지 않는다고 해서, 진정으로 하나님에게서 온 예언들의 존귀함이 훼손되지는 않는다. 진정한 하나님의 말씀은 선한 말씀이기 때문에 반드시 이루어지고, 그 일점일획도 땅에 떨어지지 않을 것이다. 하나님은 사

람이 아니시니 거짓말을 하지 않으시고 인생이 아니시니 후회가 없으시도다 어찌 그 말씀하신 바를 행하지 않으시며 하신 말씀을 실행하지 않으시랴(민 23:19). 그들이 포로에서 해방되어 고국으로 다시 돌아가게 되는 것은 하나님이 그들에게 주신 선한 말씀을 이행하시는 것이 될 것이고 하나님의 은혜로운 약속의 결과물이 될 것이기 때문에 그 길이 아주 평안할 것이다.

2. 이것은 그들에 대한 하나님의 목적을 따라 이루어지는 것이 될 것이다(11절). 너희를 향한 나의 생각을 내가 아노라. 하나님은 그의 모든 일들을 아신다. 왜냐하면, 하나님은 그의 모든 생각을 아시고(행 15:18), 그의 일들은 그의 생각들과 정확히 일치하기 때문이다. 하나님은 모든 일을 그의 뜻의 결정대로 행하신다. 우리는 흔히 우리의 생각을 알지 못하고, 우리의 마음을 모르지만, 하나님의 마음속에는 그 어떤 불확실한 것도 없다. 우리는 종종 우리에 대한 하나님의 계획이 온통 우리를 대적하시는 것으로 짜여져 있는 것은 아닌지 지레 겁을 집어먹는다. 그러나 하나님은 자기 백성에 대한 자신의 생각이 우리의 우려와는 정반대로 재앙이 아니라 평안이라는 것을 아신다. 심지어 우리에게는 재앙으로 보이는 것조차도 사실은 우리의 유익을 위한 것이다. 하나님의 생각들은 모두 때가 되면 이루어질, 그들이 기대했던 끝을 향하여 나아가고 있다. 그들이 기대했던 끝은 비록 그들이 생각한 때에는 이루어지지 않는다고 하여도 반드시 이루어질 것이다. 그들은 열매가 무르익을 때까지 인내심을 가져야 한다. 그 때가 되면, 그들은 그 열매를 갖게 될 것이다. 하나님은 그들에게 끝과 기대한 것(원문은 이렇게 되어 있다)을 주실 것이다.

(1) 하나님은 그들에게 그들의 환난의 끝(기분 좋은 결말)을 보게 하실 것이다. 환난이 오랫동안 지속되고 있다고 할지라도 영원히 지속되지는 않을 것이다. 하나님께서 시온에게 은혜를 베푸실 때, 곧 하나님이 정한 기한이 올 것이다. 모든 것이 최악일 때에 상황은 호전되기 시작할 것이다. 하나님은 그들에게 그들의 구원이 영광스럽고 완벽하게 이루어지는 것을 보게 해주실 것이다. 왜냐하면, 하나님의 일은 완전하기 때문이다. 태초에 천지와 그 만상을 완성하셨던 하나님은 장차 자기 백성에게 천지의 모든 축복들을 완전하게 누리게 해주실 것이다. 하나님은 그들에게 긍휼을 베풀기 시작하셨으면 반드시 그 끝을 보실 것이다. 하나님은 무슨 일이든 절반쯤 하다가 그만두시는 법이 없다.

(2) 하나님은 그들에게 그들이 기대한 것, 즉 그들이 원하고 바랐으며 오랫

동안 기다려 왔던 저 끝을 보게 해주실 것이다. 하나님은 그들이 두려움 가운데 기대했던 것들이나 그들의 망상 속에서 기대했던 것들이 아니라 그들이 믿음으로 기대했던 것들, 그가 그들에게 약속한 것, 결국 그들에게 가장 좋은 것으로 밝혀질 그런 것을 그들에게 주실 것이다.

3. 이것은 그들이 하나님께 기도하고 간구한 것에 대한 응답이 될 것이다 (12-14절).

(1) 하나님은 그들을 감동시켜 기도하게 하실 것이다. 너희가 내게 부르짖으며 내게 와서 기도하리라. 하나님은 자기 백성에게 그들이 기대했던 좋은 것을 주시고자 하실 때에는 기도의 영을 그들에게 부어주시는데, 이것은 하나님께서 긍휼을 가지고서 그들을 향하여 오고 계시다는 것을 보여주는 좋은 징조라는 것을 명심하라. 너희가 기대했던 끝이 다가오고 있는 것을 볼 때에 너희는 내게 부르짖게 될 것이다. 하나님께서 약속들을 주시는 것은 우리로 하여금 기도를 이제 그만하게 하기 위한 것이 아니라 우리를 더욱 일깨우고 힘을 주셔서 기도하게 하기 위한 것임을 명심하라. 구원이 다가오고 있을 때, 우리는 기도로 그 구원을 맞으러 마중나가야 한다. 다니엘은 70년의 기한이 거의 끝나가고 있다는 것을 깨달았을 때에 어느 때보다도 더 열심으로 주 하나님께 기도하며 간구하였다(단 9:2-3).

(2) 하나님은 그 때에 스스로 떨쳐 일어나 오셔서 그들을 구원하실 것이다 (시 80:2). 내가 너희들의 기도를 들을 것이요 너희가 나를 만나리라. 하나님께서 직접 찾으라 그러면 너희가 찾아내리라고 말씀하셨기 때문에, 우리는 이 말씀을 의지할 수 있다. 여기에는 일반적인 원리가 서술되어 있다(13절). 너희가 온 마음으로 나를 구하면 나를 찾아낼 것이요 나를 만나리라. 하나님을 찾을 때에 우리는 그를 찾되 부지런히 찾아야 하고, 그를 찾을 때의 지시사항들을 찾으며, 우리의 믿음과 소망에 힘을 더해 줄 것들을 찾아야 한다. 우리는 물건을 잃어버린 사람이 그 물건을 찾듯이 계속해서 찾아야 하고, 찾는 일에 수고를 아끼지 않아야 한다. 이렇게 찾는 일을 우리는 우리의 마음을 들여서(즉, 진실하고 올바른 마음으로) 전심으로(즉, 열과 성을 다해서 우리 안에 있는 모든 것을 다 바쳐서) 행하여야 하는데, 이렇게 하나님을 찾는 자들은 그를 만나게 되고, 그가 그들에게 후히 상 주시는 이이심을 발견하게 될 것이다(히 11:6). 하나님은 너희가 나를 찾아 보아야 소용없다고 말씀하신 적이 없으시다.

[15]너희가 말하기를 여호와께서 우리를 위하여 바벨론에서 선지자를 일으키셨느니라 [16]다윗의 왕좌에 앉은 왕과 이 성에 사는 모든 백성 곧 너희와 함께 포로 되어 가지 아니한 너희 형제에게 여호와께서 이와 같이 말씀하셨느니라 [17]만군의 여호와께서 이와 같이 말씀하시되 보라 내가 칼과 기근과 전염병을 그들에게 보내어 그들에게 상하여 먹을 수 없는 몹쓸 무화과 같게 하겠고 [18]내가 칼과 기근과 전염병으로 그들을 뒤따르게 하며 그들을 세계 여러 나라 가운데에 흩어 학대를 당하게 할 것이며 내가 그들을 쫓아낸 나라들 가운데에서 저주와 경악과 조소와 수모의 대상이 되게 하리라 [19]여호와의 말씀이니라 너희들이 내 말을 듣지 않았기 때문이니라 내가 내 종 선지자들을 너희들에게 꾸준히 보냈으나 너희는 그들의 말을 듣지 않았느니라 여호와의 말씀이니라 [20]그런즉 내가 예루살렘에서 바벨론으로 보낸 너희 모든 포로여 여호와의 말씀을 들을지니라 [21]만군의 여호와 이스라엘의 하나님께서 골라야의 아들 아합과 마아세야의 아들 시드기야에게 이와 같이 말씀하시니라 그들은 내 이름으로 너희에게 거짓을 예언한 자라 보라 내가 그들을 바벨론의 왕 느부갓네살의 손에 넘기리니 그가 너희 눈 앞에서 그들을 죽일 것이라 [22]바벨론에 있는 유다의 모든 포로가 그들을 저줏거리로 삼아서 이르기를 여호와께서 너를 바벨론 왕이 불살라 죽인 시드기야와 아합 같게 하시기를 원하노라 하리니 [23]이는 그들이 이스라엘 중에서 어리석게 행하여 그 이웃의 아내와 간음하며 내가 그들에게 명령하지 아니한 거짓을 내 이름으로 말함이라 나는 알고 있는 자로서 증인이니라 여호와의 말씀이니라 하시니라

예레미야는 포로 된 자들 가운데서 진지하고 충직한 자들에게 하나님께서 그들에 대하여 아주 인자하시고 은혜로우신 계획을 갖고 계시다는 것을 전해줌으로써 그들에게 큰 힘을 준 후에, 여기에서는 그가 그들에게 해준 권면과 위로들을 무시하고 거짓 선지자들이 그들에게 해준 듣기 좋은 말들을 의지한 자들을 향하여 말씀을 전한다. 이 편지가 예레미야로부터 그들에게 도착했을 때, 그들은 아마도 서슴지 않고 이렇게 말하였다. "그가 어째서 그렇게 유난을 떨어서 우리에게까지 조언하려 드는 것이냐? 여호와께서 우리를 위하여 바벨론에서 선지자를 일으키셨느니라(15절). 우리는 그 선지자들로 충분히 만족하고 있고 그들을 의지하면 되니, 예루살렘에 있는 그 어떤 선지자들로부터도 말씀을 들을 이유가 없다." 이 백성이 얼마나 뻔뻔스럽게 악한지를 보라. 선지자들

은 거짓을 예언하면서 그 예언이 하나님에게서 왔다고 말하였던 것처럼, 백성들은 그 선지자들로 하여금 이렇게 그들에게 듣기 좋은 말로 예언하도록 유도해 놓고도 하나님께서 그들을 돌보시기 위해서 그러한 선지자들을 일으키신 것이라고 말하였다. 하지만 우리는 백성들을 죄악 가운데서 완악해지게 만들고 하나님의 긍휼에 대한 거짓되고 근거 없는 소망들로 그들을 미혹하는 자들은 하나님이 일으키신 선지자들이 아니라는 것을 확실히 알 수 있다. 그들 가운데 있었던 이 선지자들은 그들에게 더 이상 포로로 잡혀 오는 자들은 없을 것이고, 도리어 이미 포로로 잡혀 온 자들이 곧 고국으로 돌아가게 될 것이라고 말하였다. 이제 이러한 반응에 대해서 선지자는 이렇게 대응한다.

1. 선지자는 여기에서 이 거짓 선지자들이 예언했던 것과는 정반대로 예루살렘에 여전히 남아 있는 자들은 다 멸망당하게 될 것이라고 예언한다. "너희는 왕과 이 성에 사는 모든 백성이 너희가 귀환할 때에 너희를 반갑게 맞아줄 것이라고 생각하고 있지만, 그것은 착각이다. 그들은 칼과 기근과 전염병 등과 같은 연이은 심판으로 무수히 죽게 될 것이다. 그리고 거기에서 살아남은 가엾고 비참한 자들은 세계 여러 나라 가운데에 흩어지게 될 것이다(16, 18절)." 이렇게 하나님은 그들을 아무짝에도 쓸모가 없어서 거름더미에 버려지는 맛 잃은 소금같이 되게 하실 것이고, 그들은 썩은 무화과 같이 될 것이다. 이것은 우리가 예레미야 24장에서 보았던 환상 및 예언과 연관되어 있다. 하나님께서 그들을 이렇게 처리하시는 이유는 앞에서 자주 제시되었던 것과 동일한 것으로서 하나님이 회개치 않는 죄인들을 영원히 멸망시키시는 것이 의로운 일임을 보여준다(19절): 너희들이 내 말을 듣지 않기 때문이니라. 내가 불렀으나 너희가 거절하였도다.

2. 선지자는 바벨론에서 하나님의 백성을 속이고 미혹한 거짓 선지자들에게 하나님의 심판이 있을 것이라고 예언한다. 그는 그들을 하나님이 일으키신 선지자들이라고 자랑하였던 모든 포로 된 자들에게 외친다(20절). "가만히 서서, 너희가 그토록 좋아하는 선지자들이 당할 운명을 들어 보라." 여기에서는 아합과 시드기야라는 두 선지자의 이름이 언급된다(21절). 좀 더 살펴보자.

(1) 선지자가 그들이 저질렀다고 고소한 범죄들 — 불경(不敬)과 음행. 그들은 하나님의 이름으로 거짓을 예언하였고(21, 23절), 거짓을 내 이름으로 말하였다(23절). 거짓말하는 것은 나쁜 일이고, 하나님의 백성에게 거짓말을 해서 그들

을 미혹하여 거짓된 소망을 품게 하는 것은 더 나쁜 일이지만, 진리의 하나님을 팔아서 거짓말을 하는 것은 가장 나쁜 일이다. 얼굴 빛 하나 변하지 않은 채 이런 일을 할 수 있는 자들이 하나님께서 의로운 심판의 한 방식으로 그들을 온갖 더러운 욕심에 내어 주셨을 때에 그 더러운 욕심들을 채우는 일에 만족해 한 것은 전혀 이상한 일이 아니다. 그들이 그 이웃의 아내와 간음한 것은 이스라엘 중에서 어리석게 행하여 극악무도한 짓을 저지른 것이었다. 간음은 이스라엘에서 극악무도한 짓이다. 소위 선지자로 자처하는 자들이 그런 악을 저질렀다는 것은 그들이 거짓 선지자임을 여실히 증명해 주는 것이다. 하나님은 그런 난봉꾼과 철면피들에게 그의 심부름을 하라고 보내신 적이 없으시다. 하나님은 그런 더러운 자들의 하나님이 아니라 거룩한 선지자들의 주 하나님이시다. 여기에서 왜 그들이 죄악 가운데 있는 다른 사람들에게 듣기 좋은 말로 예언을 했는지 그 이유가 밝혀진다. 왜냐하면, 그들은 자기도 똑같은 죄를 범하고 있어서 자기 자신을 단죄함이 없이는 다른 사람들을 책망할 수 없었기 때문이다. 그들은 그들의 이 음란한 행실을 세상 사람들의 눈으로부터 은폐해서 자신의 명성을 지키는 방법을 알고 있었다. 그러나 나는 그것을 알고 있는 자로서 증인이니라 여호와의 말씀이니라. 아무리 은밀한 죄도 하나님은 아신다. 하나님은 아주 두터운 위선의 외투로 가려져 있는 극악무도한 죄를 보실 수 있으시고, 그가 이 모든 숨겨진 어둠의 일들을 다 드러내셔서 각 사람이 있는 그대로의 모습으로 나타나게 될 날이 오고 있다.

(2) 선지자가 그들에게 경고한 심판들. 바벨론의 왕이 너희 눈 앞에서 그들을 죽일 것이라. 아니, 바벨론의 왕은 그들을 불살라 죽일 것이기 때문에, 그들은 참혹한 죽음을 맞게 될 것이다(22절). 느부갓네살이 그들을 이렇게 극형으로 벌한 것은 그들의 불경과 음행 때문이 아니라 그들이 사람들을 선동해서 공공의 질서를 어지럽히고 반역을 꾀했기 때문일 것이다. 그래서 그들이 저지른 악행의 많은 부분이 드러나서 그들은 이런 식으로 비참한 최후를 맞게 될 것이고, 그들의 이름은 바벨론에서 포로 된 자들 가운데서 저줏거리가 될 것이다(22절). 사람들은 자신이 미워하는 자를 극형에 처해 달라고 청원하고자 할 때에 다른 그 어떤 말이나 저주보다도 여호와께서 너를 시드기야와 아합 같게 하시기를 원하노라는 짤막한 말이 가장 심한 저주가 될 것이라고 생각할 것이다. 이렇게 해서 바벨론에서 포로로 잡혀 있던 자들은 그들의 자랑이었던 선지자들 때문

에 부끄러움을 당하게 되고, 마침내 그들의 말에 귀를 기울인 것이 얼마나 어리석은 짓이었는지를 깨닫게 될 것이었다. 하나님의 신실한 선지자들은 종종 그 땅을 괴롭히고 말썽을 일으키는 골치아픈 자들이라는 비난을 받았고, 또한 그런 자들로 낙인이 찍혀서 고문을 당하고 죽임을 당하였다. 그러나 그들이 죽고 난 후에 그들의 이름은 이 거짓 선지자들과는 달리 그 땅의 축복이었음이 밝혀지고 사람들의 기억 속에 아름답게 기억이 되었다. 행악자들은 죽어서 오명(汚名)과 수치로 기억되지만, 순교자들은 영광과 존귀함으로 기억된다.

[24]너는 느헬람 사람 스마야에게 이같이 말하여 이르라 [25]만군의 여호와 이스라엘의 하나님께서 이와 같이 말씀하여 이르시되 네가 네 이름으로 예루살렘에 있는 모든 백성과 제사장 마아세야의 아들 스바냐와 모든 제사장에게 글을 보내 이르기를 [26]여호와께서 너를 제사장 여호야다를 대신하여 제사장을 삼아 여호와의 성전 감독자로 세우심은 모든 미친 자와 선지자 노릇을 하는 자들을 목에 씌우는 나무 고랑과 목에 씌우는 쇠 고랑을 채우게 하심이어늘 [27]이제 네가 어찌하여 너희 중에 선지자 노릇을 하는 아나돗 사람 예레미야를 책망하지 아니하느냐 [28]그가 바벨론에 있는 우리에게 편지하기를 오래 지내야 하리니 너희는 집을 짓고 살며 밭을 일구고 그 열매를 먹으라 하셨다 하니라 [29]제사장 스바냐가 스마야의 글을 선지자 예레미야에게 읽어서 들려 줄 때에 [30]여호와의 말씀이 예레미야에게 임하여 이르시되 [31]너는 모든 포로에게 전언하여 이르기를 여호와께서 느헬람 사람 스마야를 두고 이같이 말씀하셨느니라 내가 그를 보내지 아니하였거늘 스마야가 너희에게 예언하고 너희에게 거짓을 믿게 하였도다 [32]그러므로 여호와께서 이와 같이 말씀하시니라 보라 내가 느헬람 사람 스마야와 그의 자손을 벌하리니 그가 나 여호와께 패역한 말을 하였기 때문에 이 백성 중에 살아 남을 그의 자손이 하나도 없을 것이라 내가 내 백성에게 행하려 하는 복된 일을 그가 보지 못하리라 하셨느니라 이것은 여호와의 말씀이니라

　　　　우리는 예레미야가 바벨론의 포로 된 자들에게 보낸 편지의 내용을 상세히 살펴보았는데, 그들은 하나님과 예레미야에게 무척 감사하면서 그 편지를 받았음을 인정하고 그 편지를 그들의 서고에 보관해 둘 이유가 있었다. 그러나 우리는 그들 가운데 있던 거짓 선지자들이 그 사실을 알고 격노하지 않

앗을까 생각한다. 왜냐하면, 예레미야의 편지 속에는 그들의 진면목이 적나라하게 적혀 있었기 때문이다. 이제 여기에서 우리는 그런 거짓 선지자들 중의 한 사람인 스마야에 대하여 듣게 된다.

I. 스마야는 예레미야에 대한 그의 악의를 어떻게 드러내었는가. 남의 일에 참견하기를 좋아했던 그 자는 느헬람 사람 스마야로 불렸는데, 그가 한 모든 예언들을 하나님께서 꿈에 그에게 계시해 준 것인 척했기 때문에 꿈 꾸는 자(난외주에서는 이렇게 읽는다)라는 별명을 얻었다. 예레미야가 포로 된 자들에게 보낸 편지의 사본을 얻었거나 그 편지가 여러 사람들 앞에서 낭독되었을 때에 그것을 들었거나 남에게 그 편지의 내용을 전해들었거나 해서 이 일을 알게 된 그는 몹시 격분하였다. 그는 손에 펜을 들고서 그 편지에 대한 자신의 견해를 쓰고자 하였다. 하지만, 그는 자기가 소명 받은 것이 확실하다는 것을 밝히거나 포로 된 자들이 속히 돌아가게 되리라는 그의 예언을 밑받침해 주는 어떤 합리적인 근거들을 제시하는 내용으로 예레미야에게 편지를 쓴 것이 아니었다. 그는 거짓 선지자들의 든든한 후원자들인 제사장들에게 편지를 썼고, 그들에게 예레미야를 박해하라고 부추겼다. 그는 백성들의 동의 하에 편지를 쓰는 것처럼 꾸미지 않고, 자기 자신의 이름으로 편지를 썼다. 그러나 그는 마치 자기가 온 인류를 지배하는 독재자나 되는 듯이 예루살렘의 제사장들과 고국에 남아 있는 모든 백성이 다 읽도록 회람용 편지를 써서, 예레미야의 편지를 그들에게 전해 주었던 바로 그 사신들을 통해서 보냈다. 그러나 이 편지의 주된 수신자는 마아세야의 아들이었거나 마아세야가 그 우두머리로 있었던 스물넷째 반열에 속한 제사장이었던 스바냐였다. 스바냐는 대제사장은 아니었지만 대제사장을 보좌하는 제사장이었거나 바스훌처럼 성전에서 꽤 힘 있는 직책을 맡고 있었다(렘 20:1). 아마도 그는 당시에 아주 많았던 가짜 선지자들을 색출해서 재판하기 위하여 특별히 제사장들로 구성된 위원회의 위원장이었을 것이다.

1. 스마야는 스바냐를 비롯한 여러 제사장들에게 그들의 직책상의 본분을 상기시킨다(26절). 여호와께서 너를 제사장 여호야다를 대신하여 제사장을 삼았다. 어떤 이들은 여기에 나오는 여호야다가 요시야 시대에 저 유명한 개혁자였던 여호야다를 가리키는 것이라고 생각한다. 가테이커(Gataker) 목사는 이 말을 스바냐가 그 신앙과 열심에 있어서 여호야다에 못지않은 인물이었기 때문에

여호야다와 마찬가지로 하나님의 영광과 교회의 유익을 위하여 세우심을 입은 것이라고 스마야가 스바냐를 추켜세우면서 예레미야에 대한 고소를 진행하리라고 믿는다는 기대감을 나타낸 것이라고 본다. 그러면서, 가테이커 목사는 악한 철면피들과 거짓 선지자들이 참 선지자를 해치려고 할 뿐만 아니라, 하나님의 영광을 위한 경건과 열심이라는 미명 아래에서 그런 일을 도모하는 것만큼 해롭고 불경한 행위는 없다고 말한다(사 66:6; 요 16:2). 또는, 여기에 나오는 여호야다는 스바냐가 지금 맡고 있는 직책의 전임자로서 제사장들 가운데서 바벨론으로 끌려간 어떤 인물이었을 수도 있다(1절). 스바냐는 생각했던 것보다 빨리 막강한 권한이 주어진 이 자리에 올랐다. 따라서 스마야는 스바냐로 하여금 그가 이런 때에 거짓 선지자들(사실은, 하나님의 참 선지자들)을 엄벌할 수 있는 그런 요직에 오른 것은 하나님의 섭리이기 때문에 만약 그가 그의 권한을 잘 활용하여 그 일을 충실히 하지 않는다면 그것은 불의하고 배은망덕한 일이 될 것이라고 생각하도록 만들고자 하였다. 권력을 쥐었다고 해서 그 권력으로 불의를 행하는 것을 정당화하는 자들의 마음은 형편없이 완악해진 것이다. 이 특별한 임무를 맡은 제사장들이 하는 일은 모든 미친 자와 선지자 노릇을 하는 자들을 조사하고 심문하는 것이었다. 하나님의 신실한 선지자들은 여기에서 선지자 노릇을 하는 자들, 자기가 선지자라고 거짓으로 칭하는 자들, 하나님의 영감을 받은 것이 아니라 귀신에 씌워서 미친 자들, 정신이 나가서 미쳐 버린 자들, 광기어린 자들로 묘사된다. 이런 식으로 거짓 선지자들이 지닌 특성들은 참 선지자들에게 그대로 뒤집어 씌워진다. 만약 이러한 것이 진정으로 그들의 특성이라면, 그들은 미친 사람으로서 결박을 당하거나 선지자를 참칭하는 자들로서 벌을 받아 마땅하기 때문에, 예레미야도 그렇게 취급해야 한다고 스마야는 결론을 내린다. 스마야는 예레미야가 하늘로부터 소명을 받았다는 어떤 증거를 제시할 수 있는지, 또는 그가 미치지 않았다는 것을 증명해 보일 수 있는지를 살펴보라고 그 제사장들에게 요청하지 않는다. 스마야는 예레미야가 거짓 선지자이거나 미친 자라는 것을 아주 당연한 듯이 전제하고 있고, 예레미야라는 이름은 그에게 나쁜 이름으로 한번 찍혔기 때문에 당연히 예레미야를 짓밟아주어야 한다고 생각한다.

　2. 스마야는 스바냐를 비롯하여 예루살렘에 있던 모든 사람들에게 예레미야가 바벨론에서 포로로 살고 있는 자들에게 편지를 보냈다는 사실을 알려준

다(28절). 그가 바벨론에 있는 우리에게 선지자의 자격으로 편지하기를 포로 생활이 길어질 것이어서 오래 지내야 하리니 현재의 상황에서 최선을 다하라고 하였다. 도대체 이런 편지의 내용이 어디가 해롭다고 생각하여 스마야는 예레미야가 범죄한 것으로 취급하는 것인가? 거짓 선지자들은 예전에 유다 사람들이 포로가 되는 일은 결코 없을 것이라고 말하였었다(렘 14:3). 그 때에도 예레미야는 그런 일이 반드시 생길 것이라고 예언하였었고, 실제로 역사상의 사건을 통해서 그의 예언이 옳다는 것이 증명되었었다. 그러므로 그들은 당연히, 전에 거짓말을 한 것이 드러났는 데도 여전히 선지자 노릇을 하며 포로 생활이 곧 끝날 것이라고 예언한 자들보다 포로 생활이 길어질 것이라고 말하고 있는 예레미야를 더 신뢰했어야 했다.

3. 스마야는 예레미야가 미친 자이고 선지자 노릇을 하는 자라는 것을 당연시하고서, 그에게 형벌을 내릴 것을 요구한다. 스마야는 그들이 예레미야를 차꼬에 채워서 감옥에 가두어 놓고 벌을 주어 욕을 보여서, 이를 본 백성들이 예레미야에 대하여 좋지 않은 감정을 갖게 되고, 그의 명성이 실추되면, 예루살렘에서 그가 예언한 것을 백성들이 믿지 않게 되고, 그 결과 바벨론에서 포로로 살아가는 자들도 예레미야의 영향에서 벗어날 수 있을 것이라고 기대한다. 아니, 스마야는 한술 더 떠서 예레미야에게 아무런 조치도 하지 않고 직무를 소홀히 했다는 이유로 스바냐를 호되게 질책하기까지 한다(27절). 네가 어찌하여 너희 중에 선지자 노릇을 하는 아나돗 사람 예레미야를 책망하지 아니하느냐. 이 거짓 선지자들이 얼마나 오만방자하고 안하무인인 자들이 되었는지를 보라. 그들은 포로로 잡혀 갔으면서도 자유만이 아니라 권력도 쥐고 있던 제사장들에게 이래라저래라 지시하고자 하였다. 다른 사람들보다도 더 많은 지식을 갖고 있다고 자부하는 자들이 이런 건방진 태도를 취하는 것은 흔한 일이다. 우리는 여기에서 죄인들의 마음이 얼마나 완악해져 있는지를 보여주는 좋은 예를 볼 수 있고, 이러한 예는 우리로 하여금 우리의 마음이 언제라도 완악해질까봐 두려워하게 만들기에 충분하다. 여기에서 우리는 다음과 같은 것들을 볼 수 있다.

(1) 이러한 죄인들은 아무리 분명한 증거가 있어도 죄를 깨닫고자 하지 않는다는 것. 하나님은 예레미야의 입에서 나온 말이 그의 말씀이라는 것을 확인해 주셨었다. 하나님의 말씀은 그들에게 임하였었다(슥 1:6). 그렇지만 예레미야는 그들에게 그들이 원한 부드러운 것을 예언하지 않았기 때문에, 그들은 예

레미야를 정상적으로 선지자직에 부르심을 받은 자가 아니라고 보기로 작정한 것이었다. 보려고 하지 않는 자들만큼 눈먼 자는 없는 법이다.

(2) 그들은 아무리 심한 징벌을 받아도 마음을 고쳐 먹거나 삶을 고치고자 하지 않는다는 것. 그들은 지금 여호와의 사신들을 비웃고 그의 선지자들을 욕한 죄로 비참한 노예 신세로 전락해 있었다. 바로 그러한 죄는 하나님이 지금도 그들과 다투고 계시는 죄였다. 그런데도 그들은 곤고할 때에 더욱 여호와께 범죄하였다(대하 28:22). 그들은 포로 생활 중에서도 전에 범하였던 바로 그 죄를 그대로 범하고 있는 것이었다. 이것은 하나님의 은혜가 작용하지 않는다면 환난을 겪는다고 해서 사람들의 죄가 저절로 치유되는 것이 아니고, 도리어 하나님께서 그 환난을 통해서 치유하고자 하셨던 그 부패한 심성들이 더욱 악화될 수 있다는 것을 보여준다. 솔로몬이 말한 잠언이 이 경우에 그대로 적용된다. 미련한 자를 곡물과 함께 절구에 넣고 공이로 찧을지라도 그의 미련은 벗겨지지 아니하느니라(잠 27:22).

II. 예레미야가 이 일을 어떻게 알게 되었는가(29절).   제사장 스바냐가 스마야의 글을 선지자 예레미야에게 읽어서 들려 주었다. 스바냐는 스마야가 그에게 바라던 대로 행하고자 하지 않았고, 도리어 예레미야에 대하여 존경심을 지니고 있어서 그를 보호하고자 하였다(시드기야 왕이 예레미야에게 메시지를 보낼 때에 이 스바냐 선지자를 보낸 것으로 보아서, 렘 21:1; 37:3). 자신의 위엄과 권세 속에 계속해서 있었던 스바냐는 지금 포로 신세가 된 스마야보다 하나님과 그의 판단을 더 존중하였다. 스바냐는 예레미야에게 이 편지의 내용을 알려줌으로써 포로 된 자들 중에서 어떤 자들이 그의 원수들인지를 볼 수 있게 해주었다. 우리의 친구들에게 그들의 적들이 누구인지를 알려주는 것은 인자를 베푸는 일임을 명심하라.

III. 이 편지를 쓴 것에 대하여 스마야에게 내려진 선고는 무엇이었는가. 예레미야가 자신의 일을 하나님께 맡겼기 때문에, 하나님은 예레미야에게 응답을 주셨다. 하나님은 예레미야에게 스마야가 아니라 바벨론에 있는 모든 포로들에게 전갈을 보내라고 명령하셨다(31-32절). 이 포로 된 자들은 스마야가 마치 하나님이 일으키신 선지자인 양 스마야에게 힘을 실어주고 지지하였던 자들이었다. 그들은 다음과 같은 것을 알아야 한다.

1. 스마야는 그들을 우롱하여 왔다는 것. 그는 그들에게 하나님의 이름으로

평강을 약속했지만, 하나님은 그를 보내지 않으셨다. 그는 위임장을 가짜로 만들고 천국의 옥새를 위조하여 거기에 찍어서 백성들로 하여금 거짓을 믿게 하였고, 거짓된 위로를 전함으로써 백성들에게서 참된 위로를 빼앗아 버렸다. 아니, 그는 그들을 우롱하였을 뿐만 아니라, 더욱 심각한 죄를 저질렀는데, 그것은 그들을 반역자들로 만들어 버린 것이었다. 그는 하나냐가 그랬던 것처럼(렘 28:16) 여호와께 패역한 말을 하였다. 하나님께서 패역한 자들에게 보복하실진대, 자신의 가르침과 모범을 통해서 패역을 가르치는 자들은 얼마나 더 극심한 보복을 당하게 되겠는가.

2. 스마야는 그의 말년에 어리석은 자가 되리라는 것(렘 17:11). 그의 이름과 가문은 끊어져서 사람들의 기억 속에서 잊혀지게 될 것이다. 그는 그의 이름을 이을 자손을 한 사람도 남기지 못하게 될 것이다. 그의 가계(家系)는 그에게서 끝날 것이다. 이 백성 중에 살아 남을 그의 자손이 하나도 없을 것이라. 스마야나 그에게서 난 자는 아무도 내가 내 백성에게 행하려 하는 복된 일을 보지 못할 것이다. 하나님께서 그의 교회에 은총을 베푸실 때를 기다리고자 하지 않는 자들은 그 은총에 참여할 자격이 없다는 것을 명심하라. 스마야는 예레미야가 포로 된 자들에게 바벨론에서 정착하여 가족을 이루고 자손을 늘려가고 줄이는 일이 없도록 하라고 조언한 것에 대하여 격분하였기 때문에, 하나님께서 그가 바벨론에서 자손을 보지 못할 것이라고 하신 것은 마땅한 일이었다. 하나님의 말씀으로 인한 축복들을 멸시하는 자들은 그 말씀으로 인한 유익을 얻지 못하게 되는 것이 당연하다(암 7:16-17을 보라).

제
— 30 —
장

개요

우리가 이 장과 다음 장에서 보는 설교는 앞에서 우리가 보았던 모든 설교들과는 아주 판이하게 다른 모습을 띠고 있다. 선지자는 실제로 하나님의 지시로 그의 목소리를 바꾼다. 그가 이제까지 말한 것의 대부분은 책망과 경고의 말씀이었다. 그러나 이 두 장은 포로 생활에서의 귀환에 관한 보배로운 약속들, 즉 메시야 시대에 교회를 위하여 예비되어 있는 영광스러운 것들을 모형적으로 보여주는 것들로 가득 채워져 있다. 선지자는 이것을 전할 뿐만 아니라 글로 쓰라는 명령을 받는다. 왜냐하면, 이 설교는 장래의 세대를 위로하기 위한 것이기 때문이다(1-3절). 여기에서 약속되고 있는 것은 이런 것들이다. I. 그들은 지금 다음과 같은 상태에 있지만 나중에는 회복되어 즐거워하리라는 것. 1. 그들은 지금 엄청난 고통과 두려움 속에 있었다(4-7절). 2. 그들을 압제하는 자들은 아주 강하였다(8-10절). 3. 다른 나라들은 완전히 망해서 다시는 회복되지 못하였다(11절). 4. 그들에게 구원을 가져다 줄 수 있을 것 같은 모든 수단들은 다 끊어진 것처럼 보였다(12-14절). 5. 하나님께서 그들의 죄로 말미암아 그들로 하여금 포로로 잡혀가게 하는 일을 하셨다(15-16절). 6. 주변의 모든 사람들은 그들의 처지를 절망적이라고 보았다(17절). II. 그들은 회복된 후에 그들의 땅에 정착해서 잘 살게 될 것이고, 그들의 성읍들은 재건될 것이며(18절), 사람들의 수는 늘어날 것이고(19-20절), 그들의 정부는 견고할 것이며(21절), 그들과 하나님의 언약은 새롭게 갱신될 것이고(22절), 그들의 원수들은 멸망을 당하여 끊어지리라는 것(23-24절).

¹여호와께로부터 말씀이 예레미야에게 임하여 이르시니라 ²이스라엘의 하나님 여호와께서 이와 같이 말씀하여 이르시기를 내가 네게 일러 준 모든 말을 책에 기록하라 ³여호와의 말씀이니라 보라 내가 내 백성 이스라엘과 유다의 포로를 돌아가게 할 날이 오리니 내가 그들을 그 조상들에게 준 땅으로 돌아오게 할 것이니 그들이 그 땅을 차지하리라 여호와께서 말씀하시니라 ⁴여호와께서 이스라엘과 유다에 대하여 하신 말씀이 이러하니라 ⁵여호와께서 이와 같이 말씀하시되 우리가 무서워 떠

는 자의 소리를 들으니 두려움이요 평안함이 아니로다 ⁶너희는 자식을 해산하는 남자가 있는가 물어보라 어찌하여 모든 남자가 해산하는 여자 같이 손을 자기 허리에 대고 모든 얼굴이 겁에 질려 새파래졌는가 ⁷슬프다 그 날이여 그와 같이 엄청난 날이 없으리라 그 날은 야곱의 환난의 때가 됨이로다 그러나 그가 환난에서 구하여 냄을 얻으리로다 ⁸만군의 여호와의 말씀이라 그 날에 내가 네 목에서 그 멍에를 꺾어 버리며 네 포박을 끊으리니 다시는 이방인을 섬기지 않으리라 ⁹그들은 그들의 하나님 여호와를 섬기며 내가 그들을 위하여 세울 그들의 왕 다윗을 섬기리라

　　　　이 단락에는 다음과 같은 내용들이 나온다.

I. 예레미야는 하나님께서 그에게 말씀하신 것을 기록하라는 지시를 받는다.　아마도 이것은 앞에 나온 모든 예언들을 기록하라는 의미인 것 같다. 그는 그가 말한 것을 한 번 듣고서 유익을 얻지 못했던 자들이 시간 여유가 있어서 좀 더 깊이 생각하면서 다시 한 번 읽으면서 뭔가를 깨달을 수 있을 것이라는 소망을 가지고서 그 말씀들을 기록하여 펴내야 했다. 또는, 이것은 하나님께서 하신 다른 말씀들 중에서 그들이 포로 생활에서 해방되리라는 약속과 관련된 말씀을 가리키는 것일 수도 있다. 그러한 약속의 말씀들은 다른 말씀들과 뒤섞여 있었기 때문에, 예레미야는 그것들을 여기저기에서 가져와서 한데 모아야 했고, 그러면 하나님은 이제 거기에 그것들과 비슷한 말씀들을 더하실 것이다. 그는 장래의 세대들을 위하여 그것들을 기록해서, 그들이 그 약속의 말씀들이 성취되는 것을 보고 예언에 대한 그들의 믿음이 더욱 견고해지게 하여야 했다. 그는 앞 장에서 포로 된 자들에게 보낼 글을 쓸 때처럼 편지에 그것들을 기록해서는 안 되었고, 서고(書庫)나 국가의 문서보관서에 주의 깊게 보관될 수 있도록 책에 기록하여야 했다. 다니엘은 이러한 책들을 읽다가 포로 생활이 거의 끝날 때가 되었다는 것을 깨달을 수 있었다(단 9:2). 예레미야는 그것들을 여러 장의 종이가 아니라 한 권의 책에 기록해야 했다. "내가 내 백성 이스라엘과 유다의 포로를 돌아가게 할 날이 아직 멀기는 하지만 반드시 오리라(3절)." 이 예언이 성취될 그 날에 이 예언을 읽어보고서 얼마나 정확하게 성취되었는지를 알 수 있도록 이 예언을 기록하여야 하는데, 이것은 예언을 기록하는 목적 중의 하나이다. 또한, 하나님은 그들이 그들의 조상들로 말미암아 사랑을 입게 되리라는 것을 넌지시 말씀하신다(롬 11:28). 왜냐하면, 하나님이 그들

을 다시 가나안 땅으로 인도하시고자 하시는 것은 그 곳이 그가 그 조상들에게 준 땅이고, 따라서 그들이 차지할 땅이었기 때문이다.

Ⅱ. 예레미야는 무엇을 기록해야 하는지를 지시받는다.   그가 기록해야 할 것은 성령이 가르치신 바로 그런 말씀들이었고(4절), 하나님께서 그에게 기록하라고 명령하신 말씀들이었다. 하나님의 지시로 기록되는 이러한 약속의 말씀들은 그의 손가락으로 쓰셨던 십계명과 마찬가지로 진정으로 그의 말씀이다.

1. 그는 백성들이 지금 이루 말할 수 없는 공포에 질려 있다는 것, 그리고 앞으로도 갈대아인들이 쳐들어올 때마다 매번 공포에 사로잡히게 될 것이라는 현재의 상황을 기록해 두어야 했는데(5절), 그러면 그들이 구원받았을 때에 그 구원이 너무도 경이롭고 진심으로 환영할 만한 일이라는 것이 한층 더 뚜렷하게 부각될 것이었기 때문이다. 우리가 무서워 떠는 자의 소리(위험을 알리는 경보를 듣고서 사람들이 공포에 질려 지르는 비명 소리)를 들었다. 거짓 선지자들은 그들에게 평강이 있을 것이라고 말하였지만, 평안함이 아니라 두려움이 있도다(난외주에서는 이렇게 읽는다). 밖으로 다툼이 있을 때에 안으로는 두려움이 있는 것은 이상한 일이 아니다. 남자들, 심지어 전쟁에 나간 남자들조차도 그들의 나라에 임한 재앙에 압도되어 굴복해서 해산하는 여자 같아 보일 것이고, 극심한 고통이 그들에게 찾아올 것이지만, 그들은 그것을 피할 수 없다는 것을 알 것이다(6절). 너희는 남자가 아기를 낳으려고 산고를 겪는다는 말을 들어본 적이 없을 것이다. 그렇지만 너희는 여기저기에서 겁을 집어먹은 남자들을 보는 것이 아니라, 성읍들이 불타고 그들의 나라가 황폐화되는 것을 볼 때에 모든 남자가 해산하는 여자 같이 극심한 고통과 괴로움을 견딜 수 없어서 손을 자기 허리에 대고 있는 것을 본다. 그러나 이 고통은 결국에는 기쁨으로 끝날 것이고 그 기쁨이 찾아올 때에 해산하는 여자 같이 결국에는 잊어버릴 고통이기 때문에 죽어가는 자의 고통이 아니라 해산하는 여자의 고통에 비유되고 있다. 모든 얼굴이 겁에 질려 새파래질 것이다. 이 단어는 단지 갑자기 겁을 집어먹고 얼굴이 창백해지는 것만이 아니라 몸의 나쁜 습관의 결과나 황달, 또는 위황병(萎黃病)에서 오는 창백함도 가리킨다. 선지자는 장차 닥쳐올 재난을 미리 내다보고서 몹시 슬퍼한다(7절). 슬프다 그 날이여 그와 같이 엄청난 날이 없으리라. 큰 날이라 불리는 심판의 날, 여호와의 크고 두려운 날(욜 2:31; 유 1:6)은 너무나 크

고 엄청난 날이어서 그와 같은 날이 이제까지 없었다. 우리 구주께서는 예루살렘의 최종적인 멸망에 대해서도 이와 같이 유례가 없는 것으로 말씀하신다(마 24:21). 그 날은 야곱의 환난의 때가 됨이로다. 그 날은 하나님을 믿는 백성이 다른 어느 민족보다도 더 큰 환난에 처하게 될 서글픈 때가 될 것이다. 포로 생활의 전체 기간은 야곱의 환난의 때였다. 그러한 때는 야곱이 잘 되기를 바라고 야곱의 하나님이 높임을 받으시기를 바라는 모든 자들이 크게 슬퍼해야 할 때이다.

2. 그는 이러한 재난이 결국에는 복된 결말로 끝나게 될 것임을 하나님께서 약속하셨다는 것을 기록하여야 했다.

(1) 야곱의 환난은 끝날 것이다. 그가 환난에서 구하여 냄을 얻으리로다. 교회의 환난은 오랫동안 지속될 수는 있지만 언제까지나 지속되지는 않는다. 구원은 여호와께 속한 것이기 때문에 그의 교회에게 베풀어질 것이다.

(2) 야곱을 괴롭힌 자들은 더 이상 그에게 어떤 해악도 가할 수 없게 될 것이고, 그들이 지금까지 야곱에게 가했던 해악에 대해서는 벌을 받게 될 것이다(8절). 모든 권세를 자신의 손에 쥐고 계신 만군의 여호와께서 그 일을 하실 것이다. "내가 네 목에서 오랫동안 네 목을 무겁게 짓눌러서 아주 심한 괴로움을 안겨 주었던 그 멍에를 꺾어 버릴 것이다. 내가 네 포박을 끊고 네게 다시 자유와 평안을 주리니, 네가 다시는 이방인들의 지시를 받지 않을 것이고 그들을 섬기지 않을 것이며, 그들은 더 이상 너의 섬김을 받지 아니할 것이다. 그들은 다시는 네 소유나 네 수고로 치부하지 못할 것이다."

(3) 하나님께서 그들에게 베푸시는 긍휼의 절정이자 완성은 그들이 다시 자유롭게 그들의 신앙 생활을 할 수 있게 되리라는 것이다(9절). 그들은 그들의 원수들을 섬기는 것에서 건짐을 받게 될 것인데, 이것은 그들에게 그들의 마음 내키는 대로 방종하게 살게 하기 위한 것이 아니고, 그들의 하나님 여호와와 그들의 왕 다윗을 섬기면서 교회와 나라의 안정된 체제 아래에서 다시 질서를 되찾아 살게 하기 위한 것이다. 그들이 환난 속으로 들어가고 그들의 원수들을 섬기게 된 것은 그들이 기쁨과 즐거운 마음으로 그들의 하나님 여호와를 섬겨야 했음에도 불구하고(신 28:47) 그렇게 하지 않았기 때문이었다. 그러나 그들이 그들의 환난에서 구하여 냄을 얻을 때가 오면, 하나님은 그들에게 그를 섬길 마음을 주셔서 그들이 얼마든지 그렇게 할 수 있게 해주실 것이고, 그들에게 그를 섬길

기회를 주셔서 하나님을 섬기는 것이 갑절로 즐거운 일이 되게 해주실 것이다. 그러므로 우리가 우리의 원수들의 손에서 건지심을 받는 것은 우리로 하나님을 섬기게 하기 위한 것이다(눅 1:74-75). 우리가 이 세상에서의 재난들로부터 건지심을 받아서 하나님을 마음껏 섬길 수 있게 되었다면, 그 때야말로 우리가 재난으로부터 구원을 받은 것이 진정으로 하나님의 긍휼하심을 입은 것이 된다. 그들은 그들의 하나님을 섬기게 될 것이고, 옛적에 그들이 배교했던 날들과는 달리 다른 신들을 섬기고 싶은 마음이 들지 않을 것이고, 최근에 포로 생활을 했던 날들과는 달리 다른 신들을 섬기도록 강요받지도 않을 것이다. 그들은 그들의 왕 다윗, 즉 하나님이 그때그때 그들 위에 세우실 다윗 가문의 통치자들(스룹바벨 같은)이나 적어도 심판의 보좌, 곧 다윗의 집의 보좌에 앉은 통치자들(느헤미야 같은)을 섬기게 될 것이다. 그러나 이 말씀은 좀 더 깊은 의미를 지니고 있음이 분명하다. 갈대아 역본에서는 이 본문을 그들이 그들의 왕, 다윗의 자손, 메시야(또는, 그리스도)에게 순종하리라로 읽는다. 유대인 해석자들도 이 본문을 그리스도에게 적용한다. 유대인들이 포로 생활에서 돌아온 때에 시작된 저 시대는 이제 그들을 메시야에게로 인도하고 있었다. 메시야는 다윗의 자손이었고(마 22:42) 그 이름에 걸맞는 분이었기 때문에(마 20:31-32) 그들의 왕 다윗으로 불린다. 다윗은 낮아짐과 높아짐의 양면에서 메시야를 아주 잘 보여주는 모형 역할을 했던 인물이었다. 하나님이 다윗과 맺은 왕권의 언약은 일차적으로 메시야와 관련된 것이었기 때문에, 그 언약의 약속들은 메시야에서 온전히 성취되었다. 하나님은 메시야에게 그의 조상 다윗의 왕위를 주셨다. 하나님은 그들을 위하여 그를 일으키셔서 거룩한 산 시온에 세우셨다. 신약을 보면, 하나님이 예수를 세우셨고 그를 왕으로 세우셨다는 말씀이 종종 나온다(행 3:26; 13:23, 33). 좀 더 살펴보자.

[1] 여호와를 그들의 하나님으로 섬기는 자들은 그들의 왕 다윗도 섬겨야 하고, 예수 그리스도께 자기 자신을 맡겨서 그의 통치를 받아야 한다. 왜냐하면, 모든 사람들은 아버지를 공경하는 것 같이 아들을 공경하여야 하고, 아들을 중보자로 삼아서 하나님을 섬기고 예배하여야 하기 때문이다.

[2] 영적인 종살이로부터 건지심을 받은 자들은 그들 자신을 그리스도를 섬기는 데에 헌신함으로써 그들이 건지심을 받았다는 것을 드러내 보여야 한다. 그리스도에게서 안식을 받은 자들은 그가 그들에게 주시는 멍에도 기꺼이 메

야 한다.

[10]여호와의 말씀이니라 그러므로 나의 종 야곱아 너는 두려워하지 말라 이스라엘아 놀라지 말라 내가 너를 먼 곳으로부터 구원하고 네 자손을 잡혀가 있는 땅에서 구원하리니 야곱이 돌아와서 태평과 안락을 누릴 것이며 두렵게 할 자가 없으리라 [11]이는 여호와의 말씀이라 내가 너와 함께 있어 너를 구원할 것이라 너를 흩었던 그 모든 이방을 내가 멸망시키리라 그럴지라도 너만은 멸망시키지 아니하리라 그러나 내가 법에 따라 너를 징계할 것이요 결코 무죄한 자로만 여기지는 아니하리라 [12]여호와께서 이와 같이 말씀하시니라 네 상처는 고칠 수 없고 네 부상은 중하도다 [13]네 송사를 처리할 재판관이 없고 네 상처에는 약도 없고 처방도 없도다 [14]너를 사랑하던 자가 다 너를 잊고 찾지 아니하니 이는 네 악행이 많고 네 죄가 많기 때문에 나는 네 원수가 당할 고난을 네가 받게 하며 잔인한 징계를 내렸도다 [15]너는 어찌하여 네 상처 때문에 부르짖느냐 네 고통이 심하도다 네 악행이 많고 네 죄가 허다하므로 내가 이 일을 너에게 행하였느니라 [16]그러므로 너를 먹는 모든 자는 잡아먹힐 것이며 네 모든 대적은 사로잡혀 갈 것이고 너에게서 탈취해 간 자는 탈취를 당할 것이며 너에게서 노략질한 모든 자는 노략물이 되리라 [17]여호와의 말씀이니라 그들이 쫓겨난 자라 하매 시온을 찾는 자가 없은즉 내가 너의 상처로부터 새 살이 돋아나게 하여 너를 고쳐 주리라

이 단락에서는 앞의 여러 단락들에서와 마찬가지로 포로로 잡혀간 유대인들의 통탄스러운 처지가 묘사되고 있지만, 때가 되면 그들이 놓여나게 될 것이고 영광스러운 구원이 그들에게 베풀어지리라는 많은 보배로운 약속들도 그들에게 주어진다.

I. 하나님은 친히 그들을 대적하셨다. 하나님은 그들을 흩으셨다(11절). 하나님은 이 모든 일들을 그들에게 행하셨다(15절). 그들이 겪은 모든 재난들은 하나님의 손에서 온 것이었다. 그 도구가 누가 되었든, 이 모든 일을 행하신 장본인은 하나님이셨다. 하나님, 그것도 그들 자신의 하나님께서 그들에게 그들을 허물고 멸망시키겠다고 말씀하신 것은 그들의 처지를 너무도 서글프게 만들었다. 좀 더 살펴보자.

1. 이 모든 것은 하나님께서 아버지로서 아들을 징계하기 위한 것으로 의도

된 것이었고, 다른 목적은 없었다(11절). "내가 법에 따라 너를 징계할 것이다. 즉, 너의 죄에 비추어서 네가 마땅히 징계받아야 할 분량까지만, 아니 네가 잘 견딜 수 있는 정도까지만 내가 아주 신중하게 너를 징계할 것이다." 하나님께서 자기 백성을 대적하시는 것은 징계를 위한 것이고, 그 징계는 언제나 적정하며 언제나 사랑에서 나온다. "너는 나에 대한 너의 관계 때문에 내가 너를 적당히 봐줄 것이라고 생각할지 모르지만, 나는 너를 결코 무죄한 자로만 여기지는 아니할 것이고, 전혀 벌을 주지 않은 채로 그냥 넘어가는 일은 없을 것이다." 우리가 신앙 고백을 아무리 그럴 듯하게 한다고 하여도, 우리가 죄를 지으면, 그 신앙 고백이 우리를 벌받지 않게 해주는 안전한 방패막이가 되어 주지 못한다는 것을 명심하라. 하나님은 사람의 외모를 보시는 분이 아니시기 때문에, 죄를 발견하실 때마다 그가 죄를 얼마나 미워하시는지를 보여주실 것이고, 그에게 아주 가까운 자들에게서 발견되는 죄를 가장 미워하신다는 것을 보여주실 것이다. 하나님은 여기에서 자기 백성의 악행이 많고 그 죄가 많기 때문에 징계하신다(14-15절). 우리에게 슬퍼해야 할 일들이 많고 그 수가 점점 많아지는가? 그렇다면, 우리는 그것이 우리의 죄가 많고 그 죄가 점점 더 늘어나고 있기 때문임을 인정하여야 한다. 죄악들이 우리 속에서 자라기 때문에 환난도 우리 위에서 자라는 것이다.

2. 하나님께서 아버지로서 징계하기 위한 것으로 의도하신 것을 그들과 주변 사람들은 적대적인 행위로 해석하였다. 그들은 마치 하나님이 그들을 파멸시키기로 작정하셨고 그들에 대한 징계를 완화해 주지 않으셨으며 그들을 위해 그 어떤 긍휼도 준비해 두고 계시지 않으셨던 것처럼 생각하여, 원수가 당할 고난을 그들이 받게 하였고 잔인한 징계를 내렸다고 생각하였다(14절). 실제로 그것은 마치 하나님이 그들의 원수로 돌변하셔서 그들과 싸우셨고 그들을 아주 가혹하게 다루신 것처럼 보였다(사 63:10). 욥은 하나님이 그를 잔인하게 대하셔서 그의 상처를 깊게 하셨다고 하소연한다. 환난이 크고 오래갈 때, 우리는 하나님과 그의 섭리에 대하여 여기에서와 같은 그런 나쁜 생각을 품지 않도록 하기 위하여 우리 자신의 마음을 세심하고 꼼꼼하게 살펴볼 필요가 있다. 겉으로 보기에는 어떻게 보이든지, 하나님의 징계는 잔인한 자의 징계가 아니라 긍휼에 풍성하신 분의 징계이다.

Ⅱ. 그들의 친구들도 그들을 버렸고 그들을 창피해 하였다. 그들이 형통할

때에는 많은 사람들이 그들에게 알랑거렸지만, 이제 그들이 환난을 당하여 곤궁해지자 그들을 아는 체하는 자가 없었다(13절). 가문이 기울면, 보통 이런 일이 일어난다. 그들을 꽁무니를 졸졸 따라다니던 자들이 그들에게 거리를 두고 가까이 오기를 꺼린다. 두 가지 경우에 우리는 우리의 친구들의 도움을 필요로 하고, 또한 그 도움을 기뻐한다.

1. 우리가 비난을 받거나 고소를 당하거나 책망을 듣는 데도 우리 자신을 위하여 스스로 변명할 수 있는 상황이 아닐 때, 우리는 우리의 친구들이 나서서 우리의 결백을 밝혀주고 우리를 위해 좋은 말을 해줄 것을 기대한다. 그러나 여기에서는 네 사정을 변호해 줄 자가 아무도 없고, 너를 옹호해 주기 위해 나설 자도 없으며, 너를 윽박지르는 자들에게 너를 중재해 줄 자도 없다. 그러므로 하나님께서 그들의 송사를 변호해 주실 것이다. 왜냐하면, 하나님은 하늘의 총애를 듬뿍 받았었던 한 백성을 붙들어 줄 자가 아무도 없게 된 것을 당연히 이상하게 여기실 것이기 때문이다(사 63:5).

2. 우리가 병이 들거나 깊은 슬픔에 잠기거나 부상을 입었다면, 우리는 우리의 친구들이 우리를 찾아와 주고 조언해 주며 우리와 아픔을 같이 해주고, 할 수만 있다면 약을 쓰는 일에도 손을 빌려 주기를 기대하게 된다. 그러나 여기에서는 그렇게 해주는 자가 아무도 없고, 너의 상처를 싸매 주는 자도 없으며, 조언이나 위로를 통해서 너의 고통을 덜어주는 자도 없다. 아니, 너를 사랑하던 자가 다 너를 잊었다(14절). 보지 않으면 마음도 멀어지는 법인데, 그들은 너를 찾아보기는커녕 너를 버리고 떠났다. 이런 일은 이 세상에서 신앙이나 진지한 경건과 관련하여 자주 일어난다. 교육을 받아온 환경이나 신앙 고백이나 초기의 뜨거운 신앙으로 보건대 이 사람들은 신앙의 친구들이자 사랑하는 자들이 될 것이고 경건을 후원하고 보호해 줄 자들이 될 것이라고 생각되었던 자들이 신앙을 버리고 경건을 잊어버리며, 신앙을 옹호하는 말을 한 마디도 하지 않고, 신앙이 입은 상처들을 치료하는 데에 그 어떤 일도 하지 않는다. 너를 사랑하던 자가 다 너를 잊고 찾지 아니하니 이는 내가 네게 상처를 입혔기 때문이라는 말씀을 주목해 보라. 하나님께서 한 백성을 대적하시면, 누가 그 백성을 위하여 나설 수 있겠으며, 누가 그들에게 그 어떤 인자(仁慈)를 베풀 수 있겠는가(욥 30:11)? 바로 이 때문에 그들의 처지는 절망적이고 구원은 물 건너 간 것처럼 보였다. 네 상처는 고칠 수 없고 네 부상은 중하며(12절) 네 고통은 심하도다(15절).

포로로 끌려간 유대인들의 처지는 사람의 힘으로는 고치거나 바로잡을 수 없을 정도로 참담하였다. 거기에서 그들은 **마른 뼈들**로 가득 메워진 골짜기 같아서, 오직 전능자만이 거기에 생기를 불어넣을 수 있었다. 이토록 쇠락하고 빈곤에 찌든 한 백성이 그들의 땅으로 되돌아가서 다시 정착할 것이라고 누가 상상이나 할 수 있었겠는가? 그들의 재난을 가중시키는 것들이 너무나 많았기 때문에, 그들을 압도하는 넘치는 슬픔을 다 쓸어버릴 수 있을 정도로 아주 강력하다는 것이 증명된 하나님의 위로하심이 찾아올 때까지, 그들의 슬픔은 그대로 굳어져서 완화될 수 없었고 그들의 심령은 위로받기를 거절하였다. 네가 네 죄를 회개하고 버린 것이 아니라 네 죄가 점점 늘어나 허다하게 되었기 때문에 네 슬픔은 치유될 수 없다. 슬픔이 치유되지 않는 것은 정욕이 치유되지 않았기 때문임을 명심하라. 이 통탄스러운 처지에 있는 그들을 사람들은 경멸하는 눈으로 바라보았다(17절). 사람들은 너를 모든 사람에게 버림받고 버려져서 파멸에 이른 쫓겨난 자라 불렀다. 사람들은 이것이 아무도 찾는 자가 없는 시온, 아무도 거들떠보지 않는 시온이라고 말하였다. 사람들은 예루살렘 성과 성전이 있었던 장소를 바라보고서는 그 장소를 버림받은 곳(outcast)이라 불렀다. 지금은 모든 것이 폐허로 변해서, 이전과는 달리 그 곳을 찾는 자도 없었고 그 곳에서 사는 자도 없었으며, 시온으로 가는 길을 묻는 자도 없었다. 그 곳을 찾는 자가 아무도 없었다. 사람들은 이전에 시온에 살았지만 지금은 포로로 잡혀 와 살고 있는 자들을 보고서(성경에는 **바벨론** 성에 거주하는 시온이라는 표현이 나온다, 슥 2:7) 그들을 쫓겨난 자들(outcasts)이라 불렀다. 그들은 시온에 속한 자들로서 시온에 대하여 많은 말을 하고 시온을 기억하고서 울곤 하지만, 아무도 그들을 찾지 않고 그들에 대하여 묻지도 않는다. 주변 사람들에 의해서 버림을 받고 멸시를 받는 것이 흔히 시온의 운명이라는 것을 명심하라.

Ⅲ. 하나님은 이 모든 것 때문에 때가 되면 그들을 건지시고 구원하실 것이다. 다른 손길로는 그들의 상처가 치유될 수 없기 때문에, 하나님께서 그들을 치유해 주실 것이다.

1. 하나님은 그들에게서 멀리 떨어져 서 계시는 듯 보였지만 이제 능력과 은혜로 그들과 함께 하시겠다고 그들에게 약속하신다. 내가 너를 구원하리라(10절). 내가 너와 함께 있어 너를 구원할 것이라(11절). 그들이 환난 가운데 있을 때에 하나님은 그들이 환난에 짓눌려 무너지지 않도록 구원하기 위하여 그들과

함께 계신다. 그들을 구원하기로 되어 있는 때가 왔을 때, 하나님은 언제든지 그들을 환난에서 구원할 준비를 갖추고서 그들과 함께 계신다.

2. 그들은 그들의 땅에서 아주 멀리 떨어져서 그들이 포로로 잡혀가 있는 땅에 있었지만, 하나님은 그들을 찾아내셔서 구원하셔서, 그들과 그들의 자손을 거기에서 데리고 나오실 것이다. 왜냐하면, 그들은 고국으로 돌아오기 위해서 이방인들과 구별되게 살 것이기 때문이다(10절).

3. 그들은 지금 두려움으로 가득 차 있고 끊임없이 깜짝깜짝 놀라지만, 그들이 태평과 안락을 누리며 안전하고 편안하게 살 수 있게 되어서 그들을 두렵게 할 자가 없게 될 때가 올 것이다(10절).

4. 그들이 흩어져 살던 여러 나라들은 멸망하게 될 것이지만, 하나님은 그들을 그 멸망에서 지켜 보호해 주실 것이다(11절). 너를 흩었던 그 모든 이방을 내가 멸망시키리라. 그 때에 네가 그들과 함께 휩쓸려 죽게 될 위험이 있을 것이지만 그럴지라도 너만은 멸망시키지 아니하리라. 하나님은 그들이 포로로 잡혀가 살게 된 이방 나라들이 평안하면 그들도 평안할 것이지만(렘 29:7), 그 나라들이 멸망하더라도 그들은 멸망을 피하게 될 것이라고 약속하신다. 하나님께서는 그의 교회를 종종 아주 낮추시지만 멸망시키지는 아니하실 것이다(렘 5:10, 18).

5. 하나님은 그들의 죄들, 그들의 무수한 범죄들과 중한 죄들 때문에 그들을 징계하시지만, 하나님이 정하신 때가 오면, 그들에게 다시 긍휼을 베푸실 것이고, 그들의 죄조차도 그들의 구원을 막지 못할 것이다.

6. 그들의 대적들이 강할지라도, 하나님은 그 대적들을 제압하셔서 그들의 힘을 부수실 것이다(16절). 너를 먹는 모든 자는 잡아먹혀서, 시온이 옳다는 것이 온 세상에 증명될 것이다. 이렇게 시온의 구원은 그를 압제하던 자들의 멸망을 통해서 이루어질 것이고, 그 원수들은 그들이 그에게 행하였던 모든 해악에 대하여 보응을 받게 될 것이다. 왜냐하면, 이 세상에는 심판하시는 하나님이 계시고, 하나님은 원수 갚는 것이 내게 있다고 말씀하시기 때문이다. "네 모든 대적들은 남김없이 사로잡혀 갈 것이고, 지금 너에게서 탈취해 간 자들이 탈취를 당할 날이 올 것이다." 다른 사람들을 사로잡았던 자들은 사로잡혀 가게 될 것이다(계 13:10). 이것을 보고서 정복자들은 그들이 사로잡은 포로들을 잘 대해 줄 수밖에 없게 될 것이다. 왜냐하면, 상황이 역전되어서 그들이 사로잡혀 포로가 되

어서, 지금 그들이 포로들에게 했던 그대로 자기들도 당하게 될 날이 올 것이기 때문이다.

7. 그들의 상처가 치료될 수 없는 듯이 보였을지라도, 하나님은 그 상처를 고치실 것이다(17절). 내가 너를 고쳐 주리라. 병이 아무리 중하여도, 하나님이 치료를 담당하시면, 환자는 안전하다.

Ⅳ. 이 일 전체와 관련해서 하나님은 그들에게 지나치게 두려워하거나 슬퍼하지 말라고 주의를 주신다. 왜냐하면, 이 보배로운 약속들 속에서 그러한 두려움이나 슬픔을 잠재우기에 충분한 것들이 들어 있기 때문이다.

1. 그들은 앞으로 그들에게 닥쳐올지도 모르는 환난을 미리 염려하여 지레 겁을 집어먹고서 마치 소망이 없는 자들처럼 두려워 떨어서는 안 된다(10절). 나의 종 야곱아 너는 두려워하지 말라 이스라엘아 놀라지 말라. 하나님의 종들인 자들은 그들 앞에 어떤 어려움과 위험이 있을지라도 걱정과 두려움에 져서는 안 된다는 것을 명심하라.

2. 그들은 현재 그들이 겪고 있는 환난들에서 벗어날 소망이 아예 없는 자들처럼 슬퍼해서는 안 된다(15절). "너는 어찌하여 네 상처 때문에 부르짖느냐. 네가 의지한 육적인 것들이 너를 실망시키고, 피조물들이 너를 전혀 고쳐줄 수 없는 돌팔이 의원들인 것은 사실이지만, 내가 너의 상처를 고쳐줄 것인데, 너는 어찌하여 부르짖느냐? 너는 왜 이렇게 초조해하고 안달하며 하소연하는 것이냐? 이 환난은 모두 네 죄 때문이니(14-15절), 너는 투덜거리거나 푸념하지 말고, 도리어 회개하여야 한다. 사람이 자기 죄들 때문에 벌을 받나니 어찌 원망하랴(애 3:39). 하지만, 결국은 모든 일이 좋게 끝날 것이니, 소망 가운데 즐거워하라."

[18]여호와께서 말씀하시니라 보라 내가 야곱 장막의 포로들을 돌아오게 할 것이고 그 거처들에 사랑을 베풀 것이라 성읍은 그 폐허가 된 언덕 위에 건축될 것이요 그 보루는 규정에 따라 사람이 살게 되리라 [19]그들에게서 감사하는 소리가 나오고 즐거워하는 자들의 소리가 나오리라 내가 그들을 번성하게 하리니 그들의 수가 줄어들지 아니하겠고 내가 그들을 존귀하게 하리니 그들은 비천하여지지 아니하리라 [20]그의 자손은 예전과 같겠고 그 회중은 내 앞에 굳게 설 것이며 그를 압박하는 모든 사람은 내가 다 벌하리라 [21]그 영도자는 그들 중에서 나올 것이요 그 통치자도 그들 중에서 나오리라 내가 그를 가까이 오게 하리니 그가 내게 가까이 오리라 참으로

담대한 마음으로 내게 가까이 올 자가 누구냐 여호와의 말씀이니라 ²²너희는 내 백성이 되겠고 나는 너희들의 하나님이 되리라 ²³보라 여호와의 노여움이 일어나 폭풍과 회오리바람처럼 악인의 머리 위에서 회오리칠 것이라 ²⁴여호와의 진노는 그의 마음의 뜻한 바를 행하여 이루기까지는 돌이키지 아니하나니 너희가 끝날에 그것을 깨달으리라

이 단락에는 그들의 재앙의 날들이 지난 후에 하나님께서 그들을 위하여 준비해 두신 은총에 대한 추가적인 언급들이 나온다. 하나님은 다음과 같은 것들을 약속하신다.

I. 예루살렘 성과 성전이 재건되리라는 것(18절). 야곱의 장막들과 그 거처들도 그들이 포로로 잡혀가 있는 동안에는 폐허가 되어 있었다. 그러나 그들이 돌아오면, 거처들은 폐허더미에서 다시 일으켜져 수리될 것이고, 하나님께서는 그의 공의를 보여주는 기념비들이었던 그 거처들에 긍휼을 베푸실 것이다. 그 때에 예루살렘의 성읍은 그 폐허가 된 언덕 위에 건축될 것이다―그 언덕이 지금은 폐허에 불과하지만. 예루살렘이 있었던 곳은 아주 좋은 자리였기 때문에, 그 도성은 똑같은 자리에 재건될 것이다. 성읍을 돌무더기로 만드실 수 있으신 하나님은 얼마든지 돌무더기를 다시 성읍으로 만드실 수 있으시다(사 25:2). 그 보루(즉, 하나님의 성전)는 규정에 따라, 곧 옛 식양(式樣)을 따라 재건될 것이고, 거기에서는 예전처럼 하나님을 섬기고 예배하는 일이 끊임없이 이루어질 것이다.

II. 거룩한 절기들이 다시 엄숙하게 지켜지리라는 것(19절). 예루살렘과 그 성전과 야곱의 모든 거처에서 감사하는 소리가 나오고 즐거워하는 자들의 소리가 나오리라. 그들은 기쁜 얼굴로 성전 예배를 드리러 갔다가 거기서 다시 기쁜 얼굴로 집에 돌아갈 것이다. 감사하는 소리가 즐거워하는 자들의 소리와 동일하다는 것을 주목하라. 왜냐하면, 우리의 기쁨이 되는 일은 무엇이든지 우리의 찬송의 제목이 되어야 하기 때문이다. 즐거워하는 자가 있느냐 그는 찬송할지니라(약 5:13). 우리에게 기쁜 일이 생기면 우리는 하나님께 감사해야 한다. 기쁨으로 여호와를 섬길지어다(시 100:2).

III. 사람들이 많아지고 번성해서 큰 무리를 이루게 되리라는 것. 그들의 수가 줄어들지 아니하겠고, 도리어 그 수가 무수히 많아지고 뛰어난 자들이 생겨

나서 열방 가운데 큰 나라로 우뚝 서게 될 것이다. 왜냐하면, 내가 그들을 번성하게 하고 그들을 존귀하게 할 것이기 때문이다. 하나님께서 교회에 구원받을 자를 많이 더하시는 것은 교회를 존귀하게 하시기 위한 것이다. 이렇게 해서 그들은 여러 나라들 가운데서 힘 있는 나라가 될 것이다. 한 백성이 아무리 그 수가 많이 줄어들고 멸시를 받는다고 하여도, 하나님은 그들을 번성하게 하고 존귀하게 만드실 수 있으시다. 그들은 과거의 영광을 되찾게 될 것이다. 그들의 자녀들은 예전과 같이 거리에서 뛰놀 것이고(슥 8:5), 예전처럼 부모의 재산과 명예를 물려받게 될 것이다. 그들의 회중은 시민적인 일들이나 거룩한 일들에서 내 앞에 굳게 설 것이다. 그들의 회중을 견고하게 하기 위하여 장로들의 회중 가운데서는 신실한 방백들이, 성도들의 회중 가운데서는 신실한 예배자들이 끊임없이 연이어서 나올 것이다. 한 세대가 가고 또 다른 세대가 와도, 그들의 회중은 하나님 앞에서 견고할 것이다.

IV. 그들이 선한 정부의 통치를 받는 축복을 누리게 되리라는 것(21절). 그들의 영도자들과 판관들이 그들 중에서, 곧 그들의 동족 중에서 나올 것이고, 그들은 더 이상 이방인들이나 원수들의 통치를 받지 않게 될 것이다. 그들의 통치자도 그들 중에서 나올 것인데, 그들과 함께 포로 생활의 환난을 같이 겪었던 자가 그들의 통치자가 될 것이다. 이 말씀은 우리의 통치자이시고 우리의 왕 다윗이신 그리스도를 가리킨다(9절). 그는 범사에 형제들과 같이 되셨다(히 2:17). 내가 그를 가까이 오게 할 것이다. 이 말씀 속에 나오는 그는 다음 둘 중의 하나로 이해될 수 있을 것이다.

1. 그는 이 백성, 야곱과 이스라엘을 가리킬 수 있다. "내가 예전처럼 성전 예배를 통해서 그들을 내게 가까이 오게 하겠고, 나와 언약을 맺은 내 백성으로서(22절) 그들이 내게 가까이 와서 나와 친교를 나누리라. 참으로 담대한 마음으로 내게 가까이 올 자가 대체 누구겠느냐?" 그렇게 할 자는 거의 없다! 하나님께서 특별한 은혜를 베푸셔서 가까이 오게 하시는 자 외에는 아무도 그렇게 할 수 없다. 거룩한 예배 속에서 하나님께 나아갈 때마다 우리는 하나님을 만날 것을 생각하고서 마음을 굳게 먹고 전심으로 예배에 임해야 한다는 것을 명심하라. 우리의 마음이 예배를 드릴 준비가 되어 있어야 하고, 예배에 우리의 마음이 드려져야 하며, 예배에 우리의 온 마음이 드려져야 한다. 하나님께서 주로 보시고 살피시는 것은 우리의 마음이다. 그런데도 우리가 하나님께 바칠 이 제물,

즉 마음을 밧줄로 제단 뿔에 매기 위해 큰 수고를 하지 않는다면, 그것은 하나님을 기만하는 것이다.

2. 그는 통치자를 가리킬 수 있다. 왜냐하면, 본문에서 이 단어가 단수형으로 나오기 때문이다. 그들의 통치자가 정당하게 그의 직위에 취임하여, 일이 있을 때마다 하나님께 묻기 위하여 가까이 올 것이다. 하나님은 그를 가까이 오게 하실 것이다. 하나님이 하시지 않으면, 누가 이토록 약한 백성을 돌보아 주고 이 폐허에서 그들을 일어설 수 있게 해주려고 하겠는가? 그러나 하나님께서 일단 이 일에 착수하시면 많은 난관들이 기다리고 있더라도 이 일을 행할 그의 도구들을 일으키실 것이다. 이 말씀은 한 걸음 더 나아가 중보자이신 그리스도를 가리킨다. 이것에 대해서 좀 더 살펴보자.

(1) 중보자로서 그리스도께서 맡으신 고유한 사역과 직분은 단지 그 자신만을 위해서가 아니라 우리가 믿는 도리의 대제사장으로서 우리를 대신하여 하나님께 가까이 나아가시는 것이다. 성경에서는 제사장들이 하나님께 가까이 나아간다고 말한다(레 10:3; 21:17). 모세는 하나님께 가까이 갔다(출 20:21).

(2) 하나님 아버지께서는 예수 그리스도를 중보자로서 이렇게 그에게 가까이 오게 하셨다. 하나님은 그에게 그렇게 하라고 명령하셨고 정해 주셨다. 하나님은 그를 거룩하게 하시고 이 일을 위해 그에게 기름을 부으셨으며, 그를 기쁘게 받으시고 자기가 그를 기뻐하신다고 선포하셨다.

(3) 예수 그리스도께서는 중보자로서 하나님 아버지로부터 그에게 가까이 나아갈 수 있도록 허락을 받으셨기 때문에 마음을 다하여 그 일을 하셨고, 때가 차면 자신의 마음을 죄를 위한 제물로 삼아야 했기 때문에 그것을 위해서 하나님께 가까이 나아가 그의 마음을 다잡으셨다(어떤 이들은 이렇게 읽는다). 아버지의 뜻에 순종하고 타락한 인간을 불쌍히 여기는 마음으로 그는 이 일을 자원하여 맡으시고자 마음을 다잡으셨고, 그런 후에는 자신의 영광을 위하여 그 일을 끝까지 계속해 나가셨다. 또한, 이것은 그가 자유롭고 기쁜 마음을 가지고 결연한 각오로 마음을 다하여 이 일을 하기로 결심하였기 때문에 그의 길에 놓여 있는 어려움들을 아무렇지도 않게 생각하셨다는 것을 보여준다(사 63:3-5).

(4) 예수 그리스도께서 하신 이 모든 일은 참으로 기이하고 놀라운 것이었다. 우리는 탄성을 지르며 이렇게 반문할 수밖에 없다. 이렇게 마음을 굳게 먹고 참으로 담대한 마음으로 그런 일을 맡은 그는 도대체 누구냐.

Ⅴ. **그들의 조상들과 하나님이 맺으셨던 언약에 따라서 그들이 다시 하나님과 언약을 맺게 되리라는 것**(22절).　너희는 내 백성이 되리라. 우리를 그의 백성, 자기 이름을 위할 백성으로 삼으신 것은 하나님이 우리 안에서 행하신 선하신 일이다(행 15:14). 나는 너희들의 하나님이 되리라. 하나님의 언약의 한 부분을 요약하고 있는 이 말씀은 우리에 대한 하나님의 선의(善意)를 잘 보여준다.

Ⅵ. **그들의 원수들이 벌을 받고 무너지리라는 것**(20절).　그들을 압박하는 모든 사람은 내가 다 벌하여, 하나님의 기름 부은 자를 손대는 것이 얼마나 위험천만한 일인지를 똑똑히 보여주리라(시 105:15). 이 장의 마지막 두 절은 이 절을 설명하는 내용이다. 보라 여호와의 노여움이 일어나 폭풍과 회오리바람처럼 악인의 머리 위에서 회오리칠 것이라. 이 두 절은 앞에서도 한 번 나왔었다(렘 23:19-20). 거기에서는 이 말씀이 이스라엘 가운데 있었던 악한 위선자들에 대하여 하나님의 진노를 경고하는 것이었던 반면에, 여기에서는 이스라엘을 압제하는 악한 자들에 대한 경고이다. 이 말씀은 이사야 51:22-23에 나오는 말씀과 동일한 취지이다. 보라 내가 비틀걸음 치게 하는 잔 곧 나의 분노의 큰 잔을 네 손에서 거두어서 그 잔을 너를 괴롭게 하던 자들의 손에 두리라. 악인들에 대한 하나님의 진노는 여기에서 다음과 같이 묘사된다.

1. 그것은 회오리바람처럼 갑작스럽게 덮쳐와서 저항할 수 없게 만드는 몹시 무시무시한 것이 되리라는 것.

2. 그것은 몹시 큰 고통을 안겨주는 것이 되리라는 것. 여호와의 진노는 악인들의 머리 위에 고통스럽게 떨어질 것이다. 그들은 겁에 질릴 뿐만 아니라 큰 상처와 고통을 당하게 될 것이다.

3. 그것은 그들을 끈질기게 추격하리라는 것. 회오리바람은 통상적으로 짧게 끝나지만, 하나님의 진노의 회오리바람은 계속 이어지는 회오리바람일 것이다.

4. 그것은 반드시 그 목적을 이루리라는 것. 여호와의 진노는 그의 마음의 뜻한 바를 행하여 이루기까지는 돌이키지 아니하느니라. 하나님의 진노가 뜻한 바는 그의 사랑이 뜻한 바와 마찬가지로 모두 이루어질 것이다. 하나님은 그의 마음의 뜻한 바를 행하실 것이다.

5. 지금 이 말씀을 마음에 새기고자 하지 않는 자들은 그 때 가서는 이 말씀을 그들의 머릿속에서 떨쳐 버릴 수 없으리라는 것. 너희가 후회해 보아야 이

미 때가 늦어 버릴 끝날에 그것을 깨달으리라.

미 때가 늦어 버릴 끝날에 그것을 깨달으리라.

제 31 장

개요

이 장에서 선지자는 포로 된 자들을 격려하기 위해서 앞 장에서 우리가 보았던 좋은 말씀들과 위로의 말씀들을 계속해서 이어가면서, 때가 되면 하나님께서 그들이나 그들의 자녀들을 그들의 땅으로 돌아가게 하셔서, 특히 메시야를 그들에게 보내어 그들이 다시 크고 복된 나라를 이루게 하실 것인데, 여기에서 하나님이 주신 많은 약속들이 메시야의 나라와 은혜 속에서 온전히 성취될 것이라고 그들에게 약속한다. I. 그들은 평화와 영광, 기쁨과 풍성함을 회복하게 될 것이다(1-14절). II. 자녀들을 잃은 그들의 슬픔은 끝이 나게 될 것이다(15-17절). III. 그들은 그들의 죄를 회개할 것이고, 하나님은 회개한 그들을 은혜로 받아주실 것이다(18-20절). IV. 그들의 자녀들과 가축들은 크게 번성할 것이고, 그들은 이전과는 달리 죽어서 그 수가 줄어드는 일이 없을 것이다(21-30절). V. 하나님은 그들과 다시 언약을 맺으시고, 영적인 축복들로 그 언약을 풍성하게 하실 것이다(31-34절). VI. 이 축복들은 그들만이 아니라 그들의 자손들에게 주어질 것이고, 이스라엘의 영적인 자손들은 이 축복들을 영원히 누리게 될 것이다(35-37절). VII. 이 축복들의 전조(前兆)로서 예루살렘 성이 재건될 것이다(38-40절). 이 지극히 크고 보배로운 약속들은 포로가 된 가련한 자들에게 소망의 확고한 토대들이자 풍성한 기쁨의 샘들이 되었다. 우리도 이 약속들을 우리 자신에게 적용해서 믿음으로 그 약속들을 받아 누릴 수 있다.

¹여호와의 말씀이니라 그 때에 내가 이스라엘 모든 종족의 하나님이 되고 그들은 내 백성이 되리라 ²여호와께서 이같이 말씀하시니라 칼에서 벗어난 백성이 광야에서 은혜를 입었나니 곧 내가 이스라엘로 안식을 얻게 하러 갈 때에라 ³옛적에 여호와께서 나에게 나타나사 내가 영원한 사랑으로 너를 사랑하기에 인자함으로 너를 이끌었다 하였노라 ⁴처녀 이스라엘아 내가 다시 너를 세우리니 네가 세움을 입을 것이요 네가 다시 소고를 들고 즐거워하는 자들과 함께 춤추며 나오리라 ⁵네가 다시 사마리아 산들에 포도나무들을 심되 심는 자가 그 열매를 따기 시작하리라 ⁶에브라임 산 위에서 파수꾼이 외치는 날이 있을 것이라 이르기를 너희는 일어나라

우리가 시온에 올라가서 우리 하나님 여호와께로 나아가자 하리라 [7]여호와께서 이와 같이 말씀하시니라 너희는 여러 민족의 앞에 서서 야곱을 위하여 기뻐 외치라 너희는 전파하며 찬양하며 말하라 여호와여 주의 백성 이스라엘의 남은 자를 구원하소서 하라 [8]보라 나는 그들을 북쪽 땅에서 인도하며 땅 끝에서부터 모으리라 그들 중에는 맹인과 다리 저는 사람과 잉태한 여인과 해산하는 여인이 함께 있으며 큰 무리를 이루어 이 곳으로 돌아오리라 [9]그들이 울며 돌아오리니 나의 인도함을 받고 간구할 때에 내가 그들을 넘어지지 아니하고 물 있는 계곡의 곧은 길로 가게 하리라 나는 이스라엘의 아버지요 에브라임은 나의 장자니라

하나님은 여기에서 그의 백성에게 다음과 같은 것들을 약속하신다.

I. 그들은 하나님과의 언약 관계에서 끊어져 버린 것처럼 보였을지라도, 하나님께서 다시 그들을 자기 자신과의 언약 관계 속으로 들어오게 하시겠다는 것. 하나님의 진노가 악인들에게 부어짐과 동시에, 하나님은 그의 백성을 그가 사랑하시는 자녀로 시인하실 것이다. 그 때에 내가 이스라엘의 모든 종족의 하나님, 곧 두 지파만이 아니라 모든 지파들의 하나님, 아론 가문과 레위 가문만이 아니라 그들의 모든 가문들의 하나님이 되리라(즉, 내가 그들의 하나님이라는 것을 보여줄 것이다). 그들의 나라만이 아니라 거기에 속한 각각의 가문들도 하나님과의 특별한 관계에서 오는 유익을 누리게 될 것이다. 선한 백성에 속한 각각의 가문들은 한 가문의 자격으로 하나님을 그들의 하나님으로 섬기며 충성을 다할 수 있다는 것을 명심하라. 우리와 우리 집이 여호와를 섬긴다면, 우리와 우리 집은 하나님의 보호하심과 축복을 받게 될 것이다(잠 3:33).

II. 하나님께서 옛적에 그들의 조상들을 애굽에서 건지실 때에 행하셨던 일들, 그가 처음에 그들을 자기 백성으로 삼으셨을 때에 행하고자 의도하셨던 일들을 그들을 바벨론에서 인도하여 내실 때에 그들을 위하여 행하시겠다는 것.

1. 하나님은 그들의 조상들을 애굽에서 나오게 하실 때에 행하셨던 일들을 그들에게 상기시키신다(2절). 그들의 조상들은 당시에 칼에서 벗어난 백성, 곧 애굽에서 태어난 히브리인의 모든 남자 아이들을 태어나자마자 죽였던 바로의 칼(그들의 조상들이 겨우 피하였던 피비린내 나는 칼), 홍해까지 그들의 조상들을 뒤쫓아와서 죽이고자 위협하였던 바로 그 칼을 벗어난 백성이었다. 그들의 조상들은 당시에 광야에서 말 없이 스러져서 잊혀질 것 같이 보였지만(그들

이 지금 이방 땅에서 그런 처지인 것처럼), 하나님의 은혜를 입었다. 그 때에 하나님은 그들을 자기 백성이라 하시고 지극히 높이시며, 그의 특별한 은총을 보여주는 기이한 일들로 그들을 축복하셨고, 그들로 가나안 땅에서 안식을 얻게 하려 그들과 함께 가셨다. 우리가 지극히 낮아지고, 극복할 수 없을 것 같은 난관들이 우리의 구원을 방해하고 있는 것처럼 보일 때, 우리는 옛적에 교회도 그런 처지에 있었지만 그 교회가 낮은 곳에서 일으키심을 받았고 광야의 온갖 역경을 극복하고 가나안에 이르렀다는 것을 기억하는 것이 좋다. 하나님은 예나 지금이나 동일하신 분이시다.

2. 그들은 하나님이 그들의 조상들을 위하여 행하셨던 일들을 하나님께 상기시킨다. 이것은 그들이 지금 그러한 이적들을 보지 못하여서 기드온처럼 우리 조상들이 일찍이 우리에게 들려주었던 그 모든 이적이 어디 있나이까라고 반문하고자 하였다는 것을 보여준다. 그들은 이렇게 따지는 듯하다: 옛적에 여호와께서 애굽에서, 그리고 광야에서 나(즉, 이스라엘)에게 나타나셨고, 나의 하나님으로서 그 영광을 보이셨다는 것은 사실이다(3절). 옛 시절은 정말 영광스러운 시절이었다. 그러나 지금은 사정이 다르다. 하나님이 지금 우리에게 스스로 숨어 계시는 하나님이시라면(사 45:15), 옛적에 우리에게 나타나셨다는 사실이 우리에게 무슨 소용이 있겠는가? 현재 찡그린 섭리 아래에 있으면서 이전의 미소 짓던 섭리를 통해서 위로를 얻는 것은 어려운 일이라는 것을 명심하라.

3. 하나님은 그들의 이런 반문에 대하여 그의 사랑은 변함이 없다고 단언하는 말씀으로 대답하신다. 내가 오래된 사랑으로만이 아니라 영원한 사랑으로 너를 사랑하였고, 그 사랑으로 인한 위로들이 잠시 중단되었다고 할지라도 결코 너를 실망시키지 않을 그런 사랑으로 너를 사랑하였다. 그것은 영원한 사랑이다. 그래서 내가 너의 조상들과 마찬가지로 너에게도 인자함을 베풀었다. 또는, 내가 인자함으로 너를 네가 좇아갔던 모든 우상들로부터 떼어내서 네 하나님인 내게로 이끌었다. 하나님의 사랑이 영원한 사랑(영원 전부터 계획이 되었고 그 사랑과 그 결과가 영원까지 지속될 사랑)이라는 것과 그들을 그 사랑에서 떼어 놓을 수 있는 것은 아무것도 없다는 것은 은혜로 말미암아 하나님의 사랑 속에 들어가게 된 모든 자들의 복이라는 것을 명심하라. 하나님께서는 그가 이러한 사랑으로 사랑하시는 자들을 그들의 심령에 성령의 감화를 주심으로써 그와의 언약 관계 속으로, 그리고 그와의 교제 속으로 이끄실 것이다. 하나님은 인자함

으로 그들을 이끄실 때에 그 무엇보다도 더 강력한 사람의 줄 곧 사랑의 줄로 이끄실 것이다.

Ⅲ. 하나님은 그들을 다시 하나의 민족을 이루게 하셔서, 그들의 땅에서 아주 즐거워하며 살게 하시겠다는 것(4-5절).　하나님의 교회, 하나님의 전, 하나님의 성전이 어디에 있는가? 그것은 지금 폐허로 변해 있지 않는가? 사실 그렇다. 그러나 내가 다시 너를 세우리니 네가 세움을 입을 것이다. 이 건물의 부분들인 그들이 지금 흩어져 있는가? 내가 그들을 다시 한데 모아서 각각의 자리에 있게 할 것이다. 하나님께서 그들을 세우시는 일에 착수하시면, 어떤 반대가 있더라도, 그들은 세워질 것이다. 이스라엘은 과연 꽃다운 처녀인가? 그녀는 지금 모든 장신구들이 다 벗겨진 채 암울한 상태에 있지 않는가? 사실 그렇다. 그러나 네가 네 방의 장식물이었던 네 소고들로 다시 아름답게 꾸며져서 즐거워하게 될 것이다. 그들은 버드나무에 걸어 두었던 수금을 다시 타며 거기에 맞춰 노래할 것이고, 흥이 나서 수금을 탈 마음이 그들에게 생길 것이다. 그 때에는 그들이 흥겹게 노래하고 기뻐할 때가 되어서, 그들은 소고를 칠 것이다. 그 때는 소고를 치기에 적절한 때가 될 것이고, 하나님은 그의 섭리 속에서 그들에게 그렇게 하라고 하실 것이기 때문에, 소고를 치는 것이 그들에게 영광스러운 일이 될 것이다. 이전에 온 나라가 재난을 당해서 하나님이 그들에게 애곡하라고 하셨을 때에는 소고는 그들에게 부끄러운 물건이었었다. 또는, 이 본문은 그들이 절기에 거룩한 예식을 행할 때에 소고를 사용하게 될 것, 그들이 그 때에 실로의 여자들처럼 춤을 추러 나오게 될 것(삿 21:19, 21)을 가리키는 것일 수 있다. 그 때에 우리가 소고를 치며 즐거워하는 것은 그렇게 하여 하나님을 섬기고 높이는 것이 될 것이기 때문에 우리에게 영광스러운 일이 될 것이다. 도시의 기쁨은 농촌의 소산물들이 받쳐주는 것인가? 그렇다. 그러므로 네가 다시 사마리아 산들에 포도나무들을 심을 것이라고 하나님은 약속하신다(5절). 사마리아는 유다 왕국과 반목하였던 이스라엘 왕국의 수도였었다. 그러나 그들은 이제 하나로 통일되어서(겔 37:22) 완전한 평화와 안정이 찾아올 것이기 때문에, 사람들은 오직 자기 땅을 갈아서 풍성한 수확을 얻는 일에 전념하게 될 것이다. 심는 자들은 외적이 쳐들어와서 그들이 심어 놓은 포도나무들의 열매를 먹어 버리거나 그 나무들을 뿌리째 뽑아버릴 것을 염려하지 않고 포도나무들을 심을 것이고, 그 열매들이 마치 공유물인 것처럼 누구나 자유롭게 값없이 그

열매를 따서 먹을 것이다. 왜냐하면, 그 열매들은 금지된 열매가 아니고, 하나님의 율법에서 금지한 열매도 아니며(나무를 심고서 다섯째 해가 되어서야 그 열매를 먹는 것이 허용되었다, 레 19:23-25), 그 열매가 지천으로 널려 있어서 모든 사람이 아무리 먹어도 남을 정도로 풍성해서 그 주인들도 아무나 먹는 것을 금지하지 않을 것이기 때문이다.

Ⅳ. 그들이 하나님께서 정하신 규례들을 통해서 하나님을 예배할 자유와 기회를 갖게 될 것이고, 그렇게 하도록 초대를 받을 것이며, 그렇게 할 마음이 나게 되리라는 것(6절). 에브라임 산 위에서 적군이 쳐들어오는지를 감시하기 위해서 보초를 서고 있던 파수꾼이 모든 것이 너무나 평화롭고 위험의 징후가 전혀 없다는 것을 알고서 잠시 자신의 직무를 쉬고자 하여, 시온에 올라가서 이 나라에 평화를 주신 하나님을 찬송하자고 외치는 날이 있을 것이라. 또는, 포도원을 돌보던 파수꾼들(5절)이 모든 이웃들에게 예루살렘에 올라가서 절기를 지키자고 재촉하게 될 것이다. 이것은 하나님의 예배가 시온에 다시 세워지게 되리라는 것과 백성들이 다윗의 시대처럼 서로를 격려하며 큰 애정으로 예배를 드리려고 모두 앞서거니 뒷서거니 하며 예루살렘으로 올라오게 되리라는 것(시 122:1)을 보여준다. 그러나 여기에서 가장 주목할 만한 것은 지금의 에브라임의 파수꾼들이 예루살렘에서 있을 하나님의 예배가 성대히 치러질 수 있도록 사람들을 거기로 보내는 데에 적극적이 된 반면에, 이전의 에브라임의 파수꾼은 그의 하나님의 전에 원한이 있어서(호 9:8) 사람들을 시온으로 보내려고 하기는 커녕 도리어 시온으로 가려는 자들에게 올무를 놓았다는 것이다(호 5:1). 하나님은 신앙과 하나님의 참된 예배에 대하여 원수였던 자들을 도리어 그것들을 장려하고 인도하는 자들로 바꾸어 놓으실 수 있다는 것을 명심하라. 이 약속은 복음이 만국에 전파되고 모든 사람들이 그리스도의 교회(시온은 이 교회의 모형이다)로 들어오도록 초청을 받을 메시야 시대에 온전히 성취될 것이었다.

Ⅴ. 이 복된 변화를 통해서 하나님은 영광을 얻으시고 교회는 존귀함과 위로를 얻게 되리라는 것(7절). 너희는 야곱을 위하여 기뻐 외치라. 즉, 야곱의 모든 친구들과 야곱이 잘 되기를 바라는 모든 자들은 그와 함께 기뻐하라(신 32:43). 열방들아 주의 백성과 함께 즐거워하라(롬 15:10). 모든 이웃들은 야곱이 회복된 것을 알고서 모두 야곱과 더불어서 기뻐하며, 야곱에게 예를 표하며 야곱을 높일 것이다. 심지어 열방들의 우두머리인 가장 큰 강대국도 야곱이 회복된 것을

축하하게 된 것을 영광으로 생각하여, 스스로 축하 사절을 야곱에게 보내는 영광을 누릴 것이다. 너희는 전파하며 찬양하라. 이 소식을 전하면서 이스라엘의 하나님을 찬양하고, 하나님의 백성 이스라엘을 찬양하며, 이 둘을 모두 높여서 말하라. 복음을 전파하는 자들은 하나님을 찬양하는 마음으로 복음을 전파하여야 한다. 그러므로 시편에서는 흔히 복음 전파와 찬송을 함께 언급한다(시 67:2-3; 96:2-3). 우리가 어떤 일로 인한 위로를 우리 스스로 받거나 다른 사람들에게 전할 때에는 반드시 그 일로 인하여 하나님께 찬송을 올려 드려야 한다. 너희는 찬양하며 말하라 여호와여 주의 백성을 구원하소서. 즉, 하나님께서 계속해서 아직도 종살이 하고 있는 이스라엘의 남은 자를 구원하셔서 그들의 구원을 온전케 해 주소서(시 126:3-4). 우리는 하나님이 행하신 일로 인하여 그를 찬송할 때에 그의 교회가 장차 필요로 할 은총들을 위해서 기도하여야 한다는 것을 명심하라. 하나님께 기도할 때에 우리는 사실 하나님을 찬송하고 그에게 영광을 돌리고 있는 것이다. 하나님은 우리의 기도를 그렇게 여기시고 받으신다.

VI. 하나님께서 그들이 그들의 땅에서 정착하여 복되게 살도록 하기 위하여 그들이 포로 된 땅에서 나와서 기쁜 마음으로 돌아가게 하실 것이고, 그들이 고국으로 돌아가는 길이 아주 평안할 것인데, 이러한 긍휼의 시작은 그들에게 여기에서 약속된 다른 모든 약속들에 대한 보증이 되리라는 것(8-9절).

1. 그들이 아주 먼 곳들에 흩어져 있어도, 하나님은 그들을 북쪽 땅에서와 땅 끝에서부터 모아서 데리고 오실 것이다. 그들이 어디에 있든, 하나님은 그들을 찾아내실 것이다.

2. 그들 중 다수가 긴 여행을 하는 것이 거의 불가능한 자들이라고 하여도, 그런 것은 그들에게 아무런 장애도 되지 않을 것이다. 맹인과 다리 저는 사람도 돌아오리라. 그들은 고국으로 돌아오기를 너무도 간절히 원할 것이어서, 눈먼 것이나 다리를 저는 것을 핑계 삼아서 그 곳에 그냥 눌러 사는 일은 없을 것이다. 선한 그리스도인들이 천국으로 가는 여정(旅程)에서 서로에게 그렇게 되어 주어야 하는 것처럼, 몸이 불편한 자들과 동행하는 자들은 기꺼이 그들을 도와서 맹인의 눈도 되어 주고 다리 저는 사람의 발도 되어 줄 것이다(욥 29:15). 그러나 무엇보다도 그들의 하나님이 그들을 도우실 것이다. 하나님을 자신의 인도자로 삼고 있는 자들은 자기가 맹인이라는 것을 핑계로 내세우지 말아야 하고,

하나님을 자신의 힘으로 삼고 있는 자는 자기가 다리를 저는 것을 핑곗거리로 삼지 않아야 한다. 잉태한 여인은 몸이 무거워서 이 긴 여행을 하기에 적당하지 않고, 해산하는 여인은 더더욱 그렇다. 그렇지만 이 여행이 시온으로 돌아가는 여행이기 때문에, 둘 중의 누구도 자신의 몸 상태를 이 여행을 가로막는 장애물로 여기지 않을 것이다. 하나님이 부르시면, 우리는 우리의 어떤 종류의 무능력을 하나님께로 갈 수 없는 핑계로 내세우지 말아야 한다는 것을 명심하라. 왜냐하면, 우리를 부르시는 하나님께서 우리를 도우시고 우리에게 힘을 더하실 것이기 때문이다.

3. 그들은 수가 많이 줄어들어서 소수의 무리가 된 줄로만 알았는데, 막상 함께 모여 보면 큰 무리를 이루게 될 것이다. 하나님의 영적 이스라엘이 그럴 것이다. 지금은 그들이 아주 소수의 무리인 것 같지만, 다 함께 모이는 그 날에는 큰 무리를 이룰 것이다.

4. 그들이 돌아오는 것은 그들에게 기쁜 일이 되겠지만, 그들의 기도와 눈물이 그 돌아오는 길에서 그들의 양식이 될 것이다(9절). 그들이 그들의 죄를 생각하고 울며 하나님께 용서해 주시라고 간구하며 돌아오리라. 왜냐하면, 하나님의 선하심이 그들을 회개로 이끌 것이기 때문이다. 그들은 전에 포로 생활 가운데서 신음하며 그들의 죄에 대하여 울었던 것보다도 포로 생활에서 건지심을 받았을 때에 그들의 죄를 생각하고 더욱 진심으로 더 서럽게 울게 될 것이다. 우는 것과 기도하는 것은 서로 아주 친하다. 눈물은 기도에 생명을 불어넣어주는 것으로서 기도가 살아 있다는 것을 보여주는 것이고, 기도는 눈물을 씻는 데에 도움이 된다. 내가 은총으로 그들을 인도하리라(난외주에서는 이렇게 읽는다). 그들은 이 여행길에서 하나님의 은총들, 즉 하나님의 은총의 열매들로 호위를 받게 될 것이다.

5. 이 여행은 위험이 많이 도사리고 있는 여행이지만, 그들은 하나님의 호위 아래에서 안전할 것이다. 그들이 통과하는 땅이 메마르고 물이 없는 곳인가? 내가 그들을 여름에는 말라 버리는 그런 시내가 아니라 언제나 물이 마르지 않는 물 있는 계곡 옆으로 난 길로 가게 하리라. 그들이 통과하는 땅이 길도 없고 사람들이 다닌 흔적도 없는 광야인가? 내가 그들이 길을 잃지 않도록 그들을 곧은 길로 가게 하리라. 그들이 통과하는 땅이 바위 투성이의 거친 땅인가? 그렇지만 그들은 넘어지지 아니하리라. 하나님께서 자기 백성에게 어떤 길로 가라고

부르셨다면, 하나님은 반드시 그 길을 닦아 놓으실 것임을 명심하라. 섭리를 따라가는 동안에는 섭리가 우리에게 부족함이 없을 것임을 우리는 확신할 수 있다.

끝으로, 하나님께서 자기 백성을 이런 온갖 것으로 돌보시는 이유가 여기에 나온다. 나는 이스라엘의 아버지, 그를 낳았기 때문에 기르기도 해야 하는 아버지이다. 하나님은 아버지로서 이스라엘을 돌보시고 긍휼히 여기시는 것이다 (시 103:13). 에브라임은 나의 장자나라. 하나님을 버리고 어그러진 길로 가버려서 더 이상 아들이라 부를 가치조차 없는 에브라임을 하나님은 아들 중에서도 가장 아끼는 장자, 갑절의 축복을 받게 되어 있는 상속자로 인정하실 것이다. 하나님께서 그들을 애굽에서 해방시킬 때에 말씀하셨던 그 이유가 그들을 바벨론에서 해방시키시게 된 바로 그 이유였다. 그들은 자유인으로 태어났기 때문에 종으로 살아서는 안 되고, 하나님을 향하여 살도록 태어났기 때문에 사람들의 종이 되어서는 안 된다. 이스라엘은 내 아들 곧 내 장자라 내 아들을 보내 주어 나를 섬기게 하라(출 4:22-23). 우리가 하나님을 우리 아버지로 모시고 장자들의 교회에 참여한다면, 우리를 위해 좋은 것은 우리에게 그 어떤 것도 부족함이 없게 되리라는 것을 우리는 확신할 수 있다.

[10]이방들이여 너희는 여호와의 말씀을 듣고 먼 섬에 전파하여 이르기를 이스라엘을 흩으신 자가 그를 모으시고 목자가 그 양 떼에게 행함 같이 그를 지키시리로다 [11]여호와께서 야곱을 구원하시되 그들보다 강한 자의 손에서 속량하셨으니 [12]그들이 와서 시온의 높은 곳에서 찬송하며 여호와의 복 곧 곡식과 새 포도주와 기름과 어린 양의 떼와 소의 떼를 얻고 크게 기뻐하리라 그 심령은 물 댄 동산 같겠고 다시는 근심이 없으리로다 할지어다 [13]그 때에 처녀는 춤추며 즐거워하겠고 청년과 노인은 함께 즐거워하리니 내가 그들의 슬픔을 돌려서 즐겁게 하며 그들을 위로하여 그들의 근심으로부터 기쁨을 얻게 할 것임이라 [14]내가 기름으로 제사장들의 마음을 흡족하게 하며 내 복으로 내 백성을 만족하게 하리라 여호와의 말씀이니라 [15]여호와께서 이와 같이 말씀하시니라 라마에서 슬퍼하며 통곡하는 소리가 들리니 라헬이 그 자식 때문에 애곡하는 것이라 그가 자식이 없어져서 위로 받기를 거절하는도다 [16]여호와께서 이와 같이 말씀하시니라 네 울음 소리와 네 눈물을 멈추어라 네 일에 삯을 받을 것인즉 그들이 그의 대적의 땅에서 돌아오리라 여호와의 말씀이니라 [17]

너의 장래에 소망이 있을 것이라 너의 자녀가 자기들의 지경으로 돌아오리라 여호와의 말씀이니라

이 단락은 앞 단락과 대체로 동일한 취지를 지니고 있어서, 하나님이 자기 백성을 사랑하시는 목적을 교회와 온 세상과 교회에 널리 알리는 내용으로 되어 있다. 이것은 이방들이 들어야 할 여호와의 말씀이다. 왜냐하면, 이것은 열방들이 알아야 하는 여호와의 일에 관한 예언이기 때문이다. 그들은 더 잘 깨닫고 더 잘 행하기 위해서 이 예언을 들어야 한다. 이것을 들은 자들은 다른 사람들에게도 이것을 널리 알려야 한다. 먼 섬들에 전파하라. 이것은 온 세상에 널리 퍼지게 될 소식이다. 이것은 역사 속에서 아주 큰 일이 될 것이다. 이제 이것이 예언 속에서 어떻게 보여지고 있는지를 살펴보자. 다음과 같은 것들이 예언되고 있다.

1. 흩어진 자들이 그 흩어져 있던 곳들에서 돌아와 다시 한데 모이게 되리라는 것. 이스라엘을 흩으신 자가 그를 모으시리라. 왜냐하면, 하나님은 그가 그들을 어디로 흩었는지를 아시므로 그들을 어디에서 찾아야 하는지도 아시기 때문이다(10절). 상처를 낸 손이 그 상처를 고치는 법이다. 하나님은 그들을 한 몸, 한 우리로 모으신 후에 목자가 그 양 떼에게 행함 같이 그들이 다시 흩어지지 않도록 지키실 것이다.

2. 하나님께서 그들을 다른 이에게 팔아버리셨으나 그들을 다시 구속하여 데려오시리라는 것(11절). 그들을 차지했던 원수는 그들보다 강한 자였지만, 그 누구보다도 더 강하신 여호와께서 옛적에 그들을 애굽인들의 손에서 구하셨듯이 값 주고가 아니라 권능으로 그들을 구속하시고 속량하셨다.

3. 그들은 자유의 몸이 되어서 풍성함과 기쁨을 누리게 될 것이고, 그것으로 하나님을 높이고 섬기게 되리라는 것(12-13절). 고국 땅으로 돌아오게 되었을 때에 그들은 와서 시온의 높은 곳에서 찬송할 것이다. 그 거룩한 산의 꼭대기에서 그들은 하나님께 찬송하며 영광을 돌릴 것이다. 우리는 성경 속에서 성전의 토대가 거기에 놓여졌을 때에 그들이 그렇게 하였다는 것을 읽는다. 그들은 찬양으로 화답하며 여호와께 감사하였다(스 3:11). 그들은 여호와의 복을 받으러 물밀듯이 함께 몰려올 것이다. 즉, 그들은 아주 적극적이고 즐거운 마음으로 큰 무리를 이루어서 강물처럼 여호와의 복을 받으러 그가 그의 백성에게 복을 베푸

시는 곳인 성전을 향하여 몰려올 것이다. 그들은 함께 성회로 모여서 여호와의 복을 인하여 그를 찬송하고 그 복의 열매들이 그들에게 있게 하시고 그 복이 영원토록 계속되게 해 달라고 기도할 것이다. 그들은 성전으로 와서 여호와의 복, 곧 여호와께서 그들에게 곡식과 새 포도주와 기름과 어린 양의 떼와 소의 떼를 주신 것을 감사할 것이다. 그들은 이제 자유를 얻었기 때문에 그러한 소산들에 대하여 아무도 이의를 제기할 수 없는 소유권을 지니고 있고 조용하고 평화롭게 그것들을 누릴 수 있게 되었다. 그래서 그들은 그 소산들의 만물로 하나님께 영광을 돌리고, 그 소산들 중에서 예물을 취하여 하나님의 제단에 바칠 것이다. 일반 섭리에 의한 선물들 속에서 하나님의 복과 선하심을 보고, 심지어 그러한 것들 속에서 언약에 의한 사랑을 맛본다는 것은 위로가 되는 일임을 명심하라. 풍성함(없는 가운데서의 풍성함)을 누리게 된 그들은 크게 즐거워할 것이고, 그들의 심령은 물 댄 동산 같이 윤택하고 비옥하며 쾌적하고 향기로우며 모든 선한 것들이 차고 넘치게 될 것이다(사 58:11). 우리의 심령은 하나님의 성령과 은혜의 단비로 촉촉히 적셔질 때에만 동산 같이 귀하게 된다는 것을 명심하라. 그 다음에 나오는 보배로운 약속, 즉 그들에게 다시는 근심이 없으리로다 라는 약속은 저 높은 하늘의 시온이 아닌 이 곳에서는 그 어디에서도 온전히 이루어지지 않을 것이다. 왜냐하면, 오직 저 새 예루살렘에서만 하나님이 모든 눈물을 닦아 주실 수 있으실 것이기 때문이다(계 21:4). 하지만 이 약속은 포로 생활에서 돌아온 자들에게도 상당한 정도로 성취되었기 때문에, 그들은 이전과 같은 그런 슬퍼할 일들을 더 이상 겪지 않았다. 그러므로 청년과 노인은 함께 즐거워할 것이다(13절). 청년들은 노인들과 어울려 기쁨을 나눌 정도로 의젓할 것이고, 노인들은 너무나 기쁜 나머지 청년들과 어울려 함께 기뻐할 것이다. 나라가 번영하면 노인들이 춤춘다. 하나님은 그들의 슬픔을 돌려서 즐겁게 하며, 그들의 금식(禁食)을 희락의 절기들로 바꾸어 놓으실 것이다(슥 8:19). 눈물을 흘리며 씨를 뿌린 자들은 바벨론에서 돌아옴으로써 기쁨으로 거두게 되었다(시 126:5-6). 하나님의 위로를 받는 자들은 진정으로 위로를 받게 되고, 하나님께서 그들로 그들의 근심으로부터 기쁨을 얻게 하실 때에 그들의 환난을 잊을 수 있다. 하나님께서 그렇게 하실 때, 그들은 단지 근심이 끝나고 나서 기뻐하는 것이 아니라 근심을 되돌아보며 기뻐함으로써 현재의 기쁨이 이전의 근심과 대비되어 더욱 빛을 발하게 될 것이다. 그들은 그들의 환난을 생각하면 할수록 그들의 구원을 더욱 기뻐하게 될 것이다.

4. 사역자들과 평신도들이 둘 다 하나님이 그들에게 주시는 것에서 풍성한 만족을 누리게 되리라는 것(14절). 내가 기름으로 제사장들의 마음을 흡족하게 하리라. 백성들이 하나님의 제단에 차고 넘치게 풍성한 제물들을 바치게 될 것이기 때문에, 제단에 바쳐진 것들로 살아가는 자들은 아주 편안히 살 것이고, 그들과 그들의 가족들은 기름으로 배부를 것이며, 가장 좋은 것들로 충분히 배부르게 될 것이다. 내가 내 복으로 내 백성을 만족하게 하리라. 그래서 하나님의 백성은 그들을 행복하게 해줄 것들이 하나님의 선하심 속에 차고 넘치게 들어 있다고 생각하게 될 것이다. 그리고 사실 그러한 생각은 옳다. 하나님의 백성은 이 세상의 것은 거의 가지고 있지 않더라도 하나님의 선하심 속에서 풍성한 만족을 누린다. 그들로 하나님의 인애하심(lovingkindness)을 확신하게 하라. 그러면 그들은 그것으로 배부를 것이고, 그들을 행복하게 해줄 다른 것을 원하지 않게 될 것이다. 이 모든 것은 여호와께 구속받은 자들이 예수 그리스도로 말미암아 누리는 영적 축복들에 적용될 수 있다. 이 영적 축복들은 곡식이나 포도주나 기름과는 비교할 수 없을 정도로 귀하고, 그들은 그 영적 축복들을 누림으로써 심령의 만족을 얻는다.

5. 특히 자녀들이 포로로 끌려가서 근심에 잠겨 있던 자들은 그 자녀들이 돌아옴으로써 그 근심이 기쁨으로 변하게 되리라는 것(15-17절).

(1) 어머니들이 자식들을 잃어서 슬피 애곡함(15절). 많은 사람들이 포로로 잡혀가던 때에 라마에서 슬퍼하며 통곡하는 소리가 들렸다. 라마는 느부사라단이 유다 전국에서 끌고 온 포로들을 집결시킨 곳이어서 다른 곳들보다 그 통곡 소리가 더욱 심했다(렘 40:1, 예레미야는 포로로 끌려가다가 라마에서 풀려났다). 여기에서는 라헬이 그 자식 때문에 애곡하는 것이라고 말한다. 라헬의 무덤은 라마와 예루살렘 사이에 있었다. 남왕국의 두 지파 중의 한 지파였던 베냐민과 북왕국의 열 지파 중의 우두머리였던 에브라임은 둘 다 라헬의 후손들이었다. 그녀에게는 아들이 딱 둘이 있었는데, 그의 아버지는 그 중 큰 아들을 위해 몹시 슬퍼하며 위로 받기를 거절하였고(창 37:35), 그녀는 또 다른 아들을 베노니, 즉 나의 슬픔의 아들이라 불렀다. 이제 라마의 주민들은 앞에서 말한 라헬과 마찬가지로 그들의 아들들과 딸들을 위하여 몹시 슬퍼하였고(삼상 30:6), 거기에서 나는 통곡 소리는 라헬을 무덤에서 깨워서 그들과 함께 애곡하게 할 만큼

아주 컸다(시적으로 표현하자면). 마음이 여린 부모들은 자식이 없어져서, 즉 자식이 그들에게 있지 않고 그들의 원수들의 손에 있어서 그 자식 때문에 위로 받기를 거절하기까지 하였다. 그들은 자식들을 앞으로 볼 가능성이 없었다. 복음서 기자들은 이 본문을 헤롯이 베들레헴에서 유아들을 살해했을 때에 큰 통곡 소리가 일어난 것에 적용하면서(마 2:17-18), 성경의 이 부분이 그 때에 성취되었다고 말한다. 그들은 자식이 없어져서 자식 때문에 울었고, 이 일은 위로를 받을 일이 아니라고 여겨서 위로 받기를 거절하였다. 자식을 잃는 슬픔은 큰 슬픔일 수밖에 없고, 특히 여기에서처럼 자식이 없어졌다고 잘못 생각한다면 그 슬픔은 더욱 클 수밖에 없다.

(2) 이 일과 관련하여 때를 맞추어서 그들에게 위로가 주어짐(16-17절). 하나님은 그들에게 그 슬픔을 자제하고 지나치게 슬퍼하지 말라고 조언하신다. 네 울음 소리와 네 눈물을 멈추어라. 우리가 그런 경우에 슬피 우는 것을 하나님은 금지하지 않으신다. 천륜에 따른 슬픔은 허용된다. 그러나 우리는 지나치게 슬퍼함으로 말미암아 하나님 안에서의 우리의 기쁨이 방해를 받거나 하나님에 대한 우리의 본분을 놓아 버려서는 안 된다. 우리는 슬퍼해야 하지만, 넋이 나갈 정도가 되거나, 야곱처럼 울다가 죽겠다고 결심해서는 안 된다. 지나친 슬픔을 억제하기 위해서 우리는, 우리의 장래에 소망이 있다, 즉 환난이 언제까지나 계속되는 것이 아니라 끝이 있으리라는 것과 그 끝은 복된 평강일 것이라고 생각하여야 한다. 우리가 환난 가운데에 있을 때에 그 환난이 좋게 끝날 것이라는 소망을 품을 이유가 있다면, 그것은 우리에게 큰 힘이 된다. 의인은 그의 죽음에도 소망이 있느니라(잠 14:32). 의인에게는 소망이 있기 때문에, 슬픈 날도 복되고, 그 슬픔이 기쁨으로 변하는 것도 복될 것이다. "네 후손을 위한 소망이 있다(어떤 이들은 이렇게 읽는다). 너는 살아서 직접 이 영광스러운 날들을 볼 수 없겠지만, 네 후손은 보게 될 것이다. 한 세대는 광야에서 다 죽겠지만, 다음 세대는 가나안 땅으로 들어갈 것이다. 너는 두 가지에 대한 소망으로 위로를 받을 수 있을 것이다."

[1] 네 일의 삯. "네가 고난을 겪은 일은 보상을 받게 될 것이다. 구원으로 인하여 네가 받을 위로는 네가 포로 생활을 하면서 겪은 온갖 슬픔들을 상쇄시키고도 남을 것이다." 하나님은 그들을 괴롭게 하신 날수대로 자기 백성을 기쁘게 하신다(시 90:15). 따라서 기쁨과 슬픔, 일과 상급 사이에는 비례관계가 성립된

다. 성도들이 소망하는 장차 나타날 영광은 현재의 고난을 상쇄시키고도 남음이 있을 것이다(롬 8:18).

[2] 네 자녀들이 돌아오리라는 것. "너의 자녀들이 대적의 땅에서 돌아오겠고 (16절) 자기들의 지경으로 돌아오리라(17절)." 멀리 잡혀 갔던 자녀들이 고향으로 돌아올 소망이 있다. 야곱은 요셉을 죽을 때까지 보지 못할 것이라고 절망했지만 결국 요셉과 기쁜 만남을 가졌다. 죽어서 이 땅을 떠난 자녀들에 대해서도 그들이 자기들의 지경으로, 곧 부활의 때에 그들에게 배정된 복된 구역, 하늘의 가나안에 있는 어느 구역, 하나님의 성소의 어느 구역으로 돌아오리라는 소망이 있다. 하나님과의 언약 관계 속에 들어간 우리의 자녀들이 죽는다고 해도 그들이 영생으로 부활하리라는 소망이 있기 때문에, 우리에게 그것은 우리의 슬픔을 자제해야 할 충분한 이유가 된다. 그들은 없어져 버린 것이 아니라 우리보다 앞서 간 것뿐이다.

[18]에브라임이 스스로 탄식함을 내가 분명히 들었노니 주께서 나를 징벌하시매 멍에에 익숙하지 못한 송아지 같은 내가 징벌을 받았나이다 주는 나의 하나님 여호와이시니 나를 이끌어 돌이키소서 그리하시면 내가 돌아오겠나이다 [19]내가 돌이킨 후에 뉘우쳤고 내가 교훈을 받은 후에 내 볼기를 쳤사오니 이는 어렸을 때의 치욕을 지므로 부끄럽고 욕됨이니이다 하도다 [20]에브라임은 나의 사랑하는 아들 기뻐하는 자식이 아니냐 내가 그를 책망하여 말할 때마다 깊이 생각하노라 그러므로 그를 위하여 내 창자가 들끓으니 내가 반드시 그를 불쌍히 여기리라 여호와의 말씀이니라 [21]처녀 이스라엘아 너의 이정표를 세우며 너의 푯말을 만들고 큰 길 곧 네가 전에 가던 길을 마음에 두라 돌아오라 네 성읍들로 돌아오라 [22]반역한 딸아 네가 어느 때까지 방황하겠느냐 여호와가 새 일을 세상에 창조하였나니 곧 여자가 남자를 둘러 싸리라 [23]만군의 여호와 이스라엘의 하나님께서 이와 같이 말씀하시니라 내가 그 사로잡힌 자를 돌아오게 할 때에 그들이 유다 땅과 그 성읍들에서 다시 이 말을 쓰리니 곧 의로운 처소여, 거룩한 산이여, 여호와께서 네게 복 주시기를 원하노라 할 것이며 [24]유다와 그 모든 성읍의 농부와 양 떼를 인도하는 자가 거기에 함께 살리니 [25]이는 내가 그 피곤한 심령을 상쾌하게 하며 모든 연약한 심령을 만족하게 하였음이라 하시기로 [26]내가 깨어 보니 내 잠이 달았더라

우리는 이 단락에서 다음과 같은 내용들을 본다.

I. 에브라임이 회개하고 하나님께로 돌아옴. 두 지파의 나라 유다만이 아니라 열 지파의 나라 에브라임도 회복될 것이기 때문에, 하나님은 그들을 이렇게 준비시켜서 자격을 갖추게 하실 것이다(호 14:8). 에브라임의 말이 내가 다시 우상과 무슨 상관이 있으리요 할지라. 열 지파의 나라 에브라임은 그 지파들이 모두 하나라는 것을 나타내기 위해서 여기에서 한 사람으로 표현된다. 그들은 한 사람처럼 회개할 것이고, 한 마음과 한 입으로 회개하여 하나님께 영광을 돌릴 것이다. 또한, 에브라임을 이렇게 한 사람으로 의인화하여 표현하는 것은 개개인들이 회개할 때에 각 개인에게 이 말씀들이 더욱 생생하게 다가오게 하기 위한 것일 수 있다. 여기에 나오는 말씀들은 바로 그 회개하는 개개인들을 염두에 둔 것들이기 때문이다. 에브라임은 여기에서 죄 때문에 우는 것으로 묘사되는데, 한 지파의 창시자였던 에브라임은 자애로운 심령을 지닌 인물이어서 자식들을 위하여 여러 날 슬퍼하였다(대상 7:21-22). 여기에서 죄 때문에 슬퍼하는 것은 독자(獨子) 때문에 슬퍼하는 것에 비유된다. 에브라임이 회개하는 모습은 여기에서 이렇게 묘사된다.

1. 자기 자신과 그의 현재의 비참한 처지를 탄식함. 진정으로 회개하는 자들은 이렇게 자기 자신에 대하여 탄식하는 법이다.

2. 자기 자신을 큰 죄인이라 말하면서 스스로를 고발함. 그는 먼저 그의 양심이 그가 특히 이 때에 범했다고 말해준 그 죄를 스스로 인정하는데, 그것은 징계를 받을 때에 그 징벌을 참지 못한 죄였다. "주께서 나를 징벌하시매, 내가 매를 맞았는데, 나는 매를 맞을 필요가 있었고, 또한 매를 맞을 만하였나이다. 황소는 목에 메어진 멍에에 먼저 반항하지 않으면 멍에로 인한 고통을 느끼지 못하는데, 나는 그런 반항하는 황소 같이 징벌을 받았고, 그 징벌은 의로운 것이었나이다." 진정으로 회개하는 자들은 그들이 겪는 환난을 아버지의 징계로 여긴다. "주께서 나를 징벌하시매 내가 징벌을 받았나이다. 즉, 내가 징계를 받은 것은 잘 된 일이었나이다. 만약 내가 징계를 받지 않았다면, 나는 망하고 말았을 것이나이다. 그 징계는 내게 유익이 되었고, 적어도 내게 유익이 되게 하기 위한 것이었나이다. 그렇지만 나는 그 징계를 잘 참고 견디지를 못하였나이다." 또는, 이것은 그가 환난 가운데서도 뭔가 느끼는 것이 없었다는 것을 보여주는 것일 수도 있다. "주께서 나를 징벌하시매 내가 징벌을 받았고, 그것이 전

부였나이다. 나는 징계를 받았어도 죄를 깨닫지도 못하였고 정신을 차리지도 못하였나이다. 나는 징계 이상의 것을 보지 못하였나이다. 나는 징계 아래에서도 멍에에 익숙하지 못한 송아지 같이 제고집을 피우며 말을 듣지 않고 소 모는 막대기를 뒷발질해서 걷어차는 등 그물에 걸린 들소 같았나이다(사 51:20)." 이것은 그가 지금 자기가 저지르고 있음을 깨닫고 있는 죄였다. 그러나 그는 자기가 이전에 지은 죄들이 떠올라서 그의 어린 시절까지 거슬러 올라간다(19절). 한 가지 죄를 발견했으면 우리는 한 걸음 더 나아가 더 많은 죄를 찾아내어야 한다. 이제 그는 어렸을 때의 치욕을 기억한다. 하나의 나라로서의 에브라임은 그들이 처음으로 나라를 이루었을 때에 그들의 조상들이 범한 잘못들을 회고한다. 이것은 우리 개개인들에게도 그대로 적용될 수 있다. 우리의 어렸을 때의 죄는 우리의 어렸을 때의 치욕이었음을 명심하라. 따라서 우리는 그것을 종종 기억해 내서 스스로를 돌아보고 참회하는 마음으로 슬퍼하고 부끄러워하여야 한다.

3. 그는 여기에서 그가 저지른 죄와 어리석음으로 인하여 자기 자신에 대하여 화를 내며 거룩한 분노를 지니는 것으로 묘사된다. 세리가 그의 가슴을 쳤듯이, 그는 그의 볼기를 쳤다. 그는 자기가 그토록 우둔하고 제멋대로였다는 것을 깨닫고서 경악하기까지 한다. 그는 자기 자신이 너무나 부끄럽고 욕되서, 도저히 얼굴을 들고 하나님을 바라볼 수 없었고, 자기 자신을 생각할 때에 그 어떤 위로도 받을 수가 없었다.

4. 그는 하나님의 긍휼과 은혜에 자기 자신을 맡긴다. 그는 자기가 하나님을 떠나 타락하고자 하는 성향을 지니고 있어서 자신의 힘으로는 하나님께 붙어 있을 수 없고, 그가 배역하였을 때에 하나님께 돌아오는 일은 더더욱 불가능하다는 것을 발견하고서, 나를 이끌어 돌이키소서 그리하시면 내가 돌아오겠나이다라고 기도한다. 이것은 하나님이 그의 은혜로 그를 돌이키지 않으시면 그는 결코 돌이킬 수 없고 끝없이 방황할 수밖에 없다는 것을 의미한다. 그러므로 그는 사람을 회심시키는 하나님의 은혜를 간절히 원하고 그 은혜에 매달리면서, 그 은혜만 주어진다면 그가 하나님께로 돌아오는 길에 놓여 있는 온갖 어려움들도 넉넉히 극복할 수 있을 것임을 믿어 의심치 않는다. 나를 고치소서 그리하시면 내가 낫겠나이다(렘 17:14). 하나님은 능력으로 일하시기 때문에, 고집 센 자를 유순한 자로 만드실 수 있으시다. 하나님께서 어떤 영혼을 돌아오

게 하는 일에 착수하시면, 그 영혼은 반드시 돌아오게 될 것이다.

5. 그는 하나님의 은혜가 가져다 준 복된 결과를 체험하고서 기뻐한다. 내가 돌이킨 후에 뉘우쳤나이다. 하나님을 향한 우리 마음의 온갖 경건한 몸짓들은 하나님의 은혜가 우리 안에서 능력으로 일한 결과이자 열매라는 것을 명심하라. 그가 돌이키고 교훈을 받아서, 하나님의 진리에 대한 그의 판단이 올바르게 형성되었을 때에 그의 의지가 하나님의 의지에 굴복하였다는 것을 주목하라. 하나님이 영혼들을 돌이켜서 그에게로 오게 하실 때에 사용하시는 길은 그들의 지각(知覺)의 눈을 열어 주는 것임을 명심하라. 모든 좋은 것은 그 길에서 뒤따라나온다. 내가 교훈을 받은 후에 내가 항복하여 내 볼기를 쳤다. 죄인들은 올바른 지식을 얻게 될 때에 올바른 길로 가게 될 것이다. 에브라임은 징계를 받았지만, 그것은 원했던 결과를 가져다 주지 못하였고, 더 이상 진전이 없었다. 나는 징벌을 받았고, 그것이 전부였다. 그러나 하나님의 섭리에 의한 징계가 이루어지는 가운데 하나님의 성령에 의한 가르침이 주어졌을 때, 하나님이 원하셨던 일이 이루어졌고, 에브라임은 그의 볼기를 쳤다. 그는 지극히 낮아져서 더 이상 죄와 상관이 없게 되었다.

II. 하나님께서 에브라임을 불쌍히 여기시고 인자하심으로 받아들이심(20절).

1. 하나님은 그를 자기 자식, 탕자였던 자식으로 인정하신다. 에브라임은 나의 사랑하는 아들 기뻐하는 자식이냐. 에브라임이 스스로 탄식하자, 하나님은 어머니가 자식을 호되게 꾸짖은 후에 위로함 같이 에브라임을 불쌍히 여기며 위로한다(사 66:13). 이 에브라임은 나의 사랑하는 아들이냐. 애는 나의 기뻐하는 자식이냐. 이렇게 마음 아파하고 이토록 비통하게 탄식하는 애는 내 아들이냐? 이것은 사울의 심정과 같은 것이었다(삼상 26:17). 내 아들 다윗아 이것이 네 음성이냐. 또는, 이 본문은 종종 다음과 같이 한 단어를 보충해서 읽기도 한다. 에브라임은 나의 사랑하는 아들 기뻐하는 자식이 아니냐. 바로 그렇다. 지금 그가 회개하고 돌아오고 있다. 나쁜 짓을 일삼다가 회초리로 징계를 받은 불효자식이라도 진심으로 회개하고 돌아오기만 한다면 하나님은 그를 그의 사랑하는 아들, 기뻐하는 아들로 받아주신다는 것을 명심하라. 에브라임은 스스로 환난을 자초하여 고생을 하였지만 하나님은 이렇게 고쳐주시고, 그는 스스로 비천하게 된 것이었지만 하나님은 그를 높여 주신다. 이것은 마치 돌아온 탕자는 자기가

아들이라 일컬음을 감당할 수 없다고 생각하였지만, 그의 아버지는 그에게 가장 좋은 옷을 입히고 그의 손에 반지를 끼워 준 것과 같다.

2. 하나님은 그에 대하여 마음이 누그러지셔서, 깊은 사랑과 불쌍히 여기는 심정으로 그에 대하여 말씀한다. 내가 말씀에 의한 경고와 섭리에 의한 책망을 통하여 그를 책망하여 말할 때마다 깊이 생각하노라. 그에 대한 나의 생각은 재앙을 주려는 것이 아니라 평강을 주려는 것이다. 하나님은 자기 백성에게 환난을 당하게 하실 때에도 그들을 잊지 않고 계시다는 것을 명심하라. 하나님은 그들을 그들의 땅에서 쫓아버리셨을 때에도 그들을 그의 시야나 그의 마음에서 쫓아내 버리신 것은 아니었다. 하나님은 우리를 책망하고 계실 때에도 우리를 위해 행하고 계시고 모든 일 속에서 우리의 유익을 계획하고 계신다. 우리가 환난 가운데에 있을 때에 우리는 하나님을 잊었을지라도 여호와께서는 우리를 생각하신다는 것은 우리에게 위로가 된다. 내가 그를 깊이 생각하기 때문에 그를 위하여 내 창자가 들끓는다. 이것은 마치 요셉이 그의 형제들에게 거칠게 말하고 있는 동안에도 그의 마음속에는 그들을 향한 사모의 정이 깊었던 것과 같다. 이스라엘이 환난을 당하여 어쩔 수 없이 회개하고 굴복하자, 하나님은 이스라엘의 곤고(困苦)로 말미암아 마음에 근심하셨다(삿 10:16). 왜냐하면, 하나님은 언제나 지극히 자애로우셔서 그들의 곤고함이 괴로우셨기 때문이다. 하나님은 에브라임을 불쌍히 여기셔서 그에 대한 벌을 완화하셨다. 내 마음이 내 속에서 돌이키어 나의 긍휼이 온전히 불붙듯 하도다(호 11:8-9). 하나님은 바로 그와 같은 불쌍히 여기시는 마음으로 이번에도 에브라임의 회개를 받으셨다. 에브라임은 "주는 나의 하나님 여호와이시니 내가 주께로 돌아가겠고 주의 긍휼과 은혜에 의지하겠나이다"(18절)라고 호소하였었다. 하나님은 그것이 유효하고 설득력 있는 호소라는 것을 보여주신다. 왜냐하면, 하나님은 그가 하나님이고 인간이 아니라는 것과 그가 그의 하나님이라는 것을 똑똑히 드러내시기 때문이다.

3. 하나님은 그에게 은혜를 베푸시기로 결심하신다. 내가 반드시 그를 불쌍히 여기리라 여호와의 말씀이니라. 하나님은 진심으로 그를 찾고 그에게 순종하는 모든 자들을 위하여 풍성하고 확실하며 적절한 긍휼을 준비해 두고 계시다는 것을 명심하라. 우리가 죄 때문에 더 많은 환난을 당하면 당할수록, 우리는 그 긍휼의 위로들을 받을 준비를 더 잘하고 있는 것이다.

Ⅲ. 바벨론에 있는 하나님의 백성에게 그들의 땅으로 돌아올 준비를 하라고

하시면서 주신 하나님의 은혜로운 격려들. 그들은 두려워 떨거나 희망을 잃고 낙심해서는 안 된다. 그들은 빈둥거리며 세월을 허비해서는 안 된다. 도리어, 그들은 단단히 마음을 먹고 부지런히 고국으로 돌아갈 준비에 몰두해야 한다(21-22절).

1. 그들은 그들이 쫓겨났던 그들의 땅으로 돌아가는 것 외에는 아무것도 생각하지 않아야 한다. "다시 너의 하나님과 정혼해야 할 처녀 이스라엘아 돌아오라. 네 성읍들로 돌아오라. 성읍들은 황폐화되어 폐허로 변해 있지만 네 하나님이 네게 주신 네 성읍들이다. 그러므로 그 성읍들로 돌아오라." 그들은 시온으로 돌아갈 자유가 생겼을 때에는 더 이상 바벨론에서 사는 것으로 만족해서는 안 된다.

2. 그들은 그들이 포로로 끌려올 때에 밟았던 바로 그 길로 돌아오면서, 그 길에 있는 이러저런 장소들을 보고 거기에서 그들이 겪었거나 그들의 아버지들이 말해 주었던 슬픈 일들을 회상하고, 그들이 구원 받은 것에 대하여 더욱 감사해야 한다. 하나님을 떠나 죄의 종 노릇을 해온 자들은 그들이 왔던 그 길을 통해서 그들이 소홀히 하였던 그들의 본분으로 다시 돌아가서 그들의 처음 행위를 행하여야 한다.

3. 그들은 그들 자신과 그들 안에 있는 모든 것을 다 동원하여 이 일에 몰두하여야 한다. 큰 길에 네 마음을 두라. 네 마음을 그 길에 고정시키라. 너의 본분을 깊이 생각하여, 선의를 가지고 그것을 행하라. 바벨론에서 시온으로 돌아오는 길, 죄의 종살이에서 하나님의 자녀의 영광스러운 자녀로 돌아오는 길은 대로라는 것을 명심하라. 그 길은 곧게 쭉 뻗어 있고 분명하며 안전하고 잘 닦여 있다(사 35:8). 그렇지만 그 길에 마음을 두지 않으면 그 길을 걸을 수 있는 자는 없다.

4. 그들은 이 여행을 위해 온갖 필요한 것들을 갖추어야 한다. 너의 이정표를 세우며 너의 푯말을 만들라. 먼저 사람들을 보내서 길을 잃을 위험이 있는 곳들마다 이정표와 푯말을 세우라. 먼저 가는 자들, 그 길을 가장 잘 아는 자들은 뒤따라오는 자들을 위해서 그러한 표지판들을 세워야 한다.

5. 그들은 이 여행을 위한 마음의 준비를 하여야 한다. 반역한 딸아 네가 어느 때까지 방황하겠느냐. 이 여행에 대해서 그들의 마음이 흔들리거나 확신을 갖지 못해서는 안 되고, 이 여행을 꼭 이루어 내겠다고 각오를 단단히 하여야 한다.

그들은 걱정이나 근심 따위로 정신을 산란하게 해서는 안 된다. 그들은 그들을 도와줄 만한 자들이 어디 없나 두리번거리지 말고, 그런 자들을 찾기 위해 이리저리 바쁘게 돌아다니지 말아야 한다. 그런 행동들은 그들이 하나님을 떠나 타락해 가고 있을 때에 보여준 행동들이었다. 도리어, 그들은 그들 자신을 하나님께 던져서 맡기고, 그들의 마음을 굳게 정하여야 한다.

6. 그들은 하나님이 그들에게 주신 약속, 즉 하나님이 새 일(기이하고 놀라운 일)을 세상에(이 땅에) 창조하리니 곧 여자가 남자를 둘러 싸리라는 약속을 통해서 이 일을 준비하고 행할 힘을 얻는다. 여자처럼 연약하고 가녀리며 소심해서 싸움 같은 것에 전혀 어울리지 않는 하나님의 교회(사 54:6)가 강한 자를 둘러싸서 포위하여 이길 것이다. 교회는 여자에 비유된다(계 12:1). 우리는 군대들이 성도들의 진을 둘러싸고 있는(계 20:9) 모습을 보지만, 이제는 성도들의 진이 그들을 둘러싸게 될 것이다. 많은 훌륭한 해석자들은 하나님이 그 땅에 창조하시겠다고 하신 이 새 일을 그리스도의 성육신으로 이해한다. 하나님은 그들을 이 땅으로 돌아오게 하시면서 바로 그 새 일을 염두에 두고 계셨고, 이 새 일을 종종 징조를 통해서 그들에게 암시해 주셨었다(사 7:14; 9:6). 여자, 곧 동정녀 마리아는 그녀의 태 속에서 능하신 자(the Mighty One)를 둘러쌌다. 왜냐하면, 여기에서 사용된 단어인 '게베르'는 능하신 자를 뜻하기 때문이다. 하나님은 '깁보르,' 즉 능력 있으신 하나님(렘 32:18)으로 불리고, 그리스도께서도 여기에서와 마찬가지로 성육신에 대하여 말하고 있는 본문인 이사야 9:6에서 그렇게 불린다. 그리스도는 '엘 깁보르,' 즉 능하신 하나님이시다. 이것은 그들에게 하나님이 이 백성을 버리지 않으실 것이라는 확신을 주었을 것이다. 왜냐하면, 그러한 축복은 그들 가운데서 일어나야 했기 때문이다(사 65:8).

IV. 그들이 그들의 땅에서 다시 정착해서 복되게 잘 살게 되리라고 하나님이 그들에게 위로가 되는 전망을 주심.

1. 그들은 그들의 모든 이웃 나라들의 존경과 선의(善意)를 받게 될 것이고, 그 나라들은 그들에게 좋은 말을 해주고 그들을 위해 복을 빌어주는 기도를 해줄 것이다(23절). 그들이 유다 땅과 그 성읍들에서 다시(유다와 예루살렘은 오랫동안 놀람과 저줏거리가 되어 왔지만) 이 말을 쓰리니 곧 의로운 처소여, 거룩한 산이여, 여호와께서 네게 복 주시기를 원하노라 할 것이다. 이것은 그들의 삶이 많이 고쳐지고 모든 점에서 더 좋아진 상태에서 돌아올 것임을 보여준다. 그들의

이러한 달라진 모습은 아주 뚜렷하게 드러나서 주변의 모든 사람들이 그것을 알아차릴 것이다. 도적들의 소굴로 사용되었던 그들의 성읍들은 의로운 처소, 곧 공의가 거처하는 곳들이 될 것이다. 이스라엘의 산(그 온 땅은 이렇게 불렸다, 시 78:54), 특히 시온 산은 거룩한 산, 곧 거룩이 거처하는 산이 될 것이다. 사람들을 향한 공의와 하나님을 향한 거룩은 항상 함께 붙어 있어야 한다는 것을 명심하라. 경건과 정직은 하나님이 짝지어 놓으신 것이기 때문에, 우리는 이 둘을 떼어놓거나 한 쪽을 위해서 다른 한 쪽을 희생시킬 생각을 말아야 한다. 어느 민족이 환난을 통과해서 이렇게 정금과 같이 되어 나온다면, 그것은 그 민족에게 좋은 일이고, 앞으로 복을 받을 일만 남았음을 보여주는 확실한 전조(前兆)이다. 우리는 의로운 처소인 집들과 거룩한 산인 성읍들이나 땅들에 대해서는 정말 마음 편하게 하나님의 축복을 빌어줄 수 있다. 그런 곳들에 여호와께서는 틀림없이 복을 명하실 것이다.

2. 그들 가운데 온갖 좋은 것들이 차고 넘칠 것이다(24-25절). 유다는 지금 오랫동안 황폐화되어 있는 상태지만, 가인과 아벨이 종사하였던 유서깊고 존귀한 두 직업(창 4:2)인 농부들과 목자들이 유다에 함께 살리라. 의로운 거처와 거룩한 산이 있는 곳은 마음 편하게 살 수 있는 곳이다. "농부들과 목자들이 그들이 수고한 것의 열매를 먹을 것이다. 왜냐하면, 내가 그 피곤한 심령을 상쾌하게 하였기 때문이다." 이 말씀은 기나긴 여행길에 지쳐서 돌아온 자들, 포로 생활을 하면서 오랫동안 슬픔에 젖어 있었던 자들이 이제는 풍성함을 누리게 되리라는 것이다. 이것은 하나님이 진정으로 회개하는 모든 자들, 의롭고 거룩한 모든 자들을 위하여 준비해 두신 영적 축복들에 그대로 적용될 수 있다. 그들은 하나님의 은혜들과 위로들로 배부르게 될 것이다. 하나님의 사랑과 은총 속에서 지치고 피곤한 심령들은 쉼을 얻고, 슬픔에 젖은 심령은 기쁨을 얻을 것이다.

V. 선지자는 이러한 사실을 깨닫고서 그의 마음이 얼마나 기뻤는지를 우리에게 말해 준다(26절). 하나님께서 그에게 종종 주셨던 유다와 예루살렘의 재난들을 미리 보았을 때에 그는 몹시 고통스러웠지만(렘 4:19), 여기에서 하나님이 보여주신 것들은 비록 먼 장래의 일이기는 하였지만 즐겁고 유쾌한 것들이었다. "하나님의 이런 말씀을 듣고서 넘치는 기쁨 때문에 잠의 족쇄가 터지면서 내가 깼는데, 깨어나서 내가 꾼 꿈을 곰곰이 되새겨보니, 내 잠이 달았다.

나는 단 잠을 잔 사람처럼 심신이 상쾌해졌고 새 힘을 얻었다." 하나님의 은총 안에서 하나님과 교통하며 눕고 일어나는 자들은 단 잠을 잘 수 있다. 이 세상에서의 그 어떤 전망보다도 하나님의 교회가 앞으로 잘 될 것이라는 전망이야말로 선한 자들과 선한 사역자들을 가장 기쁘게 만드는 법이다. 우리의 평생에 예루살렘의 번영과 이스라엘의 평강을 보는 것보다 우리가 더 만족스러운 마음으로 볼 수 있는 것이 과연 있을까?

[27]여호와의 말씀이니라 보라 내가 사람의 씨와 짐승의 씨를 이스라엘 집과 유다 집에 뿌릴 날이 이르리니 [28]깨어서 그들을 뿌리 뽑으며 무너뜨리며 전복하며 멸망시키며 괴롭게 하던 것과 같이 내가 깨어서 그들을 세우며 심으리라 여호와의 말씀이니라 [29]그 때에 그들이 말하기를 다시는 아버지가 신 포도를 먹었으므로 아들들의 이가 시다 하지 아니하겠고 [30]신 포도를 먹는 자마다 그의 이가 신 것 같이 누구나 자기의 죄악으로 말미암아 죽으리라 [31]여호와의 말씀이니라 보라 날이 이르리니 내가 이스라엘 집과 유다 집에 새 언약을 맺으리라 [32]이 언약은 내가 그들의 조상들의 손을 잡고 애굽 땅에서 인도하여 내던 날에 맺은 것과 같지 아니할 것은 내가 그들의 남편이 되었어도 그들이 내 언약을 깨뜨렸음이라 여호와의 말씀이니라 [33]그러나 그 날 후에 내가 이스라엘 집과 맺을 언약은 이러하니 곧 내가 나의 법을 그들의 속에 두며 그들의 마음에 기록하여 나는 그들의 하나님이 되고 그들은 내 백성이 될 것이라 여호와의 말씀이니라 [34]그들이 다시는 각기 이웃과 형제를 가리켜 이르기를 너는 여호와를 알라 하지 아니하리니 이는 작은 자로부터 큰 자까지 다 나를 알기 때문이라 내가 그들의 악행을 사하고 다시는 그 죄를 기억하지 아니하리라 여호와의 말씀이니라

선지자는 하나님의 은혜의 계시들로 인해서 그의 잠이 달았다는 것을 깨닫고서, 하나님께서 더 많은 것들을 깨닫게 해주실 것을 기대하면서 다시 잠을 청하였고, 그의 기대는 헛되지 않았다. 왜냐하면, 여기에 추가적인 약속들이 제시되고 있기 때문이다.

I. **하나님의 백성이 번성하고 형통하게 되리라는 것.** 이스라엘과 유다는 마치 사람과 가축의 씨앗을 뿌린 것처럼 사람들과 가축들로 북적댈 것이다(27절). 그들은 곡식을 뿌린 밭처럼 번성하여 많아질 것이다. 이것은 하나님의 축

복의 결과이다(23절). 왜냐하면, 하나님은 그가 축복하신 자들에게 번성하라고 말씀하셨기 때문이다. 이것은 복음 교회가 기이하게 번성하게 될 것을 보여주는 모형이었다. 하나님은 그들을 세우시고 심으실 것이다(28절). 하나님은 그들에게 유익 되는 일을 해주시기 위하여 깨어서 그들을 살피실 것이다. 그들을 더욱 형통하게 만들 수 있는 기회가 오면, 하나님은 그 기회를 단 한 번이라도 놓치지 않으실 것이다. 오랫동안 모든 것이 그들을 적대하여 왔고, 어떤 일이 일어날 때마다 그 일은 모두 그들을 멸망시키기 위한 것이었기 때문에, 마치 하나님이 깨어서 그들을 뿌리 뽑으며 무너뜨린 것처럼 보였다. 그러나 이제부터 일어나는 모든 일은 그들의 세력을 강화하고 넓히기 위해 일어날 것이다. 하나님은 자신의 죄에 계속해서 빠져서 살아가고 죄 가운데서 완악해진 자들을 벌하실 준비가 되어 계시듯이, 자신의 죄를 회개하고 낮아진 자들을 위로할 준비가 되어 계신다.

Ⅱ. 그들이 그들의 조상들의 죄 때문에 벌을 받는 일이 더 이상 없으리라는 것(29-30절).   그들은 하나님이 부모의 죄를 자녀에게 갚으신다는 말을 더 이상 하지 않을 것이다(즉, 그렇게 말할 빌미를 찾지 못할 것이다). 하나님은 바로 그와 같이 행하셔서 그들의 조상들이 저지른 죄들, 특히 므낫세의 죄를 그 자손들에게 물어서 그들을 포로로 잡혀가게 하셨다. 그들은 바로 이 점을 들어 부당하다고 불평하였었다. 성경의 다른 본문들은 하나님께서 이런 방법을 사용하시는 것이 정당하고 의로운 것이라고 말하고 있고, 우리 구주께서는 당시의 악한 유대인들이 그들의 조상들의 죄악 때문에 벌을 받을 것인데 이것은 그들도 조상들의 죄를 그대로 이어받아서 고집하였기 때문이라고 말씀하신다(마 23:35-36). 그러나 여기에서 하나님은 그들에게 이러한 가혹한 법을 적용하는 것이 이제는 끝나게 될 것이고, 그가 그들의 조상들의 죄 때문에 그들과 다투는 일도 더 이상 없을 것이며, 도리어 그들의 조상들과 맺은 언약을 그들을 위하여 기억해서 그 언약에 따라 그들에게 유익이 되는 일들을 행할 것이라고 약속하신다. 그들은 이전과는 달리 다시는 아버지가 신 포도를 먹었으므로 아들들의 이가 시다(이것은 어떤 일이 말도 안 되게 터무니없는 일임을 보일 때에 하는 말로서 하나님의 처사가 옳지 않다는 속내를 드러내는 말이다)고 불평하지 아니하겠고, 누구나 자기의 죄악으로 말미암아 죽을 것이다. 하나님은 민족적인 차원에서 그들을 벌하시는 것은 그만두실 것이지만, 그를 진노케 하는 개개인들에

대해서는 그 책임을 물어서 여전히 벌하실 것이다. 한 민족이나 나라가 구원을 받았다고 해서 각 개인의 사적인 죄가 사면되는 것은 아니라는 것을 명심하라. 신 포도를 먹는 각 사람은 여전히 그 신 포도가 그의 이를 시게 만들 것이다. 금지된 열매를 먹는 자들은 그것이 아무리 탐스럽게 보인다고 해도 신 포도라는 것을 발견하게 될 것이고, 그 신 포도는 그들의 이를 시게 만들 것임을 명심하라. 그들은 언젠가는 그것을 느끼게 될 것이고, 그 때가 되면 통곡하며 후회하게 될 것이다. 신 포도 속에는 이를 시게 만드는 성분이 들어 있듯이, 죄 속에는 사람을 불안하게 만드는 성분이 들어 있다.

Ⅲ. 하나님께서 그들과의 언약을 새롭게 갱신하셔서 그들이 이 모든 축복들을 단지 섭리에 의해서만이 아니라 약속에 의해서 누리게 됨으로써 그 축복들이 더욱 달게 되고 안전하게 확보되리라는 것. 그러나 이 언약은 복음 시대, 장차 오게 될 말일과 관련되어 있다. 왜냐하면, 사도는 이 본문을 복음 은혜에 대한 것으로 이해하여(히 8:8-9) 이 본문 전체를 하나님이 예수 그리스도 안에서 믿는 자들과 맺으신 은혜 언약의 요약으로서 인용하고 있기 때문이다. 좀 더 살펴보자.

1. 하나님은 이 언약을 누구와 맺으시는가. 하나님은 이 언약을 이스라엘 집과 유다 집, 복음 교회, 평강이 있을 하나님의 이스라엘(갈 6:16), 믿음의 조상 아브라함과 기도의 조상 야곱의 영적 자손들과 맺으신다. 유다와 이스라엘은 별개의 두 왕국이었지만, 하나님이 그들에게 은혜를 주셔서 합치게 하셔서, 포로 생활에서 돌아온 후에 하나가 되었다. 마찬가지로, 유대인과 이방인도 복음 교회와 복음 언약 속에서 하나가 되었다.

2. 이 언약의 전체적인 성격은 어떤 것인가. 이 언약은 새 언약으로서 그들이 애굽에서 나올 때에 그들과 맺은 언약을 따른 것이 아니다. 하나님이 아담을 지으신 후에 아담과 맺은 언약이나 시내 산에서 그들과 맺은 언약은 그들이 은혜를 모를 때여서 자연 법칙에 의거한 내용의 언약이었지만, 사실 알맹이를 보면 실질적으로는 은혜의 언약이었다. 그러나 복음 시대에 맺어진 언약에 비하면, 그러한 언약은 은혜의 언약이라고 하기에는 너무도 어둡고 희미한 것이었다. 당시에 죄인들은 그 언약에 따라 그들의 회개와 장차 오실 메시야에 대한 믿음으로 말미암아 구원을 받았는데, 메시야의 피는 그 언약을 확증해 주는 것으로서 율법의 제사에서 사용된 피가 그 모형으로 사용되었다(출 24:7-8). 그렇지만,

이제 하나님께서 그들과 맺고자 하시는 언약은 옛 언약에 비해서 여러 가지 점에서 새로운 것이라고 할 수 있다. 이 새 언약의 규례들과 약속들은 좀 더 영적이고 하늘에 속한 것이며, 구원에 관한 계시들은 훨씬 더 분명하다. 하나님께서 눈이 멀거나 다리를 절거나 약했던 그들의 손을 잡고 애굽 땅에서 인도하여 내던 날에 그들과 맺은 저 언약을 그들이 깨뜨렸다. 이 언약을 맺으신 것은 하나님이셨는데, 그 언약을 깨뜨린 것은 이 백성이었다는 것을 주목하라. 이것은 우리의 구원은 하나님으로부터 나오지만, 우리의 죄와 파멸은 우리 자신에게서 나온다는 것을 보여준다. 하나님이 그들의 남편이었고 그들과 정혼하셨다는 사실은 이 언약을 깨뜨린 그들의 죄를 한층 더 무겁게 하였다. 하나님과 그들 사이에 맺어졌던 것은 혼인 언약이었는데, 그들은 영적 간음인 우상 숭배를 통해서 깨버렸다. 하나님은 우리의 남편, 사랑이 많고 자애로우며 세심하고 신실한 남편이었던 반면에 우리는 하나님께 거짓되게 행하였다는 사실은 하나님을 속이고 떠난 우리의 죄를 더욱 무겁게 한다.

3. 이 언약의 구체적인 조항들은 어떤 내용으로 되어 있는가. 그것들은 모두 영적 축복들을 담고 있어서, "내가 그들에게 가나안 땅과 무수한 자손을 주리라"는 내용이 아니라 "내가 그들에게 죄사함, 평안, 은혜, 선한 머리, 선한 마음을 주리라"라는 내용으로 되어 있다. 하나님은 다음과 같은 것들을 약속하신다.

(1) 하나님이 그들로 하여금 그들의 본분을 다하고자 하는 마음이 생겨나게 하시겠다는 것. 내가 나의 법을 그들의 속에 두며 그들의 마음에 기록하리라. 나는 그들에게 새로운 법을 주고자 하는 것이 아니다(가테이커 목사가 잘 보았듯이). 왜냐하면, 그리스도께서는 율법을 폐하러 온 것이 아니요 완전하게 하려 오신 것이기 때문이다. 그러나 이 율법을 하나님이 예전에는 돌판에 기록하셨지만, 이제는 성령의 손가락으로 그들의 마음속에 기록하신다. 하나님은 그의 율법을 모든 믿는 자들의 마음속에 기록하셔서, 그들로 하여금 율법에 친숙하게 하시고, 그 율법을 사용할 기회가 생길 때마다 마음판에 새겨진 율법을 쉽게 사용할 수 있게 하신다(잠 3:3). 하나님은 그들이 그 율법을 지키는 일에 신경을 쓰게 만드신다. 왜냐하면, 우리가 늘 신경을 쓰고 생각을 하는 것이 우리의 마음에 가까이 있는 법이기 때문이다. 하나님은 그들 속에서 일하셔서 하나님의 율법의 준칙들에 순종하고 그들의 생각과 감정을 거기에 일치시키고자 하는 마

음을 일으키시고, 그들의 마음이 곧 율법의 원본을 복사해 놓은 것이 되게 하신다. 하나님께서 여기에서 이것을 약속하셨으니, 우리는 우리의 본분을 기쁜 마음으로 꼼꼼하게 행할 수 있게 해 달라고 기도하지 않으면 안 된다.

(2) 하나님이 그들을 자기와의 관계 속으로 이끌어 들이시겠다는 것. 나는 그들의 하나님, 그들에게 부족함이 없는 하나님이 되고 그들은 내 백성, 내게 순종하고 충성하는 백성이 될 것이라. 하나님이 우리의 하나님이 되신다는 것은 모든 복을 집약해 놓은 것이다. 천국이 우리의 것이기 때문이다(히 11:6; 계 21:3). 우리가 하나님의 백성이 된다는 것은 우리 쪽에 부과된 조건(진정으로 그의 백성이 되고자 온 힘을 다하는 자들에게만 그는 그들의 하나님이 되어 주실 것이다)으로 해석될 수도 있고, 하나님이 그의 은혜로 우리를 그의 백성으로 삼으셔서 주의 권능의 날에 즐거이 헌신하는 백성이 되게 해주실 것이라는 좀 더 세부적인 약속으로 해석될 수도 있다. 누가 그의 백성이 되었든, 그는 하나님의 은혜로 말미암아 그의 백성이 된 것이다.

(3) 온갖 부류의 사람들 가운데서 하나님을 아는 지식이 차고 넘쳐서 모든 사람이 하나님을 찾게 되리라는 것. 왜냐하면, 하나님의 이름을 제대로 아는 자들은 그를 찾고 섬기며 의지할 것이기 때문이다(34절). 모두가 다 나를 알리라. 모든 사람이 하나님을 아는 지식에 자유롭게 접근할 수 있게 될 것이고, 그 지식의 수단들을 자유롭게 활용하게 될 것이다. 오랜 세월 동안 오직 유다만이 하나님을 알았지만 이제는 온 세상이 그의 길을 알게 될 것이다. 구약 시대는 이방인들이 하나님에 대하여 무지했던 시대, 참 하나님이 그들에게 미지의 신이었던 시대였지만, 이제는 이방인들을 포함하여 모든 사람들이 하나님을 알게 될 것이다. 하나님의 일들은 모세가 그 얼굴에 수건을 쓰고 있었던 때보다 복음 시대에 더 분명하고 알기 쉽게 드러날 것이기 때문에 삼척동자가 다 알게 될 것이다. 누구나 다 하나님을 아는 지식을 갖고 있어서 이전처럼 가르칠 필요가 없게 될 것이다. 어떤 이들은 이것을 과장된 표현으로 보고서(유대인들은 우둔하여서 그들을 일깨우기 위해서는 그런 표현들이 필요하였다), 복음 시대에는 하나님을 아는 지식이 율법 시대보다도 훨씬 광범위하게 퍼져나갈 것임을 보여주기 위한 것뿐이라고 생각한다. 또는, 이것은 복음 시대에는 때를 얻든지 못 얻든지 말씀을 전파할 권세를 부여받은 사람들에 의해서 정기적으로 끊임없이 공중 설교가 행해져서 율법 시대와는 비교도 할 수 없을 정도로 말씀이 차고

넘치게 될 것이어서 이웃이나 형제에게 가르칠 필요가 별로 없게 될 것임을 보여주는 것일 수도 있다. 제사장들은 성전에서 비교적 소수를 대상으로 이따금씩 말씀을 전했을 뿐이다. 그러나 이제는 교회가 모든 기관들을 통해서 하나님을 아는 선한 지식을 가르칠 것이기 때문에 사람들은 교회의 집회에 자주 나감으로써 하나님을 알게 될 것이다. 어떤 이들은 이것을 많은 사람들이 하나님의 일들을 분별하는 아주 명료한 지각(知覺)을 지니게 되어서 어떤 가르침의 수단을 통해서가 아니라 직접적인 조명(照明)을 통해서 가르침을 받게 될 것이라는 의미로 해석한다(가테이커 목사의 견해). 요컨대, 하나님의 일들은 그리스도의 복음에 의해서 이전보다 더 분명하게 밝혀지고 드러날 것이고(딤후 1:10), 하나님의 백성은 그리스도의 은혜로 말미암아 하나님의 일들을 이전보다 더 분명하게 보게 될 것이다(엡 1:17-18).

(4) 이 모든 축복들을 누리게 하기 위하여 그들의 죄가 사함을 받게 되리라는 것. 죄사함은 다른 모든 축복들의 토대이다. 내가 그들의 악행을 사하고, 그들에게 죄를 묻지 않으며, 죄의 허물을 따라서 그들을 처리하지 않고, 죄를 사하고 또한 잊을 것이다. 내가 다시는 그 죄를 기억하지 아니하리라. 온갖 좋은 것들이 우리에게 오는 것을 막고, 우리에게 흘러오는 하나님의 은총의 물줄기를 막는 것은 바로 죄이다. 하나님은 죄를 용서하시는 긍휼을 베푸심으로써 우리의 죄를 없애셔서 장애물을 제거하심으로써 하나님의 은혜가 강물처럼, 그리고 폭포수처럼 흘러가게 하실 것이다.

[35]여호와께서 이와 같이 말씀하셨느니라 그는 해를 낮의 빛으로 주셨고 달과 별들을 밤의 빛으로 정하였고 바다를 뒤흔들어 그 파도로 소리치게 하나니 그의 이름은 만군의 여호와니라 [36]이 법도가 내 앞에서 폐할진대 이스라엘 자손도 내 앞에서 끊어져 영원히 나라가 되지 못하리라 여호와의 말씀이니라 [37]여호와께서 이와 같이 말씀하시니라 위에 있는 하늘을 측량할 수 있으며 밑에 있는 땅의 기초를 탐지할 수 있다면 내가 이스라엘 자손이 행한 모든 일로 말미암아 그들을 다 버리리라 여호와의 말씀이니라 [38]보라, 날이 이르리니 이 성은 하나넬 망대로부터 모퉁이에 이르기까지 여호와를 위하여 건축될 것이라 여호와의 말씀이니라 [39]측량줄이 곧게 가렙 언덕 밑에 이르고 고아로 돌아 [40]시체와 재의 모든 골짜기와 기드론 시내에 이르는 모든 고지 곧 동쪽 마문의 모퉁이에 이르기까지 여호와의 거룩한 곳이니라 영

원히 다시는 뽑거나 전복하지 못할 것이니라

앞 단락에서 하나님께서는 복음 교회와 관련된 영광스러운 일들을 말씀하셨는데, 포로 생활에서 돌아오면서 시작될 유대 교회의 시대는 이 복음 교회의 시대가 오면서 마침내 끝이 날 것이었고, 그들에게 주어졌던 모든 약속들은 이 복음 교회 속에서 온전히 성취될 것이었다. 그러나 우리는 그러한 약속들을 믿고 의지해도 되는 것인가? 그렇다. 이 단락에서 하나님은 그 약속들을 다시 한 번 재확인해 주시고, 그 약속들 속에 담겨 있는 축복들이 영원하리라는 것을 추호의 의심도 남기지 않을 정도로 단호하게 단언하신다. 여기에서 우리에게 보장되고 있는 큰 일은 세상이 존재하는 한 하나님은 이 세상에 교회를 두시리라는 것이다. 교회는 때로 그 세력이 아주 미미해질 수도 있겠지만, 다시 일으키심을 받고 그 세력이 다시 탄탄해질 것이다. 내가 이 반석 위에 내 교회를 세우리니 음부의 권세가 이기지 못하리라(마 16:18). 하나님께서는 이 문제에 대한 우리의 믿음을 견고히 하시기 위하여 여기에서 두 가지를 보여주신다 — 그가 세계를 지으신 것과 예루살렘이 재건되리라는 것.

I. 하나님이 세계를 견고하고 오래 지속되도록 지으신 것은 그의 교회를 세우시는 일에 착수하신 하나님의 권능과 신실하심을 보여주는 증거들이다. 태초에 만물을 지으신 이는 하나님이시고(히 3:4), 지금 만물을 만드시는 이도 그 동일한 하나님이시다. 우리는 자연의 나라의 영광들이 변함이 없는 것을 보고 힘을 얻어서 은혜의 나라의 영광들이 영원히 이어지리라는 하나님의 약속을 믿고 의지할 수 있다. 왜냐하면, 이는 노아의 홍수의 경우와 같아서(사 54:9), 하나님이 다시는 홍수로 심판하지 않으시겠다고 맹세로 약속하신 것처럼 여기에 나오는 약속들도 그런 것들이기 때문이다. 좀 더 살펴보자.

1. 자연의 나라의 영광들. 우리는 이것을 통해서 이 하나님, 자연의 하나님을 자기 하나님으로 영원토록 모시는 자들이 얼마나 복된지를 미루어 짐작할 수 있다. 다음과 같은 것들을 보라.

(1) 천체들의 변함없고 주기적인 운행. 이 천체를 움직이시고 지휘하시는 분은 하나님이시다. 그는 해를 낮의 빛으로 주셨다(35절). 하나님은 처음에 해를 만드셔서 그렇게 하셨을 뿐만 아니라, 지금도 여전히 해로 하여금 그렇게 하도록 하고 계신다. 왜냐하면, 해가 지닌 빛과 열기, 모든 영향력들은 끊임없이 그

해를 만드신 위대한 창조주에게 달려 있기 때문이다. 그는 달과 별들을 밤의 빛으로 정하시고, 그것을 법도 또는 규례로 삼으셨다. 달과 별들의 운행이 법도라 불리는 것은 그것들이 규칙적이고 법칙을 따라 운행되기 때문임과 동시에 창조주의 결정과 통치 아래에 있기 때문이다(욥 38:31-33을 보라).

(2) 바다를 다스리시고 그 오만한 파도들을 통제하심. 만군의 여호와께서 바다를 뒤흔들어 그 파도로 소리치게 하신다. 파도가 거세게 일렁일 때에 하나님이 그 파도를 통제하시고 잠잠케 하시면(렘 5:22) 파도는 곧 조용해진다. 우리는 하늘의 천체들의 규칙적인 운행을 주관하실 뿐만 아니라 바다의 불규칙적인 움직임을 통제하시는 하나님의 권능을 높이 찬양하지 않을 수 없다.

(3) 하늘의 광대함과 궁창이 끝없이 펼쳐져 있는 것. 그러한 드넓은 세계를 관장하시는 하나님은 크신 하나님이실 수밖에 없다. 위에 있는 하늘은 사람이 측량할 수 없지만(37절), 하나님은 그 하늘을 다 채우고 계시는 분이시다.

(4) 피조 세계 중에서 우리에게 할당된 이 부분, 우리가 아주 잘 아는 이 땅조차도 신비롭다는 것. 땅의 기초를 사람이 탐지할 수 없다. 왜냐하면, 창조주께서는 땅을 아무것도 없는 곳에 매달아 놓으셨고(욥 26:7), 우리는 그것의 주추가 무엇 위에 세워져 있는지를 알지 못하기 때문이다(욥 38:6).

(5) 이 모든 것들이 요동치 않고 견고하다는 것(36절). 이 법도, 이 규례는 하나님 앞에서 떠날 수 없고 폐하여질 수 없다. 하나님은 하늘과 땅의 모든 것들과 그 모든 움직임들을 그의 눈으로 보고 계신다. 하나님은 천지 만물을 견고히 세우셨기 때문에, 그것들은 항상 있다. 천지 만물은 모두 그의 종이기 때문에 주의 규례대로 항상 존속한다(시 119:90-91). 하늘에는 흔히 구름이 끼고, 해와 달도 자주 그 구름에 가려지며, 땅은 흔들리고 바다는 요동치지만, 그것들은 모두 자기 자리를 지킨다. 그것들은 움직이기는 하지만 없어지지는 않는다. 이 모든 것들 속에서 우리는 창조주의 권능과 선하심과 신실하심을 인정하지 않을 수 없다.

2. 은혜의 나라의 안정성. 우리는 자연의 나라의 이러한 영광들을 통해서 은혜의 나라도 확실하고 견고하리라는 것을 미루어 짐작할 수 있다. 우리는 이스라엘 자손이 하나님 앞에서 끊어져 나라가 되지 못하는 일이 일어나지 못하리라는 것을 확신할 수 있다. 왜냐하면, 영적 이스라엘, 복음 교회는 거룩한 나라요 그의 소유가 된 백성이 될 것이기 때문이다(벧전 2:9). 육신을 따른 이스라엘이

더 이상 나라로 존재하지 않게 될 때, 약속의 자녀가 씨로 여기심을 받을 것이고 (롬 9:8), 하나님은 이스라엘의 모든 자손을 버리지 않을 것이다. 그들이 아무리 악하게 행하였다고 하더라도, 그들이 행한 일로 말미암아 그들을 버리는 일은 없을 것이다(37절). 하나님이 그들을 버리신다고 해도 그것은 정당하고 의로운 일일 것이지만, 하나님은 그렇게 하지 않으실 것이다. 하나님은 그들을 그들의 땅에서 쫓아내시고 잠시 그들을 내팽개치시기는 하지만, 그들을 완전히 버리지는 않으실 것이다. 하나님은 그들 중의 일부는 버리시겠지만 모두를 버리시지는 않으실 것이다. 사도 바울이 하나님이 자기 백성을 버리셨느냐(롬 11:1)고 반문한 것은 이것을 가리키는 것 같다. 우리가 그렇게 생각하는 것을 하나님은 금하신다! 왜냐하면, 그들 중에서 다수가 스스로 불신앙으로 말미암아 떨어져 나가겠지만, 이스라엘의 모든 자손을 다 버리시지 않으시리라고 약속하신 하나님의 체면이 설 정도로는 언제나 남은 자가 있을 것이기 때문이다(롬 11:5). 다음과 같은 것들을 곰곰이 생각해 보면, 우리는 이 약속에 대하여 믿음을 갖는 데에 도움을 받을 수 있다.

(1) 교회를 끝까지 지키시겠다고 약속하시고 그 일을 시작하신 하나님은 그의 전능의 말씀으로 만물을 붙들고 계시는 전능하신 하나님이시라는 것. 우리의 도움은 하늘과 땅을 만드신 분, 따라서 그 어떤 일도 하실 수 있으신 분의 이름에 있다.

(2) 하나님이 이러한 온갖 일로 정성껏 세계를 돌보시는 것은 이 세계로부터 영광을 얻으시기 위한 것이라는 것. 하나님이 이 세계 속에 자기 자신을 위한 교회, 곧 그의 이름과 찬송이 될 백성을 견고히 세우시고자 하는 것이 아니라면 무엇 때문에 이 세계를 만드시고 유지시키시겠는가?

(3) 하나님이 이 세계를 처음에 견고하게 닦아 놓으셨기 때문에 피조 세계의 질서가 계속해서 견고하고, 변경할 필요가 없게 만드셨기 때문에 계속해서 변하지 않는 것이듯이, 은혜의 법칙도 하나님이 처음에 잘 닦아 놓으셨기 때문에 계속해서 변함이 없으리라는 것.

(4) 자기를 위하여 교회를 끝까지 지키시겠다고 약속하신 하나님은 이 세계가 변함없이 안정되게 하시겠다고 하신 말씀을 지키셔서 그가 신실하다는 것이 입증된 분이시라는 것. 자기가 노아 및 그의 자손과 맺은 언약을 영원한 언약으로 정하셨기 때문에(창 9:9, 16) 그 언약을 충실히 지키시는 그런 하나님이

아브라함 및 그의 자손, 아브라함의 영적 자손과 맺으신 또 하나의 영원한 언약을 제대로 지키지 않으실 리가 없다. 그들이 잘못을 많이 한다고 해도, 그것으로 인해서 이 언약의 은혜로운 의도들이 무효화되는 일은 없을 것이다(시 89:30 이하를 보라).

II. 지금 폐허가 된 예루살렘이 재건되고 견고히 세워져서 활발한 활동이 이루어질 것인데, 그것은 하나님이 복음 교회, 하늘의 예루살렘을 위해 행하실 이 큰 일들의 전조(前兆)가 될 것이다(38-40절). 비록 시간이 오래 걸린다고 해도, 다음과 같은 일들이 이루어질 날이 이를 것이다.

1. 예루살렘이 이전처럼 크게 완전히 다시 세워지리라는 것. 다시 세워질 예루살렘의 규모는 여기에서 주변 경계가 될 장소들에 대한 언급을 통해서 정확하게 설명되고 있다. 느헤미야가 건축한 성벽은 여기에 언급된 하나넬 망대 주변에서 시작하여 여기에서 의도된 땅을 다 둘러싸도록 지어져서 이 예언을 아주 정확하게 성취하였다(느 3:1). 하지만 여기에 언급된 모퉁이 문이 정확히 어디인지는 확실하게 알 수가 없다.

2. 예루살렘이 다 지어진 뒤에는 성별되어서 하나님께 봉헌되어 그를 예배하는 데에 사용되리라는 것. 이 성은 여호와를 위하여 건축될 것이고(38절), 그 주변과 들판도 여호와께 거룩할 것이다. 이 성은 이전처럼 우상들로 더럽혀지지 않을 것이고, 하나님이 거기에서 찬송과 영광을 받으실 것이다. 새 예루살렘이 온통 성전이어서 거기에 성전이 없을 것이듯이, 재건된 예루살렘은 성 전체가 하나의 성전, 하나의 성소가 될 것이다.

3. 하나님의 약속을 따라서 이렇게 재건되면, 그 누구도 예루살렘을 영원히 다시는 뽑거나 전복하지 못할 것이다. 즉, 이 도성은 아주 오래 지속될 것이고, 포로 생활에서 돌아와서 새로운 도성을 건설한 때부터 그 도성이 최종적으로 멸망할 때까지의 기간은 옛적에 다윗의 때로부터 포로로 잡혀갈 때까지의 기간만큼이나 아주 길 것이다. 그러나 이 약속은 복음 교회에서 온전히 성취될 것이었다. 복음 교회는 영적 이스라엘이기 때문에 하나님이 그의 교회를 버리지 않으실 것이듯이, 그의 교회는 거룩한 도성이기 때문에 사람들이 모든 힘을 다 합쳐도 그의 교회를 뽑거나 전복하지 못할 것이다. 복음 교회는 예루살렘이 그랬듯이 잠시 황폐화될 수는 있지만, 결국은 폭풍우를 뚫고서 자신의 목적을 이룰 것이고, 음부의 권세가 교회를 이기지 못할 것이다.

제
— 32 —
장

개요

이 장에는 다음과 같은 내용들이 나온다. I. 예레미야가 예루살렘의 멸망과 시드기야 왕이 포로로 잡혀가게 될 것을 예언하였다고 해서 감옥에 갇히게 됨(1-5절). II. 예레미야가 하나님의 지시로 때가 되면 현재의 환난이 복된 결말로 끝나게 되리라는 것을 확신한다는 표시로 땅을 구입함(6-15절). III. 예레미야가 이 때에 하나님께 드린 기도(16-25절). IV. 이 때에 하나님이 백성에게 전하라고 그에게 맡기신 메시지. 1. 그는 유다와 예루살렘이 그들의 죄로 말미암아 철저히 멸망할 것을 예언해야 한다(26-35절). 그러나 2. 이와 동시에, 그는 그 멸망이 철저하고 총체적인 것이 될지라도 최종적인 것은 아니며, 장차 그들의 후손이 그들의 땅을 다시 평화롭게 차지하게 되리라는 것을 그들에게 확실히 말해 주어야 한다(36-44절). 이 장에 나오는 경고와 약속의 예언들은 우리가 앞에서 여러 차례 보아 온 것들과 대체로 비슷하지만, 여기에는 아주 특별하고 주목할 만한 몇몇 상황들이 나온다.

¹유다의 시드기야 왕 열째 해 곧 느부갓네살 열여덟째 해에 여호와의 말씀이 예레미야에게 임하니라 ²그 때에 바벨론 군대는 예루살렘을 에워싸고 선지자 예레미야는 유다의 왕의 궁중에 있는 시위대 뜰에 갇혔으니 ³⁻⁵이는 그가 예언하기를 여호와의 말씀에 보라 내가 이 성을 바벨론 왕의 손에 넘기리니 그가 차지할 것이며 유다 왕 시드기야는 갈대아인의 손에서 벗어나지 못하고 반드시 바벨론 왕의 손에 넘겨진 바 되리니 입이 입을 대하여 말하고 눈이 서로 볼 것이며 그가 시드기야를 바벨론으로 끌어 가리니 시드기야는 내가 돌볼 때까지 거기에 있으리라 여호와께서 이와 같이 말씀하시니라 너희가 갈대아인과 싸울지라도 승리하지 못하리라 하셨다 하였더니 유다 왕 시드기야가 이르되 네가 어찌하여 이같이 예언하였느냐 하고 그를 가두었음이었더라 ⁶예레미야가 이르되 여호와의 말씀이 내게 임하였느니라 이르시기를 ⁷보라 네 숙부 살룸의 아들 하나멜이 네게 와서 말하기를 너는 아나돗에 있는 내 밭을 사라 이 기업을 무를 권리가 네게 있느니라 하리라 하시더니 ⁸여

호와의 말씀과 같이 나의 숙부의 아들 하나멜이 시위대 뜰 안 나에게 와서 이르되 청하노니 너는 베냐민 땅 아나돗에 있는 나의 밭을 사라 기업의 상속권이 네게 있고 무를 권리가 네게 있으니 너를 위하여 사라 하는지라 내가 이것이 여호와의 말씀인 줄 알았으므로 9내 숙부의 아들 하나멜의 아나돗에 있는 밭을 사는데 은 십칠 세겔을 달아 주되 10증서를 써서 봉인하고 증인을 세우고 은을 저울에 달아 주고 11법과 규례대로 봉인하고 봉인하지 아니한 매매 증서를 내가 가지고 12나의 숙부의 아들 하나멜과 매매 증서에 인 친 증인 앞과 시위대 뜰에 앉아 있는 유다 모든 사람 앞에서 그 매매 증서를 마세야의 손자 네리야의 아들 바룩에게 부치며 13그들의 앞에서 바룩에게 명령하여 이르되 14만군의 여호와 이스라엘의 하나님께서 이와 같이 말씀하시기를 너는 이 증서 곧 봉인하고 봉인하지 않은 매매 증서를 가지고 토기에 담아 오랫동안 보존하게 하라 15만군의 여호와 이스라엘의 하나님께서 이와 같이 말씀하시니라 사람이 이 땅에서 집과 밭과 포도원을 다시 사게 되리라 하셨다 하나라

이 장의 표제에 나오는 연대 표기를 통해서 우리는 지금 갈대아인들에 의해서 유다와 예루살렘이 완전히 황폐화될 결정적인 해가 아주 가까이 다가왔다는 것을 알게 된다. 하나님의 심판은 점진적으로 서서히 그들에게 다가왔지만, 그들은 심판의 길에서 회개를 통하여 하나님과 만날 생각을 하지 않았기 때문에, 하나님은 그들의 땅이 온통 황폐해질 때까지 그들과 다투시기를 계속하셨고, 그 결정적인 해는 시드기야 재위 열한째 해였다. 지금 여기에 기록된 일은 열째 해에 일어난 일이다. 바벨론의 왕의 군대는 이미 예루살렘를 포위하고서, 얼마 후면 그 성을 차지할 것을 의심하지 않은 채, 치열한 공격을 감행하고 있었고, 한편 포위를 당한 유다 백성은 항복하지 않고 마지막까지 결사 항전하기로 굳게 결심하고 버티고 있었다.

I. 예레미야는 도성과 왕궁이 둘 다 바벨론의 왕의 수중에 떨어지게 될 것이라고 예언한다. 그는 이 성의 주인이신 하나님이 이 성을 보호해 주시는 것이 아니라 적군의 손에 주실 것이기 때문에 이 성을 포위한 자들이 이 성을 전리품으로 얻게 될 것이고(3절), 시드기야가 도망가다가 붙잡혀서 포로가 되어 느부갓네살의 손에 넘겨져 그의 목전으로 끌려가서 크게 당혹해하며 두려워할 것이고, 느부갓네살은 시드기야가 그와의 신의를 저버린 것에 대하여 격노하

여 그를 바라보고 그의 운명을 선고할 것이며(눈이 서로 볼 것이다, 4절), 느부갓네살에 의해서 두 눈이 뽑힌 시드기야는 바벨론으로 끌려가서, 하나님이 자연적인 죽음을 통해서 그의 목숨을 거두어가실 때까지(내가 돌볼 때까지) 거기에서 포로로서 비참한 삶을 살게 될 것이라고 그들에게 분명히 말해 준다. 비참한 삶을 사는 자들을 하나님이 자연적인 죽음을 통해서 데려가시는 것은 하나님이 긍휼 가운데서 그들을 찾아가신 것이라고 말할 수 있을 것이다. 끝으로, 그는 유다 백성들이 성을 포위한 자들을 그들의 참호에서 몰아내고자 하는 온갖 시도는 실패하게 될 것이라고 예언한다. 너희가 갈대아인들과 싸울지라도 승리하지 못하리라. 하나님께서 그들을 위하여 싸우시지 않는데, 어떻게 그들이 승리할 수 있겠는가(5절; 34:2-3)?

Ⅱ. 예레미야는 이렇게 예언했다고 하여 감옥에 갇혔다.   그는 일반 감옥이 아니라 유다의 왕의 궁중에 있는 감옥, 즉 왕궁 경내에 있던 좀 더 안전한 감옥에 갇혔는데, 그들은 그를 결박해서 옥에 처넣은 것이 아니라 시위대 뜰 안에 연금된 상태였기 때문에, 그는 죄수들로부터 괴롭힘을 당하지 않을 수 있었을 뿐만 아니라 좋은 공기를 마시며 사람들을 만나고 정보를 얻을 수도 있었다. 그러나 어쨌든 그 곳은 감옥이었고, 시드기야는 그의 예언 때문에 그를 가둔 것이었다(2-3절). 시드기야는 예레미야 앞에서 겸손했어야 마땅했는 데도 전혀 그렇게 하지 않았고(대하 36:12), 도리어 예레미야에 대하여 스스로 완악하게 행하였다. 시드기야는 이전에는 예레미야에게 사람들을 보내서 그들을 위하여 여호와께 간구하고 물어 달라고 요청할 정도로 예레미야를 선지자로 인정하였었지만(렘 21:2), 지금 와서는 그가 한 예언을 트집잡아서 그를 꾸짖고(3절), 그를 벌하기 위한 목적이 아니라 단지 그런 예언을 하며 돌아다니지 못하도록 그를 감옥에 가두어 두었다. 하지만 이것은 범죄였다. 하나님의 선지자들로 하여금 예언을 하지 못하도록 막는 것은 그들을 조롱하고 죽이는 것만큼 악한 일은 아니지만 어쨌든 하늘의 하나님에 대한 중대한 모욕이기 때문이다. 죄인들의 마음이 죄의 속임수에 의해서 얼마나 형편없이 완악해질 수 있는지를 보라. 선지자들을 박해한 것은 하나님이 지금 그들과 다투시는 이유가 된 여러 가지 죄들 중의 하나였는 데도, 시드기야는 극심한 곤경에 처해 있는 지금에도 그 죄를 끝까지 고집하고 있었다. 하나님의 은혜가 작용하지 않는다면, 그 어떤 섭리나 환난이 있다고 해서 사람들에게서 죄가 저절로 떨어져 나가는 것은 아니다. 아

니, 어떤 사람들은 그들을 더 낮게 만들고자 하나님이 내리신 바로 그 심판들로 말미암아 더욱 악해진다.

Ⅲ. 예레미야는 감옥에 갇혀 있으면서 그의 가까운 친척에게서 아나돗에 있던 밭을 산다(6-15절).

1. 사람들은 다음과 같은 것들을 의외라고 생각했을 것이다.

(1) 선지자가 이 세상 일에 그토록 관심을 갖고 있다는 것. 그러나 선지자라고 해서 이 세상 일에 관심을 갖지 말라는 법이 어디 있는가? 사역자들은 이 세상 일에 얽혀서 휘말려 들어서는 안 되지만 이 세상 일에 관심을 가질 수는 있다.

(2) 처자식도 없는 사람이 땅을 샀다는 것. 예레미야는 가정을 이루지 않았기 때문에 그에게는 처자식이 없었다(렘 16:2). 그렇지만 그도 그가 살아 있는 동안에는 자기가 사용하고, 죽을 때에는 친척에게 물려주기 위해서 땅을 살 수도 있다.

(3) 죄수가 되어서 땅을 살 수 있었다는 것. 어떻게 그는 땅을 살 돈을 미리 모아둘 수 있었는가? 그는 아주 검소하게 살았기 때문에, 제사장으로서 그에게 속해 있었던 것들 중에서 얼마간을 모아 두었을 것이고, 이것은 그의 인격에 흠이 되는 것이 전혀 아니었다. 그러나 사람들이 그에게 친절을 베풀어서 얼마간의 돈을 주었을 것이라고 생각할 근거는 전혀 없다.

(4) 무엇보다도 가장 이상했던 것은 그가 유다 온 땅이 황폐화되고 갈대아인들의 수중에 떨어지면 그 땅이 그에게 아무 소용도 없게 될 것을 뻔히 알면서 땅을 샀다는 것이다. 그러나 그가 땅을 산 것은 하나님의 뜻이었다. 그래서 그는 돈을 날리는 한이 있더라도 하나님의 뜻에 순종한 것이었다. 그의 친척이 와서 그에게 땅을 사라고 제안을 한 것이었고, 그가 먼저 나서서 땅을 사겠다고 한 것이 아니었다. 그는 여기저기에 집과 밭을 사서 재산을 늘려갈 욕심이 있었던 것이 아니라, 섭리에 의해서 땅을 산 것이었고, 그것은 아마도 좋은 조건의 거래였을 것이다. 게다가, 그 땅을 무를 권리가 그에게 있었기 때문에(8절), 만약 그가 거절한다면, 그것은 친족의 의무를 다하지 않는 것이 될 것이었다. 물론, 그가 합법적으로 거부할 수 있었다는 것도 사실이지만, 그는 선지자였기 때문에 이런 성격의 일에 있어서 선지자의 신분에 합당한 방식으로 행하지 않으면 안 되었다. 그에게는 모든 의를 이루는 것이 합당하였다. 그 땅은 제사

장들이 사는 성읍의 주변에 있는 땅이었기 때문에, 만약 그가 사기를 거절한다면, 당시와 같은 무질서한 때에는 율법을 어기고 그 땅이 다른 지파에 속한 사람에게 팔릴 위험성이 다분히 있었고, 그것을 막기 위해서는 그가 그 땅을 사는 것이 상책이었다. 또한, 그가 그렇게 하는 것이 그 때에 돈이 몹시 궁하였을 것임이 틀림없는 그의 친척에게 호의를 베푸는 것이 될 것이었다. 예레미야는 비록 가진 돈이 얼마 되지는 않았지만, 사사로운 이익보다는 나라와 이웃의 이익을 더 우선시했던 그였기에 그 돈을 이렇게 하나님의 영광과 그의 친구들이나 그의 나라를 위해 가장 좋은 쪽으로 기꺼이 사용하고자 하였다.

2. 땅을 사는 이 문제와 관련하여 우리는 다음 두 가지를 주목해 보는 것이 좋을 것이다.

(1) 이 거래가 얼마나 공정하게 이루어졌는가. 예레미야는 그의 친척 하나멜이 그에게 다가올 때에 하나님께서 이미 그에게 미리 말씀해 주셨듯이 그 밭을 사는 것이 여호와의 말씀이자 그의 뜻임을 알았기 때문에 망설이지 않고 두말없이 그 밭을 샀다.

[1] 예레미야는 돈을 지불함에 있어서 아주 정직하고 정확하였다. 그는 그에게 돈을 달아 주었다. 밭을 파는 자가 그의 가까운 친척이었지만, 그는 자기 명성을 보고 외상으로 해 달라고 그를 압박한 것이 아니라, 현금으로 그에게 돈을 지불하였다. 그 밭의 가격은 은 십칠 세겔이었다. 그 밭은 작은 밭이었고 거기에서 해마다 나는 소산도 별로 되지 않아서 가격이 낮았던 것 같다. 게다가, 그 밭에 대한 상속권이 예레미야에게 있었기 때문에, 그는 돈을 지불하지 않아도 그 밭에 대한 권리는 이미 그에게 있었다. 어떤 이들은 이 돈은 단지 계약금이었고 전체 금액은 더 컸을 것이라고 생각한다. 그러나 당시에는 돈이 귀했고 땅이나 밭은 별로 귀하지 않았다는 것을 고려하면, 가격이 낮다고 해서 이상할 것은 없을 것이다.

[2] 예레미야는 문서를 보존함에 있어서 아주 신중하고 사려깊었다. 그 문서들은 증인들 앞에서 서명되었다. 문서를 두 통을 만들어서, 한 통은 봉인하였고, 다른 한 통은 봉인하지 않고 개봉된 그대로 두었다. 하나는 원본이었고, 다른 하나는 부본(副本)이었다. 또는, 봉인한 것은 그가 사적으로 사용하기 위한 것이었고, 봉인하지 않은 것은 그 땅에 관심이 있는 사람은 누구든지 볼 수 있도록 등기소에 보관해 두기 위한 것이었는지도 모른다. 이런 성격의 일들을 할

때에 적절하게 주의를 기울이면 큰 불의와 분쟁을 미리 막을 수 있게 된다. 매매 증서들은 증인들 앞에서 바룩의 손에 맡겨졌고, 바룩은 그 증서들이 포로로 잡혀간 자들이 돌아온 후에 예레미야의 상속자들이 사용할 수 있도록 오랫동안 보존해야 했기 때문에 토기(이 세상이 우리에게 주는 모든 보장들은 깨어지기 쉽고 곧 깨어지는 성격을 지니고 있음을 나타내는 상징물)에 보관해 두라는 명령을 받았다. 왜냐하면, 포로로 잡혀갔던 자들이 그 때가 되면 예레미야가 구입한 이 밭으로 인해 유익을 얻을 것이었기 때문이다. 상속권을 구입하는 것은 우리 뒤에 오는 자들에게 좋은 일이 될 것이다. 그래서 선한 자는 후손들을 위하여 재산을 모아서 그 산업을 자자 손손에게 끼치는 법이다.

(2) 이 거래를 한 의도는 무엇이었는가. 그것은 예루살렘이 지금 포위되어 있고 온 땅이 거의 황폐화되다시피 하였지만 사람이 이 땅에서 집과 밭과 포도원을 다시 사게 되는 날이 오리라는 것을 나타내는 것이었다(15절). 하나님은 예레미야에게 몸소 결혼을 하지 않고 살아가는 것을 보임으로써 예루살렘의 멸망이 임박했다는 예언을 백성들에게 재확인시켜 주라고 명령하셨듯이, 이제는 그가 몸소 이 밭을 사는 것을 통해서 예루살렘이 장차 회복될 것이라는 예언을 재확인시켜 주라고 명령하셨다. 사역자들은 그들이 남들에게 전한 말씀을 자기도 믿는다는 것을 그들의 행실 전체를 통해서 보여주어야 한다는 것을 명심하라. 그들이 그런 식으로 살아서 청중들에게 자기가 전한 말씀을 더 깊이 각인시키기 위해서는 예레미야가 이 두 경우에서 보여주었듯이 무수히 자기 자신을 부인하지 않으면 안 된다. 하나님께서 이 땅이 다시 자기 백성의 소유가 될 것이라고 약속하셨기 때문에, 예레미야는 그의 상속자들을 대신해서 이 땅의 지분을 사려고 한 것이었다. 우리의 세상 일들조차도 믿음으로 해나가는 것이 좋고, 일상적인 일들도 하나님의 섭리와 약속을 염두에 둔 채 해나가는 것이 좋다는 것을 명심하라. 루키우스 플로루스(Lucius Florus)는, 제2차 포에니 전쟁에서 한니발이 로마를 포위하고서 거의 점령할 직전에 있었을 때에 그의 군대가 일부 주둔해 있던 땅이 매물로 나오자 어떤 사람이 용맹스러운 로마군이 포위망을 깰 것임을 굳게 믿고서 그 땅을 즉시 산 일을 로마 시민의 용감성을 보여주는 아주 좋은 예로 언급한다. 하물며, 우리는 하나님의 말씀에 우리의 모든 것을 걸고, 틀림없이 마지막에 승리를 거둘 시온의 세력에 우리의 모든 것을 투자할 이유가 충분하지 않은가? 우리가 지금은 고난을 겪지만 언제까지

나 고난을 겪지는 않을 것이다.

[16]내가 매매 증서를 네리야의 아들 바룩에게 넘겨 준 뒤에 여호와께 기도하여 이르되 [17]슬프도소이다 주 여호와여 주께서 큰 능력과 펴신 팔로 천지를 지으셨사오니 주에게는 할 수 없는 일이 없으시니이다 [18]주는 은혜를 천만인에게 베푸시며 아버지의 죄악을 그 후손의 품에 갚으시오니 크고 능력 있으신 하나님이시요 이름은 만군의 여호와시니이다 [19]주는 책략에 크시며 하시는 일에 능하시며 인류의 모든 길을 주목하시며 그의 길과 그의 행위의 열매대로 보응하시나이다 [20]주께서 애굽 땅에서 표적과 기사를 행하셨고 오늘까지도 이스라엘과 인류 가운데 그와 같이 행하사 주의 이름을 오늘과 같이 되게 하셨나이다 [21]주께서 표적과 기사와 강한 손과 펴신 팔과 큰 두려움으로 주의 백성 이스라엘을 애굽 땅에서 인도하여 내시고 [22]그들에게 주시기로 그 조상들에게 맹세하신 바 젖과 꿀이 흐르는 땅을 그들에게 주셨으므로 [23]그들이 들어가서 이를 차지하였거늘 주의 목소리를 순종하지 아니하며 주의 율법에서 행하지 아니하며 무릇 주께서 행하라 명령하신 일을 행하지 아니하였으므로 주께서 이 모든 재앙을 그들에게 내리셨나이다 [24]보옵소서 이 성을 빼앗으려고 만든 참호가 이 성에 이르렀고 칼과 기근과 전염병으로 말미암아 이 성이 이를 치는 갈대아인의 손에 넘긴 바 되었으니 주의 말씀대로 되었음을 주께서 보시나이다 [25]주 여호와여 주께서 내게 은으로 밭을 사며 증인을 세우라 하셨으나 이 성은 갈대아인의 손에 넘기신 바 되었나이다

　　　　이 단락에는 하나님이 예레미야에게 이 나라에 대한 그의 뜻과 목적을 밝히시면서 이 나라를 허물었다가 서서히 시간을 두고 다시 세우시겠다고 말씀하시자, 그가 비록 그 말씀을 백성들에게 신실하게 전하긴 하였지만 혼자 곰곰이 생각할 때에 그 두 가지 말씀을 어떻게 조화시켜야 할지를 몰라서 그의 내면에서 갈피를 못잡고 당혹해하는 가운데 하나님께 기도를 드리는 내용이 나온다. 그는 이러한 당혹감 속에서 기도를 통해 하나님 앞에 자신의 심정을 토로함으로써 평안을 얻었다. 그가 괴로워하고 혼란스러워 했던 것은 그가 그에게 아무런 유익도 없을 것 같은 밭을 구입함으로써 자기를 위해서 별로 좋지 않은 거래를 했다는 생각 때문이 아니라, 그가 여전히 애정을 가지고 신실하게 중보기도 하고 있었던 그의 백성의 처지 때문이었다. 그는 하나님이 약속하신

대로 그들을 위하여 아주 많은 긍휼을 준비해 두고 계신 것이라면 하나님이 경고하신 대로 굳이 지금 그들에게 그토록 가혹한 심판을 진행할 필요가 있겠느냐고 하나님께 하소연하였다. 예레미야는 기도하러 가기 전에 그가 새로 구입한 밭의 매매 증서들을 바룩에게 넘겼는데, 이것은 우리가 하나님을 예배하러 갈 때에는 이 세상의 염려와 거추장스러운 것들을 우리의 마음에서 다 내려놓아야 한다는 것을 말해준다. 예레미야는 감옥 속에서 고통 가운데 있었고 하나님의 이런 섭리들이 어떤 의미인지에 대하여 캄캄한 상태에 있었기 때문에 하나님께 기도한다. 기도는 온갖 아픔과 슬픔을 치료하는 약이라는 것을 명심하라. 우리에게 짐이 되고 부담이 되는 것이 무엇이든, 우리는 기도를 통해서 그것을 여호와께 맡기고 평안해질 수 있다. 이 기도 또는 묵상 가운데서 그는 이렇게 한다.

I. 예레미야는 하나님과 그의 무한한 완전함들을 찬양한다. 온 피조 세계를 창조하시고 붙들고 계시며 은택을 베푸시는 자로서 그의 이름에 합당한 영광을 그에게 돌리면서, 그는 그가 뜻하시는 것을 행하실 수 있는 능력을 가지고 계시다고 말하며 그의 거역할 수 없는 권능을 인정하고, 그는 그가 뜻하시는 것을 얼마든지 하실 수 있는 권세를 가지고 계시다고 말하며 아무도 이의를 제기할 수 없는 그의 주권(sovereignty)을 인정한다(17-19절). 어느 때든지 우리가 하나님의 섭리와 관련된 구체적인 방법이나 적용방식에 대하여 뭐가 뭔지 모르겠다는 생각이 들 때에는 우리 신앙의 기본 원리들로 돌아가서 그것들을 묵상하며 하나님의 지혜와 권능과 선하심에 관한 일반적인 가르침들을 되새기며 위로를 삼는 것이 좋다는 것을 명심하라. 우리는 예레미야가 여기에서 그렇게 하고 있듯이 다음과 같은 것들을 깊이 생각하여야 한다.

1. 하나님은 모든 존재, 능력, 생명, 움직임, 완전함의 원천이시라는 것. 주께서 큰 능력과 펴신 팔로 천지를 지으셨나이다. 그러므로 누가 그를 통제할 수 있으며, 누가 감히 그와 다투겠는가?

2. 하나님에게는 불가능한 것이 없고 뛰어넘지 못할 어려움이 없다는 것. 주에게는 할 수 없는 일이 없으시니이다. 인간의 솜씨와 능력이 아무런 힘이 되지 못할 때, 하나님에게는 모든 반대를 잠재우기에 충분한 능력과 지혜가 있다.

3. 그는 한계도 없고 바닥도 없는 긍휼을 지니신 하나님이시라는 것. 긍휼은 하나님의 매력적인 속성이다. 그의 선하심은 곧 그의 영광이다. "주는 인자

하실 뿐만 아니라, 은혜를 베푸시되 여기저기에서 이 사람 저 사람에게가 아니라 천만인에게 베푸시며 천대(千代)까지 베푸신다."

4. 그는 공평하고 엄정한 공의의 하나님이시라는 것. 하나님이 형벌을 연기해 주시는 것은 결코 죄를 사해 주시는 것이 아니다. 하나님께서 긍휼 가운데서 부모와 조상들을 회개로 이끄시기 위하여 그들에게 벌을 내리지 않으셨을지라도, 죄를 미워하는 마음과 죄인들에 대한 진노는 그대로 남아 있어서, 아버지의 죄악을 그 후손의 품에 갚으시는데, 그럴지라도 그것은 그들에게 잘못하시는 것이 아니다. 인간의 불의는 너무도 가증스러운 것이고, 하나님의 의는 그 존귀함을 지켜내려는 열심이 아주 대단하다.

5. 그는 만유를 지배하시고 부리시는 하나님이시라는 것. 하나님은 크신 하나님이시다. 왜냐하면, 그는 능력 있으신 하나님이시고, 사람들의 세계에서도 능력이 있으면 큰 자로 대접을 받는 법이기 때문이다. 그는 만군의 여호와이시고, 그것이 그의 이름이다. 그는 그의 이름에 걸맞는 분이시다. 왜냐하면, 그는 하늘과 땅의 만상(萬象), 모든 사람들과 천사들을 손짓 하나로 부리시기 때문이다.

6. 하나님은 최고의 선을 위하여 모든 일을 계획하시고, 모든 일이 그의 계획대로 되게 하신다는 것. 그는 책략에 크시고, 그의 손길이 미치는 곳이 드넓으며, 그의 지혜로 세우신 계획들은 아주 깊다. 그는 그의 뜻과 계획을 따라 하시는 일에 능하시다. 그러니 이와 같은 하나님과 싸워 보아야 아무 소용이 없다. 우리는 변함없이 하나님을 섬기는 일에 매진하여야 하고, 그의 모든 처분들을 기쁜 마음으로 묵묵히 순종하여야 한다.

Ⅱ. 예레미야는 하나님이 인간의 모든 행위를 다 아시고 그것들에 대하여 조금도 틀림이 없는 판단을 내리신다는 것을 인정한다(19절). 주는 중립적인 구경꾼이 아니라 모든 것을 살피시는 재판장으로서 사람들이 어디에 있든지 모든 사람들을 지켜 보시기 때문에 그들의 선과 악을 보시고 인류의 모든 길을 주목하시며 그들의 목적지와 각각의 발걸음을 보셔서, 각 사람에게 그의 길과 그의 행위의 열매대로 보응하시나이다. 왜냐하면, 사람들은 하나님이 보신 그들의 모습이 그들의 참 모습이라는 것을 알게 될 것이기 때문이다.

Ⅲ. 예레미야는 하나님이 이전에 자기 백성 이스라엘을 위하여 행하신 큰 일들을 하나하나 열거한다.

1. 하나님은 그들을 저 종 되었던 집인 애굽에서 표적과 기사를 통해서 데리고 나오셨는데, 그것들은 오늘까지도 어떤 흔적들로 남아 있는 것은 아니지만 그들의 기억 속에 남아 있다. 왜냐하면, 그것들은 매년 유월절의 규례를 통해서 그 일을 기억하는 이스라엘에서만이 아니라 다른 사람들 가운데서도 결코 잊혀지지 않았기 때문이다. 모든 이웃 나라들은 바로 그 일을 이스라엘의 하나님의 영광에 크게 기여하였고 하나님의 이름을 오늘과 같이 되게 해준 일로 기억하고서 지금까지 그 일을 말하곤 하였다. 이 말씀은 다음 절에서도 반복된다 (21절). 하나님께서 표적과 기사(열 가지 재앙이 증언해 주듯이)와 애굽인들이 감당하기에는 너무나 강한 손과 교만한 바로에게 미쳤던 펴신 팔과 그들을 비롯해서 주변의 모든 사람들이 겁을 집어먹었던 큰 두려움으로 주의 백성 이스라엘을 애굽 땅에서 인도하여 내셨다. 이것은 신명기 4:34과 관련이 있는 것으로 보인다.

2. 하나님은 그들을 저 좋은 땅인 가나안, 젖과 꿀이 흐르는 땅으로 데려오셨다. 그는 그들에게 주시기로 그 조상들에게 맹세하셨고, 그 맹세를 지키고자 하셨기 때문에 그 땅을 그 자손들에게 주셔서(22절), 그들이 들어가서 이를 차지하였다. 예레미야가 이것을 언급하는 것은 그들의 죄와 불순종을 더욱 무겁게 만들고, 아울러 하나님이 그들을 구원하시는 일을 행하셔야 할 근거로 제시하기 위한 것이다. 우리가 하나님께서 이전에 그의 교회를 위하여, 특히 교회를 처음으로 세우시는 기이한 일을 하실 때에 행하셨던 큰 일들을 자주 기억하는 것은 좋은 일이다.

IV. 예레미야는 그들이 하나님께 저질렀던 배역(背逆)과 하나님이 그들의 그러한 배역 때문에 그들에게 내리셨던 심판을 가슴 아파한다.   그는 여기에서 하나님에 대한 이 백성의 배은망덕한 행실을 설명하며 슬퍼한다. 하나님은 그가 행하기로 약속하였던 모든 일들을 다 행하셨지만(이 백성도 그것을 인정하였다, 왕상 8:56), 그들은 주께서 행하라 명령하신 일을 하나도 행하지 않았다 (23절). 그들은 주의 율법 중에서 그 어느 것도 제대로 행하지 않았다. 그들은 그의 율법을 따라 행하지 아니하였고, 그의 선지자들을 통한 그의 부르심에 한 번도 귀를 기울이지 않았다. 그들은 주의 목소리를 순종하지 아니하였다. 그러므로 예레미야는 하나님이 이 모든 재앙을 그들에게 내리신 것은 의로운 일이었다는 것을 시인한다. 도성은 포위되어 밖으로는 칼로 공격을 받았고, 안으로는 기근과 전염병으로 쇠하여지고 소진되어서, 도성을 치는 갈대아인들의 손에 넘어가기 직전이었다(24절). 도성은 갈대아인들의 손에 넘긴 바 되었다(25절).

1. 그는 예루살렘의 현재의 상태를 하나님의 예언과 비교해 보고서, 하나님의 말씀대로 되었다는 것을 깨닫는다. 하나님은 그들에게 미리 이 일에 대하여 경고를 주셨었다. 만약 그들이 이 경고를 존중했더라면, 그들의 파멸은 막을 수 있었을 것이다. 그러나 그들이 하나님께서 명령하신 것들을 행하고자 하지 않는다면, 하나님이 경고하셨던 일들을 행하시는 것 외에 그들이 기대할 수 있는 것은 아무것도 없다.

2. 그는 하나님께서 예루살렘의 현재의 상태를 깊이 통촉하셔서 불쌍히 여겨주시기를 바란다(24절). 보옵소서 그들이 이 성을 공격하고 성벽을 무너뜨리는 데에 사용하기 위해 만든 저 기구들이 이 성에 이르렀나이다. "보옵소서. 그리고 주께서 보시고 이 상황을 아시나이다. 이 성은 주께서 주의 이름을 두시기 위해 택하신 성이 아니나이까? 주께서 이렇게 이 성을 버리셔도 되는 것이나이까?" 예레미야는 하나님이 행하신 일들에 대하여 불평하거나 하나님이 이렇게 행하셔야 한다고 주문하지 않고, 단지 하나님이 그들의 처지를 보아 주시기를 원하고, 그렇게 해서 하나님이 보아 주시는 것만으로 기뻐한다. 우리가 개인적으로든 공적으로든 어떤 환난 속에 있더라도, 우리는 하나님이 그것을 보시고 어떻게 처리하실지를 아신다는 사실로 위로를 받을 수 있다.

V. 예레미야는 하나님께서 이제 그에게 그의 친척의 밭을 사라고 명령하신 의미에 대하여 좀 더 깊이 알기를 원하는 것으로 보인다(25절). "이 성은 갈대아인의 손에 넘기신 바 되었고 아무도 자기가 가진 것을 누리기 힘들게 되었는데도, 주께서 내게 밭을 사라고 하셨다." 그는 이 일이 하나님의 뜻이라는 것을 깨닫자마자 아무런 이의도 제기하지 않고 그 일을 행하였고, 하늘에서 보여주신 환상에 불순종하지 않았다. 그러나 그는 그 일을 다 행한 후에 왜 하나님께서 그에게 그 일을 하라고 지시하셨는지를 더 잘 알 수 있기를 바랐다. 왜냐하면, 그 일은 이치에 맞지 않고 이상해 보였기 때문이다. 우리는 이유를 잘 몰라도 묵묵히 순종함으로 하나님을 따라야 하지만 점점 더 알고서 순종할 수 있도록 애써야 한다는 것을 명심하라. 우리는 하나님의 율례와 판단에 결코 이의를 달아서는 안 되지만, 우리 하나님 여호와께서 명령하신 이 규례와 법도가 무슨 뜻이냐고 물을 수 있고, 또한 물어야 한다(신 6:20).

²⁶그 때에 여호와의 말씀이 예레미야에게 임하여 이르시되 ²⁷나는 여호와요 모든 육체의 하나님이라 내게 할 수 없는 일이 있겠느냐 ²⁸그러므로 여호와께서 이와 같이 말씀하시니라 보라 내가 이 성을 갈대아인의 손과 바벨론의 느부갓네살 왕의 손에 넘길 것인즉 그가 차지할 것이라 ²⁹이 성을 치는 갈대아인이 와서 이 성읍에 불을 놓아 성과 집 곧 그 지붕에서 바알에게 분향하며 다른 신들에게 전제를 드려 나를 겨노하게 한 집들을 사르리니 ³⁰이는 이스라엘 자손과 유다 자손이 예로부터 내 눈 앞에 악을 행하였을 뿐이라 이스라엘 자손은 그의 손으로 만든 것을 가지고 나를 겨노하게 한 것뿐이니라 여호와의 말씀이니라 ³¹이 성이 건설된 날부터 오늘까지 나의 노여움과 분을 일으키므로 내가 내 앞에서 그것을 옮기려 하노니 ³²이는 이스라엘 자손과 유다 자손이 모든 악을 행하여 내 노여움을 일으켰음이라 그들과 그들의 왕들과 그의 고관들과 그의 제사장들과 그의 선지자들과 유다 사람들과 예루살렘 주민들이 다 그러하였느니라 ³³그들이 등을 내게로 돌리고 얼굴을 내게로 향하지 아니하며 내가 그들을 가르치되 끊임없이 가르쳤는데도 그들이 교훈을 듣지 아니하며 받지 아니하고 ³⁴내 이름으로 일컫는 집에 자기들의 가증한 물건들을 세워서 그 집을 더럽게 하며 ³⁵힌놈의 아들의 골짜기에 바알의 산당을 건축하였으며 자기들의 아들들과 딸들을 몰렉 앞으로 지나가게 하였느니라 그들이 이런 가증한 일을 행하여 유다로 범죄하게 한 것은 내가 명령한 것도 아니요 내 마음에 둔 것도 아니니라 ³⁶그러나 이스라엘의 하나님 여호와께서 너희가 말하는 바 칼과 기근과 전염병으로 말미암아 바벨론 왕의 손에 넘긴 바 되었다 하는 이 성에 대하여 이와 같이 말씀하시니라 ³⁷보라 내가 노여움과 분함과 큰 분노로 그들을 쫓아 보내었던 모든 지방에서 그들을 모아들여 이 곳으로 돌아오게 하여 안전히 살게 할 것이라 ³⁸그들은 내 백성이 되겠고 나는 그들의 하나님이 될 것이며 ³⁹내가 그들에게 한 마음과 한 길을 주어 자기들과 자기 후손의 복을 위하여 항상 나를 경외하게 하고 ⁴⁰내가 그들에게 복을 주기 위하여 그들을 떠나지 아니하리라 하는 영원한 언약을 그들에게 세우고 나를 경외함을 그들의 마음에 두어 나를 떠나지 않게 하고 ⁴¹내가 기쁨으로 그들에게 복을 주되 분명히 나의 마음과 정성을 다하여 그들을 이 땅에 심으리라 ⁴²여호와께서 이와 같이 말씀하시니라 내가 이 백성에게 이 큰 재앙을 내린 것 같이 허락한 모든 복을 그들에게 내리리라 ⁴³너희가 말하기를 황폐하여 사람이나 짐승이 없으며 갈대아인의 손에 넘긴 바 되었다 하는 이 땅에서 사람들이 밭을 사되 ⁴⁴베냐민 땅과 예루살렘 사방과 유다 성읍들과 산지의 성읍들과 저지대의 성

읍들과 네겝의 성읍들에 있는 밭을 은으로 사고 증서를 기록하여 봉인하고 증인을 세우리니 이는 내가 그들의 포로를 돌아오게 함이니라 여호와의 말씀이니라

우리는 여기에서 하나님께서 예레미야의 마음을 진정시키고 평안하게 해주기 위해서 그의 기도에 응답해 주시는 것을 본다. 하나님은 이 대답을 통해서 그가 현재의 세대에 대하여 진노하시는 목적과 장래의 세대에 대하여 은혜를 베푸시고자 하시는 목적을 온전히 밝히신다. 예레미야는 긍휼과 심판 둘 모두에 대하여 노래하고 찬양할 줄을 몰랐는데, 하나님은 여기에서 예레미야에게 그의 긍휼에도 찬양하고 그의 심판에도 찬양하라고 가르치신다. 우리는 하나님의 어떤 말씀을 또 다른 말씀과 어떻게 조화시킬지를 모를 때에라도 여전히 두 말씀이 모두 참되고 순전하며, 둘 다 일점일획도 땅에 떨어짐이 없이 이루어지리라는 것을 확신할 수 있다. 예레미야는 아나돗에 있는 밭을 사라는 명령을 받았을 때에 하나님이 이제 그의 진노의 심판을 취소하시고 갈대아인들에게 포위를 풀라고 명령하시려고 그러시는 줄 알고 희망을 가졌었다. 그러나 하나님은 "심판의 집행은 계속될 것이고, 예루살렘은 폐허로 변하게 될 것"이라고 말씀하신다. 우리는 장래에 긍휼을 베푸시겠다는 하나님의 약속을 현재의 환난을 면제해 주시겠다는 뜻으로 해석해서는 안 된다는 것을 명심하라. 그러나 예레미야가 하나님이 이 밭을 사라고 명령하신 것이 자기 백성이 포로 생활에서 돌아온 후에 그들에게 긍휼을 베푸셔서 그들로 하여금 다시 그들의 땅을 차지하게 하시겠다는 것만을 의미하는 것으로 생각하지 않도록 하기 위하여, 하나님은 그것은 단지 장차 그들에게 차고 넘치게 부어질 저 영적 축복들, 밭이나 포도원과는 비교할 수 없을 정도로 귀한 그 축복들의 모형이자 상징일 뿐이라는 것을 예레미야에게 추가적으로 알려 주신다. 따라서 예레미야에게 임한 이 여호와의 말씀 속에서 우리는 구약 성경의 그 어떤 구절에 못지않게 먼저는 무시무시한 경고들을, 나중에는 보배로운 약속들을 본다. 생명과 사망, 선과 악이 여기에서 우리 앞에 제시된다. 우리는 지혜롭게 잘 생각해서 선택하여야 할 것이다.

I. 유다와 예루살렘의 멸망이 선포됨. 이것은 이미 작정되었고 취소되지 않을 것이다.

1. 하나님은 여기에서 그의 주권(主權)과 권능을 단언하신다(27절). 나는 여

호와, 곧 스스로 존재하고 스스로 충족한 존재인 여호와이다. 나는 스스로 있는 자이니라(출 3:14). 나는 모든 육체, 곧 온 인류의 하나님이다. 인간은 연약하여 서 하나님과 다툴 수 없고(시 56:4) 악하고 부패하여 하나님과 합할 수 없기 때 문에 여기에서 육체라 불린다. 하나님은 만물의 창조주이시고, 만물을 자신의 뜻대로 사용하신다. 이스라엘의 하나님이신 분은 모든 육체의 하나님이시고 모 든 육체의 생명의 하나님이시기 때문에, 이스라엘이 다 어그러져 스스로 버림받 게 되면 다른 민족으로부터 그의 이름을 위한 한 백성을 일으키실 수 있으시 다. 하나님은 모든 육체의 하나님이시기 때문에, 당연히 내게 할 수 없는 일이 있 겠느냐고 반문하시는 것은 당연하다. 사람들의 모든 능력의 근원이 되시고 사 람들이 그 없이는 살 수가 없으며 사람들의 모든 행위들을 지도하시고 다스리 시는 하나님이 무엇을 하실 수 없겠는가? 그가 무엇을 행하기로 계획하시든, 그것이 진노이든 긍휼이든, 그 어떤 것도 그를 방해할 수 없고 그의 계획을 좌 절시킬 수 없다.

2. 하나님은 예루살렘이 바벨론의 왕에 의해서 멸망을 당할 것이라고 그가 자주 말씀했던 것을 그대로 고수하신다(28절). 내가 이 성을 지금 막 움켜쥐려 고 하고 있는 그의 손에 넘길 것인즉 그가 차지할 것이고 이 성을 먹잇감으로 삼 을 것이다(29절). 갈대아인이 와서 이 성읍에 불을 놓아 이 성과 그 안에 있는 모 든 집들을 사르리니 하나님의 집이나 왕의 집이라고 해서 예외가 되지 않을 것 이다.

3. 하나님은 이제까지 그의 은총을 그토록 많이 받아 왔던 이 성에 대하여 이러한 혹독한 심판을 내리시는 이유를 제시하신다. 이 성을 멸망으로 내몰고 있는 것은 다름 아닌 죄이다.

(1) 그들은 죄를 짓는 데에 뻔뻔스럽고 거침이 없었다. 그들은 바알에게 분향 하되, 부끄러움을 느끼거나 발각될 것이 두려워서 한 쪽 후미진 곳에서 행한 것이 아니라, 그들의 집의 지붕에서 행하여(29절) 하나님의 공의에 정면으로 도 전하였다.

(2) 그들은 이렇게 행하여 하나님에게 모욕을 주기로 작정하였다. 그들은 나 를 격노하게 하려고 그런 일을 행하였다(29절). 그들은 그들의 손으로 만든 것을 가지고 나를 격노하게 한 것뿐이었다(30절). 그들은 그런 일을 통해서 그 어떤 기 쁨이나 이득이나 영광을 기대할 수 없었지만, 하나님을 노하게 하려고 의도적

으로 그런 일을 행하였다. 그들이 모든 악을 행하여 내 노여움을 일으켰다(32절). 그들은 예배 문제에 있어서 하나님이 질투하시는 하나님이시라는 것을 알고 있었기 때문에, 그의 질투를 시험해 보기로 작정함으로써 그에게 정면으로 도전하였다. "예루살렘은 건설된 날부터 오늘까지 나의 노여움과 분을 일으켰다(31절)." 그들이 하는 모든 일은 하나님의 진노를 부르는 것들이었다.

(3) 그들은 처음부터 하나님의 노를 불러일으키더니 내내 그렇게 하였다. "광야에서 그들이 불평하고 배역한 것이 증언해 주듯이, 그들은 하나의 민족으로 처음 형성된 이래로 어릴 적부터 내 눈 앞에서 악을 행하였다(30절)." 예루살렘은 거룩한 성이었지만 이 성이 건설된 날부터 오늘까지 거룩한 하나님의 노여움을 불러일으켜 왔다(31절). 하나님이 알려져 있고 그의 이름이 크신 곳 유다와 그의 성막이 있는 예루살렘에서조차도 그를 진노케 만드는 일들이 항상 있어 왔는데, 하나님이 이 세상에서 별로 높임을 받지 못하시고 도리어 큰 욕을 겪으신다고 해서, 우리가 슬퍼하고 탄식할 이유가 어디 있겠는가!

(4) 남녀노소와 신분의 고하를 막론하고 모든 사람들이 총체적으로 죄악을 저질렀기 때문에 이 민족 전체가 멸망을 당하는 것이 당연한 일이었다. 예루살렘 성전을 박차고 떠나 배역한 이스라엘 자손만이 아니라 여전히 성전에 붙어 있는 유다 자손도, 평범한 백성들인 유다 사람들과 예루살렘 주민들만이 아니라 백성들의 죄를 책망하고 억제했어야 마땅한 데도 도리어 죄를 짓는 데에 앞장 섰던 그들의 왕들과 고관들, 그들의 제사장들과 선지자들도 모두 다 악을 행하였다.

(5) 하나님은 거듭거듭 그들을 불러 회개하라고 하셨지만, 그들은 그의 부르심에 귀를 막아 버렸고, 그들을 부르신 분이 그들이 본분을 다해서 모셔야 하는 그들의 주인이시고 그들이 감사해야 할 그들의 은인이신 데도 무례하게도 그에게 등을 돌렸다(33절). "자애로운 부모가 자녀를 가르칠 때처럼 그런 정성을 들여서 내가 그들에게 예의범절을 가르치되 새벽에 일찍 일어나서 끊임없이 가르쳤고, 그들이 가장 고분고분할 때라 여겨서 어릴 적부터 그들의 능력에 맞게 가르치려고 애썼는 데도 아무 소용이 없었다. 그들은 얼굴을 내게로 향하지 아니하며 나를 쳐다보려고조차 하지 않고, 등을 내게로 돌렸다(이것은 최고의 경멸을 나타내는 표현이다)." 하나님이 그들을 부를수록, 그들은 고집 센 망나니처럼 그를 점점 멀리하였다(호 11:2). 그들은 교훈을 듣지 아니하며 받지 아니

하였다. 하나님의 말씀은 그들을 유익하게 하기 위한 것이었는 데도, 그들은 하나님이 그들에게 하신 말씀을 단 한 마디도 경청하지 않았다.

(6) 그들의 우상 숭배 속에는 하나님에 대한 불경(不敬)과 경멸이 들어 있었다. 왜냐하면, 그들은 내 이름으로 일컫는 집에 자기들의 가증한 물건들(하나님이 가장 가증스럽게 여긴다는 것을 그들이 잘 알면서 세웠던 그들의 우상들)을 세워서 그 집을 더럽게 하였기 때문이다(34절). 그들은 산당과 수풀 속에만 우상들을 세운 것이 아니라 심지어 하나님의 성전에도 우상들을 세웠다.

(7) 그들은 그들의 자녀들에게 가장 비인간적이고 잔인한 짓을 저질렀다. 왜냐하면, 그들은 자녀들을 몰록에게 제물로 바쳤기 때문이다(35절). 그들이 마음에 하나님 두기를 싫어하고 하나님의 영광을 부끄러운 것으로 바꾸었기 때문에, 하나님은 그들을 그 상실한 마음과 더러운 정욕 가운데에 내버려 두시고 천륜을 상실하게 하셨고, 그들의 영광은 부끄러운 것으로 바뀌어 버렸다(롬 1:28).

(8) 이 모든 것의 결과는 무엇이었는가?

[1] 그들은 유다로 범죄하게 하였다(35절). 온 땅이 전염성이 강한 우상 숭배와 예루살렘의 죄악들에 물들었다.

[2] 그들은 멸망을 자초하였다. 그것은 마치 하나님이 진노하여 그들을 하나님 앞에서 옮기게 만들려고 일부러 한 것처럼 보였다(31절). 그들은 스스로 하나님의 은총을 박차고 나가 버리고자 하였다.

Ⅱ. 유다와 예루살렘의 회복이 약속됨(36절 이하). 하나님은 심판 가운데서도 긍휼을 기억하실 것이고, 시온에게 은혜를 베푸시기로 정하신 때가 올 것이다. 좀 더 살펴보자.

1. 이 백성이 이제 마침내 절망을 하게 됨. 심판이 아직 멀리 있을 때에는 하나님이 심판을 경고하셨는 데도 그들은 전혀 두려워하지 않았었다. 막상 심판이 그들을 닥쳐오자, 그들에게는 아무런 소망이 없었다. 그들은 도성에 대하여 "우리의 비겁함이나 악한 행실 때문이 아니라 칼과 기근과 전염병으로 말미암아 이 성이 바벨론 왕의 손에 넘긴 바 되었다"고 말하였다(36절). 그들은 이 땅에 대하여 "황폐하여 사람이나 짐승이 없다"고 말하며 분해 하였다(43절). 구해낼 길도 없고 치료할 길도 없다. 이 땅이 갈대아인의 손에 넘긴 바 되었다. 안일함과 방심이 깊을수록 절망도 깊은 법임을 명심하라. 반면에, 어느 때나 거룩한 경외심으로 조심성을 유지하는 자들은 아무리 때가 나빠도 그들을 지탱해 줄 선

한 소망을 지니고 있다.

2. 하나님께서 이후에 그들을 위하여 준비해 두신 긍휼이 있다고 말씀하시며 그들에게 소망을 주심. 그들은 포로 생활을 하다가 거기에서 죽겠지만, 그들의 자녀들은 이 좋은 땅과 이 땅에서 하나님이 주시는 복을 다시 보게 될 것이다.

(1) 그들은 포로 생활에서 건지심을 받고 돌아와서 이 땅에 다시 정착하게 될 것이다(37절). 그들은 하나님의 노여움과 분함과 큰 분노 아래에 있었다. 그러나 이제 그들은 하나님의 은혜와 사랑과 큰 은총에 참여하게 될 것이다. 하나님은 그들을 흩으셨고 그들을 모든 지방으로 쫓아 보냈었다. 도망친 자들은 뿔뿔이 흩어졌고, 적군의 수중에 들어간 자들도 그들이 서로 뭉쳐서 반란을 일으키지 못하도록 하기 위하여 정책에 의해서 여기저기로 흩어졌다. 이 둘 모두에 하나님의 손길이 있었다. 그러나 이제 하나님은 율법에서 약속하시고(신 30:3-4) 성도들이 기도했던 대로(시 106:47; 느 1:9) 그들을 쫓아 보내었던 모든 지방에서 그들을 찾아내서 모아들일 것이다. 하나님은 그들을 추방하셨지만, 그들이 꿈에도 잊지 못하던 이 곳으로 그들을 돌아오게 하실 것이다. 그들이 그들의 땅에서 살았던 지난 오랜 세월 동안에도 그들은 끊임없이 전쟁의 소문에 두려워 떨어야 했었다. 그러나 이제 내가 그들을 안전히 살게 할 것이다. 하나님께 돌아와서 삶을 고친 지금, 안에 있는 그들의 양심이나 밖에 있는 그들의 원수들은 그들에게 두려움이 되지 않을 것이다. 하나님은 분명히 내가 그들을 이 땅에 심으리라고 약속하신다(41절). 내가 반드시 그렇게 할 뿐만 아니라, 그들은 이 땅에서 거룩한 안정감과 쉼을 누리게 될 것이고 뿌리를 내리게 될 것이며 든든하게 심겨져서 다시 요동하거나 흔들리지 않을 것이다.

(2) 하나님은 그들과의 언약, 은혜의 언약을 새롭게 갱신하실 것인데, 그 축복들은 영적인 것들로서 그들 속에서 선한 일들로 역사하여, 하나님이 그들을 위하여 행하시고자 하시는 큰 일들을 받을 수 있도록 그들은 준비시킬 것이다. 그 언약은 영원한 언약이라 불리고 있는데(40절), 이것은 하나님이 그 언약에 영원히 신실하실 것이기 때문만이 아니라 그 언약에서 흘러나오는 결과물들이 영원할 것이기 때문이다. 왜냐하면, 의심할 여지 없이 여기에 나오는 약속들은 육신을 따라 난 이스라엘이 아니라 거기에서 한 걸음 더 나아가서 모든 믿는 자들, 모든 진정한 이스라엘 사람들에게 주어지고 있음이 분명하기 때문이다.

선한 그리스도인들은 이 약속들을 그들 자신에게 적용해서 이 약속들에 의지해서 하나님께 간구할 수 있고, 이 약속들의 유익이 그들의 것이라 주장할 수 있으며, 이 약속들이 주는 위로를 얻을 수 있다.

[1] 하나님은 그들을 그의 백성으로 인정하실 것이고, 그 자신은 그들에게 그들의 하나님이 되어 주실 것이다(38절). 그들은 내 백성이 되리라. 하나님은 그들 속에서 역사하셔서 그의 백성이 지녀야 할 모든 성품과 성향을 만들어내셔서 그들을 그의 백성으로 삼으실 것이고, 그런 후에 자기 백성인 그들을 보호하시고 인도하시며 다스리실 것이다. "그들을 참되고 온전하며 영원히 복되게 하기 위하여 내가 그들의 하나님이 될 것이다." 그들은 하나님을 그들의 하나님으로 섬기고 예배하며 오직 그에게만 충성을 다할 것이고, 하나님은 자신이 그들의 하나님이시라는 것을 보여주실 것이다. 하나님 자신과 그가 가지신 모든 것은 그들의 유익을 위하여 사용될 것이다.

[2] 하나님은 그들에게 그를 경외하는 마음을 주실 것이다(39절). 하나님이 자신과의 언약 관계 속으로 이끄셔서 자기 백성으로 삼으신 자들에게 요구하시는 것은 그들이 그를 경외하는 것, 그의 위엄에 대하여 경외심을 갖는 것, 그의 진노와 권세를 두려워하는 것, 그에게 예를 갖추어 그의 이름에 합당한 영광을 그에게 돌리는 것이다. 이제 하나님은 그들을 자기 백성으로 택하신 후에 그들에게 요구하시는 이런 것들을 그들 속에 직접 역사하셔서 만들어내시겠다고 약속하신다. 사람의 마음을 빚어내는 일이 하나님의 대권(大權)이듯이, 자기 백성의 마음을 올바르게 빚어내시겠다는 것은 그들에게 주시는 하나님의 약속이라는 것을 명심하라. 하나님을 경외하는 마음은 진정으로 선한 마음이고 잘 빚어진 마음이다. 이 말씀은 다시 한 번 반복된다. 내가 나를 경외함을 그들의 마음에 두리라(40절). 즉, 하나님은 그들 속에서 역사하셔서, 그들의 행실 전체를 다스리고 거기에 영향을 미칠 은혜로운 기본 품성들을 그들 속에 만들어내시겠다는 것이다. 선생들은 우리의 머릿속에 좋은 것들을 집어넣어 줄 수 있지만, 우리 마음속에 좋은 것들을 집어넣어 주시고 우리 속에서 역사하셔서 우리로 선한 일들을 하고 싶어함과 동시에 행할 수 있게 해주실 수 있으신 분은 오직 하나님뿐이시다.

[3] 하나님은 그들에게 한 마음과 한 길을 주실 것이다. 그들이 한 길로 행하도록 하기 위하여 하나님은 그들에게 한 마음을 주실 것이다. 마음이 하나이듯

이, 길도 하나일 것이고, 이 둘은 하나가 될 것이다.

첫째, 그들 각자는 그들 자신과 하나가 될 것이다. 한 마음은 새 마음과 동일하다(겔 11:19). 마음이 하나님을 위하기로 온전히 작정되어 있고 하나님께 온전히 헌신되어 있을 때에 그 마음은 하나이다. 우리의 눈이 순전하여 오직 하나님의 영광만을 바라보고, 우리의 마음이 확정되어 있어서 하나님만을 의지하며, 하나님에 대한 우리의 순종이 모든 일에서 한결같을 때, 그 마음은 하나이고 길도 하나이다. 마음이 이렇게 견고하지 않다면, 그 행하는 것들도 견고하지 못할 것이다. 이 약속을 통해서 우리는 다윗과 같이 내가 일심으로 주의 이름을 경외하게 하소서(시 86:11)라고 기도해야 한다는 교훈을 배울 수 있고, 그렇게 기도할 힘을 얻을 수 있다. 왜냐하면, 하나님은 내가 그들에게 한 마음을 주어 항상 나를 경외하게 하리라고 말씀하시기 때문이다.

둘째, 그들은 서로 하나가 될 것이다. 모든 선한 그리스도인들은 하나로 연합하여 한 몸이 될 것이다. 유대인들과 이방인들은 하나의 양우리가 될 것이다. 그들이 고백하는 복음 속에는 서로 사랑할 것에 대한 아주 강력한 유인제(誘引劑)가 들어 있고 그들 속에 내주하시는 성령은 사랑의 영이기 때문에, 그들은 모두 각자 성화가 이루어진 정도만큼 서로를 사랑하는 성품을 지니게 될 것이다. 그들은 사소한 일들에 대해서는 서로 인식이 다를 수 있겠지만, 동일한 형상을 따라 새로워지고 있기 때문에 하나님의 큰 일들에 있어서는 모두 하나가 될 것이다. 그들에게는 각자에게 맞는 많은 작은 길들(paths)이 있겠지만, 그들은 오직 하나의 대로(大路)(한 길), 즉 진실한 경건의 대로만을 가질 것이다.

[4] 하나님은 그들이 은혜를 지켜 나가게 하고 그와 그들 간의 언약이 지속될 수 있게 해줄 모든 것을 공급해 주실 것이다. 만약 그들이 하나님을 떠나지 않았더라면, 그들은 에덴 동산에서의 아담처럼 가나안 땅에 처음 심어졌을 때부터 지금까지 행복했을 것이다. 그러므로 그들이 그들의 복된 상태를 회복한 지금, 하나님은 그들이 그를 떠나는 것을 미리 막아줌으로써 그 복된 상태 속에 견고히 자리를 잡게 하실 것이고, 이것은 그들의 지극한 복을 온전케 해주는 것이 될 것이다.

첫째, 하나님은 그들을 결코 떠나거나 버리지 않으실 것이다. 내가 그들에게 복을 주기 위하여 그들을 떠나지 아니하리라. 세상의 왕들은 변덕이 심해서, 아무리 큰 총애를 받던 자들도 하룻밤 사이에 찬밥 신세가 되어 버리기 일쑤다. 그러나 하나님의 인자하심은 영원하다. 하나님은 사랑하시는 자를 끝까지 사랑하신다. 하나님은 이 백성을 떠난 듯이 보일 수도 있지만(사 54:8), 그 때에도 그들에게 복을 주시는 것과 그런 복을 계획하시는 것에서 떠나시지는 않으신다.

둘째, 그들은 하나님을 결코 떠나거나 버리지 않을 것이다. 이런 일은 우리에게도 있을 수 있는 일이다. 우리는 하나님의 신실하심과 변함없으심을 불신할 이유가 전혀 없지만, 우리가 문제이다. 그러므로 하나님은 여기에서 그들에게 항상 그를 경외하는 마음을 주셔서, 그들로 매일매일 그리고 하루 온 종일, 더 나아가 평생토록 그를 경외할 수 있게 해주시겠다고 약속하신다(잠 23:17). 하나님은 그들의 마음속에 그런 본질적인 품성을 집어넣어 주셔서, 그들이 그를 떠나지 않게 하실 것이다. 자신의 이름을 하나님께 온전히 맡긴 자들조차도 하나님이 그들을 내버려 두시면 하나님을 떠나게 될 것이다. 그러나 하나님을 경외하는 것이 그들의 마음을 지배하게 되면, 그들은 떠나지 못하게 될 것이다. 오직 그것만이 그것을 해낼 수 있고, 다른 것으로는 그것을 해낼 수 없다. 우리가 계속해서 하나님께 가깝고 신실하다면, 그것은 우리 자신의 어떤 힘이나 결단 덕분이 아니라 순전히 하나님의 전능하신 은혜 덕분이다.

[5] 하나님은 그들과 그들의 후손의 복을 위하여 그들의 후손에게도 복을 주시고, 또한 은혜를 주셔서 그를 경외하게 하실 것이다. 그들이 하나님을 떠난 것이 그들의 자손에게 화가 되었던 것처럼, 그들이 하나님께 충성한 것은 그들의 자손에게 복이 될 것이다. 우리의 가정 속에서 하나님을 경외하고 예배하는 것을 견고히 지켜나가는 것보다 우리의 후손에게 복을 끼치는 것은 없다.

[6] 하나님은 그들의 후손을 기뻐하셔서 그 후손이 잘 되는 일이라면 무슨 일이라도 하실 것이다(41절). 내가 기쁨으로 그들에게 복을 주리라. 하나님은 그 후손들을 기뻐하시기 때문에 반드시 그들에게 복을 주실 것이다. 그들은 그에게 사랑스러울 것이다. 하나님은 그들을 그의 자랑으로 삼으실 것이기 때문에, 그들에게 복을 주실 뿐만 아니라 그들에게 복을 주시는 것을 기뻐하실 것이다. 하나님은 그들을 벌하실 때에는 주저하실 것이다. 에브라임이여 내가 어찌 너를 놓겠느냐(호 11:8). 그러나 하나님이 그들을 회복시키실 때에는 만족해하며 그렇게 하실 것이다. 하나님은 그들에게 복을 주시는 것을 기뻐하신다. 그러므로 우리는 기쁜 마음으로 그를 섬기고, 그를 섬길 모든 기회를 기뻐하여야 한다. 하나님은 그 자신이 즐거이 주시는 자이시기 때문에 즐거이 일하는 종을 사랑

하신다. 하나님은 이렇게 말씀하신다. 내가 나의 마음과 정성을 다하여 그들을 심으리라. 하나님은 그 일에 정성을 다하실 것이고, 그 일을 즐거워하실 것이다. 하나님은 그들이 가나안 땅에 다시 정착할 수 있도록 그의 섭리를 이끌어 가실 것이고, 섭리에 따른 여러 가지 일들도 거기에 맞추실 것이다. 하나님께서 모든 일이 합력하여 교회의 유익과 복이 되게 하였다는 것이 결국에는 밝혀져서, 세상의 통치자가 그의 교회를 돌보는 일에 온통 빠져 계시다는 말이 나올 것이다.

[7] 이 약속들은 앞에서 나왔던 경고들과 마찬가지로 반드시 이행될 것이다. 그들이 안일하게 생각하고 있었는 데도 심판의 경고들이 성취되면, 그들이 현재의 절망적인 상황에도 불구하고 이 약속들이 이루어질 것을 기대하게 될 것이다(42절). 내가 경고한 대로 나의 공의의 영광을 위하여 이 백성에게 이 큰 재앙을 내린 것 같이 내가 한 약속을 따라 나의 긍휼의 영광을 위하여 내가 허락한 모든 복을 그들에게 내리리라. 경고의 말씀에 신실하신 하나님은 약속의 말씀에는 훨씬 더 신실하실 것이다. 하나님은 그들을 괴롭게 하신 날수대로 자기 백성을 위로하실 것이다. 교회들은 역경의 날이 지난 후에는 안식을 갖게 될 것이다.

[8] 이 모든 것의 징조로서 유다와 예루살렘에 있는 집과 땅이 다시 좋은 가격에 팔릴 것이고, 사려는 자들이 지금은 거의 없지만 다시 많아질 것이다(43-44절). 이 땅에서 사람들이 밭을 살 것이고, 사람들은 다른 어느 곳보다도 여기에서 밭을 갖고 싶어할 것이다. 예루살렘 사방만이 아니라 유다와 이스라엘의 성읍들에 있는 땅, 산지나 골짜기에 있는 땅, 네겝의 성읍들에 있는 땅, 방방곡곡에 있는 땅을 가리지 않고 팔려고 내놓은 땅은 내놓기가 무섭게 사람들이 사서 증서를 기록할 것이다. 사람들은 땅을 살 만한 충분한 돈을 갖게 될 것이기 때문에 매매가 다시 잘 될 것이다. 돈을 갖고 있는 사람들이 땅에 투자하려고 할 것이기 때문에 농업이 살아날 것이다. 사람들이 증서를 기록하고 봉인할 것이기 때문에 법이 제대로 돌아가게 될 것이다. 하나님께서 이런 것을 말씀해 주시는 것은 예레미야에게 그가 밭을 사게 한 까닭을 이해시키기 위한 것이다. 그는 밭 한 뙈기를 샀고 가서 그 밭을 볼 수도 없었지만, 그것은 그가 앞으로 많은 밭을 살 것임을 보여주는 하나의 보증이라는 것과, 그것들은 마음속에 하나님을 경외하는 것을 지니고 있어서 하나님을 떠나지 않는 모든 자들을 위해 하늘

의 가나안에 준비되어 있는 것들, 그들이 천국에 사 놓은 것들을 희미하게 보여주는 것들일 뿐이라는 것을 믿어야 했다.

제 33 장

개요

이 장의 요지는 유대인들의 땅이 현재 황폐화되어 있고 그 백성들은 흩어져 있다고 하여도 그들이 결국 회복될 것이라는 약속을 다시 한 번 확인해 주는 것으로서 앞 장의 내용과 거의 동일하다. 이 약속들은 장차 생겨나게 될 복음 교회와 관련하여 모형으로서의 역할을 하는데, 포로기 이후에 다시 짜여진 두 번째 유대 교회는 복음 교회에게 마침내 그 존엄과 특권들을 물려줄 것이었다. 여기에서는 다음과 같은 것들이 약속된다. I. 예루살렘이 "이전과 같은 상태로" 재건되리라는 것(1-6절). II. 포로 된 자들은 그 죄를 사함받고 돌아오게 되리라는 것(7-8절). III. 이 일은 하나님의 영광에 크게 기여하게 되리라는 것(9절). IV. 이 땅에 기쁨과 풍성함이 있으리라는 것(10-14절). V. 메시야가 오기 위한 길이 준비되리라는 것(15-16절). VI. 다윗의 집, 레위의 집, 이스라엘의 집이 그리스도의 나라에서 모두 다시 번성하고 견고해지리라는 것. 복음 사역과 복음 교회는 세계가 존속하는 한 계속될 것이다(17-26절).

¹예레미야가 아직 시위대 뜰에 갇혀 있을 때에 여호와의 말씀이 그에게 두 번째로 임하니라 이르시되 ²일을 행하시는 여호와, 그것을 만들며 성취하시는 여호와, 그의 이름을 여호와라 하는 이가 이와 같이 이르시도다 ³너는 내게 부르짖으라 내가 네게 응답하겠고 네가 알지 못하는 크고 은밀한 일을 네게 보이리라 ⁴이스라엘의 하나님 여호와께서 말씀하시니라 무리가 이 성읍의 가옥과 유다 왕궁을 헐어서 갈대아인의 참호와 칼을 대항하여 ⁵싸우려 하였으나 내가 나의 노여움과 분함으로 그들을 죽이고 그들의 시체로 이 성을 채우게 하였나니 이는 그들의 모든 악행으로 말미암아 나의 얼굴을 가리어 이 성을 돌아보지 아니하였음이라 ⁶그러나 보라 내가 이 성읍을 치료하며 고쳐 낫게 하고 평안과 진실이 풍성함을 그들에게 나타낼 것이며 ⁷내가 유다의 포로와 이스라엘의 포로를 돌아오게 하여 그들을 처음과 같이 세울 것이며 ⁸내가 그들을 내게 범한 그 모든 죄악에서 정하게 하며 그들이 내게 범하며 행한 모든 죄악을 사할 것이라 ⁹이 성읍이 세계 열방 앞에서 나의 기쁜 이름이

될 것이며 찬송과 영광이 될 것이요 그들은 내가 이 백성에게 베푼 모든 복을 들을 것이요 내가 이 성읍에 베푼 모든 복과 모든 평안으로 말미암아 두려워하며 떨리라

이 단락에서 우리는 다음과 같은 내용들을 볼 수 있다.

I. 하나님께서 예레미야에게 전하라고 하신 이 위로가 되는 예언이 선포된 때. 그 때가 언제였는지는 정확히 나와 있지 않고, 다만 앞 장에서의 일이 있은 후에 상황이 날로 악화되어 가고 있던 때에 이 예언이 예레미야에게 임하였다고만 본문에 나와 있다. 이것은 여호와의 말씀이 그에게 두 번째로 임한 것이었다. 하나님은 자기 백성에게 힘을 주시기 위하여 한 번 말씀하시고 다시 말씀하신다(욥 33:14). 우리는 지독히도 순종하지 않기 때문에 우리의 본분을 다하라는 교훈을 듣고 또 들을 필요가 있을 뿐만 아니라, 지독히도 불신하기 때문에 하나님은 우리를 위로하시려면 약속을 들려주시고 또 들려주셔야 한다. 이 말씀은 앞서의 말씀처럼 아직 시위대 뜰에 갇혀 있을 때에 예레미야에게 임하였다. 하나님의 백성을 감옥에 가두어도 그들에게서 하나님의 임재를 빼앗을 수는 없다는 것을 명심하라. 그 어떤 자물쇠나 빗장으로도 하나님의 은혜로운 심방을 차단하거나 봉쇄할 수 없다. 아니, 고난이 그들에게 넘치는 것 같이 그들이 받는 위로도 넘치는 일이 흔하고, 세상이 그들에게 눈살을 찌푸릴 때에 그들은 가장 생생하게 하나님의 은혜를 경험한다. 바울의 달디 단 서신들은 감옥의 흔적을 지닌 것들이었다.

II. 예언의 내용. 이 예언 속에는 포로 된 자들이 절망에 빠지지 않도록 하기 위하여 그들의 마음을 달래 주려는 많은 위로의 말씀이 담겨 있다. 좀 더 살펴보자.

1. 이 위로를 그들에게 보장해 주고 계시는 분은 누구인가(2절). 그분은 일을 행하시는 여호와, 그것을 만들며 성취하시는 여호와, 그의 이름을 여호와라 하는 이이시다. 그는 천지를 만드시고 조성하신 분이기 때문에 모든 권세를 그의 손에 쥐고 계신다. 하나님의 이러한 말씀은 예레미야의 기도에 대한 화답이다(렘 32:17). 그는 예루살렘, 곧 시온을 만드시고 조성하신 분이고, 처음에 그것을 지으신 분이기 때문에 얼마든지 다시 재건하실 수 있으시다. 그는 그를 찬송하도록 예루살렘을 다시 지으실 것이다. 그는 예루살렘을 만드시고 견고히 하셨

다. 그러므로 예루살렘은 요동하지 않는 영원한 것들이 올 때까지 견고히 서 있을 것이다. 그는 이 약속을 만드시고 조성하신 분이다. 그는 예루살렘의 회복을 위한 계획을 세워 놓으셨다. 따라서 예루살렘을 조성하셨던 그가 그것을 다시 굳게 세우실 것이고, 이 약속을 하신 그가 그 약속을 이루실 것이다. 왜냐하면, 자신의 약속들을 이행하여 그 약속한 것들을 존재하게 하시는 여호와가 그의 이름이기 때문이고, 그가 그런 일을 하셨을 때에 그는 그런 이름으로 알려지게 되셨기 때문이다(출 6:3). 천지를 창조하기를 마치시고나서야 창조주는 여호와로 불렸다(창 2:4).

2. 그들은 이 위로를 어떻게 얻고 가져와야 하는가 — 기도를 통해서(3절). 너는 내게 부르짖으라 내가 네게 응답하리라. 선지자는 이런 유의 어떤 암시를 받았기 때문에 하나님의 인자하신 의도들을 더 밝혀주시도록 하나님께 간절히 엎드려 기도하여야 했다. 그는 앞에서 이미 기도했었지만(렘 32:16), 다시 기도해야 하였다. 하나님으로부터 위로를 받기를 기대하는 자들은 끊임없이 계속해서 기도로 살아야 한다. 우리는 하나님의 이름을 부르며 기도하여야 한다. 그러면 하나님은 우리에게 응답해 주실 것이다. 하나님은 그리스도께도 내게 구하라 내가 주리라(시 2:8)고 말씀하셨다. 네가 알지 못하고 깨달을 수도 없고 믿을 수도 없는 크고 은밀한 일(물론, 부분적으로는 이미 계시되었지만)을 내가 네게 보이리라(아주 뚜렷하고 분명하게 그 전체를 볼 수 있게 해주리라). 또는, 이것은 예레미야가 원한다면 그가 받게 될 은혜들을 미리 보여주시겠다는 것을 의미할 뿐만 아니라 하나님의 백성이 이 말씀에 힘을 얻어서 어떤 것들을 위하여 기도할 때에 그것들을 이루어 주시겠다는 것을 의미할 수 있다. 하나님께서 약속들을 주시는 것은 기도를 하지 말라는 것이 아니고 도리어 기도를 일깨우고 격려하기 위한 것임을 명심하라(겔 36:37).

3. 예루살렘의 처지가 얼마나 통탄스러운 것이었는가. 그들의 처지는 하나님이 이러한 위로의 말씀을 주시지 않으면 안 되었을 정도로 심각한 상태였다. 그러나 그런 상태라 할지라도 때가 되면 그들은 다시 회복하게 될 것이다(4절). 이 성읍의 가옥과 유다 왕궁이 적의 공성용(攻城用) 기구들이나 칼 또는 도끼와 망치에 의해서 무너져 내리고 있다. 이것은 그가 공성퇴를 가지고 네 성을 치며 도끼로 망대를 찍을 것이라는 에스겔 26:9의 말씀에서 사용된 것과 동일한 단어이다. 아무리 튼튼하고 웅장하게 지은 집들과 방어 설비가 아무리 잘 되어 있

는 집들이라도 무너져 내려서 평평해져 버렸다. 5절은 예루살렘의 현재의 재앙과 같은 상황을 보여주는 또 하나의 예를 보여주는 삽입문이다. 적군을 무찔러서 포위망을 풀게 하려고 갈대아인들과 싸우러 나간 자들은 전세를 호전시키기는커녕 도리어 화를 불러왔다. 적군은 이러한 도발에 화가 나서 그들을 더욱 맹렬하고 사납게 공격하였고, 그 결과 예루살렘에 있는 집들은 적군을 공격하러 나갔다가 상처를 입고 죽은 자들의 시체로 가득하였다. 하나님은 그가 그의 노여움으로 그들을 죽인 것이라고 말씀하신다. 왜냐하면, 적군의 칼은 그의 칼이었고 적군의 분노는 그의 분노였기 때문이다. 그러나 이렇게 해서 죽은 자들은 일반적으로 다른 사람들보다도 더 악했던 자들이었던 것으로 보인다. 왜냐하면, 하나님은 그들의 모든 악행으로 말미암아 그의 얼굴을 가리어 이 성을 돌아보지 아니하셨기 때문이다. 따라서 하나님이 그들에게 행하신 이 모든 일은 의로운 것이었다.

4. 하나님이 유다와 예루살렘을 위하여 준비해 두신 축복들, 그들의 모든 어려움을 다 해결해 줄 축복들은 무엇인가.

(1) 그들은 병에 걸려 있고 상처를 입고 있는가? 그 병이 심각해서 치료할 수 없는 것처럼 보일지라도, 하나님은 그 병을 말끔하게 치료해 주실 것이다(렘 8:22). "온 머리는 병들었고 온 마음은 피곤하였다(사 1:5). 그러나 내가 이 성읍을 치료하며 고쳐 낫게 하리라(6절). 내가 죽지 않게 해주고, 아픈 것을 제거하며, 모든 것을 다시 바로잡아 놓을 것이다(렘 30:17)." 상황이 아무리 절망적이라고 하여도 하나님이 치료에 착수하시면 그 상황은 반드시 낫게 되리라는 것을 명심하라. 예루살렘이 저지른 죄들은 그대로 그들의 병이 되었다(사 1:6). 그러므로 그들이 죄를 버리고 삶을 고치면, 그들은 병이 나아서 회복될 것이다. 다음의 말씀은 그 일이 어떻게 이루어질 것인지를 우리에게 보여준다. "내가 평안과 진실이 풍성함을 그들에게 나타내리라. 때가 되면, 내가 그들에게 그것을 줄 것이고, 그 때가 올 때까지는 그들로 하여금 이 약속에 의지해서 힘을 얻게 할 것이다." 여기에서 평안으로 번역된 '샬롬'은 온갖 좋은 것들, 모든 것이 좋은 상태를 나타낸다. 평안과 진실(또는, 평강과 진리)은 약속에 따라 '샬롬'이 주어지리라는 것을 의미한다. 또는, 평안과 진실은 이제까지 그들로 하여금 하나님을 떠나 어그러진 길로 가게 만들었던 온갖 거짓이나 속임수와 반대되는 평안과 참된 신앙, 평안과 하나님의 참 예배를 가리키는 것일 수도 있

다. 우리는 이것을 좀 더 일반적으로 적용해 볼 수 있다.

[1] 평안과 진실은 하나님의 계시에서 중요한 주제이다. 여기에 주어진 이 약속들은 우리를 그리스도의 복음으로 인도한다. 그 복음을 통해서 하나님은 우리에게 평안과 진실, 참된 평안의 길, 우리를 지도해 줄 진리와 우리를 마음 편하게 만들어 줄 평안을 계시하셨다. 차고 넘치게 풍성한 은혜와 진리는 예수 그리스도로 말미암아 온 것이다(요 1:17). 평안과 진실은 우리 심령의 생명이고, 그리스도께서는 우리로 그 생명을 얻게 하고 더 풍성히 얻게 하려고 오셨다(요 10:10). 그리스도는 진리의 능력으로 다스리시고(요 18:37), 그 능력으로 풍성한 평강을 주신다(시 72:7; 85:10).

[2] 하나님께서 평안과 진실을 나타내시면 그것을 믿음으로 받는 모든 자들은 고침을 받고 나음을 입게 된다. 그것은 성화(聖化)의 수단이기 때문에 우리의 심령에 들어 있는 질병들을 고친다(요 17:17). 그가 그의 말씀을 보내어 그들을 고치셨도다(시 107:20). 그것은 우리의 심령에 선한 질서를 가져다 주고, 선한 체질을 유지하게 만들어 주어서, 신령한 삶을 살 수 있게 해준다.

(2) 그들은 흩어져서 노예로 살고 있고 그들의 나라는 폐허로 변해 있는가? "내가 유다의 포로와 이스라엘의 포로를 돌아오게 하여(7절, 스룹바벨의 인도 아래 돌아온 자들은 주로 유다, 베냐민, 레위 지파의 사람들이었지만 나중에 다른 모든 지파의 사람들도 많이 돌아왔다), 그들을 처음과 같이 세울 것이다." 그들이 회개하여 그들의 처음 행위들을 행한다면, 하나님은 그들을 회복시키셔서 그의 처음 행위들을 행하실 것이다.

(3) 죄가 그들의 모든 환난을 불러일으킨 원인인가? 하나님은 그 죄를 사하시고 제압하셔서, 심판의 원인이 된 죄의 뿌리를 뽑아버리실 것이다(8절).

[1] 죄 때문에 그들은 더러워져서 하나님의 거룩 앞에서 악취가 나는 자들이 되어 버렸지만, 하나님은 그들을 깨끗하게 씻어주실 것이고 그들을 그 모든 죄악에서 정하게 해주실 것이다. 의식(儀式)상으로 부정을 타서 성막에 들어오지 못하게 되었을 때에 부정을 씻는 물(민 19:9)을 그 사람에게 뿌리면 그가 다시 성막에 들어올 수 있게 되었던 것처럼, 하나님이 그들을 그 모든 죄악에서 정하게 해주시면 그들은 그들의 땅과 거기에 수반된 특권들을 되찾게 될 것이었다. 이 부정을 씻는 물에 빗대어서 다윗은 우슬초로 나를 정결하게 하소서(시 51:7)라고 기도하였다.

[2] 죄 때문에 그들은 범죄자가 되어서 하나님의 공의의 심판을 받게 되었다. 그러나 하나님은 그들의 모든 죄악을 사하셔서, 죄 때문에 그들이 받을 수밖에 없었던 벌을 제거해 주실 것이다. 거룩하게 하시는 은혜를 받아서 죄의 더러움에서 깨끗하게 된 모든 자들은 죄를 사하시는 은혜를 통해서 그 죄책(罪責)으로부터 해방된다.

(4) 그들의 죄와 그들의 고난이 하나님께 불명예를 안겨 주고 욕이 되게 하였는가? 그들이 삶을 고쳐서 회복이 되면, 그것은 하나님께 많은 찬송을 안겨 드리게 될 것이다(9절). 예루살렘이 이렇게 재건되고 유다에 이렇게 다시 많은 사람들이 살게 되면, 그들은 이전에 하나님을 진노케 했던 것만큼이나 이제는 그를 기쁘시게 해 드릴 것이기 때문에 하나님의 기쁜 이름이 될 것이며 세계 열방 앞에서 찬송과 영광이 될 것이다. 이렇게 회복된 그들은 하나님께 순종함으로써 그를 영화롭게 해 드릴 것이고, 하나님은 그들에게 베푸시는 그의 은총들을 통해서 영광을 받으실 것이다. 이 새로워진 민족은 이전에는 이 거룩한 신앙에 수치가 되었었지만 이제는 이 신앙을 빛내주는 존재가 될 것이다. 열방들은 하나님이 그의 은혜로 그들에게 베푸신 모든 복과, 그의 섭리를 통해서 그들에게 베푸신 모든 복에 대하여 듣게 될 것이다. 그들이 바벨론에서 돌아오는 기적은 옛적에 그들이 애굽에서 구원을 받는 기적이 일어났을 때와 마찬가지로 온 세계에 큰 소동을 불러일으키게 될 것이다. 세계 열방들은 하나님이 그들에게 베푸신 이 모든 복으로 말미암아 두려워하며 떨 것이다.

[1] 하나님의 백성 자신도 두려워 떨 것이다. 그들은 이 일을 보고 많이 놀랄 것이고, 이토록 선하신 하나님을 또 다시 진노케 하면 어쩌나, 그의 은총을 잃으면 어쩌나 하는 마음으로 두려워하게 될 것이다. 그들은 여호와와 그의 선하심을 경외하게 될 것이다(호 3:5).

[2] 이웃 나라들도 예루살렘의 형통을 보고 두려워할 것이고, 유대 민족이 점점 강성해져 가는 것을 몹시 두려워하는 눈으로 바라볼 것이며, 그 민족이 그들을 적으로 삼을까봐 두려워할 것이다. 교회가 달 같이 아름답고 해 같이 맑으면 깃발을 세운 군대 같이 두려운 존재가 된다(아 6:10).

¹⁰⁻¹¹여호와께서 이와 같이 말씀하시니라 너희가 가리켜 말하기를 황폐하여 사람도 없고 짐승도 없다 하던 여기 곧 황폐하여 사람도 없고 주민도 없고 짐승도 없던 유

다 성읍들과 예루살렘 거리에서 즐거워하는 소리, 기뻐하는 소리, 신랑의 소리, 신부의 소리와 및 만군의 여호와께 감사하라, 여호와는 선하시니 그 인자하심이 영원하다 하는 소리와 여호와의 성전에 감사제를 드리는 자들의 소리가 다시 들리리니 이는 내가 이 땅의 포로를 돌려보내어 지난 날처럼 되게 할 것임이라 여호와의 말씀이니라 ¹²만군의 여호와께서 이와 같이 말씀하시니라 황폐하여 사람도 없고 짐승도 없던 이 곳과 그 모든 성읍에 다시 목자가 살 곳이 있으리니 그의 양 떼를 눕게 할 것이라 ¹³산지 성읍들과 평지 성읍들과 네겝의 성읍들과 베냐민 땅과 예루살렘 사면과 유다 성읍들에서 양 떼가 다시 계수하는 자의 손 아래로 지나리라 여호와께서 말씀하시니라 ¹⁴여호와의 말씀이니라 보라 내가 이스라엘 집과 유다 집에 대하여 일러 준 선한 말을 성취할 날이 이르리라 ¹⁵그 날 그 때에 내가 다윗에게서 한 공의로운 가지가 나게 하리니 그가 이 땅에 정의와 공의를 실행할 것이라 ¹⁶그 날에 유다가 구원을 받겠고 예루살렘이 안전히 살 것이며 이 성은 여호와는 우리의 의라는 이름을 얻으리라

이 단락에는 포로 생활에서 영광스럽게 돌아온 후의 유다와 예루살렘의 복된 상태에 관한 추가적인 예언이 나오는데, 이 예언은 장차 올 영화로운 메시야의 나라로 이어진다.

I. 오랫동안 슬픔에 잠겨 있던 백성이 다시 기쁨으로 차고 넘치게 되리라는 약속. 이 땅이 영원히 황폐해진 채로 있게 될 것이고, 유다 땅에는 짐승도 없고 예루살렘 거리에는 사람도 없을 것이기 때문에 온 나라의 암울한 상황이 계속해서 지속될 수밖에 없으리라는 것이 지금 모든 사람들의 한결같은 결론이었다(10절). 그러나 울음이 한동안 지속되더라도 기쁨이 반드시 찾아오는 법이다. 하나님은 유다와 예루살렘에 기뻐하는 소리, 즐거워하는 소리가 끊어질 것이라고 경고하셨었다(렘 7:34; 16:9). 그러나 여기에서 하나님은 이 땅의 포로들이 돌아오게 될 것이기 때문에 그런 소리들이 다시 살아나서 기뻐하는 소리, 즐거워하는 소리가 다시 들리게 될 것이라고 약속하신다. 왜냐하면, 그 때에 그들의 입에 웃음이 가득할 것이기 때문이다(시 126:1-2).

1. 거기에는 신랑의 소리, 신부의 소리 같은 일상적인 기쁨이 있을 것이다. 그들은 바벨론에서는 결혼식이 있어도 수금을 버드나무에 걸어 놓고 노래하지 않았지만, 이제는 예전처럼 노래로 결혼을 축하하게 될 것이다.

2. 거기에는 신앙으로 인한 기쁨도 있을 것이다. 그들이 이방 땅에서는 부를 수 없었던 여호와의 노래들, 성전에서 부르는 노래들이 다시 불려지게 될 것이다. 성전에서는 물론이고 그들의 가정 집에서나 유다 성읍들에서 만군의 여호와께 감사하라고 말하는 자들의 소리가 들릴 것이다. 하나님이 이루신 일과 그 일을 있게 한 그의 권능과 선하심으로 인하여 하나님께 영광을 돌리는 일보다 한 민족을 존귀하게 만들어 주고 영광스럽게 해주는 일은 없다는 것을 명심하라. 그들은 하나님을 만군의 여호와로 고백하며 여호와는 선하시니 그 인자하심이 영원하다고 찬송할 것이다. 이것은 옛 노래이지만 백성들이 다시 심기를 일전하여 새롭게 부르는 것이기 때문에 새 노래가 될 것이다. 우리는 그들이 바벨론에서 돌아왔을 때에 이것이 그대로 이루어지는 것을 본다(스 3:11). 그들이 함께 노래하며 여호와께 감사한 것은 여호와는 선하셔서 그 인자하심이 영원하기 때문이었다. 백성들은 하나님께 드려지는 공예배에 부지런히 참석할 것이다. 그들은 여호와의 성전에 감사제를 드릴 것이다. 모든 제사들이 하나님께 감사하기 위한 것이지만, 이것은 겸손히 경배하고 기쁨으로 감사하는 영적 제사를 의미하는 것으로 보인다. 우리가 수송아지를 대신하여 입술의 열매를 주께 드리는것(호 14:2)은 소 곧 황소를 드림보다 여호와를 더욱 기쁘시게 함이 될 것이다. 유대인들은 메시야 시대에는 감사제 외에는 모든 제사들이 폐하여질 것이라고 말한다. 이 약속은 한 걸음 더 나아가 그 메시야 시대와 관련되어 있다.

II. 오랫동안 사람이 살지 않던 이 땅에 다시 많은 사람들이 북적거리게 되리라는 약속. 이 땅은 지금 황폐화되어서 사람도 없고 짐승도 없었다. 그러나 그들이 돌아온 후에 초장은 다시 양 떼로 옷 입게 될 것이다(시 65:13). 유다와 베냐민의 모든 성읍에 다시 목자가 살 곳이 있으리라(12-13절). 이것은 다음과 같은 것들을 보여준다.

1. 포로에서 돌아온 후에 이 땅이 부해지리라는 것. 이 땅은 아무것도 가지지 않은 거렁뱅이들의 거처가 되는 것이 아니라, 그들이 다시 돌아온 이 땅에서 꽤 큰 재산을 모아 재력가가 된 목자들과 농부들의 거처가 될 것이다.

2. 이 땅이 평화로우리라는 것. 이 땅은 군사들의 거처가 되거나 그들이 묵을 천막과 막사들이 세워지는 곳이 되지 않을 것이고, 목자들이 거처하는 곳이 될 것이다. 왜냐하면, 그들은 이제 전쟁의 경보를 듣지 않을 것이고, 목자들을 놀라게 만드는 그 어떤 일도 일어나지 않을 것이기 때문이다(시 144:13-14).

3. 이 땅의 사람들이 근면해지리라는 것. 그들은 타락했던 시절에 잃어버렸던 그들의 본래의 소박함과 정직함을 회복하게 될 것이다. 야곱의 자손들은 초창기에 그들이 목자였다는 사실을 자랑스러워하였다(창 47:3). 이제 그들은 다시 저 순박한 직업에 온전히 몰두하여서 그들의 양 떼를 눕게 하고(12절) 계수하는 자의 손 아래로 지나가게(13절) 할 것이다. 왜냐하면, 그들의 양 떼가 아무리 수가 많아도 셀 수 없을 정도는 아닐 것이어서, 그들은 혹시라도 양들이 없어졌으면 찾기 위해서 그 수를 반드시 셀 것이기 때문이다. 세상의 것들을 가질 때에는 자기가 가진 것을 셀 수 있을 정도로만 갖는 것이 지혜로운 일임을 명심하라. 어떤 이들은 이 본문이 양의 십일조를 내기 위해서 목자의 지팡이 아래로 양들을 통과시키는 것을 말하고 있는 것이라고 생각한다(레 27:32). 하나님께서 우리가 가진 것 중에서 그의 몫을 제하셨을 때에야 우리는 우리가 가진 것을 누릴 수 있다. 이 백성은 지금 그 수가 많이 줄어들고 쇠락해 있는데 여기에서 말하고 있는 것과 같은 정도의 평화와 풍성함을 회복하리라는 것은 도저히 믿을 수 없어 보였기 때문에, 여기에서는 이러한 약속들을 전체적으로 다시 한 번 재확인해 주고 있다(14절). 내가 이스라엘 집과 유다 집에 대하여 일러 준 선한 말(또는, 선한 일)을 성취하리라. 하나님의 약속은 종종 그 성취를 향하여 느리게 진행되어 가는 것처럼 보이지만 반드시 성취된다. 약속이 성취되는 날이 오래 걸릴지라도, 그 날은 반드시 이를 것이다.

Ⅲ. 메시야와 그가 가져올 영원한 의에 관한 약속(15-16절).   이 약속은 하나님이 그들을 위해 준비해 두신 이 모든 축복의 절정으로서 여기에 나온다. 아마도 이것이 14절에 나온 선한 일, 장차 올 말일에 하나님이 유다와 예루살렘에게 약속하신 대로 행하실 저 크고 선한 일인 것 같다. 그들이 포로 생활에서 돌아와서 그들의 땅에 다시 정착하여 살게 되는 것은 바로 이 일을 위한 준비 과정이 될 것이었다. 바벨론으로 사로잡혀 간 후부터 그리스도까지는 하나님의 경륜이 베풀어지는 여러 시대들 중의 한 시대를 이룬다(마 1:17). 메시야에 관한 이러한 약속은 앞에서도 나왔었는데(렘 23:5), 거기에서는 하나님이 그들 위에 세우실 목자들에 관한 약속을 확증해 주기 위한 것이었다. 따라서 우리는 여기에서 이 메시야 예언에 앞서 나오는 목자들과 그들의 양 떼에 관한 약속도 비유적으로 해석되어야 하는 것이 아닌가 생각해 볼 수 있다. 여기에서는 그리스도에 대하여 다음과 같이 예언한다.

1. 정통성을 갖춘 합법적인 왕. 그는 왕위를 빼앗는 자가 아니라 공의로운 가지일 것이다. 왜냐하면, 그는 다윗에게서 날 것이고 다윗의 허리에서 나올 것이기 때문이다. 하나님은 다윗과 왕권 언약을 맺으셨는데, 그는 바로 그 언약을 이을 다윗의 자손이기 때문에, 그의 왕위는 흠 잡을 수 없는 정통성을 지닐 것이다.

2. 의로운 왕. 그는 법을 제정하거나 전쟁을 수행하거나 판결을 내릴 때에 의로우실 것이고, 불의를 당한 자들의 억울함을 풀어주고 불의를 행한 자들을 벌 주시는 데에 의로우실 것이다. 그가 이 땅에 정의와 공의를 실행할 것이라. 이것은 메시야의 모형 역할을 하였던 스룹바벨을 가리킬 수 있다. 스룹바벨은 여호야김과는 달리(렘 22:17) 공평으로 다스렸다. 그러나 이것은 더 나아가 하나님이 모든 심판을 맡기신 분, 공의로 세계를 심판하실 메시야를 가리킨다.

3. 그의 신민(臣民)들을 온갖 해악에서 보호하실 왕. 그로 말미암아 유다가 진노와 저주로부터 구원을 받겠고, 이렇게 구원을 받은 예루살렘은 이 평화의 왕, 그들에게 평안을 가져다 준 이 왕을 의지하여 재앙의 두려움 없이 거룩한 안정감과 평정심을 지니고서 고요하고 안전히 살 것이다.

4. 그의 신민들로부터 칭송을 받게 될 왕. "이것이 그들이 그를 부를 이름이다(갈대아 역본과 시리아 역본, 불가타 역본은 이렇게 읽는다). 그들은 그의 이 이름을 칭송하고 몹시 기뻐할 것이고, 이 이름으로 그를 부를 것이다." 이 본문을 원문에 좀 더 충실하게 읽으면, 이 성은 그에 의해서 여호와는 우리의 의라는 이름으로 불릴 것이다. 모세가 제단을 쌓고 그 제단을 여호와 닛시(여호와는 나의 깃발이라는 뜻)라 불렀고(출 17:15) 사람들이 예루살렘을 여호와삼마(여호와께서 거기에 계신다라는 뜻)라 불렀듯이(겔 48:35), 장차 예루살렘은 여호와는 우리의 의라 불리게 될 것이다. 왜냐하면, 그들은 여호와를 그들의 의로 여기고 자랑스러워할 것이기 때문이다. 전에 그리스도의 이름이었던 것(가테이커 목사는 이렇게 말한다)이 여기에서 예루살렘, 메시야의 도성, 그리스도의 교회의 이름이 되고 있다. 예루살렘에게 의를 나누어 주시는 분은 메시야이시다. 왜냐하면, 그는 우리로 하여금 그 안에서 하나님의 의가 되게 해주실 분이고, 예루살렘은 그 이름을 지님으로써 자신의 모든 의가 자기 자신이 아니라 그에게서 나온다는 것을 고백하는 것이기 때문이다. 여호와 안에서 나는 의와 힘을 지닌다(사 45:24). 우리는 그 안에서 하나님의 의가 된다. 예루살렘 주민들은 메시야의 이

이름을 그들의 입에 달고 살 것이기 때문에 그들 자신도 그 이름으로 불리게 될 것이다.

[17]여호와께서 이와 같이 말씀하시니라 이스라엘 집의 왕위에 앉을 사람이 다윗에게 영원히 끊어지지 아니할 것이며 [18]내 앞에서 번제를 드리며 소제를 사르며 다른 제사를 항상 드릴 레위 사람 제사장들도 끊어지지 아니하리라 하시니라 [19]여호와의 말씀이 예레미야에게 임하니라 이르시되 [20]여호와께서 이와 같이 말씀하시니라 너희가 능히 낮에 대한 나의 언약과 밤에 대한 나의 언약을 깨뜨려 주야로 그 때를 잃게 할 수 있을진대 [21]내 종 다윗에게 세운 나의 언약도 깨뜨려 그에게 그의 자리에 앉아 다스릴 아들이 없게 할 수 있겠으며 내가 나를 섬기는 레위인 제사장에게 세운 언약도 파할 수 있으리라 [22]하늘의 만상은 셀 수 없으며 바다의 모래는 측량할 수 없나니 내가 그와 같이 내 종 다윗의 자손과 나를 섬기는 레위인을 번성하게 하리라 하시니라 [23]여호와의 말씀이 예레미야에게 임하니라 이르시되 [24]이 백성이 말하기를 여호와께서 자기가 택하신 그들 중에 두 가계를 버리셨다 한 것을 네가 생각하지 아니하느냐 그들이 내 백성을 멸시하여 자기들 앞에서 나라로 인정하지 아니하도다 [25]여호와께서 이와 같이 말씀하시니라 내가 주야와 맺은 언약이 없다든지 천지의 법칙을 내가 정하지 아니하였다면 [26]야곱과 내 종 다윗의 자손을 버리고 다시는 다윗의 자손 중에서 아브라함과 이삭과 야곱의 자손을 다스릴 자를 택하지 아니하리라 내가 그 포로된 자를 돌아오게 하고 그를 불쌍히 여기리라

하나님이 맺으신 세 가지 언약, 즉 다윗 및 그의 자손과의 왕권 언약, 아론 및 그의 자손과의 제사장직 언약, 아브라함 및 그의 자손과의 선민 언약은 그들의 포로 생활이 지속되는 동안 모두 깨지고 무효화된 것처럼 보였다. 그러나 하나님은 여기에서 이 세 가지 언약들이 한동안 중단되었더라도 다시 개시될 것이고, 이 언약들의 진정한 의도와 의미가 신약의 축복들을 통해서 차고 넘치게 이루어질 것이며, 그들이 포로 생활에서 돌아온 후에 그들에게 주어질 축복들이 장차 있을 본래의 축복들에 대한 모형 역할을 하게 될 것이라고 약속하신다.

I. 왕권 언약과 그 약속들은 다윗의 자손 그리스도의 나라에서 온전히 성취될 것이다(17절). 그들이 포로로 잡혀가면서 이스라엘의 왕권은 무너졌다. 왕

관은 그들의 머리에서 떨어졌다. 이스라엘의 왕위에 앉을 사람이 없었다. 여고니야는 자식이 없었던 것으로 기록되어 있다. 그들이 포로 생활에서 돌아온 후에 다윗의 집은 다시 급부상하였다. 그러나 이스라엘 집의 왕위에 앉을 사람이 다윗에게 영원히 끊어지지 아니할 것이고 다윗에게 그의 자리에 앉아 다스릴 아들이 항상 있게 하시리라는 약속은 메시야를 통해서 성취된다. 왜냐하면, 그리스도 예수께서 하나님의 보좌의 오른편에 앉아 계셔서 세상을 다스리시되 교회의 머리이자 만물을 영화롭게 하실 머리로서 교회의 유익을 위하여 세상을 다스리시는 한, 즉 그가 거룩한 산 시온에서 왕으로 다스리시는 한, 다윗에게는 후계자가 끊어지는 일이 없을 것이고, 다윗과 맺은 언약도 깨지지 않을 것이기 때문이다. 하나님의 독생자가 세상에 오셨을 때에 그에 관하여 다음과 같이 선포되었다. 주 하나님께서 그 조상 다윗의 왕위를 그에게 주시리니 영원히 야곱의 집을 왕으로 다스리실 것이며 그 나라가 무궁하리라(눅 1:32-33). 이것을 확증하기 위하여 다음과 같은 것들이 약속되고 있다.

1. 다윗과의 언약은 천지의 법칙만큼이나 견고하리라는 것. 하나님은 그의 약속의 견고함을 자연 법칙의 견고함에 비유하신다(20-21절). 하나님의 일반 섭리 전체는 자연의 언약에 그 토대를 두고서 견고하게 운행되고 있는데, 이 언약은 여기에서 낮에 대한 언약과 밤에 대한 언약으로 불린다(20절). 왜냐하면, 이것은 자연의 언약에 들어 있는 하나의 조항이기 때문이다. 하나님은 창조 때에 빛과 어둠을 나누셔서 이 둘이 번갈아 찾아오게 하시고, 해로 낮을 주관하게 하시고 달과 별들로 밤을 주관하게 하심으로써(창 1:4-5, 16), 낮과 밤이 각각 때가 있게 하시고, 대홍수 후에는 이 언약을 갱신하셔서(창 8:22) 그 이후로 지속되게 하셨다(시 19:2). 아침이 되는 것과 저녁이 되는 것은 각각 때가 있다(시 65:8). 새벽은 자기 자리를 알고 자기의 때를 알아서 그 두 가지를 다 정확히 지키고, 저녁 그늘도 마찬가지이다. 세계가 존재하는 한, 이 운행의 법칙은 변하지 않을 것이고, 이 언약도 깨지지 않을 것이다. 하나님이 정하신 천지의 법칙(하늘과 땅의 이러한 상호교류와 이 하늘의 법칙이 땅을 지배하는 것)은 결코 어긋나지 않을 것이다(25절; 욥 38:33). 하나님이 그의 종이자 우리의 왕 다윗이신 구속주와 맺은 구속의 언약도 이와 같이 견고할 것이다(21절). 이것은 그리스도께서 세상 끝날까지 교회를 세상에 두실 것임을 보여준다. 그는 때와 날이 존재하지 않게 될 때까지 그의 날을 길게 해줄 자손을 보게 되실 것이다. 그리스도

의 나라는 영원한 나라이다. 마지막 종말이 올 때에 그는 그의 나라를 아버지 하나님께 바칠 것이다. 또한, 이것은 이 세상에서 그의 나라가 마치 빛과 어둠, 낮과 밤이 번갈아 찾아오듯이 형통과 역경을 번갈아 맞게 될 것임을 보여준다. 그러나 이것은 우리가 오늘 밤에 해가 지더라도 내일 아침에는 다시 뜰 것을 확신하듯이, 비록 구속주의 나라가 이 세상에서 부패와 박해에 가려서 잠시 흐려지고 어두워지더라도 정해진 때가 되면 다시 빛을 발하고 그 광채를 회복하게 될 것(우리가 살아서 그것을 볼 수 있든 없든)을 우리가 확신할 수 있다는 것을 우리에게 분명히 가르쳐 준다.

2. 다윗의 자손, 즉 복음의 능력과 성령의 역사로 말미암아 태어나게 될 메시야의 영적 자손이 하늘의 만상과 같이 무수히 많아지리라는 것. 새벽 이슬 같은 주의 청년들이 주께 나오는도다(시 110:3). 그리스도의 자손들은 다윗의 자손들과는 달리 그의 후계자들이 아니라 그의 신민(臣民)들이다. 그렇지만 그들도 그와 함께 다스리게 될 날이 올 것이다(22절). 하늘의 만상은 셀 수 없나니 내가 다윗의 자손을 번성하게 하리라. 따라서 후계자가 없어서 나라가 없어질 위험은 사라질 것이다. 자녀들이 셀 수 없이 많을 것이다. 자녀이면 또한 상속자이다(롬 8:17).

Ⅱ. 제사장직 언약과 그 약속들도 그리스도의 나라에서 온전히 성취될 것이다. 이 언약도 제사장들이 모실 제단이나 성전 예배가 없어져 버렸던 포로기 동안에는 잊혀진 듯이 보였다. 그러나 그 언약도 다시 살아나게 될 것이다. 실제로 그랬다. 하나님이 여기에서 약속하신 대로(18절), 그들이 예루살렘으로 돌아오자마자, 제사장들과 레위인들은 번제를 드리고 제사를 항상 드렸다(스 3:2-3). 그러나 이 제사장들은 점점 더 타락해 갔다. 레위의 언약은 깨뜨려졌고(말 2:8), 로마인들에 의한 예루살렘의 멸망을 통해서 이 제사장직은 종말을 맞았다. 그러므로 우리는 레위인들, 제사장들, 하나님의 사역자들과 맺은 언약이 낮에 대한 언약과 밤에 대한 언약만큼이나 확고하고 오래갈 것이라는 하나님의 약속이 어떻게 이루어졌는지를 다른 곳에서 찾아 보아야 한다. 우리는 이 약속이 다음과 같은 것들 속에서 차고 넘치게 이루어진 것을 발견한다.

1. 그리스도의 제사장직 속에서. 그의 제사장직은 아론의 제사장직을 발전적으로 계승한 것이다. 전자가 실체였고, 후자는 그림자였다. 우리가 믿는 도리의 대제사장이 언제나 우리를 위하여 하나님 앞에 나타나셔서 우리를 속죄하신 그

피의 공로를 의지해서 중보기도로 분향하시는 한, 레위 사람 제사장이 하나님 앞에서 끊어지는 일은 없을 것이라고 말할 수 있다(히 7:3). 그리스도는 영원한 제사장이시다. 제사장직의 언약은 평화의 언약(민 25:12), 생명과 평강의 언약(말 2:5)이라 불린다. 이제 우리는 예수 그리스도께서 친히 우리의 생명과 우리의 평화가 되어 주고 계시기 때문에 이 언약은 깨지지 않았고 조금도 약화되지 않았다는 것을 확신한다. 이 제사장직 언약은 여기에서 계속해서 왕권 언약과 결합되어 나오는데, 이것은 그리스도께서 멜기세덱처럼 제사장 왕이시기 때문이다.

2. 복음의 사역자들 속에서. 예배를 집례하고 기도와 찬송의 영적 제사를 올려 드리는 신실한 사역자들이 더 아름다운 직분을 얻은 자들로서 존재하는 한, 레위 사람 제사장들의 후계자가 끊어졌다는 말은 할 수가 없을 것이다. 사도 바울은 복음을 전하는 자들이 제단에서 섬기던 자들을 대신한 것이라는 취지의 말을 한다(고전 9:13-14).

3. 모든 참된 믿는 자들 속에서. 그들은 거룩한 제사장, 왕 같은 제사장들이고 (벧전 2:5, 9) 하나님은 그들을 하나님을 위하여 왕과 제사장으로 삼으셨다(계 1:6). 그들은 하나님이 기쁘게 받으실 신령한 제사를 드릴 거룩한 제사장들이고, 무엇보다도 그들 자신이 산 제사들이다. 하나님께서 이스라엘에 대하여 약속하신 것과 똑같이(창 22:17) 레위인들에 대하여 바다의 모래 같이 번성하게 하시리라는 이 약속은 바로 이 레위인들을 두고 하신 말씀이라고 우리는 이해하여야 한다(22절). 왜냐하면, 하나님의 모든 영적 이스라엘은 영적 제사장들이기 때문이다(계 5:9-10; 7:9, 15).

III. 선민 언약과 그 약속들도 복음적 이스라엘을 통해서 온전히 성취될 것이다. 좀 더 살펴보자.

1. 이 언약은 포로기 동안에 깨진 것으로 여겨졌다(24절). 하나님은 선지자에게 "이 백성이 말하기를 여호와께서 자기가 택하신 그들 중에 두 가계를 버리셨다 한 것을 네가 들었을진대 그것을 곰곰이 생각하지 아니하느냐"고 반문하신다. 여기에서 이 백성은 온 세상을 떠들썩하게 하면서 이스라엘 민족을 멸절시켜 놓고 의기양양해 하던 원수들을 가리킬 수도 있고, 선지자가 그 가운데 거주하는 이 백성, 즉 유다 백성을 가리킬 수도 있다. 하나님과의 언약을 깬 쪽은 바로 그들인데도, 그들은 마치 하나님이 그들을 신실하게 대하지 않았다는 듯이 하나

님께 시비를 건다. 여호와께서 자기가 택하신 두 가계(원래는 한 민족으로 택하신 것이지만), 즉 이스라엘과 유다를 버리셨다. "그들은 이렇게 내 백성을 멸시하였다. 즉, 그들은 마치 내 백성이 된 특권이 아무런 가치도 없는 그런 특권이라는 듯이 그 특권을 멸시하였다." 이웃 나라들은 그들을 이제 나라로 인정하지 않고 멸시하였고, 그들이 전에 누렸던 영광은 모두 다 티끌 속에 묻혀 버린 것이라고 보았다.

2. 이 언약은 낮과 밤에 대한 언약처럼 여전히 견고한 것이었다. 하나님은 낮과 밤이 사라지기 전에는 야곱의 자손을 버리지 않으실 것이다. 이것은 육신을 따라 난 야곱의 자손을 가리키는 것일 수 없다. 왜냐하면, 그들은 버려졌기 때문이다. 따라서 사도 바울의 말처럼(롬 11:1 이하), 이 모든 약속들은 기독교회에 관한 것이다. 그리스도는 아브라함, 이삭, 야곱의 자손을 영원히 다스리게 되어 있는 바로 그 다윗의 자손이다. 이 백성에게 그러한 왕이 결코 끊어지지 않을 것임과 마찬가지로, 이 왕에게도 그런 백성이 결코 끊어지지 않을 것이다. 기독교는 낮과 밤이 없어질 때까지 그리스도의 통치 아래에서 그리스도인들이 그에게 복종하는 가운데 계속될 것이다. 이것에 대한 보증으로서 내가 그 포로 된 자를 돌아오게 하고 그들이 돌아온 후에 그들을 불쌍히 여기리라는 약속이 다시 반복된다. 이 약속이 누구에게 적용되는지는 갈라디아서 6:16에 나와 있다. 무릇 이 규례, 곧 복음의 규례를 행하는 자는 누구나 하나님의 이스라엘이 되고, 그들에게 평강과 긍휼이 있을 것이다.

제
— 34 —
장

개요

이 장에서 우리는 하나님께서 예레미야를 통해 보내신 두 가지 메시지를 듣는다. I. 유다의 왕 시드기야의 운명을 예언한 메시지. 그는 바벨론의 왕의 손에 떨어져서, 포로로 살아가게 될 것이지만, 천수를 다하며 평안하게 살다가 죽게 될 것이다(1-7절). II. 율법에 따라 놓아준 종들을 다시 종으로 삼는 악행을 저질러서 하나님을 기만하고 우롱한 고관들과 백성들에 대한 판결을 담은 메시지. 그들은 하나님을 상대로 온갖 위험한 일들을 자행하였다(8-11절). 그러므로 하나님께서도 그들에게 위험한 일을 행하시고자 하시는데, 그것은 그들이 갈대아인들의 손아귀에서 벗어났다는 소망을 갖기 시작할 때쯤 다시 갈대아인들의 군대를 그들에게 보내시리라는 것이었다(12-22절).

¹바벨론의 느부갓네살 왕과 그의 모든 군대와 그의 통치하에 있는 땅의 모든 나라와 모든 백성이 예루살렘과 그 모든 성읍을 칠 때에 말씀이 여호와께로부터 예레미야에게 임하여 이르시되 ²이스라엘의 하나님 여호와께서 이와 같이 말씀하시니라 너는 가서 유다의 시드기야 왕에게 아뢰어 이르기를 여호와의 말씀에 보라 내가 이 성을 바벨론 왕의 손에 넘기리니 그가 이 성을 불사를 것이라 ³네가 그의 손에서 벗어나지 못하고 반드시 사로잡혀 그의 손에 넘겨져서 네 눈은 바벨론 왕의 눈을 볼 것이며 그의 입은 네 입을 마주 대하여 말할 것이요 너는 바벨론으로 가리라 ⁴그러나 유다의 시드기야 왕이여 여호와의 말씀을 들으라 여호와께서 네게 대하여 이와 같이 말씀하시니라 네가 칼에 죽지 아니하고 ⁵평안히 죽을 것이며 사람이 너보다 먼저 있은 네 조상들 곧 선왕들에게 분향하던 것 같이 네게 분향하며 너를 위하여 애통하기를 슬프다 주여 하리니 이는 내가 말하였음이라 여호와의 말씀이니라 하시니라 ⁶선지자 예레미야가 이 모든 말씀을 예루살렘에서 유다의 시드기야 왕에게 아뢰니라 ⁷그 때에 바벨론의 왕의 군대가 예루살렘과 유다의 남은 모든 성읍들을 쳤으니 곧 라기스와 아세가라 유다의 견고한 성읍 중에 이것들만 남았음이더라

　　시드기야에 관한 이 예언은 예레미야가 감옥에 갇히기 전에 관련된 당사자들에게 전한 것이었다. 우리는 이 예언이 그에게 주어진 이유를 설명하는 몇몇 구절 속에서 그것을 확인할 수 있다(렘 32:4). 좀 더 자세하게 살펴보자.

　I. 이 메시지가 시드기야에게 전해진 때.　이 예언은 바벨론의 왕이 그의 모든 군대와 그의 통치하에 있는 땅의 모든 나라와 모든 백성이 이 땅을 약탈하며 예루살렘과 그 모든 성읍을 멸망시키려고 칠 때에 예레미야에게 임하였다(1절). 이 때에 아직까지 저항하며 남아 있던 성읍들은 라기스와 아세가였다(7절). 이것은 상황이 이제 마지막으로 치닫고 있었음을 보여준다. 그렇지만 시드기야는 마음을 완악하게 하여 완강하게 저항함으로써 멸망의 길로 가고 있었다.

　II. 시드기야에게 전해진 메시지.

　1. 진노의 경고. 시드기야는 전에도 여러 번 들었던 것, 즉 도성이 갈대아인들의 손에 넘어가서 불타게 될 것이고(2절), 그는 적의 수중에 떨어져 포로가 되어 저 포악한 느부갓네살 왕 앞에 끌려갔다가 바벨론으로 포로로 잡혀가게 되리라는 것을 여기에서 다시 듣는다(3절). 그렇지만 에스겔은 시드기야가 바벨론을 보지 못할 것이라고 예언하였다. 실제로 그는 바벨론을 볼 수 없었다. 왜냐하면, 바벨론의 왕이 그의 두 눈을 뽑아 버렸기 때문이다(겔 12:13). 시드기야는 그가 지은 여러 가지 죄들 때문에 하나님에 의해서 이런 벌을 받았고, 느부갓네살 왕과의 신의를 저버렸기 때문에 그 왕에 의해서 이런 벌을 받았다.

　2. 긍휼이 조금 주어지리라는 약속. 시드기야는 포로로 살다가 죽을 것이지만, 칼에 죽지 아니하고 천수를 다 누리다 죽게 될 것이다(4절). 그는 어느 정도 평안하게 일생을 마감할 것이고 평안히 죽게 될 것이다(5절). 그는 이스라엘 민족의 여러 왕들 중에서 가장 악한 왕들 중의 한 사람은 결코 아니었지만, 포로로 사는 동안 므낫세가 그랬듯이 여호와의 목전에서 행한 악을 회개하였고 죄사함을 받았을 것이다. 하나님이 그와 화해하셨기 때문에, 그는 평안히 죽었다고 말할 수 있었다. 비록 포로로 잡혀 살아가더라도 평안히 죽을 수 있다는 것을 명심하라. 아니, 예상과는 달리 그는 사람들이 애도하는 가운데 생애를 마감하게 될 것이다. 그는 사람들이 선왕들에게 분향하던 것 같이 그에게 분향하는 가운데, 즉 이스라엘의 왕들, 특히 선한 일을 행한 왕들에게 백성들이 보여주곤 했던 공경의 예(禮)를 받으며 장사될 것이다. 그는 포로로 사는 동안에 그의

백성들에게 아주 잘 해서 인심을 얻었기 때문에 백성들로부터 이런 공경을 받았고, 느부갓네살 왕에게도 아주 잘 했기 때문에 백성들이 그를 이렇게 후하게 장사지내는 것을 허용하였던 것 같다. 만약 시드기야가 계속해서 형통하는 삶을 살았더라면, 그는 점점 더 악해져서, 결국은 아껴주는 자 없이 그 누구의 애도도 받지 못하는 가운데 세상을 떠났을 것이다. 그러나 환난을 겪으며 마음이 좋은 쪽으로 바뀌어서 그가 죽을 때에는 사람들이 그의 죽음을 큰 손실로 여길 정도가 되었다. 왕궁에서 편안히 살면서 회개하지 않고 죽는 것보다 포로로 살다가 회개하고 죽는 것이 더 낫다. 무리가 그를 위하여 슬프다 주여 하며 통곡할 것이다(렘 22:18). 그의 형제 여호야김은 죽을 때에 이런 공경을 받지 못하였다. 유대인들은 백성들이, 슬프다 시드기야는 그보다 앞서 대대로 쌓인 것들을 마시고서 죽었다, 즉 그의 조상들이 쌓은 죄의 분량이 그의 시대에 다 차서 그 죄를 다 떠안고 죽어갔다고 말하며 그의 죽음을 애도했다고 말한다. 그들은 그를 위하여 그렇게 애통할 것인데, 이는 내가 말하였음이라고 여호와는 말씀하신다. 하나님이 말씀하신 것은 어김 없이 이루어질 것이다.

III. 예레미야가 이 메시지를 신실하게 전함. 그는 이런 말씀을 전하는 것이 왕에게 무례한 일일 수 있고, 자신의 신상에도 위험할 것임을 알면서도(그는 실제로 이 때문에 감옥에 갇히게 되었다), 이 모든 말씀을 시드기야에게 아뢰었다(6절). 큰 자들에게는 그들에게 그들이 악한 길로 가면 화를 당하게 되리라는 것을 그들에게 말해줌으로써 그들로 하여금 행실을 고쳐서 복된 길로 갈 수 있게 해주는 신실한 자들이 주변에 있다는 것은 큰 은혜이다.

[8]시드기야 왕이 예루살렘에 있는 모든 백성과 한 가지로 하나님 앞에서 계약을 맺고 자유를 선포한 후에 여호와께로부터 말씀이 예레미야에게 임하니라 [9]그 계약은 사람마다 각기 히브리 남녀 노비를 놓아 자유롭게 하고 그의 동족 유다인을 종으로 삼지 못하게 한 것이라 [10]이 계약에 가담한 고관들과 모든 백성이 각기 노비를 자유롭게 하고 다시는 종을 삼지 말라 함을 듣고 순복하여 놓았더니 [11]후에 그들의 뜻이 변하여 자유를 주었던 노비를 끌어다가 복종시켜 다시 노비로 삼았더라 [12]그러므로 여호와의 말씀이 여호와께로부터 예레미야에게 임하니라 이르시되 [13]이스라엘 하나님 여호와께서 이와 같이 말씀하시니라 내가 너희 선조를 애굽 땅 종의 집에서 인도하여 낼 때에 그들과 언약을 맺으며 이르기를 [14]너희 형제 히브리 사람

이 네게 팔려 왔거든 너희는 칠 년 되는 해에 그를 놓아 줄 것이니라 그가 육 년 동안 너를 섬겼은즉 그를 놓아 자유롭게 할지니라 하였으나 너희 선조가 내게 순종하지 아니하며 귀를 기울이지도 아니하였느니라 15그러나 너희는 이제 돌이켜 내 눈 앞에 바른 일을 행하여 각기 이웃에게 자유를 선포하되 내 이름으로 일컬음을 받는 집에서 내 앞에서 계약을 맺었거늘 16너희가 돌이켜 내 이름을 더럽히고 각기 놓아 그들의 마음대로 자유롭게 하였던 노비를 끌어다가 다시 너희에게 복종시켜 너희의 노비로 삼았도다 17그러므로 여호와께서 이와 같이 말씀하시니라 너희가 나에게 순종하지 아니하고 각기 형제와 이웃에게 자유를 선포한 것을 실행하지 아니하였은즉 내가 너희를 대적하여 칼과 전염병과 기근에게 자유를 주리라 여호와의 말씀이니라 내가 너희를 세계 여러 나라 가운데에 흩어지게 할 것이며 18송아지를 둘로 쪼개고 그 두 조각 사이로 지나매 내 앞에 언약을 맺었으나 그 말을 실행하지 아니하여 내 계약을 어긴 그들을 19곧 송아지 두 조각 사이로 지난 유다 고관들과 예루살렘 고관들과 내시들과 제사장들과 이 땅 모든 백성을 20내가 그들의 원수의 손과 그들의 생명을 찾는 자의 손에 넘기리니 그들의 시체가 공중의 새와 땅의 짐승의 먹이가 될 것이며 21또 내가 유다의 시드기야 왕과 그의 고관들을 그의 원수의 손과 그의 생명을 찾는 자의 손과 너희에게서 떠나간 바벨론 왕의 군대의 손에 넘기리라 22여호와의 말씀이니라 보라 내가 그들에게 명령하여 이 성읍에 다시 오게 하리니 그들이 이 성을 쳐서 빼앗아 불사를 것이라 내가 유다의 성읍들을 주민이 없어 처참한 황무지가 되게 하리라

이 단락에는 어떤 특별한 일에 관한 또 하나의 예언이 나오는데, 이 예언은 시드기야에게 주어질 예언을 이해하는 데에 필수적이기 때문에, 우리는 그 전후 사정을 잘 살펴볼 필요가 있다.

I. 예루살렘이 갈대아인의 군대에 의해서 철통 같이 포위되어 있었을 때, 고관들과 백성들은 한 가지 일을 개혁하기로 합의하였는데, 그것은 그들의 노비에 관한 것이었다.

1. 하나님의 율법은 이스라엘 사람들이 동족을 칠 년 이상 노비로 붙잡아 두는 것을 엄격히 금지하고, 칠 년이 끝나면 놓아 주어서 자유의 몸이 되게 해야 한다는 것을 아주 분명하게 규정하고 있었다. 사람들은 빚을 갚지 못해서, 또는 그들이 저지른 범죄에 대한 벌로 재판관들에 의해 팔려서 노비가 되었다.

하지만 동족과 이방인은 각기 달리 취급하여서, 전쟁에서 잡아오거나 돈을 주고 산 이방인 노비는 당사자만이 아니라 자손들까지도 언제까지나 노비로 삼을 수 있었지만, 동족은 아무리 길어도 칠 년 동안만 노비로 삼을 수 있었다. 이것을 하나님은 그들을 애굽 땅에서 인도하여 낼 때에 그들과 맺은 언약이라고 하신다(13-14절). 이것은 하나님이 그들에게 주신 사법적인 율법들 중의 첫 번째 것이었고(출 21:2), 이 율법을 주신 데에는 그럴 만한 이유가 있었다.

(1) 하나님은 이 민족을 존귀하게 하셨기 때문에, 이러한 율법을 주심으로써 이 민족이 스스로 그 존귀함을 지켜나가고 다른 이방 민족들과 구별되는 삶을 살아갈 수 있게 하고자 하셨다.

(2) 하나님은 그들을 애굽에서의 종살이에서 인도해내신 것이었기 때문에, 애굽이 그들의 조상들이 종살이 하던 집이었던 것처럼 그들의 집이 종살이 하는 집인 자들을 칠 년이 되면 놓아줌으로써 하나님이 베풀어 주셨던 그 은혜에 감사하는 마음을 그들로 하여금 그런 식으로 표현하게 하고자 하셨다. 그래서 애굽에서의 구원이 여기에서 이 율법의 근거로 언급되고 있다(13절). 하나님이 우리를 불쌍히 여기신 것을 기억하고서 우리는 우리 형제들을 불쌍히 여겨야 한다는 것을 명심하라. 우리는 놓임을 받았기 때문에 남을 놓아 주어야 하고, 용서를 받았기 때문에 남을 용서하여야 하며, 건짐을 받았기 때문에 남을 건져 주어야 한다. 하나님은 이것을 언약이라 부르신다. 왜냐하면, 우리가 이 율법에서 요구하는 도리를 다하는 것은 하나님이 우리에게 은총을 계속해서 부어 주시는 조건이 되기 때문이다.

2. 그들과 그들의 조상들은 이 율법을 깼었다. 그들은 하나님의 명령이나 언약보다는 세상적인 이익 쪽으로 마음이 더 기울었다. 노비들이 그들의 집으로 와서 칠 년을 일하다 보면 일이 몸에 익어서 처음 왔을 때보다 훨씬 더 일을 잘 하게 되었기 때문에, 하나님이 율법으로 그 노비들을 놓아 주어서 자유롭게 해주라고 명령하셨음에도 불구하고, 그들은 그 노비들을 전혀 놓아주고 싶어 하지 않았다. 너희 선조가 이 일에 있어서 내게 순종하지 아니하였기 때문에(14절), 이 범죄는 그들의 선조 때부터 지금까지 저질러져 왔다. 그들은 선조들도 그렇게 했으니 자기들도 그렇게 해도 괜찮을 것이라고 생각하였고, 이 때문에 노비들은 하나님이 그들을 위해 마련해 놓으신 은택(恩澤)을 누리지 못하고 상실해 왔다. 어떤 일을 행함에 있어서 명시적으로 규정된 법, 특히 하나님의

명시적인 율법에 어긋나는 관습이나 규정은 그 근거나 항변 사유로 받아들여질 수 없다. 그들과 그들의 조상들의 이러한 죄 때문에 하나님은 이제 그들을 포로로 잡혀가 종살이를 하게 하셨고, 이것은 정당하고 의로운 일이었다.

3. 갈대아인의 군대에 의해서 포위되어 철저히 봉쇄되어 있었을 때, 그들은 이 일에 있어서 그들의 잘못에 대하여 듣고서는, 마치 애굽의 바로가 그에게 재앙이 닥치자 하나님의 백성을 가게 하는 데에 동의하였던 것과 마찬가지, 즉시 그 잘못을 고치기로 하고 하나님의 율법에 의해서 자유를 얻을 수 있는 자격이 되었던 모든 노비들을 놓아 주었고, 앞으로는 그렇게 하지 말자고 그들끼리 계약을 맺었다.

(1) 선지자들은 그들의 죄와 관련해서 그들에게 신실하게 권면하였다. 그들은 선지자들로부터 그들이 붙잡아 두고 있는 히브리인 노비들을 자유롭게 해주어야 한다는 말을 들었다(10절). 그들은 아마도 율법책에서 이것을 스스로 읽었을 것이지만, 그렇게 행하지도 않았고 그 말씀에 귀를 기울이지도 않았다. 그래서 선지자들은 그 일과 관련하여 율법이 어떻게 되어 있는지를 그들에게 말해 주었다. 말씀을 전하는 것이 얼마나 필요한지를 보라. 사람들은 기록된 말씀을 제대로 활용하는 것이 쉽지 않기 때문에 전하는 말씀을 들어야 한다.

(2) 신분의 고하를 막론하고 모든 계층의 사람들이 이 개혁에 동의하였다. 왕과 고관들과 모든 백성이 이 일로 어떤 손해를 보고 타격을 입는다고 하여도 노비를 놓아 주기로 합의하였다. 왕과 고관들이 이 선한 일에 앞장을 섰기 때문에, 백성들은 그들 자신이 부끄러워서 따를 수밖에 없었다. 큰 자들의 모범과 영향력은 아주 뿌리깊은 악습과 폐단들을 근절시키는 데에 아주 큰 힘을 발휘할 수 있다.

(3) 그들은 엄숙한 선서와 계약에 의해서 이 일을 하기로 합의하여, 하나님과 서로에 대하여 약속하였다. 하나님께서 그의 교훈을 통하여 우리에게 의무로 부과하신 것을 우리가 우리의 입으로 약속을 함으로써 그 의무에 우리 자신을 묶어두는 것은 좋은 일임을 명심하라. 이 계약은 아주 엄숙하게 맺어졌다. 그 계약은 하나님의 이름으로 일컬음을 받는 집에서 하나님 앞에서(15절), 곧 하나님의 특별한 임재 앞에서 맺어졌다. 그것이 하나님의 임재를 상징하는 성전에서 맺어졌기 때문에, 백성들은 경외심을 가지고서 아주 진지한 태도로 임하였을 것임에 틀림없다. 그들은 중요한 의식(儀式)을 통해서 이 계약이 맺어졌다

는 것을 확인하였다. 그들은 송아지를 둘로 쪼개고 그 두 조각 사이로 지났는데 (18-19절), 이 의식은 "우리가 지금 약속한 것을 이행하지 않는 경우에 우리로 하여금 이와 같이 조각이 나게 하라"는 무시무시한 저주를 담고 있었다. 이 송아지는 하나님께 제물로 드려진 것이기 때문에, 이 의식을 통해서 하나님은 이 계약의 한 당사자가 되셨다. 하나님은 아브라함과 언약을 맺으실 때에 그 언약을 최종적으로 확인하는 의미로 연기 나는 화로를 보여주시고 타는 햇불이 쪼갠 고기 사이로 지나가게 하셨는데(창 15:17), 이것은 여기에서의 계약 의식을 연상시킨다. 우리가 우리의 의무를 다할 수 있도록 하기 위해서는, 그 의무를 무시했을 때에 우리가 받게 될 진노와 저주, 즉 죄인들을 쪼개어 놓을 그 진노(마 24:51)를 봄으로써 두려움을 느끼고 경각심을 갖는 것이 좋다는 것을 명심하라. 여기에 나오는 것과 같은 눈에 보이는 의식(儀式)은 의무를 다하지 않았을 경우에 우리가 받게 될 진노가 어떤 것인지를 우리의 마음속에 깊이 그리고 오래 각인시키는 데에 유용할 수 있다.

(4) 그들은 이 일과 관련해서 하나님의 명령, 그리고 하나님과 그들이 맺었던 언약을 따랐다. 당시는 도성이 포위된 상태였기 때문에 그들은 노비들을 학대하기 쉬운 상황이었지만 그들의 노비를 놓아 주었다. 이렇게 해서 그들은 하나님의 눈 앞에 바른 일을 행하였다(15절). 그들은 환난 때문에 등 떠밀려서 그렇게 하긴 했지만, 어쨌든 하나님은 그 일을 아주 기뻐하셨다. 만약 그들이 처음부터 그들의 가엾은 노비들과 가난한 자들을 긍휼히 여기는 이러한 행실을 지속적으로 행하였다면, 그들의 태평성대는 오래갔을 것이었다(단 4:27).

Ⅱ. 포위가 풀리고 위험이 지나갈 소망이 생겨서 한 고비를 넘겼다 싶었을 때, 그들은 그들이 회개하고 삶을 고친 것을 후회하였고, 그들이 행하였던 선한 일을 취소하였으며, 그들이 놓아 주었던 노비들을 잡아들여서 다시 노비로 삼았다.

1. 바벨론의 왕의 군대는 지금 그들에게서 떠나갔다(21절). 이 때에 파라오(바로)는 연전연승한 바벨론의 왕의 진군을 막기 위해서 애굽 군대를 이끌고 오고 있었고, 이 소식을 들은 갈대아 군대는 잠시 포위를 풀었다(렘 37:5). 그들은 예루살렘을 떠났다. 하나님은 그들이 한 가지 일을 통해서 삶을 고치고자 한다는 것을 보여주자마자 심판을 거두고자 하실 정도로 진노하시는 일에는 더디시고 긍휼을 베푸시는 일에는 얼마나 신속하신지를 보라. 그들이 그들의 노비를 자

유롭게 해주자마자, 하나님은 그들을 자유롭게 해주셨다.

2. 그들은 성을 포위한 자들이 물러가서 그들이 안전하게 되었다는 생각이 들자 곧바로 놓아 주었던 노비들을 잡아들여 다시 노비로 삼았다(11, 16절). 앞서 풀려났던 노비들은 자유의 기쁨을 어느 정도 맛보았던 터라 이제는 그들에게 종살이는 이전보다 더 지긋지긋한 일로 느껴졌을 것이기 때문에, 그들의 이러한 조치는 노비들에게는 대재앙과 같은 것이었다. 또한, 그들이 선한 마음을 먹고서 그 마음을 끝까지 지키지 못한 것은 그들 자신에게 큰 수치였다. 그러나 이 일은 무엇보다도 하나님에 대한 모욕이었다. 그들은 이렇게 행함으로써 하나님의 이름을 더럽혔다(16절). 그들이 보여준 행동은 마치 하나님이 명령하신 것은 아무런 효력도 없고 그것을 지키느냐 안 지키느냐는 순전히 그들의 마음에 달려 있다는 듯이 하나님의 명령을 멸시하는 행동이었다. 또한, 그것은 그들이 하나님과 맺은 계약을 멸시하는 것이었고, 그들이 이 계약을 어길 경우에 달게 받겠다고 맹세하였던 저 진노를 무시하는 것이었다. 그들은 마치 하나님을 그들이 거짓된 약속을 행하였다가 그들의 목적을 이룬 후에는 그 약속을 헌신짝처럼 버려도 괜찮은 그런 존재로 본다는 듯이 전능하신 하나님을 우롱하고 있었다. 그것은 그들의 입으로 하나님께 아첨하며 그들의 혀로 그에게 거짓을 말한 것이 되었다. 또한, 그것은 마치 하나님의 심판이 잠깐 멈추고 중단되었으면 다시는 재개될 수 없다는 듯이 하나님의 심판을 멸시하고 그 심판에 도전하는 것이었다. 심판이 유예되는 것은 죄를 완전히 사해 주시는 것과는 다르기 때문에, 죄인들이 하나님의 이러한 관용을 악용해서 힘을 얻어 다시 죄로 되돌아가는 것은 하나님의 더 혹독한 복수를 불러오는 일밖에 되지 않는다.

Ⅲ. 하나님은 그들의 이러한 기만적인 행동에 대하여 여기에서 혹독한 심판을 경고하신다. 스스로 속이지 말라 하나님은 업신여김을 받지 아니하시나니 사람이 무엇으로 심든지 그대로 거두리라(갈 6:7). 위장된 회개, 기만적인 계약, 부분적이고 일시적으로 삶을 고치는 것을 통해서 하나님을 속이고자 하는 자들은 결국 나중에 가서 그들이 그들의 심령에 대하여 아주 큰 사기를 친 것임을 깨닫게 될 것이다. 왜냐하면, 여호와는 질투라 이름하는 질투의 하나님이시기 때문이다(출 34:14). 하나님은 여기에서 그들에 대하여 진노한 표정이 역력한 가운데 다음과 같이 경고하신다.

1. 그들이 노비들에게 그토록 원하는 자유를 주지 않았기 때문에, 하나님은

그가 그들을 심판하기 위해 보낼 칼과 전염병과 기근에게 그들을 마음대로 유린할 수 있는 자유를 주시리라는 것(17절). 너희는 너희의 노비들에게 자유를 선포하지 않았다. 그들은 그 일을 행하였지만(10절) 그것을 끝까지 고수하지 않고 다시 취소해 버렸기 때문에 그 일을 행하였다고 말할 수 없었다. 어떤 일이 지속되지 않는다면 그 일은 행해졌다고 말할 수 없다. 사람이 의를 행하였어도 다시 그 의를 버리고 떠난다면, 그가 행한 의는 잊혀지고, 마치 전혀 의를 행한 적이 없었다는 듯이 기억되지도 않고 언급되지도 않을 것이다(겔 18:24). "그러므로 내가 너희에게 자유를 주리라. 내가 너희를 나에 대한 충성 맹세를 거둔 자들로 취급하여, 너희를 나를 섬기는 일에서 놓아주고 나의 보호 밖에 둘 것이다. 너희는 칼과 기근과 전염병 중에서 어떤 심판으로 죽을지를 선택할 자유를 갖게 될 것이다." 다윗도 하나님으로부터 이러한 자유를 제안받고서 큰 고민에 빠진 적이 있었다(삼하 24:14). 하나님의 율법에 복종하고자 하지 않는 자들은 자기 자신을 하나님의 진노와 저주에 복속시키는 것임을 명심하라. 이것은 죄 지을 자유가 어떤 자유인지를 똑똑히 보여준다. 그것은 혹독한 심판을 받을 자유일 뿐이다.

2. 그들이 그들의 노비들을 다시 붙들어 와서 그들의 집에 감금하였기 때문에, 하나님은 그들을 세계 여러 나라 가운데에 흩어지게 하셔서 그들로 하여금 종으로 살면서 그 곳에서 객(客) 되어 자유민으로서의 특권을 전혀 누릴 수 없게 하시리라는 것.

3. 그들이 엄숙한 맹세로 맺은 계약을 깨뜨렸기 때문에 하나님은 그들이 계약을 깼을 경우에 달게 받겠다고 맹세한 재앙을 그들에게 내리시리라는 것. 하나님은 그들의 입으로 말한 대로 그들을 심판하실 것이고, 그들이 말한 것이 그대로 그들의 운명이 될 것이다. 그들은 계약 조건을 이행하지 않았기 때문에 그들의 입으로 약속한 벌칙을 받게 될 것이다. 어떤 이들은 18절의 본문을 내가 내 계약을 어긴 자들을 그들이 둘로 쪼갠 송아지 같이 되게 하리라로 읽어서, 그들이 송아지를 쪼갰던 것처럼 하나님이 그들을 쪼개실 것이라는 의미로 해석한다.

4. 그들이 노비들을 그들의 손에서 놓아 주고자 하지 않았기 때문에, 하나님은 유다와 예루살렘(농촌과 도시)의 고관들과 귀족들, 내시들(시종들 또는 궁중 대신들), 제사장들, 모든 백성을 그들을 미워하는 자들의 손에 넘기시리라는 것

(19절). 그들은 모두 하나님을 기만하였기 때문에, 모두 다 예외 없이 한꺼번에 멸망하게 될 것이다. 그들은 모두 그들의 재물이나 노역만이 아니라 그들의 생명을 찾는 그들의 원수의 손에 넘겨지게 될 것이고, 그들의 원수들은 그들이 찾는 것을 갖게 될 것이다. 그러나 원수들은 단지 그들의 재물이나 생명을 취하는 것만으로 성이 차지 않을 것이다. 그 원수들은 그들의 시체를 매장하지 않은 채로 두어서(이것은 모든 사람에게 역겨운 광경이다) 공중의 새와 땅의 짐승의 손쉬운 먹잇감이 되게 할 것이고, 이것은 두고두고 그들의 치욕이 될 것이다(20절).

5. 갈대아 군대가 그들에게서 물러가자마자 그들이 대담하게도 계약을 어기고 그들의 죄로 다시 돌아갔기 때문에, 하나님은 갈대아 군대를 다시 그들에게 오게 하시리라는 것. "그들이 지금 너희에게서 물러가서, 너희가 잠시 한숨을 돌리고 있지만, 내가 그들에게 명령하여 다시 회군하여 오게 할 것이고, 그들은 이 성읍에 다시 와서 이 성을 쳐서 빼앗아 불사를 것이다"(22절). 좀 더 살펴보자.

(1) 하나님을 신뢰하는 것이 구원이 다가오고 있음을 보여주는 희망적인 전조(前兆)인 것과 마찬가지로, 죄 가운데서 안일하게 사는 것은 멸망이 다가오고 있음을 보여주는 서글픈 흉조이다.

(2) 심판이 그 일을 다하기 전에 어느 민족이 낮아지지도 않고 삶을 고치지도 않은 상태에서 그들에게서 떠났다면, 그것은 다시 올 의도를 지니고 있는 것이다. 그 심판은 단지 훨씬 더 큰 힘으로 다시 오기 위하여 한 발 후퇴한 것일 뿐이다. 왜냐하면, 하나님은 심판하실 때에 반드시 그 뜻을 이루시기 때문이다.

(3) 우리가 우리의 신앙고백이나 그럴 듯한 경건의 행위 또는 약속들을 통해서 하나님의 기대를 부풀려 놓았다가 실망시켰을 때에, 하나님께서 그의 섭리를 통해서 우리에게 긍휼을 베푸시리라는 기대를 갖게 하셨다가 우리를 실망시키신다고 해도, 그것은 정당하고 의로운 일이다. 우리가 처음에 의도했던 선한 일을 행하고나서 후회한다면, 하나님도 그가 우리를 위하여 의도하셨던 선한 일을 행하시고나서 후회하실 것이다. 깨끗한 자에게는 주의 깨끗하심을 보이시며 사악한 자에게는 주의 거스르심을 보이시리라(시 18:26).

제
— 35 —
장

개요

하나님은 유대인들에게 죄의식을 일깨워서 회개하고 삶을 고치도록 만들기 위해서 온갖 방법을 다 써보시고 모든 돌들을 다 들춰보신다. 예레미야 선지자의 다수의 설교들의 취지는 그들이 계속해서 죄를 고집한다면 그 결말이 어떨 것인지를 그들 앞에 보여줌으로써 그들이 겁을 집어먹고 불순종에서 벗어나게 하고자 하는 것이었다. 이 장에 나오는 이 설교의 취지도 그들에게 일말의 자존심이라고 남아 있다면 이런 유의 설교를 통해 그 자존심을 건드려서 그들로 하여금 수치를 느끼고 불순종에서 벗어나게 하려는 것이다. I. 그는 레갑 사람들이 그들의 선조 요나답이 그들에게 남긴 명령들을 잘 순종했고, 불순종의 유혹을 받았을 때에도 거기에 넘어가지 않고 순종을 고수한 사례를 그들 앞에 제시한다(1-11절). II. 그는 이 예를 통해서 유대인들이 하나님께 불순종하고 그의 교훈들을 멸시한 죄가 얼마나 큰 것인지를 더욱 뚜렷하게 부각시킨다(12-15절). III. 그는 유대인들에게 그들이 하나님에 대하여 불경과 불순종을 저질렀다는 이유로 심판을 예언한다(16-17절). IV. 그는 레갑 사람들이 그들의 조상의 말에 경건하게 순종한 것에 대하여 하나님의 축복이 있을 것이라고 약속한다(18-19절).

[1]유다의 요시야 왕의 아들 여호야김 때에 여호와께로부터 말씀이 예레미야에게 임하여 이르시되 [2]너는 레갑 사람들의 집에 가서 그들에게 말하고 그들을 여호와의 집 한 방으로 데려다가 포도주를 마시게 하라 하시니라 [3]이에 내가 하바시냐의 손자요 예레미야의 아들인 야아사냐와 그의 형제와 그의 모든 아들과 모든 레갑 사람들을 데리고 [4]여호와의 집에 이르러 익다랴의 아들 하나님의 사람 하난의 아들들의 방에 들였는데 그 방은 고관들의 방 곁이요 문을 지키는 살룸의 아들 마아세야의 방 위더라 [5]내가 레갑 사람들의 후손들 앞에 포도주가 가득한 종지와 술잔을 놓고 마시라 권하매 [6]그들이 이르되 우리는 포도주를 마시지 아니하겠노라 레갑의 아들 우리 선조 요나답이 우리에게 명령하여 이르기를 너희와 너희 자손은 영원히 포도주를 마시지 말며 [7]너희가 집도 짓지 말며 파종도 하지 말며 포도원을 소유하

지도 말고 **너희는** 평생 동안 장막에 살아라 그리하면 **너희가** 머물러 사는 땅에서 **너희** 생명이 길리라 하였으므로 [8]우리가 레갑의 아들 우리 선조 요나답이 우리에게 명령한 모든 말을 순종하여 우리와 우리 아내와 자녀가 평생 동안 포도주를 마시지 아니하며 [9]살 집도 짓지 아니하며 포도원이나 밭이나 종자도 가지지 말고 [10]장막에 살면서 우리 선조 요나답이 우리에게 명령한 대로 다 지켜 행하였노라 [11]그러나 바벨론의 느부갓네살 왕이 이 땅에 올라왔을 때에 우리가 말하기를 갈대아인의 군대와 수리아인의 군대를 피하여 예루살렘으로 가자 하고 우리가 예루살렘에 살았노라

이 장에 나오는 사건은 앞에 나온 여러 장들보다 시기적으로 앞서 일어났던 사건이다. 왜냐하면, 이 장에 담긴 말씀은 여호야김 때에 선지자 예레미야에게 임한 것으로 되어 있기 때문이다(1절). 그러나 이 일은 그의 재위 말년에 일어났을 것임에 틀림없다. 왜냐하면, 여기에 나오는 일은 바벨론의 왕이 군대를 이끌고서 이 땅에 올라온 후의 일이고(11절), 이 침공은 열왕기하 24:2에 언급되어 있듯이 느부갓네살에게 반기를 든 여호야김을 응징하기 위한 것이었던 것으로 보이기 때문이다. 하나님의 심판이 이 배역한 백성에게 임한 후에도 하나님은 그의 진노를 그들로부터 거둘 수 있도록 그의 선지자들을 끊임없이 보내셔서 그들에게 죄에서 돌이키라고 권면하셨다. 예레미야도 이런 목적으로 이스라엘의 다른 가문들이 이방 나라들처럼 되어 버렸을 때에도 스스로를 지켜 구별하였던 가문인 레갑 사람들의 모범을 그들 앞에 제시한다. 레갑 사람들은 원래 겐 종족이었다(대상 2:55). 이는 다 레갑 가문의 조상 함맛에게서 나온 겐 종족이더라. 겐 종족, 그 중에서 적어도 이스라엘 땅에 정착해 살았던 자들은 모세의 장인이었던 호밥의 후손들이었다(삿 1:16). 우리는 성경 속에서 겐 종족이 아말렉 사람들에게서 떠났다는 말을 듣는다(삼상 15:6; 또한, 삿 4:17). 레갑을 선조로 하는 가문은 이 겐 종족에 속한 가문이었다. 레갑의 아들 또는 그의 직계 후손이 자기 시대에 지혜와 경건으로 이름이 나 있었던 요나답이었다. 그는 여기에 나오는 일이 있기 300년 전 쯤인 이스라엘의 왕 예후 시대에 명성을 떨쳤다. 왜냐하면, 우리는 그 때에 한참 떠오르던 실력자였던 예후가 하나님을 위하여 열심을 지니고 있음을 보이고자 하여 요나답을 자기 병거에 태우는 모습을 보기 때문이다(왕하 10:15-16). 예후가 이렇게 한 것은 요

나답 같은 경건한 자를 그의 병거에 함께 타게 하는 것보다 백성들의 민심을 얻는 데에 더 좋은 방법은 없다고 생각하였기 때문이었다. 우리는 여기에서 다음과 같은 것들을 본다.

I. 요나답이 그의 유언장을 통해서 그의 자녀들과 앞으로 태어날 모든 후손들에게 신앙적으로 지키라고 당부하였던 삶의 원칙들은 무엇이었는가.

이 원칙들을 요나답 자신도 일생 동안 지켰을 것이다.

1. 이 삶의 원칙들은 두 가지 주목할 만한 교훈 속에 포괄되어 있었다.

(1) 그는 그들에게 나실인의 율법에 따라서 포도주를 마시는 것을 금지하였다. 포도주는 사람의 마음을 기쁘게 하는 데에 소용이 되고, 우리가 포도주를 적당히 마시는 것은 허용된다. 그러나 우리는 포도주를 많이 마셔서 해악을 입기 쉽고, 선한 자는 하나님의 얼굴 빛으로 항상 그 마음이 즐겁기 때문에(시 4:6-7) 사실 그런 용도로 포도주를 마실 필요가 없다. 따라서 포도주를 전혀 입에 대지 않거나 디모데의 경우처럼 치료용으로 마시거나 아주 조금 마시는 것은 자기부인을 보여주는 칭찬할 만한 일이다(딤전 5:23).

(2) 그는 그들에게 집을 짓거나 땅을 사거나 그런 것들을 빌려서 차지하고 살지 말고 장막에 살라고 명령하였다(7절). 이것은 하나님이 나실인에게 요구하신 것을 뛰어넘는 절제와 금욕의 삶이었다. 장막은 보잘것없는 거처였기 때문에, 이 명령은 그들에게 낮은 자리에서 겸손하게 살라고 가르치는 것이었다. 장막은 추운 거처였기 때문에, 이 명령은 그들에게 몸을 기쁘게 해주지 말고 고난에 단련된 삶을 살라고 가르치는 것이었다. 장막은 이동이 가능해서 언제든지 옮길 수 있는 거처였기 때문에, 이 명령은 그들에게 이 세상의 어느 곳에 정착하거나 뿌리를 내릴 생각을 하지 말라고 가르치는 것이었다. 그들은 평생 동안 장막에 살아야 했다. 그들은 어려서부터 이렇게 고난과 고생을 견디는 데에 단련되어야 했기 때문에, 몸이 쇠약해지는 노년에도 살아가는 데에 별 어려움이 없었을 것이다.

2. 요나답은 이러한 삶의 원칙들을 왜 그의 후손들에게 지키라고 명령하였는가. 그것은 단지 그가 적절하다고 생각한 것을 그의 후손들에게 강제함으로써 그의 권위를 보여주고 그들에 대한 지배권을 행사하고자 한 것이 아니라, 그들이 잘 되기를 바라는 그의 진심과 그의 지혜를 보여주는 것이었다. 그는 그가 알기로 그들에게 유익한 것을 그들에게 권하되 어떤 맹세나 서약으로 그

들을 묶어두거나 어떤 벌칙으로 위협해서 이 원칙을 지키게 하지 않고, 단지 그들로 하여금 이 원칙들을 그들의 덕을 세우는 데에 유익한 정도만큼 지키고 여기에서처럼 위급한 때에는 예외적으로 그 원칙들을 지키지 않아도 된다는 식으로 그들에게 융통성 있게 조언하였다(11절). 그가 이러한 원칙들을 그들에게 지키라고 명령한 이유는 다음과 같은 것들을 위해서였다.

(1) 그들로 하여금 이 가문의 유서깊은 가풍(家風)을 이어가도록 하기 위해서. 어떤 사람들은 이러한 가풍을 경멸하는 눈으로 바라볼 수도 있었겠지만, 그는 이 가풍이야말로 그의 가문으로 하여금 진정으로 명성을 얻게 해줄 것이라고 생각하였다. 그의 조상들은 양치기 생활에 익숙해 있었고(출 2:16), 이스라엘 사람들은 원래 목자들이었고 장막에서 살았지만 결국 타락하여 그 생활을 버렸지만(창 46:34), 그는 그의 후손들이 이러한 생활을 지켜나가기를 바랐다. 우리는 우리 조상들의 정직한 직업이 아무리 미천하다고 해도 그것을 부끄러워해서는 안 된다는 것을 명심하라.

(2) 그들로 하여금 그들에게 주어진 운명에 충실하고 그들의 처지에 맞게 생각할 수 있도록 하기 위해서. 모세는 그들을 동화시키려고 했었지만(민 10:32), 아마도 그들은 동화되지 않았던 것으로 보인다. 그들은 여전히 이 땅에서 나그네였고(7절) 이 땅에 아무런 유업도 없었기 때문에, 그들의 직업에 의지해서 먹고 살아야 했다. 이것은 그들이 왜 거친 식사와 거친 잠자리에 익숙해져야 했는지 그 이유를 잘 설명해 준다. 왜냐하면, 그들과 같은 나그네들은 정착해서 살아가는 자들처럼 풍족하고 우아하게 살아갈 생각을 말아야 했기 때문이다. 우리의 신분과 처지에 맞게 살아가고 분수에 넘치는 삶을 살지 않는 것이 우리의 지혜이고 도리라는 것을 명심하라. 그런 삶이 우리 조상들의 운명이었다면, 우리가 그런 삶을 우리의 운명으로 받아들여서 거기에 맞춰 살아가는 것으로 만족하지 못할 이유가 어디 있겠는가? 높은 데 마음을 두지 말라(롬 12:16).

(3) 그들로 하여금 그들이 나그네로 살아가고 있는 곳의 원래의 주민들인 이웃들의 시기를 사거나 훼방을 받지 않도록 하기 위해서. 나그네였던 그들이 재산을 크게 모아서 으리으리하고 호화롭게 살아간다면, 원래의 주민들은 블레셋 사람들이 이삭에게 그랬듯이(창 26:14) 그들이 잘 사는 것을 못마땅해 하고 그들을 시기해서 결국에는 기회를 보아서 그들에게 시비를 걸고 해악을 끼

치게 될 것이다. 그래서 그는 미천하게 살아가는 것이 상책이 될 것이라고 생각하였다. 왜냐하면, 미천하게 사는 것이 그들이 나그네로 머물러 사는 땅에서 그들의 생명이 길게 살아갈 수 있는 길일 것이기 때문이었다. 이름도 없이 자족하며 겸손히 살아가는 것이 흔히 사람을 가장 확실하게 보호해 주는 보호막이 된다는 것을 명심하라.

(4) 그들이 살고 있던 시대와 지역에서 횡행하였던 죄인 사치와 방탕과 음란의 유혹에 빠지지 않도록 그들을 무장시키기 위해서. 요나답은 당시에 사람들의 행실이 전반적으로 다 부패하고 타락한 것을 보았다. 에브라임에는 술주정뱅이들이 넘쳐났고, 그는 그의 자손들이 방탕에 빠져서 파멸하게 되지는 않을까 염려하였다. 그래서 그는 그들에게 한적한 농촌으로 물러가서 자기 힘으로 살아갈 것을 명령하였다. 또한, 그는 그들이 악한 쾌락에 빠져들지 않도록 하기 위해서 심지어 정당하게 허용되어 있는 즐거움들조차도 누리지 말도록 명령하였다. 그들은 아주 건전하고 절제하며 검소한 삶을 살아야 했는데, 이것은 그들의 몸과 마음의 건강에도 도움이 되었을 것이고, 그들이 지금 편안한 마음으로 회상하듯이 그들이 머물러 사는 땅에서 오랫동안 마음 편하게 사는 데에도 도움이 되었을 것이다. 우리는 우리가 나그네와 순례자로 살아간다는 것을 깊이 생각해서 육체의 온갖 정욕을 피하여 감각에 속한 것들을 뛰어넘어 살아야 하고, 그러한 것들을 백해무익한 것으로 바라보아야 한다는 것을 명심하라.

(5) 그들로 하여금 환난과 재난의 때를 준비하도록 하기 위해서. 요나답은 예언의 영이 없이도 이토록 형편없이 타락한 백성이 멸망하게 되리라는 것을 미리 내다보고서, 그들이 살아가는 곳이 평안하지 않고 환난의 와중에 있다고 할지라도 그들은 평안할 수 있도록 해주고 싶었을 것이다. 그렇게 되려면, 그들은 잃을 것이 별로 없어서 모든 것을 잃을 수 있는 시절이 오더라도 그런 시절이 그들에게 별로 두려운 것이 되지 못하게 최소한으로 적게 가져야 했다. 또한, 그들은 그들이 가진 것을 다 잃는다고 하여도 별로 고통을 느끼지 않도록 하기 위해서 그들의 소유에 별 관심을 두지 않아야 했다. 이 세상에 대하여 죽고 자기를 부인하는 삶을 사는 자들은 고난을 겪는 일에 최적의 체질을 갖추고 있는 것임을 명심하라.

(6) 그들로 하여금 전체적으로 질서와 규칙을 따라 살아가는 법을 배우도록

하기 위해서. 그렇게 살아가는 것은 우리 모두에게 좋은 일이고, 우리는 자녀들에게도 그렇게 살도록 가르쳐야 한다. 이러한 교훈을 후손들에게 남긴 요나답처럼 이 세상에서 오래 산 사람들은 경험적으로 이 세상이 헛되고 많은 재물과 쾌락 속에는 위험한 덫이 들어 있다는 것을 알기 때문에, 후손들은 그런 조상들이 그들에게 조심하라고 일러준 말들에 귀를 기울이는 것이 마땅하다.

II. 그의 후손들은 이 원칙들을 얼마나 엄격하게 지켰는가(8-10절).

그들은 각 세대마다 대대로 그들의 선조 요나답이 명령한 모든 말을 순종하였고 그가 명령한 대로 다 지켜 행하였다. 그들은 포도주가 널려 있는 농촌에 살았지만 포도주를 마시지 않았다. 그들의 아내와 자녀들도 포도주를 마시지 않았다. 왜냐하면, 술을 마시지 않는 사람들은 자기가 돌보는 모든 가족들도 술을 마시지 않도록 신경을 쓰기 때문이다. 그들은 집을 짓지도 않았고, 땅을 갈지도 않았으며, 오로지 가축에서 나오는 소산물들을 가지고 생계를 꾸려갔다. 그들이 이렇게 산 것은 일부는 그들이 존경하는 선조에게 순종한다는 측면이 있었고, 일부는 그들이 스스로 살아보니 경험상으로 그러한 절제된 삶을 사는 것이 유익하다는 것을 깨달았기 때문이었다. 전통의 힘, 즉 오래된 것과 모범과 위인(偉人)들이 사람들에게 미치는 영향력을 보라. 또한, 아주 어려워 보이는 일이 오랜 관습에 의해서 얼마나 쉽게 거의 천성인 것처럼 지켜지게 되는지를 보라.

1. 요나답이 그의 후손들에게 당부한 여러 가지 것들 중의 하나와 관련해서 우리는 여기에서 그들이 긴급한 상황에서는 그것을 지키지 않아도 상관없었다는 것을 보게 된다(11절). 바벨론의 왕이 군대를 이끌고 이 땅에 올라왔을 때에 그들은 그 때까지 장막에 거주하며 살았었지만 얼른 장막을 거두어서 예루살렘으로 와서 거기에 집을 마련하여 살았다. 엄격한 질서의 규칙들은 지나치게 엄격해서는 안 되고 긴급한 상황에서는 예외가 될 수 있도록 허용하는 것이 좋다는 것을 명심하라. 그러므로 이런 유의 서원을 할 때에는 그 점을 분명히 해두어서 나중에 내가 서원한 것이 실수였다(전 5:6)고 말할 수밖에 없는 상황이 오지 않도록 하는 것이 지혜로운 일이다. 또한, 이런 유의 명령들은 그러한 단서가 붙어 있는 것으로 이해하여야 한다. 만약 레갑 사람들이 온 나라가 재난을 겪고 있는 때에 그들의 가문의 법과 관습을 고집하며 그들의 안전을 위한 적절한 조치를 취하지 않았다면, 그들은 하나님을 시험하는 것이 되었을 것이

고 하나님을 신뢰하지 않은 것이 되었을 것이다.

2. 요나답이 그의 후손들에게 당부한 여러 가지 것들 중의 하나와 관련해서 우리는 여기에서 아무리 긴급한 상황이 왔음에도 불구하고 신앙적으로 그것을 고수하였다는 것을 보게 된다. 예레미야는 그들을 성전으로 데리고 와서, 고관들의 방 옆에 붙어 있었던 선지자의 방으로 들어오게 하였다(2절). 왜냐하면, 그는 하나님의 메시지를 가지고 있었고, 그 메시지는 하나님의 사람의 방에서 전해졌을 때에 더욱 하나님의 말씀처럼 보일 것이었기 때문이다. 거기에서 그는 레갑 사람들에게 포도주를 마실 것이냐고 물어 보는 데서 그치지 않고, 실제로 포도주가 가득한 종지와 술잔을 그들 앞에 놓아서 아주 강력한 유혹을 느끼게 만든 후에 이렇게 말하였다. "포도주를 마시라. 너희는 이 포도주를 값 없이 마셔도 된다. 너희는 이미 예루살렘에 와서 살았기 때문에 너희 가문의 규칙들 중의 하나를 깬 것이다. 너희는 지금 사람들이 예사로 포도주를 마시는 이 성에 살고 있는데, 이 규칙도 깨지 못할 이유가 어디 있겠는가?" 그러나 그들은 단호히 거절하였다. 그들은 이구동성으로 그의 제안을 거부하였다. "아니다, 우리는 포도주를 마시지 아니하겠노라. 왜냐하면, 그것은 우리가 법을 깨는 것이기 때문이다." 예레미야 선지자는 그들이 포도주 마시기를 거절하리라는 것을 아주 잘 알고 있었기 때문에, 그들이 거절하자 더 이상 권하지 않았다. 그는 그들의 결심이 워낙 견고한 것을 보았기 때문이다. 이러한 유혹들은 술을 마시지 않겠다고 확고하게 결심한 자들에게 아무런 힘도 발휘하지 못하지만, 미덕의 길을 가면서 확고한 결단이 없는 자들은 날마다 이러한 유혹들에 넘어가고 만다.

[12]그 때에 여호와의 말씀이 예레미야에게 임하여 이르시되 [13]만군의 여호와 이스라엘의 하나님께서 이와 같이 말씀하시니라 너는 가서 유다 사람들과 예루살렘 주민에게 이르기를 너희가 내 말을 들으며 교훈을 받지 아니하겠느냐 여호와의 말씀이니라 [14]레갑의 아들 요나답이 그의 자손에게 포도주를 마시지 말라 한 그 명령은 실행되도다 그들은 그 선조의 명령을 순종하여 오늘까지 마시지 아니하거늘 내가 너희에게 말하고 끊임없이 말하여도 너희는 내게 순종하지 아니하도다 [15]내가 내 종 모든 선지자를 너희에게 보내고 끊임없이 보내며 이르기를 너희는 이제 각기 악한 길에서 돌이켜 행위를 고치고 다른 신을 따라 그를 섬기지 말라 그리하면 너희는

내가 너희와 너희 선조에게 준 이 땅에 살리라 하여도 너희가 귀를 기울이지 아니하며 내게 순종하지 아니하였느니라 [16]레갑의 아들 요나답의 자손은 그의 선조가 그들에게 명령한 그 명령을 지켜 행하나 이 백성은 내게 순종하지 아니하도다 [17]그러므로 만군의 여호와 이스라엘의 하나님께서 이와 같이 말씀하시니라 보라 내가 유다와 예루살렘의 모든 주민에게 내가 그들에게 대하여 선포한 모든 재앙을 내리리니 이는 내가 그들에게 말하여도 듣지 아니하며 불러도 대답하지 아니함이니라 하셨다 하라 [18]예레미야가 레갑 사람의 가문에게 이르되 만군의 여호와 이스라엘의 하나님께서 이와 같이 말씀하시기를 너희가 너희 선조 요나답의 명령을 순종하여 그의 모든 규율을 지키며 그가 너희에게 명령한 것을 행하였도다 [19]그러므로 만군의 여호와 이스라엘의 하나님께서 이와 같이 말하시니라 레갑의 아들 요나답에게서 내 앞에 설 사람이 영원히 끊어지지 아니하리라 하시니라

레갑 사람들이 지조(志操)를 지키는지 시험해 본 일은 단지 하나의 표징(表徵)으로 의도된 것이었다. 이제 여기에서 우리는 이 표징이 어떻게 적용되고 있는지를 보게 된다.

I. 레갑 사람들이 그들의 조상이 그들에게 명령한 것을 지킨 일은 유대인들이 하나님에게 불순종한 죄를 더욱 뚜렷이 부각시키는 데에 사용된다. 그들은 그것을 보고 부끄러운 줄 알아야 한다. 예레미야 선지자는 하나님의 이름으로 그들에게 이렇게 반문한다. "너희가 이래도 끝까지 교훈을 받지 아니하겠느냐(13절). 너희는 느끼는 것이 없느냐? 너희는 마음에 꽂히는 것이 전혀 없느냐? 하나님께서 온갖 것을 다 동원하셔서 너희를 깨우치려고 하셔도 너희는 너희의 죄와 본분을 깨닫지 못하느냐? 너희는 레갑 사람들이 그들의 조상의 명령을 얼마나 잘 순종하는지를 보았다(14절). 요나답의 후손들이 요나답에게 순종해야 하는 것보다 하나님의 백성이 하나님께 순종해야 한다는 것이 수천 배나 더 이치에 맞는 일이건만, 너희는 내 말에 귀를 기울이지 아니하며 내게 순종하지 아니하였다(15절)." 다음과 같은 이유로 그들의 죄는 훨씬 더 무거울 수밖에 없다.

1. 레갑 사람들은 그들 자신과 똑같은 사람일 뿐인 한 인물, 사람으로서의 지혜와 능력만을 지닌 자, 단지 그들의 육신의 조상일 뿐인 자에게 순종하였다. 그러나 유대인들은 그들의 영의 아버지로서 그들에 대하여 절대적인 권세

를 지니고 계신 무한하시고 영원하신 하나님께 불순종하였다.

2. 요나답은 오래 전에 죽은 자여서 그들을 아는 것도 아니었고, 그들이 그의 명령에 불순종해도 그것을 알지 못할 뿐더러 불순종한다고 해서 벌을 줄 수도 없었다. 그러나 하나님은 영원히 살아 계셔서 과연 그들이 그의 율법을 지키는지를 지켜 보고 계시고, 모든 불순종에 대하여 벌한 준비를 다 해두고 계신다.

3. 레갑 사람들에게는 그들의 조상에 대한 그들의 의무를 일깨워 주는 자가 아무도 없었다. 그러나 하나님은 그의 선지자들을 그의 백성에게 자주 보내셔서, 그에 대한 그들의 본분을 일깨워 주셨는데도, 그들은 그것을 행하고자 하지 않았다. 하나님께서 이것을 여기에서 역설하시는 것은 그들의 불순종이 얼마나 큰지를 부각시키기 위한 것이다. "내가 기록된 말씀과 양심의 권면을 통해서 너희에게 말하고 끊임없이 말하였고(14절), 너희와 똑같은 사람들이어서 너희가 두려워 하지 않아도 되는 내 종 모든 선지자를 너희에게 보내고 끊임없이 보냈어도(15절), 모든 것이 다 소용이 없었다."

4. 요나답은 하나님이 그의 백성을 위하여 행하신 일을 그의 후손을 위하여 결코 행하지 않았다. 그는 그들에게 하나의 명령을 남겨 주었지만, 그 명령을 이행할 때에 도움이 되도록 그 어떤 재산도 그들에게 물려주지 않았다. 그러나 하나님은 자기 백성에게 좋은 땅을 주셨고, 그들이 순종하기만 한다면 거기에 영원히 살게 될 것이라고 약속하셨기 때문에, 그들은 마땅히 그들의 유익을 위하여 감사함으로 순종했어야 했는데도, 듣고자 하지 않았고 순종하고자 하지 않았다.

5. 하나님은 요나답이 그의 후손들에게 명령하였던 것과는 달리 자기 백성에게 그렇게 고생스러운 삶을 살거나 금욕적인 삶을 살도록 강제하지 않으셨다. 그런데도 요나답의 명령은 지켜졌고, 하나님의 명령은 지켜지지 않았다.

II. 하나님은 앞에서 자주 그러셨듯이 이렇게 그 죄질이 나쁜 그들의 불순종 때문에 유다와 예루살렘을 심판하시겠다고 경고하신다. 레갑 사람들은 심판 때에 일어나 그들을 단죄할 것이다. 왜냐하면, 그들은 그들의 선조가 그들에게 명령한 그 명령을 아주 꼼꼼하게 지켰고, 계속해서 그 순종을 이어나갔지만(16절), 이 백성, 이 배역하고 반대를 일삼는 백성은 내게 순종하지 아니하였기 때문이다. 그러므로 그들이 하나님의 말씀 속에 들어 있는 명령에 순종하지 않았기 때문에, 하나님은 그 말씀에 들어 있는 경고를 실행하실 것이다(17절). "내가 갈대아인의 군대를 동원해서 율법과 선지자들을 통해서 그들에게 선포한 모든 재앙을 내리리니, 이는 내가 가까이 있는 자들에게 속삭임으로 말하고 멀리 있는 자들을 큰 소리로 부르며, 나의 말로 말하고 나의 섭리로 부르며, 온갖 수단과 방법을 다 써서 그들을 깨우치려 해도 아무 소용이 없고, 그들은 듣지 아니하며 대답하지 아니하였다."

III. 하나님은 레갑 사람들이 그들의 가문의 법을 너나 할 것 없이 한결같이 지켰기 때문에 그들의 가문에 긍휼을 베푸시겠다고 약속하신다. 그들의 지조를 시험해서 요동하지 않는 것을 확인한 것은 단지 이스라엘을 부끄럽게 하기 위한 것이었지만, 그들은 칭찬과 영광과 존귀를 얻게 되었다. 하나님은 이 일을 계기로 그가 그들을 위하여 은총들을 준비해 두셨고(18-19절), 그들은 그 은총들로 인한 위로를 얻게 될 것이라고 그들에게 말씀해 주신다.

1. 그들의 가문은 그들이 나그네와 객으로 머물고 있는 이스라엘의 그 어떤 가문보다도 더 오래 지속되리라는 것. 그들에게는 비록 자손에게 물려줄 유업이 없었지만, 그들이 가진 것을 물려줄 사람이 영원히 끊어지지 아니할 것이다. 재산을 별로 가지고 있지 않은 사람들이 가장 많은 자손을 두는 경우가 심심치 않게 있다. 그러나 입을 보내신 하나님은 반드시 양식도 보내 주신다.

2. 그들의 가문에서 신앙이 계속 이어지리라는 것. "내 앞에 서서 나를 섬길 사람이 영원히 끊어지지 아니하리라." 그들은 제사장이나 레위인도 아니었고, 성전에서 어떤 직책을 맡아 섬긴 것같아 보이지도 않지만, 일상 생활 속에서 끊임없이 신앙을 나타내 보임으로써 하나님 앞에 서서 하나님을 섬기는 자들이었다.

(1) 어느 한 가문에게 주어질 수 있는 가장 큰 축복은 자손 대대로 하나님의 예배가 그 가문에서 끊어지지 않고 계속 이어져가는 것이다.

(2) 술 마시지 않는 것, 절제와 자기 부인, 세상에 대하여 죽는 것은 경건의 연습에 대단히 유익하고, 그런 것들을 지키도록 후손에게 물려주는 데에도 도움이 된다. 우리가 감각의 쾌락들에 대하여 죽으면 죽을수록, 우리는 하나님을 더 잘 섬길 수 있는 체질이 되어 간다. 그러나 한 가문의 신앙을 대대로 이어가는 일에 있어서 교만과 사치만큼 치명적인 것은 없다.

제
— 36 —
장

개요

하나님은 여기에서 말씀에 귀를 기울이지 않으려 하고 고집센 이 백성에 대하여 또 하나의 조치를 시도해 보시지만 결국 헛수고가 되고 만다. 예레미야가 그들에게 전한 모든 설교들의 초록(抄錄) 또는 요약을 담고 있는 한 권의 두루마리 책이 마련되는데, 이것은 그들이 지금까지 들었던 모든 말씀을 한꺼번에 볼 수 있도록 그들 앞에 펼쳐 놓아서 그들이 무엇을 들었는지를 상기하게 만들고 그것을 더 잘 깨닫게 하기 위한 것이었다. 여기에서 우리는 다음과 같은 내용들을 본다. I. 예레미야가 입으로 불러주면 바룩이 두루마리에 그것을 기록함(1-4절). II. 바룩이 금식일에 이 두루마리 책에 기록된 것을 모든 백성이 모인 자리에서 낭독하고(5-10절), 그 후에는 고관들에게 사적으로 읽어주며(11-19절), 마지막으로 여후디가 왕 앞에서 이 글을 읽음(20-21절). III. 왕이 예레미야와 바룩을 체포하라는 명령을 내리고 이 두루마리 책을 불태움(22-26절). IV. 예레미야가 내용을 더 첨가해서, 특히 이전 두루마리 책을 불태운 여호야김에게 내려질 벌의 내용을 첨가해서 또 하나의 두루마리 책을 기록함(27-32절).

¹유다의 요시야 왕의 아들 여호야김 제사년에 여호와께로부터 예레미야에게 말씀이 임하니라 이르시되 ²너는 두루마리 책을 가져다가 내가 네게 말하던 날 곧 요시야의 날부터 오늘까지 이스라엘과 유다와 모든 나라에 대하여 내가 네게 일러 준 모든 말을 거기에 기록하라 ³유다 가문이 내가 그들에게 내리려 한 모든 재난을 듣고 각기 악한 길에서 돌이키리니 그리하면 내가 그 악과 죄를 용서하리라 하시니라 ⁴이에 예레미야가 네리야의 아들 바룩을 부르매 바룩이 예레미야가 불러 주는 대로 여호와께서 그에게 이르신 모든 말씀을 두루마리 책에 기록하니라 ⁵예레미야가 바룩에게 명령하여 이르되 나는 붙잡혔으므로 여호와의 집에 들어갈 수 없으니 ⁶너는 들어가서 내가 말한 대로 두루마리에 기록한 여호와의 말씀을 금식일에 여호와의 성전에 있는 백성의 귀에 낭독하고 유다 모든 성읍에서 온 자들의 귀에도 낭독하라 ⁷그들이 여호와 앞에 기도를 드리며 각기 악한 길을 떠나리라 여호와께서

이 백성에 대하여 선포하신 노여움과 분이 크니라 ⁸네리야의 아들 바룩이 선지자 예레미야가 자기에게 명령한 대로 하여 여호와의 성전에서 책에 있는 여호와의 모든 말씀을 낭독하니라

에스겔의 예언의 첫부분에서 우리는 환상 가운데서 기록된 두루마리를 만나는데, 거기에는 선지자 에스겔에게 하나님이 알려주실 일들이 담겨 있었고, 그는 그것들을 받아서 소화하여야 했다(겔 2:9-10, 3:1). 여기 예레미야의 예언의 후반부에서 우리는 현실 속에서 기록된 두루마리를 만나는데, 거기에는 백성들이 들어야 하고 귀를 기울여야 할 일들이 담겨 있다. 왜냐하면, 기록된 말씀을 비롯해 좋은 책들은 사역자들과 평신도들에게 대단히 유익하기 때문이다. 우리는 여기에서 다음과 같은 내용들을 본다.

I. 하나님께서 예레미야에게 그의 모든 설교들을 요약해서 기록하라고 명령하심. 예레미야는 그가 처음으로 말씀을 전하기 시작하였던 요시야 제13년부터 여호야김 제4년인 오늘까지 하나님의 이름으로 백성들에게 전하였던 모든 책망과 경고의 말씀들을 기록하여야 했다(2-3절). 그는 말씀으로만 전했던 것들을 이제 사람들로 하여금 다시 한 번 살펴보고 더 널리 전파하게 하며 더 오랫동안 간직할 수 있도록 하기 위하여 기록하여야 했다. 그는, 말씀으로 전할 때에는 동일한 내용들이 자주 반복되고 동일한 단어들도 반복적으로 사용되어서(이것은 어떤 의미에서 말씀으로 전할 때의 장점이다) 그 내용이 방대한데, 이제 그것들을 알맞은 분량으로 줄여서 한 가지 일을 여러 측면에서 말씀한 것들을 한 자리에서 다 비교해 볼 수 있도록 일목요연하게 정리해야 했다(이것은 어떤 의미에서 기록된 말씀의 장점이다). 그는 그들이 한 번 들었던 것을 그들에게 반복적으로 여러 번 들려주어서, 그들이 잊어버렸던 것을 다시 생각나게 해주고, 처음에 들었을 때는 별 감동이 없었던 것이 두 번째 들었을 때에는 그들을 사로잡을 수 있도록 해야 했다. 그는 이미 기록해 놓았던 것들, 설교 한 편씩을 글로 써놓았던 것들을 이제는 그 중의 하나도 없어지지 않도록 한 권의 책으로 모아 놓아야 했다. 성경이 기록된 것은 하나님의 명령으로 된 것임을 명심하라. 하나님께서 이 두루마리 책을 기록하라고 하시면서 그 이유를 말씀하신 대목을 주목하라(3절). 유다 가문이 들을 수도 있으리라. 하나님은 모든 것을 다 미리 아시기 때문에, 이것은 이 일에 대하여 하나님이 어떤 확신을 갖고

계시지 못하는 모습을 보여주는 것이 아니다. 이 점에 있어서는 의문의 여지가 없다. 하나님은 그들이 정녕 배신할 줄을 확실하게 알고 계셨다(사 48:8). 그러나 하나님의 지혜는 그가 바라는 목적을 이루기 위한 적절한 수단으로서 이것을 택하였다. 그 일이 실패한다면, 그들은 더욱 변명의 여지가 없어질 것이었다. 하나님은 그들이 듣지 않을 줄을 미리 아셨지만, 선지자에게 그렇게 말씀하지 않으시고, 그들이 들을지도 모른다는 희망, 즉 그들이 그 말씀을 듣고 깨달아서 믿음으로 받을 수도 있다는 희망을 내비치시면서 선지자에게 한 번 그 방법을 써보라고 명령하신 것이었다. 왜냐하면, 이 방법이 통하지 않으면, 우리가 다른 방법을 통해서 말씀을 들어도, 예를 들면 하늘의 천사가 우리에게 그 말씀을 읽어 주거나 전해 준다고 해도, 그것은 우리에게 아무런 도움도 되지 못할 것이기 때문이었다. 좀 더 자세하게 살펴보자.

1. 하나님은 이렇게 해서 그들이 무엇을 듣기를 바라시는가 ― 내가 그들에게 내리려 한 모든 재난. 죄가 가져올 몇몇 심각한 결과들을 진지하게 생각해 보는 것은 우리를 하나님께로 나아가게 하는 데에 크게 유익하다는 것을 명심하라.

2. 하나님은 그렇게 해서 어떤 결과가 나오기를 바라시는가 ― 그들이 듣고 각기 악한 길에서 돌이키리라. 사역자들이 말씀을 전하는 목적은 죄인들로 하여금 그들의 악한 길에서 돌이키게 하는 것임을 명심하라. 이 목적이 이루어지지 않는다면, 사람들은 말씀을 헛되이 들은 것이다. 우리가 말씀을 듣고도 계속해서 하나님을 대적하여 악을 행한다면, 하나님이 우리의 죄 때문에 우리에게 내리고자 하시는 재난에 대하여 듣는 것이 우리에게 무슨 소용이 있겠는가?

3. 하나님은 그들이 말씀을 듣고 깊이 생각해서 회심한다면 그들에게 어떤 큰 유익이 있으리라고 말씀하시는가 ― 내가 그 악과 죄를 용서하리라. 이것은 분명히 하나님의 공의가 만족되었음을 의미한다. 죄인이 자기 죄를 회개하고 그 죄에서 돌아서지 않는데도 하나님이 그 죄를 용서하신다면, 그것은 하나님의 공의와 맞지 않을 것이다. 그러나 이것은 하나님의 긍휼도 분명하게 표현하고 있다. 즉, 하나님은 죄를 용서해 주고 싶으셔서 어쩔 줄 몰라 하시고, 오직 죄인이 용서를 받을 자격을 갖추기만을 학수고대하고 계시기 때문에, 어떻게든 우리의 죄를 용서해 주시려고 우리를 회개로 이끌기 위하여 온갖 수단을 다 사용하신다는 것이다.

Ⅱ. 예레미야가 하나님으로부터 받은 명령에 따라서 서기관 바룩에게 지시한다.   이에 따라 바룩이 두루마리 책을 기록했다(4절). 하나님은 예레미야에게 기록하라고 명령하셨지만, 그는 글솜씨가 뛰어난 서기관의 붓끝을 가지고 있지 않아서 빠르게 또는 예쁘게 글을 쓸 수 없었기 때문에, 바룩을 그의 필사자로 사용하였다. 사도 바울의 서신들 중에서 그가 직접 자기 손으로 쓴 부분은 거의 없었다(갈 6:11; 롬 16:22). 하나님은 은사들을 여러 사람들에게 골고루 나눠 주신다. 어떤 이는 말하는 것을 잘 하고, 어떤 이는 글 쓰는 것을 잘 하기 때문에, 아무도 다른 사람에게 너는 쓸 데가 없다고 말할 수 없다(고전 12:21). 하나님의 성령은 예레미야에게 말씀을 불러주셨고, 예레미야는 바룩에게 불러 주었다. 바룩은 예레미야가 밭을 살 때에 매매 증서를 보관하도록 위임을 받은 자였는데(렘 32:12), 지금은 그의 서기관으로 승진하여 그의 선지자 직무를 대신하고 있다. 우리가 그의 이름으로 되어 있는 외경의 한 책을 신뢰할 수 있다면, 그는 나중에 바벨론에서 포로 된 자들을 대상으로 선지자로서 활동하였다. 낮은 자리에서 시작한 자들은 높은 자리로 오를 가능성이 있고, 선지자가 될 자들이 선지자들 밑에서 교육을 받고 선지자들에게 유익한 자들이 되는 것은 좋은 일이다. 바룩은 예레미야가 입으로 말해 준 것들을 여러 장의 양피지에 기록해서 첫 장부터 마지막 장까지를 모두 연결하고 막대기에 둘둘 감아서 하나의 긴 두루마리 책을 만들었다.

Ⅲ. 예레미야가 바룩에게 그가 기록한 것을 백성에게 읽어주라고 지시함. 예레미야는 성전에 출입하는 것을 봉쇄당한 처지여서 직접 여호와의 집에 들어갈 수 없었다(5절). 그는 감옥에 갇혀 있는 죄수는 아니었다. 왜냐하면, 당시에는 그를 붙잡으러 관리들을 보낼 겨를이 없었을 것이기 때문이다(26절). 그렇지만 왕은 그가 성전에 나타나는 것을 금지하였고, 그가 성전에서 하나님을 섬기거나 선한 일을 행하는 것을 하지 못하도록 막았다. 이것은 그를 지하감옥에 가둔 것만큼이나 그에게 좋지 않은 일이었다. 여호야김은 이렇게 하나님의 신실한 사자(使者)들의 입을 막아 말씀을 전하지 못하게 하였을 때에 멸망을 향하여 빠르게 치닫고 있었다. 그러나 예레미야는 자기가 직접 성전에 갈 수 없게 되자 그의 대리인을 보내서 그가 전하고 싶었던 말씀을 백성들에게 낭독해 주게 하였다. 마찬가지로, 사도 바울도 직접 교회들을 방문할 수 없을 때에 서신들을 썼다. 예레미야가 백성들에게 전하고 싶었던 말씀은 이미 여러 차례

그들에게 전하였던 말씀이었다. 이미 전한 말씀들을 기록하거나 반복해서 전하는 것은 그 말씀을 전하는 목적을 이루는 데에 아주 많은 도움이 된다는 것을 명심하라. 우리가 이미 들어서 알고 있는 말씀을 다시 들으면 더 잘 알게 되기 때문에 반복해서 듣는 것은 좋은 일이다. 동일한 말을 전하고 기록하는 것은 안전하고 유익하고, 또한 꼭 필요한 경우가 많다(빌 3:1). 우리는 비록 여기에서처럼 간접적으로 전해지는 것이라고 할지라도 하나님에게서 나온 선한 말씀을 듣는 것을 기뻐해야 한다. 사역자들과 백성들은 그들이 하고자 하는 일을 할 수 없을 때에는 그들이 할 수 있는 일을 하여야 한다. 하나님은 두루마리 책을 백성들에게 읽어 주라고 명령하셨을 때에 그들이 듣고 각기 악한 길에서 돌이킬지도 모른다고 말씀하셨는데(3절), 예레미야는 바룩에게 그렇게 지시하면서 그들이 여호와 앞에 기도를 드리며 각기 악한 길을 떠날지도 모른다고 말한다(7절). 은혜를 베푸셔서 우리를 돌이키게 해 주시라고 하나님께 기도하는 것은 우리가 돌이키는 데에 꼭 필요하다는 것을 명심하라. 하나님의 말씀을 듣고서 그에게로 돌아가야 한다는 것을 깨달은 자들은 그에게 그런 은혜를 주시라고 기도를 드리게 될 것이다. 하나님께서 죄 때문에 우리에 대하여 선포하신 노여움이 크다는 것을 깊이 생각해서, 우리는 정신을 차리고서 기도하여야 하고 삶을 고치도록 힘써야 한다. 이제 예레미야의 지시를 따라서 바룩은 성회가 있을 때마다 책에 있는 여호와의 말씀을 낭독하였다(8절).

[9]유다의 요시야 왕의 아들 여호야김의 제오년 구월에 예루살렘 모든 백성과 유다 성읍들에서 예루살렘에 이른 모든 백성이 여호와 앞에서 금식을 선포한지라 [10]바룩이 여호와의 성전 위뜰 곧 여호와의 성전에 있는 새 문 어귀 곁에 있는 사반의 아들 서기관 그마랴의 방에서 그 책에 기록된 예레미야의 말을 모든 백성에게 낭독하니라 [11]사반의 손자요 그마랴의 아들인 미가야가 그 책에 기록된 여호와의 말씀을 다 듣고 [12]왕궁에 내려가서 서기관의 방에 들어가니 모든 고관 곧 서기관 엘리사마와 스마야의 아들 들라야와 악볼의 아들 엘라단과 사반의 아들 그마랴와 하나냐의 아들 시드기야와 모든 고관이 거기에 앉아 있는지라 [13]미가야가 바룩이 백성의 귀에 책을 낭독할 때에 들은 모든 말을 그들에게 전하매 [14]이에 모든 고관이 구시의 증손 셀레먀의 손자 느다냐의 아들 여후디를 바룩에게 보내 이르되 너는 백성의 귀에 낭독한 두루마리를 손에 가지고 오라 네리야의 아들 바룩이 두루마리를 손에

가지고 그들에게로 오니 ¹⁵그들이 바룩에게 이르되 앉아서 이를 우리 귀에 낭독하라 바룩이 그들의 귀에 낭독하매 ¹⁶그들이 그 모든 말씀을 듣고 놀라 서로 보며 바룩에게 이르되 우리가 이 모든 말을 왕에게 아뢰리라 ¹⁷그들이 또 바룩에게 물어 이르되 너는 그가 불러 주는 이 모든 말을 어떻게 기록하였느냐 청하노니 우리에게 알리라 ¹⁸바룩이 대답하되 그가 그의 입으로 이 모든 말을 내게 불러 주기로 내가 먹으로 책에 기록하였노라 ¹⁹이에 고관들이 바룩에게 이르되 너는 가서 예레미야와 함께 숨고 너희가 있는 곳을 사람에게 알리지 말라 하니라

이 단락에는 모든 백성이 다 모여 있던 금식일에 그가 이 두루마리 책을 읽어준 일이 언급되어 있는데, 바룩은 이 일 이전에 이미 이 두루마리 책에 있는 말씀을 듣고자 하는 모든 무리들에게 빈번하게 읽어 주었던 것으로 보인다. 왜냐하면, 예레미야가 바룩에게 이런 지시를 한 것은 여호야김 제사년이었는데, 이 일은 제오년에 있었기 때문이다(9절). 그러나 어떤 이들은 이 두루마리 책을 기록하는 데에 오랜 시간이 걸렸기 때문에 해를 넘겨서야 겨우 끝날 수 있었을 것이라고 생각한다. 하지만 이 책을 기록하는 데에는 한두 달을 넘기지 않았을 것이다. 예레미야는 제사년 말에 기록을 시작해서 제오년 초에 마쳤을 수도 있다. 왜냐하면, 제오년 구월은 재위 연도가 아니라 일반적인 역법(曆法)상의 연도를 가리키기 때문이다. 좀 더 살펴보자.

1. 유다 정부(政府)는 갈대아인의 군대로 인한 환난이나 가뭄 때문에(렘 14:1) 온 나라에 금식을 행하도록 선포하였다(9절). 그들은 백성들에게 금식을 선포하였다. 왕이나 고관들 또는 제사장들 중에서 누가 이 금식을 명령했는지는 확실하지 않다. 그러나 하나님이 그의 섭리 가운데 그들로 하여금 금식하도록 하신 것은 분명하였다. 경건과 신앙이 깊음을 보여주는 큰 행사들은 경건의 모양은 있지만 경건의 능력에는 문외한이거나 원수인 자들 가운데서도 행해질 수 있다는 것을 명심하라. 그러나 그러한 위선적인 행사들이 무슨 소용이 있겠는가? 삶을 고치거나 죄에서 돌이키지 않은 채 금식을 해보았자 하나님의 심판은 결코 물러가지 않는다(욘 3:10). 이 금식에도 불구하고, 하나님은 이 백성과 다툼을 계속 진행해 나가셨다.

2. 바룩은 금식일에 여호와의 성전에서 예레미야의 설교들을 온 백성 앞에서 낭독하였다. 그는 그마랴의 방에 서서 창문 또는 발코니에서 성전 뜰에 있

던 백성에게 그 설교들을 읽어 주었다(10절). 우리는 하나님께 말씀을 드리고 있을 때에 하나님으로부터 오는 말씀을 듣고자 하여야 한다는 것을 명심하라. 그러므로 금식하고 기도하는 날에는 말씀을 읽거나 전하는 것이 꼭 필요하다. 내 말을 들으라 그리하여야 하나님이 너희의 말을 들으시리라(삿 9:7). 긍휼과 은혜를 간구하여 얻고자 한다면, 우리는 우리의 죄와 본분에 대하여 들어야 한다.

3. 성전 뜰에서 열린 행사에 참석했다가 지금은 서기관의 방이라 불리는 곳에 함께 모여 있던 고관들에게 이 일이 전해졌다(12절). 고관들은 백성들에게 하나님의 성전에 모여서 금식하고 기도하며 말씀을 들으라고 해놓고는 본 행사가 끝난 다음에 본격적으로 기도하는 시간에는 그들이 거기에 참석하는 것은 적절치 못하다고 생각했던 것으로 보인다. 이것은 그들이 이 금식을 선포한 것이 참된 신앙에서 나온 것이 아니라 단지 행사용으로 계획한 것이었음을 보여주는 증표였다. 우리는 미가야가 고관들에게 바룩이 읽은 내용을 알려준 것이 예레미야를 곤경에 처하게 하기 위한 나쁜 의도에서가 아니라 고관들을 그들의 죄 때문에 괴로워하게 만들기 위한 선한 의도에서 그렇게 한 것이라고 생각하고 싶다. 왜냐하면, 그의 아버지 그마랴는 바룩을 지지하여 그에게 그의 방을 빌려주어서 거기에서 그 두루마리 책을 읽을 수 있게 해주었기 때문이다. 미가야는 고관들이 서기관의 방에 앉아 있는 것을 발견하고서, 그들에게 그들이 성전 뜰에서 열리고 있는 행사에 계속해서 참석해서 좋은 설교를 들었더라면 더 좋았을 것이라고 말하며, 바룩이 읽어 준 설교의 개요를 그들에게 알려준다. 우리는 우리에게 감동을 주고 우리의 덕을 세워준 좋은 말씀을 들었다면 그 말씀을 다른 사람들에게도 알려주어서 그들의 덕을 세워 주고자 하여야 한다는 것을 명심하라. 마음에 가득한 것을 입으로 말하는 법이다.

4. 고관들은 사람을 보내어 바룩을 오게 해서 그들 가운데 앉힌 후에 그 두루마리 책에 있는 말씀을 다시 한 번 그들에게 읽어 달라고 했고(14-15절), 바룩은 이미 백성들에게 말씀을 낭독해 주느라고 지쳤다고 불평하며 여기서는 사양하겠다고 말하거나 고관들이 성전 뜰에 있었더라면 들을 수 있었을 텐데 그렇게 하지 않았다고 그들을 책망하지 않고 기꺼이 그들에게 다시 책을 읽어 주었다. 하나님의 사역자들은 여러 사람에게 여러 모습이 되어서 아무쪼록 몇 사람이라도 구원하고자 하여야 하고, 여러 상황들 속에서 사람들의 요구에 응하여 말씀을 전함으로써 사람들에게 말씀을 받을 수 있는 기회를 주어야 한다는 것

을 명심하라. 사도 바울도 유력한 자들에게 사적으로 말씀을 전하였다(갈 2:2).

5. 고관들은 바룩이 그들에게 읽어준 말씀을 듣고 많은 감동을 받았다(16절). 그들이 그 모든 말씀을 들었다는 것을 주목하라. 그들은 바룩이 읽어 주는 말씀을 중간에 끊지 않고, 아주 참을성 있게 그 두루마리 책 전체를 다 읽을 때까지 경청하였다. 그렇게 하지 않았다면, 어떻게 그들이 그 두루마리 책에 대하여 제대로 된 판단을 할 수 있었겠는가? 그들은 이 모든 말씀을 듣고 바울의 변론을 듣고 두려워 떨었던 벨릭스 총독처럼 놀라 서로를 보았다. 책망의 말씀들은 지당하였고, 경고의 말씀들은 무서웠으며, 예언들은 지금 성취될 가능성이 많아 보였다. 그래서 모두 숨 죽이고 듣고 있던 그들은 크게 경악하였다. 본문에는 이 두루마리 책을 읽어 준 것이 백성들에게 어떤 영향을 주었는지가 나와 있지 않지만(10절), 고관들은 바룩이 읽어 준 것을 듣고서 너무도 놀라서 할 말을 잃고 서로를 쳐다 보았다(어떤 이들은 이렇게 읽는다). 그들은 모두 이 말씀들이 주목할 만한 가치가 있다는 것을 확신하였지만, 그것을 지지할 용기를 가진 사람은 아무도 없었기 때문에, 단지 이 모든 말을 왕에게 아뢰기로 합의하였다. 왕이 그 말씀들을 신뢰할 만하다고 여긴다면, 그들도 그렇게 할 것이지만, 왕의 반응이 신통치 않으면 그들도 더 이상 나서지 않을 것이었다. 이 말씀들이 나라의 멸망을 막아줄 수도 있는 그런 말씀들이었는데도, 그들은 왕의 태도를 보아가며 그들의 태도를 결정하고자 하였다. 그렇지만 그들은 이미 왕의 마음을 대충 짐작할 수 있었기 때문에, 바룩과 예레미야에게 왕이 죄를 깨닫기는커녕 도리어 불 같이 진노할 것이니 그들의 안전을 위하여 다른 곳으로 가서 몸을 숨기라고 조언하였다(19절). 죄인들은 죄를 깨닫게 되면 여기에 나오는 고관들처럼 그 죄에 대한 책임을 다른 사람들에게 전가하거나 벨릭스 총독처럼 좀 더 편리한 때로 미룸으로써 죄책감을 떨쳐 내버리려고 애쓰는 것이 보통이다.

6. 그들은 마치 두루마리 책을 기록한 것 자체가 무슨 놀라운 일이라도 되는 양 바룩에게 이 모든 말을 어떻게 기록하였느냐고 사소한 질문을 던졌다(17절). 그러나 바룩은 두루마리 책을 기록한 방식에는 평범한 것 외에 별다른 것이 없었다는 것을 그들에게 분명하게 대답해 준다 — 예레미야가 불러 주었고 그가 기록하였다는 것(18절). 하나님의 말씀이 주는 죄에 대한 깨달음을 피하고자 하는 자들은 말씀과 정면으로 맞닥뜨리는 것이 아니라 이렇게 말씀의 영

감(靈感)이 어떠니 저떠니 하면서 쓸데없는 질문들을 늘어놓는 것이 보통이다.

[20]그들이 두루마리를 서기관 엘리사마의 방에 두고 뜰에 들어가 왕께 나아가서 이 모든 말을 왕의 귀에 아뢰니 [21]왕이 여후디를 보내어 두루마리를 가져오게 하매 여후디가 서기관 엘리사마의 방에서 가져다가 왕과 왕의 곁에 선 모든 고관의 귀에 낭독하니 [22]그 때는 아홉째 달이라 왕이 겨울 궁전에 앉았고 그 앞에는 불 피운 화로가 있더라 [23]여후디가 서너 쪽을 낭독하면 왕이 면도칼로 그것을 연하여 베어 화로 불에 던져서 두루마리를 모두 태웠더라 [24]왕과 그의 신하들이 이 모든 말을 듣고도 두려워하거나 자기들의 옷을 찢지 아니하였고 [25]엘라단과 들라야와 그마랴가 왕께 두루마리를 불사르지 말도록 아뢰어도 왕이 듣지 아니하였으며 [26]왕이 왕의 아들 여라므엘과 아스리엘의 아들 스라야와 압디엘의 아들 셀레먀에게 명령하여 서기관 바룩과 선지자 예레미야를 잡으라 하였으나 여호와께서 그들을 숨기셨더라 [27]왕이 두루마리와 바룩이 예레미야의 입을 통해 기록한 말씀을 불사른 후에 여호와의 말씀이 예레미야에게 임하니라 이르시되 [28]너는 다시 다른 두루마리를 가지고 유다의 여호야김 왕이 불사른 첫 두루마리의 모든 말을 기록하고 [29]또 유다의 여호야김 왕에 대하여 이와 같이 말하기를 여호와의 말씀에 네가 이 두루마리를 불사르며 말하기를 네가 어찌하여 바벨론의 왕이 반드시 와서 이 땅을 멸하고 사람과 짐승을 이 땅에서 없어지게 하리라 하는 말을 이 두루마리에 기록하였느냐 하도다 [30]그러므로 여호와께서 유다의 왕 여호야김에 대하여 이와 같이 말씀하시니라 그에게 다윗의 왕위에 앉을 자가 없게 될 것이요 그의 시체는 버림을 당하여 낮에는 더위, 밤에는 추위를 당하리라 [31]또 내가 그와 그의 자손과 신하들을 그들의 죄악으로 말미암아 벌할 것이라 내가 일찍이 그들과 예루살렘 주민과 유다 사람에게 그 모든 재난을 내리리라 선포하였으나 그들이 듣지 아니하였느니라 [32]이에 예레미야가 다른 두루마리를 가져다가 네리야의 아들 서기관 바룩에게 주매 그가 유다의 여호야김 왕이 불사른 책의 모든 말을 예레미야가 전하는 대로 기록하고 그 외에도 그 같은 말을 많이 더하였더라

우리는 예레미야의 두루마리 책이 백성들과 고관들에게 읽혀진 과정을 이미 추적하였고, 여기에는 그 책이 왕에게 읽혀진 과정이 나온다. 우리는 여기에서 다음과 같은 것들을 발견한다.

Ⅰ. **왕이 이 두루마리 책에 관한 보고를 듣고서 사람을 보내 그 책을 가져오게 하여 자기 앞에서 읽도록 지시함**(20-21절). 바룩이 그 어느 누구보다도 그 책을 더 이해하기 쉽고 권위와 애정을 가지고 읽어줄 수 있었지만, 왕은 바룩이 직접 와서 그 책을 읽어 주기를 원하지 않았다. 또한, 그는 고관들 중 한 사람을 시켜서 그 책을 읽도록 지시하지도 않았고(고관에게 이런 일을 하게 해도 체면이 깎이는 일이 아니었을 것인데도), 자기가 직접 그 책을 읽으려고는 더 더욱 하지 않았다. 그는 그의 시동(侍童)들 중의 한 명이었던 여후디를 시켜서 그 책을 가져오게 하여, 그 책의 내용을 제대로 이해할 수 없었을 그 시동에게 자기 앞에서 책을 읽도록 지시하였다. 이 왕처럼 이렇게 하나님의 말씀을 멸시하는 자들은 말씀을 미워하여 하찮은 것으로 여길 뿐만 아니라 좋지 않게 생각하는 법이다.

Ⅱ. **왕이 앞서의 고관들과는 달리 그 책의 내용을 끝까지 참을성 있게 다 듣지 않고, 시동이 서너 쪽을 낭독하면 분노하여 면도칼로 그것을 연하여 베어 한 장씩 불에 던져서 모두 태웠다는 것**(22-23절). 이것은 사람이 경솔하게 저지를 수 있는 아주 무모한 불경죄 중 하나였고, 이 말씀의 주인이신 하늘의 하나님에 대한 아주 무례한 모독이었다.

1. 왕은 이런 식으로 하나님의 책망을 그가 용납할 수 없음을 보여주었다. 그는 죄를 고집하기로 단단히 결심한 상태였기 때문에 그의 잘못을 지적하는 말을 결코 참을 수 없었다.

2. 왕은 이런 식으로 바룩과 예레미야에 대한 그의 분노를 보여주었다. 그는 불같이 격노한 상태였기 때문에 만약 그들이 이 자리에 있었다면 그들을 갈기갈기 찢어서 불에 태워 버렸을 것이다.

3. 왕은 이런 식으로 하나님이 그에게 경고하시는 의도와 목적에 결코 따를 수 없다는 자신의 결심을 표현하였다. 하나님이 선지자들을 보내셔서 그에게 무슨 말씀을 하시든, 그는 자기가 하고 싶은 대로 할 작정이었다.

4. 왕은 이런 식으로 어리석게도 마치 그가 심판의 내용이 기록된 두루마리를 태워버리면 하나님이 어떻게 심판을 집행해야 할지를 모르셔서 그에게 선포된 경고의 말씀이 무효화될 수 있을 것이라는 희망을 품었다.

5. 왕은 이렇게 해서 이 두루마리 속에 담긴 내용들이 더 이상 퍼져나가지 않도록 효과적인 조치를 취했다고 생각하였다 — 이것은 고위 제사장들이 복

음에 대하여 가졌던 생각이기도 하였다(행 4:17). 신하들은 왕에게 이 두루마리 책이 백성들과 고관들에게 어떻게 낭독되었는지를 아뢰었었다. "그러나 나는 이 책이 더 이상 읽히지 못하게 할 조치를 취하겠다"고 왕은 말하고 있는 것이다. 우리는 육적인 마음속에 하나님을 대적하는 적대감이 들어 있는 것과 하나님께서 그에게 가해진 이런 모욕들을 다 참으시는 것을 보고서 놀라지 않을 수 없다.

Ⅲ. 왕이나 고관들 가운데서 낭독된 말씀에 감동을 받은 자는 아무도 없었다는 것. 그들은 이 말을 듣고도 두려워하지 않았다(24절). 처음에 이 말씀을 듣고서 듣고 놀라며 두려워 떨었던 고관들조차도 이번에는 그렇지 않았다(16절). 선한 감동은 아주 빠르고 쉽게 씻겨져 나간다. 그들은 처음에 이 말씀에 어느 정도 관심을 보였지만, 왕이 이 말씀을 얼마나 멸시하는지를 직접 눈으로 확인하고나서는 일체의 관심을 떨쳐 버렸다. 이 여호야김 왕의 아버지인 요시야는 율법책이 낭독되는 것을 들었을 때에 그 내용이 이 두루마리 책처럼 구체적이거나 당시의 상황에 직접적으로 적용되는 것이 아니었는데도 자신의 옷을 찢었는데, 여호야김과 그의 신하들은 그렇게 하지 않았다.

Ⅳ. 거기에 그래도 어느 정도 지각(知覺)과 은혜가 남아 있는 고관 세 명이 있어서 왕에게 두루마리 책을 불태우지 말도록 간언하였지만 소용이 없었다는 것(25절). 만약 그들이 처음부터 이 말씀에 감동을 받았다는 것을 나타냈더라면(당연히 그랬어야 했다), 그들은 아마도 왕이 조금 더 좋은 마음을 가지고 이 두루마리에 담겨진 말씀을 끝까지 참고 경청해 보도록 설득할 수 있었을지도 모른다. 그러나 선을 행하고자 하지 않는 자들은 선을 행하는 일이 그들의 능력 밖이라고 치부해 버리는 경우가 많다.

Ⅴ. 여호야김은 하나님이 그에 대하여 발부하신 체포영장을 마치 보복이라도 하듯이 이렇게 불태운 후에 선수를 칠 생각으로 하나님의 사역자들인 예레미야와 바룩을 체포하기 위한 영장에 서명하였다는 것(26절). 여호와께서 그들을 숨기셨더라. 고관들은 그들에게 숨어 있으라고 조언했지만(19절), 정작 그들을 보호해 준 것은 고관들이나 그들 자신이 아니었다. 그들이 안전할 수 있었던 것은 하나님의 보호하심 때문이었다. 박해자들이 그들이 지닌 권력으로 하나님의 백성을 치기 위하여 아무리 끈질기게 뒤져도, 그들의 때가 올 때까지는 하나님은 자기 백성에게 피할 곳을 마련해 주신다는 것을 명심하라. 아니,

하나님 자신이 그들의 피할 곳이 되어 주신다.

VI. 예레미야가 여호야김이 불태운 두루마리에 기록된 것과 동일한 말씀들을 또 다른 두루마리에 기록하라는 명령을 받았다는 것(27-28절). 하나님의 말씀을 없애고자 하는 음부의 시도들이 아무리 거셀지라도, 말씀은 일점일획도 땅에 떨어지지 않을 것이고, 인간의 불신앙이 하나님의 말씀을 무효화시키지 못할 것임을 명심하라. 원수들은 수많은 성경을 불태울 수는 있지만, 하나님의 말씀은 폐기할 수도 없고 뿌리를 뽑아버릴 수도 없으며 그 성취를 막을 수도 없다. 율법의 돌판들은 깨어졌지만 다시 새롭게 만들어졌다. 불타버린 두루마리의 재로부터 또 하나의 불사조가 생겨났다. 주의 말씀은 세세토록 있도다(벧전 1:25).

VII. 유다의 왕은 비록 왕이었지만 만왕의 왕에 의해서 그의 기록된 말씀을 모독한 죄로 호된 문책을 당하였다는 것. 하나님은 그 책에 어떤 내용이 기록되어 있어서 여호야김이 그토록 분노한 것인지를 알고 계셨다. 여호야김이 분노한 것은 바벨론의 왕이 반드시 와서 이 땅을 멸하리라 하는 말이 두루마리에 기록되어 있었기 때문이었다(29절). 바벨론의 왕은 이미 두 해 전에도 와서, 이 땅을 거의 멸망할 직전까지 만들어 놓지 않았는가? 느부갓네살은 실제로 재위 제삼년에 그렇게 하였었다(대하 36:6-7; 단 1:1). 이렇게 하나님과 그의 선지자들은 그에게 진실을 말해 주었기 때문에 그의 원수들이 되었다. 선지자들은 왕에게 이 땅이 곧 황폐화되리라는 것을 말해줌으로써 그것을 미리 막을 수 있는 길도 그에게 알려 주었던 것이다. 그러나 이것이 왕이 그토록 못마땅해하는 일이라면, 그는 다음과 같은 것들을 알아야 한다.

1. 하나님의 진노가 특히 느부갓네살의 손에 의해서 그와 그의 가족에게 임하리라는 것. 그는 죽게 될 것이고, 그의 아들은 몇 주만에 폐위되어 왕의 옷을 벗고 죄수의 옷으로 갈아입게 될 것이기 때문에, 그에게 다윗의 왕위에 앉을 자가 없게 될 것이다. 이 명망 있는 가문의 영광은 그에게서 끝이 날 것이다. 그의 시체는 매장되지 못할 것이다. 이것은 그가 나귀 같이 매장함을 당하리라(렘 22:19)고 하신 말씀과 동일한 것으로서 그의 시체가 아무렇게나 도랑에 던져지게 되리라는 것이었다. 그렇게 되면, 그 시체는 더위와 추위에 노출이 되어서 금방 부패하여 고약한 악취를 풍기게 될 것이다. "그의 시신은 거기에 가해지는 학대를 느낄 수 없고, 그 자신도 이미 죽었기 때문에 그의 시체가 어떻게 되

든 아무 상관이 없을 수도 있다. 그러나 그런 상태로 있는 왕의 시체는 그것을 보는 모든 자들에게 끔찍한 광경임과 동시에 그에 대한 하나님의 엄중한 진노와 분노를 보여주는 소름 끼치는 기념비가 될 것이다"(가테이커 목사는 이렇게 말한다). 그의 자손과 신하들도 그의 죄가 아니라 그들 자신의 죄 때문에 벌을 받는 것이기는 하지만 어쨌든 그와의 관계 때문에 더 죄를 많이 지어서 더 심한 벌을 받게 될 것이다(31절).

2. 그 두루마리 책에서 유다와 예루살렘에 대하여 선포된 모든 재앙이 그들에게 임하게 되리라는 것. 필사본은 불태워졌지만, 원본은 하나님의 머릿속에 여전히 남아 있어서 곧 다른 방식을 따라서 피로 쓴 글자로 다시 복제될 것이다. 심판을 경고하는 하나님의 말씀과 더불어 싸운다고 해서 그 심판을 피할 수 있는 것은 아니다. 하나님을 거슬러 스스로 완악하게 행하고도 형통할 자가 누구이랴(욥 9:4).

Ⅷ. 두루마리 책이 새롭게 기록되었을 때에 이전보다 그 같은 말을 더 많이 더하여서 진노와 보복을 경고하는 말씀들이 더욱 많아지게 되었다는 것(32절). 왜냐하면, 그들이 하나님을 거슬러 행하고자 하기 때문에, 하나님은 그 풀무불을 평소보다 칠 배나 뜨겁게 하실 것이기 때문이다. 하나님이 어떤 마음을 먹으시면 아무도 그의 마음을 돌릴 수 없고, 하나님의 전통(箭筒)에 있는 화살은 떨어지지 않는다는 것을 명심하라. 하나님이 내리시고자 하시는 재앙들을 놓고 다투는 자들은 더 무거운 재앙을 자초하는 것이다.

제37장

개요

이 장은 우리를 갈대아인들에 의해서 예루살렘이 멸망되기 직전의 모습으로 데려다 준다. 왜냐하면, 이 장에 나오는 이야기는 시드기야의 재위 말년에 일어난 것으로 되어 있기 때문이다. 우리는 이 장에서 다음과 같은 내용들을 본다. I. 시드기야의 시대가 악했다는 것(1-2절). II. 시드기야가 예레미야에게 기도를 부탁하는 메시지를 보냄(3절). III. 갈대아인들이 예루살렘의 포위를 풀 것이라고 백성들이 헛된 소망을 품음(5절). IV. 하나님이 예레미야를 통해서 그들에게 갈대아인의 군대가 다시 돌아와 성을 포위하고 공격하리라고 말씀해 주심(6-10절). 예레미야는 이 때에 자유의 몸이었다(4절). V. 예레미야가 반역자로 몰려 투옥됨(11-15절). VI. 예레미야가 죄수로 갇혀 있는 동안에 시드기야가 그에게 호의를 보임(16-21절).

[1]요시야의 아들 시드기야가 여호야김의 아들 고니야의 뒤를 이어 왕이 되었으니 이는 바벨론의 느부갓네살 왕이 그를 유다 땅의 왕으로 삼음이었더라 [2]그와 그의 신하와 그의 땅 백성이 여호와께서 선지자 예레미야에게 하신 말씀을 듣지 아니하니라 [3]시드기야 왕이 셀레먀의 아들 여후갈과 마아세야의 아들 제사장 스바냐를 선지자 예레미야에게 보내 청하되 너는 우리를 위하여 우리 하나님 여호와께 기도하라 하였으니 [4]그 때에 예레미야가 갇히지 아니하였으므로 백성 가운데 출입하는 중이었더라 [5]바로의 군대가 애굽에서 나오매 예루살렘을 에워쌌던 갈대아인이 그 소문을 듣고 예루살렘에서 떠났더라 [6]여호와의 말씀이 선지자 예레미야에게 임하여 이르시되 [7]이스라엘의 하나님 여호와께서 이와 같이 말씀하시니라 너희를 보내어 내게 구하게 한 유다의 왕에게 아뢰라 너희를 도우려고 나왔던 바로의 군대는 자기 땅 애굽으로 돌아가겠고 [8]갈대아인이 다시 와서 이 성을 쳐서 빼앗아 불사르리라 [9]여호와께서 이와 같이 말씀하시니라 너희는 스스로 속여 말하기를 갈대아인이 반드시 우리를 떠나리라 하지 말라 그들이 떠나지 아니하리라 [10]가령 너희가 너희를 치는 갈대아인의 온 군대를 쳐서 그 중에 부상자만 남긴다 할지라도 그들이 각기

장막에서 일어나 이 성을 불사르리라

이 단락에는 다음과 같은 내용들이 나온다.

1. 예레미야가 전한 말씀들이 무시됨(1-2절).   시드기야는 고니야 또는 여고니야의 뒤를 이어 왕이 되었고, 그의 전임자를 통해서 하나님의 말씀을 멸시하면 어떻게 되는지 그 치명적인 결과를 눈으로 보았으면서도, 전임자들과 마찬가지로 경고를 받아들이지도 않았고 말씀에 귀를 기울이지도 않았다. 그와 그의 신하와 그의 땅 백성이 여호와께서 선지자 예레미야에게 하신 말씀이 이미 성취되어 가기 시작하였음에도 불구하고 그 말씀을 듣지 아니하니라. 하나님의 심판이 다른 사람들에게 임하는 것을 보고 스스로 느낀 자들은 사실 그 마음이 지독하게 완악하여져서 스스로 낮아지거나 하나님이 하시는 말씀에 귀를 기울이려 하지 않는다. 여호와께서 예레미야를 통해서 말씀하신다는 것이 아주 충분히 증명되었지만, 그들은 그의 말에 귀를 기울이려 하지 않았다.

2. 왕이 예레미야에게 기도를 부탁함.   시드기야는 사자들을 그에게 보내서 우리를 위하여 우리 하나님 여호와께 기도하라고 요청하였다. 그는 전에도 그런 부탁을 한 적이 있었고(렘 21:1-2), 그 때나 지금이나 스바냐는 이 사자들 중의 한 명이었다. 시드기야가 이렇게 기도를 부탁한 것은 칭찬받을 만한 일이다. 그것은 그의 속에 어느 정도 선한 것이 있었다는 것, 그가 하나님의 은총이 그에게 필요하다는 것과 자기가 무가치하다는 것을 느꼈다는 것, 그리고 하늘에 영향력을 지니고 있는 선한 자들과 선한 사역자들을 어느 정도 소중히 여겼다는 것을 보여준다. 우리는 곤경에 처했을 때에 우리의 사역자들과 그리스도인 형제들에게 기도를 부탁하여야 한다. 왜냐하면, 우리가 그렇게 하는 것은 기도를 소중히 여기고 우리의 형제들을 존중하는 것이기 때문이다. 왕들도 그들의 기도하는 백성을 그 나라의 힘으로 여겨야 한다(슥 12:5, 10). 그렇지만 이것은 어떤 의미에서는 시드기야가 자기 스스로 자신을 정죄하는 것이었다. 그가 예레미야를 선지자로 여기고 그의 기도가 그와 그의 백성에게 많은 힘이 될 것이라고 생각하였다면, 왜 그는 예레미야를 믿지 않고, 그가 전한 여호와의 말씀에 순종하지 않은 것인가? 예레미야는 하나님의 이름으로 말씀을 전하였고, 시드기야는 이러한 사실을 잘 알고 있었으면서도, 예레미야의 선한 기도는 원하였지만, 그의 선한 조언은 받아들이려 하지 않았고, 그의 말을 따르고자 하지 않

았다. 사람들은 보통 그들을 위해서 기도해 주는 것은 좋아하지만 조언은 듣고 싶어하지 않는다. 그러나 이 점에 있어서 그들은 스스로 착각하고 있는 것이다. 우리가 다른 사람들이 하나님의 말씀을 우리에게 전하는 것을 듣고자 하지 않는데, 어떻게 다른 사람들이 우리를 위하여 하나님께 드리는 기도를 하나님이 들으실 것이라고 우리가 기대할 수 있겠는가? 형통할 때에는 기도를 멸시하다가 역경에 처하게 되면 기도해 주는 것을 기뻐하는 자들이 많다. 지금 우리에게 너희 기름을 좀 나눠 달라(마 25:8). 시드기야는 선지자에게 사람을 보내 자기를 위해 기도해 달라고 부탁했지만, 사람을 보내 선지자를 오시라고 해서 함께 기도하는 편이 더 좋았을 것이었다. 그러나 그는 그렇게 하는 것은 자신의 위신이 깎이는 일이라고 생각하였다. 허리를 굽혀 신앙을 위한 섬김의 일들을 하고자 하지 않는 자들이 어떻게 신앙으로 인한 위로들을 기대할 수 있겠는가?

3. 갈대아인들이 포위를 풀고서 물러가자 예루살렘이 우쭐해짐.   예레미야는 지금 자유의 몸이었다(4절). 그는 백성 가운데 출입하며 그들에게 자유롭게 말씀을 전하기도 하고 그들의 말을 들어 보기도 하였을 것이다. 예루살렘도 현재로서는 포위에서 풀려나 자유로운 성이 되었다(5절). 시드기야는 바벨론의 왕에게 조공을 바치기는 했지만 애굽의 왕 바로와 은밀히 동맹을 맺고 있었고 (겔 17:15), 바벨론의 왕이 시드기야의 기만적인 처신을 응징하러 군대를 이끌고 와서 예루살렘을 포위하자, 애굽의 왕은 여호야김 시대에 느부갓네살에게 대패한 후에는 친히 군대를 이끌고 오지 않았지만(왕하 24:7) 포위된 예루살렘을 구하고자 얼마간의 군대를 보냈다. 그러자 애굽의 군대가 오고 있다는 것을 안 갈대아인들은 애굽의 군대가 두려워서가 아니라 유다의 군대와 합세하기 전에 미리 나가서 먼저 애굽의 군대를 쳐부수기 위해서 포위를 풀었다. 이것을 본 유다 사람들은 예루살렘이 원수의 손아귀에서 영원히 구원을 받았고 폭풍은 잠잠해졌다고 생각하여 한껏 고무되었다. 심판이 잠시 쉬거나 서서히 진행되면, 죄인들은 금방 완악해져서 안일에 빠지는 것이 보통이다. 하나님의 말씀에 의해서 깨어 있지 않는 자들이 하나님의 섭리에 의해서 잠들어 버리게 되는 것은 당연한 일이다.

4. 갈대아인들이 다시 돌아와서 예루살렘을 멸망시킬 것이라는 경고.   시드기야는 사람을 예레미야에게 보내 갈대아인들이 다시 돌아오지 않도록 그들을 위해 기도해 달라고 부탁하였다. 그러나 예레미야는 그에게 하나님의 심판은

이미 작정되었기 때문에 그들이 평안을 기대하는 것은 어리석은 일이라는 답변을 보낸다. 왜냐하면, 하나님은 그들과의 다툼을 이미 시작하셨고 반드시 그 끝을 보시고자 하시기 때문이었다. 여호와께서 이와 같이 말씀하시니라 너희는 스스로를 속이지 말라(9절). 사탄은 큰 사기꾼이긴 하지만 우리가 우리 자신을 속이지 않는다면 우리를 속일 수 없다는 것을 명심하라. 죄인들은 이렇게 스스로를 속임으로써 스스로를 파멸시키는 자들이다. 하나님은 그들에게 무수히 스스로를 속이지 말라고 경고하고 주의를 주셨고, 그들이 속지 않도록 하기 위하여 하나님의 말씀을 그들에게 주셨기 때문에, 그들이 스스로를 속인 죄는 더욱 무거울 수밖에 없다. 예레미야는 애매모호한 은유들을 사용하는 것이 아니라, 그들에게 다음과 같이 분명하게 말한다.

(1) 애굽인들은 스스로 물러나거나 물러날 수밖에 없는 상황이 되어서 자기 땅으로 돌아가리라는 것(겔 17:17). 하나님은 이것을 오래 전에도 말씀하셨지만(사 30:7), 여기에서 다시 한 번 말씀하신다(7절). 애굽인들의 도움을 기대해도 아무 소용이 없을 것이다. 그들은 갈대아인의 군대과 정면으로 맞설 엄두를 내지 못하고, 서둘러 물러갈 것이다. 하나님이 우리를 도우시지 않으면, 그 어떤 피조물도 우리를 도울 수 없다는 것을 명심하라. 그 어떤 세력이나 힘도 하나님을 대항하여 이길 수 없고, 우리에게서 하나님이 떠나셨을 때에 그것을 대신할 수 있는 자는 아무도 없다.

(2) 갈대아인들이 다시 돌아와서 포위를 재개하여 이전보다 더 맹렬하게 성을 공격하리라는 것. 그들이 잠시는 떠나겠지만 영원히는 떠나지 아니하리라(9절). 그들이 다시 오리라(8절). 그들이 이 성을 치리라. 하나님은 사람들의 모든 군대, 심지어 그를 알지 못하고 그를 시인하지 않는 자들의 군대조차도 왕 같은 권세로 부리시고, 군대들은 모두 하나님의 목적에 기여하는 데에 사용된다는 것을 명심하라. 하나님은 그들이 진격하거나 후퇴하거나 잠시 물러나거나 다시 돌아오는 것을 마음대로 지휘하신다. 광풍 같이 몰아치는 사나운 군대들은 하나님의 말씀을 이루고 있는 것이다.

(3) 예루살렘이 반드시 갈대아인들의 손에 넘어가게 되리라는 것. 갈대아인이 다시 와서 이 성을 쳐서 빼앗아 불사르리라(8절). 이 성에 선고된 판결은 집행될 것이고, 갈대아인들은 그 집행자가 될 것이다. 그들이 "갈대아인들은 물러갔고, 이 전쟁을 승산이 없다고 판단하여 중단하였다"고 말하자, 선지자는 "가

령 너희가 갈대아인의 군대를 쳐서 그 중에 많은 자들을 죽이고 오직 부상자만 남긴다 할지라도 그 부상자들이 각기 장막에서 일어나 이 성을 불사르리라(10절)”라고 응수하였다. 이것은 예루살렘에 선고된 파멸은 돌이킬 수 없고 그 멸망은 불가피하다는 것을 나타내고자 한 말이다. 이 성은 폐허로 변하게 될 것이고, 이 성을 멸망시킬 자는 이 갈대아인들이다. 지금 와서 그들이 이 심판을 피하려고 하거나 다투어 보았자 아무 소용이 없다. 하나님께서 긍휼이든 심판이든 그의 뜻을 이루시기 위하여 어떤 자들을 도구로 사용하기로 결정하셨다면, 그 도구가 된 자들은 아무리 능력이 없고 수가 적다고 하여도 하나님이 목적하신 것을 반드시 이루고야 만다는 것을 명심하라. 하나님께서 어떤 자들을 구원하는 자나 멸망시키는 자로 쓰기로 결정하셨다면, 그들은 모두 부상자들뿐이라고 해도 반드시 구원하는 자나 멸망시키는 자가 될 것이다. 왜냐하면, 하나님께서 하실 일이 있으실 때에 그 일을 할 도구가 아무리 없는 것 같아 보여도 반드시 있는 것과 마찬가지로, 하나님이 그의 도구로 택하셨을 때에는 그들이 그 일을 도저히 이룰 것 같지 않아 보여도 반드시 그 일을 이룰 것이기 때문이다.

[11]갈대아인의 군대가 바로의 군대를 두려워하여 예루살렘에서 떠나매 [12]예레미야가 베냐민 땅에서 백성 가운데 분깃을 받으려고 예루살렘을 떠나 그리로 가려 하여 [13]베냐민 문에 이른즉 하나냐의 손자요 셀레먀의 아들인 이리야라 이름하는 문지기의 우두머리가 선지자 예레미야를 붙잡아 이르되 네가 갈대아인에게 항복하려 하는도다 [14]예레미야가 이르되 거짓이다 나는 갈대아인에게 항복하려 하지 아니하노라 이리야가 듣지 아니하고 예레미야를 잡아 고관들에게로 끌어 가매 [15]고관들이 노여워하여 예레미야를 때려서 서기관 요나단의 집에 가두었으니 이는 그들이 이 집을 옥으로 삼았음이더라 [16]예레미야가 뚜껑 씌운 웅덩이에 들어간 지 여러 날 만에 [17]시드기야 왕이 사람을 보내어 그를 이끌어내고 왕궁에서 그에게 비밀히 물어 이르되 여호와께로부터 받은 말씀이 있느냐 예레미야가 대답하되 있나이다 또 이르되 왕이 바벨론의 왕의 손에 넘겨지리이다 [18]예레미야가 다시 시드기야 왕에게 이르되 내가 왕에게나 왕의 신하에게나 이 백성에게 무슨 죄를 범하였기에 나를 옥에 가두었나이까 [19]바벨론의 왕이 와서 왕과 이 땅을 치지 아니하리라고 예언한 왕의 선지자들이 이제 어디 있나이까 [20]내 주 왕이여 이제 청하건대 내게 들으시며 나의 탄원을 받으사 나를 서기관 요나단의 집으로 돌려보내지 마옵소서 내가 거기

에서 죽을까 두려워하나이다 [21]이에 시드기야 왕이 명령하여 예레미야를 감옥 뜰에 두고 떡 만드는 자의 거리에서 매일 떡 한 개씩 그에게 주게 하매 성중에 떡이 떨어질 때까지 이르니라 예레미야가 감옥 뜰에 머무니라

예레미야는 다른 어느 선지자보다도 자기 자신에 관하여 많은 얘기를 하는데, 여기에도 그에 관한 이야기가 다시 나온다. 왜냐하면, 하나님의 사역자들의 삶과 고난에 관한 이야기들은 그들이 전한 말씀이나 기록한 글과 마찬가지로 교회에 아주 유익하기 때문이다.

I. 예레미야는 기회가 생기자 예루살렘을 빠져나와 시골로 가고자 시도하였다(11-12절).   갈대아인의 군대가 바로의 군대의 출정 소식을 듣고서 예루살렘에서 떠나매, 예레미야는 포위가 잠시 풀린 틈을 타서 자기 고향으로 가서 일을 보고자 시골로 가고 있던 백성 가운데 섞여서 예루살렘을 몰래 빠져나가 시골로 가려 하였다. 그는 무리들 속에 몸을 숨기고서 몰래 빠져나가고자 하였다. 왜냐하면, 그는 아주 유명한 인물이었지만 얼마든지 이름 없는 자로 잘 살 수 있었고, 천 명 중에 한 명 나올까 말까 한 인물이었지만 무리들 중에 섞여서 저 외딴 곳의 오두막집에 묻힌 채 살아가는 것으로 만족할 수 있었기 때문이었다. 그가 아나돗으로 가고자 한 것인지 아닌지는 본문에 나와 있지 않다. 그는 고향 땅으로 가고자 했지만, 그 곳으로 가던 동향 사람들은 그가 그들 중에 섞여서 가는 것을 못마땅해하였을 것이다(그들이 마음을 고쳐 먹지 않았다면, 렘 11:21). 또는, 그는 평소에 자기가 바라던 대로 사람들이 그를 알아보지 못하는 낯선 곳으로 가서 숨어 살고자 했던 것일지도 모른다(렘 9:2). 내가 광야에서 나그네가 머무를 곳을 얻는다면 얼마나 좋을까! 예레미야는 자기가 예루살렘에서 할 수 있는 일이 아무것도 없다고 생각하였다. 그는 그들 가운데서 수고하고 애를 썼지만 아무 소용이 없었기 때문에 그들을 떠나기로 결심하였다. 조용한 곳으로 혼자 물러가서 밀실에 들어가서 문을 닫는 것이 선한 자들의 지혜인 그런 때가 종종 있다(사 26:20).

II. 예레미야는 이 시도를 하다가 반역자로 붙잡혀서 감옥에 투옥되었다(13-15절).   그는 베냐민 문에 이르렀고 거기까지는 일이 성공적으로 진행되었다. 그러나 그 때에 그 문을 담당하고 있던 문지기의 우두머리가 그를 발견하고서 붙잡아 감금하였다. 이 우두머리는 하나냐의 손자였는데, 유대인들은 이 하나

냐가 예레미야와 맞섰던 거짓 선지자 하나냐였다고 말한다(렘 28:10). 그래서 이 젊은 우두머리는 그 일로 예레미야에게 앙심을 품고 있었다. 그는 어떤 구실이 없이는 예레미야를 체포할 수 없었기 때문에, 그가 만들어낸 구실은 예레미야가 갈대아인에게 항복하려 한다는 것이었다. 갈대아인들은 이미 멀리 철군한 상태여서, 예레미야가 그들을 쫓아갈 수 없는 상황이었기 때문에, 이것은 말도 안 되는 구실이었다. 설령, 예레미야가 그렇게 할 수 있는 상황이었다고 해도, 애굽의 군대가 온다는 소식을 듣고 당황하여 황급히 철수한 군대를 따라잡아서 그 쪽 편으로 넘어갈 이유가 어디 있었겠는가? 그래서 예레미야는 무죄한 자의 당당함과 여유로 그의 말을 일축한다. "거짓이다. 나는 갈대아인에게 항복하려 하지 아니하노라. 나는 정당한 일을 보러 가는 중이다." 사람들이 교회의 가장 좋은 친구들을 교회의 가장 악한 원수들의 세력에 가담한 것으로 몰아부치는 일은 새삼스러운 것이 아니다. 이렇게 해서 가장 아름답고 순결한 마음을 지닌 자에게 가장 더러운 오명이 씌워졌다. 이와 같은 악한 세상에서는 순수하다는 것, 아니 뛰어나고 탁월하다는 것이 가장 비열한 중상모략을 막아주는 방어막이 되지 못한다. 어느 때든지 이렇게 거짓으로 고소를 당한다면, 우리는 여기에서 예레미야가 그랬던 것처럼 담대하게 그 고소를 부인한 후에, 의롭게 판단하시는 하나님께 우리의 문제를 맡겨야 한다. 예레미야는 선지자, 하나님의 사람, 명예와 진실을 지닌 사람이었고, 제사장으로서 권위 있게 말할 수 있는 신분에 있었는데도, 자기가 결백하다는 그의 항변은 무시당하였다. 결국 그는 반역자를 다루는 관청으로 끌려갔고, 거기에 있던 고관들은 그를 심문하거나 증거를 조사하지도 않고 단지 성문 수비대장의 비열하고 악의적인 모략에만 의지해서 그에게 격노하였다. 그들은 노여워하였다. 분노하여 이성에 귀를 기울이고자 하지 않는 자들에게서 무슨 공의를 기대할 수 있었겠는가? 그들은 그를 사정없이 때린 후에 가장 열악한 감옥이었던 서기관 요나단의 집에 가두었다. 그 집은 원래 요나단의 집이었는데 집이 너무 낡아서 그가 그 집을 떠났고, 그 후에 감옥으로 사용하게 되었는데 감옥으로는 그런 대로 꽤 쓸 만했을 것이다. 또는, 그 집은 현재도 요나단의 집이었고, 그는 엄격하고 피도 눈물도 없는 인물이어서 자기 집을 죄수들을 가두는 악명 높은 옥으로 만든 것일 수도 있다. 예레미야는 이 지하 토굴 감옥, 즉 구덩이에 던져졌는데, 이 감옥은 어둡고 추우며 습기 차고 더러운 아주 불쾌하고 비위생적인 곳이었다. 그는 뚜껑 씌운 웅덩이에 머물러야 했는데, 그 감옥에 있는 감방들은 어디나 다 끔찍한 곳들이었기 때문에 선택의 여지가 없었다. 예레미야는 거기에서 그에게 가까이 오거나 무엇을 묻는 사람이 하나도 없는 가운데 여러 날을 지냈다. 이것이 어떤 세계인지를 보라. 하나님을 대적하고 배역한 악한 고관들을 그들의 호화로운 저택에서 두 발 쭉 뻗고 편안하고 당당하게 누워 있는 반면에, 하나님을 섬기는 경건한 예레미야는 더럽고 역겨운 지하 감옥에서 고통 가운데 누워 있다. 장차 올 세상이 있다는 것은 참 좋은 일이다.

III. 시드기야가 마침내 사람을 보내 그를 오게 해서 그에게 호의를 보임. 그러나 시드기야가 이렇게 예레미야에게 호의를 보인 것은 아마도 갈대아인의 군대가 돌아와서 도성을 다시 포위하는 일이 벌어진 뒤였을 것이다. 그들의 마음을 한껏 부풀려 놓았던 헛된 소망(이것을 믿고 그들은 놓아 주었던 노비들을 다시 잡아들인 것이었다, 렘 34:11)이 물거품이 되어 버리자, 그들은 이전보다 더 큰 혼란에 빠져들었고 경악을 금치 못하였다. 이렇게 되자 시드기야가 이렇게 명령하였다. "얼른 가서 선지자를 데려오너라. 내가 그와 한번 대화를 해보아야겠다." 갈대아인의 군대가 철수하였을 때에는 그는 단지 사람을 보내서 선지자에게 그를 위해 기도해 달라고 부탁만 했을 뿐이었다. 그러나 갈대아인들이 다시 도성을 공격해 오자, 그는 선지자와 상의하려고 사람을 보내 그를 데려오게 하였다. 아주 고통스러운 일이 생기면, 사람은 이렇게 마음이 너그러워지고 후해지는 법이다.

1. 왕은 하나님의 사자(使者)인 선지자를 불러서 친히 만나보기 위해 사람을 시켜 그를 데려오게 하였다. 왕은 무리들이 보는 것을 수치스럽게 여겨서 왕궁에서 그에게 비밀히 이렇게 물어 보았다(17절). "여호와께로부터 받은 말씀, 어떤 좋은 말씀이 있느냐. 너는 우리에게 갈대아인들이 다시 물러날 것이라는 소망을 줄 수 있느냐?" 형통할 때에는 하나님의 권면을 듣고자 하지 않는 자들이 곤경에 처하게 되면 하나님의 위로를 바라고, 하나님의 사역자들이 그들에게 평안의 말씀을 들려주기를 기대하는 법이다. 그러나 그들이 어떻게 그런 위로와 평안의 말씀을 기대할 수 있는가? 그들이 평안과 무슨 상관이 있단 말인가? 예레미야의 목숨과 안위(安危)는 시드기야의 손에 달려 있었고, 그는 지금 그에게 은총을 베풀어 달라고 사정을 해야 할 판이었다. 그렇지만 예레미야는 이 기회를 이용해서 왕에게 여호와께로부터 받은 말씀이 있지만 그것은 왕이

나 그의 백성을 위한 위로의 말씀이 아니라는 것을 분명하게 밝힌다. 왕이 바벨론의 왕의 손에 넘겨지리이다. 만약 예레미야가 혈육과 의논하였다면, 그는 왕에게 듣기 좋은 대답을 들려주었을 것이고, 비록 왕에게 거짓을 고하고자 하지는 않았겠지만, 과연 이 때에 왕에게 가장 안 좋은 말을 전해야 하나를 놓고 고민했을 것이다. "내가 이전에 이 말씀을 왕에게 무수히 전하였지만, 그것이 별 소용이 있었던가?" 그러나 예레미야는 주의 자비하심을 받아서 충성스러운 자가 된 자였기 때문에 사람의 자비를 얻어내기 위해서 하나님이나 그의 윗사람에게 불충하는 자가 되고자 하지 않았다. 그래서 그는 왕에게 진실, 그것도 온전한 진실만을 말하였다. 이제는 심판을 피할 길이 없었기 때문에, 왕에게 그의 운명을 사실대로 말해주는 것이 그에게 자비를 베푸는 일이었다. 그래야만 왕은 자신의 운명을 맞을 준비를 철저히 해서 그 운명이 닥쳐와도 별로 놀라지 않고 크게 두려워하지 않는 가운데 나쁜 상황 속에서도 최선을 다할 수 있을 것이기 때문이었다. 예레미야는 이 기회를 이용해서 왕과 그의 백성들이 거짓 선지자들의 말을 신용한 것에 대하여 질책한다. 이 거짓 선지자들은 처음에는 그들에게 바벨론의 왕이 결코 오지 않을 것이라고 말했고, 갈대아인의 군대가 철수했을 때에는 그들이 이 성을 치러 다시는 오지 않을 것이라고 말했었다(19절). "왕에게 평강이 있을 것이라고 예언하였던 왕의 선지자들이 지금 어디에 있나이까." 근거 없는 소망으로 스스로를 속이는 자들은 일이 터지고나서 그들이 속았다는 것이 밝혀질 때에 그들의 어리석음을 책망 받아 마땅하다.

2. 예레미야는 이 기회를 선용해서 가련한 죄수로서 개인적인 탄원을 하였다(18, 20절). 하나님이 시드기야에게 내리신 선고를 뒤집는 것은 예레미야의 권한 밖에 있는 일이었지만, 고관들이 예레미야에게 내린 선고를 뒤집는 것은 시드기야의 권한 안에 있었다. 지금 왕은 예레미야를 선지자로 활용하는 것이 적절하다고 생각하고 있었기 때문에 그를 극악무도한 범법자로 취급하여 욕을 보이는 것은 마땅하지 않다고 생각할 것이었다. 예레미야는 왕에게 겸손히 탄원한다. "내가 왕에게나 왕의 신하에게나 이 백성에게 무슨 죄를 범하였기에 그 어떤 법도 어기지 않고 이 나라에 그 어떤 해악도 끼치지 않은 나를 옥에 가두었나이까." 아주 가혹하게 취급을 받았던 많은 사람들은 이런 식으로 탄원을 해서 받아들여지는 일이 많았다. 마찬가지로, 예레미야도 나를 저 끔찍한 감옥인 서기관 요나단의 집으로 돌려보내지 마옵소서 내가 거기에서 죽을까 두려워하나이다

라고 간절하게, 그리고 애절하게 탄원한다(20절). 이것은 아주 고통스러운 일을 당하는 가운데 자신을 보전하기 위하여 행한 아주 자연스러운 탄원이었다. 그는 하나님의 순교자로 죽는 것을 꺼려한 것이 전혀 아니었고, 스스로 목숨을 포기한 자가 되지 않기 위해서 자기 목숨을 구할 수 있는 정당한 기회가 있다면 그 기회를 놓치고자 하지 않았던 것뿐이었다. 예레미야는 하나님의 말씀을 전할 때에는 권세를 지닌 자로서 아주 담대하게 전하였다. 그러나 그는 자기와 관련된 탄원을 드릴 때에는 권세 아래 있는 자로서 지극히 유순하고 복종하는 자세로 말하였다. 내 주 왕이여 이제 청하건대 내게 들으시며 나의 탄원을 받으소서. 이것은 그를 부당하게 가둔 고관들의 횡포를 불평하는 말도 아니고, 고관들이 죄도 없는 사람을 잡아 넣은 것에 대하여 고소하겠다고 위협하는 말도 아니며, 오로지 온전히 엎드려져 왕에게 겸손히 탄원하는 말이다. 이것은 우리가 하나님의 신실한 종에 합당한 담대함을 가지고 행하되 하나님이 우리 위에 세우신 정부의 권위를 인정하고 그 신민(臣民)으로서 합당한 겸손으로 행하여야 한다는 것을 우리에게 가르쳐 준다. 하나님의 일에 있어서는 사자가 되어야 하지만, 자기 자신의 일에 있어서는 어린 양이 되어야 한다. 우리는 하나님께서 예레미야로 하여금 왕 앞에서 은총을 입게 하셨다는 것을 발견하게 된다.

(1) 왕은 그의 청을 들어주어서, 지하 감옥에서 죽지 않도록 그를 감옥 뜰에 두라고 명령하였고, 그는 이제 어느 정도의 자유를 누리며 자유롭게 산보하고 신선한 공기를 마실 수 있게 되었다.

(2) 왕은 그가 청한 것보다 더 많은 것을 해주어서, 적군의 철통 같은 포위망 때문에 자유의 몸인 자들도 많이 굶어 죽는 상황인데도 그가 먹을 것이 없어서 죽지 않게 배려해 주었다. 왕은 궁중에 있는 양식 중에서 그에게 **매일 떡 한 개씩**을 주게 하였고(감옥은 왕궁 경내에 있었기 때문에), 성중에 떡이 떨어질 **때까지** 그에게 떡이 주어졌다. 애굽의 바로가 요셉을 감옥에서 꺼내서 그 나라의 제2인자로 삼은 것처럼, 시드기야는 마땅히 예레미야를 풀어 주고 자신의 국사(國師)로 삼았어야 했다. 그러나 그는 그렇게 할 용기를 갖고 있지 못하였다. 그렇지만 그가 이렇게 한 것만도 잘한 일이었고, 이것은 하나님이 그에게 신실한 종들이 고난 받을 때에 그 종들을 어떻게 보살펴 주시는지를 보여주는 한 예이다. 하나님은 그들이 갇혀 있는 것조차도 그들에게 유익이 되게 하실 수 있으시고, 그들이 갇혀 있는 감옥 뜰을 그들에게 푸른 초장이 되게 하실 수

있으시며, 기근의 날에도 풍족할 수 있도록 친구들을 일으켜서 그들에게 양식을
공급해 주실 수 있으시다. 너는 멸망과 기근을 비웃으리라(욥 5:22).

제
— 38 —
장

개요

이 장에서 우리는 앞 장에서처럼 예레미야가 고관들의 미움을 사고 크게 곤욕을 치르는 가운데서도 왕의 총애를 입고 크게 높임을 받는 모습을 본다. 고관들은 그를 범죄자로 취급하였지만, 왕은 그를 국사(國師)로 대우하였다. I. 예레미야는 그의 신실함 때문에 고관들에 의해서 지하 감옥에 넣어진다(1-6절). II. 구스인 에벳멜렉의 중재와 왕의 특별 지시로 그는 지하 감옥에서 꺼내어져서 감옥 뜰에 연금된다(7-13절). III. 그는 현재의 위기 상황을 놓고 왕과 사적으로 대화를 나눈다(14-23절). IV. 이 대화를 비밀에 붙이기 위한 조치가 취해진다(24-28절).

¹맛단의 아들 스바댜와 바스훌의 아들 그다랴와 셀레먀의 아들 유갈과 말기야의 아들 바스훌이 예레미야가 모든 백성에게 이르는 말을 들은즉 이르기를 ²여호와께서 이와 같이 말씀하시되 이 성에 머무는 자는 칼과 기근과 전염병에 죽으리라 그러나 갈대아인에게 항복하는 자는 살리니 그는 노략물을 얻음 같이 자기의 목숨을 건지리라 ³여호와께서 이와 같이 말씀하시니라 이 성이 반드시 바벨론의 왕의 군대의 손에 넘어가리니 그가 차지하리라 하셨다 하는지라 ⁴이에 그 고관들이 왕께 아뢰되 이 사람이 백성의 평안을 구하지 아니하고 재난을 구하오니 청하건대 이 사람을 죽이소서 그가 이같이 말하여 이 성에 남은 군사의 손과 모든 백성의 손을 약하게 하나이다 ⁵시드기야 왕이 이르되 보라 그가 너희 손 안에 있느니라 왕은 조금도 너희를 거스를 수 없느니라 하는지라 ⁶그들이 예레미야를 끌어다가 감옥 뜰에 있는 왕의 아들 말기야의 구덩이에 던져 넣을 때에 예레미야를 줄로 달아내렸는데 그 구덩이에는 물이 없고 진창뿐이므로 예레미야가 진창 속에 빠졌더라 ⁷왕궁 내시 구스인 에벳멜렉이 그들이 예레미야를 구덩이에 던져 넣었음을 들으니라 그 때에 왕이 베냐민 문에 앉았더니 ⁸에벳멜렉이 왕궁에서 나와 왕께 아뢰어 이르되 ⁹내 주 왕이여 저 사람들이 선지자 예레미야에게 행한 모든 일은 악하니이다 성 중에 떡이 떨어졌거늘 그들이 그를 구덩이에 던져 넣었으니 그가 거기에서 굶어 죽으리이

다 하니 [10]왕이 구스 사람 에벳멜렉에게 명령하여 이르되 너는 여기서 삼십 명을 데리고 가서 선지자 예레미야가 죽기 전에 그를 구덩이에서 끌어내라 [11]에벳멜렉이 사람들을 데리고 왕궁 곳간 밑 방에 들어가서 거기에서 헝겊과 낡은 옷을 가져다가 그것을 구덩이에 있는 예레미야에게 밧줄로 내리며 [12]구스인 에벳멜렉이 예레미야에게 이르되 당신은 이 헝겊과 낡은 옷을 당신의 겨드랑이에 대고 줄을 그 아래에 대시오 예레미야가 그대로 하매 [13]그들이 줄로 예레미야를 구덩이에서 끌어낸지라 예레미야가 시위대 뜰에 머무니라

이 단락에는 다음과 같은 내용들이 나온다.

1. 예레미야는 단순명료하게 말씀을 전하는 것을 계속하였다. 그가 지금 말하고 있는 것은 이전에 무수히 전했던 것이었다(3절). 이 성이 반드시 바벨론의 왕의 군대의 손에 넘어가리라. 시일이 오래 걸리기는 하겠지만 이 성은 반드시 함락될 것이다. 그는 이 성은 구할 수는 없지만 사람들을 구할 수 있는 확실한 길이 없었다면 이러한 좋지 않은 메시지를 이렇게 자주 반복해서 전하려 하지 않았을 것이다. 따라서 그의 조언대로 한다면, 사람들은 죽을 뻔했던 목숨을 건질 수 있을 것이었다(2절). 그는 사람들에게 이 성을 방어할 수 있으리라 생각해서 성에 머물러 있어서는 안 된다고 조언한다. 왜냐하면, 이 성을 지키려고 안간힘을 써봐야 아무 소용이 없을 것이기 때문이다. 그들은 상황이 극단으로 치닫기 전에 갈대아인에게 항복해서 그들의 자비를 구해야 한다. 그러면 그들은 살 것이다. 갈대아인들은 항복하는 자들을 칼로 죽이는 것이 아니라, 도리어 양식을 배급해 줄 것이기 때문에(사자에게는 자신의 대적을 굴복시키는 것으로 충분하다), 항복하는 자들은 기근과 전염병을 피하게 될 것이다. 하지만 성 안에 머물러 있는 자들 중 다수는 기근과 전염병으로 죽게 될 것이다. 섭리와 싸우는 자들보다는 섭리의 책망에 인내로써 복종하는 자들이 그들 자신에게 더 잘 하는 것임을 명심하라. 우리가 자유를 가질 수 없을 때에는 우리의 목숨을 부지하는 것만도 감사하게 여겨야 하고, 명예심이나 자존심을 내세워서 부질없이 목숨을 내던져서는 안 된다. 우리의 목숨은 더 적절한 때에 사용할 수 있도록 남겨 두어야 한다.

2. 고관들은 예레미야에 대한 악의를 계속해서 지니고 있었다. 예레미야는 그의 신실함 때문에 여러 번 고난을 겪었지만 그의 나라와 그의 선지자 직분에

신실하였다. 이 때에 그는 왕의 떡을 먹고 있었지만, 그것이 그의 입을 막지는 못하였다. 그러나 그를 박해하는 자들은 여전히 그를 향하여 이를 갈고 있었고, 그가 감옥 뜰을 거닐 수 있는 그의 자유를 남용하고 있다고 불평하였다. 왜냐하면, 그는 말씀을 전하러 성전에 갈 수는 없었지만, 그를 찾아오는 자들과 사적인 대화를 나누면서 동일한 목적을 이룰 수 있었기 때문이었다. 그래서 그들은 왕에게 그가 살고 있는 나라와 정부를 배신하고 반역한 위험 인물이라는 점을 강조하며 그를 죽여야 한다고 고하였다(4절). 이 사람이 백성의 평안을 구하지 아니하고 재난을 구하나이다. 이것은 말도 안 되는 부당한 중상모략이었다. 왜냐하면, 예레미야만큼 예루살렘이 잘 되도록 혼신의 노력을 다한 자는 아무도 없었기 때문이다. 그들은 그가 전하는 말씀이 악한 성향을 지니고 있다고 왕에게 고하였다. 그가 전한 말씀의 취지는 분명히 사람들로 하여금 회개하고 하나님께로 돌아오게 하는 것이었고, 이것은 군사들과 시민들의 손을 강하게 하면 했지 결코 약하게 하지는 않았는데도, 그들은 그가 전하는 말씀이 그들의 손을 약하게 하고 그들의 사기를 떨어뜨리고 있다고 헐뜯었다. 설령 예레미야가 전한 말씀이 그런 결과를 가져왔다면, 그것은 전적으로 그들의 잘못이었다. 악인들은 흔히 하나님의 신실한 사역자들을 그들의 원수들로 여기는데, 이는 그들이 계속해서 회개치 않고 있는 동안에는 그들이 바로 그들 자신에게 원수라는 것을 하나님의 사역자들이 보여주기 때문이다.

3. 고관들은 왕의 허락을 받아서 예레미야를 죽게 할 목적으로 지하 감옥에 처넣었다. 시드기야는 예레미야가 하나님으로부터 보내심을 받은 선지자라는 확신이 있었지만 그것을 시인할 용기를 갖고 있지 않았기 때문에 예레미야를 박해하는 자들의 압력에 굴복하고 말았다(5절). 그가 너희 손에 있느니라. 이것은 왕이 예레미야에게 내릴 수 있는 최악의 선고를 내린 것이었다. 여호야김 시대에는 왕보다 고관들이 예레미야 선지자에게 더 호의적이었었다(렘 36:25). 그러나 이제 그들은 예레미야를 죽이지 못해서 안달이 나 있었는데, 이것은 그늘이 멸망을 향하여 빠르게 치닫고 있다는 것을 보여주는 증표였다. 고관들이 압박을 가한 문제가 왕 자신의 명예나 이익과 관련된 것이었다면, 시드기야 왕은 고관들이 무엇을 원하든 왕인 그에게는 자기가 하고 싶은 대로 할 수 있는 권세가 있다는 것을 그들에게 알게 해주었을 것이다. 그러나 시드기야는 하나님과 그의 선지자에 관한 문제에 대해서는 아주 냉담했기 때문에 비굴한 자세

로 고관들의 눈치를 살피며 비위를 맞추고자 하였다. 왕은 조금도 너희를 거스를 수 없느니라. 선한 자들에 대하여 은밀하게 호의를 지니고 있으면서도 그들을 시인하고 인정해 주어야 할 때에 그렇게 하지 않고, 그들에 대한 해악을 막아 줄 수 있는데도 그렇게 하지 않는 자들은 장차 큰 벌을 받게 되리라는 것을 명심하라. 왕으로부터 포괄적인 허락을 받은 고관들은 즉시 가엾은 예레미야를 끌어다가 감옥 뜰에 있는 말기야의 구덩이에 던져 넣었는데(6절), 그들이 그를 줄로 달아내린 것으로 보아서 이 구덩이는 꽤 깊은 지하 감옥이었고, 그 구덩이 안에 물이 없고 진창뿐이었던 것으로 보아서 더러운 감옥이었다. 요세푸스(Josephus)는 예레미야가 진창에 목 있는 데까지 빠졌다고 말한다. 그를 이런 곳에 처넣은 자들은 그를 공개적으로 처형하면 백성들이 그가 하는 말에 영향을 받아서 그들에 대하여 분노할 것을 두려워하여, 그로 하여금 이 지하 감옥에서 쥐도 새도 모르게 굶어 죽거나 추위를 견디지 못해 죽는 등 비참한 죽음을 맞게 하고자 할 의도였음이 틀림없었다. 하나님의 많은 신실한 증인들은 이렇게 감옥에서 굶주려 죽거나 다른 방식으로 죽거나 은밀하게 죽임을 당해 왔는데, 모든 것이 드러나는 그 날에 하나님은 이렇게 죽은 자들의 피에 대한 책임을 물으실 것이다. 예레미야가 이러한 곤경 속에서 어떻게 했는지는 본문에 나와 있지 않지만, 그는 여호와여 내가 심히 깊은 구덩이에서 주의 이름을 불렀더니 주께서 내게 가까이 하여 이르시되 두려워하지 말라 하셨나이다(애 3:55, 57)라고 우리에게 말해 준다.

4. 왕궁 내시였던 정직한 조신(朝臣) 에벳멜렉이 이 가엾이 고난을 당하는 자를 대신하여 왕에게 간청을 하였다. 고관들은 예레미야를 지하 감옥에 가둔 것을 쉬쉬 하며 비밀에 붙였지만, 이 일은 선한 일을 할 기회를 찾고 있었던 이 선한 자의 귀에 들어갔다. 아마도 이 내시는 왕궁에서 일하고 있었기 때문에 지하 감옥에서 들려오는 예레미야의 신음 소리를 듣고서 이 일을 알게 되었을 것이다(7절). 에벳멜렉은 구스인이었고 이스라엘 나라 밖의 사람이었지만, 인간성과 경건에 있어서 본래의 이스라엘 사람들보다도 더 뛰어났다. 그리스도께서는 유대인들보다도 이방인들 가운데서 더 큰 믿음을 보셨다. 에벳멜렉은 아주 타락하고 부패한 시대에 악한 궁정에서 살았지만, 공평과 경건에 대한 깊은 식견을 지니고 있었다. 하나님은 그의 남은 자를 모든 곳에 온갖 부류의 사람들 가운데 두고 계신다. 심지어 가이사의 집에도 성도들이 있었다. 이제 시드기

야 왕은 소송이나 탄원 같은 것들을 받아서 심리하거나 전쟁 회의를 개최하기 위해서 베냐민 문에 앉아 있었다. 예레미야의 일이 미루어서는 안 되는 일이었기 때문에 에벳멜렉은 즉시 왕궁에서 나와 베냐민 문으로 왕을 찾아갔다. 만약 에벳멜렉이 이 일을 사소하게 생각했거나 개인적으로 왕에게 아뢸 수 있는 기회가 있을 때까지 이 일을 고하는 것을 연기했다면, 예레미야 선지자는 죽고 말았을 것이다. 생명, 특히 아주 귀한 생명이 위태로울 때에는 시간을 허비해서는 안 된다. 에벳멜렉은 대담하게도 예레미야가 큰 해악을 당하였다고 단정하고, 왕에게도 그렇게 말하는 것을 두려워하지 않았다. 예레미야에게 그런 짓을 한 자들이 고관들이었고, 그 고관들이 지금에 왕궁에 있었으며, 그들이 그렇게 한 것이 왕의 허락을 받아서 그런 것임에도 불구하고, 그는 그렇게 단정하고 왕에게 그렇게 고하였다. 큰 자들이 그 압제자들일 때에 압제를 당한 무죄한 자들은 왕 앞이 아니면 어디에 가서 보호해 줄 것을 요청할 수 있겠는가? 에벳멜렉은 이 일에 있어서 진정으로 용감했던 것으로 보인다. 그는 이 문제를 왕에게 고할 때에 점잔빼며 완곡하게 말하지 않았다. 그는 이렇게 왕에게 직언을 하였다가 그가 궁중에서 차지하고 있던 자리를 잃을 위험도 있었지만, 저 사람들이 선지자 예레미야에게 행한 모든 일은 악하니이다라고 왕에게 신실하게 고하였고, 판단하는 일은 왕에게 맡겼다. 예레미야는 벌 받을 짓을 전혀 하지 않았지만, 고관들은 그를 부당하게 대하였다. 또한, 그들은 아무리 극악무도한 흉악범들에게도 사용하지 않을 그런 방식으로 예레미야를 야만적으로 대하였다. 그들은 굳이 예레미야로 하여금 이렇게 비참하게 죽도록 할 필요까지는 없었다. 왜냐하면, 그들이 예레미야가 원래 있던 곳에 그를 혼자 두었더라도, 성중에 떡이 떨어져서 그는 그가 있던 곳에서, 즉 그가 갇혀 있던 시위대 뜰에서 굶어 죽었을 것이기 때문이다. 시드기야 왕의 명령으로 예레미야는 지금까지 성중에 있던 떡 중에서 매일 한 개씩을 받아서 살아 왔는데(렘 37:21), 이제 그 떡이 바닥이 난 것이었다. 하나님께서 곤경에 처한 자기 백성을 위하여 그들이 전혀 생각하지 않았는데도 친구들을 일으켜 도우시고, 예상하지도 않았던 사람들에게 감동을 주어서 그를 섬기게 하시는 것을 보라.

5. 예레미야를 풀어 주라는 명령이 즉시 내려졌고, 에벳멜렉은 그 명령을 직접 시행하였다. 얼마 전까지만 해도 고관들이 반대하는 일은 하지 않겠다던 왕은 그 마음이 갑자기 놀랍게 변하여서, 지금 고관들의 반대를 무력으로 꺾어서

라도 예레미야를 놓아 주고자 하였다. 왜냐하면, 왕은 고관들이 군사들을 동원해서 방해할까봐 에벳멜렉에서 그의 시위대(侍衛隊) 중에서 삼십 명을 데리고 가서 예레미야를 지하 감옥에서 꺼내 주라고 명령을 내렸기 때문이다(10절). 이것은 우리에게 하나님을 위하여 담대하게 나설 힘을 준다. 우리는 하나님의 일을 우리가 생각했던 것보다 더 잘 해낼 수 있다는 것을 발견하게 될 것이다. 왜냐하면, 왕의 마음은 하나님의 손에 있기 때문이다. 에벳멜렉은 자신의 뜻이 받아들여지자, 곧 예레미야에게 좋은 소식을 가져다 주었다. 예레미야를 지하 감옥에서 어떻게 꺼냈는지가 아주 자세하게 기록되어 있는 것은 주목할 만하다(하나님은 불의하지 아니하사 사람들이 자기 백성 또는 사역자들을 사랑으로 섬긴 것과 그 수고, 그리고 이와 관련된 모든 상황을 잊어버리지 아니하시기 때문에, 히 6:10). 본문에서는 에벳멜렉이 예레미야를 밧줄로 끌어올릴 때에 다치지 않게 하기 위하여 그로 하여금 겨드랑이에 받칠 수 있도록 헌 옷을 준비하는 대단한 자상함을 보인 것을 특별히 기록하고 있다. 예레미야는 앞서 이 지하 감옥에 내려질 때에 밧줄로 인해 겨드랑이에 상처를 입었을 것이다. 에벳멜렉은 헌 옷을 밑으로 내려줄 때에도 예레미야를 향해 밑으로 던져주면 진창에 빠질 것을 염려해서 조심스럽게 밧줄로 달아 내려 주었다(11-12절). 우리는 곤경에 처한 자들을 구해줄 뿐만 아니라 깊은 연민의 마음으로 예의를 갖추어서 구해 주어야 한다는 것을 명심하라. 이렇게 행한 모든 것은 하나님이 보응하시는 그 날에 선하게 다 갚아 주실 것이다. 낡은 헌 옷도 이렇게 선하게 사용될 수 있다는 것을 보라. 그러므로 우리는 헌 옷이나 상한 음식이라도 함부로 허비해서는 안 된다. 왕궁의 곳간에 헌 옷들이 가난한 자나 병자들을 위해 사용할 수 있도록 주의 깊게 보관되어 있었다. 이렇게 해서 예레미야는 지하 감옥에서 꺼내져서, 이제 그가 전에 있던 곳, 즉 시위대 뜰에 머무르게 되었다(13절). 아마도 에벳멜렉은 이제 왕의 마음을 움직였기 때문에 왕에게 진언하여 예레미야를 아예 완전히 풀어 주게 할 수도 있었을 것이다. 그러나 그는 예레미야가 다른 곳에 있는 곳보다 현재 있는 곳에 머무르는 것이 더 안전할 뿐만 아니라 더 잘 먹을 수 있을 것이라고 생각하였다. 하나님은 얼마든지 감옥까지도 곤경이나 위험에 처한 자기 백성을 위한 피난처와 은신처로 만드실 수 있으시다.

¹⁴시드기야 왕이 사람을 보내어 선지자 예레미야를 여호와의 성전 셋째 문으로 데려오게 하고 왕이 예레미야에게 이르되 내가 네게 한 가지 일을 물으리니 한 마디도 내게 숨기지 말라 ¹⁵예레미야가 시드기야에게 이르되 내가 이 일을 왕에게 아시게 하여도 왕이 결코 나를 죽이지 아니하시리이까 가령 내가 왕을 권한다 할지라도 왕이 듣지 아니하시리이다 ¹⁶시드기야 왕이 비밀히 예레미야에게 맹세하여 이르되 우리에게 이 영혼을 지으신 여호와께서 살아 계심을 두고 맹세하노니 내가 너를 죽이지도 아니하겠으며 네 생명을 찾는 그 사람들의 손에 넘기지도 아니하리라 하는지라 ¹⁷예레미야가 시드기야에게 이르되 만군의 하나님이신 이스라엘의 하나님 여호와께서 이와 같이 말씀하시되 네가 만일 바벨론의 왕의 고관들에게 항복하면 네 생명이 살겠고 이 성이 불사름을 당하지 아니하겠고 너와 네 가족이 살려니와 ¹⁸네가 만일 나가서 바벨론의 왕의 고관들에게 항복하지 아니하면 이 성이 갈대아인의 손에 넘어가리니 그들이 이 성을 불사를 것이며 너는 그들의 손을 벗어나지 못하리라 하셨나이다 ¹⁹시드기야 왕이 예레미야에게 이르되 나는 갈대아인에게 항복한 유다인을 두려워하노라 염려하건대 갈대아인이 나를 그들의 손에 넘기면 그들이 나를 조롱할까 하노라 하는지라 ²⁰예레미야가 이르되 그 무리가 왕을 그들에게 넘기지 아니하리이다 원하옵나니 내가 왕에게 아뢴 바 여호와의 목소리에 순종하소서 그리하면 왕이 복을 받아 생명을 보전하시리이다 ²¹그러나 만일 항복하기를 거절하시면 여호와께서 내게 보이신 말씀대로 되리이다 ²²보라 곧 유다 왕궁에 남아 있는 모든 여자가 바벨론 왕의 고관들에게로 끌려갈 것이요 그 여자들은 네게 말하기를 네 친구들이 너를 꾀어 이기고 네 발이 진흙에 빠짐을 보고 물러갔도다 하리라 ²³네 아내들과 자녀는 갈대아인에게로 끌려가겠고 너는 그들의 손에서 벗어나지 못하고 바벨론 왕의 손에 잡히리라 또 네가 이 성읍으로 불사름을 당하게 하리라 하셨나이다 ²⁴시드기야가 예레미야에게 이르되 너는 이 말을 어느 사람에게도 알리지 말라 그리하면 네가 죽지 아니하리라 ²⁵만일 고관들이 내가 너와 말하였다 함을 듣고 와서 네게 말하기를 네가 왕에게 말씀한 것을 우리에게 전하라 우리에게 숨기지 말라 그리하면 우리가 너를 죽이지 아니하리라 또 왕이 네게 말씀한 것을 전하라 하거든 ²⁶그들에게 대답하되 내가 왕 앞에 간구하기를 나를 요나단의 집으로 되돌려 보내지 마소서 그리하여 거기서 죽지 않게 하옵소서 하였다 하라 하니라 ²⁷모든 고관이 예레미야에게 와서 물으매 그가 왕이 명령한 모든 말대로 대답하였으므로 일이 탄로되지 아니하였고 그들은 그와 더불어 말하기를 그쳤

더라 ²⁸예레미야가 예루살렘이 함락되는 날까지 감옥 뜰에 머물렀더라

앞 장에서 우리는 왕이 예레미야와 은밀히 담화를 나누는 모습을 지켜 보았는데, 그 사이에 예레미야가 왕에 의해서 그의 원수들의 손에 넘겨진 일도 있긴 하였지만(5절), 여기에서 다시 왕은 예레미야를 불러서 밀담을 나눈다. 이 불행한 군주의 가슴속에는 어떤 때는 자신의 죄를 깨닫다가도 부패한 심성으로 되돌아가 버리는 힘겨운 싸움이 진행되고 있었던 것 같다. 좀 더 살펴보자.

I. 시드기야가 예레미야 선지자를 존귀하게 대함. 예레미야가 지하 감옥에서 건져올려지고나서 얼마 되지 않아서, 왕은 사람을 보내 그를 오게 하여 그에게 은밀하게 조언을 구하였다. 왕은 그를 여호와의 성전 안에 있는(또는, 성전으로 통하거나 성전과 붙어 있는) 셋째 문(또는 난외주의 읽기에 의하면, 대문)에서 그를 만났다(14절). 왕이 이 곳을 선지자와 만나는 장소로 정한 것은 하나님의 성전에 대한 경외심을 보이고자 한 것일 수도 있는데, 만약 정말 그랬다면, 왕은 지금 하나님의 말씀을 듣기를 원하고 있었기 때문에, 장소를 그렇게 정한 것은 아주 적절한 것이었다. 시드기야는 예레미야에게 한 가지 일을 묻고자 하였다. 여기서 한 가지 일로 번역된 단어는 한 말씀으로 번역하는 것이 더 좋다. "나는 여기에서 여호와께로부터 받은 말씀, 예언의 말씀, 위로와 조언의 말씀을 네게 묻고자 한다(렘 37:17). 네가 내게 대하여 하나님으로부터 받은 말씀이 있다면, 한 마디도 내게 숨기지 말라. 아무리 좋지 않은 말이라도 내게 알려 주라." 시드기야는 이미 앞 장에서 무슨 일이 있을 것인지에 대하여 분명하게 들었었는데도, 발람처럼 뭔가 더 좋은 대답을 듣고자 하는 희망을 품고서 다시 묻고 있는 것이다. 그는 하나님은 뜻이 일정하신 분인데도, 자기처럼 변덕이 심해서 그때그때에 따라 마음이 달라지는 분인 것으로 여기고 있는 것이다.

II. 예레미야가 조언을 하기 전에 왕과 협상을 함(15절).

1. 그는 자신의 안전을 위하여 조건을 제시하여 왕의 수락을 받아내고자 하였다. 시드기야는 예레미야가 그에게 모든 것을 솔직하게 말해 주기를 바랐다. 그러자 예레미야는 이렇게 말한다. "내가 그렇게 한다면, 왕이 나를 죽이지 아니하시리이까? 왕이 나를 죽이시리니(어떤 이들은 이렇게 읽는다) 나는 두렵나이다. 왕께서는 고관들에게 맹목적으로 끌려다니고 계신데, 내가 어떻게 달리 생

각할 수 있겠나이까?" 이것은 예레미야가 자기가 전한 말씀을 자신의 피로 인치도록 요구받았을 때에 뒷걸음질치며 발을 빼고자 한 것이 아니라, 자신의 본분을 다하면서도 자기를 보호하기 위한 모든 합법적인 수단들을 사용하고 있는 것이다. 우리는 당연히 그렇게 하여야 한다. 그리스도의 사도들조차도 그렇게 하였다.

2. 그는 자신의 안전만큼이나 시드기야가 잘 되는 것에도 관심을 가지고 있었기 때문에 그의 조언에 대하여 책임을 지고자 하였다. 그는 왕에게 효과 있고 유익한 조언을 하고자 하였고, 왕이 그를 냉정하게 대해서 지하 감옥에 갇히게 만든 것에 대하여 비난하거나 고관들의 판단을 그렇게도 중시하니 고관들에게 가서 물어보라고 말하며 냉정하게 조언을 거부하고자 한 것이 아니었다. 사역자들은 그들을 반대하는 자들조차도 온유함으로 가르쳐야 하고, 악을 선으로 갚아야 한다. 그는 왕이 자기가 주는 권면을 듣고 자기가 가르치는 교훈을 받기를 진정으로 원하였다. "내가 왕을 권한다 할지라도 왕이 듣지 아니하실 것 아니나이까? 왕께서는 틀림없이 그러실 것이나이다. 나는 왕께서 마침내 하나님의 말씀을 듣게 되실 것이라는 소망을 품고 있는데, 지금 이 때에 왕의 평화에 관한 일을 왕께서 꼭 알게 되시기를 바라나이다." 죄인들이 선한 권면에 기꺼이 귀를 기울이고자 할 때에, 오직 그 때에만 죄인들에게 소망이 있다는 것을 명심하라. 어떤 이들은 이 본문을 예레미야가 절망적인 마음으로 얘기한 것으로 해석한다. "내가 왕을 권한다 할지라도 왕은 듣지 아니하시리이다. 나는 왕이 나의 권면을 듣지 않으리라는 것을 잘 알고 있기 때문에, 그 권면을 내 마음속에 그냥 담아두는 편이 더 나을 것이나이다." 사역자들은 그들이 전하는 말에 오랫동안 그리고 자주 귀를 막아 왔던 자들에게 말씀을 전할 마음이 별로 나지 않는다는 것을 명심하라. 시드기야는 예레미야의 두 번째 조건에 대해서는 아무런 대답도 하지 않고, 그의 조언에 귀를 기울이겠다고 약속하지 않는다. 그는 하나님의 뜻을 알기를 원하지만 그것을 알고난 다음에 어떻게 할지에 대한 판단은 자기가 하고 싶어하였다. 그는 마치 선한 조언에 의지해서 자기가 파멸하는 것을 막아야 하는데도 그것을 막지 않는 것도 왕의 대권(大權)인 것처럼 행하고 있는 것이다. 그러나 첫 번째 조건으로 제시된 선지자의 안전에 대해서는 왕은 그가 자기에게 무슨 말을 하든 그것 때문에 불이익을 당하는 일은 없을 것이라고 왕의 이름으로 약속하고, 아울러 맹세로 확인하기까지 하였다. 내

가 너를 죽이지도 아니하겠으며 네 생명을 찾는 그 사람들의 손에 넘기지도 아니하리라(16절). 시드기야는 마치 이것이 아주 큰 호의를 베풀어주는 것인 양 생각하였지만, 느부갓네살과 벨사살은 다니엘로부터 그들의 운명을 듣고나서 그를 보호해 준 것은 물론이고 그에게 높은 벼슬과 상을 내리기까지 하였다(단 2:48; 5:29). 시드기야가 이 때에 한 맹세는 아주 엄숙한 것으로서 주목할 만한 것이다. "우리에게 이 영혼을 지으신 여호와께서 살아 계심을 두고 맹세하노라. 여호와는 내게 나의 생명을 주셨고 네게 너의 생명을 주셨다. 내가 너의 생명을 부당하게 빼앗는다면, 생명의 주(主)이신 여호와께 나의 생명도 잃을 것을 알기 때문에, 나는 감히 네 생명을 빼앗지 않을 것이다." 하나님은 영들의 아버지라는 것을 명심하라. 영혼들은 하나님의 작품으로서 몸들보다 더 심히 기묘하게 지으심을 받았다. 지극히 높은 왕의 영혼이나 지극히 비천한 죄수의 영혼이나 둘 다 하나님이 지으신 것이다. 하나님은 그들의 마음도 마찬가지로 아주 쉽게 지으신다. 우리는 하나님께 호소할 때나 우리 자신이나 다른 사람들을 대할 때에 살아 계신 하나님께서 우리에게 이 영혼들을 지어서 주셨다는 사실을 기억하여야 한다.

Ⅲ. 예레미야가 자신의 지혜나 모략에 의해서가 아니라 만군의 하나님이신 이스라엘의 하나님 여호와의 이름으로 시드기야 왕에게 선한 조언을 주고 거기에 왜 그 조언을 따라야 하는지 선한 이유들도 말해줌. 그는 정치가로서가 아니라 선지자로서 왕과 이 성이 바벨론의 왕의 고관들에게 반드시 항복해야 한다고 조언한다. "그들에게 가서, 가장 좋은 조건으로 항복하라(17절)." 그는 앞서 백성들에게도 그렇게 조언하였고(2절), 하나님의 심판에 굴복하고 그 심판과 맞서 다툴 생각을 하지 말라고 조언하였다(렘 21:9). 하나님을 상대로 할 때에 지극히 미천한 자에게 선한 조언인 것은 그대로 지극히 큰 자에게도 선한 조언이 된다는 것을 명심하라. 왜냐하면, 하나님에게는 사람을 외모로 취하는 일이 없으시기 때문이다. 그는 왕이 이 조언을 받아들이도록 하기 위해서 왕 앞에 좋은 것과 나쁜 것, 생명과 죽음을 제시한다.

1. 시드기야 왕이 순순히 항복한다면 그의 자손들을 칼로부터, 예루살렘을 화염으로부터 구하게 될 것이다. 이제 백기를 내걸어야 한다. 시드기야가 하나님의 공의를 인정한다면 그의 긍휼하심을 체험하게 될 것이다. 이 성이 불사름을 당하지 아니하겠고 너와 네 가족이 살리라.

2. 시드기야 왕이 완강하게 버티고 저항한다면 그의 집과 예루살렘은 모두 멸망을 당하게 될 것이다(18절). 왜냐하면, 하나님은 심판하실 때에 반드시 그 뜻을 이루시기 때문이다. 지금 이 경우는 하나님이 죄인들을 다루고 계시는 것이다. 죄인들이 하나님의 은혜와 통치에 겸손히 순복한다면, 그들은 살 것이다. 그들은 하나님과 화친하기 위하여 하나님의 힘을 의지하여야 하고, 그렇게 해서 하나님과 화친하여야 한다. 그러나 그들이 마음을 완악하게 하여 하나님의 제안을 거부한다면, 그들은 반드시 멸망하게 될 것이다. 그들은 몸을 숙이든지 깨지든지 둘 중의 하나를 선택하여야 한다.

Ⅳ. 시드기야가 예레미야 선지자의 조언에 반대함(19절).　예레미야는 하나님의 이름으로 예언을 통해서 왕에게 말을 한 것이었다. 그러므로 만약 시드기야가 하나님의 권위와 지혜, 선하심을 존중했다면, 그는 하나님의 뜻이 무엇인지를 알게 되자마자 아무런 이의를 달지 않고 즉시 받아들여서 그것을 행할 결심을 하였을 것이다. 그러나 시드기야는 마치 그 조언을 예레미야의 머리에서 나온 생각이고 조언으로 취급한다는 듯이, 거기에 반대해서 자기가 생각해낸 것을 내놓는다. 그러나 인간의 지혜는 하나님의 모략을 거스르는 것일 때에는 우매한 것이다. 그가 내놓은 생각은 이런 것이었다. "나는 갈대아인들을 두려워하는 것이 아니다. 그 고관들은 다 고상한 자들이기 때문이다. 그러나 나는 이미 갈대아인들에게 항복한 유대인들을 두려워한다. 그들이 항복하는 것을 이제까지 그토록 반대해놓고서 이제 와서 내가 그들의 뒤를 따른다면, 그들은 나를 보고 너도 우리 같이 연약하게 되었느냐(사 14:10)고 말하며 비웃을 것이다."

1. 그가 이렇게 이미 항복한 유대인들에게 노출되어 조롱을 당할 가능성은 거의 없었고, 갈대아인들이 그를 짓밟거나 유대인들의 요구를 들어주어서 그들의 손에 그를 넘길 가능성도 거의 없었다. 또한, 이미 항복한 유대인들은 그들 자신이 포로가 되어 있는 처지여서 그들의 왕의 비참한 모습을 보고서 비웃으며 조롱할 그런 기분이 아니었을 것이다. 우리는 우리의 생각 속에서 만들어낸 것들일 뿐인 어리석고 근거 없고 까닭 없는 염려들 때문에 지레 겁을 집어먹고 우리의 본분을 다하지 못하는 경우가 종종 있다.

2. 설령 이미 항복한 유대인들이 그를 조금 비웃고 조롱한다면, 그는 그런 것을 무시하고 가볍게 웃어 넘기면 될 것이었다. 그들의 비웃음과 조롱이 그에게 어떤 해악을 끼칠 수 있겠는가? 자기가 마땅히 해야 할 일을 하면서도 그 일

때문에 남들이 자기를 비웃으면 못견뎌하는 자들은 아주 심약하고 안달하는 심령을 가진 자들이다.

3. 설령 이미 항복한 유대인들이 그를 비웃는 것이 실제로 그에게 생각하기도 싫은 너무도 끔찍한 일이라고 해도, 그는 그의 가족과 성을 지키기 위하여 과감히 하나님께 순종해서 그 말씀대로 행해야 했다. 그는 자기가 항복하는 것을 백성들이 비겁한 짓으로 여길 것이라고 생각하였다. 하지만, 그의 가족과 나라를 멸망에서 구하여야 한다는 더 큰 일을 위해서 유대인들에게 조롱을 당하는 작은 일을 즐거운 마음으로 견뎌내는 것이야말로 진정한 용기를 보여주는 일일 것이다.

V. 예레미야가 시드기야 왕에게 그의 조언을 따르라고 끈질기게 설득함. 예레미야는 왕에게 그가 이 일에서 하나님의 뜻에 따른다면 그가 두려워하는 일은 그에게 일어나지 않을 것이라고 자신있게 말한다(20절). 그 무리가 왕을 그들에게 넘기지 아니하고, 왕의 신분에 맞게 대접을 하리이다. 예레미야는 왕이 지금까지는 온갖 어리석은 수들을 두어 왔지만 이제 마지막 한 수를 지혜롭게 두어서 결국에는 자기 자신을 위하여 좋은 결과가 있게 하시라고 왕에게 간청한다. 원하옵나니 내가 왕에게 아뢴 바 여호와의 목소리에 순종하소서 그리하면 왕이 복을 받으리이다. 그러면서 예레미야는 왕에게 그가 순종하지 않는다면 그 결과가 어떻게 될지를 말해 준다.

1. 시드기야 왕 자신이 얼마든지 그들의 손에 자기 자신을 던져서 항복하여 그의 친구로 만들 수 있었던 갈대아인들을 그의 불구대천의 원수로 만들었기 때문에 결국 그들의 손에 넘어가게 될 것이다. 그가 그들의 손에 넘어갈 수밖에 없다면, 그는 그 가운데서 최선의 길이 무엇인지를 생각해서 그렇게 하여야 한다. "너는 네가 바라던 것과는 달리 그들의 손에서 벗어나지 못하리라(23절)."

2. 시드기야 왕은 예루살렘을 지키고자 온 힘을 다하는 것 같이 보였지만, 결국에는 이 성의 멸망에 대하여 스스로 책임을 져야 한다. "네가 이 성읍으로 불사름을 당하게 하리라. 왜냐하면, 네가 조금만 몸을 숙이고 자기를 부인했다면 그런 일은 막을 수 있었을 것이기 때문이다." 이렇게 신민(臣民)들이 그들의 통치자들의 오만과 고집 때문에 고생을 하는 경우가 흔히 있다. 통치자들은 그들의 보호자가 되어 주었어야 하는데, 도리어 그들을 멸망시키는 자가 되었음이 나중에 드러난다.

3. 시드기야 왕은 자기가 항복했을 때에 쏟아질 부당한 조롱을 까닭 없이 두려워하였지만, 그가 끝까지 저항한 것에 대하여 정당한 조롱을 반드시 받게 될 것이고, 이 나라의 여자들로부터도 그런 조롱을 받게 될 것이다(22절). 여호야김과 여고니야가 포로로 끌려갔을 때에 왕궁에 그대로 남겨졌던 궁녀들도 이제는 마침내 적군의 수중에 떨어질 것인데, 그들은 이렇게 말할 것이다. "네가 조언을 구하고 의지하였던 네 친구들, 그들의 말을 듣기만 하면 평안이 보장될 것이라고 큰 소리쳤던 네 친구들, 너에게 평안을 말하던 자들이 너를 꾀어 끝까지 버티고 저항하라고 부추겼다. 그래서 그 결과가 어떻게 되었는가? 그들은 너를 이기고 너를 지배했지만, 네가 네 친구들이라고 생각했던 자들은 이제 와 보니 너의 진짜 원수들이 되었다. 이제 네 발이 진흙에 빠졌고, 너는 당황하여 어쩔 줄 모르고, 거기에서 빠져나올 방법도 없다. 네 발은 앞으로 갈 수가 없어서 뒤로 물러갔도다." 시드기야는 그의 모든 부인들과 자녀들이 정복자들의 포로가 될 때에 여자들에게 이런 조롱을 당하게 될 것이다(23절). 우리가 죄를 지어가면서까지 피하고자 했던 일이 하나님의 의(義)에 의해서 우리에게 닥치는 것은 마땅한 일임을 명심하라. 조롱과 굴욕이 두려워서 자기가 마땅히 해야 할 본분을 사절하는 자들은 불순종의 길에서 반드시 훨씬 더 큰 조롱과 굴욕을 만나게 될 것이다. 악인에게는 그가 두려워하는 것이 임하리라(잠 10:24).

Ⅵ. 시드기야가 이 담화를 비밀에 붙이고자 함(24절). 너는 이 말을 어느 사람에게도 알리지 말라. 그는 하나님의 권면을 받아들일 마음이 전혀 없었고, 그것을 깊이 생각해 보겠다고 약속도 하지 않았다. 그는 지금까지 하나님의 부르심을 완고하게 거부하고 죄의 길을 고집스럽게 고수하는 것이 몸에 배어 있어서, 그에게 선한 조언이 주어지긴 했지만, 자기가 생각한 대로 행하기로 마음을 굳힌 것으로 보인다. 그는 예레미야의 조언에 대하여 아무런 반론도 제기하지 않았지만, 그 조언을 따르고자 하지도 않았다. 많은 사람들이 하나님의 말씀을 듣긴 하지만 행하려고 하지는 않는다.

1. 시드기야는 예레미야에게 둘 사이에 오고간 대화 내용을 아무에게도 알게 하지 말라고 당부한다. 그가 이렇게 이 밀담을 비밀에 붙이고자 한 것은 예레미야의 안전을 위해서라기보다는(왕은 자기의 허락 없이는 고관들이 그를 해칠 수 없다는 것을 알고 있었기 때문에) 자기 자신의 명성을 위해서였다. 많은 사람들은 선한 자들과 선한 일들에 대하여 실제로는 그들이 기꺼이 시인하

는 것보다 더 많은 애정을 지니고 있다는 것을 명심하라. 하나님의 선지자들은 그들이 어떤 사람인지가 그들의 양심에는 알리어져 있지만(고후 5:11), 그것을 세상에 알리는 데에는 관심을 갖지 않는다. 그들은 그들이 한 일들을 사람들에게 알리는 것보다 사람들에게 좋은 일을 하는 것을 더 선호한다. 사람의 영광을 하나님의 영광보다 더 사랑하게 되는 일이 없도록 우리는 주의하여야 한다.

2. 시드기야는 예레미야에게 고관들이 이 일에 대하여 물을 때에 어떻게 대답해야 할지를 가르쳐 준다. 시드기야는 예레미야에게 그가 왕에게 서기관 요나단의 집으로 되돌려 보내지 말아 달라고 사정을 했다고 말하라고 조언하였고(25-26절), 예레미야는 왕의 호의를 받아들일 좋은 기회를 놓치고 싶지 않아서 실제로 그렇게 하였다(27절). 물론, 이 말은 사실이었고, 거짓이나 얼버무리는 말이 아니었지만, 사실 반쯤 진실인 말이었다. 예레미야는 완전한 진실을 다 말해야 하는 상황 속에 있지 않았기 때문에 임기응변으로 고관들을 따돌린 것은 정당한 일이었다. 우리는 비둘기처럼 남에게 해를 끼치지 않아야 하기 때문에 결코 악의적인 거짓말을 해서는 안 되지만, 뱀처럼 지혜로워야 하기 때문에 우리가 알고 있는 모든 것을 다 말함으로써 우리 자신을 쓸데없이 위험에 노출시키지도 않아야 한다는 것을 명심하라.

제 39 장

개요

선지자 이사야가 예루살렘이 앗수르의 왕의 손에서 구원을 받게 되리라는 것을 자세하게 예언한 후에 실제로 일어난 사건이 예언과 정확히 맞아 떨어졌다는 것을 보이기 위하여 그 사건에 관한 이야기를 자세하게 얘기해 주었던 것처럼, 선지자 예레미야도 예루살렘이 바벨론의 왕의 손에 넘어가게 되리라는 것을 자세하게 예언한 후에 동일한 이유로 그 슬픈 사건을 자세하게 얘기해 준다. 이 장에는 그 참담한 이야기가 나오는데, 이 이야기는 백성들에게 듣기 좋은 말만을 전하였던 거짓 선지자들이 틀렸다는 것을 보여주고 하나님의 사자들이 전한 말씀이 옳았다는 것을 재확인해 주는 역할을 한다. 우리는 여기에서 다음과 같은 것들에 대하여 듣는다. I. 예루살렘이 18개월의 포위 끝에 갈대아인의 군대에 의해 함락되었다는 것(1-3절). II. 시드기야 왕은 도망치려다가 붙잡혀서 바벨론의 왕에게로 끌려가는 비참한 포로 신세가 되었다는 것(4-7절). III. 예루살렘이 불타서 잿더미가 되어 버렸고, 백성들은 가난한 자들을 제외하고 모두 포로로 끌려갔다는 것(8-10절). IV. 갈대아인들이 예레미야를 아주 잘 대해주고 특별히 보살펴 주었다는 것(11-14절). V. 에벳멜렉도 그가 예레미야에게 베푼 호의 때문에 모든 것이 황폐화된 이 날에 하나님의 보호하심을 받았다는 것(15-18절).

¹유다의 시드기야 왕의 제구년 열째 달에 바벨론의 느부갓네살 왕과 그의 모든 군대가 와서 예루살렘을 에워싸고 치더니 ²시드기야의 제십일년 넷째 달 아홉째 날에 성이 함락되니라 예루살렘이 함락되매 ³바벨론의 왕의 모든 고관이 나타나 중문에 앉으니 곧 네르갈사레셀과 삼갈네부와 내시장 살스김이니 네르갈사레셀은 궁중 장관이며 바벨론의 왕의 나머지 고관들도 있더라 ⁴유다의 시드기야 왕과 모든 군사가 그들을 보고 도망하되 밤에 왕의 동산 길을 따라 두 담 샛문을 통하여 성읍을 벗어나서 아라바로 갔더니 ⁵갈대아인의 군대가 그들을 따라 여리고 평원에서 시드기야에게 미쳐 그를 잡아서 데리고 하맛 땅 립나에 있는 바벨론의 느부갓네살 왕에게로 올라가매 왕이 그를 심문하였더라 ⁶바벨론의 왕이 립나에서 시드기야의 눈

앞에서 그의 아들들을 죽였고 왕이 또 유다의 모든 귀족을 죽였으며 ⁷왕이 또 시드기야의 눈을 빼게 하고 바벨론으로 옮기려고 사슬로 결박하였더라 ⁸갈대아인들이 왕궁과 백성의 집을 불사르며 예루살렘 성벽을 헐었고 ⁹사령관 느부사라단이 성중에 남아 있는 백성과 자기에게 항복한 자와 그 외의 남은 백성을 잡아 바벨론으로 옮겼으며 ¹⁰사령관 느부사라단이 아무 소유가 없는 빈민을 유다 땅에 남겨 두고 그 날에 포도원과 밭을 그들에게 주었더라

우리는 앞 장의 끝부분에서 예레미야가 예루살렘이 함락되는 날까지 감옥 뜰에 머물렀더라는 말씀을 들었다. 예레미야는 예언 활동을 통해서 고관들을 더 이상 괴롭히지 않았고, 고관들도 예레미야를 더 이상 박해하지 않았다. 왜냐하면, 예레미야는 자기가 전해야 할 말은 이미 다 전한 상태였고, 성에 대한 포위 공격이 급진전되어서 고관들도 다른 일을 하느라 바빴기 때문이었다. 여기에서 어떤 일이 벌어지게 되었는지를 보라.

I. 예루살렘 성이 마침내 함락되었다. 하나님이 이 성을 대적하여 친히 싸우셨는데, 어떻게 그들이 끝까지 버틸 수 있겠는가? 느부갓네살의 군대는 시드기야 제구년 열째 달에, 즉 한겨울에 성을 에워쌌었다(1절). 느부갓네살 자신은 곧 멀찌감치 물러나서 연회를 열며 즐기고 있었고, 그의 장수들만 남아서 성을 포위하고 공격을 계속하고 있었다. 그들은 잠시 포위를 풀기도 했지만, 이내 다시 증강된 군사력으로 성을 포위하고 맹렬하게 공격하였다. 마침내 시드기야 제십일년 넷째 달, 그러니까 한여름에 그들은 성 안으로 진격해 들어갔고, 성 안에 있던 군사들은 양식이 모두 바닥난 상태에서 굶주려 힘이 없었기 때문에 아무런 저항도 할 수 없었다(2절). 예루살렘은 아주 튼튼한 성이었기 때문에 적군이 그 성문을 뚫고 들어올 수 있으리라고는 아무도 믿지 않았었다(애 4:12). 그러나 죄로 말미암아 하나님이 진노하셔서 그의 보호하심을 거두시자, 예루살렘 성은 마치 머리카락을 잘린 삼손 같이 여느 성들과 다름없이 약하기 짝이 없게 되어 버렸다.

II. 바벨론의 왕의 고관들이 중문을 장악하였다(3절). 어떤 이들은 여기에 나오는 중문이 제 이 구역(습 1:10)이라 불린 곳과 동일한 것으로 생각한다. 제 이 구역은 도성의 이 쪽 부분과 저 쪽 부분을 나누고 있었던 중간의 성벽으로 추정된다. 성 안은 아주 넓었기 때문에 그들은 매복에 의해서 기습적으로 공격

당할 것을 염려하여 성 안으로 바로 들어가지 못하고, 여기에서 상황을 살피며 온 성을 다 수색하라는 명령이 떨어질 때까지 몸을 사리고 있었을 것이다. 그들은 중문에 앉아서 성 안을 한 눈에 다 바라보고서 상황에 따라 이런저런 명령을 내렸다. 바벨론의 왕의 고관들의 이름이 여기에서 언급되고 있는데, 그 이름들은 거칠고 투박한 것들이었다. 이것은 사람들 속에서 죄가 얼마나 서글픈 변화를 만들어 냈었는지를 보여준다. 이스라엘의 하나님의 이름을 담고 있던 엘리아김과 힐기야가 앉아 있곤 했던 곳에 지금은 이방신들의 이름을 담고 있는 네르갈사레셀과 삼갈네부 등등이 앉아 있다. 랍사리스(내시장)와 랍마그(궁중 장관)는 사람 이름이 아니라 앞에 나온 사람들이 지니고 있던 직책 이름인 것으로 추정된다. 살스김은 랍사리스, 즉 내시장이었다. 나중에 나오는 네르갈사레셀은 처음에 나온 동명이인과 구별하기 위해서 랍마그, 즉 궁중 장관(검열관이나 병참담당관)이라 불린다. 이들을 비롯해서 여러 장수들이 성문에 앉아 있었다. 이렇게 해서 예레미야가 오랫동안 예언해 왔던 것(렘 1:15), 즉 북방 왕국들의 모든 족속들이 와서 예루살렘 성문 어귀에 각기 자리를 정하리라는 예언이 성취되었다. 이방의 신들이 그토록 자주 세워져 있었던 곳에 이방의 고관들이 자리를 잡고 앉아 있게 된 것은 당연한 일이다.

Ⅲ. 시드기야는 변장을 하고 나가서 바벨론의 왕의 고관들이 도성의 한 성문을 장악한 것을 보고서, 이 때가 자신의 안전을 위하여 도망을 칠 좋은 때라는 것을 알고, 죄책감과 두려움에 사로잡힌 채 밤에 야음을 틈타 성읍을 벗어났다(4절). 그러나 이 시도는 곧 발각되어, 시드기야가 추격군에 의해 붙잡힘으로써 실패로 끝나고 말았다. 그는 나름대로 살아남기 위해서 최선을 다했지만 별 소득이 없었다. 그는 많이 도망가지도 못한 채 여리고 평원에서 추격군에게 사로잡혔다(5절). 거기에서 그는 포로가 되어 바벨론의 왕이 있던 립나로 압송되었고, 왕은 그를 반역자로 단죄하여 사형 선고가 아니라 그것보다 더 끔찍한 형벌을 내렸다.

1. 바벨론의 왕은 시드기야의 눈 앞에서 그의 아들들을 죽였다. 시드기야 자신이 이제 겨우 32세였기 때문에 그의 아들들은 모두 어렸을 것이고, 그 중에는 유아들도 있었을 것이다. 이 귀여운 아이들이 죽은 것은 시드기야에게는 자기가 여러 번 죽는 것과 같은 고통이었을 것이다. 특히, 그가 이런 일이 일어날 것이라고 구체적으로 경고를 받았음에도 불구하고 그의 완악함과 고집이 이런

참화를 불렀다는 생각이 들었을 때에 그의 고통은 이루 말할 수 없었을 것이다. 네 아내들과 자녀는 갈대아인에게로 끌려가리라(23절).

2. 바벨론의 왕은 유다의 모든 귀족을 죽였다(6절). 이 귀족들은 아마도 시드기야에게 끝까지 저항하라고 부추겼던 자들이 아니라(만약 그랬다면, 그들이 죽는 것을 보았을 때에 그의 속이 시원하였을 것이다), 그런 일과는 무관하였던 나라의 원로들이었을 것이다.

3. 바벨론의 왕은 시드기야의 눈을 빼게 하였다(7절). 이렇게 해서, 하나님의 말씀의 밝은 빛에 대하여 눈을 감아 버리고 알지도 못하고 깨닫지도 못하여 흑암 중에 왕래하는(시 82:5) 고관들에게 끌려다니던 시드기야는 평생토록 앞을 못 보고 어둠에 갇혀 사는 벌을 받게 되었다.

4. 바벨론의 왕은 시드기야를 바벨론으로 끌고가기 위해서 사슬로 결박하였다(난외주에서는 두 개의 놋사슬 또는 차꼬로 결박하였다고 읽는다). 시드기야는 거기에서 나머지 생애를 비참하게 보내야 했다. 우리는 이 모든 슬픈 이야기를 앞에서 이미 본 바 있다(왕하 25:4 이하).

IV. 도성이 불타고나서 얼마 후에 성전과 왕궁, 백성들의 모든 집, 그리고 성벽이 다 헐렸다(8절). "예루살렘아 예루살렘아, 이것은 네가 선지자들을 죽이고 네게 파송된 자들을 돌로 쳤기 때문에 일어난 일이다. 시드기야여 시드기야여, 네가 때를 맞춰서 하나님의 조언을 받아들여서 따랐더라면 이런 일은 없었을 것이다."

V. 도성에 남아 있던 백성들은 모두 포로가 되어 바벨론으로 끌려갔다(9절). 이제 그들은 그들이 태어난 땅, 이 살기 좋은 땅, 거기에 있는 그들의 모든 재산과 좋은 것들에 대하여 영원한 작별을 고해야 하고, 이제 그들의 포악한 주인이 된 정복자들 앞에서 짐승처럼 수백 마일을 끌려가야 하며, 낯선 이방 땅에서 그들의 손에 생사를 맡긴 채 그들을 가혹하게 다룰 자들의 종이 되어 살아야 한다. 폭군(영어로 tyrant)은 원래 갈대아어로서, 갈대아 역본에서는 흔히 주(主)들을 가리키는 데에 사용된다. 이것을 보면, 우리는 갈대아인들이 다른 어느 나라 사람들보다도 폭군처럼 다스렸다는 것을 미루어 짐작할 수 있다. 가엾은 유대인들은 갈대아인들을 폭군들이라고 부를 만한 충분한 이유가 있었을 것이다. 예루살렘 성에는 극소수의 사람들만이 남겨졌는데, 그들은 잃을 것이 없어서 저항을 하지 않았던 아무 소유가 없는 빈민들이었다. 그들은 자유를

얻었고 고향 땅에 그대로 남아 있게 되었을 뿐만 아니라, 전에는 땅이라고는 소유해 본 적이 없던 그들에게 사령관은 그 날에 포도원과 밭을 주었다(10절). 좀 더 살펴보자.

1. 섭리가 만들어낸 놀랍고 기이한 변화들. 어떤 이들은 낮아졌고, 어떤 이들은 높아졌다(삼상 2:5). 하나님의 섭리는 주리는 자를 좋은 것으로 배불리셨으며 부자는 빈 손으로 보내셨다. 어떤 이들의 망함이 다른 이들의 흥함이 되었다. 그러므로 우리는 풍성함 속에서는 기쁘지 않은 자 같이 기뻐하여야 하고, 곤경 속에서는 울지 않는 자 같이 울어야 한다.

2. 의로운 응보 또는 섭리. 부자들은 교만한 압제자들이었는데, 이제 그들이 행한 불의에 대하여 벌을 받은 것은 의로운 일이었다. 가난한 자들은 해악을 당하여도 인내하며 참아 왔었는데, 이제 그들의 인내에 대하여 상을 받고 그들이 잃은 모든 것에 대하여 보상을 받았다. 왜냐하면, 내세에서는 말할 것도 없고, 진실로 땅에서도 심판하시는 하나님이 계시기 때문이다.

[11]바벨론의 느부갓네살 왕이 예레미야에 대하여 사령관 느부사라단에게 명령하여 이르되 [12]그를 데려다가 선대하고 해하지 말며 그가 네게 말하는 대로 행하라 [13]이에 사령관 느부사라단과 내시장 느부사스반과 궁중 장관 네르갈사레셀과 바벨론 왕의 모든 장관이 [14]사람을 보내어 예레미야를 감옥 뜰에서 데리고 사반의 손자 아히감의 아들 그다랴에게 넘겨서 그를 집으로 데려가게 하매 그가 백성 가운데에 사니라 [15]예레미야가 감옥 뜰에 갇혔을 때에 여호와의 말씀이 그에게 임하니라 이르시되 [16]너는 가서 구스인 에벳멜렉에게 말하기를 만군의 여호와 이스라엘의 하나님의 말씀에 내가 이 성에 재난을 내리고 복을 내리지 아니하리라 한 나의 말이 그 날에 네 눈 앞에 이루리라 [17]여호와의 말씀이니라 내가 그 날에 너를 구원하리니 네가 그 두려워하는 사람들의 손에 넘겨지지 아니하리라 [18]내가 반드시 너를 구원할 것인즉 네가 칼에 죽지 아니하고 네가 노략물 같이 네 목숨을 얻을 것이니 이는 네가 나를 믿었음이라 여호와의 말씀이니라 하시더라

우리는 이 장의 전반부에서 심판에 대하여 찬송하였던 것처럼 여기에서는 긍휼에 대하여 찬송하여야 하고, 이 둘 모두에 대하여 하나님께 찬송하여야 한다. 우리는 이 단락 속에서 다음과 같은 것들을 볼 수 있다.

I. 예레미야에 관한 은혜로운 섭리. 예루살렘이 폐허로 변해 버리고 모든 사람들이 무서워서 기절했을 때, 예레미야는 그의 속량이 가까운 것을 알고서 편안한 마음으로 그의 머리를 들 수 있었다 ― 그리스도를 따르는 자들도 예루살렘이 두 번째로 멸망당할 때가 가까웠을 때에 그랬던 것처럼(눅 21:26, 28). 예레미야를 보호하고 모든 점에서 잘 대해 주라는 느부갓네살의 특별 명령이 이미 내려진 상태였다(11-12절). 느부사라단을 비롯해서 바벨론의 왕의 다른 고관들도 이 명령을 지켜서, 예레미야를 감옥에서 풀어주고, 그가 편히 지낼 수 있도록 모든 편의를 봐주었다(13-14절). 우리는 이것을 다음과 같은 것으로 볼 수 있다.

1. 이것은 느부갓네살의 아주 너그러운 행위였다. 그는 비록 오만한 전제군주였지만 이 가엾은 선지자의 처지를 잘 이해하였다. 의심할 여지 없이 느부갓네살은 예루살렘 성에서 탈출하여 항복한 자들로부터 예레미야에 대하여 그가 바벨론의 왕이 유다를 비롯한 여러 나라들에 대하여 승리할 것이라고 예언하였다는 것, 유다의 왕과 백성들에게 항복할 것을 강력히 촉구하였다는 것, 그가 그렇게 함으로써 지독하게 고생을 하였다는 것을 들었을 것이다. 이 모든 것을 생각해서(그가 바벨론도 결국 망할 것이라고 예언했다는 것도 들었을 것이지만), 느부갓네살은 그에게 특별한 은혜를 베풀어서 특별 대우를 해주었다. 지극히 미천한 자의 섬김과 고난을 알아주는 것이야말로 그가 큰 인물임을 나타내는 것임을 명심하라. 느부갓네살 왕은 도성이 함락되기 전에 이미 이런 명령을 내려 놓았고, 장수들도 전쟁통에 정신이 없을 때인데도 이 명령을 충실히 지킨 것은 칭찬할 만한 것이어서 후세 사람들이 본받도록 하기 위하여 여기에 기록된 것이다.

2. 이것은 시드기야와 이스라엘의 고관들을 부끄럽게 만드는 일이었다. 그들은 예레미야를 감옥에 가두었지만, 바벨론의 왕과 그의 고관들은 그를 꺼내 주었다. 하나님의 백성과 사역자들은 거룩한 성에 속한 자라 자처하는 자들 속에서보다도 이방인들과 믿지 않는 자들 가운데서 더 공평하고 친절한 대접을 받는 경우가 흔하였다. 바울은 대제사장 아나니아가 아니라 아그립바 왕에게서 더 많은 호의와 정당한 대우를 받을 수 있었다.

3. 이것은 하나님이 예레미야에게 그의 섬김에 대한 보상으로 약속하신 것이 이루어진 일이었다. 내가 네 원수로 재앙과 환난의 때에 네게 잘 대해주게 하

고 네게 간구하게 하리라(렘 15:11). 예레미야는 선지자로서 그에게 맡겨진 일에 신실하였기 때문에, 이제 하나님은 그와 그에게 한 약속에 신실하고자 하셨다. 이제 예레미야는 그가 환난을 당한 날수만큼 위로를 받을 것이고, 많은 사람들이 추풍낙엽처럼 죽어가는 것을 보는 중에도 그 자신은 안전할 것이다. 거짓 선지자들은 그들이 결코 임하지 아니하리라고 예언하였던 바로 그 심판에 의해서 죽었기 때문에(렘 14:15), 그들의 죽음은 그들에게 훨씬 더 끔찍하고 비참한 것이 되었다. 참 선지자는 그가 임하리라고 예언했던 바로 그 심판을 자기 자신은 피할 수 있었기 때문에, 거기에서 살아난 것은 그에게 더할 나위 없이 감사한 은혜였다. 박해하는 자들을 벌하는 도구가 되었던 바로 그들이 이제 박해받은 자들을 구해 주는 도구가 되었다. 예레미야는 그가 바벨론의 왕의 손에 의해서 구원을 받은 것이라고 생각하긴 했지만, 이 일 속에서 하나님의 손길을 더 많이 보았다. 이 일에 관한 좀 더 자세한 기사는 다음 장에서 만나게 된다.

II. 에벳멜렉에게 그가 예레미야에게 베풀어 준 호의로 인해 보상을 받게 될 것이라고 약속하는 내용을 담은 은혜로운 메시지. 이 메시지는 예레미야가 직접 그에게 전한 것이었다. 예레미야는 자기에게 호의를 베풀어 준 것에 대해 그에게 감사하면서, 한편으로 하나님께 자기 대신에 그에게 갚아 주실 것을 간구하였을 것이다. 에벳멜렉은 선지자의 이름으로 선지자를 구하였기 때문에 선지자의 상을 받았다. 이 메시지는 그가 예레미야에게 호의를 베풀어 준 직후에 그에게 전달되었지만, 도성이 함락된 후인 지금에 와서 언급되고 있는 것은 도성이 함락되는 어려운 때에 하나님이 예레미야에게 은혜를 베푸신 것처럼 그를 위하여 에벳멜렉에게도 은혜를 베푸셨다는 것을 보여주기 위한 것이다. 그들이 도성 전체를 휩쓴 재난들 중 그 어디에도 연루되지 않았다는 것은 이 두 사람에 대한 하나님의 특별한 은총을 보여주는 증표였고, 그들도 마땅히 그렇게 생각해야 한다. 예레미야는 에벳멜렉에게 다음과 같이 전하라는 명령을 받는다.

1. 하나님께서 오랫동안에 걸쳐서 자주 경고해 오셨던 멸망을 반드시 예루살렘에 임하게 하시리라는 것. 하나님은 예레미야에게 호의를 베풀어 준 에벳멜렉에게 더 큰 만족을 주시기 위하여 예레미야가 참 선지자라는 것이 똑똑히 증명되는 것을 보게 하고자 하셨다(16절).

2. 하나님은 에벳멜렉이 장차 임할 심판에 대하여 두려움을 지니고 있다는 것을 아신다는 것. 그는 하나님을 섬기는 일에서는 용감하고 담대했지만, 하나님의 회초리에 대해서는 두려움을 지니고 있었다. 적들은 그가 두려워하는 사람들이었다. 하나님은 역경에 처한 자기 백성의 심정을 잘 아시기 때문에 그들의 두려움이나 슬픔에 맞춰서 그의 위로를 어떻게 베풀어야 할지를 아신다는 것을 명심하라.

3. 그가 모든 사람들이 겪는 재난으로부터 구원을 받게 되리라는 것. 내가 너를 구원하리라(17절). 내가 반드시 너를 구원하리라(18절). 그는 하나님의 선지자를 지하 감옥에서 구원해 내는 도구가 되었었고, 이제 하나님은 그를 구원하겠다고 약속하신다. 왜냐하면, 하나님은 사람들이 그의 이름을 위하여 직접적으로나 간접적으로 행한 섬김의 일에 대하여 그냥 빚을 지고는 못 사시는 분이기 때문이다. "너는 네게 소중하게 보였던 예레미야의 목숨을 구하였기 때문에, 네가 노략물 같이 네 목숨을 얻을 것이다."

4. 하나님이 그를 위해 이 특별한 은혜를 준비해 두시는 이유로 언급하시는 것은 네가 나를 믿었기 때문이라는 것이다. 하나님은 사람들의 섬김의 일들에 대하여 상을 내리실 때에 그들이 어떤 마음의 동기로 그 일을 하였는지를 보시고, 그 동기에 따라서 상을 내리신다. 어떤 일을 하나님을 믿고 신뢰하는 마음으로 하는 것, 즉 순종의 마음으로 하는 것보다 하나님을 더 기쁘시게 해드리는 것은 없고 우리에게 더 큰 상을 받게 해주는 것은 없다. 에벳멜렉은 하나님이 자기 곁에서 도와 주실 것을 믿었기 때문에 사람을 두려워하지 않았다. 이 선한 자가 행한 것처럼 자신의 본분을 행하는 길에서 하나님을 의지하는 자들은 지극히 위험한 때에 그들의 소망이 그들을 부끄럽게 만들지 않는 것을 알게 될 것이다.

제
— 40 —
장

개요

우리는 앞에서 예루살렘을 화장(火葬)할 장작더미를 지켜 보았고, 바벨론으로 끌려 가는 포로들과도 마지막 작별을 하였다. 우리는 그들의 목소리를 에스겔서에서는 들을 수 있겠지만, 이 책에서는 더 이상 들을 수 없을 것이다. 우리는 이 장과 그 이후에 이어 지는 네 개의 장 속에서 형제들이 포로로 끌려간 후에 이 땅에 남겨졌던 소수의 유대인 들에 관한 이야기를 듣게 되는데, 그것은 참으로 암울한 이야기이다. 왜냐하면, 처음에는 그들이 잘 살아갈 수 있는 희망적인 조짐들이 조금 보였지만, 결국 신명기 28장에서 하나 님이 경고하신 나머지 모든 심판들이 그들에게 임할 때까지 그들은 낮아지지도 않고 삶 을 고치지도 않은 채 곧 예전처럼 죄를 고집하는 모습을 보였기 때문이다. 이 무시무시 한 장의 마지막 절에 나오는 경고의 말씀의 절정은 그대로 성취되었다. "여호와께서 너 를 애굽으로 끌어 가실 것이라"(신 28:68). 이 장에서 우리는 다음과 같은 내용들을 본다. I. 예레미야가 풀려나서 그다랴와 함께 살게 된 것에 관한 좀 더 자세한 이야기(1-6절). II. 이웃 나라들에 흩어져 살아가던 유대인들이 바벨론의 왕 아래에서 총독이 된 그다랴 에게 크게 의지하였고, 한동안 그의 아래에서 선한 자세로 살아감(7-12절). III. 이스마엘 이 그다랴를 제거할 반역 음모를 꾸밈. 우리는 다음 장에서 이스마엘이 처형당하는 것을 보게 된다(13-16절).

¹사령관 느부사라단이 예루살렘과 유다의 포로를 바벨론으로 옮기는 중에 예레미 야도 잡혀 사슬로 결박되어 가다가 라마에서 풀려난 후에 말씀이 여호와께로부터 예레미야에게 임하니라 ²사령관이 예레미야를 불러다가 이르되 네 하나님 여호와 께서 이 곳에 이 재난을 선포하시더니 ³여호와께서 그가 말씀하신 대로 행하셨으니 이는 너희가 여호와께 범죄하고 그의 목소리에 순종하지 아니하였으므로 이제 이 루어졌도다 이 일이 너희에게 임한 것이니라 ⁴보라 내가 오늘 네 손의 사슬을 풀어 너를 풀어 주노니 만일 네가 나와 함께 바벨론으로 가는 것을 좋게 여기거든 가자 내가 너를 선대하리라 만일 나와 함께 바벨론으로 가는 것을 좋지 않게 여기거든

그만 두라 보라 온 땅이 네 앞에 있나니 네가 좋게 여기는 대로 옳게 여기는 곳으로 갈지니라 하니라 ⁵예레미야가 아직 돌이키기 전에 그가 다시 이르되 너는 바벨론의 왕이 유다 성읍들을 맡도록 세운 사반의 손자 아히감의 아들 그다랴에게로 돌아가서 그와 함께 백성 가운데 살거나 네가 옳게 여기는 곳으로 가거나 할지니라 하고 그 사령관이 그에게 양식과 선물을 주어 보내매 ⁶예레미야가 미스바로 가서 아히감의 아들 그다랴에게로 나아가서 그 땅에 남아 있는 백성 가운데 그와 함께 사니라

이 장의 첫머리에 나오는 이 부분의 표제(말씀이 여호와께로부터 예레미야에게 임하니라)는 잘못 들어가 있는 것으로 보인다. 왜냐하면, 이 장에는 예언이 전혀 나오지 않기 때문이다. 따라서 이 표제는 하나님께서 예레미야를 통해서 이 땅에 남아 있던 군 지휘관들과 백성들에게 보내신 메시지가 나오는 42:7과 관련이 있을 것이다. 그 때까지 나오는 이야기는 단지 그 예언이 나오게 된 경위를 보여주는 도입부로서 그 예언을 더 잘 이해할 수 있게 해주는 역할을 한다. 또한, 예레미야는 이 이야기에 직접 연루되어 있었기 때문에 그 예언을 더 잘 설명할 수 있었다.

이 단락에서 우리는 예레미야가 느부사라단의 권유로 그다랴의 집에 함께 있게 된 경위를 보게 된다. 바벨론의 왕의 고관들은 지극한 예를 갖추어서 예레미야를 시위대 감옥 뜰에서 풀어 주었지만(렘 39:13), 나중에 하급 군관들에게 성 중에 있는 사람들은 누구를 막론하고 닥치는 대로 결박하여 바벨론으로 끌고 가라는 지시가 내려졌고, 예레미야는 성 중에서 백성들과 함께 있다가 그가 누군지를 모르는 군사들에게 붙잡혀서 라마까지 끌려갔던 것으로 보인다. 예레미야는 정말 가련한 사람이었다! 그는 마치 고생과 능욕을 당하기 위해 태어난 사람 같아 보인다. 그는 정말 질고를 아는 자, 슬픔을 아는 자였다! 그러나 포로들이 쇠사슬에 묶여서 예루살렘에서 멀지 않은 라마에 도착하였을 때에 거기에서 포로들에 대한 재판이 열렸고, 예레미야는 금방 다른 사람들과 구별이 되어서 군법회의의 특별 명령에 의해 풀려나게 되었다.

1. 사령관은 예레미야가 참 선지자라는 것을 공식적으로 인정한다(2-3절). "네 하나님 여호와, 곧 너를 사자로 보내서서 그의 이름으로 말씀을 전하게 하신 여호와께서 너를 통해 이 곳에 이 재난을 선포하셨다. 그들은 그런 경고를 받

았지만, 그 경고를 받아들이려 하지 않았기 때문에, 여호와께서 네 입을 통해 그가 말씀하신 대로 내 손을 빌려 행하셨다.” 그는 이런 식으로 그가 행한 일을 정당화하고, 그가 하나님의 도구가 되어서 하나님이 그의 사자인 예레미야를 통해 미리 말씀하신 일을 성취하였다는 것을 자랑한 것으로 보인다. 사실 그런 이유 때문에 이 일은 그가 이제까지 해온 일 중에서 가장 영광스러운 일이었다. 그는 지금 쇠사슬에 묶여 자기 앞에 서 있던 모든 백성들에게 너희가 여호와께 범죄하고 그의 목소리에 순종하지 아니하였으므로 이제 이 일이 너희에게 임한 것이니라고 말하였다. 비록 이것은 태양 광선으로 기록해 놓은 것처럼 너무도 분명한 것이었지만, 이스라엘의 고관들은 결코 이런 사실을 인정하고자 하지 않았을 것이다. 그러나 이 이방의 고관은 예전에 하나님으로부터 그토록 큰 복과 은총을 받아 왔던 한 백성이 그 하나님의 진노를 불러올 죄를 짓지 않았다면 하나님이 이렇게 그들을 버리셨을 리가 없다는 것을 너무도 분명하게 알고 있었다. 이스라엘 백성은 그들의 선지자들로부터 강단에서 이런 말씀을 자주 들어 왔었지만, 거기에 귀를 기울이고자 하지 않았었다. 이제 그들은 쇠사슬에 묶인 채로 그들이 감히 반박할 엄두도 낼 수 없고 그들로 하여금 강제로 자신의 말을 주목하게 할 수 있는 정복자에게서 그런 말을 듣고 있다. 사람들은 그들의 죄가 그들이 겪는 모든 비참한 일들의 원인이라는 사실을 조만간에 알게 되리라는 것을 명심하라.

2. 사령관은 예레미야를 풀어주면서 그가 좋을 대로 그의 거취를 스스로 정하라고 말한다. 그는 두 번째로 예레미야의 **사슬을 풀어 주면서(4절), 포로가 아니라 친구로서 자기와 함께 바벨론으로 가자고 초청하였다. “내가 너를 선대할 뿐만 아니라, 너를 예로 대하고 후원하며, 네가 안전하고 모든 것이 부족함이 없도록 돌봐줄 것이다.” 예레미야는 바벨론으로 가고 싶은 마음이 없다면 자기 나라 땅에서 자기가 살고자 하는 곳에서 살 수 있도록 허락을 받았다. 왜냐하면, 이제 이 땅은 모두 정복자들의 손에 들어갔기 때문이다. 그는 이제 얼마든지 아나돗으로 가서, 그가 거기에 사눈 밭을 갈며 살 수도 있었다. 이 선한 자에게 얼마나 큰 변화가 일어났는가! 바로 조금 전까지만 해도 이 감옥에서 저 감옥으로 옮겨다녀야 했던 그가 지금은 이 곳에서 저 곳으로 자유롭게 옮겨다닐 수 있게 된 것이다.

3. 사령관은 그다랴에게 가서 거기에 머물라고 예레미야에게 권유하였다.

바벨론의 왕이 유다 성읍들을 맡도록 세운 이 그다랴는 정직한 유대인으로서 일찌감치 그의 친구들과 함께 갈대아인들에게 투항하였다가 이제 이러한 큰 소임을 맡게 되었다(5절). 예레미야가 아직 돌이키기 전에 자기가 어떻게 해야 하나를 생각하며 서 있을 때에 느부사라단은 그가 바벨론으로 갈 마음도 없고 그렇다고 해서 갈 곳을 딱히 정하지도 못한 상태인 것을 알아차리고서, 그를 바벨론으로 데려가고자 했던 마음을 바꾸어서 그에게 그다랴에게 가라고 조언해 주었다. 갑자기 생각난 것들이 때로는 지혜로운 생각인 경우가 있다. 그러나 그는 그렇게 권유하긴 했지만 예레미야에게 그것을 강요할 마음도 없었고, 그 권유를 따르지 않는다고 해서 나쁘게 생각할 마음도 없었다. 네가 옳게 여기는 곳으로 가라. 이런 경우에 조언이나 권유를 해주는 것은 좋은 일이지만, 어떻게 하라고 강요하거나 조언을 받아들이지 않는다고 화를 내는 것은 좋지 않은 일이다. 예레미야가 어떤 식으로 정해서 행하든, 느부사라단은 기꺼이 그 결정에 동의할 것이고, 그가 최선의 것을 선택했다고 믿을 것이었다. 느부사라단은 예레미야에게 자유를 주었을 뿐만 아니라 그가 어떤 길을 선택하더라도 그것을 인정하겠다는 믿음을 주었고, 게다가 그에게 필요한 양식까지도 주었다. 느부사라단은 그에게 양식과 선물(옷이나 돈)을 주어 보냈다. 갈대아인의 군대의 사령관이 예레미야에게 얼마나 사려 깊게 호의를 베풀었는지를 보라. 느부사라단은 예레미야에게 자유를 주었지만, 이 땅은 지금 황폐화되어 있어서, 비록 이 땅이 자기 나라 땅이라고 해도, 이렇게 생필품들을 잘 챙겨주지 않았다면, 그는 죽었을지도 모르는 일이었다. 예레미야는 그의 호의를 받아들였을 뿐만 아니라 그의 권유도 받아들여서 미스바에 있던 그다랴에게 가서 그와 함께 살았다(6절). 그가 이렇게 한 것이 지혜로운 일이었는지 나는 알지 못한다. 하지만 결국 이 일은 그에게 좋은 일이 되지 않았기 때문에 그가 이렇게 한 것은 칭찬할 만한 일은 아니었다. 하지만 우리는 이스라엘 땅에 대한 그의 경건한 애정을 칭찬할 수 있을 것이다. 그는 에스겔이나 다니엘을 비롯해서 선한 자들처럼 강제로 이스라엘 땅에서 추방당하지 않는 한 이 땅을 떠날 생각이 없었고, 거룩하지 않은 땅에서 고관대작들과 함께 사느니 차라리 거룩한 땅에서 가난한 자들과 함께 사는 쪽을 택하였다.

[7]들에 있는 모든 지휘관과 그 부하들이 바벨론의 왕이 아히감의 아들 그다랴에게

그 땅을 맡기고 남녀와 유아와 바벨론으로 잡혀가지 아니한 빈민을 그에게 위임하였다 함을 듣고 [8]그들 곧 느다냐의 아들 이스마엘과 가레아의 두 아들 요하난과 요나단과 단후멧의 아들 스라야와 느도바 사람 에배의 아들들과 마아가 사람의 아들 여사냐와 그들의 사람들이 미스바로 가서 그다랴에게 이르니 [9]사반의 손자 아히감의 아들 그다랴가 그들과 그들의 사람들에게 맹세하며 이르되 너희는 갈대아 사람을 섬기기를 두려워하지 말고 이 땅에 살면서 바벨론의 왕을 섬기라 그리하면 너희에게 유익하리라 [10]보라 나는 미스바에 살면서 우리에게로 오는 갈대아 사람을 섬기리니 너희는 포도주와 여름 과일과 기름을 모아 그릇에 저장하고 너희가 얻은 성읍들에 살라 하니라 [11]모압과 암몬 자손 중과 에돔과 모든 지방에 있는 유다 사람도 바벨론의 왕이 유다에 사람을 남겨 둔 것과 사반의 손자 아히감의 아들 그다랴를 그들을 위하여 세웠다 함을 듣고 [12]그 모든 유다 사람이 쫓겨났던 각처에서 돌아와 유다 땅 미스바에 사는 그다랴에게 이르러 포도주와 여름 과일을 심히 많이 모으니라 [13]가레아의 아들 요하난과 들에 있던 모든 군 지휘관들이 미스바에 사는 그다랴에게 이르러 [14]그에게 이르되 암몬 자손의 왕 바알리스가 네 생명을 빼앗으려 하여 느다냐의 아들 이스마엘을 보낸 줄 네가 아느냐 하되 아히감의 아들 그다랴가 믿지 아니한지라 [15]가레아의 아들 요하난이 미스바에서 그다랴에게 비밀히 말하여 이르되 청하노니 내가 가서 사람이 모르게 느다냐의 아들 이스마엘을 죽이게 하라 어찌하여 그가 네 생명을 빼앗게 하여 네게 모인 모든 유다 사람을 흩어지게 하며 유다의 남은 자로 멸망을 당하게 하랴 하니라 [16]그러나 아히감의 아들 그다랴가 가레아의 아들 요하난에게 이르되 네가 이 일을 행하지 말 것이니라 네가 이스마엘에 대하여 한 말은 진정이 아니니라 하니라

우리는 이 단락에서 다음과 같은 내용들을 본다.

I. 이 땅에 남아 있게 된 유대인의 남은 자들에게 밝은 하늘이 열리고, 오랜 세월 동안 환난과 두려움으로 괴로움을 당한 후에 어느 정도 평안하고 고요한 삶에 대한 전망이 그들에게 주어짐. 예레미야는 사실 많은 사람들이 포로로 잡혀간 직후에 이 땅에 남게 된 유대인들에게 이러한 좋은 날이 올 것이라는 예언을 한 적이 없었다. 그러나 섭리는 사람들에게 그러한 기대를 불러일으키는 듯이 보였고, 그것은 이 비참한 사람들에게 죽었다가 다시 살아난 것과 같은 기분이었을 것이다. 자세한 내용을 살펴보자.

1. 바벨론의 왕은 이 땅에 남게 된 유대인들 중의 한 명이었던 그다랴에게 이 땅을 맡겼다(7절). 느부갓네살은 그에게 그들을 평안하게 하고자 하는 의도가 있다는 것을 보여주기 위해서 바벨론의 고관들 중의 한 사람에게 이 땅의 통치를 맡기지 않고, 유대인들의 평안을 위하여 일할 것이라고 사람들이 생각할 수 있는 그들의 형제들 중의 한 사람에게 이 일을 맡겼다. 그다랴는 유다의 고관들 중의 한 사람이었던 사반의 손자 아히감의 아들이었다. 그의 아버지는 예레미야가 위험에 처해 있을 때에 그의 편을 들어 주어서 그가 백성들로부터 해악을 당하지 않도록 해준 적이 있었다(렘 26:24). 그다랴는 지혜가 많고 온유한 성품을 지닌 인물이었던 것으로 보이고, 그의 통치 아래에서 이 땅에 남겨졌던 몇 안 되는 백성들은 아주 행복했을 것이다. 바벨론의 왕은 그에게 호의적이었고 그를 신뢰하여, 이 땅에 남겨진 모든 자들을 그에게 위임하였다.

2. 이 땅의 방방곡곡에서 많은 사람들이 그에게 와서 의지하였고, 이웃 나라들로 흩어져 살고 있던 모든 유대인들도 그의 통치와 보호 아래로 들어왔다.

(1) 갈대아인들을 피해 살아 남았던 큰 자들은 그들의 안전과 전체적인 평안을 위해서 마지못해 그다랴에게 와서 묵묵히 복종하였다. 그런 자들 중 일부의 이름이 여기에 나온다(8절). 그들은 그들의 사람들, 즉 그들의 노비들이나 군사들과 함께 와서 서로에게 힘을 보태었다. 바벨론의 왕은 그의 대리자인 그다랴를 좋게 보았기 때문에, 그들의 수가 늘어나는 것을 전혀 못마땅해하지 않고 도리어 기뻐하였다.

(2) 모압, 암몬, 에돔 같은 이웃 나라들로 피신하였던 가난한 자들은 그다랴가 다스리고 있다는 소식을 듣자마자 애국심에 이끌려서 다시 이 땅으로 돌아왔다(11-12절). 가나안 땅은 거기에 정부나 다스리는 자가 없다면 별로 안전하지도 않고 살기도 좋지 않은 땅이었기 때문에, 애국심이 있는 자들도 그 소식을 듣지 않았다면 이 땅에 다시 돌아오고자 하지 않았을 것이다. 그들의 땅에서 여기저기 흩어져 있던 자들에게는 이렇게 다시 모인다는 것 자체가 큰 힘이 되었을 것이고, 이웃 나라들로 흩어져 있던 자들에게는 이렇게 그들의 땅에서 함께 모여 산다는 것이 큰 힘이 되었을 것이며, 이방의 왕들 밑에서 살던 자들에게는 그들과 같은 동족의 통치자 밑에서 산다는 것이 큰 힘이 되었을 것이다. 하나님은 진노 가운데서도 긍휼을 기억하셨지만, 그들 중의 일부에 대해서는 진정으로 순종하는지를 추가적으로 시험하신 후에 그 긍휼을 허락하셨다.

3. 이 새로운 정부의 모델은 그다랴가 엄숙한 맹세로써 확인해 준 원래의 계약에 의해서 확정되어 있었다(9절). 그다랴가 그들과 그들의 사람들에게 맹세하였는데, 이것은 아마도 그가 그에게 이러한 약속을 할 수 있는 권한을 준 바벨론의 왕에게서 받은 보장과 지시들에 따른 것이었을 것이다.

(1) 그들은 그들의 땅에 대한 소유권이 갈대아인들의 손에 있다는 것을 인정해야 한다. 그다랴는 이렇게 말한다. "너희는 갈대아 사람을 섬기기를 두려워하지 말라. 갈대아인을 섬기는 그런 죄를 두려워하지 말라." 하나님의 율법은 그들에게 이방인들과 동맹을 맺는 것을 금지하였었지만, 하나님의 심판은 그들이 바벨론의 왕에게 굴종할 수밖에 없게 만들었다. "갈대아인을 섬기는 굴욕과 그것으로 인해서 너희 나라가 망신을 당할 것을 두려워하지 말라. 그것이 하나님께서 너희에게 가져다 주신 것이고 너희에게 정해 주신 것이다. 하나님의 뜻을 따르는 것은 그 누구에게도 수치가 아니다. 마치 그렇게 하면 너희와 너희의 사람들이 반드시 비참하게 되기라도 할 것처럼 생각하여 그 결과를 두려워하지 말라. 아니다, 너희는 바벨론의 왕이 너희가 생각하는 것만큼 그렇게 가혹한 지주(地主)가 아니라는 것을 알게 될 것이다. 너희가 평화롭게 살고자 하기만 한다면, 너희는 평화롭게 살 수 있게 될 것이다. 정부를 뒤흔들려고 하지 말라. 그러면 정부도 너희를 뒤흔들지 않을 것이다. 바벨론의 왕을 섬기라 그리하면 너희에게 유익하리라." 만약 그들이 개인적으로 충성을 맹세하는 데에 어려움이 있다거나 갈대아인들이 그들 가운데 왔을 때에 위험을 느낀다면, 그다랴는 바벨론의 왕의 명령을 따라서 모든 경우에 어떻게 해서든지 그들을 보호할 것이고, 그들의 청원이 바벨론의 왕에게 받아들여질 수 있도록 할 것이다(10절). "보라 나는 미스바에 살면서 유대인 전체의 이름으로 충성을 맹세하고 갈대아 사람을 섬기며 그들의 지시를 받고 우리에게로 오는 갈대아인들에게 조공을 바칠 것이다." 그들과 갈대아인들 사이에 오고가는 모든 것들은 그의 손을 거치게 될 것이다. 갈대아인들이 그를 신뢰한다면, 분명히 그의 동족들도 한번 그를 신뢰해 보고자 할 것이다. 그다랴는 그가 그들을 보호하는 일에 자기 역할을 다하겠다는 것에 대해서는 그들에게 기꺼이 맹세로써 확약하였지만, 그들이 그에게 충성을 다하겠다는 것에 대해서는 그들을 배려하는 차원에서 맹세를 요구하지 않았는데(많은 선한 자들이 이런 잘못을 범한다), 만약 맹세를 요구했더라면, 이후에 일어날 불행한 일은 미연에 방지되었을 것이다. 하

지만 비록 맹세는 하지 않았다고 하더라도, 한 쪽이 보호를 해주면 다른 쪽은 신하의 의무를 다해야 하는 법이었기 때문에, 그다랴에게 합류한 이상 그들은 사실상 바벨론의 왕을 섬겨야 한다는 정부 쪽의 조건에 동의한 것이 되었다.

(2) 그들은 그들의 땅에 대한 소유권이 갈대아인들에게 있다는 것을 인정해야 하지만, 어쨌든 그런 조건 위에서 그들의 땅을 자유롭게 이용하고 거기에서 생기는 모든 이익들을 향유하게 될 것이다(10절). "너희는 포도주와 여름 과일을 모아 그것들을 너희를 위해 쓰라. 또한, 너희는 평화로운 땅에 살면서 자기 손으로 수고한 것을 먹을 것이라는 소망이 있는 자들로서 겨울에 쓸 것들을 모아 두기 위해 너희의 그릇에 저장하라. 아니, 너희는 그들이 뿌린 것을 거둘 것이기 때문에 다른 사람들의 손으로 수고한 것을 먹게 될 것이다." 또는, 그것들은 아무도 수고하지 않았는데 저 비옥한 땅에서 저절로 난 것들이었을 수도 있다. 우리는 나중에 그들이 땅 위에 그대로 널려 있던 포도주와 여름 과일을 심히 많이 모았다는 말을 듣게 된다(12절). 왜냐하면, 그들의 곡식 수확기가 예루살렘이 함락되기 얼마 전에 지나갔기 때문이다. 그다랴는 백성들이 안전하게 잘 살도록 배려하느라 그 땅에서 거둔 풍성한 수확들로 인한 유익을 백성들로 하여금 누리게 하였고, 본문에 나타나 있는 것만 보자면, 그들에게 그 어떤 세금도 요구하지 않았다. 왜냐하면, 그는 자신의 사리사욕이 아니라 백성들의 이익을 추구하였기 때문이다.

II. 이 신생 국가 주변에 먹구름이 몰려오고 있었고, 거센 폭풍우가 몰아칠 위험이 생겨났다. 이러한 희망적인 전망이 어떻게 그렇게 졸지에 날라가 버릴 수 있단 말인가! 왜냐하면, 하나님은 심판을 시작하셨을 때에는 반드시 그 끝을 보고자 하시기 때문이다. 우리는 여기에서 다음과 같은 것들을 알 수 있다.

1. 암몬 자손의 왕 바알리스가 그다랴에게 특별한 앙심을 품고서 그를 제거하고자 하고 있었다는 것. 그다랴에 대한 바알리스의 이러한 앙심은 유대 민족에 대한 악의에서 나온 것이거나(그는 유다 나라가 잘 되는 꼴을 그냥 두고 보지를 못하였다), 그다랴에 대한 개인적인 악감정에서 나온 것이었을 것이다(14절). 어떤 이들은 바알리스는 암몬 자손의 왕의 모후 또는 황태후를 의미하고, 그녀가 바로 이 피비린내 나는 반역 음모의 주모자였을 것이라고 생각한다. 우리는 바벨론의 막강한 왕이 남은 유대인들을 보호하고 있다면 이 적은 수의 남

은 자들이 안전할 것이라고 생각하는 것이 당연하다. 그렇지만 이 소수의 남은 자들은 이 작은 나라의 왕 또는 황태후의 음모에 의해서 멸망을 당하고 만다. 지혜 있는 자들로 하여금 자기 꾀에 빠지게 하실 수 있으신 만왕의 왕을 자기 편으로 두고 있는 자들은 복이 있다. 왜냐하면, 이 세상에서 아무리 힘 있는 왕도 그의 모든 힘을 동원하더라도 우리를 속임수와 음모에서 안전하게 지켜줄 수 없기 때문이다.

2. 바알리스가 느다냐의 아들 이스마엘을 그의 악의를 실행해줄 도구로 고용하였다는 것. 그는 이스마엘에게 그다랴를 죽이라고 부추기면서, 그럴 좋은 기회를 얻기 위해서 그다랴에게 가서 그의 신민(臣民)이 되겠다고 충성 맹세를 하라고 지시하였다. 이 음모는 너무나 야만적인 것이었고, 그 음모를 실행하는 방법도 더할 나위 없이 비열한 것이었다. 이러한 가증스러운 악행을 생각해 낼 수 있다는 것만 보아도, 우리는 인간의 본성이 얼마나 지독하게 타락하고 부패하였는지를 알게 된다(가장 좋은 혈통을 지닌 자로 자처하는 자들 속에서조차도). 이스마엘은 왕족이었기 때문에, 비록 다윗의 정신을 많이 계승하고 있다고 하더라도 다윗의 혈통이 아닌 그다랴가 유다를 다스리는 자가 되었다는 사실에 대하여 쉽게 분노와 증오와 시기심을 느꼈을 것이다.

3. 민첩하고 활동적인 인물이었던 요하난이 이 음모의 낌새를 눈치 채고서 이 사실을 그다랴에게 알렸다는 것. 그는 이 음모의 증거가 너무도 명백하기 때문에 그다랴도 당연히 알고 있을 것이라고 생각해서 이렇게 묻는다. 네가 아느냐(14절). 분명히 너는 알고 있다. 그는 그다랴가 이 사실을 좀 더 분명하게 인식할 수 있도록 하기 위해서 자기가 은밀하게 얻은 정보를 그에게 주고나서(15절), 자기가 직접 이스마엘을 제거하여 이 음모를 사전에 막아보겠다고 제안하였다. 사실, 이스마엘이라는 이름은 이삭의 모든 자손들에게 아주 불길한 이름이었다. 내가 가서 그를 죽이게 하라 어찌하여 그가 네 생명을 빼앗게 하려 하느냐? 그는 여기에서 정의에 대한 의식보다는 용기와 열심을 더 드러내 보였다. 범죄를 예방하기 위해서 사람을 죽이는 것이 정당하다면, 악의는 언제나 최악의 경우를 상정(想定)하고 의심하는 법이기 때문에, 누가 안전할 수 있겠는가?

4. 그다랴는 자신이 정직한 사람이었기 때문에 이스마엘의 반역에 대한 정보를 결코 신뢰하고자 하지 않았다는 것. 그는 네가 이스마엘에 대하여 한 말은

진정이 아니니라고 말하였다. 그는 여기에서 분별력보다는 선한 성품을, 뱀의 지혜보다는 비둘기의 순결함을 더 드러내 보였다. 고관들은 시기를 하게 되면 그들 자신과 주변의 모든 사람들을 불안하게 만드는 존재가 된다. 엘리자베스 여왕은 어머니가 자기 자녀가 악하다고 믿지 않는 것처럼 자기는 이 나라의 백성이 악하다는 것을 믿지 않는다고 말하였다. 그렇지만 많은 사람들이 주변 사람들의 정직성과 충직성을 지나치게 과신하다가 멸망을 당하였다.

제
— 41 —
장

개요

이 장에 나오는 것은 매우 비극적인 이야기로서 재앙이 죄인들을 따라다닌다는 것을 보여준다. 앞 장이 먹구름이 모여드는 장면이었다면, 이 장에서는 마침내 세찬 폭풍우가 몰아치는 장면이 펼쳐진다. 포로로 끌려가는 것을 피한 소수의 유대인들은 이렇게 살아남은 그들에게 멸망이 갑자기 닥쳐올 줄은 꿈에도 생각하지 않고서, 도리어 그들의 형제들이 어디로 가는지도 모른 채 끌려가고 있을 때에 그들은 여전히 그들의 땅에 남아 있게 된 것을 자랑스럽게 여기고 있었고, 그들이 거두어 들인 포도주와 여름 과일을 기뻐하고 있었으며, 그다랴의 보호 아래에서 아주 안일해져 있었다. I. 그다랴가 이스마엘에 의해서 야만적으로 살해된다(1-2절). II. 그다랴와 함께 있던 모든 유대인들도 함께 죽임을 당하였고(3절), 구덩이는 그들의 시체로 가득 찼다(9절). III. 예루살렘을 향하여 가고 있던 팔십 명의 경건한 사람들도 이스마엘에 의해 유인되어서 살해되었고(4-7절), 그 중에서 열 명만이 위기를 모면하였다(8절). IV. 칼을 피한 자들은 이스마엘에게 붙잡혀서 암몬 자손의 땅을 향해 끌려갔다(10절). V. 요하난의 행동과 용기로 인해서, 비록 죽은 자들의 원수를 갚지는 못하였지만 이스마엘에게 잡혀서 끌려가던 자들이 구출되고, 이제 그는 그들의 총대장이 된다(11-16절). VI. 그의 계획은 그들을 애굽 땅으로 데리고 가는 것이었는데(17-18절), 이 이야기는 다음 장에서 계속된다.

¹일곱째 달에 왕의 종친 엘리사마의 손자요 느다냐의 아들로서 왕의 장관인 이스마엘이 열 사람과 함께 미스바로 가서 아히감의 아들 그다랴에게 이르러 미스바에서 함께 떡을 먹다가 ²느다냐의 아들 이스마엘과 그와 함께 있던 열 사람이 일어나서 바벨론의 왕의 그 땅을 위임했던 사반의 손자 아히감의 아들 그다랴를 칼로 쳐죽였고 ³이스마엘이 또 미스바에서 그다랴와 함께 있던 모든 유다 사람과 거기에 있는 갈대아 군사를 죽였더라 ⁴그가 그다랴를 죽인 지 이틀이 되었어도 이를 아는 사람이 없었더라 ⁵그 때에 사람 팔십 명이 자기들의 수염을 깎고 옷을 찢고 몸에 상처를 내고 손에 소제물과 유향을 가지고 세겜과 실로와 사마리아로부터 와서 여호와

의 성전으로 나아가려 한지라 ⁶느다냐의 아들 이스마엘이 그들을 영접하러 미스바에서 나와 울면서 가다가 그들을 만나 아히감의 아들 그다랴에게로 가자 하더라 ⁷그들이 성읍 중앙에 이를 때에 느다냐의 아들 이스마엘이 자기와 함께 있던 사람들과 더불어 그들을 죽여 구덩이 가운데에 던지니라 ⁸그 중의 열 사람은 이스마엘에게 이르기를 우리가 밀과 보리와 기름과 꿀을 밭에 감추었으니 우리를 죽이지 말라 하니 그가 그치고 그들을 그의 형제와 마찬가지로 죽이지 아니하였더라 ⁹이스마엘이 그다랴에게 속한 사람들을 죽이고 그 시체를 던진 구덩이는 아사 왕이 이스라엘의 바아사 왕을 두려워하여 팠던 것이라 느다냐의 아들 이스마엘이 그가 쳐 죽인 사람들의 시체를 거기에 채우고 ¹⁰미스바에 남아 있는 왕의 딸들과 모든 백성 곧 사령관 느부사라단이 아히감의 아들 그다랴에게 위임하였던 바 미스바에 남아 있는 모든 백성을 이스마엘이 사로잡되 곧 느다냐의 아들 이스마엘이 그들을 사로잡고 암몬 자손에게로 가려고 떠나니라

여기에서 저질러지고 있는 그런 악행을 하나님이 허락하시는 것이 더 놀라운 일인지, 아니면 사람들이 그런 악행을 저지르는 것이 더 놀라운 일인지는 말하기 어렵다. 그러한 비열하고 야만적이며 피비린내 나는 일이 여기에서, 혈통으로 말하면 명예를 소중히 여기는 자들이 되었어야 하고 신앙으로 말하면 의로운 자들이 되었어야 하는 사람들에 의해서 그들과 같은 성정(性情)을 지닌 자들, 그들의 동족, 그들의 신앙에 속한 자들, 지금 환난 가운데 처해 있는 그들의 형제들에게 자행된다. 그들과 그들의 형제들이 모두 승승장구하는 갈대아인들의 권세 아래 종속되어 있었고, 하나님의 심판 아래에서 벌을 받고 있는 상황 속에서, 그들은 아무런 도발도 없었고 아무런 이익도 없을 것인데도 냉혹하게만이 아니라 치밀한 계획 아래에서 교묘한 수법으로 이 모든 일을 자행한다. 우리는 성경의 그 어디에서도 이와 같이 신의를 저버리고 잔혹한 짓을 저지른 예를 찾아보기 힘들다. 그래서 요한이 여자가 성도들의 피에 취한 것을 보고 크게 놀랍게 여겼던 것처럼, 우리도 그렇게 크게 놀라며 이상히 여기는 것이 당연한지도 모른다. 그러나 하나님은 이 일을 허용하셔서, 스스로 낮아지지 않은 백성의 멸망을 완성하셨고, 죄악의 분량을 다 채운 그들에 대한 심판의 분량을 다 채우셨다. 우리는 이 일을 보고서, 사람들의 악성(惡性)에 대한 의로운 분노와 하나님의 의(義)에 대한 경외심을 갖지 않으면 안 된다.

I. 이스마엘과 그의 일당은 먼저 속임수를 써서 그다랴를 죽였다. 바벨론의 왕이 그를 큰 자로 만들어서 자기가 정복한 이 땅을 맡겼고, 하나님께서 그를 선한 자와 이 땅의 축복으로 만들어서 그가 이 땅을 다스리는 것이 죽은 자 가운데서 살아돌아온 것 같은 것이었음에도 불구하고, 그 어느 쪽도 그를 안전하게 지켜줄 수 없었다. 이스마엘은 왕의 종친이었기 때문에(1절) 그다랴의 출세를 시기하였고, 그다랴가 바벨론의 왕 아래에서 총독직을 맡고 있는 것에 격분하였다. 그와 마찬가지로 기분이 상하여 증오심을 지니고 있던 열 사람의 왕의 장관들도 그와 함께하였다. 이 사람들은 전에 그들의 몸을 의탁하려고 그다랴에게 갔던 적이 있었는데(렘 40:8), 지금 그를 다시 찾게 된 것이었다. 그들은 미스바에서 함께 떡을 먹었다. 그다랴는 요하난으로부터 이스마엘에 대한 정보를 들었음에도 불구하고 이 일행들에 대하여 경계심을 갖지 않고 도리어 반갑게 맞이하여 후하게 대접을 하였다. 그들은 그다랴에게 우호적인 체하여서, 그다랴로 하여금 그들을 경계하지 않도록 하였다. 그다랴는 그들을 진심으로 따뜻하게 대하였고 최선을 다해서 예를 갖추어 대접하였다. 그러나 그와 함께 떡을 먹은 자들이 그에게 발꿈치를 들었다. 그들은 그에게 시비를 건 것이 아니라, 기회를 보고 있다가 그들과 그다랴만이 있게 되었을 때에 그를 암살하였다(2절).

II. 그들은 유대인이든 갈대아인이든 거기에 있던 모든 무장한 자들, 곧 그다랴 밑에서 일하거나 그의 죽음에 대하여 복수할 가능성이 있는 모든 자들을 죽였다(3절). 마치 갈대아인들에 의해서 흘려진 이스라엘 사람들의 피가 아직 충분하지 않다는 듯이, 여기에서 이스라엘의 고관들이 자기 동족의 피를 갈대아인들의 피에 섞은 것이다. 포도원에서 일하는 자들과 농부들은 들에서 일하느라 바빠서, 이 피비린내 나는 학살극에 대해서 전혀 모르고 있었다. 이 일은 그만큼 치밀하고 교묘하게 진행되고 은폐되었다.

III. 예루살렘이 황폐화된 것을 애곡하기 위해서 눈물을 흘리며 거기로 가고 있던 몇몇 선하고 정직한 자들도 이스마엘에게 유인되어서 나머지 사람들과 함께 살해되었다. 좀 더 살펴보자.

1. 그들은 어디에서 왔는가(5절). 그들은 이전에 유명했던 곳이지만 지금은 몰락한 세겜과 실로와 사마리아로부터 온 사람들이었다. 그들은 열 지파에 속해 있었지만, 그들이 살던 지방들에는 이스라엘의 하나님의 예배에 대한 애정을

여전히 지니고 있던 자들이 일부 있었다.

2. 그들은 어디로 가고 있었는가. 그들은 예루살렘에 있는 성전, 즉 여호와의 성전으로 가고 있었다. 틀림없이 그들은 예루살렘 성전이 파괴되었다는 소식을 듣고서, 그들의 두 눈으로 그 잿더미가 된 모습을 직접 보고 예를 표하고 폐허가 되어 버린 성전을 애곡하기 위해서 거기로 가고 있었을 것이다. 그들은 시온의 티끌에도 은혜를 받는 그런 자들이었다(시 102:14). 그들은 거기에서 비록 흙으로 된 제단이나마 발견할 수 있고 제사를 집례할 제사장이 있다면 예물로 드려야 할 것이 있어야 할 것 같아서 그들의 손에 소제물과 유향을 가지고 길을 가고 있었다. 거기에 제단도 없고 제사장도 없다고 할지라도, 그들은 아브라함처럼 처음으로 제단을 쌓은 곳으로 가서 그들의 마음과 정성을 보일 작정이었다. 하나님의 백성은 즐거워하며 여호와의 성전으로 가곤 하였는데, 이들은 자기들의 수염을 깎고 옷을 찢은 채 애곡하는 자의 모습으로 성전을 향하여 가고 있었다. 왜냐하면, 지난 몇 달 동안에 사정은 완전히 변해서 하나님의 섭리는 신실한 예배자들에게 울며 애곡하라고 큰 소리로 부르고 있었기 때문이었다.

3. 어떻게 그들은 이스마엘의 악의에 의해서 치명적인 덫에 걸려들게 되었는가. 그들이 다가온다는 보고를 접한 이스마엘은 피에 굶주려 있었기 때문에 그들도 죽이기로 결심하였다. 그는 마치 이스라엘 사람의 이름을 지니고 있거나 정직한 자의 얼굴을 한 자에 대해서는 그가 누구가 되었든 적개심을 품고 있는 듯이 보였다. 이스마엘은 이 순례자들이 예루살렘으로 가고 있었기 때문에 그들에 대하여 적개심을 품었다. 이스마엘은 자기도 그들처럼 예루살렘이 황폐화된 것을 애곡하는 것처럼 위장해서 악어의 눈물로 그들을 나가서 맞았다. 그는 그들이 그다랴와 그의 정부에 대하여 어느 정도나 애정을 지니고 있는지를 시험하기 위해서 그들을 성읍으로 데려갔고, 그들이 그다랴를 위하여 예를 표하자 그들을 죽이기로 한 그의 결심을 굳혔다. 그는 그들을 죽여서 그다랴의 시신이 있는 구덩이에 던져 넣을 계획이었으면서도 마치 그들을 그다랴에게 데리고 가서 함께 살게 하겠다는 듯이 그다랴에게로 가자고 말하였다(6절). 그들은 그다랴의 인물 됨됨이 대하여 들은 바가 있었기 때문에 기꺼이 그를 직접 보러 가고자 하였다. 그러나 이스마엘은 성읍 중앙에 이르렀을 때에 그들을 덮쳐서 죽였고(7절), 또한 틀림없이 그들이 지니고 있던 예물들을 빼앗아 자신이 사용하였을 것이다. 왜냐하면, 사람들을 죽이는 데에 아무런 거리낌이

없었던 그가 하나님의 물건을 탈취하는 데에 거리낌이 있을 리가 없었을 것이기 때문이다. 본문에서는 그가 이 순례자들의 시체와 그 밖에 그가 죽인 다른 사람들의 시체를 어떻게 처리하였는지에 대하여 말해 주고 있다. 그는 그들을 모두 큰 구덩이에 던졌는데(7절), 그 구덩이는 유다의 왕 아사가 오래 전에 이스라엘의 바아사 왕을 두려워하여(9절) 미스바를 요새화할 때에 성 안이나 근처에 전초기지로 사용하기 위해 팠던 그 구덩이였다(왕상 15:22). 선한 의도로 구덩이를 파는 자들은 그 구덩이가 언젠가 어떤 악한 용도로 사용될지를 알지 못한다는 것을 명심하라. 이스마엘은 너무도 많은 사람들을 죽였기 때문에 무덤을 하나씩 만들어 줄 수 없었거나, 그가 죽인 자들은 정중하게 장례를 치러 줄 필요가 없는 자들이라고 여겨서, 모두 하나의 구덩이에 던져넣어 서로 뒤섞이게 만들어 놓았다. 마지막으로 그의 손에 도륙될 운명에 처해 있었던 팔십 명의 순례자들 가운데서 열 사람은 그의 연민이 아니라 탐욕을 이용해서 겨우 목숨을 건질 수 있었다(8절). 그들은 이스마엘이 만족할 줄 모르는 말거머리처럼 그들의 피를 빨려고 할 찰나에 그에게 우리가 밀과 보리와 기름과 꿀을 밭에 감추었으니 우리를 죽이지 말라고 말하였다. 이것은 그들이 곡물들을 대규모로 저장해 둔 곳을 알고 있고 그 곳을 이스마엘에게 알려주어 모두 갖게 해 줄 테니 그들의 목숨을 살려 달라는 말이었다. 가죽으로 가죽을 바꾸오니 사람이 그의 모든 소유물로 자기의 생명을 바꾸올지라(욥 2:4). 이러한 미끼가 통하였다. 이스마엘은 그들의 목숨을 살려주었는데, 이것은 긍휼을 사랑해서가 아니라 돈을 사랑해서였다. 여기에서 우리는 모아 놓은 재물이 주인에게 해가 되고(전 5:13) 주인의 목숨을 잃게(욥 31:39) 한 것이 아니라 주인에게 득이 되고 주인의 목숨을 살리게 된 것을 보게 된다. 솔로몬은 종종 사람의 재물이 자기 생명의 속전일 수 있다(잠 13:8)고 말한다. 그러나 이렇게 뇌물을 바쳐서 죽음을 막을 수 있다고 생각하는 자들은 그 죽음이 하나님의 명령으로 올 때에는 우리가 보화를 밭에 감추어 두었으니 우리를 죽이지 말라고 해도 죽음이 가차없이 그들에게 임해서 그들이 허탈하게 속게 된 것을 알게 될 것이다.

IV. 이스마엘은 사람들을 포로로 잡아서 끌고 갔다. 왕의 딸들(갈대아인들은 왕의 아들들을 붙잡아 두고 있었기 때문에 딸들에게는 신경을 쓰지 않았다)과 그다랴에게 맡겨졌던 이 땅의 가난한 자들, 포도원을 돌보는 자들과 농부들은 모두 암몬 자손의 나라로 끌려가고 있었는데(10절), 이스마엘은 그를 사주한 암몬의 왕에게 이 야만적인 승리의 전리품으로 그들을 바칠 심산이었던 것 같다. 이 슬픈 이야기는 우리에게 이 세상에서 결코 방심해서는 안 된다고 경고하고 있다. 최악의 순간이 지나갔다고 우리가 생각하는 때에 아직도 상당히 나쁜 일이 남아 있을 수 있다. 하나의 환난이 끝났을 때에 우리는 모든 환난이 끝났다고 멋대로 생각할 수 있지만, 이제부터 또 하나의 더 큰 환난이 시작되고 있을 수 있다. 암몬 자손의 땅으로 끌려가고 있는 이 사람들은 조금 전까지만 해도 진실로 사망과 포로 생활이 지났도다라고 생각하였을 것이다. 그렇지만 그들 중 일부는 칼에 죽었고, 일부는 포로로 끌려가고 있었다. 우리가 안전하다고 생각하여 마음을 놓기 시작할 때, 멸망이 우리가 예상하지 않은 방식으로 올 수 있다. 많은 배들이 항구에서 좌초되어 침몰하는 법이다. 우리는 천국의 이 편에 사는 동안에는 평안을 결코 확신할 수 없다.

[11]가레아의 아들 요하난과 그와 함께 있는 모든 군 지휘관이 느다냐의 아들 이스마엘이 행한 모든 악을 듣고 [12]모든 사람을 데리고 느다냐의 아들 이스마엘과 싸우러 가다가 기브온 큰 물 가에서 그를 만나매 [13]이스마엘과 함께 있던 모든 백성이 가레아의 아들 요하난과 그와 함께 있던 모든 군 지휘관을 보고 기뻐한지라 [14]이에 미스바에서 이스마엘이 사로잡은 그 모든 백성이 돌이켜 가레아의 아들 요하난에게로 돌아가니 [15]느다냐의 아들 이스마엘이 여덟 사람과 함께 요하난을 피하여 암몬 자손에게로 가니라 [16]가레아의 아들 요하난과 그와 함께 있던 모든 군 지휘관이 느다냐의 아들 이스마엘이 아히감의 아들 그다랴를 죽이고 미스바에서 잡아간 모든 남은 백성 곧 군사와 여자와 유아와 베시를 기브온에서 빼앗아 가지고 돌아와서 [17]애굽으로 가려고 떠나 베들레헴 근처에 있는 게롯김함에 머물렀으니 [18]이는 느다냐의 아들 이스마엘이 바벨론의 왕이 그 땅을 위임한 아히감의 아들 그다랴를 죽였으므로 그들이 갈대아 사람을 두려워함이었더라

요하난이 그다랴에게 이스마엘의 역모에 대하여 알려주었을 때에 비록 이스마엘을 죽여서 역모를 막겠다는 자신의 뜻이 받아들여지지 않았더라도 그대로 그다랴 곁에 머물러 있었다면 좋았을 것이다. 왜냐하면, 그렇게만 되었더라면 요하난과 그의 군 지휘관들과 그들의 군대는 그다랴의 호위병으로서 이스마엘에게 큰 두려움이 되어서, 이렇게 무수한 사람들의 피를 뿌린 재앙을

막을 수 있었을 것이기 때문이다. 그러나 그들은 아마도 별로 좋지 않은 어떤 원정을 나갔던 것 같고, 그래서 그들이 가장 선하게 사용될 수 있었던 바로 그곳에 있을 수가 없었던 것으로 보인다. 여기저기를 떠돌아다니기를 좋아하는 자들은 그들을 가장 필요로 하는 곳에 있지 못하는 경우가 너무도 많다. 하지만 결국 그들은 이스마엘이 행한 모든 악을 듣게 되었고(11절), 상황을 역전시키기 위한 조치를 취하기로 하는데, 이 이야기는 이 단락에서 묘사되고 있다.

1. 우리는 요하난이 많은 사람들을 죽인 자들에게 복수를 해주었기를 진심으로 바라지만, 단지 끌려가던 포로들을 구출해 내는 데에만 성공하였다. 그토록 많은 사람들을 죽여 피를 흘리게 만든 자들이 그들 자신의 피를 흘리지 않은 것은 정말 애석한 일이었다. 그들이 복수를 당하지 않고 살아 남은 것은 이상한 일이다. 그렇지만 그렇게 되었다. 요하난은 있는 대로 군사를 다 모아서, 이스마엘이 저지른 살인들의 흔적을 따라서(그는 한동안 그 흔적을 은폐했지만 결국에는 드러나게 되어 있기 때문에, 4절) 그가 어느 길로 갔는지를 추적해서 이스마엘과 싸우러 갔다(12절). 요하난은 이스마엘을 추격해서 기브온 큰 못 가에서 그를 따라잡았다(삼하 2:13). 요하난이 꽤 많은 군대를 이끌고 나타나자, 이스마엘의 마음은 기절할 듯하였고, 큰 죄를 지었다는 것이 양심에 찔려서 감히 정면으로 대항할 엄두를 낼 수가 없었다. 가장 잔인한 자들이 가장 비겁한 자들인 경우가 많다. 포로로 끌려가던 가엾은 백성들은 요하난과 그와 함께 있던 모든 군 지휘관이 그들을 구출하러 온 것을 보고 **기뻐하였다**(13절). 그들은 즉시 방향을 바꾸어서 요하난 진영으로 돌아갔고(14절), 이스마엘은 요하난이 두려워서 그들을 붙잡을 수 없었다. 도움을 받고자 하는 자는 자기 자신을 도와서 최선을 다해야 한다는 것을 명심하라. 이 포로들은 그들을 잡아 끌고 가던 자들이 패할 때까지 기다리지 않았고, 그들의 친구들이 나타나고 그들의 원수들이 이 때문에 사기가 꺾여서 그들이 도망칠 수 있는 기회가 생기자마자 그 기회를 놓치지 않았다. 이스마엘은 요하난에게 끝까지 대항할 생각을 포기하고, **여덟 사람과 함께 그 자리를 피하였다**(15절). 원래 이스마엘의 일당은 열 명이었기 때문에(1절) 그들 중 두 명은 그의 곁을 떠났거나 접전 중에 죽었을 것이다. 그러나 이스마엘은 비록 왕족이었지만 이스라엘 나라와의 모든 관계를 철저히 끊어버린 완전한 변절자로서 암몬 자손의 땅으로 가는 길을 재촉하였고, 우리는 이스마엘에 대하여 더 이상 듣지 못한다.

2. 우리는 요하난이 포로들을 구출한 후에 이 땅에 조용히 머물면서, 그다랴가 그랬던 것처럼 평화롭게 그들을 통치해 주었기를 진심으로 바란다. 그러나 요하난은 그렇게 하지 않았다. 이스마엘이 백성들을 암몬 자손의 땅으로 끌고 가려고 했던 것처럼, 그는 백성들을 애굽 땅으로 이끌고 가고자 하였다. 그는 이스마엘보다 더 나은 방식으로 온전히 정직하게 백성들에 대한 지배권을 얻긴 하였지만, 그 권세를 이스마엘보다 훨씬 낫게 사용하지는 못하였다. 온유하고 차분한 심성을 지니고 있었던 그다랴는 그들에게 큰 축복이었다. 그러나 사납고 침착하지 못한 심성을 지닌 요하난은 비록 그들의 목숨을 구해 주기는 했지만, 그가 그들을 다스리게 된 것은 그들에게 해(害)가 되는 것이었고 그들을 최종적으로 멸망으로 이끄는 계기가 되었다. 이렇게 하나님은 여전히 그들을 거슬러서 행하고 계셨다.

(1) 요하난과 그의 군 지휘관들의 결정은 너무 성급한 것이었다. 그들은 오로지 애굽으로 가려는 마음뿐이었고(17절), 그렇게 하기 위해서 다윗의 성읍인 베들레헴 근처에 있는 게롯김함에 진을 치고 한동안 머물렀다. 아마도 그 곳은 다윗이 바르실래의 아들 김함에게 준 땅이었다가 희년에 다윗 가문에게 반환되긴 하였지만 여전히 김함의 이름을 지니고 있었던 땅이었다. 요하난은 거기에 본부를 차려놓고서 애굽을 향한 그의 여정을 시작하려 하고 있었는데, 요하난이 애굽으로 가려고 한 것이 개인적으로 애굽이라는 나라를 좋아했기 때문이었는지, 아니면 예로부터 유다 나라가 곤경에 처해 있을 때에 애굽인들에게 구원을 요청하는 등 애굽이라는 나라를 신뢰했기 때문이었는지는 확실하지 않다. 군사들 중 일부는 이 진에서 이탈하여 도망친 것으로 보이고, 요하난은 그 나머지 군사들과 이스마엘에게서 빼앗아 온 여자들과 유아들을 데리고 있었다. 이렇게 백성들은 아직 변화를 받지 않았기 때문에 이 그릇에서 저 그릇으로 옮겨졌다. 하나님은 그들을 변화시키시기 위해서 이리저리 돌리고 계신 것이었다.

(2) 요하난 일행이 이런 결정을 내린 이유는 너무나 경박하고 어리석은 것이었다. 그들은 이스마엘이 그다랴를 죽였기 때문에 갈대아 사람들이 와서 어떻게 된 일이냐고 묻는 것이 두려워서 그런 결정을 내린 것이라는 핑계를 댔다(18절). 나는 그들이 정말 이 일 때문에 신변의 위험을 느꼈을 것이라고 생각하지 않는다. 왜냐하면, 갈대아인들이 그들이 세운 왕의 대리자를 죽인 것에 대하여

격분할 이유가 충분히 있었다는 것은 사실이지만 그들이 그다랴를 죽인 자들과 맞서 아주 용감하게 싸웠던 자들에게 이 일에 대하여 복수할 정도로 비이성적이거나 부당하게 행한다는 것은 생각할 수 없는 일이었기 때문이다. 그들은 그러한 핑계를 단지 그들의 믿음 없는 선조들 속에 자리잡고 있었던 저 부패한 성향, 즉 애굽으로 돌아가고자 하는 아주 강력한 욕구를 은폐하는 데에 사용하고 있었던 것뿐이었다. 두려움을 핑계로 삼아서 자신의 죄를 변명하는 자들은 진짜 두려움 속에서 그들의 평안을 잃게 되는 것이 마땅하다.

제
— 42 —
장

개요

요하난과 그의 군 지휘관들은 애굽으로 가고자 하는 욕구가 있어서거나 그런 쪽을 택하는 것이 정략적으로 좋겠다고 생각해서거나 어쨌든 애굽으로 가기로 단단히 결심하고 난 후에, 마치 발람이 이스라엘을 저주하기로 결정해 놓고는 하나님께 허락해 달라고 요청했던 것과 마찬가지로 하나님이 그들의 길을 인도해 주시기를 강력히 원하였다. I. 이 문제를 놓고 하나님께 여쭈어 보자는 데에 예레미야와 그들 사이에 협상이 잘 이루어짐(1-6절). II. 하나님께서 그들이 물은 것에 대한 대답으로 그들에게 주신 상세한 메시지. 1. 하나님은 그들에게 유다 땅에 그대로 머물러 있기를 명령하시고 권고하시면서, 그들이 그렇게만 한다면 그들에게 모든 일이 잘 될 것이라고 약속하신다(7-12절). 2. 하나님은 그들에게 애굽으로 가는 것을 금지하시고, 만약 그들이 애굽으로 간다면 그들은 멸망하게 될 것이라고 분명하게 말씀해 주신다(13-18절). 3. 선지자는, 그들이 이 일에 있어서 하나님의 뜻이 무엇인지를 물으며 그 뜻이 어떻든 무조건 따르겠다고 거짓으로 위장한 것과 그들이 하나님의 뜻이 무엇인지를 듣고도 불순종하는 것에 대하여 그들을 고소한다. 이에 따라서 그들에 대한 선고가 내려진다(19-22절).

[1]이에 모든 군대의 지휘관과 가레아의 아들 요하난과 호사야의 아들 여사냐와 백성의 낮은 자로부터 높은 자까지 다 나아와 [2]선지자 예레미야에게 이르되 당신은 우리의 탄원을 듣고 이 남아 있는 모든 자를 위하여 당신의 하나님 여호와께 기도해 주소서 당신이 보는 바와 같이 우리는 많은 사람 중에서 남은 적은 무리이니 [3]당신의 하나님 여호와께서 우리가 마땅히 갈 길과 할 일을 보이시기를 원하나이다 [4]선지자 예레미야가 그들에게 이르되 내가 너희 말을 들었은즉 너희 말대로 너희 하나님 여호와께 기도하고 무릇 여호와께서 너희에게 응답하시는 것을 숨김이 없이 너희에게 말하리라 [5]그들이 예레미야에게 이르되 우리가 당신의 하나님 여호와께서 당신을 보내사 우리에게 이르시는 모든 말씀대로 행하리이다 여호와께서는 우리 가운데에 진실하고 성실한 증인이 되시옵소서 [6]우리가 당신을 우리 하나님 여호

와께 보냄은 그의 목소리가 우리에게 좋든지 좋지 않든지를 막론하고 순종하려 함이라 우리가 우리 하나님 여호와의 목소리를 순종하면 우리에게 복이 있으리이다 하니라

예레미야 선지자가 이스마엘의 칼을 어떻게 피할 수 있었는지는 의문이다. 하지만 어쨌든 그는 이 위기를 피할 수 있었고, 여호와께서 이런 식으로 그를 숨기신 것은 이번이 처음도 아니었다. 또한, 이 급변하는 상황 속에서 사람들이 진작 그에게 하나님의 뜻을 묻고 그의 조언을 구하지 않은 것도 이상한 일이다. 그러나 그들은 그들 가운데 선지자가 있다는 사실을 몰랐던 것 같아 보인다. 이 백성은 불에서 꺼낸 그슬린 나무 같았지만, 여전히 여호와께 돌아오지 않았다. 이 백성은 배반하며 반역하는 마음을 가지고 있었다. 하나님과 그의 섭리를 멸시하고 하나님과 그의 선지자들을 무시하는 것은 여전히 그들이 가장 쉽게 빠져드는 죄였다. 그러나 이제 마침내 모든 군대의 지휘관과 요하난과 백성의 낮은 자로부터 높은 자까지 다 예레미야를 찾아왔다. 그들은 가까이 나아왔다 (1절). 이것은 그들이 지금까지는 예레미야 선지자와 일정한 거리를 두었고 그를 꺼려하였다는 것을 보여준다. 좀 더 살펴보자.

I. 그들은 예레미야에게 지금과 같은 결정적인 갈림길에서 그들이 어떻게 해야 하는지를 하나님께 묻는 기도를 해주기를 바랐다(2-3절). 그들은 그들의 뜻을 기가 막히게 잘 표현하고 있다.

1. 그들은 선지자에게 최대한의 예를 갖추었다. 그는 가난하고 미천하였고 그들의 지배 아래 있었지만, 그들은 그의 도움을 청하는 자들로서 그들은 무가치한 자들이라는 듯이 겸손하고 순종하는 자세로 그에게 부탁을 하였다. 당신은 우리의 탄원을 들어 주소서. 그들은 그가 그들이 듣고 싶어하는 말을 해주기를 바라서 이런 식으로 그에게 깍듯이 예를 갖추어 부탁을 하고 있는 것이다.

2. 그들은 그가 하늘에서 영향력이 크다는 것을 굳게 믿는 것처럼 말하였다. "우리 자신을 위해 어떻게 기도해야 할지를 모르는 우리를 위하여 기도해 주소서. 우리는 하나님을 우리의 하나님이라고 부를 자격조차 없는 자들이고, 하나님으로부터 그 어떤 은총도 바랄 수 없는 자들이니, 당신이 당신의 하나님 여호와께 기도해 주소서."

3. 그들은 그들에게 하나님의 인도하심이 절실히 필요하다는 것을 절감하

고 있다고 말하였다. 그들은 그들 자신에 대하여 하나님이 불쌍히 여겨 주셔야 할 자들이라고 말한다. "우리는 많은 사람 중에서 남은 적은 무리이니이다. 우리는 이렇게 적은 무리이기 때문에 너무나 쉽게 죽게 될 수 있는데, 우리가 그렇게 허망하게 죽는 것은 애석한 일이 아니나이까? 당신이 보는 바와 같이 우리는 곤경에 처해 있고, 오도가도 못하는 신세가 되어 있나이다. 당신이 할 수만 있다면, 우리를 도우소서."

4. 그들은 하나님의 인도하심을 바랐다. "당신의 하나님 여호와께서 우리의 이런 처지를 생각하시고 그의 손 아래 두게 하셔서 우리가 그의 임재와 함께 하여 마땅히 갈 길과 우리의 안전을 위하여 우리가 해야 할 일을 보이시기를 원하나이다." 모든 어렵고 의심스러운 상황 속에서 우리의 눈은 하나님의 인도하심을 바라보아야 한다는 것을 명심하라. 그 때에 그들은 당시에는 끊어졌던 예언의 영에 의해서 인도받기를 기대하였을 것이다. 그러나 우리는 우리의 마음 속에 있는 지혜의 영과 섭리의 암시들을 통해서 인도하심을 받게 해 달라고 믿음으로 기도할 수 있다.

Ⅱ. 예레미야는 자기가 하나님께 그들을 인도해 주시라고 기도할 것이고, 그가 하나님에게서 어떤 말씀을 받든지 더하거나 바꾸거나 뺌이 없이 그대로 그들에게 전해 주겠다고 신실하게 약속한다(4절). 이것으로부터 사역자들은 다음과 같은 것들을 배울 수 있다.

1. 기도해 주기를 원하는 자들을 위하여 양심적으로 성실하게 기도해 주어야 한다는 것. 내가 너희 말대로 너희를 위하여 기도하리라. 그들은 그를 무시했었지만, 그는 무시를 당했을 때에 사무엘이 그랬던 것처럼 그들을 위하여 기도하기를 쉬는 죄를 여호와 앞에 결단코 범하지 않고자 하였다(삼상 12:23).

2. 조언을 구하는 자들에게 하나님의 뜻을 양심적으로 성실하게 조언해 주어야 한다는 것. 사역자들은 그것이 그들을 기쁘게 하는 것이든 그렇지 않은 것이든 그들에게 유익한 것은 무엇이든지 숨기지 않아야 하고, 하나님의 모든 뜻을 그들에게 알림으로써 자기에게 맡겨진 본분에 충실함을 나타내야 한다.

Ⅲ. 그들은 하나님의 뜻을 알게 되자마자 그 뜻을 기꺼이 따르겠다고 분명하게 약속하고(5-6절), **속으로는 전혀 그럴 생각이 없었으면서도 뻔뻔스럽게도 이 일에 있어서 그들의 진심을 하나님이 아실 것이라고 하나님의 이름을 판다.** "여호와께서는 우리 가운데에 진실하고 성실한 증인이 되시옵소서. 당신은 하나님

을 경외하는 가운데 그의 뜻이 무엇인지를 우리에게 말해주소서. 그리하면, 우리는 하나님을 경외하는 가운데 그 뜻을 따르리이다. 이 일에 있어서 재판장이신 여호와께서 우리를 판단하시는 재판장이 되시리이다." 선한 사역자들의 기도로 인한 유익을 얻고자 하는 자들은 그들이 전하는 말씀을 그것이 하나님의 뜻과 일치하는 한 정성껏 듣고 따라야 한다는 것을 명심하라. 다음과 같은 태도보다 더 좋은 것은 없을 것이다. "우리는 그의 목소리가 우리에게 좋든지 좋지 않든지를 막론하고 순종하려 하노니 이는 우리가 우리 하나님 여호와의 목소리를 순종하면 우리에게 복이 있을 것이기 때문이나이다."

1. 그들은 이제 하나님을 그들의 하나님이라 부른다. 왜냐하면, 예레미야가 앞서 그들로 하여금 그렇게 하도록 힘을 실어 주었기 때문이었다(4절). 내가 너희 하나님 여호와께 기도하리라. 하나님은 우리의 하나님이시기 때문에, 우리가 그의 목소리를 순종하리이다. 하나님과 우리의 관계를 생각할 때, 우리는 하나님께 순종하지 않을 수 없다.

2. 그들은 그들이 예레미야 선지자를 하나님께 여쭈어 보라고 보냈기 때문에 하나님의 목소리를 순종하겠다고 약속한다. 우리가 하나님의 뜻을 알았을 때에 그 뜻에 온전히 순종하고자 하지 않는다면, 우리는 하나님의 뜻을 진정으로 알고자 하는 것이 아님을 명심하라.

3. 그들은 여기에서 무조건적인 순종을 약속한다. 그들은 하나님의 뜻이 그들에게 좋든지 좋지 않든지를 막론하고 하나님이 하라고 하시는 대로 행하겠다고 말한다. "하나님의 뜻이 우리에게 나빠 보일지라도, 우리는 하나님이 명령하신 것이기 때문에 그것이 반드시 선하리라는 것을 믿나이다. 따라서 우리는 거기에 이의를 달지 않고 무조건 행하리이다. 하나님이 명령하시는 것은 쉬운 일이든 어려운 일이든, 우리의 성향에 맞든 안 맞든, 그 대가가 싼 것이든 비싼 것이든, 시대에 맞는 것이든 맞지 않는 것이든, 우리가 그것을 통해서 세상적인 이익을 얻게 되든 잃게 되든, 그것이 우리가 마땅히 해야 할 일이라면, 우리는 그것을 행하리이다."

4. 그들은 아주 타당한 이유, 즉 이치에 맞고 강력한 이유에 의거해서 이러한 것을 약속하는데, 그것은 우리가 그렇게 해야만 우리에게 복이 있을 것이라는 것이다. 이것은 그들이 다른 방법으로는 복을 받거나 잘 되기를 기대할 수 없다는 확신을 지니고 있었다는 것을 보여준다.

⁷십일 후에 여호와의 말씀이 예레미야에게 임하니 ⁸그가 가레아의 아들 요하난과 그와 함께 있는 모든 군 지휘관과 백성의 낮은 자로부터 높은 자까지 다 부르고 ⁹그들에게 이르되 너희가 나를 보내어 너희의 간구를 이스라엘의 하나님 여호와께 드리게 하지 아니하였느냐 그가 이렇게 이르니라 ¹⁰너희가 이 땅에 눌러 앉아 산다면 내가 너희를 세우고 헐지 아니하며 너희를 심고 뽑지 아니하리니 이는 내가 너희에게 내린 재난에 대하여 뜻을 돌이킴이라 ¹¹여호와의 말씀이니라 너희는 너희가 두려워하는 바벨론의 왕을 겁내지 말라 내가 너희와 함께 있어 너희를 구원하며 그의 손에서 너희를 건지리니 두려워하지 말라 ¹²내가 너희를 불쌍히 여기리니 그도 너희를 불쌍히 여겨 너희를 너희 본향으로 돌려보내리라 하셨느니라 ¹³그러나 만일 너희가 너희 하나님 여호와의 말씀을 복종하지 아니하고 말하기를 우리는 이 땅에 살지 아니하리라 하며 ¹⁴또 너희가 말하기를 아니라 우리는 전쟁도 보이지 아니하며 나팔 소리도 들리지 아니하며 양식의 궁핍도 당하지 아니하는 애굽 땅으로 들어가 살리라 하는도다 ¹⁵그러므로 너희 유다의 남은 자여 이제 여호와의 말씀을 들으라 만군의 여호와 이스라엘의 하나님께서 이와 같이 말씀하시되 너희가 만일 애굽에 들어가서 거기에 살기로 고집하면 ¹⁶너희가 두려워하는 칼이 애굽 땅으로 따라가서 너희에게 미칠 것이요 너희가 두려워하는 기근이 애굽으로 급히 따라가서 너희에게 임하리니 너희가 거기에서 죽을 것이라 ¹⁷무릇 애굽으로 들어가서 거기에 머물러 살기로 고집하는 모든 사람은 이와 같이 되리니 곧 칼과 기근과 전염병에 죽을 것인즉 내가 그들에게 내리는 재난을 벗어나서 남을 자 없으리라 ¹⁸만군의 여호와 이스라엘의 하나님께서 이와 같이 말씀하시되 나의 노여움과 분을 예루살렘 주민에게 부은 것 같이 너희가 애굽에 이를 때에 나의 분을 너희에게 부으리니 너희가 가증함과 놀램과 저주와 치욕 거리가 될 것이라 너희가 다시는 이 땅을 보지 못하리라 하시도다 ¹⁹유다의 남은 자들아 여호와께서 너희를 두고 하신 말씀에 너희는 애굽으로 가지 말라 하셨고 나도 오늘 너희에게 경고한 것을 너희는 분명히 알라 ²⁰너희가 나를 너희 하나님 여호와께 보내며 이르기를 우리를 위하여 우리 하나님 여호와께 기도하고 우리 하나님 여호와께서 말씀하신 대로 우리에게 전하라 우리가 그대로 행하리라 하여 너희 마음을 속였느니라 ²¹내가 오늘 너희에게 전하였어도 너희가 너희 하나님 여호와의 목소리를 도무지 순종하지 아니하였은즉 ²²너희가 가서 머물려고 하는 곳에서 칼과 기근과 전염병에 죽을 줄 분명히 알지니라

우리는 여기에서 예레미야에게 하나님의 뜻을 물어 달라고 한 자들에게 전하라고 하나님이 주신 대답을 본다.

I. 하나님의 응답은 즉시 오지 않았고 십일 후에 왔다(7절). 하나님께서 그들로 하여금 이렇게 꽤 오랫동안 기다리게 하신 것은 그들의 위선을 벌하기 위한 것이었거나 예레미야가 자기 스스로 생각해서 또는 자기가 원하는 대로 말한 것이 아님을 보여주기 위한 것이었을 것이다. 왜냐하면, 예레미야는 자기가 말하고 싶어도 말할 수가 없었고, 하나님이 말씀해 주실 때까지 기다려야 했기 때문이다. 어쨌든 이것은 우리에게 우리의 길을 인도해 주시기를 바랄 때에 하나님의 응답을 계속해서 기다려야 한다는 것을 가르쳐 준다. 묵시는 정한 때가 있나니 그 종말이 속히 이르겠고(즉, 결국에는 반드시 이루어진다는 것) 결코 거짓되지 아니하리라 비록 더딜지라도 기다리라 지체되지 않고 반드시 응하리라(합 2:3).

II. 하나님의 응답이 왔을 때에 예레미야는 그것을 모든 군 지휘관과 백성의 낮은 자로부터 높은 자까지 다 불러 그 응답을 전하였다. 그는 그들에게 아무것도 숨기지 않겠다고 약속한 대로 자기가 받은 그대로 충실하고 자세하게 전하였다. 만약 그가 자신의 지혜로 그들을 지도하고자 했다면, 이 문제는 너무 어려운 것이어서, 그는 그들에게 어떻게 조언해야 할지를 몰랐을 것이다. 그러나 그가 그들에게 조언할 말은 그들이 그를 보내어 여쭈어 보라고 했던 이스라엘의 하나님 여호와께서 말씀하신 것이다. 그러므로 그들은 명예상으로나 도리상으로나 그것을 지키지 않으면 안 되는 것이었다. 예레미야는 그들에게 이렇게 말한다.

1. 그들이 지금 있는 곳에 그대로 머무는 것이 하나님의 뜻이고, 그들이 그렇게 한다면 하나님은 그들을 여전히 이 땅에 눌러 앉아 살게 하고자 하시기 때문에 그들이 의심할 여지 없이 잘 되리라는 것이 하나님의 약속이라는 것(10절). 그들의 형제들은 강제로 이 땅에서 쫓겨나 포로로 끌려갔고, 그것은 그 형제들이 겪을 환난이었다. 그러므로 이 땅에 남아 있게 되었고, 또한 이 땅에 남아 있어야 할 의무가 있는 자들은 그러한 자신의 처지를 은혜로 여겨야 한다. 가나안 땅에 자신의 분깃이 있는 자들은 그들이 할 수 있는 한 그 분깃을 결코 포기해서는 안 된다. 하나님께서 단지 "내가 신하로서의 너희의 의무에 의거하여 너희에게 명령하노니 이 땅에 눌러 앉아 살아라"고 말씀하셨다면, 그들을

이 땅에 붙잡아 두기에 충분하였을 것이다. 그러나 하나님은 왕으로서 명령하기보다는 친구의 입장에서 그들을 설득하신다.

(1) 하나님은 그들의 현재의 참상에 대하여 아주 자상한 관심을 보이신다. 내가 너희에게 내린 재난에 대하여 뜻을 돌이켰다. 그들은 그들의 죄에 대하여 회개한다는 작은 징후만을 보였을 뿐인데도, 하나님은 이스라엘의 곤고로 말미암아 마음에 근심하시는 자로서(삿 10:16) 그가 그들의 죄 때문에 그들에게 내리셨던 심판을 후회하기 시작하신다. 하나님은 마음을 바꾸신 것이 아니라, 그의 길을 바꾸어서 그들에게 다시 긍휼을 베푸시고 싶어서 몹시 애가 타시는 것이다. 하나님께서 그의 종들과 관련해서 후회하시는 때는 여기에서처럼 그들의 힘이 다 빠지고 갇힌 자나 놓인 자가 없음을 보시는 때이다(신 32:36).

(2) 하나님은 그들이 이 땅에 더 이상 있을 수 없다고 하며 제시한 변명에 대하여 대답하신다. 그들은 그다랴를 죽인 일에 있어서 결코 방조한 적이 없었고 도리어 그런 일을 한 자들을 대적하였지만 바벨론의 왕이 와서 그 일에 대하여 그들에게 복수할까봐 두려워하였다(18절). 그들의 이러한 추정은 이치에 맞지 않는 어설픈 것이었다. 그러나 설령 그들이 두려워할 이유가 조금이라도 있었더라도, 여기에서 하나님이 말씀하신 것으로 그런 두려움은 충분히 제거될 수 있었다(11절). "바벨론의 왕은 권세가 막강하고 무자비한 자이며 아주 제멋대로인 군주이고 그의 뜻이 곧 법이기 때문에, 그가 까닭 없이 이 일을 핑계로 너희를 해칠까봐 너희가 두려워하지만 바벨론의 왕을 겁내지 말라. 그런 두려움은 덫이 될 것이기 때문에 그를 두려워하지 말라. 내가 너희와 함께 있을 것이기 때문에 그를 두려워하지 말라. 하나님이 너희 편이 되어 너희를 구원하시겠다는데, 누가 너희를 대적하여 해칠 수 있겠는가?" 하나님은 자기 백성이 본분을 다하고 있는데 그들을 낙심시키는 까닭 없는 두려움이 있을 때에 그 두려움을 이렇게 없애고 잠재우셨다. 하나님의 약속들 속에는 그들에게 용기를 북돋워 주기에 충분한 것들이 들어 있다.

(3) 하나님은 그들이 이 땅에 계속해서 눌러 앉아 산다면 바벨론의 왕으로부터 안전할 것은 물론이고 만왕의 왕에 의해서 복을 받게 될 것이라고 그들에게 약속하신다. "내가 너희를 세우고 심으리라. 너희는 다시 뿌리를 내려서, 지난 나라의 잿더미에서 날아오르는 또 다른 불사조의 나라의 새로운 초석이 될 것이다." 하나님은 내가 너희를 불쌍히 여기리라는 말씀을 덧붙이신다(12절). 우

리는 우리가 누리는 모든 위로들 속에서 하나님이 우리에게 베푸신 긍휼들을 읽을 수 있다는 것을 명심하라. 하나님께서 이 일에서 그들에게 긍휼을 베푸실 것이기 때문에, 바벨론의 왕은 그들을 멸망시키지 않을 뿐만 아니라 도리어 그들을 불쌍히 여겨 그들이 정착하는 것을 도울 것이다. 사람들이 우리에게 어떤 은혜를 베풀어 주든, 우리는 그것을 하나님의 은혜로 돌려야 한다는 것을 명심하라. 하나님은 그가 불쌍히 여기시는 자들이 그들을 포로로 끌고간 자들에 의해서조차도 불쌍히 여김을 받도록 만드신다. "바벨론의 왕은 지금 이 땅을 마음대로 처분할 수 있는 권한을 지니고 있기 때문에 너희를 너희 본향으로 돌려보낼 것이고, 너희가 다시 너희의 거처에 정착할 수 있게 하며, 너희로 하여금 이전에 너희의 소유였던 땅을 차지하게 해줄 것이다." 하나님은 사실 우리의 특권인 것을 우리의 본분으로 명령하신 것이기 때문에 우리가 순종하면 그 특권은 우리에게 상으로 주어지리라는 것을 명심하라. "이 땅에 눌러 앉아 살아라. 그러면 이 땅은 다시 너희의 땅이 될 것이고, 너희는 이 땅에서 영원히 살게 될 것이다. 너희가 이 땅을 다시 향유할 수 있는 좋은 기회가 주어지고 있는 지금, 너희는 이 땅을 버려서는 안 된다. 거짓되고 헛된 것 때문에 너희에게 주어진 은혜를 버리는 지혜롭지 못한 짓을 하지 말라."

2. 하나님의 은총과 그들 자신의 복을 생각한다면, 그들은 결코 애굽으로 가려고 생각해서는 안 된다는 것. 하나님께서는 그들의 조상들을 애굽 땅에서 건져내셨고, 애굽과 동맹을 맺거나 애굽을 의지하지 말라고 그토록 자주 경고해 오셨기 때문에, 그들은 애굽으로 가려고 해서는 안 된다. 좀 더 살펴보자.

(1) 그들이 범하고 있다고 추정되는 죄(하나님은 그들의 마음을 아시기 때문에 이것은 사실 결코 추정이 아니다). "너희는 이렇게 말한다. 우리는 이 땅에 살지 아니하리라(13절). 우리는 이 땅에서 우리가 안전할 수 있다고 결코 생각할 수 없고, 하나님이 우리의 보호막이 되어 주신다고 해도 우리는 결코 안전할 수 없다. 우리는 이 땅에서 계속 살고자 하지 않는다. 우리 하나님 여호와의 말씀을 복종하지 않는 것이 된다고 해도 할 수 없다. 하나님은 하나님대로 하실 말씀이 있으시겠지만, 우리는 우리가 하고 싶은 대로 할 것이다. 하나님이 우리에게 허락을 해주셔서 우리와 함께 가시든지 그렇지 아니하시든지, 우리는 애굽 땅으로 들어가 거기에서 살리라(14절)." 그들의 마음은 이미 그렇게 하기로 정해져 있는 것으로 추정된다. "하나님께서 그의 말씀과 그의 섭리를 통해

서 그렇게 하지 말라고 너희에게 신신당부를 하시는데도, 너희가 만일 애굽에 어가서 거기에 살기로 고집하면, 너희에게 다음과 같은 일들이 일어나게 될 것이다." 여기에 그들이 애굽으로 들어가기로 결단한 이유가 나오는데, 그것은 "우리는 오랫동안 이 땅에서 보아 왔던 전쟁도 보이지 아니하며 나팔 소리도 들리지 아니하며 양식의 궁핍도 당하지 아니하는 애굽 땅으로 들어가 살리라"(14절)는 것이었다. 환난이 있다고 해서 우리가 살던 곳, 특히 거룩한 땅을 버리는 것은 어리석은 것임을 명심하라. 그러나 장소를 바꿈으로써 하나님의 심판을 피할 수 있다고 생각하는 것은 더욱 어리석은 것이다. 재앙은 불순종하는 모든 길에서 죄인들을 뒤쫓아오기 때문에, 하나님에 대한 우리의 본분으로 되돌아가는 것 외에는 피할 길이 없다.

(2) 그들이 이러한 죄를 계속 고집할 때에 그들에게 내려질 선고. 이것은 하나님의 이름으로 선포된다(15절). "너희가 남은 자이기 때문에 당연히 너희는 살게 될 것이기 때문에(2절) 너희 마음대로 해도 된다고 생각하는 너희 유다의 남은 자여, 여호와의 말씀을 들으라."

[1] 그들은 칼과 기근 때문에 겁을 집어먹은 것인가? 바로 그러한 심판들이 애굽까지 그들을 쫓아가서, 거기에서 그들을 따라잡아 덮칠 것이다(16-17절). "너희는 전쟁과 기근이 오랫동안 이 땅에서 기승을 부려 왔기 때문에 이 땅에는 늘 그런 것들이 따라붙는다고 생각하고 있다. 하지만, 너희가 하나님을 믿고 의지한다면, 하나님은 얼마든지 이 땅을 너희에게 평안한 땅으로 만드실 수 있으시다. 너희가 이런 재앙들이 이 땅에서만 일어나는 것이라고 생각하여, 이 땅에서 벗어나기만 하면 그 재앙들이 너희에게 미치지 않을 것이라고 생각하지만, 하나님은 너희가 어디로 가든지 그 재앙들을 보내어 너희 뒤를 쫓아가게 하실 것이다." 우리가 죄를 지어가면서까지 어떤 재앙들을 피하였다고 안심할 때에 그 재앙들은 반드시 우리를 덮칠 것임을 명심하라. 칼과 기근을 피하기 위해서 하나님의 뜻을 어겨가면서까지 애굽으로 가는 자들은 애굽에서 칼과 기근에 죽을 것이다. 우리는 이것을 인간의 삶 속에서 누구나 다 겪는 재난들에 적용해 볼 수 있다. 이 재난들을 참지 못하고 장소를 옮겨서 그 재난들을 피해 보겠다고 생각하는 자들은 결국 그들의 생각이 착각이었고 그들의 삶이 결코 더 나아지지 않았다는 것을 발견하게 될 것이다. 사람들이 공통적으로 겪는 재난들은 그들이 어디를 가든 거기에서 또 다시 만나게 될 것이다. 우리가 이 세상

에서 장소를 바꾸어 여러 곳을 전전해도, 그것은 단지 한 광야에서 다른 광야로 가는 것에 지나지 않는다. 우리가 어디로 가든 우리의 상황은 여전히 똑같다.

[2] 그들은 예루살렘이 황폐화된 것에 겁을 집어먹은 것인가? 그래서 그들은 이 폐허로부터 가능하면 멀리 떠나고 싶은 것인가? 그들은 애굽에서도 그런 일의 속편(續篇)을 경험하게 될 것이다(18절). 나의 노여움과 분을 이 곳 예루살렘에 부은 것 같이 그것들이 애굽에서 너희에게 부어지리라. 죄를 지어서 하나님을 자신의 원수로 만들어 버린 자들은 어디를 가나 하나님이 소멸시키는 불로 그들을 뒤쫓아오시는 것을 발견하게 되리라는 것을 명심하라. 그 때에 너희는 가증함과 놀램이 될 것이다. 히브리인들은 옛적에 애굽인들에게 가증한 존재였었는데(창 43:32), 이제 그들이 그들에게 이전보다 더 그렇게 될 것이다. 하나님을 고백한 백성이 믿지 않는 자들과 어울려서 그들을 좇아 다니면, 그들은 자신의 존엄성을 잃어버리고 치욕 거리가 되어 버리고 만다.

3. 하나님은 그들이 그의 뜻을 물을 때에 이미 그들이 어떻게 할지를 정해 두고서 그렇지 않은 체하는 위선을 저질렀다는 것을 아셨다는 것. 그러므로 앞에서 조건부로 선포된 선고는 이제 절대적인 것이 되어 버렸다. 하나님은 그들 앞에 좋은 것과 나쁜 것, 축복과 저주를 제시하신 후에 마지막에 그가 말씀하신 것을 적용하신다.

(1) 선지자는 자기가 하나님의 메시지를 신실하게 전하였다고 엄숙하게 항변한다(19절). 이 문제 전체의 결론은 이것이다. "너희는 애굽으로 가지 말라. 만약 너희가 애굽으로 간다면, 그것은 너희가 하나님의 명령을 불순종하는 것이다. 그러면 내가 너희에게 말했던 것이 너희에 대하여 불리한 증인이 될 것이다. 너희가 듣든지 아니 듣든지 내가 너희에게 경고하였다는 것을 분명히 알라. 너희는 이제 하나님의 뜻을 알지 못했다고 변명할 수 없다."

(2) 선지자는 그들이 하나님의 인도하심을 구해 달라고 그에게 부탁하였을 때에 위선적으로 행하였다고 그들을 고소한다(20절). "너희는 너희의 마음을 속였느니라. 너희는 하나님의 뜻을 알아도 실행할 마음이 전혀 없었으면서도 그런 의도를 숨기고서 말은 전혀 다르게 하였다." 너희는 너희 영혼을 거슬러 속임수를 사용하였다(난외주에서는 이렇게 읽는다). 하나님을 속이려고 생각한 자들은 결국에는 자기가 지독하게 속았다는 것을 알게 되는 법이다.

(3) 선지자는 그들이 하나님의 명령과는 정반대로 행하기로 결심하였다는 것을 이미 알고 있었다. 아마도 그들은 그가 말을 다 끝내기도 전에 그들의 얼굴이나 은밀한 속삭임 속에서 그런 기색을 나타내었을 것이다. 하지만 그는 그들의 마음을 알고 계신 하나님으로부터 말씀을 받아서 전하였다. "너희가 너희 하나님 여호와의 목소리를 도무지 순종하지 아니하였다. 아니, 너희는 아예 순종할 마음이 없었다." 모세도 그의 고별 설교의 끝부분에서 이스라엘 백성들에게 내가 너희의 반역함과 목이 곧은 것을 알고, 너희가 스스로 부패하여질 것을 안다고 말하였다(신 31:27, 29). 하나님의 인내심은 놀랄 만하다. 하나님은 그들이 그를 무시하는 줄 아시면서도 그들에게 말씀하시고, 그들이 지극히 기만적으로 대하는 것을 아시면서도 그들을 상대해 주신다(사 48:8).

(4) 그래서 선지자는 그가 앞서 전한 말씀을 재확인하면서 그들에게 그들이 장차 맞게 될 운명을 읽어준다. 너희가 칼에 죽을 줄 분명히 알지니라(22절). 하나님의 경고의 말씀은 사람들이 비방할 수는 있지만, 사람들의 불신앙 때문에 무효가 되지는 않는다. 기근과 전염병은 이 죄인들을 끝까지 추격할 것이다. 왜냐하면, 하나님의 체포 영장이 집행될 수 없는 곳은 존재하지 않고, 그 어떤 행악자도 하나님의 관할권에서 벗어날 수 없기 때문이다. 너희는 너희가 가서 머물려고 하는 곳에서 죽으리라. 우리는 우리 자신을 위해서 무엇이 좋은지를 알지 못한다는 것을 명심하라. 우리가 아주 좋아하고 우리의 마음이 몹시 끌리는 바로 그것이 흔히 우리에게 환난을 안겨주고, 때로는 우리를 죽음에 이르게까지 한다.

제
— 43 —
장

개요

예레미야는 앞 장에서 하나님에게서 받은 말씀을 신실하게 전하였고, 그것으로 모든 것이 아주 분명해졌기 때문에, 이 일과 관련해서 더 말할 필요가 없을 것이라고 우리가 생각하는 것은 당연한 일이다. 그러나 상황은 전혀 딴판으로 전개된다. I. 백성들이 선지자가 전한 메시지를 멸시함. 그들은 그것이 하나님에게서 온 말씀이라는 것을 부정하였고, 서슴지 않고 그 말씀을 정면으로 반박하였다(1-3절). 그들은 예레미야를 끌고서 애굽으로 갔다(4-7절). II. 하나님께서 그들을 따라가셔서, 바벨론의 왕이 애굽까지 그들을 추격할 것이라는 또 다른 메시지를 주심(8-13절).

¹예레미야가 모든 백성에게 그들의 하나님 여호와의 말씀 곧 그들의 하나님 여호와께서 자기를 보내사 그들에게 이르신 이 모든 말씀을 말하기를 마치니 ²호사야의 아들 아사랴와 가레아의 아들 요하난과 모든 오만한 자가 예레미야에게 말하기를 네가 거짓을 말하는도다 우리 하나님 여호와께서 너희는 애굽에 살려고 그리로 가지 말라고 너를 보내어 말하게 하지 아니하셨느니라 ³이는 네리야의 아들 바룩이 너를 부추겨서 우리를 대적하여 갈대아 사람의 손에 넘겨 죽이며 바벨론으로 붙잡아가게 하려 함이라 ⁴이에 가레아의 아들 요하난과 모든 군 지휘관과 모든 백성이 유다 땅에 살라 하시는 여호와의 목소리를 순종하지 아니하고 ⁵가레아의 아들 요하난과 모든 군 지휘관이 유다의 남은 자 곧 쫓겨났던 여러 나라 가운데에서 유다 땅에 살려 하여 돌아온 자 ⁶곧 남자와 여자와 유아와 왕의 딸들과 사령관 느부사라단이 사반의 손자 아히감의 아들 그다랴에게 맡겨 둔 모든 사람과 선지자 예레미야와 네리야의 아들 바룩을 거느리고 ⁷애굽 땅에 들어가 다바네스에 이르렀으니 그들이 여호와의 목소리를 순종하지 아니함이러라

하나님께서 바벨탑을 쌓던 자들에게 하신 말씀은 예레미야가 지금 상대하고 있는 이 백성에게 그대로 적용될 수 있다. 이 무리가 하고자 하는 일을 막

을 수 없으리로다(창 11:6). 그들은 애굽에 대하여 환상을 갖고 있었기 때문에, 하나님께서 무슨 말씀을 하시든지, 막무가내로 애굽으로 가고자 하였다. 예레미야는 그들이 그가 전하는 모든 말씀을 들으면서 불편해 하는 것을 보았지만 끝까지 말씀을 전하였다. 그것은 그들의 하나님 여호와께서 그를 보내어 그들에게 전하라고 하신 말씀이었기 때문에, 그들은 그 모든 말씀을 들어야 한다. 이제 하나님의 이러한 말씀을 듣고서 그들이 무엇이라 말하였는지를 보기로 하자.

I. 그들은 그것이 하나님에게서 온 말씀이라는 것을 부정한다. 요하난과 모든 오만한 자가 예레미야에게 말하기를 네가 거짓을 말하는도다라고 하였다(2절). 좀 더 살펴보자.

1. 그들의 불순종의 원인은 무엇이었는가. 그것은 그들의 교만이었다. 교만을 가지면 하나님이나 사람과 다툴 수밖에 없게 된다. 그들은 선지자에게 거짓말을 했다고 비난하는 오만한 자들이었다. 그들은 하나님의 지혜가 아니라 하나님의 뜻 자체라고 해도 그들의 감정을 거스르는 것이나 그들의 의도를 저지하는 것이라면 결코 용납하거나 참을 수 없었다. 애굽의 바로는 여호와가 누구이기에 내가 그의 목소리를 들으라고 말하였다(출 5:2). 사람의 오만하고 낮아지지 않은 마음은 하나님이 지옥의 이 편에 가지고 있는 가장 대담무쌍한 원수들 중의 하나이다.

2. 그들의 불순종의 명분은 무엇이었는가. 그들은 선지자가 전한 것이 하나님의 말씀이라는 것을 인정하고자 하지 않았다. 여호와께서 우리에게 이렇게 전하라고 너를 보내지 아니하셨느니라. 그들은 그들이 전해 들은 말이 하나님에게서 왔다는 것을 확신하지 못했거나 그런 확신이 있었으면서도 그것을 인정하고 싶어하지 않았다(나는 후자라 생각한다). 빛이 그들의 얼굴에 강하게 비쳤지만, 그들은 눈을 감아 버렸거나 그들이 빛을 보았다는 것을 인정하고 싶어하지 않았다. 사람들이 성경이 하나님의 말씀이라는 것을 부정하는 이유는 그들이 성경에서 가르치는 것들을 따르지 않기로 마음을 먹었기 때문이라는 것을 명심하라. 따라서 완고한 불신앙은 고집센 불순종의 핑계 역할을 한다. 만약 하나님께서 천사를 통해서, 또는 시내 산에서 그들에게 말씀하셨다면, 그들은 그것을 헛 것을 본 것이라고 말하였을 것이다. 그들은 예레미야를 선지자로 인정하고서 그에게 조언을 구한 것이 아니었던가? 예레미야는 그들에게 해줄

말을 받기 위해서 하나님의 지시를 기다리지 않았던가? 그가 전한 말씀에는 그것이 예언임을 보여주는 온갖 통상적인 증표들이 들어 있지 않았던가? 선지자 자신도 그들과 동일한 배에 타고 있는 것이 아니던가? 그들에게 이익이 되는 것이 곧 선지자의 이익이 되는 것이 아니던가? 예레미야는 언제나 자기가 진정으로 이스라엘 사람이라는 것을 증명해 오지 않았던가? 하나님께서 그가 진정으로 선지자라는 것을 증명해 오지 않으셨던가? 그가 전한 말씀들 중에서 하나라도 땅에 떨어진 것이 있었던가? 그들은 사실 예레미야를 좋게 생각하고 있었기 때문에, 바룩이 너를 부추겨서 우리를 대적하게 만든 것이라고 주장하며 화살을 다른 사람에게 돌린다(3절). 바룩이 그들을 갈대아인의 손에 넘길 음모를 꾸미고 있다는 것은 얼마든지 있을 수 있는 일이었다. 그렇다고 쳐도, 예레미야는 그렇게 해서 얻는 것이 무엇인가? 그들이 말한 대로, 예레미야와 바룩이 갈대아인들에게 그토록 애정이 있었다면, 그들은 이 형편 없고 배은망덕한 남은 자들과 운명을 함께 하고자 이 땅에 남지 않았을 것이고, 애초에 느부사라단이 그들에게 바벨론으로 같이 가자고 했을 때에 선뜻 따라나섰을 것이다. 그러나 아무리 좋은 뜻이나 행위도 악의와 중상모략을 막아주는 울타리가 되지 못한다. 또한, 설령 바룩이 그토록 악한 성향을 지닌 자였다고 하더라도, 예레미야가 그의 사주를 받아서 그런 악한 목적을 지지하고 밑받침하기 위해서 하나님의 이름을 사용하였으리라는 것이 과연 상상이나 할 수 있는 일인가? 하나님의 직분이 지닌 큰 목적을 방해하기로 작정한 자들은 그 직분을 중상모략하는 데에 열심을 낸다는 것을 명심하라. 사역자들이 죄를 고집하는 자들을 죄에서 돌이키게 하고자 하면, 그들은 사역자들을 자기 자신의 이익만을 도모하는 자들, 아니 이웃들을 해치려고 악한 의도를 꾸미는 자들이라고 몰아부친다. 이렇게 중상모략을 당하는 자들에게는 그들의 증인이 하늘에 계시고 그들이 한 일이 하늘에 기록되어 있다는 것은 참으로 다행스러운 일이다.

Ⅱ. 그들은 무슨 일이 있어도 애굽으로 가기로 작정한다. 그들은 유다 땅에 살라는 하나님의 명령을 거부하고(4절), 그들의 수하에 있는 모든 자들을 이끌고서 애굽으로 가기로 만장일치로 결정하였다. 그들은 쫓겨났던 여러 나라 가운데에서 진정한 애국심에 이끌려서 유다 땅에 살려 하여 돌아온 자들에게 선택권을 주지 않고 강제로 애굽으로 데리고 갔고(5절), 남자와 여자와 유아를 다 이끌고서(6절) 낯선 땅, 우상을 섬기는 땅, 이스라엘에게 단 한 번도 신실한 적이

없었던 땅으로의 긴 여정을 시작하였다. 그들은 그들의 조국 땅을 버리고 하나님의 보호하심을 내팽개치는 한이 있더라도 애굽으로 가고자 하였다. 사람들은 어리석어서 어느 때가 그들이 잘 되어가고 있는 때인지를 알지 못해서, 더 나은 쪽으로 가려다가 그만 멸망을 당하는 경우가 흔하다. 자기 수하에 있는 자들로 하여금 강제로 그들을 따라오게 하는 것이 그들의 본분에 완전히 어긋나는 것인데도 그런 일을 강행하는 것은 큰 자들의 오만이다. 이 오만한 자들은 심지어 예레미야 선지자와 그의 서기였던 바룩까지도 강제로 그들과 함께 애굽으로 동행하게 하였다. 그들이 예레미야와 바룩을 포로로 잡아서 끌고 간 것은 그들을 벌하기 위한 목적도 있었을 것이고(그들로 하여금 양심에 어긋나는 일을 강제로 하게 하는 것보다 더 큰 벌은 없고, 사람들의 심령, 특히 선한 자들의 심령에 대고 우리가 넘어갈 수 있도록 고개를 숙이라고 하는 것보다 더 큰 포악은 없다), 선지자를 데려감으로써 그들 일행과 그들의 길이 정당하다는 것을 알리고자 하는 목적도 있었을 것이다. 그들은 이 두 선지자를 강제로 끌고 가는 것이었지만, 세상 사람들에게는 그들이 자발적으로 그들과 동행하는 것으로 믿게 만들고자 하였을 것이다. 선지자들이 그들과 함께 자발적으로 애굽으로 가고 있는데, 그들이 여호와의 말씀을 거슬러 행하는 것이라고 누가 비난할 수 있겠는가? 그들은 애굽의 유명한 성읍인 **다바네스**에 이르렀다(다바네스는 애굽 왕비의 이름을 따라 명명된 성읍으로서 하네스와 동일한 곳이었다, 왕상 11:19; 사 30:4). 그 곳은 당시에 바로의 궁전이 있는 대도시였다(9절). 이 오만한 자들에게는 왕도(王都), 그것도 왕궁 곁이 아니면 그 어떤 곳도 그들의 성에 차지 않았을 것이다. 그들에게는 그의 형제들을 고센 땅에 살게 한 요셉의 지혜가 없었다. 만약 그들에게 이스라엘 사람의 정신이 남아 있었더라면, 그들은 사람들이 북적대고 화려한 애굽의 성(城)들이 아니라 유다 광야에 가서 사는 쪽을 선택하였을 것이다.

8다바네스에서 여호와의 말씀이 예레미야에게 임하여 이르시되 **9**너는 유다 사람의 눈 앞에서 네 손으로 큰 돌 여러 개를 가져다가 다바네스에 있는 바로의 궁전 대문의 벽돌로 쌓은 축대에 진흙으로 감추라 **10**그리고 **너는** 그들에게 말하기를 만군의 여호와 이스라엘의 하나님께서 이와 같이 말씀하시되 보라 내가 내 종 바벨론의 느부갓네살 왕을 불러오리니 그가 그의 왕좌를 내가 감추게 한 이 돌들 위에 놓고 또 그 화려한 큰 장막을 그 위에 치리라 ¹¹그가 와서 애굽 땅을 치고 죽일 자는 죽이고 사로잡을 자는 사로잡고 칼로 칠 자는 칼로 칠 것이라 ¹²내가 애굽 신들의 신당들을 불지르리라 느부갓네살이 그들을 불사르며 그들을 사로잡을 것이요 목자가 그의 몸에 옷을 두름 같이 애굽 땅을 자기 몸에 두르고 평안히 그 곳을 떠날 것이며 ¹³그가 또 애굽 땅 벧세메스의 석상들을 깨뜨리고 애굽 신들의 신당들을 불사르리라 하셨다 할지니라 하니라

이 단락에는 다음 장에서와 마찬가지로 예레미야가 애굽에서 예언하는 장면이 나온다. 그는 이제 다바네스에 있었다. 왜냐하면, 그의 윗 사람들이 거기에 있었기 때문이다. 그는 거기에서 우상을 숭배하는 애굽 사람들과 속이는 이스라엘 사람들 가운데에 있었다. 이것이 그가 처한 상황이었지만, 거기에서 그는 다음과 같은 일들을 하였다.

1. 그는 여호와의 말씀을 받았다. 그 말씀이 그에게 임하였다. 자기 백성이 어디로 가든, 하나님은 그들을 찾으셔서 은혜를 베푸실 수 있으시다. 그의 사역자들이 묶여 있을 때에도 여호와의 말씀은 결코 묶이지 않는다. 예언의 영은 이스라엘 땅이라는 테두리 속에 갇혀 있는 것이 아니었다. 예레미야는 자발적인 선택이 아니라 강제로 끌려서 애굽으로 간 것이었기 때문에, 하나님은 그에게서 그의 은총을 거두지 않으셨다.

2. 그는 여호와께 받은 말씀을 백성들에게 전하였다. 우리는 어디에 있든지 선을 행하고자 애써야 한다. 그것이 우리가 이 세상에서 할 일이기 때문이다. 이제 여기에서 우리는 예레미야가 애굽에 있을 때에 전하도록 위임받은 두 편의 메시지를 본다. 예레미야는 애굽에서 그의 동포들에게 선지자로서의 통상적인 직무를 수행하면서 그들을 위하여 기도하고 가르치며 위로하는 등 그가 할 수 있는 섬김의 일들을 했을 것이다. 그러나 그가 하나님으로부터 직접 받은 말씀들 중에서는 오직 두 편의 메시지만이 기록되어 있는데, 그 중 하나는 애굽의 멸망을 예언하는 것으로서 이 장에 나오고, 다른 하나는 애굽에 있던 유대인들과 관련된 예언으로서 다음 장에 나온다. 하나님은 앞서 그들에게 만약 그들이 애굽으로 간다면 그들이 두려워하는 칼이 그들을 뒤쫓아갈 것이라고 말씀하셨었다. 여기에서 하나님은 조금 더 자세하게 그들이 특히 두려워하는 느부갓네살의 칼이 그들을 뒤쫓아올 것이라고 그들에게 말해 주신다.

I. 이 예언은 징조를 통해서 예언된다. 예레미야는 기초석으로 사용되는 것과 같은 큰 돌 여러 개를 가져다가 바로의 궁전으로 통하는 길에 있는 벽돌로 쌓은 축대(이 곳은 왕궁이 잘 보이는 유명한 곳이었다)에 진흙으로 감추라는 지시를 받는다(9절). 애굽은 벽돌로 유명하였다. 이스라엘 백성도 애굽에서 종살이하면서 벽돌을 만드는 강제노역에 동원되었다(출 5:7). 하나님은 여기에서 바로 그 사실을 상기시키고 있는 것인지도 모른다. 애굽의 황폐화의 토대는 저 벽돌들, 그리고 저 진흙에 있었다. 그는 애굽 사람들이 보는 앞에서가 아니라 (그들은 예레미야가 어떤 인물인지를 몰랐다) 유다 사람들의 눈 앞에서 이 일을 하도록 지시를 받는다. 왜냐하면, 그는 그들이 애굽으로 오는 것을 막을 수는 없었지만, 그들로 하여금 애굽에 온 것을 후회하게 만들 수는 있을 것이었기 때문이다.

II. 이 예언은 더 이상 분명할 수 없을 정도로 분명한 말씀을 통해서 예언된다.

1. 바벨론의 현재의 왕인 느부갓네살, 예루살렘을 멸망시킬 때에 쓰임받았던 바로 그 인물이 애굽 땅을 치기 위해 친히 올 것이고, 이 왕도를 장악하게 되리라는 것. 하나님은 선지자가 이 돌들을 놓았던 바로 그 자리에 느부갓네살이 그의 왕좌를 놓을 것이라고 말씀하신다(10절). 하나님께서 이 미세한 부분까지 예언으로 미리 말씀해 주시는 것은 그 일이 성취되었을 때에 그들로 하여금 이 예언을 떠올리며 하나님이 과연 아주 작고 우발적인 사건들조차도 분명하게 아실 정도로 모든 것을 미리 아신다는 것을 인정하게 하기 위한 것이었다. 하나님은 느부갓네살을 그의 종이라 부르신다. 왜냐하면, 이 일에 있어서 그는 하나님의 뜻을 집행하고 그의 뜻을 이루며 그의 계획을 수행하는 도구 역할을 할 것이기 때문이다. 세상의 군왕들은 하나님의 종들이기 때문에, 하나님은 그들을 마음대로 쓰시고, 그를 모르거나 그를 높이고자 하지 않는 왕들조차도 그의 섭리의 도구들로 사용된다는 것을 명심하라.

2. 느부갓네살이 많은 애굽 사람들을 죽이고, 애굽 사람들의 생사는 모두 그의 손에 달려 있게 되리라는 것(11절). 그가 와서 애굽 땅을 치리라. 애굽은 언제나 호전적인 나라였지만, 아무도 느부갓네살에 정면으로 맞설 수 없을 것이다. 그는 그가 죽이고자 하는 자들을 닥치는 대로 죽일 것이고, 사람들을 죽이는 방법도 그가 원하는 대로 선택할 것이어서, 전염병이 도는 지역들에 사람들을

가두어서 죽이기도 하고(여기서 죽음은 전염병으로 죽는 것을 의미한다, 렘 15:2), 전쟁의 냉혹한 칼이나 재판의 뜨거운 칼로 죽이기도 할 것이다. 또한, 그가 살려두고자 하는 자들은 살려서 **사로잡아** 포로로 끌고 갈 것이다. 유대인들이 애굽으로 감으로써 갈대아인들이 애굽으로 오게 된 것이기 때문에, 유대인들은 그들을 환대해 준 애굽 사람들에게 못할 짓을 한 셈이 되었다. 이스라엘을 바벨론의 왕으로부터 지켜 주겠다고 약속했던 애굽 사람들은 그들 자신이 위험에 노출되었다.

3. 느부갓네살이 애굽의 우상들, 곧 신전들과 신상(神像)들을 파괴하리라는 것(12절). 그가 애굽 신들의 신당들을 불지르리라. 그러나 이 불은 하나님이 놓으신 불이 될 것이다. 하나님의 진노의 불이 그들에게 던져질 때, 느부갓네살은 그들 중 일부를 불태우고 일부는 포로로 끌고 갈 것이다(사 46:1). **벧세메스** 또는 태양의 집이라 불린 성읍은 태양신에게 봉헌된 신전이 거기에 있었기 때문에 그런 이름으로 불리게 된 것인데, 그 곳에서는 태양신을 숭배하는 자들이 일년에 여러 차례 모두 모여 회합을 가졌다. 느부갓네살은 거기에 있는 신상들을 깨뜨리고(13절), 그 신상들 속에 들어 있는 귀금속들을 가져갈 것이다. 이것은 신전과 신상들조차 이 승승장구하는 군대의 맹렬한 기세를 피하지 못할 정도로 애굽의 온 땅이 황폐화되리라는 것을 보여준다. 바벨론의 왕은 그 자신이 대단한 우상 숭배자였고 우상 숭배를 후원하는 자였다. 그는 애굽 사람들과 마찬가지로 태양신을 숭배하는 신전들과 신상들을 세웠다. 그렇지만 그는 애굽의 우상들을 파괴하는 일에 사용되었다. 이렇게 하나님은 종종 어떤 악한 자나 악한 민족을 또 다른 악한 자나 악한 민족을 징벌하는 데에 사용하신다.

4. 느부갓네살이 애굽 땅을 차지하게 될 것이고, 그런데도 항변하거나 복수할 수 있는 자가 아무도 없으리라는 것(12절). 그가 애굽 땅을 자기 몸에 두르리라. 그가 애굽 땅에서 탈취한 온갖 진귀한 것들로 전리품을 삼아서 자신을 치장하고 견고히 할 것이다. 그는 그 전리품들을 마치 장신구나 무기처럼 자기 몸에 두르게 될 것이다. 이 전리품들은 아주 많고 무겁겠지만, 전쟁에 익숙하고 날랜 그는 마치 목자가 아침에 자기 양 떼를 우리에서 꺼내러 가려고 그의 몸에 옷을 두름 같이 금방 아주 쉽게 몸에 두를 것이다. 그에게는 수많은 정복을 통해서 많은 나라들에서 탈취한 재물이 넘쳐나서, 그는 애굽 땅에서 탈취한 것들을 목자가 걸치는 겉옷 쯤으로 취급할 것이다. 그는 자기가 갖고 싶은 것들

을 다 취한 후에는(벤하닷이 그렇게 하겠다고 경고한 대로, 왕상 20:6) 어떤 방해도 받지 않고, 또는 방해가 있을까봐 서두르지도 않고 평안히 그 곳을 떠날 것이다. 이렇게 애굽 땅은 완전히 망하게 될 것이다. 애굽이 바벨론의 왕에 의해서 이렇게 멸망당하리라는 것은 에스겔 29:19과 30:10에도 예언되어 있다. 바벨론은 애굽에서 아주 멀리 떨어져 있었지만, 애굽의 멸망은 거기에서부터 왔다. 왜냐하면, 하나님은 심판의 도구를 멀리서 불러오셔서 가까운 곳에 치명상을 입히실 수 있으시기 때문이다.

제
— 44 —
장

개요

이 장에서 우리는 다음과 같은 내용들을 본다. I. 예레미야가 애굽에 있는 유대인들에게 하나님의 말씀과 회초리를 통해서 그들에게 경고하였음에도 불구하고 그들이 여전히 우상 숭배를 하는 것에 대하여 책망하고, 그 일 때문에 그들에게 하나님의 심판이 있을 것이라고 경고하며 일깨우는 말씀을 전함(1-14절). II. 백성들이 이러한 권면을 뻔뻔스럽고 불경하게 멸시하고, 하나님이나 예레미야가 뭐라 하든 그들은 우상 숭배를 계속할 것이라고 단호하게 선언함(15-19절). III. 그들의 완악함 때문에 그들이 극소수를 제외하고 모두 애굽에서 죽게 되리라는 선고가 그들에게 내려짐. 그 징조이자 전조(前兆)로서 애굽의 왕이 머지않아 바벨론의 왕의 수중에 떨어져서, 더 이상 그들을 보호해 줄 수 없게 될 것이다(20-30절).

¹애굽 땅에 사는 모든 유다 사람 곧 믹돌과 다바네스와 놉과 바드로스 지방에 사는 자에 대하여 말씀이 예레미야에게 임하니라 이르시되 ²만군의 여호와 이스라엘의 하나님께서 이와 같이 말씀하시니라 너희가 예루살렘과 유다 모든 성읍에 내린 나의 모든 재난을 보았느니라 보라 오늘 그것들이 황무지가 되었고 사는 사람이 없나니 ³이는 그들이 자기나 너희나 너희 조상들이 알지 못하는 다른 신들에게 나아가 분향하여 섬겨서 나의 노여움을 일으킨 악행으로 말미암음이라 ⁴내가 나의 모든 종 선지자들을 너희에게 보내되 끊임없이 보내어 이르기를 너희는 내가 미워하는 이 가증한 일을 행하지 말라 하였으나 ⁵그들이 듣지 아니하며 귀를 기울이지 아니하고 다른 신들에게 여전히 분향하여 그들의 악에서 돌이키지 아니하였으므로 ⁶나의 분과 나의 노여움을 쏟아서 유다 성읍들과 예루살렘 거리를 불살랐더니 그것들이 오늘과 같이 폐허와 황무지가 되었느니라 ⁷만군의 하나님 이스라엘의 하나님 여호와께서 이와 같이 말씀하셨느니라 너희가 어찌하여 큰 악을 행하여 자기 영혼을 해하며 유다 가운데에서 너희의 남자와 여자와 아이와 젖 먹는 자를 멸절하여 남은 자가 없게 하려느냐 ⁸어찌하여 너희가 너희 손이 만든 것으로 나의 노여움을 일

으켜 너희가 가서 머물러 사는 애굽 땅에서 다른 신들에게 분향함으로 끊어 버림을 당하여 세계 여러 나라 가운데에서 저주와 수치 거리가 되고자 하느냐 9너희가 유다 땅과 예루살렘 거리에서 행한 너희 조상들의 악행과 유다 왕들의 악행과 왕비들의 악행과 너희의 악행과 너희 아내들의 악행을 잊었느냐 10그들이 오늘까지 겸손하지 아니하며 두려워하지도 아니하고 내가 너희와 너희 조상들 앞에 세운 나의 율법과 나의 법규를 지켜 행하지 아니하느니라 11그러므로 만군의 여호와 이스라엘의 하나님께서 이와 같이 말씀하시니라 보라 내가 얼굴을 너희에게로 향하여 환난을 내리고 온 유다를 끊어 버릴 것이며 12내가 또 애굽 땅에 머물러 살기로 고집하고 그리로 들어간 유다의 남은 자들을 처단하리니 그들이 다 멸망하여 애굽 땅에서 엎드러질 것이라 그들이 칼과 기근에 망하되 낮은 자로부터 높은 자까지 칼과 기근에 죽어서 저주와 놀램과 조롱과 수치의 대상이 되리라 13내가 예루살렘을 벌한 것 같이 애굽 땅에 사는 자들을 칼과 기근과 전염병으로 벌하리니 14애굽 땅에 들어가서 거기에 머물러 살려는 유다의 남은 자 중에 피하거나 살아 남아 소원대로 돌아와서 살고자 하여 유다 땅에 돌아올 자가 없을 것이라 도망치는 자들 외에는 돌아올 자가 없으리라 하셨느니라

애굽에 있는 유대인들은 지금 믹돌과 놉을 비롯해서 그 땅의 여러 지역에 흩어져 있었다. 따라서 예레미야는 하나님의 지시를 받고 그들에게 보내심을 받았을 때에 그들 중 대다수가 바드로스에 함께 모였을 때에 이 말씀을 전하였거나(15절) 이곳저곳을 돌아다니며 이런 취지의 말씀을 전하였을 것이다. 그는 만군의 여호와 이스라엘의 하나님의 이름으로 이 말씀을 전하였다.

I. 하나님은 유다와 예루살렘이 황폐화된 것을 그들에게 상기시키신다. 포로로 끌려간 자들은 바벨론의 여러 강변에서 날마다 이것을 기억하였지만(시 137:1), 애굽의 여러 성읍들로 피신해 온 자들은 그들의 마음에서 조국의 땅을 잊어버릴 정도로 떠나온 지가 그리 오래 되지도 않았는데도 그 일을 까맣게 잊어버리고서 다시 기억할 필요조차 없다고 느끼고 있는 듯하였다(2절). 너희가 유다와 예루살렘이 통탄스러운 처지로 변해 버린 것을 보았느니라. 지금 너희는 그러한 황폐화가 도대체 어디에서 온 것이라고 생각하느냐? 그것은 하나님의 진노에서 온 것이다. 예루살렘과 유다 성읍들을 폐허와 황무지가 되게 만든 불을 붙인 것은 하나님의 분(憤)과 노여움이었다(6절). 유다와 예루살렘을 멸

망시키는 데에 도구로 사용된 자들이 누구였든, 그들은 단지 도구에 지나지 않았다. 그것은 전능자로부터 온 멸망이었다.

II. 하나님은 그들에게 유다와 예루살렘의 황폐화를 초래한 원인이 된 죄들을 상기시키신다. 그것은 그들의 악행 때문이었다. 하나님의 노여움을 일으킨 것은 그들의 악행, 특히 다른 신들을 섬긴 그들의 우상 숭배였다(3절). 그들은 오직 참 하나님에게만 영광을 돌려야 하는데도, 가짜 신들, 그들의 생각에서 꾸며낸 것들, 그들의 손으로 만들어낸 것들에게 영광을 돌렸다. 그들은 그들이 알지 못하는 신들, 갑자기 나타나서 신으로 행세하는 그런 신들, 그 출신이 미천하여 언급할 가치조차 없는 그런 신들을 섬기기 위하여 그들 가운데 알려져 있던 하나님, 그 이름이 크신 하나님을 버렸다. "그들이나 너희나 너희 조상들은 왜 이스라엘의 하나님을 버리고 신도 아니면서 신을 참칭하는 그런 존재들을 섬기는지 이치에 맞는 이유를 말할 수 없었다." 그들은 그것들이 신들이라는 것을 알지 못하였다. 아니, 그들은 그것들이 신이 아니라는 것을 알 수밖에 없었다.

III. 하나님은 그들에게 그의 말씀을 통해서 다른 신들을 섬기지 말라고 자주 경고했었다는 사실을 상기시키신다. 그들이 그 경고를 무시한 것은 그들의 우상 숭배의 죄를 더욱 무겁게 만들었다(4절). 하나님께서는 어떻게든 그들을 돌이키게 하시기 위하여 선지자들을 끊임없이 보내셔서 너희는 내가 미워하는 이 가증한 일을 행하지 말라고 전하게 하셨다. 우리는 죄에 대하여 말할 때에 죄는 지극히 두려워하고 혐오해야 할 가증한 일이라고 말하는 것이 합당하다. 죄는 분명히 그렇다. 왜냐하면, 죄는 하나님이 미워하시는 것이고, 우리는 하나님의 심판이 진리를 따라 이루어지리라는 것을 확신하기 때문이다. 우리가 가능한 모든 수단을 동원해서 우리 자신과 다른 사람들로 하여금 죄를 사랑하지 못하게 하기 위해서, 우리는 죄를 흉악한 것이라 부르고 악취가 나는 것이라고 불러야 한다. 우리는 죄의 위험성과 그 치명적인 결과를 지극한 진지함과 간절함으로 경고하는 것이 마땅하다. "제발, 죄를 짓지 말라. 너희가 하나님을 사랑한다면, 죄를 짓지 말라. 왜냐하면, 죄는 하나님의 진노를 불러일으키는 것이기 때문이다. 너희가 너희 자신의 영혼을 사랑한다면, 죄를 짓지 말라. 왜냐하면, 죄는 너희의 영혼을 파괴하는 것이기 때문이다." 시험의 때에 우리가 굴복하려고 하면, 양심으로 하여금 우리에게 이런 말을 하게 하라: 주의하라! 여호와께서 미워하시는 이 가증한 일을 행하지 말라. 왜냐하면, 하나님이 죄를 미워하신다면, 우리도 죄를 미워해야 마땅하기 때문이다. 그러나 그들은 하나님이 그들에게 말씀하신 것을 귀 담아 들었는가? 그렇지 않았다. "그들이 듣지 아니하며 귀를 기울이지 아니하였다(5절). 그들은 여전히 우상 숭배를 고집하였다. 너희는 그 결과가 어떻게 되었는지, 곧 하나님의 분과 노여움이 그들 위에 쏟아져서 오늘과 같이 된 것을 보았다. 내가 이 말을 하는 것은 너희에게 경고하기 위한 것이다. 너희는 그들처럼 하나님의 입에서 나오는 심판의 말씀을 들어 왔을 뿐만 아니라 하나님의 손에 의한 심판도 보아 왔다. 너희는 이제 두려운 마음을 가지고 정신을 차려야 한다. 왜냐하면, 하나님이 그들을 심판하신 것은 다른 사람들이 그것을 듣고서 두려워하여 그들과 같이 될까봐 그들처럼 행하지 않게 경고하기 위한 것이기 때문이다."

Ⅳ. 하나님은 그들이 애굽에 와서까지도 여전히 우상 숭배를 계속하는 것에 대하여 그들을 책망하시고 꾸짖으신다(8절). 너희는 애굽 땅에서 다른 신들에게 분향하고 있다. 하나님은 애굽이 그들에게 덫이 될 것을 아셨기 때문에 애굽으로 가지 말라고 하신 것이었다. 하나님이 갈대아인들의 땅으로 보내신 자들은 비록 그 곳이 우상을 숭배하는 땅임에도 불구하고 거기에서 하나님의 은혜의 능력으로 말미암아 우상 숭배에서 손을 뗐다. 그러나 하나님의 뜻을 거슬러 애굽 땅으로 간 자들은 거기에서 그들의 부패한 본성에 힘 입어서 이전보다 더욱 우상 숭배에 매달렸다. 왜냐하면, 우리가 까닭 없이 또는 부르심 없이 유혹의 땅으로 우리 자신을 던지면, 하나님은 우리를 마음대로 하라고 내버려 두시기 때문이다.

1. 그들은 그렇게 함으로써 그들 자신과 그들의 가족들에게 아주 큰 해악을 끼쳤다. "너희가 큰 악을 행하여 자기 영혼을 해하였다(7절). 너희는 너희의 영혼에 해를 끼쳤고, 거짓된 것으로 너희의 영혼을 속였으며, 너희의 영혼을 파괴하고 있다. 왜냐하면, 그런 것은 너희의 영혼에 치명적인 것이 되기 때문이다." 하나님을 거슬러 죄를 짓는 것은 자기 영혼을 해하는 죄를 짓는 것임을 명심하라. "그것은 온갖 위로와 소망을 끊어 버리고(8절) 너희의 이름과 명예를 끊어 버리는 확실한 길이다. 따라서 그것은 너희가 너희의 죄와 참상으로 인해서 세계 여러 나라 가운데에서 저주와 수치 거리가 되고자 하는 것이다. 유대인처럼 비참해지다라는 말이 속담이 될 것이다. 그것은 너희가 기쁨을 누리는 모든 관계들,

너희의 가족과 관련된 모든 관계들, 즉 남자와 여자와 아이와 젖 먹는 자가 멸절되어서 유다 땅을 상속자들이 없는 땅으로 만들 수 있는 확실한 길이다."

2. 그들은 그렇게 함으로써 그들의 조상들의 죄악의 분량을 다 채웠고, 마치 조상들의 죄로는 부족하기라도 한 것처럼 거기에 그들의 죄악을 더하였다(9절). "너희가 너희보다 앞선 세대의 악행을 잊어버리고서, 마땅히 스스로 낮아져야 하는데도 그렇게 하지 않고 그 결과도 두려워하지 않는 것이냐. 너희가 너희 조상들이 받은 벌을 잊어 버린 것이냐(어떤 이들은 이렇게 읽는다). 너희는 그들이 우상 숭배 때문에 얼마나 비싼 대가를 치렀는지를 알지 못하는 것이냐? 너희가 우상 숭배로 인한 저주를 받을 것을 뻔히 알면서도, 너희의 조상들로부터 전통을 통해서 물려받은 저 헛된 행실을 무모하게 계속하고 있는 것이냐?" 하나님은 그들에게 유다 왕들의 죄와 벌을 상기시키신다. 유다의 왕들은 큰 자들이었지만 우상 숭배로 인한 하나님의 심판을 피할 수 없었다. 그들은 그들을 우상 숭배로 유인했던 그들의 아내들의 악행을 보고서 경고를 받았어야 했다. 여기에서 그들의 아내들로 번역된 원문은 그의 아내들로 되어 있기 때문에, 라이트푸트 박사는 이것이 솔로몬 왕의 아내들, 특히 유다의 왕들의 우상 숭배의 원조가 된 그의 애굽인 아내들을 은연중에 암시하고 있는 것이라고 본다. "너희가 너희 조상들이 겪었던 그 동일한 전철(前轍)을 밟고 있다는 사실을 잊어 버리고 있는 것이냐(느 13:18, 26)? 아니, 너희 대(代)에 와서, 너희가 예루살렘에서 형통하며 살 때에 저질렀던 너희의 악행과 너희 아내들의 악행, 그리고 그 악행이 너희에게 어떤 결과를 가져다 주었는지를 다 잊은 것이냐?" 하나님은 선지자에게 이렇게 말씀하신다(10절). "그러나 내가 그들에게 말해 보아야 무슨 소용이 있겠는가? 내가 그들을 지금까지 온갖 낮추는 섭리 아래 두었지만, 그들이 오늘까지 낮아지지 않았고 겸손하지 아니하다. 그들은 두려워하지도 아니하고 나의 율법을 지켜 행하지도 아니하느니라." 하나님의 율법을 지켜 행하지 않는 자들은 그것을 통해서 그들이 하나님을 경외하지 않는다는 것을 보여주는 것임을 명심하라.

V. **하나님은 그들이 애굽에 와서까지 우상 숭배를 지속하는 것으로 인하여 그들이 철저히 멸망하게 되리라고 경고하신다.** 앞에서처럼(렘 42:22), 그들에 대해서 그들이 애굽에서 죽게 될 것이라는 심판이 내려진다. 심판은 작정되었기 때문에 취소되지 않을 것이다. 그들은 애굽 땅에 머물러 살기로 고집하고 그리

로 들어갔고(12절), 하나님을 대적하려는 의도가 확고하였다. 그래서 이제 하나님은 그들을 대적하려는 의도를 확고히 하신다. 내가 얼굴을 너희에게로 향하여 온 유다를 끊어 버릴 것이다(11절). 전능하신 하나님을 모독할 뿐만 아니라 맞서서 대항하고자 하는 자들은 하나님의 노려보시는 시선 앞에서 얼굴을 떨구게 될 것이다. 왜냐하면, 여호와의 얼굴은 악을 행하는 자를 향하시기 때문이다(시 34:16). 여기에는 애굽에서 우상을 숭배하는 유대인들에 대한 다음과 같은 경고가 나온다.

1. 그들이 예외 없이 다 멸망하리라는 것. 그들 중에서 아무리 신분이 높고 지체가 높은 자들이라도 피하지 못할 것이다. 그들이 낮은 자로부터 높은 자까지 다 죽을 것이다(12절).

2. 그들이 하나님께서 예루살렘을 벌하실 때에 사용하셨던 바로 그 심판들, 즉 칼과 기근과 전염병으로 죽게 되리라는 것(12-13절). 그들은 광야의 이스라엘 백성처럼 자연사에 의해서 죽게 되는 것이 아니라, 그들이 애굽으로 도망치면 피하리라고 생각하였던 바로 그 혹독한 심판들에 의해서 죽게 될 것이다.

3. 아무도 유다 땅에 다시 돌아올 자가 없으리라는 것(14절, 가까스로 목숨을 건지게 될 극소수를 제외하고). 그들은 애굽이 더 가깝기 때문에 바벨론으로 끌려간 자들보다 그들의 땅으로 돌아갈 수 있는 기회가 더 많이 주어질 것이라고 생각하였다. 그러나 바벨론으로 간 자들은 돌아오겠지만, 애굽으로 간 자들은 돌아오지 못할 것이다. 왜냐하면, 하나님이 우리에게 위로를 주시겠다고 약속하시고 마련해 주신 길은 우리가 스스로 생각해 낸 길보다 훨씬 더 확실한 길이기 때문이다. 안절부절하고 잘 만족하지 못하는 자들은 어디를 가든지 불안해서 변화를 원하게 된다는 것을 주목하라. 이스라엘 사람들은 유다 땅에 있을 때에는 애굽으로 가고자 하였지만(렘 42:22), 막상 애굽에 오고나서는 유다 땅으로 다시 돌아가고 싶어하였다. 그들은 유다 땅을 향하여 그들의 영혼을 들었다(난외주에는 이렇게 되어 있다). 이것은 간절한 욕구를 표현할 때에 사용되는 어구이다. 그러나 하나님이 명령하셨을 때에 그들이 유다 땅에 머물러 살고자 하지 않았기 때문에, 그들은 정작 그들 자신이 원할 때에는 유다 땅에 가서 살 수 없게 될 것이다. 우리가 하나님을 거슬러 거꾸로 걸으면, 하나님도 우리를 거슬러 거꾸로 걸으실 것이다. 하나님께서 친히 그들에게 다 말씀해 주셨는데도, 그들이 어떻게 해야 잘 될 것인지를 알고자 하지 않았던 자들이 어떻게

잘 되기를 기대할 수 있겠는가?

[15]그리하여 자기 아내들이 다른 신들에게 분향하는 줄을 아는 모든 남자와 곁에 섰던 모든 여인 곧 애굽 땅 바드로스에 사는 모든 백성의 큰 무리가 예레미야에게 대답하여 이르되 [16]네가 여호와의 이름으로 우리에게 하는 말을 우리가 듣지 아니하고 [17]우리 입에서 낸 모든 말을 반드시 실행하여 우리가 본래 하던 것 곧 우리와 우리 선조와 우리 왕들과 우리 고관들이 유다 성읍들과 예루살렘 거리에서 하던 대로 하늘의 여왕에게 분향하고 그 앞에 전제를 드리리라 그 때에는 우리가 먹을 것이 풍부하며 복을 받고 재난을 당하지 아니하였더니 [18]우리가 하늘의 여왕에게 분향하고 그 앞에 전제 드리던 것을 폐한 후부터는 모든 것이 궁핍하고 칼과 기근에 멸망을 당하였느니라 하며 [19]여인들은 이르되 우리가 하늘의 여왕에게 분향하고 그 앞에 전제를 드릴 때에 어찌 우리 남편의 허락이 없이 그의 형상과 같은 과자를 만들어 놓고 전제를 드렸느냐 하는지라

우리는 여기에서 백성들이 예레미야의 입을 통해 전해진 하나님의 말씀의 능력에 순복하기를 완강하게 거부하는 모습을 본다. 우리는 여기에 나오는 것과 같이 하나님과 정면으로 맞서는 사례 또는 육적인 마음의 공공연한 반역의 예를 다른 곳에서는 거의 찾아볼 수 없다. 좀 더 자세하게 살펴보자.

I. 하나님과 그의 심판에 이렇게 정면으로 도전한 자들은 누구였는가. 이렇게 완강하게 하나님과 맞선 자들은 유대인들 가운데서 일부가 아니라 전부였다. 그들은 그들 자신이나 그들의 아내들이 예레미야가 책망하였던 우상 숭배의 죄를 저지르고 있다는 것을 잘 알고 있던 자들이었다(15절).

1. 예로부터 여자들이 남자들보다 우상 숭배나 미신에 더 잘 빠지는 경향이 있어 왔는데, 이것은 남자들이 여자들보다 참 하나님과 참된 신앙에 더 열심이 있기 때문이 아니라, 남자들은 일반적으로 무신론자들이 많아서 신이나 종교에 대하여 별 관심이 없으므로 아내들이 잘못된 신앙을 갖거나 거짓 신들을 섬기는 것을 쉽게 허용하기 때문이다.

2. 그들이 책망을 참을 수 없어 한 것은 죄의식 때문이었다. 그들은 자기 아내들이 다른 신들에게 분향하는 줄을 알았고 거기에 동조하였다. 또한, 곁에 섰던 모든 여인은 그들의 남편들이 그들의 우상 숭배에 함께 협력하였다는 것을 알

고 있었다. 그래서 예레미야가 전한 말씀이 그들의 아픈 곳을 건드리자, 그들은 벨리알의 자녀들처럼 멍에를 메기 싫어서 가시채를 뒷발질하였던 것이다.

II. 이 자들은 예레미야에게 어떤 대답을 하였는가. 그들은 예레미야에게 대답을 하였지만 사실 하나님께 대답한 것이었다. 그들의 대답은 전능자에게 뻔뻔스럽게 우리를 떠나소서 우리가 주의 도리 알기를 바라지 아니하나이다라고 말했던 자들과 동일한 대답이었다.

1. 그들은 하나님이 그들에게 명령하신 대로 하지 않고, 그들 자신이 하고 싶은 대로 하겠다는 그들의 결심을 분명하게 밝힌다. 즉, 그들은 여기에서 하늘의 여왕으로 불리고 있는 달을 계속해서 숭배하겠다는 것이다. 어떤 이들은 이것이 달이 아니라, 애굽에서 많이 숭배되었고(렘 43:13) 예루살렘에서도 숭배되었던(왕하 23:11) 해를 가리키는 것으로 이해한다. 그들은 히브리어로 해는 여성형이기 때문에 하늘의 여왕으로 불리는 것이 전혀 어색하지 않다고 말한다. 어떤 이들은 이것을 하늘의 만상 또는 하늘 전체를 가리키는 것으로 이해한다(렘 7:18). 이 무모한 죄인들은 이제 그들이 순종하기를 거부하는 핑계도 대려 하지 않고, 예레미야가 하나님으로부터 받은 말씀이 아니라 자기 스스로 생각해 낸 것을 말하는 것이라고 주장하지도 않으며(앞에 나온 요하난 일당과는 달리, 렘 43:2), 예레미야가 여호와의 이름으로 그들에게 말씀을 전한 것을 인정하면서도, 그들의 입장을 꽤 길게 설명한 후에 "우리는 네가 하는 말을 듣지 아니하고, 하나님이 우리에게 금지하신 것을 행하고자 하며, 그것으로 인해 경고하신 벌도 감수하고자 한다"고 분명하게 말하였다. 하나님께 불순종하며 살아가는 자들은 보통 점점 더 상태가 악화되어서, 그들의 마음은 죄의 미혹에 의해서 점점 더 완악해진다는 것을 명심하라. 여기에 반역한 마음의 진면목을 보여주는 언어가 나온다: 하나님과 그의 선지자들은 그들이 하고 싶은 말을 하라. 우리는 우리 입에서 낸 모든 말을 반드시 실행하리라. 그들이 여기서 말한 것을 많은 사람들은 입 밖으로 낼 정도의 뻔뻔스러움까지는 도달하지 않았기 때문에 그저 생각만 한다. 이것은 청년이 그의 청년의 날들에 취하는 태도이다. 청년은 그의 마음에 기뻐하여 마음에 원하는 길들과 그의 눈이 보는 대로 행하고자 하고, 모든 일을 자기 뜻대로 하고자 한다(전 11:9).

2. 그들은 그들이 그렇게 결심하게 된 계기가 된 몇 가지 이유들을 제시한다. 왜냐하면, 아무리 터무니없고 비이성적인 악인들도 모든 입을 막을 날이 올

때까지는 그들 자신을 위해 뭔가 할 말이 있는 법이기 때문이다.

(1) 그들은 로마 가톨릭을 옹호하는 자들이 참 교회의 표지(標識)들로 들먹이며 그들을 정당화하고 미화하는 데에 사용하는 그런 것들 중에서 여러 가지를 내세우며 항변한다. 이런 것들이 옳다면, 이 유대인들도 로마 가톨릭교도들만큼이나 그들의 우상 숭배에 대한 권리가 있는 셈이다.

[1] 그들은 그들이 행하는 일이 오래된 것(antiquity)이라고 항변한다. 우리가 하늘의 여왕에게 분향하고자 결심한 것은 우리 선조들이 그렇게 하였기 때문이다. 우리는 조상들이 정해준 대로 행하는 것뿐이다. 우리가 우리의 조상들보다 더 지혜로운 체해서야 되겠는가?

[2] 그들은 권위(authority)를 내세우며 항변한다. 권세를 지니고 있던 자들이 스스로 그렇게 행하였고, 다른 사람들에게도 그렇게 행하라고 정해 주었다. 하나님이 우리 위에 세우셨고 다윗의 자손들인 우리 왕들과 우리 고관들이 그렇게 행하였다.

[3] 그들은 누구나 다 그렇게 행해 왔다(unity)고 항변한다. 여기저기에서 한두 사람이 이 일을 행한 것이 아니라, 우리 모두가 한결같이, 큰 무리인 우리가 그 일을 행하였다(15절).

[4] 그들은 어디에서나 다 그렇게 행해 왔다(universality)고 항변한다. 이 일은 여기저기에서 부분적으로 행해진 것이 아니라 유다 성읍들에서 행해져 왔다.

[5] 그들은 이 일이 누구나 다 볼 수 있게 행해져 왔다고 그 투명성(visibility)을 내세운다. 이 일은 후미진 곳이나 어둡고 은밀한 수풀 속에서만이 아니라 거리에서 공개적으로 행해져 왔다.

[6] 그들은 이 일이 모교회, 교황청에서 행해져 왔다는 것을 근거로 내세운다. 이 일은 그들이 애굽에 와서 처음으로 배운 것이 아니라 예루살렘에 있을 때부터 해왔던 일이다.

[7] 그들은 형통을 근거로 제시한다. 우리가 먹을 것과 모든 것이 풍부하였다. 우리는 복을 받고 재난을 당하지 아니하였다. 그들이 앞에서 제시한 모든 근거들은 다 사실 그대로였다. 그들의 우상 숭배를 고소하는 하나님의 증인들은 거의 없었고 다 숨어 버렸다. 엘리야는 자기만 홀로 남았다고 생각할 정도였다. 이 마지막 항변은 몇몇 개인들에게는 사실일 수도 있었겠지만, 그들의 나라는 그렇지가 못해서 그들의 배역(背逆)을 책망하는 일들이 끊임없이 일어나서, 그 때

에 온 땅의 모든 주민이 크게 요란하여 사람의 출입이 평안하지 못하였다(대하 15:5). 그러나 이 모든 항변이 다 사실이라고 해도, 그런 것들은 결코 그들의 우상 숭배에 대한 변명이 되지는 못한다. 사람들의 관습이 무엇이든, 우리가 지켜야 하는 것도 하나님의 율법이고 우리가 심판받는 기준도 하나님의 율법 이다.

(2) 그들은 그들이 최근에 겪은 심판들이 그들에게 임한 것은 하늘의 여왕에 게 분향하고 그 앞에 전제 드리던 것을 폐하였기 때문이라고 주장한다(18절). 하 나님께서 그의 선지자들을 통해서 그토록 자주 그들에게 설명해 주셨고, 모든 일어나는 상황도 그 정반대의 것을 말해줌에도 불구하고, 그들은 섭리를 철저 하게 왜곡하여 잘못 해석하였다: 우리가 우상 숭배를 버렸기 때문에 우리는 모 든 것이 궁핍하고 칼과 기근에 멸망을 당하였다. 그러나 그들이 멸망을 당한 진짜 이유는 그들이 그들의 마음속에 계속해서 우상들을 품고 있었고 그들의 오래 된 죄악들에 대한 애정을 품고 있었기 때문이었다. 그런데도 그들은 그들이 멸 망한 것이 죄악된 행위들을 버렸기 때문이라고 생각하고 싶어하였다. 이렇게 그들을 잘 되게 하고 그들에게서 죄들을 떼어놓기 위해서 주어진 환난들은 잘 못 해석이 되어서 도리어 그들의 죄를 더욱 견고하게 만들어 주는 구실이 되고 말았다. 마찬가지로, 기독교의 초창기에 하나님이 그리스도인들을 배척하고 박해한 나라들에 국가적인 재난들을 보내서 징계하셨을 때에도 그들은 이 재 난들에 정반대의 의미를 부여해서 마치 그들이 그리스도인들을 묵인하고 용납 했기 때문에 벌을 받은 것처럼 해석해서 그리스도인들을 사자들에게 던져라 (Christianos ad leones)고 소리쳤다. 설령 그들이 여기에서 말한 대로 참 하나 님, 이스라엘의 하나님을 다시 섬겼기 때문에 궁핍과 환난을 당한 것이 사실이 라고 해도, 그것이 그들이 다시 하나님을 배역하고 떠난 정당한 이유가 되는 것인가? 그것은 그들이 하나님이 아니라 그들의 배를 섬기고 있다고 말하는 것 이나 다름이 없는 것이었다. 하나님을 알고 신뢰하는 자들은 결국에 가서는 하 나님 때문에 손해 나는 일은 없을 것임을 확신하기 때문에 하나님이 그들을 굶 겨 죽이시거나 그들이 이 세상에서 좋은 날을 결코 보지 못한다고 하여도 하나 님을 섬기는 법이다.

(3) 여자들은 우상 숭배에 있어서 자기들이 아주 적극적으로 나서긴 했지만 그것은 어디까지나 남편들의 동의와 허가를 받고 한 것이었다고 항변한다. 여

자들은 하늘의 여왕에게 소제로 드릴 과자를 만들고 전제를 준비해서 붓느라 바쁘게 움직였다(19절). 우리는 앞에서도 이것이 그들이 한 일이라는 것을 보았다(렘 7:18). "그러나 우리가 남편의 허락 없이 그들이 모르도록 은밀하게 이 일을 행하여 그들이 트집을 잡을 빌미를 주었겠느냐? 결코 그렇지 않았다. 남편들은 불을 지폈고, 부인들은 떡 반죽을 하였다. 우리의 머리인 남편들, 우리가 그들에게서 배워야 하고 순종해야 하는 남편들이 직접 모범을 보이며 이 일을 행하도록 우리를 가르친 것이다." 서로 가장 가까운 관계에 있어서 선한 일을 행하도록 서로를 일깨워주고 천국에 갈 때까지 서로를 도와주어야 할 자들이 도리어 서로를 완악하게 하여 죄 짓게 하고 서로를 지옥으로 내몰고 있다는 사실은 참으로 서글픈 일이다. 어떤 이들은 이 말을 남편들이 말한 것으로 이해해서(15절), 그들이 그들의 사람들 없이, 즉 그들의 장로들이나 관리들, 그들의 큰 자들, 권세를 지닌 자들의 허락 없이 이 일을 했겠느냐고 항변하고 있는 것으로 해석한다. 그러나 과자를 만드는 일이나 전제를 붓는 일은 다른 곳에서 명백하게 여자들이 한 일로 설명되고 있기 때문에(렘 7:18), 이 말은 여자들의 항변으로 보는 것이 더 좋을 것이다. 그러나 이것은 별 주목할 가치도 없는 항변이었다. 이 일이 하나님의 뜻에 어긋나는 일인 줄을 뻔히 알았으면서도 남편의 뜻을 따른 것일 뿐이라고 말해 보아야 무슨 소용이 있단 말인가?

[20]예레미야가 남녀 모든 무리 곧 이 말로 대답하는 모든 백성에게 일러 이르되 [21]너희가 너희 선조와 너희 왕들과 고관들과 유다 땅 백성이 유다 성읍들과 예루살렘 거리에서 분향한 일을 여호와께서 기억하셨고 그의 마음에 떠오른 것이 아닌가 [22]여호와께서 너희 악행과 가증한 행위를 더 참을 수 없으셨으므로 너희 땅이 오늘과 같이 황폐하며 놀램과 저줏거리가 되어 주민이 없게 되었나니 [23]너희가 분향하여 여호와께 범죄하였으며 여호와의 목소리를 순종하지 아니하고 여호와의 율법과 법규와 여러 증거대로 행하지 아니하였으므로 이 재난이 오늘과 같이 너희에게 일어났느니라 [24]예레미야가 다시 모든 백성과 모든 여인에게 말하되 애굽 땅에서 사는 모든 유다 사람이여 여호와의 말씀을 들으라 [25]만군의 여호와 이스라엘의 하나님께서 이와 같이 말씀하시되 너희와 너희 아내들이 입으로 말하고 손으로 이루려 하여 이르기를 우리가 서원한 대로 반드시 이행하여 하늘의 여왕에게 분향하고 전제를 드리리라 하였은즉 너희 서원을 성취하며 너희 서원을 이행하라 하시느니

라 ²⁶그러므로 애굽 땅에서 사는 모든 유다 사람이여 여호와의 말씀을 들으라 여호와께서 말씀하시되 보라 내가 나의 큰 이름으로 맹세하였은즉 애굽 온 땅에 사는 유다 사람들의 입에서 다시는 내 이름을 부르며 주 여호와의 살아 계심을 두고 맹세하노라 하는 자가 없으리라 ²⁷보라 내가 깨어 있어 그들에게 재난을 내리고 복을 내리지 아니하리니 애굽 땅에 있는 유다 모든 사람이 칼과 기근에 망하여 멸절되리라 ²⁸그런즉 칼을 피한 소수의 사람이 애굽 땅에서 나와 유다 땅으로 돌아오리니 애굽 땅에 들어가서 거기에 머물러 사는 유다의 모든 남은 자가 내 말과 그들의 말 가운데서 누구의 말이 진리인지 알리라 ²⁹여호와의 말씀이니라 내가 이 곳에서 너희를 벌할 표징이 이것이라 내가 너희에게 재난을 내리리라 한 말이 반드시 이루어질 것을 그것으로 알게 하리라 ³⁰보라 내가 유다의 시드기야 왕을 그의 원수 곧 그의 생명을 찾는 바벨론의 느부갓네살 왕의 손에 넘긴 것 같이 애굽의 바로 호브라 왕을 그의 원수들 곧 그의 생명을 찾는 자들의 손에 넘겨 주리라 여호와께서 이와 같이 말씀하셨느니라

무모하고 뻔뻔스러운 죄인들이 대담한 말과 과장된 말을 수없이 늘어놓을 수 있지만, 결국 모든 것을 결정하는 최종적인 말씀은 하나님에게서 나온다. 왜냐하면, 하나님이 말씀하실 때에 그 말씀이 옳다는 것이 밝혀질 것이고, 모든 육체, 심지어 아무리 교만한 자라도 하나님 앞에서 침묵하게 될 것이기 때문이다. 사람들은 선지자들을 짓밟을 수는 있겠지만, 하나님을 짓밟을 수는 없다. 아니, 여기서는 예레미야 선지자도 짓밟히지 않았다.

I. 예레미야에는 자신의 생각에 의거해서도 그들에게 말해 줄 것이 있었다. 그는 그들이 겪었던 재난들에 관한 그들의 오해(이것은 악의적인 오해였다)를 바로잡아 주고 그 재난들의 진정한 의도와 의미를 밝혀 주는 말을 예언의 영이 없이도 그들에게 말해 줄 수 있었다. 그들은 이 비참한 일들이 그들에게 닥친 것은 그들이 하늘의 여왕에게 분향하던 것을 폐하였기 때문이라고 말하였다. 선지자는 이렇게 말한다. "아니다. 그것은 너희가 그 일을 폐하였기 때문이 아니라 이전에 그런 일을 행하였기 때문이다." 그들의 대답이 끝나자, 선지자는 즉시 하나님이 그들에 대하여 오래 참으셔서 그들과 그들의 조상들이 다른 신들에게 분향한 것을 상당히 오랜 기간 동안 벌하지 않으시고 그냥 두셨고, 하나님이 그렇게 인내하고 계시는 날들 동안에는 그들의 말대로 그들이 복을 받았고

재난을 당하지 아니한 것이라고 응수하였다(20절). 그러나 그들이 점점 하나님의 진노를 더욱 불러일으켰기 때문에 결국 여호와께서 더 참을 수 없으셨다(22절). 이 때에도 하나님은 즉시 심판을 내리신 것이 아니라 그들과의 다툼을 시작하셨고, 그러자 그들 중 일부는 조금 삶을 고쳤다. 이것은 그들이 그들의 죄를 떠난 것이라기보다는 그들의 죄가 그들을 떠난 것이었다. 그러나 그들의 옛 죄들에 의한 죄책(罪責)이 엄연히 남아 있었고, 그들의 부패한 성향도 여전히 동일하였기 때문에, 하나님은 그들의 선조와 그들의 왕들과 고관들이 예루살렘 거리에서 우상을 숭배한 일을 기억하셨는데, 그들은 그들의 조상들이 우상을 숭배한 것을 부끄러워하기는커녕 도리어 그들의 우상 숭배를 정당화해 주는 것으로 여겨서 기뻐하고 자랑스러워하였다. 이 모든 일, 그들이 저질렀던 온갖 가증한 행위들(22절), 그들이 여호와의 목소리에 불순종한 모든 일들(23절)이 하나님의 마음에 떠올라서(21절), 하나님은 이 모든 일들에 대한 책임을 묻고자 하셨다. 그래서 이 모든 죄에 대한 그들의 벌로 그들의 땅이 오늘과 같이 황폐하며 저줏거리가 되었다(22절). 그들이 최근에 삶을 고친 것 때문이 아니라 그들이 오랫동안 저질러 왔던 죄악들 때문에 이 모든 재난이 오늘과 같이 그들에게 일어난 것이었다(23절). 우리의 환난의 원인을 제대로 이해하면, 우리는 우리의 죄를 치유하는 길로 성큼 나아가게 된다는 것을 명심하라. 어떤 재난이 우리에게 일어나든, 그것은 우리가 여호와께 범죄하였기 때문이다. 그러므로 우리는 두려워 떨며 범죄하지 말아야 한다.

Ⅱ. 예레미야는 특히 여인들에게 이스라엘의 하나님 만군의 여호와께로부터 받은 말씀을 따라 그들에게 말해 줄 것이 있었다. 이 여자들은 대답을 했기 때문에, 이제 하나님의 답변을 들어야 한다(24절). 모든 유다 사람은 그들이 비록 애굽 땅에서 살지라도, 하나님은 그들에게 하실 말씀이 있으신데, 이것은 그들의 특권이다. 또한, 그들은 하나님이 말씀하시는 것을 지켜야 하는데, 그것이 그들의 본분이기 때문이다(26절). 이제 하나님은 답변을 통해서 그들에게 다음과 같이 분명하게 말씀하신다.

1. 그들이 우상 숭배를 계속하기로 굳게 결심하였기 때문에 하나님께서도 그들과의 다툼을 진행해 나가시기로 굳게 결심하셨다는 것. 그들이 계속해서 하나님의 진노를 불러일으킨다면, 하나님은 계속해서 그들을 벌하실 것이고, 결국 누가 이기는지를 보실 것이다. 하나님은 이전에 하셨던 말씀을 반복하신

다(25절). "너희와 너희 아내들이 이 일을 고집하기로 마음을 같이 하여 입으로 말하고 손으로 이루었다. 너희는 우리가 서원한 대로 반드시 이행하여 하늘의 여왕에게 분향하고 전제를 드리리라고 말하였고 실행하였으며 지금도 계속해 나가고 있다." 그 일은 죄인데도 불구하고, 그들은 그것을 행하기로 맹세하였기 때문에 그들이 그 일을 하는 것이 정당하다는 듯이 생각하는 것처럼 보였다. 하나님이 어떤 일을 이미 죄로 정하셨는데, 사람이 그 일을 하기로 맹세하였다고 해서, 그 일이 합법적인 일이 될 수는 없고 그들의 본분이나 도리가 될 수는 더 더욱 없다. 하나님은 이렇게 말씀하신다. "좋다, 너희 서원을 성취하며 너희 서원을 이행하라. 하지만 이제 나의 서원이 무엇인지, 나의 큰 이름으로 맹세한 것이 무엇인지를 들어 보아라." 그들이 맹세하고 후회하지 않기 때문에, 여호와께서도 맹세하시고 후회하지 않으실 것이다. 고집 센 자들에게는 주께서도 고집이 세시다는 것을 보여주실 것이다(시 18:26).

(1) 하나님은 그들 가운데 약간 남아 있는 신앙조차도 다 잃어버리게 될 것이라고 맹세로써 말씀하신다(26절). 그들은 비록 애굽 사람들과 마찬가지로 우상 숭배에 참여하고 있었지만, 많은 경우에, 특히 공식적인 맹세나 서원을 할 때에는 계속해서 여호와의 이름을 사용하여 왔었다. 그들은 여호와께서 살아 계심을 두고 맹세한다고 말함으로써, 비록 그들이 죽은 우상들을 섬기고 있기는 하지만 하나님이 살아 계시다는 것을 인정하였다. 그들은 여호와께서 살아 계심을 두고 맹세하였지만(렘 5:2), 그들의 하나님의 영광을 위해서라기보다는 그들의 민족의 영광을 위해서 이러한 맹세 양식을 그대로 유지하였을 것이다. 그러나 하나님은 애굽 온 땅에 사는 유다 사람들의 입에서 다시는 내 이름을 부르는 일이 없을 것이라고 선언하신다. 즉, 이렇게 자기 나라의 방언을 사용하는 유대인들이 애굽 땅에 남아 있지 않게 되거나, 설령 남아 있다고 하더라도 그렇게 맹세하는 법을 잊어버리고서, 애굽 사람들과 똑같이 여호와가 아니라 바로의 사심을 두고 맹세하게 되리라는 것이다. 하나님께서 그들 마음대로 하라고 완전히 내버려두셔서 그들의 신앙을 까마득하게 잊어버리고 그들에게 남아 있는 선한 교육의 흔적들을 다 잃어버리게 된 자들은 정말 비참한 자들이라는 것을 명심하라. 또는, 이것은 만약 그들이 앞으로 하나님의 이름을 입에 올리거나 그들이 하나님과 어떤 관계에 있다고 고백한다면 하나님은 그것을 그에 대한 모독으로 여기시리라는 것을 보여주는 것일 수도 있다.

(2) 하나님은 애굽 땅에 조금이라도 남아 있는 유대인들이 있다면 그들은 모두 죽게 될 것이라고 맹세로써 말씀하신다(27절). 내가 깨어 있어 그들에게 재난을 내리리라. 나는 그들이 멸절되어서 뿌리가 뽑힐 때까지 그들을 심판할 그 어떤 기회도 놓치지 않을 것이다. 하나님께 회개치 않는 죄인들이 발견된다면, 하나님은 그들에게 준엄한 재판장으로 발견되리라는 것을 명심하라. 이런 일이 그들에게 닥칠 때, 그들은 내 말과 그들의 말 가운데서 누구의 말이 진리인지 알게 될 것이다(28절). 그들은 그들이 다시 하늘의 여왕을 숭배하게 되었으니 모든 일이 잘 될 것이라고 말하였다. 하지만 하나님은 그들이 반드시 멸망하게 되리라고 말씀하셨다. 이제 앞으로 일어나는 일들을 보면, 누구의 말이 맞는지가 드러나게 될 것이다. 하나님과 죄인들이 누구의 말이 서게 될 것인지, 누구의 말대로 될 것인지, 누가 이길 것인지를 놓고 시합을 벌이고 있다. 죄인들은 그들이 지금 하는 대로 계속해 나가면 평안을 얻게 될 것이라고 말한다. 하나님은 그들에게는 결코 평안이 없을 것이라고 말씀한다. 그러나 하나님은 판단하실 때에 반드시 이기신다. 하나님의 말씀이 설 것이고, 죄인들의 말은 서지 못할 것이다.

2. 그들 중에 극소수가 칼을 피할 것이고, 시간이 흐르면 소수의 사람이 유다 땅으로 돌아오리라는 것(28절). 이렇게 심판을 피한 자들은 갈대아인들의 땅에서 돌아올 무수한 사람들에 비하면 거의 없는 것이나 다름없을 것이다. 이 말씀은 우상 숭배의 죄에 동참한 사람들의 수가 많다는 것을 자랑하였던 자들을 나무라기 위한 것인 듯하다. 우상 숭배에 동참하지 않았다고 말할 자가 아무도 없었다는 것이다. 하나님은 이렇게 말씀하신다. "그래 좋다. 칼과 기근을 피할 자가 극소수일 것이다."

3. 그들이 애굽에서 죽을 것이고 모두 다 죽게 되리라는 모든 경고들이 때가 되면 이루어질 것임을 보여주는 표징을 주시리라는 것. 내가 현재의 애굽의 바로 호브라 왕을 그의 원수들 곧 그의 생명을 찾는 자들(장차 그의 왕위를 찬탈하게 될 아미시스를 중심으로 한 반역자들 또는 장차 애굽을 침공하게 될 **바벨론의 왕 느부갓네살**)의 손에 넘겨 주리라. 헤로도토스(Herodotus)는 전자에 대하여 말하고, 요세푸스(Josephus)는 후자에 대하여 말한다. 이 애굽의 왕 바로는 은총을 베풀겠다는 조건으로 유대인들로 하여금 우상 숭배를 하도록 유혹하였던 것 같다. 어쨌든 그들은 이 바로의 보호를 받고 있었기 때문에, 그가 죽는 것은

그들의 멸망의 전조(前兆)가 될 것이고, 멸망을 향하여 한 발자국 나아가는 것이 될 것이다. 그들은 유다의 왕 시드기야보다도 애굽의 왕 바로에게 더 많은 기대를 하였다. 바로는 더 강력하고 정치적인 군주였기 때문이다. 하나님은 이렇게 말씀하신다. "그러나 내가 시드기야에게 그랬던 것처럼 그를 그의 원수들의 손에 넘겨 주리라." 우리가 피조물들에게서 어떤 위로를 받을까 하여 그것들을 의지하고 기대하지만 그것들은 우리의 기대를 조금도 만족시켜 주지 못할 것이기 때문에 우리는 곧 낭패를 당하게 될 것임을 명심하라. 왜냐하면, 그것들은 우리가 생각한 대로 움직여 주는 것이 아니라 하나님께서 원하시는 대로 움직이기 때문이다.

성경에 나오는 거룩한 역사 속에는 이 예언이 성취된 사건이 기록되어 있지 않지만, 이것에 대하여 침묵하고 있는 것만으로도 우리는 충분히 미루어 짐작할 수 있다. 우리는 애굽에 있던 유대인들에 대하여 더 이상 듣지 못하기 때문에, 그들은 이 예언에 따라서 거기에서 모두 죽었다고 결론을 내릴 수 있다. 왜냐하면, 하나님의 말씀은 땅에 떨어지는 법이 없기 때문이다.

제
— 45 —
장

개요

이 장에 나오는 예언은 오직 바룩에 관한 것이기는 하지만, 어려운 시험의 때에 하나님을 신실하게 섬기고 그에게 꼭 붙어 있는 하나님의 모든 백성에게 힘을 주고 그들을 붙들어 주기 위한 예언이다. 이 예언은 예루살렘이 멸망하고 유대인들이 흩어진 이야기가 나온 후에 여기에 등장하지만, 사실은 다음 장, 그리고 아마도 그 뒤에 이어지는 장들에 나오는 예언과 마찬가지로 오래 전에, 즉 여호야김 제4년에 선포되었다. 우리는 여기에서 다음과 같은 내용들을 본다. I. 바룩이 예레미야의 두루마리 책을 기록하고 읽은 일 때문에 환난을 당하게 되었을 때에 무척 두려워하였다는 것(1-3절). II. 바룩이 너무 큰 것을 바라고 있다는 하나님의 책망을 받고서 두려움이 그쳤고, 특별히 보호해 주시겠다는 하나님의 약속을 받고서 침묵하게 되었다는 것(4-5절). 바룩은 단지 예레미야의 서기에 불과하였지만, 하나님은 그가 두려워하는 것을 아시고 이렇게 그에게 위로가 될 것을 마련해 주신다. 왜냐하면, 하나님은 그의 종들 중 그 누구도 멸시하지 않으시고, 아무리 미천하고 약한 자들에게도 관심을 기울여 은혜를 베푸시는 분이어서, 선지자인 예레미야에게나 그 서기인 바룩에게나 깊은 관심을 보이시기 때문이다.

¹유다의 요시야 왕의 아들 여호야김 넷째 해에 네리야의 아들 바룩이 예레미야가 불러 주는 대로 이 모든 말을 책에 기록하니라 그 때에 선지자 예레미야가 그에게 말하여 이르되 ²바룩아 이스라엘의 하나님 여호와께서 네게 이같이 말씀하셨느니라 ³네가 일찍이 말하기를 화로다 여호와께서 나의 고통에 슬픔을 더하셨으니 나는 나의 탄식으로 피곤하여 평안을 찾지 못하도다 ⁴너는 그에게 이르라 여호와께서 이와 같이 말씀하시기를 보라 나는 내가 세운 것을 헐기도 하며 내가 심은 것을 뽑기도 하나니 온 땅에 그리하겠거늘 ⁵네가 너를 위하여 큰 일을 찾느냐 그것을 찾지 말라 보라 내가 모든 육체에 재난을 내리리라 그러나 네가 가는 모든 곳에서는 내가 너에게 네 생명을 노략물 주듯 하리라 여호와의 말씀이니라

바룩이 예레미야의 예언을 기록하여 낭독하는 일에 쓰임을 받게 된 것, 그 일로 인하여 왕의 위협을 받고 체포 영장이 발부되어서 피신할 수밖에 없게 된 것, 하나님의 보호하심 아래에서 그가 간신히 목숨을 건질 수 있게 된 것에 관한 이야기는 우리가 이미 36장에서 보았는데, 이 장에 나오는 것은 바로 그 이야기의 보충판이다. 따라서 이 장에 실린 이야기는 36장에 연이어서 나왔어야 하지만 한 개인에 관련된 이야기이기 때문에, 빌레몬에게 보낸 사도 바울의 서신이 그의 다른 서신들보다 뒤에 나오는 것과 마찬가지로 이 책의 후반부인 여기에 배치된 것이다. 좀 더 살펴보자.

I. 가엾은 바룩이 왕의 사자들이 그를 찾는다는 얘기를 듣고서 크게 경악하여 자신의 머리를 숨길 수밖에 없었고, 이것을 하나님께서 아셨다는 것. 그는 지금 내게 화로다(3절)라고 부르짖었다. 그는 세상에 막 나온 젊은이였다. 그는 하나님의 일들에 깊은 감화를 받아서, 하나님과 그의 선지자를 기꺼이 섬기고자 하였다. 그러나 막상 고난이 닥쳐오자, 그는 다 그만두고 싶었다. 그는 똑똑한 인물이자 학자였기 때문에 출세가 보장된 몸이었지만, 지금 궁지에 몰려서 감옥에 가거나 더 큰 일을 당할 처지에 놓이게 되었고, 이것은 그에게 크게 실망스러운 일이었다. 그는 많은 백성들 앞에서 두루마리 책을 읽을 때에 그 일로 인해서 사람들에게 널리 알려져서 명성을 얻게 될 줄 알았다. 그러나 그렇게 되기는커녕 이 일 때문에 멸시와 수모를 당하게 되자, 그는 이렇게 부르짖었다. "나는 망했구나. 나는 추적자들의 손에 잡혀서 감옥에 갇힐 것이고, 결국에는 죽거나 추방당하게 될 것이다. 여호와께서 나의 고통에 슬픔을 더하셨고, 연이은 환난으로 나를 괴롭히셨다. 내 나라의 멸망을 전하는 예언들을 기록하고 낭독하는 고통이 끝나자, 나는 범죄자로 낙인 찍히는 슬픔을 맛보게 되었다. 다른 사람은 이런 일을 별 것 아닌 것으로 생각할지 모르지만, 나로서는 이 일을 견딜 수가 없다. 이것은 내게 너무나 무거운 짐이다. 나는 나의 탄식으로 피곤하여 평안을 찾지 못하고 내 마음속에서 만족을 찾지 못한다. 나는 이 일을 참아내야 하는데 제대로 정신을 차릴 수가 없고, 내가 여기에서 벗어나거나 위로를 받을 가망은 전혀 없다." 바룩은 선한 자였지만, 이와 같은 것은 그의 연약함을 보여주는 것이었다고 우리는 말해야 할 것이다. 좀 더 살펴보자.

1. 신앙을 이제 시작하는 젊은이들은 신참 군인들처럼 보통 처음에 하나님을 섬기다가 작은 어려움들을 만나게 되면 낙심하기 쉽다. 그들은 단지 보행자

들과 함께 달려도 피곤하고, 환난 날이 닥쳐올 기미만 보여도 낙담한다. 이것은 그들의 힘이 미약하고(잠 24:10) 그들의 신앙이 약해서 조금만 상처가 나거나 조금만 놀라도 울어대는 어린 아이라는 것을 보여주는 증거이다.

2. 하나님의 성도들과 종들 중에서 최고의 신앙을 지닌 자들 중에서도 어떤 사람들은 폭풍우가 일어나는 것을 보면 지레 겁을 집어먹고서 상황을 가장 나쁜 쪽으로 해석하고 실제보다 더 비관적으로 인식해서 우울함에 붙잡히기가 쉽다.

3. 하나님은 자기 백성이 초조해하고 불만에 차 있는 것을 알아차리시고 그것을 기뻐하지 않으신다. 바룩은 그토록 선한 인물과 더불어서 그토록 선한 일을 하며 고난을 받기에 합당한 자로 여김을 받았다는 사실을 기뻐했어야 했는데도, 그러기는커녕 그런 고난이 닥친 것에 대해서 골이 나서 자신의 운명을 탓하며, 마치 하나님이 그를 가혹하게 대하신 것처럼 사실상 하나님을 탓하였다. 그는 혈기로 화가 나서 그런 말을 한 것이었지만, 그것은 모세의 경우처럼 하나님을 화나게 하였다. 그 때에 모세는 화가 나서 그의 입술로 망령되이 말하였기 때문에 그 대가를 톡톡히 치러야 했다(시 106:33). 네가 일찍이 이러저러하다고 말하였는데, 그것은 잘 말한 것이 아니었다. 하나님은 우리가 말한 것(그것이 우리가 경황 없이 말한 것이라 할지라도)을 다 꼼꼼하게 기록하신다는 것을 명심하라.

II. 하나님께서 그가 그런 식으로 말한 것에 대하여 책망하심. 예레미야는 바룩이 이렇게 초조해하고 안달하는 모습을 보고 괴로웠지만, 그에게 무슨 말을 해 주어야 할지를 잘 알 수가 없었다. 예레미야는 그를 질책하고 싶지 않았고, 그가 그러는 것도 무리가 아니라고 생각하여 그를 위로하고자 했지만, 어떤 식으로 위로해야 할지를 알지 못하였다. 그러나 하나님은 예레미야에게 그가 그에게 이를 말씀을 주신다(4절). 예레미야는 바룩의 이러한 불평과 두려움의 밑바닥에 무엇이 있는지를 확실히 알 수 없었지만, 하나님은 그것을 보시고 아셨다. 그런 것들은 그의 부패한 본성에서 나온 것들이었다. 하나님은 바룩의 상처를 겉으로가 아니라 근본적으로 고치고자 하셨기 때문에 그 상처를 찬찬히 살펴보시고, 그가 이 세상에서 너무 높은 기대를 가지고 있었다는 것과 이 세상으로부터 너무 많은 것을 기대하였다는 것을 보여주시며, 바로 그런 이유 때문에 그가 지금 겪는 환난과 괴로움이 그에게 너무 무겁고 견디기 어려운 것이 되어 버린 것임을 보여주신다. 우리가 이 세상의 미소 띤 얼굴을 보고서 어리석게 희망을 품거나 세상에 구애하고자 하거나 세상으로부터 많은 기대를 하지만 않는다면, 이 세상이 우리에게 찌푸린 얼굴을 할 때에도 우리는 불안해하지 않고 평안한 마음을 지닐 수 있게 되리라는 것을 명심하라. 우리가 이 세상의 좋지 않은 일들을 참을 수 없어 하는 것은 이 세상의 좋은 일들에 집착하기 때문이다. 이제 하나님은 특히 지금과 같은 이러한 때에 이 세상의 풍성한 부와 명예를 바란다는 것 자체가 그의 잘못이자 어리석은 생각이었음을 바룩에게 보여주신다. 왜냐하면, 지금은 다음과 같은 때였기 때문이다.

1. 지금은 그가 타고 있는 배가 가라앉고 있는 때였다. 멸망, 그것도 전체적이고 철저한 멸망이 유대 민족에 다가오고 있었다. "나는 내가 나의 집으로 삼기 위해 세운 것을 헐기도 하며 내가 나의 포도원으로 삼기 위해 심은 것을 뽑기도 하나니 유대 교회와 유대 나라를 포함해서 온 땅에 그리할 것이다. 그런데도 너는 너를 위하여 큰 일들(즉, 대단한 것들)을 찾고 있는 것이냐? 너는 지금 네가 부자가 되고 명예를 얻어 큰 인물이 되기를 기대하는 것이냐? 결코 그런 것을 기대하지 말라."

2. "네가 지금 너의 그림 같은 집을 꿈꾸고 있는 것은 어리석은 일이다. 모두가 낮아져 있는데 너 혼자만 높아지기를 기대하고, 네 주변의 모든 사람들의 곳간이 텅 비었는데 네 곳간만 꽉 채워지기를 기대한다는 것이 말이 되느냐?" 다른 사람들이 사는 것보다 우리 자신이 더 잘 살기를 바라고, 다른 사람들이 다 위험에 처해 있는데 우리 자신만 부귀영화를 누리게 되기를 바라는 것은 이스라엘 사람으로서 정말 합당치 않은 일이다. 우리는 이것을 이 세상과 그 속에서의 우리의 처지에 적용해 볼 수 있다. 하나님은 그의 섭리를 통해서 헐고 계시고 뽑고 계신다. 모든 것이 불확실하고 망해 가고 있다. 우리는 이 세상에서 영구한 도성을 기대할 수 없다. 그러므로 모든 것이 하찮고 모든 것이 불확실한 이 세상에서 우리를 위하여 큰 일들을 찾는 것은 얼마나 어리석은 짓인가!

Ⅲ. 하나님께서 바룩에게 그가 크게 되지는 않겠지만 안전하게 되리라는 것을 보장해 주심으로써 그를 격려해 주심. "내가 모든 육체에, 곧 모든 나라들과 모든 계층의 사람들에게 재난을 내리리라 그러나 네가 가는 모든 곳에서는 내가 너에게 네 생명을 노략물 주듯 하리라. 너는 이곳저곳으로 피신해야 하고, 네가 가는 곳마다 위험이 있을 것을 각오해야 한다. 하지만 너는 죽기 일보 직전에라

도 목숨을 건질 것이고, 아주 어렵고 힘들게 노략물을 얻는 것처럼 그렇게 어떤 어려운 상황에서도 네 생명을 이어가게 되리라. 너는 마치 불 가운데서 건짐을 받는 것 같이 목숨을 건지게 되리라.” 생명을 보전하고 이어나간다는 것 자체가 지극히 큰 은혜라는 것을 명심하라. 우리는 우리에게 주어진 삶을 이 세상에서 하나님을 영화롭게 해 드릴 기회가 늘어나고 우리가 더 성장해 갈 수 있는 기회가 늘어난 것으로 여겨야 한다. 어떤 때에, 특히 죽음의 화살들이 우리 주변에서 휙휙 날아다닐 때에 살아 있다는 것은 대단한 은혜이고 우리가 지극히 감사해야 할 일이다. 우리가 살아 있는 것 자체가 대단한 일이기 때문에, 우리가 기대한 대단한 일들이 우리에게 일어나지 않는다고 해도 우리는 실망하거나 불평하지 말아야 한다. 목숨이 음식보다 중하지 아니하냐(마 6:25).

제 46 장

개요

심판이 하나님의 집에서 어떻게 시작되었는지에 대해서는 우리가 앞에 나온 예언과 역사 속에서 잘 보았다. 그러나 이제 우리는 심판이 거기에 끝나지 않았다는 것을 보게 된다. 이 장과 그 뒤로 이어지는 장들 속에는 이웃 나라들이 대부분 바벨론의 왕에 의해서 황폐화될 것이고, 결국에는 바벨론도 벌을 받게 되리라는 예언이 나온다. 애굽에 대한 예언이 가장 먼저 나오는데, 이 장은 바로 그 예언으로 채워져 있다. I. 바로느고의 군대가 갈대아인의 군대에 의해서 갈그미스에서 패하게 되리라는 예언. 이 예언은 얼마 후인 여호야김 제4년에 성취되었다(1-12절). II. 느부갓네살이 애굽 땅으로 쳐들어가서 승리하게 되리라는 예언. 이 예언은 예루살렘이 멸망하고나서 몇 년 후에 성취되었다(13-26절). III. 이러한 재난들의 와중에서 하나님의 이스라엘에게 주어진 위로의 말씀(27-28절).

[1]이방 나라들에 대하여 선지자 예레미야에게 임한 여호와의 말씀이라 [2]애굽에 관한 것이라 곧 유다의 요시야 왕의 아들 여호야김 넷째 해에 유브라데 강 가 갈그미스에서 바벨론의 느부갓네살 왕에게 패한 애굽의 왕 바로느고의 군대에 대한 말씀이라 [3]너희는 작은 방패와 큰 방패를 예비하고 나가서 싸우라 [4]너희 기병이여 말에 안장을 지워 타며 투구를 쓰고 나서며 창을 갈며 갑옷을 입으라 [5]여호와의 말씀이니라 내가 본즉 그들이 놀라 물러가며 그들의 용사는 패하여 황급히 도망하며 뒤를 돌아보지 아니함은 어찜이냐 두려움이 그들의 사방에 있음이로다 [6]발이 빠른 자도 도망하지 못하며 용사도 피하지 못하고 그들이 다 북쪽에서 유브라데 강 가에 넘어지며 엎드러지는도다 [7]강의 물이 출렁임 같고 나일 강이 불어남 같은 자가 누구냐 [8]애굽은 나일 강이 불어남 같고 강물이 출렁임 같도다 그가 이르되 내가 일어나 땅을 덮어 성읍들과 그 주민을 멸할 것이라 [9]말들아 달려라 병거들아 정신 없이 달려라 용사여 나오라 방패 잡은 구스 사람과 붓 사람과 활을 당기는 루딤 사람이여 나올지니라 하거니와 [10]그 날은 주 만군의 여호와께서 그의 대적에게 원수 갚는 보복일이라 칼이 배부르게 삼키며 그들의 피를 넘치도록 마시리니 주 만군의 여호와

께서 북쪽 유브라데 강 가에서 희생제물을 받으실 것임이로다 ¹¹처녀 딸 애굽이여 길르앗으로 올라가서 유향을 취하라 네가 치료를 많이 받아도 효력이 없어 낫지 못하리라 ¹²네 수치가 나라들에 들렸고 네 부르짖음은 땅에 가득하였나니 용사가 용사에게 걸려 넘어져 둘이 함께 엎드러졌음이라

1절은 이 책의 이 대단락의 표제로서 이웃 나라들에 대한 예언임을 밝히고 있는데, 이방 나라들에 대하여 선지자 예레미야에게 임한 여호와의 말씀이라고 되어 있다. 왜냐하면, 하나님은 열방들의 왕이시고 재판장이셔서 그를 알지 못하거나 그에게 신경도 쓰지 않는 나라들에 대해서도 책임을 물으시기 때문이다. 이사야와 에스겔도 이방 나라들에 대하여 동일한 사건들을 예언하였는데, 예레미야는 여기에서 이 열방들에 속한 각각의 나라에 대하여 예언한다. 구약에는 이방 나라들을 치는 여호와의 말씀이 나오고, 신약에는 전에 멀리 있던 자들이 가까워졌다는 내용으로 된 이방인들을 위한 주의 말씀이 나온다.

선지자는 애굽부터 시작한다. 왜냐하면, 그들은 옛적에는 이스라엘의 압제자들이었고 최근에는 그들을 믿었던 이스라엘 사람들을 기만한 자들이었기 때문이다. 이 단락에서 선지자는 여호야김 넷째 해에 바로느고의 군대가 느부갓네살에게 패하게 될 것을 예언하는데, 이것은 바벨론의 왕의 완벽한 승리였기 때문에, 그는 애굽 강에서부터 유브라데 강까지 애굽 왕에게 속한 땅을 다 점령하였고, 애굽의 왕은 세력이 약해져서 다시는 그 나라에서 나오지 못하였다(왕하 24:7). 이렇게 해서 애굽의 왕은 4년 전에 앗수르의 왕을 치고자 원정을 나가서 요시야 왕을 죽인 일에 대하여 값비싼 대가를 치렀다(왕하 23:29). 이것이 여기에서 예레미야가 애굽이 패한 것을 무척 기뻐하며 고양된 표현들을 사용하여 예언하고 있는 사건이다. 그가 기뻐한 것은 그가 그토록 슬퍼하였던 요시야 왕의 죽음에 대한 복수가 이제서야 바로느고를 상대로 이루어졌기 때문이다. 좀 더 살펴보자.

I. 선지자는 애굽 사람들이 이 원정을 위해서 많은 준비를 한 것을 꾸짖으며, 그들에게 어디 한번 최선을 다해 보라고 말한다. "자, 너희는 작은 방패와 큰 방패를 예비하고, 전쟁 무기들을 준비하라(3절)." 애굽은 말들로 유명하였다. 말에 안장을 지워 기병들이 잘 탈 수 있게 하라. 너희 기병이여 투구를 쓰고 나서며 창을 갈며 갑옷을 입으라(4절). 사람들이 마치 빨리 죽기를 바란다는 듯이 서로

를 죽이기 위해 많은 수고와 노고와 비용을 들여서 전쟁을 준비하는 것을 보라. 선지자는 그들이 이 원정에 위해 출정하는 모습을 나일 강이 출렁이는 것에 비유한다(7-8절). 애굽은 지금 나일 강이 불어남 같아서, 둑 안에 갇혀 있는 것을 답답해하며 모든 이웃 나라의 땅들을 덮치려고 위협하고 있다. 애굽 사람들이 이 때에 전쟁터에 동원한 군대는 엄청난 대군이었다. 선지자는 그들을 호출한다(9절). 말들아 달려라 병거들아 정신 없이 달려라. 그는 애굽 사람들에게 그들의 동맹군들, 즉 그들과 동일한 조상의 후손이자 그들의 이웃 나라요 동맹국이었던 구스 사람들(창 10:6), 애굽의 서쪽으로 아프리카에 있어서 애굽 사람들이 지원군을 요청한 붓 사람들과 루딤 사람들을 어디 한번 한데 모아 보라고 말한다. 애굽 사람들이여, 너희들이 가지고 있는 모든 자원들을 다 동원하여 힘을 불려 보아라. 그렇지만 그렇게 해보아야 아무 소용없게 될 것이다. 그들은 수치스럽게 패하고 말 것이다. 왜냐하면, 하나님이 그들과 대적하여 싸우실 것이고, 하나님과 싸울 때에는 지혜로도 못하고, 모략으로도 당하지 못할(잠 21:30-31) 것이기 때문이다. 전쟁에 나가는 자들은 작은 방패를 예비하고 말에 안장을 지우는 데에만 신경을 써서는 안 되고, 그들의 죄를 회개하고 하나님께서 그들과 함께 해주셔서 온갖 악한 일에서 지켜 주시라고 기도하는 데에도 신경을 써야 한다.

Ⅱ. 선지자는 이 원정은 하나님이 그들을 한데 모으시는 의도와는 완전히 상반되는 것인데도 애굽 사람들이 이 원정에 큰 기대를 거는 것을 꾸짖는다. 그들은 그들 자신의 생각을 알고 있었고, 하나님도 그들의 생각을 아시고 하늘에서 그들을 비웃으셨다. 여호와께서 곡식 단을 타작 마당에 모음 같이 그들을 모으셨으나 그들이 여호와의 뜻을 알지 못하며 그의 계획을 깨닫지 못한 것이라(미 4:11-12). 애굽은 이렇게 말하였다(8절). 내가 일어나 땅을 덮으리니 아무도 나를 방해하지 못할 것이다. 내가 내 앞 길을 막는 성읍을 닥치는 대로 멸할 것이라. 그들은 옛적의 바로처럼 내가 뒤쫓아 따라잡으리라고 말하였다. 애굽 사람들은 그들에게 그런 날이 올 것이라고 말하지만, 하나님은 그 날은 그의 날이 될 것이라고 말씀하신다. 그 날은 주 만군의 여호와의 날(10절), 그가 애굽 사람들을 무찌르시고 높임을 받으실 날이다. 그들의 계획과 하나님의 계획은 달랐다. 그들은 그 날을 그들의 위엄을 높이고 그들의 영토를 확장하는 날로 계획하였지만, 하나님은 애굽 나라가 크게 낮아지고 약해지는 날로 계획하셨다. 그 날은 요시

야의 죽음에 대하여 원수 갚는 날이 될 것이다. 그 날은 애굽의 무수한 죄인들을 제물로 삼아서 하나님의 공의를 기리며 제사하는 날이 될 것이다. 사람들은 불의한 일을 밀어부침으로써 스스로를 높이고자 하지만, 하나님이 그들을 좌절시키시고 멸절시키셔서 스스로를 영화롭게 하실 것임을 명심하라.

Ⅲ. 선지자는 접전이 시작되었을 때에 애굽 사람들이 겁을 내며 수치스럽게 도망하는 것을 꾸짖는다(5-6절). "내가 본즉, 그들은 이토록 어마어마하게 전쟁을 준비하고 그들의 굳은 결의와 용맹성을 뽐내어 보였지만, 갈대아인들과 마주하였을 때에는 완전히 사기가 떨어지고 주눅이 들어서 놀라 물러갔다."

1. 그들은 수치스러운 후퇴를 하였다. 결코 뒤로 물러서지 않아야 하는 그들의 용사들조차도 너나 할 것 없이 다 도망하며 혼비백산하여 황급히 줄행랑을 쳤다. 그들은 뒤를 돌아볼 여유도 없었고, 그들의 사방에 두려움이 있다고 느꼈다.

2. 그렇지만 그들은 도망칠 수 없었다. 그들은 수치를 무릅쓰고 달아났음에도 목숨을 구할 수 없었다. 그들은 차라리 끝까지 버티다가 그 자리에서 죽는 편이 나았다. 왜냐하면, 발이 빠른 자도 도망하지 못할 것이기 때문이었다. 발이 아주 날쌘 자들도 마음이 용감한 자들과 마찬가지로 그들을 실망시킬 것이다. 용사들은 피하지 못할 것이다. 아니, 그들은 패하여 뿔뿔이 흩어질 것이다. 그들은 도망가다가 넘어져서 적군의 땅 근처인 북쪽에서 엎드러질 것이다. 왜냐하면, 그들은 도망칠 때에 너무도 당황해서 아군 진영이 아니라 적군 진영으로 도망칠 것이기 때문이다. 빠른 경주자들이라고 선착하는 것이 아니며 용사들이라고 전쟁에 승리하는 것이 아님을 명심하라. 용맹스러운 자들이라고 해서 언제나 승리자가 되는 것이 아니다.

Ⅳ. 선지자는 이 패배가 그들의 나라에 치명적인 타격이 되어서 그들이 다시는 일어서지 못하리라고 말한다(11-12절). 지체 높은 규수로서 호화롭고 사치스럽게 살아 왔던 처녀 딸 애굽은 이 패배로 심각한 부상을 입을 것이다. 처녀 딸 애굽아, 길르앗의 유향과 거기에 있는 의원들을 찾아가고, 너의 지혜로운 자들이 이 상처를 치료하고 이 패배로 인한 손실을 만회하기 위해서 처방하는 온갖 약을 다 써보아라. 그러나 아무 소용이 없을 것이다. 네가 치료를 많이 받아도 낫지 못하리라. 애굽은 앞으로 이와 같은 대군을 다시는 전쟁에 내보낼 여력이 없게 될 것이다. "네 영광과 힘이 울려 퍼졌던 나라들에 이제 네가 얼마나

수치스럽게 패주하였고 이로 인해 얼마나 약해졌는지가 소문으로 돌아서 네 수치가 들렸다." 정복자들이 승리의 함성으로 그들의 승리를 알릴 필요도 없이, 정복당한 자들의 비명 소리와 울부짖는 소리가 그들의 처절한 패배를 만천하에 알리게 될 것이다. 네 부르짖음이 주변 땅에 가득하였다. 왜냐하면, 그들이 여러 갈래로 도망칠 때에 용사가 용사에게 걸려 넘어지고 서로 부딪쳐서 둘이 함께 엎드러져 추격군들의 손쉬운 먹잇감이 될 것이기 때문이다. 이런 일들이 무수히 벌어져서, 온 땅이 그렇게 죽어가는 자들의 울부짖는 소리로 가득 찰 것이다. 용사는 그의 용맹을 자랑하지 말라. 왜냐하면, 그의 용맹이 그에게 아무 소용이 없게 될 때가 올지도 모르기 때문이다.

[13]바벨론의 느부갓네살 왕이 와서 애굽 땅을 칠 일에 대하여 선지자 예레미야에게 이르신 여호와의 말씀이라 [14]너희는 애굽에 선포하며 믹돌과 놉과 다바네스에 선포하여 말하기를 너희는 굳건히 서서 준비하라 네 사방이 칼에 삼키웠느니라 [15]너희 장사들이 쓰러짐은 어찌함이냐 그들이 서지 못함은 여호와께서 그들을 몰아내신 까닭이니라 [16]그가 많은 사람을 넘어지게 하시매 사람이 사람 위에 엎드러지며 이르되 일어나라 우리가 포악한 칼을 피하여 우리 민족에게로, 우리 고향으로 돌아가자 하도다 [17]그들이 그 곳에서 부르짖기를 애굽의 바로 왕이 망하였도다 그가 기회를 놓쳤도다 [18]만군의 여호와라 일컫는 왕이 이르시되 나의 삶으로 맹세하노니 그가 과연 산들 중의 다볼 같이, 해변의 갈멜 같이 오리라 [19]애굽에 사는 딸이여 너는 너를 위하여 포로의 짐을 꾸리라 놉이 황무하며 불에 타서 주민이 없을 것임이라 [20]애굽은 심히 아름다운 암송아지일지라도 북으로부터 쇠파리 떼가 줄곧 오리라 [21]또 그 중의 고용꾼은 살진 수송아지 같아서 돌이켜 함께 도망하고 서지 못하였나니 재난의 날이 이르렀고 벌 받는 때가 왔음이라 [22]애굽의 소리가 뱀의 소리 같으리니 이는 그들의 군대가 벌목하는 자 같이 도끼를 가지고 올 것임이라 [23]여호와의 말씀이니라 그들이 황충보다 많아서 셀 수 없으므로 조사할 수 없는 그의 수풀을 찍을 것이라 [24]딸 애굽이 수치를 당하여 북쪽 백성의 손에 붙임을 당하리로다 [25]만군의 여호와 이스라엘의 하나님께서 말씀하시니라 보라 내가 노의 아몬과 바로와 애굽과 애굽 신들과 왕들 곧 바로와 및 그를 의지하는 자들을 벌할 것이라 [26]내가 그들의 생명을 노리는 자의 손 곧 바벨론의 느부갓네살 왕의 손과 그 종들의 손에 넘기리라 그럴지라도 그 후에는 그 땅이 이전 같이 사람 살 곳이 되리라 여호와의 말

쓸이니라 ²⁷내 종 야곱아 두려워하지 말라 이스라엘아 놀라지 말라 보라 내가 너를 먼 곳에서 구원하며 네 자손을 포로된 땅에서 구원하리니 야곱이 돌아와서 평안하며 걱정 없이 살게 될 것이라 그를 두렵게 할 자 없으리라 ²⁸여호와의 말씀이니라 내 종 야곱아 내가 너와 함께 있나니 두려워하지 말라 내가 너를 흩었던 그 나라들은 다 멸할지라도 너는 사라지지 아니하리라 내가 너를 법도대로 징계할 것이요 결코 무죄한 자로 여기지 아니하리라 하시니라

이 단락에서 우리는 다음과 같은 내용들을 본다.

I. 애굽에 대하여 혼란과 공포가 선포된다. 이 장의 전반부에 나온 예언이 성취됨으로써 애굽 사람들은 더 이상 다른 나라들에 대하여 그 어떤 시도도 할 수 없게 되었다. 그들의 군대가 대패당했는데, 그들이 이제 무엇을 할 수 있었겠는가? 그러나 그들은 여전히 국내적으로는 강했기 때문에 이웃 나라들은 그들을 침공할 엄두는 내지 못하였다. 애굽의 왕들은 다시는 그들의 나라에서 나오지는 못하였지만(왕하 24:7) 그들의 나라에서는 안전하고 평안하게 지내고 있었다. 그들이 그들 자신의 땅에서 평화롭게 사는 것보다 더 많은 것을 어떻게 바랄 수 있었겠는가? 모든 사람들이 이렇게 스스로 평화롭게 사는 것으로 만족하고 이웃 나라들을 침공하려는 야욕을 버린다면 얼마나 좋을까. 그러나 애굽의 죄악의 분량이 찼기 때문에, 그들은 그들의 평화를 더 이상 누리지 못하게 될 것이었다. 다른 나라를 넘보고 침략한 자들은 스스로도 침략을 당하게 될 것이다. 여기에 나오는 예언의 요지는 바벨론의 왕이 곧 와서 애굽 땅을 치리라는 것, 이제까지 다른 나라들의 영토를 어지럽혔던 애굽이 이제는 그들의 땅에서 전쟁을 맞이하게 되리라는 것을 보여주는 것이다(13절). 이것은 앞서의 예언과 마찬가지로 느부갓네살의 손에 의해서 성취되었지만, 앞서의 예언보다 적어도 20년이 지나서 이루어졌다. 이 예언은 앞서의 예언이 있은 지 오랜 후에, 아마도 43:10에서 언급된 사건에 관한 예언과 거의 같은 시기에 선포되었을 것이다.

1. 애굽에 전쟁 경보가 울려 퍼지고, 사람들이 크게 놀라는 가운데(14절), 적군이 침략해 오고 있으며 그들의 사방에 있는 이웃 나라들이 칼에 삼키웠다는 소문이 온 땅에 전해진다. 그러므로 지금은 애굽 사람들이 전쟁을 준비하고 방어 태세를 갖추어서 적군을 따뜻하게 맞을 때이다. 이 소식은 애굽의 모든 지

역들, 특히 믹돌, 놉, 다바네스에 선포되어야 한다. 왜냐하면, 이러한 지역들에는 특히 유대인 피난민들 또는 도망자들이 하나님의 명령을 어기고 와서 뿌리를 내리고 살고 있었고(렘 44:1), 그들은 애굽이 그들에게 얼마나 부적절한 피난처인지를 똑똑히 알아야 하기 때문이다.

2. 애굽 사람들이 돈을 주고 고용한 다른 민족들의 군대가 물러나리라는 것이 여기에서 예언된다. 상당수의 용병들이 애굽의 변방들에 배치되어 있었는데, 그들은 침략군에 의해 패하여 도망을 쳤다. 그 때에 장사들이 폭우에 쓰러지는 곡식처럼(잠 28:3) 쓰러질 것이다(15절, 이 두 대목에서 동일한 단어가 사용되고 있다). 그들 중의 한 명도 제자리를 사수할 수 없을 것이다. 왜냐하면, 여호와께서 그들을 각자의 자리에서 몰아내실 것이기 때문이다. 하나님은 그들에게 두려움을 주어서 그들을 몰아내실 것이고, 갈대아인들로 하여금 그들을 몰아내게 하셔서 그들을 몰아내실 것이다. 하나님께서 그 진노로 징계하시는 자들은 견고하게 서 있을 수 없다. 많은 사람을 넘어지게 하시는 분은 바로 하나님이시다(16절). 그들이 넘어질 날이 오면, 적군이 그들을 쓰러뜨릴 필요도 없이, 그들은 사람이 사람 위에 엎드러지며 각 사람이 서로에게 걸림돌이 될 것이다. 아니, 하나님이 기뻐하시면, 그들은 서로를 칠 것이고, 사람들이 각각 칼로 자기의 동무들을 치게 될 것이다. 애굽의 고용꾼들, 즉 애굽이 보유하고 있는 용병 부대는 사실 살진 수송아지 같이 건장하고 날랜 몸과 높은 사기를 지니고 있어서 적군을 맞아 잘 싸울 수 있는 정예병들이었다. 그러나 그들은 사기가 꺾여서 돌이켜 싸우지 않고 도망하였다. 재난의 날, 하나님이 그들을 진노로써 벌하시고자 하시는 날이 왔는데, 어떻게 그들이 그들의 운명을 거스를 수 있었겠는가? 어떤 이들은 그들을 살진 수송아지에 빗댄 것은 그들의 사치스러운 삶을 나타내기 위한 것이라고 생각한다. 그들은 쾌락에 길들여져 있어서 고생이라는 것을 몰랐기 때문에, 적군을 맞아서 싸우지를 않고 몸을 돌이켜 도망을 칠 수밖에 없었다는 것이다.

(1) 그들은 모두 혼비백산하여 각자 그들 자신의 나라와 고향으로 가버렸다(16절). 그들은 이렇게 말하였다. "일어나라 우리가 갈대아인들의 포악한 칼 앞에서 다 쓰러지기 전에 그 칼을 피하여 안전하게 우리 민족에게로, 우리 고향으로 돌아가자." 긴급 상황에서는 그들이 지켜야 할 것을 위하여 싸우는 것이 아니라 순전히 돈을 받고 싸우는 용병 부대는 믿을 것이 못된다.

(2) 그들은 바로를 향하여 격렬히 항의하며 고함을 쳤다. 이것은 아마도 그들의 패배가 바로의 비겁함 또는 잘못된 전술 때문이었을 것이기 때문이다. 바로는 그들을 최전선에 배치할 때에 그들이 적군을 며칠 정도만 막아 준다면 그 기간 내에 자신의 정예병인 친위대를 이끌고 친히 그들을 도우러 올 것이라고 약속했을 것이다. 그러나 바로는 그 약속을 어겼다. 따라서 적군이 공격해 왔을 때에 그들에게는 그들을 도울 원군이 없었기 때문에 침략자들의 거센 공격에 제대로 힘도 쓰지 못하고 대패하고 말았을 것이다. 이 때에 그들이 자기 자리를 이탈하고 전장(戰場)을 벗어나서 애굽의 바로 왕이 큰소리만 쳐놓고 기회를 놓쳐서 망하였도다(17절)라고 소리친 것은 어쩌면 당연한 일이었다. 바로는 허세를 부릴 수 있었고, 그가 얼마든지 적군을 막아낼 것처럼 허풍을 쳤지만, 그것이 전부였다. 그가 해낸 것은 아무것도 없었다. 그가 그와 동맹을 맺은 자들이나 그에 의해서 고용된 자들에게 한 약속들은 연기 같이 사라졌다. 그는 원군을 보내지 않았거나 보냈어도 이미 때가 너무 늦어서 소용이 없었다. 그가 기회를 놓쳤도다. 그는 약속을 지키지 않았거나 기간을 지키지 않았다. 그래서 그들은 그에게 작별을 고하였고, 더 이상 그의 밑에서 일하고자 하지 않았다. 어떤 일에서나 큰소리를 치는 자들은 단지 허풍(虛風)일 뿐인 경우가 많다는 것을 명심하라. 말을 거창하게 하는 자들은 행동은 거의 하지 않는다.

3. 갈대아인의 군대가 지닌 가공할 만한 힘은 여기에서 그 앞에 있는 모든 것을 무너뜨리는 힘으로 묘사된다. 만군의 여호와라 일컫는 만왕의 왕, 그 앞에서는 우리에게는 신과 같은 존재들인 이 세상의 가장 힘 있는 왕들도 단지 메뚜기 같은 존재에 불과한 그런 만왕의 왕이 이르시되 나의 삶으로 맹세하노니 느부갓네살 왕이 과연 산들 중에서 가장 높은 다볼 같이, 바다를 굽어보는 해변의 갈멜 같이 애굽의 모든 군대를 압도하여 군림하게 되리라(18절). 느부갓네살 왕과 그의 군대가 벌목하는 자 같이 도끼를 가지고 애굽을 치러 올 것이고(22절), 애굽 사람들은 도끼를 들고 나무를 찍는 사람에게 나무가 저항할 수 없듯이 그 군대에 저항할 수 없을 것이다. 따라서 애굽은 벌목하는 자에 의해 수풀이 잘려 나가듯이 순식간에 베어져 버릴 것이다(그들의 수는 많고 도구들도 충분히 갖추고 있기 때문에). 애굽은 그 나무들을 다 조사할 수 없는 수풀과 같아서 인구가 아주 많고 성읍들도 무척 많으며 숨겨진 보화들도 헤아릴 수 없이 많아서, 그런 것들 중 다수는 갈대아 군사들의 눈을 피하게 될 것이다. 그러나 갈대아

인들은 애굽 땅을 크게 노략할 것이다. 왜냐하면, 그들은 황충보다 많아서 셀 수 없으므로, 황충들이 떼로 몰려다니며 온 땅을 유린하고 모든 푸른 것을 다 먹어 치우듯이(욜 1:6-7), 갈대아인들도 그렇게 할 것이기 때문이다. 만군의 여호와께서는 셀 수 없이 많은 군대들을 부리고 계신다는 것을 명심하라.

4. 이렇게 해서 애굽이 황폐화되고 그 부유했던 나라가 쇠약해지게 되리라는 것이 예언되고 있다. 애굽은 지금 살이 찌고 윤기가 흐르며 멍에를 메는 데에 익숙치 않은 심히 아름다운 암송아지 같고(20절), 잘 먹어서 아주 명랑한 암송아지 같이 제멋대로이다. 어떤 이들은 이 말씀 속에는 애굽 사람들이 숭배하였던 송아지 신인 아피스(Apis)에 대한 암시가 들어 있다고 생각한다 이스라엘 자손들은 이 송아지 신을 보고서 금송아지를 숭배하는 것을 배웠었다. 애굽은 암송아지 여신만큼 아름다워서 스스로를 경배하지만, 멸망이 오되 북으로부터 올 것이다. 북으로부터 갈대아 군사들이 와서 무수히 많은 도살자들이 되어 이 아름다운 암송아지를 죽여서 토막을 낼 것이다.

(1) 애굽 사람들은 낮아져서 유순해질 것이며, 그들의 목소리가 변할 것이다. 딸 애굽이 수치를 당하고 크게 놀라서 당혹해할 것이다(24절). 그들의 목소리가 뱀의 소리 같이 아주 낮게 순종적으로 변할 것이다. 그들은 아름다운 암송아지처럼 큰 소리를 내며 우는 것이 아니라, 각자의 구멍 속에서 뱀처럼 낮은 소리를 낼 것이다. 그들은 정복자들의 포학에 대하여 감히 큰 소리로 불평도 하지 못하고, 조용히 흐느끼며 우는 것으로 그들의 슬픔을 표출할 것이다. 이제 그들은 이전처럼 거칠게 대답하지 않을 것이고, 가난한 자들이 그러듯이 간청을 하며 그들의 목숨을 구걸할 것이다.

(2) 그들은 포로가 되어 원수의 땅으로 끌려갈 것이다(19절). "저 비옥하고 살기 좋은 땅 애굽에서 안일하고 곱게 사는 딸이여 너는 그런 생활이 언제까지나 계속될 것이라고 생각하지 말고 너를 위하여 포로의 짐을 꾸리라. 좋은 옷을 입었다가는 적에게 빼앗겨 발가벗겨질 염려가 있으니 소박하지만 따뜻한 옷을 입고, 좋은 신 대신에 튼튼한 신을 준비하며, 포로 생활을 더 잘 견디기 위해서 미리부터 고생하는 법을 익혀 두어라." 우리가 대비해야 할 것들이 많지만 환난에도 대비해 두는 것이 좋다는 것을 명심하라. 보통 우리는 친구들을 접대할 준비는 잘 해둔다. 그러나 우리는 원수들을 접대할 준비도 해두어야 하고, 특히 포로로 끌려갈 때에 필요한 준비도 해두어야 한다. 애굽 사람들은 도망갈

준비를 해두어야 한다. 왜냐하면, 그들의 성읍들은 초토화되어 사람이 살 수 없게 될 것이기 때문이다. 특히 놉은 황무하며 불에 타서 주민이 없을 것이다. 한 큰 성읍이 그렇게 될 정도까지 많은 사람들이 살육당하고 포로로 끌려갈 것이다. 왕이나 많은 무리로 뭉쳐 있는 자들이 겪지 않을 수 있는 몇몇 벌들이 있지만, 여기에서는 왕이나 무리들도 벌을 받게 될 것이다. 내가 노의 무리를 벌할 것이라. 이 무리는 사람이 많은 노라 불린다(나 3:8). 많은 무리가 손에 손을 잡고 있더라도, 그들도 벌을 피하지 못할 것이다. 아무도 무리 속으로 들어가 있으면 안전할 것이라고 생각하지 말아야 한다. 그들의 수가 아무리 많아도, 그들은 결국 아무리 수가 많아도 하나님께는 아무 소용이 없다는 것을 알게 될 것이다. 그들의 왕들과 거기에 딸린 모든 신하들(25절), 그리고 그들의 신들, 즉 그들의 우상들과 그들의 큰 자들도 죽을 것이다(렘 43:12-13). 그들이 수호신이라 부르는 자들도 그들을 보호해 주지 못할 것이다. 바로와 그를 의지하는 모든 자들이 벌을 받을 것이고(25절), 특히 하나님을 의지하기보다는 바로를 믿고서 애굽으로 건너와 살던 유대인들도 벌을 받을 것이다. 이 모든 자들은 북쪽 백성의 손에 붙임을 당할 것이다(24절). 함의 후손(애굽 사람들도 여기에 속한다)에 대한 저주, 즉 그들이 종들의 종이 되리라는 저주에 따라, 그들은 저 강력한 군주인 느부갓네살의 손에 붙임을 당할 뿐만 아니라 그의 종들의 손에도 붙임을 당하게 될 것이다. 그 자들은 그들의 목숨을 찾는 자들이고, 그들은 그 자들의 손에 넘어가게 될 것이다.

5. 시간이 흐르면, 애굽이 다시 회복되리라는 암시가 주어진다(26절). 애굽에 거의 사람이 살지 않을 정도로 파괴가 심하겠지만, 그 후에는 그 땅이 이전 같이 사람 살 곳이 되리라. 에스겔은 이런 일이 사십 년이 지나서 일어날 것이라고 예언한다(겔 29:13). 세상 나라들이 어떤 변화들을 겪는지, 그 흥망성쇠를 보라. 잘 사는 나라라고 해서 방심하거나 안일해서도 안 되고, 현재 속국이 되어 있는 나라라고 해서 절망할 것도 없다.

II. 하나님의 이스라엘에 대하여 위로와 평강이 선포된다(27-28절). 어떤 이들은 이 말씀이 애굽의 왕에 의해서 여호아하스와 함께 포로로 끌려간 유대인들에 대한 것이라고 이해하지만, 우리는 성경의 그 어디에서도 여호아하스와 함께 유대인들이 포로로 끌려갔다는 것을 볼 수 없다. 그러므로 이 본문은 하나님이 긍휼을 준비해 두고 계신 바벨론의 포로들을 위한 것, 또는 좀 더 일반적으로 하나님의 심판들이 여러 나라들 가운데서 행해지고 있는 가장 어려운 때에 하나님의 모든 백성을 격려하기 위한 것이라고 보아야 한다. 우리는 앞에서도 이러한 위로의 말씀을 본 적이 있다(렘 30:10-11).

1. 세상의 악인들은 두려워 떨어야 하는데, 그들에게는 그렇게 할 수밖에 없는 이유가 있다. 그러나 내 종 야곱아 두려워하지 말라 이스라엘아 놀라지 말라(27절). 28절에서도, 야곱아 두려워하지 말라. 하나님은 자기 백성이 겁이 많고 소심한 백성이 되기를 원하지 않으신다.

2. 세상의 악인들은 찌꺼기 같이 버려져서 더 이상 아무도 돌아보지 않게 될 것이다. 그러나 하나님의 백성은 아무리 멀리 있어도, 하나님께서 그들을 구원하기 위하여 찾아내셔서 모으실 것이고, 그들이 아무리 꼼짝없이 포로로 잡혀 있을지라도 구속을 받아 돌아오게 될 것이다.

3. 악인들은 평온함을 얻지 못하고 요동하는 바다와 같다. 그들은 누가 쫓아오지 않아도 도망친다. 그러나 야곱은 하나님 안에서 평안하며 걱정 없이 살게 될 것이고 그를 두렵게 할 자가 없을 것이다. 왜냐하면, 그가 두려워하는 날에는 그가 의지할 주님이 계시기 때문이다.

4. 하나님은 악인들을 보실 때에는 멀리서 보신다. 그러나 야곱아 네가 어디에 있든지, 내가 너와 함께 있나니 나는 너를 그 즉시에서 돕는 자이니라.

5. 애굽이나 바벨론 같이 하나님의 이스라엘을 압제한 나라들은 하나님께서 다 멸하실 것이다. 그러나 하나님의 이스라엘에게는 긍휼이 준비되어 있다. 하나님은 그들을 징계하시기는 하지만 완전히 내치시지는 않으실 것이다. 하나님의 징계는 그 정도와 기간에 있어서 적정한 선에서 이루어질 것이다. 나라들은 다 각자의 기한이 있다. 유대 민족도 하나의 나라로서는 기한이 끝났다. 그러나 복음 교회, 즉 하나님의 이스라엘은 앞으로 계속될 것이고 종말의 때까지 이어질 것이다. 하나님은 징계하시지만 결코 다 멸하시지는 않으시리라는 이 약속은 바로 그 복음 교회 속에서 온전히 성취될 것이다.

제
— 47 —
장

개요

앞 장이 애굽 사람들의 운명에 대하여 예언하였듯이, 이 장은 블레셋 사람들이 느부갓네살에 의해 파국을 맞게 될 것을 예언한다. 여기에 나오는 예언은 짧지만 무시무시하다. 두로와 시돈은 블레셋 사람들에게서 꽤 떨어져 있었지만, 여기에서 예언된 멸망은 그들에게도 임하게 될 것이다. I. 북방 왕들의 군대가 그들에게 쳐들어와서 그들이 크게 두려워하게 되리라는 것이 예언되고 있다(1-5절). II. 전쟁은 길어질 것이고, 이 전쟁을 끝내고자 하는 그들의 노력은 헛될 것이다(6-7절).

[1]바로가 가사를 치기 전에 블레셋 사람에 대하여 선지자 예레미야에게 임한 여호와의 말씀이라 [2]여호와께서 이와 같이 말씀하시되 보라 물이 북쪽에서 일어나 물결치는 시내를 이루어 그 땅과 그 중에 있는 모든 것과 그 성읍과 거기에 사는 자들을 휩쓸리니 사람들이 부르짖으며 그 땅 모든 주민이 울부짖으리라 [3]군마의 발굽 소리와 달리는 병거 바퀴가 진동하는 소리 때문에 아버지의 손맥이 풀려서 자기의 자녀를 돌보지 못하리니 [4]이는 블레셋 사람을 유린하시며 두로와 시돈에 남아 있는 바 도와 줄 자를 다 끊어 버리시는 날이 올 것임이라 여호와께서 갑돌 섬에 남아 있는 블레셋 사람을 유린하시리라 [5]가사는 대머리가 되었고 아스글론과 그들에게 남아 있는 평지가 잠잠하게 되었나니 네가 네 몸 베기를 어느 때까지 하겠느냐 [6]오호라 여호와의 칼이여 네가 언제까지 쉬지 않겠느냐 네 칼집에 들어가서 가만히 쉴지어다 [7]여호와께서 이를 명령하셨은즉 어떻게 잠잠하며 쉬겠느냐 아스글론과 해변을 치려 하여 그가 명령하셨느니라 하니라

애굽 사람들이 하나님의 이스라엘에게 자주 거짓 친구 노릇을 해왔다는 것이 입증되었듯이, 블레셋 사람들은 언제나 이스라엘의 불구대천의 원수였고, 가까이 붙어 있었기 때문에 더욱더 이스라엘을 괴롭히고 위협하였다. 그들은 다윗 시대에는 꽤 고분고분하였지만, 그 후로 느부갓네살이 여기에 나오

는 예언대로 블레셋 사람들을 그들의 이웃 나라들과 더불어서 다 쓸어버릴 때까지 다시 세력을 키워서 상당한 국력을 지닌 민족이 되었던 것으로 보인다. 이 예언이 언제 선포되었는지가 본문에 나온다. 그것은 바로가 가사를 치기 전이었다. 애굽의 왕이 이렇게 가사를 공격한 것이 언제였는지, 즉 그가 갈그미스 전투를 벌이러 원정을 온 때였는지, 아니면 그 전투에서 요시야를 죽이고 돌아갈 때였는지, 아니면 나중에 예루살렘을 구하러 왔을 때였는지는 확실하지 않다. 그러나 여기에서 이것을 언급하고 있는 것은 블레셋 사람들을 치는 여호와의 이 말씀이 예레미야에게 임한 것이 그들이 전성기를 맞이해서 국력이 강성하고 그 백성들과 성읍들이 태평성대를 누리고 있었으며 어떤 환난이나 재앙의 위험도 없었을 때였다는 것을 보여주기 위한 것이다. 그들의 평화가 깨질 것임을 인간으로서는 그 누구도 내다볼 수 없었던 때에 예레미야는 그들의 멸망을 예언하였고, 이 예언이 있은 후에 얼마 안 있어 바로가 가사를 친 것이 그들의 멸망이 전조(前兆)가 되고 그 땅의 슬픔의 시작이 될 것이었다. 여기에서는 다음과 같은 것들이 예언되고 있다.

1. 외적, 그것도 가공할 만한 외적이 그들을 치러 오리라는 것. 물이 북쪽에서 일어나리라(2절). 성경에서 물은 무수한 백성들과 나라들을 의미하기도 하고(계 17:15) 크고 위협적인 재난들을 의미하기도 한다(시 69:1). 여기에서 물은 둘 다를 의미한다. 그들은 북쪽에서 일어날 것이다. 북쪽은 화창한 기후를 가져다 주는 곳, 비를 몰아내는 바람이 부는 곳이었다. 그러나 이제 무시무시한 폭풍우가 바로 그 찬 곳에서 올 것이다. 갈대아 군대는 홍수처럼 흘러넘쳐서 이 땅으로 쏟아져 들어올 것이다. 아마도 이 일은 예루살렘의 멸망 이전에 일어났을 것이다. 왜냐하면, 예루살렘을 멸망시킨 직후인 그다랴 시대에는 갈대아 군대가 이 지역으로부터 완전히 철수하였던 것으로 보이기 때문이다. 블레셋 사람들의 땅은 비교적 작았기 때문에, 갈대아인들의 대군으로 금세 점령할 수 있었을 것이다.

2. 그들이 모두 이 일 때문에 크게 놀라고 경악하게 되리라는 것. 그들은 싸울 마음을 잃어버리고, 땅바닥에 주저앉아서 어린아이들처럼 울게 될 것이다. 그 땅 모든 주민이 울부짖으리라. 그래서 그 땅의 어디에서나 통곡하는 소리 외에는 아무 소리도 들리지 않게 될 것이다. 그들이 얼마나 놀라고 겁을 집어먹었는지가 품위 있게 표현되어 있다(3절). 사람들을 도륙하고 살육하는 일이 벌

어지기 전에, 적군이 진군해 오면서 내는 군마의 발굽 소리와 달리는 병거 바퀴가 진동하는 소리가 사람들에게 공포를 안겨줄 것인데, 부모들은 겁에 질려서 천륜조차도 잊어버리고 아버지의 손맥이 풀려서 자기의 자녀가 안전한지 또는 어떻게 된 것은 아닌지를 돌보지 못할 지경이 될 것이다. 그들의 손이 풀려서 그들은 자녀들을 데리고 도망갈 엄두를 내지 못하고, 어쩔 수 없이 자녀들을 돌보는 것을 포기한 채 운명에 맡겨 두고 자기들만 도망칠 것이다. 또는, 그들은 너무나 놀라고 경악하여서 자기 새끼들조차도 까마득히 잊어버리게 될 것이다. 아무도 자녀들을 지나치게 좋아하거나 자녀들에게 지나치게 집착하지 말아야 한다. 왜냐하면, 자녀가 없었으면 좋겠다고 생각하거나 자녀가 있다는 것을 잊어버리거나 자녀를 돌볼 여력이 없게 만들 그런 환난이 언제 닥칠지 모르기 때문이다.

3. 블레셋 사람들의 땅, 그들과 인접해 있거나 동맹을 맺은 다른 나라들이 유린을 당하고 황폐화되리라는 것. 그 날은 블레셋 사람을 유린하시는 날이 될 것이다. 왜냐하면, 여호와께서 그들을 유린하실 것이기 때문이다(4절). 하나님이 유린하시고자 하는 자들은 반드시 유린을 당하게 되리라는 것을 명심하라. 하나님이 그들을 대적하시면 누가 그들을 위할 수 있겠는가? 두로와 시돈은 견고하고 부유한 성읍들이었고, 블레셋 사람들이 곤경에 처했을 때에 그들을 돕곤 하였다. 그러나 지금은 두로와 시돈도 온 땅을 휩쓰는 파멸에 휘말려들게 될 것이고, 하나님은 블레셋 사람들에게서 모든 남아 있는 도와 줄 자를 다 끊어버리실 것이다. 피조물로부터 도움을 바라는 자들은 그들이 도움을 가장 필요로 할 때에 그 피조물이 끊어진 것을 발견하게 될 것이고, 이 때문에 극심한 혼란 속으로 빠져들게 되리라는 것을 명심하라. 갑돌 섬에 남아 있는 자가 누구였는지는 확실하지 않지만, 우리는 갑돌 사람들이 블레셋 사람들과 가까운 친척이었다는 것을 확인할 수 있기 때문에(창 10:14), 아마도 갑돌 사람들은 그들의 땅이 멸망을 당하였을 때에 그들의 친척들인 블레셋 사람들에게로 와서 함께 살다가 이제 이 재난에 휩쓸려 유린을 당하게 된 것 같다. 여기에는 몇몇 특정한 지역들이 언급되어 있다(가사와 아스글론, 5절). 가사는 대머리가 되었다. 침략자들이 그들에게서 그들의 모든 좋은 것들을 다 벗겨가 버린 것이거나, 그들의 땅이 주변의 평지나 골짜기에 있던 다른 성읍들과 함께 멸절을 당하자 그들이 극심한 애도의 표시로 스스로 머리를 밀어 버린 것일 것이다. 그들의 비옥한

골짜기에서 난 소산물들은 약탈을 당하여 정복자들의 전리품이 될 것이다.

4. 이러한 재난이 오랫동안 지속되리라는 것. 선지자는 이것을 미리 내다보고서 그의 특유의 자상함으로 그들에게 먼저 네가 극도의 슬픔과 괴로움에 있는 자들처럼 네 몸 베기를 어느 때까지 하겠느냐고 반문한다(5절). 이 재난이 얼마나 오랫동안 지루하게 이어질 것인가! 그들은 단지 그들의 몸을 베는 것이 아니라 오랫동안 베어야 할 것이다. 그러나 선지자는 결과에서 원인으로 눈을 돌린다. 그들이 스스로 몸을 베는 것은 여호와의 칼이 그들을 베기 때문이다.

(1) 그래서 그는 그 칼에게 그만하라고 주문한다(6절). 오호라 여호와의 칼이여 네가 언제까지 쉬지 않겠느냐. 그는 그 칼에게 더 이상 육체들을 삼키거나 피를 마시지 말고 칼집에 들어가서 가만히 쉬라고 사정한다. 이것은 선지자가 블레셋 사람들의 땅이 칼에 의해 황폐화되었을 때에 그들을 불쌍히 여기는 마음으로 바라보면서 전쟁이 어서 끝나기를 간절히 바랐다는 것을 보여준다. 전쟁은 여호와의 칼이라는 것을 명심하라. 하나님은 그 칼로 그의 원수들의 범죄를 벌하시고, 자기 백성의 억울함을 풀어 주신다. 전쟁은 일단 시작되면 흔히 오래 가는 법이고, 칼은 일단 뽑힌 후에는 쉽게 칼집에 다시 들어가지 않는 법이다. 아니, 어떤 자들은 칼을 뽑은 후에 칼집을 아예 던져 버린다. 왜냐하면, 그들은 전쟁을 즐기기 때문이다. 전쟁의 참화는 너무도 비참해서 사람들은 평화의 축복을 간절히 바랄 수밖에 없다. 칼을 쳐서 보습을 만드는 때가 오면 얼마나 좋겠는가!

(2) 그렇지만 그는 전쟁이 계속될 수밖에 없는 이유를 얘기하고는 자신의 하소연을 그친다(7절). 여호와께서 구체적인 지명들을 언급하시면서 이러저러한 곳들을 치라고 명령하셨은즉 어떻게 잠잠하며 쉬겠느냐. 그가 명령하셨느니라. 좀 더 살펴보자.

[1] 전쟁의 칼은 만군의 여호와로부터 명령을 받는다. 총탄 하나하나가 명령을 받는다. 사람들은 그것들을 눈 먼 총탄들이라고 할지 모르지만, 총탄들은 모든 것을 보시는 하나님의 지시를 받는다. 전쟁 자체가 하나님의 명령이다. 하나님은 칼에게 가라 하면 가고 오라 하면 오고 이것을 하라 하면 이것을 한다. 왜냐하면, 하나님은 전쟁을 지휘하시는 총사령관이시기 때문이다.

[2] 칼이 뽑아졌을 때에 우리는 그 칼이 명령을 수행하기 전까지는 칼집에 들어갈 것을 기대할 수 없다. 하나님의 말씀과 마찬가지로 그의 회초리나 그의

칼도 그가 그것들을 보내신 목적을 반드시 이룰 것이다.

제
— 48 —
장

개요

　　모압은 애굽에 이어서 두 번째로 하나님에 의해서 나라들과 왕국들에 대한 재판관으로 임명된 예레미야 선지자로부터 자신에 대한 판결을 듣기 위해서 법정에 출두해서 그 앞에 서 있다. 모압에 관한 이사야의 예언(사 15장과 16장, 또한 암 2:1)은 앗수르 군대가 살만에셀의 지휘 아래 모압을 쳐서 복속시킴으로써 이미 성취된 상태였다. 여기에 나오는 예언은 갈대아인들에 의해서 모압이 황폐화될 것에 관한 예언으로서 예루살렘이 멸망당한 지 대략 5년 후쯤에 느부사라단에 의해서 이루어졌다. I. 멸망이 예언됨. 그 멸망은 커서 그 땅의 모든 곳에 미치게 될 것이고(1-6, 8절; 21-25, 34절), 약탈하는 자들이 그들을 덮쳐서 그들 중 일부는 피하겠지만(9절) 많은 사람들이 포로로 끌려갈 것이며(12, 46절), 적은 곧 올 것이고(16절) 신속하게 와서 그들을 기습할 것이며(40-41절), 적은 일을 철저하게 행하여(10절) 모압이 비록 아주 강할지라도 그 땅을 초토화시킬 것이고(14-15절), 피하는 자가 없을 것이며(42, 45절), 이로 인해 그들은 우상 숭배를 그치게 될 것이고(13, 35절), 그들의 모든 기쁨도 끝날 것이며(33-34절), 그들의 이웃 나라들은 그들을 위하여 슬퍼하고(17-19절) 선지자도 그럴 것이다(31, 36절 이하). II. 이러한 멸망을 불러온 이유들. 그들에게 이러한 파멸을 가져다 준 것은 그들의 죄였다. 그들의 교만, 안일함, 육체를 의지한 것(7, 11, 14, 29절), 그들이 하나님과 그의 백성을 멸시하고 적대시한 것(26-27, 30절). III. 모압의 회복에 관한 약속(47절).

　　¹모압에 관한 것이라 만군의 여호와 이스라엘의 하나님께서 이와 같이 말씀하시되 오호라 느보여 그가 유린 당하였도다 기랴다임이 수치를 당하여 점령되었고 미스갑이 수치를 당하여 파괴되었으니 ²모압의 찬송 소리가 없어졌도다 헤스본에서 무리가 그를 해하려고 악을 도모하고 이르기를 와서 그를 끊어서 나라를 이루지 못하게 하자 하는도다 맛멘이여 너도 조용하게 되리니 칼이 너를 뒤쫓아 가리라 ³호로나임에서 부르짖는 소리여 황폐와 큰 파멸이로다 ⁴모압이 멸망을 당하여 그 어린 이들의 부르짖음이 들리는도다 ⁵그들이 루힛 언덕으로 올라가면서 울고 호로나임

내리막 길에서 파멸의 고통스런 울부짖음을 듣는도다 [6]도망하여 네 생명을 구원하여 광야의 노간주나무 같이 될지어다 [7]네가 네 업적과 보물을 의뢰하므로 너도 정복을 당할 것이요 그모스는 그의 제사장들과 고관들과 함께 포로되어 갈 것이라 [8]파멸하는 자가 각 성읍에 이를 것인즉 한 성읍도 면하지 못할 것이며 골짜기가 멸망하였으며 평지는 파멸되어 여호와의 말씀과 같으리로다 [9]모압에 날개를 주어 날아 피하게 하라 그 성읍들이 황폐하여 거기에 사는 자가 없으리로다 [10]여호와의 일을 게을리 하는 자는 저주를 받을 것이요 자기 칼을 금하여 피를 흘리지 아니하는 자도 저주를 받을 것이로다 [11]모압은 젊은 시절부터 평안하고 포로도 되지 아니하였으므로 마치 술이 그 찌끼 위에 있고 이 그릇에서 저 그릇으로 옮기지 않음 같아서 그 맛이 남아 있고 냄새가 변하지 아니하였도다 [12]그러므로 여호와께서 말씀하시니라 날이 이르리니 내가 술을 옮겨 담는 사람을 보낼 것이라 그들이 기울여서 그 그릇을 비게 하고 그 병들을 부수리니 [13]이스라엘 집이 벧엘을 의뢰하므로 수치를 당한 것 같이 모압이 그모스로 말미암아 수치를 당하리로다

우리는 이 단락에서 다음과 같은 것들을 볼 수 있다.

I. 모압을 멸망시키시는 장본인. 이 멸망을 보내시는 이는 모든 군대를 마음대로 부리시는 만군의 여호와이자 이스라엘의 하나님이신 분이다(1절). 이 일을 통해서 하나님은 자기 백성 이스라엘을 항상 괴롭혀 왔던 모압 족속을 치셔서 이스라엘의 억울함을 풀어주실 것이고, 옛적의 이스라엘에게 가했던 해악들에 대하여 이제 그들을 벌하실 것이다(신 2:9). 모압의 멸망은 하나님이 이스라엘의 억울함을 풀어주시는 일이었기 때문에 여호와의 일이라 불린다(10절). 하나님이 하시는 일은 그가 하신 말씀과 정확히 일치할 것이다(8절).

II. 이 멸망을 실행하는 도구들. 파멸하는 자가 그들을 뒤쫓을 칼을 들고서(2절) 이를 것이다(8절). "내가 모압에게 멀리서부터 오는 부랑자들 같기도 하고 길을 잃은 자들 같기도 한 유랑자들을 보내리니, 그들이 모압을 유랑하게 만들리라. 그들은 그들 자신이 유랑자들처럼 보일 것이지만, 모압 사람들을 진짜 유랑자들로 만들어서 어떤 자들은 도망치게 하고 어떤 자들은 포로로 잡혀 가게 할 것이다." 이 멸망시키는 자들은 심판을 집행하기 위해서 떨쳐 일어났다. 그들은 모압의 주요 성읍들 중의 하나인 헤스본을 치려고 악을 도모하였는데, 이것은 틀림없이 그들이 모압 왕국의 멸망을 노린 것이다. 와서 그를 끊어서 나라를

이루지 못하게 하자(2절). 모압을 멸망시키지 않는다면, 침략자들은 성이 차지 않을 것이다. 그들은 모압을 약탈하기 위해서가 아니라 멸망시키기 위해서 왔다. 선지자는 하나님의 이름으로 그들에게 그 일을 철저하게 하라고 말한다(10절). 여호와의 일, 이 피비린내 나는 일, 이 멸망시키는 일을 게을리 하는 자는 저주를 받을 것이다. 연민이 많은 자들에게는 이 일이 못마땅한 일이겠지만, 이 일은 엄연히 여호와의 일이기 때문에 적당히 해서는 안 된다. 갈대아인들은 자기도 모르는 사이에 본능적으로 모압 사람들을 멸망시켜야 한다는 사명감을 갖게 되었다(가테이커 목사는 이렇게 말한다). 그러므로 그들은 어리석은 동정심 때문에 자기 칼을 금하여 피를 흘리지 아니하려고 해서는 안 된다. 만약 사울이 아말렉 사람들을 살려주고 아합이 벤하닷을 그냥 놓아준 것처럼 그들이 모압 사람들을 살려준다면, 칼과 거기에 따른 저주가 그들에게로 돌아오게 될 것이다. 내가 멸하기로 작정한 사람을 네 손으로 놓았은즉 네 목숨은 그의 목숨을 대신하리라. 이 일에는 하나님을 섬기는 일에 쓰임을 받는 모든 자들에게 주어진 일반적인 원칙, 즉 여호와의 일을 게을리(또는, 기만적으로) 하는 자는 저주를 받으리라는 원칙이 적용된다. 여호와의 일을 제대로 하지 않고 하는 척만 하는 것은 하나님의 영광을 위하여 일하는 흉내만 내는 것뿐이고, 사실은 자신의 목적을 따라 일하는 것으로서 자기 목적에 맞는 것 이상으로 여호와의 일을 하려고 하지 않는 것이거나 하나님을 위하여 일하는 것이 귀찮아서 심혈을 기울이거나 많은 수고를 해서 그 일을 제대로 하려고 하지 않는 것이다(말 1:14). 하나님은 이런 식으로 우롱당하시는 분이 아니시기 때문에, 우리는 스스로를 기만하여 착각해서는 안 된다.

Ⅲ. 이 멸망으로 인한 끔찍한 결과들과 사례들. 성읍들은 폐허로 변하게 될 것이다. 그것들은 유린당하고(1절) 조용하게 될 것이며(2절), 황폐하여 거기에 사는 자가 없게 될 것이다(9절). 거기에는 살 집이 없거나 살 사람이 없을 것이고, 거기에서 살고자 하는 자들에게는 안전이나 평안함이 없을 것이다. 모든 성읍이 유린을 당할 것이고 한 성읍도 면하지 못할 것이다. 아무리 튼튼한 성읍도 적군의 기세 앞에서 안전할 수 없을 것이고, 아무리 아름다운 성읍도 적군의 동정이나 호의를 사지 못할 것이다. 농촌도 황폐화되어, 골짜기가 멸망할 것이고 평지도 파멸될 것이다(8절). 평지들을 뒤덮고 골짜기들을 즐겁게 만들어 주었던 곡식과 양 떼들은 모두 파괴되어 없어지거나 짓밟히거나 실려가 버릴 것

이다. 가장 고상한 자들도 피하지 못할 것이다. 제사장들과 고관들이 다 사로잡혀 가리로다. 아니, 그들이 숭배하던 신, 그들을 보호해 줄 것이라고 믿었던 신인 그모스도 그들과 운명을 같이하여 파괴당할 것이다. 그모스의 신전들은 잿더미로 변할 것이고, 그 신상은 다른 노략물들과 함께 실려갈 것이다. 이 모든 것의 결과는 다음과 같은 것들이 될 것이다.

1. 큰 수치와 낭패. 기랴다임이 수치를 당하고 미스갑도 마찬가지이다. 그들은 종종 이러한 성읍들을 대단한 자랑거리로 말해 왔었는데, 이제 그들이 그렇게 뽐낸 것을 부끄러워하게 될 것이다. 모압에서 헤스본을 자랑하는 소리가 더 이상 없을 것이다(본문은 이렇게 읽을 수도 있다, 2절). 그들은 헤스본에 재난이 임하는 것을 보고서는 더 이상 그 성의 튼튼함을 자랑하지 못하게 될 것이다. 또한, 그들은 그들의 신들을 더 이상 자랑하지 못하게 될 것이다(13절). 이스라엘 집이 벧엘에 금송아지를 모셔두고 그것이 그들을 지켜줄 것이라 믿었지만 앗수르인들로부터 그들을 구해주지 못함으로써 낭패를 당하여 그 의뢰한 것으로 인하여 수치를 당한 것 같이, 그들은 그모스로 말미암아 수치를 당하리라(그들이 드렸던 모든 기도들과 그들이 이 쓰레기 같은 신에게 걸었던 모든 신뢰를 부끄러워하게 되리라). 그모스는 모압 사람들을 갈대아인들에게서 구해줄 수 없을 것이다. 하나님의 말씀을 통해서 그들의 우상 숭배의 어리석음을 깨닫지 못하고 부끄러워하지 않는 자들은 하나님의 심판이 있을 때에 그들이 이제까지 정성을 다해 섬겼던 신들이 그에게 아무런 도움이 되어 줄 수 없다는 것을 발견하고서 그들의 어리석음을 깨닫고 부끄러워하게 되리라는 것을 명심하라.

2. 큰 슬픔. 부르짖는 소리가 들릴 것인데(3절), 그것은 다름 아닌 황폐와 큰 파멸을 당하여 부르짖는 소리일 것이다. 슬프다! 슬프다! 모압이 멸망을 당하였도다(4절). 큰 자들은 성읍을 버리고 자기 살 길을 찾아 도망쳤고, 백성들 중에서 가장 약한 자들이자 누구에게도 해를 끼치지 않는 순진무구한 자들인 어린이들의 부르짖음이 들리는데, 이런 때에 아이들의 울부짖음은 가장 애절한 것이다. 언덕들로 올라가 보고 골짜기들로 내려가 보라. 너희는 끊임없이 우는 소리를 듣게 될 것이다. 나라 전체가 온통 눈물 바다가 되었다. 너희는 울지 않는 자를 한 사람도 만나지 못할 것이다. 적군이 울음 소리를 들으면 더욱 힘이 날 것이어서 그렇게 하지 않는 것이 보통인데, 이 때에는 심지어 적군들까지도 그 울음 소리를 듣게 될 것이다. 그 만큼 슬픔이 커서 울음 소리를 감출 수가 없는

것이다.

3. 황급히 피신함. 그들은 서로에게 이렇게 소리칠 것이다. "빨리 가라! 도망하여 네 생명을 구원하라(6절). 광야의 노간주나무처럼 거의 벌거벗다시피 하고 피신하더라도, 너의 안전을 위하여 있는 힘을 다해서 도망치라. 네게 있는 것을 가져가려고 하지 말라. 그렇게 하다가는 네 목숨을 잃을 것이다(마 24:16-18). 비록 헐벗은 광야라도 좋으니 피신해서 어떻게든 너의 목숨을 부지하라. 위험은 졸지에 신속하게 들이닥칠 것이다. 그러니 모압에 날개를 주라(9절). 그것이 네가 그들에게 베풀 수 있는 최고의 자비가 될 것이다. 만일 내게 비둘기 같이 날개가 있다면이라고 그들은 부르짖을 것이다. 왜냐하면, 그들에게 날개가 있어서 날아가지 못한다면, 그들이 피할 길은 없을 것이기 때문이다."

IV. 하나님이 모압을 지금 벌하시는 이유가 된 죄들. 이 죄들은 하나님이 그들에 대하여 이렇게 혹독한 징벌을 가하시는 것을 정당화시켜 준다.

1. 그들이 안일하게 그들의 재물과 힘, 그들의 업적과 보물을 의뢰한 것(7절). 그들은 그들의 성읍들을 요새화하는 데에 심혈을 기울였고, 그렇게 해서 요새화된 성읍들을 그들의 큰 업적들로 자랑하였고, 그들의 국고를 채우고 개인의 금고들을 채우는 데에도 많은 힘을 쏟았다. 따라서 그들은 어느 나라 못지 않게 전쟁에 대비한 모든 준비를 완벽하게 갖추어 놓았기 때문에 감히 그 누구도 그들을 침공해 오지 못할 것이라고 생각하였고, 전쟁으로 인한 위험의 가능성을 일축하였다. 그들은 자기 재물의 풍부함을 의지하며 자기의 악으로 스스로 든든하게 하던 자들이었다(시 52:7). 이제 이런 이유 때문에 하나님은 그들이 육적인 것들을 의지한 것이 얼마나 허망하고 어리석은 짓이었는지를 절실히 깨닫게 해주시기 위하여 그들이 업적으로 자랑하던 요새들을 장악하고 그들의 곳간들을 털 적군을 보내시고자 하신다. 우리가 오직 하나님에게만 드려야 할 신뢰를 피조물에게 준다면, 우리는 그 피조물로부터 오는 위로조차 잃게 된다는 것을 명심하라. 갈대에 기대는 자는 그 갈대에 찔리게 될 것이다.

2. 그들이 평화롭고 형통했던 날들을 제대로 선용하지 못한 것(11절).

(1) 그들은 오랫동안 평온하게 지내 왔었다. 모압은 젊은 시절부터 평안하였다. 모압은 이스라엘이 생기기 전부터 있었던 오래된 왕국으로서 비록 작은 나라였고 강대국들에 의해서 둘러싸여 있었지만 큰 평안을 누려 왔었다. 하나님의 이스라엘은 어릴 때부터 괴로움을 당했지만(시 129:1-2), 모압은 젊은 시절부

터 평안하였다. 모압은 이 그릇에서 저 그릇으로 옮기지 않음 같아서 그들의 힘을 약화시키는 그 어떤 어려움도 겪지 않았고, 포도주가 짜내지지 않고 그 찌끼 위에 그대로 있어서 그 맛과 냄새를 그대로 변함없이 지니고 있는 것처럼 그들의 원래의 힘을 그대로 유지하고 있었다. 그들은 삶의 터전이 흔들려 본 적이 없었고, 어떤 식으로든 불안정해진 적이 없었다. 이스라엘은 자주 포로로 끌려갔지만, 그들은 포로가 된 적도 없었다. 그렇지만 모압은 우상을 숭배하는 악한 나라였고, 하나님께서 숨기신 자들을 치려고 동맹을 맺은 나라들 중의 하나였다(시 83:3, 6). 회개치 않고 계속해서 죄악을 저지르는데도 지속적으로 잘 살고 번영하는 자들이 많다는 것을 명심하라.

(2) 그들이 오랫동안 타락해 있으면서도 삶을 고치지 않은 것. 모압은 그 찌끼 위에 있었다. 포도주가 그 찌끼로부터 그 힘을 얻듯이, 그들은 그들의 번영 속에서 안일하게 육적으로 살아 왔고, 거기로부터 그들의 모든 힘과 생기를 얻어 왔다. 그 맛이 남아 있고 냄새가 변하지 아니하였도다. 모압은 여전히 똑같아서 예나 지금이나 악하였다. 악한 자들이 이 세상에서 예나 지금이나 행복하다고 느끼는 한, 그들이 예나 지금이나 악하다고 해서 이상할 것은 아무것도 없다는 것을 명심하라. 그들은 변함없이 평화와 번영을 누리고 있기 때문에 하나님을 경외하지도 않고 그들의 마음과 삶도 변화되지 않는 것이다(시 55:19).

[14]너희가 어찌하여 말하기를 우리는 용사요 능란한 전사라 하느냐 [15]만군의 여호와라 일컫는 왕께서 이와 같이 말하노라 모압이 황폐하였도다 그 성읍들은 사라졌고 그 선택 받은 장정들은 내려가서 죽임을 당하니 [16]모압의 재난이 가까웠고 그 고난이 속히 닥치리로다 [17]그의 사면에 있는 모든 자여, 그의 이름을 아는 모든 자여, 그를 위로하며 말하기를 어찌하여 강한 막대기, 아름다운 지팡이가 부러졌는고 할지니라 [18]디본에 사는 딸아 네 영화에서 내려와 메마른 데 앉으라 모압을 파멸하는 자가 올라와서 너를 쳐서 네 요새를 깨뜨렸음이로다 [19]아로엘에 사는 여인이여 길 곁에 서서 지키며 도망하는 자와 피하는 자에게 무슨 일이 생겼는지 물을지어다 [20]모압이 패하여 수치를 받나니 너희는 울면서 부르짖으며 아르논 가에서 이르기를 모압이 황폐하였다 할지어다 [21]심판이 평지에 이르렀나니 곧 홀론과 야사와 메바앗과 [22]디본과 느보와 벧디블라다임과 [23]기랴다임과 벧가물과 벧므온과 [24]그리욧과 보스라와 모압 땅 원근 모든 성읍에로다 [25]모압의 뿔이 잘렸고 그 팔이 부러졌도다 여호

와의 말씀이니라 ²⁶모압으로 취하게 할지어다 이는 그가 여호와에 대하여 교만함이라 그가 그 토한 것에서 뒹굴므로 조롱 거리가 되리로다 ²⁷네가 이스라엘을 조롱하지 아니하였느냐 그가 도둑 가운데에서 발견되었느냐 네가 그를 말할 때마다 네 머리를 흔드는도다 ²⁸모압 주민들아 너희는 성읍을 떠나 바위 사이에 살지어다 출입문 어귀 가장자리에 깃들이는 비둘기 같이 할지어다 ²⁹우리가 모압의 교만을 들었나니 심한 교만 곧 그의 자고와 오만과 자랑과 그 마음의 거만이로다 ³⁰여호와의 말씀이니라 내가 그의 노여워함의 허탄함을 아노니 그가 자랑하여도 아무것도 성취하지 못하였도다 ³¹그러므로 내가 모압을 위하여 울며 온 모압을 위하여 부르짖으리니 무리가 길헤레스 사람을 위하여 신음하리로다 ³²십마의 포도나무여 너의 가지가 바다를 넘어 야셀 바다까지 뻗었더니 너의 여름 과일과 포도 수확을 탈취하는 자가 나타났으니 내가 너를 위하여 울기를 야셀이 우는 것보다 더하리로다 ³³기쁨과 환희가 옥토와 모압 땅에서 빼앗겼도다 내가 포도주 틀에 포도주가 끊어지게 하리니 외치며 밟는 자가 없을 것이라 그 외침은 즐거운 외침이 되지 못하리로다 ³⁴헤스본에서 엘르알레를 지나 야하스까지와 소알에서 호로나임을 지나 에글랏 셀리시야에 이르는 지역에 사는 사람들이 소리를 내어 부르짖음은 니므림의 물도 황폐하였음이로다 ³⁵여호와의 말씀이라 모압 산당에서 제사하며 그 신들에게 분향하는 자를 내가 끊어버리리라 ³⁶그러므로 나의 마음이 모압을 위하여 피리 같이 소리 내며 나의 마음이 길헤레스 사람들을 위하여 피리 같이 소리 내나니 이는 그가 모은 재물이 없어졌음이라 ³⁷모든 사람이 대머리가 되었고 모든 사람이 수염을 밀었으며 손에 칼자국이 있고 허리에 굵은 베가 둘렸고 ³⁸모압의 모든 지붕과 거리 각처에서 슬피 우는 소리가 들리니 내가 모압을 마음에 들지 않는 그릇 같이 깨뜨렸음이라 여호와의 말씀이니라 ³⁹어찌하여 모압이 파괴되었으며 어찌하여 그들이 애곡하는가 모압이 부끄러워서 등을 돌렸도다 그런즉 모압이 그 사방 모든 사람의 조롱 거리와 공포의 대상이 되리로다 ⁴⁰이는 여호와의 말씀이니라 보라 그가 독수리 같이 날아와서 모압 위에 그의 날개를 펴리라 ⁴¹성읍들이 점령을 당하며 요새가 함락되는 날에 모압 용사의 마음이 산고를 당하는 여인 같을 것이라 ⁴²모압이 여호와를 거슬러 자만하였으므로 멸망하고 다시 나라를 이루지 못하리로다 ⁴³여호와의 말씀이니라 모압 주민아 두려움과 함정과 올무가 네게 닥치나니 ⁴⁴두려움에서 도망하는 자는 함정에 떨어지겠고 함정에서 나오는 자는 올무에 걸리리니 이는 내가 모압이 벌 받을 해가 임하게 할 것임이라 여호와의 말씀이니라 ⁴⁵도망하는 자들이 기진하여 헤스본 그늘 아래에 서니 이는 불이 헤스본에서 나며 불길이 시혼 가운데 나서 모압의 살쩍과 떠드는 자들의 정수리를 사름이로다 [46]모압이여 네게 화가 있도다 그모스의 백성이 망하였도다 네 아들들은 사로잡혀 갔고 네 딸들은 포로가 되었도다 [47]그러나 내가 마지막 날에 모압의 포로를 돌려보내리라 여호와의 말씀이니라 모압의 심판이 여기까지니라

이 단락에서 모압의 멸망을 아주 풍부하고 다양한 표현들을 동원해서 아주 열정적이고 감동적인 언어로 자세하게 예언하고 있는 것은, 그들을 일깨워서 민족적인 회개와 개혁을 통해서 그 환난을 미리 막을 수 있게 하기 위한 것이거나 개인적인 회개와 삶을 고치는 것을 통해서 그 환난에 대비하게 하기 위한 것일 뿐만 아니라, 그러한 통탄스러운 일들을 초래하기 쉬운 인간의 삶의 비참한 상태를 깊이 느끼고, 하나님이 그의 진노를 불러일으킨 백성과 다투시고자 나오실 때에 그의 진노의 능력과 그의 심판의 두려움이 어떤 것인지를 느끼게 하기 위한 것이다. 경고의 말씀들을 적은 이 긴 두루마리를 읽어내려 가면서 그 두려운 말씀들을 묵상함에 있어서 우리는 여기에서 사용된 온갖 생생한 비유들과 은유들을 비평적으로 탐구하기보다는 하나님과 그의 진노에 우리의 눈을 고정시키고 하나님과 그의 진노에 대한 거룩한 경외심을 우리 마음에 깊이 담고서 이 글들을 읽어가는 것이 더 유익할 것이다.

I. 여기에서 경고되고 있는 것은 예기치 않은 아주 갑작스러운 멸망이다. 그들은 그들이 전쟁에 강하고 그 어떤 강력한 적도 다 무찌를 수 있다고 생각하여 대단히 안일해 있었다(14절). 그렇지만 재난은 가까이 왔고, 그들은 그 재난을 멀리 둘 수 없고, 협상을 미끼로 적군을 오랫동안 붙잡아둘 수도 없다. 왜냐하면, 그 고난이 속히 그들에게 닥쳐서, 그들은 곧 위기 상황에 빠지게 될 것이기 때문이다(16절). 적은, 독수리가 그의 먹잇감을 보고 쏜살같이 내려오듯이 그렇게 신속하고 강력하게 독수리 같이 날아올 것이고(40절), 그의 날개, 그의 군대의 날개를 모압 위에 펼 것이다. 적은 한 사람도 피할 수 없도록 그들을 둘러쌀 것이다. 모압의 요새들은 순식간에 점령을 당해서(41절), 그들의 모든 요새는 그들에게 무용지물이 되고 말 것이다. 이 일로 인하여 그들의 용사들조차 낙심하게 될 것이다. 왜냐하면, 그들은 정신을 차릴 틈도 없이 당해 버렸기 때문이다. 갑작스러운 두려움을 두려워하지 않으려면, 보통 이상의 담력이 필요한 법

이다.

Ⅱ. 그것은 모압 전체를 폐허로 만들어 버릴 정도의 철저한 멸망이 될 것이다. 모압이 황폐하였고(15절) 완전히 유린되었으며 패하여 수치를 받았다(20절). 그들의 성읍들은 적에 의해 잿더미로 변하거나 점령당했기 때문에, 그들은 그 성읍들을 포기할 수밖에 없었다(15절). 심판을 당한 여러 성읍들의 이름이 여기에 언급되고 있고, 그 목록은 기타 등등으로 끝난다. 모압 땅 원근 모든 성읍에 멸망이 임하였는데, 굳이 구체적으로 성읍들의 이름을 더 자세히 언급할 이유가 어디 있겠는가(21-24절)? 죄악이 도처에서 저질러졌다면, 우리는 재난도 도처에서 벌어질 것이라고 예상할 수 있다는 것을 명심하라. 모압 왕국은 그 존엄과 권위를 박탈당하였다. 모압의 뿔이 잘렸다. 모압이 남들을 공격하기도 하고 그를 방어하기도 하는 그의 힘과 능력을 상징하는 뿔이 잘려져 버렸다. 그 팔이 부러졌도다. 팔이 부러졌으니, 모압은 타격을 가할 수도 막을 수도 없게 되었다(25절). 청년들이 모압의 힘이자 미래인가? 그 선택 받은 장정들은 내려가서 죽임을 당하였다(15절). 그 장정들은 반드시 승리하고 돌아올 것이라고 굳게 믿고서 싸움터로 내려갔을 것이다. 그러나 하나님은 그들이 죽임을 당하러 내려갔다고 말씀하신다. 하나님이 대적하여 싸우시는 자들은 반드시 죽게 되어 있다. 한 마디로 말하면, 모압이 멸망하고 다시 나라를 이루지 못하리라는 것이다(42절). 하나님의 백성의 원수들인 나라들은 곧 나라를 이루지 못하게 될 것이다.

Ⅲ. 그것은 애곡을 불러올 멸망이 될 것이다. 이 멸망은 슬피 울어야 할 일이 될 것이고, 기쁨을 비통함으로 바꿔놓을 것이다.

1. 이 일을 예언하는 선지자 자신도 이 일을 미리 내다보면서 같은 인간에 대한 연민의 정과 인간 본성에 대한 관심 때문에 몹시 슬퍼하고 애곡한다. 선지자는 모압을 위하여 울고자 한다. 그의 마음은 그들을 위하여 애곡할 것이다(31절). 그는 십마의 포도나무를 위하여 울고자 한다(32절). 그의 마음은 모압을 위하여 피리 같이 소리 낼 것이다(36절). 모압의 멸망은 그가 참 선지자라는 것을 증명해 줄 것이지만, 그는 그 일을 고통 없이는 생각할 수 없었다. 죄인들의 멸망은 하나님께서 기뻐하시는 일이 아니다. 그러므로 그것은 우리에게도 고통일 수밖에 없다. 멸망을 경고하는 자들은 그 경고의 말씀을 그들의 마음속에도 깊이 새겨야 한다. 여기에 나오는 구절들과 이 장에 나오는 다른 많은 구절

들은 이사야가 모압을 쳐서 한 예언들 속에서 사용하였던 것들과 거의 동일하다(사 15:16). 왜냐하면, 이사야의 예언과 이 예언 사이에는 시간적으로 오랜 간격이 있었지만, 이 두 선지자는 한 분 동일한 성령으로부터 말씀을 받았고, 하나님의 선지자들이 자기보다 앞서 활동하였던 선지자들이 사용하였던 언어로 말하는 것은 합당한 일이기 때문이다. 종종 옛 표현들에 새로운 감정과 뜻을 불어넣어서 사용하는 것은 표절 행위가 아니다.

2. 모압 사람들도 이 일을 애도할 것이다. 이 일은 그들에게 가장 큰 굴욕이요 슬픔이 될 것이다. 영화와 큰 부와 환락과 온갖 쾌락 속에 앉아 있던 자들이 물도 없고 낙(樂)도 없는 메마르고 갈한 땅에 앉게 될 것이다(18절). 지금은 탈취하는 자가 와서 그들에게서 모든 것을 벗겨내 버리고 텅 비게 만들어 버릴 때이고, 그들이 메마른 데에 앉아서 자신을 고생에 단련시킬 때이다. 이 전쟁의 위험과는 별 상관도 없는 산간벽지에 사는 모압 사람들은 일이 어떻게 되어가고 있는지, 군대로부터 무슨 새로운 소식은 없는지를 알고자 물을 것이고, 피하는 자들에게마다 무슨 일이 생겼는지 물을 것이다(19절). 침략군이 이겼고 모든 것이 끝났다는 말을 들었을 때, 그들은 처절하고 고통스러운 마음에서 울면서 부르짖을 것이다(20절). 그들은 이 땅이 황폐하게 된 것을 애도하기 위하여 혼자 있고 싶어할 것이다. 그들은 환락으로 가득 차 있던 성읍을 떠나 바위 사이에 살면서 마음속에 꽉 차 있는 슬픔을 삭일 것이다. 그들은 더 이상 즐겁게 지저귀는 새들이 아니라 비둘기 같이(28절), 골짜기의 비둘기들처럼(겔 7:16) 구슬프게 우는 새들이 될 것이다. 환락에 빠져 있는 자들은 하나님이 곧 그들의 곡조를 바꾸실 수 있으시다는 것을 알아야 한다. 그들의 슬픔은 극에 달해서 스스로 대머리가 되고 자신의 몸을 베어 상처를 낼 것이다(37절). 이러한 것들은 사람들로 하여금 죽고 싶은 심정이 들게 할 정도로 처절한 슬픔을 표현하는 방법들이었다. 욥은 겉옷을 찢고 머리털을 밀었지만 자해하지는 않았다. 감정이 북받쳐서 터져 버릴 것 같은 때에는 지혜와 은혜로 그 감정을 적절히 조절하여 이런 야만적인 행위를 하지 않도록 하여야 한다. 슬픔은 모압 온 땅에 있을 것이다(38절). 우상들을 섬겼던 모압의 모든 지붕에서 우상들을 향하여 헛되이 한탄하며 울고, 거리 각처에서 서로 대화하면서 각자의 슬픔과 두려움을 나누며 슬피 우는 소리가 들리리라. 왜냐하면, 그들은 모든 것이 사라진 것을 두 눈으로 똑똑히 볼 것이기 때문이다. 하나님은 이렇게 말씀하신다. "내가 모압을 마음에 들지 않

는 그릇 같이 깨뜨렸으니, 이후로 아무도 모압을 주시하지 않을 것이고 다시 그 조각들을 모아 붙일 수도 없으리라.” 모압이 평소에 즐겼던 것은 그들이 생산한 맛 좋은 과일들과 풍부한 포도주였다. 감각의 즐거움들은 그들이 즐기는 것의 전부였다. 그러한 것들을 없애 버리고 그들의 과수원과 포도원들을 파괴하면, 그들의 모든 희락은 그치게 될 것이다(호 2:11-12). 그들의 포도나무들이 바다 너머에 이식되고 다른 나라들에 심기 위해서 옮겨질 때에 큰 울음 소리가 있을 것이다(32절). 너의 여름 과일과 포도 수확을 탈취하는 자가 나타났으니, 이 때문에 헤스본의 울부짖음이 엘르알레까지 들렸다(34절). 기쁨과 환희가 옥토와 모압 땅에서 배앗겼도다(33절). 기쁨의 환호로 밟던 포도주 틀에 포도주가 끊어지면, 그들의 모든 기쁨도 끊어진다. 포도주 틀을 밟으며 떠드는 소리를 없애 보라. 그러면 그들에게서 떠드는 소리가 없어질 것이다. 감각의 즐거움들은 단기간에 쉽게 없어질 수 있는 것들이기 때문에 그런 것들을 그들의 주된 기쁨, 그들의 최고의 기쁨으로 삼는 자들은 아주 큰 슬픔의 포악한 손길에 금방 굴복하게 된다는 것을 명심하라. 반면에, 비록 무화과나무가 무성하지 못하며 포도나무에 열매가 없을지라도, 하나님을 기뻐하는 자들은 언제나 기뻐할 수 있다. 이 모압 사람들은 그들의 포도주만이 아니라 물까지도 잃고 말았다. 심지어 니므림의 물까지 황폐하게 될 것이다(34절). 그러므로 그들의 슬픔은 극에 달해서, 삼년 된 암송아지가 낮게 우는 것처럼 통곡 소리가 사방에서 들려 왔다. 여기에 사용된 표현들은 이사야 15:5-6에서 가져온 것이다.

3. 선지자는 모든 이웃 나라들에게 그들과 함께 애곡하고 그들의 멸망을 인하여 그들을 조문하라고 부른다(17절). 그의 사면에 있는 모든 자여, 그의 슬픔을 어루만져 주고 그로 하여금 주변 나라들의 동정을 받고 있음을 알게 해주라. 아니, 멀리 떨어져 있어서 그의 이름만 알고 있고 그의 명성을 들은 적이 있는 나라들은 그의 멸망을 알고서 어찌하여 주변 나라들을 공포에 떨게 만들었던 강한 막대기, 친구들의 부러움을 샀던 아름다운 지팡이가 부러졌는고라고 말해주어라. 열방들은 이 일을 보고서 교훈을 받으라. 그 어떠 나라도 자신의 힘이나 아름다움을 의지하거나 그런 것들로 인하여 우쭐해지지 말아야 한다. 왜냐하면, 그런 것들은 하나님의 심판을 막아줄 수 있는 안전 장치가 되지 못할 것이기 때문이다.

Ⅳ. 그것은 수치스러운 멸망일 것이어서 그들을 멸시받게 만들 것이다. 모

압은 취하였다(26절). 술에 취한 자는 그 행위가 더럽다. 그는 그 토한 것에서 뒹굴 것이기 때문에 꼴불견이 되어서 조롱 거리가 될 것이다. 모압 사람들은 하나님의 진노의 잔에 취해서 비틀거리며 엎드러져서 인사불성이 되어 그들의 감정만이 아니라 그들의 모략까지도 엉망진창이 되어서 조롱 거리가 되고 말 것이다. 모압이 그 사방 모든 사람의 조롱 거리와 놀람의 대상이 되리로다(39절). 사람들은 그가 그토록 자랑하였던 부귀영화와 권세가 무너진 것을 보고 비웃을 것이다. 콧대가 높고 오만한 자들은 스스로 치욕과 망신을 당할 날을 준비하고 있는 것임을 명심하라.

V. 그것은 그들에게 소중했던 것들의 멸망, 즉 그들의 여름 과일과 포도 수확만이 아니라 그들의 재물이 모두 없어지는 멸망이 될 것이다(36절). 그가 모은 재물이 없어졌다. 그는 자신의 재물을 아주 안전하게 잘 모아서 보관해 두었고 오랫동안 그것들을 누릴 수 있을 것이라고 생각하였지만, 이제 그것들은 다 없어져 버리고 말았다. 금고에 고이 모셔둔 돈은 들판에 그대로 놓아 둔 여름 과일처럼 쉽게 없어져 버린다는 것을 명심하라. 재물은 쏠기 쉬운 물건이고 먼지와 같아서, 우리가 아무리 그것을 손으로 꼭 붙잡고 있어도 어느샌가 우리 손가락 사이로 빠져나가 버리고 만다. 그렇지만 최악의 상황은 아직 남아 있다. 그들은 그들의 종교가 거짓되고 어리석은 것임에도 불구하고 다른 무엇보다도 그것을 좋아하였고 그것을 놓으려 하지 않았다. 그러므로 하나님은 그들에게 산당에서 제사하며 그 신들에게 분향하는 자를 끊어버리겠다(35절)고 경고하셨다. 산당들은 파괴될 것이고, 그 신들에게 바칠 예물을 기르는 밭들은 황폐화되며, 그들의 신들에게 분향한 제사장들은 죽임을 당하거나 포로로 끌려갈 것이다(7절). 환난 날에 우리의 도움이 되는 것은 오직 참된 신앙, 참 하나님을 예배하고 섬기는 것뿐임을 명심하라.

VI. 그것은 정당하고 의로운 멸망, 그들의 죄로 말미암아 스스로 자초하였고 그들이 받아 마땅한 멸망이다.

1. 그들에게서 악명이 높았던 죄, 하나님으로 하여금 그들을 벌하시고자 결심하게 만든 죄는 교만이었다. 그들의 교만은 여섯 번이나 언급된다(29절). 우리가 모압의 교만을 들었나니 심한 교만 곧 그의 자고와 오만과 자랑과 그 마음의 거만이로다. 그의 이웃 나라들은 그것을 잘 알고 있었다. 이스라엘의 교만이 그랬듯이, 그의 교만도 얼굴에 그대로 나타나 있었다. 그의 교만은 점점 더 심해지

는 심한 교만이었다. 그의 자고와 오만과 자랑과 그 마음의 거만이라는 표현을 주목해 보라. 동일한 뜻을 지닌 단어들을 여러 개 겹쳐서 사용하고 있는 것은 그가 자신의 교만을 모든 일 속에서 드러내었다는 것과 그것이 하나님과 사람에게 큰 불쾌감을 주었다는 것을 보여준다. 모압에 대한 이러한 고소는 이사야 16:6에도 나왔지만, 여기에서는 거기에서보다 더 자세하게 표현되고 있다. 그때 이후로 그들은 낮추시는 섭리들 아래에 있었지만 낮아지지 않았다. 아니, 그들은 점점 더 오만하고 콧대가 높아져 갔고, 이것은 그들이 장차 철저히 멸망할 것임을 보여주는 징조였다. 왜냐하면, 교만은 패망의 선봉이기 때문이다. 여기에서는 모압의 교만을 보여주는 두 가지 예가 주어진다.

(1) 모압은 하나님에 대하여 오만무례하게 처신해 왔다. 그는 강제로 낮아져서 수치를 당해야 마땅하였다(26절). 왜냐하면, 그가 여호와에 대하여 교만하여 스스로를 높였기 때문이다. 바로 그런 이유로 그는 멸망하고 다시 나라를 이루지 못할 것이다(42절). 모압 사람들은 여호와보다 그모스가 더 낫다고 생각하여서, 그들이 이스라엘의 하나님을 얼마든지 상대해 줄 수 있을 것이라고 여기며 공공연히 하나님께 도전하였다.

(2) 그는 이스라엘을 조롱하였고, 특히 그들이 최근에 당한 환난을 고소해 하며 비웃었다. 그러므로 모압은 동일한 손길에 의해서 동일한 환난을 겪고 열방의 조롱 거리가 될 것이다. 왜냐하면, 이스라엘이 그에게 조롱 거리가 되었기 때문이다(26-27절). 모압 사람들은 모두 그들의 이웃인 유대인들이 재난을 당하여 그 땅이 황폐화되었다는 소식을 들었을 때에 애도를 표하기는커녕 도리어 고소해 하였고 너무 좋아서 펄쩍펄쩍 뛰었다. 사람들은 보통 그런 경우에 그래도 분별력이 있어서 속으로는 자기가 싫어하는 자들이 멸망한 것을 기뻐하더라도 겉으로는 내색을 하지 않는 법이다. 모압의 이런 처신은 아주 괘씸한 것이었다. 그럼에도 불구하고 모압 사람들은 그 기뻐하는 내색을 얼른 감춘 것이 아니라, 그들이 기뻐한다는 것을 열심히 널리 알렸고, 이스라엘에 대한 적개심을 공공연하게 밝히고 다녔으며, 곤경에 처한 이스라엘 사람들을 만날 때마다 의기양양해하며 비웃고 조롱하였다. 이것은 비인간적인 처사였을 뿐만 아니라, 그들과 같은 성정(性情)을 지닌 인간에 대한 모욕임과 동시에 하나님의 이름으로 불리던 자들에게 그렇게 한 것이기 때문에 하나님에 대한 불경스러운 모독이었다. 곤경에 처한 사람들을 조롱하는 자들은 반드시 조만간에 그

들 자신도 곤경에 빠져서 조롱을 당하게 되리라는 것을 명심하라. 다른 사람들, 특히 하나님의 교회의 재난을 기뻐하는 자들은 벌을 받지 않고 오래 지내지는 못할 것이다.

2. 모압은 이 죄 외에도 하나님의 백성에 대하여 악의를 품고 그들을 기만적으로 대한 죄를 범하였다(30절). 그는 유다와 예루살렘이 폐허가 된 것을 조롱하였고, 그들을 비웃을 때에 단지 장난 삼아 농(弄)으로 그런 것이라며 키득키득거렸다. 그러나 하나님은 이렇게 말씀하신다. "내가 그의 노여워함을 안다. 나는 그의 조롱이 그가 아브라함의 자손과 참 하나님을 예배하는 자들에 대한 해묵은 적대감에서 나온 것임을 안다. 그는 유대 민족이 겪는 이 재난이 결국에는 유대인들의 멸절로 끝나게 될 것이라고 생각한다는 것을 나는 안다. 그는 지금 갈대아인들에게 유대인들이 얼마나 악한 자들인지를 말해주며, 유대인들에 대한 분노를 부추기고 있다. 그러나 상황이 그가 기대한 대로 그렇게 되지 않을 것이다. 그의 거짓말은 아무것도 성취하지 못할 것이다. 유대 나라가 멸망하였다고 그가 고소해 하지만, 그 나라는 다시 회복될 것이다." 어떤 이들은 이 본문을 내가 그의 분노를 아노니 그렇지 아니한가라고 읽는다. 그는 하나님의 백성에 대하여 분노하고 있지 않는가? 또한, 나는 그의 거짓말을 안다. 그가 그렇게 하고 있지 않은가? 그가 유대인들을 기만하고 있지 않은가? 교회의 원수들이 보여주는 온갖 분노와 거짓들은 그들이 아무리 감추고 위장하려고 해도 하나님은 완벽하게 알고 계시다는 것을 명심하라(사 37:28).

VII. 그것은 여러 번에 걸친 멸망이 될 것이어서 여러 가지 심판들이 연이어지다가 마침내 완전한 멸망에 이를 것이다. 하나의 심판을 피하는 자들은 또 다른 심판에 의해서 죽게 될 것이다. 모압 주민아 두려움과 함정과 올무가 네게 닥치리라(43절). 두려움이 모압 사람들을 함정으로 몰아 넣겠고, 함정 속에서 올무가 그들을 꼼짝할 수 없게 붙잡게 될 것이다. 그래서 그들은 멸망으로부터도 피할 수 없고, 멸망 속에서 밖으로 빠져나올 수도 없을 것이다. 일반적으로 죄인들에 대하여 주어진 말씀(사 24:17-18), 즉 두려움에서 도망하는 자는 함정에 떨어지겠고 함정에서 나오는 자는 올무에 걸리리라는 말씀이 여기에서는 모압의 죄인들에 대하여 구체적으로 예언되고 있다(44절). 왜냐하면, 모압이 벌 받을 해, 하나님이 그들과 결산하기 위해서 오시는 때, 그가 집행하시는 심판을 통해서 자신을 알게 하실 때가 왔기 때문이고, 하나님은 만군의 여호와라 일컫는 왕이시기 때문이다(15절). 하나님은 판결을 내릴 권한을 쥐고 계신 왕이실 뿐만 아니라 그가 결정한 것을 행할 수 있는 만군의 여호와이시다. 여기에서 사용된 비유적인 표현들(44절)은 하나의 사례를 통해서 설명된다(45절). 오늘날에도 요새화된 도시에 포 공격이 시작되면 군대들이 종종 후퇴하듯이, 적군이 두려워서 마을로부터 도망한 자들은 안전할 것이라고 생각해서 헤스본 그늘 아래에 섰다. 그러나 여기에서도 그들은 실망하게 될 것이다. 왜냐하면, 함정에서 나오는 자는 올무에 걸리게 될 것이기 때문이다. 그들은 헤스본이 그들의 피난처가 되어 줄 것이라고 생각했지만, 모세가 오래 전에 예언하였듯이(민 21:28), 헤스본은 그들을 삼킬 것이다. 불이 헤스본에서 나며 불길이 시혼 가운데 나서, 모압의 방방곡곡에서 온 자들을 삼켰고, 흥청거리며 떠들며 놀던 자들 또는 시끄럽게 떠들며 놀던 아이들의 정수리를 살랐다(여기서 떠드는 자들은 아우성을 치며 소리를 지르는 무리들이 아니라 고함치며 호령하고 허세를 부리며 큰 소리 치는 큰 자들을 의미한다). 하나님의 심판의 불이 그들을 덮칠 것이다. 우리는 이 모든 일의 결론을 듣게 될 것인가? 그 결론이 여기에 나와 있다. "모압이여 네게 화가 있도다. 네가 망했도다. 그모스를 숭배하던 백성이 망하였도다. 잘 가시게, 모압. 다음 세대의 희망이었던 네 아들들과 딸들은 네가 그토록 고소해 했던 유대인들을 뒤따라 포로로 사로잡혀 가고 말았구나."

VIII. 그렇지만 그것은 영원한 멸망이 되지는 않을 것이다. 이 장은 모압의 포로들이 마지막 날에 돌아오리라는 짤막한 약속으로 끝이 난다. 그들을 포로로 사로잡혀 가게 하신 하나님은 그들의 포로들을 다시 돌려 보내실 것이다(47절). 하나님께서 모압 사람들을 이렇게 자상하게 대하시는데, 하물며 그의 백성에게는 얼마나 더 자상하시겠는가! 모압 사람들이라 할지라도 하나님은 그들과 영원히 다투지 아니하며 끊임없이 노하지 아니하실 것이다. 이스라엘이 돌아올 때, 모압도 돌아왔다. 아마도 이 예언은 일차적으로 하나님의 백성을 격려하기 위한 것으로서 그들로 하여금 모압 사람들도 참여하게 될 저 구원을 소망하게 하기 위한 것인 듯하다. 그렇지만 이 예언은 한 걸음 더 나아가 복음 시대를 내다보고 있다. 유대인들 자신도 이 말씀이 메시야 시대를 가리키고 있는 것으로 해석한다. 그 때에 죄와 사탄의 멍에 아래에서 포로 생활을 하던 이방인들이 하나님의 은혜로 자유롭게 되어 돌아오게 될 것이다. 아들이 너희를 자유롭게 하면 너희가 참으로 자유로우리라(요 8:36). 모압의 멸망에 관한 예언은 길었지만,

이런 소망의 말씀으로 끝난다. 그리고 심판은 끝이 없는 것이 아니라 끝이 있다는 것은 위로가 된다. 모압의 심판이 여기까지니라.

제 49 장

개요

　두려워 떨게 만드는 술잔은 계속해서 돌아가고, 하나님이 예레미야에게 주신 지시사항들을 따라서 열방들은 모두 그 술잔을 마셔야 한다(렘 25:15). 이 장에서 그 술잔은 다음과 같은 순서로 열방들에게 돌려진다. I. 암몬 사람들(1-6절). II. 에돔 사람들(7-22절). III. 아람 사람들(23-27절). IV. 게달 사람들과 하솔 나라들(28-33절). V. 엘람 사람들(34-39절). 이스라엘이 겨우 구원을 받았을진대, 이 모든 나라들은 어디에 서겠는가?

¹암몬 자손에 대한 말씀이라 여호와께서 이와 같이 말씀하시되 이스라엘이 자식이 없느냐 상속자가 없느냐 말감이 갓을 점령하며 그 백성이 그 성읍들에 사는 것은 어찌 됨이냐 ²여호와의 말씀이니라 그러므로 보라 날이 이르리니 내가 전쟁 소리로 암몬 자손의 랍바에 들리게 할 것이라 랍바는 폐허더미 언덕이 되겠고 그 마을들은 불에 탈 것이며 그 때에 이스라엘은 자기를 점령하였던 자를 점령하리라 여호와의 말씀이니라 ³헤스본아 슬피 울지어다 아이가 황폐하였도다 너희 랍바의 딸들아 부르짖을지어다 굵은 베를 감고 애통하며 울타리 가운데에서 허둥지둥할지어다 말감과 그 제사장들과 그 고관들이 다 사로잡혀 가리로다 ⁴패역한 딸아 어찌하여 골짜기 곧 네 흐르는 골짜기를 자랑하느냐 네가 어찌하여 재물을 의뢰하여 말하기를 누가 내게 대적하여 오리요 하느냐 ⁵주 만군의 여호와의 말씀이니라 보라 내가 두려움을 네 사방에서 네게 오게 하리니 너희 각 사람이 앞으로 쫓겨 나갈 것이요 도망하는 자들을 모을 자가 없으리라 ⁶그러나 그 후에 내가 암몬 자손의 포로를 돌아가게 하리라 여호와의 말씀이니라

　　암몬 사람들은 혈통으로나 지리적으로나 모압 사람들과 가까웠기 때문에 모압 다음으로 법정에 선다. 그들의 땅은 요단 저 편에 있었던 이스라엘의 두 지파와 반 지파의 땅과 붙어 있었지만, 그들은 나쁜 이웃이었다. 하지만 어쨌든 이웃이었기 때문에 그들은 여러 나라들이 돌아가면서 멸망의 술잔을

받는 데에 참여하게 된 것이다.

1. 암몬 자손들이 그들 곁에 있었던 갓 지파의 합법적인 영토를 불법적으로 잠식한 것 때문에 선지자는 하나님의 이름으로 그들에 대한 고소를 제기한다(1절). 그들이 이 영토들에 대하여 어떤 권리를 가지고 있었는지를 밝혀내기 위한 심문 영장이 발부된다. 앗수르의 왕은 길르앗 사람들을 포로로 잡아가면서 그 땅을 거의 사람이 살지 않는 무방비 상태의 땅으로 버려두었기 때문에, 그 땅은 암몬 자손들의 손쉬운 먹잇감이 되었다(왕하 15:29; 대상 5:26). "무엇이라고! 암몬 자손들은 그 땅에 상속자가 없어서 몰수한 것뿐이라고? 이스라엘이 자식이 없느냐 상속자가 없느냐. 상속권이 있는 갓 사람이 한 사람도 남아 있지 않더냐? 설령, 갓 사람이 아무도 남아 있지 않았더라도, 너희보다 더 가까운 친족인 이스라엘 사람이나 유다 사람이 남아 있지 않느냐?" 그들의 왕이 마치 이 땅에 대한 권한이 있다는 듯이, 또는 그들이 섬기는 우상이었던 말감이 이 땅을 그의 숭배자들에게 마음대로 나눠줄 권한이 있다는 듯이 갓을 점령하며 그 백성이 제비 뽑기를 통해서 하나님의 지파에게 분배된 그 성읍들에 사는 것은 어찌 됨이냐. 아니, 갓 여인들의 태에 아들들과 상속자들이 있었지만, 암몬 사람들은 그 땅을 차지하기 위해서 극히 야만적으로 그 여인들을 살해하였다(암 1:13). 그들이 자기 지경을 넓히고자 하고 그 땅을 차지한 후에 아무도 다시 그 곳을 회복하기 위하여 일어서지 못하도록 하기 위하여 길르앗의 아이 밴 여인의 배를 갈랐다. 이렇게 그들이 자기들의 경계에 대하여 교만하였고 그 땅이 그들의 땅이라고 자랑하였다(습 2:8). 사람 사는 세상에서는 힘으로 의(義)를 억누르는 일이 흔히 벌어지지만, 그 힘은 보좌에 앉으사 의롭게 심판하시는 전능자에 의해서 통제되리라는 것을 명심하라. 자기가 손을 대는 것은 무엇이나 자기 것이고, 누구도 감히 나서서 권리를 주장하지 못할 것이라고 생각하는 자들은 단단히 착각하고 있는 것임을 나중에 알게 될 것이다. 주인에게 권리가 있듯이 주인이 죽었을 때에는 상속자에게 권리가 있기 때문에, 상속자가 자신의 권리를 알지 못하거나 그 권리를 어떻게 행사해야 할지를 모른다고 해서, 그 권리를 속여 빼앗는 것은 큰 죄이다. 하나님의 백성에게 이런 유의 해악을 가하는 자들은 특히 그에 대한 벌을 받게 될 것이다.

2. 선지자는 이러한 포악으로 인한 심판을 그들에게 선포한다.

(1) 두려움이 그들에게 임할 것이다. 하나님은 그들의 수도이자 대단히 튼

튼한 성(城)이었던 랍바에조차도 전쟁 소리를 들리게 하실 것이다(2절). 모든 군대를 마음대로 부리시는 주 만군의 여호와께서 두려움을 네 사방에서 네게 오게 하리라(5절). 하나님은 자기 백성에게 두려움의 대상이었던 자들을 두렵게 만들 수 있는 많은 방법들을 가지고 계신다는 것을 명심하라.

(2) 그들의 성읍들이 폐허로 변하게 될 것이다. 어머니 성(城)인 랍바는 폐허 더미 언덕이 되겠고, 어머니 성에 의존하여 살아가고 거기로부터 법을 받는 다른 성읍들과 마을들은 불에 탈 것이다. 그래서 그 주민들은 성과 마을을 버릴 수밖에 없게 될 것이고, 그들이 가진 모든 것을 잃어버리고 어디에 몸을 의탁해야 할지를 몰라서 굵은 베를 감고 애통하며 울 것이다.

(3) 그들이 그토록 자랑하던 그들의 산하(山河)는 황폐화될 것이다(4절). 패역한 딸아 어찌하여 골짜기 곧 네 흐르는 골짜기를 자랑하느냐 네가 어찌하여 재물을 의뢰하느냐. 그들은 하나님과 그 예배로부터 떠나 패역하였다는 고소를 듣는다. 왜냐하면, 그들은 의인 롯의 자손들이었기 때문이다. 그들은 이스라엘과는 달리 하나님과의 언약 관계 속에 있었던 적이 한 번도 없었다는 사실이다. 하지만 인간은 거짓 신들이 아니라 참 하나님을 섬기고 예배해야 마땅하기 때문에 모든 우상 숭배자들은 패역한 자들이라 불릴 수 있다. 그들은 고집 세고 완고하였다(어떤 이들은 이렇게 읽는다). 그들은 그들의 하나님을 버리고 나서 그들의 골짜기들, 특히 모든 좋은 것들로 넘쳐난다고 해서 넘쳐나는 골짜기로 불렀던 흐르는 골짜기를 자랑하였다. 그들은 이 골짜기들을 이스라엘로부터 폭력적으로 빼앗아 놓고도, 부끄러움도 모른 채 그들이 그렇게 하였다는 것을 자랑하였다. 그들은 그들의 골짜기들이 산들로 둘러싸여 있어서 난공불락의 요새들인 것을 자랑하였고, 누가 내게 대적하여 오리요라고 말하며 그 골짜기들에서 얻은 소산물들과 재물을 자랑하였다. 그들은 그들의 산하에서 나온 온갖 좋은 것들로 그들 자신을 배부르게 하면서, 그들의 평안을 아무도 방해하지 못하리라는 달콤한 망상에 빠져 있었다. 내일도 오늘과 같으리라. 그러므로 그들은 하나님과 그의 심판을 무시하였다. 그들은 교만하고 육적인 즐거움에 빠져 있었고 안일하였다. 그러나 그들이 그런 모습을 보이는 것은 도무지 이해가 안 가는 것이었다. 하나님을 떠나 배역한 자들이 세상적인 즐거움들에 의지해서 만족하는 것은 도무지 이해가 안 가는 일이라는 것을 명심하라(호 9:1).

(4) 그들은 작은 자부터 큰 자에 이르기까지 모두 이 땅에서 강제로 쫓겨나

게 될 것이다. 어떤 자들은 피신처를 찾아 도망치고, 어떤 자들은 포로로 끌려가서, 그들의 땅에서 주민들이 자취를 감추게 될 것이다. 그들의 왕과 그 고관들, 아니 그들의 신인 말감과 그 제사장들이 다 사로잡혀 갈 것이고(3절), 이제 그들에게 아무런 힘도 되어 주지 못하는 골짜기들 곧 흐르는 골짜기들을 잊은 채 각 사람이 앞으로 쫓겨 나갈 것이요 앞다투어 도망칠 것이다(5절). 게다가 더욱 비참한 것은 도망하는 자들을 모을 자, 즉 모아서 받아둘 자가 없으리라는 것이다. 야엘이 시스라를 영접하였듯이, 문을 열어서 그들을 따뜻이 반겨줄 자가 아무도 없을 것이다. 도망치는 자들은 자기 몸 하나 건사하기도 벅차서 다른 사람들을 돌볼 여력이 없을 것이고, 그들에게 가장 가까운 사람들이나 길을 잃고 방황하는 사람들이나 어디로 가야 할지 몰라 우왕좌왕하는 사람들을 돌봐줄 수 없을 것이다(렘 47:3).

(5) 암몬 사람들의 땅이 이스라엘의 남은 자들의 수중에 떨어지게 될 것이다(2절). 그 때에 이스라엘은 자기를 점령하였던 자를 점령하리라. 이스라엘 백성들은 그들의 땅을 차지하였던 자들의 땅을 차지하여 앙갚음을 하게 될 것이다. 해악을 당한 자들이 해악을 가한 자들의 부당한 이득으로부터 그들의 손실을 보상받는 것은 하나님의 공평한 섭리이다. 원수들은 잠시 하나님의 이스라엘을 먹잇감으로 삼을 수도 있겠지만, 둘의 운명은 이내 역전될 것이다.

3. 앞서 모압의 경우처럼 암몬 사람들에게도 나중에 긍휼이 베풀어지리라는 약속이 주어진다(6절). 암몬 자손의 포로가 다시 돌아오게 될 날이 올 것이다. 왜냐하면, 인간사가 다 그런 것이기 때문이다. 바퀴는 계속해서 돌아간다.

[7]에돔에 대한 말씀이라 만군의 여호와께서 이와 같이 말씀하시되 데만에 다시는 지혜가 없게 되었느냐 명철한 자에게 책략이 끊어졌느냐 그들의 지혜가 없어졌느냐 [8]드단 주민아 돌이켜 도망할지어다 깊은 곳에 숨을지어다 내가 에서의 재난을 그에게 닥치게 하여 그를 벌할 때가 이르게 하리로다 [9]포도를 거두는 자들이 네게 이르면 약간의 열매도 남기지 아니하겠고 밤에 도둑이 오면 그 욕심이 차기까지 멸하느니라 [10]그러나 내가 에서의 옷을 벗겨 그 숨은 곳이 드러나게 하였나니 그가 그 몸을 숨길 수 없을 것이라 그 자손과 형제와 이웃이 멸망하였은즉 그가 없어졌느니라 [11]네 고아들을 버려도 내가 그들을 살리리라 네 과부들은 나를 의지할 것이니라 [12]여호와께서 이와 같이 말씀하시니라 보라 술잔을 마시는 습관이 없는 자도 반

드시 마시겠거든 네가 형벌을 온전히 면하겠느냐 면하지 못하리니 너는 반드시 마시리라 ¹³여호와의 말씀이니라 내가 나를 두고 맹세하노니 보스라가 놀램과 치욕거리와 황폐함과 저줏거리가 될 것이요 그 모든 성읍이 영원히 황폐하리라 하시니라 ¹⁴내가 여호와에게서부터 오는 소식을 들었노라 사절을 여러 나라 가운데 보내어 이르시되 너희는 모여와서 그를 치며 일어나서 싸우라 ¹⁵보라 내가 너를 여러 나라 가운데에서 작아지게 하였고 사람들 가운데에서 멸시를 받게 하였느니라 ¹⁶바위 틈에 살며 산꼭대기를 점령한 자여 스스로 두려운 자인 줄로 여김과 네 마음의 교만이 너를 속였도다 네가 독수리 같이 보금자리를 높은 데에 지었을지라도 내가 그리로부터 너를 끌어내리리라 이는 여호와의 말씀이니라 ¹⁷에돔이 공포의 대상이 되리니 그리로 지나는 자마다 놀라며 그 모든 재앙으로 말미암아 탄식하리로다 ¹⁸여호와께서 말씀하시니라 소돔과 고모라와 그 이웃 성읍들이 멸망한 것 같이 거기에 사는 사람이 없으며 그 가운데에 머물러 살 사람이 아무도 없으리라 ¹⁹보라 사자가 요단 강의 깊은 숲에서 나타나듯이 그가 와서 견고한 처소를 칠 것이라 내가 즉시 그들을 거기에서 쫓아내고 택한 자를 내가 그 위에 세우리니 나와 같은 자 누구며 나와 더불어 다툴 자 누구며 내 앞에 설 목자가 누구냐 ²⁰그런즉 에돔에 대한 여호와의 의도와 데만 주민에 대하여 결심하신 여호와의 계획을 들으라 양 떼의 어린 것들을 그들이 반드시 끌고 다니며 괴롭히고 그 처소로 황폐하게 하지 않으랴 ²¹그들이 넘어지는 소리에 땅이 진동하며 그가 부르짖는 소리는 홍해에 들리리라 ²²보라 원수가 독수리 같이 날아와서 그의 날개를 보스라 위에 펴는 그 날에 에돔 용사의 마음이 진통하는 여인 같이 되리라 하시니라

다음으로 예레미야의 입으로 낭독될 하나님의 판결을 듣기 위해서 에돔 사람들이 법정에 선다. 그들도 하나님의 이스라엘의 오랜 숙적이었다. 그러나 그들이 벌 받을 날이 올 것인데, 그 날은 지금 가까이 와 있다. 이 예언은 그들에 대한 경고일 뿐만이 아니라 하나님의 이스라엘을 위한 위로이기도 하다. 왜냐하면, 이스라엘의 괴로움은 에돔 사람들이 그들의 재난을 고소해 하고 의기양양해함으로써 더욱 가중되었기 때문이다(시 137:7). 에돔에 대한 이 예언에서 사용된 표현들 중 다수는 에돔에 대한 오바댜의 예언에서 가져온 것들이다. 모든 선지자들은 한 분 동일한 성령의 감동으로 말씀을 받아 전했기 때문에, 그들의 예언이 서로 기가 막히게 조화되고 일치하는 것은 당연한 일이다.

여기에서는 다음과 같은 것들이 예언되고 있다.

I. 에돔 땅이 모두 황폐화되리라는 것. 에서의 재난이 그에게 닥칠 것이다. 이 재난은 하나님이 그들의 해묵은 죄들로 인하여 오랫동안 계획해 오셨고 그가 마땅히 받아야 할 재난이다(8절). 하나님이 그를 찾아가셔서 결산을 요구하실 때가 가까이 오고 있다. 그 때에 그들은 칼로부터 도망칠 것이고 전장(戰場)에서 돌이켜 꽁무니를 뺄 것이며 동굴 깊은 곳에 숨어 피신하게 될 것이다. 그들이 가지고 있던 모든 것은 정복자가 실어가 버릴 것이다. 포도를 거두는 자들은 약간의 열매를 남기는 법이고 도둑은 욕심이 차면 더 이상 멸하지 않는 법이지만, 그들을 멸하러 오는 자들은 결코 만족할 줄 모를 것이다(9-10절). 그 자들은 에서의 옷을 완전히 벗길 것이고, 에돔 사람들에게서 그들이 가진 모든 것을 탈취할 것이며, 아무리 꽁꽁 숨겨놓은 재물이라도 어떻게 해서든지 다 찾아낼 것이고, 재물을 안전하게 보관해 줄 것이라고 생각하였던 숨은 곳들(은밀한 장소들)조차 다 알아내서 탈취할 것이기 때문에, 그들은 자신의 재물을 한 푼도 건지지 못할 뿐만 아니라 그들 자신이나 다락방에 숨겨둔 자녀들을 건지지도 못할 것이다. 그가 그 몸을 숨길 수 없을 것이고, 그 자손도 멸망할 것이다. 그들을 구해 주거나 적어도 피신처를 제공해 줄 것이라고 기대하였던 그의 형제들인 모압 사람들과 그의 이웃들인 블레셋 사람들도 그와 마찬가지로 멸망하여 그에게 그 어떤 도움도 줄 수 없게 될 것이다. 네 고아들을 버려도 내가 그들을 살리리라(11절)고 말해 줄 자가 아무도 없을 것이다(10절). 사람들이 다 죽거나 도망을 가서, 그들이 남겨둔 부인과 자녀를 돌봐줄 자가 아무도 없을 것이다. 에돔은 이제 다 끊어져서 없어졌다. 네 고아들을 내게 맡기라고 말할 자가 아무도 없다. 한 가족의 가장이 죽거나 어디로 떠날 수밖에 없을 때, 그가 자기 가족을 믿고 맡길 수 있는 친구가 있다면, 그것은 어느 정도 위로가 된다. 그들은 모두 동일한 재난에 휩쓸릴 것이기 때문에 그렇게 할 자가 아무도 없게 될 것이다. 갈대아 역본에서는 이 본문을 하나님이 이 재난에서 자기 백성을 에돔 사람들과 차별하여 대하실 것에 대한 말씀으로 보고서 이렇게 번역하고 있다: "그러나 이스라엘 집아 너는 너의 고아들을 홀로 남겨두지 아니하리라 내가 그들을 보살피겠고 네 과부들은 내 말을 의지할 것이니라. 에돔 사람들의 과부들과 고아들이 어떻게 되든, 나는 너희의 과부들과 고아들을 돌보아 줄 것이다." 하나님의 백성이 죽을 때에 그의 남은 가족들을 하나님께 맡길 수 있고, 믿음으로 그들을 하나님께 의

탁하며 그들에게 하나님을 의지하도록 격려할 수 있다는 것은 이루 말할 수 없는 위로가 된다. 그는 그들이 세상에서 크게 되기를 바라지는 못한다고 해도, 그들이 하나님을 의지하는 한, 하나님이 그들을 살게 해주시리라는 소망을 지닐 수 있다. 에돔 사람들은 그들이 반드시 황폐함과 치욕 거리가 되리라는 것을 각오하여야 한다. 왜냐하면, 이미 심판은 작정되었기 때문이다. 하나님은 그들의 성읍들이 황폐하게 될 뿐만 아니라 영원히 황폐할 것이고 초라하고 보잘것없이 되리라는 것을 자신을 두고 맹세하셨다(13절). 그들은 세상에서 막강한 나라였지만, 하나님은 그들을 여러 나라 가운데에서 작아지게 하실 것이다. 하나님의 백성을 멸시한 자들은 그들 스스로가 사람들 가운데에서 멸시를 받게 될 것이고(15절; 옵 1:2), 더 나아가 사람들에게 괴물이 될 것이다(17절). 에돔은 철저하게 황폐화되어 그 곳을 지나가기도 무서울 정도로 공포의 대상이 되리니 그리로 지나는 자마다 놀랄 것이다. 에돔은 소돔과 고모라처럼 되어, 그 폐허 가까이로 가고자 하는 사람이 아무도 없고 그 가운데에 머물러 살 사람이 아무도 없을 정도로 끔찍한 곳이 될 것이다(18절).

II. 아주 결연하고 가공할 만한 자들이 에돔을 멸망시킬 도구로 사용되리라는 것. 그들은 하나님으로부터 명령을 받은 자들이다. 하나님은 그들을 호출하셔서 이 일을 맡기셨다(14절). 내가 여호와에게서부터 오는 소식을 오바댜의 예언을 통해서, 또는 내게 속삭이는 소리를 통해서 들었노라 사절 또는 전령관을 에돔을 초토화시킬 임무를 맡게 될 여러 나라 가운데 보내어 이르시되 너희는 모든 군사력을 총동원하여 모여와서 그를 치며 일어나서 싸우라. 왜냐하면, 이것은 에돔에 대한 여호와의 의도이기 때문이다. 이 문제는 매듭지어졌고 이미 영(令)이 내려졌기 때문에 거기에 저항해 보아야 아무 소용이 없다. 하나님은 에돔을 황폐화시키기로 이미 작정하셨으므로, 그 일에 쓰임받을 자가 신속하고 맹렬하게 달려올 것이다. 하나님이 이 일에 쓰실 느부갓네살에 대하여 여기에서는 다음과 같이 예언한다.

1. 그가 분노한 사나운 사자처럼, 요단 강의 범람으로 강둑이 넘쳐 흘러서 물가에 있던 그의 은신처를 떠나 더 높은 고지로 거처를 옮기게 되어서 격노한 사자처럼 오리라는 것(19절). 그는 자기 앞 길을 막는 것은 무엇이든지 닥치는 대로 집어삼킬 기세로 포효하며 올 것이다. 그는 견고한 처소, 즉 요새들과 성채들을 치러 올 것이다. 내가 그를 갑자기 이 땅에 오게 하리니(이렇게 해석해야

다음 구절과의 연결이 매끄럽다) 그들이 방어에 필요한 것들을 준비할 틈이 없을 것이다. 나는 주의를 기울여서 많은 자들 중에서 택한 자, 이 일에 적합한 자를 세울 것이다. 하나님께서 하실 일이 있으실 때에는 그 일을 하는 데에 가장 적합한 도구를 반드시 찾아내신다. "도구들을 선택하고 그들을 그 일을 하도록 고무시키는 데에 있어서 나와 같은 자가 누구랴. 또한, 나와 더불어 다툴 자 누구랴. 내게 도전하여 나와 대결할 때와 장소를 정하고자 하는 자가 누가 있겠느냐? 전쟁터에서 나와 맞붙고자 하는 자가 누가 있겠느냐? 내가 양 떼 속으로 사자를 보낼 때, 감히 내 앞에 서거나 그 사자를 막아서서 양 떼를 구하고자 하는 목자가 누가 있겠느냐?" 어떤 유의 일을 하고자 하실 때, 하나님은 그 일을 해낼 수 있는 자들을 금방 찾아내실 것이지만, 온 세상은 그 일을 가로막을 수 있는 자들을 찾아낼 수 없으리라는 것을 명심하라. 사실, 하나님이 에돔을 멸망시키고 그 백성들을 제거하고자 하시면, 그 일을 위해서 사나운 사자를 동원하실 필요조차 없으시고, 양 떼의 어린 것들만으로도 그들을 끌어내실 것이다(20절). 느부갓네살의 시종들 중에서 가장 천한 종, 그의 진영에 있는 자들 중에서 가장 약한 자도 그들을 도륙하기 위하여 끌어내서 그들로 하여금 도망치거나 항복하지 않을 수 없게 만들고, 그들의 처소를 황폐하게 만들어 버릴 것이다. 하나님은 도저히 그런 일을 해낼 것 같지 않은 도구들을 사용하셔서 가장 큰 일들을 해내실 수 있으시다. 갈대아 군대가 에돔 사람들을 치러 올 때, 그들 모두가 이 일에 쓰임받을 것이고, 아무리 하찮은 군사라도 에돔 사람들을 뜯어 뽑을 것이다.

2. 느부갓네살은 짐승들의 왕인 사자 같이 올 뿐만 아니라 새들의 왕인 독수리 같이 오리라는 것(22절). 그가 먹잇감을 본 독수리 같이 날쌔고 힘 있게 날아와서 보스라를 장악하기 위해서 그의 날개를 그 위에 펴는 그 날에(모압을 칠 때와 마찬가지로, 렘 48:40) 즉시 그들이 맞서 싸워 보아야 아무 소용이 없다는 것을 깨닫고서 에돔 용사의 마음이 낙심하게 될 것이다.

III. 에돔 사람들이 곤경에 처하게 된 날에 그들이 의지하던 것들이 그들에게 아무 도움도 되지 못하리라는 것.

1. 그들은 그들의 지혜를 의지하였지만, 그것은 그들에게 전혀 도움이 되어 주지 못할 것이다. 이것은 에돔에 대한 이 예언 속에서 하나님이 가장 먼저 역설하신 것이다(7절). 에돔 사람들은 지혜 있는 자들로 이름을 날렸고, 그들의

정치가들은 정치에 탁월하다는 평을 들었다. 그렇지만 이제 그들이 베푸는 모략마다 잘못된 것이 되고 그들이 계획한 것들마다 다 좌절될 것이기 때문에, 이웃 나라들은 에돔 사람들이 어떻게 된 것이냐고 의아해하며 묻게 될 것이다. 데만에 다시는 지혜가 없게 되었느냐. 동방의 나라의 현자들이 바보가 되었는가(왕상 4:30)? 지혜를 독점하고 있다고 생각되었던 자들의 기지(機智)도 이제는 끝장이 나 버린 것인가? 명철한 자들에게 책략이 끊어졌느냐. 하나님이 한 민족을 멸망시키기로 계획하시면, 그런 일이 벌어진다. 하나님은 멸망시키고자 하는 자들을 얼이 빠지게 만드시기 때문이다(욥 12:20을 보라). 그들의 지혜가 없어졌느냐. 이 구절은 여러 가지로 해석된다: 그들의 지혜가 지쳐 버린 것인가. 그들의 지혜가 닳아 없어져 버린 것인가. 그들의 지혜가 무용지물이 되어 버린 것인가. 그렇다. 하나님이 그들과 다투시러 나오시면, 그들의 지혜는 아무런 힘도 발휘하지 못하게 된다.

2. 그들은 그들의 힘을 의지하였지만, 그것도 그들에게 아무런 도움이 되지 못할 것이다(16절). 그들은 모든 이웃 나라들에게 두려움의 대상이었다. 모든 사람이 그들을 두려워하였고 그들 앞에서 굽실거렸다. 이것은 그들로 하여금 교만하게 만들었고, 그들 자신과 그들의 힘을 믿고 자만하여 아주 안일하게 만들었다. 이웃 나라들 중에서 그 어느 나라도 감히 그들에게 뭐라고 하지 못하는 것을 보고서, 그들은 이 세상에서 어느 나라도 감히 그들을 대적하지 못할 것이라고 생각하였다. 그들의 땅은 산악 지대인데다가 많은 관문들이 있어서, 그들은 그 어떤 침략자도 막아낼 수 있을 것이라고 자신하였다. 그러나 천혜의 요새 같은 그들의 땅에 그들이 기만당하였고, 누구도 그들을 쳐들어올 수 없다는 그들의 망상에 그들이 미혹당하였다. 그들은 여러 가지 좋은 조건을 갖추어서 만만치 않은 자들이었지만 생각만큼 그렇게 강하지 않다는 것이 증명되었고, 그들은 믿거라 하고 안일하였지만 생각만큼 안전하지 않다는 것이 증명되었다. 그들은 높아져 있었지만, 하나님은 그들을 끌어내리실 것이다. 왜냐하면, 여호와 앞에서는 지혜도 소용없고 힘도 소용없기 때문이다. 오바댜 1:3-4, 8에 나오는 표현들을 보라.

IV. 그들의 멸망은 돌이킬 수 없고 아주 현저한 것이 되리라는 것.

1. 하나님께서 그것을 정하셨고 그렇게 말씀하셨다(12절). 아니, 하나님은 에돔 사람들이 형벌을 면하지 못할 것이고, 그들이 그들의 모든 이웃 나라들의 손

에 들려진 두려워 떨게 하는 술잔을 반드시 마실 것이라고 맹세하셨다. 술잔을 마시는 습관이 없는 자들, 에돔 사람들과는 달리 하나님의 선민 이스라엘의 원수도 아니었고 이 술잔을 받을 만큼 죄악이 가득하지도 않았던 나라들, 자기 백성들 가운데는 하나님의 규례를 지키는 자들이 많아서 이 술잔을 면제받는 것을 기대할 수 있었던 나라들도 결국 이 쓴 잔을 마실 수밖에 없었다. 그런데 하물며 에돔 사람들이 이 술잔을 피해갈 것이라고 생각할 수 있겠느냐? 결코 그럴 수 없다. 그들은 그 술잔을 반드시 마시게 될 것이다. 하나님께서 별로 죄를 짓지 않은 자들을 벌하시는데, 더 많은 죄를 지은 자들이 벌을 받지 않기를 기대하는 것은 어리석은 짓임을 명심하라. 심판이 하나님의 집에서 시작되면 반드시 외인(外人)들에게도 미치게 될 것이다.

2. 온 세상이 그것을 알게 될 것이다(21절). 그들이 넘어지는 소리에 땅이 진동하며 모든 나라들이 주목하게 될 것이다. 이 소식은 모든 나라들을 두려워 떨게 만들 것이다. 그들이 부르짖는 소리는 에돔의 연안들을 타고 흘러가서 홍해에 들리리라. 정복자들의 함성 소리와 정복당하는 자들의 비명 소리가 아주 크고, 이두매가 멸망했다는 소식이 여러 나라들 속에서 시끌시끌해서, 그 소리가 짐을 싣기 위해서 홍해에 정박해 있던 배들에게도 들릴 것이고(왕상 9:26), 그 배들은 이 소식을 아주 먼 나라들에게까지 실어나르게 될 것이다. 부귀영화를 누리고 권세를 휘두르며 떵떵거리며 살기를 좋아했던 자들은 넘어지면서 한층 더 큰 소리를 내리라는 것을 명심하라.

[23]다메섹에 대한 말씀이라 하맛과 아르밧이 수치를 당하리니 이는 흉한 소문을 듣고 낙담함이니라 바닷가에서 비틀거리며 평안이 없도다 [24]다메섹이 피곤하여 몸을 돌이켜 달아나려 하니 떨림이 그를 움켜잡고 해산하는 여인 같이 고통과 슬픔이 그를 사로잡았도다 [25]어찌하여 찬송의 성읍, 나의 즐거운 성읍이 버린 것이 되었느냐 [26]이는 만군의 여호와의 말씀이니라 그런즉 그 날에 그의 장정들은 그 거리에 엎드러지겠고 모든 군사는 멸절될 것이며 [27]내가 다메섹의 성벽에 불을 지르리니 벤하닷의 궁전이 불타리라

에돔 왕국이 가나안 땅의 남쪽에 있었다면, 아람 왕국은 북쪽에 있었다. 우리는 이제 그 쪽으로 옮겨가서, 하나님의 이스라엘을 자주 괴롭혔던 이

왕국에 멸망이 다가오고 있는 것을 보아야 한다. 다메섹은 이 왕국의 수도이자 대도시였기 때문에, 다메섹의 멸망은 곧 이 왕국 전체의 멸망이나 다름없었다. 그렇지만 이 나라의 다른 두 중요한 도시인 하맛과 아르밧도 언급이 되고 있고 (23절), 벤하닷의 궁전들의 파괴도 특별히 언급된다(27절; 암 1:4). 어떤 이들은 애굽의 왕을 바로(파라오)라고 했듯이 벤하닷(그들의 우상이거나 그들의 옛 왕들 중의 한 사람인 하닷의 아들)은 아람의 왕을 가리키는 보통 명사였다고 생각한다. 다메섹의 심판에 대하여 다음과 같은 것들을 주목하라.

1. 이 심판은 사람들이 너무도 놀라고 겁을 먹어서 기절초풍하는 것으로 시작된다. 그들은 바벨론의 왕이 그의 모든 군대를 이끌고서 그들을 치러 오고 있다는 흉한 소문을 듣고 당혹해한다. 그들은 그들이 살기 위해서 어떻게 해야 할지를 모르고, 그들의 심령은 녹아서 낙담해서 사기라고는 찾아볼 수 없어서, 그들은 요동하는 바다(사 57:20)나 바다에서 광풍을 만난(시 107:25) 자들 같아서 평안이 없다. 또는, 도시에서 시작된 슬픔이 해변가까지 다다를 것이다(23절). 하나님은 용맹하기로 이름을 떨쳤던 나라들을 얼마나 쉽게 그 사기를 꺾어 놓으실 수 있는지를 보라. 저 가공할 적과 정면으로 맞설 수 있다고 생각되었던 성읍인 다메섹이 이제, 산고와 다투어 보아야 아무 소용이 없다는 것을 아는 해산하는 여인처럼 자신의 운명과 싸워 보아야 아무 소용이 없다는 것을 알고서 피곤하여 몸을 돌이켜 달아난다(24절). 다메섹은 찬송의 성읍(25절), 즉 하나님을 찬송하는 성읍이 아니라 자기 자신을 찬양하는 성읍이었고, 그 곳을 방문한 모든 외인들로부터 찬사를 받고 동경의 대상이 되었던 성읍이었다. 다메섹은 인간이 누릴 수 있는 온갖 쾌락들이 한데 집결하여 넘쳐나고 그 쾌락들을 즐기느라 환락이 봇물을 이루었던 즐거운 성읍이었다. 여기에서 나의 즐거운 성읍(본문을 꼭 이렇게 읽어야 할 필요는 없지만)이라고 한 것은 그 곳이 선지자 자신이 종종 즐거운 마음으로 방문하였던 곳이었기 때문이거나, 다메섹의 왕이 그의 즐거운 성읍이 망하였다고 한탄하는 말일 수도 있다. 그러나 이제 그 곳은 온통 두려움과 슬픔만이 넘쳐나고 있다. 육적인 기쁨들에서 행복을 찾는 자들은 속고 있는 것임을 명심하라. 왜냐하면, 하나님은 그의 섭리 속에서 곧 그것들 위에 찬물을 끼얹으셔서 그것들을 다 끝장낼 수 있기 때문이다. 하나님은 곧 찬송의 성읍을 치욕 거리로, 즐거운 성읍을 공포의 대상으로 만드실 수 있으시다.

2. 이 심판은 끔찍한 무너짐과 불로 끝난다.

(1) 그 주민들은 죽임을 당한다(26절). 그 날에 적군과 싸워서 성을 지켜야 할 그의 장정들은 칼을 맞고 그 거리에 엎드러지겠고, 그들의 나라를 지키기 위하여 싸움터로 나간 모든 군사는 멸절될 것이다.

(2) 그 성은 잿더미가 된다(27절). 성을 포위한 자들은 성벽에 불을 지르리니, 그 불이 그 앞에 있는 모든 것을 삼켜서 벤하닷의 궁전도 불타리라. 이전에 하나님의 이스라엘에게 무수한 해악을 끼친 음모가 탄생하였던 그 곳이 이제 이렇게 벌을 받은 것이다.

[28]바벨론의 느부갓네살 왕에게 공격을 받은 게달과 하솔 나라들에 대한 말씀이라 여호와께서 이와 같이 말씀하시되 너희는 일어나 게달로 올라가서 동방 자손들을 황폐하게 하라 [29]너희는 그들의 장막과 양 떼를 빼앗으며 휘장과 모든 기구와 낙타를 빼앗아다가 소유로 삼고 그들을 향하여 외치기를 두려움이 사방에 있다 할지니라 [30]여호와의 말씀이니라 하솔 주민아 도망하라 멀리 가서 깊은 곳에 살라 이는 바벨론의 느부갓네살 왕이 너를 칠 모략과 너를 칠 계책을 세웠음이라 [31]여호와의 말씀이니라 너는 일어나 고요하고도 평안히 사는 백성 곧 성문이나 문빗장이 없이 홀로 사는 국민을 치라 [32]그들의 낙타들은 노략물이 되겠고 그들의 많은 가축은 탈취를 당할 것이라 내가 그 살쩍을 깎는 자들을 사면에 흩고 그 재난을 여러 곳에서 오게 하리라 여호와의 말씀이니라 [33]하솔은 큰 뱀의 거처가 되어 영원히 황폐하리니 거기 사는 사람이나 그 가운데에 머물러 사는 사람이 아무도 없게 되리라 하시니라

이 단락에서는 느부갓네살과 그의 군대가 게달 족속(이들은 이스마엘의 아들인 게달의 후손들로서 아라비아의 한 지역에서 거주하였다)과 게달 족속을 도운 하솔 나라들을 황폐화시킬 것을 예언하고 있다. 하솔은 원래 가나안 사람이었고, 하솔 왕국은 가나안 땅의 북쪽에 있었으며, 그 왕은 야빈이었다. 그러나 그들은 거기에서 쫓겨난 후에 아라비아 광야에 정착해서 게달 사람들과 동맹을 맺고 살았다. 이 족속에 대하여 우리는 여기에서 다음과 같은 것들을 본다.

I. **그들이 현재 살고 있는 모습.** 그들은 벽은 없고 휘장만 있는 장막에 살고

있었고(20절), 요새화된 성은 없었다. 그들에게는 성문이나 문빗장도 없었다(31절). 그들은 목자들이어서 금고가 없었고, 땅을 의지하여 살았으며, 양 떼나 낙타는 있었어도 돈은 없었다. 그들에게는 군사도 없었다. 왜냐하면, 그들은 홀로 사는 국민이라 상인들도 없었고 침략자를 걱정할 이유도 없었기 때문이다(31절). 다른 나라의 사람들은 그들 가운데로 오지도 않았고 그들과 교역을 하지도 않았다. 그들은 단지 그들의 땅이 주는 소산물들과 좋은 것들을 자기들끼리 먹고 사는 것으로 만족하였다. 그들의 이러한 생활 방식은 주변 나라들과는 판이하게 달랐다.

1. 그들은 아주 부요하였다. 그들은 교역도 하지 않고 금고도 없었지만, 여기에서는 그들을 부요한 백성이라고 말한다(31절). 왜냐하면, 그들은 인간의 삶 속에서 일어나는 모든 일들에 소용되는 것들을 다 갖고 있었고, 그것으로 만족하였기 때문이다. 자신의 삶에 꼭 필요한 것들이 다 있고, 그것으로 자족하는 자들이야말로 진정으로 부요한 자들임을 명심하라. 우리는 부요한 자들을 찾기 위해서 왕이나 지방 관청의 금고, 또는 상인들의 금고에 가볼 필요가 없다. 부요한 자들은 장막에서 사는 목자들 가운데서 찾을 수 있기 때문이다.

2. 그들은 아주 마음 편하게 살았다. 그들은 아무 걱정 없이 고요하고도 평안히 살았다. 그들의 부요함은 아무도 시샘하지 않는 그런 부요함이었고, 만약 시샘하는 자들이 있다면 그런 자들은 말 없이 그들에게 와서 그들과 똑같은 삶을 살면 될 것이었다. 그래서 그들은 아무도 두려워하지 않았다. 때 묻지 않고 정직하게 살아가는 자들은 비록 성문이나 문빗장이 없어도 마음 놓고 살아갈 수 있다는 것을 명심하라.

II. 바벨론의 왕이 그들을 칠 계획을 세우고 실제로 치러 내려옴. 바벨론의 느부갓네살 왕이 너를 칠 모략과 너를 칠 계책을 세웠다(30절). 이 교만한 자는 그가 무수한 강한 성읍들을 정복하였지만 장막에 사는 자들을 정복하지 않고 내버려 두었다는 말을 결코 듣지 않으리라고 결심한다. 독수리가 작은 파리들을 잡으려고 급강하하거나 세계를 호령하는 대왕이 이런 작은 시합을 벌이는 것은 이상한 일이었다. 그러나 야망이 있고 탐욕스러운 자의 그물에는 온갖 고기가 다 있는 법이다. 아무에게도 해를 끼친 적이 없다고 자신 있게 말할 수 있는 자들이라고 해서 해를 당하지 말라는 법은 없다는 것을 명심하라. 남에게 폐를 끼친 적이 없다는 말이 느부갓네살 같은 자에게 통할 리가 없었다. 그러나 느부갓네살이 이렇게 한 것이 아무리 불의한 일이었다고 해도, 그 일을 지휘하신 하나님은 의로우시다. 이 족속들은 그들의 이웃들에게는 아무런 폐를 끼치지 않고 살아 왔지만, 하나님 앞에서 죄를 짓기는 다른 사람들과 다를 바가 없었다. 하나님은 그들이 그에게 지은 죄들 때문에 그들을 벌하시는 것이라고 말씀하신다(28절). 너희는 일어나 게달로 올라가서 동방 자손들을 황폐하게 하라. 이 침략자들은 자신의 탐욕과 야심을 만족시키기 위하여 이 일을 할 것이지만, 하나님이 이 일을 명령하시는 것은 감사치 않는 백성을 징계하고 무심하고 태평하게 살아가는 세상에 대하여 그들이 가장 안전하다고 여길 그 때에 환난이 닥치리라는 것을 경고하기 위한 것이다. 하나님은 갈대아인들에게 이렇게 말씀하신다(31절). "너는 일어나 고요하고도 평안히 사는 백성을 치라. 그들에게 가서, 산 같이 견고히 서 있어서 무슨 일이 있어도 끄덕도 하지 않을 것이라고 생각할 수 있는 자는 아무도 없다는 것을 똑똑히 보여주고 경종을 울려 주어라."

Ⅲ. 이 일 때문에 그들이 크게 놀라고, 이 일로 인해 그들이 크게 황폐화됨. 그들이 사람들에게 외칠 것이다. 접경지대에 살고 있던 그들은 이 일로 인해서 큰 혼란에 빠지게 될 그 땅의 모든 곳들에 경보를 보내어, "두려움이 사방에 있다―우리는 적에게 둘러싸여 있다"고 외칠 것이다. 그들은 적군이 쳐들어오는 기세에 눌려 겁을 집어먹고, 걸음아 나 살려라 하고 도망칠 것이고, 그들 중 누구도 맞서 싸울 마음을 품지 못할 것이다. 적은 사방에서 그들에게 두려움을 줄 것이기 때문에 굳이 일격을 가할 필요도 없이, 함성 소리만으로 그들을 장막에서 몰아내어 버릴 것이다(29절). 경보가 울리자마자, 그들은 에돔 사람들처럼(8절) 멀리 도망가서 깊은 곳에 꼭꼭 숨게 될 것이다(30절). 그들의 재난이 사방에서 밀려올 것이기 때문에 두려움이 사방에 있다는 말은 결코 근거 없는 말이 아니라는 것을 그들은 알게 될 것이다(31절). 사방에 적들이 있을 때에 두려움이 사방에 있다는 것은 전혀 이상한 일이 아니다. 그 결과 다음과 같은 일들이 일어날 것이다.

1. 그들이 갖고 있는 것들은 갈대아인들의 전리품이 될 것이다. 적들은 그들의 휘장과 모든 기구를 빼앗아다가 자기 소유로 삼을 것이다. 그것들은 소박하고 조잡한 것들이고, 갈대아인들은 그런 것들보다 더 좋은 것을 갖고 있을 것이지만, 심술로 빼앗을 것이고 약탈을 위한 약탈을 할 것이다. 그들은 그들의 장막과 양 떼를 빼앗아 가져갈 것이다(29절). 그들의 낙타들은 여기까지 와서 아무 소득

도 없을 뻔하였던 갈대아인들에게 전리품이 될 것이다(31절).

2. 그들 중 누구도 죽임을 당할 것이라는 말은 없다. 왜냐하면, 그들은 전혀 저항을 하려고 하지 않을 것이고, 그들의 장막과 양 떼를 그들을 살려주는 대가로 고스란히 바칠 것이기 때문이다. 그러나 그들은 터전을 잃고서 흩어질 것이다. 그들은 지금 길도 나 있지 않은 오지(奧地)에서 위험이 그들에게까지는 미치지 못할 것이라고 생각하며 살고 있지만(이 족속은 이런 특성으로 유명하였다, 렘 9:23, 25-26), 거기에서 쫓겨나서 사면으로, 즉 세상의 모든 곳으로 흩어질 것이다. 아무도 모르게 인적이 드문 곳에서 홀로 산다고 해서 언제나 안전한 것은 아님을 명심하라. 세상에 대하여 이방인이고자 하는 많은 자들의 삶 속에도 생각지 못한 섭리들이 강제로 파고들 수 있다. 한적한 시골로 물러나 조용히 살아가는 자들도 북적거리는 도시에서 많은 위험에 노출되어 살아가는 자들과 마찬가지로 위험할 수 있다.

3. 그들의 땅에는 사는 사람이 없게 될 것이다. 모든 대로에서 벗어나서 아주 후미진 곳에 있고 낯선 자들을 끌어들일 만한 성읍이나 비옥한 땅도 없는 곳에 그들의 뒤를 이어 들어오고자 하는 사람이 없을 것이기 때문에 하솔은 영원히 황폐할 것이다(33절). 잘 나가던 사람들이 자리를 잃게 되면, 그들은 부유하게 살았던 자들이기 때문에 많은 사람들이 그들의 자리를 얻으려고 애쓴다. 그러나 여기에서 마음 편하게 조용히 살아가던 사람들이 터전을 잃게 되자, 그들은 소박하게 살았기 때문에 아무도 그 곳에 머물러 살고자 하지 않았다.

[34]유다 왕 시드기야가 즉위한 지 오래지 아니하여서 엘람에 대한 여호와의 말씀이 선지자 예레미야에게 임하여 이르시되 [35]만군의 여호와가 이같이 말하노라 보라 내가 엘람의 힘의 으뜸가는 활을 꺾을 것이요 [36]하늘의 사방에서부터 사방 바람을 엘람에 오게 하여 그들을 사방으로 흩으리니 엘람에서 쫓겨난 자가 가지 않는 나라가 없으리라 [37]여호와의 말씀이니라 내가 엘람으로 그의 원수의 앞, 그의 생명을 노리는 자의 앞에서 놀라게 할 것이며 내가 재앙 곧 나의 진노를 그들 위에 내릴 것이며 내가 또 그 뒤로 칼을 보내어 그들을 멸망시키리라 [38]내가 나의 보좌를 엘람에 주고 왕과 고관들을 그 곳에서 멸하리라 여호와의 말씀이니라 [39]그러나 말일에 이르러 내가 엘람의 포로를 돌아가게 하리라 여호와의 말씀이니라

이 예언이 선포된 때는 시드기야가 즉위한 지 얼마 되지 않은 때이다. 앞에서 보았던 이방 나라들에 대한 다른 예언도 이 시기에 나왔을 가능성이 크다. 엘람 사람들은 셈의 아들 엘람의 후예들인 바사인들(페르시아인들)이었다(창 10:22). 그렇지만 어떤 이들은 바사의 한 지역에서 메대와 인접해서 살고 있었고 유대인들에게 가장 가까이 있었던 엘리마이스(Elymais)라 불린 족속이었다고 생각한다. 어쨌든 엘람은 하나님의 이스라엘에 대하여 적대적으로 행동하였고, 화살통을 메고 이스라엘을 쳐들어 왔다(사 22:6). 이 때문에 그들은 다른 나라들과 함께 벌을 받게 되었다. 전체적으로 말해서, 여기에는 하나님이 그들에게 재앙 곧 그의 진노를 내릴 것이고, 거기에는 온갖 재앙이 다 들어 있어서 그 재앙만으로도 충분하리라는 것이 예언되고 있다(37절). 좀 더 구체적으로 살펴보면, 다음과 같다.

1. 그들의 군대가 무력화되어서 그들에게 그 어떤 도움도 되지 못하리라는 것. 엘람 사람들은 궁수로 유명하였다. 그러나 보라 내가 엘람의 활을 꺾을 것이다(35절). 그들의 주력부대인 궁수들이 무력화되면, 그들의 힘의 으뜸가는 것이 사라질 것이다. 하나님은 흔히 우리가 가장 의지하는 것을 제일 먼저 쓸모없게 만들어 버리셔서 우리의 힘의 으뜸가는 것이 우리에게 전혀 도움이 될 수 없다는 것을 보여주시는 식으로 일을 진행하신다.

2. 그들의 백성이 흩어지리라는 것. 세상의 모든 곳에서 그들을 치러 적들이 올 것이다. 적들은 그들 중 일부를 포로로 잡아서 각자의 나라로 끌고 가고, 그들 중 일부는 피신하기 위해서 사방으로 도망쳐서, 엘람에서 쫓겨난 자가 가지 않는 나라가 없을 것이다(36절). 사방의 바람이 그들에게 불어닥칠 것이다. 폭풍우가 어떤 때는 이쪽 방향에서, 어떤 때는 저쪽 방향에서 몰아쳐와서, 그들은 이리저리 휘청거리느라 정신이 없을 것이다. 우리는 환난의 바람이 어느 방향에서 불어올지를 알지 못한다. 그러나 하나님이 그의 은총으로 우리를 두르시면, 폭풍우가 어느 방향에서 불어오더라도, 우리는 안전하고 평안할 수 있다. 두려움은 그들을 다른 나라들로 몰아갈 것이다. 그들은 그들의 원수의 앞에서 놀라 낙담하게 될 것이다. 그러나 그것으로도 충분하지 않다는 듯이, 하나님은 그들의 뒤로 칼을 보내실 것이다(37절). 하나님은, 도망을 쳐서 심판을 피했고 이제 심판이 그들에게 미치지 못할 것이라고 생각하는 자들을 또 다른 심판을 보내셔서 그들에게 미치게 하실 수 있으시다는 것을 명심하라. 재앙은 죄인을

따르느니라(잠 13:21).

3. 그들의 고관들은 멸망당하고, 그들의 정부는 완전히 교체될 것이다(38절). 내가 나의 보좌를 엘람에 두리라. 느부갓네살의 보좌, 또는 엘람에 대한 정복을 시작한 고레스의 보좌가 거기에 세워질 것이다. 또는, 이것은 하나님이 심판을 위해 앉아 계시는 보좌를 의미할 수도 있다. 하나님은 그가 다스리신다는 것, 그가 땅에서 심판하신다는 것, 왕들과 고관들은 그에게 책임을 져야 한다는 것, 그들은 높은 자들이지만 하나님은 그들 위에 계시다는 것을 그들에게 알게 해주실 것이다. 엘람의 왕은 옛적부터 유명하였다(창 14:1). 그돌라오멜은 엘람의 왕이었고 당대의 용사였다. 주변 나라들은 그를 섬겼다. 그의 후계자들도 이름을 떨쳤을 것이다. 그러나 하나님께는 엘람의 왕은 한 사람의 인간일 뿐이다. 하나님은 엘람에 그의 보좌를 세우셔서 그 곳에서 왕과 고관들을 멸하시고 그가 기뻐하시는 자들을 세우실 것이다.

4. 엘람의 멸망은 영속적이지 않을 것이다(39절). 말일에 이르러 내가 엘람의 포로를 돌아가게 하리라. 고레스가 바벨론을 멸망시키고 그 제국을 바사인들의 손으로 가져왔을 때, 엘람 사람들은 의심할 여지 없이 그들이 흩어져 있던 모든 나라들에서 의기양양하게 돌아와서 다시 그들의 땅에서 정착했을 것이다. 그러나 이 약속은 메시야 시대에 온전히 성취될 것이었다. 오순절에 성령이 주어졌을 때, 우리가 다 우리의 각 언어로 하나님의 큰 일을 말함을 듣는도다(행 2:9, 11)라고 말하였던 자들 중에는 엘람 사람들도 끼어 있었고, 이것이야말로 진정으로 포로 생활에서 돌아온 것이었다. 아들이 너희를 자유롭게 하면 너희가 참으로 자유로우리라(요 8:36).

제
— 50 —
장

개요

이 장과 다음 장에는 바벨론에 대한 심판과 관련된 예언이 나오는데, 이것이 이방 나라들에 대한 예레미야의 예언들 중에서 맨 뒤에 놓여진 것은 가장 마지막으로 성취되었기 때문이다. 하나님의 진노의 잔이 돌아갈 때에(렘 25:17) 바벨론의 왕이 마지막으로 마셨다. 바벨론은 하나님이 다른 모든 나라들을 징계하실 때에 그의 손에 든 막대기로 쓰임을 받았지만, 이제 마침내 그 막대기는 불 속으로 던져질 것이다. 고레스에 의한 바벨론의 멸망은 아주 오래 전에 바벨론이 아직 미미하였던 때에 이사야에 의해서 예언되었고, 여기에서는 바벨론이 전성기에 도달하였을 때에 예레미야에 의해서 다시 예언된다. 예레미야는 바벨론이 "푸른 월계수 같이" 번성하는 것을 보았을 때에 그 나무가 시들어서 베어지는 것도 아울러 보았기 때문이다. 바벨론의 멸망과 이스라엘의 구원에 관한 이사야의 예언들이 모든 믿는 자들이 어둠의 세력에 대하여 복음으로 승리할 것과 우리 주 예수 그리스도께서 이루실 큰 구원을 모형적으로 보여주기 위한 것이었듯이, 동일한 사건들에 대한 예레미야의 예언들은 복음 교회가 말일에 신약의 바벨론에 대하여 승리할 것을 보여주기 위한 것이기 때문에, 요한계시록은 많은 구절들에서 이 예언들에 나오는 표현들을 가져가서 사용한다. 바벨론 왕국은 여기에서 다루어진 그 어느 이방 나라보다도 훨씬 더 크고 강한 나라였기 때문에, 그 나라의 멸망은 그 자체로 대단한 사건이었다. 바벨론은 그 어느 나라보다도 하나님의 백성에게 더 많은 포악을 행하였기 때문에 선지자는 포로 된 자들을 위로하기 위하여 이 주제를 다루는 데에 많은 분량을 할애한다. 앞에서 흔히 일반적으로 예언되었던 것들(렘 25:12; 27:7)은 여기에서 예언으로서의 엄청난 빛과 열기를 내뿜는 가운데 좀 더 구체적으로 묘사된다. 하나님이 바벨론에 대하여 준비해 두신 무시무시한 심판들과 거기에 포로로 잡혀 있는 자기 백성을 위하여 준비해 두신 영광스러운 축복들은 이 장의 예언 속에서 서로 뒤섞여 있거나 교대로 나온다. 왜냐하면, 하나님은 포로 된 자기 백성을 다시 돌아오게 하기 위한 길을 내기 위해서 바벨론을 멸망시킨 것이기 때문이다. I. 바벨론의 멸망(1-3, 9-16, 21-32, 35-46절). II. 하나님의 백성의 구속(4-8, 17-20, 33-34절). 여기에는 전자와 후자가 서로 대비되어 나오기 때문에, 지금은 부귀영화를 누리고 있지만 장차 철저한 멸망이 기다리고 있는 박해하는 바벨론 사람들과 지금은 노예 상태에 있지만 지극히 큰 영광이 기다리고 있는 박해받는 이스라엘 사람들 중에서 어느 쪽과 운명을 같이해야 하는지를 말하는 것은 쉬운 일이다.

¹여호와께서 선지자 예레미야에게 바벨론과 갈대아 사람의 땅에 대하여 하신 말씀이라 ²너희는 나라들 가운데에 전파하라 공포하라 깃발을 세우라 숨김이 없이 공포하여 이르라 바벨론이 함락되고 벨이 수치를 당하며 므로닥이 부스러지며 그 신상들은 수치를 당하며 우상들은 부스러진다 하라 ³이는 한 나라가 북쪽에서 나와서 그를 쳐서 그 땅으로 황폐하게 하여 그 가운데에 사는 자가 없게 할 것임이라 사람이나 짐승이 다 도망할 것임이니라 ⁴여호와의 말씀이니라 그 날 그 때에 이스라엘 자손이 돌아오며 유다 자손도 함께 돌아오되 그들이 울면서 그 길을 가며 그의 하나님 여호와께 구할 것이며 ⁵그들이 그 얼굴을 시온으로 향하여 그 길을 물으며 말하기를 너희는 오라 잊을 수 없는 영원한 언약으로 여호와와 연합하라 하리라 ⁶내 백성은 잃어 버린 양 떼로다 그 목자들이 그들을 곁길로 가게 하여 산으로 돌이키게 하였으므로 그들이 산에서 언덕으로 돌아다니며 쉴 곳을 잊었도다 ⁷그들을 만나는 자들은 그들을 삼키며 그의 대적은 말하기를 그들이 여호와 곧 의로운 처소시며 그의 조상들의 소망이신 여호와께 범죄하였음인즉 우리는 무죄하다 하였느니라 ⁸너희는 바벨론 가운데에서 도망하라 갈대아 사람의 땅에서 나오라 양 떼에 앞서가는 숫염소 같이 하라

I. 여기에는 그가 행하시는 일들이 모두 그가 말씀하신 것과 일치하고 그가 말씀하신 것은 하나도 땅에 떨어지지 않는 분이 바벨론을 쳐서 하신 말씀이 나온다. 바벨론의 왕은 예레미야에게 아주 잘 대해 주었지만, 예레미야는 그 나라의 멸망을 예언하지 않을 수 없다. 왜냐하면, 하나님의 선지자들은 개인적인 감정에 따라 움직여서는 안 되기 때문이다. 우리의 친구들이라 할지라도 그들이 하나님의 원수들이라면, 우리는 그들에게 평안을 말해서는 안 된다.

1. 바벨론의 멸망은 여기에서 이미 이루어진 일처럼 말해진다(2절). 이것은 한 편의 소식, 대단한 소식, 모든 나라들이 관심이 있는 소식으로서 모든 나라들에게 공포되어 알려져야 한다. 그들은 보통 승전의 날들에 그러하듯이 그 소식을 알리기 위해 깃발을 내걸어야 한다. 온 세계가 이것을 알아야 한다. 바벨

론이 함락되었다. 하나님은 이 일로 영광을 받으셔야 하고, 그의 백성은 이 일로 위로를 받아야 하기 때문에, 이 일을 숨겨서는 안 된다. 여호와께서 자기를 알게 하시려고 심판을 행하셨다(시 9:16)는 것을 온 세상으로 하여금 알게 하여야 한다.

2. 바벨론의 멸망은 철저하게 이루어진 것으로 말해진다.

(1) 바벨론의 백성들이 온 힘을 다해서 보호하고자 했던 그들의 우상들, 그들을 보호해 줄 것이라고 기대했던 그들의 우상들이 파괴될 것이다. 벨과 므로닥, 이렇게 두 신은 그들의 주신(主神)들이었다. 이 우상들이 수치를 당할 것이고, 그 신상들은 부스러질 것이다.

(2) 그들의 땅은 북쪽에서 쳐들어온 나라에 의해 황폐화될 것이다(3절) ― 바벨론의 북쪽에 있던 메대와 앗수르 땅에서 고레스가 와서 바벨론을 쳤다. 그들의 땅을 황폐하게 만들 나라가 거기로부터 올 것이다. 그들의 땅은 그들이 멸망시킨 나라들의 북쪽에 있었다. 그러므로 그들은 재앙이 북쪽에서 올 것이라는 경고를 받는다(모든 재앙은 북쪽에서 온다). 하나님은 그들을 치기 위해서 그들보다 더 북쪽에 있는 나라들을 찾아내실 것이다. 옛 로마의 영화와 권세도 북쪽의 민족들인 고트족과 반달족에 의해서 끌어내려졌다.

II. 여기에는 하나님의 백성, 곧 이스라엘 자손과 유다 자손을 위로하시는 말씀이 나온다. 왜냐하면, 그들이 바벨론에서 돌아올 때에 열 지파에 속한 많은 사람들이 두 지파에 속한 사람들과 함께 돌아왔기 때문이다. 좀 더 살펴보자.

1. 그들이 먼저 그들의 하나님께로 돌아오고 그 후에 그들의 땅으로 돌아오리라는 약속이 주어진다. 그들이 회심하고 삶을 고치게 되리라는 약속은 다른 모든 약속들에 길을 터주는 약속인 것이다(4-5절).

(1) 그들은 여호와를 사모하고 생각하며 애통해할 것이다(사무엘 시대에 이스라엘의 온 족속이 그랬듯이, 삼상 7:2). 그들이 울면서 그 길을 갈 것이다. 이 눈물은 그들이 포로로 잡혀갈 때에 흘린 눈물과는 달리 세상적인 슬픔이 아니라 경건한 슬픔에서 흘러나오는 눈물이다. 그것은 그들의 구원의 날이 동터온 것을 보고 죄를 회개하는 눈물, 하나님의 선하심을 기뻐하는 눈물로서 그들이 포로 생활을 하면서 겪은 온갖 재난들을 애통해하게 만드는 것이 아니라 그들의 죄를 애통해하게 만드는 눈물이다. 그들이 겪은 온갖 재난은 그들을 회개하

도록 몰아부쳤지만 성공하지 못했던 반면에, 그들에게 주어진 구원은 그들을 회개에 이르게 하는 데에 성공하였다. 어느 백성이 하나님의 손 아래에서 부드러운 마음을 갖기 시작할 때, 그것은 하나님이 그 백성에게 긍휼의 길로 가까이 다가오고 계시다는 것을 보여주는 좋은 징조라는 것을 명심하라.

(2) 그들은 여호와를 구할 것이다. 그들은 슬픔에 빠져 있는 것이 아니라, 힘을 내서 떨쳐 일어나 위로가 있는 곳에서 위로를 찾아낼 것이다. 그들이 울면서 그 길을 가며 그의 하나님 여호와를 구할 것이다. 여호와를 구하는 자들은 어린 예수를 찾아다녔던 부모처럼 근심하며 그를 구하여야 한다(눅 2:48). 슬퍼하고 근심하는 자들은 여호와를 구하여야 한다. 그러면 그들의 근심은 곧 기쁨으로 변하게 될 것이다. 왜냐하면, 여호와를 구하는 자들은 그를 만나게 될 것이기 때문이다. 그들은 그들의 하나님 여호와를 구할 것이고, 이제는 더 이상 우상들을 찾지 않을 것이다. 바벨론의 우상들이 수치를 당하고 부스러지는 것을 본 그들이 그들의 하나님을 구하고 영원히 살아 계신 분께 돌아오는 것은 어쩌면 당연한 일일 것이다. 사람들은 거짓 신들에게 속아 보아야 참 하나님만을 의지할 수 있게 된다.

(3) 그들은 그들의 땅으로 다시 돌아가겠다고 생각할 것이다. 그들은 그것을 은혜로 생각할 뿐만 아니라 그들의 본분으로 생각할 것이다. 왜냐하면, 오직 거기에만 한 때 그들의 하나님 여호와의 성전이 그 위에서 서 있었던 거룩한 시온 산이 있기 때문이다(5절). 그들이 그 얼굴을 시온으로 향하여 그 길을 물으리라. 시온은 그들이 여호와를 섬기는 온갖 의식(儀式)들을 행하던 성읍이었다. 그들은 암울한 포로 생활 속에서 그 일을 자주 생각하였었다(시 137:1). 그러나 이제 바벨론의 멸망으로 인해 그들이 풀려날 소망이 생기자, 그들이 말하는 것이라고는 온통 시온으로 돌아가는 것에 관한 것뿐이다. 그들의 마음은 이전에도 시온에 있었지만, 지금 그들은 그 얼굴을 시온으로 향하였다. 그들은 시온에 가서 살기를 갈망한다. 그들은 조금이라도 지체하지 않으려고 시온을 향해 출발한다. 그 여정은 길고, 그들은 그 길을 알지 못한다. 그러나 그들은 어떻게 해서든지 시온으로 가고자 하기 때문에 그 길을 물어 갈 것이다. 그들은 바벨론으로 다시 돌아갈 생각은 아예 하지도 않고, 길을 잃어버리면 어쩌나 하고 걱정하지도 않는다. 이것은 가엾은 영혼들이 하나님께로 돌아오는 것을 묘사하고 있다. 천국은 그들이 종착지로 삼고 있는 시온이다. 그들은 그들의 마음을

천국에 고정시킨다. 그들은 그 얼굴을 천국으로 향하고 있기 때문에, 거기로 가는 길을 묻는다. 그들은 천국으로 가는 길을 물으면서 그들의 얼굴을 세상으로 향하는 것도 아니고, 그들의 얼굴을 천국으로 향하고서 길을 묻지도 않는 채 아무 데로나 가는 것도 아니다. 천국을 향하여 진정으로 돌이킨 자들에게는 그 목적지에 도달하고자 하는 진지한 열망과 거기로 가는 길을 제대로 잡기 위한 끊임없는 노력이 둘 다 있다. 사람들이 이렇게 그들의 얼굴을 천국으로 향하고 거기로 가는 길을 묻는 모습은 복된 광경이다.

(4) 그들은 장래에는 하나님과 더 가까이 동행하겠다고 그들의 언약을 새롭게 할 것이다. 오라 영원한 언약으로 여호와와 연합하라. 그들은 하나님과의 언약을 깨뜨리고 사실상 하나님과 결별했었으나, 이제 그들이 하나님의 백성임을 재확인하여 다시 하나님과 연합하기로 결심한다. 이렇게 배역하여 떠난 자들이 돌아오면 그들의 처음 행위들을 행하고, 그들이 처음에 맺었던 언약을 새롭게 하여야 하고, 그것은 결코 깨뜨려져서는 안 되는 영원한 언약이 되어야 한다. 그렇게 하기 위해서 그 언약은 결코 잊혀져서는 안 된다. 왜냐하면, 그 언약을 잘 기억하고 있어야 제대로 지킬 수 있기 때문이다.

2. 하나님은 그들의 현재의 처지가 너무나 서글프고 그 기간이 오래 되었다고 탄식하신다. "내 백성(지금은 그들이 그에게 돌아왔기 때문에 하나님은 그들을 그의 백성으로 인정하신다)은 잃어버린 양 떼로다(6절). 그들은 산에서 언덕으로 돌아다니며 이곳저곳을 찾아 헤맸지만 초장을 찾을 수 없었다. 그들은 그들의 땅에서 쉴 곳을 잊었고, 쉴 곳을 찾아가는 길을 찾을 수 없었다." 다음과 같은 것들이 그들의 참상을 더욱 가중시켰다.

(1) 그들의 목자들, 즉 그들의 고관들과 제사장들이 그들을 곁길로 가게 하였다는 것. 그 목자들은 백성들로 하여금 본분에서 떠나게 만들었고, 이에 하나님은 진노하셔서 그들을 그들의 땅에서 내쫓으셨다. 어느 백성에게 있어서 그들의 지도자들이 그들을 잘못된 길로 가게 만들고, 그들을 잘 지도하고 그들을 안전하게 잘 살 수 있도록 지켜 주어야 할 자들이 그들의 믿음을 저버릴 때에 그것은 그들에게 불행한 일이다.

(2) 그들이 길을 잃고 헤맬 때에 그들은 맹수들에게 먹힐 위험에 노출되어 있었고, 그 맹수들은 그들은 주인이 없는 부랑자들이기 때문에 그들을 삼켜도 괜찮다고 생각하였다는 것(7절). 그들은 길을 잃고 헤매는 양들 같아서, 그들을

만나는 자들은 그들을 삼켰고 그들을 먹잇감으로 여겼다. 맹수 같은 그 원수들은 그들에게 이루 말할 수 없는 해악을 가하면서도, 그들이 당한 것은 그들의 선지자들이 그들에게 무수히 경고하였던 일이라고 말하며 그들을 비웃었다. 선지자들이 그렇게 예언하였다고 해서 이 맹수 같은 자들이 그들에게 해악을 끼치는 것이 정당화되는 것은 결코 아니었지만, 이 원수들은 그들이 여호와께 범죄하였은즉 우리는 무죄하다는 핑계를 대며 그들을 조롱하였다. 그러나 그들은 감히 나서서 이 원수들이 그들에게 범죄한 것이라고 항의조차 할 수 없었다. 이 원수들이 그들이 범죄하였던 여호와에 대하여 어떤 개념을 지니고 있었는지를 보라. 그 자들은 여호와를 오직 참되고 살아 계신 하나님으로만이 아니라 의로운 처소시며 그의 조상들의 소망으로 생각하고 있었다. 그들은 성전과 그들의 조상들이 물려준 전통을 멸시하였기 때문에 이러한 힘든 일들을 겪어도 할 말이 없는 것이었다. 그들이 의로운 처소이자 그들의 조상들의 소망이셨던 분을 버렸다는 것은, 비록 그들에게 해악을 가한 그들의 원수들의 행위를 정당화시켜 주는 것은 아니었지만, 그들의 죄를 더욱 가중시키고 하나님이 의로우시다는 것을 보여주는 것이었다.

3. 하나님은 자유의 문이 그들에게 열리자마자 서둘러서 바벨론을 떠나라고 명령하신다(8절). "너희는 너희가 포로로 살고 있던 곳을 벗어날 뿐만 아니라 아예 바벨론 가운데에서 도망하라. 너희는 거기에서 지금까지 아주 잘 살아왔었을지라도 거기에 눌러 살 생각을 하지 말고, 양 떼에 앞서가는 숫염소 같이 서둘러서 시온으로 가라. 지극히 선한 것을 가져다 줄 일에서 가장 앞장서서 가려고 애쓰라." 숫염소는 가장 앞서서 걷기 때문에 잘 걸으며 위풍 있게 다닌다(잠 30:29). 선한 일에 앞장서고 다른 사람들에게 선한 모범을 보이는 것은 은혜로운 일이다.

⁹보라 내가 큰 민족의 무리를 북쪽에서 올라오게 하여 바벨론을 대항하게 하리니 그들이 대열을 벌이고 쳐서 정복할 것이라 그들의 화살은 노련한 용사의 화살 같아서 허공을 치지 아니하리라 ¹⁰갈대아가 약탈을 당할 것이라 그를 약탈하는 자마다 만족하리라 여호와의 말씀이니라 ¹¹나의 소유를 노략하는 자여 너희가 즐거워하며 기뻐하고 타작하는 송아지 같이 발굽을 구르며 군마 같이 우는도다 ¹²그러므로 너희의 어머니가 큰 수치를 당하리라 너희를 낳은 자가 치욕을 당하리라 보라 그

가 나라들 가운데의 마지막과 광야와 마른 땅과 거친 계곡이 될 것이며 ¹³여호와의 진노로 말미암아 주민이 없어 완전히 황무지가 될 것이라 바벨론을 지나가는 자마다 그 모든 재난에 놀라며 탄식하리로다 ¹⁴바벨론을 둘러 대열을 벌이고 활을 당기는 모든 자여 화살을 아끼지 말고 쏘라 그가 여호와께 범죄하였음이라 ¹⁵그 주위에서 고함을 지르리로다 그가 항복하였고 그 요새는 무너졌고 그 성벽은 허물어졌으니 이는 여호와께서 그가 행한 대로 그에게 내리시는 보복이라 그가 행한 대로 그에게 갚으시는도다 ¹⁶파종하는 자와 추수 때에 낫을 잡은 자를 바벨론에서 끊어 버리라 사람들이 그 압박하는 칼을 두려워하여 각기 동족에게로 돌아가며 고향으로 도망하리라 ¹⁷이스라엘은 흩어진 양이라 사자들이 그를 따르도다 처음에는 앗수르 왕이 먹었고 다음에는 바벨론의 느부갓네살 왕이 그의 뼈를 꺾도다 ¹⁸그러므로 만군의 여호와 이스라엘의 하나님이 이와 같이 말하노라 보라 내가 앗수르의 왕을 벌한 것 같이 바벨론의 왕과 그 땅을 벌하고 ¹⁹이스라엘을 다시 그의 목장으로 돌아가게 하리니 그가 갈멜과 바산에서 양을 기를 것이며 그의 마음이 에브라임과 길르앗 산에서 만족하리라 ²⁰여호와의 말씀이니라 그 날 그 때에는 이스라엘의 죄악을 찾을지라도 없겠고 유다의 죄를 찾을지라도 찾아내지 못하리니 이는 내가 남긴 자를 용서할 것임이라

하나님은 여기에서 그의 선지자를 통해서 바벨론과의 다툼을 진행해 나가시는데, 나중에는 그의 섭리를 통해서 그 일을 진행해 나가실 것이다. 좀 더 자세하게 살펴보자.

I. 바벨론을 멸망시키는 데에 쓰임받게 될 도구들에게 임무와 명령이 주어짐. 이 일을 하기로 되어 있는 군대는 메대와 바사, 그들의 모든 동맹국들과 용병 부대들로 이루어질 큰 민족들의 무리로 불린다(9절). 그 군대는 하나님의 뜻과 계획에 의해서 이 일을 집행해야 할 임무를 띠고 공식적으로 형성된 것이기 때문에 회(會) 또는 모임이라 불린다. 하나님은 그 일을 하시기 위하여 그들을 일으키셔서 그들로 하여금 그 일을 할 마음이 생기게 하고 그들을 그 일에 적합하게 되도록 준비시키신 후에, 그들을 올라오게 하실 것이다. 이렇게 그들의 모든 움직임들은 하나님의 지휘와 지시 아래에서 이루어질 것이다. 하나님은 그들에게 바벨론을 둘러 대열을 벌이라고 명령을 내리실 것이다(9, 14절). 하나님이 이루시기로 정하신 일은 반드시 이루실 것이기 때문이다. 바벨론은 금

세 정복될 것이다. 그들은 처음에 바벨론 앞에 앉을 때부터 그것이 함락될 때까지 한 번도 물러서지 않을 것이다. 하나님은 그들에게 화살을 아끼지 말고 쏘라고 명령하실 것이고(14절), 그러면 그들의 화살은 솜씨도 있고 힘도 있으며 눈도 좋고 손힘도 강한 노련한 용사의 화살 같을 것이며(9절), 허공을 치지 아니할 것이다. 하나님이 사명을 주실 때에는 그 사명이 반드시 이루어지게 하신다. 아니, 그들은 바벨론을 향하여 화살을 쏘라(14절)고 명령하실 뿐만 아니라, 승리를 확신한 자들처럼 승리의 함성으로 바벨론을 향하여 고함을 지르라고 명령하신다(15절). 하나님으로부터 화살을 쏘라는 명령을 받은 자들은 과녁을 맞추게 될 것을 확신할 수 있기 때문에 승리의 함성을 지르며 화살을 쏠 수 있다.

II. 바벨론에게 닥칠 황폐화와 멸망. 이것은 여기에서 아주 다양한 표현들을 통해서 묘사되고 있다.

1. 바벨론의 재물은 정복자들에게 풍부하고 손쉬운 전리품이 될 것이다(10절). 갈대아가 그를 멸망시키러 온 모든 자들에게 약탈을 당할 것이고, 그를 약탈하는 자마다 그 노략물로 부자가 될 것이어서 만족하리라. 그들은 너무 많은 것을 약탈해서, 그들 스스로 이제 됐다고 말할 것이다.

2. 바벨론의 땅은 주민들이 다 떠나서 사는 사람이 없게 될 것이다. 그 땅은 완전히 황무지가 되어서(13절), 그 땅을 지나가는 자마다 그들이 멸망한 것을 기뻐하고, 그들을 위로하기는커녕 그 모든 재난에 놀라면서도 저것 봐라 하며 야유를 보낼 것이다(13절).

3. 그들의 조상들은 공격이 개시되자마자 그들이 도망치는 꼴을 보고서 그들의 비겁함을 부끄러워할 것이다(12절). 또는, 너희의 어머니, 어머니 성인 바벨론이 그녀를 지켜 주었어야 할 자들이 그녀를 버리고 도망치는 꼴을 보고서 곤혹스러워하며 큰 수치를 당할 것이다. 마찬가지로, 이전 세대의 그리스도인들은 이후 세대들이 그들과 같지 않은 것과 형편없이 타락해 버린 것을 보고서 당혹해하며 부끄러워할지 모른다. 배교(背敎)의 죄보다 사람들이나 어느 민족에게 더 확실하고 철저한 파멸을 가져다 주는 죄는 없다.

4. 바벨론을 찬양하고 동경했던 자들은 그 곳이 너무나 초라하게 변해 버린 것을 보게 될 것이다. 바벨론은 나라들 가운데의 마지막, 나라들의 꼬리가 될 것이고, 광야의 마른 땅과 거친 계곡이 될 것이다(12절). 사람들이 북적대던 땅은 인적이 끊어질 것이고, 그들을 부유하게 해주었던 비옥한 땅은 황무지가 될 것

이다.

5. 바벨론의 머리였던 큰 성은 완전히 멸망을 당하게 될 것이다. 그 터는 무너졌고 그 성벽은 허물어졌다. 하나님이 원수를 갚으시러 문 앞에 오셔서 그 터를 뒤흔드시는데, 어떻게 성벽이 온전할 수 있겠는가? 법정에서나 전쟁터에서 원수를 갚으시고자 나선 여호와와 다툴 수 있는 것은 아무것도 없다.

6. 하나님께서 이스라엘에는 가난한 백성은 남겨두어 포도원을 관리하는 자와 농부가 되게 하셨지만, 바벨론에는 아무도 남겨두지 않으실 것이다(16절). 파종하는 자와 추수 때에 낫을 잡은 자가 바벨론에서 끊어지리라. 그 땅은 사람들이 다 떠나고 텅 비어서, 땅을 갈 자나 열매를 거둘 자가 없을 것이다. 수확기가 찾아와도 거둘 자가 없을 것이고, 씨를 뿌릴 때가 되어도 파종하는 자가 없을 것이다. 하나님은 자기가 해야 할 일을 하시겠지만, 자기가 해야 할 일을 하는 자들이 없을 것이다.

7. 그들이 고용한 용병들은 위험이 닥치면 보통 그러하듯이 그들을 버리고 가버릴 것이다(16절). 사람들이 그 압박하는 칼을 두려워하여 각기 동족에게로 돌아가며 고향으로 도망하리라. 하나님은 앞에서도 애굽에 대하여 이것을 경고하셨다(렘 46:16).

Ⅲ. 이 멸망을 불러온 원인. 바벨론의 멸망은 하나님의 진노로부터 온 것이다. 여호와의 진노로 말미암아 바벨론은 완전히 황무지가 될 것이고(13절), 바벨론이 여호와께 범죄한 것이기 때문에 하나님의 진노는 의롭다. 따라서 하나님은 화살을 아끼지 말고 쏘라고 명령하신다(14절). 죄는 사람들을 하나님의 심판의 화살의 표적이 되게 만든다는 것을 명심하라. 바벨론에서는 우상 숭배와 음행이 성행하였지만, 그들에 대하여 하나님이 진노하신 것은 그런 것들 때문이 아니라, 그들이 하나님의 백성에게 적대감을 품고서 가한 해악들 때문이었다. 그들은 하나님의 소유를 노략하는 자들이었다(11절). 하나님은 자기 백성을 징계하셔야 했기 때문에 그들을 도구로 사용하셨지만, 그들이 이스라엘 땅을 적개심으로 철저히 파괴한 것은 그들이 책임져야 할 극악무도한 범죄였다.

1. 그들은 희희낙락하며 예루살렘을 멸망시켰다는 것(11절). 너희가 즐거워하며 기뻐하였다. 하나님은 자기 백성을 악의적으로 괴롭히지 않으시기 때문에, 그가 도구로 쓰시는 자들이 그들을 악의적으로 괴롭히면 그것에 대하여 진노하신다. 티투스 베스파시아누스(Titus Vespasian)는 예루살렘을 멸망시키기는

했지만 그 폐허를 보고서 눈물을 흘렸지만, 이 갈대아인들은 도리어 기뻐하며 의기양양해하였다.

2. 그들은 예루살렘에서 노략한 것들을 그들의 사치스러운 생활을 영위하는 데에 사용하였다는 것. "너희는 풀을 뜯는 암송아지처럼 살이 쪘고 황소들처럼 우는도다. 너희는 예루살렘을 정복한 후에 기고만장하여 방자하게 행하며 주변의 모든 사람들에게 겁을 주고 있기 때문에, 너희 자신이 반드시 약탈을 당할 것이다." 이렇게 재물들을 삼킨 자들은 그것들을 다시 토해내야 한다. 그래서 그들은 정복자에게 항복했고(15절) 고분고분 굴복했기 때문에, 너희는 그에게 보복할 수 있고 그가 행한 대로 그에게 갚을 수 있다.

3. 그들은 하나님의 이스라엘을 철저히 멸망시키는 것을 목표로 삼았다는 것. 이스라엘은 흩어진 양이다(17절). 이스라엘 백성들은 개들이 짖고 괴롭힐 뿐만 아니라 가장 강력한 대적인 사자들이 포효하며 그들을 내쫓았기 때문에 흩어진 양 떼가 되어 버렸다(6절). 앗수르의 한 왕이 와서 열 지파를 끌고가 버리거나 삼켜 버리더니, 또 한 왕이 유다를 침공하여 약탈하고 피폐하게 만들었으며 이 가엾은 양 떼의 털과 살을 찢어 버렸다. 그리고 이제 마지막으로 모든 이웃 나라들에게 공포이자 전염병이었던 느부갓네살이 유다의 약화된 국력을 틈타 그를 덮쳐서 그의 뼈를 꺾고 완전히 멸망시켜 버렸다. 그러므로 앗수르의 왕이 벌을 받은 것처럼 바벨론의 왕도 벌을 받아야 한다(18절). 그들의 선임자들을 추격하여 형을 집행하는 자들은 그들도 똑같이 추격당하고 형을 집행당할 것을 예상하여야 한다는 것을 명심하라. 선임자들이 했던 대로 그들도 행한다면, 선임자들이 당했던 대로 그들도 당하는 것이 마땅하다.

Ⅳ. 하나님의 이스라엘에게 긍휼이 약속됨. 이 긍휼은 바벨론의 멸망을 가져올 것이고, 동시에 거기에서 생겨날 것이다.

1. 하나님은 그들을 포로 생활에서 돌아오게 하실 것이다. 마치 흩어졌던 양 떼가 그들의 우리로 다시 돌아오듯이, 그들은 종살이에서 놓여나서 다시 그의 목장으로 돌아가게 될 것이다(19절). 그들은 가나안 땅에 대한 권리를 여전히 보유하고 있었다. 그 땅은 여전히 그들의 거처이다. 그들이 그 땅을 잠시 떠나 있었다고 해서 그 땅에 대한 권리까지 없어져 버린 것은 아니었다. 이제 그들은 그 땅을 다시 향유하게 될 것이다.

2. 하나님은 그들을 다시 형통하게 하실 것이다. 그들은 그들의 땅에서 다

시 살게 될 뿐만 아니라 평안하게 살게 될 것이다. 그들은 그 땅의 가장 풍요롭고 비옥한 지역들인 갈멜과 바산에서 양을 기르고 풍부한 소산물들을 얻어서 풍요롭게 살게 될 것이다. 그들은 광야로 흩어졌던 양 떼를 모아서 다시 좋은 초장에 넣을 것이고, 그들의 마음은 만족하게 될 것이다. 그들은 오랫동안 생활이 궁핍하고 쪼들려서 마음까지 찌들었지만, 이제는 그들을 배부르게 해줄 것들을 풍부하게 얻을 것이고, 그것으로 그들의 마음도 만족하게 될 것이다. 그들은 어디에서 하나님을 섬기고 예배해야 하는지를 알기 위해서 시온으로 가는 길을 물었다(5절). 이것은 그들이 그들의 땅으로 돌아오는 주된 목적이었다. 그러나 하나님은 그들을 시온으로 인도하실 뿐만 아니라 그들에게 풍성하게 먹게 해줄 갈멜과 바산으로 그들을 인도하실 것이다. 하나님께로 돌아와서 자신의 본분을 다하는 자들은 그렇게 함으로써 마음의 참된 만족을 얻게 되리라는 것을 명심하라. 거룩한 산 시온에 자신의 거처를 마련하기 위해서 먼저 그의 나라와 그의 의를 구하는 자들에게는 하나님께서 다른 모든 것, 심지어 비옥한 산지(山地)인 에브라임과 길르앗이 주는 온갖 좋은 것들을 더하실 것이다.

3. 하나님은 그들의 죄악을 용서해 주실 것이다. 이것은 모든 안식과 쉼의 뿌리가 된다(20절). 그 날에는 이스라엘의 죄악을 찾을지라도 없으리라. 하나님은 그들의 죄악에 대한 징벌을 거두실 뿐만 아니라, 그 죄악이 불러일으켰던 진노도 잊으실 것이고, 그들과 화해하실 것이다. 그들의 죄는 하나님 앞에서 마치 아예 없었던 것처럼 될 것이다. 그들의 죄는 구름처럼 걷힐 것이고, 채무 장부에서 도말될 것이며, 하나님의 등 뒤로 던져질 것이다. 아니, 그들의 죄는 더 이상 하나님의 서고에 봉인된 채 보관되지 않고, 깊은 바다 속으로 던져져서, 다시 나타나거나 떠올라서 그들을 칠 염려가 없게 될 것이다. 이것은 하나님이 죄를 얼마나 철저하고 온전하게 사하시는지를 보여준다. 하나님은 그것을 다시는 기억하지 않을 것이다. 환난에서 건짐을 받는 것은 그것이 죄 사함의 결과일 때에 진정한 위로가 된다는 것을 명심하라(사 38:17). 유다와 이스라엘은 바벨론에서 다시 돌아오게 되었을 때에 이렇게 온전히 죄 사함을 받았기 때문에, 성경에서는 그들이 그들의 모든 죄로 말미암아 여호와의 손에서 벌을 배나 받았다고 말한다(사 40:2). 여기에는 그들의 죄가 온전히 사함 받은 것과 아울러서 그들의 마음과 삶이 철저하게 고쳐지고 새로워진 것도 포함되어 있을 것이다. 그들이 돌아온 후에 누가 그들 가운데서 우상이나 우상과 관련된 관습을 찾아 보

려고 해도 그런 것들은 전혀 없을 것이고 찾아내지 못할 것이다. 그들의 찌꺼기가 완전히 제거될 것이고, 그것을 통해서 그들의 죄책(罪責)이 완전히 제거되었다는 것이 증명될 것이다. 이는 내가 남긴 자들을 용서할 것임이라. 나는 그들과 화목하리라(원어는 이런 뜻이다). 이것은 우리의 화목제물이신 그리스도로 말미암아 이루어진 일이다. 하나님은 그 죄를 용서하신 자들을 위하여 아주 대단한 것을 준비해 놓고 계신다는 것을 명심하라. 왜냐하면, 하나님은 그가 의롭다 하신 자들을 또한 영화롭게 하시기 때문이다.

²¹이는 여호와의 말씀이니라 너희는 올라가서 므라다임의 땅을 치며 브곳의 주민을 쳐서 진멸하되 내가 너희에게 명령한 대로 다하라 ²²그 땅에 싸움의 소리와 큰 파멸이 있으리라 ²³온 세계의 망치가 어찌 그리 꺾여 부서졌는고 바벨론이 어찌 그리 나라들 가운데에 황무지가 되었는고 ²⁴바벨론아 내가 너를 잡으려고 올무를 놓았더니 네가 깨닫지 못하여 걸렸고 네가 여호와와 싸웠으므로 발각되어 잡혔도다 ²⁵여호와께서 그의 병기창을 열고 분노의 무기를 꺼냄은 주 만군의 여호와께서 갈대아 사람의 땅에 행할 일이 있음이라 ²⁶먼 곳에 있는 너희는 와서 그를 치고 그의 곳간을 열고 그것을 곡식더미처럼 쌓아 올려라 그를 진멸하고 남기지 말라 ²⁷그의 황소를 다 죽이라 그를 도살하려 내려 보내라 그들에게 화 있도다 그들의 날, 그 벌 받는 때가 이르렀음이로다 ²⁸바벨론 땅에서 도피한 자의 소리여 시온에서 우리 하나님 여호와의 보복하시는 것, 그의 성전의 보복하시는 것을 선포하는 소리로다 ²⁹활 쏘는 자를 바벨론에 소집하라 활을 당기는 자여 그 사면으로 진을 쳐서 피하는 자가 없게 하라 그가 일한 대로 갚고 그가 행한 대로 그에게 갚으라 그가 이스라엘의 거룩한 자 여호와를 향하여 교만하였음이라 ³⁰그러므로 그 날에 장정들이 그 거리에 엎드러지겠고 군사들이 멸절되리라 여호와의 말씀이니라 ³¹주 만군의 여호와의 말씀이니라 교만한 자여 보라 내가 너를 대적하나니 너의 날 곧 내가 너를 벌할 때가 이르렀음이라 ³²교만한 자가 걸려 넘어지겠고 그를 일으킬 자가 없을 것이며 내가 그의 성읍들에 불을 지르리니 그의 주위에 있는 것을 다 삼키리라

이 단락에는 다음과 같은 내용들이 나온다.

1. 바벨론을 멸망시키기 위하여 군대가 소집되어 임무가 주어지고, 저 강한 대국을 침공하기 위한 모든 준비가 갖추어진다. 너희는 올라가서 앗수르와 아

르메니아에 걸쳐 있던 마르디 왕국에 있는 므라다임의 땅을 치며, 고레스가 바벨론을 공격하러 가는 길에 취하였던 또 다른 나라인 브곳의 주민을 치라(겔 23:23). 하나님은 고레스의 군대에게 올라가서 바벨론을 치고(21절) 먼 곳에서부터 와서 그를 치라고 명령하신다(26절). 모두 한꺼번에 오라. 바벨론에는 그들이 모두 와서 해야 할 일이 있고, 그들 모두에게 급료를 지급하기에 충분한 돈도 있다(26절). 그들은 거리가 멀다는 핑계로 이 일에 참여하지 않으려고 해서는 안 된다. 특히 활 쏘는 자들을 바벨론에 소집하라(29절). 왕들이 대원정을 떠날 때에 그들의 병기고와 창고를 열어서 거기에서 군대에 필요한 모든 물품들을 다 꺼내오듯이, 여호와께서 그의 병기창을 열고 분노의 무기를 꺼내셨다(25절). 메대와 바사는 지금 하나님의 병기창이다. 거기로부터 하나님은 그의 진노의 무기들을 꺼내시고, 고레스와 그의 장수들과 군대들을 바벨론을 멸망시키는 일에 쓰실 것이다. 큰 자들은 크신 하나님께서 자신의 목적을 이루시기 위해 쓰시는 도구들에 지나지 않는다는 것을 명심하라. 하나님은 다양한 도구들을 지니고 계시고, 그것들을 마음대로 부리시며, 그때그때 필요한 무기들을 꺼내 쓸 수 있는 병기창들을 갖고 계신다. 이것은 주 만군의 여호와께서 행할 일이다. 하나님은 하실 일이 있으실 때에 그가 만군의 여호와라는 것을 분명하게 보여주시고, 그 일을 하는 데에 필요한 도구들이 다 갖춰져 있다는 것을 보여주실 것임을 명심하라.

2. 하나님께서 그들에게 무엇을 할 것인지에 대하여 지시를 내리신다. 내가 너희에게 명령한 대로 다하라(21절). 하나님은 고레스에 대하여 그가 바벨론에 대한 원정에서 나의 모든 기쁨을 성취하리라고 말씀하셨다(렘 44:28). 그들은 바벨론을 진멸하고 남기지 말아야 한다. 그들은 한번 진멸한 후에 다시 가서 확인해 보아야 한다. 또는, 그들은 바벨론의 부흥을 꿈꾸고 일어날 소지가 있는 후손들을 멸하여야 한다. 그들은 그의 곳간을 열고(26절) 그 재화들을 털고, 그 병기고를 열어서 거기에 있는 무기들로 그를 공격하여야 한다. 그들은 그를 곡식 더미처럼 쌓아 올려야 한다. 바벨론의 모든 부와 영화(榮華)를 삽으로 떠서 폐허 더미와 쓰레기더미로 쌓아 올려라. 그를 짓밟아서 무더기가 되게 하고(난외주에서는 이렇게 읽는다) 그를 진멸하라. 크신 하나님은 사람들이 그토록 소중히 여기는 것들, 자신들을 귀하게 보이게 하기 위하여 사용하는 것들을 얼마나 하찮게 여기시는지를 보라. 황소처럼 살이 찐 그들의 고관들과 큰 자들은 칼에 죽

을 것이지만, 그들은 결코 전쟁터에서 용사들처럼 명예롭게 죽는 것이 아니라 도살자의 손에 의해서 짐승처럼 죽게 될 것이다(27절). 그의 황소들, 즉 바벨론의 모든 힘 있는 자들을 다 죽이라. 술에 취하여 인사불성이 된 그들을 황소처럼 도살하러 내려 보내라. 그들에게 화 있도다. 그들은 자기가 어떤 처지에 있는지도 모르기 때문에, 그들의 처지는 더욱 가련하다. 그들의 날, 그들이 죽을 날이 왔고, 그들이 벌을 받을 때가 왔는데도, 그들은 그것을 알지 못한다.

3. 그들에게 반드시 성공할 것이라는 약속이 주어진다. 하나님이 명령하신 것을 행하라. 그러면 그들은 그가 명령하신 것을 이루게 될 것이다. 큰 파멸이 있을 것이다(22절). 바벨론은 황무지가 될 것이다(23절). 그 날에 바벨론을 지켜 주었어야 할 장정들이 그 거리에 엎드러지겠고 군사들이 멸절되리라(30절). 하나님은 바벨론을 대적하신다(31절). 하나님은 그를 잡으려고 올무를 놓으셨다(24절). 하나님은 그를 대적하여 이 일을 계획하셨고, 그는 올무에 걸린 새처럼 화들짝 놀라게 될 것이다. 고레스는 하나님의 휘하에서 싸우는 것이기 때문에 반드시 이길 것이다. 하나님은 바벨론의 성읍들에 불을 지르실 것이다(32절). 하나님이 진노하시는데 누가 그 앞에 설 수 있겠으며, 그가 지르신 불을 누가 끌 수 있겠는가?

4. 하나님이 바벨론을 이렇게 혹독하게 다루시는 이유들이 주어진다. 이 전쟁에 쓰임 받는 자들은 마음만 먹는다면 이 전쟁의 이유들을 얼마든지 알 수 있을 것이고, 이 일은 의로운 일이어서 모두가 이 일에 부르심을 받아야 마땅하다는 것을 알고서 만족할 것이다.

(1) 바벨론은 모든 이웃 나라들을 지독하게 괴롭히고 분노케 하며 해악을 가하여 왔다. 그는 가까운 나라나 먼 나라 할 것 없이 다 때려 부순 온 세계의 망치였다(23절). 그는 아주 너무나 오랫동안 그렇게 해왔다. 이제 그 망치가 꺾여 부러질 때가 왔다. 모든 나라들의 신이신 하나님은 조만간에 불의하고 폭력적으로 나라들을 침략하였던 자들을 꺾으시고서, 그들로부터 해악을 당한 나라들의 권리를 되찾아 주실 것이다. 온 땅의 하나님께서 온 세계의 망치를 부수실 것이다.

(2) 바벨론은 하나님께도 도전하였다. 네가 여호와와 싸웠고(24절), 법정에서나 전쟁터에서 그와 대립하였으며(원문은 이런 의미이다), 그에게 공공연하게 반대하였고, 그와 경쟁을 벌였으며, 그에게 반기를 들었다. 그러므로 네가 발각

되어 올무에 잡혔다. 여호와를 대적하여 싸우는 자들은 곧 그들이 상대가 되지 못한다는 것을 깨닫게 되리라는 것을 명심하라.

(3) 바벨론은 거룩한 성인 예루살렘과 거기에 있던 거룩한 집을 멸망시켰기 때문에 그 일에 대한 책임을 져야 한다. 이것은 바벨론이 벌 받을 날에 시온에서 선포되는 성명서이다. 이것은 우리 하나님 여호와의 보복하시는 것, 그의 성전의 보복하시는 것이다(28절). 성전을 불태우고 그 기구와 그릇들을 가져간 것은 하나님이 바벨론에 대하여 고소하시는 죄목들인데, 이 죄는 온 세계의 망치가 된 죄보다 더 강조되고 있다. 왜냐하면, 시온은 온 세계의 기쁨과 영광이었기 때문이다. 하나님의 교회(이 세상에 있는 그의 성전)에 어떤 해악을 끼치든, 그것은 반드시 벌을 받게 되리라는 것을 명심하라. 하나님이 성전과 관련하여 보복하시는 것보다 더 괴롭고 견디기 어려운 보복은 없을 것이다.

(4) 바벨론은 너무나 교만하고 오만방자하였기 때문에 망해야 한다. 왜냐하면, 교만한 자를 발견하여 모두 낮추시는 것은 하나님의 영광이 되기 때문이다(욥 40:11). 교만한 자여 보라 내가 너를 대적하노라(31, 32절) — 너 교만아(원문은 이렇게 되어 있다), 교만 자체일 정도로 교만한 자여. 사람의 마음이 교만해지면 하나님은 그를 대적하시고 그의 멸망의 때는 신속히 무르익으리라는 것을 명심하라. 왜냐하면, 하나님은 교만한 자를 대적하셔서 그들을 끌어내리실 것이기 때문이다. 교만한 자가 걸려 넘어질 것이다. 그들은 다른 사람들이 그들을 넘어뜨리려고 일부러 밀쳐서가 아니라 그들 스스로 무언가에 걸려서 넘어지게 될 것이다. 왜냐하면, 그들은 머리를 꼿꼿이 쳐들고 다니느라, 길을 골라서 가고 장애물들을 피하기 위해서 아래를 봐야 하는데도, 그렇게 하지 않고 되는 대로 걷기 때문이다. 바벨론의 교만은 불가피하게 그의 멸망을 불러올 수밖에 없다. 왜냐하면, 그가 이스라엘의 거룩한 자 여호와를 향하여 교만하였고(29절), 하나님의 백성을 모욕함으로써 하나님을 모욕하였기 때문이다. 그는 하나님을 그의 원수로 만들었다. 따라서 그가 넘어졌을 때에 그를 일으킬 자가 없을 것이다(32절). 하나님이 밀쳐 넘어뜨리시는 자들을 누가 도와서 일으켜 세울 수 있겠는가?

[33]만군의 여호와께서 이와 같이 말씀하시니라 이스라엘 자손과 유다 자손이 함께 학대를 받는도다 그들을 사로잡은 자는 다 그들을 붙들고 놓아 주지 아니하리라 [34]

그들의 구원자는 강하니 그의 이름은 만군의 여호와라 반드시 그들 때문에 싸우시리니 그 땅에 평안함을 주고 바벨론 주민은 불안하게 하리라 ³⁵여호와의 말씀이니라 칼이 갈대아인의 위에와 바벨론 주민의 위에와 그 고관들과 지혜로운 자의 위에 떨어지리라 ³⁶칼이 자랑하는 자의 위에 떨어지리니 그들이 어리석게 될 것이며 칼이 용사의 위에 떨어지리니 그들이 놀랄 것이며 ³⁷칼이 그들의 말들과 병거들과 그들 중에 있는 여러 민족의 위에 떨어지리니 그들이 여인들 같이 될 것이며 칼이 보물 위에 떨어지리니 그것이 약탈되리라 ³⁸가뭄이 물 위에 내리어 그것을 말리리니 이는 그 땅이 조각한 신상의 땅이요 그들은 무서운 것을 보고 실성하였음이니라 ³⁹그러므로 사막의 들짐승이 승냥이와 함께 거기에 살겠고 타조도 그 가운데에 살 것이요 영원히 주민이 없으며 대대에 살 자가 없으리라 ⁴⁰여호와의 말씀이니라 하나님께서 소돔과 고모라와 그 이웃 성읍들을 뒤엎었듯이 거기에 사는 사람이 없게 하며 그 가운데에 머물러 사는 사람이 아무도 없게 하시리라 ⁴¹보라 한 민족이 북쪽에서 오고 큰 나라와 여러 왕이 충동을 받아 땅 끝에서 일어나리니 ⁴²그들은 활과 투창을 가진 자라 잔인하여 불쌍히 여기지 아니하며 그들의 목소리는 바다가 설레임 같도다 딸 바벨론아 그들이 말을 타고 무사 같이 각기 네 앞에서 대열을 갖추었도다 ⁴³바벨론의 왕이 그 소문을 듣고 손이 약하여지며 고통에 사로잡혀 해산하는 여인처럼 진통하는도다 ⁴⁴보라 사자가 요단의 깊은 숲에서 나타나듯이 그가 와서 견고한 처소를 칠 것이라 내가 즉시 그들을 거기에서 쫓아내고 택한 자를 내가 그 자리에 세우리니 나와 같은 자 누구며 출두하라고 나에게 명령할 자가 누구며 내 앞에 설 목자가 누구냐 ⁴⁵그런즉 바벨론에 대한 여호와의 계획과 갈대아 사람의 땅에 대하여 품은 여호와의 생각을 들으라 양 떼의 어린 것들을 그들이 반드시 끌어 가고 그들의 초장을 황폐하게 하리니 ⁴⁶바벨론이 약탈 당하는 소리에 땅이 진동하며 그 부르짖음이 나라들 가운데에 들리리라 하시도다

우리는 이 단락에서 다음과 같은 것들을 본다.

I. 이스라엘의 고난과 그 고난으로부터의 구원. 하나님은 애굽에서 자기 백성이 종살이 하는 것을 주시하셨듯이 바벨론에서 자기 백성이 종살이 하는 것도 주시하고 계신다. 하나님은 그것을 분명히 보셨고 그들의 부르짖음을 들으셨다. 이스라엘 자손과 유다 자손이 함께 학대를 받는도다(33절). 열 지파에 속한 포로들 중에서 남아 있던 자들은 앗수르 왕국과 갈대아 왕국이 하나가 되자 두

지파에 속한 포로들과 섞이게 되어서 그들과 함께 눈물을 흘리며 함께 학대를 받았던 것으로 보인다. 그들은 그들이 자유의 몸이 되게 해 달라고 겸손히 간구하였고, 그것이 전부였다. 그들은 자유를 얻기 위한 그 어떤 시도도 할 수 없었다. 왜냐하면, 그들을 사로잡은 자들은 다 그들을 꼭 붙들고 있었고, 그들이 대항하기에는 너무 강한 자들이었기 때문이다. 그러나 그들이 환난 가운데서도 위로가 되었던 것은 비록 그들은 약하지만 그들의 구원자는 강하시고(34절), 그들에 대하여 권리를 가지고 계셔서 그의 권리를 주장하실 뿐만 아니라 실현하실 그들의 보복자(원어는 이런 의미이다)는 강하시다는 것이다. 그는 그들을 꼭 붙들고 놓아 주지 않는 원수들보다 더 강하시다. 그는 그들을 대적하는 모든 세력을 다 제압하실 수 있으시고, 아주 연약한 자기 백성에게 힘을 불어넣어 주실 수 있으시다. 그의 이름은 만군의 여호와이시다. 그는 그의 이름에 걸맞게 행하셔서, 그의 백성이 그를 그런 이름으로 부르는 것이 사실임을 분명하게 보여 주실 것이고, 그의 백성에게 그들이 그를 그런 이름으로 부르며 그에게 기대하는 그런 존재가 되어 주실 것이다. 하나님의 백성에게는 그들을 대적하는 막강한 군대가 있을지라도 만군의 여호와가 그들에게 계시고 그가 반드시 그들 때문에 싸우셔서 모든 열심으로 그들의 억울함을 풀어주시며 그들의 땅에 평안함을 주고 주변의 모든 원수들로부터 평안함을 얻게 해주시리라는 것은 이루 말할 수 없는 위로가 된다. 이 말씀은, 죄와 부패의 지배를 받는 것과 그들 자신이 연약하고 무수한 약점들을 지니고 있는 것을 탄식하는 모든 믿는 자들에게 적용될 수 있다. 그들은 그들의 구원자가 강하시다는 것을 알아야 한다. 그는 그들이 그에게 맡기는 것을 지켜 주실 수 있으시다. 또한, 그는 그들의 억울함을 풀어 주실 것이다. 그가 그들을 자유롭게 하여 그들이 진정으로 자유롭게 될 것이기 때문에, 죄가 그들을 지배하지 못할 것이다. 그는 하나님의 백성에게 남아 있는 안식을 그들에게 주실 것이다.

Ⅱ. 바벨론의 죄와 그 죄에 대한 형벌.

1. 하나님이 여기에서 그들의 죄로 고소하시는 것은 우상 숭배와 박해이다.

(1) 그들은 하나님의 백성을 압제하였다. 그들을 그들을 붙들고 놓아 주고자 하지 않았다. 그들은 그에게 사로잡힌 자들을 집으로 놓아 보내지 아니하였다(사 14:17). 이것이 하나님께서 옛적에 애굽의 왕 바로와 다투셨던 이유였듯이 여기에서 그들과 다투시는 이유였다. 그들이 하나님의 백성을 놓아주려 하지 않

는다면 그 대가를 톡톡히 치러야 하는데도, 그들은 경고를 받아들이려 하지 않았다. 바벨론은 하나님의 백성을 불안하게 하였기 때문에, **바벨론의 주민들**은 불안하게 되어야 마땅하다(34절). 하나님은 자기 백성의 존귀함과 위로에 관심이 많으시기 때문에, 그들로 환난을 받게 하는 자들에게는 환난으로 갚으시고 환난을 받는 자들에게는 안식으로 갚으실 것이다(살후 1:6-7).

(2) 그들은 하나님께 잘못을 저질렀고, 오직 하나님께만 드려야 마땅한 영광을 다른 신들에게 돌림으로써 그의 영광을 빼앗았다. 왜냐하면, 그 땅은 조각한 신상의 땅이었기 때문이다(38절). 이 나라는 방방곡곡마다 우상들로 넘쳐났고, 그들은 우상들에게 빠져서 미쳐 있어서, 우상을 숭배하는 일에는 그 어떤 비용과 수고도 아끼지 않았고, 우상들에게 치성을 드리는 일에 지칠 줄을 몰랐다. 이 모든 일에서 그들은 완전히 넋이 나간 자들이었고, 제정신이 아닌 자들처럼 행하였다. 그들은 극도로 분노한 자들처럼 이성이나 분별력이 없이 우상 숭배라면 무조건 열광하였다. 여기에서 우상들을 가리키는 데에 사용된 단어는 공포들('에님')이라는 의미를 지니고 있는데, 원래는 무시무시한 거인들을 가리키는 명칭으로 사용되었다. 우상들이 이렇게 불린 것은 그들이 어리석은 자들이나 아이들에게 공포를 불러일으키기 위해서 신상들을 아주 무서운 모습으로 만들었기 때문이다. 그들의 우상들은 실속이 없는 허수아비들에 불과하였지만, 그들은 우상들에 열광하였다. 바벨론은 음녀들의 어미(계 17:5), 우상 숭배의 진원지였다. 이 세상에서 가장 미친 짓은 피조물을 신으로 섬기는 것임을 명심하라. 여호와, 참 하나님을 대적하여 교만한 자들이 강력한 미혹에 빠져서 그들에게 아무 유익도 줄 수 없는 우상들에 미치게 되는 것은 당연한 일이다. 그러나 이러한 광기는 악한 것이기 때문에, 그 죄인들은 이 일로 인해 반드시 혹독한 벌을 받게 될 것이다.

2. 이러한 죄들로 인하여 하나님이 그들에게 내리시는 심판은 그들을 완전히 황폐화시키고 멸망시키는 것이다.

(1) 그들의 보호막이자 의지가 될 모든 것들은 칼에 의해 제거될 것이다. 갈대아인들은 오랫동안 하나님의 칼이었고, 하나님은 그 칼로 주변의 죄악된 나라들에 대한 심판을 집행하셨었다. 그러나 이제 그들이 다른 어느 나라 못지않게 악하게 되고 더 악하게 되었기 때문에, 전쟁의 칼은 **바벨론 주민들** 위에 떨어지게 될 것이다(35절). 이 칼은 하나님의 손에 들린 칼이고 그가 보내고 지

휘하시는 칼이기 때문에 공의의 칼이다.

[1] 이 칼은 그들의 고관들 위에 떨어질 것이다. 그들은 칼에 죽을 것이고, 그들의 위엄과 부와 권세는 그들을 안전하게 보호해 주지 못할 것이다.

[2] 이 칼은 그들의 지혜로운 자들, 그들의 철학자들, 정치가들, 참모들 위에 떨어질 것이다. 그들의 학식과 방책은 그들을 지켜주지 못할 것이고, 나라나 백성에게도 도움이 되지 못할 것이다.

[3] 이 칼은 여기에서 거짓말쟁이들(개역에서는 자랑하는 자)이라 표현된 그들의 점쟁이들과 점성술사들 위에 떨어질 것이다(36절). 왜냐하면, 그들은 평화와 번영이 예견된다고 하여 백성들을 속였기 때문이다. 그들에게 떨어진 칼은 그들을 얼빠지게 만들 것이기 때문에, 그들은 바보들처럼 말할 것이고, 온전한 정신을 다 잃어버린 자들처럼 행동할 것이다. 하나님은 사람들의 심령에 다다르고 마음을 찔러 부상을 입히는 칼을 가지고 계셔서, 사람들에게 영적인 천벌을 내리실 수 있으시다는 것을 명심하라.

[4] 이 칼은 그들의 용사들 위에 떨어질 것이다. 이 칼은 그들의 심령에 떨어질 것이다. 그렇게 되면, 그들은 죽지는 않지만 놀라 의기소침해져서 더 이상 용사 구실을 하지 못할 것이다. 그들의 마음이 힘을 잃고 사기가 떨어졌는데, 그들의 손이 그들에게 무슨 도움이 되겠는가?

[5] 이 칼은 군대 위에 떨어질 것이다(37절). 칼이 그들의 말들과 병거들 위에 떨어지리라. 침략자들은 그들의 모든 군수품 창고들을 장악할 것이고, 말과 병거들을 차지하거나 없애 버릴 것이다. 그들에게 고용된 용병 부대들은 사기를 완전히 잃게 될 것이다. 여러 민족으로 이루어진 부대들은 여인들 같이 약하고 겁 많은 자들이 될 것이다.

[6] 이 칼은 그들의 국고(國庫)에 떨어질 것이다. 칼이 전쟁의 힘줄이라고 할 수 있는 그들의 곳간(개역에서는 보물)에 떨어지리니 그것들이 적군에게 약탈되어 도리어 그들을 공격하는 데에 사용될 것이다. 칼이 하나님이 사명을 부여받고 오자 얼마나 광범위한 멸망을 만들어 내는지를 보라.

(2) 그들의 온 땅은 황폐화될 것이다(38절). 가뭄이 물 위에 내리어 그 성을 안전하게 해주던 물을 말리리라. 고레스는 유브라데 강물을 무수한 수로들로 빼내서 그의 군대가 그 강을 건널 수 있게 해서, 그 강을 건널 수 없을 것이라고 생각하고 있었던 바벨론의 성벽까지 쉽게 다다르게 하였다. "그 땅을 비옥

하게 만들어 주었던 그 물은 말라서 황무지로 변하여 더 이상 사람들이 살지 않게 되고 사막의 들짐승들만이 살게 될 것이다(39절)." 이것은 이사야에 의해서도 바벨론에 대하여 예언된 것이었다(사 13:19-21). 바벨론은 소돔과 고모라 같이 될 것이다(40절). 이것은 에돔에 대해서도 동일하게 예언되었다(렘 49:18). 갈대아인들이 에돔을 황폐화시켰듯이, 그들 자신도 황폐화될 것이다.

(3) 적군이 쳐들어올 때에 바벨론 왕과 그 나라는 극심한 혼란과 공포에 빠지게 될 것이다(41-43절). 침략자들의 가공할 만한 세력, 그들이 몰고올 공포, 궁정과 촌락들이 크게 놀라게 되리라는 것을 나타내기 위해 여기에서 사용된 모든 표현들은 갈대아인들이 유다 땅을 쳐들어올 것에 관한 앞서의 예언(렘 6:22-24)에서도 나왔었다. 거기에는 딸 시온아 그들이 네 앞에서 대열을 갖추었도다라고 되어 있었는데, 여기에서는 딸 바벨론아 그들이 네 앞에서 대열을 갖추었도다라고 되어 있다. 이것은 그들이 행한 대로 당하게 되리라는 것을 보여주는 것이다. 하나님은 다른 사람들에게 공포와 멸망이 되었던 자들에게 공포와 멸망이 되기에 적합한 도구를 찾아내실 수 있으시다. 남들에게 잔인하게 행하고 자비를 보이지 않은 자들은 그들도 똑같이 잔인하고 무자비하게 당하리라는 것을 각오해야 한다. 이 두 대목 간에는 오직 한 가지만이 차이가 난다. 거기에는 우리가 그 소문을 들었으므로 손이 약하여졌다로 되어 있는데, 여기에는 바벨론의 왕이 그 소문을 듣고 손이 약하여졌다로 되어 있다. 이것은 이 교만하고 무모한 왕은 환난의 날에 이스라엘 사람 중 가장 미천한 자들처럼 약해지고 사기를 잃게 되리라는 것을 보여주는 것이다.

(4) 그들은 놀라서 겁을 집어먹을 뿐만 아니라 많은 해악을 당하게 될 것이다. 왜냐하면, 침략자는 사자 같이 나타나서 그들을 찢고 죽일 것이고(44절) 그들과 그들의 처소를 황폐하게 할 것이기 때문이다(45절). 그 황폐함은 상상을 초월할 정도로 끔찍해서, 주변의 모든 나라들이 그것을 보고 두려워하게 될 것이다(46절). 이 세 절은 앞에서 에돔의 멸망에 관한 예언에도 나왔었는데(렘 49:19-21, 이 예언은 갈대아인들에 의해서 성취되었다) 여기 갈대아인들에 대하여 성취될 바벨론의 멸망에 관한 예언에서 꼭 필요한 것만 몇 가지 수정해서 반복되고 있다. 이것은 하나님의 섭리들은 언뜻 보면 불공평한 것처럼 보일 수 있지만 결국에는 섭리에 의한 응보가 공평하다는 것을 보여준다. 네가 학대하기를 그치면 네가 학대를 당할 것이다(사 33:1; 계 13:10).

제
— 51 —
장

개요

선지자는 이 장에서 다른 선지자들도 증언하였던 바벨론의 멸망에 관한 예언을 계속해 나간다. 경건한 포로들을 격려하기 위해서 그는 하나님이 그에게 미리 보여주신 것들을 아주 방대하고 생생하게 묘사한다. 왜냐하면, 그들의 구원이 이 일에 달려 있었을 뿐만 아니라, 바벨론의 멸망이 곧 그들의 구원일 것이기 때문이었다. I. 바벨론의 멸망에 관한 아주 상세한 기록. 아울러 하나님이 그들과 다투시는 이유들, 그들의 멸망을 재촉하게 된 여러 가지 원인들이 함께 나오며, 그들에 의해서 고생한 하나님의 이스라엘을 크게 격려하는 말씀들이 나온다(1-58절). II. 이 예언을 필사하여 유브라데 강에 던짐으로써 이 예언을 상징적으로 보여주고 재확인함(59-64절).

[1]여호와께서 이와 같이 말씀하시되 보라 내가 멸망시키는 자의 심령을 부추겨 바벨론을 치고 또 나를 대적하는 자 중에 있는 자를 치되 [2]내가 타국인을 바벨론에 보내어 키질하여 그의 땅을 비게 하리니 재난의 날에 그를 에워싸고 치리로다 [3]활을 당기는 자를 향하며 갑옷을 입고 일어선 자를 향하여 쏘는 자는 그의 활을 당길 것이라 그의 장정들을 불쌍히 여기지 말며 그의 군대를 전멸시켜라 [4]무리가 갈대아 사람의 땅에서 죽임을 당하여 엎드러질 것이요 관통상을 당한 자가 거리에 있으리라 [5]이스라엘과 유다가 이스라엘의 거룩하신 이를 거역하므로 죄과가 땅에 가득하나 그의 하나님 만군의 여호와에게 버림 받은 홀아비는 아니니라 [6]바벨론 가운데서 도망하여 나와서 각기 생명을 구원하고 그의 죄악으로 말미암아 끊어짐을 보지 말지어다 이는 여호와의 보복의 때니 그에게 보복하시리라 [7]바벨론은 여호와의 손에 잡혀 있어 온 세계가 취하게 하는 금잔이라 뭇 민족이 그 포도주를 마심으로 미쳤도다 [8]바벨론이 갑자기 넘어져 파멸되니 이로 말미암아 울라 그 상처를 위하여 유향을 구하라 혹 나으리로다 [9]우리가 바벨론을 치료하려 하여도 낫지 아니한즉 버리고 각기 고향으로 돌아가자 그 화가 하늘에 미쳤고 궁창에 달하였음이로다 [10]여호와께서 우리 공의를 드러내셨으니 오라 시온에서 우리 하나님 여호와의 일을 선포하자

¹¹화살을 갈며 둥근 방패를 준비하라 여호와께서 메대 왕들의 마음을 부추기사 바벨론을 멸하기로 뜻하시나니 이는 여호와께서 보복하시는 것 곧 그의 성전을 위하여 보복하시는 것이라 ¹²바벨론 성벽을 향하여 깃발을 세우고 튼튼히 지키며 파수꾼을 세우며 복병을 매복시켜 방비하라 이는 여호와께서 바벨론 주민에 대하여 말씀하신 대로 계획하시고 행하심이로다 ¹³많은 물 가에 살면서 재물이 많은 자여 네 재물의 한계 곧 네 끝이 왔도다 ¹⁴만군의 여호와께서 자기의 목숨을 두고 맹세하시되 내가 진실로 사람을 메뚜기 같이 네게 가득하게 하리니 그들이 너를 향하여 환성을 높이리라 하시도다 ¹⁵여호와께서 그의 능력으로 땅을 지으셨고 그의 지혜로 세계를 세우셨고 그의 명철로 하늘들을 펴셨으며 ¹⁶그가 목소리를 내신즉 하늘에 많은 물이 생기나니 그는 땅 끝에서 구름이 오르게 하시며 비를 위하여 번개를 치게 하시며 그의 곳간에서 바람을 내시거늘 ¹⁷사람마다 어리석고 무식하도다 금장색마다 자기가 만든 신상으로 말미암아 수치를 당하나니 이는 그 부어 만든 우상은 거짓이요 그 속에 생기가 없음이라 ¹⁸그것들은 헛된 것이요 조롱 거리이니 징벌하시는 때에 멸망할 것이나 ¹⁹야곱의 분깃은 그와 같지 아니하시니 그는 만물을 지으신 분이요 이스라엘은 그의 소유인 지파라 그의 이름은 만군의 여호와시니라 ²⁰여호와께서 이르시되 너는 나의 철퇴 곧 무기라 나는 네가 나라들을 분쇄하며 네가 국가들을 멸하며 ²¹네가 말과 기마병을 분쇄하며 네가 병거와 병거대를 부수며 ²²네가 남자와 여자를 분쇄하며 네가 노년과 유년을 분쇄하며 네가 청년과 처녀를 분쇄하며 ²³네가 목자와 그 양 떼를 분쇄하며 네가 농부와 그 멍엣소를 분쇄하며 네가 도백과 태수들을 분쇄하도록 하리로다 ²⁴너희 눈 앞에서 그들이 시온에서 모든 악을 행한 대로 내가 바벨론과 갈대아 모든 주민에게 갚으리라 여호와의 말씀이니라 ²⁵여호와의 말씀이니라 온 세계를 멸하는 멸망의 산아 보라 나는 네 원수라 나의 손을 네 위에 펴서 너를 바위에서 굴리고 너로 불 탄 산이 되게 할 것이니 ²⁶사람이 네게서 집 모퉁잇돌이나 기촛돌을 취하지 아니할 것이요 너는 영원히 황무지가 될 것이니라 여호와의 말씀이니라 ²⁷땅에 깃발을 세우며 나라들 가운데에 나팔을 불어서 나라들을 동원시켜 그를 치며 아라랏과 민니와 아스그나스 나라를 불러 모아 그를 치며 사무관을 세우고 그를 치되 극성스런 메뚜기 같이 그 말들을 몰아오게 하라 ²⁸뭇 백성 곧 메대 사람의 왕들과 그 도백들과 그 모든 태수와 그 관할하는 모든 땅을 준비시켜 그를 치게 하라 ²⁹땅이 진동하며 소용돌이치나니 이는 여호와께서 바벨론을 쳐서 그 땅으로 황폐하여 주민이 없게 할 계획이 섰음이라 ³⁰바벨론의

용사는 싸움을 그치고 그들의 요새에 머무르나 기력이 쇠하여 여인 같이 되며 그들의 거처는 불타고 그 문빗장은 부러졌으며 [31]보발꾼은 보발꾼을 맞으려고 달리며 전령은 전령을 맞으려고 달려가 바벨론의 왕에게 전하기를 그 성읍 사방이 함락되었으며 [32]모든 나루는 빼앗겼으며 갈대밭이 불탔으며 군사들이 겁에 질렸더이다 하리라 [33]만군의 여호와 이스라엘의 하나님께서 이와 같이 말씀하시되 딸 바벨론은 때가 이른 타작 마당과 같은지라 멀지 않아 추수 때가 이르리라 하시도다 [34]바벨론의 느부갓네살 왕이 나를 먹으며 나를 멸하며 나를 빈 그릇이 되게 하며 큰 뱀 같이 나를 삼키며 나의 좋은 음식으로 그 배를 채우고 나를 쫓아내었으니 [35]내가 받은 폭행과 내 육체에 대한 학대가 바벨론에 돌아가기를 원한다고 시온 주민이 말할 것이요 내 피 흘린 죄가 갈대아 주민에게로 돌아가기를 원한다고 예루살렘이 말하리라 [36]그러므로 여호와께서 이와 같이 말씀하시되 보라 내가 네 송사를 듣고 너를 위하여 보복하여 그의 바다를 말리며 그의 샘을 말리리니 [37]바벨론이 돌무더기가 되어서 승냥이의 거처와 혐오의 대상과 탄식 거리가 되고 주민이 없으리라 [38]그들이 다 젊은 사자 같이 소리지르며 새끼 사자 같이 으르렁거리며 [39]열정이 일어날 때에 내가 연회를 베풀고 그들을 취하여 기뻐하다가 영원히 잠들어 깨지 못하게 하리라 여호와의 말씀이니라 [40]내가 그들을 끌어내려서 어린 양과 숫양과 숫염소가 도살장으로 가는 것 같게 하리라 [41]슬프다 세삭이 함락되었도다 온 세상의 칭찬 받는 성읍이 빼앗겼도다 슬프다 바벨론이 나라들 가운데에 황폐하였도다 [42]바다가 바벨론에 넘침이여 그 노도 소리가 그 땅을 뒤덮었도다 [43]그 성읍들은 황폐하여 마른 땅과 사막과 사람이 살지 않는 땅이 되었으니 그리로 지나가는 사람이 없도다 [44]내가 벨을 바벨론에서 벌하고 그가 삼킨 것을 그의 입에서 끌어내리니 민족들이 다시는 그에게로 몰려가지 아니하겠고 바벨론 성벽은 무너졌도다 [45]나의 백성아 너희는 그 중에서 나와 각기 여호와의 진노를 피하라 [46]너희 마음을 나약하게 말며 이 땅에서 들리는 소문으로 말미암아 두려워하지 말라 소문은 이 해에도 있겠고 저 해에도 있으리라 그 땅에는 강포함이 있어 다스리는 자가 다스리는 자를 서로 치리라 [47]그러므로 보라 날이 이르리니 내가 바벨론의 우상들을 벌할 것이라 그 온 땅이 치욕을 당하겠고 그 죽임 당할 자가 모두 그 가운데에 엎드러질 것이며 [48]하늘과 땅과 그 안에 있는 모든 것이 바벨론으로 말미암아 기뻐 노래하리니 이는 파멸시키는 자가 북쪽에서 그에게 옴이라 여호와의 말씀이니라 [49]바벨론이 이스라엘을 죽여 엎드러뜨림 같이 온 세상이 바벨론에서 죽임을 당하여 엎드러지리라 [50]칼을 피한 자들이여 멈추지 말고 걸어가라 먼 곳에서 여호와를 생각하며 예루살렘을 너희 마음에 두라 [51]외국인이 여호와의 거룩한 성전에 들어가므로 우리가 책망을 들으며 수치를 당하여 모욕이 우리 얼굴을 덮었느니라 [52]보라 날이 이르리니 내가 그 우상들을 벌할 것이라 부상자들이 그 땅에서 한숨을 지으리라 여호와의 말씀이니라 [53]가령 바벨론이 하늘까지 솟아오른다 하자 높은 곳에 있는 피난처를 요새로 삼더라도 멸망시킬 자가 내게로부터 그들에게 임하리라 여호와의 말씀이니라 [54]바벨론으로부터 부르짖는 소리가 들리도다 갈대아 사람의 땅에 큰 파멸의 소리가 들리도다 [55]이는 여호와께서 바벨론을 황폐하게 하사 그 큰 소리를 끊으심이로다 원수는 많은 물 같이 그 파도가 사나우며 그 물결은 요란한 소리를 내는도다 [56]곧 멸망시키는 자가 바벨론에 이르렀음이라 그 용사들이 사로잡히고 그들의 활이 꺾이도다 여호와는 보복의 하나님이시니 반드시 보응하시리로다 [57]만군의 여호와라 일컫는 왕이 이와 같이 말씀하시되 내가 그 고관들과 지혜 있는 자들과 도백들과 태수들과 용사들을 취하게 하리니 그들이 영원히 잠들어 깨어나지 못하리라 [58]만군의 여호와께서 이와 같이 말씀하시니라 바벨론의 성벽은 훼파되겠고 그 높은 문들은 불에 탈 것이며 백성들의 수고는 헛될 것이요 민족들의 수고는 불탈 것인즉 그들이 쇠잔하리라

이 방대한 예언의 구체적인 내용들은 여러 곳에 흩어져 있고 다른 것들과 뒤섞여 있으며 동일한 내용이 자주 반복되어 나오기 때문에 여러 주제들로 분류하여 나누는 것이 쉽지 않지만, 우리는 그 내용들을 몇 가지 표제들로 요약해 보려고 애써야 한다. 그러면 좀 더 자세하게 살펴보자.

I. 바벨론이 큰 영화(榮華)와 권세를 누렸다는 것과 하나님이 그의 섭리 가운데서 바벨론을 사용하셨다는 것(7절). 바벨론은 금잔, 즉 부유하고 영화로운 제국이었고 포도주를 담은 잔과 같이 온갖 좋은 것들로 가득 찬 황금성(사 14:4)이자 금 머리(단 2:38)였다. 아니, 그는 여호와의 손에 잡혀 있던 금잔이었었다. 그는 특별히 온갖 축복으로 은총을 입었었다. 그는 온 세상으로 하여금 이 잔으로 마시게 하였었다. 어떤 나라들은 그로 인해 쾌락에 취해 방탕에 빠졌고, 어떤 나라들은 그로 인해 두려움에 취해 멸망당하였다. 성경에서는 이 두 가지 의미에서 신약의 바벨론이 땅의 임금들을 취하게 하였다고 말한다(계 17:2; 18:3). 또한, 바벨론은 하나님의 철퇴였었다. 예레미야가 예언할 당시에 바벨론

은 철퇴였었고 그 후로도 그랬었다(20절). 바벨론의 군대는 하나님의 무기, 그의 손에 들린 도구였다. 하나님은 그것으로 나라들과 국가들을 분쇄하고 부수었는데, 국력을 상징하는 말과 기마병들(21절), 나라에 가득한 남자와 여자, 노년과 유년(22절), 나라를 지탱하게 해주는 목자와 그 양 떼, 농부와 그 멍엣소(23절)를 분쇄하고 부수었다. 하나님이 여러 나라들을 징계하기 위해 갈대아인들을 그의 진노의 도구로 사용하실 때, 그들은 여러 나라들을 이렇게 쑥대밭으로 만들었었다. 그렇지만 이제 바벨론이 당할 차례가 되었다. 오랫동안 자기 앞에 있는 모든 것을 밀어 버려 온 자들은 결국 제대로 된 상대를 만나서 그들도 똑같이 당하게 되리라는 것을 명심하라. 회초리로 사용된 막대기는 마지막에 불에 던져지게 되는 법이다. 다른 사람들을 심판하는 데에 도구로 사용되어 온 자들은 그들이 하나님의 심판을 면제받은 것으로 생각해서는 안 된다.

II. 하나님의 이스라엘이 바벨론에 대하여 제기하는 정당한 고소

1. 바벨론은 도저히 고칠 수 없을 정도로 악하다는 것(9절). 우리가 바벨론을 치료하려 하여도 낫지 아니한다. 바벨론 사람들 가운데서 포로로 잡혀 있던 하나님의 백성은 그들이 받은 지시대로(렘 10:11) 우상 숭배가 얼마나 어리석은 것인지를 그들에게 깨우쳐 주고자 애썼지만, 그들은 깨닫지를 못하고, 여전히 그들의 조각한 신상들에 빠져 있었다. 그래서 이스라엘 사람들은 그들을 포기하고 그들의 땅으로 돌아가기로 결심하였다. 어떤 이들은 이 본문을 바벨론 사람들이 고용한 용병들이 말한 내용으로 이해해서, 용병들은 바벨론을 멸망에서 구하기 위해 최선을 다했지만 아무 소용이 없었기 때문에 이제 각자의 나라와 고향으로 돌아가는 것이 좋겠다고 선언한 것이라고 본다. "바벨론의 화(禍)가 하늘에 미쳤으니, 그것을 막으려고 하거나 피하려도 해도 아무 소용이 없다."

2. 바벨론은 이스라엘에 대하여 뿌리깊은 악의를 지니고 있다는 것. 다른 나라들도 갈대아인들에 의해서 학대를 당하였지만, 오직 이스라엘만이 그것을 하나님께 하소연하고, 담대하게 하나님께 호소한다(34-35절). "바벨론의 왕이 나를 먹으며 나를 멸하고서도, 나에게 가한 파멸이 아직도 충분하지 않다고 생각하였다. 그가 나의 온갖 소중한 것들을 다 가져가서 나를 빈 그릇이 되게 하며, 작은 고기 떼를 삼키는 큰 뱀 같이 나를 삼키며, 나의 온갖 좋은 것들과 나의 좋은 음식으로 그 배를 채우고, 마음에 들지 않는 그릇을 내버리듯이 나를 쫓아내었다. 따라서 그들은 이 모든 일에 대하여 책임을 져야 한다." 시온과 예루살렘이 이

렇게 말할 것이다. "내가 받은 폭행과 내 육체요 내 분신인 내 자녀들에 대한 학대, 내 백성의 피를 물 같이 흘린 죄가 그들에게 돌아가기를 원한다. 그 죄책을 그들에게 돌리고, 그 죗값을 그들의 손에서 찾기를 원한다." 하나님의 백성에게 해악을 가한 죄를 범한 자들이 파멸될 날은 그리 멀지 않다는 것을 명심하라.

Ⅲ. 하늘과 땅의 의로우신 재판장이신 하나님이 이러한 고소를 근거로 이스라엘을 위하여 바벨론에 대하여 심판을 내림. 보좌에 앉으사 의롭게 심판하시는 하나님은 송사(訟事)를 들으시고 판결을 내리실 준비가 되어 있으시다(36절). "내가 네 억울함을 풀어 주리니 네 일을 내게 맡기라. 때가 되면, 내가 네 억울함을 풀어주고 너를 위하여 보복하여, 예루살렘의 피 한 방울까지도 이자를 붙여서 받아내리라." 이스라엘과 유다는 버려지고 잊혀진 것으로 보였지만, 하나님은 그들을 계속해서 주시하고 계셨다(5절). 그들의 땅이 이스라엘의 거룩하신 이를 거역한 죄로 가득하였다는 것은 사실이다. 그들은 하나님의 진노를 돋구는 백성이었고, 그들의 찬송은 거룩하신 하나님, 그들의 하나님, 그들의 거룩하신 이이신 하나님을 크게 노엽게 하는 것이었다. 그러므로 하나님께서 그들을 그들의 원수들의 손에 넘기신 것은 의로운 일이었고, 그들을 내버려 두셔서 스스로 자멸하게 하신 것은 의로운 일이었다. 그러나 하나님은 그들이 받아야 마땅한 대우를 따라서 그들을 대하지 않으시고 긍휼을 베푸셔서, 그들의 죄악과 못된 짓들에도 불구하고 이스라엘을 버리지 아니하셨다. 하나님은 그들을 쫓아내셨지만 완전히 내치지는 않으셨고, 그들의 하나님, 만군의 여호와께서는 그들을 자기 백성으로 인정하시고 돌보아 주셨다. 하나님은 여전히 그들의 하나님이시고, 만군의 여호와, 권능의 하나님으로서 그들을 위하여 행하시고자 하신다. 하나님의 백성은 그의 율법을 깨뜨리고 그의 책망 가운데 있었지만, 그렇다고 해서 언약 관계 밖으로 내쳐진 것은 아니었다는 것을 명심하라. 그들에 대한 하나님의 돌보심과 사랑은 다시 싹이 날 것이다(시 89:30-33). 갈대아인들은 그들이 하나님의 이스라엘에게 자행한 온갖 것들에 대하여 결코 책임질 일이 없을 것이라고 생각하였다. 그러나 여호와의 보복의 때가 정해져 있다(6절). 우리는 그 때가 정해진 때보다 일찍 올 것이라고 기대할 수는 없지만, 그 때는 반드시 올 것이다. 하나님은 **바벨론**에게 보복하실 것이다. 왜냐하면, 이스라엘의 원수를 갚는 것이 곧 그들을 지지해 주고 계시는 여호와의 원수를 갚는 것이

되기 때문이다. 그것은 그의 성전을 위하여 보복하시는 것이다(11절; 렘 50:28). 여호와는 보복의 하나님이시니 반드시 보응하시리라(56절). 하나님은 그들이 시온에서 모든 악을 행한 대로 반드시 바벨론에게 그대로 갚아주실 것이다(24절). 하나님은 자기 백성의 눈 앞에서 되갚아 주실 것이다. 그들은 하나님께서 열심으로 그들의 억울함을 풀어 주시는 것을 보고서 만족하게 될 것이다. 그들은 살아서 바벨론에 내려지는 이 심판을 보게 될 뿐만 아니라, 그 심판이 그들(바벨론)이 시온에 대해 저지른 모든 악에 대한 징벌이라는 것을 분명하게 알게 될 것이다. 그것을 보는 자마다 땅에는 심판하시는 하나님이 계시다고 말하게 될 것이다. 바벨론이 이스라엘을 죽여 엎드러뜨리되, 무기를 든 자들만이 아니라 모든 백성을 무차별적으로 죽여서 온 땅을 멸한 것 같이, 성읍의 주민들만이 아니라 그들의 온 땅의 주민들이 바벨론에서 죽임을 당하여 엎드러질 것이다(49절). 고레스는 갈대아인들에게 그들이 유대인들에게 행한 그대로 갚아줄 것이기 때문에, 그것을 보는 모든 자들은 갈대아인들이 하나님의 백성에게 행한 모든 악을 인하여 고스란히 그대로 벌을 받고 있다는 것을 삼척동자도 알 것이다. 그러나 시온의 자녀들은 특히 그 일을 기뻐할 것이다(10절). 여호와께서 우리의 의를 드러내셨다. 하나님께서 우리를 위하여 나타나셔서 우리에게 불의를 행한 자들을 징벌하셨고 우리를 원래대로 회복시키셨다. 또한, 하나님은 그가 우리와 화해하셨다는 것과 우리가 그 앞에서 여전히 의로운 민족이라는 것을 나타내 보이셨다. 그러므로 우리는 이 일로 하나님을 찬송하는 것이 마땅하다. 오라, 다른 사람들도 우리에게 동참하여 하나님을 찬송할 수 있도록, 우리가 시온에서 우리 하나님 여호와의 일을 선포하자.

IV. 시온의 억울함을 풀어 주시고, 이 교만하고 강한 적을 벌하시는 하나님의 크심과 주권(14절). 만군의 여호와께서 자기의 목숨을 두고 맹세하시되(그에게는 자기보다 더 큰 자가 없기 때문에) 내가 바벨론을 헤아릴 수 없이 많은 적들로 채우고 사람을 메뚜기 같이 가득하게 하여 너를 수로 압도하리니 단지 그들이 너를 향하여 환성을 높이기만 해도 바벨론의 모든 주민들이 두려워하여 싸울 기운을 잃어버리고 무수한 적군의 손쉬운 먹잇감이 되어 버리리라고 하시도다. 그렇다면, 바벨론 같은 막강한 나라를 깨부술 수 있는 자는 누구이며 어디에 있단 말인가? 선지자는 자기가 이전에 그에 대하여 묘사한 것에 의거하여 그가 누구인지를 설명하고, 그가 모든 대적들에 대하여 승리를 거두고 모든 왕들 중의 왕으로 등극하게 될 것을 설명한다(렘 10:12-16). 선지자가 이전에 그를 묘사한 글은 바벨론의 우상 숭배자들의 어리석음을 깨우치고 하나님의 이스라엘이 이스라엘의 하나님을 믿고 예배하는 것이 옳음을 확인해 주기 위한 것이었다. 선지자가 그것을 여기에서 반복하고 있는 것은, 하나님께서 그가 만유를 다스리시는 하나님이신 것을 그의 말씀을 통하여 깨닫지 못한 자들을 그의 심판을 통하여 깨닫게 해주시리라는 것을 보여주기 위한 것이다. 바벨론을 멸망시키기로 작정하신 하나님은 그의 말씀을 이루실 수 있으시다는 것을 그 누구도 의심해서는 안 되는 이유는 다음과 같다.

1. 하나님은 세상을 지으신 분이기 때문에(15절) 그에게 하기 어려운 일이란 아무것도 없다. 우리의 도우심은 그의 이름에 있고, 우리의 소망은 그분 위에 지어져 있다.

2. 하나님은 그가 지으신 모든 피조물들을 다스리신다(16절). 그의 섭리는 지속적인 창조 사역이다. 그는 **바람과 비**를 마음대로 부리신다. 그가 말씀 한 마디로 하늘에는 많은 물이 생기게 하시고(그 물이 거기에 걸려 있는 것은 기적이다), 땅 끝에서 구름(또는, 수증기)이 오르게 하신다(수증기가 땅에서 올라가는 것은 기적이다). 번개와 비는 불과 물처럼 서로 상극인 것처럼 보이지만, 서로 합작하여 일을 해낸다. 바람은 자기 마음대로 불어 오는 것 같고, 우리가 그 소리는 들어도 어디서 와서 어디로 가는지 알지 못하지만, 우리는 바람이 하나님의 곳간에서 나온다는 것을 확신한다.

3. 하나님의 말씀이 성취되는 것에 대항하는 우상들은 단지 가짜일 뿐이고, 그 숭배자들은 어리석고 무식한 자들이다(17-18절). 우상들은 거짓이고 헛된 것이며 잘못 만들어진 것이다. 하나님이 오셔서 살피시고 벌하실 때에 그것들은 멸망할 것이다. 즉, 우상들의 명성은 땅에 떨어지고, 아무것도 아니라는 것이 드러날 것이다. 그것들을 만드는 자들도 그것들과 같이 될 것이다. 그러나 이스라엘의 하나님과 이방의 신들은 비교하는 것 자체가 불가능하다(19절). 야곱의 분깃은 그와 같지 아니하다. 이것을 말씀하시고 행하시는 하나님은 만물을 지으신 분이요 만군의 여호와이시다. 그러므로 그는 그가 하고자 하는 것을 하실 수 있으시다. 하나님과 그의 백성의 관계는 아주 가깝다. 왜냐하면, 그는 그들의 분깃이시고, 그들은 그의 분깃이기 때문이다. 그들은 그를 그들의 분깃으로서 신뢰하고, 그는 그들을 그의 소유인 지파로서 흡족해 하시고 특별히 돌보신다.

그러므로 그는 그들에게 가장 좋은 일들을 행하실 것이다. 앞에서 나왔던 이런 것들을 여기에서 다시 반복하고 있다는 것은 이런 것들이 확실하고 중요하다는 것을 보여주는 것이기 때문에, 우리는 이런 것들을 특별히 주목하지 않으면 안 된다. 하나님이 한두 번 하신 말씀을 내가 들었나니 권능은 하나님께 속하였다 하셨도다(시 62:11). 교회의 가장 두려운 원수들을 멸하시는 권능은 하나님께 있다. 하나님께서 이렇게 한 번도 아니고 두 번씩이나 말씀하시는데도, 우리가 그것을 깨닫지 못하고 귀를 기울이지 않는다면, 우리에게는 변명의 여지가 없다.

V. 하나님이 이 일을 위해 쓰시는 도구들. 하나님은 메대 왕들의 마음을 부추기셨다(11절). 다리우스와 고레스는 하나님이 주신 직감에 따라 바벨론을 치러 올 것이다. 왜냐하면, 여호와께서 바벨론을 멸하기로 뜻하셨기 때문이다. 그 일을 행하는 자는 그들이지만, 그 일을 작정하시고 계획하신 분은 하나님이시다. 그들은 단지 그의 뜻을 성취하고, 그가 지시하시는 대로 움직일 뿐이다. 하나님의 모략은 서고, 모든 사람들의 마음은 그 모략에 따라 움직이리라는 것을 명심하라. 하나님이 바벨론을 치기 위해 쓰실 자들은 멸망시키는 바람에 비유된다(1절). 이 바람은 그 냉기로 땅의 과일들을 망쳐 놓거나 그 거센 바람으로 그 앞에 있는 모든 것을 날려 버릴 것이다. 이 바람은 하나님이 그의 곳간에서 내시는데(16절), 여기에서는 하나님이 갈대아인들 가운데에 사는 자, 즉 그들 가운데 거주하면서 그들과 동화된 여러 민족의 사람들을 치기 위해 일으키시는 것으로 묘사된다. 갈대아인들이 우상들 앞에 엎드려 경배한 것은 하나님을 대적하여 일어난 것이기 때문에, 하나님은 그들을 치러 멸망시키는 자들을 일으키실 것이다. 하나님과 다투는 자들에게 하나님은 도저히 당해낼 수 없는 버거운 상대가 될 것이다. 바벨론을 칠 이 적군은 키질하는 자들에 비유되는데(2절), 그들은 마치 키질을 해서 겨를 날려 버리듯이 그들을 날려 버릴 것이다. 갈대아인들은 하나님의 백성을 키로 까불러 멸망시키고 흩어 버린 자들이었지만(렘 15:7), 이제 그들 자신이 똑같은 방식으로 멸망을 당하여 흩어지게 될 것이다.

VI. 그들에게 모든 것을 멸하고 황폐화시키라는 포괄적인 사명이 주어짐. 그들은 갈대아인들의 궁수들을 향하여 그들의 활을 당기고(3절) 그의 장정들을 불쌍히 여기지 말며 그의 군대를 전멸시켜야 한다. 왜냐하면, 그것은 여호와께서 바벨론 주민에 대하여 말씀하신 대로 계획하시고 행하시는 것이기 때문이다(12절). 그렇기 때문에 그가 사용하시는 도구들은 그들이 하는 일이 성공하리라는 것을 확신하고서 더욱 힘이 날 것이다. 그들이 취하는 방법들은 하나님께서 계획하신 것들이기 때문에 반드시 성공할 것이다. 그가 말씀하신 것은 반드시 이루어질 것이다. 왜냐하면, 하나님이 친히 그 일을 하실 것이기 때문이다. 그러므로 그들은 모든 필요한 준비들을 하여야 한다. 그들은 이 일로 부르심을 받았다(27-28절). 군사들이 이 원정을 위하여 모여들 수 있도록 깃발을 세우라. 군사들을 한데 모으고 그들에게 사기를 북돋워 주기 위해서 나팔을 불어라. 고레스의 군대에 군사들을 보낼 나라들은 출정을 준비하라. 브루기아와 비두니아 근방에 있는 아르메니아의 북부와 남부, 그리고 아스카니아에 위치한 아라랏과 민니와 아스그나스 왕국들은 이 원정을 위해 그들에게 배정된 수만큼의 군사들을 보내라. 장수들을 세우고, 기병대로 진군하게 하라. 말들로 하여금 메뚜기 떼처럼 무수하게 올라오게 하고, 메뚜기 떼처럼 골짜기로 몰려오게 하라. 그들로 온 땅을 극성스런 메뚜기처럼 황폐하게 하라(욜 1:4). 왕들과 도백(道伯)들은 나라들을 바벨론을 치기 위한 전시 체제로 바꾸어라. 왜냐하면, 이 일은 대단한 일이어서 많은 손길이 필요하기 때문이다.

Ⅶ. 갈대아인들은 약해서 이 위협적이고 파괴적인 적을 상대할 수 없다는 것. 하나님께서 다른 나라들을 치기 위하여 갈대아인들을 사용하셨을 때에 그들은 사기가 충천하고 힘이 넘쳐서 놀라운 기세로 공격하여 연전연승하며 정복하고 또 정복하였다. 그러나 이제 그들이 벌을 받을 차례가 되자, 그들이 지니고 있었던 그 대단한 힘과 용기는 다 사라졌고, 그들의 사기는 땅에 떨어져서, 그들 중에는 적을 제대로 방어해 낼 만한 자가 아무도 없었다. 하나님은 그들에게 적군을 방어할 태세를 갖추라고 촉구하고 계시지만, 사실 이것은 반어법적인 것으로서 그들을 조롱하는 것이다(11절). 오랫동안 쓰지 않아서 녹이 슨 화살을 갈며, 태평한 세월이 길다 보니 제자리에 정돈되지 못하고 여기저기 흩어져 있는 둥근 방패를 준비하라. 이 어머니 성을 지킬 의무가 있는 모든 자들에게 비상 사태를 알려서 그들이 달려올 수 있도록 바벨론 성벽, 곧 성벽의 망루들 위에 깃발을 세우라(12절). 경계를 최대로 강화하여 튼튼히 지키고, 파수꾼들을 제자리에 세우며, 적군이 오는 것을 대비하여 매복을 준비하라. 이것은 이렇게 일깨워 줄 필요가 있을 정도로 그들이 너무도 안일하고 경계를 태만히 하고 있었음을 보여주는 것임과 동시에(그들은 사실 바벨론 성이 함락될 때에 한창 주연을 베풀고 있었다), 그들의 모든 준비와 방비(防備)가 아무 소용이 없

을 것임을 보여주는 것이다. 누가 그들에게 그런 것들을 준비하라고 아무리 부르고 외쳐도, 그 부름에 선뜻 나설 자가 아무도 없을 것이었다(29절). 바벨론 제국의 온 땅이 진동하며 소용돌이치나니, 사람들은 모두 경악할 것이다. 왜냐하면, 그들은 그들을 대적하시는 하나님의 저항할 수 없는 팔을 보고, 그의 뒤집을 수 없는 모략과 작정하심을 볼 것이기 때문이다. 그들은 하나님이 **바벨론을** 황폐하게 만들고 계시고, 그렇게 하심으로써 그가 목적하신 바를 이루고 계시다는 것을 알게 될 것이다. 그 때에 **바벨론의 용사는** 싸움을 그칠 것이다(30절). 하나님께서 그들의 힘과 사기를 빼앗아 버리실 것이기 때문에, 그들의 마음과 손의 힘이 다 풀려서, 그들은 앞으로 나설 생각을 하지 못하고 그들의 요새에 머물러 틀어박혀 있게 될 것이다. 그들은 여인 같이 소심하게 되어 버릴 것이기 때문에, 적군은 어떤 저항도 받지 않은 채 그들의 거처를 불태우고 그 문빗장을 부술 것이다. 이것과 동일한 취지의 말씀이 56-58절에도 나온다. 약탈자가 바벨론을 쳐들어올 때, 그와 맞서 싸워야 할 그들의 용사들은 즉시 사로잡힐 것이고, 그들의 전쟁 무기들은 무용지물이 되며, 그들의 활은 모두 꺾여서 그들에게 아무런 소용도 없게 될 것이다. 그들의 전술도 통하지 않을 것이다. 전쟁 회의가 소집되어도, 머리를 맞대고 살 길을 궁리해 내야 할 그들의 고관들과 군지휘관들은 술에 취한 자들과 같을 것이다. 즉, 그들은 어떻게 할지 몰라서 또는 절망해서 술에 취한 자들처럼 될 것이다. 그들은 사태를 정확히 파악하는 일조차 할 수 없을 것이다. 그들은 어떻게 전략을 짜야 할지 오락가락하며 갈피를 잡지 못할 것이고, 서로 의견이 충돌하여 마치 술 취한 자들처럼 그들끼리 서로 싸우게 될 것이다. 마침내 그들은 영원히 잠들어서 하나님의 진노의 포도주에서 결코 깨어나지 못할 것이다. 왜냐하면, 그것은 그들을 치명적인 혼수 상태에 빠지게 만들 마취제가 될 것이기 때문이다. **바벨론의 성벽도** 그들에게 소용이 없을 것이다(58절). 적군이 건너올 수 없다고 생각되었던 유브라데 강을 건넜을 때에 그들은 바벨론의 성벽들만은 난공불락이라고 생각했을 것이다. 그들의 성벽들은 **바벨론의 넓은 성벽들** 또는 **넓은 바벨론의 성벽들**(난외주에서는 이렇게 읽는다)이었다. 성벽 내에 있는 성의 둘레는 385펄롱(약 48마일)이었다(어떤 이들은 480펄롱, 즉 대략 60마일이었다고 말한다). 성벽은 높이가 200규빗, 너비가 50규빗이나 되어서, 두 대의 병거가 나란히 넉넉하게 통과할 수 있었다. 어떤 이들은 삼중의 성벽이 내성(內城)을 둘러싸고 있었고 외성(外

城) 주위에도 삼중의 성벽이 있었으며, 성벽의 돌들은 진흙이 아니라 역청으로 쌓여져 있어서(창 11:3) 거의 떼어낼 수 없었다고 말한다. 그렇지만 이러한 성벽들도 완전히 훼파될 것이고, 그 높은 문들과 망대들은 불에 탈 것이며, 성의 방어를 위해 사용된 백성들의 수고는 헛될 것이다. 그들은 거의 탈진 상태가 될 정도로 열심히 방어해 내고자 하겠지만, 아무 소용이 없을 것이다.

Ⅷ. 이 침략자들이 바벨론을 멸망시키리라는 것.

1. 그것은 확실한 멸망이 될 것이다. 이미 판결은 났고 돌이킬 수 없다. 그 누구도 거역할 수 없는 하나님의 권능이 바벨론을 멸망시키기 위해 동원되고 있다(8절). 바벨론이 갑자기 넘어져 파멸되었다. 그 멸망은 너무도 확실한 일이었기 때문에, 여기에서 이미 이루어진 일로 묘사된다. 하지만 예레미야가 이것을 예언한 후에도 오랫동안 바벨론은 전성기를 구가하며 그 강성한 국력을 뽐냈다. 하나님은 바벨론을 대적하시겠다고 선언하신다(25절). 보라 나는 네 원수라. 하나님이 대적하시는 자들은 오래 갈 수 없다. 하나님은 그의 손을 바벨론의 위에 펴실 것이다. 그 어떤 피조물도 하나님의 손의 무게 아래에서 버틸 수 없고, 그 손의 힘을 견뎌낼 수 없다. 바벨론을 황폐하게 해야 한다는 것이 하나님의 뜻이고, 이 뜻은 반드시 실행될 것이다(29절).

2. 그것은 의(義)를 이루는 멸망이 될 것이다. 바벨론은 멸망을 스스로 자초하였기 때문에 반드시 멸망을 맞을 수밖에 없다. 왜냐하면, 바벨론은 온 세계를 멸하는 멸망의 산, 산처럼 아주 높고 거대한 나라였기 때문이다. 높은 산에서 굴러온 돌들이 주변의 땅들을 망쳐 놓듯이, 바벨론이 그랬다. 그러나 이제 하나님은 바벨론의 토대였던 바위에서 그를 굴려 버리실 것이고, 바벨론은 그 영화와 권세가 다 부서져서 평평하게 될 것이다. 바벨론은 지금 에트나 화산처럼 불타는 산, 즉 불을 내뿜어서 주변의 모든 자들을 두렵게 만드는 존재이지만, 머지않아 불 탄 산이 되어 버릴 것이다. 바벨론은 결국 완전히 불타서 잿더미로 변하게 될 것이다. 마찬가지로, 이 세상도 종말에는 그렇게 될 것이다. "바벨론은 타작 마당과 같아서, 그들은 하나님의 백성을 곡식단으로 삼아서 오랫동안 타작을 해왔었다. 그러나 이제 바벨론이 곡식단이 되어 타작을 당할 때가 왔다. 그 고관들과 큰 자들, 그 모든 주민들은 그들의 땅을 타작 마당으로 삼아서 타작을 당하듯 두들겨 맞게 될 것이다. 타작 마당은 준비되었다. 바벨론은 죄로 말미암아 전쟁터가 되기에 적합한 곳이 되었고, 그 백성들은 수확기의 곡식

처럼 멸망을 당할 때가 무르익었다(계 14:15; 미 4:12)."

3. 그것은 피할 수 없는 멸망이 될 것이다. 바벨론은 방비와 요새화가 잘 되어 있어서 멸망을 막아낼 수 있을 것처럼 보였다. 바벨론은 많은 물 위에 살고 있다(13절). 바벨론은 강들로 둘러싸여 있어서 적군의 진격이 아주 어렵게 되어 있었기 때문에 도저히 접근할 수 없는 곳으로 여겨졌다. 이것을 빗대어서, 신약의 바벨론은 많은 물 위에 앉아 있다고 표현된다. 즉, 바벨론은 옛적의 바벨론이 그랬듯이 많은 나라들을 지배하고 있다는 것이다(계 17:15). 바벨론은 재물이 많았다. 그렇지만 "네 끝이 왔고, 네 물이나 네 재물은 그 어느 것도 너를 안전하게 지켜주지 못할 것이다." 네게 닥칠 이 끝은 네 탐욕의 한계가 될 것이다. 너는 네 야심과 욕심을 끝없이 채우고자 하지만, 결국에는 끝이 올 것이고, 네가 너를 확장하는 것은 거기에서 끝날 것이다. 하나님은 바벨론을 멸망시키심으로써 그 오만한 파도를 향하여 네가 여기까지 오고 더 넘어가지 못하리라고 말씀하셨다. 사람들이 지혜와 은혜로 자신의 탐욕에 한계를 정하고자 하지 않는다면, 하나님은 그의 심판을 통해서 그 한계를 정해 주시리라는 것을 명심하라. 바벨론은 자기가 아주 안전하고 아주 크다고 생각하여 지극히 교만하였다. 그러나 그는 스스로 속을 것이다(53절). 가령 바벨론이 성벽과 궁궐을 높이 쌓아서 하늘까지 솟아오르고, 높은 것은 흔들거리기 쉽기 때문에 높은 곳에 있는 피난처를 요새로 만들더라도, 모든 것이 소용이 없을 것이다. 하나님은 약탈자들을 보내서 그를 치게 하실 것이고, 그 약탈자들은 그의 요새를 뚫어 버릴 것이고 그의 높은 성벽을 무너뜨릴 것이다.

4. 그것은 점진적인 멸망이 될 것이다. 그들은 마음만 먹었다면 얼마든지 자신의 멸망을 미리 내다보고 경고를 받을 수 있었다. 왜냐하면, 고레스가 전쟁을 위해서 대대적으로 준비한다는 소문은 이 해에도 있겠고, 그가 바벨론을 노리고 차근차근 준비를 하고 있다는 소문이 저 해에도 있을 것이어서(46절), 그가 전쟁 준비를 하고 있는 동안에 그들은 얼마든지 평화 주약을 맺기 위해 사절을 보내 협상할 수 있었을 것이기 때문이다. 그러나 그들은 너무나 교만해져 있어서 그렇게 할 생각을 하지 않았고, 그들의 마음은 멸망을 향하여 굳어져 있었다.

5. 그것은 갑작스러운 멸망이 될 것이다. 이 멸망은 천천히 준비되겠지만, 기습적인 공격으로 순식간에 멸망이 바벨론에 임하게 될 것이다. **바벨론이 갑**

자기 넘어졌다(8절). 신약의 **바벨론**이 한 시간에 망한 것처럼(계 18:17), 그들이 생각도 못하고 있을 때에 멸망이 그들에게 임하여 순식간에 이루어졌다. 적군의 진군을 주시하고 있었어야 할 바벨론의 왕은 적의 공격이 개시된 곳에서 아주 멀리 떨어져 있어서, 각 성들이 함락된 것을 한참 후에야 알았다. 보발꾼과 전령들은 자기 지역의 성이 함락되었다는 사실을 바벨론의 왕에게 알리기 위해서 여러 곳으로부터 와서 왕궁을 연이어 부리나케 들락날락 하였다(31절). 정복자들의 진격을 가로막을 것은 아무것도 없었기 때문에, 이 성이 함락되었나 싶으면 이미 저 성을 함락시키고 있었다. 전령들은 적군이 강가의 모든 나루들을 장악하였고(32절), 강을 장악하고나서 성(城)에 겁을 주기 위해서 강변의 갈대밭에 불을 놓았기 때문에, 군사들이 겁에 질려서 무기를 버리고 무조건 항복하였다고 왕에게 전하였다. 전령들은 욥의 경우처럼 연이어서 달려와 이 소식을 전하였고, 얼마 안 있어서 적군은 이미 왕궁에 침투하여 왕을 죽였다(단 5:30). 바벨론 성이 함락되던 바로 그 시각에 그들이 흥청망청 흥겹게 주연(酒筵)를 벌이고 있었다는 사실은 그들이 이상할 정도로 방심하고 있었다는 것을 보여주는 증거로서 적군에게는 큰 이점이 되었는데, 38-39절은 바로 이것을 말하고 있는 것으로 보인다. 사람들이 술자리에서 술에 거나하게 취하면 그러는 것처럼, 그들이 다 젊은 사자 같이 소리지를 것이다. 그들은 그것을 노래하는 것이라고 말하지만, 성경의 표현 또는 건전한 사람들의 표현을 빌리면 그것은 새끼 사자 같이 으르렁거리는 것이다. 그들이 이렇게 브라보를 외치며 술을 마시고 있는 모습은 고레스와 그의 군대를 당황하게 만들었을 것이다. 그렇다. 하나님은 그들이 독주에 취해 머리가 뜨거워지고 열이 올라올 때에(사 5:11) 내가 연회를 베풀고 그들에게 정해진 몫을 주시겠다고 말씀하신다. 그들 가운데서 술잔이 한 순배 돌았다. 이제 여호와의 오른손의 잔, 분노의 잔이 그들에게로 돌아올 것이고(합 2:15-16), 그 잔은 그들을 취하게 하여 기뻐하다가(아니, 흥청거리며 즐기다가) 영원히 잠들어 깨지 못하게 할 것이다. 그들로 하여금 저 쓴 잔을 마시며 마음껏 즐기게 하라. 그러나 그 잔을 마신 그들은 영원히 잠들어 다시 깨어나지 못하게 될 것이다(57절). 그들이 한창 술이 올라 떠들며 흥청거리던 바로 그 밤에 **벨사살**이 죽임을 당하였다.

6. 그것은 총체적인 멸망이 될 것이다. 하나님은 철저하게 멸망시키실 것이다. 왜냐하면, 하나님은 그가 목적하신 일을 반드시 행하시고, 한번 시작하신

일은 끝까지 이루시기 때문이다. 무수한 사람들이 갈대아 사람의 땅에서 죽임을 당하여 엎드러질 것이다. 무수한 사람들이 바벨론의 거리들에서 관통상을 당할 것이다(4절). 그들은 도살장으로 가는 어린 양 같이 끌어내려져서 추풍낙엽처럼 무수히 죽어갈 것이고(40절), 적들은 도살자가 어린 양들을 죽이듯이 그들을 죽일 것이다. 적군이 그들을 공격해 오는 기세는 여기에서 바다가 범람하는 것에 비유된다(42절). 바다는 한번 넘치면 막을 방도가 없는 법인데, 바다가 바벨론에 넘쳐서 노도 소리(즉, 무수한 적군)가 그 땅을 뒤덮었다. 그 때에 그 성읍들은 황폐하여 사람도 살지 않고 경작도 되지 않는 버려진 땅이 될 것이다(43절).

7. 그것은 바벨론의 신들, 그 우상들과 신상들에 미칠 멸망이 될 것이다. 이 멸망은 그 우상들에게 특히 무겁게 임할 것이다. "그 온 땅이 치욕을 당하고 그 죽임 당할 자가 모두 그 가운데에 엎드러지며 그 온 땅에서 부상자들이 한숨을 지을 것임을 보여주기 위하여 내가 바벨론의 우상들을 벌할 것이라(47, 52절). 그들의 우상들이 파괴된다면, 그들은 모두 죽을 수밖에 없다. 왜냐하면, 그들을 보호해 줄 것이라고 기대하였던 우상들이 사라져 버렸기 때문이다. 침략자들은 그들 자신도 우상을 숭배하는 자들이지만 바벨론의 신들의 신상들과 신전들을 파괴할 것인데, 이것은 모든 가짜 신들이 폐하여지리라는 것을 보여주는 전조(前兆)이다. 벨은 바벨론 사람들이 숭배하였던 주신(主神)이었기 때문에, 하나님은 그 우상이 파괴될 것임을 그 이름을 거론하며 말씀하신다(44절). 많은 것을 집어삼키는 저 우상, 바벨론 사람들이 갖다 바치는 엄청난 제물과 그들이 봉헌하는 무수한 노략물들을 받는 저 우상, 많은 사람들이 그토록 뻔질나게 드나드는 신전의 주인인 저 우상인 벨을 내가 벌할 것이다. 벨은 그가 그토록 게걸스럽게 집어삼켰던 것들을 다 토해내게 될 것이다. 하나님은 벨의 신전에서 거기에 쌓여진 모든 보화들을 다 끌어내실 것이다(욥 20:15). 벨의 제단은 버려질 것이고, 아무도 더 이상 벨을 쳐다보지 않을 것이다. 이렇게 바벨론의 성벽이 되어 줄 것이라고 생각되었던 저 우상은 무너져서 그들을 실망시킬 것이다.

8. 그것은 최종적인 멸망이 될 것이다. 그들이 그 상처를 위하여 유향을 구하여도 아무 소용이 없을 것이다. 하나님의 말씀으로 낫고자 하지 않은 그는 그의 섭리를 통해서도 낫지 못할 것이다(8-9절). 바벨론은 돌무더기가 될 것이고(37절), 사람들이 바벨론의 폐허에서 나온 것들은 흉하다고 여겨서 아무것도 사용

하지 않으려 함으로써 바벨론의 오명(汚名)은 더욱 가중될 것이다(26절). 사람이 네게서 집 모퉁잇돌이나 기촛돌을 취하지 아니할 것이다. 사람들은 바벨론이나 거기에 속한 것과는 아예 상관하고자 하지 않을 것이다. 또는, 이것은 바벨론을 다시 하나의 왕국으로 일으켜 세울 시도를 할 만한 그 어떤 토대가 될 수 있는 것이 하나도 남아 있지 않으리라는 것을 의미할 수도 있다. 왜냐하면, 바벨론은 영원히 황무지가 될 것이기 때문이다. 히에로니무스(Jerome)는 그가 살던 당시에 바벨론의 성벽의 잔해들은 여전히 볼 수 있기는 하였지만 그 성벽으로 둘러싸인 땅은 야생 짐승들이 사는 수풀이 되어 있었다고 말한다.

IX. 하나님의 백성에게 바벨론에서 나오라고 부르심. 멸망의 날이 다가오고 있을 때에 그 성을 버리고 농촌으로 물러가는 것이 그들의 지혜가 될 것이다(6절). "바벨론 가운데서 도망하여 나와서 한적한 곳으로 가라. 그것이 그 성의 죄악 가운데서 네가 죽지 않고 목숨을 구하는 길이다." 하나님의 심판이 널리 행해질 때에는 이스라엘 백성이 고라의 장막에서 멀리 피하였듯이 그 심판의 목표물이 된 자들로부터 멀리 떨어져 있는 것이 상책이다. 이것은 그리스도께서 예루살렘의 멸망과 관련해서 그의 제자들에게 주신 조언과 일치한다. 그 때에 유대에 있는 자들은 산으로 도망할지어다(마 24:16). 그들은 바벨론의 멸망이 아니라 하나님의 진노에 휘말려들지 않도록 하기 위해서 그 중에서 나와 그 진노를 피하는 것이 지혜로운 일이다(45-46절). 너희 마음을 나약하게 말며 이 땅에서 들리는 소문으로 말미암아 두려워하지 않기 위해서 너희는 거기에서 나와야 한다. 하나님은 그들에게 고레스가 그들의 구원자가 될 것이고 바벨론의 멸망이 그들의 구원이 될 것이라고 말씀하셨지만, 또한 그 성읍이 평안함으로 너희도 평안할 것이라는 말씀도 하셨기 때문에, 바벨론에 전쟁 소식이 들리면 그들은 그러한 두려움들을 억누를 수 있을 만한 믿음과 분별력을 지니고 있지 않아서 겁을 집어먹을 수도 있을 것이어서, 그들에게 그런 전쟁의 소식이 들리지 않는 곳으로 가라고 조언하시는 것이다. 시험을 받을 때에 평정을 유지하기에 충분한 은혜를 지니지 않은 자들은 아예 처음부터 시험을 받을 수 있는 상황에서 벗어나 있는 것이 지혜로운 일임을 명심하라. 그러나 이것이 전부가 아니었다. 바벨론의 멸망이 다가올 때에 그 성을 떠나는 것이 그들의 지혜라면, 그 멸망이 이루어져서 그들이 갇혀 있던 감옥이 무너져 자유의 몸이 될 때에 그 땅을 떠나는 것은 그들의 의무이다. 그들은 바로 그런 말씀을 듣는다(50-51절). "너희의 압제자인 갈대아인들과 그들을 멸망시키러 온 바사인들의 칼을 피한 자들이여, 이제 희년이 찾아 왔으니 멈추지 말고 걸어가라. 너희가 바벨론에서 아무리 편안하게 자리를 잡고 살아 왔더라도, 너희의 땅으로 다시 서둘러 가라. 왜냐하면, 너희가 쉴 곳은 이 곳이 아니라 가나안이기 때문이다."

1. 하나님은 그들에게 그들의 땅으로 돌아가야 하는 이유들을 상기시키신다. "너희는 너희의 조국 땅에서 멀리 떨어져 여기에 있지만, 먼 곳에서 여호와를 생각하며 그가 지금 너희와 함께 계심을 생각하라. 너희가 성전의 폐허로부터 멀리 떨어져 있지만, 여호와께서 전에 성전에서 너희 조상들과 함께 계셨다는 것을 생각하라." 가장 깊은 물 속에 있든 가장 멀리 떨어져 있든 우리가 어디에 있든, 우리는 우리 하나님 여호와를 기억할 수 있고, 또한 기억하여야 한다는 것을 명심하라. 가장 큰 두려움과 소망이 있는 때야말로 여호와를 생각하기에 가장 좋은 때이다. "예루살렘을 너희 마음에 두라. 그 곳은 지금 폐허로 변해 있지만, 그 티끌에도 은혜를 받으라(시 102:14). 너희 중에서 그 곳을 본 자는 거의 없지만, 시온을 기억하고 울었던 자들로부터 그 곳에 관하여 너희가 들었던 이야기를 믿으라. 너희는 그 곳으로 가겠다는 결심이 설 때까지 예루살렘을 생각하라." 우리가 하나님을 예배하던 성(城)을 볼 수 없다고 하더라도 우리의 마음까지 멀어져서는 안 된다는 것을 명심하라. 이 세상에서 순례길을 가는 동안 하늘의 예루살렘을 자주 우리 마음속에 떠올리는 것은 우리에게 큰 유익이 될 것이다.

2. 하나님은 그들의 땅으로 돌아가고자 하는 포로 된 자들이 어떤 일에 낙심하는지를 아신다(51절). 그들은 예루살렘을 기억하고서 이렇게 부르짖는다. "우리가 곤혹스럽다. 우리는 그 생각만 하면 견딜 수가 없다. 그 말을 들으면, 모욕이 우리 얼굴을 덮는다. 왜냐하면, 성소의 치욕, 즉 성소가 이방인들에 의해 더럽혀지고 망쳐지고 있다는 것을 우리가 들었기 때문이다. 우리가 그런 말을 들을 때에 어떻게 기뻐할 수 있겠는가?" 이런 말에 대하여 하나님은 이스라엘의 하나님이 이제 바벨론의 신들에 대하여 승리를 거두실 것이기 때문에 그 치욕은 영원히 제거될 것이라고 대답하신다(52절). 예루살렘이 회복될 것이라는 믿음은 우리로 하여금 예루살렘의 멸망을 부끄러워하지 않게 해주리라는 것을 명심하라.

X. 바벨론의 멸망에 대한 다양한 반응. 그것은 우리가 신약의 바벨론과 관

련해서 본 반응과 동일하다(계 18:9, 19).

1. 어떤 이들은 바벨론의 멸망을 슬퍼할 것이다. 바벨론으로부터 부르짖는 소리, 이 큰 멸망을 슬퍼하며 크게 울부짖는 소리, 애곡하는 소리가 들린다(54절). 왜냐하면, 여호와께서 바벨론에서 들리던 무리들의 큰 소리, 흥청망청 떠들며 즐기는 소리를 끊으셨기 때문이다(55절). 우리는 그들이 애통해하면서 하는 말을 듣는다(41절). "슬프다 세삭이 함락되었도다. 우리가 그에 대하여 얼마나 잘못 생각한 것인가! 온 세상의 칭찬과 영광과 동경을 한 몸에 받던 성읍이 나라들 가운데에 놀람이 되었구나!" 모든 사람들로부터 환호를 받던 것이 모든 사람들로부터 멸시를 받는 것으로 추락할 수 있다는 것을 보라.

2. 어떤 이들은 바벨론의 멸망을 기뻐할 것이다. 바벨론의 멸망은 일반적인 사람들이 겪는 참상이 아니라 하나님의 의로운 심판이 나타난 것으로서 거기에서 포로로 잡혀 있는 하나님의 백성이 놓여날 길을 열어주는 사건이기 때문이다. 이러한 이유로 하늘과 땅과 그 안에 있는 모든 것이 바벨론으로 말미암아 기뻐 노래할 것이다(48절). 하늘의 교회와 땅의 교회는 하나님의 의로우심에 대하여 영광을 돌릴 것이고, 이 일을 인해 하나님께 감사함으로 찬송을 드릴 것이다. 바벨론의 멸망은 곧 시온의 찬송이다.

[59]유다의 시드기야 왕 제사년에 마세야의 손자 네리야의 아들 스라야가 그 왕과 함께 바벨론으로 갈 때에 선지자 예레미야가 그에게 말씀을 명령하니 스라야는 병참감이더라 [60]예레미야가 바벨론에 닥칠 모든 재난 곧 바벨론에 대하여 기록한 이 모든 말씀을 한 책에 기록하고 [61]스라야에게 말하기를 너는 바벨론에 이르거든 삼가 이 모든 말씀을 읽고 [62]말하기를 여호와여 주께서 이 곳에 대하여 말씀하시기를 이 땅을 멸하여 사람이나 짐승이 거기에 살지 못하게 하고 영원한 폐허가 되리라 하셨나이다 하라 하니라 [63]너는 이 책 읽기를 다한 후에 책에 돌을 매어 유브라데 강 속에 던지며 [64]말하기를 바벨론이 나의 재난 때문에 이같이 몰락하여 다시 일어서지 못하리니 그들이 피폐하리라 하라 하니라 예레미야의 말이 이에 끝나니라

우리는 이 장과 앞 장에 걸쳐서 바벨론에 대한 심판을 길게 지켜 보아왔다. 이제 여기에서 우리는 이 일 전체의 결론을 본다.

1. 이 예언을 필사함. 예레미야의 서기였던 바룩은 여기에 언급되어 있지

않는 것으로 보아서, 예레미야가 직접 필사를 했던 것으로 보인다(60절). 예레미야가 바벨론에 대하여 기록한 이 모든 말씀을 한 책에 기록하였다. 하나님께서는 예레미야로 하여금 관련된 모든 사람들에게 이 예언을 알리도록 하시기 위해서 그에게 이러한 지시를 하셨다. 하나님의 말씀을 필사하거나 율법서와 예언서, 또는 서신서들을 필사하는 것은 그 말씀을 널리 알리고 후대에까지 알리는 데에 아주 유익하다.

2. 이 예언의 필사본은 시드기야 왕 제사년에 시드기야 왕의 수행원 또는 사자(使者)로 바벨론에 갔던 스라야에 의해서 거기에 있는 포로들에게 전해졌다(59절). 스라야는 왕과 함께 또는 왕을 대신해서(난외주에서는 이렇게 읽는다) 바벨론으로 갔다. 본문에서 그의 인품에 대하여 말하고 있는 부분이 눈여겨 볼 만하다. 이 스라야는 조용한 고관, 느긋한 성격을 지닌 관리였다. 그는 권력과 명예를 지닌 자였지만, 흥분하기 잘 하고 고집이 세며 파벌을 만들어 싸우고 일을 감정적으로 처리하던 당시의 대부분의 고관들과 달랐다. 그는 조용한 성격을 지녔고, 평화를 위한 일들을 궁리하였으며, 그의 주인인 왕과 바벨론의 왕이 서로 좋은 관계를 지속하도록 힘썼고, 그의 주인이 반역하는 것을 막기 위해 애썼다. 그는 하나님의 선지자들을 박해하는 자가 아니라 중용을 지키는 인물이었다. 시드기야가 그런 인물을 그의 시종으로 삼아 바벨론의 왕에게 간 것은 복된 일이었고, 예레미야도 그런 인물에게 안심하고 자신의 심부름을 맡길 수 있었다. 조용한 사람이라는 것은 큰 자들의 진정한 명예이고, 그런 인물을 요직에 앉히는 것은 고관들의 지혜라는 것을 명심하라.

3. 예레미야는 스라야에게 이 예언을 기록한 필사본을 바벨론에 이미 포로로 잡혀가 살고 있는 동포들에게 읽어줄 것을 부탁하였다. "너는 바벨론에 이르러서 그 곳이 어마어마하게 웅장하고 큰 성이고 강하고 부유하며 요새화가 잘 되어 있는 것을 보고서 이 성은 영원하겠다는 생각이 들거든(주의 제자들이 성전 건물을 보고서는 세상에 종말이 오기 전에는 그 어떤 것도 성전 건물을 무너뜨리지 못할 것이라고 결론을 내렸듯이), 포로로 잡혀 있는 자들을 격려하기 위하여 이 모든 말씀을 읽어 주어서, 그들로 하여금 이 위협적인 세력의 종말을 믿음의 눈으로 바라보고서 스스로도 위로받고 서로서로 위로를 할 수 있게 하라."

4. 예레미야는 스라야에게 그가 읽은 것이 신적인 권위를 지니고 있고 의심

할 여지 없는 확실한 것이라고 엄숙하게 선언하라고 지시한다(62절). 너는 하나님을 우러러보며 말하기를 주께서 이 곳에 대하여 말씀하시기를 이 땅을 멸하리라 하셨나이다 하라. 이것은 신약의 바벨론이 멸망할 것과 관련하여 천사가 선언한 것과 같다. 이것은 하나님의 참되신 말씀이라(계 19:9). 이 말은 신실하고 참되다(계 21:5). 스라야는 바벨론이 눈부시게 번성한 모습을 보더라도 이 예언을 읽고나서 바벨론이 멸망하리라는 것을 내다보아야 하고, 바벨론이 자리잡고 있는 거처가 뿌리를 내리고 있을지라도 그 거처를 저주하여야 한다(욥 5:3). "여호와여 주께서 이 곳에 대하여 말씀하셨는데, 나는 주께서 말씀하신 것이 그대로 될 줄을 믿는다. 주는 모든 것을 아시듯이, 모든 것을 하실 수 있으시기 때문이다. 주께서 바벨론에 판결을 선고하셨으니, 그것이 그대로 집행될 것이다. 주께서 이 곳에 대하여 말씀하시기를 이 땅을 멸하리라 하셨다. 그러므로 우리는 바벨론의 영화를 부러워하거나 그 권세를 두려워하지 않아도 된다." 우리가 이 세상이 어떤가 하고 보니, 이 세상이 휘황찬란한 빛을 발하고 그 제안들이 너무나 듣기 좋은 것을 볼 때, 우리는 여호와의 책 속에서 이 세상의 외형은 지나가고 곧 멸망하여 영원한 폐허가 되리라는 것을 읽고서, 이 세상을 거룩한 멸시하는 눈으로 바라보는 법을 배워야 한다. 우리는 하나님의 말씀을 읽었을 때에 우리가 읽은 말씀이 참되고 공평하며 선하다는 것을 겸손히 믿음으로 시인하는 고백을 하나님께 드리는 것이 합당하다는 것을 명심하라.

5. 예레미야는 스라야에게 그런 후에 책에 담긴 내용을 확증한다는 표징으로 책에 돌을 묶어서 유브라데 강 속으로 던지며 이렇게 말하라고 지시한다. "바벨론이 떨쳐버릴 수도 없고 도망칠 수도 없는 나의 재난의 무거운 짐 때문에 완전히 지치고 몰락하여 다시 일어서지 못하리니 그들이 피폐하리라(53, 64절)." 이 표징 속에서는 책을 가라앉게 만든 것은 돌이었다. 돌이 아니었다면, 책은 물 위로 떠올랐을 것이다. 그러나 현실 속에서는 돌을 가라앉게 만든 것이 책이었다. 돌처럼 견고한 듯이 보였던 바벨론 성을 가라앉게 만든 것은 이 예언 속에서 바벨론에 대하여 내려진 하나님의 선고였다. 신약의 바벨론의 멸망은 이와 비슷하지만 훨씬 더 무게 있는 비유를 통해서 묘사된다(계 18:21). 한 힘센 천사가 큰 맷돌 같은 돌을 들어 바다에 던져 이르되 큰 성 바벨론이 이같이 비참하게 던져져 결코 다시 보이지 아니하리로다 하였다. 하나님의 진노와 저주의 무게 때문에 가라앉는 자들은 다시는 떠오를 수 없다. 이 장의 마지막에 나오는 말

씀은 이 책의 환상과 예언을 인치는 말씀이다. 예레미야의 말이 이에 끝나니라. 바벨론에 대한 이 예언은 그의 마지막 예언이 아니었다. 왜냐하면, 이 예언의 연대는 그가 선지자로서의 활동을 끝내기 오래 전인 시드기야 재위 제사년으로 되어 있기 때문이다(59절). 그러나 이 예언이 가장 마지막으로 기록된 것은 이방 나라들에 대한 그의 예언들 중에서 가장 마지막으로 성취될 것이었기 때문이다(렘 46:1). 이제 남아 있는 한 장(章)은 순전히 역사적인 것으로서, 어떤 이들의 생각처럼 어떤 다른 사람에 의해서 덧붙여진 것이다.

제
— 52 —
장

개요

역사는 예언의 최고의 해설자이다. 그러므로 예루살렘과 유다 왕국의 멸망과 관련된 이 책의 예언들을 더 잘 이해하도록 하기 위해서 저 슬픈 사건에 관한 이야기가 여기에서 우리에게 제공되고 있다. 여기에 나오는 것은 우리가 앞서 열왕기하 24장과 25장에서 보았던 역사와 거의 동일하다. 여기에 나오는 세부적인 것들 중 다수가 열왕기에 나왔던 것들인데도 다시 한 번 간추려서 반복하고 있는 것은 다음에 나오는 예레미야 애가를 조명해 주고 그 해석의 열쇠를 제공해 주기 위한 것이다. 이 이야기의 마지막 부분에 여호야긴이 포로 생활을 하다가 출세한 이야기가 나오는 것(이 일은 예레미야가 죽은 후에 일어난 일이다)을 근거로 어떤 이들은 이 장은 예레미야가 쓴 것이 아니라 포로 생활을 하던 어떤 사람이 바벨론에서 그 어떤 기쁨보다도 예루살렘을 더 사랑하였던 자들에게 영원한 기념비가 되게 하기 위하여 하나님의 영감을 받아서 기록한 것이라고 추정한다. 이 장에는 다음과 같은 내용들이 나온다. I. 시드기야의 악한 통치. 그의 통치는 죄와 벌이라는 양면에서 지극히 악하였다(1-3절). II. 갈대아인들이 예루살렘을 포위하고 점령함(4-7절). III. 시드기야와 그 고관들이 혹독한 학대를 겪음(8-11절). IV. 성전과 도성의 멸망(12-14절). V. 백성들이 포로로 잡혀간 것(15-16절)과 포로로 끌려간 백성들의 수(28-30절). VI. 갈대아인들이 성전의 기구들을 약탈하여 실어감(17-23절). VII. 제사장들과 일부 큰 자들이 무자비하게 도륙됨(24-27절). VIII. 느부갓네살이 죽고나서 여호야긴이 말년에 좋은 날들을 보냄(31-34절).

¹시드기야가 왕위에 오를 때에 나이가 이십일 세라 예루살렘에서 십일 년 동안 다스리니라 그의 어머니의 이름은 하무달이라 립나인 예레미야의 딸이더라 ²그가 여호야김의 모든 행위를 본받아 여호와 보시기에 악을 행한지라 ³여호와께서 예루살렘과 유다에게 진노하심이 그들을 자기 앞에서 쫓아내시기까지 이르렀더라 ⁴시드기야 제구년 열째 달 열째 날에 바벨론 왕 느부갓네살이 그의 모든 군대를 거느리고 예루살렘을 치러 올라와서 그 성에 대하여 진을 치고 주위에 토성을 쌓으매 ⁵그

성이 시드기야 왕 제십일년까지 포위되었더라 ⁶그 해 넷째 달 구일에 성중에 기근이 심하여 그 땅 백성의 양식이 떨어졌더라 ⁷그 성벽이 파괴되매 모든 군사가 밤중에 그 성에서 나가 두 성벽 사이 왕의 동산 곁문 길로 도망하여 갈대아인들이 그 성읍을 에워쌌으므로 그들이 아라바 길로 가더니 ⁸갈대아 군대가 그 왕을 뒤쫓아 가서 여리고 평지에서 시드기야를 따라 잡으매 왕의 모든 군대가 그를 떠나 흩어진지라 ⁹그들이 왕을 사로잡아 그를 하맛 땅 리블라에 있는 바벨론 왕에게로 끌고 가매 그가 시드기야를 심문하니라 ¹⁰바벨론 왕이 시드기야의 아들들을 그의 눈 앞에서 죽이고 또 리블라에서 유다의 모든 고관을 죽이며 ¹¹시드기야의 두 눈을 빼고 놋사슬로 그를 결박하여 바벨론 왕이 그를 바벨론으로 끌고 가서 그가 죽는 날까지 옥에 가두었더라

이 이야기는 시드기야의 재위 초기에서 시작된다. 물론, 이보다 앞서 두 차례에 걸친 포수(捕囚)가 있었는데, 한 번은 여호야김 제4년에 있었고 다른 한 번은 여고니야 원년에 있었다. 그러나 아마도 이 이야기는 시드기야와 함께 포로로 끌려간 자들 중에서 어떤 사람이, 이미 끌려간 형제들과는 달리 포로로 잡혀가지 않을 것이라고 스스로 위안하며 살았던 그들의 모습을 수치스럽게 여겨 쓴 것으로 보인다. 우리는 여기에서 다음과 같은 것들을 본다.

1. 하나님께서 유다와 예루살렘에 대하여 그들의 죄 때문에 진노하심(3절). 하나님의 진노는 마침내 그들을 자기 앞에서, 즉 그의 은혜로운 임재로부터 쫓아내시기까지 이르렀다. 아버지가 불효 자식에게 몹시 화가 나서 꼴도 보기 싫으니 자기 앞에서 나가라고 말하듯이, 하나님은 섭리에 의한 풍요로움 안에 그의 임재의 표징들을 지니고 있었던 저 좋은 땅과, 언약의 은혜와 사랑 안에 그의 임재의 표징들을 지니고 있었던 저 거룩한 성과 성전으로부터 그들을 내쫓으셨다. 하나님의 규례들로부터 추방당한 자들은 그들이 하나님의 임재로부터 쫓겨났다고 하소연할 수는 있다. 그렇지만 스스로 죄를 지어서 자기가 자진해서 하나님의 은혜로운 임재를 박차고 나온 자들 외에는 하나님의 임재로부터 쫓겨난 자는 아무도 없다. 그러므로 우리는 다윗처럼 죄로 인한 이 열매를 면하게 해 달라고 간구하여야 한다(시 51:11). 나를 주 앞에서 쫓아내지 마시며 주의 성령을 내게서 거두지 마소서.

2. 시드기야의 악한 행실과 통치. 하나님은 이 백성에게 진노하셔서 시드기

야로 하여금 악한 통치를 하게 내버려 두셨고, 시드기야에게 진노하셔서 그를 벌하셨다. 시드기야는 왕위에 오를 때에 갓 성인이 된 나이인 이십일 세였다(1절). 그는 가장 악한 왕들 중의 한 사람이 아니었지만(우리는 그가 우상 숭배를 했다는 말을 듣지 못한다), 그는 여호와 보시기에 악을 행한 자로 규정된다. 왜냐하면, 그는 그가 마땅히 했어야 하는 선한 일들을 하지 않았기 때문이다. 그러나 특히 유다 왕국의 멸망을 재촉한 그의 악한 행위는 그가 **바벨론의 왕에게 반역**한 것이었다. 이것은 그의 죄이자 어리석음이었고, 그의 백성에게 파멸을 가져다 주었다. 하나님은 그가 바벨론의 왕에게 기만적으로 처신하는 것에 대하여 그에게 몹시 진노하셨다(겔 17:15 이하). 하나님은 유다와 예루살렘에 대하여 노하셨기 때문에 시드기야로 하여금 자기 계획대로 하도록 내버려 두셔서, 결국에는 그와 그의 나라에 치명적인 결과를 안겨준 저 어리석은 일을 행하게 하셨다.

3. 갈대아인들이 18개월의 포위 끝에 마침내 예루살렘을 장악함. 그들은 시드기야 재위 제구년 열째 달에 예루살렘 앞에 진을 치고 앉아서 성을 봉쇄하기 시작해서(4절) 제십일년 넷째 달에 그 성을 장악하였다(6절). 유대인들은 그들의 나라의 최종적인 멸망을 가져온 이 포위 공격의 처음과 끝을 기념해서 포로 생활을 하는 동안에도 넷째 달의 금식과 열째 달의 금식을 지켰다(슥 8:19). 그리고 다섯째 달의 금식은 성전이 불탄 것을 기념하는 것이었고, 일곱째 달의 금식은 그다랴가 암살당한 것을 추모하기 위한 것이었다. 우리는 예루살렘이 포위된 이 일년 반의 기간 동안이 얼마나 서글픈 나날이었을 것인지를 충분히 상상할 수 있다(아니, 상상조차 할 수 없다고 말하는 것이 옳을 것이다). 그들에게 조달되는 모든 식량은 다 바닥이 났고, 그들은 적의 공격이 있을 때마다 두려워 떨어야 했으며, 끝까지 완강하게 저항하기로 한 터라 오직 무서운 마음으로 심판을 기다리는 것 밖에는 아무것도 남아 있지 않았다. 성 중의 기근은 그들로 하여금 끝까지 버틸 수 없게 만들었지만, 그들은 적군에게 항복하지 않았다(6절). 그 땅 백성의 양식이 떨어져서, 군사들은 제대로 임무를 수행할 수 없게 되었다. 이 때에 그 성벽이 파괴된 것은 이상한 일이 아니었다(7절). 성벽이 없으면 사람들이 오래 버틸 수 없듯이, 사람들이 없으면 성벽도 오래 버틸 수가 없는 법이다. 또한, 하나님과 그의 보호하심이 없으면 성벽이든 사람들이든 백성들에게 도움이 되지 못한다.

4. 왕과 그의 군사들이 불명예스럽게 도망침. 그들은 밤중에 성을 빠져나와서 길을 재촉하였다(7절). 그들이 어디로 가고자 했는지는 나도 모르고, 아마 그들도 몰랐을 것이다. 그러나 왕은 여리고 평지에서 추격군들에 의해 붙잡혔고, 그의 호위대는 도망쳤으며, 그의 모든 군대는 그를 떠나 흩어졌다(8절). 시드기야 왕이 겁을 집어먹은 것은 이유 없는 것이 아니었다. 왜냐하면, 하나님의 심판은 피할 길이 없기 때문이다. 하나님의 심판은 죄인에게 임할 것이고, 그 죄인이 어디로 도망하든 그를 붙잡을 것이다(신 28:15). 특히 여기에서 집행되고 있는 이 심판들은 거기에서 하나님이 이미 경고하신 것들이었다(신 28:52-53).

5. 바벨론의 왕이 시드기야에게 서글픈 판결을 내리고 즉시 집행함. 바벨론의 왕은 시드기야를 반역자로 취급하여 그를 심문하고 판결을 내렸다(9절). 왕, 유다의 왕, 다윗 가문의 왕이 이 이방 왕의 법정에 범죄자로 소환되어야 했다는 사실은 생각만 해도 참을 수 없는 울분과 회한이 북받치는 일이다. 시드기야는 선지자 예레미야 앞에서는 자신을 낮추지 않았다. 그러므로 하나님은 이렇게 그를 낮추신 것이다. 오만한 정복자에 의해서 그에게 내려진 판결을 따라서 그의 아들들과 유다의 모든 고관들은 그의 눈 앞에서 죽임을 당하였다(10절). 그런 후에, 그의 두 눈이 뽑혔고, 놋사슬로 결박된 채 바벨론으로 끌려갔다. 아마도 그들은 블레셋 사람들이 두 눈이 뽑힌 삼손에게 그랬듯이 시드기야 왕을 가지고 놀았던 것 같다. 시드기야는 종신형을 선고받고, 그의 나머지 생애를 암울하고 비참하게 보내야 했다(그는 더 이상 낮[day]을 보지 못하게 되었기 때문에, 나는 그의 산 날수[days]를 말할 수 없다). 그는 죽는 날까지 옥에 갇혀 있었지만, 그의 장례는 어느 정도 예를 갖춰서 치러졌다(렘 34:5). 예레미야는 그가 나중에 어떻게 될지를 그에게 여러 번 말해주었지만, 그는 충분히 이런 일이 벌어지지 않게 막을 수 있는 길이 있었는데도 그 경고를 받아들이려 하지 않았다.

[12]바벨론의 느부갓네살 왕의 열아홉째 해 다섯째 달 열째 날에 바벨론 왕의 어전 사령관 느부사라단이 예루살렘에 이르러 [13]여호와의 성전과 왕궁을 불사르고 예루살렘의 모든 집과 고관들의 집까지 불살랐으며 [14]사령관을 따르는 갈대아 사람의 모든 군대가 예루살렘 사면 성벽을 헐었더라 [15]사령관 느부사라단이 백성 중 가난한 자와 성중에 남아 있는 백성과 바벨론 왕에게 항복한 자와 무리의 남은 자를 사로

잡아 갔고 [16]가난한 백성은 남겨 두어 포도원을 관리하는 자와 농부가 되게 하였더라 [17]갈대아 사람은 또 여호와의 성전의 두 놋기둥과 받침들과 여호와의 성전의 놋대야를 깨뜨려 그 놋을 바벨론으로 가져갔고 [18]가마들과 부삽들과 부집게들과 주발들과 숟가락들과 섬길 때에 쓰는 모든 놋그릇을 다 가져갔고 [19]사령관은 잔들과 화로들과 주발들과 솥들과 촛대들과 숟가락들과 바리들 곧 금으로 만든 물건의 금과 은으로 만든 물건의 은을 가져갔더라 [20]솔로몬 왕이 여호와의 성전을 위하여 만든 두 기둥과 한 바다와 그 받침 아래에 있는 열두 놋 소 곧 이 모든 기구의 놋 무게는 헤아릴 수 없었더라 [21]그 기둥은 한 기둥의 높이가 십팔 규빗이요 그 둘레는 십이 규빗이며 그 속이 비었고 그 두께는 네 손가락 두께이며 [22]기둥 위에 놋머리가 있어 그 높이가 다섯 규빗이요 머리 사면으로 돌아가며 꾸민 망사와 석류가 다 놋이며 또 다른 기둥에도 이런 모든 것과 석류가 있었더라 [23]그 사면에 있는 석류는 아흔여섯 개요 그 기둥에 둘린 그물 위에 있는 석류는 도합이 백 개이었더라

이 단락에는 성이 함락되기 한 달 전에 갈대아군의 총사령관 또는 어전 사령관이었던 느부사라단의 명령으로 갈대아 군대가 자행한 끔찍한 만행에 관한 이야기가 나온다. 난외주에서는 그를 살육자들 또는 사형집행인들의 우두머리라 부른다. 왜냐하면, 군사들은 단지 살육자들에 불과하고, 하나님은 그들을 죄악된 백성에 대한 그의 판결을 집행하는 자들로 사용하신 것이기 때문이다. 느부사라단은 그 군사들의 우두머리로서 이 일을 행하면서 하나님은 안중에도 없었고 바벨론의 왕과 자기 자신의 의도를 따라 이 일을 행하였을 것이다. 그는 살육자들의 우두머리로서 예루살렘의 심장부 속으로 들어왔다.

1. 그는 먼저 성전에서 귀한 것들은 모두 약탈한 후에 성전을 잿더미로 만들었다. 그는 여호와의 성전, 유대인들의 조상들이 주를 찬송하던 저 거룩하고 아름다운 전을 불살랐다(사 64:11).

2. 그는 왕궁을 불살랐다. 이 왕궁은 솔로몬이 성전을 지은 후에 건축한 것으로서 그 때 이후로 왕의 집이었다.

3. 그는 예루살렘의 모든 집, 특히 고관들의 집을 불살랐다. 집이라고 남아 있는 것이 있었다면, 그것은 아마도 이 땅의 가난한 자들이 거처하는 초라한 집들뿐이었을 것이다.

4. 그는 그의 군대의 진격을 아주 오랫동안 붙잡아 둔 것에 대한 분풀이로

예루살렘 사면 성벽을 헐었다. 이렇게 해서 견고했던 성읍은 폐허가 되어 버렸다 (사 25:2).

5. 그는 많은 자들을 포로로 사로잡아 갔다(15절). 그는 백성 중 가난한 자, 즉 도성에 있던 백성 중 가난한 자를 잡아 갔다. 왜냐하면, 그는 가난한 백성(시골에 있는 가난한 자들)은 포도원을 관리하는 자와 농부로 남겨 두었기 때문이다. 또한, 그는 칼과 기근에서 용케도 살아남은 성중에 남아 있는 백성과 항복한 자들을 끌고 갔다. 왜냐하면, 그는 이미 전염병으로 죽일 자들, 칼로 죽일 자들, 기근으로 죽일 자들, 포로 될 자들을 결정해 놓았기 때문이다(렘 15:2).

6. 그는 성전의 기구들을 가져갔다. 여기에서 가장 강조점을 두고 자세하게 말하고 있는 것은 바로 이것이다. 금은 기명(器皿)들 같이 큰 값어치가 나가는 것들은 모두 다 이전에 가져갔고, 그는 아직 조금 남아 있던 그런 유의 물건들을 이번에 가져갔다(19절). 그러나 그들이 이번에 성전에서 전리품으로 얻은 것들은 대부분이 놋으로 된 것들로서, 이런 것들은 값어치가 별로 나가지 않았기 때문에 마지막으로 가져갔다. 예레미야의 예언대로, 원수가 와서 금을 가져갔을 때에 백성들이 회개하지 않았기 때문에 곧이어 놋을 가져가 버린 것이다 (렘 27:19 이하). 성벽이 허물어지고, 성전의 기둥들이 뽑힌 것은 그들의 시민적 통치와 교회적 통치의 지주(支柱)이신 하나님께서 그들로부터 떠나셨다는 것을 상징적으로 보여주는 것이었다. 하나님이 그들에게서 떠났을 때, 성벽이나 기둥들은 그들을 보호해 주거나 지탱해 줄 수 없다. 성전의 이 기둥들은 어떤 것을 떠받치고 지지하기 위한 것이 아니라(그 기둥들 위에는 아무것도 지어져 있지 않았기 때문에), 장식과 상징을 위한 것이었다. 이 두 기둥은 '야긴'(그가 견고히 하시리라)과 '보아스'(그에게 힘이 있다)라 불렸다. 따라서 이 두 기둥이 무너진 것은 하나님이 더 이상 그의 집을 견고히 세우시지 않으실 것이고 그의 집의 힘도 되어 주지 않으실 것임을 의미하였다. 이 두 기둥은 여기에서 아주 자세하게 설명된다(21-23절; 왕상 7:15). 무너진 이 두 기둥은 지극히 아름답고 웅장하였기 때문에, 이 일은 사람들에게 더 큰 충격으로 다가왔을 것이다. 놋제단에 부속되어 있었던 모든 기구들도 다 가져가 버렸다. 왜냐하면, 예루살렘의 죄악은 엘리 집의 죄악처럼 제물이나 예물로 속죄될 수 있는 것이 아니었기 때문이다(삼상 3:14). 본문에서는 이 모든 기구의 놋 무게는 헤아릴 수 없었더라고 말한다(20절). 이 기구들을 만들 때에도 그 놋 무게를 능히 측량할 수

없었는데(대하 4:18; 왕상 7:47), 이 기구들을 파괴할 때에도 그랬다. 이 기구들을 약탈한 자들은 물건을 사는 자들과는 달리 이 기구들의 무게를 달아 보려고 하지 않았다. 왜냐하면, 그 기구들의 무게가 얼마가 나가든, 그것들은 모두 그들의 소유가 되었기 때문이다.

[24]사령관이 대제사장 스라야와 부제사장 스바냐와 성전 문지기 세 사람을 사로잡고 [25]또 성 안에서 사람을 사로잡았으니 곧 군사를 거느린 지휘관 한 사람과 또 성중에서 만난 왕의 내시 칠 명과 군인을 감독하는 군 지휘관의 서기관 하나와 성 안에서 만난 평민 육십 명이라 [26]사령관 느부사라단은 그들을 사로잡아 립나에 있는 바벨론의 왕에게 나아가매 [27]바벨론의 왕이 하맛 땅 립나에서 다 쳐 죽였더라 이와 같이 유다가 사로잡혀 본국에서 떠났더라 [28]느부갓네살이 사로잡아 간 백성은 이러하니라 제칠년에 유다인이 삼천이십삼 명이요 [29]느부갓네살의 열여덟째 해에 예루살렘에서 사로잡아 간 자가 팔백삼십이 명이요 [30]느부갓네살의 제이십삼년에 사령관 느부사라단이 사로잡아 간 유다 사람이 칠백사십오 명이니 그 총수가 사천육백 명이더라

우리는 이 단락에서 다음과 같은 아주 우울한 이야기를 접한다.

1. 립나에서 몇몇 큰 자들을 비롯해서 상당수의 사람들이 무자비하게 도륙됨. 이렇게 죽은 자들은 모두 합해서 72명(이스라엘의 장로들의 수, 민 11:24-25)이었다. 열왕기에 의하면, 그 중에서 5명은 성전에 속한 사람들이었고, 2명은 성의 주민이었으며, 5명은 왕궁에 속한 사람들이었고, 60명은 시골 사람들이었다(왕하 25:18-19). 여기에 나오는 기사는 한 가지 내용만 제외한다면 열왕기에 나오는 것과 일치한다. 그것은 왕의 내시가 열왕기에서는 5명으로 되어 있는데, 여기에는 7명으로 되어 있다는 것이다. 라이트푸트(Lightfoot) 박사는 이것을 다음과 같이 설명한다. 갈대아 군대의 사령관은 왕의 내시를 7명 사로잡았는데, 그 중 2명은 예레미야와 에벳멜렉이었는데, 우리가 앞에서 본 것처럼 이 두 사람은 풀려났기 때문에, 5명만이 죽임을 당하였고, 이렇게 해서 그 수는 모두 72명으로 줄어들었다. 모든 계층에 속한 사람들이 이스라엘을 대표하여 도륙당하였다. 왜냐하면, 그들의 행실은 모두 부패하였기 때문이다. 그들은 바벨론의 왕에 대한 반역을 부추기고 선동하는 데에 가장 앞장 섰던 자들로

본본기로 처형당했을 가능성이 높다. 대제사장 스라야가 가장 먼저 잡혔는데, 성직자라고 해서 이 도륙에서 면제받을 수 없었다. 그 자신이 죄로 말미암아 성직을 더럽혔는데, 이제 와서 누굴 탓할 수 있겠는가? 고관 스라야는 조용한 고관(렘 51:59)이었지만, 제사장 스라야는 그렇지가 않아서 불온하게 소란을 일으켰고, 바벨론의 왕의 미움을 샀던 것 같다. 이 백성의 지도자들은 백성들을 잘못된 길로 가게 하였기 때문에 이제 하나님의 공의를 보여주는 특별한 기념비들이 되었다.

2. 나머지는 포로로 끌려감. 어떻게 유다가 사로잡혀 본국에서(즉, 그의 땅에서) 떠났고(27절), 그들의 땅이 옛적에 가나안 사람들에게 그랬듯이 그들을 토해내었는지를 와서 보라. 하나님께서는 그들에게 만약 그들이 가나안 사람들의 전철을 밟고 그들의 가증스러운 것들을 본떠 행한다면 반드시 그들처럼 될 것이라고 말씀하셨었다(레 18:28). 이제 여기에는 다음과 같은 기사들이 나온다.

(1) 우리가 앞서 본 두 번의 포수(捕囚). 한 번은 느부갓네살 제7년에 있었고(어떤 곳에는 재위 제8년으로 되어 있다, 왕하 24:12), 또 한 번은 그의 재위 제18년(어떤 곳에는 제19년으로 되어 있다, 12절)에 있었다. 그러나 여기에 나와 있는 총 인원은 3,023명으로서 첫 번째 포수와 관련하여 제시된 18,000명(왕하 24:14, 16)과 비교해 볼 때에 그 수가 아주 적다. 또한, 여기에 나와 있는 총 인원은 두 번째 포수와 관련하여 우리가 합리적으로 추정해 볼 수 있는 수치와 비교해 보아도 그 수가 적다. 왜냐하면, 남아 있던 모든 백성들을 다 끌고 갔다고 했을 때에(15절) 그 수는 적어도 832명보다는 많았을 것이라고 생각되기 때문이다. 그래서 라이트푸트 박사는 여기에서 사로잡혀 간 백성들의 수치를 제시하고 있는 것이 립나에서 72명을 죽인 일에 관한 이야기와 붙어 있는 것으로 보아서 여기에서 사로잡혀 갔다고 하는 모든 사람들은 사실은 반역자들로서 처형당한 사람들이었다고 추측한다.

(2) 세 번째 포수. 이것은 앞에서 언급되지 않은 것으로서 느부갓네살 제23년, 그러니까 예루살렘이 멸망한 지 4년 뒤에 일어난 일이었다(30절). 이 때에 느부사라단이 와서 유다 사람 745명을 사로잡아 갔다. 이것은 바벨론의 왕에 대한 또 한 번의 역모였던 그다랴 살해 사건에 대한 보복 차원에서 이루어진 것일 가능성이 크다. 이 때에 사로잡혀 간 자들은 그 살해 사건에서 이스마엘을

도왔거나 부추긴 자들로서 단지 사로잡혀 갔을 뿐만 아니라 이 일로 인해서 처형당하였을 것이다. 그렇지만 이것이 확실한 것은 아니다. 사로잡혀 간 포로들의 총 합계가 4,600명이라면(30절), 유다 사람들이 포로로 잡혀 갔다는 것이 어떻게 이렇게 많이 줄어들 수 있었는지가 의아하고, 나중에 포로 생활에서 돌아온 자들의 숫자가 그렇게 많다는 것도 의아하다. 그러나 이는, 옛적에 애굽에서도 그랬듯이, 바벨론에서도 여호와께서는 그들을 환난의 땅에서 더욱 번성하게 하셨을 것이고, 그들은 압제를 받으면 받을수록 더 많이 번성하였을 것이기 때문이다. 사실, 이 백성은 심판을 받을 때도, 긍휼을 받을 때도 흔히 이적 그 자체였다.

[31]유다 왕 여호야긴이 사로잡혀 간 지 삼십칠 년 곧 바벨론의 에윌므로닥 왕의 즉위 원년 열두째 달 스물다섯째 날 그가 유다의 여호야긴 왕의 머리를 들어 주었고 감옥에서 풀어 주었더라 [32]그에게 친절하게 말하고 그의 자리를 그와 함께 바벨론에 있는 왕들의 자리보다 높이고 [33]그 죄수의 의복을 갈아 입혔고 그의 평생 동안 항상 왕의 앞에서 먹게 하였으며 [34]그가 날마다 쓸 것을 바벨론의 왕에게서 받는 정량이 있었고 죽는 날까지 곧 종신토록 받았더라

여호야긴 왕이 포로 생활을 하다가 나중에 형편이 좋아지게 된 것에 관한 이 이야기는 앞서 열왕기하 25:27-30에 나왔었는데, 한 가지 다른 점이 있다면 이 일이 있은 때가 거기에서는 **열둘째 달 스물일곱째 날**로 되어 있는 반면에 여기에서는 스물다섯째 날로 되어 있다는 것이다. 그러나 이런 유의 기사에서 이틀 정도는 아주 사소한 차이에 지나지 않는다. 그를 풀어 주라는 명령은 스물다섯째 날에 내려졌는데, 실제로 그가 풀려난 것은 스물일곱째 날이었을 가능성이 크다. 우리는 이 이야기 속에서 다음과 같은 것들을 볼 수 있다.

1. 왕이 바뀌면 법도 바뀐다는 것. 느부갓네살은 이 불행한 왕을 오랫동안 감옥에 가둬놓았었다. 그의 아들은 죄수인 이 왕에게 호감을 가지고 있었지만, 마치 요나단이 다윗을 위하여 그의 아버지에게 탄원을 해줄 수 없었던 것처럼 그의 아버지로부터 이 죄수에 대한 은총은커녕 미소 한 번을 얻어낼 수 없었다. 그러나 그 괴팍했던 노인이 죽자, 그의 아들은 여호야긴에게 호의를 베풀고 그를 총아(寵兒)로 만들었다. 자녀들이 그들의 아버지가 해놓았던 일을 무

효화시키는 것은 흔한 일인데, 그것이 언제나 여기에 나온 예처럼 더 좋은 방향으로 그런 것이라면 좋은 일일 것이다.

2. 우리가 사는 세상은 변하는 세상이라는 것. 여호야긴은 처음에 보좌에서 떨어져 감옥으로 갔지만, 여기에서는 비록 보좌는 아니지만 존귀한 자리로 다시 올라갔다(32절). 전에는 왕의 옷이 죄수의 옷으로 바뀌었듯이, 이제는 그 죄수의 옷이 다시 왕의 옷으로 복원되었다. 이렇게 변하는 것이 바로 이 세상이다. 형통과 역경은 서로 언제든지 뒤바뀔 수 있다. 그래서 우리는 우는 자들은 울지 않는 자 같이 하며 기쁜 자들은 기쁘지 않은 자 같이 해야 한다는 것을 배우게 된다(고전 7:30).

3. 환난의 밤이 아무리 길더라도 마침내 동이 터 올 것이기 때문에 절망해서는 안 된다는 것. 여호야긴은 열여덟 살 때부터 감옥에 갇혀서 멸시를 받으며 죄수로 37년을 살았다. 이 기간 동안에 그는 포로 생활에 익숙해져서 자유의 달콤함을 잊어버렸을 것이다. 또는, 아주 긴 감옥 생활을 한 뒤라 자유의 달콤함은 그에게 갑절로 느껴졌을 수도 있다. 환난을 오랫동안 겪고 있는 자들은 이 예를 보고서 힘을 얻어야 한다. 묵시는 결국 이루어질 것이기 때문에, 우리는 기다려야 한다. 생명이 붙어 있는 한 소망은 있고, 우리가 지금 고난을 당해도 고난이 영원한 것은 아니다.

4. 하나님은 그의 말씀대로 자기 백성을 그들의 압제자들에게도 은혜를 입게 하시고 압제자들의 마음을 돌려 놓으셔서 자기 백성을 불쌍히 여기게 만드실 수 있으시다는 것(시 106:46). 그들을 사로잡은 모든 자에게서 긍휼히 여김을 받게 하셨도다. 하나님은 거칠게 말하는 자들로 하여금 부드럽게 말하게 하실 수 있으시고, 자기 백성을 노략하였던 자들로 하여금 도리어 자기 백성을 먹이게 하실 수 있으시다. 그러므로 압제 아래 있는 자들은 소망을 가지고 여호와의 구원을 조용히 기다리는 것이 헛되지 않다는 것을 결국 깨닫게 될 것이다. 우리가 상대하는 모든 자들의 마음은 하나님의 손 안에 있기 때문에, 우리의 때도 하나님의 손에 있다.

5. 이제 이 일 전체와 관련해서 이 책에 나오는 예언과 역사를 함께 비교해 보면, 우리는 전체적으로 다음과 같은 것들을 배울 수 있다.

(1) 아주 고상하고 존귀하였던 교회나 사람이 타락해서 지독하게 부패하게 되는 것은 새삼스러운 일이 아니라는 것.

(2) 죄악을 품는 자들은 멸망을 향해 치닫게 된다는 것. 죄를 회개하고 버리지 않는 자들은 반드시 멸망으로 끝나게 되는 법이다.

(3) 외적인 신앙 고백과 특권들은 죄에 대한 변명이 될 수 없고, 멸망을 면제받을 수 있는 사유도 될 수 없으며, 도리어 죄와 멸망을 더욱 무겁게 하는 요인이 된다는 것.

(4) 하나님의 말씀은 결코 땅에 떨어지는 법이 없고, 예언된 것은 반드시 실제의 사건으로 나타나게 되어 있다는 것. 인간의 불신앙이 하나님의 약속들을 무효화시킬 수 없듯이 하나님의 경고의 말씀들도 무효화시킬 수 없다. 하나님의 공의와 진리는 여기에서 그의 경고의 말씀들을 희롱하는 모든 자들을 깨우치거나 당혹스럽게 하기 위해서 혈서로 기록되어 있다. 착각하지 말라 하나님은 우롱당하시는 분이 아니시다.

예레미야 애가

서론

　슬픔이 웃음보다 낫고(전 7:3) 초상집에 가는 것이 잔칫집에 가는 것보다 낫다(전 7:2)는 솔로몬의 말은 세상 사람들의 생각과는 반대되지만 분명히 옳기 때문에, 우리는 단순히 자원하는 마음으로만이 아니라 이 책을 통해서 우리의 덕을 세울 수 있다는 기대감을 가지고서 이 책의 여러 암울한 장(章)들을 읽고 깊이 생각해 보아야 한다. 우리가 그렇게 하기 위해서는 우리의 마음을 차분히 가라앉혀서 거룩한 슬픔을 지닐 준비를 하고서, 눈물의 선지자와 함께 눈물을 흘리며 울 각오가 되어 있어야 한다. 그러면 다음과 같은 것들에 대하여 살펴보자.

　I. 이 책의 제목. 히브리어로 이 책의 제목은 모세 오경이 그렇듯이 책의 첫 단어를 따서 '에카'(슬프다)이다. 그러나 유대인 주석자들은 헬라인들과 마찬가지로 이 책을 '키노트'(애가)라 부른다. 거룩한 기쁨의 노래가 있는 것처럼, 거룩한 슬픈 노래 또는 애가(哀歌)들도 있다. 무한한 지혜를 지니신 하나님은 이렇게 아주 다양한 방법들을 동원하여 우리에게 역사하셔서 우리의 감정을 움직이시고, 우리의 마음을 녹이셔서 봉인을 위한 밀랍처럼 하나님의 진리들이 잘 각인될 수 있게 만드신다. 우리가 너희를 향하여 피리를 불었을 뿐만 아니라 슬피 울기도 하였다(마 11:17).

　II. 이 책의 저자. 선지자 예레미야가 이 책의 저자인데, 여기에서는 시인 예레미야로 변신한다. 라틴어 '바테스'는 이 두 가지를 다 의미한다. 그러므로 이 책은 그의 예언서에 바로 붙어 있어서 그 예언의 부록 역할을 하고 있는 것은 적절하다. 우리는 그의 예언서에서는 대체로 유다와 예루살렘이 황폐화될 것에 관한 예언들과 우리의 믿음을 확증해 주기 위하여 그 예언들이 얼마나 정확하게 성취되었는지를 보여주는 그 역사를 보았다. 이제 여기에서는 우리는 그가 이 재앙의 날이 오지 않기를 바라는 마음을 여러 차례 표현한 것이 진심이었다는 것과, 그 날을 생각할 때마다 그의 마음은 몹시 쓰라리고 아팠다는 것을 보여주기라도 하려는 듯이 유다와 예루살렘이 멸망하였을 때에 그가 겪은 슬픔을 표현해 놓은 것들을 본다. 그는 이러한 재난들을 멀리서 보았을 때에는 그의 머리는 물이 되고 그의 눈은 눈물 근원이 되기를 바랐다(렘 9:1). 그리고 그 재난이 막상 닥쳐왔을 때, 그는 그가 그렇게 바란 것이 짐짓 그런 체한 것이 아니었다는 것, 그의 원수들은 그가 변절하여 조국을 배신하였다고 비난하였지만 실제로 그런 것과는 거리가 멀었다는 것을 여실히 보여주었다. 그의 나라는 그를 아주 냉정하고 가혹하게 대하였고, 그의 나라의 멸망은 그가 참 선지자였다는 것을 보여주는 증거이자 그를 거짓 선지자로 몰아서 박해한 것에 대한 징벌이었지만(그는 이것을 보고 기뻐하고 싶은 유혹을 느꼈을 것이다), 그는 서럽게 통곡하였고, 이것을 통해서 요나가 니느웨를 대했던 것보다 그가 더 나은 성품을 지니고 있다는 것을 보여주었다.

Ⅲ. 이 책이 지어진 배경. 이 애가는 갈대아 군대에 의해서 유다와 예루살렘이 멸망을 당하고 유다 왕국의 국가 체제와 교회 체제가 둘 다 무너졌을 때에 지어졌다. 몇몇 랍비들은 요시야가 죽었을 때에 예레미야가 이 애가들을 지은 것이라고 말한다(대하 35:25, 예레미야는 그를 위하여 애가를 지었으며 그 가사는 애가 중에 기록되었더라). 그러나 요시야의 죽음이 이후의 모든 재난의 시발점이었다는 것이 사실이기는 하지만, 예레미야는 이 애가들을 이 재난들을 멀리서 미리 보고 지은 것이 아니라 그 재난들이 닥치고나서 두 눈으로 똑똑히 본 후에 지은 것으로 보인다. 이 애가들이 그를 위한 애가들이라면 요시야에 관한 언급이나 그를 칭송하는 말들이 나와야 당연한데, 이 애가들 속에는 그런 내용들이 전혀 없다. 따라서 이 애가들은 예루살렘의 장례식에서 불려진 만가(輓歌)이다. 또한, 몇몇 랍비들은 바룩이 예레미야가 불러준 것을 기록하였고 여호야김이 불태운 두루마리 책에 이 애가들이 담겨져 있었을 것이라고 주장하면서, 처음에는 오직 1-2장, 4장만이 실렸다가 나중에 두루마리 책을 다시 기록하면서 그 외에도 그 같은 말을 많이 더하였을 때에 3장과 5장이 첨가된 것이라고 말한다. 그러나 그런 주장은 근거 없는 공상에 불과하다. 성경에서는 그 두루마리 책이 예레미야 선지자의 설교들을 그대로 다시 요약해서 기록해 놓은 것이라고 분명하게 말하고 있다(렘 36:2).

Ⅳ. 이 책의 구성. 이 애가는 다윗의 몇몇 시편들처럼 5장을 제외하고는 모두 시(詩)로 되어 있을 뿐만 아니라 알파벳 순서로 구성된 알파벳 시들이다. 첫째 절은 '알렙,' 둘째 절은 '베트' 등등과 같이 각 절은 히브리어 알파벳의 순서로 된 몇몇 글자들로 시작된다. 그러나 3장은 처음 세 절은 '알렙,' 다음 세 절은 '베트'로 시작되는 등 세 개의 절을 하나의 알파벳으로 시작되는 형

식으로 되어 있다. 이러한 구성은 기억하는 데에 도움이 되었고(애곡을 위한 여러 단가[短歌]들을 쉽게 암기할 수 있도록), 당시에 귀하게 여겨졌던 고상한 글쓰기 방식이었기 때문에, 우리는 오늘날의 관점에서 이것을 멸시해서는 안 된다. 2-4장에서는 알파벳 '페'가 '아인' 앞에 나온다(원래 히브리어 알파벳 순서상으로는 뒤에 나와야 하는데). 이렇게 된 이유를 라이트푸트 박사는 이렇게 추정한다. 예레미야는 70이라는 숫자를 나타내는 데에 사용되기도 했던 '아인'이라는 글자를 일부러 이렇게 위치를 바꿔 놓아 두드러지게 해서, 하나님이 70년 후에는 그들을 포로 생활에서 다시 돌아오게 하시리라는 것을 사람들에게 상기시키고자 하였다는 것이다.

V. 이 책의 유익성. 이 애가들은 고난 가운데 있던 경건한 유대인들에게 대단히 유익한 책이었을 것임은 두말할 필요가 없다. 왜냐하면, 이 애가들은 그들에게 그들의 자연스러운 슬픔을 표현할 수 있는 영적인 언어를 제공해줌으로써, 그들(그리고 시온을 한 번도 본 적이 없었던 그들의 자녀들)이 바벨론에서 포로 생활을 하면서 시온에 대한 생생한 기억을 보존할 수 있도록 도와 주었고, 그들의 눈물이 올바른 통로를 따라 흘러갈 수 있게 하였으며(그들은 이 애가들을 통해서 그들의 죄에 대하여 애곡하고 하나님을 향하여 애곡해야 한다는 것을 배웠을 것이기 때문에), 하나님이 장차 그들에게 다시 돌아오셔서 긍휼을 베푸시리라는 소망을 가지고 힘을 얻을 수 있게 해주었을 것이기 때문이다. 또한, 이 책은 우리에게 하나님의 교회가 겪는 재난들에 대하여 경건한 슬픔을 지니도록 깊은 감화를 주는데, 이러한 슬픔을 지니는 것은 교회의 살아 있는 지체들로서 교회와 운명을 같이하기로 결단한 자들에게 합당한 일이다.

제
— 1 —
장

개요

우리는 이 장에서 예레미야의 애가 중에서 22개의 연(聯)으로 된 첫 번째 알파벳 시를 보는데, 이 시는 예루살렘의 참상을 비통한 마음으로 슬퍼하는 내용으로 되어 있는데, 현재의 통탄스러운 상황은 예전의 영화로웠던 시절과 비교됨으로써 그 슬픔은 한층 더 깊어진다. 이 시에서는 내내 이 모든 참상을 가져온 원인이 된 죄를 고백하고 탄식하면서, 하나님께 그들의 원수들을 공의로 심판해 주시고 그들에 대해서는 불쌍히 여겨 주시라고 호소한다. 이 장 전체가 한 편의 시로 되어 있고, 몇몇 충고하는 말들이 간간이 섞여 짜여 있다. I. 하나님께 그들의 재난들에 대하여 하소연하고, 하나님이 그들의 처지를 연민의 마음으로 깊이 헤아려 주시기를 바람(1-11절). II. 그들의 친구들에게 동일한 내용으로 하소연하고, 그들이 그들의 처지를 연민의 마음으로 깊이 헤아려 주기를 바람(12-17절). III. 이 일과 관련하여 하나님과 그의 의에 호소함(18-22절). 여기에서는 하나님이 그들에게 환난을 겪게 하신 것은 의로우신 일이었음을 인정하고, 그들의 구원을 통하여 하나님의 의를 나타내시라고 겸손히 간구한다.

¹슬프다 이 성이여 전에는 사람들이 많더니 이제는 어찌 그리 적막하게 앉았는고 전에는 열국 중에 크던 자가 이제는 과부 같이 되었고 전에는 열방 중에 공주였던 자가 이제는 강제 노동을 하는 자가 되었도다 ²밤에는 슬피 우니 눈물이 뺨에 흐름이여 사랑하던 자들 중에 그에게 위로하는 자가 없고 친구들도 다 배반하여 원수들이 되었도다 ³유다는 환난과 많은 고난 가운데에 사로잡혀 갔도다 그가 열국 가운데에 거주하면서 쉴 곳을 얻지 못함이여 그를 핍박하는 모든 자들이 궁지에서 그를 뒤따라 잡았도다 ⁴시온의 도로들이 슬퍼함이여 절기를 지키려 나아가는 사람이 없음이로다 모든 성문들이 적막하며 제사장들이 탄식하며 처녀들이 근심하며 시온도 곤고를 받았도다 ⁵그의 대적들이 머리가 되고 그의 원수들이 형통함은 그의 죄가 많으므로 여호와께서 그를 곤고하게 하셨음이라 어린 자녀들이 대적에게 사로잡혔도다 ⁶딸 시온의 모든 영광이 떠나감이여 그의 모든 지도자들은 꼴을 찾지

못한 사슴들처럼 뒤쫓는 자 앞에서 힘없이 달아났도다 [7]예루살렘이 환난과 유리하는 고통을 당하는 날에 옛날의 모든 즐거움을 기억하였음이여 그의 백성이 대적의 손에 넘어졌으나 그를 돕는 자가 없었고 대적들은 그의 멸망을 비웃는도다 [8]예루살렘이 크게 범죄함으로 조소거리가 되었으니 전에 그에게 영광을 돌리던 모든 사람이 그의 벗었음을 보고 업신여김이여 그는 탄식하며 물러가는도다 [9]그의 더러운 것이 그의 옷깃에 묻어 있으나 그의 나중을 생각하지 아니함이여 그러므로 놀랍도록 낮아져도 그를 위로할 자가 없도다 여호와여 원수가 스스로 큰 체하오니 나의 환난을 감찰하소서 [10]대적이 손을 펴서 그의 모든 보물들을 빼앗았나이다 주께서 이미 이방인들을 막아 주의 성회에 들어오지 못하도록 명령하신 그 성소에 그들이 들어간 것을 예루살렘이 보았나이다 [11]그 모든 백성이 생명을 이으려고 보물로 먹을 것들을 바꾸었더니 지금도 탄식하며 양식을 구하나이다 나는 비천하오니 여호와여 나를 돌보시옵소서

우는 자들과 함께 우는 성향을 조금이라도 지닌 사람들은 이 애가를 읽고서 눈물을 참기가 어려울 것이다. 여기에 나오는 애가는 그 정도로 애절하다.

I. 예루살렘의 참상이 너무 심하고 여러 가지 상황으로 인해서 더욱 가중되고 있다고 하소연함. 과연 그 참상들이 어떠했는지 한번 살펴보기로 하자.

1. 그들의 국가 체제와 관련된 참상들.

(1) 사람들로 북적대던 성이 지금은 적막해져 버림(1절). 이것은 도무지 믿기지 않는다는 심정으로 말해진다. 이 성이 이렇게 될 줄이야 누가 생각이나 했겠는가! 또는, 이것은 궁금하다는 심정으로 말해진다. 도대체 무엇이 이 성을 이렇게 만들어 버린 것인가? 또는, 이것은 애통하는 심정으로 말해진다. 슬프다 이 성이여 전에는 사람들이 많더니 이제는 어찌 그리 적막하게 앉았는고(1절; cf. 계 18:10, 16, 19). 예루살렘은 그 성을 가득 채웠던 자기 백성들과 그 성을 드나들며 교역을 하고 교류를 하던 다른 나라 사람들로 북적거렸다. 그러나 이제 그의 백성은 포로로 끌려갔고, 외인(外人)들의 발걸음은 뚝 끊겼다. 예루살렘은 적막하게 외로이 앉아 있다. 성의 주요 지점들은 예전과는 달리 지금은 사람들이 많이 모이지도 않고 거기에서 지혜가 소리를 높이지도 않는다(잠 1:20-21). 지혜가 거기에서 소리를 높였을 때에 사람들이 그 소리를 경청하지 않았

기 때문에, 그 곳들이 인적이 드문 곳이 되어 버린 것은 당연한 일이다. 아무리 많은 사람들이 북적대던 곳들도 하나님은 순식간에 한적한 곳으로 만들어 버리실 수 있다는 것을 명심하라. 예루살렘이 이제는 과부 같이 되었구나. 그녀의 남편이었던 왕은 죽거나 멀리 사로잡혀 갔다. 그녀의 하나님은 그녀에게 이혼장을 주고 떠나가 버리셨다. 자녀들도 다 끌려가서, 그녀는 과부로 혼자 쓸쓸하게 남겨졌다. 그 어떤 가문이나 국가, 예루살렘이나 바벨론도 안일해져서 나는 여왕으로 앉은 자니 과부로 지낼 일은 결코 없으리라(사 47:8; 계 18:7)고 말해서는 안 된다.

(2) 어엿한 주권 국가의 수도였던 성이 이제는 남의 나라에 복속됨. 예루살렘은 열국 중에 크던 자였기 때문에, 많이 사랑하는 나라들도 있었고 크게 두려워하는 나라들도 있어서, 그녀의 말은 그 나라들에 잘 먹혔었다. 어떤 나라들은 그녀에게 예물을 바쳤고, 어떤 나라들은 그녀에게 조공을 바쳤다. 이렇게 그녀는 진정으로 열방 중에 공주였고, 모든 곡식단이 그녀의 곡식단에 절을 하였다. 열방의 왕들조차도 그녀에게 잘 보이려고 애썼다. 그러나 이제 상황은 역전되었다. 그녀는 친구들을 잃고 홀로 적막하게 앉아 있게 되었을 뿐만 아니라 자유조차 잃어버리고 강제 노동을 하며 조공을 바치는 속국 신세가 되어 버렸다. 그녀는 처음에는 애굽에, 다음에는 바벨론에 조공을 바쳤다. 그녀는 백성들에게 고독만이 아니라 종살이 하는 신세도 가져다 주었다는 것을 명심하라.

(3) 즐거운 일들이 가득하여 웃음이 떠나지 않았던 성이 이제는 온통 슬퍼할 일들뿐이고 울음만이 가득하게 되었다는 것. 예루살렘은 기쁨의 성이었고, 이스라엘의 모든 지파들은 여호와 앞에서 즐거워하기 위해 그 곳으로 올라왔었다. 그녀는 온 세계의 기쁨이었지만, 지금은 그녀의 웃음이 애곡으로 변하고 엄숙히 지키던 절기들은 다 끊겨서 슬퍼 울고 있다. 진정으로 애곡하는 자들이 은밀하게 울듯이, 그녀는 밤에 아무도 없을 때에 홀로 운다. 남들이 쉬거나 잠자리에 드는 밤에는 그녀가 당한 환난들이 물밀듯이 그녀에게 몰려와서 폭군처럼 그녀의 생각을 점령하여서 슬픔과 눈물이 봇물을 이루게 된다. 예레미야 선지자가 그녀를 생각할 때에 그의 머리가 물이 되었을 때에는 그녀가 그것을 쳐다보지도 않았지만, 이제는 그녀의 머리가 물이 되고 그녀의 눈은 눈물 근원이 되어서, 그녀는 주야로 울고 있다(렘 9:1). 그녀의 눈물이 끊임없이 뺨에 흐른

다. 눈물처럼 빨리 마르는 것이 없는데도, 끊임없이 슬픈 일들이 연이어 생각 나서 눈물이 마르려 하면 또 새로이 눈물이 나서, 그녀의 뺨에는 눈물이 마를 시간이 없는 것이다. 해 아래에서 학대 받는 자들의 눈물만큼 흔히 볼 수 있는 것 은 없는데, 그들에게는 비가 온 뒤에 연이어서 구름이 다시 일어난다(전 4:1; 12:2).

(4) 열국들로부터 구별되어 있던 자들이 이제는 열국 가운데에 거주하게 되었 다는 것. 하나님의 선민이었던 그들이 이제는 하나의 민족으로서의 정체성을 잃어버리고 이방인들과 뒤섞여 살아가고 있었다(3절). 유다는 그녀의 땅에서 쫓겨나 원수들의 땅으로 사로잡혀 가서, 하나님과 약속의 언약들에 대하여 외 인(外人)인 자들 가운데서 살고 있기 때문에, 쉴 곳을 얻지 못하고 마음의 만족 이나 안정되게 살 곳도 얻지 못한 채, 오만하고 포악한 자들의 뜻에 따라 끊임 없이 이리저리 옮겨 다니고 있다. "어린 자녀들이 대적에게 사로잡혔도다(5절). 다음 세대의 씨앗이 되어야 할 자들이 끌려갔다. 그래서 지금 황폐해진 이 땅 은 상속자들이 없어서 앞으로도 계속해서 황폐하게 남아 있게 될 것 같다." 자 기 나라 백성들 가운데서 자유인으로 그들 자신의 땅에서 살아가는 자들은 낮 선 타국으로 끌려간 자들의 참상을 생각하는 것만으로도 그들이 누리는 긍휼 들에 더욱 감사할 수 있을 것이다.

(5) 전쟁이 있을 때마다 매번 이겨서 남의 나라를 정복하곤 하였던 자들이 이제는 패배하여 정복당하게 되었다는 것. 그를 핍박하는 모든 자들이 궁지에서 그를 뒤따라 잡았도다(3절). 원수들은 그에 비하여 온갖 이점들을 지니고 있었 기 때문에 그의 백성들은 피할 길도 없이 대적의 손에 넘겨질 수밖에 없었다(7 절). 그들은 사방으로 에워싸여 모든 길이 막혀 있어서, 어느 길로 도망쳐도 곧 잡히게 되어 있었다. 그들이 최선을 다해서 도망쳤어도 아무 소용이 없었고, 결국에는 다 잡히고 말았다. 그래서 어디에서나 그의 대적들이 머리가 되고 그의 원수들이 형통하였다(5절). 그들이 칼을 아무렇게나 휘둘러도, 유다 백성 중의 누군가가 그 칼에 맞아 죽었다. 사람들은 죄로 말미암아 이런 궁지에 몰리게 된다. 우리의 최대의 대적이자 원수인 죄로 하여금 우리를 지배하게 하고 우리 의 머리가 되는 것을 허용했다면, 우리의 다른 원수들이 우리를 지배하게 될 것은 너무도 뻔한 일이다.

(6) 하나님으로부터 존귀함을 부여받아서 위엄 있고 뛰어난 민족이 되어 모

든 이웃 나라로부터 공경을 받았던 자들이 이제는 멸시를 받는 처지가 되었다는 것(8절). 전에 그에게 영광을 돌리던 모든 사람이 그를 업신여긴다. 그와의 동맹을 자랑하였던 나라들이 지금은 그 동맹을 하찮게 여기고 있다. 그가 영화를 누리고 번영하고 있을 때에는 그를 껴안으며 애정을 보였던 나라들이 이제는 그가 곤경에 처하여 그의 벗었음을 보고 그를 업신여긴다. 원수들이 그를 압도하는 것을 보고서, 그들은 그가 약하다는 것, 그들이 예전에 생각했던 것과는 달리 그가 강한 나라가 아니라는 것을 알게 된 것이다. 또한, 하나님의 심판이 그를 압도하는 것을 보고서, 그들은 이제는 다 드러나서 모든 사람들의 입에 오르내리는 그의 악을 알게 된 것이다. 이제 유다 백성들이 자신의 죄악으로 말미암아 스스로 얼마나 천하게 되어 버렸는지가 다 드러나게 되었다. 원수들이 그 앞에서 스스로 큰 체한다(9절). 원수들은 그를 짓밟고 모욕한다. 그들의 눈에 그는 상스러운 자가 되어 버렸고, 전에 열방의 머리였던 그가 지금은 열방의 꼬리가 되어 버렸다. 죄는 어느 민족에게나 치욕을 가져다 준다는 것을 명심하라.

(7) 비옥한 땅에 살았던 자들이 이제는 양식이 없어서 죽을 지경이 되었고 많은 이들이 실제로 죽었다는 것(11절). 그 모든 백성이 절망과 낙담 속에서 탄식한다. 그들은 거의 혼절한 지경이다. 양식을 구하나 구할 수가 없어서 그들의 심령은 아득해지고 그들은 탄식한다. 그들은 마침내 그 땅 백성의 양식이 떨어지는 극한 상황에까지 이르렀고(렘 52:6), 포로 생활 가운데서 양식을 얻고자 야단법석을 떨었다(애 5:6). 그들은 생명을 이으려고, 또는 혼절하기 직전이었던 생명을 다시 돌아오게 하려고(난외주에서는 이렇게 읽는다) 보물들, 즉 그들이 애지중지하여 바라만 보아도 기분이 좋았던 보석들과 그림들, 장롱과 벽장을 비롯한 온갖 가구들을 팔아서 그들 자신과 가족들이 먹을 양식을 샀다. 그들은 보약을 원했던 것이 아니라 그저 먹을 양식을 원하였다. 사람은 자기의 생명을 구하기 위해서는 자기의 모든 소유물을 내어 놓는 법이라서, 그들은 생명의 양식인 떡을 위하여 그들이 가진 모든 것을 내어놓았다. 좋은 것들을 많이 가진 자들은 그것들을 자랑하거나 좋아하지 않아야 한다. 왜냐하면, 그들이 일용할 양식을 구하기 위해서 그런 것들을 내놓아야 할 때가 올 수도 있기 때문이다. 생명을 유지하기에 충분한 양식을 가진 자들은 비록 좋은 것들을 가지고 있지 않더라도 그것만으로 만족하고 감사해야 한다.

2. 그들의 교회 체제와 관련된 참상들. 그들의 거룩한 신앙과 관련된 것들이 다 파괴되어 없어져 버린 것은 그들의 국가 체제와 관련된 것들이 멸망받은 것보다 훨씬 더 애곡해야 할 일이었다.

(1) 그들의 신앙 절기들은 더 이상 지켜지지 않게 되었다는 것(4절). 시온의 도로들이 슬퍼한다. 그 길들은 풀과 잡초로 뒤덮인 채 쓸쓸해 보였다. 그 길들은 사람들이 성전으로 통하는 대로로 끊임없이 지나다니는 모습을 보는 것만으로도 기분이 좋아지는 그런 곳이었는데, 이제는 거기에 오랜 시간 서 있어도 지나가는 행인을 한 명도 볼 수 없게 되었다. 왜냐하면, 절기를 지키러 나아가는 사람이 없기 때문이다. 우리의 절기의 성, 즉 우리가 절기를 지키던 성이 멸망당함으로써 절기를 지키는 것은 끝이 나 버렸다(사 33:20). 그들이 여호와의 절기들을 무시하고 더럽혔기 때문에(사 1:11-12), 그 절기들이 이제 끝장이 나 버린 것은 마땅한 일이다. 그러나 이렇게 시온의 길들이 슬퍼하는 모습을 볼 때, 시온의 모든 아들들은 그 길들과 함께 슬퍼할 수밖에 없다. 신앙적인 집회들이 다 깨져서 흩어져 버리고, 그 집회들에 즐거운 마음으로 참석하였던 자들이 거기에 참석할 수 없게 된 것을 보는 것은 선한 자들에게 너무나 가슴 아픈 일이다. 시온의 길들이 슬퍼한 것과 마찬가지로, 신실한 예배자들이 서로 만나곤 하였던 시온의 성문들도 적막하게 되어 버렸다. 왜냐하면, 이제는 거기에서 만나는 사람들이 아무도 없기 때문이다. 여호와께서 야곱의 모든 거처보다 시온의 문들을 사랑하셨던 때가 있었지만, 이제 하나님은 진노하셔서 그 문들을 버리고 떠나셨다. 그러므로 그 성문들은 그리스도께서 성전을 버리셨을 때에 그랬던 것처럼 황폐화될 수밖에 없다. 보라 너희 집이 황폐하여 버려진 바 되리라(마 23:38).

(2) 그들의 사역자들은 더 이상 그들이 원하는 예배를 집례할 수 없게 되어서 완전히 낙심하고 있다는 것. 성전이 황폐화되어서, 제사장들이 탄식한다. 그들의 찬송은 한숨으로 변해 버렸다. 그들이 한숨을 쉬는 것은 그들이 할 일이 없어졌고, 그래서 수입도 없어졌기 때문이다. 그들은 백성들과 마찬가지로 양식이 없어서 탄식한다. 왜냐하면, 여호와께 제사를 지낼 때에 드리는 예물들이 있어야 그들이 생계를 이어갈 수 있는데, 이제는 제사가 중단되었기 때문이다. 제사장들, 여호와의 사역자들이 탄식하는 때는 모두가 탄식해야 하는 때이다. 음악과 춤으로 절기들을 은혜롭게 하곤 하였던 처녀들도 근심하며 괴로워한다. 성경에서는 시온이 형통하던 때에 처녀들이 하나님을 섬겼던 일을 기록하고

있기 때문에(시 68:25, 소고 치는 처녀들 중에서 노래 부르는 자들은 앞서고 악기를 연주하는 자들은 뒤따르나이다), 지금 그런 것이 끊어져 버린 것도 기록하고 있는 것이다. 처녀들이 근심하기 때문에 시온도 곤고를 받았다. 즉, 시온의 모든 주민들도 근심한다. 그들은 절기로 말미암아 근심하는 자들이어서 그들에게 여호와의 절기가 겪는 치욕은 무거운 짐일 수밖에 없기 때문이다(습 3:18).

(3) 그들이 예배를 드리던 곳들이 더럽혀졌다는 것(10절). 이방인들이 그 성소에 들어갔다. 성전 자체에는 이스라엘 백성은 아무리 경건한 사람일지라도 들어가는 것이 허용되지 않았고, 오직 제사장들만이 들어갈 수 있었다. 비록 예배하기 위해서라도 외인이 성전에 가까이 오면 죽이게 되어 있었다(민 1:51). 그런데 지금 이방인들이 예배를 드리기 위해서가 아니라 약탈하기 위해서 환호성을 올리며 거침없이 성전으로 들어갔다. 하나님은 이방인들은 성회에 들어오지 못하고 이스라엘 백성과 합류할 수 없다고 명령하셨었다(신 23:3). 그렇지만 지금 그들은 아무런 제재도 받지 않고 성소에 들어간다. 하나님의 영광에 진정으로 관심을 가진 자들에게는 하나님의 율법들이 범해지고 거룩한 것들이 멸시받는 것을 보는 것보다 더 괴롭고 슬픈 일이 없다는 것을 명심하라. 그들은 원수가 성소에서 모든 악을 행하였다고 하소연하였다(시 74:3-4).

(4) 그들이 성전에서 하나님을 예배할 때에 사용하던 그릇들, 성전을 아름답게 장식하고 있던 온갖 귀한 물건들이 원수에게 약탈당하였다는 것(10절). 대적이 손을 펴서 그의 모든 보물들을 빼앗았나이다. 우리는 이 좋은 것들(보물들)이 무엇이었는지를 이사야 64:11을 통해서 알 수 있는데, 거기서 그들은 성전이 불에 탄 것과 아울러서 우리가 즐거워하던 것들이 다 황폐하였다고 탄식한다. 법궤와 제단을 비롯해서 하나님이 그들에게 임재해 계시다는 것을 나타내는 온갖 표징들은 다른 무엇보다도 그들이 즐거워하던 것들이었는데, 원수는 그런 것들을 다 부수고 떼어내서 그들의 나라로 가져가 버렸다. 이렇게 해서 딸 시온의 모든 영광이 떠나갔다(6절). 거룩함으로 인한 아름다움은 딸 시온이 지니고 있던 아름다움이자 영광이었다. 저 거룩하고 아름다운 집이었던 성전이 파괴되었을 때, 시온의 아름다움과 영광은 사라져 버린 것이었다. 그것은 은총이라 하는 막대기, 아름다운 홀(笏)을 꺾어 버린 것이었고, 언약의 담보물이자 봉인을 제거해 버린 것이었다(슥 11:10).

(5) 그들의 거룩한 날들은 조롱거리가 되었다는 것(7절). 대적들은 그의 안식

일들을 비웃었다. 원수들은 유다 사람들이 한 주간의 하루를 세상적인 일들에서 쉬는 날로 정해 놓고 지키는 것을 보고 비웃었다. 이방 시인이었던 유베날리스(Juvenal)는 유대인들이 그들의 생애 중에서 1/7을 그냥 날려 버리고 있다고 조롱하였다: "그들은 무슨 일이 있어도 안식일을 지키는데, 그렇게 해서 일주일 중 하루를 날려 버린다." 그러나 그의 조롱과는 정반대로, 안식일을 제대로 거룩하게 지키는 자들은 한 주간의 나머지 6일에 일한 것보다 안식일을 지킨 것으로 인하여 더 큰 상급을 받게 될 것이다. 유대인들이 그들의 하나님의 명령에 순종하여 그에게 영광을 돌리기 위하여 안식일을 지킨다고 고백하면, 대적들은 이렇게 반문하였다. "너희가 그렇게 해서 지금 얻은 것이 무엇이냐? 너희 하나님이 너희를 버려서 지금 너희가 이런 곤경에 처해 있는데, 그 하나님의 규례들을 지켜서 너희에게 무슨 이득이 있겠는가?" 하나님을 사랑하는 모든 자들에게는 하나님의 규례들, 특히 그의 안식일을 조롱하는 말을 듣는 것은 너무나 괴로운 일이다. 시온은 안식일을 그의 안식일이라 부른다. 왜냐하면, 안식일은 사람을 위하여 만들어진 것이기 때문이다. 안식일은 하나님이 제정하신 것이지만, 시온의 특권에 속한다. 시온의 모든 아들들은 안식일에 대한 모욕을 그들 자신에 대한 모욕으로 여겨서 마음에 깊이 새겨야 한다. 그들은 안식일이 조롱을 당한다고 해서 안식일이나 하나님의 다른 규례들을 별로 귀하지 않은 것이라거나 하찮은 것이라고 여겨서는 안 된다.

(6) 그들의 현재의 상태가 이전의 상태와 정반대라는 것이 이 모든 슬픔을 더욱 가중시키고 있다는 것(7절). 예루살렘이 환난과 유리하는 고통을 당하는 날, 모든 것이 캄캄하고 암울한 때에 그가 누렸던 옛날의 모든 즐거움들을 기억하고서, 그런 것들을 마음껏 누릴 수 있었던 그 때가 얼마나 소중했었는지를 이전보다 더 잘 알게 되었다. 하나님은 종종 우리에게서 긍휼들을 없애심으로써 그 긍휼들이 얼마나 소중한 것인지를 우리로 알게 만드신다. 한창 모든 일이 잘 되어 형통하던 상태에서 뚝 떨어져서 곤경을 당하게 되면 견디기가 훨씬 더 힘들어진다. 다윗은 하나님의 규례들에서 쫓겨난 후에 성일을 지키는 무리와 동행하여 하나님의 집으로 갔던 일을 기억하고서 가슴이 미어지는 듯 아팠다(시 42:4).

II. 예루살렘의 죄악들이 이 모든 재난들을 불러들인 원인이 되었다고 탄식함. 누가 도구로 사용되었든 이 모든 환난들을 주도하신 분은 하나님이셨다.

유다에 근심과 고통을 더하신 분은 여호와이셨다(5절). 유다가 범죄하였기 때문에 여호와께서는 의로우신 재판장으로서 그렇게 하셨다.

1. 유다의 죄는 헤아릴 수 없이 많다. 그의 환난이 많은가? 그의 죄는 그것보다 더 많다. 여호와께서 그를 곤고하게 하신 것은 그의 죄가 많기 때문이다(렘 30:14을 보라). 한 민족의 죄가 많은 때에는 우리는 욥의 경우와는 달리 까닭 없이 내 상처를 깊게 하신다(욥 9:17)고 말할 수 없다.

2. 그들은 천성적으로 가증한 자들이다(8절). 예루살렘이 크게 범죄하였다. 그들은 의도적이고 악의적으로 죄를 지었고, 여호와께서 미워하시는 가장 가증스러운 죄인 우상 숭배의 죄를 범하였다. 여호와를 믿는다고 고백하면서 특권들을 누리고 있는 예루살렘이 지은 죄들은 다른 나라들이 짓는 죄들보다 더 중대한 죄들일 수밖에 없다. 그는 크게 범죄하였고(8절), 그래서 **놀랍도록 낮아졌다**(9절). 큰 죄들은 놀라운 멸망을 가져온다는 것을 명심하라. 놀랍고 기이한 벌이 주어지는 행악자들이 종종 있는데(욥 31:3), 그 행악자들이 어떤 죄를 지었는지는 그들이 받는 벌에 분명하게 나타나 있다.

(1) 그들은 아주 억압적이었기 때문에 억압을 받는 것이 마땅하다(3절). 유다가 사로잡혀 간 것은 그들 가운데 부자들이 가난한 자들을 괴롭히고 종으로 혹독하게 부려먹었기 때문이고, 특히 그들이 히브리인 노비들을 억압하였기 때문이었다(렘 34:11; 갈대아 역본에 나오는 의역이 보여주듯이). 억압 또는 포학은 그들 가운데서 크게 소리치는 죄들 중의 하나였다(렘 6:6-7).

(2) 그들은 그들 자신을 더럽혔기 때문에 더러운 자들로 취급을 받는 것이 마땅하다. 그의 더러운 것이 그의 옷깃에 묻어 있기 때문에, 모든 사람이 그를 업신여긴다(8절). 그의 옷이 더러워진 것은 그가 죄의 진창 속에서 뒹굴었기 때문이다. 우리 자신이 우리의 영광을 더럽히지 않는 한, 그 누구도 우리의 영광을 더럽힐 수 없다.

(3) 그들은 아주 안일했기 때문에 이 멸망이 그들에게 갑자기 찾아온 것은 마땅하다(9절). 그는 그의 나중을 생각하지 아니한다. 그는 나중을 생각하라는 경고, 즉 그가 가고 있는 그 악한 길의 끝이 무엇일지를 생각해 보라는 경고를 받았지만 그 경고를 받아들이려 하지 않았다. 그래서 그는 아무리 경고를 해도 두려워하지 않았던 것을 한번 느껴보라고 놀랍도록 낮아졌다. 그러므로 하나님은 그들의 재앙을 기이할 정도로 극렬하게 하실 것이다.

III. 예루살렘의 친구들이 거짓되고 겁이 많으며 아주 냉정하다고 하소연함. 그의 친구들은 다 그를 배반하여 기만적으로 대하였기 때문에(2절), 사실상 원수들이 되었다. 그를 기만한 친구들은 그를 멸망시키는 자들만큼이나 그의 울분을 불러일으켰다. 우리 밑에서 부러지는 지팡이는 우리를 치는 지팡이만큼이나 우리에게 큰 해를 입힐 수 있다(겔 29:6-7). 그를 보호해 주었어야 할 그의 지도자들 또는 고관들은 그들을 지키기 위하여 원수와 맞서 싸울 용기를 갖고 있지 않다. 그들은 위험 신호가 오자마자 저항할 생각을 않고 줄행랑을 쳐버리는 사슴들 같다. 아니, 그들은 꼴이 없어 굶주려서 뒤쫓는 자 앞에서 힘없이 달아나지만 도망갈 힘조차 없어 곧 따라잡혀서 먹잇감이 되어 버리는 사슴들 같다. 그의 이웃들은 이웃답지가 않았다.

1. 그를 돕는 자가 없었다(7절). 그들은 도울 수도 없었고 돕고자 하지도 않았다.

2. 그를 위로할 자가 없다. 그에게 동정하거나 그의 슬픔을 덜어주기 위하여 어떻게 해보라고 얘기해 주는 자가 없다(7, 9절). 그들은 욥의 친구들처럼 그의 슬픔이 워낙 커서 위로해 보아야 아무 소용이 없다고 생각하였다. 그렇기 때문에 그들은 다 재난을 주는 위로자들이었다.

IV. 예루살렘의 하나님께 이 모든 일을 보시고 불쌍히 여겨 주시라고 하소연함(9절). "여호와여 나의 환난을 감찰하소서. 여호와여 나를 돌보시옵소서(11절). 나를 통촉하셔서 어떤 조치를 취하여 주소서." 우리의 무거운 짐들 아래에서 우리 자신이 평안해지는 유일한 길은 먼저 그 짐들을 하나님께 맡기고, 그가 기뻐하시는 대로 우리에게 행하여 주시라고 우리 자신도 하나님께 맡기는 것임을 명심하라.

[12]지나가는 모든 사람들이여 너희에게는 관계가 없는가 나의 고통과 같은 고통이 있는가 볼지어다 여호와께서 그의 진노하신 날에 나를 괴롭게 하신 것이로다 [13]높은 곳에서 나의 골수에 불을 보내어 이기게 하시고 내 발 앞에 그물을 치사 나로 물러가게 하셨음이여 종일토록 나를 피곤하게 하여 황폐하게 하셨도다 [14]내 죄악의 멍에를 그의 손으로 묶고 얽어 내 목에 올리사 내 힘을 피곤하게 하셨음이여 내가 감당할 수 없는 자의 손에 주께서 나를 넘기셨도다 [15]주께서 내 영토 안 나의 모든 용사들을 없는 것 같이 여기시고 성회를 모아 내 청년들을 부수심이여 처녀 딸 유

다를 내 주께서 술틀에 밟으셨도다 [16]이로 말미암아 내가 우니 내 눈에 눈물이 물 같이 흘러내림이여 나를 위로하여 내 생명을 회복시켜 줄 자가 멀리 떠났음이로다 원수들이 이기매 내 자녀들이 외롭도다 [17]시온이 두 손을 폈으나 그를 위로할 자가 없도다 여호와께서 야곱의 사방에 있는 자들에게 명령하여 야곱의 대적들이 되게 하셨으니 예루살렘은 그들 가운데에 있는 불결한 자가 되었도다 [18]여호와는 의로우시도다 그러나 내가 그의 명령을 거역하였도다 너희 모든 백성들아 내 말을 듣고 내 고통을 볼지어다 나의 처녀들과 나의 청년들이 사로잡혀 갔도다 [19]내가 내 사랑하는 자들을 불렀으나 그들은 나를 속였으며 나의 제사장들과 장로들은 그들의 목숨을 회복시킬 그들의 양식을 구하다가 성 가운데에서 기절하였도다 [20]여호와여 보시옵소서 내가 환난을 당하여 나의 애를 다 태우고 나의 마음이 상하오니 나의 반역이 심히 큼이니이다 밖에서는 칼이 내 아들을 빼앗아 가고 집 안에서는 죽음 같은 것이 있나이다 [21]그들이 내가 탄식하는 것을 들었으나 나를 위로하는 자가 없으며 나의 모든 원수들은 내가 재난 당하는 것을 듣고 주께서 이렇게 행하신 것을 기뻐하나이다 그러나 주께서 그 선포하신 날을 이르게 하셔서 그들이 나와 같이 되게 하소서 [22]그들의 모든 악을 주 앞에 가지고 오게 하시고 나의 모든 죄악들로 말미암아 내게 행하신 것 같이 그들에게 행하옵소서 나의 탄식이 많고 나의 마음이 병들었나이다

이 단락에 나오는 하소연들은 이 장의 앞 부분에 나오는 것과 실질적으로 동일하다. 그러나 이 단락에서 선지자는 애곡하는 교회의 이름으로 좀 더 구체적으로 이 재난들 속에 하나님의 손길이 개입되어 있다는 것과 그의 손길이 의로우시다는 것을 인정하고 고백한다.

I. 고통 중에 있는 교회는 여기에서 자신의 환난을 확대해서 보여준다. 그렇지만 교회가 이러는 것은 결코 엄살이 아니었다. 왜냐하면, 그의 신음 소리는 그가 얻어 맞은 것에 비하면 그리 큰 것이 아니었기 때문이다. 그는 모든 구경꾼들에게 호소한다. 나의 고통과 같은 고통이 있는가 볼지어다(12절). 예루살렘이 겪은 슬픔에 대하여 이런 말을 한다고 해도 그것은 과장이 아닐 것이다. 그러나 우리는 우리가 환난 가운데 있을 때에 그 환난을 너무 예민하게 받아들여서 엄살을 피우기 십상이다. 우리는 우리의 무거운 짐을 가장 많이 느끼지만 그 고통을 수긍하고 잘 받아들이려 하지 않기 때문에 우리의 고통 같은 고통은

결코 없었다고 소리치기 쉽다. 그렇지만 우리가 겪는 환난을 다른 사람들이 겪는 환난들 속에 함께 던져 놓고 서로 섞어서 모두 다 똑같은 양으로 분배해서 갖겠느냐고 하면, 우리는 모두 "제발, 나의 원래의 환난을 그냥 그대로 내게 주시오"라고 말하게 될 것이다.

Ⅱ. 교회는 그가 겪는 환난을 가져다준 도구들 너머에 계시는 분을 바라보고, 이 모든 환난을 지휘하고 결정하며 분배한 분이 바로 하나님이심을 인정한다. "나를 괴롭게 하신 분은 여호와이시다. 그가 내게 진노하셨기 때문에 나를 괴롭게 하신 것이다. 그의 진노가 얼마나 크셨는지는 내가 겪는 괴로움의 크기를 보면 알 수 있다. 여호와께서는 그의 진노하신 날에 나를 괴롭게 하셨다(12절)." 우리가 겪는 환난들이 하나님의 진노로부터 생겨난 것임을 알게 될 때, 그 환난들은 우리에게 큰 슬픔과 근심일 수밖에 없다. 여기에서 교회가 바로 그런 슬픔을 느끼고 있는 것이다.

1. 교회는 열병에 걸린 자 같고, 그 열병은 하나님이 보내신 것이다. "하나님이 나의 골수에 초자연적인 불을 보내어 그 골수를 이기게 하신다(13절). 그래서 나의 골수는 숯 같이 타서(시 102:3) 고통 가운데 말라 버렸다."

2. 교회는 그물에 걸린 자 같아서 거기에서 빠져 나오려고 몸부림을 치면 칠수록 더욱더 심하게 얽혀 들어가는 그런 상태에 있는데, 이 그물은 하나님이 치신 그물이다. "만약 하나님께서 내 발 앞에 그물을 쳐 놓지 않으셨다면, 원수들의 전략은 성공을 거둘 수 없었을 것이다."

3. 교회는 광야에 있는 자 같아서, 홀로 길을 가면서 제대로 방향을 잡지 못해서 헤매며 피곤하고 지쳐 있다. "하나님이 나로 물러가게 하셔서 내가 앞으로 나아갈 수가 없고, 그가 나를 황폐하게 하셨기 때문에 나는 의지할 것이 없어서 종일토록 피곤하다."

4. 교회는 멍에를 멘 자 같은데, 이 멍에는 섬김을 위한 것이 아니라 목과 발꿈치를 한데 얽어 묶은 고행의 멍에이다(14절). 내 죄악의 멍에를 그의 손으로 묶으신다. 우리는 우리의 범죄로 인해서 생긴 멍에 이외에는 그 어떤 멍에에도 결코 얽히지 않는다는 것을 명심하라. 죄인은 그 죄의 줄에 매인다(잠 5:22). 그리스도의 명령들로 이루어진 멍에는 쉬운 멍에이지만(마 11:30), 우리의 범죄의 멍에는 무거운 멍에이다. 하나님께서 우리의 죄에 대한 책임을 우리에게 물으시고, 우리의 죄로 인해 마땅히 받아야 할 내적·외적 환난들 속으로 우리를

집어넣으시는 것을 여기에서는 하나님이 그의 손으로 멍에를 묶으신다고 표현하고 있다. 하나님의 대리자인 양심이 우리를 묶어서 하나님의 심판에 넘기면, 멍에는 하나님의 공의의 손에 의해 묶이고 얽어지며, 하나님의 긍휼의 손 이외에는 그 어떤 것도 그 멍에를 풀지 못한다.

5. 교회는 먼지를 뒤집어쓴 자 같다. 하나님은 그의 모든 용사들을 발로 밟아서 그들로 하여금 설 수 없게 하시고, 연이은 심판으로 그들을 거꾸러뜨리시고서, 그들을 교만한 정복자들에게 넘겨 짓밟히게 하셨다(15절). 아니, 교회는 술틀에 있는 자 같아서 하나님의 진노의 포도주틀에서 포도처럼 짓밟힐 뿐만 아니라 짓뭉개지고 으깨져서, 그 피가 포도주처럼 뿜어져 나온다. 이렇게 처녀 딸 유다를 밟으신 분은 하나님이시다.

6. 교회는 원수들의 손에 있다. 그를 그들의 손에 넘기신 분은 여호와이시다(14절). 내가 감당할 수 없고 맞서서 대항할 수 없는 자의 손에 주께서 나를 넘기셨도다. 아니, 그들에 맞서 일어설 수 없을 뿐만 아니라 그들로부터 일어설 수 없도록 하기 위하여 하나님은 나를 그들의 손에 넘기셨다. 아니, 하나님은 그를 치기 위해 무리를 모아 내 청년들을 부수셨다. 그러한 무리는 대적해 보아야 아무 소용이 없다. 여호와께서 야곱의 사방에 있는 자들에게 명령하여 야곱의 대적들이 되게 하셨다(17절). 야곱에게 무수히 구원을 베푸셨던(시 44:4) 하나님이 이제는 야곱을 공격하라는 명령을 내리신다. 왜냐하면, 야곱이 그의 율법의 계명들을 불순종하였기 때문이다.

Ⅲ. 교회는 그의 참상을 구경한 자들에게 그를 불쌍히 여기고 동정심을 가져달라고 요구한다(12절). "지나가는 모든 사람들이여 이 일이 너희에게는 관계가 없는가. 너희는 아무렇지도 않게 나를 바라볼 수 있는가? 너희가 나를 불쌍히 여긴다는 것을 보여주는 어떤 생각이나 표정, 눈물 한 방울도 내게 보여줄 수 없을 정도로 너희의 마음은 금강석 같고 너희의 눈은 대리석 같은가? 너희가 육체를 지닌 인간이 맞기는 한 것인가? 너희 이웃집이 불이 났는데도 그것이 너희에게는 아무 일도 아니란 말인가?" 시온의 멸망이나 슬픔을 아무렇지도 않게 바라보는 자들이 있다. 그들은 야곱의 환난을 위하여 슬퍼하지 않는다. 교회는 얼마나 애절하게 그들의 연민을 구걸하고 있는가(18절)! "모든 백성들아 내 말을 듣고 내 고통을 볼지어다. 나의 하소연을 들어보고, 내 하소연이 일리가 있는지 생각해 보라." 이것은 욥이 친구들에게 요청했던 것이었다(욥 19:21).

나의 친구야 너희는 나를 불쌍히 여겨다오 나를 불쌍히 여겨다오. 우리의 친구들이 우리를 불쌍히 여기고 우리와 함께 눈물을 흘려준다면, 우리의 고통은 더 가벼워진다. 왜냐하면, 그것은 비록 우리가 환난 가운데 있지만 우리는 멸시받고 있는 것이 아님을 보여주는 증거가 되기 때문이다. 사람들은 환난 가운데에 있을 때에 다른 무엇보다도 남들로부터 멸시받게 되는 것을 가장 두려워한다.

IV. 교회는 이 재난들로 인한 그의 슬픔을 정당화한다(16절). "이로 말미암아 내가 아무도 보지 않는 밤중에 우니(2절) 내 눈에 눈물이 물 같이 흘러내린다." 이 세상은 하나님의 백성에게 눈물 골짜기라는 것을 명심하라. 시온의 아들들은 흔히 시온의 애곡하는 자들이다. 시온이 두 손을 폈다(17절). 이것은 여기에서 무엇을 원한다는 것을 나타내는 표현이 아니라 절망을 나타내는 표현이다. 그는 모든 것을 다 포기한 자처럼 두 손을 앞으로 쑥 뻗었다. 그가 이 격한 슬픔의 원인을 어떻게 설명하고 있는지를 살펴보자.

1. 그의 하나님이 그에게서 떠났다. 미가는 금으로 만든 신상들만을 가지고 있었을 뿐인 데도 그것들을 도둑맞자 이제 내게 오히려 남은 것이 무엇이냐 너희가 어찌하여 나더러 무슨 일이냐고 하느냐고 울부짖었다(삿 18:24). 여기서 교회는 극도로 슬퍼한다. 왜냐하면, 그를 위로하여 그의 생명을 회복시켜 줄 자가 멀리 떠났기 때문이다. 하나님은 위로자이시다. 하나님은 그를 위로해 주곤 하셨다. 오직 하나님이 진정한 위로를 주실 수 있으시다. 위로를 담고 있는 것은 하나님의 말씀이고, 그 위로의 말씀을 우리에게 전해 주시는 것은 하나님의 성령이시다. 하나님의 위로는 강력한 위로이기 때문에 심령을 회복시켜 줄 수 있다. 즉, 우리의 심령이 죽은 것 같이 되었을 때에 그것을 되가져와 소생시킬 수 있다. 우리 스스로는 심령을 되가져올 수 없다. 그러나 이제 하나님은 진노하셔서 떠나 버리셨다. 하나님은 내게서 멀리 계시고 멀리서 나를 바라보고 계신다. 성도들의 심령을 부흥시켜 주실 수 있는 유일한 위로자가 되시는 하나님이 멀리 계시면 성도들의 심령이 기력을 잃는 것은 이상한 일이 아님을 명심하라.

2. 그의 자녀들이 그의 곁을 떠나가서 그를 도울 자가 없다. 그가 우는 것은 라헬처럼 자녀들 때문이다. 그는 자식들이 없어졌기 때문에 위로 받기를 거절하는 것이다. 원수들이 이기매 그의 자녀들이 외롭고 처량하게 되었다. 그가 낳은 모든 아들 중에 그 손으로 그를 이끌 자가 없다(사 51:18). 그의 자녀들은 자기 한 몸도 제대로 건사할 수 없는데, 어떻게 그를 도울 수 있겠는가? 그의 기쁨이자 소

망이었던 처녀들과 청년들이 다 사로잡혀 갔다(18절). 성경에서는 갈대아인들이 청년 남녀를 불문하고 여자나 나이 어린 자들도 긍휼히 여기지 아니하였다고 말한다(대하 36:17).

3. 그의 친구들이 그를 실망시켰다. 어떤 친구들은 그를 도와 주고자 하지 않았고, 어떤 친구들은 도와 주고 싶어도 구해줄 수가 없었다. 그가 도와 달라고 두 손을 폈으나 그를 위로할 자가 없다(17절). 그를 위로할 수 있는 자도 없고, 위로하고자 하는 자도 없다. 그는 그의 사랑하는 자들을 불러서 도와 달라고 했고 그들을 사랑하는 자들이라 불렀지만, 그들은 그를 속였다(19절). 그들은 목마른 행인에게 여름날의 개울과 같다는 것이 증명되었다(욥 6:15). 우리가 피조물들에게 마음을 두고 기대를 하면 영락없이 속고 실망하게 된다는 것을 명심하라. 그의 우상들은 그가 사랑하는 자들이었고, 애굽과 앗수르는 그가 믿고 의지하던 나라들이었다. 그러나 그것들은 다 그를 속였다. 그가 형통할 때에는 그에게 알랑거리던 자들이 이제는 그가 역경에 처하자 그를 꺼리고 거리를 두었다. 하나님을 자신의 친구로 삼고 그의 사랑 안에 항상 있는 자들은 복이 있다. 왜냐하면, 하나님은 그들을 속이는 법이 없으시기 때문이다!

4. 그를 인도하는 임무를 맡은 자들은 그에게 어떤 도움도 줄 수 없게 되어 버렸다. 이 일에 앞장을 서야 마땅한 제사장들과 장로들은 굶주려서 죽었다(19절). 그들은 그들의 양식을 구하다가 기절하거나 죽었다. 그들은 살아 남기 위해서 양식을 구걸하러 다녔다. 지혜로운 자들에게 양식이 없고 제사장들과 장로들이 굶주려 죽는 그런 땅은 정말 기근이 심한 것이다. 제사장들과 장로들은 그의 위로자들이 되었어야 했다. 그러나 그들 스스로에게 위로가 없는데, 어떻게 그들이 남을 위로할 수 있겠는가? "그들이 내가 탄식하는 것을 들었고, 그러니 당연히 나를 도우러 달려 왔어야 하는데도, 나를 위로하는 자가 없다. 하나님은 내게서 사랑하는 자와 친구를 멀리 떠나게 하셨다."

5. 그의 원수들은 그가 상대하기에 너무 버거운 자들이었고, 그들은 그를 모욕하였다. 그들은 그를 이기고 압도하였다(16절). 밖에서는 칼이 모든 사람들의 생명을 닥치는 대로 빼앗아 가고, 안에서는 모든 양식이 성을 포위한 자들에 의해서 끊겨서, 전염병만큼이나 무서운 기근, 즉 죽음 같은 것이 있다. 밖으로는 칼이 있고, 안에서는 놀람이 있다(신 32:25). 이 재난을 집행하는 도구들이었던 원수들은 아주 야만적이었고, 이것을 지켜보았던 자들, 즉 에돔 사람들과 암몬

사람들은 이스라엘에 대하여 악감을 품고 있었다. 그들은 내가 재난 당하는 것을 듣고 주께서 그렇게 행하신 것을 기뻐하였다(21절). 그들은 그가 재난을 당하는 것 자체를 고소해 하였고, 그 재난이 하나님이 행하시는 일이라는 것을 기뻐하였다. 그들은 하나님과 그의 백성 이스라엘이 갈라선 것을 보고서 기뻐하였고, 그를 못볼 것을 보는 것처럼 대하였다. 예루살렘은 그들 가운데에 있는 불결한 자 같이 되어서, 그들은 그를 만지기를 꺼리고 그를 수치스럽게 여겼다(17절). 이 모든 상황에 비추어 볼 때, 그가 그의 현재의 처지를 슬퍼하여 그의 탄식이 많고, 앞으로 있을 일들을 걱정하며 그의 마음이 병든 것은 전혀 이상한 일일 수 없고 탓할 일도 아니다(22절).

　Ⅴ. **교회는 그의 죄악들이 이러한 가혹한 징계를 받을 만한 것이었음을 인정하고서 그에게 이 모든 것을 내리신 하나님이 의로우시다는 것을 시인한다.** 그를 무겁게 내리누르고 그의 목을 단단하게 조이고 있는 멍에는 그의 죄악의 멍에였다(14절). 우리가 족쇄를 차고 있다면, 그것은 우리 자신이 만들어 낸 족쇄이고, 우리가 회초리로 맞고 있다면, 그 회초리는 우리가 만들어 낸 회초리이다. 교회가 여기에서 마치 그가 여호와를 엄하고 가혹한 분으로 생각하고 있는 듯이 말하였다면, 그는 그 말을 수정하거나 해명을 하는 것이 마땅하다. 따라서 그는 여호와는 의로우시다는 것을 시인한다(18절). 하나님이 우리를 이렇게 대하심으로써 우리에게 잘못하시거나 해악을 끼치신 것이 없고, 우리는 하나님이 하신 이 일 속에 불의(不義)가 있다고 그를 고소할 수 없다. 아무리 사람들이 불의하고 하나님의 일들이 그들의 법과 모순된다고 할지라도, 우리는 여호와는 의로우셔서 그의 공의를 나타내신다는 것을 확신한다. 우리의 환난이 무엇이든, 하나님이 그 환난을 우리에게 가하기를 기뻐하신다면, 우리는 그 환난을 주시는 하나님은 의로우시다는 것을 시인하여야 한다는 것을 명심하라. 우리가 그것을 시인하지 않는다면, 우리는 하나님이나 우리 자신을 제대로 이해하고 있지 않은 것이다(대하 12:6). 그는 하나님이 하신 일들이 공평하다는 것을 시인하면서, 동시에 그가 한 일들은 다 죄악된 것들이라는 것을 시인한다. 내가 그의 명령을 거역하였도다(18절). 나의 반역이 심히 크도다(20절). 우리가 죄에 대하여 아무리 나쁘게 말한다고 하여도, 실제의 죄는 그것보다 더 나쁘기 때문에, 우리는 언제나 우리의 죄에 대하여 가장 나쁘게 말하여야 하고, 그것을 심히 큰 반역이라고 불러야 한다. 모든 참된 회개자들에게 죄는 하나님

에 대한 심히 큰 반역이다. 여기에서 그의 마음을 무겁게 한 것은 그가 겪는 환난보다도 그가 저지른 죄였다. "나의 반역이 심히 크기 때문에 그것이 나의 애를 다 태우고, 내 속은 요동치는 바다 같아서 나의 마음이 상하여 속이 뒤집어진다." 우리가 죄에 대하여 슬퍼할 때에는 크게 슬퍼하여야 하고 우리의 마음을 드려서 슬퍼하여야 한다는 것을 명심하라.

VI. 교회는 자신의 현재의 처지와 관련해서 하나님의 긍휼과 공의를 호소한다.

1. 교회는 그의 서글픈 처지를 하나님의 긍휼에 호소한다. 그의 처지는 하나님이 불쌍히 여기시기에 적절한 대상이 되었다는 것이다(20절). "여호와여 보시옵소서 내가 환난을 당하나이다. 나의 처지를 살피셔서, 주께서 기뻐하시는 대로 나를 도와 주실 조치를 취해 주소서." 우리의 심령을 짓누르는 환난들이 하나님 앞에 다 훤히 알려져 있다는 사실은 우리에게 위로가 되는 일이다.

2. 교회는 원수들이 그에게 가한 해악들을 하나님의 공의에 호소한다(21-22절). "주께서 그 선포하신 날, 곧 지금 나를 박해하는 원수들을 나와 같이 되게 하고 지금 내 손에 들린 이 두려워 떨게 하는 잔을 그들의 손에 쥐어 주시기 위해 주의 계획 속에서 정해 놓으셨고 예언들을 통해 공표하셨던 그 날을 이르게 하실 것이나이다." 이 본문은 "그 정해진 날이 이르게 하소서"라고 기도로 해석할 수도 있다. 그랬을 때에 기도는 계속해서 다음과 같이 이어진다. "그들의 모든 악을 주 앞에 가지고 오게 하시고, 그들의 모든 악을 기억하시며 벌하소서. 그들이 내게 행한 온갖 불의들을 인하여 그들에게 보복하소서(시 109:14-15). 주께서 나의 모든 죄악들로 말미암아 내게 행하신 것 같이 그들의 범죄들로 말미암아 그들에게 행하실 때가 속히 오게 하소서." 이 기도는 교회가 하나님이 그의 말씀 속에서 이미 밝히신 것에 동의하는 가운데 그의 원수들과 연합할 가능성을 부정하는 것임과 동시에 그들의 멸망을 예언하는 것이다. 우리의 기도는 하나님의 말씀과 일치하여야 한다는 것을 명심하라. 우리는 다른 날이 아니라 하나님이 정해 놓으신 바로 그 날이 속히 오게 해 달라고 기도하여야 한다. 우리는 우리의 원수들을 불쌍히 여기는 마음으로 그들을 위하여 기도하고 그들을 용서해 달라고 해야 하지만, 회개하고 하나님께 영광을 돌리고자 하지 않는 원수들에 대하여 하나님께서 이미 말씀하신 것이 이루어지도록 믿음으로 기도할 수 있다.

제 2 장

개요

알파벳 시 형식으로 된 두 번째 애가는 첫 번째 애가와 동일한 애곡하는 어조로 되어 있고, 그 내용도 거의 동일하다. 이 애가도 앞의 애가처럼 '에카'(슬프다)로 시작된다. "우리의 처지가 얼마나 서글픈가! 우리가 슬프도다!" I. 시온이 겪는 재난들의 원인이 시온의 하나님의 진노 때문임을 말함(1-9절). II. 시온이 겪는 재난들의 결과로 시온의 자녀들이 슬퍼한다는 것을 말함(10-19절). III. 시온이 하나님께 하소연하고, 그의 처지를 하나님께 맡기면서 불쌍히 여기시고 깊이 통촉해 주시기를 바람(20-22절). 상처를 주신 분이 온전하게도 해주셔야 한다.

[1]슬프다 주께서 어찌 그리 진노하사 딸 시온을 구름으로 덮으셨는가 이스라엘의 아름다움을 하늘에서 땅에 던지셨음이여 그의 진노의 날에 그의 발판을 기억하지 아니하셨도다 [2]주께서 야곱의 모든 거처들을 삼키시고 긍휼히 여기지 아니하셨음이여 노하사 딸 유다의 견고한 성채들을 허물어 땅에 엎으시고 나라와 그 지도자들을 욕되게 하셨도다 [3]맹렬한 진노로 이스라엘의 모든 뿔을 자르셨음이여 원수 앞에서 그의 오른손을 뒤로 거두어 들이시고 맹렬한 불이 사방으로 불사름 같이 야곱을 불사르셨도다 [4]원수 같이 그의 활을 당기고 대적처럼 그의 오른손을 들고 서서 눈에 드는 아름다운 모든 사람을 죽이셨음이여 딸 시온의 장막에 그의 노를 불처럼 쏟으셨도다 [5]주께서 원수 같이 되어 이스라엘을 삼키셨음이여 그 모든 궁궐들을 삼키셨고 견고한 성들을 무너뜨리사 딸 유다에 근심과 애통을 더하셨도다 [6]주께서 그의 초막을 동산처럼 헐어 버리시며 그의 절기를 폐하셨도다 여호와께서 시온에서 절기와 안식일을 잊어버리게 하시며 그가 진노하사 왕과 제사장을 멸시하셨도다 [7]여호와께서 또 자기 제단을 버리시며 자기 성소를 미워하시며 궁전의 성벽들을 원수의 손에 넘기셨으매 그들이 여호와의 전에서 떠들기를 절기의 날과 같이 하였도다 [8]여호와께서 딸 시온의 성벽을 헐기로 결심하시고 줄을 띠고 무너뜨리는 일에서 손을 거두지 아니하사 성벽과 성곽으로 통곡하게 하셨으매 그들이 함께 쇠하였

도다 [9]성문이 땅에 묻히며 빗장이 부서져 파괴되고 왕과 지도자들이 율법 없는 이방인들 가운데에 있으며 그 성의 선지자들은 여호와의 묵시를 받지 못하는도다

하나님의 교회, 야곱과 이스라엘, 시온과 이스라엘의 상태에 관하여 여기에 나오는 묘사는 정말 서글프다. 그러나 이 단락에서 강조점은 내내 그들을 지금 힘들게 하고 있는 이 재난들 속에 있는 하나님의 손길에 두어지고 있는 것으로 보인다. 그들이 슬퍼하는 것은 이런저런 일들이 일어났다는 것이라기보다는 하나님이 그 일들을 행하셨다는 것과 하나님이 그들에게 화가 나셨다는 것이다. 그들을 징계하시는 분, 그들을 분노와 진노로 징계하시는 분은 하나님이시다. 하나님은 그들의 원수가 되셔서 그들과 싸우고 계신다. 바로 이것이 환난과 참상 속에서 가장 쓰디쓴 부분이다.

I. 하나님께서 그의 교회를 기뻐하시고 그에게 친구로 나타나신 때가 있었다. 그러나 지금은 교회는 하나님의 진노의 대상이다. 하나님은 그에게 화가 나 계시고, 그를 원수로 대하신다. 교회는 이 점을 여기에서 빈번하게 반복하여 얘기하면서 몹시 슬퍼한다. 하나님은 그가 행하신 일들을 그의 진노 중에 행하셨다. 이 때문에 오늘날은 우리에게 정말 우울한 날이 되어 버렸다. 지금은 그의 진노의 날이고(1절), 그는 노하사(2절) 맹렬한 진노로(3절) 헐어 버리시고 폐하셨다(6절). 하나님의 은총이 얼마나 소중한지를 아는 자들에게는 그의 진노보다 더 두려운 것은 없다는 것을 명심하라. 사랑의 교정(矯正)은 참기가 쉽지만, 사랑의 책망은 깊은 상처를 준다. 맹렬한 불 같이 야곱을 불사른 것은 하나님의 진노였고(3절), 그 진노는 소멸시키는 불이었다. 그 불은 사방을 삼켰다. 즉, 그 불은 그의 모든 존귀함들과 위로들을 다 삼켜 버렸다. 이것은 소돔과 고모라에 비처럼 내렸던 유황불 같은 그런 불처럼 쏟아진 노(怒)였다(4절). 그러나 이 불을 붙인 것은 그들의 죄였다. 하나님은 자기 자녀들에게 자애로운 아버지이시기 때문에 자녀들이 그를 진노하게 하여 화를 낼 수밖에 없는 상황인 경우를 제외하고는 결코 자녀들에게 화를 내지 않으신다. 또한, 하나님은 진노의 이유에 걸맞는 정도로만 진노하신다. 하나님이 그들과 맺으신 언약은 그들이 그의 목소리를 청종하면 그가 그들의 원수에게 원수가 되겠다는 것이었고(출 23:2), 실제로 그들이 그에게 꼭 붙어 있는 동안에는 그는 그렇게 하셨다. 그러나 이제 그는 그들의 원수가 되셨다. 아니, 꼭 원수는 아니라고 해도, 적어도

그는 그들에게 원수 같이 되셨다(5절). 그는 원수 같이 그의 활을 당기셨다(4절). 그는 대적처럼 칼을 빼드시고 그의 오른손을 그들을 향하여 쭉 뻗고 서 계셨다. 하나님은 자기 백성에게 진노하시거나 진노 중에 그들을 바로잡으실 때에도 결코 그들의 원수가 아니시다. 우리는 우리의 가장 가까운 친구들이나 혈육들에게 몹시 화가 날 수는 있지만, 그렇다고 해서 그들에게 적대감을 품지는 않는다. 종종 하나님은 자기 백성에게 원수 같이 행하실 수 있는데, 그들에 대한 그의 모든 섭리가 외적으로 볼 때에 그들을 멸망시키는 쪽으로 흘러가고, 모든 일이 그들을 대적하는 것이고 그들을 위하는 일은 하나도 없을 때가 바로 그런 때이다. 그러나 모든 적대감을 없애시고 우리와 하나님을 화목하게 만드신 우리의 평화이신 그리스도가 계시는 것을 인하여 하나님을 찬송하라. 우리는 그리스도 안에서 우리를 고발하는 자와 함께 있을 때에 합의를 볼 수 있다. 우리를 고발하는 자와 다투는 것은 헛된 일이기 때문에, 그렇게 하는 것이 우리의 지혜이다. 그리스도께서는 우리에게 평화를 위한 유리한 조건들을 제시하신다.

Ⅱ. 하나님의 교회가 빛을 발하며 열방들 중에서 유력한 나라였던 때가 있었다. 그러나 지금은 주께서 딸 시온을 아주 무시무시한 흑암 같은 구름으로 덮으셔서(1절), 시온으로 하여금 그의 얼굴을 볼 수 없게 하셨다. 짙은 구름(원어는 이런 의미이다), 검은 구름은 시온의 모든 영광을 가려 버렸고, 시온의 탁월함을 은폐해 버렸다. 이 구름은 하나님이 그들을 이끄셔서 광야를 통과하게 하실 때에 그들을 인도하던 그런 구름도 아니고, 하나님이 성전을 그의 영광을 가득 채우셨을 때의 그런 구름도 아니다. 광야에서 그들을 인도하였던 구름의 반대쪽은 옛적에 홍해에서는 애굽 사람들을 향하였지만 지금은 그들을 향해 있다. 이제 이스라엘의 아름다움은 하늘에서 땅으로 던져졌다. 그들의 고관들(삼하 1:19), 그들이 드리던 예배, 거룩함으로 인한 그들의 아름다움, 그들로 하여금 이웃 나라들의 사랑과 존경을 받게 만들어 주었던 모든 것들은 그들을 하늘까지 높여 주었었지만 이제는 다 시들어서 사라져 버렸다. 왜냐하면, 하나님이 그것을 구름으로 덮어 버리셨기 때문이다. 하나님은 이스라엘의 모든 뿔(3절), 그의 모든 아름다움과 위엄(시 132:17), 그의 모든 풍성함과 충만함, 그의 모든 힘과 권위를 자르셨다. 그들은 교만하여져서 그들의 뿔을 높이 들어 하나님을 대적하였기 때문에, 하나님이 그들의 뿔을 자르신 것은 의로우신 일이었다. 하나님은 그들의 힘을 빼앗으셔서 그들의 원수들을 대항하거나 저항할 수 없게

만들어 버리셨다. 하나님은 그들의 오른손을 뒤로 거두어 들이셨다. 그래서 그들은 원수들에게 타격을 가할 수도 없었고, 원수들이 가하는 타격을 막을 수도 없었다. 하나님이 여로보암에게 그러셨듯이 그들의 오른손을 뒤로 거두어 들이셔서 시들어 버리게 하셨는데, 어떻게 그들의 손이 원수에게 대항할 수 있겠는가? 용맹하기로 유명했던 민족이 뒤로 물러섬이 없이 제자리를 지키며 적을 대항할 수 없게 되었을 때, 이스라엘의 아름다움은 무너진 것이었다.

Ⅲ. 예루살렘과 유다의 성읍들이 견고하고 잘 요새화가 되어 있어서, 적은 물론이고 주민들에 의해서도 난공불락으로 생각되었던 때가 있었다. 그러나 이제 여호와께서 진노 가운데서 그것들을 삼키셨다. 그것들은 다 사라져 버렸다. 나루들과 장벽들은 제거되고, 침략자들은 아무런 저항도 받지 않았다. 그들의 힘이자 자랑이었던 웅장한 구조물들은 무너뜨려져서 황폐화되었다.

1. 여호와께서 진노 가운데 야곱의 모든 거처들, 곧 성읍들과 시골에 있는 모든 집들을 삼키셨다(2절). 그것들은 불에 타거나 다른 식으로 완전히 파괴되어서 아무런 잔해도 남아 있지 않았기 때문에 삼켜진 것처럼 보였다. 하나님은 삼키시고 긍휼히 여기지 아니하셨다. 사람들은 하나님이 호화롭게 잘 지어지고 사치스러운 가구들이 들어 있는 값비싼 집들은 완전히 멸하시고 가난한 자들의 집은 그냥 남겨 두셔서 그들이 이렇게 살 집이 없어서 떠도는 일이 없게 하셨더라면 더 좋았을 것이라고 생각할지도 모른다. 그러나 하나님이 평소에 보여 주셨던 연민은 이번에는 베풀어지지 않은 것으로 보인다. 그는 사자가 그의 먹잇감을 삼키듯이 이스라엘을 삼키셨다(5절).

2. 하나님은 백성들의 거처만이 아니라 고관들과 큰 자들이 살던 그 모든 궁궐들과 으리으리하고 견고하며 호화롭고 잘 방비가 되어 있는 큰 저택들도 삼키셨다(5절). 하나님의 심판은 궁궐이나 저택들도 오두막집처럼 아주 쉽게 삼켜 버린다. 여기에서처럼 궁궐이나 저택들이 죄로 더럽혀져 있다면, 그것들은 저주를 받고 심판을 받게 되리라는 것을 예상하여야 한다. 하나님의 심판은 그 집들을 나무와 돌과 아울러 불사를 것이다(슥 5:4).

3. 하나님은 그들의 거처만이 아니라 그들의 견고한 성채들, 그들의 요새들과 기지들도 파괴하셨다. 그는 노하사 그러한 것들을 허물어 땅에 엎으셨다. 그것들이 하나님의 심판이 나아가는 것을 어떻게 가로막을 수 있겠는가? 결코 그럴 수 없다. 그것들은 추풍낙엽처럼 떨어질 수밖에 없고, 그 토대까지 다 허물

어져서 땅에 엎어질 수밖에 없다(2절). 그가 견고한 성들을 무너뜨리셨다(5절). 그것들이 무슨 힘으로 하나님을 대적할 수 있었겠는가? 이렇게 해서 하나님은 딸 유다에 근심과 애통을 더하셨다. 왜냐하면, 그들은 그들의 모든 방어 시설이 다 무너져 없어져 버린 것을 보았을 때에 공포에 질려 경악할 수밖에 없었을 것이기 때문이다. 이것은 7-9절에서 다시 한 번 역설된다. 하나님은 그 궁궐들을 삼키시기 위하여 그들의 안전을 보장해 주었던 궁전의 성벽들을 원수의 손에 넘기셨고, 그 성벽들이 무너지자 궁전도 순식간에 무너져 내렸다. 하나님이 불의 성벽이 되셔서 그들 주변을 지켜 주시지 않으면, 궁전의 성벽들은 그들을 보호해 줄 수 없다. 이 일을 하나님은 그의 진노 가운데서 행하셨지만, 계획 가운데서 치밀하게 행하셨다. 그것은 이전에 세워진 계획의 결과였고, 지혜롭고 꾸준하게 진행된 섭리에 의해서 이루어진 일이었다. 왜냐하면, 여호와께서는 이미 딸 시온의 성벽을 헐기로 결심하셨기 때문이다. 하나님은 이 일을 집행하기 위해서 계획적으로 갈대아 군대를 불러들이셨다. 하나님께서 그의 교회에 어떤 심판을 행하시든, 그것은 다 그의 계획을 따라 이루어지는 것임을 명심하라. 하나님은 우리를 심판하시는 일이라도 우리에게 정해 두신 일을 행하신다. 그리고 일을 진행하실 때에 하나님은 그 일을 정확히 정해진 대로 행하시기 위하여 측량하는 줄을 펼치신다. 여기까지 멸망시키고 더 이상은 멸망시키지 말라. 이 줄을 따라 표시해 둔 부분 외에는 멸망시키지 말라. 또는, 이것은 혼란의 줄(사 34:11), 모든 것을 평평하게 만들어 버리기 위한 수평을 재는 줄을 가리킬 수도 있다. 왜냐하면, 하나님은 멸망시키는 일을 계속하시는 모습으로 나오기 때문이다. 하나님은 대적 같이 자기 백성을 치러 뻗으셨던 오른손을 무너뜨리는 일에서 거두지 아니하셨다(4절). 계획한 것이 이루어질 때까지는 멸망시키는 일은 계속될 것이고, 그의 손은 그의 계획을 끝까지 이룰 때까지는 거두어들여지지 않을 것이다. 그래서 하나님은 유다 백성들이 좋아하였고 그들을 즐겁게 해주었을 성벽과 성곽으로 통곡하게 하셨기 때문에, 그것들이 함께 쇠하였다. 하나님은 성벽과 성곽 또는 그 위에 있던 보루들을 한꺼번에 무너뜨리셔서, 그것들이 서로를 위안으로 삼게 하셨다. 시온의 성문들도 순식간에 사라져 버렸기 때문에, 사람들은 아마도 그것들이 자체의 무게 때문에 땅으로 꺼져 버렸나 생각했을 것이다. 하나님은 그 빗장들, 즉 이전에 그렇게 견고했던 예루살렘 성문의 문빗장들을 부수고 파괴하셨다(시 147:13). 하나님이 우리에게서 그의 보호하심을 거두시면, 문이나 빗장은 우리에게 아무런 도움도 되지 못한다.

Ⅳ. 그들의 정부가 번창하고, 그들의 고관들이 이름을 날리며, 그들의 나라가 열방 가운데서 큰 나라였으며, 나라들 간의 힘의 균형이 그들 편으로 쏠려 있었던 때가 있었다. 그러나 지금은 상황이 정반대가 되었다. 주께서 나라와 그 지도자들을 욕되게 하셨도다(2절). 그들이 먼저 우상 숭배로 그들 자신을 더럽히고 욕되게 하였고, 그러자 하나님께서 그들을 더럽혀진 물건처럼 대하셨다. 하나님은 그들에게 꼭 맞는 자리, 즉 거름더미에 그들을 던져 버리셨다. 하나님은 신성한 것(우리는 장엄하고 위엄이 있는 것을 이렇게 표현한다)으로 여겨졌던 그들의 영광을 버리셔서 짓밟히고 더럽혀지게 하셨다. 하나님이 진노하사 왕과 제사장을 멸시하시자(6절), 언제나 범할 수 없는 위엄을 지닌 자들로서 공경할 자들로 여겨졌던 왕과 제사장이 모든 사람들에 의해서 멸시를 받게 된 것은 전혀 이상한 일이 아니다. 하나님은 그들을 버리셨다. 하나님은 그들을 왕권 언약과 제사장 언약을 통해서 그들에게 수여된 존귀함을 누릴 가치가 없는 자들이자 그런 특권을 상실한 자들로 보셨다. 그러자 시드기야 왕은 멸시와 학대를 당하였고, 대제사장 스라야는 악행자로 처형당하였다. 왕관은 그들의 머리에서 떨어졌다. 왜냐하면, 왕과 지도자들이 이방인들 가운데서 죄수들로 있으면서 그들에 의해서 온갖 모욕을 당하고(9절) 그들의 신분을 무시당한 채 단지 평민으로만이 아니라 가장 미천한 자들로 취급받고 있기 때문이다. 죄로 말미암아 자신의 품격을 떨어뜨린 자들을 하나님께서 그의 심판을 통해서 천대를 받게 하시는 것은 의로우신 일이라는 것을 명심하라.

Ⅴ. 하나님의 규례들이 그들 가운데서 힘 있고 순결하게 시행되었고, 하나님이 그들과 함께 계신다는 표징들을 그들이 가지고 있었던 때가 있었다. 그러나 지금은 그들은 그런 것들을 다 빼앗겼고, 이스라엘의 아름다움이자 영광이었던 그런 것들, 그들의 가장 큰 아름다움이었던 그것들은 다 사라져 버렸다.

1. 법궤는 그룹 천사들 사이의 시은좌(施恩座, mercy-seat) 아래에 있던 하나님의 발판이었다. 이것은 다른 모든 것들 중에서 하나님의 임재를 나타내는 가장 신성한 상징이었다(그것은 그의 발등상 또는 발판으로 불린다, 대상 28:2; 시 99:5; 132:7). 거기에 하나님의 영광(Shechinah)이 머물러 있었고, 이스라엘은 이 영광을 바라봄으로써 흔히 보호와 구원을 받았다. 그러나 이제 하나님은 그의 발판을 기억하지 아니하셨다. 법궤 자체가 갈대아인들의 손에 넘어가는 수

모를 겪은 것으로 보인다. 하나님은 진노하셔서 법궤를 내던져 버리셨다. 왜냐하면, 그것은 더 이상 그의 발판이 되지 못할 것이기 때문이었다. 법궤 이전에 그의 발판이었던 땅도 마찬가지 운명을 맞을 것이다(사 66:1). 그의 임재가 떠난 마당에 그것을 상징하는 것들이 무슨 가치가 있겠는가! 또한, 하나님께서 그의 법궤를 원수의 손에 붙이신 것이 이번이 처음도 아니었다(시 78:61). 하나님과 그의 나라는 그런 발판 없이도 설 수 있다.

2. 거룩한 일들을 섬기던 자들은 딸 시온의 장막에서 그의 눈에 아름다웠었다(4절). 그들은 눈보다 깨끗하고 젖보다 희었었다(애 4:7). 모든 선한 자들의 눈에는 성막에서 섬기는 자들보다 더 아름다운 것은 없다. 그러나 지금은 그들은 죽임을 당하고, 그들의 피는 그들의 제물에 섞였다. 이렇게 제사장도 왕과 마찬가지로 멸시를 당하였다. 시온의 장막에서 눈에 아름다웠던 자들이 죽임을 당할 때, 우리는 그 속에서 하나님의 손길을 보아야 한다는 것을 명심하라. 그 일을 하신 것은 하나님이시다. 나답과 아비후의 경우에서처럼, 이스라엘 온 족속은 여호와께서 치신 불로 말미암아 슬퍼하여야 한다(레 10:6).

3. 성전은 하나님의 성막이었지만(솔로몬이 성전을 짓기 전에는 성막이 그의 성전으로 불리었다, 시 27:4), 하나님은 그의 초막을 헐어 버리셨다(6절). 그는 그 말뚝들을 뽑아 버리시고 줄들을 끊어 버리셨다. 그것은 더 이상 장막이 아니게 되었고, 그의 성막은 더더욱 될 수 없었다. 동산을 지키는 자가 자신의 초막을 다 사용하고나서 더 이상 쓸 일이 없게 되었을 때에 그것을 허물듯이, 하나님은 그의 초막을 헐어 버리셨다. 그는 마치 그것이 그저 포도원의 망대나 참외밭의 원두막(사 1:8), 또는 파수꾼의 초막(욥 27:18)인 것처럼 별로 애석해하시거나 주저하지 않으시고 금세 손쉽게 헐어 버리셨다. 사람들이 하나님의 성막을 더럽혔을 때에 그가 그것을 그들에게서 빼앗아 버리시는 것은 마땅하다. 하나님은 그들의 성회들을 기뻐하지 아니하셨다(암 5:21). 그들은 그를 진노케 하여 그들에게서 물러가게 하였기 때문에, 그가 성회로 모이던 곳들을 폐하신 것은 전혀 이상한 일이 아니었다. 하나님의 예배가 가증스러운 것이 되어 버렸는데, 그들에게 예배 장소가 무슨 소용이 있단 말인가? 그는 이제 자기 성소를 미워하셨다(7절). 그의 성소는 그가 미워하시는 유일한 것인 죄로 더럽혀졌고, 이 때문에 그는 그가 기뻐하셨고 그가 영원히 쉴 곳이라고 하셨던 그의 성소까지 미워하셨다(시 132:14). 하나님은 전에 실로에도 이렇게 행하셨었다. 전에는 절기

의 날에 성전 찬송들과 음악으로 가득하였던 여호와의 전에서 이제는 원수들이 욕하고 상스러운 말을 지껄이며 크게 떠들어댔다(시 74:4). 어떤 이들은 성회로 모이던 곳들(6절)을 단지 성전만이 아니라, 원수들이 불살랐던 회당들과 선지자 학교들도 의미하는 것으로 이해한다(시 74:8).

4. 사람들은 절기들과 안식일을 주의 깊게 기억하였었고, 항상 그것들을 마음에 두고 있었다. 그러나 이제는 여호와께서 저 멀리 떨어져 사는 시골에서만이 아니라 시온에서조차도 절기와 안식일을 잊어버리게 하셨다. 왜냐하면, 그것들을 기억할 자가 아무도 남아 있지 않았고, 그것들을 지키는 데에 사용되었던 장소들도 남아 있지 않았기 때문이다. 시온이 폐허로 변해 버린 지금, 안식일은 한 주간의 다른 날들과 차이가 없었다. 모든 날은 애곡하는 날이었기 때문에, 모든 절기들은 잊혀졌다. 하나님께서 안식일과 절기들을 소중히 여기거나 정성껏 지키지 않고 도리어 그것들을 더럽힌(이것은 하나님이 유대인들을 고소할 때에 자주 언급하셨던 죄들 중의 하나였다) 자들에게서 그것들로 인한 유익과 위로를 빼앗아 버리신 것은 의로우신 일이었음을 명심하라. 인자의 날들을 오랫동안 보아 왔으면서도 그 날들을 무시해 왔던 자들은 인자의 날 하루를 보고자 하여도 볼 수 없게 될 것이다(눅 17:22).

5. 그들이 드린 예물들을 거룩하게 해주었던 제단이 이제는 버려졌다. 왜냐하면, 하나님은 더 이상 그들의 예물을 받지 않으실 것이고 그들의 제사를 통해 영광을 받지도 않으실 것이기 때문이다(7절). 제단은 여호와의 식탁이었지만, 하나님은 더 이상 그들 가운데서 살림을 꾸려나가지 않으실 것이다. 그는 그들이 바치는 제물을 흠향하지도 않으실 것이고, 그들과 함께 흠향하지도 않으실 것이다.

6. 하나님은 그들을 축복하셔서 그들에게 선지자들과 율법 교사들을 주셨었다. 그러나 이제는 그들에게 율법이 없다(9절). 백성들은 더 이상 율법을 읽지 않고, 서기관들은 율법을 설명해 주지 않는다. 율법을 새긴 돌판들은 법궤와 함께 사라져 버렸다. 그들은 율법책을 빼앗기고, 백성들은 율법책을 가지고 있는 것이 금지되었다. 성경이 있을 때에 그것을 제대로 선용하지 못한 자들에게 성경이 있어 보아야 무슨 소용이 있겠는가? 그 선지자들은 여호와의 묵시를 받지 못한다. 하나님은 선지자로도, 꿈으로도 그들에게 대답하지 않으셨는데, 이것은 사울이 겪은 비극적인 일이기도 하였다(삼상 28:15). 그들은 하나님의 선

지자들을 박해하였고, 그들이 여호와에게서 받은 묵시들을 멸시하였다. 그러므로 하나님이 그들에게 더 이상 선지자도 없을 것이고 묵시도 없을 것이라고 말씀하시는 것은 마땅한 일이다. 이제 그들은, 사람들에게 듣기 좋은 말들만을 해주고 자기 마음에서 지어낸 묵시들로 사람들을 속였던 선지자들을 찾아 가야 한다. 왜냐하면, 하나님의 말씀으로 그들을 위로해 주거나, 그들에게 언제까지 그럴 것이냐고 책망해 주는 선지자가 그들 가운데 없을 것이기 때문이다. 하나님의 선지자들을 멸시하는 자들이 그런 선지자들을 잃는 것은 당연한 일이다.

[10]딸 시온의 장로들이 땅에 앉아 잠잠하고 티끌을 머리에 덮어쓰고 굵은 베를 허리에 둘렀음이여 예루살렘 처녀들은 머리를 땅에 숙였도다 [11]내 눈이 눈물에 상하며 내 창자가 끊어지며 내 간이 땅에 쏟아졌으니 이는 딸 내 백성이 패망하여 어린 자녀와 젖 먹는 아이들이 성읍 길거리에 기절함이로다 [12]그들이 성읍 길거리에서 상한 자처럼 기절하여 그의 어머니들의 품에서 혼이 떠날 때에 어머니들에게 이르기를 곡식과 포도주가 어디 있느냐 하도다 [13]딸 예루살렘이여 내가 무엇으로 네게 증거하며 무엇으로 네게 비유할까 처녀 딸 시온이여 내가 무엇으로 네게 비교하여 너를 위로할까 너의 파괴됨이 바다 같이 크니 누가 너를 고쳐 줄소냐 [14]네 선지자들이 네게 대하여 헛되고 어리석은 묵시를 보았으므로 네 죄악을 드러내어서 네가 사로잡힌 것을 돌이키지 못하였도다 그들이 거짓 경고와 미혹하게 할 것만 보았도다 [15]모든 지나가는 자들이 다 너를 향하여 박수치며 딸 예루살렘을 향하여 비웃고 머리를 흔들며 말하기를 온전한 영광이라, 모든 세상 사람들의 기쁨이라 일컫던 성이 이 성이냐 하며 [16]네 모든 원수들은 너를 향하여 그들의 입을 벌리며 비웃고 이를 갈며 말하기를 우리가 그를 삼켰도다 우리가 바라던 날이 과연 이 날이라 우리가 얻기도 하고 보기도 하였다 하도다 [17]여호와께서 이미 정하신 일을 행하시고 옛날에 명령하신 말씀을 다 이루셨음이여 긍휼히 여기지 아니하시고 무너뜨리사 원수가 너로 말미암아 즐거워하게 하며 네 대적자들의 뿔로 높이 들리게 하셨도다 [18]그들의 마음이 주를 향하여 부르짖기를 딸 시온의 성벽아 너는 밤낮으로 눈물을 강처럼 흘릴지어다 스스로 쉬지 말고 네 눈동자를 쉬게 하지 말지어다 [19]초저녁에 일어나 부르짖을지어다 네 마음을 주의 얼굴 앞에 물 쏟듯 할지어다 각 길 어귀에서 주려 기진한 네 어린 자녀들의 생명을 위하여 주를 향하여 손을 들지어다 하였

도다 [20]여호와여 보시옵소서 주께서 누구에게 이같이 행하셨는지요 여인들이 어찌 자기 열매 곧 그들이 낳은 아이들을 먹으오며 제사장들과 선지자들이 어찌 주의 성소에서 죽임을 당하오리이까 [21]늙은이와 젊은이가 다 길바닥에 엎드러졌사오며 내 처녀들과 내 청년들이 칼에 쓰러졌나이다 주께서 주의 진노의 날에 죽이시되 긍휼히 여기지 아니하시고 도륙하셨나이다 [22]주께서 내 두려운 일들을 사방에서 부르시기를 절기 때 무리를 부름 같이 하셨나이다 여호와께서 진노하시는 날에는 피하거나 남은 자가 없나이다 내가 낳아 기르는 아이들을 내 원수가 다 멸하였나이다

여기에 나오는 절들이 애가라 불리는 것은 마땅하다. 이 절들은 아주 애절한 애가들로서 온통 슬픔으로 가득찬 표현들뿐이고, 에스겔의 두루마리 책의 내용처럼 애곡과 재앙의 말만 기록되어 있다(겔 2:10).

I. 여러 가지 애곡하는 모습들이 여기에 나온다. 그 모습들은 아주 생생하게 표현되어 있다.

1. 화려한 옷을 입고 다니던 판관들과 방백들은 그런 옷을 빼앗긴 채 상복을 입었다(10절). 장로들은 이제 더 이상 재판 자리, 곧 다윗의 집의 보좌들에 앉아 있지 않고, 땅에 앉아 있다. 이것은 그들이 몸을 의탁할 만한 자리가 없어서이거나 큰 슬픔의 표현일 것이다. 욥의 친구들도 그와 함께 땅에 앉아 있었다(욥 2:13). 그들은 전에는 성문에서 입을 열어 자신의 견해를 애기했지만, 지금은 슬픔에 압도되어 무슨 말을 해야 좋을지를 몰라서 잠잠하다. 그들은 상주(喪主)들처럼 티끌을 머리에 덮어쓰고 굵은 베를 허리에 둘렀다. 그들은 그들의 권세와 부를 잃어서 이렇게 슬퍼하고 있는 것이다. 재산을 잃었을 때에 흘리는 눈물이야말로 진짜 눈물이다.

2. 화려하게 치장하고 늘인 목을 하고 다니던 처녀들은 이제 낮아졌다(사 3:16). 예루살렘 처녀들은 머리를 땅에 숙였도다. 슬픔이라고는 아예 생각을 못하고 언제나 즐거워만 하던 자들이 슬픔을 알게 되었다.

3. 선지자 자신이 애곡하는 자들의 본보기가 되었다(11절). 그의 눈은 눈물에 상하였다. 그는 더 이상 울음이 나오지 않을 때까지 울었고, 거의 눈이 멀 정도까지 울었다. 그는 마음속에서 북받쳐 오르는 슬픔을 밖으로 다 표현할 수 없었다. 그가 이 재난을 미리 내다보았을 때에도 그랬듯이(렘 4:19-20), 그의 창

자는 끊어지는 것 같았다(이제는 그 고통이 가라앉을 만한 데도). 그러한 재난을 미리 예견하였기 때문에 갑자기 당한 일이 아닌데도, 주체할 수 없는 슬픔이 그에게 밀려와서 그의 간은 땅에 쏟아지는 것 같았다. 그는 자기가 완전히 녹아 내리는 것 같이 느꼈다. 그의 내장은 다 녹아 내리고 풀어져 버렸다(시 22:14). 예레미야는 정복자들에게서 다른 사람들보다 더 좋은 대우를 받았고, 전에 그의 동포들로부터 받았던 것보다 더 좋은 대우를 받았다. 그들의 멸망은 그의 구원이었고, 그들이 포로로 잡혀간 것은 그의 해방이었다. 그들은 포로로 끌려갔지만, 그는 특별 대우를 받았다. 그렇지만 그의 사적인 문제는 공적인 문제에 의해 삼켜졌다. 그는 마치 이 민족적인 재난에서 자기가 가장 큰 피해자라도 되는 듯이 딸 그의 백성이 패망한 것을 너무도 애통해하였다. 우리의 나라와 땅에 하나님의 심판이 있다면, 우리 자신은 비록 그 심판을 피하여 안전하다고 할지라도, 우리는 그것을 애통해하여야 한다는 것을 명심하라.

II. 애곡하라는 부름들이 여기에 나온다. 그들의 마음이 주를 향하여 부르짖었다(18절). 어떤 이들은 이것이 참된 회개의 부르짖음이 아니라 처절한 탄식의 부르짖음이었다고 생각한다. 그들의 마음은 슬픔으로 꽉 차서 소리쳐서 울부짖는 것으로 그 슬픔을 발산하지 않으면 안 되었는데, 그러면서 하나님의 이름을 사용했을 뿐이라는 것이다. 그렇지만 우리는 그들 중의 다수는 곤고함 속에서 하나님께 긍휼을 베풀어 주시라고 진심으로 부르짖었을 것이라고 생각한다. 또한, 선지자도 그들에게 계속해서 그렇게 부르짖으라고 명령한다. "딸 시온의 성벽아, 그러니까 성벽 위에 있는 너희 파수꾼들아(사 62:6), 원수들이 성벽 주위에 진을 치고 성벽을 향하여 다가오는 것을 볼 때에 계속해서 슬퍼할지어다. 또는, 딸 시온아, 성벽이 무너지는 추가적인 재난으로 인하여(성벽은 도성이 함락된 지 한 달 후쯤 무너졌다) 계속해서 슬퍼할지어다." 느헤미야는 오랜 후에 예루살렘 성벽이 무너져 있는 것을 보고서 여러 날 동안 슬퍼하였다(느 1:3-4). "너는 밤낮으로 눈물을 강처럼 흘릴지어다. 쉴 새 없이 울고, 우는 것을 쉬지 말라. 네 눈동자를 쉬게 하지 말지어다." 이것은 다음과 같은 것들을 보여준다.

1. 재난들이 계속해서 이어질 것이고, 슬픈 일들이 끊임없이 발생해서 밤낮으로 슬퍼하게 되리라는 것.

2. 그들이 점점 하나님의 손길 아래에서 무감각해지고 둔해져서, 그들의 교만하고 완악한 마음이 철저하게 낮아지고 부드러워질 때까지 그들의 심령을

더욱더 괴롭게 하라고 계속해서 독려를 받을 필요가 있으리라는 것.

Ⅲ. 애곡해야 할 이유들이 여기에 나온다. 그들이 슬퍼하고 애곡해야 할 재난들이 아주 자세하고 애절하게 묘사되고 있다.

1. 많은 사람들이 아주 혹독한 심판이 기근에 의해서 죽었다. 기근으로 죽은 자들의 모습은 참으로 비참하였다. 하나님은 전에도 한동안 비를 내리지 않으셔서 양식이 부족하게 하심으로써 그들을 징계하여 바로잡고자 하셨으나(렘 14:1), 그들은 낮은 수준의 이 심판을 통해서는 회개에 이르지 못하였다. 그래서 이제 하나님은 원수들로 하여금 철통 같이 성을 포위하게 하시는 극약 처방을 통해서 그들에게 회개할 것을 촉구하셨다.

(1) 아이들은 어머니의 품 안에서 굶어 죽었다. 남의 도움이 없이는 살아갈 수 없는 천진난만한 어린 자녀와 젖 먹는 아이들이 먹을 양식이 없어서 성읍 길거리에서 상한 자처럼 기절하였다(11-12절). 굶어 죽은 자들이나 칼에 찔려 죽은 자들이나 죽기는 매한가지이다. 그들은 꽤 오랜 날들 동안 그들의 가난한 어머니를 붙잡고 배를 채울 양식과 정신을 차리게 해줄 포도주를 달라고(이제 포도주를 마실 만큼 자랐기 때문에) 떼를 썼을 것이다. 그러나 그들에게 줄 양식과 포도주는 없다. 그래서 마침내 그들은 그의 어머니들의 품에서 마지막 숨을 쉰 후에 혼이 떠나고 만다. 이것은 19절에서도 다시 한 번 언급된다. 그들이 각 길 어귀에서 주려 기진한다. 그렇지만 이것이 최악의 상황은 아니었다.

(2) 어머니가 자기 아이들을 직접 죽여서 먹는 일도 있었다(20절). 양식이 다 떨어졌기 때문에, 여인들이 자기 몸의 열매, 그러니까 그들이 낳은 한 뼘밖에 안 되는 아이들을 먹었다(이것은 하나님의 경고의 말씀대로 된 것이었다, 신 28:53). 사마리아가 포위되었을 때에도 이와 같은 일이 벌어졌다(왕하 6:29). 이런 극단적인 일들, 아니 이런 만행이 저질러진 것은 기근 때문이었다. 우리는 풍족할 때에 우리 자신과 우리의 자녀들을 위하여 넉넉한 양식을 주신 하나님께 감사하여야 한다.

2. 많은 사람들이 칼에 의해 죽었다. 칼이 갈대아인들 같은 잔인한 원수들의 손에 들렸을 때, 그 칼은 무수한 사람들을 연이어 삼켰다.

(1) 그들은 사람이 누구냐를 따지지 않고, 아무리 고명(高名)한 사람이라도 살려두지 않았다. 하늘로부터 보호를 받고 땅에서 존경을 받아야 할 제사장들과 선지자들조차도 홉니와 비느하스처럼 그들의 자리를 벗어나 전쟁터에 나가

있었던 것도 아니고 주의 성소에서 자신의 직무에 충실하고 있는 중에 죽임을 당하였다.

(2) 그들은 나이도 따지지 않고, 칼로 죽이기에는 너무 어리거나 나이가 많은 자들까지도 살려두지 않았다. "아직 무기를 들 나이가 되지도 않은 어린 아이들과 전쟁에 나갈 힘도 없는 노인들도 다 길거리에서 죽임을 당하여 땅에 엎드러져서, 그들을 묻어줄 자비로운 손길을 기다리고 있다."

(3) 그들은 남녀도 가리지 않고 다 죽였다. 내 처녀들과 내 청년들이 칼에 쓰러졌나이다. 아무리 야만적인 전쟁에서도 처녀들은 약탈의 대상이 되기는 했지만 목숨은 살려두는 법이었는데(민 31:18; 삿 5:30), 갈대아인들은 청년들은 말할 것도 없고 처녀들도 칼로 죽였다.

(4) 이것은 하나님께서 하신 일이었다. 하나님은 갈대아인들의 칼로 하여금 이렇게 무차별적으로 사람들을 삼키게 하셨다. 하나님께서 주의 진노의 날에 그들을 죽이셨다. 왜냐하면, 하나님은 그의 뜻대로 죽이기도 하시며 살리기도 하시며 살아남게도 하시기 때문이다(신 32:39). 그러나 하나님께서 긍휼히 여기지 아니하시고 도륙하신 것은 너무도 가혹하다. 왜냐하면, 하나님은 이스라엘의 곤고로 말미암아 마음에 근심하시기 때문이다. 그들을 이렇게 잔인하게 죽인 원수들은 하나님이 소집하시고 부르신 자들이었다(22절). "주께서 내 두려운 일들, 즉 내게 두려움의 대상인 갈대아인들을 사방에서 부르시기를 절기 때 무리를 부름 같이 하셨나이다. 예전에 절기 때에 예배자들로 북적거렸던 예루살렘은 지금은 원수들로 빽빽이 들어차서, 그 원수들은 수적으로도 그들을 압도하였기 때문에, 아무도 피하거나 남아 있지를 못하였다. 예루살렘은 완전히 도살장이 되어 버렸다. 어머니들은 그들이 사랑과 정성으로 온갖 수고를 하며 돌보아 길렀던 그들의 자녀들이 꽃도 피워 보지 못하고 이렇게 비인간적으로 갑자기 죽어가는 모습을 보고서 가슴이 찢어지는 듯하였다. 내가 낳아 기르는 아이들을 내 원수가 다 멸하였으니, 이것은 마치 내가 그 아이들을 살인자에게 갖다 바치기 위해서 키운 것 같고 도살자를 위하여 어린 양들을 키운 것 같다(호 9:13). 그들 모두의 어머니였던 시온은 자신의 뜰에서 말씀으로 훈계하며 키웠던 자들이 이렇게 허무하게 죽어가는 것을 보며 애통해하였다.

3. 그들의 거짓 선지자들은 그들을 속였다(14절). 이것은 예레미야가 오래 전에 탄식하였던 일이었고 큰 관심으로 지켜 보았던 일이었다(렘 14:13). 슬프

도소이다 주 여호와여 보시옵소서 선지자들이 그들에게 이르기를 너희가 칼을 보지 아니하리라 하나이다. 그는 이 말씀을 여기 그의 애가 속에 끼워 넣는다. 네 선지자들이 네게 대하여 헛되고 어리석은 묵시를 보았도다. 그들은 하나님의 마음과 뜻을 너를 위해 구하고 그런 후에 네게 밝히는 척하였고, 전능자의 묵시들을 본 후에 그것들을 그들에게 말해 주는 척하였다. 그러나 그들의 묵시들은 다 헛되고 어리석은 것들이었다. 그들이 묵시라고 하는 것들은 다 그들 자신의 생각 속에서 지어낸 것들이었다. 만약 그들이 어떤 묵시를 정말 보았다고 생각했다면, 그 묵시는 단지 머리가 이상해졌거나 무언가를 몰두해서 골똘히 생각하다가 헛 것을 본 것일 뿐이었다. 이것은 그들이 묵시라고 하며 전한 것들이 모두 다 무익하고 부적절한 것들이었다는 데에서 그대로 증명이 되는 것이었다. 아니, 그들은 그 묵시들이 가짜이고 모두 위조된 것임을 스스로 알고 있었으면서도, 그것들을 이용해서 사람들로부터 어떤 이득을 챙기고 있었을 가능성이 높다. 그들은 하나님의 선지자들이 아니라 네 선지자들이다. 하나님은 결코 그들을 보내지 않으셨고, 그들은 그의 마음에 합한 목회자들도 아니었다. 단지 백성들은 그들을 세워서 자기들이 듣고 싶은 말들을 들려주기를 바랐던 것이기 때문에, 그 선지자들은 그들의 마음에 합한 선지자들이었다.

(1) 선지자들은 백성들에게 그들의 잘못들을 말해 주고 그들의 죄를 보여주어서, 그들로 하여금 회개하여 그들의 파멸을 미리 막을 수 있게 해 주어야 한다. 그러나 이 선지자들은 그들이 그렇게 하면 백성들의 사랑과 물질적인 지원을 잃게 되리라는 것을 알고 있었고, 또한 그들 자신도 백성들과 똑같은 죄들을 범하고 있었기 때문에 백성들을 책망할 수도 없었다. 그래서 그들은 백성들의 죄악을 드러내지 않았다. 이 선지자들이 백성들에게 죄를 깨우쳐 주어서 백성들이 그 죄악을 제거한다면 포로로 잡혀가는 일도 없었을 것인데도, 그들은 백성들의 죄를 보지 못하였거나 보았다고 하더라도 그 죄 속에 악이나 위험이 별로 없다고 생각해서, 백성들에게 그 죄를 말해 주려고 하지 않았다.

(2) 선지자들은 백성들에게 하나님의 심판이 그들에게 임할 것임을 경고해 주어야 하지만, 이 선지자들은 백성들에 대한 거짓 경고만 보았다. 그들은 그들이 하나님으로부터 받아서 백성들에게 전하는 체했던 메시지들이 거짓된 것임을 알고 있었다. 그들은 듣기 좋은 말로 백성들을 달래주어 육적인 안일에 빠지게 함으로써, 백성들의 죄를 분명하게 지적해 주었다면 막을 수도 있었을 재

난이 실제로 일어나게 만들었다.

4. 그들의 이웃들은 그들을 비웃었다(15절). 모든 지나가는 자들이 다 너를 향하여 박수친다. 예루살렘은 열방들 가운데서 대단한 명성을 얻고 있었고 영향력도 셌다. 그것은 주변의 모든 나라들이 부러워하고 두려워하던 것이었다. 하지만 예루살렘이 이렇게 쇠락해져 버리자, 그 모든 나라들은 예루살렘이 멸망한 것을 기뻐하였다(사람들도 이런 경우에 그렇게 하기 쉬운 것처럼). 그들은 예루살렘이 잘난 척하더니 꼴 좋게 됐다고 기뻐하며 비웃고 머리를 흔들었다. 그들은 이렇게 비웃었다. "온전한 영광이라 일컫던 성이 이 성이냐(시 50:2). 지금은 온전한 꼴불견이 되고 말았구나! 그 모든 영광은 지금 어디로 다 가버린 것이냐? 모든 세상 사람들의 기쁨이라 일컫던 성이 이 성이냐(시 48:2). 다른 어느 곳보다도 하나님의 풍성한 은혜의 선물들을 누렸기 때문에 모든 세상 사람들이 기뻐하였던 성이 이 성이냐? 그 모든 기쁨과 영광은 지금 어디로 가 버린 것이냐?" 이렇게 다른 사람들의 불행을 조롱하고 비웃는 것은 큰 죄로서 괴로움을 당한 자들에게 훨씬 더 큰 괴로움을 더해준다.

5. 그들의 원수들은 그들에 대하여 의기양양해하였다(16절). 예루살렘과 그의 평화에 대하여 품고 있던 악감을 평소에는 숨기고 있던 그들이 이제는 그들의 앙심과 악의를 쏟아내고 있다. 그들은 이제 그들의 입을 넓게 벌린다. 그들은 경멸과 분노의 표시로 비웃고 이를 간다. 그들은 그를 쳐부순 것과 예루살렘을 점령하여 많은 노략물들을 얻은 것을 기뻐한다. "우리가 그를 삼켰도다. 이 일은 우리가 한 일이고 우리의 업적이다. 예루살렘은 이제 모두 우리의 것이다. 사람들은 결코 예전처럼 예루살렘에게 구애하거나 그를 두려워하지 않을 것이다. 우리가 바라던 날이 과연 이 날이라 우리가 얻기도 하고 보기도 하였다. 과연, 우리가 해냈도다." 원수들은 교회가 멸망한 것을 보면 충격을 받아서 의기양양해하며 기뻐하는 경향이 있다. 그러나 그들은 착각하고 있는 것이다. 왜냐하면, 음부의 권세가 교회를 이기지 못할 것이기 때문이다.

6. 이 모든 일에서 그들의 하나님은 그들을 대적하셨다(17절). 여호와께서 이미 정하신 일을 행하셨다. 예루살렘을 멸망시킨 자들은 위에서 주지 아니하셨더라면 그들을 해할 권한이 없었을 것이다. 원수들은 하나님의 손에 들린 칼에 지나지 않는다. 그들을 무너뜨리시고 긍휼히 여기지 아니하신 것은 하나님이다. "이번에 우리와 다투실 때에 하나님은 여느 때와는 달리 우리에 대한 연민을

조금도 보이지 않으셨다." 하나님은 원수가 너로 말미암아 즐거워하게 하셨고 (욥 30:11을 보라), 네 대적자들의 뿔을 높이 들리게 하셔서, 원수들에게 교만할 수 있는 빌미를 주셨다. 하나님이 그들의 원수가 되셨다는 것은 그들의 고통을 최고조로 가중시킨 요인임과 동시에 그 고통을 인내해야 하는 아주 강력한 이유이기도 하다. 우리가 하나님이 행하시는 일에 순복해야 하는 이유는 다음과 같다.

(1) 그 일은 하나님이 그의 뜻을 행하시는 것이기 때문이다. 여호와께서 이미 정하신 일을 행하셨다. 그것은 계획 속에서 차분히 진행되어 온 일이지, 결코 갑자기 기분 내키는 대로 행해진 일이 아니다. 그것은 하나님이 계책을 세워 내리신 재앙이고(렘 18:11), 우리는 하나님이 그 의도에 정확히 부합하게 계책을 세우셨음을 믿는다. 하나님이 자기 백성을 칠 계획을 세우셨다면, 그것은 어디까지나 자기 백성을 위한 것이고, 그것은 결국 밝혀지게 될 것이다.

(2) 그 일은 하나님이 미리 말씀하신 예언들을 이루시는 것이기 때문이다. 그것은 성경을 응하게 하는 것이다. 하나님은 옛날에 명령하신 말씀을 이제 이루신 것이다. 하나님은 모세를 통해서 그들에게 율법을 주실 때에 그들이 율법을 범하는 경우에는 어떤 심판이 있으리라는 것을 분명하게 말씀해 주셨다. 그런데 그들이 이 율법을 범하는 죄를 저질렀기 때문에, 하나님은 그 율법에 따른 판결을 집행하신 것이다(레 26:16 이하; 신 28:15). 교회에 대한 하나님의 모든 섭리들을 보며 그의 말씀이 어떻게 성취되었는지를 주목해 보는 것은 좋은 일이다. 왜냐하면, 하나님의 손에 의한 심판과 그의 입에 의한 심판은 정확히 일치하고, 이 둘을 서로 비교해 보면 서로가 서로를 설명해 주고 예시해 주기 때문이다.

IV. 선지자는 이러한 애곡들을 치유하기 위한 위로들을 찾아서 제시한다.

1. 선지자는 예루살렘을 위로하기 위한 적절한 말을 찾고자 한다(13절). 처녀 딸 시온이여 내가 무엇으로 너를 위로할까. 우리는 재난 당한 것을 진심으로 슬퍼할 뿐만 아니라 그러한 재난을 당한 자들을 위로하려고 애써야 하고, 그 재난을 최대한으로 선용하여 재난을 당한 자들을 올바른 길로 인도하는 지혜를 보여야 한다. 우리는 환난을 당한 친구들과 슬픔을 같이 함으로써 그들을 위로하려고 힘써야 한다. 이제 여기에서 선지자는 친구들이 환난을 당했을 때에 사람들이 가장 많이 사용하는 두 가지 방식의 위로를 제시하면서, 그러한 위로들

은 예루살렘에는 통하지 않는다는 것을 보여준다. 우리는 보통 환난 당한 우리의 친구들에게 다음과 같이 말함으로써 그들을 위로하려 한다.

(1) 그들의 경우가 특별한 것도 아니고 전례가 없는 것도 아니라는 것. 즉, 그들보다 더 큰 환난을 당하여 더 큰 슬픔에 빠진 자들은 얼마든지 있다고 말해 주는 것이다. 그러나 예루살렘의 경우는 이러한 위로의 말이 잘 맞지 않는다. "내가 무엇으로 네게 비유할까 내가 무엇으로 네게 비교하여 너를 위로할까. 너와 견줄 만한 환난을 당한 성이나 나라가 어디에 있을까? 내가 너의 현재의 재앙에 견줄 만한 예가 있다는 것을 증명해 줄 수 있는 증인을 과연 세울 수 있을까? 슬프다! 너와 같은 슬픔을 겪은 자는 아무도 없다. 왜냐하면, 너와 같은 영광을 누린 자가 아무도 없었기 때문이다."

(2) 그들의 처지가 절망적이지 않고, 쉽게 치유될 수 있다는 것. 그러나 현실적인 가능성에 비추어 볼 때에 그런 위로의 말도 예루살렘의 경우에는 잘 맞지 않는다. 왜냐하면, 너의 파괴됨이 바다 같이 크기 때문이다. 바다는 종종 육지에 틈을 내는데, 이 틈은 봉합이 될 수 없고 도리어 시간이 갈수록 점점 더 넓어져 간다. 네가 상처를 입었는데, 누가 너를 고쳐 줄소냐. 너와 같이 만신창이가 되도록 황폐화된 것은 인간의 지혜나 힘으로는 고칠 수 없다. 그러므로 이러한 통상적인 위로의 말들로 예루살렘을 위로해 보려고 해보았자 아무 소용이 없다.

2. 선지자가 치유 방법으로 제시하는 것은 하나님 앞에 나아가서 회개하는 기도를 통해 그들의 처지를 하나님께 맡기고 끊임없이 간절하게 기도를 하라는 것이다(19절). "초저녁에 네가 의기소침해서 앉아 있는 티끌 가운데서 일어나 부르짖을지어다. 남들이 잠들어 있을 때에 너는 무릎을 꿇고 하나님의 긍휼을 끈질기게 구하라. 밤의 네 경점이 시작될 때마다 먼저 눈을 뜨고 깨어나서(시 119:148) 기도에 온전히 몰입하여 마음을 열고 진심으로 기도하며 여호와 앞에 너의 형편을 다 펼쳐놓고 네 마음을 주의 얼굴 앞에 물 쏟듯 할지어다. 거룩한 소원과 기대를 가지고서 주를 향하여 손을 들지어다. 네 어린 자녀들의 생명을 위하여 간구하되, 나는 범죄하였고 악을 행하였거니와 이 가엾은 어린 양들은 무엇을 행하였나이까라고 하소연하고(삼하 24:17), 너에 대해서는 여호와여 보시옵소서 주께서 누구에게 이같이 행하셨는지요(20절)라고 아뢰어라. 그들은 주의 소유된 백성이 아니며, 주의 벗인 아브라함의 자손이 아니며, 주의 택함 받은 자 야

곱의 자손이 아니나이까? 여호와여, 그들의 처지를 불쌍히 여기시고 통촉하옵소서!" 기도는 모든 고통을 덜어주는 약이고, 모든 병을 치유해 주는 약이라는 것을 명심하라. 그 고통이 아무리 심하고, 그 병이 아무리 중해도, 기도는 그것들을 다 치유해 준다. 우리가 기도를 통해 해야 할 일은 하나님께 이렇게 저렇게 해 달라고 하는 것이 아니라, 하나님의 지혜와 뜻에 따르겠다고 동의하고, 우리의 형편과 처지를 그에게 맡기며 우리는 거기에 손을 놓는 것이다. 여호와여 보시옵시고 통촉하옵소서. 주의 뜻이 이루어지이다.

제
— 3 —
장

개요

이 장의 요지는 앞의 두 장과 동일하지만, 구성이 좀 다르다. 앞에서는 하나의 절이 길었지만, 여기에서는 절이 짧고 다른 종류의 보격(步格)이 사용되고 있다. 앞에서는 한 절이 하나의 알파벳 문자로 되어 있었지만, 여기에서는 세 절이 동일한 하나의 알파벳 문자로 되어 있다. I. 하나님의 진노와 그 결과들에 대한 서글픈 하소연(1-20절). II. 환난과 고통 속에 있는 하나님의 백성에 대한 위로의 말씀들(21-36절). III. 이 환난의 상태에서 그들이 해야 할 본분을 제시함(37-41절). IV. 추가적인 하소연(42-54절). V. 하나님께 소망을 두고 계속해서 구원을 기다리라는 격려와 교회를 박해한 자들을 공의로 다스려 주시라는 호소(55-66절). 어떤 이들은 여기에 나오는 애가가 예레미야 선지자가 감옥에 갇혀서 박해를 받을 때에 지은 것이라고 본다. 그러나 이 애가는 선지자가 지금 포로로 끌려가고 황폐화되어 있는 교회를 대신해서 그 심정을 토로한 것이라고 보아야 할 것이다. 선지자는 교회가 황폐화된 것에 대하여 특별한 관심을 가지고 있었다. 그러나 여기에 나오는 하소연들은 앞 장에 나오는 것들보다 더 일반적인 성격을 지니고 있고, 회중만이 아니라 개인의 처지에도 적용될 수 있게 되어 있어서, 성회가 아니라 골방에서 사용하도록 의도된 것으로 보인다. 어떤 이들은 예레미야가 이스라엘을 위해 중보기도 하는 자로서만이 아니라 그리스도의 모형으로서 이러한 하소연들을 하고 있다고 생각한다. 그리스도께서 이 땅에 계실 때에 백성들 중에는 그가 예레미야 선지자라고 생각하는 사람들이 있었다(마 16:14). 왜냐하면, 그리스도께서는 눈물을 많이 흘리셨기 때문이다. 여기에 나오는 구절들 중 다수는 그리스도께 적용될 수 있다.

¹여호와의 분노의 매로 말미암아 고난 당한 자는 나로다 ²나를 이끌어 어둠 안에서 걸어가게 하시고 빛 안에서 걸어가지 못하게 하셨으며 ³종일토록 손을 들어 자주자주 나를 치시는도다 ⁴나의 살과 가죽을 쇠하게 하시며 나의 뼈들을 꺾으셨고 ⁵고통과 수고를 쌓아 나를 에우셨으며 ⁶나를 어둠 속에 살게 하시기를 죽은 지 오랜 자 같게 하셨도다 ⁷나를 둘러싸서 나가지 못하게 하시고 내 사슬을 무겁게 하셨으며 ⁸

내가 부르짖어 도움을 구하나 내 기도를 물리치시며 ⁹다듬은 돌을 쌓아 내 길들을 막으사 내 길들을 굽게 하셨도다 ¹⁰그는 내게 대하여 엎드려 기다리는 곰과 은밀한 곳에 있는 사자 같으사 ¹¹나의 길들로 치우치게 하시며 내 몸을 찢으시며 나를 적막하게 하셨도다 ¹²활을 당겨 나를 화살의 과녁으로 삼으심이여 ¹³화살통의 화살들로 내 허리를 맞추셨도다 ¹⁴나는 내 모든 백성에게 조롱거리 곧 종일토록 그들의 노랫거리가 되었도다 ¹⁵나를 쓴 것들로 배불리시고 쑥으로 취하게 하셨으며 ¹⁶조약돌로 내 이들을 꺾으시고 재로 나를 덮으셨도다 ¹⁷주께서 내 심령이 평강에서 멀리 떠나게 하시니 내가 복을 내어버렸음이여 ¹⁸스스로 이르기를 나의 힘과 여호와께 대한 내 소망이 끊어졌다 하였도다 ¹⁹내 고초와 재난 곧 쑥과 담즙을 기억하소서 ²⁰내 마음이 그것을 기억하고 내가 낙심이 되오나

시편 제102편의 표제를 이 장의 첫머리에 붙이면 아주 적절할 것 같다. 고난 당한 자가 마음이 상하여 그의 근심을 여호와 앞에 토로하는 기도. 왜냐하면, 여기에서 하소연은 아주 실감나게 거침없이 쏟아지고 있기 때문이다. 자세한 내용들을 살펴보자. 선지자는 다음과 같은 것들을 하소연한다.

1. 하나님이 진노하셨다는 것. 이것은 이 환난을 낳았을 뿐만 아니라 쓰디쓰게 만들었다(1절). 여호와의 분노의 매로 말미암아 고난 당하고 그것을 실감나게 겪은 자는 나로다. 하나님은 종종 자기 백성에게 진노하신다. 그렇지만 하나님의 진노는 그들을 끊어 버리기 위한 칼이 아니라 그들을 고치고 바로잡기 위한 매이다. 그것은 그들에게 여호와의 분노의 매, 겪을 때에는 아프고 괴롭지만 결국에는 유익이 되는 징계이다. 하나님이 진노의 매를 잡으시면, 우리는 고난을 당하고 환난을 볼 각오를 해야 한다. 우리가 그 매에 의해서 통상적인 수준을 넘는 환난이나 고난을 당한다고 할지라도, 우리는 시비를 걸지 말아야 한다. 왜냐하면, 하나님의 진노는 의로우신 것이고, 그가 주시는 환난은 가벼우며 그 속에 긍휼이 섞여 있기 때문이다.

2. 그가 어쩔 줄 몰라 하며 완전히 캄캄한 어둠 속에 있다는 것. 어둠은 큰 괴로움과 당혹스러움, 즉 위로도 없고 방향 감각도 없는 상태를 나타낸다. 이것이 지금 하소연하는 자의 형편이었다(2절). "하나님은 그의 섭리 속에서 헤아릴 수 없는 무수한 사건들을 통해서 나를 이끌어 내가 두려워하는 어둠 안에서 걸어가게 하시고 내가 바라는 빛 안에서 걸어가지 못하게 하셨다." 하나님은

나를 무덤 같이 어두운 어둠 속에 살게 하시기를 죽은 지 오래 되어 사람들에게 완전히 잊혀져서 아무도 기억하지 않는 자 같게 하셨다(6절). 하나님의 이스라엘은 비록 빛의 자녀들이지만 어둠 속에서 걸어갈 때가 종종 있다는 것을 명심하라.

3. 하나님이 원수 같이 그를 대하신다는 것. 하나님은 그의 편이셨다. 그러나 "내가 아는 한, 하나님은 분명히 나를 대적하고 계신다(3절). 왜냐하면, 그가 종일토록 손을 들어 나를 치시기 때문이다. 나는 아침마다 징벌을 받는도다(시 73:14)." 하나님의 손이 끊임없이 우리를 치시면, 우리는 그의 마음도 우리를 대적하신다고 생각하기 쉽다. 하나님은 전에 내가 유다 족속에게는 젊은 사자 같으리라(호 5:14)고 말씀하셨는데, 이제 그 말씀을 실제로 실천하셨다(10절). "그는 내게 대하여 엎드려 기다리는 곰과 은밀한 곳에 있는 사자 같으사 그의 심판들로 나를 놀래키셨다. 그래서 나는 어느 길로 가든 끊임없이 기습을 받을까봐 두려워하였고, 내 자신이 안전하다고 한 번도 생각할 수 없었다." 사람들은 자신의 원수들에게 화살을 쏘는 것이 아니던가? 하나님은 교회를 박해하는 자들을 쏘기로 되어 있는 활을 당겨(12절) 나를 화살의 과녁으로 삼으셨고, 그런 후에 화살통의 화살들로 내 허리를 맞추서서 내게 치명적인 내상(內傷)을 입히셨다(13절). 하나님은 그의 화살통에 많은 화살들을 가지고 계시고, 그 화살들은 아주 빠르게 날아와서 깊이 박힌다는 것을 명심하라.

4. 그가 몸과 마음에 깊은 환난을 겪는 자 같다는 것. 유다 나라는 이제 나이가 먹어 주름이 잡혀서 치료할 길이 없는 자에 비유하는 것이 적절하였다(4절). "하나님은 나의 살과 가죽을 쇠하게 하셨다. 그것들은 쭈글쭈글해지고 시들어서, 나는 무덤으로 들어갈 준비를 끝낸 자 같이 보인다. 아니, 하나님은 나의 뼈들을 꺾으셔서 나로 하여금 옴짝달싹 못하게 만들어 놓으셨다(15절). 하나님은 나를 쓴 것들, 즉 그가 주신 재난들로 인한 쓴 맛으로 배불리셨다." 하나님은 사람들의 심령에 접근하셔서 그것을 아주 쓰게 만드셔서, 그들이 누리는 모든 것들을 다 쓰게 느끼게 하실 수 있으시다. 이것은 위가 거북하면 무엇을 먹든 위 속에서 시게 느껴지는 것과 같다. "하나님은 나를 쑥으로 취하게 하셨다. 즉, 나를 환난의 쓴 맛에 취하게 하셔서, 내가 무엇을 말하고 어떻게 행해야 할지를 모르게 하셨다. 하나님은 내 떡에 조약돌을 섞으셔서 내 이들을 꺾어 놓으셨기 때문에(16절), 나는 먹어도 맛을 모르겠고 먹는 것이 살로 가지도 않는다.

하나님은 애곡하는 자들처럼 나를 재로 덮으셨다. 또는, 하나님은 나를 재로 먹이셨다(어떤 이들은 이렇게 읽는다). 나는 재를 양식 같이 먹었다(시 102:9)."

5. 그가 어떤 피할 길이나 구원의 길을 찾아낼 수 없다는 것(5절). "포위된 성을 공격하기 위해서 보루와 진지를 만들듯이, 하나님은 고통과 수고를 쌓아 사방으로 나를 에우셨다. 빠져나갈 길이 있는 곳에는 이제 어김없이 그런 것들이 들어서 있다. 나는 도망칠 길을 찾아내기 위해서 안달을 하고 초조해하며 지쳐가지만, 도무지 길을 찾아낼 수 없다(7절). 하나님은 나를 둘러싸서 나가지 못하게 하셨다." 예루살렘이 포위되었을 때, 성경은 그 곳이 사면으로 가두어졌다고 표현한다(눅 19:43). "나는 사슬에 묶여 있다. 흉악한 범죄자들을 이중으로 차꼬를 채우고 그 위에 쇳덩이를 얹어 놓듯이, 하나님은 내 사슬을 무겁게 하셨다. 또한, 하나님은 다듬은 돌을 쌓아 내 길들을 막으시고(9절) 가시로 내 길을 봉쇄하실 뿐만 아니라(호 2:6), 결코 뚫을 수 없는 돌담을 쌓아 그 길로 가지 못하게 하셔서 내 길들을 굽게 하셨다. 나는 앞으로 나아가기 위해서 전후좌우로 움직여 보지만, 여전히 제자리에 있다." 하나님께서 그의 율법을 뛰어넘어서 죄의 굽은 길들로 행하는 자들을 그들의 계획을 뛰어넘으며 그들의 수단들을 깨뜨려서 환난의 굽은 길들로 행하게 하시는 것은 의로우신 일이다. "하나님은 나의 길들로 치우치게 하셨다. 그는 나의 모든 모략들을 좌절시키셨고, 나의 계획들을 망쳐 놓으셨다. 그래서 나는 파멸할 수밖에 없었다. 하나님은 내 몸을 찢으셨다. 그는 나를 찢어 놓으시고 가 버리셨다(호 5:14). 그는 나를 적막하게 하셨고, 내게서 모든 사귐과 내 영혼의 모든 위로를 빼앗아가 버리셨다."

6. 하나님이 그의 기도에 귀를 막고 계시다는 것(8절). "내가 간절한 심정으로 내 소리를 들어 주시라고 부르짖어 도움을 구하나, 하나님은 귀를 막으셔서 내 기도를 물리치시고 내 기도가 그에게 이르지 못하게 하신다." 하나님의 귀는 자기 백성의 기도에 열려 있고, 하나님의 긍휼의 문은 두드리는 자들에게 열리게 되어 있다. 그러나 지금은 둘 모두가 닫혀 있어서, 심지어 부르짖고 울부짖는 기도에도 닫혀 있다. 이렇게 하나님은 종종 주의 백성의 기도에 대해서조차 진노하시는 것처럼 보인다(시 80:4). 기도를 드리는데도 응답의 유익은커녕 받아 주시는 것으로 인한 위로조차도 받지 못하는 그들의 처지는 참으로 통탄스럽다.

7. 그의 이웃들은 그의 환난을 웃음거리로 삼고 있다는 것(14절). 나는 내 모

든 백성에게, 즉 그들 가운데서 모든 악한 자들에게 조롱거리가 되었도다. 그들은 민족적인 심판, 특히 예레미야 선지자의 고통들을 서로 얘기하며 즐거워하였다. 로마가 불에 타고 있을 때에 네로가 수금을 타고 있었듯이, 나는 그들의 노래, 그들의 손풍금('네기나트'), 그들의 소고(小鼓)가 되었다(욥 17:6).

8. 그가 이 환난에서 건짐 받는 것을 포기할 지경이 되었다는 것. "주께서는 내게서 평강을 빼앗아 가셨을 뿐만 아니라 내 심령이 평강에서 멀리 떠나게 하시니(17절), 내가 평강을 붙잡을 수 없을 뿐만 아니라 눈으로 볼 수도 없다. 내가 형통을 잊어 버렸다. 내가 형통했던 적이 너무도 오래 되었고, 그런 날이 다시 올 것 같지도 않아서, 형통이라는 개념이 내게서 잊혀져 버렸다. 나는 슬픔과 강제노역에 익숙해져서, 기쁨과 자유가 무엇을 의미하는지를 알지 못하게 되었다. 나는 나의 힘과 여호와께 대한 내 소망이 끊어졌다(18절)고 결론을 내리고서 모든 것을 거의 포기할 지경에 이르렀다. 나는 하나님이 내게 기다리라고 격려하신다는 것을 느낄 수 없기 때문에, 나의 의지(依支)가 되시는 하나님을 더 이상 무작정 기다릴 수 없게 되었다. 또한, 나의 처지는 치유할 수 없는 것처럼 보이고, 내 하나님은 무정하게 대하시니, 나는 그가 나를 위해 나타나셔서 나의 환난을 끝내주시기를 바랄 수 없게 되었다." 그가 이렇게 말하는 것은 의심할 여지 없이 그의 연약함 때문이다(시 77:10). 왜냐하면, 하나님은 영원한 반석이자 힘이시고, 자기 백성이 어떻게 생각하든 그들을 결코 실망시키지 않으시는 그들의 소망이시기 때문이다.

9. 그의 환난들을 생각할 때마다 슬픔이 다시 밀려오고, 앞의 일을 바라보나 이전 일을 돌아보나 온통 암울하다는 것(19-20절). 그는 욥처럼 그의 불평을 잊으려고 애를 썼지만(욥 9:27), 애석하게도 아무 소용이 없었다. 그의 뇌리 속에는 고초와 재난 곧 쑥과 담즙이 시도 때도 없이 떠오른다. 그가 그의 환난에 대하여 이렇게 강조해서 말하는 이유는 그가 그의 환난을 정말 그렇게 생각하였기 때문이다. 그가 그의 환난을 되돌아보았을 때에 그 환난은 이렇게 그의 마음을 짓눌렀다. 그에게는 고통과 괴로움 자체가 환난이었다. 어떤 이들은 이 어구를 나의 환난과 나의 범죄, 즉 나의 괴로움과 그것을 내게 가져다준 나의 죄로 읽기도 한다. 그의 죄는 고초와 재난 속에 들어 있는 쑥과 담즙이었다. 환난의 잔을 쓴 잔으로 만드는 것은 죄이다. 내 마음이 그것을 기억한다. 바벨론에서 포로 된 자들은 예루살렘이 포위되었을 때의 온갖 참상들을 계속해서 기억하고 있었

고, 예루살렘의 멸망과 거기에서 피어오르던 화염들은 여전히 그들의 눈 앞에 선하였기 때문에, 그들은 시온을 기억할 때마다 울었다. 아니, 그들은 예루살렘을 결코 잊을 수 없었다(시 137:1, 5). 내 마음이 그것을 기억하고 낙심이 되며, 괴로움에 눌릴 뿐만 아니라 죄로 인한 쓸쓸함 때문에 눌린다. 낮추시는 섭리들 아래에서는 낮고 겸손한 마음을 갖고서, 우리의 환난과 참상들을 기억할 때마다 다시 새롭게 죄를 회개하고 부끄러워하는 것이 마땅하다는 것을 명심하라. 이렇게 해야, 우리는 이전의 징계를 통해서 유익을 얻어 장래의 환난을 미리 막을 수 있다.

²¹이것을 내가 내 마음에 담아 두었더니 그것이 오히려 나의 소망이 되었사옴은 ²²여호와의 인자와 긍휼이 무궁하시므로 우리가 진멸되지 아니함이니이다 ²³이것들이 아침마다 새로우니 주의 성실하심이 크시도소이다 ²⁴내 심령에 이르기를 여호와는 나의 기업이시니 그러므로 내가 그를 바라리라 하도다 ²⁵기다리는 자들에게나 구하는 영혼들에게 여호와는 선하시도다 ²⁶사람이 여호와의 구원을 바라고 잠잠히 기다림이 좋도다 ²⁷사람은 젊었을 때에 멍에를 메는 것이 좋으니 ²⁸혼자 앉아서 잠잠할 것은 주께서 그것을 그에게 메우셨음이라 ²⁹그대의 입을 땅의 티끌에 댈지어다 혹시 소망이 있을지로다 ³⁰자기를 치는 자에게 뺨을 돌려대어 치욕으로 배불릴지어다 ³¹이는 주께서 영원하도록 버리지 아니하실 것임이며 ³²그가 비록 근심하게 하시나 그의 풍부한 인자하심에 따라 긍휼히 여기실 것임이라 ³³주께서 인생으로 고생하게 하시며 근심하게 하심은 본심이 아니시로다 ³⁴세상에 있는 모든 갇힌 자들을 발로 밟는 것과 ³⁵지존자의 얼굴 앞에서 사람의 재판을 굽게 하는 것과 ³⁶사람의 송사를 억울하게 하는 것은 다 주께서 기쁘게 보시는 것이 아니로다

여기에서 구름은 흩어지고 하늘이 맑게 개이기 시작한다. 이 장의 앞부분에 나오는 하소연은 아주 구슬픈 것이었지만, 여기에서는 어조가 바뀌어서, 시온에서 애곡하는 자들의 목소리는 약간 밝아지기 시작한다. 소망이 없다면, 마음은 무너지게 되어 있다. 마음이 완전히 무너지지 않도록 하기 위해서, 선지자는 여기에서 소망의 근거가 되는 어떤 것을 떠올려서 마음에 담아 두었는데(21절), 그것은 지난 일이 아니라 앞으로 될 일에 관한 것이었다. 내가 내 마음으로 돌아갔다(난외주에서는 이렇게 읽는다). 우리가 마음에 지니고 있었고

마음에 담아 두었던 것은 종종 완전히 없어지고 잊혀진 것처럼 보이지만, 우리가 필요할 때에 그것을 사용할 수 있도록, 하나님은 그의 은혜로 그것을 우리 마음에 돌아오게 하신다. "내가 그것을 마음에 다시 떠올리니 내게 소망이 생겼고 죽을 것 같았던 절망이 물러갔다." 그러면, 선지자가 마음에 떠올린 것이 어떤 것들이었는지를 살펴보자.

I. 상황은 나쁘지만 그것이 더 나빠지지 않는 것은 하나님의 긍휼 덕분이라는 것. 우리는 하나님의 진노의 매로 말미암아 고난을 당하지만, 우리가 진멸되지 아니하는 것은 여호와의 긍휼이 무궁하시기 때문이다(22절). 고통 중에 있을 때에 우리는 우리의 믿음과 소망을 북돋기 위하여 현재의 처지와 관련해서 슬퍼해야 할 일들과 아울러서 감사해야 할 일들도 찾아보아야 한다. 상황은 나쁘지만 더 나빠질 수도 있었다. 그런데 상황이 더 나빠지지는 않았으니 앞으로 더 나아지리라는 소망이 있다. 좀 더 살펴보자.

1. 하나님이 베풀어 주신 수많은 물줄기 같은 긍휼들을 생각해냄. 우리가 다 타서 진멸되지 않았다. 하나님의 교회는 모세의 떨기나무와 같아서 불이 붙어 있지만 타지는 않는다. 교회는 그 어떤 역경과 고난을 만나도 세상 끝날까지 이 세상 속에 존재할 것이다. 교회는 사람들로부터 박해를 받아도 하나님으로부터 버린 바 되지 아니한다. 그러므로 교회는 거꾸러뜨림을 당하여도 망하지 아니하고(고후 4:9), 징계를 받아도 진멸되지 않으며, 용광로에서 은으로 정련되어 나오기는 해도 쇠 찌꺼기처럼 타버리지는 않는다.

2. 그 많은 긍휼의 물줄기들을 따라 올라가 원천에 다다름. 그 원천은 여호와의 인자하심이다. 여기에서 긍휼들은 복수형으로 되어 있어서 많고 다양한 긍휼들을 가리킨다. 하나님은 아무리 퍼내도 마르지 않는 긍휼의 샘, 긍휼들의 아버지이시다. 우리가 진멸되지 아니한 것은 모두 우리를 아끼시는 하나님의 긍휼 덕분임을 명심하라. 우리 주위의 다른 사람들은 다 타서 진멸되었고, 우리도 불 타는 가운데 있었지만, 우리는 다 타서 진멸되지 않았다. 우리는 무덤 밖에 있고, 음부(陰府) 밖에 있다. 하나님께서 만약 우리를 우리의 죄를 따라 처리하셨다면 우리는 오래 전에 다 타서 진멸되었을 것이다. 그러나 하나님은 우리를 그의 긍휼을 따라 대해 주셨다. 그러므로 우리는 그의 긍휼하심을 고백하고 찬송하지 않을 수 없다.

II. 그들은 깊은 환난의 와중에서도 그들을 불쌍히 여기시는 하나님의 자애

로우심과 그의 약속의 진실성을 여전히 경험하고 있다는 것. 그들은 앞에서 몇 차례 하나님이 그들을 불쌍히 여기지 않으셨다고 하소연하였지만(17, 21절), 여기에서는 그들의 말을 수정해서 다음과 같이 고백한다.

1. 여호와의 인자하심은 무궁하셔서 그들을 불쌍히 여기시는 것이 끊어지지 않는다는 것. 하나님께서 노하심으로 그가 베푸실 긍휼을 그치신 것처럼 보일 때에도, 그가 우리를 불쌍히 여기시는 것은 결코 중단되지 않는다. 이 긍휼의 강들은 늘 변함없이 풍부하게 흐르고 결코 마르는 법이 없다. 그 강들은 결코 마르지 않는다. 이것들이 아침마다 새롭도다. 아침마다 우리는 하나님이 우리를 불쌍히 여기시는 여러 가지 일들을 새롭게 경험한다. 하나님은 우리를 불쌍히 여기시고 있을 보여주는 여러 일들을 가지고 우리를 아침마다 찾아오신다(욥 7:18). 여호와는 아침마다 빠짐없이 자기의 공의를 비추신다(습 3:5). 우리의 위로들은 끊어질지라도, 하나님이 우리를 불쌍히 여기시는 일들은 끊어지지 않는다.

2. 하나님의 성실하심이 크시다는 것. 하나님과의 언약이 깨진 것처럼 보였지만, 그들은 그 언약이 여전히 생생하게 지속되고 있었다는 것을 시인한다. 예루살렘은 폐허로 변해 있을지라도, 여호와의 진실하심은 영원하다. 우리는 아무리 험한 일들을 겪는다고 하여도 하나님에 대하여 험한 생각을 품어서는 안 되고, 도리어 하나님은 인자하시고 신실하시다는 것을 서슴없이 시인하여야 한다.

III. 하나님은 자기 백성에게 모든 것이 충족한 복이 되시고, 그들은 그런 하나님을 택하여 의지하고 있다는 것(24절). 내 심령에 이르기를 여호와는 나의 기업이시라 하도다.

1. "내가 이 세상에서 내가 가진 모든 것, 심지어 자유와 생계를 잃었고 거의 목숨까지 잃을 뻔하였더라도, 나는 여전히 하나님 안에서의 나의 기업을 잃지는 않았다." 땅에 있는 기업들은 없어지는 것들이지만, 하나님은 영원한 기업이시다.

2. "내가 하나님 안에 나의 기업을 가지고 있는 한, 나는 그것으로 충분하다. 그것으로 나는 나의 모든 환난들을 다 상쇄하고 나의 모든 손실들을 다 만회하기에 충분한 것을 갖고 있는 것이다." 우리가 무엇을 빼앗겼든, 우리의 기업은 안전하다.

3. "그것은 내가 의지하고 만족하는 바로 그것이다. 그러므로 내가 그를 바라리라. 나는 다른 모든 의지(依支)들과 힘 주는 것들이 나를 실망시킨다고 하여도 그로 만족하고 그 안에서 힘을 얻을 것이다." 하나님을 우리 심령의 기업으로 삼고서, 우리의 환난 속에서 우리의 기업이신 하나님을 의지하여 위로를 얻는 것은 우리가 마땅히 해야 할 일임을 명심하라.

IV. 하나님을 상대하는 자들은 그를 의지하는 것이 헛되지 않다는 것을 알게 되리라는 것. 그 이유는 다음과 같다.

1. 하나님은 그를 의지하는 자들에게 선하시다(25절). 그는 모든 것들에 대하여 선하시다. 여호와께서는 모든 것을 선대하시며 그 지으신 모든 것에 긍휼을 베푸시는도다(시 145:9). 그의 모든 피조물들은 그의 선하심을 맛본다. 그러나 그는 그를 기다리는 자들에게나 구하는 영혼들에게 특별한 방식으로 선하시다. 환난이 길어지고 구원이 미루어질 때, 우리는 하나님이 은혜로 우리에게 돌아오시기를 인내로써 기다려야 한다는 것을 명심하라. 우리는 믿음으로 그를 기다리는 동안에 기도로 그를 구하여야 한다. 우리의 심령이 그를 구하여야 한다. 그렇지 않으면, 우리는 구하여도 찾지 못하게 된다. 우리가 그를 구하면, 그것은 우리가 그를 계속해서 기다리는 데에 도움이 될 것이다. 이렇게 기다리고 구하는 자들에게 하나님은 은혜를 베푸실 것이다. 그는 그들에게 그의 기이한 사랑을 나타내실 것이다.

2. 그를 의지하는 자들은 그렇게 하는 것이 그들에게 좋다는 것을 알게 될 것이다(26절). 사람이 여호와의 구원을 바라고 잠잠히 기다림이 좋도다(이것은 우리의 본분이고, 우리에게 이루 말할 수 없는 위로와 만족을 줄 것이다). 구원을 가로막는 난관들이 참을 수 없는 것일지라도 구원이 오리라는 것을 소망하는 것, 오랫동안 늦어져도 구원이 오기까지 기다리는 것, 하나님께 시비를 걸거나 안절부절하지 말고 하나님의 처분을 묵묵히 따르며 잠잠히 기다리는 것은 좋은 일이다. 아버지의 뜻이 이루어지이다. 이것을 마음에 떠올려 기억한다면, 우리는 모든 것이 결국에는 잘 되리라는 소망을 가질 수 있다.

V. 환난은 사실 우리에게 좋은 것이고, 우리가 그것을 제대로 견뎌내기만 한다면 우리에게 많은 유익을 가져다주리라는 것. 구원을 바라고 기다리는 것도 좋지만, 그동안에 환난을 겪는 것 자체도 좋다(27절). 사람은 젊었을 때에 멍에를 메는 것이 좋다. 많은 젊은이들이 포로로 끌려갔다. 포로로 살아가는 그

젊은이들의 마음을 편하게 해주기 위해서 선지자는 그들이 그 포로 생활의 멍에를 메는 것이 좋다고 말해 준다. 만약 그들이 그들의 현재의 처지를 잘 받아들여서 그러한 무거운 멍에를 그들로 하여금 메게 하신 하나님의 뜻에 부응하고자 애쓴다면, 그들은 결국 멍에를 멘 것이 좋았고 유익하였다고 말하게 될 것이다. 이것은 하나님의 계명들의 멍에에도 그대도 적용된다. 젊은이들은 어린 시절부터 그러한 멍에를 메는 것이 좋다. 신앙 생활은 빨리 시작할수록 좋다. 우리가 어려서부터 하나님의 계명들을 지킨다면, 그것은 하나님께 더 열납될 수 있을 것이고 우리에게도 익숙해서 편한 일이 될 것이다. 그러나 여기에서 말하는 멍에는 환난의 멍에, 고난의 멍에인 것으로 보인다. 젊을 때에 이러한 멍에를 멘 자들은 그것이 좋다는 것을 경험적으로 알았다. 그것은 그들을 겸손하고 진지한 자들이 되게 만들어 주었고, 세상의 욕심을 버릴 수 있게 만들어 주었다. 그렇지 않았다면, 그들은 멍에에 익숙하지 못한 송아지 같이 교만하고 제멋대로였을 것이다. 사람이 젊었을 때에 멍에를 메는 것이 좋다고 하였는데, 그렇다면 우리는 언제 멍에를 메는 것인가? 선지자는 그 다음에 나오는 절들을 통해서 이 질문에 대답해 준다.

1. 우리가 환난 가운에서 침착하고 조용할 때, 우리가 이 모임 저 모임을 쫓아다니며 우리의 처지를 하소연하여서 우리의 재난을 더욱 가중시키고 우리에 대한 섭리와 다투지 않고 조용한 곳으로 물러나서 혼자 앉아서 잠잠할 때, 우리는 온갖 불만족스럽고 불신을 불러일으키는 생각들을 잠재우고, 아주 지독한 시험 아래에서 자신의 평강을 지켰던 아론처럼 우리의 입에 손을 대어 말을 막은 채, 역경의 날에 혼자 앉아서 곰곰이 생각할 수 있고, 하나님과 교제하며 우리 마음과 이야기할 수 있는데, 이것이 멍에를 메는 것이다. 우리는 하나님이 우리에게 메어주신 멍에를 우리의 목에서 벗겨내려고 애를 쓰지 말고 그 멍에 아래에서 잠잠하여야 하며, 하나님이 우리에게 메어주신 멍에에 인내로써 순복하여야 한다. 젊었을 때에 환난을 당하는 자들은 그들의 환난을 순순히 잘 받아들여서 그들의 목에 메어진 멍에에 적응하는 가운데 이렇게 그들에게 멍에를 메게 하시는 하나님의 뜻이 무엇인지를 알아내어 거기에 부응하기 위해 애쓴다면 그 환난이 그들에게 유익하다는 것을 알게 될 것이다. 왜냐하면, 환난은 그로 말미암아 연단 받은 자들에게 의와 평강의 열매를 맺기 때문이다.

2. 우리가 환난 아래에서 겸손하고 인내하는 것은 멍에를 메는 것이다. 자

신의 입을 땅의 티끌에 대는 자, 즉 환난 가운데서 하나님의 뜻에 순복한다는 표시로 자신의 손을 입에 댈 뿐만 아니라 자신의 죄를 기억하고서 슬퍼하고 부끄러워하며 자신을 싫어하고 티끌을 핥는(시 72:9) 자들처럼 완전히 낮아졌다는 표시로 자신의 입을 땅의 티끌에 대는 자는 그 멍에로 인하여 유익을 얻는다. 우리가 이렇게 낮아져야, 우리에게 혹시 소망이 있을 수 있다. 혹시 환난 가운데서 선한 소망을 얻는 길이 있다면, 그것은 바로 이 길이다. 그렇지만 우리는 우리 자신을 그런 것을 바랄 가치조차 없는 자들로 여겨서 아주 겸손하게 그런 소망을 기대하여야 하고, 혹시 그럴 수 있다면 그런 소망을 주시기를 기대하여야 한다. 죄 때문에 진정으로 낮아진 자들은 은혜로 말미암아 선한 소망을 지닐 수 있기만 하다면 어떤 조건이라도, 심지어 그들의 입을 티끌에 대는 조건으로라도 그 소망을 얻기를 바라리라는 것을 명심하라. 소망을 갖고자 하는 자들은 그렇게 하여야 하고, 혹시 그들에게 힘이 되는 일들이 주어진다면 그것을 하나님의 거저 주시는 은혜 덕분으로 돌려야 한다. 그래야만 그들은 그들의 입을 땅의 티끌에 댈 때에 그들의 마음이 티끌 속으로 가라앉아 버리는 것을 막을 수 있다.

3. 우리가 우리에게 환난을 가져다 준 도구가 된 자들에 대하여 온유하고 너그러우며 용서하는 마음을 지니는 것은 멍에를 메는 것이다(30절). 자기를 치는 자에게 보기좋게 한 방을 돌려주는 것이 아니라 뺨을 돌려대며 오른편 뺨을 치거든 왼편도 돌려 대는 자는 멍에를 통해 유익을 얻는 자이다(마 5:39). 우리 주 예수께서는 그를 때리는 자들에게 그의 등을 맡기심으로써 이러한 모범을 우리에게 남겨 주셨다(사 50:6). 멸시와 모욕을 견뎌내고 악을 악으로, 욕을 욕으로 갚지 않는 자, 자기가 치욕으로 배부르게 되었을 때에 그에게 그런 치욕을 안겨 준 자들에게 되갚아주어서 자신의 치욕을 비워 내는 것이 아니라 그 치욕을 혼자서 감당하고 여호와 앞에서 자신의 사정을 쏟아내는 자(교만한 자의 멸시가 그 영혼에 넘쳤던 자들처럼, 시 123:4)는 멍에를 메는 것이 좋다는 것, 그것이 그의 영적인 유익이 되었다는 것을 알게 될 것이다. 요약하자면, 환난은 인내를, 인내는 연단을, 연단은 우리를 부끄럽게 하지 아니할 소망을 이룬다(롬 5:3-5)는 것이다.

VI. 하나님이 자기 백성에게 다시 은혜를 베푸셔서 그들을 괴롭히신 날수대로 적절한 위로들을 주시리라는 것(31-32절). 고난을 당하는 자는 하나님이 은혜로우시고 긍휼에 풍성하시다는 것을 믿기 때문에 이렇게 회개하고 이렇게 인내하는 것이다. 하나님의 은혜와 긍휼은 사람들을 복음적인 회개와 그리스도인의 인내로 이끄는 큰 동기로서의 역할을 한다. 우리는 다음과 같은 사실 때문에 끝까지 인내할 수 있다.

1. 하나님은 우리를 일시적으로 쫓아내셔도 영원히 버리지는 않으신다는 것. 아버지가 자기 아들을 징계한다고 해서 그 아들의 상속권을 박탈하는 것은 아니다.

2. 우리가 한동안 버려진 것 같고 피부로 느껴지는 위로들이 중단되며 우리가 원하는 구원이 지연되더라도, 우리는 결코 버려진 것이 아니라는 것. 왜냐하면, 하나님은 우리를 영원히 버리시지는 않으시기 때문이다. 하나님은 우리와 다투시되 영원히 다투시지는 않으신다.

3. 우리가 어떤 슬픔이나 근심 속에 있든, 그것은 하나님이 우리에게 할당하신 것이고, 그 속에는 하나님의 손길이 있다는 것. 근심하게 하시는 분은 하나님이시다. 그러므로 우리는 하나님이 그 근심 되는 일을 은혜로 지혜롭게 명하셨다는 것을 확신할 수 있다. 우리가 근심하게 되는 것은 필요할 때에 하나님이 잠깐 그렇게 하시는 것뿐이다(벧전 1:6).

4. 하나님은 그가 근심하게 하신 자들을 위해 긍휼과 위로들을 준비해 두고 계시다는 것. 우리는 하나님이 우리를 근심하게 하셨지만 세상이 우리를 거기에서 구해주고 도와줄 것이라고 생각해서는 결코 안 된다. 우리에게 근심을 가져다 주신 바로 그분이 우리에게 은총도 가져다 주셔야 한다. 그렇게 되지 않는다면, 우리는 망하게 된다. 상처를 입힌 손이 그 상처를 치유하는 법이다. 하나님이 우리를 찢으셨으니, 그가 우리를 낫게 하실 것이다(호 6:1).

5. 하나님이 우리에게 다시 은혜를 베푸시는 것은 우리의 공로 때문이 아니라 그의 풍부한 긍휼을 따라 되는 일이라는 것. 우리는 너무도 무가치한 자들이기 때문에, 하나님의 풍성하신 긍휼이 아니면 그 어느 것도 우리를 구할 수 없다. 하나님의 긍휼로부터 우리가 무엇인들 기대할 수 없겠는가? 하나님이 우리를 근심하게 하셨다고 해서, 우리는 낙심해서 위에서 말한 기대들을 버려서는 안 된다.

VII. 하나님이 우리를 근심하게 하시는 것은 지혜롭고 거룩한 목적이 있어서이지 우리가 재난 당하는 것을 기뻐하셔서가 아니라는 것(33절).   하나님이 인생으로 고생하게 하시며 근심하게 하시는 것은 사실이다. 그들의 온갖 걱정 거리들과 환난은 하나님에게서 온다. 그러나 하나님은 일부러 그러시는 것도 아니고 본심에서 그러시는 것도 아니다.

1. 하나님은 우리가 그럴 만한 짓을 한 경우 외에는 우리를 결코 고생하게 하지 않으신다. 그는 은혜를 베푸실 때에는 그의 기쁘신 뜻대로 하시지만, 진노하실 때에는 그렇게 하지 않으신다. 그가 우리에게 인자하심을 베푸시는 것은 그것이 그에게 좋아 보이기 때문이다. 그러나 그가 우리에게 환난을 보내시는 것은 우리가 그런 환난을 당해야 마땅하고, 또한 그 환난이 우리의 유익을 위해 필요하기 때문이다.

2. 하나님은 좋고 기뻐서 우리로 하여금 고생하게 하시는 것이 아니다. 그는 죄인들이 죽는 것이나 성도들이 불안해하는 것을 기뻐하지 않으시고, 마지못해 벌을 내리시는 것이다. 그는 벌을 내리실 때에는 그의 자리 밖으로 나오신다. 왜냐하면, 그의 자리는 긍휼을 베푸시는 자리임을 의미하는 시은좌(施恩座)이기 때문이다. 그는 그가 지으신 어떤 피조물이라도 고통을 당하는 것을 기뻐하지 않으시기 때문에, 자기 백성에 대해서는 두말할 필요도 없다. 자기 백성이 환난을 당하여 고통스러워할 때마다 하나님도 고통스러워하시고, 이스라엘의 곤고함 때문에 그의 심령도 근심하고 슬퍼하신다.

3. 하나님은 자기 백성에게 환난을 겪게 하실 때에도 그들에 대한 인자하심을 지니고 계신다. 그가 인생으로 근심하게 하시는 것이 본심이 아닌데, 어떻게 자기 자녀들을 일부러 근심하게 하시겠는가? 그가 자기 자녀들을 고생하게 하신다고 하여도 그 때에도 그들에게 선하시다(시 73:1). 그들은 그의 얼굴이 찌푸리신 것을 보고 그의 손에서 매를 보는 때에도, 믿음의 눈만 있다면 그의 마음 속에 있는 사랑을 볼 수 있다.

VIII. 하나님은 자기 백성을 징계하기 위하여 사람들을 그의 손에 들린 도구들로 사용하시지만, 그들이 그 과정에서 자기 백성에게 불의를 행하는 것을 기뻐하지 않으신다는 것(34-36절). 그는 악하고 비이성적인 자늘이 휘두르는 폭력을 통해서 자신의 뜻을 이루시지만, 그렇다고 해서 그들의 폭력을 비호하시는 것이 아니다(그의 억압받는 백성들은 종종 그렇게 생각하고자 하는 유혹에 빠지지만). 어찌하여 내게 죄악을 보게 하시며 패역을 눈으로 보게 하시나이까(합 1:3). 하나님의 백성은 원수들에 의해서 두 가지 방식으로 해악을 당하고 억압을 받는데, 선지자는 여기에서 하나님은 이 둘 중의 어느 것도 옳다고 인정하지 않으신다는 것을 우리에게 단언한다.

1. 사람들이 무력으로 그들에게 해를 가한다면, 하나님은 그것을 옳다고 인정하지 않으신다. 하나님은 세상에 있는 모든 갇힌 자들을 발로 밟지 않으시고, 갇힌 자들의 부르짖음에 귀를 기울이신다. 그는 사람들이 그런 짓을 하는 것을 옳다고 인정하지 않으실 뿐만 아니라 몹시 진노하신다. 떨어질 대로 떨어져 있는 자들을 짓밟고, 결박되어서 옴짝달싹도 할 수 없는 자들을 짓밟는 것은 야만적인 행위이다.

2. 사람들이 법의 미명 아래에서 정의를 집행한다는 구실로 그들에게 해를 가하고, 재판을 굽게 하여 그들로 하여금 제대로 자신의 권리를 찾을 수 없게 만들어 버리며, 송사를 억울하게 하여 잘못된 판결을 내린다면, 그들은 다음과 같은 것들을 알아야 한다.

(1) 하나님이 그들을 보고 계신다는 것. 그것은 지존자의 얼굴 앞에서 행해지고 있는 것이다(35절). 그것은 그의 눈 앞에서 벌어지고 있는 일로서 그를 매우 진노케 하는 일이다. 그들은 이러한 사실을 알 수밖에 없기 때문에, 그들이 그렇게 하는 것은 그에게 도전하는 것이다. 그는 지존자이시다. 그들이 그들에게 주어진 권세를 악용하여 그들의 신민들에게 해를 가한다면, 그것은 높은 자는 더 높은 자가 감찰하고 또 그들보다 더 높은 자들도 있다(전 5:8)는 것을 생각하지 않고, 그들을 감찰하는 권세를 지니신 분을 경멸하는 것이다.

(2) 하나님이 그들을 옳다고 인정하지 않으신다는 것. 이 말씀 속에는 겉으로 표현된 것보다 더 깊은 의미가 담겨 있다. 재판을 굽게 하는 것과 송사를 억울하게 하는 것은 하나님에 대한 큰 모욕이다. 하나님은 자기 백성을 징계하기 위해서 그들을 사용하신다고 하여도, 조만간에 그렇게 행한 그들을 벌하실 것이다. 하나님은 잠시 행악자들이 형통하게 내버려 두시고 그들을 통해서 자신의 목적을 이루시지만, 그들의 악행을 옳다고 인정하시는 것이 아님을 명심하라. 너희 총명한 자들아 내 말을 들으라 하나님은 악을 행하지 아니하시며 전능자는 결코 불의를 행하지 아니하시고(욥 34:10) 악이나 불의를 행하는 자들을 비호하지도 아니하신다.

³⁷주의 명령이 아니면 누가 이것을 능히 말하여 이루게 할 수 있으랴 ³⁸화와 복이 지

존자의 입으로부터 나오지 아니하느냐 [39]살아 있는 사람은 자기 죄들 때문에 벌을 받나니 어찌 원망하랴 [40]우리가 스스로 우리의 행위들을 조사하고 여호와께로 돌아가자 [41]우리의 마음과 손을 아울러 하늘에 계신 하나님께 들자

앞 단락에서 환난을 당하는 자들에게 주어지는 위로들을 받을 자격을 얻어서 그 달콤한 위로들을 맛보고자 한다면, 우리는 여기에서 환난을 당하는 상태 속에서 마땅히 행해야 하는 것들로 제시하고 있는 여러 가지 일들을 행해야 한다. 이것들을 행할 때에 우리는 앞에서 말한 그러한 위로들을 기대할 수 있다.

I. 우리는 개인적인 것이든 공적인 것이든 언제라도 우리에게 재난이 닥치면 그 속에 하나님의 손길이 있다는 것을 인정하여야 한다(37-38절). 이것은 여기에서 위대한 진리로 제시되고 있다. 우리가 이 진리를 마음에 새긴다면 환난을 당하더라도 우리의 심령이 그 환난을 받아들이고 평정을 지키는 데에 도움이 될 것이다.

1. 사람들이 어떤 행동을 하든 그것들을 주관하시는 분은 하나님이시라는 것. 주의 명령이 아니면 누가 이것을 능히 말하여 이루게 할 수 있으랴. 여호와께서 명령하신 것이 아니라면, 어떤 것을 계획하고 그 계획을 실행하는 자가 누구란 말인가. 사람들은 하나님의 모략이나 계획을 따른 것이 아닌 것은 아무것도 할 수 없고, 위로부터 그들에게 주어진 것이 아닌 그 어떤 권세나 성공도 가질 수 없다. 사람은 마음으로 자기의 길을 계획한다. 그는 목적을 가지고 어떤 일을 계획한다. 그는 자기가 이러저러한 일을 할 것이라고 말한다(약 4:13). 그럴지라도 그가 계획했던 것과는 너무도 다르게 그의 걸음을 인도하시는 이는 여호와이시다(잠 16:9). 그가 하고자 하는 일이 하나님의 손과 모략이 이미 행하시기로 결정해 놓은 것이 아니라면, 그가 계획하고 기대한 일은 이루어지지 않는다(렘 10:23). 갈대아인들은 그들이 예루살렘을 멸망시키겠다고 말하였다. 그리고 실제로 그 일이 이루어졌다. 그렇지만 그 일이 이루어진 것은 그들이 그렇게 말했기 때문이 아니라 하나님이 그 일을 명령하셨고 그들에게 그 일을 맡기셨기 때문이다. 사람들은 크신 하나님이 이 아랫 세상을 다스리시는 데에 그의 기쁘신 뜻을 따라 사용하시는 도구들에 지나지 않는다는 것을 명심하라. 사람들은 하나님 없이는 그들이 계획한 것들을 어느 하나라도 이룰 수 없다.

2. 사람들의 운명이 무엇이든 그것은 하나님이 정하신 것이라는 것. 화와 복이 지존자의 입으로부터 나오지 아니하느냐. 그렇다. 그렇고 말고다. 이 말씀은 원문에서는 더 강조되어 표현되고 있다. 이 화와 이 복이 지존자의 입으로부터 나오지 않더냐. 화와 복이라는 것이 하나님이 우리를 위하여 정해 놓으신 것이 아니고 무엇이겠는가? 그렇다. 그렇고 말고다. 우리는 이 일반적인 진리를 우리에게 구체적으로 적용해서, 우리가 어떤 환난을 당하든 그 환난과 화해하고 잘 받아들여야 한다. 내가 하나님의 손에서 이 위로도 받고 있는데, 저 화도 받는 것이 마땅하지 아니한가? 욥은 그렇게 말하였다(욥 2:10). 우리가 건강하든 아프든, 부자이든 가난하든, 우리의 계획이 성공하든 잘 풀리지 않든, 그 모든 것은 하나님이 정하신 것이다. 사람의 일의 작정은 여호와께로 말미암고, 주시는 이도 여호와시요 거두신 이도 여호와시다. 하나님은 태초에 그러셨던 것처럼 지금도 빛을 지으시고 어둠을 만드신다. 하나님의 섭리에 의한 모든 사건들은 그의 모략의 산물들이라는 것을 명심하라. 이루어진 모든 일은 하나님이 지휘하신 것이고, 그의 손으로 행하신 일들은 그의 입에서 나온 말씀들과 일치한다. 그가 말씀하시면 그대로 이루어진다. 그의 모든 뜻과 목적들은 아주 쉽고 효과적으로 이루어진다.

II. 하나님이 언제라도 우리에게 환난을 주시면 우리는 하나님께 시비를 걸지 말아야 한다(39절). 살아 있는 사람이 어찌 원망하랴. 선지자는 여기에서 자기가 이 장의 앞 부분에서 하나님을 인정 없으시고 가혹한 분으로 여기는 것처럼 보이는 하소연을 한 것이 마음에 걸렸던 것으로 보인다. "내가 화를 낸 것이 잘한 일인가? 내가 왜 이렇게 안달복달하고 있는 것인가?" 성급하게 하나님을 탓했던 자들은 다시 한 번 곰곰이 생각해보면 그렇게 한 자기 자신을 탓하지 않을 수 없게 된다. 그는 앞 단락에서 단호하게 얘기하였던 하나님의 주권적이고 보편적인 섭리에 관한 가르침으로부터 살아 있는 사람이 어찌 원망하랴는 이러한 추론을 이끌어낸다. 우리는 하나님이 행하시는 일에 대해서 우리의 입을 열어 불평해서는 안 된다(시 39:9). 자신의 운명을 탓하는 자들은 그런 운명을 그들에게 배정하신 하나님을 탓하는 것이다. 포로로 살아가야 하는 고난을 당하는 자들은 그들의 모든 고난 가운데서 하나님의 뜻에 순복하여야 한다. 우리는 하나님 앞에서 하소연을 쏟아놓을 수는 있지만 하나님을 못마땅해 하는 불평을 늘어 놓아서는 결코 안 된다는 것을 명심하라. 살아 있는 사람은 자기 죄들 때문에 벌을 받나니 어찌 원망하랴. 여기에 제시된 이유들은 아주 설득력이 있다.

1. 우리는 사람이라는 것. 원문을 보면, 우리가 사람이라는 것이 더욱 강조되어 있다. 살아 있는 사람이 어찌 원망하랴 사람이 자신의 죄들 때문에 벌을 받는 것을 어찌 원망하랴. 우리는 짐승이 아니라 이성을 지닌 피조물인 사람이기 때문에 이성을 가지고 행하도록 되어 있다. 위를 보고 앞을 보라. 어느 쪽을 보든, 우리가 원망이나 불평을 말아야 한다는 것을 보여주는 이유들이 도처에 널려 있다. 우리는 자기에게 해로운 것들인데도 울면서 달라고 떼를 쓰는 아이들이 아니라 성인들이다. 우리는 신들이 아니라 사람들이고, 주(主)들이 아니라 신민(臣民)들이다. 우리는 우리 자신의 주인도 아니고 우리의 삶을 빚어가는 자도 아니다. 우리는 묶여 있는 자들이고 순종하고 순복해야 하는 자들이다. 우리는 천사들이 아니라 사람들이기 때문에 환난들에서 자유롭기를 기대할 수 없다. 우리는 슬픔이 없는 저 세상의 주민들이 아니라 온통 슬픔뿐인 이 세상의 주민들이다. 우리는 귀신들이 아니라 사람들이기 때문에 귀신들처럼 저 통탄스럽고 절망적이며 아무런 소망도 없는 상태에 있는 것이 아니라 귀신들이 갖고 있지 못한 위로들을 지니고 있다.

2. 우리는 살아 있는 사람이라는 것. 우리는 매일매일 죽어가고 있지만, 우리 하나님의 선한 손길로 말미암아 아직도 살아 있다. 살아 있는 사람이 어찌 원망하랴. 결코 그래서는 안 된다. 살아 있는 사람은 삶의 짐들과 재난들을 원망할 이유보다는 살아 있는 것에 대하여 감사해야 할 이유를 더 많이 가지고 있다. 우리의 삶은 깨지기 쉽고 상실된 삶이지만, 그래도 우리는 살아 있다. 오직 산 자 곧 산 자는 주께 감사하여야 하고 원망하거나 불평해서는 안 된다(사 38:19). 살아 있는 동안에는 소망이 있다. 그러므로 우리는 상황이 나쁘다고 불평하지 말고, 상황이 더 나아질 것이라는 소망으로 힘을 얻어야 한다.

3. 우리는 죄악 된 사람들이기 때문에, 만약 우리가 원망한다면, 그것은 우리의 죄들에 대한 의로운 벌을 원망하는 것이 된다. 아니, 그 벌은 우리의 죄악들로 인해 우리가 마땅히 받아야 할 벌에 비하면 너무나 가벼운 벌이다. 우리는 우리의 환난을 원망할 이유가 없다. 왜냐하면, 그것은 우리 자신이 자초한 것이기 때문이다. 우리 자신의 악이 우리에게 벌을 가져다 주는 것이다(잠 19:3). 이 일과 관련해서 하나님은 의로우시기 때문에, 우리는 하나님께 시비

를 걸 이유가 없다. 하나님은 세상을 통치하시는 분이시기 때문에, 불순종하는 자들을 징계하심으로써 그의 통치의 존엄성을 유지하셔야 한다. 우리가 우리의 죄들 때문에 고난을 당하고 있는가? 그렇다면, 우리는 원망하거나 불평해서는 안 된다. 우리에게는 다른 할 일이 있다. 우리는 투덜거리는(repine) 대신에 회개하여야(repent) 한다. 우리가 하나님과 화해하였다는 것을 보여주는 증거로서 우리는 그의 거룩하신 뜻과 화해하려고 애써야 한다. 우리가 우리의 죄 때문에 벌을 받고 있는가? 그렇다면, 하나님의 매를 순순히 받고 그 매에 입맞춤을 하는 것이 우리의 지혜이다. 왜냐하면, 우리가 계속해서 하나님의 뜻을 거슬러 행한다면, 그는 앞으로 일곱 배나 더 무거운 벌을 우리에게 내리실 것이기 때문이고, 하나님은 심판하실 때에 반드시 이기시는 분이시기 때문이다. 그러나 우리가 여호와의 징계를 받는다고 할지라도 그의 징계를 순순히 받아들인다면, 우리는 세상과 함께 정죄를 받지 않게 될 것이다.

Ⅲ. 우리는 하나님이 우리에게 환난을 주시는 목적에 부응하여야 한다. 하나님의 의도는 우리로 하여금 죄를 깨닫게 하시고, 그에게 더 가까이 오게 하시는 것이다(40절). 이 두 가지가 하나님이 우리에게 환난을 주시는 이유이다.

1. 진지하게 우리 자신을 살피고, 우리의 과거의 삶을 성찰하라는 것. 우리가 스스로 우리의 행위들을 조사하자. 변장을 하고 도망친 행악자를 찾아서 그가 유죄인지 무죄인지를 심리하듯이, 우리는 우리가 걸어온 길들이 어떠했는지를 조사하고, 그런 후에 그 길들이 과연 옳고 선했는지를 시험해 보아야 한다. 우리는 조사하고 살피는 일에 양심을 동원하여야 하고, 양심이 충실하고 부지런히 찾아서 공평하게 판단할 말미를 주어야 한다. 우리의 행위들, 우리의 길들을 조사하라. 그러면 우리는 우리 자신을 시험해 볼 수 있다. 왜냐하면, 우리는 우리의 희미한 생각들이나 한 가지 특정한 발걸음이 아니라 우리의 발걸음들 전체, 우리의 길들, 우리가 설정했던 목표들, 우리가 따랐던 준칙들, 우리 마음의 성향과 우리 삶의 기조가 그러한 목적들과 준칙들에 부합했는지의 여부에 의거해서 우리의 상태를 판단해야 하기 때문이다. 우리가 환난을 당하는 때는 우리의 행위들, 우리의 길들을 살필 좋은 기회이다(학 1:5). 그 기회를 활용해서, 우리는 잘못된 것을 회개하고 장래를 위하여 고침으로써 하나님이 우리에게 환난을 주신 목적에 부응할 수 있다. 공적인 재난을 당한 때에 우리는 다른 사람들의 길들을 살펴보고 그들을 탓하기 쉽다. 하지만 그런 때에 우리가 해야

할 일은 우리 자신의 행위들을 조사하고 시험하는 것이다. 그런 때에 우리는 우리 자신을 살피는 일만으로도 할 일이 너무 많다. 우리는 각자 이렇게 물어야 한다. "내가 무슨 일을 했는가? 내가 이 공적인 재난에 어떤 기여를 한 것인가?" 이렇게 반문하면서 우리 각자가 자신의 행위를 고친다면, 우리 모두의 행위가 제대로 고쳐지게 된다.

2. 진실한 마음으로 회심하고 하나님께 돌아오라는 것. "우리가 여호와에게서 돌아섰기 때문에 여호와께서 우리를 대적하셨지만, 이제 여호와께로 돌아가자. 회개하고 삶을 고침으로써 우리의 주인이시자 다스리는 자이신 여호와께 돌아가자. 우리가 여호와를 버린 이후로 우리에게 결코 잘된 일이 없었다. 그러므로 이제 다시 여호와께로 돌아가자." 이것은 앞에서 말한 것, 즉 우리의 행위를 조사하고 시험하는 일을 수반하여야 하고, 그 일의 열매여야 한다. 우리가 우리의 행위들의 악에서 떠나 하나님께로 돌아가기 위해서, 우리는 우리의 행위들을 조사하고 시험해야 한다. 이것은 다윗이 취한 방법이었다(시 119:59). 내가 내 행위들을 생각하고 주의 증거들을 향하여 내 발길을 돌이켰나이다.

IV. 우리는 우리 자신을 하나님께 드려야 하고, 열렬한 기도 가운데 우리의 최고의 애정과 섬김을 하나님께 드려야 한다(41절). 우리는 환난 가운데 있을 때에 다음과 같이 행해야 한다.

1. 우리는 하나님을 하늘에 계신 하나님, 우리보다 무한히 위에 계신 하나님, 우리에 대하여 이의를 제기할 수 없는 통치권을 가지고 계신 하나님으로 우러러 보아야 한다. 왜냐하면, 하늘에 계신 하나님이 다스리시는 것이므로, 우리는 거기에 시비를 걸어서는 안 되고 순순히 순복하여야 하기 때문이다.

2. 우리는 하나님으로부터 긍휼을 받을 것을 믿고 기대하는 가운데 그에게 기도하여야 한다. 우리가 하나님을 향하여 손을 든다는 것은 그런 의미이다(이것은 기도할 때에 흔히 사용되던 몸짓이었고, 종종 기도한다는 것에 대한 비유적인 표현으로 사용되었다; 시 141:2, 나의 손 드는 것이 저녁 제사 같이 되게 하소서). 이것은 우리가 하나님으로부터 긍휼을 구한다는 것과 그 긍휼을 기꺼이 받고자 한다는 것을 의미한다.

3. 우리가 기도할 때에는 우리의 마음도 함께 드려야 한다. 우리는 우리의 말을 통해 우리의 심령을 하나님 앞에 쏟아 놓은 것과 마찬가지로 우리의 손을 들어서 우리의 마음도 들어야 한다. 기도를 비롯해서 우리가 드리는 모든 섬김

속에서 하나님이 보시는 것은 바로 마음이다. 마음이 빠진 제사가 무슨 소용이 있겠는가? 외적으로 표현되는 것들과 어느 정도 부합하는 내적인 진심이 있지 않다면, 우리는 하나님을 우롱하는 것이고 우리 자신을 속이는 것이 되지 않겠는가? 기도한다는 것은 하늘에 계신 우리 아버지이신 하나님께 우리의 영혼을 들어 올리는 것이다(시 25:1). 하늘에 계신 하나님과 영원히 함께 하고자 하는 소망을 지닌 영혼은 이렇게 자주 기도를 통해서 거기로 가는 길을 배워 가고 그 길을 통해 앞으로 전진해 나가고자 한다.

[42]우리의 범죄함과 우리의 반역함을 주께서 사하지 아니하시고 [43]진노로 자신을 가리시고 우리를 추격하시며 죽이시고 긍휼을 베풀지 아니하셨나이다 [44]주께서 구름으로 자신을 가리사 기도가 상달되지 못하게 하시고 [45]우리를 뭇 나라 가운데에서 쓰레기와 폐물로 삼으셨으므로 [46]우리의 모든 원수들이 우리를 향하여 그들의 입을 크게 벌렸나이다 [47]두려움과 함정과 파멸과 멸망이 우리에게 임하였도다 [48]딸 내 백성의 파멸로 말미암아 내 눈에는 눈물이 시내처럼 흐르도다 [49]내 눈에 흐르는 눈물이 그치지 아니하고 쉬지 아니함이여 [50]여호와께서 하늘에서 살피시고 돌아보실 때까지니라 [51]나의 성읍의 모든 여자들을 내 눈으로 보니 내 심령이 상하는도다 [52]나의 원수들이 이유없이 나를 새처럼 사냥하는도다 [53]그들이 내 생명을 끊으려고 나를 구덩이에 넣고 그 위에 돌을 던짐이여 [54]물이 내 머리 위로 넘치니 내가 스스로 이르기를 이제는 멸절되었다 하도다

우리를 꾸짖어서 원망을 하지 못하게 하는 것보다 원망을 한다고 우리 자신을 꾸짖는 것은 더 쉽다. 선지자는 마치 자기가 이 장의 앞 부분에서 하소연한 것이 마음에 걸린 듯 살아 있는 사람은 원망해서는 안 된다는 것을 시인하였었다. 그렇지만 여기에서는 비온 후에 다시 구름이 몰려오고, 상처에서는 다시 피가 흐른다. 왜냐하면, 괴로운 심령을 진정시키는 데에는 많은 고통이 따라야 하기 때문이다.

I. 그들은 그들에게 환난을 주신 하나님은 의로우시다고 고백한다(42절). 우리가 범죄하였고 우리가 반역하였다. 환난 가운데 있을 때에 우리는 우리의 죄들을 시인하고 환난을 우리 탓으로 돌림으로써 하나님을 의로우시다고 하는 것이 합당하다는 것을 명심하라. 죄를 범죄라 부르고 반역이라 불러라. 우리는

죄를 다른 이름으로 불러서는 안 된다. 이것은 그들이 그들의 행위들을 조사하고 살펴서 시험한 결과이다. 그들은 그들의 행위들을 조사하면 할수록 그 행위들이 더욱더 악하다는 것을 발견하게 된다.

II. 그들은 하나님에 대한 어느 정도의 성찰도 없이 그들이 처한 환난에 대하여 하소연한다. 우리는 이것을 본받아서는 안 되고, 아무리 극심한 시련 가운데서도 언제나 하나님을 지극히 선하시고 인자하신 분으로 생각하고 말하여야 한다.

1. 그들은 하나님이 그들에게 찌푸린 얼굴을 하시고 그 진노의 여러 표징들을 나타내시는 것에 대하여 하소연한다. 그들은 자신의 죄들을 회개하였지만, 주께서는 사하지 아니하셨다(42절). 그들은 죄사함의 확신과 위로를 갖지 못하였다. 그들의 죄들로 인하여 그들에게 내려진 심판들은 제거되지 않았다. 그러므로 그들은 하나님이 그들의 죄를 사하셨다고 말할 수 없다고 생각하였다. 하지만 이것은 오해였다. 그것은 하나님의 백성에게 있어서 그들의 영혼이 속에서 침울하고 불안해졌을 때에 흔히 생겨나는 오해이다. 그들의 처지는 정말 불쌍히 여길 만한 것이었다. 그렇지만 주께서는 긍휼을 베풀지 아니하셨고 불쌍히 여기지도 아니하셨다고 그들은 하소연한다(43절). 원수들은 그들을 박해하고 죽였지만, 그것이 최악의 상황은 아니었다. 그들은 단지 하나님의 손에 들린 도구들에 지나지 않았다. "우리는 주께서 우리를 보호하시고 구원해 주실 것이라 기대했지만, 주는 우리를 추격하시며 죽이셨다." 그들은 그들과 하나님 사이에 넘을 수 없는 장벽이 있었다고 하소연한다.

(1) 이 장벽은 하나님의 은총들이 그들에게 내려오는 것을 방해하였다. 그들에게 쏟아진 하나님의 인자하심의 빛줄기들은 이스라엘의 아름다움이자 영광이었었다. 그러나 이제 "주는 진노로 우리를 가리셔서 우리의 영광은 숨겨졌고 사라졌다. 지금은 하나님이 우리에게 진노하고 계시고, 우리는 이전에 열국이 생각했던 빛을 발하는 민족의 모습이 아니다." 또는, "주는 매장된 자들이 덮여지고 잊혀지듯이 우리를 덮으셨다."

(2) 이 장벽은 그들의 기도가 하나님께로 올라가는 것을 방해하였다(44절). "주께서 구름으로 자신을 가리셨다." 하나님은 성전을 가득 채우시고 예배하는 자들이 그에게 가까이 올 수 있게 하셨던 저 밝은 구름이 아니라, 시내 산에 강림하실 때에 백성들이 가까이 오지 못하고 멀리서 보게 만드셨던 저 구름으로

자신을 가리셨다. "이 구름은 너무나 두터워서, 우리의 기도가 그 구름 속으로 들어가 흩어져 버린 것처럼 상달되지 못하였다. 우리의 기도는 들으심을 얻을 수가 없었다." 환난이 길어지면, 기도하는 백성들조차도 종종 하나님이 과연 그들이 언제나 믿어 왔듯이 기도를 들으시는 하나님이 맞는지 의심하게 되는 시험에 빠질 수 있다는 것을 명심하라.

2. 그들은 이웃 나라들이 그들을 멸시하고, 그들이 치욕과 오명을 뒤집어 쓰게 되었다고 하소연한다(45절). "주께서 우리를 쓰레기 또는 거름더미에 버려지는 첫 타작마당에서 나온 찌꺼기들로 삼으셨다." 사도 바울은 사도들의 고난에 관한 설명에서 이 단어를 사용한다(고전 4:13). 우리가 세상의 더러운 것과 만물의 찌꺼기 같이 되었도다. "우리는 뭇 나라 가운데에서 폐물이 되어, 모든 사람에게 짓밟히고, 열국들 중에서 가장 천한 나라로 여김을 받으며, 맛을 잃은 소금처럼 아무짝에도 쓸모없어 버려야 할 존재로 취급받고 있다. 우리의 모든 원수들이 우리를 향하여 그들의 입을 크게 벌리고(46절), 부르짖는 사자 같이 우리를 찢었으며, 우리를 한 입에 삼켰다. 그들은 우리에 대하여 자기들 멋대로 찧고 까불었다." 이러한 하소연을 우리는 앞에서도 보았다(애 2:15-16). 마음보가 비뚤어진 비열한 자들이 높고 존귀한 곳에서 깊은 환난 속으로 떨어진 자들을 그 위에 올라가 자근자근 짓밟는 것은 흔한 일임을 명심하라. 그러나 그들은 그들의 죄로 말미암아 이런 일을 자초한 것이었다. 그들이 스스로를 천하게 만들지 않았다면, 그들의 원수들은 그들을 그렇게 천대할 수 없었을 것이다. 사람들이 그들을 내버린 은이라 부르는 것은 그들이 여호와를 버렸으므로 여호와께서 그들을 버렸음이라(렘 6:30).

3. 그들은 원수들이 그들을 처절하게 멸망시켰다고 하소연한다(47절). 두려움과 함정이 우리에게 임하였도다. 원수들은 전쟁 경보들로 우리를 두렵게 하였을 뿐만 아니라, 그들의 전략으로 우리를 이겼고, 매복으로 우리를 기습하였다. 그런 후에 이어진 것은 온통 파멸과 멸망, 딸 내 백성의 파멸(48절), 나의 성읍의 모든 여자들의 파멸(51절)뿐이었다. 원수들은 그들을 마치 새처럼 올무로 잡았고, 아무런 해도 끼치지 않는 새를 맹금류가 쫓듯이 그들을 추격하여 사냥하였다(52절). 사울이 다윗을 자고새처럼 사냥하였듯이, 나의 원수들이 숲마다 뒤지고다니며 나를 새처럼 사냥하였다. 그들을 박해하는 자들의 적대감은 이렇듯 끈질겼지만, 사실 원수들이 그들에게 이렇게 할 이유가 없었다. 그들은 이유없

이 그렇게 하였고, 그들을 화나게 하지도 않았는데도 그렇게 하였다. 하나님은 의로우셨지만, 그들은 불의하였다. 다윗은 종종 이유없이 그를 미워한 자들에 대하여 하나님께 하소연하였다. 그리스도와 그의 교회를 대적하는 원수들은 원래 그렇다(요 15:25). 원수들은 그들의 끝장을 볼 때까지 그들을 추격하였다 (53절). 그들이 내 생명을 끊으려고 나를 구덩이에 넣었다. 원수들은 그들의 포로들을 사방이 막혀 있는 캄캄한 감옥에 집어넣었기 때문에, 그들은 마치 산 자들의 땅에서 끊어진 것 같았다(6절). 또는, 그들의 나라는 무너지고 멸망을 당해서 그 생명과 존재가 사라져 버렸기 때문에, 지하 토굴이나 무덤에 던져져서 그 위에 돌을 던져 놓은 것 같았다(사람들이 죽은 자의 무덤 문 앞에 돌을 굴려 놓듯이). 원수들은 유다 나라를 죽어서 매장된 것으로 보고, 그 나라가 다시 소생할 가능성은 없다고 생각한다. 마찬가지로, 에스겔도 묵시 가운데서 죽어서 마른 뼈들로 가득 찬 골짜기를 보았다. 그들의 멸망은 죽은 자를 장사지내는 것에 비유될 뿐만 아니라, 산 채로 물 속에 가라앉아서 곧 죽게 될 자에 비유되기도 한다(54절). 환난의 물이 내 머리 위로 넘쳤다. 큰 물이 그들을 덮쳐서 완전히 압도하였다. 갈대아 군대는 물이 터져나오는 것처럼 그들을 덮쳐서 그들의 머리 위로 넘칠 정도로 아주 높게 넘실거렸다. 그들은 그 물을 걸어서 건너거나 헤엄칠 수 없었기 때문에 물 속으로 가라앉을 수밖에 없었다. 하나님의 백성이 겪는 환난은 종종 그들의 믿음을 기댈 만한 발판을 찾을 수도 없고, 물 위로 머리를 내밀어서 어떤 위로를 기대할 수도 없는 지경까지 극심할 수 있다는 것을 명심하라.

4. 그들은 이 때문에 그들의 슬픔과 두려움이 너무 크다고 하소연한다.

(1) 환난을 당한 교회는 눈물 바다가 되고, 선지자는 그 교회 때문에 눈물 바다가 된다(48-49절). 내 눈에는 눈물이 시내처럼 흐르도다. 그들은 이렇게 많이 울었다. 그들에게 비참한 일들은 줄어들 기미를 보이지 않았기 때문에, 그들은 끊임없이 울어서 그들의 눈에 흐르는 눈물이 그치지 아니하고 쉬지 아니하였다. 그들의 참상은 계속해서 극단적인 상태에 있었고, 나아지는 날이 없었다. "내 눈으로 보니 내 심령이 상하는도다(51절). 내가 보는 것은 그대로 나의 마음에 영향을 미친다더니, 내가 이 성과 이 땅의 황폐한 모습을 보면 볼수록, 나의 슬픔은 더 커지는구나. 내 눈을 어느 쪽으로 향하든, 내 눈에는 나를 또 다시 슬프게 하는 것들만이 보이는구나. 나의 성읍의 모든 여자들, 즉 어머니 성이었던 예

루살렘에게 딸들과도 같았던 주변의 성읍들을 보니 내 슬픔은 더욱 커지는구나." 또는, 나의 우는 눈이 내 심령을 상하게 하는도다. 슬픔은 쏟아내어도 슬픔이 가라앉는 것이 아니라 점점 더 격해진다. 또는, 나의 눈이 내 심령을 녹이는도다. 내가 너무 울어서 내 심령이 눈물에 묻어 다 빠져나가 버린 것 같다. 내 눈이 근심으로 쇠하였을 뿐만 아니라 내 영혼과 생명도 근심으로 쇠하였다(시 31:9-10). 크고 오랜 슬픔은 심령을 소진시키기 때문에, 백발이 되는 자들도 많고 무덤으로 가는 사람도 많다. 선지자는 이렇게 말한다. "내가 나의 성읍의 모든 여자들보다 더 우는도다(난외주에서는 이렇게 읽는다)." 그의 슬픔은 이루 말할 수 없이 커서, 그는 예민하고 여린 여자들보다도 더 많은 눈물을 흘렸다. 죄인들의 죄와 성도들의 고난으로 인하여 눈물을 많이 흘리는 것은 남자나 여자 가릴 것 없이 다 똑같다. 우리 주 예수께서도 눈물을 많이 흘리셨다. 주님은 가까이 오사 이 성을 보시고 예루살렘의 딸들과 마찬가지로 우셨다.

(2) 교회는 현재의 처지에 대한 슬픔만이 아니라 앞으로 더 심해질 것에 대한 두려움에 짓눌려서 자포자기 상태가 된다(54절). "내가 스스로 이르기를 이제는 멸절되었다 하였도다. 나는 망했고, 죽은 자 같이 되어, 회복될 소망이 없다." 쫓겨난 자들은 자기들이 버림을 받았다고 생각하기 쉽다는 것을 명심하라(시 31:22; 욘 2:4).

5. 이러한 서글픈 하소연들 가운데에서 위로가 되는 말씀이 여기에 나온다. 이것은 그들의 처지가 그들이 생각하는 것만큼 그렇게 절망적이지는 않았다는 것을 보여준다(50절). 우리는 여호와께서 하늘에서 살피시고 돌아보실 때까지 이렇게 계속해서 울고 있다. 이것은 다음과 같은 것들을 보여준다.

(1) 그들은 하나님이 그들의 참상을 은혜로 보아 주시기만 하면 그들의 모든 근심들은 사라질 것임을 확신하였다는 것. "마치 우리의 환난을 보지 않으시려는 듯이 지금 구름으로 자신을 가리고 계시는 하나님이 빛으로 나타나시기만 한다면, 모든 것이 잘 될 것이다(욥 22:13). 그가 우리를 보아 주신다면, 우리가 구원을 얻으리이다(시 80:19; 단 9:17)." 상황은 나쁘지만, 하늘이 한 번 미소를 보여준다면, 모든 것은 올바르게 될 것이다.

(2) 그들은 하나님이 결국에는 그들에게 은혜를 베푸셔서 구원해 주시리라는 소망을 품고 있었다는 것. 아니, 그들은 하나님이 그렇게 하시리라는 것을 당연시하고 있다. "그는 오랫동안 다투시고 계시고, 그가 우리와 다투시는 것

은 당연한 일이지만, 영원히 다투시지는 않으실 것이다."

(3) 그들은 계속해서 울고 있지만 그러면서도 계속해서 기다리고 있고, 하나님의 손길 외에는 그 어떤 손길로부터도 구원을 기대하지 않는다는 것. 그가 다시 은혜를 베푸실 때까지는 아무것도 그들을 위로할 수 없고, 그가 살피시고 내려다보실 때까지는 그 어떤 것도 그들의 눈에서 눈물을 닦아줄 수 없을 것이다. 지금 눈물이 시내처럼 흐르는 그들의 눈은 여호와 그들의 하나님을 바라보며 은혜 베풀어 주시기를 기다릴 것이다(시 123:2).

[55]여호와여 내가 심히 깊은 구덩이에서 주의 이름을 불렀나이다 [56]주께서 이미 나의 음성을 들으셨사오니 이제 나의 탄식과 부르짖음에 주의 귀를 가리지 마옵소서 [57]내가 주께 아뢴 날에 주께서 내게 가까이 하여 이르시되 두려워하지 말라 하셨나이다 [58]주여 주께서 내 심령의 원통함을 풀어 주셨고 내 생명을 속량하셨나이다 [59]여호와여 나의 억울함을 보셨사오니 나를 위하여 원통함을 풀어주옵소서 [60]그들이 내게 보복하며 나를 모해함을 주께서 다 보셨나이다 [61]여호와여 그들이 나를 비방하며 나를 모해하는 모든 것 [62]곧 일어나 나를 치는 자들의 입술에서 나오는 것들과 종일 나를 모해하는 것들을 들으셨나이다 [63]그들이 앉으나 서나 나를 조롱하여 노래하는 것을 주목하여 보옵소서 [64]여호와여 주께서 그들의 손이 행한 대로 그들에게 보응하사 [65]그들에게 거만한 마음을 주시고 그들에게 저주를 내리소서 [66]주께서 진노로 그들을 뒤쫓으사 여호와의 하늘 아래에서 멸하소서

우리는 이 장 전체에 걸쳐서 선지자의 가슴속에서 피부로 느끼는 현실과 믿음, 두려움과 소망이 서로 싸우는 모습을 볼 수 있다. 그는 하소연하다가 스스로를 위로하고, 다시 그의 위로를 마음에서 놓고 하소연으로 돌아간다(시 42편). 그러나 시편에서도 그랬듯이 여기에서도 결국은 믿음이 최종적인 승자가 된다. 왜냐하면, 이 단락에서 그는 위로의 말로 끝을 맺기 때문이다. 여기에서 그는 두 가지를 가지고 스스로를 위로한다.

I. 그가 환난 가운데서도 하나님의 선하심을 체험하였다는 것. 이것은 선지자가 자신의 개인적인 체험을 통해서 민족 전체의 환난과 관련해서도 힘을 얻게 된 것을 가리킬 것이다. 몇몇 성도들을 제때에 구원하신 하나님은 교회 전체도 제때에 구원하실 것이다. 또는, 이 체험은 유대인들 중에서 하나님을

기다리는 것이 헛되지 않다는 것을 알게 된 선한 자들, 즉 남은 자들의 무리가 체험한 것일 수도 있다. 선지자와 그의 경건한 친구들은 세 가지를 통해서 하나님이 그들에게 선하시다는 것을 알게 되었다.

1. 하나님은 그들의 기도를 들으셨다는 것. 그들은 진노의 구름에 가려서 그들의 기도가 상달되지 못할 것이라고 잔뜩 염려했지만(44절), 다시 한 번 생각해 보고나서, 아니 적어도 다시 한 번 시도해 보고나서 그것이 그렇지 않다는 것, 하나님은 그들에게 너희가 나를 찾아 보아야 헛될 것이다라고 말씀하신 적이 없으시다는 것을 깨닫는다. 그들은 심히 깊은 구덩이에서 죽은 자 중에 던져진 바 되었을 때에 주의 이름을 불렀다(55절). 운다고 해서 기도를 못하는 것이 아니다. 우리가 아무리 깊은 지하 웅덩이에 던져진다고 해도, 우리는 거기에서도 지극히 높은 하늘에 계시는 하나님께 나아가는 길을 찾을 수 있다는 것을 명심하라. 요나가 고래 뱃속에서 그랬듯이, 내가 깊은 곳에서 주께 부르짖었나이다(시 130:1). 하나님은 저 심히 깊은 구덩이에서 그들이 부르는 소리를 들으실 수 있으시고, 또한 들으시고자 하셨는가? 물론, 하나님은 그렇게 하셨다. 주께서 나의 음성을 들으셨다. 어떤 이들은 그 다음 구절도 하나님이 그들의 기도를 들으신 것에 대한 감사의 고백을 표현한 것으로 읽는다. 주께서 나의 탄식과 부르짖음에 주의 귀를 가리지 않으셨다. 원문상으로는 그러한 읽기가 가능하다. 하지만 우리는 이 구절을 다음에도 들어 주시라는 간구로 읽고자 한다. 주의 귀를 가리지 마옵소서. 하나님이 우리가 심히 깊은 구덩이에서 그에게 부르짖었을 때에 우리의 음성을 들으셨다는 것은 하나님이 언제라도 주의 귀를 가리지 않으실 것이라는 소망을 갖게 한다. 그가 기도를 그의 호흡이라고 부르는 것을 주목하라. 왜냐하면, 우리는 기도할 때에 하나님을 향하여 호흡하고 하나님을 좇아 호흡하기 때문이다. 우리가 힘이 없어 큰 소리로 부르짖어 기도할 수가 없어서 입 밖으로 잘 나오지도 않는 탄식으로 기도한다고 해도, 우리의 마음이 진실하다면, 하나님은 우리의 기도를 모르는 체 무시하지 않으실 것이다. 기도는 간구로 긍휼의 공기를 들이마시며 찬송으로 내쉬는 새 사람의 호흡이다. 기도는 영적인 삶이 유지되고 있음을 보여주는 증거이다. 어떤 이들은 이 어구를 나의 헐떡임이라고 읽는다. "내가 숨을 헐떡이며 죽어가면서 마지막 숨을 쉰다고 생각했을 때, 주는 나의 곤고한 처지를 아셨나이다."

2. 하나님은 그들의 두려움을 잠재우시고 그들의 심령을 평안하게 하셨다

는 것(57절). "내가 주께 아뢴 날에 주께서 내게 가까이 오셨다. 나는 주께서 나로부터 멀리 계신다고 생각했었는데, 주는 은혜로 다가오셔서 그가 나와 함께 하신다는 것을 내게 분명하게 말씀해 주셨고, 그가 내게 가까이 계시다는 것을 보게 해주셨다." 우리가 우리의 본분의 길로 행하여 하나님께 다가가면, 우리는 그가 긍휼의 길로 우리에게 다가오시는 것을 믿음의 눈으로 볼 수 있다는 것을 명심하라. 그러나 이것이 전부가 아니었다. 주께서 이르시되 두려워하지 말라 하셨나이다. 이것은 하나님의 선지자들이 그들에게 두려워하지 말라고 할 때에 사용하는 언어로서(사 41:10, 13-14), 하나님의 섭리가 그들이 두려워하는 것들이 일어나지 않게 막아주고, 성령이 그들의 영혼에게 그들이 환난 가운데에 있지만 그들은 여전히 그의 백성이기 때문에 두려워하지 않아도 된다는 것을 증언해 줌으로써 하나님의 은혜가 그들의 마음을 평안하게 해주리라는 것이다.

3. 하나님은 이미 그들을 위하여 그 모습을 나타내기 시작하셨다는 것(58절). "주여 주께서 내 심령의 원통함을 풀어 주셨고, 내 생명을 속량하셨으며, 내 생명을 빼앗고자 했던 자들의 손에서 나를 구하셨으며, 내 생명이 집어삼켜질 찰나에 나를 구원하셔서 내 생명을 내게 전리품으로 주셨나이다." 이것은 하나님이 그들을 위하여 앞으로도 나타나실 것이라는 소망을 그들로 하여금 품을 수 있도록 힘을 더해 주는 일이다. "주께서 내 생명을 사망에서 건지셨으니, 장래에도 나로 실족하지 아니하게 하실 것이다. 주께서 내 심령의 원통함을 풀어 주셨으니, 장래에 나의 다른 억울함들도 풀어 주실 것이다."

II. 그는 하나님의 공의와 전지(全知)하심에 호소하여 위로를 얻는다. 그가 하나님은 모든 것을 아신다는 것을 얘기하는 것은 그래야만 하나님의 공의가 제대로 시행될 수 있다고 생각했기 때문이었다.

1. 그는 하나님은 모든 진상을 다 아신다는 것, 그의 원수들이 얼마나 악의적이고 앙심을 품고 있는지를 아신다는 것에 호소한다(59절). "여호와여, 주께서는 나의 억울함, 곧 내가 아무 잘못도 한 것이 없이 많은 불의를 당한 것을 보셨나이다." 모든 것을 아시는 하나님은 다음과 같은 것들도 아신다.

(1) 그들이 그에 대하여 악의를 품었다는 것. "그들이 내게 보복하는 것, 그들이 마치 내가 그들에게 어떤 큰 해악을 끼쳐서 그것에 대한 보복을 하려고 하는 것처럼 내게 해악을 가하고자 한다는 것을 주께서 다 보셨나이다." 우리는

하나님께서 우리가 다른 사람들에 대하여 우리 마음속에 품고 있는 모든 보복하고자 하는 생각들을 다 아신다는 것을 깊이 생각해서 두려워하고 조심하여, 그러한 생각들을 허용하거나 품지 않아야 한다는 것, 또한 하나님께서는 다른 사람들이 그들의 마음속에 이유없이 우리에 대하여 품고 있는 모든 보복하고자 하는 생각들도 다 아시기 때문에, 우리는 그들을 두려워할 필요가 없고 우리를 그들로부터 보호해 주시기를 하나님께 맡기면 된다는 것을 명심하라.

(2) 그들이 그에게 해악을 가하려고 음모를 꾸몄다는 것. 그들이 나를 모해함을 주께서 다 보셨나이다(60절). "주께서는 그들이 나를 모해하는 모든 것(61절), 즉 나를 멸하기 위한 그들의 의지와 음모를 들으셨나이다. 그것이 말로 나타난 것이든 행위로 나타난 것이든, 주께서는 그것을 아신다. 아니, 그들의 음모가 눈에 보이지도 않고 귀에 들리지도 않는다고 하여도, 그들이 나를 치고자 온종일 음모를 꾸미는 것을 주께서는 다 아신다. 왜냐하면, 주 앞에서는 만물이 벌거벗은 것 같이 드러나기 때문이다." 교회의 원수들이 아무리 은밀하게 음모들을 꾸며도 교회의 하나님은 그것들을 완벽하게 아시기 때문에, 그들은 하나님에게 아무것도 숨길 수 없다는 것을 명심하라.

(3) 그들이 그를 멸시하고 중상모략하였으며, 그를 무시하거나 모욕을 주는 온갖 말을 하였다는 것. "주께서는 그들이 나를 비방하며, 내가 알지도 못하는 일들로 나를 비난하고, 온갖 방법들을 다 동원해서 나를 추악하고 경멸받을 만한 자이자 정말 나쁜 사람으로 몰아가며, 일어나 나를 치는 자들의 입술들(62절)이 나에 대하여 오만불손한 언어를 사용하고, 앉으나 서나 밤에 누울 때나 아침에 일어날 때나 식사하거나 교제하기 위해 앉아 있을 때나 거기에서 일어날 때나 나는 그들의 노래가 되고 있나이다. 블레셋 사람들이 삼손을 가지고 놀았듯이, 그들은 나의 비참한 처지를 보고 히히덕거리며 즐거워하나이다."

예루살렘은 그들이 갖고 노는 소고(小鼓)였다. 아마도 그들에게는 예루살렘의 멸망이라는 이름의 어떤 곡조나 연극, 오페라나 간주곡이 있었을 것이고, 그것은 비록 비극이었지만 거룩한 도성이 잘못 되기를 바랐던 자들에게는 무척이나 흥겹고 즐거운 놀이였을 것이다. 하나님은 언젠가는 죄인들이 그와 그의 백성에 대하여 한 모든 악한 말들에 대하여 책임을 물으시리라는 것을 명심하라(유 1:15).

2. 그는 그러한 악을 행한 그들에게 하나님의 심판을 내려 달라고 호소한다.

"여호와여, 주께서는 나의 억울함을 보셨사오니, 그것을 증명할 어떤 증거도 필요없고, 그 진상을 밝힐 검사도 필요없나이다. 주는 그 실상을 똑똑히 보셨나이다. 그러니 이제 나는 이 일을 주께 맡기나이다. 나를 위하여 원통함을 풀어주옵소서(59절)."

(1) "그들의 손이 행한 대로 그들에게 합당하게 보응하소서(64절). 그들이 우리를 대한 것처럼 그들에게 대해 주소서. 그들의 손이 우리에게 행한 것처럼 주의 손이 그들에게 행하여 주소서. 그들은 우리에게 엄청난 울분을 불러일으켰나이다. 이제, 여호와여, 그들에게 슬퍼하는 마음(65절), 갈피를 잡지 못하는 마음(어떤 이들은 이렇게 읽는다)을 주소서. 그들로 사방으로 위협적인 해악들로 둘러싸이게 하시고, 빠져나갈 길을 볼 수 없게 하소서. 그들에게 의기소침한 마음(어떤 이들은 이렇게 읽는다)을 주소서. 그들로 절망에 빠져서 자포자기하게 하소서." 하나님은 명석하게 생각할 줄 아는 머리를 헝클어 놓으실 수 있으시고, 다부지고 강건한 마음을 무너지게 만드실 수 있으시다.

(2) "주께서 경고하신 말씀들을 따라 그들에게 보응하소서. 그들에게 주의 저주를 내리소서. 주의 저주, 즉 주의 백성의 원수들에 대하여 주의 말씀 속에서 선포하신 온갖 재앙을 그들에게 임하게 하소서(65절). 그들은 우리에게 저주들을 안겨 주었나이다. 그들은 저주하기를 좋아하니, 그 저주, 그들을 정말 비참하게 만들 주의 저주가 그들에게 돌아가게 하소서. 그들의 저주는 이유없는 것들이어서 결과도 없을 것이기 때문에 임하지 않을 것이나이다. 그러나 주의 저주는 의롭기 때문에 반드시 이루어지리이다. 주께서 저주하는 자들은 정말 저주를 받은 자들이나이다. 저주를 집행하소서(66절). 그들이 광분하여 우리를 뒤쫓아 멸하였듯이, 주께서 진노로 그들을 뒤쫓으사 멸하소서. 그들을 여호와의 하늘 아래에서 멸하소서. 그들이 하늘의 빛과 힘의 혜택을 받지 못하게 하소서. 모든 사람이 그들이 멸망받는 것을 보고서, 그것이 하늘에 앉아 계셔서 그들을 비웃으시는(시 2:4) 전능자로부터 온 멸망이라고 말하며, 하나님이 다스리신다(단 4:26)는 것을 시인할 수 있게 하는 방식으로 그들을 멸하소서."

하나님께서 우상들에 대하여 말씀하신 것이 여기에서는 우상을 숭배하는 자들에게 적용된다(이 둘은 동일한 운명을 맞게 될 것이기 때문에). 그들은 이 하늘 아래에서 망하리라(렘 10:11). 그들은 눈에 보이지 않는 천국의 행복에서 제외될 뿐만 아니라, 이 눈에 보이는 하늘이 주는 위로로부터도 끊어질 것이다

왜냐하면, 하늘은 여호와의 하늘(시 115:16)이어서, 여호와께 반역하는 자들은 그 아래에서 보호받을 가치가 없기 때문이다.

제
— 4 —
장

개요

이 장은 처음 두 장에 나온 애가와 마찬가지로 한 절이 하나의 알파벳 문자로 되어 있는 애가로서 예루살렘의 멸망을 애도하는 내용으로 되어 있다. I. 선지자는 공경을 받았던 자들이 해악들과 수치들을 겪는 것을 탄식한다(1-2절). II. 그는 원수들의 포위 때문에 벌어진 기근의 비참한 결과들을 탄식한다(3-10절). III. 그는 예루살렘이 함락당하여 패배당한 것과 놀라울 정도로 초토화된 것을 탄식한다(11-12절). IV. 그는 그들의 지도자들의 죄가 이 모든 재난의 원인이었다는 것을 인정한다(13-16절). V. 그는 모든 것이 철저히 멸망될 것이라고 생각하여 체념한다. 왜냐하면, 그들의 원수들은 그들이 상대하기에는 모든 면에서 너무 버거웠기 때문이다(17-20절). VI. 그는 예루살렘의 멸망을 고소해하고 기뻐한 에돔 사람들이 멸망할 것을 예언한다(21절). VII. 그는 결국 시온의 사로잡혀 간 자들이 다시 돌아오게 되리라고 예언한다(22절).

[1]슬프다 어찌 그리 금이 빛을 잃고 순금이 변질하였으며 성소의 돌들이 거리 어귀마다 쏟아졌는고 [2]순금에 비할 만큼 보배로운 시온의 아들들이 어찌 그리 토기장이가 만든 질항아리 같이 여김이 되었는고 [3]들개들도 젖을 주어 그들의 새끼를 먹이나 딸 내 백성은 잔인하여 마치 광야의 타조 같도다 [4]젖먹이가 목말라서 혀가 입천장에 붙음이여 어린 아이들이 떡을 구하나 떼어 줄 사람이 없도다 [5]맛있는 음식을 먹던 자들이 외롭게 거리 거리에 있으며 이전에는 붉은 옷을 입고 자라난 자들이 이제는 거름더미를 안았도다 [6]전에 소돔이 사람의 손을 대지 아니하였는데도 순식간에 무너지더니 이제는 딸 내 백성의 죄가 소돔의 죄악보다 무겁도다 [7]전에는 존귀한 자들의 몸이 눈보다 깨끗하고 젖보다 희며 산호들보다 붉어 그들의 윤택함이 갈아서 빛낸 청옥 같더니 [8]이제는 그들의 얼굴이 숯보다 검고 그들의 가죽이 뼈들에 붙어 막대기 같이 말랐으니 어느 거리에서든지 알아볼 사람이 없도다 [9]칼에 죽은 자들이 주려 죽은 자들보다 나음은 토지 소산이 끊어지므로 그들은 찔림 받은 자들처럼 점점 쇠약하여 감이로다 [10]딸 내 백성이 멸망할 때에 자비로운 부녀들이

자기들의 손으로 자기들의 자녀들을 삶아 먹었도다 ¹¹여호와께서 그의 분을 내시며 그의 맹렬한 진노를 쏟으심이여 시온에 불을 지르사 그 터를 사르셨도다 ¹²대적과 원수가 예루살렘 성문으로 들어갈 줄은 세상의 모든 왕들과 천하 모든 백성이 믿지 못하였었도다

이 장에 나오는 비가(悲歌)는 하나님의 심판으로 인해 너무나 서글프고 처참하게 변해 버린 예루살렘을 슬프게 탄식하는 것으로 시작된다. 전에 금, 아니 순금처럼 부유하고 찬란하였던 성, 온전한 영광이자 모든 세상 사람들의 기쁨이었던 성이 빛을 잃고 변질되어서, 그 광채를 잃고 그 가치를 잃어버린 채 예전의 모습이 아니다. 그것은 정금이 아니라 제련할 때에 나오는 쓸모없는 찌꺼기, 즉 쇠똥이 되어 버렸다. 슬프다! 이렇게 변해 버리다니!

I. 예루살렘의 영광이자 보호막이었던 성전은 황폐해졌다. 성전은 원수의 손에 넘어갔다. 어떤 이들은 여기에서 말하는 금(1절)이 성전의 금, 즉 성전에 입혀져 있었던 금(왕상 6:22)을 가리키는 것이라고 본다. 성전이 불탔을 때, 거기에 입혀진 금도 연기에 그을리고 훼손되어 가치 없는 것처럼 되어 버려서 쓰레기더미에 버려졌다. 그것은 변질되어서 별 쓸모없는 것으로 변해 버렸다. 신기하게 만들어진 성소들의 돌들은 갈대아인들이 성전을 무너뜨리면서 내던졌거나 불길에 휩싸여 무너져 내려서 거리 어귀마다 쏟아지고 여기저기에 흩어졌다. 그 돌들은 다른 폐허더미들 속에 아무런 구별도 없이 뒤섞여 있었다. 성소의 하나님께서 그들의 죄로 말미암아 진노하셔서 그 곳을 떠나셨기 때문에, 성소의 돌들이 이렇게 불경스럽게 더럽혀진 것은 전혀 놀랄 일이 아니다.

II. 특별한 의미에서 시온의 아들들이었던 고관들과 제사장들은 짓밟히고 능욕을 당하였다(2절). 하나님의 집과 다윗의 집은 둘 다 시온에 있었다. 이 두 집의 아들들은 제사장 언약과 왕권 언약에 의한 특권들을 물려받은 상속자들이었기 때문에 보배로운 자들이었다. 그들은 순금에 비견될 수 있는 자들이었다. 금과 은이 가득 찬 곳간들이 아니라 바로 그런 자들 때문에 이스라엘은 부유하였다. 그러나 이제 그들은 질항아리 같이 여김을 받고 있다. 그들은 질항아리처럼 부서져서, 마음에 들지 않는 그릇들처럼 내던져졌다. 그들은 가난해졌고 포로로 잡혀갔다. 이로 인해 그들은 초라하고 멸시받는 자들이 되어서, 모든 사람이 그들을 짓밟으며 모욕을 준다. 하나님의 백성이 멸시를 당하는 것

은 우리가 슬피 탄식해야 할 일임을 명심하라.

III. 어린 아이들은 양식과 물이 없어서 굶어 죽었다(3-4절). 아기에게 젖을 주어야 할 어머니들은 그들이 먹을 양식이 없었기 때문에 아기에게 줄 젖이 나지 않아서 정말 아기에게 젖을 주고 싶은데도 줄 수 없는 처지가 되어 알을 땅에 버려두는 광야의 타조 같이 잔인해 보였다(욥 39:14). 그들은 자녀들에게 줄 양식이 없었기 때문에 자녀들을 버릴 수밖에 없었고, 될 수 있는 한 자녀들을 잊어버리려 하였다. 왜냐하면, 자녀들에게 아무것도 해줄 수 없는 상황에서 자녀들을 생각하는 것은 그들에게 참을 수 없는 고통이었기 때문이다. 이 점에서 그들은 물개나 고래(어떤 이들은 이렇게 해석한다) 또는 들개만도 못한 자들이었다. 왜냐하면, 들개들은 젖을 주어 그들의 새끼를 먹이지만, 딸 내 백성은 그렇게 하고자 하지 않았기 때문이다. 어린 아이들은 성인들과는 달리 스스로 목숨을 부지해 나갈 수 없다. 성 안에는 목을 축여줄 물 한 방울도 없는데, 젖먹이가 목말라서 혀가 입천장에 붙은 것을 보는 것은 큰 고통이었고, 떡을 구할 수 없는 상황 속에서 이제 겨우 말을 하기 시작한 어린 아기들이 부모에게 떡을 달라고 보채는 것을 보는 것도 큰 고통이었다. 이러한 상황을 생각하는 것은 우리에게 큰 슬픔이지만, 우리가 많은 것을 풍족하게 누리고 있다는 것과 우리 자신과 우리의 자녀들과 우리의 권속이 먹을 양식이 있다는 것을 생각할 때에는 참으로 감사한 마음이 들 수밖에 없다.

IV. 지체 높던 자들은 극빈층으로 전락하였다(5절). 그들은 좋은 집안에서 태어나 잘 양육을 받아서, 가장 좋은 음식과 의복에 익숙해져 있었고, 맛있는 음식을 먹었으며, 좋은 것이라면 무엇이든지 다 갖고 있었고, 날마다 호화롭게 즐기던 자들이었다(그들은 그것을 잘 먹는 것이라고 말하지만, 오직 하나님의 영광을 위하여 먹는 자들만이 잘 먹는 것이다). 또한, 그들은 나중에 붉은 옷을 입는 높은 관직으로 출세하였을 뿐만 아니라, 어릴 때부터 붉은 옷을 입고 자라나서, 비천한 것이나 평범한 것을 결코 알지 못하였다. 그들은 붉은 색 위에서 자라났다(원어는 이렇게 되어 있다). 그들의 깔개들과 양탄자들은 다 붉은 색이었다. 그러나 그들은 전쟁 때문에 모든 것을 잃고서 외롭게 거리 거리에 있고, 그들의 머리를 둘 집이나 몸을 누일 침대, 그들의 몸을 가릴 옷이나 몸을 덥혀줄 불도 그들에게는 없었다. 그들은 거름더미를 안고 있다. 그들은 거름더미에 누워서 잠시나마 쉬는 것을 기뻐하였고, 탕자가 돼지 먹는 쥐엄 열매로 배를 채우고자 하였던 것처럼 아마도 뭔가 먹을 것을 찾기 위해 거름더미를 뒤졌을 것이다. 곤궁한 자들이 종종 거름더미에서 일어나는 일이 있는 것과 마찬가지로, 온갖 영화를 누리고 풍족하게 산 자들은 그들이 죽기 전에 어떤 궁지에 몰릴지 모른다는 것을 명심하라. 풍족하던 자들은 양식을 위하여 품을 팔았다(삼상 2:5). 그러므로 풍족함을 갖추었더라도 지나치게 호사스럽게 살지 않는 것이 지혜로운 일이다. 그렇지 않으면, 힘든 삶이 찾아왔을 때에 고생이 두 배로 클 것이기 때문이다(신 28:56).

V. 존귀함으로 뛰어났던 자들, 아니 신성함으로 뛰어났던 자들도 다른 사람들과 똑같이 민족적인 재난에 휘말렸다(7-8절).   존귀한 자들이 누구를 가리키는지를 놓고 의견이 분분하다. 어떤 이들은 이것이 단지 유다의 존귀한 자들, 아주 깨끗하고 말쑥하며 옷을 잘 입고 향수를 뿌린 젊은 신사들을 가리키는 것일 뿐이라고 생각한다. 그러나 나는 이것이 나실인의 서원을 통해서 자기 몸을 구별하여 여호와께 드린 경건한 자들을 가리키는 것이라고 본다(민 6:2). 극도로 타락했던 시절에도 그들 중에는 그런 자들이 있었다는 것은 아모스 2:11의 말씀(내가 너희 청년 중에서 나실인을 일으켰다)에서도 잘 드러난다. 이 나실인들은 비록 머리카락을 자르지 않아야 했어도, 적당히 먹고 자주 씻으며, 특히 기도 가운데서 하나님과 교제함으로써 그 얼굴이 모세의 얼굴처럼 빛났기 때문에 눈보다 깨끗하고 젖보다 희었다. 그들은 포도주나 독주를 마시지 않았기 때문에 채식과 물을 먹었던 다니엘과 그의 친구들처럼, 날마다 포도의 피를 마음껏 즐기던 자들보다 더 건강한 혈색과 보기 좋은 용모를 지닐 수 있었다. 또는, 이것은 모든 선한 자들이 그들을 대단히 존경하고 공경한 것을 가리키는 것일 수도 있다. 그들은 눈으로 보기에 고운 모양도 없고 풍채도 없었을 수도 있지만, 여호와께 성별되어 있었기 때문에 마치 산호들보다 붉어 그들의 윤택함이 갈아서 빛낸 청옥 같아서 귀히 여김을 받았다. 그러나 이제 그들의 모습은 상하였다(사 52:14에서 이 말씀은 그리스도에게 적용된다). 지금 그들의 모습은 숯보다 검다. 그들이 이렇게 몰골이 비참해 보이는 것은 부분적으로는 굶주림 때문이고 부분적으로는 슬픔과 당혹감 때문이다. 그들은 어느 거리에서든지 알아볼 사람이 없었다. 성이 오랫동안 포위되어서 일어난 갖가지 참상들로 인해서 그들의 모습이 워낙 변해 버려서, 그들을 존경하였던 자들은 이제 그들을 알아보지 못하고, 그들과 친하게 지냈던 자들도 거의 그들을 알아 보지 못한다. 그들의 가죽은 뼈

들에 붙어 있고, 그들의 살은 완전히 소진되어서 거의 없다시피 할 정도로 말라서 마르고 딱딱한 막대기 같이 되었다. 황폐화시키는 심판이 도처에서 행해지면, 하나님께 성별된 자들조차도 흔히 다른 사람들과 마찬가지로 재난에 휩쓸리게 되는 것은 참으로 비통한 일이 아닐 수 없다.

VI. 예루살렘은 시간을 오래 끌면서 서서히 무너져가다가 죽음을 맞이하였다. 왜냐하면, 다른 어느 심판보다도 기근이 예루살렘의 멸망에 더 많은 기여를 했기 때문이다. 이 때문에 예루살렘의 멸망은 순식간에 무너진 소돔의 멸망보다 그 고통이 더 컸다(6절). 한 차례의 유황불이 쏟아지자 소돔은 단번에 사라져 버렸다. 소돔의 멸망에는 사람의 손이 개입되지 않았다. 소돔은 예루살렘과는 달리 오랫동안 적의 포위 공격을 견뎌낼 일이 없었다. 소돔은 한 방에 날려 버린 여호와의 손에 즉시 떨어졌고, 힘이 약해서 사형을 집행하는 데에 오랜 시간이 걸리는 사람의 손에 떨어진 것이 아니었다(삿 8:21). 예루살렘은 여러 달에 걸쳐서 극심한 고문을 당하며 고통과 비참함을 겪으며 서서히 죽어갔고, 자기가 죽어 가는 것을 느끼며 죽어 갔다. 예루살렘의 죄악이 소돔의 죄악보다 더 크고 무거웠다는 것을 생각하면, 그 벌도 더 무거웠던 것은 이상한 일이 아니다. 소돔은 예루살렘이 가지고 있었던 은혜의 수단들, 하나님의 말씀들, 그의 선지자들을 한 번도 갖고 있은 적이 없었기 때문에, 예루살렘에 대한 단죄는 소돔에 대한 단죄보다 더 견디기 힘든 것이 된 것은 당연한 일이다(마 11:23-24). 기근이 얼마나 심했는지는 여기에서 두 가지 끔찍한 예를 통해서 묘사된다.

1. 기근이 원인이 되어서 서서히 죽어간 자들(9절). 많은 사람들이 굶주림으로 죽었고, 죽기까지 굶주렸다. 그들의 곳간은 텅 비었고, 나라의 곳간도 거의 비어서, 그들은 기근에서 헤어나올 수가 없었다. 그들은 토지 소산이 끊어지므로 점점 쇠약하여 갔다. 굶주린 자들은 창에 찔리거나 병에 걸린 자들처럼 반드시 죽게 되어 있었다. 다만 그들의 처지가 훨씬 더 비참하였다. 칼에 죽은 자들은 곧 고통에서 벗어난다. 그들은 잠깐 사이에 스올에 내려간다(욥 21:13). 그들은 죽음이 그들을 향하여 나아오는 것을 보는 공포를 맛보지 않고, 타격이 가해졌을 때에 그것을 거의 느끼지도 않는다. 한 차례 격렬한 몸부림이 있을 뿐이고, 그것으로 모든 것이 끝난다. 우리가 다른 세상으로 갈 준비가 되어 있다면, 우리는 거기로 가는 이 짧은 통과 의례를 두려워할 필요가 없다. 그 순간은

짧을수록 더 좋다. 그러나 기근으로 죽는 자들은 점점 수척해진다. 굶주림은 그들의 심령을 갉아먹으면서 서서히 소진시킨다. 아니, 굶주림은 그들의 심령을 안절부절못하게 만들어서 울분으로 가득 채우기 때문에 몸과 마음 모두에 큰 고문이 된다. 그들은 죽을 때에도 그들을 묶어 옴짝달싹 못하게 만드는 끈들이 있다(시 73:4).

2. 기근이 원인이 되어서 벌어진 만행(10절). 자비로운 부녀들이 자기들의 손으로 자기들의 자녀들을 먼저 죽인 후에 삶아 먹었도다. 선지자는 앞에서도 이것을 탄식한 적이 있었다(20절). 사람이 그런 짓을 할 정도로 악해졌다는 것과 그들이 그런 짓을 하고자 하는 유혹을 받을 정도로 극단적인 상황에 몰렸다는 것은 너무나 통탄스러운 일이었다. 그러나 하나님은 오랜 기간의 포위 공격이 가져올 이 끔찍한 결과를 이미 일반적으로 경고하셨었고(레 26:29; 신 28:53), 예루살렘이 갈대아인들의 포위 공격을 받을 때에 그런 일이 벌어질 것을 구체적으로 경고하셨었다(렘 19:9; 겔 5:10). 그들이 자녀들을 먹일 젖이 없었고 자녀들에게 줄 양식을 구할 수 없었다는 것은 정말 서글픈 일이었지만(4절), 그들이 자녀들을 자신의 양식으로 삼아서 잡아 먹을 생각을 했다는 것은 이루 말할 수 없이 서글픈 일이었다. 나는 이것이 궁핍이 가져다준 힘을 보여주는 예인지, 죄악의 힘을 보여주는 예인지 알지 못한다. 그러나 이방인 우상 숭배자들이 부끄러운 욕심에 내버려진 것처럼(롬 1:26), 이 유대인 우상 숭배자들, 특히 하늘의 여왕을 위하여 과자를 만들고 자기 자녀들에게도 그렇게 하라고 가르친 여인들은 천륜을 배앗기고 자기 자녀들에게 천륜을 거스르는 짓을 행하였기 때문에, 이렇게 그들의 본성을 욕되게 하도록 내버려진 것은 그들이 하나님을 욕되게 한 것에 대한 의로운 심판이었다.

VII. 예루살렘은 놀랍고도 철저하게 멸망하였다.

1. 예루살렘의 멸망은 완벽한 멸망이었다(11절). 여호와께서 그의 분을 이루셨다. 하나님은 예루살렘을 멸망시키는 일을 철저하게 해내셨고, 그가 예루살렘에 대하여 진노 중에 계획하셨던 모든 것을 다 집행하셨으며, 그 판결의 한 부분도 면제해 주지 않으셨다. 그는 그의 극에 달한 맹렬한 분노를 남김없이, 심지어 밑바닥에 남아 있는 찌꺼기까지 다 털어서 쏟아 부으셨다. 그는 시온에 불을 지르사 집들을 태워서 평평하게 만들어 버리셨을 뿐만 아니라 다른 불들과는 달리 마치 더 이상 그 위에 집을 짓지 못하게 하겠다는 듯이 그 터를 사르

셨다.

2. 예루살렘의 멸망은 눈이 휘둥그레질 정도로 예기치 않았던 멸망이었다 (12절). 그것은 주변 나라들의 사정을 누구보다도 더 잘 알고 있는 세상의 왕들에게 뜻밖의 사건이었다. 아니, 그것은 예루살렘을 살고 있었거나 한 번이라도 듣거나 읽어본 적이 있는 천하 모든 백성에게 뜻밖의 일이었다. 그들은 대적과 원수가 예루살렘 성문으로 들어갈 줄은 생각지도 못했기 때문에 이 일을 믿지 못하였는데, 그 이유는 다음과 같았다.

(1) 그들은 예루살렘이 성벽이나 보루만이 아니라 그 주민의 수(數)와 힘으로 튼튼하게 요새화되어 있다는 것을 알고 있었다. 시온의 요새는 난공불락으로 생각되었다.

(2) 그들은 예루살렘이 온 세상의 주(主)이신 분이 특별한 방식으로 거처하고 계시는 큰 왕의 성이라는 것을 알고 있었다. 그 곳은 거룩한 성이었다. 그래서 그들은 그 성은 하나님의 보호하심 아래에 있기 때문에 그 어떤 적이 공격을 해도 소용이 없을 것이라고 생각하였다.

(3) 그들은 산헤립의 원정이 잘 보여주듯이 과거에 그 성을 점령하고자 한 많은 시도들이 좌절되었다는 사실을 알고 있었다. 그러므로 그들은 갈대아인들이 그 성을 차지하였다는 소식을 들었을 때에 깜짝 놀랐고, 하나님이 직접 예루살렘을 갈대아인들에게 넘겨 주신 것이 틀림없다고 결론을 내렸다. 적이 예루살렘의 성문을 뚫고 들어간 것은 하나님의 명령이 있었기 때문이었다.

[13]그의 선지자들의 죄들과 제사장들의 죄악들 때문이니 그들이 성읍 안에서 의인들의 피를 흘렸도다 [14]그들이 거리 거리에서 맹인 같이 방황함이여 그들의 옷들이 피에 더러워졌으므로 그들이 만질 수 없도다 [15]사람들이 그들에게 외쳐 이르기를 저리 가라 부정하다, 저리 가라, 저리 가라, 만지지 말라 하였음이여 그들이 도망하여 방황할 때에 이방인들이 말하기를 그들이 다시는 여기서 살지 못하리라 하였도다 [16]여호와께서 노하여 그들을 흩으시고 다시는 돌보지 아니하시리니 그들이 제사장들을 높이지 아니하였으며 장로들을 대접하지 아니하였음이로다 [17]우리가 헛되이 도움을 바라므로 우리의 눈이 상함이여 우리를 구원하지 못할 나라를 바라보고 바라보았도다 [18]그들이 우리의 걸음을 엿보니 우리가 거리마다 다 다닐 수 없음이여 우리의 끝이 가깝고 우리의 날들이 다하였으며 우리의 종말이 이르렀도다 [19]우

리를 뒤쫓는 자들이 하늘의 독수리들보다 빠름이여 산 꼭대기까지도 뒤쫓으며 광야에서도 우리를 잡으려고 매복하였도다 [20]우리의 콧김 곧 여호와께서 기름 부으신 자가 그들의 함정에 빠졌음이여 우리가 그를 가리키며 전에 이르기를 우리가 그의 그늘 아래에서 이방인들 중에 살겠다 하던 자로다

우리는 이 단락에서 다음과 같은 것들을 볼 수 있다.

I. 하나님이 고소하신 그들의 죄들. 하나님은 이 죄들 때문에 그들에게 멸망을 보내셨고, 그 죄들은 하나님이 그들을 멸망시킨 것이 의로운 것이었음을 보여주는 것이기도 하였다(13-14절). 예루살렘의 멸망은 그의 선지자들의 죄들과 제사장들의 죄악들 때문이었다. 그렇다고 해서 백성들은 아무 죄도 없었다는 것은 아니다. 백성들은 선지자들과 제사장들이 그렇게 하는 것을 좋게 여겼고(렘 5:31), 그들이 자기들처럼 하는 것을 기뻐하였다. 하지만 백성들에게 더 잘 가르쳤어야 했고, 책망하고 권면했어야 했으며, 죄의 결말이 어떤 것인지를 말해주었어야 했던 선지자들과 제사장들에게 주된 잘못이 있었다. 파수꾼들이 제대로 경보를 울리지 않았다면, 그 잘못으로 인해 죽은 백성들의 핏값은 그들에게서 찾게 되어 있었다. 제사장들과 선지자들이 죄를 지을 때에 백성들의 죄의 분량은 더 신속하게 채우지고 백성들이 멸망할 때가 더 빨리 무르익게 된다는 것을 명심하라. 하나님이 그들을 고소하시는 특정한 죄는 박해의 죄이다. 거짓 선지자들과 부패한 제사장들은 서로 결탁해서 그들이 지닌 권력과 세력을 규합하여 성읍 안에서 의인들의 피, 곧 하나님의 선지자들과 그 선지자들을 따르던 무리들의 피를 흘렸다. 그들은 무죄한 자녀들을 몰록에게 제물로 바침으로써 그 자녀들의 피를 흘렸을 뿐만 아니라, 의인들을 진리와 참된 신앙에 대한 적대감이라는 더 잔혹한 우상에게 제물로 바침으로써 그 의인들의 피를 흘렸다. 이것은 여호와께서 사하시기를 즐겨하지 아니하신 그런 죄였고(왕하 24:4) 예루살렘에 최종적인 멸망을 가져다준 죄였다(약 5:6). 너희는 의인을 정죄하고 죽였다. 그리스도의 때에 대제사장들과 서기관들이 백성들을 부추겨서 그리스도를 반대하게 만들었던 자들이었던 것처럼(만약 그렇게 하지 않았다면, 백성들은 계속해서 호산나를 외쳤을 것이다), 여기에서도 제사장들과 선지자들은 박해의 주동자들이었다. 이제 그들은 거리 거리에서 맹인 같이 방황하는 자들이 되었다(14절). 그들은 공의의 길들에서 벗어나 있었고, 선한 모든 일에

눈이 멀었으며, 오직 악을 행하는 일에만 머리가 빨리 돌아갔다. 하나님은 부패한 재판관들에 대하여 그들은 알지도 못하고 깨닫지도 못하여 흑암 중에 왕래한다고 말씀하셨고(시 82:5), 그리스도께서는 부패한 선생들에 대하여 그들은 맹인이 되어 맹인을 인도하는 자로다라고 말씀하셨다(마 15:14). 그들은 무죄한 피, 성도들의 피로 더러워져서, 사람들은 그들의 옷을 만질 수 없었다. 그들은 그들 자신을 주변의 모든 사람들에게 혐오스러운 자들로 만들어 버렸기 때문에, 선한 자들은 부정을 탈까봐 죽은 시체를 만지기를 꺼려하고 여린 심령이 죽은 자의 피 묻은 옷을 만지기 꺼려하듯이 그들을 만지기를 꺼려하였다. 그 어떤 일을 하는 것보다도 박해를 자행할 때에 선지자들과 제사장들은 가장 혐오스러운 자들이 된다.

II. 이방인들이 그들의 죄를 증언함. 이방인들의 증언은 그들에게 죄를 깨닫게 해줌과 동시에 그들에 대한 하나님의 처분이 공평하였다는 것을 보여준다. 죄 가운데서 아주 뻔뻔스러워져 버린 어떤 자들은 그들이 사람들이 그들에 대하여 무엇이라 말하여도 신경쓰지 않는다는 것을 자랑스러워한다. 그러나 하나님은 이방인들로 하여금 부패한 제사장들과 선지자들에게 외치게 하심으로써 사람들이 그들에 대하여 무엇이라 말하는지, 그들을 지켜 본 사람들이 그들을 어떻게 생각하는지를 그들이 신경쓰지 않을 수 없게 만드셨다(15-16절).

1. 이방인들은 그들이 실제로는 온갖 죄악을 다 지으며 살아 왔으면서도 깨끗한 체하였다고 그들을 꾸짖었다. 사람들은 그들에게 이렇게 소리쳤다. "저리 가라 부정하다. 너희는 이방인을 만지면 부정을 탈까봐 손사래를 치며 저리 가라, 저리 가라, 만지지 말라, 나는 너보다 더 거룩하다고 악을 썼다(사 65:5)." 마찬가지로, 그리스도를 박해한 자들도 더럽힘을 받지 아니하려고 관정에 들어가고자 하지 않았다. "그러나 하나님이 너희를 이방인들의 손에 넘기신 지금에 와서, 너희가 이방인들이 너희를 만지는 것을 막을 수 있느냐? 너희는 도망하여 방황할 때에 부정을 타지 않으려고 이방인들에게 멀리 서 있고 만지지 말라고 명령할 것이지만, 아무 소용이 없을 것이다. 이 뱀들에게는 그런 주문이나 노래가 통하지 않을 것이다. 그 자들은 제사장들을 높이지 아니하며 장로들을 대접하지 아니하는 자들이다. 아무리 고상한 자들이라도 그들에게는 멸시를 받을 것이다."

2. 이방인들은 그들이 저지른 죄들, 그들의 죄들로 인한 하나님의 진노, 그

진노의 끔찍한 결과들을 얘기하며 그들을 꾸짖었다. 사람들이 그들에게 외쳐 이르기를 저리 가라 부정하다 하였다. 사람들은 모두 하나님이 그토록 화를 북돋는 백성을 그토록 좋은 땅에서 계속해서 살게 내버려 두지 않으실 것임을 이미 내다보고 있었기 때문에 그들에게 부끄러운 줄 알라고 소리치며 강하게 비난하였다. 사람들은 그들에게 주어진 규례와 법도가 의롭다는 것을 알고 있었기 때문에, 그들이 지혜와 지식이 있는 백성이 될 줄 알았다(신 4:6). 그러나 그들이 예상과는 달리 정반대의 모습을 보이자, 사람들은 저리 가라 저리 가라고 소리쳤다. 사람들은 그들의 운명이 어찌될지, 즉 그들의 땅이 그들보다 먼저 그 땅에 살고 있던 자들에게 그랬듯이 그들을 토해내리라는 것을 훤히 읽고 있었기 때문에, 야곱의 흩어진 자들이 도망하여 방황하는 모습을 보았을 때에 그들에게 그 사실을 얘기해 주었다. 사람들은 그들이 제사장들, 즉 여호야다의 아들 스가랴, 예레미야 등과 같은 경건한 제사장들을 높이지 아니하였기 때문에 여호와께서 노하여 그들을 여러 나라들로 흩으신 것이라고 얘기해 주었다. 그들은 장로들을 대접하기는커녕, 장로들이 그들의 악할 길을 제지하고자 하면 도리어 장로들을 멸시하고 그 권위를 짓밟았다. 하지만 이방인들은 이것이 그들에게 멸망을 가져다주리라는 것을 내다보고 있었다.

3. 이방인들은 그들의 멸망이 회복할 수 없는 것이라 여기고 아주 좋아하였다. 사람들은 그들이 그들의 땅에서 쫓겨나는 것을 보았을 때에 이렇게 말하였다. "이제 그들이 다시는 여기서 살지 못하리라. 그들은 이 땅에 영원한 작별을 하였고, 다시는 이 땅에 돌아오지 못할 것이다. 왜냐하면, 하나님이 그들을 다시는 돌보지 아니하실 것이기 때문이다. 그러니, 그들이 무슨 수로 다시 일어설 수 있겠는가?" 하지만 사람들의 이러한 생각은 착각이었다. 하나님이 그들에게 이 모든 일들을 행하셨다고 해서 그들을 내치시고 버리신 것은 결코 아니었기 때문이다. 그렇지만 주변의 모든 사람들이 그들이 그들의 하나님을 너무도 진노케 하였기 때문에 그들은 하나님으로부터 버림을 받을 수밖에 없고 다른 가능성은 없다고 생각했다는 것은 많은 것을 시사해 준다.

III. 그들이 이러한 재난들 속에서 거의 절망하게 됨. 우리는 앞에서 이방인들이 그들에 관하여 어떻게 말하였는지를 들었는데, 여기에서는 그들이 그들 자신에 관하여 어떻게 말하고 있는지를 듣는다(17절). "우리는 우리의 처지가 절망적이라고 여기고 있다. 우리의 끝이 가깝고(18절), 우리의 교회와 우리의 나라는 둘 다 거의 멸망 직전에 있다. 아니, 우리의 종말이 이르렀다. 우리는 완전히 망했다. 우리의 모든 낙(樂)들이 그 최후의 시기를 보내고 있다. 우리가 형통하던 시절은 그 기한이 다하였다. 그 날들은 계수되어 끝이 보이고 있다." 이렇게 그들이 지니고 있는 두려움, 즉 여호와께서 그들을 다시는 돌보지 아니하시리라는 두려움은 그들의 원수들의 희망과 일치하는 것이었다. 그들이 이런 두려움을 가지는 데에는 다음과 같은 이유들이 있었다.

1. 그들이 의지하였던 피난처들은 그들을 실망시켰다. 그들은 그들의 강력한 동맹국으로부터의 도움을 기대하였지만, 아무 소용이 없었다. 헛되이 도움을 바랐다는 것이 입증되었다. 그들이 기대하였던 구원의 손길들은 오지 않았거나 적어도 그들이 기대한 것과는 달리 그들을 도우러 오는 데에 성공할 수 없었다. 결코 오지 않을 구원을 기다리느라 그들의 눈은 상하였다(17절). 그들은 바라보고 바라보았다. 그들은 그들에게 지원을 약속해 놓고 그 약속을 지키지 못하고 그들의 기대를 좌절시킨 나라를 몹시 속을 태우며 초조하게 오랫동안 기다렸다. 그들은 그들을 구원할 수 없는 나라였다. 그들은 갈대아 군대와 맞서 싸우기에는 힘이 약해서 결국 물러가고 말았다. 피조물들로부터 도움을 기대하는 것은 헛된 것이다(시 60:11). 그런 도움을 기다리다가는 우리의 눈이 상하고 우리의 마음도 상하고, 결국에는 그런 도움은 오지도 않는다.

2. 그들은 박해자들을 피해 도망쳤지만 결국 붙잡혔다(18절). 원수들이 우리의 걸음을 엿보니 우리가 거리마다 다 다닐 수 없다. 갈대아인들은 예루살렘 성을 포위하였을 때에 토성(土城)을 성벽보다 더 높게 쌓아 올려서 성 안을 훤히 들여다보고서 거리에 나다니는 사람들을 향해 활을 쏘았다. 원수들은 여기저기에서 화살로 그들을 사냥하였다. 성문이 무너지고 모든 군사들이 도망쳤을 때, 그들을 뒤쫓는 자들이 먹잇감을 낚아채기 위해서 쏜살 같이 내려오는 하늘의 독수리들보다 빨랐다(19절). 원수들을 피할 길은 없었다. 원수들은 산 꼭대기까지도 뒤쫓아 왔고, 그들이 원수들로부터 벗어났다고 한숨을 돌릴 때쯤에는 그들의 퇴로를 차단하고 낙오자들을 잡기 위해서 광야에서 그들을 잡으려고 매복해 있던 원수들의 손에 붙잡혔다. 아니, 이러한 위기 상황 속에서도 온갖 이점들을 다 활용해서 도망치기가 가장 수월하였으리라고 생각되는 왕조차도 도망을 칠 수 없었다. 왜냐하면, 하나님의 보복이 원수들을 통해서 왕을 추격하였기 때문이다. 그러므로 우리의 콧김 곧 여호와께서 기름 부으신 자가 그들의 함정

에 빠졌다(20절). 어떤 이들은 이 본문이 전쟁터에서 애굽의 왕에게 죽임을 당한 요시야를 가리키는 것으로 본다. 그러나 이 본문은 다윗 가문의 마지막 왕이었고 갈대아인들의 추격을 받아 여리고 평지에서 붙잡혔던 시드기야 왕을 가리키는 것으로 이해하는 것이 더 좋을 것이다(렘 39:5). 이 왕은 여호와께서 기름 부으신 자, 하나님이 통치를 맡기셨던 가문의 상속자였다. 그는 유다 나라의 백성들에 의해서 많은 신임을 받고 있었다. 그들은 우리가 그의 그늘 아래에서 이방인들 중에 살겠다고 말할 정도였다. 그들은 여고니야가 포로로 끌려간 후에 남겨진 남은 자들이 시드기야의 통치와 그 보호 아래에서 다시 아래로 뿌리를 내리고 위로 열매를 맺게 될 것이라고 기대하였다. 그들은 그들의 국력이 너무나 약해져서 전에처럼 이방인들을 다스리게 될 것이라고 생각할 수는 없지만 뭔가 변화가 일어나서 이방인들 가운데서 살아가더라도 모욕을 당하거나 갈가리 찢기는 수모를 당하지는 않게 될 것이라고 생각하였다. 이렇게 무너져 가는 사람들은 작은 가지라도 붙잡으려고 할 뿐만 아니라 그 작은 가지가 그들을 다시 살려줄 것이라고 생각하기 쉽다. 예루살렘은 별로 이상 징후를 나타내지 않는 소모성 질병인 폐병으로 죽었다. 예루살렘은 죽기 직전까지도 희망적인 징후들이 여전히 있었기 때문에 그 징후들에 근거해서 회복할 수 있을 것이라는 소망을 품었었다. 그러나 결국 어떻게 되었는가? 그들을 편안하게 해줄 그늘이 되어 줄 것이라고 생각하였던 시드기야 왕은 결국 요나의 박넝쿨처럼 하룻밤 사이에 시들어 버렸다. 여호와께서 기름 부으신 자였던 시드기야는 마치 맹수나 되는 것처럼 원수들의 함정에 빠졌다. 원수들은 신성한 자라고 해서 봐주는 법이 없었다. 우리가 어떤 피조물을 우리의 코의 호흡이라고 여기고서 그것에 기대어 살고자 할 때, 하나님이 그 호흡을 정지시키시고, 우리가 그것에 기대하였던 생명을 우리에게서 빼앗으시는 것은 마땅한 일이라는 것을 명심하라. 왜냐하면, 하나님은 홀로 우리의 생명이시고 우리의 장수(長壽)가 되시는 영광을 누리셔야 하기 때문이다.

[21]우스 땅에 사는 딸 에돔아 즐거워하며 기뻐하라 잔이 네게도 이를지니 네가 취하여 벌거벗으리라 [22]딸 시온아 네 죄악의 형벌이 다하였으니 주께서 다시는 너로 사로잡혀 가지 아니하게 하시리로다 딸 에돔아 주께서 네 죄악을 벌하시며 네 허물을 드러내시리로다

다윗의 탄식 시편들은 보통 어떤 위로의 말씀으로 끝나는데, 이것은 죽은 자 가운데서 살아돌아오는 것이고 어둠으로부터 빛이 비치는 것이다. 이 장에 나오는 애가도 마찬가지이다. 하나님의 백성은 지금 큰 고통 중에 있고, 모든 면이 암울하며, 전망은 너무나 끔찍하고, 악감을 품은 이웃이었던 에돔 사람들은 그들에게 모욕을 주며, 그들을 멸망시킨 자들을 부추겨서 그들을 괴롭히도록 하기 위하여 온갖 애를 쓰고 있다. 이웃 나라들은 형제 야곱에 대하여 이렇게 포학하였고(옵 1:10), 예루살렘에 대한 그들의 악감도 이렇게 대단하여서, 헐어 버리라 헐어 버리라고 소리쳤다(시 137:7). 이제 여기에는 하나님의 백성에게 힘을 주는 다음과 같은 예언들이 나온다.

I. 시온의 환난이 끝나게 되리라는 것(22절). 딸 시온아 네 죄악의 형벌이 다하였다. 이것은 그들이 범한 죄 때문에 마땅히 받아야 할 형벌을 다 받았다는 뜻이 아니라, 하나님께서 공의를 만족시키고 그들의 죄를 제거하는 데에 꼭 필요하다고 여기셔서 그들에게 내리시기로 계획하셨던 형벌이 다 끝났다는 뜻이다. 네 죄악의 형벌인 포로 생활이 다하였고(사 40:2), 하나님은 너를 더 이상 포로로 붙잡아 두시지 않으실 것이다. 이 본문은 주께서 다시는 너로 사로잡혀 가지 아니하게 하시리로다로 읽을 수도 있다. 하나님은 포로 된 너를 다시 돌아오게 하시고, 네가 영광스럽게 풀려나게 역사하실 것이다. 하나님의 백성이 겪는 환난은 하나님이 그 환난을 보내신 목적을 다 이루고나서는 더 이상 계속되지 않는다는 것을 명심하라.

II. 에돔이 의기양양해하는 것이 끝나게 되리라는 것. 하나님은 이것을 반어법적으로 말씀하신다(21절). "딸 에돔아 즐거워하며 기뻐하라. 네 죄악의 분량이 다 찰 때까지 곤경에 처한 시온을 계속해서 마음껏 모욕하라. 네 이웃 나라들이 다 겪은 파멸을 네가 지금 면제받은 것을 기뻐하라." 이것은 청년이 마음껏 하고 싶은 대로 하는 것을 솔로몬이 꾸짖는 것과 비슷하다(전 11:9). "청년이여 네 어린 때, 네 젊은 때를 즐거워하라. 하나님이 너를 벌하실 때까지 어디 한번 네가 하고 싶은 대로 다 즐겨 보아라. 하나님이 너를 심판하실 날이 머지 않았다. 지금 예루살렘이 깊이 들이마신 두려워 떨게 하는 잔이 네게도 이를 것이다. 그 잔은 지금 네 차례가 될 때까지 돌고 있다." 우리가 곤경에 처한 자들을 모욕하지 않아야 하는 이유는 우리 자신도 그들과 똑같은 몸을 지니고 있는 자들이라는 것과 우리도 언제 그들과 같은 처지가 될지 모른다는 것이다. 하나님의 교회가 겪는 재난을 기뻐하고 즐거워하는 자들은 그 재난을 지원하고 부추긴 자로 여겨져서 그 재난의 도구가 된 자들과 더불어서 심판을 받게 되리라는 것을 각오하여야 한다. 예레미야 선지자는 에돔 사람들의 멸망을 예언하였다(렘 49:7 이하). 하나님의 백성은 그들을 모욕하며 오만방자하게 구는 자들이 장차 어떻게 될 것인지를 생각하고서 낙심하지 말고 힘을 내야 한다.

1. 에돔의 멸망은 부끄러운 멸망이 될 것이다. "네게 이를 잔은 너를 취하게 만들 것이다(누가 술에 취하든, 취한 모습은 수치스러운 것이다). 네가 취하여 완전히 제정신이 아니게 되어서, 네가 세우는 모든 모략들에서 갈팡질팡하고, 네가 하는 모든 일들에서 걸려넘어질 것이다. 그 때에 노아가 술에 취했을 때에 그랬던 것처럼, 너는 벌거벗을 것이고, 멸시를 당하게 될 것이다." 하나님은 그의 백성을 비웃고 조롱하는 자들을 그렇게 하도록 내버려 두셔서, 결국 거꾸로 그 자들이 조롱당하는 신세가 되게 하신다는 것을 명심하라.

2. 에돔의 멸망은 의(義)를 이루는 멸망이 될 것이다. 하나님은 이 일을 통해서 네 죄악을 벌하시며 네 허물을 드러내실 것이다. 그는 그들을 벌하실 것이고, 이렇게 벌하신 그가 의롭다는 것을 나타내시기 위하여 그들의 죄들을 드러내실 것이다. 아니, 그들이 받는 형벌을 보면, 그들이 과연 어떤 죄를 지었는지가 분명하게 드러날 것이다. 종종 하나님은 어떤 사람에 대한 형벌을 통해서 그 사람이 어떤 죄를 범했는지를 삼척동자도 알 수 있게 하시는 그런 방식으로 벌을 내리신다. 언제가 되었든, 죄는 벌을 받고 드러나게 되어 있고, 모든 숨겨진 어둠의 일들은 다 드러나게 되어 있다.

제 5 장

개요

이 장은 1장과 2장, 4장과 동일한 수의 절들로 되어 있기는 하지만 알파벳 시로 되어 있지 않다. 하지만 그 요지는 앞에 나온 모든 애가들과 동일하다. I. 포로로 잡혀간 하나님의 백성이 현재 겪는 재앙 같은 상태에 관한 묘사(1-16절). II. 그 어떤 세속적인 관심보다도 하나님의 성소에 대한 관심이 그들의 마음속에 더 가까이 자리잡고 있다는 그들의 항변(17-18절). III. 긍휼을 다시 베풀어 주시라고 하나님께 겸손히 탄원하고 간구함(19-22절). 슬픈 일이 있을 때에 슬피 탄식만 하고 기도하지 않는 자들은 죄를 짓는 것이다. 일부 옛 역본들은 이 장을 "예레미야의 기도"라 부른다.

[1]여호와여 우리가 당한 것을 기억하시고 우리가 받은 치욕을 살펴보옵소서 [2]우리의 기업이 외인들에게, 우리의 집들도 이방인들에게 돌아갔나이다 [3]우리는 아버지 없는 고아들이오며 우리의 어머니는 과부들 같으니 [4]우리가 은을 주고 물을 마시며 값을 주고 나무들을 가져오며 [5]우리를 뒤쫓는 자들이 우리의 목을 눌렀사오니 우리가 기진하여 쉴 수 없나이다 [6]우리가 애굽 사람과 앗수르 사람과 악수하고 양식을 얻어 배불리고자 하였나이다 [7]우리의 조상들은 범죄하고 없어졌으며 우리는 그들의 죄악을 담당하였나이다 [8]종들이 우리를 지배함이여 그들의 손에서 건져낼 자가 없나이다 [9]광야에는 칼이 있으므로 죽기를 무릅써야 양식을 얻사오니 [10]굶주림의 열기로 말미암아 우리의 피부가 아궁이처럼 검으니이다 [11]대적들이 시온에서 부녀들을, 유다 각 성읍에서 처녀들을 욕보였나이다 [12]지도자들은 그들의 손에 매달리고 장로들의 얼굴도 존경을 받지 못하나이다 [13]청년들이 맷돌을 지며 아이들이 나무를 지다가 엎드러지오며 [14]노인들은 다시 성문에 앉지 못하며 청년들은 다시 노래하지 못하나이다 [15]우리의 마음에는 기쁨이 그쳤고 우리의 춤은 변하여 슬픔이 되었사오며 [16]우리의 머리에서는 면류관이 떨어졌사오니 오호라 우리의 범죄 때문이니이다

고난 당하는 자가 있느냐 그는 기도할 것이요. 그는 기도하는 가운데 하나님께 하소연을 쏟아놓고, 하나님 앞에 자신의 괴로움을 밝혀야 한다. 하나님의 백성은 여기에서 그렇게 하고 있다. 그들은 슬픔을 주체할 수 없어서 그들의 슬픔을 은혜의 보좌의 발등상 앞에 쏟아내어 평안을 얻는다. 그들은 그들이 재난들을 당할까봐 두렵다고 하소연하는 것이 아니라, 이미 당한 재난들에 대하여 하소연한다. "여호와여 우리가 당한 것을 기억하소서(1절). 오래 전부터 하나님께서 우리에게 경고하셨고, 우리에게 이르는 데에 오랜 시간이 걸렸던 것이 마침내 우리에게 임하였고, 우리는 그 심판 아래에서 가라앉아 버리기 직전이나이다. 우리가 과거에 어떠했는지를 기억하시고 우리의 현재의 모습을 살펴보옵소서. 우리가 지금 겪는 모든 환난을 작게 여기지 마시고 주목할 가치가 없는 것으로 보지 마옵소서(느 9:32)." 우리가 환난 가운데에 있을 때에 우리가 당한 모든 것을 하나님이 보고 계시고 살피고 계시다는 것은 우리에게 큰 위로이자 충분한 위로가 된다. 우리는 기도를 통해서 은혜로우시고 긍휼에 풍성하신 하나님께 우리의 처지를 생각해 주시라고 맡기면 되는 것이다. 그들이 처한 슬픈 처지를 요약하고 있는 한 단어는 치욕이다. 우리가 받은 치욕을 살펴보옵소서. 그들이 현재 겪는 환난들은 그들이 전에 지녔던 위엄이나 풍성함에 비추어 보면 그들에게는 다른 어느 민족과 비교할 수 없을 정도로 큰 치욕이었다. 하나님에 대한 그들의 관계, 그들이 하나님을 의지하였던 것, 하나님이 그들을 위하여 나타나신 일들을 생각하면, 더욱 그러하였다. 그들의 치욕은 그들을 자기 백성이라 인정하셨던 하나님에게도 치욕이 되어서, 하나님의 이름과 명예가 손상되는 것이었기 때문에, 그들은 그들의 치욕을 하나님께 허심탄회하게 하소연할 수 있었다. 주의 크신 이름을 위하여 어떻게 하시려 하나이까(수 7:9).

I. 그들은 그들이 짊어진 죄의 치욕, 그들의 나라의 초창기 때인 어렸을 때의 치욕(렘 31:19)**을 인정한다.** 이것은 그들의 하소연에서 중간쯤에 나오지만(7절), 사실은 가장 첫머리에 나오는 것이 당연하다. 우리의 조상들은 범죄하고 없어졌다. 그들은 죽어서 사라졌지만, 우리는 그들의 죄악을 담당하였다. 여기에 나오는 이러한 하소연은 앞에서 우리가 보았던 것(렘 31:29; 겔 18:2)과는 달리 옹졸한 하소연도 아니고 하나님을 불의하시다고 책임을 전가하는 것이 아니다. 그들은 앞에서 아버지가 신 포도를 먹었는데 아들들의 이가 시니, 여호와의 길은 공평하지 않다고 투덜거렸었다. 그러나 여기에 나오는 하소연은 그들의 조상

들이 범죄하였고 그들 자신도 그 죄를 이어받아 계속해서 범죄하였기 때문에 지금 고난을 당하는 것이 당연하다고 회개하며 고백하는 것이다. 그들에게 임한 하나님의 심판은 너무나 혹독한 것이었기 때문에, 하나님은 그들 자신의 죄만이 아니라 그들의 조상들의 죄까지 합쳐서 그들을 심판하신 것처럼 보였다 (조상들은 이 세상에서 눈에 띄는 벌을 받지 않았기 때문에). 하나님이 그들의 조상들의 죄를 묵과하시고(하나님은 그들의 죄악을 그들의 자손들을 위하여 쌓아 두셨다, 욥 21:19), 그들의 조상들의 죄를 그들에게 물어서 그들을 가혹하게 벌하신 것은 의로우신 일이었다(마 23:35-36). 그래서 그들은 여기에서 다음과 같이 한다.

1. 하나님의 공의에 순복함. "여호와여, 주께서 우리에게 이 모든 일이 임하게 하신 것은 의로운 일이나이다. 왜냐하면, 우리는 행악자들의 자손이요 진노의 자녀들이요 저주의 상속자들이기 때문이나이다. 우리는 죄악되고, 태생적으로 죄악을 지니고 있나이다." 회개할 때에 우리는 하나님이 우리를 벌하시면서 염두에 두셨던 죄들을 돌이켜 생각해 보아야 하고, 하나님이 우리를 징계하신 것이 의로우신 일이었음을 보여주는 모든 것들을 주시하여야 한다는 것을 명심하라.

2. 하나님이 그들을 불쌍히 여겨 주시는 처분을 내려 주시기만을 바람. "여호와여, 우리의 조상들이 범죄하였고, 우리가 그들의 죄 때문에 벌을 받는 것은 마땅한 일이나이다. 그들은 없어졌기 때문에, 장차 있을 재앙을 당하지 않아도 되었나이다. 그들은 살아서 우리에게 임한 이 참상들을 겪지 않아도 되었고, 우리만이 남아 그들의 죄악을 담당하고 있나이다. 이제 이 일에 있어서 하나님이 의로우시다는 것은 사실이지만, 어쨌든 우리의 처지가 불쌍하고 동정을 받을 만하다는 것도 사실이나이다." 우리가 우리 조상들의 죄들에 대하여 회개하고 그것들 때문에 우리가 겪는 고난을 인내하고 감당하면, 우리는 우리를 벌하시는 하나님께서 우리를 불쌍히 여기셔서 곧 긍휼을 베푸실 것임을 명심하라.

II. 그들은 그들이 겪는 환난으로 인한 치욕을 여러 가지 구체적인 일들을 통해서 나타내 보인다.

1. 하나님이 그들에게 주신 저 좋은 땅을 그들이 빼앗기고, 그들의 원수들이 그 땅을 차지하였다는 것(2절). 가나안은 대대로 전해져서 가장 기본이 되는 재산인 그들의 기업(基業)이었다. 그 땅은 하나님의 약속에 의해서 그들의 것

이 된 땅이었다. 하나님은 그 땅을 그들과 그들의 자손들에게 주셨고, 그들은 그 땅을 왕이신 하나님으로부터 하사받았다(시 136:21-22). 그러나 이제 "그 땅은 외인들의 것이 되어 버렸다. 그 땅에 대하여 아무런 권리도 없는 자들, 이스라엘 나라 밖의 사람들이자 약속의 언약들에 대하여 외인인 자들이 그 땅을 차지하였다. 그들이 우리가 지은 집들에서 살고 있으니, 이는 우리의 치욕이다." 하늘의 가나안은 누구에게 결코 빼앗길 수 없고 외인들의 차지가 될 수 없는 기업이라는 것은 하나님의 모든 영적 이스라엘 백성에게 주어진 복이다.

2. 그들의 나라가 과부나 고아와 같은 처지가 되었다는 것(3절). "우리는 아버지 없는 고아들이다(즉, 도와줄 사람이 아무도 없게 되었다는 것). 우리를 보호해 주거나 필요한 것을 공급해 주거나 우리를 돌보아줄 사람이 아무도 없다. 이 나라의 아버지인 우리의 왕은 죽임을 당하였다. 아니, 하나님 우리 아버지는 우리를 내치고 버리신 것 같아 보인다. 우리의 어머니들, 즉 이스라엘에서 자녀들을 많이 낳는 어머니들이었던 우리의 성읍들은 지금 남편을 잃은 과부들 같아서 위로를 받을 수 없고 해악과 불의를 당한 위험에 노출되어 있는데, 이것은 우리의 치욕이다. 열방 중에서 유명하였던 우리가 지금은 멸시를 받고 있다."

3. 그들이 예전에는 모든 것이 풍성한 가운데에 살았었지만, 지금은 그들 자신과 가족들을 부양하는 데에 꼭 필요한 것들조차 마련하기가 힘겹게 되었다는 것. 과거에는 물을 값없이 손쉽게 얻을 수 있었지만, 지금은 우리가 은을 주고 물을 마신다(4절). 물은 모든 사람에게 거저 주어진다는 격언은 이제 진실이 아니다. 그들을 압제하는 자들이 그들을 가혹하게 다루었기 때문에, 그들은 물을 거저 쓸 수 없었고, 돈을 내거나 일을 해주어야 물을 얻어올 수 있었다. 또한, 그들은 전에는 땔감을 값없이 마음대로 가져올 수 있었다. 그러나 지금은 "우리가 값을 주고 나무들을 가져오며, 전에 우리의 것이었던 장작 한 단을 가져오는 데에도 비싼 값을 지불하여야 한다." 이렇게 그들은 전에 그들의 자녀들을 시켜서 하늘의 여왕을 위하여 과자를 만들 때에 필요한 불을 지피기 위해서 나무를 주워 오게 한 것에 대한 벌을 받았다(렘 7:18). 그들을 압제하는 자들은 나는 너에게 물과 불을 사용하는 것을 금한다는 포고령을 내려서 그들이 불과 물을 마음대로 사용하는 것을 금지시켰다. 그러니 그들이 어떻게 먹고 살 수 있었겠는가? 정말 그것은 힘겨운 일이었다.

(1) 그들 중에는 양식을 얻기 위해서 그들의 자유를 파는 자들도 있었다는 것(6절). "우리가 애굽 사람과 앗수르 사람과 악수하고, 그들을 섬기는 대가로 양식을 얻어 배불리고자 하였나이다. 우리는 어떻게든 생계를 꾸려나가기 위해서 아무리 가혹한 조건이고 아무리 비천한 일이라도 기꺼이 하고자 하였나이다. 기근이 들 때에 애굽 사람들이 그들의 왕 바로에게 그랬듯이, 우리는 기꺼이 그들의 집에서 종살이를 하고 우리에게 있는 모든 것을 그들에게 갖다 바쳐서 우리와 우리 가족이 먹고 살 양식을 구하여야 하였나이다." 예전에는 이웃 나라들이 밀을 구하기 위해서 유다와 교역하였다(겔 27:17). 왜냐하면, 유다는 비옥한 땅이었기 때문이다. 그러나 지금은 유다 땅이 주민들을 삼키는 땅이 되었고, 그들은 애굽 사람들과 앗수르 사람들에게 잘 보이려고 애쓴다.

(2) 그들 중에는 양식을 구하기 위해 목숨을 거는 자들도 있었다는 것(9절). 우리는 죽기를 무릅써야 양식을 얻나이다. 그들은 성 안에 포위되어 양식이 모두 떨어져서 양식을 구하기 위해서는 적군으로 돌진해 들어가거나 몰래 성을 빠져 나가야 했을 때에 적군의 손에 잡혀서 칼에 죽을 위험을 무릅써야 했는데, 적군은 성 주변의 평지에 쫙 깔려 있었기 때문에 이 칼은 광야의 칼 또는 평지의 칼(원어는 이런 의미이다)로 불린다. 이것을 보고서, 우리는 우리가 누리는 풍성함, 즉 양식을 구할 때에 죽기를 무릅쓰기는커녕 얼굴에 땀조차 흘리지 않고 손쉽게 양식을 구할 수 있는 것에 대하여 하나님께 감사하지 않을 수 없다. 또한, 우리는 우리가 누리는 평화, 즉 광야의 칼을 두려워함이 없이 얼마든지 밖에 나가서 필요한 것만이 아니라 이 땅의 좋은 것들을 가져올 수 있는 것에 대하여 하나님께 감사하지 않을 수 없다.

4. 자유인이었던 자들, 즉 단순한 자유인들만이 아니라 주변의 모든 자들을 부리던 자들까지도 종의 처지로 전락하였다는 것(5절). 우리를 뒤쫓는 자들이 무거워서 참기 어려운 멍에로 우리의 목을 눌렀다(예레미야는 그들이 쇠 멍에를 메게 될 것이라고 예언하였었다, 렘 28:14). 우리는 오로지 주인만을 섬기고 주인이 하라는 대로만 해야 하는 멍에 멘 짐승들 같이 학대를 받고 있다. 이러한 예속된 처지를 더욱 비참하게 만든 것은 이런 것들이었다.

(1) 그들이 쉴 새 없이 일하여야 했다는 것. 그들은 애굽에서 종살이 하던 이스라엘 백성이 그랬던 것처럼 매일매일 일을 하여야 했고, 힘에 지나치게 일을 하여야 했다. 우리가 기진하여 쉴 수 없나이다. 그들을 압제하는 자들은 그들

에게 쉴 틈도 주지 않았다. 멍에를 멘 황소도 밤에는 멍에를 풀어주고 쉬게 하는 법이고, 율법의 규정에 따라서 안식일에는 쉬게 되어 있었다. 그러나 바벨론에서 포로로 잡혀 있던 자들은 살기 위해서 일하지 않을 수 없었고, 밤의 휴식이나 안식일의 휴식도 없이 쉬지 않고 일하였다. 그들은 끊임없이 일하느라 완전히 기진하였다.

(2) 그들의 주인들이 밉살스럽게 굴었다는 것(8절). 종들이 우리를 지배하였다. 종이 임금된 것(잠 30:22), 종의 지배를 받는 것보다 더 울화통이 터지는 일은 없다. 갈대아인들 중에서 큰 자들만이 그들을 부린 것이 아니라, 그들의 하찮은 종들까지도 그들을 마음대로 부리며 학대하고 능욕하였다. 그들은 어쩔 수 없이 그 종들이 시키는 대로 할 수밖에 없었다. 가나안에 대한 저주가 이제 유다의 운명이 되어 버린 것이다. 가나안은 저주를 받아 그의 형제의 종들의 종이 되기를 원하노라. 그들은 그들의 하나님과 그의 종들인 선지자들의 온유하고 은혜로운 다스림을 받고자 하지 않았기 때문에, 그들의 원수들과 그 종들에 의해서 가혹하게 다스림을 받게 된 것은 마땅한 일이다.

(3) 그들의 환난이 제거될 기미가 보이지 않았다는 것. "그들의 손에서 건져 낼 자가 없나이다. 우리를 포로 생활에서 구해 줄 자가 없을 뿐만 아니라, 우리를 학대하고 짓밟는 종들의 오만방자함을 제지해 줄 자도 없나이다." 우리는 종들의 이러한 행위는 주인들의 권위를 침해하는 것이기 때문에 그들의 주인들이 어떤 조치를 해주었어야 되지 않느냐고 생각할지 모른다. 그러나 그 주인들은 종들의 그러한 행위를 묵인하였을 뿐만 아니라 도리어 부추겼던 것으로 보인다. 그들의 주인들은 자기들이 직접 그들을 상대할 가치조차 없다고 생각하여, 그들을 하인들에게 넘겨주어 손을 봐주게 한 것이었을 수 있다. 그래서 그들이 주여 우리의 치욕을 살펴보옵소서라고 기도한 것은 어쩌면 당연한 일이었다.

5. 잔치를 벌이곤 하던 자들이 지금은 굶주리고 있다는 것(10절). 굶주림의 열기로 말미암아 우리의 피부가 말라 비틀어져서 아궁이처럼 검으니이다. 기근은 백성들에게 서서히 다가오지만 일단 본격화되기 시작하면, 폭풍처럼 걷잡을 수 없는 기세로 그 앞에 있는 모든 것들을 넘어뜨린다. 이것도 그들의 치욕이었다. 따라서 우리는 성경에서 기근의 치욕(또는, 기근의 욕)이라는 말을 듣는다. 그들은 포로 생활을 하면서 이방 나라들 가운데서 그런 치욕을 당하였다

(겔 36:30).

6. 고상한 인품을 지닌 자들을 비롯해서 온갖 부류의 사람들이 학대와 능욕을 받았다는 것.

(1) 처녀들, 심지어 거룩한 산인 시온에 있는 부녀들까지도 욕을 당했다는 것(11절). 원수들이 이러한 가증스러운 악행들을 저지른 것에 대하여 그들이 하소연하는 것은 너무도 당연한 일이지만, 한편으로는 너무도 서글픈 일이다.

(2) 큰 자들은 죽임을 당했을 뿐만 아니라 수치스러운 죽음을 당했다는 것. 지도자들은 마치 노예들처럼 갈대아인들의 손에 목졸려 죽었는데(12절), 원수들은 그들 자신의 손으로 이런 야만적인 사형 집행을 행하는 것을 자랑으로 여겼다. 어떤 이들은 이 본문을 갈대아인들이 고관들을 칼로 죽인 후에, 블레셋 사람들이 사울의 아들들의 시체를 그렇게 하였듯이, 그들을 수치스럽게 하기 위하여 마치 민족의 죄를 속죄라도 하듯이 그 시체들을 높이 매달아 놓은 것을 가리키는 것으로 해석한다.

(3) 방백들이나 권위를 지닌 자들도 존중을 받지 못하였다는 것. 장로들, 즉 나이가 많은 자들이나 관직을 맡은 중요한 인물들의 얼굴도 존경을 받지 못하였다. 하나님은 이 일을 똑똑히 기억해 두셨다가 나중에 갈대아인들에게 책임을 물으실 것이었다(사 47:6). 전에 네가 늙은이에게 네 멍에를 심히 무겁게 메웠다.

(4) 세월의 무게가 있는 노인만이 아니라 여린 청년들도 가혹하게 다루어졌다는 것(13절). 원수들은 청년들에게 맷돌을 지게하거나, 빻을 곡식을 나르게 하거나, 그 양식을 맷돌로 갈게 하였다. 그들은 짐을 옮기는 짐승들처럼 맷돌이나 곡식을 지어 나르다가 등이 부러져서, 평생을 더욱 비참하게 보내야 했다. 또한, 원수들은 어린 아이들에게 그들의 집에서 땔감으로 사용할 나무를 져 나르게 하였는데, 아이들은 짐이 무거워서 엎드러져 나무 아래 깔리곤 하였다. 이렇게 원수들은 너무나 비인간적이고 잔인한 감독관들이었다!

7. 그들의 모든 즐거움이 끝이 났고, 그들의 기쁨이 완전히 사라졌다는 것(14절). 한창 놀고 싶어할 나이인 청년들은 그들의 수금을 버드나무 가지에 걸어놓고 노래하는 것을 그쳤다. 노래를 그치는 것은 노인들에게는 합당한 일이고, 음악하는 여자들이 다 쇠하여지는 때는 노래를 옆으로 치워둘 때이다. 그러나 청년들이 노래를 그친다는 것은 그 백성에게 큰 재난이 닥쳤다는 것을 의미한다. 사실, 이 백성 전체가 그랬다(15절). 우리의 마음에는 기쁨이 그쳤다. 그들

은 원수들이 홍수처럼 그들에게 밀려 온 이후로 기쁨이 무엇인지를 잊어버렸다. 왜냐하면, 그 때부터는 깊은 바다가 서로 부르며 파도가 연이어 그들을 덮쳐서, 그들은 완전히 큰 물 속에서 몸을 가눌 수 없게 되었기 때문이다. 우리의 춤은 변하여 슬픔이 되었다. 우리는 이전처럼 기뻐서 펄쩍펄쩍 뛰는 대신에 슬픔 속에 빠져서 드러누워 있다. 이것은 특히 그들이 절기 때에 춤을 추며 기뻐하던 것을 가리키는 것일 수 있다(삿 21:21). 이러한 춤은 정숙한 춤이었을 뿐만 아니라 신성한 춤이기도 하였다. 그 춤이 이제는 슬픔이 되고 애곡이 되어서, 절기 때가 되면 이전의 즐거웠던 일들이 생각나서 그들의 슬픔은 배가 되었다.

8. 그들의 모든 영광이 끝났다는 것.

(1) 성문에서의 재판은 그들의 영광이었지만, 이제 그것은 사라졌다. 노인들은 다시 성문에 앉지 못한다(14절). 강물처럼 순리대로 흘러가곤 했던 재판은 이제 멈춰 버렸고, 신성함이 서려 있던 법정은 무너졌다. 왜냐하면, 재판관들은 죽임을 당하거나 포로로 끌려갔기 때문이다.

(2) 왕권의 존엄은 그들의 영광이었지만, 그것도 사라졌다. 면류관이 떨어졌다(16절). 왕만이 아니라 면류관도 욕을 당하였다. 왕위를 이을 후계자도 없었고, 왕권을 상징하는 것들도 다 사라졌다. 이 땅의 면류관들은 시들고 떨어지는 것들이라는 것을 명심하라. 그러나 감사하게도 우리에게는 시들지 아니하고 떨어지지 아니하는 영광의 면류관이 있고, 흔들리지 않는 나라가 있다. 이 하소연만이 아니라 앞에 나왔던 모든 하소연들과 관련해서 그들은 이렇게 참회하며 고백한다. "오호라 우리의 범죄 때문이니이다. 슬프다! 우리의 처지가 참으로 통탄스럽다. 이 모든 것이 우리 탓이다. 우리는 망했다. 그런데 더욱 안타까운 것은 우리가 우리 손에 의해 망했다는 것이다. 하나님은 의로우시다. 왜냐하면, 우리가 범죄하였기 때문이다." 우리가 당하는 모든 화(禍)는 다 우리 자신의 죄와 어리석음 탓이라는 것을 명심하라. 우리의 머리에서 면류관이 떨어지고, 우리의 탁월함을 잃어버리고 초라하게 되었다면, 그것은 다 우리 탓이다. 우리는 우리 자신의 죄악으로 말미암아 우리의 면류관을 더럽혔고, 우리의 영광을 먼지 속에 눕게 하였다.

¹⁷이러므로 우리의 마음이 피곤하고 이러므로 우리 눈들이 어두우며 ¹⁸시온 산이 황폐하여 여우가 그 안에서 노나이다 ¹⁹여호와여 주는 영원히 계시오며 주의 보좌는

대대에 이르나이다 [20]주께서 어찌하여 우리를 영원히 잊으시오며 우리를 이같이 오래 버리시나이까 [21]여호와여 우리를 주께로 돌이키소서 그리하시면 우리가 주께로 돌아가겠사오니 우리의 날들을 다시 새롭게 하사 옛적 같게 하옵소서 [22]주께서 우리를 아주 버리셨사오며 우리에게 진노하심이 참으로 크시니이다

이 단락에는 다음과 같은 내용들이 나온다.

I. 하나님의 백성은 다른 어떤 재난보다도 성전이 멸망한 것에 대하여 깊은 관심을 표현한다. 하나님의 집과 관련된 일이 그들 자신의 집과 관련된 일보다 그들의 마음에 더 깊이 자리잡고 있었다(17절). 이러므로 우리의 마음이 피곤하고, 마음의 무거운 짐 아래에서 눌린다. 이러므로 우리 눈들이 어두우며, 졸도할 때에 통상적으로 그러하듯이 우리의 시력이 가버렸다. "그것은 거룩한 산인 시온 산과 그 산 위에 지어진 성전이 황폐하였기 때문이다. 다른 것들이 황폐하게 된 것에 대해서 생각하면, 우리의 마음이 슬프고 우리의 눈은 눈물을 흘린다. 하지만 시온 산과 성전이 황폐하게 된 것에 대해서 생각하면, 우리의 정신은 아득해져서 졸도할 것 같고 우리의 눈은 침침해진다." 선한 자들에게는 거룩한 신앙이 황폐해지거나 그 세력이 약화되는 것보다 더 그 마음을 무겁게 하는 것은 없다는 것을 명심하라. 이런 일들이 우리 자신이 겪는 그 어떤 세속적인 환난보다도 더 우리를 괴롭힌다고 하나님께 호소할 수 있다면, 그것은 좋은 일이다. "이 백성이 그들의 죄로 시온 산을 더럽혔기 때문에, 하나님이 그 곳을 황폐하게 하여 여우들이 마치 그 곳이 숲 속이라도 된다는 듯이 자유롭고 한가롭게 노니게 하신 것은 의로운 일이다." 시온 산이 승냥이의 분깃이 된 것은 정말 서글픈 일이지만(시 63:10), 사실 이 백성의 죄가 그보다 앞서 시온 산을 이미 여우의 소굴로 만들어 놓았었다(겔 13:4, 이스라엘아 너의 선지자들은 황무지에 있는 여우 같으니라).

II. 그들은 하나님이 영원하시고 그의 통치가 영속적이라는 가르침으로 위로를 얻는다(19절). 여호와여 주는 영원히 계시나이다. 그들은 이것을 고난 당한 자의 기도라는 표제가 붙은 시편(제102편)에서 배웠다(시 102:27-28). 피조물이 주는 모든 위로들이 우리에게서 제거되고, 우리의 마음이 낙심될 때, 우리는 그 때에도 다음과 같은 것을 믿는 믿음으로 힘을 얻을 수 있다.

1. 하나님은 영원하시다는 것. 여호와여 주는 영원히 계시나이다. 세상을 요동

하게 만드는 그 어떤 일도 세상을 만드신 분을 어지럽히지는 못한다. 이 세상에서 그 어떤 큰 변란(變亂)이 있어도 영원한 마음(Eternal Mind)을 지니신 분 속에서는 그 어떤 변화도 없다. 하나님은 언제나 동일하시고, 영원토록 변함없이 무한히 지혜로우시고 거룩하시며 의로우시고 선하시다. 그에게는 변함도 없으시고 회전하는 그림자도 없으시다(약 1:17).

2. 하나님의 통치는 결코 끊어짐이 없이 계속해서 이어진다는 것. 주의 보좌는 대대에 이르나이다. 영광의 보좌, 은혜의 보좌, 통치의 보좌는 결단코 변할 수 없고 요동할 수 없다. 이것은 우리의 머리에서 면류관이 떨어졌을 때에 우리에게 위로가 된다. 우리의 보호자들인 왕들의 보좌가 티끌 속에서 뒹굴고 그 속에 파묻힐 때에도, 하나님의 보좌는 계속해서 이어진다. 하나님은 여전히 세상을 다스리시고, 교회의 유익을 위하여 세상을 통치하신다. 시온아, 네 하나님은 영원히 다스리신다.

Ⅲ. 그들은 그들이 지금 비천함에 처해 있고 하늘이 그들을 향하여 찌푸리고 있다고 하나님께 겸손히 탄원한다(20절). "주께서 마치 주의 임재의 표징들을 우리에게서 다 빼앗아 가버리신 것처럼 어찌하여 우리를 이같이 오래 버리시나이까. 주께서 마치 우리를 완전히 버리신 것처럼 어찌하여 우리의 구원을 늦추시나이까? 주는 동일하시고, 주의 성소의 보좌는 파괴되었어도 하늘에 있는 주의 보좌는 흔들림이 없나이다. 그런데 주는 우리에게는 동일하지 아니하시나이까?" 이것은 그들이 하나님께서 그들을 잊으셨고 버리셨다고 생각하는 것이 아니고, 하나님이 그들을 영원히 잊으시고 버리실까봐 두려워하는 것은 더더욱 아니다. 이러한 하소연을 통해서 그들은 하나님의 은총과 임재를 그들이 얼마나 소중히 여기는지를 표현하고 있는 것이고, 그들이 하나님의 은총과 임재의 증거들과 위로들을 너무나 오랫동안 빼앗겼다고 생각하고 있다는 것을 표현하고 있는 것이다. 마지막 절은 탄원으로 읽을 수도 있는데, 난외주에서는 그렇게 읽는다. "주께서 우리를 아주 버리시고자 하시나이까. 주께서 우리에게 영원히 진노하시고자 하시나이까. 주께서는 영원히 우리에게 미소를 보이시거나 긍휼 가운데서 우리를 기억하지 않으실 뿐만 아니라, 우리에게 눈살을 찌푸리시고 우리를 주의 진노의 표징들 아래에 두시려 하시나이까? 주께서는 영원히 우리에게 가까이 다가오지 않으실 뿐만 아니라 우리를 주의 임재로부터 쫓아내시고 우리가 주께로 가까이 나아가는 것을 금지하시려 하시나이까? 그런 것

이 주의 선하심이나 신실하심, 주의 변함없는 언약과 어떻게 조화가 되겠나이까?" 우리는 이 마지막 절을 이렇게 읽는다. "그러나 주께서는 우리를 버리셨나이다. 주께서는 주가 우리를 버리셨다고 우리가 생각할 수 있게 행하셨나이다. 주여, 우리가 어느 때까지 이러한 시험 속에 있어야 하나이까?" 우리는 하나님에게 시비를 걸어서는 안 되지만 하나님께 탄원하고 호소할 수는 있다는 것을 명심하라. 우리는 그가 우리를 버리셨다고 결론을 내려서는 안 되지만, 그의 심판들, 특히 그의 성소를 계속해서 황폐한 상태로 두시는 것에 대하여 하나님께 겸손히 이치를 따져 물을 수 있다(예레미야 선지자가 그랬듯이, 렘 12:1).

Ⅳ. 그들은 하나님이 긍휼과 은혜를 베풀어 주시라고 간절히 기도한다.
"여호와여, 우리를 영원히 버리지 마시고, 우리를 주께로 돌이키시고 우리의 날들을 다시 새롭게 하소서(21절)." 이 말씀은 애가의 마지막 절에 나오는 것은 아니지만, 랍비들은 애가가 22절 같은 우울한 말씀으로 끝나는 것을 원하지 않았기 때문에, 이 장을 쓰거나 읽을 때에 21절에 나오는 이 기도를 이 책의 맨마지막에 다시 한 번 반복한다. 그들은 여기에서 이렇게 기도한다.

1. 그들에게 하나님의 긍휼을 받을 준비와 자격이 갖춰질 수 있도록 돌이키는 은혜를 주시라는 것. 여호와여 우리를 주께로 돌이키소서. 그들은 하나님이 그들을 버리셨고 잊으셨다고 하소연하였었지만, 이제 와서 그들이 드리는 기도는 주께서 우리에게 돌이키소서가 아니라 우리를 주께로 돌이키소서라는 것이다. 이것은 하나님과 그들의 사이가 멀어지게 된 원인이 그들에게 있다는 것을 인정하는 의미를 지닌다. 그들이 먼저 하나님을 떠나기 전에는 그는 결코 그 누구에게서도 떠나지 않으시고, 그들이 그에게서 멀리 서 있지 않는다면 그는 그 누구로부터도 멀리 서 계시지 않는다. 그러므로 하나님께서 그들을 그에게로 돌이키셔서 그들이 그들의 본분의 길로 행할 수 있게 된다면, 하나님이 신속히 긍휼의 길로 그들에게 돌아오시리라는 것은 의심할 여지가 없이 확실하다. 이것은 하나님이여 우리를 돌이키시고 주의 얼굴빛을 비추소서(시 80:3, 7, 19)라는 저 반복되는 기도와 일치한다. 우리로 하여금 진실하게 회개하고 삶을 고침으로써 우상들로부터 주께로 돌이키소서. 그리하시면, 우리가 주께로 돌아가겠나이다. 이것은 그들이 스스로 돌이킬 수 없다는 것, 즉 그들의 연약함과 무능함을 추가적으로 고백하고 인정하는 의미를 지닌다. 우리의 본성 속에는 하나님에게서 떨어져나와서 타락하고자 하는 성향은 존재하지만, 하나님의 은혜

가 우리 속에서 역사하여 우리에게 하고자 하는 의지와 행할 수 있는 힘을 주시기 전까지는 하나님께 돌아가고자 하는 성향은 존재하지 않는다. 하나님의 그런 은혜가 필수적이기 때문에, 우리는 진정으로 "우리를 돌이키소서 그렇지 않으면 우리가 돌아갈 수가 없고 끝없이 방황하게 될 것이나이다"라고 말할 수 있다. 또한, 하나님의 그런 은혜는 아주 강력하고 효과가 크기 때문에, 우리는 진정으로 "우리를 돌이키소서 그리하시면 우리가 돌아가겠나이다"라고 말할 수 있다. 왜냐하면, 지금은 하나님께서 그의 백성을 즐거이 헌신하는 백성으로 만드시는 주의 권능의 날이기 때문이다(시 110:3).

2. 그들을 회복시키시는 긍휼을 베풀어 주시라는 것. 우리를 주께로 돌이키시고, 그런 후에 우리의 날들을 옛적 같게 하옵소서. 즉, 우리를 우리의 조상들이 오래 전에 누렸고 오랫동안 계속해서 누렸던 그 복된 상태로 회복시켜 주소서. 우리를 처음과 같이, 본래와 같이 회복시켜 주소서(사 1:26). 하나님이 그의 은혜로 우리의 마음을 새롭게 하시면, 하나님은 그의 은총으로 우리의 날들을 새롭게 하실 것이고, 따라서 우리는 우리의 청춘을 독수리 같이 새롭게 하게(시 103:5) 되리라는 것을 명심하라. 회개하여 처음 행위를 가지는 자들은 그들의 처음 위로들을 회복하게 될 것이다. 자기 백성에 대한 하나님의 긍휼들은 옛적부터 있었다(시 25:6). 그러므로 그들은 하나님이 그들을 버리셨고 잊으신 것처럼 보일 때라도 영원부터 있었던 긍휼이 영원까지 이르게 되리라는 것을 소망할 수 있다.

매튜 헨리 주석전집 13

매튜 헨리 주석 예레미야·애가

1판 1쇄 발행 2008년 7월 20일
1판 중쇄 발행 2020년 3월 10일

발행인 박명곤
사업총괄 박지성
편집 신안나, 임여진, 이은빈
디자인 구경표, 한승주
마케팅 김민지, 유진선
재무 김영은
펴낸곳 CH북스
출판등록 제406-1999-000038호
전화 031-911-9864 **팩스** 031-944-9820
주소 경기도 파주시 회동길 37-20
홈페이지 www.hdjisung.com **이메일** main@hdjisung.com
제작처 영신사 월드페이퍼

© CH북스 2008

세계기독교고전 목록